Novak/Lechner-Thomann

ASchG | ArbeitnehmerInnenschutzgesetz

ASchG ArbeitnehmerInnenschutzgesetz

Kommentar

Dr. Renate Novak
Mag. Andrea Lechner-Thomann, LL.M.

2. Auflage

Linde

Zitiervorschlag: *Novak/Lechner-Thomann*, ASchG² (2025) Seite

Bibliografische Information der Deutschen Nationalbibliothek

Die Deutsche Nationalbibliothek verzeichnet diese Publikation in der Deutschen Nationalbibliografie; detaillierte bibliografische Daten sind im Internet über http://dnb.d-nb.de abrufbar.

Hinweis: Wenn aus Gründen der leichteren Lesbarkeit auf eine geschlechtsspezifische Differenzierung verzichtet wird, gelten entsprechende Begriffe im Sinne der Gleichbehandlung für alle Geschlechter.

Es wird darauf verwiesen, dass alle Angaben in diesem Fachbuch trotz sorgfältiger Bearbeitung ohne Gewähr erfolgen und eine Haftung der Autorinnen oder des Verlages ausgeschlossen ist.

ISBN 978-3-7073-3907-9 (Print)
ISBN 978-3-7073-5295-5 (Kombi Print & Digital)

1210 Wien, Scheydgasse 24, Tel.: 01/24 630
office@lindeverlag.at | www.lindeverlag.at

Druck und Bindung: Prime Rate Zrt.,
H-1044 Budapest, Megyeri út 53

Vorwort zur 2. Auflage

Das vor mittlerweilen 30 Jahren – nämlich am 17. Juni 1994 – kundgemachte ArbeitnehmerInnenschutzgesetz (ASchG) hat in der betrieblichen Umsetzung viele Verbesserungen für Sicherheit und Gesundheit der Arbeitnehmer und Arbeitnehmerinnen in den Betrieben und auf Baustellen gebracht. Der Schutzstandard hat sich seit 1995 kontinuierlich erhöht, so ist etwa die Arbeitsunfallquote um ca ein Drittel gesunken. Die Arbeitswelt hat sich seither stark gewandelt, damit einhergehend auch die Gefahren und Belastungen, denen die Beschäftigten an den Arbeitsplätzen ausgesetzt sind. Risiken durch neue Arbeitsformen und Technologien, Digitalisierung oder arbeitsbedingte psychische Belastungen erfordern neue Präventionskonzepte und eine ständige Weiterentwicklung nicht nur der Sicherheits- und Gesundheitskultur in den Betrieben, sondern auch der rechtlichen Grundlagen.

Die seit der Erstauflage dieses ASchG-Kommentars 2013 erfolgten Novellen des ASchG und einzelner Durchführungsverordnungen wurden in der Neuauflage zum Stand 1. März 2025 weitgehend berücksichtigt:

- Umfassendere ASchG-Änderungen betrafen den 4. Abschnitt ASchG zur Anpassung arbeitsschutzrechtlicher Bestimmungen über gefährliche Arbeitsstoffe an das Chemikalienrecht (CLP, REACH).
- Im 5. Abschnitt ASchG wurde die ärztliche Untersuchungsermächtigung zur Gesundheitsüberwachung am Arbeitsplatz neu geregelt (elektronische Übermittlung, Ersatz der Bescheidermächtigung durch Meldeverfahren).
- Im 1. und 7. Abschnitt ASchG erfolgte neben der Reduktion einzelner gesetzlicher Vorgaben eine teilweise Neugestaltung der Präventivdienstbetreuung va durch Erweiterung des Begehungsmodells für Kleinstbetriebe und der Möglichkeit, einen qualifizierten arbeitsmedizinischen Fachdienst der arbeitsmedizinischen Präventivdienstbetreuung beizuziehen (§ 82c ASchG).
- Gegenstand weiterer ASchG-Novellen waren ua die Regelungen über die Sicherheitsvertrauenspersonen und Gefahrenevaluierung.
- Neben der Rechtsbereinigung gegenstandslos gewordener, durch das ASchG vorläufig übergeleiteter Bestimmungen (va AAV) und terminologischer Anpassungen (zB an die Reform der Sozialversicherungsorganisation) wurden zum Abbau bürokratischer Belastungen zudem Deregulierungen va hinsichtlich einzelner Aufzeichnungs- und Meldepflichten und durch Entfall der Auflagepflicht vorgenommen.

Die derzeit letzte ASchG-Novelle BGBl I 2024/56 (Artikel 3 Grace-Period – Gesetz) ist rückwirkend am 1.1.2024 in Kraft getreten und regelt arbeitsschutzrechtliche Erleichterungen bei Betriebsübergaben für die Dauer von zwei Jahren ab Übergabe (Grace Period) bei der Neubestellung von Sicherheitsvertrauenspersonen und der Einberufung des Arbeitsschutzausschusses.

Als neue ASchG-Durchführungsverordnungen wurden zur Umsetzung von EU-Richtlinienvorgaben 2014 die Verordnung Persönliche Schutzausrüstung (PSA-V) und 2016 die Verordnung elektromagnetische Felder (VEMF) erlassen. Auf Rechtsgrundlage von ASchG und Gewerbeordnung 1994 (GewO 1994) ersetzten 2019 die Aerosolpackungslagerungsverordnung (APLV) und 2023 die Verordnung über brennbare Flüssigkeiten 2023 (VbF 2023) zuvor geltende Durchführungsverordnungen.

Für die redaktionelle Unterstützung bei der Überarbeitung des Kommentars und für das Fachlektorat möchten wir uns bei Mag. *Astrid Fabian* bedanken.

Wien, Bad Ischl, März 2025

Andrea Lechner-Thomann
Renate Novak

Vorwort zur 1. Auflage

Sicherheits- und Gesundheitsschutz bei der Arbeit hat das Ziel, Arbeitsunfälle, Berufskrankheiten und arbeitsbedingte Erkrankungen zu vermeiden und allen Arbeitnehmerinnen und Arbeitnehmern ein Leben ohne arbeitsbedingte gesundheitliche Beeinträchtigungen zu ermöglichen. Das seit 1.1.1995 geltende ArbeitnehmerInnenschutzgesetz (ASchG), BGBl 1994/450, trägt wesentlich dazu bei, Arbeitsunfälle und arbeitsbedingte Gesundheitsschädigungen zu verhindern oder zumindest zu verringern. Das ist nicht nur eine wichtige humanitäre Aufgabe, sondern auch von wirtschaftlicher Bedeutung: Mithilfe eines verbesserten Arbeitnehmerschutzes können auch betriebliche und volkswirtschaftliche Kosten, die durch Betriebsausfälle und Krankheit entstehen, deutlich reduziert werden.

Das ASchG setzt die EU-Rahmenrichtlinie 89/391/EWG und die dazu ergangenen Arbeitsschutz-Einzelrichtlinien um, auf nationaler Ebene konkretisieren mehr als 20 ASchG-Durchführungsverordnungen die gesetzlichen ASchG-Regelungen über Arbeitsstätten, Arbeitsmittel, gefährliche Arbeitsstoffe, Gesundheitsüberwachung, Gestaltung von Arbeitsvorgängen, die sicherheitstechnische und arbeitsmedizinische Präventivdienstbetreuung und die Berücksichtigung des Arbeitnehmerschutzes in Verwaltungsverfahren, vor allem bei gewerberechtlichen Genehmigungen. Die Sicherheits- und Gesundheitsschutzbestimmungen beschränken sich dabei nicht darauf, Arbeitsplätze im technischen Sinn sicher zu gestalten, sondern wollen durch eine systematische Herangehensweise und einen multidisziplinären Ansatz auch die Arbeitsbedingungen im Betrieb kontinuierlich verbessern und die Beschäftigten vor allen arbeitsbedingten Risken und Gesundheitsgefahren bestmöglich schützen. Dazu zählen arbeitsbedingte psychische Fehlbelastungen wie Stress am Arbeitsplatz ebenso wie Wechselwirkungen unterschiedlicher Risken, etwa bei der Handhabung schwerer Lasten, oder belastende Einflüsse der Arbeitsumgebung.

Das öffentlich-rechtliche ASchG geht dabei von einem umfassenden Arbeitsschutzverständnis aus und berücksichtigt Fragen der Arbeitsorganisation, die Information und Beteiligung der Arbeitnehmer, Sicherheitsvertrauenspersonen und Belegschaftsorgane, aber auch Kooperation von Sicherheitsfachkräften, Arbeitsmedizinern und sonstigen Fachleuten. Von grundlegender Bedeutung ist die systematische Ermittlung und Beurteilung von Gefahren (Arbeitsplatzevaluierung). Nach den Grundsätzen der Gefahrenverhütung haben technisch-organisatorische Maßnahmen Vorrang gegenüber individuellen Schutzmaßnahmen. Das ASchG bezieht so alle Aspekte eines umfassenden Sicherheits- und Gesundheitsschutzes bei der Arbeit ein und schafft damit die Grundlagen für eine wirksame Prävention und eine auf die Arbeitsbedingungen bezogene betriebliche Gesundheitsförderung.

Arbeitnehmerschutzvorschriften regeln die Rahmenbedingungen und Mindestanforderungen, für deren Umsetzung und Anpassung an die betrieblichen Verhältnisse die Arbeitgeber verantwortlich sind. Diese müssen dazu eine geeignete Arbeitsschutzorganisation und die notwendigen Mittel bereitstellen, um die Arbeitsschutzmaßnahmen auf allen betrieblichen Ebenen wirksam zu gestalten. Das ASchG 1994 verlangt – über die zuvor geltende Rechtslage des ANSchG 1972 hinausgehend – mehr Eigeninitiative der Arbeitgeber, vor allem bei der Gefahrenevaluierung, um eine ständige Verbesserung der Arbeitsbedingungen zu erreichen. Grundlagen dafür sind der aktuelle Stand der Technik, Arbeitshygiene und Arbeitsmedizin und arbeitswissenschaftliche Erkenntnisse. Aufgrund des raschen technologischen Fortschritts und der sich wandelnden Arbeitswelt gewinnt die Beratung durch innerbetriebliche oder externe Fachleute, vor allem in den Bereichen der Arbeitspsychologie oder Ergonomie, dabei zunehmend an Bedeutung.

Diese Entwicklung spiegelt sich auch in zahlreichen ASchG-Novellen wider, vor allem im Arbeitnehmerschutz-Reformgesetz 2002 (ANS-RG) und zuletzt in der seit 1.1.2013 geltenden ASchG-Novelle BGBl I 2012/118, mit der vor allem die Evaluierung psychischer Fehlbelastungen am Arbeitsplatz stärker gesetzlich verankert wurde und eine Anpassung der ASchG-Bestimmungen über gefährliche Arbeitsstoffe an das neue Chemikalienrecht und die CLP-Richtlinie erfolgte. Ab 1.1.2014 wird auch im Arbeitnehmerschutzrecht die Verwaltungsgerichtsbarkeitsreform wirksam, die dazu notwendigen legistischen Anpassungen erfolgten durch die – derzeit letzte – ASchG-Novelle BGBl I 2013/71.

Der vorliegende Kommentar zum ASchG richtet sich an Arbeitgeber, Arbeitnehmer und Personen in betrieblichen Arbeitsschutzfunktionen wie auch an alle Fachleute, die mit der Umsetzung des Arbeitnehmerschutzes in der betrieblichen Praxis und den dabei auftretenden Rechtsfragen befasst sind. Ergänzend zur Gesamtdarstellung des ASchG werden die wesentlichsten Durchführungsbestimmungen der zum ASchG erlassenen Verordnungen themenspezifisch dargestellt und mit dem ASchG-Regelungssystem verknüpft. Die höchstgerichtliche Judikatur zum ASchG und die für die Rechtsauslegung relevanten Gesetzesmaterialien wurden ebenso einbezogen wie Rechts- und Anwendungsinformationen der AUVA und der Arbeitsinspektion. Ein weiterführendes Literaturverzeichnis rundet die Darstellung der ASchG-Rechtsvorschriften zum Stand Oktober 2013 ab.

Wir danken allen, die durch Hinweise und Fragen zu rechtlichen Rahmenbedingungen und durch Aufzeigen von Lösungsmöglichkeiten zur Umsetzung des Sicherheits- und Gesundheitsschutzes am Arbeitsplatz auch diesen Kommentar ermöglicht haben. Unser besonderer Dank gilt Frau Dr. *Eleonore Breitegger* für das Vertrauen, das sie uns entgegengebracht hat, und für ihre Bereitschaft, der Querschnittsmaterie des Arbeitnehmerschutzes Raum zur Rechtsdiskussion gegeben zu haben. Weiters möchten wir uns sehr herzlich bei Frau *Diana Lechner* und Frau Mag. *Susanne Hahnl* für die redaktionelle Unterstützung bei der Fertigstellung des Kommentars sowie bei Frau Mag. *Angelika Glaser* für das umsichtige Lektorat bedanken.

Wien, Bad Ischl, Oktober 2013

Andrea Lechner-Thomann
Renate Novak

Autorinnen

Mag. Andrea Lechner-Thomann, LL.M

Studium der Rechtswissenschaften an der Karl Franzens Universität in Graz und an der Universidad de Valencia, Masterstudium für Europarecht an der Donau-Universität Krems (LL.M.). Seit 2003 Mitarbeiterin in der Abteilung Steuerung und Recht des Zentral-Arbeitsinspektorates (Arbeitsministerium). Arbeitsschwerpunkte im sicherheitstechnischen und arbeitshygienischen Arbeitnehmerschutz (gefährliche Arbeitsstoffe, Gesundheitsüberwachung, Bildschirmarbeit, Fachkenntnisse), Arbeitsinspektionsgesetz und Legistik sowie übergreifender Materien (Verwaltungsverfahren, Datenschutz und Informationsfreiheit).

Publikationen: Fachbeiträge zu Neuerungen im Arbeitnehmerschutz in der Arbeits- und Sozialrechtskartei (ASoK), Linde Verlag Wien (bis 2018), Herausgeberin und Autorin von Fachbeiträgen zu „Das ASchG in der Praxis“, WEKA-Verlag Wien (bis 2024), Herausgeberin Rechtsvorschriftensammlung „ArbeitnehmerInnenschutz“, Verlag Österreich Wien. Fachvorträge zum Arbeitnehmerschutz.

Dr. Renate Novak

Studium der Rechtswissenschaften an der Universität Wien, Gerichtsjahr in Wien, Rechtsschutztätigkeit in der Versicherungswirtschaft, Rechtsberaterin für Arbeitsmarktprojekte in Niederösterreich, 1991–1995 Anwaltschaft für Gleichbehandlungsfragen in Wien (Bundeskanzleramt, Büro der Frauenministerin). 1995–2024 Mitarbeiterin der Rechtsabteilung im Zentral-Arbeitsinspektorat (Arbeitsministerium). Arbeitsschwerpunkte sicherheitstechnischer-arbeitshygienischer Arbeitnehmerschutz (Arbeitsorganisation, Arbeitsplatzevaluierung, Sicherheitsvertrauenspersonen, Arbeitsvorgänge, Präventivdienste), Bauarbeitenkoordinationsgesetz und Arbeitsinspektionsgesetz, Legistik, Implementierung von Gender und Diversity im ArbeitnehmerInnenschutz und in der Arbeitsinspektion; Arbeitsgruppe Arbeitsausbeutung/Menschenhandel (Arbeitsrecht und Arbeitsinspektion). 2013–2024 stellvertretende Leiterin der Rechtsabteilung im Zentral-Arbeitsinspektorat (Bundesministerium für Arbeit und Wirtschaft).

Publikationen: Fachbeiträge zum Arbeitnehmerschutz in der Arbeits- und Sozialrechtskartei (ASoK), Linde Verlag Wien, Herausgeberin „Aushangpflichtige Gesetze“ und „Handbuch ArbeitnehmerInnenschutzgesetz“, WEKA-Verlag Wien (bis 2013), „Verordnung Persönliche Schutzausrüstung (PSA-V), Gesetze und Kommentare 190“ (Bruckner/Novak/Piller), ÖGB-Verlag (2014, 2018), Fachvorträge zum Arbeitnehmerschutz.

Inhaltsverzeichnis

Vorwort V

Autorenverzeichnis XI

Literaturverzeichnis XIX

Übersicht Rechtsvorschriften Arbeitnehmerschutz XXIX

Abkürzungsverzeichnis Rechtsvorschriften XXXV

Bundesgesetz über Sicherheit und Gesundheitsschutz bei der Arbeit (ArbeitnehmerInnenschutzgesetz – ASchG)

1. Abschnitt

Allgemeine Bestimmungen

§ 1 Geltungsbereich 5
§ 2 Begriffsbestimmungen 21
§ 3 Allgemeine Pflichten der Arbeitgeber 39
§ 4 Ermittlung und Beurteilung der Gefahren Festlegung von Maßnahmen (Arbeitsplatzevaluierung) 43
§ 5 Sicherheits- und Gesundheitsschutzdokumente 55
§ 6 Einsatz der Arbeitnehmer 60
§ 7 Grundsätze der Gefahrenverhütung 64
§ 8 Koordination 67
§ 9 Überlassung 74
§ 10 Bestellung von Sicherheitsvertrauenspersonen 82
§ 11 Aufgaben und Beteiligung der Sicherheitsvertrauenspersonen 101
§ 12 Information 106
§ 13 Anhörung und Beteiligung 109
§ 14 Unterweisung 111
§ 15 Pflichten der Arbeitnehmer 116
§ 16 Aufzeichnungen und Berichte über Arbeitsunfälle 119
§ 17 Instandhaltung, Reinigung, Prüfung 123
§ 18 Verordnungen 124

2. Abschnitt

Arbeitsstätten und Baustellen

§ 19 Anwendungsbereich 125
§ 20 Allgemeine Bestimmungen über Arbeitsstätten und Baustellen 130
§ 21 Arbeitsstätten in Gebäuden 134
§ 22 Arbeitsräume 142

§ 23 Sonstige Betriebsräume 148
§ 24 Arbeitsstätten im Freien und Baustellen 149
§ 25 Brandschutz und Explosionsschutz 150
§ 26 Erste Hilfe 161
§ 27 Sanitäre Vorkehrungen in Arbeitsstätten 166
§ 28 Sozialeinrichtungen in Arbeitsstätten 172
§ 29 Sanitäre Vorkehrungen und Sozialeinrichtungen auf Baustellen 176
§ 30 Nichtraucher/innenschutz 177
§ 31 Schwimmkörper, schwimmende Anlagen und Geräte, Verkehrsmittel 185
§ 32 Verordnungen über Arbeitsstätten und Baustellen 186

3. Abschnitt

Arbeitsmittel

§ 33 Allgemeine Bestimmungen über Arbeitsmittel 188
§ 34 Aufstellung von Arbeitsmitteln 198
§ 35 Benutzung von Arbeitsmitteln 201
§ 36 Gefährliche Arbeitsmittel 211
§ 37 Prüfung von Arbeitsmitteln 215
§ 38 Wartung von Arbeitsmitteln 228
§ 39 Verordnungen über Arbeitsmittel 230

4. Abschnitt

Arbeitsstoffe

§ 40 Gefährliche Arbeitsstoffe 232
§ 41 Ermittlung und Beurteilung von Arbeitsstoffen 260
§ 42 Ersatz und Verbot von gefährlichen Arbeitsstoffen 267
§ 43 Maßnahmen zur Gefahrenverhütung 273
§ 44 Kennzeichnung, Verpackung und Lagerung 282
§ 45 Grenzwerte 291
§ 46 Messungen 296
§ 47 Verzeichnis der Arbeitnehmer 302
§ 48 Verordnungen über Arbeitsstoffe 305

5. Abschnitt

Gesundheitsüberwachung

§ 49 Eignungs- und Folgeuntersuchungen 307
§ 50 Untersuchungen bei Lärmeinwirkung 318
§ 51 Sonstige besondere Untersuchungen 322
§ 52 Durchführung von Eignungs- und Folgeuntersuchungen 324

§ 52a Elektronische Übermittlung von Befund samt Beurteilung 326
§ 53 Überprüfung der Beurteilung 330
§ 54 Bescheide über die gesundheitliche Eignung 333
§ 55 Durchführung von sonstigen besonderen Untersuchungen 334
§ 56 Ermächtigte Ärzte und Ärztinnen 336
§ 57 Kosten der Untersuchungen 343
§ 58 Pflichten der Arbeitgeber 345
§ 59 Verordnungen über die Gesundheitsüberwachung 347

6. Abschnitt

Arbeitsvorgänge und Arbeitsplätze

§ 60 Allgemeine Bestimmungen über Arbeitsvorgänge 348
§ 61 Arbeitsplätze 356
§ 62 Fachkenntnisse und besondere Aufsicht 364
§ 63 Nachweis der Fachkenntnisse 385
§ 64 Handhabung von Lasten 390
§ 65 Lärm 399
§ 66 Sonstige Einwirkungen und Belastungen 409
§ 67 Bildschirmarbeitsplätze 440
§ 68 Besondere Maßnahmen bei Bildschirmarbeit 453
§ 69 Persönliche Schutzausrüstung 463
§ 70 Auswahl der persönlichen Schutzausrüstung 482
§ 71 Arbeitskleidung 488
§ 72 Verordnungen über Arbeitsvorgänge und Arbeitsplätze 496

7. Abschnitt

Präventivdienste

§ 73 Bestellung von Sicherheitsfachkräften 500
§ 74 Fachkenntnisse der Sicherheitsfachkräfte 509
§ 75 Sicherheitstechnische Zentren 514
§ 76 Aufgaben, Information und Beiziehung der Sicherheitsfachkräfte 521
§ 77 Tätigkeiten der Sicherheitsfachkräfte 526
§ 77a Begehungen in Arbeitsstätten mit bis zu 50 Arbeitnehmern 530
§ 78 Sicherheitstechnische und arbeitsmedizinische Betreuung in Arbeitsstätten mit bis zu 50 Arbeitnehmern 540
§ 78a Präventionszentren der Unfallversicherungsträger 545
§ 78b Unternehmermodell 555
§ 79 Bestellung von Arbeitsmedizinern 559
§ 80 Arbeitsmedizinische Zentren 565
§ 81 Aufgaben, Information und Beiziehung der Arbeitsmediziner 572

§ 82 Tätigkeiten der Arbeitsmediziner 580
§ 82a Präventionszeit 587
§ 82b Sonstige Fachleute 600
§ 82c Arbeitsmedizinischer Fachdienst 607
§ 83 Gemeinsame Bestimmungen 622
§ 84 Aufzeichnungen und Berichte 630
§ 85 Zusammenarbeit 636
§ 86 Meldung von Mängeln 640
§ 87 Abberufung 643
§ 88 Arbeitsschutzausschuss 646
§ 88a Zentraler Arbeitsschutzausschuss 655
§ 89 Zentren der Unfallversicherungsträger 658
§ 90 Verordnungen über Präventivdienste 660

8. Abschnitt

Behörden und Verfahren

§ 91 Arbeitnehmerschutzbeirat 662
§ 92 Arbeitsstättenbewilligung 665
§ 93 Berücksichtigung des Arbeitnehmer/innenschutzes in Genehmigungsverfahren 673
§ 94 Sonstige Genehmigungen und Vorschreibungen 680
§ 95 Ausnahmen 686
§ 96 Zwangs- und Sicherungsmaßnahmen 694
§ 96a Sonderbestimmungen für die Zustellung 697
§ 97 Meldung von Bauarbeiten 699
§ 98 Sonstige Meldepflichten 703
§ 99 Behördenzuständigkeit 707
§ 100 Außergewöhnliche Fälle 714
§ 101 Verordnungen über Behörden und Verfahren 716

9. Abschnitt

Übergangsrecht und Aufhebung von Rechtsvorschriften

§ 101a Erleichterungen bei Betriebsübergaben 718
§ 102 Übergangsbestimmungen zu §§ 4 und 5 720
§ 103 (*aufgehoben*) 725
§ 104 (*aufgehoben*) 728
§ 105 (*aufgehoben*) 728
§ 106 Allgemeine Übergangsbestimmungen für Arbeitsstätten 729
§ 107 Brandschutz und Erste Hilfe 732
§ 108 Sanitäre Vorkehrungen und Sozialeinrichtungen 734
§ 109 Arbeitsmittel 735

§ 110 Allgemeine Übergangsbestimmungen betreffend Arbeitsstoffe 739
§ 111 Übergangsbestimmungen betreffend bestimmte Arbeitsstoffe 745
§ 112 Gesundheitsüberwachung 746
§ 113 Fachkenntnisse 749
§ 114 Arbeitsvorgänge und Arbeitsplätze 753
§ 115 Bestellung von Sicherheitsfachkräften und Arbeitsmedizinern 757
§ 116 Sonstige Übergangsbestimmungen für Präventivdienste 763
§ 117 Betriebsbewilligung und Arbeitsstättenbewilligung 767
§ 118 Bauarbeiten 769
§ 119 Druckluft- und Taucherarbeiten 771
§ 120 (*aufgehoben*) 772
§ 121 (*aufgehoben*) 773
§ 122 Besondere Vorschriften für gewerbliche Betriebsanlagen 773
§ 123 Weitergelten sonstiger Vorschriften 776
§ 124 Aufhebung von Vorschriften 777
§ 125 Gemeinsame Bestimmungen zu §§ 106 bis 124 781
§ 126 Ausnahmegenehmigungen 783
§ 127 Anhängige Verwaltungsverfahren 785
§ 127a Verkehrswesen 786

10. Abschnitt

Schlußbestimmungen

§ 128 Verweisungen 787
§ 129 (*aufgehoben*) 787
§ 130 Strafbestimmungen 789
§ 131 Inkrafttreten 806
§ 132 Vollziehung 816

Verordnungen zum ASchG 817

Sachregister 825

Literaturverzeichnis

I. Arbeitnehmerschutz, Arbeits- und Sozialrecht – Gesamtdarstellungen, allgemein

Allgemeine Unfallversicherungsanstalt, Merkblätter AUVA, Download Website AUVA, Wien: http://www.auva.at

Aubauer/Rosenmayr-Khoshideh, Neuerungen im Arbeitnehmerschutz, taxlex 2013, 164

Bundesministerium für Arbeit und Wirtschaft (BMAW), Bundesministerium für Arbeit, Soziales und Konsumentenschutz (BMASK) – Download Website Arbeitsinspektion, Publikationen der Arbeitsinspektion, https://www.arbeitsinspektion.gv.at/Service/Service-Angebot_der_Arbeitsinspektion.html (Download 26.2.2025)

Bundesministerium für Arbeit und Wirtschaft (BMAW) – Website Arbeitsinspektion, kommentierte Rechtsvorschriften, https://www.arbeitsinspektion.gv.at/Service/Rechtsvorschriften/Rechtsvorschriften.html (Download 26.2.22025)

Bundesministerium für Wirtschaft und Arbeit (BMWA)/Sektion Arbeitsrecht und Arbeitsinspektion, Ö – SGMS, Österreichischer Leitfaden für SGMS zur Auswahl und zum Einsatz von Sicherheits- und Gesundheitsmanagementsystemen in Betrieben (*Huber*); BMWA, Wien 2004

Felix/Merkl, Arbeitnehmerschutzgesetz, Schriftenreihe des ÖGB 114, Wien 1987 *(Anm: zum ANSchG)*

Felix/Merkl/Vogt, Allgemeine Arbeitnehmerschutzverordnung AAV, Gesetze und Kommentare 115, 3. Auflage, Wien 1989

Geppert, Arbeitsinspektion und Arbeitnehmerschutzrecht, Schriftenreihe des ÖGB 120, Wien 1981 *(Anm: zum ANSchG)*

Glawischnig (Hrsg), Handbuch Arbeitsunfall – Prävention und Rechtsfolgen, Wien 2012

Heider/Schneeberger, ArbeitnehmerInnenschutzgesetz, Gesetze und Kommentare 163, 7. Auflage, Wien 2017

Kuntner/Waglechner, Eisenbahnrecht Band 1 (EisbG, AVO Verkehr, EisbAV), Gesetze und Kommentare 170, 4. Auflage, Wien 2022

Lang, Das neue ArbeitnehmerInnenschutzgesetz – ASchG, RdA 1994, 534

Lang/Novak/Piller/Kerschhagl (Hrsg), Handbuch ArbeitnehmerInnenschutzgesetz, Praxisgerechte Umsetzung der aktuellen Arbeitnehmerschutzbestimmungen im Betrieb; Loseblattausgabe, Wien, Grundwerk September 1995 (Stand: 1.5.2013)

Lechner-Thomann, Neues zum Arbeitnehmerschutz – Novellierung ASchG und ArbIG sowie zahlreiche Verordnungen, ASoK 2012, 332

Lindmayr, Handbuch zum Arbeitnehmerschutz, 5. Auflage, Wien 2007

Löschnigg (Hrsg), Arbeitsrecht, Gesetze und Kommentare Nr 129; 14. Auflage, Wien 2024

Marhold/Burgstaller/Preyer (Hrsg), Angestelltengesetz Kommentar, Wien 2023

Mayr, IV. Abschnitt Schutz der Arbeitnehmer, in: Österreichisches, europäisches und internationales Arbeitsrecht, Kommentar, Manz rdb.at, Wien (online 2007-2024)

Mazal/Risak, Das Arbeitsrecht – System- und Praxiskommentar, Loseblattausgabe, Wien, Grundwerk 2009 (Stand: 1.6.2013)

Mosler, Ausgewählte Rechtsfragen aus dem neuen ArbeitnehmerInnenschutzgesetz, RdA 1996, 361

Nöstlinger, Handbuch Arbeitnehmerschutz, Wien 2006

Resch, Zur Rechtsstellung der Arbeitnehmer nach dem ArbeitnehmerInnenschutzgesetz, in: *Tomandl* (Hrsg), Rechtsfragen des technischen Arbeitnehmerschutzes, Wiener Beiträge zum Arbeits- und Sozialrecht, Band 36, Wien 1997

Schramhauser/Haider, ArbeitnehmerInnenschutzgesetz, Gesetze und Kommentare 163, Wien 1995 *(Anm: zur ASchG-Stammfassung)*

Schrank, Arbeitsrecht und Sozialversicherungsrecht – Eine Gesamtdarstellung für die betriebliche Praxis; Loseblattausgabe, Graz, Grundwerk 1978 (Stand 1.7.2013)

Stärker, Arbeitnehmerschutz in Österreich, Ein Leitfaden zum Aufbau eines betriebsinternen Sicherheitssystems, Wien 1997

Stärker/Mazal/Risak (Hrsg), Das Arbeitsrecht, System und Praxiskommentar, 20. Lfg [Dezember 2012], IX/4.2.4.

Szymanski, In welchem Umfang gilt das ArbeitnehmerInnenschutzgesetz für den Bergbau? Berg- und hüttenmännische Monatshefte 2001/2, 41

Szymanski/Oberhauser/Marx, ArbeitnehmerInnenschutzgesetz ASchG, Kommentar, Wien/Graz 2004

II. Allgemeine Bestimmungen (1. Abschnitt)

ARD 5006/1/99: BMAGS, Zentral-Arbeitsinspektorat 60.010/20-3/98 vom 8.11.1998, ASoK 1999, 134

Bundesministerium für Arbeit, Gesundheit und Soziales (BMAGS), Freie Dienstnehmer gemäß § 4 Abs 4 ASVG, BMAGS 8.11.1998, 60.010/20-3/98 (Erlass), ASoK 1999, 130

Ercher-Lederer, Besserer Schutz für Leiharbeitskräfte – verstärkte Prävention psychischer Belastungen – levelling up, Sonderheft ZAS-Seminar 2012, ZAS 2013/19

Firlei, Alkohol am Arbeitsplatz Fragerecht, Verbote, Kontrollen, ZAS 2009/35

Glawischnig, Die Sicherheitsvertrauensperson im „neuen" ASchG – Unter besonderer Berücksichtigung der straf- und zivilrechtlichen Verantwortung, ZAS 1997, 12 (Teil I), ZAS 1997, 33 (Teil II)

Gruber, Freier Dienstvertrag und Arbeitsrecht – Arbeitsrechtliche Bestimmungen mit Auslandsbezug, ASoK 2000, 306

Höfle, Anwendung von arbeitsrechtlichen Vorschriften auf freie Dienstnehmer, ASoK 1999, 130

Janka/Wallisch, Arbeitnehmerschutz und Koordination – Inhalt und Umfang des § 8 ASchG, ZAS 2002, 161

Knallnig, Suchtmittel im Arbeitsalltag Alkohol, Suchtgifte, Medikamentenmissbrauch, ASoK 2010, 82

Mazal, Neue Mitteilungspflichten zugunsten überlassener Arbeitskräfte, ecolex 2013, 105

Mazal, Arbeitnehmerschutz durch Koordination bei Bauarbeiten, ecolex 1999, 481

Pichelmayer, Die neue KJBG-Verordnung Beschäftigungsverbote und -beschränkungen für Jugendliche, ASoK 1999, 99

Rauch, Pflichten des Beschäftigers von überlassenen Arbeitskräften, ASoK 2012, 402

Rauch, Sind Vorschriften des Arbeitgebers zu Bekleidung, Schmuck, Tätowierungen und Piercings zulässig? ASoK 2006, 327

Rauch, Verpflichtungen des Überlassers gegenüber dem Beschäftiger (Gewährleistung, Arbeitnehmerschutz, Schäden an Betriebsmitteln), ASoK 2005, 103

Risak, Verwirrungen um den Arbeitnehmer-Begriff des Arbeitnehmerschutzgesetzes, ecolex 1999, 43

Schlitzer, Die Umsetzung der Leiharbeitsrichtlinie, RL 2008/104/EG (Leiharbeits-RL), infas 2013, 9

Schrank, Auskunftspflichten bei Arbeitsunfällen, ZAS 2009/47

Trattner, Unterweisung nach Arbeitnehmerschutzgesetz, ASoK 2005, 289

III. Ermittlung und Beurteilung von Gefahren (Evaluierung)

AUVA, Evaluierung, Website der AUVA https://auva.at/praevention/sicher-arbeiten/evaluierung/ und https://www.eval.at/en/ (Downloads 26.2.2025)

AUVA, Arbeitsplatzevaluierung, www.eval.at, Wien 2005 (Onlinetool, AUVA in Kooperation mit WKO, AK)

Bundesministerium für Arbeit, Soziales und Konsumentenschutz (BMASK)/ Zentral-Arbeitsinspektorat, Österreichische Arbeitsschutzstrategie 2007-2012 (Arbeitsgruppe Stärkung von Bewusstsein für Sicherheit und Gesundheit bei der Arbeit); Leitfaden künstliche optische Strahlung, Evaluierung von biologischen Gefahren durch Lampen und Laser Leitfaden – Beurteilung nach Risikogruppen für Lampen und Klassen für Laser gemäß Stand der Technik ‚Beurteilungshilfen und Aufzählung der Gefahren, 2. Auflage, BMASK Wien 2013

Bundesministerium für Arbeit, Soziales und Konsumentenschutz (BMASK)/ Zentral-Arbeitsinspektorat, Bewertung der Evaluierung arbeitsbedingter psychischer Fehlbelastungen bei der Kontroll- und Beratungstätigkeit Leitfaden für die Arbeitsinspektion, eine Schwerpunktaktion im Rahmen der Arbeitsschutzstrategie, BMASK, Wien 2011

Bundesministerium für Arbeit und Wirtschaft (BMAW) – Website Arbeitsinspektion, Arbeitsplatzevaluierung psychischer Belastungen, https://www.arbeitsinspektion.gv.at/Gesundheit_im_Betrieb/psychische_Belastungen/Arbeitsplatzevaluierung_psychischer_Belastungen.html (Download 26.2.2025)

Heider, Substanzielle Änderungen im ASchG: Die Evaluierung psychischer Arbeitsbelastungen kommt, RdA 2013, 78

Hutterer (Hrsg); Praxishandbuch Evaluierung, Leitfaden zur Ermittlung, Beurteilung und Doklumentation betrieblicher Gefahren nach dem ArbeitnehmerInnenschutzgesetz; Loseblattausgabe, Wien, Grundwerk 1997 (Stand 1.4.2013)

Molnar/Heider/Weinke, Das neue ArbeitnehmerInnenschutzgesetz: Psychische Belastungen evaluieren bringt mehr Schutz der Psyche am Arbeitsplatz, infas 2013, 49

Novak, Die Berücksichtigung von Genderfragen im Sicherheits- und Gesundheitsschutz am Arbeitsplatz, ASoK 2009, 10

Novak, Evaluierung nach dem ArbeitnehmerInnenschutzgesetz – Eine Chance zur Verringerung der Folgekosten von Arbeitsunfällen und Berufskrankheiten, ASoK 1997, 306

Nöstlinger, Die Evaluierung gesundheitsgefährdender Arbeitsbelastungen in den Gesundheitsberufen, ÖZPR 2010/40

Österreichische Evaluierungsplattform (Gemeinschaftsprojekt der AUVA, der WKO und der AK mit freundlicher Unterstützung des ÖGB und der Industriellenvereinigung); Abteilung Unfallverhütung und Berufskrankheitenbekämpfung (HUB), AUVA (Projektleitung), Wien: https://www.eval.at/en/ (Download 26.2.2025)

Stärker, Gefahren-, Gesundheits- und Sittlichkeitsschutz für Kinder und Jugendliche – Gefahrenevaluierung auch nach dem KJBG, ASoK 2002, 18

Stärker, Muß der Arbeitnehmer an der Gefahrenermittlung und Beurteilung aktiv mitwirken? ASoK 1998, 65

Stärker, Die Evaluierungspflicht des Arbeitgebers, in: *Tomandl* (Hrsg), Rechtsfragen des technischen Arbeitnehmerschutzes, Wiener Beiträge zum Arbeits- und Sozialrecht, Band 36, Wien 1997

Stärker, Evaluierungspflichten im Mutterschutzgesetz, ecolex 1996, 694

Stärker, Methoden der Gefahrenermittlung am Arbeitsplatz, ecolex 1996, 690

IV. Arbeitsstätten, Erste Hilfe, Brandschutz (2. Abschnitt)

Geiger/Toppelreiter, Die Rolle des Brandschutzbeauftragten im Betrieb, ASoK 2010, 286

Piller/Heider, Arbeitsstättenverordnung, Gesetze und Kommentare 169, 5. Auflage, Wien 2019

Rauch, Erste Hilfe und Brandschutz in Arbeitsstätten, PVInfo 2/2010, 9

Schober/Stecher, Brandschutz im Unternehmen, Loseblattausgabe, Wien, Grundwerk 1999 (Stand 1.4.2013; *Hofbauer/Roth*)

Thomann, Neues aus dem Arbeitnehmerschutzrecht: Arbeitsstättenverordnung, Bauarbeiterschutzverordnung – Heimarbeitsgesetz – Auftraggeberhaftung, ASoK 2009, 420

Trattner, Prüfungen für Arbeitsstätten, ASoK 2006, 260
Trattner, Der Arbeitsraum, ASoK 2005, 189

V. Nichtraucherschutz

Arbeithuber, Rechtsfragen des Rauchens, Haftungsprobleme insbesondere bei jugendlichen Rauchern, ÖJZ 2005, 17
Egger, Schutz des Gastgewerbepersonals vor Tabakeinwirkung, RdA 2007, 64
Eichinger, Nichtraucherschutz im Arbeitsleben, RdW 1992, 344
Gerhartl, Arbeitsrechtliche Probleme des Raucherverhaltens Einarbeitung von Rauchpausen und Nichtraucherprämien, ASoK 2012, 162
Höfle, Tabakgesetz: Rauchen am Arbeitsplatz, ASoK 2005, 140, PV-Praxis 2/2005, 10 ff
Oberhofer, Judikatur-Update, Sonderheft ZAS-Seminar 2012, ZAS 2013/20 *(Anm: zu §§ 13, 13a Tabakgesetz)*
Posch, Rauch(er)entwarnung? – Ein weiterer Beitrag zum Nichtraucherschutz? ecolex 2005, 229
Rauch, Sind Rauch- bzw Alkoholverbote im Betrieb zulässig? ASoK 2002, 85
Reichmann/Sommersguter-Reichmann, Der Schutz von Angestellten in der Gastronomie vor Tabakrauch. Rechtliche Grundlagen und Schutz in der Praxis, ASoK 2011, 72
Resch, Atemluft am Arbeitsplatz, ecolex 1998, 154
Schäfer, Rauchen und Trinken erlaubt? – Auswirkungen am Arbeitsplatz und in der Gastronomie, FJ 2007, 186

VI. Arbeitsmittel (3. Abschnitt)

Piller, Die neue Arbeitsmittelverordnung – Ein weiterer Baustein der Neuregelungen des ArbeitnehmerInnenschutzrechtes, ASoK 2000, 378
Piller/Heider/Hutterer, Arbeitsmittelverordnung, Gesetze und Kommentare 176, 3. Auflage, Wien 2010

VII. Arbeitsstoffe (4. Abschnitt)

Bundesministerium für Arbeit und Soziales (BMAS) 2.8.1995, 68.000/9-4/95, Revidierung der MAK-Werte, ARD 4674/21/95
Gröss, EuGH bestätigt strengere Regelungen in Mitgliedsstaaten (Karzinogene-Richtlinie 89/655/EWG), ASoK 2000, 17
Liebenwein/Skrdla, Ausreichender Arbeitnehmerschutz im Umgang mit gefährlichen Arbeitsstoffen am Beispiel Zytostatika? RdM-ÖG 2007/8
Novak, Neues aus dem Arbeitnehmerschutzrecht – Aufsichtsbezirke der Arbeitsinspektorate – Grenzwerteverordnung – Baustellendatenbank, ASoK 2012, 54
Novak, Grenzwerteverordnung 2001 (GKV 2001), ASoK 2001, 357
Streithofer, Schutz der COVID-19-Risikogruppe, Teil 2: ArbeitnehmerInnenschutz und Arbeitsrecht – DRdA-infas 2020, 282

VIII. Arbeitsvorgänge (6. Abschnitt)

Bruckner/Novak/Piller, Verordnung Persönliche Schutzausrüstung (PSA-V), Gesetze und Kommentare 190, 2. Auflage, Wien 2018

Bundesministerium für Arbeit, Soziales und Konsumentenschutz (BMASK)/Zentral-Arbeitsinspektorat, Österreichische Arbeitsschutzstrategie 2007-2012 (Arbeitsgruppe: Stärkung von Bewusstsein für Sicherheit und Gesundheit bei der Arbeit); Leitfaden natürliche optische Strahlung UV-Strahlung im Freien, BMASK, Wien 2011

Bundesministerium für Arbeit, Soziales und Konsumentenschutz (BMASK)/ Zentral-Arbeitsinspektorat; Abschlussbericht Beurteilung manuelle Lastenhandhabung, ein Projekt der Arbeitsinspektion (*Kerschhagl/Pinsger*), BMASK, Wien 2001

Bundesministerium für Wirtschaft und Arbeit (BMWA)/Sektion Arbeitsrecht und Arbeitsinspektion, KODEX zur Lärmreduktion im Musik- und Unterhaltungssektor, Leitfaden zur Verordnung Lärm und Vibrationen – VOLV (*Kerschhagl*), BMWA, Wien 2007

Gröss, Richtlinie explosionsfähige Atmosphären und Richtlinie 2. Änderung der Karzinogenerichtlinie, ASoK 2000, 105

Huber, Lärmvorschriften in Österreich, ecolex 1999, 857

Lechner-Thomann, Neues zum Arbeitnehmerschutz: ESV 2012, Organisationsreform der Arbeitsinspektion und Änderung der ARG-VO, ASoK 2012, 332

Novak, Neues aus dem Arbeitnehmerschutzrecht Novellen zum ASchG und zum ArbIG sowie Erlassung der Nadelstichverordnung, ASoK 2013, 162

Novak, Neuerungen beim arbeitsschutzrechtlichen Fachkenntnisnachweis – Neue ASchG-Verordnung über den Nachweis der Fachkenntnisse für gefährliche Arbeiten (FK-V) und Novellen der Bühnen-FK-V, SFK-VO, BauV sowie sonstiger Fachkenntnisregelungen im Arbeitsschutzrecht, ASoK 2007, 101

Nöstlinger, Neue Nadelstichverordnung soll Unfallzahlen in Gesundheitsberufen senken, ÖZPR 2013/30

Schrank, Die Bedeutung der Ergonomie für das österreichische Arbeitsrecht, ZAS 1983, 212

Thomann, Neues zum Arbeitnehmerschutz: Durchführung von Arbeiten im Tagbau und Änderung der BauV, des ARG sowie der ARG-VO, ASoK 2011, 143

Thomann, Neues zum Arbeitnehmerschutz: Schutz vor optischer Strahlung und Betriebsvorschriften für Flüssiggas-Tankstellen, ASoK 2010, 332

IX. Bildschirmarbeitsplätze, Telearbeit

Andexlinger, Bildschirmarbeitsbrillen – Zum Kostenersatz seit 1.1.1995, ecolex 1995, 358

Breindl, EuGH: Erstes Urteil zur Bildschirm-Richtlinie (RL 90/270/EWG über die Mindestvorschriften bezüglich der Sicherheit), RdA 1997, 428

Burger-Ehrnhofer, Wer trägt die Kosten einer Bildschirmbrille? – Anmerkung zur Entscheidung OGH 6.9.2000, 9 Ob A 63/00f, RdW 2001/386

Gruber, Die Bildschirmarbeitsverordnung, ecolex 1999, 48

Gruber, Anmerkungen zu einigen Bestimmungen der Bildschirmarbeitsverordnung, ASoK 1998, 301

Gruber, Arbeitnehmerschutz bei Teleheimarbeit, ZAS 1998, 65

Gruber/Resch, Schutzpflichten des Arbeitgebers bei Bildschirmarbeit, EDVuR 1991, 39

Hauptverband der Sozialversicherungsträger (HVSVT), Kostenübernahme für Bildschirm-Arbeitsbrille sowie bei Augenuntersuchung – 26.09.1995, 32-54.107/95 Ch/Mm (Rundschreiben), ARD 4709/22/96

Korenjak, Aktuelle Entwicklungen im Arbeitnehmerschutzrecht, insb das neue Rauchverbot im Betrieb, ZAS 2018/26

Lang, Neue Bildschirmarbeitsverordnung, RdW 1998, 409

Löschnigg, Neuregelung der Bildschirmarbeit durch das ASchG 1994, EDVuR 1994, 61

Löschnigg, Die Kosten der Bildschirmarbeitsbrille Sozialrechtliche und arbeitsrechtliche Aspekte EDVuR 1/1986, 14

Löschnigg/Reissner, Zur rechtlichen Relevanz der ÖNORM über Bildschirmarbeitsplätze, ecolex 1991, 480

Marx, Digitalisierung und Arbeitsschutz – DRdA 2022, 165

Melzer-Azodanloo, Telearbeit in Österreich – rechtliche Bestandsaufnahme und Ausblicke, juridikum 2007, 152

Melzer-Azodanloo, Tele-Arbeitsrecht, Der virtuelle Arbeitsplatz: Formen, Bedingungen, Gefahren, Schriftenreihe der Arbeits- und Sozialrechtskartei Band 10, Wien 2001

Melzer-Azodanloo, Erster Kollektivvertrag für Tele-Arbeit – Angleichung an Normalarbeit, ASoK 1997, 349

Mosler, Bildschirmarbeit und Arbeitsrecht, Wien 1991

Mosler, Gebietet die Fürsorgepflicht die Rücksichtnahme auf die individuelle Disposition des Arbeitnehmers? – Anm zu OGH 10.7.1991, 9 Ob A 601/91 Bildschirmarbeitsbrille, wbl 1991, 378

Novak, Bildschirmarbeitsverordnung und §§ 67 f ASchG – Gestaltung von Bildschirmarbeitsplätzen im Arbeitnehmerschutzrecht, ASoK 1998, 242

Stärker, Technischer Arbeitnehmerschutz im Homeoffice bzw bei Tele-Heimarbeit, ecolex 2019, 658

Streithofer, Homeoffice: Vom Anlassfall Corona-Krise zu geregelten Verhältnissen – DRdA-infas 2020, 204

Streithofer, Die Bildschirmbrille im Arbeitnehmer:innenschutzrecht – DRdA-infas 2023, 408

X. Präventivdienste (7. Abschnitt)

Aigner/Kletečka/Kletečka-Pulker/Memmer, Handbuch Medizinrecht, Wien 2024

Aigner in *Stöger/Zahrl*, ÄrzteG – Ärztegesetz 1998, Kurzkommentar, Wien 2023

Bundesministerium für Arbeit und Wirtschaft (BMAW) – Website Arbeitsinspektion, Erlass GZ 2022-0.412.906 v 2.8.2022, ASchG Information zu Novellen ASchG (Arbeitsmedizinische Fachdienste) und AMZ-VO https://www.arbeitsinspektion.gv.at/Uebergreifendes/Uebergreifendes/Praeventivdienste.html (Download 26.2.2025)

Ercher-Lederer, Schaffung der rechtlichen Grundlagen für den Einsatz von arbeitsmedizinischen Fachdiensten zur Unterstütung von Arbeitsmedizinern, ASoK 2022, 256

Fischer/Palier, Gesundheitsförderung im Betrieb Eine rechtliche Analyse mit wirtschaftlichen Hintergründen, ZAS 2011/50

Graf-Schimek/Schuster, Arbeitsrechtliche Aspekte bei psychischen Erkrankungen dargestellt am Beispiel von Burnout, ZAS 2011/49

Hirtenlehner/Hemedinger/Irresberger, Belegschaftsorgane als Wegbereiter und Schrittmacher für betriebliche Gesundheitsförderung? – Eine empirische Untersuchung der Einstellung von Betriebsratsvorsitzenden zur Gesundheitsförderung in der Arbeitswelt, SozSi 2008, 34

Kellner/Gruber, Die neueste ASchG-Novelle – Begehungsmodell, Unternehmermodell, kostenlose Inanspruchnahme der AUVA-Präventionszentren, ecolex 1999, 110

Meggeneder, Betriebliche Gesundheitsförderung in Österreich – Ein Rückblick mit Perspektiven, SozSi 2002, 237

Novak, Mindesteinsatzzeiten für Sicherheitsfachkräfte und Arbeitsmediziner/innen (ab 51 AN in einer Arbeitsstätte), ASoK 1999, 129

Novak, Berechnung der Schlüsselzahlen nach dem ArbeitnehmerInnenschutzgesetz, ASoK 1997, 273

OGH 24.4.2012, 8 Ob A 31/114, Abberufung als Sicherheitsfachkraft ohne Befassung des Arbeitsschutzausschusses, RdW 2012/407, 542

Risak, Dienstverhinderung aufgrund psychischer und physischer Krankheiten. Eine kritische Analyse von Judikatur und Praxis, Sonderheft ZAS-Seminar 2011, ZAS 2012/23

Stärker, Arbeitsmedizin im Unternehmen, Wien 1998

Stärker, Zu den Facharztübergangsregelungen der Ärzte-Ausbildungsordnung – Darstellung am Beispiel des Facharztes für Arbeits- und Betriebsmedizin, ASoK 2001, 64

Stärker, Ausgewählte Fragen der arbeitsmedizinischen und sicherheitstechnischen Betreuung von Kleinbetrieben – Zur Bedeutung der vorrangigen Heranziehung von Präventivdiensten, ASoK 1999, 156

Stärker, Wer darf sicherheitstechnische und arbeitsmedizinische Betreuungen anbieten? ASoK 1998, 275

XI. Behörden, Verfahren (8. Abschnitt)

Davy, Betriebliche Anlagengenehmigung, Berufsschadensverhütung und technische Sachverständige, ZAS 1987, 37

Holzinger/Oberndorfer/Raschauer, Österreichische Verwaltungslehre, 3. Auflage, Wien 2013

Lang, Arbeitnehmerschutz im Betriebsanlagengenehmigungsverfahren – Verknüpfung von Gewerberecht, Arbeitnehmerschutz und Verfahrensrecht, ASoK 1998, 331

Thienel/Schulev-Steindl, Verwaltungsverfahrensrecht, 6. Auflage, Wien 2018

Thomann, Neues zum Arbeitnehmerschutz Änderung der Gewerbeordnung 1994, ASoK 2010, 367

Vogelmann, Berücksichtigung des Arbeitnehmerschutzes in Verfahren nach dem gewerblichen Betriebsanlagenrecht, ÖZW 1996, 1

XII. Verantwortlichkeit, Haftung (10. Abschnitt)

Albert (Hrsg), Haftungsminimierung und Absicherung, Wien, Loseblattausgabe, Grundwerk 2003

Andexlinger, Verantwortung von Arbeitnehmern für den Arbeitnehmerschutz, ecolex 1994, 185

Andexlinger, Doppelbestrafung nach dem ArbeitnehmerInnenschutzgesetz, ecolex 1997, 528

Danzl, Bemerkenswerte schadenersatzrechtliche Entscheidungen des OGH aus dem Jahr 2012 (2 Ob 174/11v 14.2.2012), ZVR 2013/42

Egglmeier-Schmolke, Haftung für Unfälle auf Baustellen, bbl 2007, 37 (Teil I), bbl 2007, 82 (Teil II)

Hanreich, Haftung bei Verletzung des Arbeitnehmerschutzes, in: *Tomandl* (Hrsg), Haftungsprobleme im Arbeitsverhältnis; Wiener Beiträge zum Arbeits- und Sozialrecht, Band 27, Wien 1991

Harrer, Arbeitsunfall und Gehilfenhaftung, Zak 2006/290

Karollus, Gedanken zur Stellung und zur straf- und zivilrechtlichen Verantwortlichkeit des Sicherheitstechnikers (§ 21 ANSchG), ZAS 1989, 158

Oberhofer, Judikatur-Update, Sonderheft ZAS-Seminar 2012, ZAS 2013/20

OGH 29.6.2009, 9 Ob A 141/08p, Dienstgeberhaftungsprivileg für Sicherheitsfachkräfte, RdW 2012/260

Reissner/Haider, Arbeitnehmer als verwaltungsstrafrechtlich verantwortliche Beauftragte. Voraussetzungen einer rechtswirksamen Bestellung, ASoK 2011, 366

Schwaighofer, Überlegungen zur Reichweite des innerstaatlichen „Doppelbestrafungsverbots" nach Art 4 Abs 1 7 ZPMRK, ÖJZ 2005/10

Stärker, Die verwaltungsstrafrechtliche Verantwortlichkeit im Unternehmen, ecolex 2004, 45

Szymanski, ArbeitnehmerInnen ohne Einfluss auf die Unternehmensführung als verantwortliche Beauftragte, Sonderheft aus Anlass des 65. Geburtstages von Klaus Firlei, Konrad Grillberger und Rudolf Müller, RdA 2012, 159

Trattner, Verantwortlichkeit im Arbeitnehmerschutz – Verwaltungsstrafrecht – gerichtliches Strafrecht – Zivilrecht, ASoK 2004, 320

Übersicht Rechtsvorschriften Arbeitnehmerschutz

Stand 1.3.2025

I. Sicherheitstechnischer-arbeitshygienischer Arbeitnehmerschutz – Bundesgesetze

- Bundesgesetz über Sicherheit und Gesundheitsschutz bei der Arbeit (**ArbeitnehmerInnenschutzgesetz – ASchG**), BGBl 1994/450 idF BGBl I 2024/56, in Kraft getreten: 1.1.1995
- Bauarbeitenkoordinationsgesetz (**BauKG**) BGBl I 1999/37 idF BGBl I 2016/72, in Kraft getreten: 1.7.1999

II. ASchG – Durchführungsverordnungen

- Verordnung über Sicherheit und Gesundheitsschutz auf Baustellen und auf auswärtigen Arbeitsstellen (**Bauarbeiterschutzverordnung – BauV**), BGBl 1994/340 idF BGBl II 2017/241, in Kraft getreten: 1.1.1995
- Verordnung über die **Geschäftsordnung des Arbeitnehmerschutzbeirates**, BGBl 1995/30 idF BGBl II 2012/215, in Kraft getreten: 1.1.1995
- Verordnung über die **Fachausbildung der Sicherheitsfachkräfte** und die Besonderheiten der sicherheitstechnischen Betreuung für den untertägigen Bergbau (**SFK-VO**), BGBl 1995/277 idF BGBl II 2017/226, in Kraft getreten: 1.6.1995
- Verordnung über die **Sicherheitsvertrauenspersonen (SVP-VO)**, BGBl 1996/172 idF BGBl II 2014/324, in Kraft getreten: 1.7.1996
- Verordnung über die **Sicherheits- und Gesundheitsschutzdokumente (DOK-VO)**, BGBl 1996/478 idF BGBl II 1997/53, in Kraft getreten: 11.9.1996
- Verordnung über **arbeitsmedizinische Zentren (AMZ-VO)**, BGBl 1996/441 idF BGBl II 2018/22, in Kraft getreten: 1.1.1997
- Verordnung über die **Gesundheitsüberwachung am Arbeitsplatz 2024** (VGÜ), BGBl II 1997/27 idF BGBl II 2024/330, in Kraft getreten: 1.3.1997 (Nachtarbeitsuntersuchungen 1.2.1997)
- Verordnung über die Sicherheits- und Gesundheitsschutzkennzeichnung (**Kennzeichnungsverordnung – KennV**), BGBl II 1997/101 idF BGBl II 2015/184, in Kraft getreten: 1.7.1997
- Verordnung über den Schutz der Arbeitnehmer/innen bei Bildschirmarbeit (**Bildschirmarbeitsverordnung – BS-V**), BGBl II 1998/124, in Kraft getreten: 1.5.1998
- Verordnung über den Schutz der Arbeitnehmer/innen gegen Gefährdung durch biologische Arbeitsstoffe (**Verordnung biologische Arbeitsstoffe – VbA**), BGBl II 1998/237 idF BGBl II 2024/294, in Kraft getreten: 1.11.1998
- Verordnung, mit der Anforderungen an Arbeitsstätten und an Gebäuden auf Baustellen festgelegt werden (**Arbeitsstättenverordnung – AStV**), BGBl II 1998/368 idF BGBl II 2017/309, in Kraft getreten: 1.1.1999

- Verordnung über **sicherheitstechnische Zentren (STZ-VO)**, BGBl II 1998/450 idF BGBl II 2013/210, in Kraft getreten: 1.1.1999
- Verordnung über den Schutz der ArbeitnehmerInnen bei der Benutzung von Arbeitsmitteln (**Arbeitsmittelverordnung – AM-VO**), BGBl II 2000/164 idF BGBl II 2024/330, in Kraft getreten: 1.7.2000
- Verordnung über Grenzwerte für Arbeitsstoffe sowie über sowie über gefährliche Arbeitsstoffe (**Grenzwerteverordnung 2024 – GKV**), BGBl II 2001/253 idF BGBl II 2024/330, in Kraft getreten: 1.10.2001
- Verordnung über den Nachweis der Fachkenntnisse für die Vorbereitung und Organisation von **bühnentechnischen und beleuchtungstechnischen Arbeiten (Bühnen-FK-V)**, BGBl II 2003/403 idF BGBl II 2017/226, in Kraft getreten: 1.1.2004 (Arbeitgeberpflichten) bzw 1.10.2003 (Ausbildungseinrichtungen)
- Verordnung über den Schutz der Arbeitnehmer/innen vor explosionsfähigen Atmosphären (**Verordnung explosionsfähige Atmosphären – VEXAT**), BGBl II 2004/309 idF BGBl II 2015/186, in Kraft getreten: 1.8.2004
- Verordnung über die Sicherheit und den Gesundheitsschutz der Arbeitnehmer/innen bei der Durchführung von Sprengarbeiten (**Sprengarbeitenverordnung – SprengV**), BGBl II 2004/358 idF BGBl II 2023/368, in Kraft getreten: 1.10.2004
- Verordnung über den Schutz der Arbeitnehmer/innen bei der Durchführung von Bohr- und Behandlungsarbeiten (**Bohrarbeitenverordnung – BohrarbV**), BGBl II 2005/140 idF BGBl II 2024/330, in Kraft getreten: 25.5.2005
- Verordnung über den Schutz der Arbeitnehmer/innen vor der Gefährdung durch Lärm und Vibrationen (**Verordnung Lärm und Vibrationen – VOLV**), BGBl II 2006/22 idF BGBl II 2009/302, in Kraft getreten: 26.1.2006
- Verordnung über den Nachweis der Fachkenntnisse (**Fachkenntnisnachweis-Verordnung – FK-V**), BGBl II 2007/13 idF BGBl II 2017/226, in Kraft getreten: 1.2.2007
- Verordnung über den Schutz der Arbeitnehmer/innen vor der Einwirkung durch optische Strahlung (**Verordnung optische Strahlung – VOPST**), BGBl II 2010/221, in Kraft getreten: 9.7.2010
- Verordnung über den Schutz der Arbeitnehmer/innen bei der Durchführung von Arbeiten im Tagbau (**Tagbauarbeitenverordnung – TAV**), BGBl II 2010/416 idF BGBl II 2024/330, in Kraft getreten: 1.1.2011
- Verordnung über den Schutz der Sicherheit und der Gesundheit der Arbeitnehmer/innen vor Gefahren durch den elektrischen Strom (**Elektroschutzverordnung 2012 – ESV 2012**), BGBl II 2012/33, in Kraft getreten: 1.3.2012
- Verordnung vor Verletzungen durch scharfe oder spitze medizinische Instrumente (**Nadelstichverordnung – NastV**), BGBl II 2013/16, in Kraft getreten: 11.5.2013

- Verordnung über den Schutz der Arbeitnehmer/innen durch persönliche Schutzausrüstung (**Verordnung Persönliche Schutzausrüstung – PSA-V**), BGBl II 2014/77, in Kraft getreten: 1.5.2014
- Verordnung über den Schutz der Arbeitnehmer/innen vor der Einwirkung durch elektromagnetische Felder (**Verordnung elektromagnetische Felder – VEMF**), BGBl II 2016/179, in Kraft getreten: 1.8.2016

III. ASchG-Verordnungen für den Arbeitsschutz im Verkehrsbereich

- Verordnung über den Schutz von ArbeitnehmerInnen im Bereich von Gleisen (**Eisenbahn-ArbeitnehmerInnenschutzverordnung – EisbAV**), BGBl II 1999/384 idF BGBl II 2020/483 und BGBl II 2021/471 (VFB), in Kraft getreten: 1.1.2000
- Schifffahrt-ArbeitnehmerInnenschutzverordnung (SchiffAV), BGBl II 2009/260 idF BGBl II 2012/215, in Kraft getreten: 1.9.2009
- Verordnung über die Berücksichtigung der Erfordernisse des ArbeitnehmerInnenschutzes und über den Nachweis der Einhaltung in Genehmigungsverfahren des Verkehrswesens (**Arbeitnehmerschutzverordnung Verkehr 2017 – AVO Verkehr 2017**), BGBl II 2012/17 idF BGBl II 2021/490, in Kraft getreten: 24.1.2012
- Verordnung über den Schutz von ArbeitnehmerInnen in der Luftfahrt (**Luftfahrt-ArbeitnehmerInnenschutzverordnung – LuftAV**), BGBl II 2019/185 idF BGBl II 2023/368, in Kraft getreten: 3.7.2019

IV. Verordnungen – GewO 1994 und ASchG ua Bundesgesetze

- Verordnung über Lagerung, Abfüllung, Umfüllung und Verwendung von Flüssiggas (**Flüssiggas-Verordnung 2002 – FGV**), BGBl II 2002/446, in Kraft getreten: 1.7.2003
- Verordnung über die Ausstattung und Betriebsweise von gewerblichen Betriebsanlagen zum Betrieb von Flüssiggas-Tankstellen 2010 (**Flüssiggas-Tankstellen-Verordnung 2010 – FGTV 2010**), BGBl II 2010/247, in Kraft getreten: 1.8.2010
- Verordnung über die Lagerung von Aerosolpackungen in gewerblichen Betriebsanlagen (**Aerosolpackungslagerungsverordnung – APLV**), BGBl II 2018/347, in Kraft getreten: 1.1.2019
- Verordnung über die Lagerung brennbarer Flüssigkeiten 2023 (**Verordnung über brennbare Flüssigkeiten 2023 – VbF 2023**), BGBl II 2023/45 idF 2024/141, in Kraft getreten: 1.3.2023

V. ASchG – vorläufig übergeleitete Rechtsvorschriften (Weitergeltung)

- Kälteanlagenverordnung, BGBl 1969/305 idF BGBl 1994/450
- Druckluft- und Taucherarbeiten-Verordnung, BGBl 1973/501 idF BGBl II 2018/100

- Verordnung über die Betriebsbewilligung nach dem Arbeitnehmerschutzgesetz, BGBl 1976/116 idF BGBl 1994/450
- Verordnung über allgemeine Vorschriften zum Schutz des Lebens, der Gesundheit und der Sittlichkeit der Arbeitnehmer (Allgemeine Arbeitnehmerschutzverordnung (AAV), BGBl 1983/218 idF BGBl II 2024/330

VI. Für den sicherheitstechnisch-arbeitshygienischen Arbeitnehmerschutz relevante Rechtsvorschriften (Auswahl)

- Abfallwirtschaftsgesetz 2002 (AWG 2002), BGBl I 2002/102
- Allgemeines Sozialversicherungsgesetz (ASVG), BGBl 1955/189
- Apothekengesetz, RGBl 1907/5
- Ärztegesetz 1998 (ÄrzteG), BGBl I 1998/169
- Arbeit und Gesundheit-Gesetz (AGG), BGBl I 2010/111
- Arbeitskräfteüberlassungsgesetz (AÜG), BGBl 1988/196
- Arbeitsverfassungsgesetz (ArbVG), BGBl 1974/22
- Aufzüge-Sicherheitsverordnung 2015 (ASV 2015), BGBl II 2015/218
- Arbeitsvertragsrechts-Anpassungsgesetz (AVRAG), BGBl 1993/459
- Behinderteneinstellungsgesetz (BEinstG), BGBl 1970/22
- Bauarbeiter-Urlaubs- und Abfertigungsgesetz, BGBl 1972/414
- Biozidproduktegesetz (BiozidprodukteG), BGBl I 2013/105
- Bundes-Bedienstetenschutzgesetz (B-BSG), BGBl I 1999/70 mit Durchführungsverordnungen für den Bedienstetenschutz in Dienststellen des Bundes mit Ausnahme von Betrieben des Bundes
- Bundesgesetz über Krankenanstalten und Kuranstalten (KAKuG), BGBl 1957/1
- Chemikaliengesetz 1996 (ChemG 1996), BGBl I 1997/53
- Chemikalien-Verbotsverordnung 2003 (ChemVerbotsV 2003), BGBl II 2003/477
- Datenschutzgesetz (DSG), BGBl I 1999/165
- Druckbehälter-Aufstellungs-Verordnung (DBA-VO), BGBl II 1998/361
- Druckgeräteverordnung (DGVO), BGBl II 1999/426
- Einfache Druckbehälter-Verordnung, BGBl 1994/388
- Eisenbahngesetz 1957 (EisbG), BGBl 1957/60
- Elektrotechnikgesetz 1992 (ETG), BGBl 1993/106
- Elektrizitätswirtschafts- und -organisationsgesetz 2010 (ElWOG 2010), BGBl I 2010/110
- Elektrotechnikverordnung 2020 (ETV 2020), BGBl II 2020/308
- Emissionsschutzgesetz für Kesselanlagen, BGBl I 2013/127
- Explosionsschutzverordnung 2015, BGBl II 2016/52
- Flurförderzeuge-Sicherheitsverordnung (FSV), BGBl 1994/307
- Formaldehydverordnung, BGBl 1990/194
- Gasgeräte-Sicherheitsverordnung (GSV), BGBl 1994/430
- Gaswirtschaftsgesetz 2011 (GWG 2011), BGBl I 2011/107

- Genehmigungsfreistellungsverordnung, BGBl II 1999/20
- 2. Genehmigungsfreistellungsverordnung, BGBl II 2015/80
- Gesundheits- und Krankenpflegegesetz (GuKG), BGBl I 1997/108
- Gewerbeordnung 1994 (GewO 1994), BGBl 1994/194
- Giftverordnung 2000, BGBl II 2001/24
- Hausgehilfen- und Hausangestelltengesetz, BGBl 1962/235
- Hebeanlagen-Betriebsverordnung 2009 (HBV 2009), BGBl II 2009/210
- Kraftfahrgesetz 1967 (KFG 10967), BGBl 1967/267
- Krankenanstalten- und Kuranstaltengesetz (KAKuG), BGBl 1957/1
- Landarbeitsgesetz 2021 (LAG 2021), BGBl I 2021/78, mit Durchführungsverordnungen über das Arbeitsrecht und den Arbeitsschutz in der Land- und Forstwirtschaft
- Lohn- und Sozialdumping-Bekämpfungsgesetz (LSD-BG), BGBl I 2016/44
- Luftfahrtgesetz 1957 (LFG), BGBl 1957/253
- Maschinen – Inverkehrbringungs- und NotifizierungsG (MING), BGBl I 2015/77
- Maschinen-Sicherheitsverordnung 2010 (MSV 2010), BGBl II 2008/282
- Medizinische Assistenzberufe-Gesetz (MABG), BGBl I 2012/89
- Medizinproduktegesetz 2021 (MPG 2021), BGBl I 2021/122
- Mineralrohstoffgesetz (MinroG), BGBl I 1999/38
- Niederspannungsgeräte-Verordnung 1995 (NspGV 1995), BGBl 1995/51
- Ortsbewegliche Druckgeräteverordnung 2011 (ODGVO), BGBl II 2011/239
- Pflanzenschutzmittelgesetz 2011, BGBl I 2011/10
- Pflanzenschutzmittelverordnung 2011, BGBl II 2011/233
- Psychologengesetz 2013 (PlG 2013), BGBl I 2013/182
- Rohrleitungsgesetz, BGBl 1975/411
- Schifffahrtsgesetz BGBl I 1997/62
- Schutzaufbauten-Sicherheitsverordnung (SSV), BGBl 1994/308
- Schwerarbeitsverordnung, BGBl II 2006/104
- Seilbahngesetz 2003 (SeilbG 2003), BGBl I 2003/103
- Sozialbetrugsbekämpfungsgesetz (SBBG), BGBl I 2015/113
- Sprengmittelgesetz 2010 (SprG), BGBl I 2009/121
- Starkstromwegegesetz, BGBl 1968/70
- Strahlenschutzgesetz 2020 (StrSchG 2020), BGBl I 2020/50
- Verbot des Inverkehrbringens einer Persönlichen Schutzausrüstung (PSA), Kundmachung BGBl II 2007/171
- Verordnung (EG) 1907/2006 (REACH)
- Verordnung (EG) 1272/2008 (CLP-Verordnung)
- Versandbehälterverordnung 2002 (VBV 2002), BGBl II 2002/202
- Verordnung über die Aufstellung und den Betrieb von Dampfkesseln (ABV), BGBl 1995/353
- Wasserrechtsgesetz 1959 (WRG 1959), BGBl 1959/215

VII. Verwendungsschutzrecht

- Kinder- und Jugendlichen-Beschäftigungsgesetz 1987 (KJBG), BGBl 1987/599
- Verordnung über Beschäftigungsverbote und -beschränkungen für Jugendliche (KJBG-VO), BGBl II 1998/436
- Mutterschutzgesetz 1979 (MSchG), BGBl 1979/221
- Mutterschutzverordnung (MSchV), BGBl II 2017/310
- Bäckereiarbeiter/innengesetz 1996 (BäckAG), BGBl 1996/410
- Heimarbeitsgesetz 1960, BGBl 1961/105
- Arbeitszeitgesetz (AZG), BGBl 1969/461
- Krankenanstalten-Arbeitszeitgesetz (KA-AZG), BGBl I 1997/8
- Theaterarbeitsgesetz, BGBl I 2010/100
- Arbeitsruhegesetz (ARG), BGBl 1983/144
- Arbeitsruhegesetz-Verordnung (ARG-VO), BGBl 1984/149
- Nachtschwerarbeitsgesetz (NSchG), BGBl 1981/354
- Fahrtenbuchverordnung (FahrtbV), BGBl 1975/461
- Wochenberichtsblatt-Verordnung, BGBl 1987/420
- Lenker/innen-Ausnahmeverordnung (L-AVO), BGBl II 2010/10
- Lenkprotokoll-Verordnung (LP-VO), BGBl II 2017/313
- Verordnung (EG) 561/2006 zur Harmonisierung bestimmter Sozialvorschriften im Straßenverkehr
- Verordnung (EU) 165/2014 über Fahrtenschreiber im Straßenverkehr

VIII. Arbeitsaufsicht (Bundesrecht)

- Arbeitsinspektionsgesetz 1993 (ArbIG), BGBl 1993/27 idF BGBl I 2024/110, in Kraft getreten: 1.4.1993 (für die Aufsicht über die Einhaltung des Bundesbedienstetenschutzes in Dienststellen des Bundes: § 88 Bundes-Bedienstetenschutzgesetz – B-BSG, BGBl I 1999/70, in Kraft getreten: 1.6.1999)
- Verordnung über die Aufsichtsbezirke und den Wirkungsbereich der Arbeitsinspektorate (Verordnung Arbeitsinspektorate– AiatV), BGBl 1993/237 idF BGBl II 2023/305, in Kraft getreten: 1.4.1993

Hinweise:

Österreichische Rechtsvorschriften sind in konsolidierter geltender Fassung im Rechtsinformationssystem des Bundes abrufbar: www.ris.bka.gv.at/Bund, www.ris.bka.gv.at/Land/, www.ris.bka.gv.at/Gemeinde/

Auf der Website der Arbeitsinspektion sind Rechtsvorschriften zum Teil in kommentierter Fassung verfügbar, va bestimmte ASchG-Durchführungsverordnungen: https://www.arbeitsinspektion.gv.at/Service/Rechtsvorschriften/Rechtsvorschriften.html

Abkürzungsverzeichnis Rechtsvorschriften

AAV	Allgemeine Arbeitnehmerschutzverordnung
ABV	Verordnung über die Aufstellung und den Betrieb von Dampfkesseln
ADSV	Allgemeine Dienstnehmerschutzverordnung, außer Kraft
AGG	Arbeit und Gesundheit-Gesetz
ÄrzteG	Ärztegesetz 1998
AMGSV	Allgemeine Maschinen- und Geräte-Sicherheitsverordnung, außer Kraft
AM-VO	Arbeitsmittelverordnung
AMZ-VO	Verordnung über arbeitsmedizinische Zentren
AngG	Angestelltengesetz
ArbVG	Arbeitsverfassungsgesetz
ANSchG	Arbeitnehmerschutzgesetz 1972, außer Kraft
ANS-RG	Arbeitnehmerschutz-Reformgesetz
APLV	Aerosolpackungs-Lagerungsverordnung
ArbIG	Arbeitsinspektionsgesetz 1993
ARG	Arbeitsruhegesetz
ARG-VO	Arbeitsruhegesetz-Verordnung
ASchG	ArbeitnehmerInnenschutzgesetz
AStV	Arbeitsstättenverordnung
ASV 2015	Aufzüge-Sicherheitsverordnung 2015
ASVG	Allgemeines Sozialversicherungsgesetz
AuslBG	Ausländerbeschäftigungsgesetz
AÜG	Arbeitskräfteüberlassungsgesetz
AVO Verkehr 2017	Arbeitnehmerschutzverordnung Verkehr 2017
AVRAG	Arbeitsvertragsrechts-Anpassungsgesetz
AWG 2002	Abfallwirtschaftsgesetz 2002
AZG	Arbeitszeitgesetz
BauKG	Bauarbeitenkoordinationsgesetz
BauV	Bauarbeiterschutzverordnung
BäckAG 1996	Bäckereiarbeiter/innengesetz 1996
B-BSG	Bundes-Bedienstetenschutzgesetz
BEinstG	Behinderteneinstellungsgesetz
BIG	Bundesimmobiliengesetz
BiozidprodukteG	Biozidproduktegesetz

BohrarbV	Bohrarbeitenverordnung
BPV-Elektrotechnik	Bergpolizeiverordnung für Elektrotechnik
Bühnen-FK-V	Verordnung Nachweis Fachkenntnisse bühnentechnische und beleuchtungstechnische Arbeiten
BS-V	Bildschirmarbeitsverordnung
ChemG 1996	Chemikaliengesetz 1996
ChemVerbotsV 2003	Chemikalien-Verbotsverordnung 2003
CLP-Verordnung	Verordnung (EG) 1272/2008 (Classification, Labelling and Packaging), EU-Chemikalienverordnung
DBA-VO	Druckbehälter-Aufstellungs-Verordnung
DGPLV 2002	Druckgaspackungslagerungsverordnung 2002, außer Kraft
DGVO	Druckgeräteverordnung, außer Kraft
DDGV	Duale Druckgeräteverordnung
DHG	Dienstnehmerhaftpflichtgesetz
DOK-VO	Verordnung über die Sicherheits- und Gesundheitsschutzdokumente
DSG	Datenschutzgesetz
EisbAV	Eisenbahn-ArbeitnehmerInnenschutzverordnung
EisbG	Eisenbahngesetz 1957
ElWOG 2010	Elektrizitätswirtschafts- und -organisationsgesetz 2010
ESV 2012	Elektroschutzverordnung 2012
ETG	Elektrotechnikgesetz 1992
ETV 2020	Elektrotechnikverordnung 2020
FahrtbV	Fahrtenbuchverordnung
FGV	Flüssiggas-Verordnung 2002
FGTV 2010	Flüssiggas-Tankstellen-Verordnung 2010
FK-V	Fachkenntnisnachweis-Verordnung
FSV	Flurförderzeuge-Sicherheitsverordnung, außer Kraft
GewO 1994	Gewerbeordnung 1994
GHS	Globally Harmonised System of Classification and Labelling of Chemicals (EU)
GKV	Grenzwerteverordnung 2024
GSV	Gasgeräte-Sicherheitsverordnung, außer Kraft
GuKG	Gesundheits- und Krankenpflegegesetz
GWG 2011	Gaswirtschaftsgesetz 2011
HBV 2009	Hebeanlagen-Betriebsverordnung 2009
IESG	Insolvenz-Entgeltsicherungsgesetz

KA-AZG	Krankenanstalten-Arbeitszeitgesetz
KAKuG	Krankenanstalten- und Kuranstaltengesetz
KennV	Kennzeichnungsverordnung
KFG 1967	Kraftfahrgesetz 1967
KJBG	Kinder- und Jugendlichen-Beschäftigungsgesetz 1987
KJBG-VO	Verordnung über Beschäftigungsverbote und -beschränkungen für Jugendliche
L-AVO	Lenker/innen-Ausnahmeverordnung
LAG	Landarbeitsgesetz 1984, außer Kraft
LAG	Landarbeitsgesetz 2021
LFG	Luftfahrtgesetz
LP-VO	Lenkprotokoll-Verordnung
LSD-BG	Lohn- und Sozialdumping-Bekämpfungsgesetz
LuftAV	Luftfahrt-ArbeitnehmerInnenschutzverordnung
MABG	Medizinische Assistenzberufe-Gesetz
MPG 2021	Medizinproduktegesetz 2021
MING	Maschinen – Inverkehrbringungs- und NotifizierungsG
MinroG	Mineralrohstoffgesetz
MSchG	Mutterschutzgesetz 1979
MSchV	Mutterschutzverordnung
MSV 2010	Maschinen-Sicherheitsverordnung 2010
MSVV	Maschinen-Schutzvorrichtungsverordnung, außer Kraft
NastV	Nadelstichverordnung
NSchG	Nachtschwerarbeitsgesetz
NspGV 2015	Niederspannungsgeräte-Verordnung 2015
ODGV 2011	Ortsbewegliche Druckgeräteverordnung 2011
PlG 2013	Psychologengesetz 2013
PSA-V	Verordnung Persönliche Schutzausrüstung
REACH-Verordnung	Verordnung (EG) 1907/2006 (Registration, Evaluation, Authorisation and Restriction of Chemicals), EU-Chemikalienverordnung
SBBG	Sozialbetrugsbekämpfungsgesetz
SchiffAV	Schifffahrt-ArbeitnehmerInnenschutzverordnung
SeilbG 2003	Seilbahngesetz 2003
SFK-VO	Verordnung Fachausbildung Sicherheitsfachkräfte
SprG	Sprengmittelgesetz 2010
SprengV	Sprengarbeitenverordnung

SSV	Schutzaufbauten-Sicherheitsverordnung, außer Kraft
StrSchG 2020	Strahlenschutzgesetz 2020
STZ-VO	Verordnung über sicherheitstechnische Zentren
SVP-VO	Verordnung über die Sicherheitsvertrauenspersonen
TAV	Tagbauarbeitenverordnung
UG	Universitätsgesetz 2002
VAIG 1994	Bundesgesetz Verkehrs-Arbeitsinspektion, außer Kraft
VbA	Verordnung biologische Arbeitsstoffe
VbF 2023	Verordnung brennbare Flüssigkeiten 2023
VBV 2011	Versandbehälterverordnung 2011
VEMF	Verordnung elektromagnetische Felder
VEXAT	Verordnung explosionsfähige Atmosphären
VGÜ	Verordnung über die Gesundheitsüberwachung am Arbeitsplatz 2024
VOLV	Verordnung Lärm und Vibrationen
VOPST	Verordnung optische Strahlung
ZDG	Zivildienstgesetz 1986

Bundesgesetz über Sicherheit und Gesundheitsschutz bei der Arbeit (ArbeitnehmerInnenschutzgesetz – ASchG)

BGBl 1994/450 (NR: GP 18. RV 1590 AB 1671 S 166. BR: AB 4794 S 587)

[CELEX-Nr.: 378L0610, 380L1107, 388L0642, 391L0322, 382L0605, 383L0477, 391L0382, 386L0188, 388L0364, 389L0391, 389L0654, 389L0655, 389L0656, 390L0269, 390L0270, 390L0394, 390L0679, 391L0383, 392L0057, 392L0058 und 392L0104]

Änderungen:

BGBl 1995/457 (DFB)

BGBl I 1997/9 (NR: GP 20. RV 461 AB 539 S 53. BR: AB 5360 S 620)

BGBl I 1997/47 (NR: GP 20. RV 550 AB 623 S 66. BR: AB 5404 S 624)

BGBl II 1998/237 (V)

BGBl II 1998/368 (V)

BGBl I 1999/12 (NR: GP 20. RV 1449 AB 1485 S 149. BR: AB 5830 S 647)

BGBl I 1999/36 (NR: GP 20. RV 1428 und Zu 1428 AB 1527 S 152. BR: 5817 AB 5818 S 647)

BGBl I 1999/38 (NR: GP 20. RV 1428 und Zu 1428 AB 1527 S 152. BR: 5817 AB 5818 S 647)

BGBl I 1999/70 (NR: GP 20. RV 1574 AB 1662 S 162. BR: 5900 AB 5903 S 653)

BGBl II 2000/164 (V)

BGBl II 2001/253 (V)

BGBl I 2001/136 (NR: GP 21. RV 742 AB 824 S 81. BR: 6458 AB 6459 S 681)

BGBl I 2001/159 (NR: GP 21. RV 802 AB 898 S 85. BR: 6495 AB 6529 S 682)

BGBl II 2004/309 (V)

BGBl II 2006/22 (V)

BGBl II 2006/242 (V)

BGBl I 2006/113 (NR: GP 22. RV 1410 AB 1549 S 150. BR: AB 7584 S 736)

BGBl I 2006/147 (NR: GP 22. RV 1559 AB 1599 S 158. BR: AB 7627 S 737)

BGBl II 2007/13 (V)

BGBl II 2010/221 (V)

BGBl I 2011/51 (NR: GP 24. RV 1221 AB 1300 S 114. BR: 8523 AB 8554 S 799)

BGBl II 2012/86 (V)

BGBl I 2012/35 (NR: GP 24. RV 1685 AB 1708 S 148. BR: 8686 AB 8688 S 806)

BGBl I 2012/50 (NR: GP 24. RV 1726 AB 1757 S 153. BR: AB 8715 S 808)

BGBl I 2012/98 (NR: GP 24. RV 1903 AB 1947 S 173. BR: AB 8803 S 814)

BGBl I 2012/118 (NR: GP 24. RV 1983 AB 2024 S 184. BR: AB 8854 S 816)

BGBl I 2013/71 (NR: GP 24. RV 2193 AB 2226 S 194. BR: AB 8934 S 819)

BGBl I 2014/94 (NR: GP 25. RV 319 AB 334 S 51. BR: AB 9260 S 836)
BGBl I 2015/60 (NR: GP 25. RV 528 AB 569 S 70. BR: AB 9365 S 841)
BGBl I 2016/72 (NR: GP 25. RV 1185 AB 1220 S 136. BR: AB 9618 S 856)
BGBl I 2017/40 (NR: GP 25. RV 1457 AB 1569 S 171. BR: 9747 AB 9752 S 866)
BGBl I 2017/126 (NR: GP 25. IA 2228/A AB 1689 S 190. BR: AB 9833 S 871)
BGBl I 2018/100 (NR: GP 26. RV 329 AB 413 S 57. BR: 10079 AB 10082 S 888)
BGBl I 2022/115 (NR: GP 27. RV 1510 AB 1600 S 167. BR: AB 11031 S 943)
BGBl I 2024/56 (NR: GP 27. RV 2510 AB 2543 S 262. BR: AB 11491 S 967)

INHALTSVERZEICHNIS

1. Abschnitt: Allgemeine Bestimmungen

§ 1. Geltungsbereich
§ 2. Begriffsbestimmungen
§ 3. Allgemeine Pflichten der Arbeitgeber
§ 4. Ermittlung und Beurteilung der Gefahren Festlegung von Maßnahmen (Arbeitsplatzevaluierung)
§ 5. Sicherheits- und Gesundheitsschutzdokumente
§ 6. Einsatz der Arbeitnehmer
§ 7. Grundsätze der Gefahrenverhütung
§ 8. Koordination
§ 9. Überlassung
§ 10. Bestellung von Sicherheitsvertrauenspersonen
§ 11. Aufgaben und Beteiligung der Sicherheitsvertrauenspersonen
§ 12. Information
§ 13. Anhörung und Beteiligung
§ 14. Unterweisung
§ 15. Pflichten der Arbeitnehmer
§ 16. Aufzeichnungen und Berichte über Arbeitsunfälle
§ 17. Instandhaltung, Reinigung, Prüfung
§ 18. Verordnungen

2. Abschnitt: Arbeitsstätten und Baustellen

§ 19. Anwendungsbereich
§ 20. Allgemeine Bestimmungen über Arbeitsstätten und Baustellen
§ 21. Arbeitsstätten in Gebäuden
§ 22. Arbeitsräume
§ 23. Sonstige Betriebsräume
§ 24. Arbeitsstätten im Freien und Baustellen
§ 25. Brandschutz und Explosionsschutz
§ 26. Erste Hilfe
§ 27. Sanitäre Vorkehrungen in Arbeitsstätten
§ 28. Sozialeinrichtungen in Arbeitsstätten
§ 29. Sanitäre Vorkehrungen und Sozialeinrichtungen auf Baustellen
§ 30. Nichtraucher/innenschutz
§ 31. Schwimmkörper, schwimmende Anlagen und Geräte, Verkehrsmittel
§ 32. Verordnungen über Arbeitsstätten und Baustellen

3. Abschnitt: Arbeitsmittel

§ 33. Allgemeine Bestimmungen über Arbeitsmittel
§ 34. Aufstellung von Arbeitsmitteln
§ 35. Benutzung von Arbeitsmitteln
§ 36. Gefährliche Arbeitsmittel
§ 37. Prüfung von Arbeitsmitteln
§ 38. Wartung von Arbeitsmitteln
§ 39. Verordnungen über Arbeitsmittel

4. Abschnitt: Arbeitsstoffe

§ 40. Gefährliche Arbeitsstoffe
§ 41. Ermittlung und Beurteilung von Arbeitsstoffen
§ 42. Ersatz und Verbot von gefährlichen Arbeitsstoffen
§ 43. Maßnahmen zur Gefahrenverhütung
§ 44. Kennzeichnung, Verpackung und Lagerung
§ 45. Grenzwerte
§ 46. Messungen
§ 47. Verzeichnis der Arbeitnehmer
§ 48. Verordnungen über Arbeitsstoffe

5. Abschnitt: Gesundheitsüberwachung

§ 49. Eignungs- und Folgeuntersuchungen
§ 50. Untersuchungen bei Lärmeinwirkung
§ 51. Sonstige besondere Untersuchungen
§ 52. Durchführung von Eignungs- und Folgeuntersuchungen
§ 52a. Elektronische Übermittlung von Befund samt Beurteilung
§ 53. Überprüfung der Beurteilung
§ 54. Bescheide über die gesundheitliche Eignung
§ 55. Durchführung von sonstigen besonderen Untersuchungen
§ 56. Ermächtigte Ärzte und Ärztinnen
§ 57. Kosten der Untersuchungen
§ 58. Pflichten der Arbeitgeber
§ 59. Verordnungen über die Gesundheitsüberwachung

6. Abschnitt: Arbeitsvorgänge und Arbeitsplätze

§ 60. Allgemeine Bestimmungen über Arbeitsvorgänge
§ 61. Arbeitsplätze
§ 62. Fachkenntnisse und besondere Aufsicht
§ 63. Nachweis der Fachkenntnisse
§ 64. Handhabung von Lasten
§ 65. Lärm
§ 66. Sonstige Einwirkungen und Belastungen
§ 67. Bildschirmarbeitsplätze
§ 68. Besondere Maßnahmen bei Bildschirmarbeit
§ 69. Persönliche Schutzausrüstung
§ 70. Auswahl der persönlichen Schutzausrüstung
§ 71. Arbeitskleidung
§ 72. Verordnungen über Arbeitsvorgänge und Arbeitsplätze

7. Abschnitt: Präventivdienste

§ 73. Bestellung von Sicherheitsfachkräften
§ 74. Fachkenntnisse der Sicherheitsfachkräfte
§ 75. Sicherheitstechnische Zentren
§ 76. Aufgaben, Information und Beiziehung der Sicherheitsfachkräfte
§ 77. Tätigkeiten der Sicherheitsfachkräfte
§ 77a. Begehungen in Arbeitsstätten mit bis zu 50 Arbeitnehmern
§ 78. Sicherheitstechnische und arbeitsmedizinische Betreuung in Arbeitsstätten mit bis zu 50 Arbeitnehmern
§ 78a. Präventionszentren der Unfallversicherungsträger
§ 78b. Unternehmermodell
§ 79. Bestellung von Arbeitsmedizinern
§ 80. Arbeitsmedizinische Zentren
§ 81. Aufgaben, Information und Beiziehung der Arbeitsmediziner
§ 82. Tätigkeiten der Arbeitsmediziner
§ 82a. Präventionszeit
§ 82b. Sonstige Fachleute
§ 82c. Arbeitsmedizinischer Fachdienst
§ 83. Gemeinsame Bestimmungen
§ 84. Aufzeichnungen und Berichte
§ 85. Zusammenarbeit
§ 86. Meldung von Mängeln
§ 87. Abberufung
§ 88. Arbeitsschutzausschuss
§ 88a. Zentraler Arbeitsschutzausschuss
§ 89. Zentren der Unfallversicherungsträger
§ 90. Verordnungen über Präventivdienste

8. Abschnitt: Behörden und Verfahren

§ 91. Arbeitnehmerschutzbeirat
§ 92. Arbeitsstättenbewilligung
§ 93. Berücksichtigung des Arbeitnehmer/innenschutzes in Genehmigungsverfahren
§ 94. Sonstige Genehmigungen und Vorschreibungen
§ 95. Ausnahmen
§ 96. Zwangs- und Sicherungsmaßnahmen
§ 96a. Sonderbestimmungen für die Zustellung
§ 97. Meldung von Bauarbeiten
§ 98. Sonstige Meldepflichten
§ 99. Behördenzuständigkeit
§ 100. Außergewöhnliche Fälle
§ 101. Verordnungen über Behörden und Verfahren
§ 101a. Erleichterungen bei Betriebsübergaben

9. Abschnitt: Übergangsrecht und Aufhebung von Rechtsvorschriften

§ 102. Übergangsbestimmungen zu §§ 4 und 5
(Anm.: § 103. und § 104. aufgehoben durch BGBl I 2001/159)
(Anm.: § 105. aufgehoben durch BGBl I 2015/60)
§ 106. Allgemeine Übergangsbestimmungen für Arbeitsstätten

§ 107. Brandschutz und Erste Hilfe
§ 108. Sanitäre Vorkehrungen und Sozialeinrichtungen
§ 109. Arbeitsmittel
§ 110. Allgemeine Übergangsbestimmungen betreffend Arbeitsstoffe
§ 111. Übergangsbestimmungen betreffend bestimmte Arbeitsstoffe
§ 112. Gesundheitsüberwachung
§ 113. Fachkenntnisse
§ 114. Arbeitsvorgänge und Arbeitsplätze
§ 115. Bestellung von Sicherheitsfachkräften und Arbeitsmedizinern
§ 116. Sonstige Übergangsbestimmungen für Präventivdienste
§ 117. Betriebsbewilligung und Arbeitsstättenbewilligung
§ 118. Bauarbeiten
§ 119. Druckluft- und Taucherarbeiten
(Anm.: § 120. und § 121. aufgehoben durch BGBl I 2015/60)
§ 122. Besondere Vorschriften für gewerbliche Betriebsanlagen
(Anm.: § 123. aufgehoben durch BGBl I 2012/118)
§ 124. Aufhebung von Vorschriften
§ 125. Gemeinsame Bestimmungen zu §§ 106 bis 124
§ 126. Ausnahmegenehmigungen
§ 127. Anhängige Verwaltungsverfahren
§ 127a. Verkehrswesen

10. Abschnitt: Schlußbestimmungen

§ 128. Verweisungen
(Anm.: § 129. aufgehoben durch BGBl I 2017/40)
§ 130. Strafbestimmungen
§ 131. Inkrafttreten
§ 132. Vollziehung

1. Abschnitt
Allgemeine Bestimmungen

Geltungsbereich

§ 1. (1) Dieses Bundesgesetz gilt für die Beschäftigung von Arbeitnehmern.

(2) Dieses Bundesgesetz gilt nicht für die Beschäftigung von

1. **Arbeitnehmern der Länder, Gemeinden und Gemeindeverbände, die nicht in Betrieben beschäftigt sind;**
2. **Arbeitnehmern des Bundes in Dienststellen, auf die das Bundes-Bedienstetenschutzgesetz, BGBl. I Nr. 70/1999, anzuwenden ist;**
3. **Arbeitnehmern in land- und forstwirtschaftlichen Betrieben im Sinne des Landarbeitsgesetzes 1984, BGBl. Nr. 287;**
4. **Hausgehilfen und Hausangestellten in privaten Haushalten;**
5. **Heimarbeitern im Sinne des Heimarbeitsgesetzes 1960, BGBl. Nr. 105/1961.**

(3) *(aufgehoben)*

[BGBl I 1999/70]

Übersicht

I.	Allgemeine Bestimmungen des ersten Abschnitts	1–6
II.	Geltungsbereich	7–15
III.	Ausnahmen vom Geltungsbereich	
	A. Bedienstete der Länder, Gemeinden, Gemeindeverbände in Dienststellen	16–24
	B. Bedienstete in Bundesdienststellen (B-BSG)	25–35
	C. Land- und forstwirtschaftliche Betriebe (LAG 2021)	36–41
	D. Privathaushalte (Hausgehilfen, Hausangestellte)	42
	E. Heimarbeit	43, 44
IV.	Bergrecht (MinroG)	45–47

I. Allgemeine Bestimmungen des ersten Abschnitts

1 Der erste Abschnitt enthält neben dem Geltungsbereich jene Begriffsbestimmungen und jene allgemeinen Anforderungen, die nicht nur für einzelne Bereiche des Arbeitnehmerschutzes bzw nicht nur für einzelne Abschnitte des ASchG von Bedeutung sind, sondern generell gelten.

Dieser Abschnitt enthält vor allem die in der Rahmenrichtlinie 89/391/EWG festgelegten allgemeinen Grundsätze für die Verhütung berufsbedingter Gefahren, für die Sicherheit und den Gesundheitsschutz, die Ausschaltung von Risiko- und Unfallfaktoren, die Information, die Anhörung und ausgewogene Beteiligung der Arbeitnehmer sowie die Unterweisung.

2 Die einschlägigen Richtlinien gehen von einem weiten Verständnis des Arbeitnehmerschutzes bzw der Gefahrenverhütung aus. Sie berücksichtigen insbesondere auch Fragen der Arbeitsorganisation, der psychischen Belastungen, der sozialen Beziehungen und den Einfluss der Umwelt auf den Arbeitsplatz. Dies kommt vor allem in den Grundsätzen der Gefahrenverhütung der Rahmenrichtlinie 89/391/EWG zum Ausdruck, die in das ASchG übernommen wurden.

3 Von besonderer Bedeutung ist die Evaluierungspflicht der Arbeitgeber, die in allgemeiner Form in der Rahmenrichtlinie 89/391/EWG vorgesehen ist und in den Einzelrichtlinien zum Teil konkretisiert wird. Die Verpflichtung zur Ermittlung und Beurteilung der Gefahren und zur Festlegung von Schutzmaßnahmen ist auch im Zusammenhang mit dem hohen Stellenwert zu sehen, der nach den Richtlinien dem Dialog und der Auseinandersetzung mit Fragen der Sicherheit und des Gesundheitsschutzes auf betrieblicher Ebene zukommt, sowie der in den Richtlinien verankerten Verpflichtung der Arbeitgeber zur Eigeninitiative und zur Verbesserung der Arbeitsbedingungen.

4 Bei Beschäftigung von betriebsfremden Arbeitnehmern und bei gleichzeitiger oder aufeinanderfolgender Beschäftigung von Arbeitnehmern verschiedener Arbeitgeber, zB auf Baustellen, ergeben sich immer wieder schwerwie-

gende Mängel auf dem Gebiet der Sicherheit und des Gesundheitsschutzes, die vor allem auf die fehlende oder unzureichende Koordination zurückzuführen sind. Im ASchG wurden für solche Fälle Regelungen getroffen.

In den einzelnen Richtlinien und sonstigen EU-Dokumenten wird besonders hervorgehoben, dass für einen besseren Schutz eine entsprechende Information und Beteiligung der Arbeitnehmer unerlässlich ist. So betont die Rahmenrichtlinie 89/391/EWG die Notwendigkeit, die Unterrichtung, den Dialog und die ausgewogene Zusammenarbeit im Bereich der Sicherheit und des Gesundheitsschutzes auszuweiten. Die einzelnen Richtlinien sehen eine Vielzahl von konkreten Informations-, Unterweisungs- und Beteiligungspflichten vor. Dem wird im ASchG entsprochen. (vgl ErlRV 1590 BlgNR 18. GP) **5**

Diese Informations-, Unterweisungs- und Beteiligungspflichten sind beispielsweise in den folgenden Bestimmungen umgesetzt worden: §§ 4 und 5 AM-VO (Umsetzung der RL 89/654/EWG), § 12 VbA (Umsetzung der RL 2000/54/EWG), § 8 (Umsetzung der RL 98/24/EWG) und § 25 GKV (Umsetzung der RL 2003/18/EG), § 6 VEXAT (Umsetzung der RL 1999/92/EG), § 8 VOLV (Umsetzung der RL 2002/44/EG und RL 2003/10/EG), § 6 VOPST.

Folgende Verordnungen sind zum ersten Abschnitt erlassen worden: **6**

- Die Verordnung über die Sicherheits- und Gesundheitsschutzdokumente (DOK-VO), BGBl 1996/478, idF BGBl II 1997/53, konkretisiert die Dokumentation der Ergebnisse der Ermittlung und Beurteilung der Gefahren am Arbeitsplatz („Arbeitsplatzevaluierung“).
- Die Verordnung über Beschäftigungsverbote und -beschränkungen für Arbeitnehmerinnen, BGBl II 2001/356, idF BGBl II 2008/279, gilt für die Beschäftigung vonArbeitnehmerinnen in Arbeitsstätten, auf Baustellen und auf auswärtigen Arbeitsstellen, auf die das ASchG anzuwenden ist. Arbeiten unter Einwirkung von Blei und Arbeiten mit besonderer physischer Belastung sind verboten. Ausnahmen davon sind unter bestimmten Voraussetzungen erlaubt.
- Die Verordnung über die Sicherheitsvertrauenspersonen (SVP-VO), BGBl 1996/172, legt die Mindestanzahl der SVP im Betrieb sowie die Auswahl und Qualifikation der SVP fest.
- Die Verordnung über die Sicherheits- und Gesundheitsschutzkennzeichnung (Kennzeichnungsverordnung – KennV), BGBl II 1997/101, konkretisiert die Vorgaben für eine geeignete Sicherheits- und Gesundheitsschutzkennzeichnung in der Arbeitsstätte, auf Baustellen und auswärtigen Arbeitsstellen. Die KennV ist sowohl zum ersten Abschnitt (§ 3 Abs 7) als auch zum zweiten Abschnitt (§ 20 Abs 2) erlassen worden.
- Die Verordnung über den Schutz der Arbeitnehmer/innen vor Gefahren durch den elektrischen Strom (Elektroschutzverordnung 2012 – ESV 2012), BGBl II 2012/33, ist auch zum ersten Abschnitt (§ 17) erlassen worden.

II. Geltungsbereich

7 Der Geltungsbereich der öffentlich-rechtlichen Arbeitnehmerschutzvorschriften ist auf die Beschäftigung von Arbeitnehmern in Österreich beschränkt. Es gilt das Territorialitätsprinzip, dh, dass bei einer Beschäftigung von Arbeitnehmern im Inland die österreichischen Arbeitnehmerschutzvorschriften anzuwenden sind.

8 Zu Überlassung und Entsendung von Arbeitnehmern siehe § 9 ASchG.

9 Zu Verwaltungsübertretungen im Ausland siehe § 130 Abs 7 ASchG.

10 Der Geltungsbereich stellt auf die jeweilige berufliche Tätigkeit und demgemäß auf die Verhältnisse im Betrieb ab. **Abs 1** stellt – abweichend vom ANSchG – nicht auf „Betriebe" ab, außer im Bereich des Art 21 B-VG, da der Betriebsbegriff kein taugliches Abgrenzungskriterium für die Geltung von Regelungen auf dem Gebiet der Sicherheit und des Gesundheitsschutzes darstellt. Die Regelungen des ASchG sollen grundsätzlich für **jede Beschäftigung von Arbeitnehmern** unabhängig vom Arbeitsort gelten, soweit nicht Ausnahmen vom Geltungsbereich vorgesehen sind (ErlRV 1590 BlgNR 18. GP). Insbesondere erstreckt sich dieser beispielsweise nicht auf das Verhalten von Dienstnehmern und Dienstgebern bei Betriebsausflügen, die naturgemäß nicht in einem Betrieb (vgl hierzu den Betriebsbegriff gemäß § 34 Abs 1 ArbVG) durchgeführt werden und die dem Ziel geselligen Zusammenseins, nicht aber der Entfaltung der beruflichen Tätigkeit dienen (Hinweis OGH 15.9.1992, 10 ObS 169/92, und OGH 26.5.1992, 10 ObS 97/92). (VwGH 29.6.1999, 97/08/0588 zum ANSchG)

11 Der Geltungsbereich wurde gegenüber dem ANSchG erweitert. Die Rahmenrichtlinie 89/391/EWG regelt die grundsätzlichen Anforderungen auf dem Gebiet der Sicherheit und des Gesundheitsschutzes. Diese Richtlinie findet gemäß Art 2 *„auf alle privaten oder öffentlichen Tätigkeitsbereiche (gewerbliche, landwirtschaftliche, kaufmännische, verwaltungsmäßige sowie dienstleistungs- oder ausbildungsbezogene, kulturelle und Freizeittätigkeiten usw.)"* Anwendung. Ausnahmen sind nur zulässig für spezifische Tätigkeiten im öffentlichen Dienst, zB bei den Streitkräften oder der Polizei, oder bestimmte spezifische Tätigkeiten bei den Katastrophendiensten (ErlRV 1590 BlgNR 18. GP). Auch für diese Gruppen ist aber dafür Sorge zu tragen, dass eine größtmögliche Sicherheit und ein größtmöglicher Gesundheitsschutz gewährleistet sind. (siehe dazu § 100 ASchG)

12 Gemäß Art 4 haben die Mitgliedstaaten die erforderlichen Vorkehrungen zu treffen, um zu gewährleisten, dass die Arbeitgeber, die Arbeitnehmer und die Arbeitnehmervertreter den für die Anwendung dieser Richtlinie erforderlichen Rechtsvorschriften unterliegen. Die zu dieser Rahmenrichtlinie erlassenen Einzelrichtlinien gelten ebenfalls grundsätzlich für alle privaten und öffentlichen Tätigkeitsbereiche gleichermaßen. (ErlRV 1590 BlgNR 18. GP)

Diesen Anforderungen kann durch das ASchG aus **kompetenzrechtlichen Gründen** nicht entsprochen werden, da eine Reihe von Ausnahmen aus dem Geltungsbereich besteht. Das ASchG sieht zwar einen weiteren Geltungsbereich vor als das ANSchG, erfasst aber nicht alle unter die Richtlinien fallenden Bereiche. Arbeitsrecht und die dazugehörenden Arbeitnehmerschutzvorschriften fallen unter den Kompetenztatbestand des Art 10 Abs 1 Z 11 B-VG. Soweit es sich um land- und forstwirtschaftliche Arbeiter und Angestellte handelt, ist die Erlassung Bundessache und die Vollziehung von Arbeitnehmerschutzvorschriften Landessache (Art 11 Abs 1 Z 9 B-VG). Das Bundesgesetz dazu ist das Landarbeitsgesetz 2021 (LAG 2021). Weiters obliegt den Ländern die Gesetzgebung und Vollziehung in den Angelegenheiten des Arbeitnehmerschutzes der Bediensteten der Länder, Gemeinden und Gemeindeverbände (Art 21 Abs 2 B-VG). **13**

Abweichend vom ANSchG sieht das ASchG **keine Ausnahmen für Erziehungs- und Unterrichtsanstalten** mehr vor (soweit es sich nicht um Dienststellen des Bundes, der Länder, Gemeinden und Gemeindeverbände handelt). Dies entspricht den Mindestanforderungen der oben angeführten Richtlinien, eine Ausnahme wäre nicht EU-konform. Außerdem erscheint es aus sozialpolitischen Erwägungen und im Hinblick auf den Gleichheitssatz nicht gerechtfertigt, wenn für die in Unterrichts- und Erziehungsanstalten beschäftigten Arbeitnehmer keine Regelungen zum Schutz des Lebens und der Gesundheit bestehen. Den besonderen Anforderungen dieser Einrichtungen kann bei der Erlassung von Durchführungsverordnungen – im Rahmen der Mindestanforderungen der Richtlinien – entsprochen werden. **14**

Abweichend vom bis dahin geltenden ANSchG enthält das ASchG keine Ausnahme mehr für „Kultusanstalten", weil eine solche Ausnahme mit den oben angeführten Richtlinien ebenfalls nicht vereinbar wäre. Außerdem hat sich im Zusammenhang mit dem Arbeitsinspektionsgesetz 1993 gezeigt, dass der Begriff „Kultusanstalten" sehr unterschiedlich ausgelegt wird. So fallen nach Auffassung der Österreichischen Bischofskonferenz alle Einrichtungen, welche unmittelbar oder mittelbar kirchlichen Zwecken dienen, unter diesen Begriff. Kirchliche Zwecke sind demnach Werke der Frömmigkeit, des Apostolates und der Caritas. Demnach werden den Kultusanstalten auch Kindergärten, Schulen, Kinderheime, Jugendhäuser etc zugerechnet. Eine derartige Ausnahme für Arbeitnehmer der Kirchen und Religionsgesellschaften wäre mit dem EWR-Abkommen nicht vereinbar und erscheint auch nicht im Hinblick auf die verfassungsrechtlich verankerte Autonomie der Kirchen und Religionsgesellschaften notwendig, da das ASchG Regelungen unter dem allgemeinen Gesichtspunkt der Rechtsgüter Leben und Gesundheit, nicht aber unter dem Gesichtspunkt der Religionsfreiheit trifft. (Siehe ua *Leitner/Strasser*, Der technische Arbeitnehmerschutz im Recht der EG, WISO-Sonderband Nr 7, Seite 68 f.) Hinsichtlich der geistlichen Amtsträger erfolgt eine **15**

Klarstellung in § 2 Abs 1 ASchG, hinsichtlich der dem Gottesdienst gewidmeten Gebäude wurde im zweiten Abschnitt eine Ausnahme vorgesehen (§ 19 Abs 3 Z 1 ASchG). (ErlRV 1590 BlgNR 18. GP)

III. Ausnahmen vom Geltungsbereich

A. Bedienstete der Länder, Gemeinden, Gemeindeverbände in Dienststellen

16 **Abs 2 Z 1** entspricht Art 21 Abs 2 B-VG. Für jene Bediensteten der Länder, Gemeinden und Gemeindeverbände, die nicht in Betrieben beschäftigt sind, kommt dem Bundesgesetzgeber keine Kompetenz zur Regelung des Arbeitnehmerschutzes zu. In diesem Bereich hat die Umsetzung der Richtlinien durch den Landesgesetzgeber zu erfolgen. Das ASchG gilt daher nur für jene Bediensteten der Länder, Gemeinden und Gemeindeverbände, die in Betrieben beschäftigt sind. Der Begriff „Betrieb" ist im Sinne der Literatur und Judikatur zu Art 21 B-VG auszulegen. (ErlRV 1590 BlgNR 18. GP)

17 Im Hinblick auf die Kompetenzregelung des Art 21 Abs 2 B-VG, wonach den Ländern die Gesetzgebung und Vollziehung in den Angelegenheiten des Arbeitnehmerschutzes der Bediensteten der Länder, der Gemeinden und Gemeindeverbände, die nicht in Betrieben tätig sind, obliegt, ist vom **Betriebsbegriff** zum Zeitpunkt der B-VG-Novelle 1974 – mit der die genannte Regelung eingefügt wurde – auszugehen.

18 Der Verfassungsdienst des Bundeskanzleramtes hat sich anlässlich der Frage der Zuständigkeit der Arbeitsinspektion für Landes-Pensionisten- und Pflegeheime eines Bundeslandes eingehend mit dem Betriebsbegriff des Betriebsrätegesetzes bzw des § 34 ArbVG befasst und festgestellt, dass für das Vorliegen eines Betriebes Folgendes maßgeblich ist:

- eine eigenständige organisatorische Einheit,
- die Erzielung bestimmter Arbeitsergebnisse mit technischen oder immateriellen Mitteln, jedoch ohne Rücksicht auf eine allfällige Erwerbsabsicht,
- die Einrichtung auf Dauer.

19 Dazu hat der Verfassungsgerichtshof in einer Entscheidung (VfSlg 10.626) nähere Kriterien angeführt, die er für das Vorliegen eines Betriebes für maßgeblich erachtet:

- das Vorliegen eines gesonderten Personalstandes,
- die eigenständige Verfügungsbefugnis auch hinsichtlich größerer Ausgaben (keine Genehmigungspflicht),
- die Möglichkeit einer eigenständigen Aufnahme von Personal,
- die Möglichkeit einer selbstständigen Warenbeschaffung.

In dieser VfGH-Entscheidung wurde die Qualifikation eines Bauhofes einer Gemeinde als selbstständige, von der Gemeinde getrennte Einheit abgelehnt, weil der Bauhof über keinen gesonderten Personalstand verfügte, die Leitung seiner Geschäfte nicht von der Leitung des Gemeindeamtes getrennt und auch die Verfügungsgewalt der Bediensteten des Bauhofes sehr beschränkt war (jede größere Ausgabe bedurfte der Genehmigung des Bürgermeisters, und auch die Warenbeschaffung war dem Gemeindeamt übertragen).

In Einzelfällen wurden zB die Betriebseigenschaft bei E-Werken und Gaswerken **20** der Gemeinden, Krankenanstalten der Gebietskörperschaften und den staatlichen Monopolbetrieben bejaht.

Abgesehen von den Einrichtungen, die eindeutig auf Grund der von der **21** Rechtsprechung entwickelten Kriterien zum Betriebsbegriff als Betriebe anzusehen sind, gibt es solche Einrichtungen, die direkt von den **Gemeinden** geführt werden und bei denen der „Verwalter" praktisch als Teil der Gemeinde agiert. Abgrenzungskriterium ist im Einzelfall die – vorhandene oder fehlende – Budget- und Personalhoheit der Einrichtungen, wobei der jeweilige „Verwalter" die ihm von der Gemeinde zur Verfügung gestellten Personal- und Sachmittel relativ autonom verwaltet.

Wird eine solche Einrichtung von einem gesonderten Rechtsträger (zB GmbH) geführt, so gilt jedenfalls das ASchG. Ist eine der genannten Einrichtungen nicht ausgegliedert, so ist die oben dargestellte Judikatur zum Betriebsbegriff heranzuziehen, dh es kommt auf das Ausmaß der Eigenständigkeit der Einrichtung in jeder Hinsicht (personell, organisatorisch, materiell) an. (Erlass des Zentral-Arbeitsinspektorates vom 5. Juli 2001, 461.101/8-IX/3/01)

Landeskrankenanstalten sind als „Betriebe" iSd Art 21 Abs 2 B-VG zu quali- **22** fizieren (vgl VfSlg 16733/2002).

Gemeinden können sich zur Besorgung ihrer Angelegenheiten durch Verein- **23** barung zu **Gemeindeverbänden** zusammenschließen (Art 116a Abs 1 B-VG). Eine solche Vereinbarung bedarf der Genehmigung der Aufsichtsbehörde. Weiters kann der zuständige Materiengesetzgeber die Bildung von Gemeindeverbänden im Interesse der Zweckmäßigkeit zur Besorgung von Angelegenheiten der Wirkungsbereiche der Gemeinde vorsehen, doch darf dadurch die Funktion der Gemeinden als Selbstverwaltungskörper und Verwaltungssprengel nicht gefährdet werden (Art 116a Abs 2 B-VG). Schließlich ist ein Zusammenschluss von Gemeinden verschiedener Länder zu Gemeindeverbänden nach Maßgabe einer Vereinbarung zwischen den betreffenden Ländern gemäß Art 15a zulässig (Art 116a Abs 6 B-VG). Die näheren Bestimmungen über die Organisation der Gemeindeverbände regelt der Landesgesetzgeber (Art 116a Abs 4 B-VG).

Beispiele für solche Gemeindeverbände sind: Staatsbürgerschaftsverbände, Sozialhilfeverbände, Gemeindeverband zur Errichtung und zum Betrieb einer Krankenanstalt.

Der Österreichische Gemeindebund und der Österreichische Städtebund sind keine Gemeindeverbände, sondern die vereinsmäßig organisierten Interessenvertretungen der Gemeinden und Städte (Art 115 Abs 3 B-VG) (*Berka*, Verfassungsrecht, 259).

24 Die ehemaligen Straßenmeistereien der Länder bzw Gemeinden – die seit dem Infrastrukturfinanzierungsgesetz 1997[1] der ASFINAG unterstehen – werden nunmehr als Betriebe im Sinne des ArbVG durch die ASFINAG-Gesellschaften fortgeführt. Die ASFINAG-Tätigkeiten (ausgenommen Bemautung) sind der Privatwirtschaft zurechenbar: Die Ermächtigung zu unaufschiebbaren Verkehrsbeschränkungen im Ausnahmefall (Notmaßnahmen nach § 44b StVO) ändert nichts an der Betrachtung als privatwirtschaftliche Tätigkeit von ASFINAG-Straßengesellschaften (vgl VfGH 29.9.1993, B 415/92): Straßenbau, Straßenräumung, Straßenerhaltung usw sind privatwirtschaftliche Tätigkeiten, auch wenn ausnahmsweise bestimmte hoheitliche Maßnahmen getroffen werden wie zB das Anbringen von Verkehrszeichen (zur Amtshaftung: OGH 27.9.2005, 1 Ob 177/04t). Auch nach den parlamentarischen Materialien zum Infrastrukturfinanzierungsgesetz 1997, ua betreffend ASFINAG-Ermächtigungsgesetz, sollte keine Übertragung hoheitlicher Aufgaben im Bereich der Bundesstraßenverwaltung an die ASFINAG erfolgen (ErlRV 828 BlgNR 20. GP). Zur ASFINAG „übergetretene" Bedienstete sind nach Ausübung ihres Optionsrechts nicht mehr im Dienststand Land/Gemeinde, sondern ASFINAG-Arbeitnehmer.

Von diesen zu unterscheiden sind „zugewiesene" Bedienstete: Die Zuweisung von Landes- oder Gemeindebediensteten erfolgt in den meisten Bundesländern durch Landes-Zuweisungsgesetze. Für zugewiesene Landes- oder Gemeindebedienstete bzw Beamte gilt das ASchG samt seinen Durchführungsverordnungen (§ 9 ASchG) (siehe dazu auch die Ausführungen zur Oesterreichischen Nationalbibliothek).

B. Bedienstete in Bundesdienststellen (B-BSG)

25 **Abs 2 Z 2** nimmt die unter das Bundesbediensteten-Schutzgesetz fallenden **Bundesdienststellen** aus. Betriebe des Bundes fallen hingegen in den Geltungsbereich des ASchG. Die Ausnahme nach Abs 2 Z 2 gilt nur für die Beschäftigung von Dienstnehmern des Bundes, nicht hingegen für sonstige Arbeitnehmer, die in Bundesdienststellen beschäftigt sind (zB Reinigungskräfte, die in einem Arbeitsverhältnis zu einem Reinigungsunternehmen stehen). Da die Richtlinien in gleicher Weise für die Bundesdienststellen gelten, muss auch für diesen Bereich eine Anpassung an den Mindeststandard der Richtlinien erfolgen. (ErlRV 1590 BlgNR 18. GP) Diese Anpassung erfolgte durch das Bundesbediensteten-Schutzgesetz (B-BSG) samt den erlassenen Durchführungsverordnungen. Das B-BSG orientiert sich grundsätzlich am ASchG.

---

1 Bundesgesetz über die Einbringung der Anteilsrechte des Bundes an den Bundesstraßengesellschaften in die Autobahnen- und Schnellstraßen-Finanzierungs-Aktiengesellschaft und der Einräumung des Rechts der Fruchtnießung zugunsten dieser Gesellschaft (ASFINAG-Ermächtigungsgesetz 1997), StF:/113.

Ausschlaggebend für die Geltung des ASchG ist nicht, ob ein privatrechtliches oder ein öffentlich-rechtliches Dienstverhältnis vorliegt, sondern die Beschäftigung in einem Betrieb. **26**

Das B-BSG legt fest, was eine Dienstelle und ein Betrieb ist. Dienststellen im Sinne des B-BSG sind die Behörden, Ämter und anderen Verwaltungsstellen sowie die Anstalten des Bundes, die nach ihrem organisatorischen Aufbau eine verwaltungs- oder betriebstechnische Einheit darstellen (§ 2 Abs 3 B-BSG). **27**

Betriebe des Bundes im Sinne des § 1 Abs 1 B-BSG sind jene Dienststellen des Bundes, welche **28**

1. nach privatwirtschaftlichen oder kaufmännischen Grundsätzen geführt werden,
2. auf Gewinnerzielung oder auf Kostendeckung ausgerichtet sind oder bei denen im Versorgungsinteresse der Öffentlichkeit auf Gewinnerzielung oder Kostendeckung verzichtet wird.

Insbesondere zählen beispielsweise dazu: die Gebietsbauleitungen des Forsttechnischen Dienstes der Wildbach- und Lawinenverbauung, die land- und forstwirtschaftlichen Lehr- und Versuchsbetriebe und die Verwaltung der Bundesgärten.

Beispiele für Dienststellen: Ministerien, Finanzämter, öffentliche Unterrichts- und Erziehungsanstalten des Bundes.

Ob in einem konkreten Fall ein Betrieb oder eine Dienststelle vorliegt, ist oftmals schwierig zu beurteilen. Da der – im Kompetenztatbestand des Art 21 Abs 2 B-VG vorkommende – Begriff „Betrieb" im B-VG nicht näher umschrieben ist, ist er iS der ständigen Rechtsprechung des Verfassungsgerichtshofes zur Auslegung von Kompetenztatbeständen („Versteinerungstheorie"; s etwa VfSlg 10292/1984) in jenem Sinn zu verstehen, welcher ihm im Zeitpunkt des Inkrafttretens des Art 21 Abs 2 B-VG nach dem damaligen Stand und der Systematik der Rechtsordnung zugekommen ist. **29**

Art 21 Abs 2 B-VG wurde in der ihm durch die B-VG-Novelle 1974 gegebenen Fassung mit Wirkung vom 1.1.1975 in Kraft gesetzt. Zu diesem Zeitpunkt stand bereits das ArbVG in Kraft. Es ist deshalb anzunehmen, dass der in Art 21 Abs 2 B-VG vorkommende Ausdruck „Betrieb" in jener Bedeutung zu verstehen ist, die ihm nach dem ArbVG zukommt (siehe § 34 Abs 1 ArbVG). (VfGH 27.11.2002, G 215/01 ua)

Es wird daher auf die umfangreiche Judikatur und Literatur zur Begriffsbestimmung nach Art 21 B-VG bzw § 34 ArbVG verwiesen.

Mit Inkrafttreten des Universitätsgesetzes 2002, BGBl I 2002/120, erhielten die **Universitäten** den Status von juristischen Personen öffentlichen Rechts und wurden aus dem Bereich der Bundesdienststellen ausgegliedert. Arbeitgeber ist *„die Universität ..."*. Das zur Vertretung der Universität nach außen **30** berufene Organ ist das Rektorat. Vorsitzende/r des Rektorats ist die Rektorin bzw der Rektor, der/die auch die Arbeitsverträge mit den Arbeitnehmern abschließt. Für Universitäten gilt das ASchG samt Verordnungen. In seiner jüngsten Entscheidung vom 17. Juni 2013, 2010/11/0079, bestätigte der VwGH die **verwaltungsstrafrechtliche Verantwortlichkeit des Rektors** der Medizinischen Universität Wien. *„Nicht der Träger der Krankenanstalt, sondern die MUW ist als ‚Dienstgeber' iSd KA-AZG anzusehen. Diese traf als Dienstgeber der im Klinischen Bereich tätigen (nicht beamteten) Ärzte die – verwaltungsstrafrechtlich pönalisierte – Verpflichtung zur Einhaltung der Arbeitszeitgrenzen des KA-AZG. Die dem Rektorat zukommende oberste Leitungsbefugnis begründet einerseits eine Weisungsbefugnis, andererseits die verwaltungsstrafrechtliche Verantwortung für die Tätigkeit aller nachgeordneten Einrichtungen."*

31 Mit dem Bundesmuseen-Gesetz, BGBl I 2002/14, wurden mit 1. Jänner 2002 auch die **Bundesmuseen** in wissenschaftliche Anstalten öffentlichen Rechts mit eigener Rechtspersönlichkeit umgewandelt. Zu den Bundesmuseen zählen gemäß § 1 die Albertina, das Kunsthistorische Museum mit Museum für Völkerkunde und österreichischem Theatermuseum, die österreichische Galerie Belvedere, MAK – österreichisches Museum für angewandte Kunst, das Museum moderner Kunst Stiftung Ludwig Wien (MUMOK), das Naturhistorische Museum, das Technische Museum Wien mit österreichischer Mediathek sowie die Oesterreichische Nationalbibliothek. Für diese gilt seither das ASchG samt seinen Durchführungsverordnungen.

32 Mit BGBl I 2000/115 wurde durch das „Spanische Hofreitschule-Gesetz" eine Gesellschaft öffentlichen Rechts mit dem Firmenwortlaut **„Spanische Hofreitschule – Bundesgestüt Piber"** errichtet (§ 1 Spanische Hofreitschule-Gesetz). Auch der Bundes- und Versuchsforst Ulmerfeld, NÖ, wurde angeschlossen und damit ausgegliedert. Bedienstete, die der Spanischen Hofreitschule am 31. Dezember 2000 als

- Beamte angehörten, wurden mit 1. Jänner 2001 an die Zentralstelle des BM für Land- und Forstwirtschaft, Umwelt und Wasserwirtschaft versetzt. Die erforderlichen Beamten werden der Gesellschaft zur dauernden Dienstleistung zugewiesen;
- Vertragsbedienstete angehörten, wurden mit 1. Jänner 2001 Dienstnehmer der Gesellschaft;
- Kollektivvertragsbedienstete angehörten, wurden ebenfalls mit 1. Jänner 2001 Dienstnehmer der Gesellschaft. (§ 8 Abs 1 Spanische Hofreitschule-Gesetz)

33 Die **Bundesgebäudeverwaltung** wurde mit 1. Jänner 2001 durch das Bundesimmobiliengesetz (BIG), BGBl I 2000/141, ausgegliedert. Dazu wurde die Immobilienmanagementgesellschaft mbH des Bundes (IMB) errichtet, und zwar als Tochtergesellschaft der Bundesimmobiliengesellschaft mbH (§ 10 Abs 1 BIG). Die IMB ist kollektivvertragsfähig (§ 8 BIG). Für die davon betroffenen Beamten wurde ein „Amt der Bundesimmobilien“ beim BMWA eingerichtet (§ 24 Abs 1 BIG). In der IMB sind drei Arten von Arbeitnehmern beschäftigt: zugewiesene Beamte, Arbeitnehmer der IMB (ehemalige VB, Lehrlinge, neu aufgenommene) und zugewiesene Landesbedienstete (Beamtinnen, Beamte und VB). Für die IMB gilt das ASchG samt seinen Durchführungsverordnungen.

Das **Österreichische Statistische Zentralamt** ist mit 1. Jänner 2000 aus dem Bundesdienst ausgegliedert und in eine Bundesanstalt öffentlichen Rechts mit dem Namen „Statistik Österreich“ umgewandelt worden (§ 22 Abs 1 Bundesstatistikgesetz 2000). Die Bundesanstalt ist Gesamtrechtsnachfolgerin. **34**

Mit dem Gesundheits- und Ernährungssicherheitsgesetz – GESG, BGBl I 2002/63, wurde die „Österreichische Agentur für Gesundheit und Ernährungssicherheit GmbH (AGES)“ errichtet (§ 7 Abs 1 GESG). Der Agentur kommt Kollektivvertragsfähigkeit iSd § 7 ArbVG zu (§ 19 Abs 9 GESG), sie ist Gesamtrechtsnachfolgerin des Bundes hinsichtlich folgender Bundesanstalten oder -ämter (§ 17 Abs 1 GESG): **35**

- Bundesanstalten für Lebensmitteluntersuchung,
- veterinärmedizinische Bundesanstalten,
- bundesstaatliche bakteriologisch-serologische Untersuchungsanstalten in Wien, Graz, Klagenfurt, Linz und Salzburg,
- Bundesamt und Forschungszentrum für Landwirtschaft, ausgenommen die Abteilungen Feldbodenkunde oder bodenkundliche Auswertung des Instituts für Bodenwirtschaft,
- Bundesanstalt für Milchwirtschaft,
- Bundesamt für Agrarbiologie, ausgenommen das Institut für biologische Landwirtschaft und Biodiversität,
- Bundesinstitut für Arzneimittel (nachgeordneter Dienststellenbereich).

Bedienstete, die den in § 18 GESG angeführten Anstalten als Beamte angehörten, wurden an die Zentralstellen (Dienststellen) des Lebensministeriums (BMLFUW) und Gesundheitsministeriums versetzt. Die erforderlichen Beamten werden der AGES zur dauernden Dienstleistung zugewiesen. Vertragsbedienstete wurden Dienstnehmer der Agentur, ebenso Kollektivvertragsbedienstete, die am 31. Mai 2002 einer nachgeordneten Dienststellen angehörten (Näheres siehe § 13 GESG).

C. Land- und forstwirtschaftliche Betriebe (LAG 2021)

Abs 2 Z 3 enthält die aufgrund der Kompetenzverteilung gebotene **Ausnahme für land- und forstwirtschaftliche Betriebe**. **36**

Mit der Novelle zum B-VG, BGBl I 2019/14, fällt das Landarbeitsrecht ab 1. Jänner 2020 nicht mehr unter Art 12 B-VG (Grundsatzgesetz Bund, Ausführungsgesetze und Vollziehung Länder), sondern unter Art 11 B-VG (Gesetz Bund, Vollziehung Länder). Nach den Übergangsbestimmungen ist das bisherige Landarbeitsgesetz 1984 mit Ablauf des 31. Dezembers 2019 außer Kraft getreten, allerdings mit Ausnahme jener Bestimmungen, die als unmittelbar anwendbares Bundesrecht erlassen wurden, also unter Art 10 B-VG fallen. Seither gelten die ehemaligen Ausführungsgesetze der Länder (Landarbeitsordnungen, Vorarlberger Land- und Forstarbeitsgesetz) im jeweiligen Bundesland als Bundesrecht weiter. Grund für die Kompetenzänderung war jedoch, dass die unterschiedlichen Bestimmungen für Arbeitnehmerinnen und Arbeitnehmer in der Land- und Forstwirtschaft nicht mehr zu rechtfertigen sind. Es ist daher ein neues einheitliches Landarbeitsrecht notwendig.

Ein neues einheitliches Landarbeitsgesetz (Art 1) bietet den Arbeitgeberinnen und Arbeitgebern sowie den Arbeitnehmerinnen und Arbeitnehmern in der Land- und Forstwirtschaft wie die bisherigen Landarbeitsordnungen eine einzige Rechtsquelle, die weitgehend alle Gebiete des Arbeitsrechts umfasst. Es handelt sich damit um eine Kodifikation des Arbeitsrechts für einen Wirtschaftszweig.

Geltungsbereich und Begriffsbestimmungen entsprechen den bisherigen §§ 1 bis 5 LAG 1984 bzw den Ausführungsbestimmungen. Bei der Definition der Arbeitsverhältnisse in § 1 Abs 2 wird entsprechend dem allgemeinen Arbeitsrecht nicht mehr auf die Entgeltlichkeit abgestellt. (ErlRV 687 27. GP)

Land- und Forstarbeiter sind gemäß § 1 Abs 2 LAG 2021 Personen, die auf Grund eines Arbeitsvertrages Dienstleistungen in Betrieben der Land- und Forstwirtschaft verrichten, gleichgültig, ob sie in die Hausgemeinschaft der Arbeitgeberin bzw des Arbeitgebers aufgenommen sind oder nicht.

Des Weiteren sind auch Personen als Land- und Forstarbeiter anzusehen, die Dienste für die Hauswirtschaft der Arbeitgeberin bzw des Arbeitgebers oder für Mitglieder des Hausstandes verrichten, wenn sie auch Dienste für den land- und forstwirtschaftlichen Betrieb der Arbeitgeberin bzw des Arbeitgebers leisten und nicht unter das Hausgehilfen- und Hausangestelltengesetz, BGBl 1962/235, fallen (§ 1 Abs 3 LAG 2021).

37 Als Betriebe der Land- und Forstwirtschaft gelten auch die Betriebe land- und forstwirtschaftlicher Erwerbs- und Wirtschaftsgenossenschaften, die nicht nach § 2 Abs 2 ausgenommen sind, soweit der Geschäftsbetrieb dieser Genossenschaften im Wesentlichen der Förderung des Erwerbes oder der Wirtschaft ihrer Mitglieder dient und in denen überwiegend nachstehende Tätigkeiten ausgeübt werden:

1. der Betrieb von Sägen, Mühlen, Molkereien, Brennereien, Keltereien und sonstigen nach altem Herkommen üblichen Zweigen der Verarbeitung land- und forstwirtschaftlicher Erzeugnisse,
2. die Vermittlung des Einkaufes und Verkaufes sowie die Versteigerung von Zuchtvieh,

3. der Verkauf unverarbeiteter pflanzlicher Erzeugnisse sowie von Ferkeln, Fischen, Geflügel, Eiern und Honig, auch im Wege der Versteigerung,
4. der im Zusammenhang mit den Tätigkeiten gemäß Z 3 vorgenommene Einkauf von Verpackungen und Umhüllungen für die von der Z 3 erfassten Erzeugnisse,
5. die Züchtung, Vermehrung, Bearbeitung, Verwertung und Beschaffung von Saatgut,
6. die Nutzung von land- und forstwirtschaftlichen Grundstücken und ortsfesten land- und forstwirtschaftlichen Betriebseinrichtungen, sofern diese Tätigkeit der Hervorbringung und Gewinnung pflanzlicher Erzeugnisse oder dem Halten von Nutztieren dient, sowie die Nutzung von Kühlanlagen, diese jedoch nur für den Eigenverbrauch der Mitglieder,
7. die Wahrnehmung der Rechte der Mitglieder hinsichtlich der Ausübung von Nutzungsrechten im Sinne der Landesgesetze über die Behandlung der Wald- und Weidenutzungsrechte sowie besonderer Felddienstbarkeiten (§ 4 Abs. 3 LAG 2021).

Rz 38 entfällt

In § 4 Abs 1 Landarbeitsgesetz 2021, BGBl I 2021/78 idgF (LAG 2021), wird **39** der Begriff der land- und forstwirtschaftlichen Produktion näher, jedoch nicht abschließend definiert. Im letzten Satz des Abs 1 erfolgt eine demonstrative Aufzählung jener Tätigkeitsbereiche, die jedenfalls zur land- und forstwirtschaftlichen Produktion gehören. Daneben sind jedoch noch andere Produktionszweige der Land- und Forstwirtschaft denkbar. Ferner werden im Abs 1 auch die Nebenbetriebe und Hilfsbetriebe der land- und forstwirtschaftlichen Produktion als Betriebe der Land- und Forstwirtschaft bezeichnet. Aus der Bedeutung der beiden Begriffe **„Nebenbetriebe und Hilfsbetriebe"** geht hervor, dass sie in einer gewissen Abhängigkeit bzw Unterordnung zum Betrieb der land- und forstwirtschaftlichen Produktion stehen sollen.

Für die Nebenbetriebe wird gefordert, dass diese in der Hauptsache der Verarbeitung der **eigenen** Erzeugnisse dienen und **keine selbständigen**, von der Land- und Forstwirtschaft getrennt verwalteten Wirtschaftskörper darstellen; wobei der Begriff *„in der Hauptsache"* wesentlich mehr als 51 % bedeutet und zusätzlich keine Kriterien, wie getrennte Buchführung oder Bilanzierung und unabhängige Führung des Betriebes, vorliegen dürfen. Auch bei den Hilfsbetrieben wird die Anbindung an den Hauptbetrieb deutlich, indem der Hilfsbetrieb der Herstellung und Instandhaltung der Betriebsmittel des land- und forstwirtschaftlichen **Hauptbetriebes** dienen muss. Darunter können auch Betriebe fallen, in denen keine land- und forstwirtschaftlichen Arbeiten verrichtet werden, also zum Beispiel eine Betriebsschmiede.

Ferner gelten gemäß § 4 Abs 4 LAG 2021 als Betriebe der Land- und Forst- **40** wirtschaft die **Betriebe der land- und forstwirtschaftlichen Ein- und Ver-**

kaufsgenossenschaften, soweit diese überwiegend mit dem Einkauf land- und forstwirtschaftlicher Betriebserfordernisse und dem Lagern und dem Verkauf unverarbeiteter land- und forstwirtschaftlicher Erzeugnisse befasst sind, sowie aus solchen Betrieben seit dem 1. Jänner 1990 hervorgegangene **Nachfolgeunternehmen jeder Rechtsform**, solange der bisherige Unternehmensgegenstand beibehalten wird.

41 Der **Buschenschank** stellt sich als ein von der Gewerbeordnung ausgenommenes Gastgewerbe und Schankgewerbe dar (§ 2 Abs 1 Z 5 GewO 1994) (Hinweis E 3.12.1958, 1808/55, VwSlg 4827 A/1958). Der Buschenschank ist daher keine der Landwirtschaft und Forstwirtschaft zuzuordnende Tätigkeit. Daraus folgt, dass die Benutzung der Bringungsanlage für Zwecke des Buschenschankes, insbesondere auch die Benutzung durch Buschenschankbesucher, vom Bringungsrecht nicht gedeckt ist. (VwGH 19.9.1996, 96/07/0075)

Der Buschenschank zählt weder zu den Nebenbetrieben noch zu den Nebentätigkeiten im Bereich der Land- und Forstwirtschaft, sondern ist nach der Verkehrsauffassung unmittelbarer Bestandteil des Weinbaubetriebes (Hinweis auf *Schubert/Pokorny/Schuch/Quantschnigg*, Einkommensteuer-Handbuch[2], S 476).

D. Privathaushalte (Hausgehilfen, Hausangestellte)

42 **Abs 2 Z 4** enthält in Übereinstimmung mit Art 3 lit a der Richtlinie 89/391/EWG eine Ausnahme für Arbeitnehmer in privaten Haushalten. Für Arbeitnehmer in Haushalten juristischer Personen (zB Reinigungskräfte in Studentenheimen) wird hingegen keine Ausnahme vorgesehen, da dies weder sachlich noch sozialpolitisch zu rechtfertigen wäre. Wenn Arbeitnehmer sowohl im privaten Haushalt als auch im Gewerbebetrieb beschäftigt sind, gilt die Ausnahme vom Geltungsbereich nur für die Tätigkeit im privaten Haushalt. (ErlRV 1590 BlgNR 18. GP)

Für Hausgehilfen und Hausangestellte werden die arbeitsvertraglichen und Schutzregelungen (zB Arbeitszeit und Arbeitsruhe, Schutz jugendlicher und minderjähriger Dienstnehmer, Fürsorgepflicht des Dienstgebers) durch das Hausgehilfen- und Hausangestelltengesetz, BGBl 1962/235 idgF, geregelt.

E. Heimarbeit

43 **Abs 2 Z 5** stellt klar, dass Heimarbeiter nicht in den Geltungsbereich fallen. Heimarbeiter sind keine Arbeitnehmer im Sinne des ASchG (siehe auch § 1 Abs 5 ANSchG). (1590 BlgNR 18. GP) Für Heimarbeiter gilt das Heimarbeitsgesetz 1960, BGBl 1961/105, idF BGBl I 2009/74. Heimarbeiter ist, wer, ohne Gewerbetreibender nach den Bestimmungen der Gewerbeordnung zu sein, in eigener Wohnung oder selbst gewählter Arbeitsstätte im Auftrag und für Rechnung von Personen, die Heimarbeit vergeben, mit der Herstellung, Bearbeitung, Verarbeitung oder Verpackung von Waren beschäftigt ist (§ 2 Z 1 Heimarbeitsgesetz 1960). Darunter fallen beispielsweise Näh-, Textil-,

Strickarbeiten, Herstellung von Souvenirartikeln, Metall- und Bijouteriewaren sowie das Kuvertieren, Adressieren, Adjustieren oder Verpacken von Waren. Für diese Personen enthält das Heimarbeitsgesetz 1960 in §§ 16 und 17 Regelungen über den Gefahrenschutz.

Mit der ArbIG- Novelle und der Heimarbeitsgesetz-Novelle BGBl I 2016/44 wurde die Zuständigkeit für die Entgeltkontrolle nach dem Heimarbeitsgesetz von der Arbeitsinspektion an die Gebietskrankenkassen übertragen. Der Wirkungsbereich der Arbeitsinspektion in Bezug auf Heimarbeiter/innen umfasst nur mehr die §§ 16 und 17 des Heimarbeitsgesetzes, die sich auf den Sicherheits- und Gesundheitsschutz der Heimarbeiter/innen beziehen (§ 3 Abs 1 Z 6 ArbIG).

Aus **Abs 2 Z 1 bis 5** kann folgende tabellarische Übersicht abgeleitet werden: **44**

Arbeitnehmer	ArbIG/B-BSG (Arbeitsaufsicht: Arbeitsinspektion)	ASchG	Sonstiges
alle AN außer den unten Angeführten	ArbIG	ja	
in Betrieben von Bund, Ländern, Gemeinden und Gemeindeverbänden	ArbIG	ja	
in Dienststellen von			
• Bund	B-BSG	nein	B-BSG
• Ländern, Gemeinden und Gemeindeverbänden	nein	nein	Art 21 B-VG, Landesrecht, Landesgesetze über den Schutz des Lebens und der Gesundheit der in den Dienststellen des Landes, der Gemeinden und Gemeindeverbände beschäftigten Bediensteten; zur Überwachung der Schutzbestimmungen sind je nach Landesrecht verschiedene Behörden bzw Kommissionen zuständig.
im Verkehrsbereich (Eisenbahnen, Luftverkehr, Schifffahrt) bei Post und Telekom, Telekommunikations-organisationen ieS	ArbIG	ja	mit 2. StabG, BGBl I 2012/35, ist das VAIG aufgehoben worden, die Verkehrs-Arbeitsinspektion (VAI) ist der Arbeitsinspektion (AI) eingegliedert worden

Arbeitnehmer	ArbIG/B-BSG (Arbeitsaufsicht: Arbeitsinspektion)	ASchG	Sonstiges
in land- und forstwirtschaftlichen Betrieben	nein	nein	zuständig sind die Land- und Forstwirtschaftsinspektionen
Ausnahmen: in land- und forstwirtschaftlichen Betrieben von Bund, Ländern, Gemeinden und Gemeindeverbänden	ArbIG	ja	LAG 2021 (Art 11 B-VG)
Heimarbeiter/innen	ArbIG	nein	Heimarbeitsgesetz
in privaten Haushalten	nein	nein	Hausgehilfen- und Hausangestelltengesetz
in Kultusanstalten der gesetzlich anerkannten Kirchen und Religionsgesellschaften	nein	ja	interne Angelegenheit
Beispiele für ausgegliederte Bundesdienststellen:			
ASFINAG, Österreichische Nationalbibliothek, Immobilienmanagementgesellschaft mbH des Bundes (**IMB**), Statistik Österreich	ArbIG	ja	zugewiesene Vertragsbedienstete/Beamte gelten als überlassen gem § 9 ASchG
Universitäten	ja	ja	
Spanische Hofreitschule	ArbIG	ja	zugewiesene Vertragsbedienstete/Beamte gelten als überlassen gem § 9 ASchG
Bundesgestüt Piber und der Bundes- und Versuchsforst Ullmerfeld	nein*	nein	*da es sich um land- und forstwirtschaftliche Betriebe iS des LAG 2021 handelt, ist die jeweilige Land- und Forstwirtschaftsinspektion zuständig
AGES	ja	ja	zugewiesene Beamte gelten als überlassen gemäß § 9 ASchG

IV. Bergrecht (MinroG)

45 **Abs 3** enthielt Ausnahmen für bestimmte unter das Berggesetz 1975 fallende Tätigkeiten. Mit dem Inkrafttreten des Mineralrohstoffgesetzes (MinroG) ist Abs 3 aufgehoben worden (BGBl I 1999/38, 1. Jänner 1999). Der Wirkungsbereich der Arbeitsinspektion wurde auf alle bis dahin der Aufsicht der Berg-

behörden unterstehenden Betriebe und Tätigkeiten ausgedehnt. Für die dem MinroG unterliegenden Tätigkeiten gilt das ASchG samt seinen Durchführungsverordnungen (§ 183 MinroG). Das MinroG enthält zwei Arbeitnehmerschutzbestimmungen (§ 109 Abs 2 und § 187c Abs 2 MinroG), für deren Kontrolle die Arbeitsinspektion zuständig ist. Normadressat dieser Bestimmungen sind die Bergbauberechtigten, die in der Regel aber auch die Arbeitgeber sind.

Bei gleichem Regelungsgegenstand besteht ein **Vorrang der ASchG-Bestimmungen** vor den bergrechtlichen Arbeitnehmerschutzbestimmungen (materielle Derogation). Es gelten nur noch jene bergrechtlichen Arbeitnehmerschutzbestimmungen als *leges speciales*, deren Gegenstand nicht durch das ASchG samt Verordnungen geregelt ist. **46**

Der VwGH hat in einem Erkenntnis (2002/02/0090, 20. Dezember 2002) die Ansicht vertreten, dass für die Durchführung von Sprengarbeiten im Bergbau seit 1. Jänner 1999 (Inkrafttreten des MinroG) nicht die Allgemeine Bergpolizeiverordnung, sondern die Sprengarbeitenverordnung gilt. Als Konsequenz bedeutet das, dass per 1. Jänner 1999 allen Arbeitnehmerschutzvorschriften in den Bergpolizeiverordnungen materiell derogiert wurde, soweit allgemeine Arbeitnehmerschutzvorschriften bestehen: Wird ein Bereich sowohl vom ASchG (samt erlassenen bzw übergeleiteten Verordnungen, zB SteinbruchVO) als auch von einer Bergpolizeiverordnung geregelt, so gelten die Bestimmungen des ASchG samt Verordnungen. Die Bestimmungen der Bergpolizeiverordnungen gelten nur mehr dann, wenn die betreffende Angelegenheit nicht durch das ASchG samt Verordnungen geregelt ist. (Erlass des Zentral-Arbeitsinspektorates vom 30.11.2004, 461.316/5003-III/3/04) **47**

Begriffsbestimmungen

§ 2. (1) Arbeitnehmer im Sinne dieses Bundesgesetzes sind alle Personen, die im Rahmen eines Beschäftigungs- oder Ausbildungsverhältnisses tätig sind. Geistliche Amtsträger gesetzlich anerkannter Kirchen und Religionsgesellschaften sind keine Arbeitnehmer im Sinne dieses Bundesgesetzes. Arbeitgeber im Sinne dieses Bundesgesetzes ist jede natürliche oder juristische Person oder eingetragene Personengesellschaft, die als Vertragspartei des Beschäftigungs- oder Ausbildungsverhältnisses mit dem Arbeitnehmer die Verantwortung für das Unternehmen oder den Betrieb trägt.

(2) Belegschaftsorgane im Sinne dieses Bundesgesetzes sind die nach dem Arbeitsverfassungsgesetz, BGBl. Nr. 22/1974, errichteten Organe der Arbeitnehmerschaft sowie die nach bundes- oder landesgesetzlichen Vorschriften oder nach sonstigen Vorschriften errichteten Organe der Personalvertretung.

(3) Arbeitsstätten im Sinne dieses Bundesgesetzes sind Arbeitsstätten in Gebäuden und Arbeitsstätten im Freien. Mehrere auf einem Betriebsgelände gelegene oder sonst im räumlichen Zusammenhang stehende Gebäude eines Arbeitgebers zählen zusammen als eine Arbeitsstätte. Baustellen im Sinne dieses Bundesgesetzes sind zeitlich begrenzte oder ortsveränderliche Baustellen, an denen Hoch- und Tiefbauarbeiten durchgeführt werden. Dazu zählen insbesondere folgende Arbeiten: Aushub, Erdarbeiten, Bauarbeiten im engeren Sinne, Errichtung und Abbau von Fertigbauelementen, Einrichtung oder Ausstattung, Umbau, Renovierung, Reparatur, Abbauarbeiten, Abbrucharbeiten, Wartung, Instandhaltungs-, Maler- und Reinigungsarbeiten, Sanierung. Auswärtige Arbeitsstellen im Sinne dieses Bundesgesetzes sind alle Orte außerhalb von Arbeitsstätten, an denen andere Arbeiten als Bauarbeiten durchgeführt werden insbesondere auch die Stellen in Verkehrsmitteln, auf denen Arbeiten ausgeführt werden.

(4) Arbeitsplatz im Sinne dieses Bundesgesetzes ist der räumliche Bereich, in dem sich Arbeitnehmer bei der von ihnen auszuübenden Tätigkeit aufhalten.

(5) Arbeitsmittel im Sinne dieses Bundesgesetzes sind alle Maschinen, Apparate, Werkzeuge, Geräte und Anlagen, die zur Benutzung durch Arbeitnehmer vorgesehen sind. Zu den Arbeitsmitteln gehören insbesondere auch Beförderungsmittel zur Beförderung von Personen oder Gütern, Aufzüge, Leitern, Gerüste, Dampfkessel, Druckbehälter, Feuerungsanlagen, Behälter, Silos, Förderleitungen, kraftbetriebene Türen und Tore sowie Hub-, Kipp- und Rolltore.

(6) Arbeitsstoffe im Sinne dieses Bundesgesetzes sind alle Stoffe, Gemische (Zubereitungen) und biologischen Agenzien, die bei der Arbeit verwendet werden. Als „Verwenden“ gilt auch das Gewinnen, Erzeugen, Anfallen, Entstehen, Gebrauchen, Verbrauchen, Bearbeiten, Verarbeiten, Abfüllen, Umfüllen, Mischen, Beseitigen, Lagern, Aufbewahren, Bereithalten zur Verwendung und das innerbetriebliche Befördern.

(7) Unter Gefahrenverhütung im Sinne dieses Bundesgesetzes sind sämtliche Regelungen und Maßnahmen zu verstehen, die zur Vermeidung oder Verringerung arbeitsbedingter Gefahren vorgesehen sind. Unter Gefahren im Sinne dieses Bundesgesetzes sind auch arbeitsbedingte physische und psychische Belastungen, zu verstehen, die zu Fehlbeanspruchungen führen.

(7a) Unter Gesundheit im Sinne dieses Bundesgesetzes ist physische und psychische Gesundheit zu verstehen.

(8) Stand der Technik im Sinne dieses Bundesgesetzes ist der auf einschlägigen wissenschaftlichen Erkenntnissen beruhende Entwicklungsstand

fortschrittlicher technologischer Verfahren, Einrichtungen und Betriebsweisen, deren Funktionstüchtigkeit erprobt und erwiesen ist. Bei der Bestimmung des Standes der Technik sind insbesondere vergleichbare Verfahren, Einrichtungen und Betriebsweisen heranzuziehen.

(9) Soweit in diesem Bundesgesetz personenbezogene Bezeichnungen noch nicht geschlechtsneutral formuliert sind, gilt die gewählte Form für beide Geschlechter.

[BGBl I 2012/118]

Übersicht

I. Arbeitnehmer (Abs 1) 1–16
II. Arbeitgeber 17–25
III. Belegschaftsorgane (Abs 2) 26, 27
IV. Arbeitsstätte 28, 29
V. Baustelle 30–34
VI. Auswärtige Arbeitsstelle 35–41
VII. Arbeitsmittel (Abs 5) 42
VIII. Arbeitsstoffe (Abs 6) 43
IX. Gefahrenverhütung, Gesundheit (Abs 7, 7a) 44–53
X. Stand der Technik (Abs 8) 54
XI. Generalklausel geschlechtergerechte Sprache (Abs 9) 55

I. Arbeitnehmer (Abs 1)

Abs 1 definiert den Arbeitnehmerbegriff in Übereinstimmung mit Art 3 lit a der Rahmenrichtlinie 89/391/EWG. Diese Definition entspricht § 1 Abs 5 ANSchG mit der Maßgabe, dass nicht mehr auf den Betriebsbegriff abgestellt wird. Eine Klarstellung des Arbeitnehmerbegriffes ist notwendig, weil der Arbeitnehmerbegriff des ASchG weit über den arbeitsvertragsrechtlichen Arbeitnehmerbegriff des § 36 ArbVG hinausgeht: 1

§ 36 ArbVG

(1) Arbeitnehmer im Sinne des II. Teiles sind alle im Rahmen eines Betriebes beschäftigten Personen einschließlich der Lehrlinge und der Heimarbeiter ohne Unterschied des Alters.

(2) Als Arbeitnehmer gelten nicht:

1. In Betrieben einer juristischen Person, die Mitglieder des Organs, das zur gesetzlichen Vertretung der juristischen Person berufen ist;
2. *(Anm.: aufgehoben durch BGBl. Nr. 47/1979)*;
3. leitende Angestellte, denen maßgebender Einfluß auf die Führung des Betriebes zusteht;
4. Personen, die vorwiegend zur ihrer Erziehung, Behandlung, Heilung oder Wiedereingliederung beschäftigt werden, sofern sie nicht auf Grund eines Arbeitsvertrages beschäftigt sind;

5. Personen, die im Vollzug einer verwaltungsbehördlichen oder gerichtlichen Verwahrungshaft, Untersuchungshaft, Freiheitsstrafe oder freiheitsentziehenden vorbeugenden Maßnahme beschädigt werden;
6. Personen, deren Beschäftigung vorwiegend durch religiöse, karitative oder soziale Motive bestimmt ist, sofern sie nicht auf Grund eines Arbeitsvertrages beschäftigt sind;
7. Personen, die zu Schulungs- und Ausbildungszwecken kurzfristig beschäftigt werden.

2 Wesentliches Kriterium für die Arbeitnehmereigenschaft ist die persönliche und wirtschaftliche Abhängigkeit von den Arbeitgebern. Merkmale sind folgende:

- die persönliche Arbeitspflicht,
- der wirtschaftliche Erfolg kommt dem Arbeitgeber zu,
- die persönliche Fürsorgepflicht der Arbeitgeber und die Treuepflicht der Arbeitnehmer,
- die organisatorische Eingliederung in den Betrieb des Arbeitgebers, das Weisungsrecht des Arbeitsgebers hinsichtlich Arbeitszeit, Arbeitsort und arbeitsbezogenem Verhalten,
- der Arbeitnehmer muss zur Arbeitsleistung bereit sein,
- das Unternehmerrisiko trägt jedoch der Arbeitgeber,
- und die Kontrollbefugnis des Arbeitgebers sowie die disziplinäre Verantwortung des Arbeitnehmers.

Die Arbeitnehmerdefinition in § 2 Abs 1 ASchG („... *tätig sind*") geht über das Arbeitsvertragsrecht hinaus, da auf die tatsächliche Beschäftigung in einer Betriebsstätte abgestellt wird.

3 Die Definition erfasst auch Personen, die im Rahmen eines nicht als Arbeitsverhältnis anzusehenden Ausbildungsverhältnisses beschäftigt werden. Auf das Vorliegen eines gültigen Arbeitsvertrages kommt es nicht an. Als Arbeitnehmer im Sinne des ASchG sind alle Personen anzusehen, die in Betrieben im Rahmen eines Beschäftigungs- oder Ausbildungsverhältnisses tätig sind. Dem Schutzzweck des ASchG entsprechend ist der Begriff des Arbeitnehmers in § 1 Abs 1 weiter gezogen als der Begriff des Dienstnehmers in § 1151 ABGB. Es ist belanglos, ob diese Beschäftigung aufgrund eines Arbeitsvertrages geschieht oder aus einem anderen Titel. Der Arbeitnehmer muss in einem faktischen Arbeitsverhältnis stehen, bei dem die rechtliche Grundlage durch die Tatsache der Einordnung entstanden ist; dies selbst dann, wenn die Beschäftigung ohne einen gültigen Vertrag ausgeübt wird, wie bei ausländischen Arbeitskräften ohne Beschäftigungsbewilligung nach dem AuslBG (VwGH 28.6.2002, 98/02/0180 sowie VwGH 26.1.1996, 95/02/0243, 0244 zu § 1 Abs 5 ANSchG; da § 2 Abs 1 ASchG ebenfalls von einem weiten Arbeitnehmerbegriff – ohne Anknüpfung an das Faktum „im Betrieb" – ausgeht, ist letztere Entscheidung auch für den Bereich des ASchG heranzuziehen).

Arbeitnehmer im Sinne des ASchG sind – neben den Dienstnehmern mit gültigem Dienstvertrag – daher auch **Leiharbeitnehmer, Teilzeitbeschäftigte, Beschäftigte mit befristeten Dienstverträgen, Ferialpraktikanten, Volontäre bzw Berufspraktikanten, Krankenpflegeschüler, geringfügig Beschäftigte. Familienangehörige** fallen nur dann unter den Arbeitnehmerbegriff, wenn sie in einem Ausbildungs- oder Dienstverhältnis stehen. Dasselbe gilt für **Gesellschafter** einer AG oder GmbH. **Heimarbeiter** sind vom Geltungsbereich gemäß § 1 Abs 2 Z 5 ausgenommen. Das ASchG ist sinngemäß auch auf **Strafgefangene** anzuwenden (§ 49 Abs 3 StVG). Geistliche Amtsträger gesetzlich anerkannter Kirchen und Religionsgesellschaften sind jedoch keine Arbeitnehmer im Sinne dieses Bundesgesetzes. Dieser Satz des § 2 Abs 1 dient der Klarstellung und entspricht § 2 Abs 1 letzter Satz des Arbeitsinspektionsgesetzes 1993 (siehe dazu § 1 ArbIG zu Kultusanstalten Geltungsbereich; AN der Caritas fallen unter ASchG). 4

Personen, die aufgrund eines **Werkvertrages** tätig werden, sind hingegen nicht unter den Arbeitnehmerbegriff (Neue Selbständige) zu subsumieren. 5

Freie Dienstnehmer – dazu zählt jener Personenkreis, welcher gemäß § 4 Abs 4 ASVG einen freien Dienstvertrag abgeschlossen hat – können als **arbeitnehmerähnliche** Personen qualifiziert werden. Arbeitnehmerähnlichkeit ist dadurch gekennzeichnet, dass an sich kein Dienstverhältnis vorliegt, jedoch die Kriterien fremdbestimmter Arbeit in einem gewissen Umfang gegeben sind. Es handelt sich um Personen, die eine Art Mittelstellung zwischen dem rechtlich und wirtschaftlich unselbständigen Arbeitnehmer und dem rechtlich und wirtschaftlich selbständigen Unternehmer einnehmen (OGH 8.2.1996, 8 ObS 1/96, 10/96). Auf arbeitnehmerähnliche Personen sind bestimmte Schutzvorschriften anwendbar (zB IESG). Von der Judikatur werden ua folgende Kriterien , die für eine wirtschaftliche Unselbständigkeit und damit Arbeitnehmerähnlichkeit sprechen, genannt: 6

- Mangel an einer eigenen Betriebsstätte;
- längere Dauer der Beschäftigung (Tätigkeit) für denselben Auftraggeber;
- in regelmäßigen Zeitabständen vorgenommene Honorierung;
- Arbeiten mit Betriebsmitteln des Unternehmens (OGH 21.12.1954, 4 Ob 180/54).

Im Gegensatz zum Arbeitsvertrag steht der sogenannte freie Dienstvertrag, welcher zur Arbeit **ohne** persönliche Abhängigkeit, weitgehend selbständig und frei von Beschränkungen des persönlichen Verhaltens verpflichtet. Vor allem die Möglichkeit, den Ablauf der Arbeit selbständig zu regeln und jederzeit zu ändern, also das Fehlen der persönlichen Abhängigkeit und Weisungsgebundenheit, unterscheidet den freien Dienstvertrag vom echten Arbeitsvertrag. Grundsätzlich kann jede Leistung, die im Rahmen eines Arbeitsverhältnisses erbracht werden kann, auch Inhalt eines freien Dienstvertrages sein. 7

Freie Dienstverträge haben nur einen eingeschränkten „arbeitsrechtlichen Schutz". Nach ständiger Judikatur sind auf den freien Dienstvertrag jene arbeitsrechtlichen Normen analog anzuwenden, welche **nicht** vom persönlichen Abhängigkeitsverhältnis des Arbeitnehmers ausgehen, jedoch den sozial Schwächeren schützen sollen (OGH 20.9.1983 DRdA 1984, 442; OGH 26.3.1997, 9 Ob A 54/97). Aufgrund des Schutzgedankens des ASchG sind freie Dienstnehmer gemäß § 4 Abs 4 ASVG als Arbeitnehmer im Sinne des § 2 Abs 1 ASchG anzusehen („*... Personen, die im Rahmen eines Beschäftigungs- und Ausbildungsverhältnisses tätig sind*"). (Erlass des Zentral-Arbeitsinspektorats vom 8.11.1998, 60.010/20-3/98)

8 **Zivildienstleistende** sind zwar keine Arbeitnehmer, und die Einrichtung, der sie zum Zivildienst zugewiesen sind, ist nicht ihr Arbeitgeber, doch bestimmt § 38 Abs 4 des Zivildienstgesetzes 1986, dass sich die Verpflichtung des Rechtsträgers der Einrichtung, für den Schutz des Lebens, der Gesundheit und der Sittlichkeit der Zivildienstleistenden bei Ausübung ihres Dienstes vorzusorgen, nach den Rechtsvorschriften für diejenigen Personen richtet, die bei der Einrichtung mit im Wesentlichen gleichartigen Dienstleistungen beschäftigt sind.

9 In den Gesetzesmaterialien wird dazu ausgeführt, dass als Rechtsnorm im Wesentlichen das ArbeitnehmerInnenschutzgesetz in Betracht kommen wird.

10 Weiters bestimmt § 55 Abs 2 ZDG, dass sich die behördliche Zuständigkeit zur Wahrnehmung des Schutzes des Lebens, der Gesundheit und der Sittlichkeit der Zivildienstleistenden nach den gemäß § 38 Abs 4 maßgeblichen Rechtsvorschriften richtet. Dazu wird in den Gesetzesmaterialien ausgeführt: „*Zur Überwachung der Einhaltung der den Rechtsträgern den Zivildienstleistenden gegenüber bestehenden Fürsorgepflicht soll jene Behörde berufen werden, der diese Aufgabe hinsichtlich der anderen bei der Einrichtung beschäftigten Personen zufällt, in erster Linie also den Arbeitsinspektionen, allenfalls aber auch den Verkehrs-Arbeitsinspektionen und den Land- und Forstwirtschaftsinspektionen.*"

11 Daher ist in Einrichtungen, die der Kontrolle der Arbeitsinspektion unterliegen, die Arbeitsinspektion auch für die Wahrnehmung des Arbeitnehmerschutzes von Zivildienern zuständig. Die Einrichtung, in der die Zivildiener Zivildienst leisten, hat hinsichtlich der Zivildiener sämtliche Arbeitgeberpflichten nach dem ASchG und den ASchG-Verordnungen (bzw nach Bundes-Bedienstetenschutzgesetz samt Verordnungen, sofern es sich bei der Einrichtung, in der der Zivildiener beschäftigt wird, um eine Bundesdienststelle handelt). Das bedeutet unter anderem, dass die Zivildiener in der Einrichtung, in der sie den Zivildienst leisten, bei den Schlüsselzahlen für die Präventivdienste mitzuzählen sind (siehe dazu 7. Abschnitt Präventivdienste). (Erlass des Zentral-Arbeitsinspektorates vom 19.1.2000, 60.103/6-3/99)

Auch **Präsenzdiener** sind keine Arbeitnehmer im Sinne des ASchG. Der Präsenzdienststellt weder ein Beschäftigungs- noch ein Ausbildungsverhältnis nach ASchG dar. Der Präsenzdienst ist eine verfassungsrechtlich vorgesehene Verpflichtung jedes männlichen Staatsbürgers (Art 9a B-VG, BGBl 1930/1 idgF). Die Freiwilligkeit (im Sinne einer rechtsgeschäftlichen Willensbildung) als Merkmal der Arbeitnehmereigenschaft ist nicht gegeben. Ausbildungsverhältnis nach ASchG ist grundsätzlich im Sinne eines Berufsausbildungsverhältnisses zu verstehen. So wurde bereits in den Erläuternden Bemerkungen zum ASchG hingewiesen, dass eine Klarstellung des Arbeitnehmerbegriffes notwendig war, damit das ASchG auch für Personen wie zB Volontäre gelte. Der Gesetzgeber ging von einem Ausbildungsverhältnis zu beruflichen Zwecken aus; ein solches liegt bei Präsenzdienern nicht vor. Es liegt selbst dann nicht vor, wenn der Präsenzdiener beabsichtigt, Berufssoldat zu werden (vgl ARD-HB 1985, 3). Daher ist auch der Ausbildungsdienst (für Frauen) iSd Wehrgesetzes (WehrG), BGBl 1990/305 idgF, kein Ausbildungsverhältnis im Sinne des ASchG. Für Präsenzdiener gelten vereinzelt Schutzvorschriften, wie etwa in der Verordnung „Allgemeine Dienstvorschriften für das Bundesheer", BGBl 1979/43 idgF (Hinweis: Präsenzdiener fallen auch nicht unter das Bundes-Bedienstetenschutzgesetz [B-BSG], BGBl I 1999/70, weil gemäß § 1 Abs 3 WehrG kein Dienstverhältnis zum Bund begründet wird und auch kein Ausbildungsverhältnis iS des § 2 Abs 1 B-BSG vorliegt.) (Rechtsansicht des Zentral-Arbeitsinspektorates). Vgl auch *Szymanski/Oberhauser/Marx* (Hrsg), ArbeitnehmerInnenschutzgesetz ASchG, Kommentar, 1. Auflage, Wien/Graz 2004. 12

Die Teilnehmer am **Freiwilligen Sozialen Jahr**, am **Freiwilligen Umweltschutzjahr** und am **Gedenkdienst im Inland** (das Freiwilligengesetz – FreiwG, BGBl I 2012/17, ist am 1. Juni 2012 in Kraft getreten) stellt ein Ausbildungsverhältnis dar (§ 7 FreiwG), dh die Teilnehmer sind **Arbeitnehmer im Sinn des ASchG und des ArbIG** sowie – wenn jugendlich – auch im Sinn des **KJBG**, dh diese Vorschriften gelten unmittelbar (außer es kommt ein Ausnahmetatbestand zum Tragen, zB land- und forstwirtschaftlicher Betrieb). Auch **§§ 3 bis 9 des Mutterschutzgesetzes** gelten für sie (§ 15 FreiwG). AZG und ARG gelten **nicht**. In § 14 FreiwG ist aber festgelegt, dass in jeder Kalenderwoche eine **ununterbrochene Freizeit von 36 Stunden** zu gewähren ist. Die Arbeitsinspektion ist auch für die Kontrolle der §§ 14 und 15 FreiwG zuständig; es ist diesbezüglich auch eine Strafbestimmung vorgesehen (§ 17 FreiwG). (Erlass des Zentral-Arbeitsinspektorates vom 6.6.2012, BMASK-460.103/0002-VII/A/3/2012) 13

Hausbesorger sind ebenfalls Arbeitnehmer. Das ASchG ist anzuwenden. Arbeitgeber ist der Hauseigentümer, auch bei einer Hausbesorgerbestellung durch die Hausverwaltung. Es sind folgende Fälle zu unterscheiden: 14

- **Hauseigentümer mit mehreren Häusern** (zB Genossenschaften wie BUWOG), die diese Häuser auch selbst gemeinsam verwalten: Arbeitgeber (und

Verwalter) ist die Genossenschaft. Die zu betreuenden Häuser sind keine eigenen Arbeitsstätten, sondern auswärtige Arbeitsstellen der jeweiligen Verwaltung. Bei der Berechnung von Schlüsselzahlen sind die Hausbesorger der Verwaltung zuzurechnen (siehe wiederum 7. Abschnitt Präventivdienste).

- **Wohnungseigentümergemeinschaft** (Wohnungseigentumsgesetz 1975): Arbeitgeber ist die Wohnungseigentümergemeinschaft (auch wenn ein Verwalter vorhanden ist), so dass pro Arbeitgeber meist nur ein Arbeitnehmer (Hausbesorger) zählt. (Erlass des Zentral-Arbeitsinspektorates vom 4.8.1997, 61.110/39-3/97)

15 In Bezug auf die Rechtsstellung von **Zeitungskolporteuren und Werbemittelverteilern** kann von keiner einheitlichen Judikatur ausgegangen werden. Ob es sich um Arbeitnehmer im eigentlichen Sinn oder um arbeitnehmerähnliche Personen (§ 4 Abs 4 ASVG) handelt, ist fallweise zu entscheiden. Auch die Möglichkeit, diese Personen der Gruppe der Werkvertragsnehmer zuzuordnen, sollte in Betracht gezogen werden. So qualifizierte beispielsweise der OGH eine ausgeübte Tätigkeit als Werbemittelverteiler als **freies Dienstverhältnis**, da angesichts mangelnder regelmäßiger Arbeitspflicht, freier Arbeitszeiteinteilung und der Möglichkeit, sich durch andere vertreten zu lassen, die persönliche Abhängigkeit des Klägers und damit seine Arbeitnehmereigenschaft zu verneinen war. Auch der Umstand, dass der Werbemittelverteiler in wirtschaftlicher Unselbständigkeit für die beklagte Partei tätig geworden ist, begründet zwar Arbeitnehmerähnlichkeit, mangels persönlicher Abhängigkeit nicht aber Arbeitnehmereigenschaft (siehe *Strasser*, Abhängiger Arbeitsvertrag oder freier Dienstvertrag, DRdA 1992, 93 ff [102 f]). (OGH 26.2.1998, 8 Ob A 46/98t)

16 In einem ähnlich gelagerten Fall stellte der VwGH das Vorliegen eines **echten Dienstvertrages** fest (VwGH 26.5.2004, 2001/08/0026). Auch der OGH näherte sich in seinen jüngeren Entscheidungen dem VwGH an (siehe dazu OGH 30.10.2003, 8 Ob A 45/03f; OGH 25.11.2003, 8 Ob A 44/03h), so dass die Divergenz zwischen OGH und VwGH in Bezug auf das freie Dienstverhältnis kaum noch besteht. Ob unter Zugrundelegung dieser Kriterien Zeitungs- und Werbemittelzusteller als echte Arbeitnehmer anzusehen sind, lässt sich – ebenso wie bei Kolporteuren – nicht generell, sondern nur anhand der konkreten Vertragsgestaltung beantworten (*Tomandl*, Rechtsstaatgroteske um Werkverträge, ecolex 1996, 284 [289]; *Schrammel* aaO [276]). (OGH 30.10.2003, 8 Ob A 45/03f)

II. Arbeitgeber

17 Der Begriff „Arbeitgeber" wurde – auf Grund eindeutiger Literatur und Judikatur – weder im ANSchG noch in der Stammfassung des ASchG definiert. Die ausdrückliche Definition des Arbeitgeberbegriffs gemäß Art 3 lit b der Rahmenrichtlinie 89/391/EWG wurde aber von der EU-Kommission zur

Umsetzung dieser Richtlinie als unverzichtbar erachtet. Aus diesem Grunde ist eine Definition des Arbeitgebers mit BGBl I 1999/12 in § 2 Abs 1 aufgenommen worden. Zu beachten ist jedoch, dass die Anknüpfung der Arbeitgeberdefinition laut Arbeitsschutz-Rahmenrichtlinie an den Begriff „Verantwortung" nicht der österreichischen Arbeitsrechtstradition entspricht. Für das österreichische Arbeitsrecht ist zur Bestimmung der Arbeitgebereigenschaft nicht entscheidend, wer Verantwortung auf Organ- oder Funktionsebene trägt. Maßgeblich für den Arbeitgeberbegriff des Arbeitnehmerschutzes ist ein mit dem Arbeitnehmer bestehendes Vertragsverhältnis und dessen Beschäftigung, sei es auch in Form einer nur faktischen Beschäftigung (ohne Vorliegen eines gültigen Arbeitsvertrages). (ErlRV 1449 BlgNR 20. GP)

Im Sinne der umfangreichen Literatur und Judikatur ist Arbeitgeber jene **18** Person, zu der die Arbeitnehmer in einem Vertragsverhältnis stehen und von der sie beschäftigt werden. Daher sind zB bei Einkaufszentren Arbeitgeber im Sinne des Arbeitsvertragsrechtes und des Arbeitnehmerschutzrechtes nicht die Betreiber des Einkaufszentrums, sondern es sind jene Personen als Arbeitgeber anzusehen, die in den einzelnen Verkaufsgeschäften Arbeitnehmer beschäftigen (siehe Erkenntnis des VwGH vom 28. Jänner 1991, 90/19/0270). (ErlRV 1590 BlgNR 18. GP)

Weiters sind über das Arbeitsvertragsrecht hinausgehend auch Ausbildungs- **19** verhältnisse, die nicht als Arbeitsvertrag anzusehen sind, erfasst. Hinzuweisen ist in diesem Zusammenhang auch auf § 9 ASchG, wonach für die Dauer einer Überlassung die Beschäftiger als Arbeitgeber im Sinne des ASchG gelten – diese Bestimmung bleibt unberührt. Arbeitnehmerschutzrelevant ist die Arbeitgeberdefinition im Hinblick auf die Strafbestimmungen des § 130 ASchG. Die Verantwortung für das Unternehmen bzw den Betrieb iSd § 2 Abs 1 ist jedoch allein nicht gleichbedeutend mit verwaltungsstrafrechtlicher Verantwortung; maßgeblich ist, wer Vertragspartei des Arbeitnehmers ist. (ErlRV 1449 BlgNR 20. GP)

In Entsprechung der Judikatur zur Arbeitgebereigenschaft werden nunmehr **20** auch **Personengesellschaften** des Handelsrechts/Unternehmensrechts (OG, KG) und Eingetragene Erwerbsgesellschaften in die **Arbeitgeberdefinition** einbezogen (OGH 30.1.1997, 8 Ob A 2255/96t; OGH 29.8.1996, 8 Ob S 2049/96 ua). (ErlRV 1449 BlgNR 20. GP). Im Rahmen des Handelsrechts-Änderungsgesetzes (BGBl I 2005/120) wurden die OHG (Offene Handelsgesellschaft), KG (Kommanditgesellschaft) und EEG (Eingetragene Erwerbsgesellschaft) durch die **OG (Offene Gesellschaft)** und die **KG (Kommanditgesellschaft neu)** ersetzt. Durch die Bezeichnungsänderung bleibt der Arbeitgeberbegriff jedoch unberührt. Darüber hinaus gelten kraft Rechtsform gemäß § 2 UGB **Aktiengesellschaften, Gesellschaften mit beschränkter Haftung, Erwerbs- und Wirtschaftsgenossenschaften, Versicherungsvereine auf Gegenseitigkeit, Sparkassen, Europäische wirtschaftliche Interessenvereinigungen (EWIV),**

Europäische Gesellschaften (SE) und Europäische Genossenschaften (SCE) als Unternehmer.

21 Für die Einhaltung der Arbeitnehmerschutzvorschriften ist gemäß § 9 VStG strafrechtlich verantwortlich, wer zur **Außenvertretung** berufen ist. Die Außenvertretungsbefugnisse sind je nach Gesellschaftsform unterschiedlich gesetzlich geregelt (bei juristischen Personen grundsätzlich als Gesamtvertretung, zB alle Vorstandsmitglieder gemeinsam). In der Praxis wird die Außenvertretung den Bedürfnissen der jeweiligen Gesellschaft entsprechend im rechtlich zulässigen Rahmen abgeändert (zB durch Regelung im Gesellschaftsvertrag). Davon zu unterscheiden sind bloße Beschränkungen der Vertretungsbefugnis (zB durch Vorstandsbeschluss), die nur intern wirksam werden, nicht aber gegenüber Dritten im Außenverhältnis.

22 Außenvertretungsbefugt sind jene natürlichen Personen, die eine Befugnis haben, für eine juristische Person oder Personengesellschaft zu handeln. Bei juristischen Personen sind das die nach der jeweiligen „Verfassung" der juristischen Person (Gesetz, Satzung, Gesellschaftsvertrag) außenvertretungsbefugten Organe bzw die jeweiligen Organwalter (nicht jedoch der Prokurist). Ist die Vertretungsbefugnis einem Kollektivorgan juristischer Personen übertragen, finden die Strafbestimmungen auch auf alle einzelnen Mitglieder Anwendung; die Verantwortlichkeit gewerberechtlicher Geschäftsführer beschränkt sich nur auf den gewerberechtlichen Rahmen (für den Arbeitnehmerschutz daher nur unternehmensrechtlicher Geschäftsführer). Bei **Personengesellschaften** kommt die Außenvertretung von Gesetzes wegen allen Gesellschaftern jeweils alleine mit Wirksamkeit für die Gesellschaft zu **(Einzelvertretung)**.

23 Bei der **ARGE** handelt es sich in der Regel um eine Gesellschaft bürgerlichen Rechts (§ 1175 ABGB). Durch einen Vertrag schließen sich zwei oder mehrere physische oder juristische Personen (ARGE-Gesellschafter) *„zum gemeinschaftlichen Nutzen"* zusammen. In der Regel werden im ARGE-Vertrag für die ARGE ein technischer und ein kaufmännischer Geschäftsführer bestellt (vgl VwGH 18.1.2005, 2004/05/0068).

24 Die ARGE als Gesellschaft bürgerlichen Rechts hat **keine eigene Rechtspersönlichkeit**. Die ARGE hat keine Parteifähigkeit nach dem AVG, sie kann daher keine Anträge stellen und nicht Adressat von Bescheiden sein. Sie kann nicht Dienstgeber sein (VwGH 19.1.1995, 93/18/0230, betreffend Übertretung der AAV); diese Eigenschaft kommt vielmehr den einzelnen Gesellschaftern der Gesellschaft bürgerlichen Rechts zu, dh allen Mitgliedern der ARGE. Die ARGE ist nicht Arbeitgeber im Sinne des ASchG.

25 Weiters kann die ARGE als solche mangels Rechtspersönlichkeit keinen verantwortlichen Beauftragten, der für die ARGE als Ganzes haftet, bestellen. Es kann nur jede einzelne Gesellschaft verantwortliche Beauftragte für ihre jeweilige Tätigkeit im Rahmen der ARGE bestellen. Bei Übertretung von Arbeit-

nehmerschutzbestimmungen haften diese verantwortlichen Beauftragten. Es empfiehlt sich allerdings, dass alle in der ARGE vertretenen Gesellschaften ein und dieselbe Person zum verantwortlichen Beauftragten bestellen, sodass diese Person als verantwortlicher Beauftragter aller Arbeitgeber haftet.

III. Belegschaftsorgane (Abs 2)

Abs 2 definiert die „Belegschaftsorgane“, auf die in mehreren Bestimmungen des ASchG Bezug genommen wird. Dieser Begriff wird als Sammelbegriff für die nach dem Arbeitsverfassungsgesetz und nach den bundes- und landesgesetzlichen Personalvertretungsregelungen errichteten Organe verwendet. Das ASchG verweist jeweils auf die „zuständigen“ Belegschaftsorgane. Welche Organe darunter zu verstehen sind, ergibt sich aus dem Arbeitsverfassungsgesetz und aus den Vorschriften auf dem Gebiet des Personalvertretungsrechtes. (ErlRV 1590 BlgNR 18. GP) Das wichtigste Belegschaftsorgan ist nach dem Arbeitsverfassungsgesetz der Betriebsrat (ArbVG). Daneben gibt es noch den Zentral-Betriebsrat und die Betriebsräteversammlung. Belegschaftsorgane bestehen weiters im öffentlichen Dienst (Personalvertretung) sowie im Bereich der Österreichischen Bundesbahnen (gem Bundesbahnstrukturgesetz 2003, BGBl I 2003/138, gilt seit 1. Jänner 2004 das ArbVG). **26**

Den Belegschaftsorganen stehen im Bereich des Arbeitnehmerschutzes einige Informations- und Mitwirkungsrechte zu (siehe §§ 8, 10 bis 13, 76 bis 78a, 81 bis 82b, 85, 86, 88 und 88a ASchG). **27**

IV. Arbeitsstätte

Abs 3 definiert die Arbeitsstätte. Das sind alle Gebäude und sonstigen baulichen Anlagen sowie Teile von Gebäuden oder sonstigen baulichen Anlagen, in denen Arbeitsplätze eingerichtet sind oder eingerichtet werden sollen oder zu denen Arbeitnehmer im Rahmen ihrer Arbeit Zugang haben (**Arbeitsstätten in Gebäuden**), sowie alle Orte auf einem Betriebsgelände, zu denen Arbeitnehmer im Rahmen ihrer Arbeit Zugang haben (**Arbeitsstätten im Freien**). Siehe auch § 19 ASchG sowie zur genaueren Beschaffenheit einer Arbeitsstätte die Arbeitsstättenverordnung – AStV, BGBl II 1998/368, idF BGBl II 2009/256. **28**

Durch die Novelle BGBl I 1999/12 wurde klargestellt, dass mehrere auf einem Betriebsgelände gelegene oder sonst in räumlichem Zusammenhang stehende Gebäude eines Arbeitgebers zusammen als eine Arbeitsstätte zählen. Eine Arbeitsstätte ist in der Regel ein Gebäude, das von einem Unternehmen (Arbeitgeber) genutzt wird, zB eine gewerbliche Betriebsanlage, eine Krankenanstalt, ein Kraftwerk, eine Bankfiliale. Eine Arbeitsstätte kann aber auch aus mehreren Gebäuden bestehen. So gilt zB ein Betriebsgelände eines Unternehmens mit zwei Produktionshallen und einem Verwaltungsgebäude als eine Arbeitsstätte bei der Berechnung der Arbeitnehmerzahl. Mehrere Gebäude, die in räumlichem Zusammenhang stehen, sind ebenfalls als eine Arbeitsstätte anzu- **29** sehen. Von einem „*räumlichen Zusammenhang*“ im Sinne dieser Regelung ist nur dann auszugehen, wenn es sich um einen „*engen*“ räumlichen Zusammenhang handelt, also zB um Gebäude auf direkt nebeneinander liegenden Grundstücken, und nicht etwa bereits dann, wenn sich Gebäude nur in derselben Gemeinde befinden. (ErlRV 1449 BlgNR 20. GP)

V. Baustelle

30 Die Definition der Baustelle entspricht Art 2 lit a der Richtlinie 92/57/EWG. Diese Richtlinie enthält im Anhang I auch eine demonstrative Aufzählung der Bauarbeiten, die entsprechend den Ergebnissen der Verhandlungen mit den Interessenvertretungen der Arbeitgeber und Arbeitnehmer in das ASchG übernommen wurde. (ErlRV 1590 BlgNR 18. GP) Für Baustellen gelten sowohl die Bestimmungen des ASchG samt Durchführungsverordnungen als auch die Regelungen der Bauarbeiterschutzverordnung – BauV sowie jene des Bauarbeitenkoordinationsgesetzes – BauKG.

31 **Baustellen** iSd BauKG bzw ASchG sind zeitlich begrenzte und ortsveränderliche Baustellen, an denen Hoch- und Tiefbauarbeiten durchgeführt werden (§ 2 Abs 3 BauKG und § 2 Abs 3 ASchG). Da das BauKG für alle Baustellen gilt, auf denen Arbeitnehmer beschäftigt werden (§ 1 Abs 2 BauKG), kommt es nur dann für Renovierungs-, Reparatur-, Wartungs- und Instandhaltungsarbeiten, Maler- und Reinigungsarbeiten oder Sanierungsarbeiten usw zur Anwendung, wenn Arbeitnehmer diese Tätigkeiten tatsächlich auf Baustellen (mit Hoch- und Tiefbauarbeiten) durchführen. Nur dann bestehen BauKG-Pflichten, insbesondere zur Koordinatorenbestellung, Erstellung eines Sicherheits- und Gesundheitsschutzplans für die Baustelle, einer Vorankündigung oder einer Unterlage für spätere Arbeiten (§§ 3 bis 8 BauKG).

32 In allen anderen Fällen ist von **Arbeiten auf auswärtigen Arbeitsstellen** auszugehen, es gelten weder BauKG noch BauV (§ 1 Abs 2 BauV führt zwar bestimmte Arbeiten als Bauarbeiten ohne Bezug auf Hoch- und Tiefbauarbeiten an, kann aber als ASchG-Durchführungsverordnung nur für Baustellen mit Hoch- und Tiefbauarbeiten gelten; s § 2 Abs 3 ASchG und Baustellen-Richtlinie 92/57/EWG).

33 Außerhalb von „klassischen“ Bauarbeiten (zB Neuerrichtung, Abbruch von Bauwerken, Fundamentierungsarbeiten) treten **Abgrenzungsfragen** fallweise bei Dacharbeiten und besonders bei Arbeiten im Hausinneren auf (zB bei Wohnungsumbauten, Maler- und Reinigungsarbeiten), weil bestimmte Tätigkeiten je nach Sachverhalt „Bauarbeiten auf Baustellen“ oder „Arbeiten auf auswärtigen Arbeitsstellen“ mit vergleichbaren Belastungen und Gefahren sein können. Im Regelfall sind derartige **Tätigkeiten nur dann Hoch- und Tiefbauarbeiten, wenn sie mit nicht nur geringfügigen Eingriffen in die Bausubstanz verbunden sind**, wobei jeweils eine Einzelfallbeurteilung zu erfolgen hat (zB „Baustelle“ bei nicht unerheblichen Stemmarbeiten im Zuge eines Woh-

nungsumbaus, hingegen keine „Bauarbeiten“ bzw keine „Baustelle“ bei nur begleitenden einfachen Stemmarbeiten in geringem Umfang, zB zum Anschluss einer Waschmaschine; ebenso keine „Baustelle“ bei typischen Parkett-, Fliesenverlegungstätigkeiten, Malerei- oder Tapezierarbeiten durch Arbeitnehmer einschlägiger Gewerbebetriebe, weil kein Eingriff in Bausubstanz als „Hoch-/Tiefbauarbeiten“). Sollte jedoch im Einzelfall aufgrund der durchzuführenden Tätigkeiten dennoch von „Bauarbeiten“ bzw einer „Baustelle“ iSd BauKG auszugehen sein, bestehen BauKG-Pflichten meist nur in geringem Umfang: Beachtung der allgemeinen Grundsätze der Gefahrenverhütung, Unterlage für spätere Arbeiten (SiGe-Plan und Vorankündigung nicht erforderlich, je nach Arbeitenabfolge auch keine Koordinatorenbestellung). (Erlass des Zentral-Arbeitsinspektorates vom 20.7.2006, 461.317/0001-III/3/2006)

Mit der Novelle zur BauV, BGBl II 2011/3, wurde eine Lücke im Arbeitneh- **34**
merschutzrecht dahingehend geschlossen, dass einige **Schutzbestimmungen der Bauarbeiterschutzverordnung** für bestimmte gefährliche Arbeitsvorgänge auch dann anzuwenden sind, wenn diese Arbeitsvorgänge nicht im Zusammenhang mit Hoch- oder Tiefbauarbeiten (also auf Baustellen), sondern auf **auswärtigen Arbeitsstellen** stattfinden (§§ 6 Abs 2 und 3, 6 Abs 7 und 8, §§ 7 bis 10, §§ 48 bis 54 und 154, §§ 87 bis 90, §§ 91 bis 93, § 106, §§ 108 und 109 BauV). Diese Vorschriften galten bis zur Novelle allerdings nur dann, wenn es sich bei den durchzuführenden Arbeiten um Bauarbeiten handelte, was nach der Rechtsprechung des Verwaltungsgerichtshofs auf Grund teleologischer und systematischer Interpretation nur dann der Fall ist, wenn diese Arbeiten mit Hoch- und Tiefbauarbeiten in Zusammenhang stehen (VwGH 22.10.1999, 98/02/0234), weil § 2 Abs 3 ASchG „Baustellen“ als *„zeitlich begrenzte oder ortsveränderliche Baustellen, an denen Hoch- und Tiefbauarbeiten durchgeführt werden“* definiert. Finden dieselben Arbeiten hingegen nicht im Zusammenhang mit Hoch- oder Tiefbauarbeiten statt, waren bis zur Novelle keine konkreten Schutzvorschriften anwendbar. Nunmehr gelten die oben aufgezählten Paragraphen der BauV auch für auswärtige Arbeitsstellen; das sind gemäß § 2 Abs 3 letzter Satz ASchG Orte außerhalb von Arbeitsstätten, an denen andere Arbeiten als Bauarbeiten durchgeführt werden. (s Erl zu BGBl II 2011/3)

VI. Auswärtige Arbeitsstelle

Die Definition der **auswärtigen Arbeitsstellen** ist enger als jene nach § 1 Z 5 **35**
AAV, da alle Orte auf dem Betriebsgelände im Freien in Übereinstimmung mit der Arbeitsstätten-Richtlinie nunmehr durch den Begriff der Arbeitsstätte erfasst sind und Baustellen nicht als auswärtige Arbeitsstellen nach dem ASchG gelten. (ErlRV 1590 BlgNR 18. GP)

Mit dem 2. Stabilitätsgesetz (2. StabG), BGBl I 2012/35, werden nun auch alle **36**
Stellen in Verkehrsmitteln, auf denen Arbeiten ausgeführt werden, als auswärtige Arbeitsstellen im Sinne des ASchG definiert.

Auf auswärtigen Arbeitsstellen sind beispielsweise tätig: **Lenker, Reinigungskräfte, Zugbegleiter, Zeitungsausträger, Sicherheitspersonal.**

37 Aber auch **Rauchfangkehrertätigkeiten** sind Tätigkeiten auf auswärtigen Arbeitsstellen und keine Bauarbeiten. Rauchfangkehrtätigkeiten können nur dann als **„Bauarbeiten"** betrachtet werden, wenn sie auf zeitlich begrenzten oder ortsveränderlichen Baustellen, an denen Hoch- und/oder Tiefbauarbeiten durchgeführt werden, erfolgen (Begriff der „Baustelle" im Sinn des § 2 Abs 3 ASchG). § 1 Abs 2 BauV führt „Rauchfangkehrerarbeiten" als Beispiel für Bauarbeiten explizit an, ohne Bezug auf Hoch- und Tiefbauarbeiten zu nehmen. Die BauV, die nach § 118 Abs 3 ASchG als Durchführungsverordnung zum ASchG gilt, muss ASchG-konform ausgelegt werden, weshalb sie nur auf Baustellen mit Hoch- und Tiefbauarbeiten Anwendung finden kann.Das Bauarbeitenkoordinationsgesetz (BauKG) als später erlassene Rechtsnorm übernimmt bereits die ASchG-Begriffsbestimmung mit Bezugnahme auf Hoch- und Tiefbauarbeiten.

Diese Beurteilung stützt sich auf die ASchG-Begriffsbestimmungen und Regelungssystematik (ASchG-Unterscheidung Arbeitsstätte, Baustelle, auswärtige Arbeitsstelle) sowie auf das **VwGH-Erkenntnis 98/02/0234 vom 22.10.1999** zur Tätigkeit von Reinigungsbetrieben in auswärtigen Arbeitsstellen: Demnach liegen „Bauarbeiten" auf Grund teleologischer und systematischer Interpretation nur bei Hoch- und/oder Tiefbauarbeiten vor.

38 Der 12. Abschnitt BauV (Arbeiten an Schornstein- und Feuerungsanlagen) stellt auf die Errichtung (Schornsteinbau) im Zuge von Hochbauarbeiten ab: Schornsteinreinigungsarbeiten oder Arbeiten an Feuerungsanlagen (§§ 92 f BauV) werden hierbei von Rauchfangkehrern durchgeführt oder sind diese fallweise an den Arbeiten beteiligt:

- §§ 92 f BauV gelten dann auch für Rauchfangkehrer, weil es sich hierbei um Tätigkeiten auf Baustellen mit Hoch-/Tiefbauarbeiten im Sinn des ASchG handelt (ebenso bei Instandhaltungs- und Sanierungsarbeiten an Schornsteinen im Rahmen eines „echten" Hoch-/Tiefbau-Baustellenbetriebs).
- Bei Durchführung zB umfangreicher Kehr- und Reinigungsarbeiten in auswärtigen Arbeitsstellen (außerhalb von ASchG-Baustellen) können diese Bestimmungen als Stand der Technik herangezogen werden – Anseilen ist aber auch hier ausreichend (§ 92 Abs 5 BauV).

39 Nur in Ausnahmefällen sind Rauchfangkehrtätigkeiten auch Bauarbeiten iSd ASchG und der BauV – dann gilt die BauV unmittelbar (umfangreiches Ziegelsetzen zur Schornsteinausbesserung kann uU als Arbeit an baulichen Anlagen im Sinne von Hochbauarbeiten betrachtet werden).

40 Bestünde eine BauV-Geltung (entgegen der ASchG-Definition von Baustellen mit Hoch-/Tiefbauarbeiten) generell für alle Rauchfangkehrertätigkeiten, müsste die BauV konsequenterweise auch auf sämtliche andere Gewerbetätigkeiten, wie zB Maler-, Installateur-, Elektrobetriebe, automatisch und

unabhängig vom Vorliegen von Hoch-/Tiefbauarbeiten Anwendung finden, was keinesfalls Regelungsgegenstand einer ASchG-Bauarbeiten-Durchführungsverordnung wie der BauV ist. Ungeachtet der Nichtanwendbarkeit der BauV für Rauchfangkehrerarbeiten auf auswärtigen Arbeitsstellen können aber je nach Einzelfall in Betracht kommende Einzelregelungen der BauV als „Vergleichsmaßstab zum Stand der Technik" herangezogen werden. Dies wäre vor allem bei der Gefahrenevaluierung und Maßnahmenfestlegung und im Zusammenhang mit den Grundsätzen der Gefahrenverhütung (§ 7 ASchG) zu beachten.

Bei Rauchfangkehrtätigkeiten in auswärtigen Arbeitsstellen ist mangels 41 „Baustelle" (Hoch- und Tiefbauarbeiten) auch das BauKG nicht anwendbar (hingegen gilt gegebenenfalls § 8 Abs 1 ASchG, sofern Arbeitnehmer mehrerer Arbeitgeber tätig werden). Jedenfalls relevant ist aber die Unterlage für spätere Arbeiten (§ 8 BauKG), die in vielen Fällen bei der Hausverwaltung aufbewahrt wird und die ua auch Anschlagpunkte enthalten muss (bzw bei deren Fehlen geeignete Informationen zum sicheren Anseilen). (Erlass des Zentral-Arbeitsinspektorates vom 9.12.2005, 461.301/0015-III/3/05)

VII. Arbeitsmittel (Abs 5)

Abs 5 definiert die **Arbeitsmittel**, wobei dieser Begriff insbesondere die 42 *„Betriebseinrichtungen, sonstigen mechanischen Einrichtungen und Betriebsmittel"* im Sinne des § 1 Z 9 AAV umfasst. Erfasst werden insbesondere auch Verkehrs- und Transportmittel, Fördereinrichtungen und Aufzüge. Zur Definition ist auch auf Art 2 lit a der Richtlinie 89/655/EWG zu verweisen. Im Gegensatz zur etwas unsystematischen Verwendung der Begriffe Betriebseinrichtungen, mechanische Einrichtungen und Betriebsmittel in der AAV wird seit dem ASchG 1994 von einer sehr umfassenden, einheitlichen Definition der Arbeitsmittel ausgegangen. Unter „Anlage" im Sinne der Definition des § 2 Abs 5 ist eine Gesamtheit von miteinander verketteten Maschinen zu verstehen. Als Anlagen im Sinne dieser Bestimmung gelten nicht Betriebsanlagen nach der Gewerbeordnung 1994, Eisenbahnanlagen und ähnliche Einrichtungen. (ErlRV 1590 BlgNR 18. GP) – Siehe dazu auch § 33 ASchG sowie § 2 AM-VO.

VIII. Arbeitsstoffe (Abs 6)

Abs 6 definiert die Arbeitsstoffe in Übereinstimmung mit dem Chemikalien- 43 recht. Zur Definition der Arbeitsstoffe ist auch auf Art 2 lit a der Arbeitsstoffrahmenrichtlinie 80/1107/EWG zu verweisen. (ErlRV 1590 BlgNR 18. GP) Die Arbeitsstoffrahmenrichtlinie wurde durch die Chemische Arbeitsstoffrichtlinie 98/24/EG vom 7.4.1998 ersetzt. Welche Arbeitsstoffe als „gefährliche Arbeitsstoffe" gelten, legt § 40 ASchG fest. Die Verwendung von Arbeitsstoffen ist im vierten Abschnitt des ASchG sowie in der Verordnung biologische Arbeitsstoffe (VbA), in der Grenzwerteverordnung (GKV) sowie in der Verordnung explosionsfähiger Atmosphäre (VEXAT).

IX. Gefahrenverhütung, Gesundheit (Abs 7, 7a)

44 **Abs 7 Satz 1** entspricht Art 3 lit d der Rahmenrichtlinie 89/391/EWG.

Die ASchG-Novelle BGBl I 2012/118 trägt der Bedeutung der psychischen Gesundheit bei der Arbeit Rechnung und soll die Prävention arbeitsbedingter psychischer Belastungen, die zu Fehlbelastungen bei den Arbeitnehmern führen, stärken.

45 In der Arbeitswelt ist eine Zunahme psychischer Belastungen und Gefährdungen als Ursache für arbeitsbedingte Beschwerden und Erkrankungen zu beobachten. Psychische Belastungen verursachen nicht nur psychische Störungen und Erkrankungen, sondern verstärken auch andere Erkrankungen, wie zB Herz-Kreislauf-Erkrankungen, Muskel-Skelett-Erkrankungen, Magenbeschwerden, Schlafstörungen, Diabetes. Immer mehr Personen müssen aufgrund psychischer Belastungen krankheitsbedingt die Frühpension antreten. Dies verursacht viel menschliches Leid, aber auch betriebswirtschaftliche und volkswirtschaftliche Kosten. Die Ursachen psychischer (Fehl-)Belastungen sind häufig:

- zunehmender Leistungs- und Konkurrenzdruck,
- Arbeitsverdichtung, unangemessener Zeit- und Termindruck,
- unangemessene Wiederholung immer gleicher Arbeitsvorgänge,
- Informationsmangel oder -überflutung,
- knappe Personalbemessung,
- Verwischen der Grenzen zwischen Arbeit und Freizeit,
- häufige Umstrukturierungen, Angst vor Arbeitsplatzverlust,
- fehlende Handlungsspielräume und mangelnde Beteiligungsmöglichkeiten,
- isoliertes Arbeiten ohne Möglichkeit zu sozialen Kontakten.

46 Das ASchG 1994 sieht vor, dass Arbeitgeber bei der Präventivbetreuung neben Sicherheitsfachkräften und Arbeitsmedizinern, je nach der in der Arbeitsstätte gegebenen Gefährdungs- und Belastungssituation (§ 76 Abs 3 und § 81 Abs 3 ASchG), sonstige geeignete Fachleute, insbesondere jedoch Arbeitspsychologen (§ 82b ASchG), zu beschäftigen haben. Durch diese Änderungen wird die Prävention auch arbeitsbedingter psychischer Belastungen stärker betont, zumal die Arbeits- und Organisationspsychologen als bei der Ermittlung und Beurteilung der Gefahren beizuziehende Fachleute ausdrücklich genannt werden.

47 Mit der Novelle wurde eine Klarstellung dahingehend getroffen, dass unter **Gefahren** im Sinne des ASchG **auch arbeitsbedingte physische und psychische Belastungen, die zu Fehlbeanspruchungen führen**, zu verstehen sind. Die Klarstellung dient der stärkeren Betonung der Wichtigkeit psychischer Belastungen im Arbeitnehmerschutz, um damit den notwendigen Bewusstseinsbildungsprozess bei den Verantwortlichen in den Betrieben zu unterstützen und damit den Einsatz von Arbeits- und Organisationspsychologen in den Betrieben zu intensivieren. (ErlRV 1983 BlgNR 24. GP)

Arbeitsbedingte psychische Belastungen entstehen durch verschiedenste Einflüsse und Anforderungen, die auf die Arbeitnehmer bei ihrer Tätigkeit am Arbeitsplatz einwirken, aus Anwendungssicht des ASchG etwa im Zusammenhang mit der 48

- Gestaltung der Arbeitsstätte und Arbeitsplätze
- Gestaltung und dem Einsatz von Arbeitsmitteln
- Verwendung von Arbeitsstoffen
- Gestaltung von Arbeitsverfahren und Arbeitsvorgängen
- Gestaltung von Arbeitsaufgaben und Art der Tätigkeiten
- Arbeitsumgebung, Arbeitsabläufe sowie
- Gestaltung der Arbeitsorganisation einschließlich der Arbeitszeit.

Ursachen von Fehlbeanspruchungen sind etwa häufige Arbeitsunterbrechungen, fehlende Qualifikation oder Erfahrung, mangelhafte soziale Unterstützung und Anerkennung durch Vorgesetzte oder Kollegen, Arbeitszeiten mit zu wenig Planungsmöglichkeiten, monotone Tätigkeiten, zu geringe Abwechslung, widersprüchliche Ziele und Anforderungen. Fehlbelastungen treten zudem meist nicht isoliert auf, sondern in Kombination und mit wechselseitiger Verstärkung – zB Zwangshaltungen bei Durchführung der Arbeitsaufgaben und Zeitdruck der Beschäftigten. 49

Nach Definition der **ÖNORM EN ISO 10075-1** sind psychische Belastungen *„...alle Einflüsse, die von außen auf den Menschen zukommen und psychisch auf ihn einwirken."*. Psychische Belastungen sind Bestandteil von Arbeitsprozessen, aber nicht alle arbeitsbedingten psychischen Belastungen müssen zwangsläufig zu Fehlbeanspruchungen führen. Diese entstehen dann, wenn arbeitsbedingte psychische Belastungen in ihrer Ausprägung mit einer hohen Wahrscheinlichkeit zu gesundheitlichen Beeinträchtigungen bei den Arbeitnehmern führen (s *Novak*, Neues aus dem Arbeitnehmerschutzrecht – Novellen zum ASchG und zum ArbIG sowie Erlassung der Nadelstichverordnung, ASoK 2013, 162 ff). 50

Das Bundesministerium für Arbeit, Soziales und Konsumentenschutz hat noch vor der ASchG-Novelle zur Unterstützung der betrieblichen Umsetzung im Rahmen der österreichischen Arbeitsschutzstrategie 2007–2012 den „Leitfaden der Arbeitsinspektion zur Bewertung der Evaluierung arbeitsbedingter psychischer Fehlbelastungen"[1] publiziert. 51

Die nachfolgende Übersichtstabelle zeigt die grundlegenden Dimensionen arbeitsbedingter psychischer Belastungen, die in Abhängigkeit von individuellen Leistungsvoraussetzungen zu Fehlbelastungen führen können. Diese Dimensionen bzw Belastungsformen finden sich auch in allen geeigneten 52

1 http://www.arbeitsinspektion.gv.at/NR/rdonlyres/0BB56099-C850-4023-A497-E49CE58F0B26/0/ LeitfadenPsyEval_Mai_2011.pdf.

Erhebungsverfahren zur Ermittlung von arbeitsbedingten psychischen Fehlbelastungen.

Arbeitsaufgaben und Tätigkeiten	Hohe körperliche Belastungen (Fehlhaltungen) Hohe geistige Belastungen (Monotonie, hohe Informationsdichte) Externe Konflikte „Freundlichkeitsdruck“ Überfordernde Aufgaben, mangelnde Einschulung
Organisationsklima	Mangelnde Zusammenarbeit mit Vorgesetzten, Kollegen, Kunden Alleinarbeit Mangelhafte Kommunikation Belastung durch Diskriminierung Informationsmängel Fehlender Handlungsspielraum (zB bei Organisation der Arbeit oder keine Möglichkeit der Einflussnahme auf Probleme und Lösungen)
Arbeitsplatzumgebung	Ungünstige Lichtverhältnisse Ungünstige Umgebungstemperatur Unzureichendes Platzangebot bei Arbeitsausführung Unzureichende Arbeitsplatzausstattung und Arbeitsmittel
Arbeitsabläufe und -organisation	Doppel-/Mehrfacharbeit Unklare/widersprüchliche Ziele Unklare/widersprüchliche Aufgaben Häufige Blockierungen und Unterbrechungen bei der Arbeit Belastende Arbeitszeitgestaltung Belastende Arbeitsmenge

53 Zu Arbeitsplatzevaluierung und psychischen Belastungen siehe § 4 ASchG.

Zu den Grundsätzen der Gefahrenverhütung siehe § 7 ASchG.

Mit der ASchG-Novelle BGBl I 2012/118 wurde klargestellt, dass unter Gesundheit iSd ASchG sowohl physische als auch psychische Gesundheit zu verstehen ist.

Zu den Grundsätzen der Gefahrenverhütung siehe § 7 ASchG.

X. Stand der Technik (Abs 8)

54 **Abs 8** definiert den Stand der Technik weitgehend in Übereinstimmung mit § 71a der Gewerbeordnung 1994. Bis 31.12.2001 war der Stand der Technik definiert als *„der auf einschlägigen wissenschaftlichen Erkenntnissen beruhende Entwicklungsstand fortschrittlicher technologischer Verfahren, Einrichtungen* *und Betriebsweisen, deren Funktionstüchtigkeit erprobt* ***oder*** *erwiesen ist"*. Entsprechend den Ergebnissen des Begutachtungsverfahrens und der Sozialpartnerverhandlungen sollte es aber ausreichen, dass die Funktionstüchtigkeit erprobt ist, auch wenn sie noch nicht erwiesen ist. Die Forderung nach erwiesener Funktionstüchtigkeit würde nämlich die Einführung neuer Technologien erschweren. (ErlRV 1590 BlgNR 18. GP) Um Experimente hintanzuhalten, die sich zum Nachteil von Sicherheit und Gesundheitsschutz der Arbeitnehmer und/oder der Produktion auswirken könnten, wurde die Definition umfassender formuliert: Der Stand der Technik muss nunmehr **erprobt *und* erwiesen** statt wie bisher nur erprobt oder erwiesen sein. (ErlRV 802 BlgNR 21. GP)

XI. Generalklausel geschlechtergerechte Sprache (Abs 9)

Abs 9 nimmt darauf Bedacht, dass im ASchG nur mehr die männliche Bezeichnung verwendet wird, weil dies in den Sozialpartnerverhandlungen vehement gefordert wurde. **55**

Soweit in diesem Bundesgesetz personenbezogene Bezeichnungen noch nicht geschlechtsneutral formuliert sind, gilt die gewählte Form für beide Geschlechter. Mit der Generalklausel soll klargestellt werden, dass auch alle in den übrigen Bestimmungen des ASchG enthaltenen personenbezogenen Bezeichnungen bis zu einer entsprechenden geschlechtsneutralen Neuformulierung im Sinne eines geschlechtergerechten Sprachgebrauchs zu verstehen sind. (ErlRV 1983 BlgNR 24. GP)

Allgemeine Pflichten der Arbeitgeber

§ 3. (1) Arbeitgeber sind verpflichtet, für Sicherheit und Gesundheitsschutz der Arbeitnehmer in Bezug auf alle Aspekte, die die Arbeit betreffen, zu sorgen. Die Kosten dafür dürfen auf keinen Fall zu Lasten der Arbeitnehmer gehen. Arbeitgeber haben die zum Schutz des Lebens, der Gesundheit sowie der Integrität und Würde erforderlichen Maßnahmen zu treffen, einschließlich der Maßnahmen zur Verhütung arbeitsbedingter Gefahren, zur Information und zur Unterweisung sowie der Bereitstellung einer geeigneten Organisation und der erforderlichen Mittel.

(2) Arbeitgeber haben sich unter Berücksichtigung der bestehenden Gefahren über den neuesten Stand der Technik und der Erkenntnisse auf dem Gebiet der Arbeitsgestaltung entsprechend zu informieren.

(3) Arbeitgeber sind verpflichtet, durch geeignete Maßnahmen und Anweisungen zu ermöglichen, daß die Arbeitnehmer bei ernster, unmittelbarer und nicht vermeidbarer Gefahr

1. **ihre Tätigkeit einstellen,**
2. **sich durch sofortiges Verlassen des Arbeitsplatzes in Sicherheit bringen und**

3. außer in begründeten Ausnahmefällen ihre Arbeit nicht wieder aufnehmen, solange eine ernste und unmittelbare Gefahr besteht.

(4) Arbeitgeber haben durch Anweisungen und sonstige geeignete Maßnahmen dafür zu sorgen, daß Arbeitnehmer bei ernster und unmittelbarer Gefahr für die eigene Sicherheit oder für die Sicherheit anderer Personen in der Lage sind, selbst die erforderlichen Maßnahmen zur Verringerung oder Beseitigung der Gefahr zu treffen, wenn sie die zuständigen Vorgesetzten oder die sonst zuständigen Personen nicht erreichen. Bei diesen Vorkehrungen sind die Kenntnisse der Arbeitnehmer und die ihnen zur Verfügung stehenden technischen Mittel zu berücksichtigen.

(5) Arbeitgeber, die selbst eine Tätigkeit in Arbeitsstätten oder auf Baustellen oder auf auswärtigen Arbeitsstellen ausüben, haben sich so zu verhalten, daß sie die dort beschäftigten Arbeitnehmer nicht gefährden.

(6) Für eine Arbeitsstätte, Baustelle oder auswärtige Arbeitsstelle, in/auf der der Arbeitgeber nicht im notwendigen Umfang selbst anwesend ist, ist eine geeignete Person zu beauftragen, die auf die Durchführung und Einhaltung der notwendigen Schutzmaßnahmen zu achten hat.

(7) Arbeitgeber haben für eine geeignete Sicherheits- und Gesundheitsschutzkennzeichnung zu sorgen, wenn Gefahren für Sicherheit oder Gesundheit der Arbeitnehmer nicht durch sonstige technische und organisatorische Maßnahmen vermieden oder ausreichend begrenzt werden können.

[BGBl I 2012/118]

Übersicht

I.	Allgemeines	1–5
II.	Kosten des Arbeitnehmerschutzes	6, 7
III.	Informieren über Stand der Technik, Arbeitsgestaltung	8
IV.	Ernste und unmittelbare Gefahren	9, 10
V.	Selbst tätige Arbeitgeber	11
VI.	Zuständige Person bei Abwesenheit	12–14
VII.	Sicherheits- und Gesundheitsschutzkennzeichnung	15

I. Allgemeines

1 Diese Bestimmung fasst jene grundlegenden Pflichten der Arbeitgeber zusammen, die nicht nur auf einem Gebiet des Arbeitnehmerschutzes bzw für einen im ASchG geregelten Abschnitt Bedeutung haben, sondern allgemein für die Beschäftigung von Arbeitnehmern gelten. (ErlRV 1590 BlgNR 18. GP)

2 Die öffentlich-rechtlichen Arbeitnehmerschutzvorschriften richten sich grundsätzlich an den Arbeitgeber (2 Ob 174/05k; 2 Ob 89/08i) und geben die Rahmenbedingungen und die Mindestanforderungen für die Schutzmaßnahmen vor (so schon die Gesetzesmaterialien zum ASchG). Sie dienen in erster

Linie dem Schutz des Lebens, der Gesundheit und der Sittlichkeit im Zusammenhang mit der Erbringung der Arbeitsleistung, basieren auf unmittelbarem staatlichem Eingriff und sehen typischerweise die Verwaltungsstrafe als Sanktionsinstrumentarium vor (2 Ob 174/05k mwN; RIS-Justiz RS0084412). (OGH 14.2.2012, 2 Ob 174/11v)

Die Arbeitnehmer sollen durch den Arbeitnehmerschutz gegen eine Ausbeutung oder vorzeitige Abnützung ihrer Arbeitskraft (persönlicher Arbeitsschutz) und gegen eine Gefährdung ihres Lebens, ihrer Gesundheit und ihrer Sittlichkeit in den Betrieben (technischer Arbeitsschutz) geschützt werden. Darunter fällt auch die Regelung der höchstzulässigen Arbeitszeit. Primärer sozialpolitischer Zweck ist der Schutz des Arbeitnehmers vor der übermäßigen Inanspruchnahme seiner Arbeitskraft durch den Arbeitgeber. (OGH 15.3.2000, 9 ObA 215/99d) **3**

Die Arbeitnehmerschutzbestimmungen sind Schutzvorschriften im Sinne des § 1311 ABGB zum Schutze des Lebens und der Gesundheit der Arbeitnehmer bei ihrer beruflichen Tätigkeit. (OGH 14.2.2012, 2 Ob 174/11v; siehe auch OGH 14.6.1978, 8 Ob 510/78; 16.1.1979, 2 Ob 181/78; 3.3.1981, 2 Ob 126/80) **4**

Wer nach § 1311 ABGB wegen Verletzung einer Schutzvorschrift haftet, kann sich von der Haftung nur durch den Beweis befreien, dass der Schaden auch eingetreten wäre, wenn er sich vorschriftsmäßig verhalten hätte. (OGH 4.4.1956, 2 Ob 52/56 ua).

So verletzt eine Arbeitgeberin ihre im ASchG konkretisierte Fürsorgepflicht, wenn sie keinerlei effektive Vorkehrungen für den Rücktransport der Arbeitnehmer von einer Arbeitsstätte trifft, obwohl dies nach den Umständen von besonderer Bedeutung wäre. (OGH 5.6.2008, 9 ObA 143/07f) **5**

Zu schuldhaftem Verhalten der Arbeitgeber siehe § 16 ASchG.

II. Kosten des Arbeitnehmerschutzes

Abs 1 entspricht Art 5 Abs 1 und Art 6 Abs 1 der Rahmenrichtlinie 89/391/EWG (sowie weitgehend § 2 Abs 1 ANSchG) und verankert den allgemein anerkannten Grundsatz, dass die Arbeitgeber für den Schutz der Arbeitnehmer zu sorgen haben. Die Regelung über die Kosten entspricht Art 6 Abs 5 der Rahmenrichtlinie 89/391/EWG (ErlRV 1590 BlgNR 18. GP). Abs 1 kann als Generalklausel angesehen werden, die eine allgemeine Verpflichtung zum umfassenden Arbeitnehmerschutz darstellt. Siehe dazu auch § 7 ASchG. **6**

Der Ausdruck *„Sittlichkeit"*, der bereits überholt ist, ist mit BGBl I 2012/118 durch *„Integrität und Würde"* ersetzt worden. **7**

III. Informieren über Stand der Technik, Arbeitsgestaltung

Abs 2 verpflichtet die Arbeitgeber, sich über den neuesten Stand der Technik und der Erkenntnisse auf dem Gebiet der Arbeitsgestaltung zu informieren. Art 6 der Rahmenrichtlinie 89/391/EWG erlegt dem Arbeitgeber bereits **8**

mehr Eigenverantwortlichkeit und vor allem mehr Eigeninitiative in Bezug auf eine Verbesserung der Arbeitsbedingungen für die Arbeitnehmer auf. Die Rahmenrichtlinie 89/391/EWG sieht dazu vor: *„Die Arbeitgeber sind verpflichtet, sich unter Berücksichtigung der in ihrem Unternehmen bestehenden Risiken über den neuesten Stand der Technik und der wissenschaftlichen Erkenntnisse auf dem Gebiet der Gestaltung von Arbeitsplätzen zu informieren und diese Kenntnisse an die Arbeitnehmervertreter, die im Rahmen dieser Richtlinie Mitbestimmungsrechte ausüben, weiterzugeben, um eine bessere Sicherheit und einen besseren Gesundheitsschutz der Arbeitnehmer gewährleisten zu können.“* Zu den einschlägigen Erkenntnissen gehören insbesondere jene auf dem Gebiet der Arbeitsmedizin, der Ergonomie, der Arbeitspsychologie und der Organisationspsychologie (ErlRV 1590 BlgNR 18. GP). Arbeitgeber haben die Unterlagen über die Erkenntnisse sowohl dem Betriebsrat als auch den Sicherheitsvertrauenspersonen zur Verfügung zu stellen (§ 92a Abs 2 Z 2 ArbVG und § 11 Abs 7 Z 2 ASchG).

Zum Begriff *„Stand der Technik“* wird auf die Definition in § 2 Abs 8 ASchG verwiesen.

IV. Ernste und unmittelbare Gefahren

9 **Abs 3 und Abs 4** entsprechen Art 8 Abs 3 lit b und c und Art 8 Abs 5 der Rahmenrichtlinie 89/391/EWG. Gemäß Art 8 Abs 4 dürfen einem Arbeitnehmer, der bei ernster, unmittelbarer und nicht vermeidbarer Gefahr seinen Arbeitsplatz bzw einen gefährlichen Bereich verlässt, dadurch keine Nachteile entstehen und er muss gegen alle nachteiligen und ungerechtfertigten Folgen entsprechend geschützt werden. Dasselbe gilt für Arbeitnehmer im Sinne des Abs 4. In diesem Zusammenhang ist auch auf § 8 AVRAG zu verweisen. (ErlRV 1590 BlgNR 18. GP)

10 Die Anweisungen und Maßnahmen nach Abs 3 und Abs 4 müssen jedenfalls im Sicherheits- und Gesundheitsschutzdokument enthalten sein (§ 2 Abs 2 Z 5 DOK-VO). Weiters sind Arbeitnehmer verpflichtet, die Maßnahmen nach Abs 4 zu setzen (§ 15 Abs 6 ASchG).

V. Selbst tätige Arbeitgeber

11 **Abs 5** sieht zum Schutz der Arbeitnehmer für die in der Arbeitsstätte, auf der Baustelle oder der auswärtigen Arbeitsstelle selbst tätigen Arbeitgeber Pflichten vor. In diesem Zusammenhang ist auf die Pflichten der Arbeitnehmer zu verweisen, zB das Verbot, Schutzvorrichtungen willkürlich zu verändern (siehe dazu § 15 ASchG). Diese Regelung entspricht den Grundsätzen der Richtlinie 92/57/EWG (siehe Art 10 Abs 2) mit der Einschränkung, dass Regelungen betreffend das Verhalten der Arbeitgeber nur insoweit zum Tragen kommen, als dies für den Schutz der Arbeitnehmer erforderlich ist. Regelungen zum Schutz der Arbeitgeber sind zwar zur Umsetzung der Richtlinien

notwendig, im ASchG aber nicht vorgesehen, weil sie nicht dem Arbeitnehmerschutzrecht zuzurechnen sind. Die Umsetzung solcher Schutzvorschriften erfolgte zB im Gewerberecht. (ErlRV 1590 BlgNR 18. GP)

VI. Zuständige Person bei Abwesenheit

Abs 6 entspricht dem bis zum ASchG geltenden Recht mit der Maßgabe, dass die Verpflichtung auch für Arbeitsstätten gilt, weil angesichts der bestehenden Betriebsstruktur nicht generell davon ausgegangen werden kann, dass die Arbeitgeber im notwendigen Umfang in der Arbeitsstätte anwesend sind. Abweichend vom bis dahin geltenden Recht wird aber die Möglichkeit eingeräumt, nicht nur Arbeitnehmer zu beauftragen, sondern auch andere Personen (zB Familienangehörige; Bauleiter, die in einem Arbeitsverhältnis zu einem anderen ARGE-Gesellschafter stehen). Für eine wirksame Durchsetzung des Arbeitnehmerschutzes ist es unerlässlich, dass für jede Arbeitsstätte und jede Baustelle jemand für den Arbeitnehmerschutz „zuständig“ ist. Diese Bestimmung beinhaltet aber nicht die Übertragung der rechtlichen Verantwortlichkeit. Art 3 lit b der Richtlinie 92/104/EWG (Mineralgewinnungsrichtlinie) verlangt zB für den Betrieb von mit Arbeitnehmern belegten Arbeitsstätten die Überwachung durch eine verantwortliche Person. 12

Abs 6 beinhaltet aber auch keine Verpflichtung, für eine Arbeitsstätte oder eine Baustelle verwaltungsstrafrechtlich verantwortliche Personen zu bestellen (siehe § 23 ArbIG).

Abs 6 beinhaltet auch keine generelle Verpflichtung, auf jede auswärtige Arbeitsstelle eine *„Aufsichtsperson mitzuschicken“*. Bei besonderen Tätigkeiten kann sich die Notwendigkeit einer besonderen bzw fachkundigen Aufsicht ergeben (siehe dazu § 62 ASchG). (ErlRV 1590 BlgNR 18. GP)

Auch bei der Durchführung von Bohr- und Behandlungsarbeiten muss eine vom Arbeitgeber benannte fachkundige Person anwesend sein (§ 3 Bohrarbeitenverordnung – BohrarbV). Siehe auch § 3 der Tagbauarbeitenverordnung – TAV. 13

Im Zusammenhang mit der Aufsicht bei Bauarbeiten wird auf die Sonderregelungen der Bauarbeiterschutzverordnung (§ 4 BauV) hingewiesen. 14

VII. Sicherheits- und Gesundheitsschutzkennzeichnung

Abs 7 dient der Umsetzung der Richtlinie 92/58/EWG über Mindestvorschriften für die Sicherheits- und/oder Gesundheitsschutzkennzeichnung am Arbeitsplatz. Zur Sicherheits- und Gesundheitsschutzkennzeichnung auf Arbeitsstätten, Baustellen und auswärtigen Arbeitsstellen wird auf die näheren Regelungen der Kennzeichnungsverordnung – KennV, BGBl II 1997/101, verwiesen. 15

Zur Kennzeichnung von Bereichen, in denen gefährlichen Arbeitsstoffe verwendet werden, siehe § 44 Abs 4 ASchG.

Zur Kennzeichnung von Lärmbereichen siehe § 65 Abs 4 Z 4 ASchG.

Zur Kennzeichnung von Arbeitsstätten und Baustellen siehe § 20 Abs 2 ASchG.

Ermittlung und Beurteilung der Gefahren Festlegung von Maßnahmen (Arbeitsplatzevaluierung)

§ 4. (1) Arbeitgeber sind verpflichtet, die für die Sicherheit und Gesundheit der Arbeitnehmer bestehenden Gefahren zu ermitteln und zu beurteilen. Dabei sind die Grundsätze der Gefahrenverhütung gemäß § 7 anzuwenden. Insbesondere sind dabei zu berücksichtigen:

1. die Gestaltung und die Einrichtung der Arbeitsstätte,
2. die Gestaltung und der Einsatz von Arbeitsmitteln,
3. die Verwendung von Arbeitsstoffen,
4. die Gestaltung der Arbeitsplätze,
5. die Gestaltung der Arbeitsverfahren und Arbeitsvorgänge und deren Zusammenwirken,
6. die Gestaltung der Arbeitsaufgaben und die Art der Tätigkeiten, der Arbeitsumgebung, der Arbeitsabläufe sowie der Arbeitsorganisation und
7. der Stand der Ausbildung und Unterweisung der Arbeitnehmer.

(2) Bei der Ermittlung und Beurteilung der Gefahren sind auch besonders gefährdete oder schutzbedürftige Arbeitnehmer sowie die Eignung der Arbeitnehmer im Hinblick auf Konstitution, Körperkräfte, Alter und Qualifikation (§ 6 Abs. 1) zu berücksichtigen. Insbesondere ist zu ermitteln und zu beurteilen, inwieweit sich an bestimmten Arbeitsplätzen oder bei bestimmten Arbeitsvorgängen spezifische Gefahren für Arbeitnehmer ergeben können, für die ein besonderer Personenschutz besteht.

(3) Auf Grundlage der Ermittlung und Beurteilung der Gefahren gemäß Abs. 1 und 2 sind die durchzuführenden Maßnahmen zur Gefahrenverhütung festzulegen. Dabei sind auch Vorkehrungen für absehbare Betriebsstörungen und für Not und Rettungsmaßnahmen zu treffen. Diese Maßnahmen müssen in alle Tätigkeiten und auf allen Führungsebenen einbezogen werden. Schutzmaßnahmen müssen soweit wie möglich auch bei menschlichem Fehlverhalten wirksam sein.

(4) Die Ermittlung und Beurteilung der Gefahren ist erforderlichenfalls zu überprüfen und sich ändernden Gegebenheiten anzupassen. Die festgelegten Maßnahmen sind auf ihre Wirksamkeit zu überprüfen und erforderlichenfalls anzupassen, dabei ist eine Verbesserung der Arbeitsbedingungen anzustreben.

(5) Eine Überprüfung und erforderlichenfalls eine Anpassung im Sinne des Abs. 4 hat insbesondere zu erfolgen:

1. nach Unfällen,
2. bei Auftreten von Erkrankungen, wenn der begründete Verdacht besteht, daß sie arbeitsbedingt sind,

2a. nach Zwischenfällen mit erhöhter arbeitsbedingter psychischer Fehlbeanspruchung,
3. bei sonstigen Umständen oder Ereignissen, die auf eine Gefahr für Sicherheit oder Gesundheit der Arbeitnehmer schließen lassen,
4. bei Einführung neuer Arbeitsmittel, Arbeitsstoffe oder Arbeitsverfahren,
5. bei neuen Erkenntnissen im Sinne des § 3 Abs. 2 und
6. auf begründetes Verlangen des Arbeitsinspektorates.

(6) Bei der Ermittlung und Beurteilung der Gefahren und der Festlegung der Maßnahmen sind erforderlichenfalls geeignete Fachleute heranzuziehen. Mit der Ermittlung und Beurteilung der Gefahren können auch die Sicherheitsfachkräfte und Arbeitsmediziner sowie sonstige geeignete Fachleute, wie Chemiker, Toxikologen, Ergonomen, insbesondere jedoch Arbeitspsychologen, beauftragt werden.

[BGBl I 2012/118]

Übersicht

I.	Allgemeines zur Evaluierung	1–12
II.	Allgemeine Evaluierungspflicht	13–20
III.	Eignung der Arbeitnehmer, besonderer Personenschutz	21–26
IV.	Festlegung von Maßnahmen, Überprüfung der Evaluierung	27–32
V.	Durchführung der Evaluierung, Hinzuziehung der Präventivfachkräfte	33–37

I. Allgemeines zur Evaluierung

Diese Regelungen stellen für den Bereich des Arbeitnehmerschutzes eine grundlegende Neuerung gegenüber dem ANSchG dar. Sie sind im Zusammenhang mit dem Grundkonzept der einschlägigen Richtlinien, die von einer **stärkeren Eigenverantwortlichkeit** der Arbeitgeber und von ihrer Verpflichtung zur **Eigeninitiative** und zur Verbesserung der Arbeitsbedingungen ausgeht, zu sehen. Es geht bei der Arbeitsplatzevaluierung um eine systematische Ermittlung und Beurteilung der **bestehenden Gefahren**, also nicht um eine „Momentaufnahme", ob Arbeitnehmerschutzbestimmungen und Bescheidauflagen eingehalten werden, sondern um das **Erkennen der Gefahren und Belastungen** für die Sicherheit und Gesundheit der Beschäftigten sowie um die Verbesserung der Arbeitsbedingungen. Dieses Konzept soll die Entwicklung individueller Lösungen (technische und/oder organisatorische Maßnahmen) ermöglichen, die auf die konkrete betriebliche Situation abstellen, und die an den jeweiligen Stand der Technik und der einschlägigen Erkenntnisse angepasst sind (vgl ErlRV 1590 BlgNR 18. GP). 1

Die Arbeitnehmerschutzvorschriften lassen in vielen Bereichen einen **entsprechenden Spielraum** (es wird an allgemein formulierte Voraussetzungen 2 angeknüpft) für die betriebliche Umsetzung. Häufig stehen mehrere Möglichkeiten zur rechtmäßigen Vorgangsweise zur Verfügung. Im Rahmen der Evaluierung hat eine den konkreten betrieblichen Verhältnissen entsprechende Festlegung zu erfolgen. (Erl zu Entwurf Evaluierungsverordnung).

3 **Kein Spielraum** besteht hingegen bei zwingenden rechtlichen Vorgaben, zB Rangordnung nach § 7 ASchG (Grundsätze der Gefahrenverhütung) und § 43 ASchG (Maßnahmen zur Gefahrenverhütung bei gefährlichen Arbeitsstoffen) oder bei der jedenfalls zu beachtenden Beteiligung von Betriebsrat/Sicherheitsvertrauenspersonen. (Erlass des Zentral-Arbeitsinspektorats 461.201/24-III/2/03 vom 4.5.2004)

4 Der Begriff **„Gefahren"** darf im Zusammenhang mit der Ermittlung und Beurteilung nicht zu eng gesehen werden. Im Arbeitnehmerschutzrecht werden Begriffe wie „Belastungen" oder „Gefährdungen" synonym für Gefahr verwendet. Der Begriff Gefahr entspricht der deutschen Fassung der Rahmenrichtlinie 89/391/EWG. Die englische Fassung der Richtlinie verwendet in diesem Zusammenhang die Formulierungen „evaluate the risks", „assessment of the risks". Gemäß § 2 Abs 7 ASchG sind unter Gefahren auch arbeitsbedingte physische und psychische Belastungen, die zu Fehlbeanspruchungen führen, zu verstehen. (Erl zu Entwurf Evaluierungsverordnung)

5 Bei der Ermittlung und Beurteilung ist nun zu prüfen, ob Gefahren im Betrieb bestehen und ob diese die nachfolgenden vier Kriterien erfüllen (*„festgestellte Gefahren im Sinne der DOK-VO"*); diese sind gemäß § 2 Abs 1 DOK-VO im Sicherheits- und Gesundheitsschutzdokument aufzunehmen:

- Die Gefahr muss real existieren und nicht nur denkbar sein:
  Dass Fluchtwege verstellt werden könnten, stellt noch keine Gefahr dar, wenn sie es nicht bereits sind.
- Es muss eine Gefährdung von Arbeitnehmern vorliegen. Dh eine Gefahr muss vorhanden (noch nicht beseitigt) sein und sie muss auf die Arbeitnehmer wirken können.
  So stellt zB eine Absturzstelle, die durch ein Geländer ordentlich gesichert ist, keine Gefahr mehr dar. Ist die Absturzstelle nicht gesichert, aber für die Arbeitnehmer nicht zugänglich, so kann die Gefahr nicht zur Wirkung kommen. Ist die Absturzstelle jedoch nur gekennzeichnet, so liegt nach wie vor eine Gefährdung vor. Eine Ausnahme bilden in diesem Zusammenhang jene Gefahren, deren Verhütungsmaßnahmen einer wiederholten Kontrolle auf Wirksamkeit oder einer wiederholten Unterweisung bedürfen.

6 Es muss bekannt sein, dass die „Gefahr", wenn sie zur Wirkung gelangt (mit dem Menschen zusammentrifft), zu Unfällen oder Krankheiten führt, also zu einer Gefährdung des Lebens oder der Gesundheit von Personen.

Dabei ist in den meisten Fällen von allgemeinen Erfahrungen auszugehen (zB Stolperstellen). Es können aber auch Erkenntnisse (zB Ergonomie), Hinweise der Arbeitnehmer (zB Beschwerden), Unfälle und berufsbedingte Erkrankungen uÄ zur Beurteilung herangezogen werden. Bei Überschreitung gesetzlich festgelegter Grenzwerte ist eine Gefährdung anzunehmen.

Das Vorhandensein einer Norm oder einer anderen technischen Richtlinie allein ist noch nicht Erkenntnis oder Hinweis genug, dass eine Abweichung davon zu einer Gefährdung führt, da Normen in vielen Fällen zwar von Erkenntnissen über Unfallursachen und Entstehung von Krankheiten ausgehen, meist jedoch nur Maßnahmen vorschlagen, die aufgrund von Arbeitnehmerschutzvorschriften nicht verbindlich sind (auch nicht über die Evaluierung) und die nicht die einzige Möglichkeit darstellen, einer vorhandenen Gefahr zu begegnen. Die Tatsache, dass eine Arbeitsstätte nicht in allen Punkten den Normen oder Richtlinien entspricht, bedeutet daher nicht notwendigerweise, dass es sich bei diesen Punkten um festgestellte Gefahren im Sinne des ASchG oder der DOK-VO handelt. 7

Erforderliche Schutzmaßnahmen zur Gefahrenverhütung sind solche, die noch nicht in einer Arbeitnehmerschutzvorschrift oder im Bescheid konkret festgelegt sind. Anders ausgedrückt: Es sind nur jene Gefahren aufzunehmen, für die die gesetzlichen Regelungen und der Bescheid **keine konkrete Maßnahme** im Sinne des Arbeitnehmerschutzes vorsehen. Das ist zB dann der Fall, wenn in einer Verordnung nur ein allgemeines Schutzziel festgeschrieben wird (ausreichend zu sichern, erforderlichenfalls zu heizen uÄ) und sich auch aus dem Bescheid keine Konkretisierung durch eine Auflage nach dem ASchG ergibt. Nicht aufzunehmen sind zB Brandgefahren, denen mit einer Brandschutztüre gemäß VbF oder AAV zu begegnen ist, oder wenn im Bescheid diese Brandschutztüre in einer Auflage vorgeschrieben ist. 8

Zusammengefasst ergibt sich, dass die Verpflichtung zur Evaluierung und damit deren Dokumentation entfällt, wenn die festgestellte Gefahr 9

- fiktiv ist oder
- bereits beseitigt wurde oder
- nicht auf AN wirken kann oder
- eine Gefährdung nicht begründbar (bekannt) ist oder
- keine Schutzmaßnahmen erforderlich sind oder
- Schutzmaßnahmen bereits konkret festgelegt sind.

Für alle ermittelten (im SiGe-Dokument festgehaltenen) Gefahren müssen Maßnahmen festgelegt worden sein, die geeignet sind, die ermittelten Gefahren zu verhüten, dh, dass sie zur Vermeidung von Unfällen oder Krankheiten der Arbeitnehmer ausreichen. Bei der Auswahl der festzulegenden Maßnahmen sind die Grundsätze der Gefahrenverhütung im Sinne des § 7 ASchG anzuwenden. (Erlass des Zentral-Arbeitsinspektorates vom 18.12.1997, 61.120/17-2/97) 10

11 Die Verpflichtung zur Ermittlung und Beurteilung der Gefahren wurde schrittweise umgesetzt. Gemäß § 102 Abs 1 ASchG traten §§ 4 und 5 für Arbeitsstätten, in denen regelmäßig mehr als 250 Arbeitnehmer beschäftigt werden, mit 1. Juli 1995, im Übrigen mit 1. Jänner 1997 in Kraft. § 102 Abs 2 ASchG sah ein etappenweises Inkrafttreten der Evaluierungsverpflichtung – gestaffelt nach der Zahl der beschäftigten Arbeitnehmer – vor: Nach dieser Bestimmung mussten die Durchführung der Ermittlung und Beurteilung von Gefahren, die Festlegung von Maßnahmen zur Gefahrenverhütung und die Erstellung der Sicherheits- und Gesundheitsschutzdokumente für Arbeitsstätten, in denen regelmäßig

- mehr als 100 Arbeitnehmer beschäftigt werden, mit 1. Juli 1997,
- 51 bis 100 Arbeitnehmer beschäftigt werden, mit 1. Juli 1998,
- 11 bis 50 Arbeitnehmer beschäftigt werden, mit 1. Juli 1999,
- bis zu zehn Arbeitnehmer beschäftigt werden, mit 1. Juli 2000,

erfolgt sein.

12 Arbeitnehmer, die auf Baustellen oder auswärtigen Arbeitsstellen beschäftigt werden, sind bei der Ermittlung der Beschäftigtenzahl nach Abs 1 und 2 jener Arbeitsstätte zuzurechnen, welcher sie organisatorisch zugehören, im Zweifel dem Unternehmenssitz.

Zur Arbeitsplatzevaluierung siehe auch www.arbeitsinspektion.gv.at, weiters zB „Merkblatt Evaluierung" sowie „Evaluierung von Baustellen – Merkblatt".

II. Allgemeine Evaluierungspflicht

13 Abs 1 regelt die allgemeine Evaluierungspflicht entsprechend Art 6 Abs 3 der Rahmenrichtlinie 89/391/EWG („Beurteilung von Gefahren für Sicherheit und Gesundheit der Arbeitnehmer, unter anderem bei der Auswahl von Arbeitsmitteln, chemischen Stoffen und Zubereitungen und bei der Gestaltung von Arbeitsplätzen"). Diese Verpflichtung zur Ermittlung und Beurteilung wird in einer Reihe von Einzelrichtlinien konkretisiert. In der Bildschirmrichtlinie 90/270/EWG ist zB vorgesehen: *„Der Arbeitgeber ist verpflichtet, eine Analyse der Arbeitsplätze durchzuführen, um die Sicherheits- und Gesundheitsbedingungen zu beurteilen, die dort für die beschäftigten Arbeitnehmer vorliegen; dies gilt insbesondere für die mögliche Gefährdung des Sehvermögens sowie für körperliche Probleme und psychische Belastungen."* Evaluierungspflichten enthalten auch die Richtlinien auf dem Gebiet der Verwendung von Arbeitsstoffen, die Lärmrichtlinie (2003/10/EG), die Vibrationsrichtlinie (2002/44/EG) sowie die Richtlinie über künstliche optische Strahlung (2006/25/EG) und die Richtlinie über elektromagnetische Felder (2004/40/EG).

14 Besondere Regelungen über die Ermittlung und Beurteilung von Gefahren sind im dritten, vierten und sechsten Abschnitt enthalten (siehe dazu § 35 Abs 2 ASchG – Arbeitsmittel, § 41 ASchG – Arbeitsstoffe, § 64 ASchG – Handhabung

von Lasten, § 65 ASchG – Lärm, § 68 ASchG – Bildschirmarbeit und § 70 Abs 5 ASchG – persönliche Schutzausrüstung). (ErlRV 1590 BlgNR 18. GP)

Konkretere Evaluierungsregelungen finden sich in den Durchführungsverordnungen zum ASchG: beispielsweise §§ 3 f VbA, §§ 4 f VEXAT, § 8 BS-V, §§ 4 und 8 TAV, § 7 VOLV, § 5 VOPST, § 5 SprengV, § 4 BohrarbV.

Arbeitgeber sind seit der Novelle BGBl I 2012/118 nun verpflichtet, im Rahmen der Ermittlung und Beurteilung der Gefahren die **Grundsätze der Gefahrenverhütung nach § 7 zu berücksichtigen**. Bei der Ermittlung und Beurteilung der Gefahren sind ausdrücklich auch *„die Gestaltung der Arbeitsaufgaben und die Art der Tätigkeiten, der Arbeitsumgebung, der Arbeitsabläufe sowie der Arbeitsorganisation"* zu berücksichtigen (§ 4 Abs 1 Z 6). Die Ergänzung orientiert sich va am Leitfaden der Arbeitsinspektionen zu psychischen Belastungen und stellt die grundlegenden Dimensionen arbeitsbedingter psychischer Belastungen dar, die in Abhängigkeit von individuellen Leistungsvoraussetzungen zu Fehlbelastungen führen können. Bei der Arbeitsplatzevaluierung sind diese Dimensionen jedenfalls zu berücksichtigen. (ErlRV 1983 BlgNR 24. GP) **15**

Siehe auch unter https://www.arbeitsinspektion.gv.at/Uebergreifendes/Arbeitsplatzevaluierung/Leitfaden_fuer_die_Praxis_im_Betrieb.html. Nähere Ausführungen dazu siehe § 2 Abs 7 ASchG sowie § 7 ASchG. **16**

Im Rahmen der Arbeitsplatzevaluierung (Ermittlung, Beurteilung von Gefahren, Maßnahmenfestlegung, Dokumentation) ist nun zu prüfen, ob **neben Sicherheitsrisken auch arbeitsbedingte physische und psychische Belastungen vorliegen, die zu Fehlbeanspruchungen führen können**. **17**

Im Zusammenhang mit der Prävention physischer und psychischer Belastungen kommen nun beispielsweise folgende Aufgaben auf die Arbeitsinspektion zu: **18**

1. Informieren, Aufklären, Problembewusstsein herstellen, Beraten, Unterstützen
   - Grundverständnis für die Notwendigkeit von Prävention arbeitsbedingter physischer und psychischer Fehlbelastungen bei der Arbeit herstellen (§ 7 ASchG),
   - Hilfestellung bezüglich Inhalten, Methoden, Vorgehen, Beteiligung aller Zielgruppen anbieten.
2. Bestandsaufnahme und Bewertung der betrieblichen Aktivitäten, und zwar,
   - ob der Evaluierungsprozess und dessen Durchführung ASchG-konform waren (Beteiligung, Hinzuziehen von PFK und Fachleuten etc)
   - ob die Ermittlung psychischer Fehlbelastungen einschließlich der Dokumentation vorhanden ist (§§ 4 und 5 ASchG, § 23 KJBG, § 2a MSchG): Wurden arbeitsbedingte psychische Fehlbelastungen im Rahmen der Evaluierung geprüft und das Ergebnis in den Sicherheits- und Gesundheitsschutzdokumenten (SiGeDok) festgehalten? Haben Beschäftigte Zugang dazu?

- ob die Inhalte der Ermittlung den Erkenntnissen auf dem Gebiet der Arbeitsgestaltung (§ 3 Abs 2 ASchG) den gesetzlichen Vorgaben (§ 4 ASchG) entsprechen.
- ob die Methoden der Ermittlung den Erkenntnissen auf dem Gebiet der Arbeitsgestaltung entsprechen (§ 3 Abs 2 ASchG): Entsprechen die angewandten Methoden der Evaluierung arbeitsbedingter psychischer Fehlbelastungen den arbeitspsychologisch gesicherten Standards?
- ob eine Beurteilung der Gefahren bzw eine Festlegung von Maßnahmen vorliegt (§ 4 ASchG): Wurden die Ergebnisse der Ermittlung arbeitsbedingter psychischer Fehlbelastungen beurteilt und die Notwendigkeit von Maßnahmen festgelegt? Entspricht das Ergebnis dem gesetzlichen Stand bzw den Erkenntnissen auf dem Gebiet der Arbeitsgestaltung? Wurden die abgeleiteten Maßnahmen entsprechend umgesetzt?
- ob die Gefährdungsbekämpfung an der Quelle und kollektiv wirksam erfolgt (§ 7 Z 3 ASchG)
- ob eine ausreichende/adäquate Information und Unterweisung der Beschäftigten (inklusive Führungskräften) durchgeführt wurde (§§ 12, 14 ASchG)
- ob die Evaluierung genutzt und aktualisiert wird (§ 4 Abs 4 und 5 ASchG).

19 Die Arbeitsinspektoren sind nicht diejenigen, die selbst die Ermittlung und Beurteilung von arbeitsbedingten (psychischen) Fehlbelastungen in Betrieben durchführen. Sie müssen daher nicht selbst Arbeitsbedingungen in Bezug auf potentielle Fehlbelastungen im Detail erkennen und bewerten. Es kann aber sein, dass verschiedene Indikatoren auf das Vorliegen von arbeitsbedingten psychischen Fehlbelastungen hinweisen (Informationen von Personen, Beschwerden bzw anonyme Anzeigen, Wahrnehmung der Benachteiligung einzelner Personen bzw Personengruppen, Eindrücke bei der Besichtigung im Betrieb, betriebliche Kennzahlen).

Das gilt auch für die Präventionszentrenbetreuung durch „AUVAsicher“ (siehe 7. Abschnitt ASchG).

> Weitere Informationen zur Evaluierung psychischer Belastungen siehe auch:
>
> https://www.arbeitsinspektion.gv.at/Gesundheit_im_Betrieb/psychische_Belastungen/Arbeitsplatzevaluierung_psychischer_Belastungen.html#heading_Arbeitsplatzevaluierung_gem_____4__5_und_7_ASchG
>
> https://auva.at/praevention/sicher-arbeiten/evaluierung/psychische-belastung/
>
> https://www.eval.at/en/

20 Was ist bei der **Organisation der Evaluierung** arbeitsbedingter psychischer Belastungen zu beachten?

1. Wer ist Hauptzuständiger für die Evaluierung arbeitsbedingter psychischer Fehlbelastungen? (zB interne Berater, wie Arbeitsmediziner, Sicher-

heitsfachkräfte, Arbeitspsychologen oder externe Berater von AUVA sicher, eines AMZ oder eines STZ)

2. Werden bei der Evaluierung arbeitsbedingter psychischer Fehlbelastungen die Mitarbeiter (sowie SVP, BR/PV) ausreichend, nachvollziehbar, repräsentativ (verschiedene AN-Gruppen, in allen Phasen) beteiligt?
3. Werden die Ergebnisse der Evaluierung in ausreichender Art und Weise an die Belegschaftsorgane/Präventivdienste bzw Sicherheitsvertrauenspersonen bzw beteiligte Beschäftigte rückgemeldet (Umsetzungstermine, Zuständigkeiten, Ansprechpersonen, Sprachverständnis berücksichtigt ...)?[1]

III. Eignung der Arbeitnehmer, besonderer Personenschutz

Abs 2 dient der Umsetzung des Art 9 Abs 1 der Rahmenrichtlinie 89/391/EWG („*Der Arbeitgeber muss über eine Ermittlung und Beurteilung der am Arbeitsplatz bestehenden Gefahren auch hinsichtlich der besonders gefährdeten Arbeitnehmergruppen verfügen.*“). Weiters ist auf Art 3 Abs 4 der Richtlinie 90/394/EWG zu verweisen. Zu den besonders gefährdeten Arbeitnehmergruppen in diesem Sinne zählen schwangere und stillende Arbeitnehmerinnen, Jugendliche und Behinderte (siehe die besonderen Regelungen des Behinderteneinstellungsgesetzes). **21**

Abs 2 verpflichtet zu einer generellen Berücksichtigung besonders gefährdeter bzw schutzbedürftiger Personen bei der Ermittlung und Beurteilung in der Weise, dass zB festgestellt wird, ob sich bestimmte Arbeitsplätze bzw Arbeitsvorgänge für die Beschäftigung von Schwangeren oder Jugendlichen eignen. Die Formulierung „besonderer Personenschutz“ entspricht § 6 des Arbeitskräfteüberlassungsgesetzes. Die zur Umsetzung der Mutterschutzrichtlinie 92/85/EWG erforderlichen besonderen Regelungen über die Evaluierung betreffend schwangere Arbeitnehmerinnen, Wöchnerinnen und stillende Arbeitnehmerinnen sind in §§ 2a und 2b MSchG 1979 umgesetzt worden. (ErlRV 1590 BlgNR 18. GP) **22**

Der Dienstgeber ist verpflichtet, bei der Beschäftigung von Dienstnehmerinnen alle Gefahren für die Sicherheit und Gesundheit sowie alle Auswirkungen auf Schwangerschaft oder Stillzeit zu ermitteln, zu beurteilen und zu verhüten. Die Ermittlung und Beurteilung ist gemäß § 2a Abs 1 des MSchG an allen Arbeitsplätzen, an denen Frauen beschäftigt werden, durchzuführen. Diese Evaluierung ist vom Dienstgeber zusätzlich zur allgemeinen Evaluierung gemäß § 4 ASchG arbeitsplatzbezogen durchzuführen, auch dann, wenn keine Schwangeren beschäftigt werden, und zwar unabhängig vom Alter der beschäftigten Frauen. Die Ermittlung und Beurteilung der Gefahren ist nicht personenbezogen durchzuführen. Die zu treffenden Maßnahmen sind aber personenbezogen festzulegen. **23**

1 Auszug aus „Bewertung der Evaluierung arbeitsbedingter psychischer Fehlbelastungen bei der Kontroll- und Beratungstätigkeit – Leitfaden für die Arbeitsinspektion“.

24 Ergibt die Evaluierung Gefahren für die Sicherheit oder Gesundheit von werdenden oder stillenden Müttern oder mögliche nachteilige Auswirkungen auf die Schwangerschaft bzw das Stillen, so hat der Arbeitgeber gemäß § 2b Abs 2 MSchG folgende personenbezogene Maßnahmen durchzuführen:

1. Änderung der Beschäftigung, zB Anschaffung von Hebehilfen an diesem Arbeitsplatz oder Wechsel des Arbeitsstoffes oder andere arbeitsorganisatorische Maßnahmen.
   Wenn dies aus objektiven Gründen nicht möglich ist oder dem Arbeitgeber oder der Dienstnehmerin nicht zumutbar ist, so ist
2. die Dienstnehmerin an einem anderen Arbeitsplatz zu beschäftigen – *Arbeitsplatzwechsel.*
   Gibt es keinen geeigneten Arbeitsplatz, so ist
3. die Dienstnehmerin von der Arbeit freizustellen. Es erfolgt eine *Arbeitsfreistellung gemäß § 2b Abs 2 MSchG.*

25 Allfällige besondere Evaluierungspflichten im Zusammenhang mit der Beschäftigung Jugendlicher wurden in § 27 KJBG getroffen. (ErlRV 1590 BlgNR 18. GP)

26 Mit dem ANS-RG, BGBl I 2001/159, wurde eine Klarstellung dahingehend getroffen, dass im Rahmen der Ermittlung und Beurteilung der Gefahren auch die in § 6 Abs 1 genannten Kriterien (Konstitution, Körperkräfte, Alter und Qualifikation) mit zu berücksichtigen sind, dabei insbesondere auch **ältere Arbeitnehmer**, weil dem Erhalt ihrer Gesundheit und Leistungsfähigkeit auf Grund ihres erforderlichen längeren Verbleibs im Erwerbsleben besondere Bedeutung zukommt. Bereits nach geltendem Recht ist der Arbeitgeber nach § 6 Abs 1 verpflichtet, bei der Übertragung von Aufgaben an Arbeitnehmer deren Eignung in Bezug auf Sicherheit und Gesundheit zu berücksichtigen. Eine Evaluierung haben die Arbeitgeber gemeinsam mit den Arbeitsmedizinern, den Sicherheitsfachkräften und den Sicherheitsvertrauenspersonen sowie den zuständigen Belegschaftsorganen vorzunehmen. (ErlRV 802 BlgNR 21. GP)

IV. Festlegung von Maßnahmen, Überprüfung der Evaluierung

27 **Abs 3** erster Satz verpflichtet die Arbeitgeber zur *Festlegung der Schutzmaßnahmen.* Diese Bestimmung entspricht Art 6 Abs 3 lit a und Art 9 Abs 1 lit b der Rahmenrichtlinie 89/391/EWG (*„Der Arbeitgeber muss die durchzuführenden Schutzmaßnahmen und, falls notwendig, die zu verwendenden Schutzmittel festlegen.“*) sowie den in sonstigen Richtlinien vorgesehenen Regelungen über die Festlegung von Schutzmaßnahmen. Die Vorsorge für absehbare Betriebsstörungen umfasst insbesondere auch Maßnahmen zur Evakuierung und die Festlegung der Schutz- und Rettungsausrüstung. Der dritte Satz entspricht Art 6 Abs 3 lit a letzter Satzteil der Rahmenrichtlinie 89/391/EWG. Der letzte Satz entspricht § 48 Abs 2 AAV. (ErlRV 1590 BlgNR 18. GP)

Abs 4 und 5 verpflichten zur **Überprüfung und Aktualisierung** der Ermittlung und Beurteilung und der Festlegung der Schutzmaßnahmen, zB nach Unfällen oder bei Änderungen, Einführung neuer Arbeitsmittel etc. Die Ermittlung und Beurteilung der Gefahren und die Festlegung der Schutzmaßnahmen ist von zentraler Bedeutung für den Arbeitnehmerschutz. Diese Instrumente des betrieblichen Arbeitnehmerschutzes sind aber wertlos, wenn sie nicht auf dem letzten Stand gehalten werden. In diesem Zusammenhang ist auf Art 6 Abs 1 der Rahmenrichtlinie 89/391/EWG zu verweisen: *„Der Arbeitgeber muss darauf achten, dass diese Maßnahmen den sich ändernden Gegebenheiten angepasst werden und muss eine Verbesserung der bestehenden Arbeitsbedingungen anstreben."* Die Aktualisierungspflicht ergibt sich auch aus Einzelrichtlinien. In der Mineralgewinnungsrichtlinie 92/104/EWG ist zB vorgesehen, dass das Sicherheits- und Gesundheitsschutzdokument überarbeitet werden muss, wenn an den Arbeitsstätten wichtige Änderungen, Erweiterungen oder Umgestaltungen vorgenommen werden. Im Richtlinienvorschlag betreffend physikalische Einwirkungen ist vorgesehen, dass die Beurteilungen in angemessenen Abständen geplant und durchgeführt werden. **28**

Die Verpflichtung zur Aktualisierung oder Ergänzung auf begründetes Verlangen des Arbeitsinspektorates stellt eine notwendige Begleitmaßnahme zu der im allgemeinen Teil dargestellten Ausweitung der betrieblichen Autonomie dar. Aufgrund dieser Regelung ist davon auszugehen, dass das Arbeitsinspektorat vorerst nicht mit Strafanzeige im Sinne des § 9 ArbIG vorzugehen hat, wenn es die Ermittlung und Beurteilung oder die Festlegung der Schutzmaßnahmen für aktualisierungs- oder ergänzungsbedürftig hält, sondern mit einer Aufforderung an den Arbeitgeber. (ErlRV 1590 BlgNR 18. GP) **29**

Eine Überprüfung der Evaluierung aufgrund von **neuen Erkenntnissen oder einer Änderung des Standes der Technik** ist aus Sicht der Behörde nur dann erforderlich, wenn es sich um eine „neue" Gefahr handelt, die bisher noch nicht bekannt war, oder eine bestehende Gefahr nicht ausreichend beseitigt ist, da ihr bislang noch nicht wirksam begegnet werden konnte. Es geht also nicht darum, einer Gefahr „anders", „moderner" oder „bequemer" zu begegnen, sondern darum, Schutzmaßnahmen für neue Gefahren festzulegen oder noch bestehende Gefahren zu reduzieren. Bei einer genehmigten Betriebsanlage wird im Regelfall eine Nachrüstung nur bei einer Änderung der Betriebsanlage, bei der Einführung neuer Verfahren oder aufgrund von Erkenntnissen über neue Gefahren erforderlich sein, weil die Genehmigung ja grundsätzlich nur dann erteilt werden darf, wenn keine Gefahren für die Arbeitnehmer zu erwarten sind, also die bestehenden Gefahren durch die Auflagen des Genehmigungsbescheides ohnehin ausgeschaltet wurden. (Erlass des Zentral-Arbeitsinspektorates vom 18.12.1997, 61.120/17-2/97) **30**

In § 4 Abs 5 wurde in der **neuen Z 2a** ergänzt, dass eine Überprüfung und erforderlichenfalls Anpassung der Evaluierung auch ***„nach Zwischenfällen mit*** **31**

***erhöhter arbeitsbedingter psychischer Fehlbeanspruchung*"** zu erfolgen hat: Beispiele für solche Zwischenfälle, die eine akute psychische Belastungsreaktion auslösen können, sind etwa die Häufung von Konflikten oder Beschwerden, Gewaltübergriffe, posttraumatische Belastungsstörung nach einem Arbeitsunfall etc. (ErlRV 1983 BlgNR 24. GP)

32 Bei einer Überprüfung und Anpassung der Ermittlung und Beurteilung der Gefahren oder der Maßnahmen zur Gefahrenverhütung im Sinne des § 4 Abs 4 und 5 ASchG muss auch eine Anpassung des Sicherheits- und Gesundheitsschutzdokumentes erfolgen (§ 3 Abs 1 DOK-VO).

V. Durchführung der Evaluierung, Hinzuziehung der Präventivfachkräfte

33 Nach **Abs 6** steht es den Arbeitgebern frei, die Ermittlung und Beurteilung und Festlegung von Schutzmaßnahmen selbst vorzunehmen, sofern sie über die notwendige Fachkunde verfügen, oder die Präventivdienste oder geeignete Arbeitnehmer oder externe Fachleute damit zu beauftragen. (ErlRV 1590 BlgNR 18. GP)

34 Arbeitgeber müssen die **Präventivfachkräfte** (Sicherheitsfachkräfte und die Arbeitsmediziner) und **erforderlichenfalls weitere geeignete Fachleute** bei der Ermittlung und Beurteilung der Gefahren sowie bei der Festlegung von Maßnahmen zur Gefahrenverhütung heranziehen (§ 76 Abs 3 Z 8 und 9 ASchG, § 81 Abs 3 Z 9 und 10 ASchG). Die Beratung und Unterstützung des Arbeitgebers sowie die Überprüfung und Anpassung der erforderlichen Ermittlung und Beurteilung der Gefahren und der festgelegten Maßnahmen samt Anpassung der Sicherheits- und Gesundheitsschutzdokumente darf in die Präventionszeit eingerechnet werden (§ 77 Z 1 und Z 4a bzw § 82 Z 1 undZ 4a ASchG). Der Arbeitgeber hat die Belegschaftsorgane bei der Ermittlung und Beurteilung der Gefahren zu beteiligen. Sind keine Belegschaftsorgane eingerichtet, so hat der Arbeitgeber die Sicherheitsvertrauenspersonen bei der Ermittlung und Beurteilung der Gefahren und der Festlegung der Maßnahmen zu **beteiligen**. Sind jedoch weder Sicherheitsvertrauenspersonen bestellt noch Belegschaftsorgane eingerichtet, so sind alle Arbeitnehmer anzuhören und zu beteiligen (§ 92a Abs 1 Z 3 ArbVG, § 11 Abs 6 Z 3 und § 13 Abs 2 ASchG).

35 § 4 Abs 6 wird durch die Novelle BGBl I 2012/118 insofern ergänzt, als mit der Arbeitsplatzevaluierung (neben den Sicherheitsfachkräften und Arbeitsmedizinern) auch sonstige geeignete Fachleute, wie Chemiker, Toxikologen, Ergonomen, insbesondere jedoch im Hinblick auf die Evaluierung psychischer Beanspruchungen Arbeitspsychologen beauftragt werden können.

36 Arbeitspsychologen sind keine Präventivfachkräfte (das sind nur Sicherheitsfachkräfte und Arbeitsmediziner).

37 Das Tätigkeitsgebiet der Arbeits- und Organisationspsychologie befasst sich mit den psychologischen Faktoren arbeitender Menschen in Organisationen.

Die Arbeits- und Organisationspsychologie beobachtet und analysiert Arbeitsbedingungen und Arbeitsaufgaben und die Ressourcen der arbeitenden Menschen. Die Arbeits- und Organisationspsychologen sind daher nicht etwa für individuelle psychologische Betreuungsleistungen (Therapie oder Coaching) von Einzelpersonen heranzuziehen, sondern primär zur Mitwirkung an der Ermittlung und Beurteilung psychischer Belastungen am Arbeitsplatz, bei der Festlegung der Maßnahmen zur Verhütung dieser Gefährdungen sowie bei der Aktualisierung dieser Evaluierung. (ErlRV 1983 BlgNR 24. GP)

Vgl Ausführungen zum siebten Abschnitt.

Sicherheits- und Gesundheitsschutzdokumente

§ 5. Arbeitgeber sind verpflichtet, in einer der Anzahl der Beschäftigten und den Gefahren entsprechenden Weise die Ergebnisse der Ermittlung und Beurteilung der Gefahren sowie die durchzuführenden Maßnahmen zur Gefahrenverhütung schriftlich festzuhalten (Sicherheits- und Gesundheitsschutzdokumente). Soweit dies aus Gründen der Gefahrenverhütung erforderlich ist, ist diese Dokumentation arbeitsplatzbezogen vorzunehmen.

[BGBl 1994/450]

Übersicht

I. Dokumentation der Evaluierung 1–9
II. Mindestinhalt, Überprüfung und Anpassung 10–16
III. Weitere Dokumentations- und Evaluierungspflichten 17–21
IV. Verwaltungsstrafsanktion (§ 130 ASchG) 22, 23

I. Dokumentation der Evaluierung

Die Ermittlung und Beurteilung der Gefahren und die Festlegung von Maßnahmen zur Gefahrenverhütung sind zu dokumentieren. Die Rahmenrichtlinie 89/391/EWG spricht im Zusammenhang mit der Ermittlung und Beurteilung und der Festlegung von Schutzmaßnahmen von „Dokumenten". Der Begriff „Sicherheits- und Gesundheitsschutzdokument" entstammt der Mineralgewinnungsrichtlinie 92/104/EWG. 1

Wichtig ist die **Unterscheidung zwischen der Durchführung der Evaluierung und der Dokumentation der Ergebnisse**. Checklisten, Fragebögen etc, die als Hilfsmittel bei der Ermittlung der Gefährdungen verwendet wurden, sowie Unterlagen über die Risikobewertung (Zuordnung zu Risikoklassen etc) werden in der Regel nicht Bestandteil des Dokumentes sein. 2

Auch Unterlagen, die Informationen zu arbeitsbedingten psychischen Fehlbelastungen enthalten, wie etwa Begehungsprotokolle, Berichte über ASchG-bezogene Sitzungen, Arbeitsaufzeichnungen, Unterlagen des Perso- 3 nalmanagements (wie zB Befragungen von Mitarbeitern, Kennzahlen zu Fluktuation, Krankenständen, Berichte von Ausstiegsgesprächen, Weiterbildungs- und Fördermaßnahmen), Unterlagen des Qualitätsmanagements (wie zB Fehlerquote, Kundenbeschwerden, Qualitätsmanagement-Tools) oder Unterlagen aus betrieblichen Gesundheitsförderungsprozessen (Gesundheitsberichte, Ergebnisberichte von Ist-Analyse bzw Wirkungsüberprüfung) können für die Arbeitsplatzevaluierung herangezogen werden. Diese dokumentieren den Evaluierungsprozess, sind jedoch nicht Bestandteil des Sicherheits- und Gesundheitsschutzdokumentes, welches nur die Ergebnisse der Evaluierung enthält.

4 Nach Art 10 Abs 3 der Richtlinie 89/391/EWG haben die Arbeitgeber geeignete Maßnahmen zu treffen, damit die *„Arbeitnehmer mit besonderer Funktion“* oder die *„Arbeitnehmervertreter mit besonderer Funktion“* **zu diesen Dokumenten Zugang haben**. (ErlRV 1590 BlgNR 18. GP) Zugang zu den Sicherheits- und Gesundheitsschutzdokumenten ist den Sicherheitsfachkräften, den Arbeitsmedizinern und sonstigen Fachleuten im Sinne des § 82b ASchG, den Sicherheitsvertrauenspersonen, den Belegschaftsorganen, Arbeitgebern betriebsfremder Arbeitnehmer, Überlassern von Leiharbeitnehmern sowie den Arbeitnehmern im Sinne des § 12 Abs 7 zu gewähren (§ 8 Abs 2 Z 2, § 9 Abs 3 Z 3, § 11 Abs 7 Z 1, § 12 Abs 7, § 76 Abs 2, § 81 Abs 2, § 82b Abs 1 ASchG, 92a Abs 2 Z 1 ArbVG).

5 Nach Art 3 Abs 2 der Mineralgewinnungsrichtlinie 92/104/EWG haben sich die Arbeitgeber zu vergewissern, dass ein Sicherheits- und Gesundheitsschutzdokument, das die Anforderungen nach den Art 6, 9 und 10 der Richtlinie 89/391/EWG erfüllt, erstellt und auf dem letzten Stand gehalten wird. Aus diesem Dokument muss insbesondere hervorgehen, dass die Gefährdungen ermittelt und einer Beurteilung unterzogen worden sind. Das Sicherheits- und Gesundheitsschutzdokument muss vor Aufnahme der Arbeit erstellt und bei Änderungen, Erweiterungen und Umgestaltungen überarbeitet werden. (ErlRV 1590 BlgNR 18. GP)

6 Außerdem ist zu bedenken, dass das Dokument **möglichst übersichtlich** gestaltet sein sollte, damit es auch als Arbeitsunterlage für den Arbeitgeber oder die sonstigen für den Arbeitnehmerschutz im Betrieb zuständigen Personen verwendet werden kann, zB **auch zur Erfüllung der Informations- und Unterweisungspflichten**. Weiters ist bei der Erstellung der Dokumente zu bedenken, dass eine regelmäßige Aktualisierung erfolgen muss. Auch sind bei der Gestaltung der Sicherheits- und Gesundheitsschutzdokumente die Interessen der Arbeitnehmer auf vertrauliche Behandlung bestimmter Informationen zu wahren.

7 Nach Art 9 Abs 2 der Richtlinie 89/391/EWG haben die Mitgliedstaaten unter Berücksichtigung der Art der Tätigkeiten und der Größe der Unternehmen die Pflichten der verschiedenen Unternehmenskategorien betreffend die

Erstellung dieser Dokumente festzulegen. Es ist daher eine Differenzierung bezüglich Inhalt und Umfang der Dokumente zulässig, nicht aber eine generelle Ausnahme von der Erstellung der Dokumente.

Entsprechend den Ergebnissen der Sozialpartnerverhandlungen wurde festgelegt, dass die Dokumentation **nicht generell arbeitsplatzbezogen** zu erfolgen hat, sondern nur dann, wenn dies aus Gründen der Gefahrenverhütung erforderlich ist. Vor allem bei größeren Betrieben wird eine arbeitsplatzbezogene Dokumentation nicht zielführend sein, sondern eine zusammenfassende Darstellung bestimmter Gefährdungsbereiche oder Arbeitsvorgänge etc erfolgen. (ErlRV 1590 BlgNR 18. GP) **8**

Nähere Durchführungsregelungen zu Form und Inhalt des Sicherheits- und Gesundheitsschutzdokumentes enthält die **Verordnung des Bundesministers für Arbeit und Soziales über die Sicherheits- und Gesundheitsschutzdokumente (DOK-VO)**, BGBl 1996/478, idF BGBl II 1997/53, die mit 1. Jänner 1997 in Kraft getreten ist. **9**

Demnach sind die Sicherheits- und Gesundheitsschutzdokumente übersichtlich zu gestalten. Gleichartige Arbeitsplätze oder Arbeitsvorgänge oder Gefahrenbereiche können zusammengefasst dokumentiert werden. Die für eine Arbeitsstätte erstellten Sicherheits- und Gesundheitsschutzdokumente sind möglichst einheitlich zu gestalten (§ 1 Abs 1 DOK-VO). Die Dokumentation kann auch in grafischer Form erfolgen, soweit dies zweckmäßig ist, insbesondere durch Verwendung von Symbolen, Plänen, Layouts, und Skizzen (§ 1 Abs 2 DOK-VO). Die Dokumentation kann auch automationsunterstützt erfolgen. Es muss gewährleistet sein, dass alle Berechtigten Zugang zu den Sicherheits- und Gesundheitsschutzdokumenten haben (§ 1 Abs 3 DOK-VO).

II. Mindestinhalt, Überprüfung und Anpassung

Das **Sicherheits- und Gesundheitsschutzdokument** hat jedenfalls zu enthalten (§ 2 DOK-VO): **10**

- Angaben über die Person, die die Ermittlung und Beurteilung der Gefahren durchgeführt hat; wenn die Ermittlung und Beurteilung der Gefahren von mehreren Personen durchgeführt wurde, weiters Angaben über ihren Aufgabenbereich; Angaben über allfällige für Messungen, Berechnungen und Analysen beigezogene fachkundige Personen;
- Angaben über den Tag oder den Zeitraum der erstmaligen Ermittlung und Beurteilung der Gefahren;
- Angaben über den Bereich (insbesondere Arbeitsplatz, Arbeitsraum, Organisationseinheit, Arbeitsstätte), auf den sich das Sicherheits- und Gesundheitsschutzdokument bezieht, und über die Anzahl der in diesem Bereich zum Zeitpunkt der Ermittlung und Beurteilung der Gefahren beschäftigten Arbeitnehmer;
- die festgestellten Gefahren (siehe dazu § 4 ASchG);

- die durchzuführenden Maßnahmen zur Gefahrenverhütung auf technischem und organisatorischem Gebiet;
- bei jenen vorgesehenen Maßnahmen, die nicht umgehend umgesetzt werden können, zusätzlich Angaben über die Zuständigkeit für die Umsetzung und über die Umsetzungsfrist.

11 **Je nach Gefahren, Arbeitsvorgängen, betrieblichen Umständen etc können weitere Angaben erforderlich sein:**

- Festlegung der Arbeitsplätze oder Arbeitsbereiche, für die Untersuchungspflichten nach dem fünften Abschnitt des ASchG vorgesehen sind;
- Festlegung der Tätigkeiten, für die ein Nachweis der Fachkenntnisse im Sinne des § 63 ASchG notwendig ist;
- Angaben über die notwendigen persönlichen Schutzausrüstungen;
- Angaben über Bereiche, die besonders zu kennzeichnen sind oder für die Zutrittsbeschränkungen bestehen;
- Vorkehrungen für ernste und unmittelbare Gefahren im Sinne des § 3 Abs 3 und 4 ASchG;
- ein Verzeichnis der verwendeten gefährlichen Arbeitsstoffe im Sinne des § 40 ASchG;
- ein Verzeichnis der prüfpflichtigen Arbeitsmittel im Sinne des § 37 ASchG;
- Brandschutzordnung, Evakuierungspläne, Explosionsschutzdokument;
- anzuwendende MAK-Werte oder TRK-Werte;
- anzuwendende ÖNORMEN, harmonisierte europäische Normen (EN oder ÖNORM EN), ÖVE-Vorschriften, Unfallverhütungsvorschriften, technische Richtlinien oder sonstige anerkannte Regeln der Technik.

12 **Die Sicherheits- und Gesundheitsschutzdokumente müssen beispielsweise angepasst werden**

- bei betrieblichen Änderungen,
- bei einer Überprüfung und Anpassung der Ermittlung und Beurteilung der Gefahren oder
- der Maßnahmen zur Gefahrenverhütung.

13 Aus dem Sicherheits- und Gesundheitsschutzdokument muss sich schlussendlich ergeben, **wer** die Überprüfung und Anpassung der Ermittlung und Beurteilung der Gefahren vorgenommen hat, **wann** sie erfolgt ist und auf **welchen Bereich** sie sich bezieht (§ 3 DOK-VO).

14 Für Arbeitsstätten, in denen **nicht mehr als zehn Arbeitnehmer** regelmäßig beschäftigt werden und in denen **keine Gefahren** bestehen, für die Schutzmaßnahmen festzulegen sind, können die Sicherheits- und Gesundheitsschutzdokumente entsprechend der **Anlage zur DOK-VO** gestaltet werden (§ 2a DOK-VO).

15 Zur betrieblichen Umsetzung, Informationen und Checklisten der **österreichischen Evaluierungsplattform**: http://www.eval.at

Siehe dazu auch auf www.arbeitsinspektion.gv.at „Beispiel für den Aufbau eines Sicherheits- und Gesundheitsschutzdokumentes".

Die Übermittlung der Unterlagen an das Arbeitsinspektorat wurde weder im ASchG noch in der DOK-VO geregelt, weil sich die Übermittlungs- und Auskunftspflichten ohnehin aus den §§ 7 Abs 2 und 8 des Arbeitsinspektionsgesetzes 1993 (**ArbIG 1993**) ergeben. (ErlRV 1590 BlgNR 18. GP) 16

III. Weitere Dokumentations- und Evaluierungspflichten

Die Baustellenrichtlinie 92/57/EWG sieht für Baustellen einen besonderen **Sicherheits- und Gesundheitsschutzplan (§ 7 BauKG)** vor, der vor Eröffnung der Baustelle zu erstellen und laufend anzupassen ist. Für die Erstellung und laufende Aktualisierung hat *„der Bauherr oder Bauleiter"* zu sorgen, die Erstellung und Anpassung ist Aufgabe der Koordinatoren, die vom Bauherrn bzw Bauleiter bestellt werden. Die Arbeitgeber haben die Hinweise der Koordinatoren zu berücksichtigen. Das ASchG beinhaltet nur die Umsetzung jener Bestimmungen der Baustellenrichtlinie 92/57/EWG, die Pflichten für die Arbeitgeber vorsehen, nicht hingegen die Umsetzung der Pflichten für die „Bauherren", also die Auftraggeber (ErlRV 1590 BlgNR 18. GP). Diese sind im Bauarbeitenkoordinationsgesetz geregelt. 17

Im Mutterschutzgesetz 1979 (**MSchG**) haben Arbeitgeber von Dienstnehmerinnen eine über das ASchG hinaus bestehende Pflicht zur Evaluierung und Dokumentation (§ 2a MSchG). Auch für Jugendliche bestehen besondere Pflichten (§ 23 **KJBG** iVm § 1 Abs 6 KJBG-VO, § 25 KJBG). 18

Gemäß §§ 4 und 5 **VEXAT** müssen Arbeitgeber die spezifischen Gefahren, die von explosionsfähigen Atmosphären ausgehen können, und die spezifischen Gefahren von explosionsgefährdeten Bereichen in ihrer Gesamtheit ermitteln und beurteilen und auf Grundlage der Ermittlung und Beurteilung ein **Explosionsschutzdokument** erstellen und auf dem letzten Stand halten. 19

Zur **Evaluierung gefährlicher Arbeitsstoffe** mit zwingender Rangordnung der Maßnahmen siehe den vierten Abschnitt (§§ 41 ff ASchG). 20

Besondere Evaluierungs- und Dokumentationspflichten sind in einzelnen ASchG-Durchführungsverordnungen geregelt, zB zuletzt in der Nadelstichverordnung (§ 3 NastV). 21

IV. Verwaltungsstrafsanktion (§ 130 ASchG)

Die Verpflichtungen betreffend die Bestimmungen über die Sicherheits- und Gesundheitsschutzdokumente im Sinne des ASchG und der DOK-VO stehen unter **Strafdrohung** (§ 130 Abs 1 Z 7 ASchG). Eine unzureichende oder ungeeignete Maßnahmensetzung stellt genauso wie eine fehlende oder unvollständige Aufzeichnung der Ermittlung und Beurteilung der Gefahren eine 22

Verwaltungsübertretung dar. Die Arbeitsinspektion hat im Sinne des § 9 ArbIG 1993 vorzugehen.

23 Für die Verwirklichung des Tatvorwurfes nach § 130 Abs 1 Z 5 ASchG genügt es, dass die Verpflichtung zur Ermittlung und Beurteilung der Gefahren verletzt wurde, bzw nach § 130 Abs 1 Z 6 ASchG, dass ua die durchzuführenden Schutzmaßnahmen nicht festgelegt wurden. In beiden Fällen kommt es auf den kausalen Zusammenhang der eingesetzten Arbeitsmittel mit konkret bei einem Arbeitsunfall eingetretenen Verletzungen eines Arbeitnehmers – wie schon aus der Textierung dieser Bestimmungen zu ersehen ist – nicht an. Entgegen der Meinung des Beschwerdeführers war daher der Spruch auch nicht dahingehend einzuschränken, „*dass eine Verletzung in Verbindung mit Heißwasser erfolgt sei*". (VwGH 24.9.2009, 2008/02/0118)

Einsatz der Arbeitnehmer

§ 6. (1) Arbeitgeber haben bei der Übertragung von Aufgaben an Arbeitnehmer deren Eignung in Bezug auf Sicherheit und Gesundheit zu berücksichtigen. Dabei ist insbesondere auf Konstitution und Körperkräfte, Alter und Qualifikation Rücksicht zu nehmen.

(2) Arbeitgeber haben durch geeignete Maßnahmen dafür zu sorgen, daß nur jene Arbeitnehmer Zugang zu Bereichen mit erheblichen oder spezifischen Gefahren haben, die zuvor ausreichende Anweisungen erhalten haben.

(3) Arbeitnehmer, von denen dem Arbeitgeber bekannt ist, dass sie auf Grund ihrer gesundheitlichen Verfassung bei bestimmten Arbeiten einer besonderen Gefahr ausgesetzt wären oder andere Arbeitnehmer gefährden könnten, dürfen mit Arbeiten dieser Art nicht beschäftigt werden. Dies gilt insbesondere für Anfallsleiden, Krämpfe, zeitweilige Bewußtseinstrübungen, Beeinträchtigungen des Seh- oder Hörvermögens und schwere Depressionszustände.

(4) Arbeitnehmerinnen dürfen mit Arbeiten, die infolge ihrer Art für Frauen eine spezifische Gefahr bewirken können, nicht oder nur unter Bedingungen oder Einschränkungen beschäftigt werden, die geeignet sind, diese besondere Gefahr zu vermeiden.

(5) Bei Beschäftigung von behinderten Arbeitnehmern ist auf deren körperlichen und geistigen Zustand jede mögliche Rücksicht zu nehmen. Das Arbeitsinspektorat hat ihre Beschäftigung mit Arbeiten, die für sie auf Grund ihres körperlichen oder geistigen Zustandes eine Gefahr bewirken können, durch Bescheid zu untersagen oder von bestimmten Bedingungen abhängig zu machen.

[BGBl I 2012/118]

Übersicht

I.	Eignung in Bezug auf Sicherheit und Gesundheit	1–3
II.	Zugangsbeschränkung	4
III.	Gesundheitliche Verfassung	5
IV.	Arbeitnehmerinnen	6–10
V.	Menschen mit Behinderungen am Arbeitsplatz	11–15

I. Eignung in Bezug auf Sicherheit und Gesundheit

Abs 1 entspricht Art 6 Abs 3 lit b der Rahmenrichtlinie 89/391/EWG. 1

Für die Beschäftigung von **Jugendlichen** enthalten das KJBG und die Verordnung über Beschäftigungsverbote und -beschränkungen besondere Regelungen in Bezug auf die Eignung. Für **schwangere Arbeitnehmerinnen** sind im Mutterschutzgesetz 1979 besondere Schutzvorschriften enthalten.

Auch § 5 der **Bauarbeiterschutzverordnung** (BauV) enthält besondere Schutzvorschriften für Arbeitnehmer auf Baustellen. Beispielsweise dürfen demnach Arbeitnehmer, von denen dem Arbeitgeber bekannt ist, dass sie an körperlichen Schwächen oder Gebrechen in einem Maße leiden, dass sie dadurch bei bestimmten Arbeiten einer besonderen Gefahr ausgesetzt wären oder andere gefährden könnten, mit Arbeiten dieser Art nicht beschäftigt werden. 2

Für **Arbeiten in Druckluft** sehen die §§ 8 und 9 der Druckluft- und Taucherarbeitenverordnung besondere Voraussetzungen vor. 3

Siehe auch §§ 49 ff ASchG und die Verordnung über die Gesundheitsüberwachung am Arbeitsplatz 2024 (**VGÜ**).

II. Zugangsbeschränkung

Abs 2 entspricht Art 6 Abs 3 lit d der Rahmenrichtlinie 89/391/EWG. 4

Im Sicherheits- und Gesundheitsschutzdokument müssen auch jene Bereiche enthalten sein, welche besonders zu kennzeichnen sind oder für welche Zutrittsbeschränkungen bestehen (§ 2 Abs 2 Z 5 DOK-VO). So ist beispielsweise gemäß § 27 Abs 2 GKV 2011 bei bestimmten Arbeiten mit asbesthaltigem Material (wie Abbruch-, Sanierungs-, Reparatur- oder Instandhaltungsarbeiten) – bei denen trotz Vornahme aller in Frage kommenden Maßnahmen nach § 43 ASchG eine Grenzwertüberschreitung vorherzusehen ist – der Arbeitsbereich durch entsprechende Warnschilder zu kennzeichnen, abzugrenzen, dicht abzuschotten und nur über eine Schleusenanlage zu betreten.

III. Gesundheitliche Verfassung

Abs 3 entspricht dem bis zum ASchG geltenden Recht. 5

Mit der Novelle BGBl I 2012/118 wurde im ersten Satz die Wortfolge *„dass sie an körperlichen Schwächen oder an Gebrechen in einem Maße leiden, dass sie dadurch bei bestimmten Arbeiten einer besonderen Gefahr ausgesetzt wären“* durch die Wortfolge *„dass sie auf Grund ihrer gesundheitlichen Verfassung bei bestimmten Arbeiten einer besonderen Gefahr ausgesetzt wären"* ersetzt. Hier soll im Nachhang zum Bundes-Behindertengleichstellungs-Begleitgesetz, BGBl I 2006/90, eine Formulierung beseitigt werden, die von Menschen mit Behinderung als nachteilig empfunden werden könnte. (ErlRV 1983 BlgNR 24. GP)

IV. Arbeitnehmerinnen

6 **Abs 4** entspricht dem bis zum ASchG geltenden Recht und stellt die Grundlage für die Aufrechterhaltung jener Beschäftigungsverbote und -beschränkungen für Frauen dar, die aus arbeitsmedizinischer Sicht notwendig sind. (ErlRV 1590 BlgNR 18. GP)

7 Die Verordnung des Bundesministers für Wirtschaft und Arbeit über **Beschäftigungsverbote und -beschränkungen für Arbeitnehmerinnen**, (BGBl II 2001/356, in Kraft seit 1. August 2001) regelte besondere Schutzmaßnahmen bzw Verbote, die bei der Beschäftigung von Frauen zu beachten sind (**Arbeiten unter Einwirkung von Blei, Arbeiten mit besonderer physischer Belastung**). Sie war auf alle Frauen anzuwenden, für die auch das ASchG gilt.

8 Die durch § 103 ASchG übergeleiteten §§ 2 bis 7 der Verordnung über die Beschäftigungsverbote und -beschränkungen für weibliche Arbeitnehmer, BGBl 1976/696, wurden mit Wirksamkeit 1. August 2001 aufgehoben und durch die neue Verordnung BGBl II 2001/356 ersetzt.

9 Das Verbot der **Beschäftigung im untertägigen Bergbau** ist mit BGBl II 2008/279 entfallen. Diese Änderung wurde erforderlich, da das Beschäftigungsverbot gegen Art 14 Abs 1 lit a der Richtlinie 2006/54/EG des Europäischen Parlaments und des Rates zur Verwirklichung des Grundsatzes der Chancengleichheit und Gleichbehandlung von Männern und Frauen in Arbeits- und Beschäftigungsfragen (Neufassung) vom 5. Juli2006 verstößt. In seinem Urteil vom 1. Februar 2005, C-203/03, hat der EuGH die EU-Rechtswidrigkeit dieses Beschäftigungsverbotes festgestellt. Das ILO-Übereinkommen Nr 45 wurde daher von Österreich gekündigt. Das heißt, dass seit **3. April 2009** die Beschäftigung von Arbeitnehmerinnen im untertägigen Bergbau grundsätzlich erlaubt ist.

10 Um aufgrund des technischen Fortschritts nicht mehr erforderliche Beschäftigungsbeschränkungen bzw -verbote für Frauen zu beseitigen, wurde die **Verordnung über Beschäftigungsverbote und -beschränkungen für Arbeitnehmerinnen, BGBl II 2001/356 idF BGBl II 2008/279, durch die Verordnung BGBl II 2015/230 schließlich mit Wirksamkeit 31.8.2015 ersatzlos aufgehoben**. Die nun geltende Arbeitsschutzrechtslage erscheint zum Schutz der Sicherheit und Gesundheit der Arbeitnehmerinnen ausreichend, sowohl hinsichtlich der bis dahin noch geltenden Beschäftigungsverbote zur Vermeidung einer gesundheitsschädigenden Bleiexposition bei der Arbeit als auch besonderen physischen Belastungen bei der manuellen Lastenhandhabung. Näheres siehe § 103 Rz 3, 4.

Die Beschäftigungsverbote und -beschränkungen aus Gründen der Mutterschaft sind davon zu unterscheiden. Für Arbeitnehmerinnen, die unter das **Mutterschutzgesetz** fallen, besteht bereits seit der Novelle BGBl I 2004/123 ein Beschäftigungsverbot für Bergbauarbeiten unter Tage (§ 4 Abs 2 Z 12, § 4a Abs 2 und § 5 Abs 3 MSchG 1979).

V. Menschen mit Behinderungen am Arbeitsplatz

Abs 5 entspricht dem bis zum ASchG geltenden Recht und berücksichtigt auch Anhang I Z 20 und Anhang II Z 15 der Rahmenrichtlinie 89/654/EWG („*Arbeitsstätten sind gegebenenfalls* ***behindertengerecht*** *zu gestalten. Dies gilt insbesondere für … Arbeitsplätze, an denen Behinderte unmittelbar tätig sind.*"), weiters den Anhang der Mineralgewinnungsrichtlinie 92/104/EWG. Die im bis dahin geltenden Recht vorgesehene **Entscheidung des Arbeitsinspektorates im Einzelfall** wird aufrechterhalten, weil sie sich bewährt hat und weil bei diesen Verfahren die für eine Zuständigkeit der Genehmigungs- oder der Bezirksverwaltungsbehörde sprechenden Argumente der Verfahrenskonzentration in der Praxis nicht zum Tragen kommen. 11

Besonders ist darauf hinzuweisen, dass **nicht auf den Begriff der „begünstigten Behinderten" nach dem Behinderteneinstellungsgesetz abgestellt werden kann**, da dieser kein sachgerechtes Kriterium für Schutzmaßnahmen im Sinne des ASchG darstellt. So können bestimmte Krankheiten (zB Diabetes, Asthma und sonstige Lungenfunktionserkrankungen) besondere Schutzmaßnahmen erforderlich machen bzw bewirken, dass die betroffenen Arbeitnehmer zu bestimmten Tätigkeiten nicht eingesetzt werden dürfen, obwohl keine mindestens 50%ige Minderung der Erwerbsfähigkeit vorliegt. Gleiches gilt zB für Arbeitnehmer, denen Gliedmaßen fehlen, auch wenn dies nach sozialrechtlichen Vorschriften nur eine Minderung der Erwerbsfähigkeit von weniger als 50 % darstellt. (ErlRV 1590 BlgNR 18. GP) 12

Nach **§ 3 Behinderteneinstellungsgesetz (BEinstG)** ist Behinderung die Auswirkung einer nicht nur vorübergehenden körperlichen, geistigen oder psychischen Funktionsbeeinträchtigung oder Beeinträchtigung der Sinnesfunktionen, die geeignet ist, die Teilhabe am Arbeitsleben zu erschweren. Als nicht nur vorübergehend gilt ein Zeitraum von mehr als voraussichtlich sechs Monaten. 13

Gemäß § 6 Abs 1 BEinstG besteht eine erhöhte Fürsorgepflicht der Arbeitgeber. Dienstgeber haben demnach bei der Beschäftigung von begünstigten Behinderten auf deren Gesundheitszustand jede nach Beschaffenheit der Betriebsgattung und nach Art der Betriebsstätte und der Arbeitsbedingungen mögliche Rücksicht zu nehmen. Die §§ 7a ff BEinstG enthalten Regelungen über den Schutz vor Diskriminierung in der Arbeitswelt. Sind in einem Betrieb dauernd mindestens fünf begünstigte Behinderte (§ 2 Abs 1 und 3) be- 14 schäftigt, sind eine **Behindertenvertrauensperson** und ein Stellvertreter zu wählen. Der Betriebsinhaber ist verpflichtet, mit der Behindertenvertrauensperson (Stellvertreter) zu beraten und die zur Erfüllung ihrer Aufgaben erforderlichen Auskünfte zu erteilen, insbesondere hat er die Behindertenvertrauensperson über substanzielle, das Arbeitsverhältnis betreffende Angelegenheiten wie Beginn, Ende und Veränderung von Arbeitsverhältnissen behinderter Arbeitnehmer, über Arbeitsunfälle sowie überKrankmeldungen von mehr als sechs Wochen pro Kalenderjahr zu informieren (§ 22a Abs 9 BEinstG).

15 Nähere Informationen zu Menschen mit Behinderung: siehe auch https://www.sozialministeriumservice.at/Menschen_mit_Behinderung/Ausbildung__Beruf_und_Beschaeftigung/Arbeit_Behinderung (Download 26.2.2025).

Grundsätze der Gefahrenverhütung

§ 7. Arbeitgeber haben bei der Gestaltung der Arbeitsstätten, Arbeitsplätze und Arbeitsvorgänge, bei der Auswahl und Verwendung von Arbeitsmitteln und Arbeitsstoffen, beim Einsatz der Arbeitnehmer sowie bei allen Maßnahmen zum Schutz der Arbeitnehmer folgende allgemeine Grundsätze der Gefahrenverhütung umzusetzen:

1. Vermeidung von Risiken;
2. Abschätzung nicht vermeidbarer Risiken;
3. Gefahrenbekämpfung an der Quelle;
4. Berücksichtigung des Faktors „Mensch" bei der Arbeit, insbesondere bei der Gestaltung von Arbeitsplätzen sowie bei der Auswahl von Arbeitsmitteln und Arbeits- und Fertigungsverfahren, vor allem im Hinblick auf eine Erleichterung bei eintöniger Arbeit und bei maschinenbestimmtem Arbeitsrhythmus sowie auf eine Abschwächung ihrer gesundheitsschädigenden Auswirkungen;
4a. Berücksichtigung der Gestaltung der Arbeitsaufgaben und Art der Tätigkeiten, der Arbeitsumgebung, der Arbeitsabläufe und Arbeitsorganisation;
5. Berücksichtigung des Standes der Technik;
6. Ausschaltung oder Verringerung von Gefahrenmomenten;
7. Planung der Gefahrenverhütung mit dem Ziel einer kohärenten Verknüpfung von Technik, Tätigkeiten und Aufgaben,Arbeitsorganisation, Arbeitsabläufen, Arbeitsbedingungen, Arbeitsumgebung, sozialen Beziehungen und Einfluß der Umwelt auf den Arbeitsplatz;
8. Vorrang des kollektiven Gefahrenschutzes vor individuellem Gefahrenschutz;
9. Erteilung geeigneter Anweisungen an die Arbeitnehmer.

[BGBl I 2012/118]

Übersicht

I.	Grundsätze der Gefahrenverhütung – Risikovermeidung	1–7
II.	Arbeitsorganisation	8–10
III.	Rangordnung der Maßnahmen, Anwendung bei der Evaluierung	11, 12

I. Grundsätze der Gefahrenverhütung – Risikovermeidung

Diese Bestimmung entspricht Art 6 Abs 2 der Rahmenrichtlinie 89/391/EWG. **1** Eine Konkretisierung dieser Grundsätze erfolgt durch die dazu ergangenen Einzelrichtlinien, zB für den Umgang mit gesundheitsgefährdenden Arbeitsstoffen, für die Bildschirmarbeit oder für Bauarbeiten.

Nähere Regelungen zu den Grundsätzen der Gefahrenverhütung für bestimmte Bereiche werden **in den entsprechenden Abschnitten des ASchG** getroffen, so etwa in § 43 ASchG (Arbeitsstoffe), § 66 Abs 3 ASchG (physikalische Einwirkungen). Siehe Anmerkungen zum vierten und sechsten Abschnitt ASchG.

Die Grundsätze der Gefahrenverhütung sind allgemein formulierte General- **2** klauseln, die zwar nicht mit einer Sanktion versehen sind, aber die **Zielrichtung für die Konkretisierung der Arbeitnehmerschutzvorschriften** durch Verordnungen für die Entscheidung im Einzelfall im Rahmen von Verwaltungsverfahren und für die Umsetzung auf betrieblicher Ebene vorgeben (vgl *Lang et al* [Hrsg], Handbuch ArbeitnehmerInnenschutzgesetz, Erläuterungen Teil 1, Wien 2013).

Die Grundsätze der Gefahrenverhütung sind **von den Arbeitgebern zu berück- 3 sichtigen, zB bei der Festlegung von Schutzmaßnahmen** (§§ 4 und 5 ASchG), bei der Vorbereitung des Bauprojektes durch Bauherrn bzw Planungskoordinator sowie Ausführung des Bauwerkes durch den Baustellenkoordinator (§§ 4 und 5 BauKG).

Auch auf **Baustellen** hat der Arbeitgeber dafür zu sorgen, dass die in § 7 ASchG **4** genannten Grundsätze der Gefahrenverhütung angewendet werden (§ 3a BauV). Auch gemäß § 8 Abs 2 TAV sind auf Grundlage der Ermittlung und Beurteilung der Gefahren nach Abs 1 die durchzuführenden Maßnahmen unter Berücksichtigung der Grundsätze der Gefahrenverhütung (§ 7 ASchG) festzulegen.

Um **Lärm und Vibrationen** auf das niedrigste in der Praxis vertretbare Niveau **5** zu senken, müssen Arbeitgeber unter Beachtung der Grundsätze der Gefahrenverhütung (§ 7 ASchG) geeignete Maßnahmen aus den §§ 10 bis 13 auswählen und durchführen (§ 9 Abs 2 VOLV).

Um die Einwirkung von künstlicher **optischer Strahlung** auf das niedrigste in **6** der Praxis vertretbare Niveau zu senken, müssen Arbeitgeber unter Beachtung der Grundsätze der Gefahrenverhütung (§ 7 ASchG) geeignete Maßnahmen setzen. Dies sind insbesondere Maßnahmen gemäß § 8 (§ 7 Abs 2 VOPST).

7 Auch die seit 11.5.2013 geltende Nadelstichverordnung (NastV) nimmt in § 3 Abs 4 ausdrücklich Bezug auf die Maßnahmen der Gefahrenverhütung, um **Verletzungen durch scharfe oder spitze medizinische Instrumente** vorzubeugen: Unter Berücksichtigung ua der Grundsätze des § 7 ASchG sind die Maßnahmen der Gefahrenverhütung systematisch zu planen und sichere Arbeitsbedingungen festzulegen.

II. Arbeitsorganisation

8 Mit der ASchG-Novelle BGBl I 2012/118 (in Kraft seit 1. Jänner 2013) sind nun auch die **Gestaltung der Arbeitsaufgaben und Art der Tätigkeiten, der Arbeitsumgebung, der Arbeitsabläufe und Arbeitsorganisation** zu berücksichtigen (§ 7 Z 4a; vgl § 4 Abs 1 ASchG), da in der Arbeitswelt eine Zunahme **psychischer Belastungen** und Gefährdungen als Ursache für arbeitsbedingte Beschwerden und Erkrankungen zu beobachten ist.

9 Psychische Belastungen verursachen nicht nur psychische Störungen und Erkrankungen, sondern verstärken auch andere Erkrankungen wie zB Herz-Kreislauf-Erkrankungen, Muskel-Skelett-Erkrankungen, Magenbeschwerden, Schlafstörungen, Diabetes. Immer mehr Personen müssen aufgrund psychischer Belastungen krankheitsbedingt die Frühpension antreten. Dies verursacht viel menschliches Leid, aber auch betriebswirtschaftliche und volkswirtschaftliche Kosten. Die Ursachen psychischer (Fehl-)Belastungen sind häufig: zunehmender Leistungs- und Konkurrenzdruck, Arbeitsverdichtung, unangemessener Zeit- und Termindruck, unangemessene Wiederholung immer gleicher Arbeitsvorgänge, Informationsmangel oder -überflutung, knappe Personalbemessung, Verwischen der Grenzen zwischen Arbeit und Freizeit, häufige Umstrukturierungen, Angst vor Arbeitsplatzverlust, fehlende Handlungsspielräume und mangelnde Beteiligungsmöglichkeiten, isoliertes Arbeiten ohne Möglichkeit zu sozialen Kontakten.

10 Auch bei der Gefahrenverhütung sind die grundlegenden Dimensionen arbeitsbedingter psychischer Belastungen zu berücksichtigen (ErlRV 1983 BlgNR 24. GP).

Zu psychischen Belastungen bei der Arbeitsplatzevaluierung siehe § 4 ASchG, vgl auch Ausführungen zum siebten Abschnitt.

Der Begriff Gefahrenverhütung wird in § 2 Abs 7 ASchG definiert.

III. Rangordnung der Maßnahmen, Anwendung bei der Evaluierung

11 Die in § 7 Z 1 bis 9 ASchG angeführten Grundsätze der Gefahrenverhütung sind in ihrer Reihenfolge zu beachten:

Primäres Ziel ist es, **Gefahren überhaupt zu vermeiden**. Ist das nicht (oder nicht zur Gänze) möglich, müssen die verbleibenden, unvermeidbaren Risken abgeschätzt und durch geeignete Maßnahmen möglichst minimiert werden. Dabei ist der **Vorrang kollektiver technischer und arbeitsorganisatorischer Maßnahmen** vor den nachrangigen individuellen Maßnahmen (zB Zurverfügungstellung persönlicher Schutzausrüstung) zu beachten (Z 8).

Mit der ASchG-Novelle BGBl I 2012/118 wurde in **§ 4 Abs 1 ASchG** ausdrücklich die Anwendung der Grundsätze der Gefahrenverhütung bei der Arbeitsplatzevaluierung und Festlegung der Gefahrenverhütungsmaßnahmen angeordnet. **12**

Vgl Anmerkungen zum siebten Abschnitt.

Koordination

§ 8. (1) Werden in einer Arbeitsstätte, auf einer Baustelle oder einer auswärtigen Arbeitsstelle Arbeitnehmer mehrerer Arbeitgeber beschäftigt, so haben die betroffenen Arbeitgeber bei der Durchführung der Sicherheits- und Gesundheitsschutzbestimmungen zusammenzuarbeiten. Sie haben insbesondere

1. **ihre Tätigkeiten auf dem Gebiet der Gefahrenverhütung zu koordinieren und**
2. **einander sowie ihre Arbeitnehmer und die zuständigen Belegschaftsorgane über die Gefahren zu informieren.**

(2) Werden in einer Arbeitsstätte Arbeitnehmer beschäftigt, die nicht in einem Arbeitsverhältnis zu den für diese Arbeitsstätte verantwortlichen Arbeitgebern stehen, (betriebsfremde Arbeitnehmer), so sind die für diese Arbeitsstätte verantwortlichen Arbeitgeber verpflichtet,

1. **erforderlichenfalls für die Information der betriebsfremden Arbeitnehmer über die in der Arbeitsstätte bestehenden Gefahren und für eine entsprechende Unterweisung zu sorgen,**
2. **deren Arbeitgebern im erforderlichen Ausmaß Zugang zu den Sicherheits- und Gesundheitsschutzdokumenten zu gewähren,**
3. **die für die betriebsfremden Arbeitnehmer wegen Gefahren in der Arbeitsstätte erforderlichen Schutzmaßnahmen im Einvernehmen mit deren Arbeitgebern festzulegen und**
4. **für deren Durchführung zu sorgen, ausgenommen die Beaufsichtigung der betriebsfremden Personen.**

(3) Werden auf einer Baustelle gleichzeitig oder aufeinanderfolgend Arbeitnehmer mehrerer Arbeitgeber beschäftigt, so haben diese durch eine entsprechende Koordination der Arbeiten dafür zu sorgen, daß Gefahren für Sicherheit oder Gesundheit der auf der Baustelle beschäftigten Arbeitnehmer vermieden werden.

(4) Sind für eine solche Baustelle Personen mit Koordinationsaufgaben auf dem Gebiet des Arbeitnehmerschutzes beauftragt, so haben die Arbeitgeber bei der Umsetzung der Grundsätze der Gefahrenverhütung die Anordnungen und Hinweise dieser Personen zu berücksichtigen. Soweit dies zur Vermeidung von Gefahren für Sicherheit oder Gesundheit der Arbeitnehmer erforderlich ist, ist bei der Koordination, der Information und der Durchführung der Sicherheits- und Gesundheitsschutzbestimmungen auch auf jene auf einer Baustelle tätigen Personen Bedacht zu nehmen, die keine Arbeitnehmer sind.

(5) Durch Abs. 2 bis 4 wird die Verantwortlichkeit der einzelnen Arbeitgeber für die Einhaltung der Arbeitnehmerschutzvorschriften für ihre Arbeitnehmer nicht eingeschränkt und deren Verantwortung für betriebsfremde Arbeitnehmer nur insoweit ausgeweitet, als sich dies ausdrücklich aus Abs. 2 bis 4 ergibt.

(6) Abs. 1 bis 5 gelten nicht bei einer Überlassung im Sinne des § 9.

[BGBl I 2001/159]

Übersicht

I. Allgemeines ... 1–4
II. Betriebsfremde Arbeitnehmer ... 5, 6
A. Information und Unterweisung ... 7
B. Zugang zu Sicherheits- und Gesundheitsschutzdokumenten ... 8
C. Gemeinsame Festlegung von Schutzmaßnahmen ... 9
D. Sorgetragung für die Maßnahmenumsetzung ... 10–13
III. Koordination auf Baustellen ... 14–20
IV. Verantwortlichkeit des einzelnen Arbeitgebers ... 21

I. Allgemeines

1 Es hat sich gezeigt, dass die im Arbeitnehmerschutzgesetz vorgesehenen Regelungen nicht ausreichen, um bei Beschäftigung von Arbeitnehmern verschiedener Arbeitgeber in einer Arbeitsstätte oder auf einer auswärtigen Arbeitsstelle (insbesondere auf Baustellen) wirksam den Unfall- und Gesundheitsgefahren begegnen zu können. So hatte es für einen wirksamen Schutz der auf Baustellen beschäftigten Arbeitnehmer häufig nicht ausgereicht, dass entsprechend § 18 Abs 2 ANSchG die Schutzmaßnahmen koordiniert und bei den Schutzmaßnahmen darauf geachtet wurde, dass sie sich nicht nachteilig auf die Arbeitnehmer der übrigen Arbeitgeber auswirkten. Besondere Gefahren ergeben sich nämlich häufig nicht aus der mangelnden Koordination der Schutzmaßnahmen, sondern aus dem Umstand, dass die Arbeiten nicht koordiniert werden, und dass sich die einzelnen Arbeitgeber in keiner Weise für die Sicherheit der Arbeitnehmer der anderen Arbeitgeber verantwortlich fühlen.

Außerdem zeigt sich bei Beschäftigung von betriebsfremden Arbeitnehmern in Arbeitsstätten, dass häufig keine oder keine ausreichende Information über die in der Arbeitsstätte bestehenden Gefahren erfolgt (zB bei betriebsfremden Reinigungskräften, Service- und Wartungspersonal, Bewachungspersonal). Ähnliche Mängel bei der gegenseitigen Information bestehen bei Beschäftigung von Arbeitnehmern verschiedener Arbeitgeber auf Baustellen. Das ASchG trifft daher zusätzliche Regelungen über die Koordination und Information, wobei Abs 1 die allgemeinen Grundsätze enthält, Abs 2 die Beschäftigung von betriebsfremden Arbeitnehmern in Arbeitsstätten und Abs 3 die Beschäftigung auf Baustellen regelt. (ErlRV 1590 BlgNR 18. GP) 2

Diese Regelungen gelten für Arbeitsstätten, Baustellen und auswärtige Arbeitsstellen in gleicher Weise. Werden Arbeitnehmer mehrerer Arbeitgeber in einer Arbeitsstätte oder auf einer Baustelle beschäftigt, müssen die Arbeitgeber bei der Durchführung der Sicherheits- und Gesundheitsschutzbestimmungen zusammenarbeiten (Koordination). Insbesondere haben sie die Tätigkeiten auf dem Gebiet der Gefahrenverhütung zu koordinieren und einander, ihre Arbeitnehmer und die Belegschaftsorgane über Gefahren zu informieren. 3

Im Falle einer **Überlassung von Arbeitnehmern im Sinne des § 9** gelten die § 8 Abs 1 bis 5 nicht für die Überlassung von Arbeitnehmern. Bei Beschäftigung von überlassenen Arbeitnehmern sind für die Dauer der Überlassung die Beschäftiger als Arbeitgeber anzusehen Es liegt somit keine Beschäftigung von „betriebsfremden" Arbeitnehmern vor. Für die Dauer der Überlassung treffen daher die im ASchG geregelten Pflichten nicht die Überlasser. 4

Zu Überlassung siehe die Ausführungen zu § 9 ASchG.

II. Betriebsfremde Arbeitnehmer

Abs 2 trifft Regelungen für die Beschäftigung von betriebsfremden Arbeitnehmern in Arbeitsstätten. Diese Regelungen gelten nicht für Baustellen und auswärtige Arbeitsstellen. Zu Abs 2 ist weiters auf Art 12 Abs 2 der Rahmenrichtlinie 89/391/EWG und Art 3 Abs 3 der Mineralgewinnungsrichtlinie 92/104/EWG zu verweisen. 5

In seiner jüngsten Entscheidung stellte der VwGH klar, dass das ASchG in seinen Schutzvorschriften nicht nur vorrangig auf die Arbeitnehmer des Betreibers einer Betriebsanlage abstellt, sondern auch dem Schutz betriebsfremder Personen, die in dieser Arbeitsstätte eingesetzt werden, dient. Deshalb müsse auf betriebsfremde Arbeitnehmer im **betriebsanlagenrechtlichen Genehmigungsverfahren** ebenfalls Bedacht genommen werden. 6

> „Es ist zwar zutreffend, dass das ASchG in seinen Schutzvorschriften vorrangig auf die Arbeitnehmer des jeweiligen Arbeitgebers abstellt (vgl zu den Begriffsdefinitionen von ‚Arbeitnehmer' und ‚Arbeitgeber' § 2 Abs 1 ASchG). § 8 ASchG erweitert den Schutz im dort genannten Umfang aber auch auf

betriebsfremde Personen. (...) Wie den zitierten Gesetzesmaterialien entnommen werden kann, zielt § 8 Abs 2 ASchG insbesondere auch darauf ab, betriebsfremden Arbeitskräften, die – wie im vorliegenden Fall – für Reinigungs- und Wartungsarbeiten herangezogen werden, an ihrer Arbeitsstätte entsprechenden Schutz zukommen zu lassen. Dem Amtsbeschwerdeführer ist deshalb zuzustimmen, dass die mitbeteiligte Anlageninhaberin als für die Arbeitsstätte betriebsfremder Personen verantwortliche Arbeitgeberin nicht davon entbunden war, erforderliche Schutzmaßnahmen (in Bezug auf die am Dach vorzunehmenden Wartungs- und Reinigungsarbeiten) festzulegen und für deren Durchführung (ausgenommen Beaufsichtigung) zu sorgen (§ 8 Abs 2 Z 3 und 4 ASchG)." (VwGH 6.3.2013, 2012/04/0017)

A. Information und Unterweisung

7 Z 1 regelt die Information und Unterweisung der betriebsfremden Arbeitnehmer. Dabei ist zu berücksichtigen, dass die Arbeitgeber dieser betriebsfremden Arbeitnehmer häufig gar nicht in der Lage sein werden, eine ausreichende Information und Unterweisung vorzunehmen, da sie mit den konkreten betrieblichen Verhältnissen des Einsatzortes nicht ausreichend vertraut sind. (ErlRV 1590 BlgNR 18. GP) Die Informations- und Unterweisungspflichten des Arbeitgebers für betriebsfremde Arbeitnehmer auf die in seiner Arbeitsstätte bestehenden Gefahren sind dahingehend eingeschränkt, dass der Arbeitgeber nur insoweit verpflichtet werden kann, als es sich um der eigenen Sphäre zuzuordnende Gefahren handelt.

B. Zugang zu Sicherheits- und Gesundheitsschutzdokumenten

8 Z 2 entspricht Art 10 Abs 2 der Rahmenrichtlinie 89/391/EWG, wonach die Arbeitgeber der hinzugezogenen außerbetrieblichen Unternehmen angemessene Informationen erhalten müssen, die für die betreffenden Arbeitnehmer bestimmt sind. Die für eine Arbeitsstätte verantwortlichen Arbeitgeber werden ergänzend zur Informationspflicht nach Abs 1 verpflichtet, im erforderlichen Ausmaß Zugang zu den Dokumenten betreffend die Ermittlung und Beurteilung der Gefahren und die Festlegung der Maßnahmen zu gewähren.

C. Gemeinsame Festlegung von Schutzmaßnahmen

9 Z 3 verpflichtet zur gemeinsamen Festlegung der Schutzmaßnahmen, weil einerseits zu den notwendigen Schutzmaßnahmen auch konkrete Vorkehrungen in der Arbeitsstätte gehören, die von den Arbeitgebern der betriebsfremden Arbeitnehmer nicht getroffen werden können, und andererseits die für die Arbeitsstätte verantwortlichen Arbeitgeber häufig bei Einsatz betriebsfremder Arbeitnehmer (zB Reinigungskräfte, Servicepersonal) die Arbeitsabläufe, die verwendeten Arbeitsmittel, die verwendeten Arbeitsstoffe usw nicht ausreichend kennen oder beurteilen können und daher auch nicht allein die notwendigen Schutzmaßnahmen treffen können. Ein wirksamer Schutz der betriebsfremden Arbeitnehmer kann daher nur im Zusammenwirken der Beteiligten gewährleistet werden.

D. Sorgetragung für die Maßnahmenumsetzung

Z 4 verpflichtet die für die Arbeitsstätte verantwortlichen Arbeitgeber, für die Durchführung jener Maßnahmen zu sorgen, die in ihrer Arbeitsstätte zu treffen sind. (ErlRV 1590 BlgNR 18. GP) 10

Die **Verantwortung der Arbeitgeber** für die betriebsfremden Arbeitnehmer im Sinne der Z 3 und Z 4 stellt tatsächlich nur auf **die arbeitsstättenbezogenen Gefahren in der „fremden" Arbeitsstätte** ab. Dies wurde mit dem ANS-RG, BGBl I 2001/159, noch einmal verdeutlicht und klargestellt. Das bedeutet, dass der Betriebsinhaber fremde Arbeitnehmer nur über jene Gefahren und Maßnahmen zu informieren und zu unterweisen hat, die sich auf seine Arbeitsstätte beziehen. Es ist also beispielsweise nicht die Aufgabe des Betriebsinhabers, die fremden Arbeitnehmer über spezielle Schutzmaßnahmen betreffend die von ihrem Arbeitgeber beigestellten Maschinen zu unterweisen. Dasselbe gilt auch für die Durchführung der ausschließlich arbeitsstättenbezogenen Maßnahmen (in technischer und organisatorischer Hinsicht). Hat der Arbeitgeber der betriebsfremden Arbeitnehmer Arbeitsmittel – für die Betriebsstätte des Betriebsinhabers – zur Verfügung gestellt, für die Prüfpflichten bestehen, ist für die fehlende Überprüfung nicht der Betriebsinhaber zur Verantwortung zu ziehen. 11

Da nach § 8 Abs 5 ASchG die Verantwortung der einzelnen Arbeitgeber hinsichtlich ihrer Arbeitnehmer in Bezug auf die Einhaltung der Arbeitnehmerschutzvorschriften insbesondere durch die Koordinationspflichten nach § 8 Abs 2 ASchG nicht eingeschränkt wird, hat die Festlegung der für die betriebsfremden Arbeitnehmer „erforderlichen Schutzmaßnahmen" nach § 8 Abs 2 Z 3 ASchG zur Folge, dass den für diese Arbeitsstätte verantwortlichen Arbeitgeber auch die Verpflichtung, für die Durchführung dieser Maßnahmen zu sorgen, hinsichtlich der betriebsfremden Arbeitnehmer im Sinne der Z 4 dieser Bestimmung trifft. Die Durchführung der nach § 8 Abs 2 Z 4 ASchG „erforderlichen Maßnahmen" setzt daher zunächst eine entsprechende Festlegung nach Z 3 leg cit voraus. (VwGH 21.12.2001, 2000/02/0171) 12

Eine spezielle Informationsverpflichtung sieht auch **§ 17 Abs 5 TAV** vor: Demnach ist der für die Arbeitsstätte verantwortliche Arbeitgeber verpflichtet, für die Information und Unterweisung betriebsfremder Arbeitnehmer über Gefahren im Tagbau zu sorgen, und hat den betriebsfremden Arbeitnehmern die schriftlichen Anweisungen zur Verfügung zu stellen. 13

III. Koordination auf Baustellen

Abs 3 und 4 treffen Regelungen für Baustellen, auf denen Arbeitnehmer mehrerer Arbeitgeber beschäftigt werden. Die betroffenen Arbeitgeber werden ergänzend verpflichtet, für eine entsprechende Koordination der Arbeiten zu sorgen, um eine Gefährdung der auf der Baustelle beschäftigten Arbeitnehmer zu vermeiden. Diese Regelungen richten sich ausschließlich an den Arbeitgeber. 14

15 Art 3 bis 6 der **Baustellenrichtlinie 92/57/EWG** verpflichten den „Bauherrn“ bzw den „Bauherrn oder Bauleiter“ zur Bestellung von Koordinatoren für die Vorbereitungsphase und für die Ausführungsphase. Eine ähnliche Koordinationspflicht sieht auch Art 8 des IAO-Übereinkommens (Nr 167) über den Arbeitsschutz im Bauwesen vor. Das **ASchG enthält nur die Umsetzung jener Regelungen der Baustellenrichtlinie 92/57/EWG, die Pflichten der Arbeitgeber betreffen.** Nach Art 9 lit b der Richtlinie haben die Arbeitgeber *„entsprechend den in Art 6 und 7 festgelegten Bedingungen“* bei der Anwendung des Art 8 (Umsetzung der Grundsätze der Gefahrenverhütung) *„die **Hinweise des bzw der Sicherheits- und Gesundheitsschutzkoordinatoren** zu berücksichtigen“*. Aus den Festlegungen der Koordinatoren (insbesondere im Sicherheits- und Gesundheitsschutzplan – siehe § 7 BauKG) ergeben sich also Pflichten für die Arbeitgeber. Nach Art 8 lit i der Baustellenrichtlinie 92/57/EWG sind die Grundsätze der Gefahrenverhütung (Art 6 der Richtlinie 89/391/EWG) *„insbesondere in Bezug auf ... die Zusammenarbeit zwischen Arbeitgebern und Selbständigen“* anzuwenden. Für Baustellen musste daher im ASchG auch eine Regelung für die auf der Baustelle tätigen Selbständigen vorgesehen werden. Diese Regelung dient nicht dem Schutz der Selbständigen, sondern dem Schutz der auf der Baustelle beschäftigten Arbeitnehmer. (ErlRV 1590 BlgNR 18. GP)

16 Nähere Regelungen darüber wurden im **Bauarbeitenkoordinationsgesetz** (BauKG), BGBl I 1999/37, idF BGBl I 2012/35, getroffen. Das BauKG richtet sich an die **Bauherren** (§ 2 Abs 1 BauKG) bzw **Projektleiter** (§ 2 Abs 2 BauKG).

17 Das BauKG ist eine **Arbeitnehmerschutzvorschrift** und soll Sicherheit und Gesundheitsschutz der Arbeitnehmer auf Baustellen durch die Koordinierung bei der Vorbereitung und Durchführung von Bauarbeiten gewährleisten. Die Bestellung von **Koordinatoren** hat gemäß § 3 Abs 1 BauKG dann zu erfolgen, wenn auf einer Baustelle gleichzeitig oder aufeinanderfolgend Arbeitnehmer mehrerer (= zwei oder mehr) Arbeitgeber tätig werden. Koordination hat also dann zu erfolgen, wenn **mehrere Arbeitnehmer mehrerer Arbeitgeber gleichzeitig auf der Baustelle tätig** werden. Werden beispielsweise zwar zwei Unternehmen mit Bauarbeiten beauftragt, aber nur Arbeitnehmer eines einzigen Arbeitgebers auf der Baustelle tätig, während die übrigen Arbeiten vom zweiten beauftragten Gewerbetreibenden persönlich erledigt werden, sind keine Koordinatoren zu bestellen. Werden Arbeitnehmer mehrerer Arbeitgeber **aufeinanderfolgend tätig**, kommen die Bestimmungen des § 8 dann zur Anwendung, wenn diese Tätigkeiten einander beeinflussen und dadurch Sicherheit und Gesundheit der Arbeitnehmer beeinträchtigt werden. So besteht beispielsweise Koordinationsbedarf im Falle einer Dachumdeckung, bei der nacheinander Zimmerer, Dachdecker und Spengler tätig werden, weil gemeinsame Einrichtungen und Schutzmaßnahmen erforderlich sind, wie ein gemeinsames Dachfanggerüst oder gemeinsame Zugänge.

Die Koordinationspflichten der Arbeitgeber gemäß **§ 8 ASchG gelten neben den Koordinationspflichten der Bauherren und Projektleiter** nach dem BauKG (*Lang*, Handbuch ArbeitnehmerInnenschutzgesetz, Erläuterungen Teil 1, Reg 3, Kap 5.3, S 2). **18**

Die Verpflichtung des Arbeitgebers, die Anordnungen und Hinweise der Baustellenkoordinatoren zu berücksichtigen (§ 8 Abs 4 erster Satz ASchG), besteht unter anderem darin, den Sicherheits- und Gesundheitsschutzplan einzuhalten. Die Unterlassung dieser Verpflichtung durch den Arbeitgeber stellt eine Verletzung der Koordinationspflichten dar, die durch die Strafnorm des § 130 Abs 1 Z 10 ASchG 1994 sanktioniert wird. (VwGH 24.9.2012, 2009/02/0097)

Für die Einhaltung der Verpflichtungen nach dem BauKG ist gemäß **§ 10 BauKG verwaltungsstrafrechtlich verantwortlich**, wer: **19**

1. als Bauherr die Verpflichtungen nach § 3, § 4 Abs 1, § 6, § 7 oder § 8 BauKG verletzt,
2. als Projektleiter im Fall einer Übertragung nach § 9 Abs 1 die Verpflichtungen gemäß § 3, § 4 Abs 1, § 6, § 7 oder § 8 BauKG verletzt,
3. als Planungskoordinator seine Verpflichtungen nach § 4 Abs 2 verletzt,
4. als Baustellenkoordinator die Verpflichtungen nach § 5 verletzt,
5. als Bauherr im Fall des § 9 Abs 3 nicht dafür sorgt, dass der Koordinator die Verpflichtungen nach § 4 Abs 2 und § 5 erfüllt,
6. als Projektleiter im Fall des § 9 Abs 4 nicht dafür sorgt, dass der Koordinator die Verpflichtungen nach § 4 Abs 2 und § 5 erfüllt.

Zu Fragen der Verantwortlichkeit bei der Übertragung der Bauherrnpflichten oder der zusätzlichen Übertragung von Koordinationspflichten sowie zu Haftungsfragen siehe „Kommentare und Erläuterungen zum BauKG" auf www.arbeitsinspektion.gv.at.

Mit 1. April 2012 wurde die **Baustellendatenbank** (BUAK) in Betrieb genommen. **20**
Arbeitgeber und Bauherren können nun ihren Meldeverpflichtungen im Zusammenhang mit Baustellen in einfacher Weise elektronisch nachkommen: siehe dazu https://www.arbeitsinspektion.gv.at/Service/Formulare/Haeufige_Meldepflichten_im_Arbeitsschutz.html

IV. Verantwortlichkeit des einzelnen Arbeitgebers

Abs 5 stellt klar, dass die Verantwortlichkeit der Arbeitgeber durch die in **21**
Abs 1 bis 4 festgelegten Koordinations- und Informationspflichten nicht eingeschränkt wird. Dies entspricht dem bis zum ASchG geltenden Recht und außerdem den Grundsätzen der Rahmenrichtlinie 89/391/EWG, wonach weder die Heranziehung außerbetrieblicher Fachleute noch die Pflichten der Arbeitnehmer die Verantwortung der Arbeitgeber berühren. (ErlRV 1590 BlgNR 18. GP)

Mit dem ANS-RG, BGBl I 2001/159 wurde noch einmal verdeutlicht, dass sich die Verantwortung der Arbeitgeber für betriebsfremde Arbeitnehmer auch tatsächlich **nur auf die in der Arbeitsstätte des Betriebsinhabers bestehenden Gefahren bezieht**.

Allerdings wird der **Arbeitgeber der betriebsfremden Arbeitnehmer nicht von seinen Verpflichtungen nach dem ASchG befreit**, sondern ist für die Sicherheit und Gesundheit seiner Arbeitnehmer, die auf einer fremden Arbeitsstätte tätig sind, verantwortlich. So ist für eine fehlende Kennzeichnung von gefährlichen Arbeitsstoffen, die in die fremde Arbeitsstätte mitgenommen und dort verwendet werden, der Arbeitgeber der betriebsfremden Arbeitnehmer verantwortlich.

Überlassung

§ 9. (1) Eine Überlassung im Sinne dieses Bundesgesetzes liegt vor, wenn Arbeitnehmer Dritten zur Verfügung gestellt werden, um für sie und unter deren Kontrolle zu arbeiten. Überlasser ist, wer als Arbeitgeber Arbeitnehmer zur Arbeitsleistung an Dritte verpflichtet. Beschäftiger ist, wer diese Arbeitnehmer zur Arbeitsleistung einsetzt.

(2) Für die Dauer der Überlassung gelten die Beschäftiger als Arbeitgeber im Sinne dieses Bundesgesetzes.

(3) Beschäftiger sind verpflichtet, vor der Überlassung sowie vor jeder Änderung der Verwendung von überlassenen Arbeitnehmer/innen

1. **die Überlasser über die für die Tätigkeit erforderliche Eignung und die erforderlichen Fachkenntnisse sowie über die besonderen Merkmale des zu besetzenden Arbeitsplatzes nachweislich schriftlich zu informieren,**
2. **sie über die für den zu besetzenden Arbeitsplatz oder die vorgesehene Tätigkeit erforderliche gesundheitliche Eignung nachweislich schriftlich zu informieren,**
3. **den Überlassern die für den zu besetzenden Arbeitsplatz oder die vorgesehene Tätigkeit relevanten Sicherheits- und Gesundheitsschutzdokumente nachweislich zu übermitteln und sie von jeder Änderung in Kenntnis zu setzen.**

(4) Überlasser sind verpflichtet, die Arbeitnehmer vor einer Überlassung sowie vor jeder Änderung ihrer Verwendung über die Gefahren, denen sie auf dem zu besetzenden Arbeitsplatz ausgesetzt sein können, über die für den Arbeitsplatz oder die Tätigkeit erforderliche Eignung oder die erforderlichen Fachkenntnisse sowie über die Notwendigkeit von Eignungs- und Folgeuntersuchungen nachweislich schriftlich zu informieren.

(5) Eine Überlassung zu Tätigkeiten, für die Eignungs- und Folgeuntersuchungen vorgeschrieben sind, darf nur erfolgen, wenn diese Untersuchungen durchgeführt wurden und keine Feststellung der gesundheitlichen Nichteignung gemäß § 54 erfolgt ist. Die Beschäftiger sind verpflichtet, sich nachweislich davon zu überzeugen, daß die Untersuchungen durchgeführt wurden und keine Feststellung der gesundheitlichen Nichteignung gemäß § 54 erfolgt ist. Die Pflichten nach § 57 Abs. 1 sowie § 58 Abs. 4 bis 7 sind von den Überlassern zu erfüllen, die Beschäftiger haben ihnen die erforderlichen Informationen und Unterlagen zur Verfügung zu stellen.

[BGBl I 2013/71]

Übersicht

I. Überlassung iSd ASchG (Abs 1) 1, 2
II. Beschäftiger ist Arbeitgeber iSd ASchG (Abs 2) 3–11
III. Informationsverpflichtungen (Abs 3)
A. Informationsverpflichtungen der Beschäftiger 12–16
B. Informationsverpflichtungen der Überlasser (Abs 4) 17, 18
IV. Eignungs- und Folgeuntersuchungen (Abs 5) 19–23
V. Überlassung von Krankenhauspersonal (§ 11a KA-AZG) 24
VI. Abgrenzung zur Entsendung 25, 26

I. Überlassung iSd ASchG (Abs 1)

Eine **Überlassung** im Sinn des § 9 ASchG liegt dann vor, wenn Arbeitnehmer Dritten zur Verfügung gestellt werden, um für sie und unter deren Kontrolle zu arbeiten. 1

Überlasser ist, wer als Arbeitgeber Arbeitnehmer zur Arbeitsleistung an Dritte verpflichtet (zB ein Personalleasingunternehmen). **Beschäftiger** ist, wer diese Arbeitnehmer zur Arbeitsleistung einsetzt.

Die Definition der Überlassung in **§ 9 Abs Abs 1** erfasst neben der Überlassung nach dem Arbeitskräfteüberlassungsgesetz (AÜG), BGBl 1988/196, auch die vom Geltungsbereich des AÜG ausgenommene Überlassung von Arbeitskräften, zB im Zusammenhang mit der Inbetriebnahme von Anlagen innerhalb einer Arbeitsgemeinschaft oder innerhalb eines Konzerns, weil die Leiharbeitsrichtlinie 91/383/EWG auch für eine solche Überlassung gilt und außerdem auf dem Gebiet der Sicherheit und des Gesundheitsschutzes kein unterschiedliches Schutzbedürfnis für eine Überlassung nach dem AÜG einerseits und eine Überlassung außerhalb des Geltungsbereiches des AÜG andererseits besteht. Das ASchG gilt nur für die Überlassung von Arbeitnehmern, nicht hingegen für die Überlassung von arbeitnehmerähnlichen Personen. (ErlRV 1590 BlgNR 18. GP) 2

II. Beschäftiger ist Arbeitgeber iSd ASchG (Abs 2)

3 Für die Dauer der Beschäftigung des überlassenen Arbeitnehmers im Betrieb gelten die Beschäftiger als Arbeitgeber im Sinne der Arbeitnehmerschutzvorschriften (§ 6 Abs 1 AÜG, **§ 9 Abs 2 ASchG**). Abs 2 legt entsprechend § 6 Abs 1 AÜG fest, dass für die Dauer der Überlassung die Beschäftiger als Arbeitgeber gelten. Diese Regelung entspricht Art 8 der Leiharbeitsrichtlinie 91/383/EWG.

4 Die **Beschäftiger** treffen im **technischen und arbeitshygienischen Arbeitnehmerschutz** alle Arbeitgeberpflichten, zB über Information, Unterweisung, Arbeitsplatzevaluierung, arbeitsmedizinische und sicherheitstechnische Betreuung, Schutzmaßnahmen, Beistellung der persönlichen Schutzausrüstungen etc.

5 Im Bereich des **Verwendungsschutzes** gelten für die überlassenen Arbeitnehmer zusätzlich zu den Verwendungsschutzvorschriften nur die Vorschriften der §§ 6 und 10 AÜG sowie allfällige Sonderbestimmungen (zB in § 3 Abs 7 MSchG).

6 Mit der **AÜG-Novelle BGBl I 2002/68** wurde die parallele Verantwortung von Überlasser und Beschäftiger für den Bereich des persönlichen Arbeitsschutzes abgeschafft;der Überlasser muss seither den Beschäftiger auf alle für die Einhaltung des persönlichen Arbeitsschutzes, insbesondere des Arbeitszeitschutzes und des besonderen Personenschutzes, maßgeblichen Umstände hinweisen.

7 So gilt auch gemäß § 6 AÜG der Beschäftiger – für die Dauer der Beschäftigung im Betrieb des Beschäftigers – als Arbeitgeber im Sinne der Arbeitnehmerschutzvorschriften. Die Fürsorgepflichten des Arbeitgebers obliegen für die Dauer der Beschäftigung im Betrieb des Beschäftigers auch dem Beschäftiger. Der Überlasser hat den Beschäftiger über alle für die Einhaltung des persönlichen Arbeitsschutzes, insbesondere des Arbeitszeitschutzes und des besonderen Personenschutzes, maßgeblichen *Umstände* (zB Alter der Überlassenen, Vorliegen einer Schwangerschaft) zu informieren. Der Überlasser muss die Überlassung unverzüglich beendigen, sobald er weiß oder wissen muss, dass der Beschäftiger trotz Aufforderung die Arbeitnehmerschutz- oder die Fürsorgepflichten nicht einhält.

8 Gemäß § 20 AÜG sind die Vorschriften des AÜG vom BM für Arbeit, Soziales und Konsumentenschutz und den Gewerbebehörden sowie hinsichtlich der dem Arbeitnehmerschutz dienenden Vorschriften von den Arbeitsinspektoraten und den sonst zur Wahrnehmung des Arbeitnehmerschutzes berufenen Behörden bzw den Trägern der Sozialversicherungen zu überwachen. Es besteht Auskunftspflicht durch Überlasser und Beschäftiger gegenüber den Behörden (§ 20 Abs 2 AÜG) sowie eine Amtshilfeverpflichtung für andere Behörden, Interessenvertretungen und Sozialversicherungsträger (§ 21 AÜG).

Zur **Schadenersatzpflicht** gemäß **§ 333 ASVG** hat der VwGH festgestellt, dass der Verleiher in der Regel auch der sozialversicherungsrechtliche Dienstgeber des Leiharbeitnehmers ist (Hinweis E 23.5.1985, 84/08/0070, 85/08/0011). (VwGH 3.10.2002, 98/08/0188) 9

Beim organisierten Ineinandergreifen mehrerer sonst selbständiger Betriebe zur Erbringung eines einheitlichen Erzeugnisses oder einer einheitlichen Leistung ist jeder Leiter eines Teilbetriebes zur Erbringung der Leistung als Gleichgestellter, somit als Bevollmächtigter oder Repräsentant des Unternehmers, anzusehen. Der Dienstgeber, der einem anderen Unternehmen einen Leiharbeiter zur Verfügung stellt, haftet daher nicht, wenn sich in diesem anderen Betrieb durch Verschulden dieses zur Verfügung gestellten Leiharbeiters ein Unfall ereignet, und zwar auch dann nicht, wenn Arbeiter des Betriebes, in dem der Leiharbeiter tätig geworden ist, verletzt wurden. (OGH 18.6.1958, 2 Ob 222/58 ua 2 Ob 377/59; 2 Ob 523/60; 2 Ob 294/62; 4 Ob 99/63; 2 Ob 30/64; 4 Ob 73/72; 4 Ob 28/76; 8 Ob 11/78; 8 Ob 81/78; 8 ObA 5/03y; 8 ObA 73/03y; 3 Ob 145/10k) 10

Der Haftungsausschluss gegen den „Aufseher“ im Betrieb im Sinne des § 333 Abs 4 ASVG trifft auch die in diesen Betrieb integrierten Leiharbeitnehmer. (OGH 23.1.2003, 8 ObA 5/03y) 11

III. Informationsverpflichtungen (Abs 3)

A. Informationsverpflichtungen der Beschäftiger

Beschäftiger sind verpflichtet, vor der Überlassung sowie vor jeder Änderung der Verwendung von überlassenen Arbeitnehmern 12

- die Überlasser nachweislich **schriftlich zu informieren**
  - über die für die Tätigkeit erforderliche Eignung und die erforderlichen Fachkenntnisse sowie über die besonderen Merkmale des zu besetzenden Arbeitsplatzes,
  - über die für den zu besetzenden Arbeitsplatz oder die vorgesehene Tätigkeit erforderliche gesundheitliche Eignung,
- den Überlassern die für den zu besetzenden Arbeitsplatz oder die vorgesehene Tätigkeit relevanten Sicherheits- und Gesundheitsschutzdokumente **nachweislich zu übermitteln** und sie von jeder Änderung in Kenntnis zu setzen.

Abs 3 entspricht Art 7 der Leiharbeitsrichtlinie 91/383/EWG und Art 10 Abs 2 der Rahmenrichtlinie 89/391/EWG.

Mit der Novelle BGBl I 2012/98 wurde die Informationsverpflichtung des Beschäftigers vor der Überlassung sowie vor jeder Änderung der Verwendung von überlassenen Arbeitnehmern präzisiert. Die bis zur Novelle bestehende Regelung (§ 9 Abs 3 ASchG) hat sich als unzureichend erwiesen bzw wurde in der Praxis kaum befolgt. Insbesondere sollte eine schriftliche Informati- 13 onspflicht in Betracht gezogen werden. (aus: Kollektivvertrag Arbeitskräfteüberlassung, Anhang IV Protokoll vom 7.12.2004, abgeschlossen zwischen dem Allgemeinen Fachverband des Gewerbes, Berufsgruppe „Arbeitskräfteüberlasser" einerseits und dem Österreichischen Gewerkschaftsbund, Gewerkschaft Metall-Textil andererseits)

14 Bereits im Jahr 2004 sind die zuständigen Kollektivvertragspartner übereingekommen, den „*Sozialminister zu ersuchen zu überprüfen, wie eine tatsächliche Information der Überlasser über die konkreten persönlichen und gesundheitlichen Anforderungen des Arbeitsplatzes beim Beschäftiger sichergestellt werden kann*". Im Jahr 2005 erfolgte ein entsprechendes gemeinsames Ersuchen der zuständigen Sozialpartner um „*Änderung der bestehenden Regelung in § 9 Abs 3 ASchG, sodass eine schriftliche Information über die – insbesondere gesundheitlichen – Anforderungen des Arbeitsplatzes durch den Einsatzbetrieb vor Aufnahme der Arbeit erfolgt. Bis jetzt wurden gerade die Informationen über die gesundheitlichen Bedingungen der zu leistenden Arbeit gar nicht oder unpräzise erteilt. Im Nachhinein können diese Bedingungen aber kaum je festgestellt, geschweige denn nachgewiesen werden. Das Gebot der Schriftlichkeit wäre daher geeignet, eine Änderung des Verhaltens der Beschäftiger herbeizuführen.*"

Ein Arbeitsschwerpunkt der Arbeitsinspektion zum Thema Arbeitsunfälle hat im Jahr 2006 ergeben, dass sich für überlassene Arbeitskräfte ein um den Faktor fünf höheres Unfallrisiko gegenüber dem Stammpersonal feststellen lässt.

15 Um Sicherheit und Gesundheitsschutz von Leiharbeitnehmern zu verbessern, ist es notwendig, die **Koordination und Information zwischen Überlassern und Beschäftigern** zu verstärken. Dies soll vor allem dadurch erreicht werden, dass die schon bisher bestehenden Informationspflichten der Beschäftiger an die Überlasser (§ 9 Abs 3) nachweislich schriftlich erfüllt werden müssen. Im Hinblick auf die Strafbestimmung des § 130 Abs 3 ASchG ist die Nachweislichkeit der Übermittlung durchaus auch im eigenen Interesse der Verpflichteten. Zusätzlicher Aufwand ist damit nicht verbunden, weil bei einer Übermittlung per E-Mail der Nachweis (Sendebestätigung) automatisch erfolgt.

16 Außerdem haben diese Informationen nicht nur vor Beginn der Überlassung zu erfolgen, sondern immer dann, wenn die überlassene Arbeitskraft zu anderen Tätigkeiten herangezogen oder auf einem anderen Arbeitsplatz eingesetzt werden soll, als dies vor der Überlassung mit dem Überlasser vereinbart worden ist. (ErlRV 1903 BlgNR 24. GP)

B. Informationsverpflichtungen der Überlasser (Abs 4)

17 Überlassersind verpflichtet, die Arbeitnehmer vor einer Überlassung sowie vor jeder Änderung ihrer Verwendung

- über die **Gefahren**, denen sie auf dem zu besetzenden Arbeitsplatz ausgesetzt sein können, über die für den Arbeitsplatz oder die Tätigkeit **erforderliche Eignung** oder die erforderlichen **Fachkenntnisse** sowie
- über die Notwendigkeit von **Eignungs- und Folgeuntersuchungen** nachweislich schriftlich zu informieren.

Abs 4 entspricht Art 3 der Leiharbeitsrichtlinie 91/383/EWG.

Auch die Informationsverpflichtung der Überlasser gegenüber den überlassenen Arbeitnehmern wurde mit der Novelle BGBl I 2012/98 dahingehend präzisiert, dass die Information **nachweislich schriftlich** zu erfolgen hat. Diese Informationen haben ebenfalls nicht nur vor Beginn der Überlassung zu erfolgen, sondern immer dann, wenndie überlassene Arbeitskraft zu anderen Tätigkeiten herangezogen oder auf einem anderen Arbeitsplatz eingesetzt werden soll, als dies vor der Überlassung vereinbart worden ist. Diese Informationen können auch in die Überlassungsmitteilungen nach § 12 AÜG aufgenommen werden. (ErlRV 1903 BlgNR 24. GP) Vgl dazu Erläuterungen zu § 9 Abs 3. 18

IV. Eignungs- und Folgeuntersuchungen (Abs 5)

Spezielle Verpflichtungen der Beschäftiger und Überlasser hinsichtlich der Eignungs- und Folgeuntersuchungenenthält § 9 Abs 5 ASchG. Überlasser dürfen Arbeitnehmer zu Tätigkeiten, für die Eignungs- und Folgeuntersuchungen vorgeschrieben sind, **nur überlassen, wenn diese Untersuchungen durchgeführt wurden und keine bescheidmäßige Feststellung der gesundheitlichen Nichteignung erfolgt** ist. Beschäftiger müssen sich nachweislich davon überzeugen, dass die Untersuchungen durchgeführt wurden und keine bescheidmäßige Feststellung der Nichteignung erfolgt ist. 19

Die **Aufzeichnungen** sowie die **Kosten** betreffend Eignungs- oder Folgeuntersuchungen sind von den Überlassern zu führen. Beschäftiger müssen den Überlassern die erforderlichen Informationen und Unterlagen zur Verfügung stellen. 20

Abs 5 berücksichtigt die besonderen Erfordernisse bei Überlassung von Arbeitnehmern zu Tätigkeiten, für die Eignungs- und Folgeuntersuchungen erforderlich sind. Nach § 6 AÜG waren die Beschäftiger bis zum ASchG 1994 für die Durchführung der Untersuchungen verantwortlich, sie durften Arbeitnehmer erst dann zu solchen Tätigkeiten einsetzen, wenn aufgrund einer Eignungsuntersuchung die gesundheitliche Eignung festgestellt wurde. In der Praxis stieß diese Regelung auf große Umsetzungsschwierigkeiten. Vor allem bei kurzfristiger Überlassung ist es nicht praktikabel, wenn die jeweiligen Beschäftiger für die Durchführung der Untersuchungen sorgen müssen und die entsprechenden Aufzeichnungen führen und aufbewahren, zumal die Beschäftiger nicht über die Ergebnisse der vorangegangenen Untersuchungen verfügen. Den praktischen Erfordernissen wurde durch eine entsprechende 21

Verpflichtung der Überlasser besser entsprochen. Die Beschäftiger müssen sich aber nachweislich vergewissern, dass die Untersuchungen durchgeführt wurden. Sie müssen außerdem den Überlassern die notwendigen Informationen und Unterlagen zur Verfügung stellen, damit diese ihren Pflichten im Zusammenhang mit besonderen Untersuchungen nachkommen können. (ErlRV 1590 BlgNR 18. GP)

22 Mit der Novelle BGBl I 2012/98 erfolgte in § 9 Abs 5 eine Klarstellung zur Kostentragung für Eignungs- und Folgeuntersuchungen für überlassene Arbeitskräfte: In § 57 Abs 1 ist nämlich allgemein normiert, dass die Kosten von Eignungs- und Folgeuntersuchungen grundsätzlich die Arbeitgeber zu tragen haben. Gemäß § 9 Abs 2 gilt jedoch für die Dauer der Überlassung der Beschäftiger als Arbeitgeber. Dies könnte so interpretiert werden, als wären die Untersuchungskosten bei Überlassung von den Beschäftigern zu tragen, obwohl gemäß § 9 Abs 5 die Überlasser für die Durchführung der Untersuchungen Sorge tragen müssen. Es soll daher in § 9 Abs 5 klargestellt werden, dass (sofern nicht zwischen Überlassern und Beschäftigern vertraglich etwas anderes vereinbart wird) die Kosten der Untersuchungen von den Überlassern zu tragen sind. (ErlRV 1903 BlgNR 24. GP)

23 Mit BGBl I 2013/71 wird in § 9 Abs 5 der Ausdruck *„bescheidmäßige Feststellung der gesundheitlichen Nichteignung"* und der Ausdruck *„bescheidmäßige Feststellung der Nichteignung"* jeweils durch den Ausdruck *„Feststellung der gesundheitlichen Nichteignung gemäß § 54"* ersetzt. Die Novelle tritt **mit 1. Jänner 2014** in Kraft. Bei den vorgesehenen Änderungen handelt es sich um legistische Anpassungen an die Verwaltungsgerichtsbarkeits-Novelle 2012, BGBl I 2012/51.

V. Überlassung von Krankenhauspersonal (§ 11a KA-AZG)

24 Mit der Novelle BGBl I 2008/125 wurde in § 11a KA-AZG eine § 9 Abs 1 und 2 ASchG entsprechende Bestimmung zur Überlassung eingefügt. Demnach gilt der Beschäftiger – für die Dauer der Überlassung – als Dienstgeber im Sinne des KA-AZG. Die öffentlichen Krankenanstalten werden mittlerweile von einem ausgegliederten Rechtsträger (Betreibergesellschaft) betrieben. Neben eigenen Arbeitnehmern der Krankenanstaltenbetreibergesellschaften sind zu einem Großteil Landes- oder Gemeindebedienstete, die mittels Landesgesetz den Betreibergesellschaften zur Dienstleistung zugewiesen sind, beschäftigt. Nach der alten Rechtslage war es (bis 31.8.2008) so, dass – mangels Geltung des AÜG – das Land/die Gemeinde verantwortlicher Arbeitgeber im Sinn des KA-AZG dieser zugewiesenen Landes- oder Gemeindebediensteten geblieben ist. Seitens der Arbeitsinspektion war ein Vorgehen nach § 9 Abs 5 ArbIG (Anzeige an das oberste Organ oder Aufsichtsbeschwerde) möglich. Nach der neuen Rechtslage (seit 1.9.2008) ist die Zuweisung eine Überlassung im Sinn des § 11a KA-AZG, das bedeutet, dass für die Dauer der Überlassung die Be-

schäftiger – also die Betreibergesellschaften – Arbeitgeber im Sinn des KA-AZG sind (gleich wie bei § 9 ASchG). Verwaltungsstrafrechtlich verantwortlich sind nunmehr die zur Vertretung nach außen berufenen Organe der Betreibergesellschaften (oder allenfalls bestellte verantwortliche Beauftragte).

VI. Abgrenzung zur Entsendung

Von der Überlassung ist die Entsendung von Arbeitnehmern grundsätzlich 25
zu unterscheiden. Bei einer Überlassung (auch aus dem Ausland) werden die Arbeitnehmer in den Beschäftigerbetrieb eingegliedert und arbeiten nach Anweisung und mit den Arbeitsmitteln des Beschäftigers. Bei einer Entsendung wird von Arbeitnehmern mit Mitteln des entsendenden Arbeitgebers ein Werk (zB Montage von Maschinen) im Betrieb eines inländischen Auftraggebers (Generalunternehmers) ausgeführt. Bei der Entsendung kommt es darauf an, dass ein Arbeitgeber unter Aufrechterhaltung der Arbeitgeberfunktionen, einschließlich der Weisungsbefugnis, Arbeitnehmer für gewisse Zeit oder einen vorübergehenden Zweck zu einem Auftraggeber schickt, um dort eine fortgesetzte Arbeitsleistung zu erbringen.

Auf Grund des **Territorialprinzips** gelten auch für entsendete Arbeitnehmer 26
die österreichischen Arbeitsschutzvorschriften. Bei Entsendungen sind die im Ausland befindlichen Arbeitgeber für die Einhaltung der Arbeitsschutzvorschriften verantwortlich. Mit Inkrafttreten der ArbIG-Novelle BGBl I 2016/44 wurde zur Durchsetzung dieser Verpflichtung eine Erleichterung geschaffen. Die Novelle dient der Umsetzung der EU-Richtlinie 2014/67/EU (Durchsetzungsrichtlinie zur Entsende-Richtlinie) im Tätigkeitsbereich der Arbeitsinspektion und soll die Durchsetzung des Arbeitnehmerschutzes gegenüber Unternehmen, die keinen Unternehmenssitz in Österreich haben, erleichtern.

So können Schriftstücke der Arbeitsinspektorate (zB Aufforderungen, Anforderung von Unterlagen, Bescheide) an Arbeitgeber, die keinen Unternehmenssitz in Österreich haben, nach § 22 ArbIG an die Adresse einer in Österreich gelegenen Arbeitsstätte, Baustelle oder auswärtigen Arbeitsstelle, in bzw auf der Arbeitnehmer dieses Arbeitgebers beschäftigt sind, zugestellt werden. Als Empfänger kann (wenn vorhanden) die Ansprechperson iSd § 23 LSD-BG angegeben werden.

Arbeitgeber und Arbeitskräfteüberlasser mit Sitz in einem EWR-Mitgliedstaat oder der Schweiz, die Arbeitnehmer zur Arbeitsleistung nach Österreich entsenden bzw überlassen, müssen nach § 19 des Lohn- und Sozialdumping-Bekämpfungsgesetzes (LSD-BG) eine elektronische Meldung bei der Zentralen Koordinationsstelle für die Kontrolle der illegalen Beschäftigung (im Bundesministerium für Finanzen) erstatten. Diese Meldung muss ua auch Namen und Anschrift einer „Ansprechperson" enthalten. Diese Ansprechperson muss entweder einer von den nach Österreich entsandten Arbeitnehmern sein oder ein in Österreich niedergelassener Wirtschaftstreuhänder, Notar oder Rechtsanwalt.

Nach § 23 LSD-BG muss diese Ansprechperson die nach dem LSD-BG erforderlichen Unterlagen bereithalten, Dokumente entgegennehmen und Auskünfte erteilen. Dies bezieht sich allerdings nur auf die Kontrollorgane gemäß LSD-BG. Daher ist ergänzend dazu in § 8 Abs 3a ArbIG vorgesehen, dass diese „Ansprechperson nach § 23 LSD-BG“ auch die nach den Arbeitnehmerschutzvorschriften und nach dem ArbIG erforderlichen Unterlagen bereithalten und auf Verlangen übermitteln, Dokumente entgegennehmen und Auskünfte erteilen muss. Wer diese Ansprechperson im konkreten Fall ist, ist in der Datenbank der Zentralen Koordinationsstelle ersichtlich.

Regelungen zum arbeitsrechtlichen Schutz der Arbeitnehmer im Zusammenhang mit einer Entsendung waren bis 31.12.2016 in §§ 7, 7a und 7bAVRAG, § 10 AÜG bzw in der Richtlinie 96/71/EG des Europäischen Parlaments und des Rates vom 16. Dezember 1996 über die Entsendung von Arbeitnehmern im Rahmen der Erbringung von Dienstleistungen (**Entsenderichtlinie**) enthalten.

Seit 1. Jänner 2017 gilt das Lohn- und Sozialdumping-Bekämpfungsgesetz (LSD-BG, BGBl I 2016/44). In Umsetzung des Regierungsprogramms und der Richtlinie 2014/67/EU zur Durchsetzung der Richtlinie 96/71/EG über die Entsendung von Arbeitnehmern im Rahmen der Erbringung von Dienstleistungen und zur Änderung der Verordnung (EU) Nr 1024/2012 über die Verwaltungszusammenarbeit mit Hilfe des Binnenmarkt-Informationssystems („IMI-Verordnung“) (im Folgenden: Durchsetzungsrichtlinie), ABl Nr L 159 vom 28.5.2014 S 11, sind im Bereich der Lohn- und Sozialdumpingbekämpfung die wesentlichen Regelungen zur Bekämpfung von Lohn- und Sozialdumping aus dem AVRAG herausgelöst worden und ein formal neues Gesetz (LSD-BG) im Sinne einer Kodifikation mit einer klareren und übersichtlicheren Struktur, die dem Rechtsanwender ein leichteres Verständnis der komplexen Rechtsmaterie ermöglichen soll, geschaffen worden. (ErlRV 1111 25. GP)

Detaillierte Informationen für Arbeitnehmerinnen, Arbeitnehmer und Unternehmen über Rechte und Pflichten bei Entsendungen und Überlassungen nach Österreich finden sich unter https://www.entsendeplattform.at/.

Bestellung von Sicherheitsvertrauenspersonen

§ 10. (1) Arbeitgeber haben nach Maßgabe der Abs. 2 bis 6 Sicherheitsvertrauenspersonen in ausreichender Anzahl zu bestellen. Die Mindestanzahl der Sicherheitsvertrauenspersonen ist unter Berücksichtigung der Anzahl der Arbeitnehmer festzulegen. Sicherheitsvertrauenspersonen sind Arbeitnehmervertreter/innen mit einer besonderen Funktion bei der Sicherheit und beim Gesundheitsschutz der Arbeitnehmer/innen.

(2) Für Betriebe im Sinne des § 34 des Arbeitsverfassungsgesetzes sowie gleichgestellte Arbeitsstätten im Sinne des § 35 des Arbeitsverfassungsgesetzes, für die Belegschaftsorgane bestehen, gilt folgendes:

1. Sicherheitsvertrauenspersonen sind zu bestellen, wenn in einem Betrieb regelmäßig mehr als 10 Arbeitnehmer beschäftigt werden.
2. *(aufgehoben)*
3. Die Bestellung bedarf der Zustimmung der zuständigen Belegschaftsorgane. Dies gilt auch dann, wenn ein Betriebsratsmitglied die Aufgaben einer Sicherheitsvertrauensperson übernimmt.
4. Für einzelne zum Betrieb gehörende Arbeitsstätten, Baustellen und auswärtige Arbeitsstellen ist eine gesonderte Bestellung von Sicherheitsvertrauenspersonen zulässig, wenn dies auf Grund der betrieblichen Verhältnisse zweckmäßig ist. Für jene Arbeitsstätten des Betriebes, in denen regelmäßig mehr als 50 Arbeitnehmer beschäftigt werden, muß eine gesonderte Bestellung von Sicherheitsvertrauenspersonen erfolgen.

(3) Abs. 2 gilt sinngemäß für jene nicht unter den II. Teil des Arbeitsverfassungsgesetzes fallenden Betriebe, in denen Organe der Personalvertretung nach bundes- oder landesgesetzlichen Vorschriften bestehen.

(4) Für Arbeitsstätten, Baustellen und auswärtige Arbeitsstellen, für die keine Belegschaftsorgane im Sinne des Abs. 2 und 3 bestehen, gilt folgendes:

1. Für Arbeitsstätten, in denen regelmäßig mehr als 10 Arbeitnehmer beschäftigt werden, sind Sicherheitsvertrauenspersonen zu bestellen. Die auf Baustellen und auswärtigen Arbeitsstellen beschäftigten Arbeitnehmer sind einzurechnen.
2. Über die beabsichtigte Bestellung sind alle Arbeitnehmer schriftlich zu informieren. Wenn mindestens ein Drittel der Arbeitnehmer binnen vier Wochen gegen die beabsichtigte Bestellung schriftlich Einwände erhebt, muß eine andere Person bestellt werden.
3. Die gesonderte Bestellung von Sicherheitsvertrauenspersonen für einzelne Baustellen und auswärtige Arbeitsstellen ist zulässig.

(5) Die Bestellung von Sicherheitsvertrauenspersonen hat auf die Dauer von vier Jahren zu erfolgen. Eine vorzeitige Abberufung von Sicherheitsvertrauenspersonen hat bei Betrieben im Sinne der Abs. 2 und 3 auf Verlangen der zuständigen Belegschaftsorgane, im Fall des Abs. 4 auf Verlangen von mindestens einem Drittel der Arbeitnehmer zu erfolgen.

(6) Als Sicherheitsvertrauenspersonen dürfen nur Arbeitnehmer/innen bestellt werden. Sie müssen die für ihre Aufgaben notwendigen persönlichen und fachlichen Voraussetzungen erfüllen. Arbeitgeber haben den Sicherheitsvertrauenspersonen unter Bedachtnahme auf die betrieblichen Belange Gelegenheit zu geben, die für ihre Tätigkeit erforderlichen näheren Fachkenntnisse zu erwerben und zu erweitern.

(7) Arbeitgeber haben sicherzustellen, daß den Sicherheitsvertrauenspersonen die zur Erfüllung ihrer Aufgaben erforderliche Zeit unter Anrechnung auf ihre Arbeitszeit zur Verfügung steht. Den Sicherheitsvertrauens-

personen sind die für die Erfüllung ihrer Aufgaben erforderlichen Behelfe und Mittel zur Verfügung zu stellen. Die Sicherheitsvertrauenspersonen sind angemessen zu unterweisen.

(8) Arbeitgeber sind verpflichtet, die Namen der Sicherheitsvertrauenspersonen dem Arbeitsinspektorat schriftlich mitzuteilen. Das Arbeitsinspektorat hat diese Mitteilungen den zuständigen gesetzlichen Interessenvertretungen der Arbeitnehmer zur Kenntnis zu bringen.

(9) Die Bestellung von Sicherheitsvertrauenspersonen berührt nicht die Verantwortlichkeit des Arbeitgebers für die Einhaltung der Arbeitnehmerschutzvorschriften. Den Sicherheitsvertrauenspersonen kann die Verantwortlichkeit für die Einhaltung von Arbeitnehmerschutzvorschriften nicht rechtswirksam übertragen werden. §§ 15 und 130 Abs. 4 gelten auch für Sicherheitsvertrauenspersonen.

(10) Sicherheitsfachkräfte oder Arbeitsmediziner/innen dürfen, sofern sie Arbeitnehmer/innen sind, gleichzeitig auch als Sicherheitsvertrauenspersonen bestellt sein.

[BGBl I 2014/94]

Übersicht

I. Allgemeines ... 1–5
II. Arbeitsrechtliche Stellung der Sicherheitsvertrauenspersonen ... 6–8
III. Kooperation mit Belegschaftsorganen, Präventivfachkräften, Arbeitsschutzausschuss
 A. Kooperation ... 9
 B. Präventivfachkräfte-Berichte, Arbeitsschutzausschuss ... 10
 C. Beiziehung nach dem Arbeitsinspektionsgesetz 1993 (ArbIG) ... 11
IV. Sicherheitsvertrauenspersonen-Bestellung, Mindestanzahl (SVP-VO)
 A. Mindestanzahl in Betrieben mit Belegschaftsorganen ... 12, 13
 B. Mindestanzahl in Saisonbetrieben ... 14
 C. Wirkungsbereich – Aufteilung ... 15–18
 D. Beteiligung der Arbeitnehmer bei der Bestellung ... 19
 E. Betriebsbegriff (§ 10 Abs 2) ... 20–23
 F. Bestellung in Betrieben mit mehreren Arbeitsstätten ... 24, 25
V. Sicherheitsvertrauenspersonen-Bestellung in Arbeitsstätten (ohne Belegschaftsorgane) ... 26–29
VI. Funktionsperiode ... 30–35
VII. Unvereinbarkeiten ... 36
VIII. Sicherheitsvertrauenspersonen – Qualifikation (Abs 6) ... 37
 A. Sicherheitsvertrauensperson – Ausbildung ... 38, 39
 B. Weiterbildung ... 40
 C. Lehrlinge als Sicherheitsvertrauenspersonen ... 41–43

IX. Sicherheitsvertrauenspersonen – Auswahl (SVP-VO) 44, 45
X. Sicherheitsvertrauenspersonen – Meldung (Abs 8) 46–48
XI. Verantwortlichkeit des Arbeitgebers 49, 50

I. Allgemeines

Die Rahmenrichtlinie 89/391/EWG sieht *„Arbeitnehmervertreter mit einer besonderen Funktion bei der Sicherheit und beim Gesundheitsschutz"* vor und definiert diese als *„jede Person, die gemäß den nationalen Rechtsvorschriften bzw Praktiken gewählt, ausgewählt oder benannt wurde, um die Arbeitnehmer in Fragen der Sicherheit und des Gesundheitsschutzes der Arbeitnehmer bei der Arbeit zu vertreten"* (Art 3 lit c). In zahlreichen Bestimmungen der einschlägigen Richtlinien sind Informations- und Mitwirkungsrechte vorgesehen, die entweder den *„Arbeitnehmervertretern mit besonderer Funktion"* oder den Arbeitnehmern zustehen. Soweit also keine solchen Arbeitnehmervertreter mit besonderer Funktion bestehen (bzw in der innerstaatlichen Gesetzgebung nicht vorgesehen sind), wäre bei der Umsetzung der betreffenden Richtlinien jeweils eine Mitwirkung und Beteiligung aller Arbeitnehmer vorzusehen. 1

Da einerseits eine entsprechende Mitwirkung und Beteiligung aller Arbeitnehmer in der Praxis bei größeren Arbeitsstätten nicht zweckmäßig ist und sich andererseits die Bestellung von Sicherheitsvertrauenspersonen im bis zum ASchG geltenden Recht in zahlreichen Betrieben bewährt hat, wurden im ASchG Sicherheitsvertrauenspersonen als solche Arbeitnehmervertreter mit besonderer Funktion vorgesehen. Bei Arbeitsstätten mit bis zu zehn Beschäftigten erschien eine Bestellung von Sicherheitsvertrauenspersonen nicht erforderlich, weil bei so kleinen Arbeitsstätten eine entsprechende Mitwirkung und Beteiligung aller Arbeitnehmer ohne Schwierigkeiten möglich ist. 2

Bestellung, Funktion und Aufgaben der Sicherheitsvertrauenspersonen waren Gegenstand eingehender Sozialpartnerverhandlungen. Auf Grundlage dieser Beratungen wurden im ASchG folgende Grundsätze festgelegt (ErlRV 1590 BlgNR 18. GP): 3

- Die Sicherheitsvertrauenspersonen werden als „Arbeitnehmervertreter mit besonderer Funktion" konzipiert, die aber auch gewisse – gegenüber dem geltenden Recht eingeschränkte – Beratungs- und Unterstützungspflichten gegenüber dem Arbeitgeber haben.
- Die Sicherheitsvertrauenspersonen unterstehen nicht den Präventivdiensten; es besteht aber eine – gegenseitige –Verpflichtung zur Zusammenarbeit.
- Wenn Belegschaftsorgane bestehen (insbesondere ein Betriebsrat im Sinne des Arbeitsverfassungsgesetzes), soll die Bestellung der Sicherheitsvertrauenspersonen für denselben Bereich, also für den Betrieb im Sinne des Arbeitsverfassungsgesetzes, erfolgen. Eine gesonderte Bestellung für einzelne zum Betrieb gehörende Arbeitsstellen und Baustellen soll zulässig sein, für

Arbeitsstätten ab 50 Arbeitnehmern soll die gesonderte Bestellung verpflichtend sein.

- Die Bestellung bedarf der Zustimmung des Betriebsrates. Die Mitwirkungsrechte sollen grundsätzlich nicht den Sicherheitsvertrauenspersonen zukommen, sondern den Belegschaftsorganen. Die Übertragung von Befugnissen an die Sicherheitsvertrauenspersonen wird im Arbeitsverfassungsgesetz geregelt (§ 92a Abs 4 ArbVG).
- Die Bestellung von Sicherheitsvertrauenspersonen ist ab zehn Beschäftigten vorgesehen; eine – mit einer Strafsanktion verbundene – Verpflichtung besteht aber erst ab 50 Beschäftigten.
- In Betrieben mit bis zu 50 Beschäftigten kann ein Betriebsratsmitglied die Aufgaben einer Sicherheitsvertrauensperson übernehmen.
- Wenn keine Belegschaftsorgane eingerichtet sind, soll aus praktischen Erwägungen Anknüpfungskriterium für die Bestellung von Sicherheitsvertrauenspersonen die Arbeitsstätte sein, nicht der Betriebsbegriff im Sinne des Arbeitsverfassungsgesetzes.
- In diesem Fall haben die Arbeitnehmer bei der Bestellung und Abberufung der Sicherheitsvertrauenspersonen ein Mitwirkungsrecht, weil eine einseitige Bestellung durch die Arbeitgeber mit der Funktion der Sicherheitsvertrauenspersonen als Arbeitnehmervertreter nicht vereinbar wäre. Eine Wahl der Sicherheitsvertrauenspersonen durch die Arbeitnehmer wird aber wegen des damit verbundenen hohen administrativen Aufwandes nicht vorgesehen.
- Die Bestellung der Sicherheitsvertrauenspersonen hat für vier Jahre zu erfolgen.

4 Mit den Regelungen über die Sicherheitsvertrauenspersonen wurden in der Stammfassung zum ASchG die Bestimmungen der Rahmenrichtlinie 89/391/EWG betreffend „*Arbeitnehmervertreter mit einer besonderen Funktion bei der Sicherheit und beim Gesundheitsschutz*" umgesetzt (vgl ErlRV 1590 BlgNR 18. GP), doch wurde dieser Ausdruck nicht in das ASchG übernommen. Dies wurde nunmehr mit der Einfügung des letzten Satzes in **§ 10 Abs 1 ASchG** durch die Novelle BGBl I 2012/118 zur Klarstellung nachgeholt (vgl ErlRV 1983 BlgNR 24. GP).

5 Als Durchführungsverordnung zu §§ 10 f ASchG wurde die **Verordnung über die Sicherheitsvertrauenspersonen (SVP-VO)** erlassen (BGBl 1996/172), welche mit 1. Juli 1995 in Kraft getreten ist.

II. Arbeitsrechtliche Stellung der Sicherheitsvertrauenspersonen

6 Sicherheitsvertrauenspersonen müssen **Arbeitnehmer** sein: Der erste Satz im § 10 Abs 6 wurde mit BGBl I 2012/118 umformuliert. Die in der Stammfassung enthaltene Formulierung des § 10 Abs 6 hat nicht mit hinreichender Unmissverständlichkeit zum Ausdruck gebracht, dass nur Arbeitnehmer (und nicht etwa externe Dienste) zu Sicherheitsvertrauenspersonen bestellt werden können, was immer wieder zu Anfragen und Auslegungsschwierigkeiten geführt hat, sodass auch hier eine klarstellende Umformulierung geboten erschien. (ErlRV 1983 BlgNR 24. GP) Siehe auch § 10 Abs 1 ASchG.

Sicherheitsvertrauenspersonen dürfen vom Arbeitgeber wegen der Ausübung dieser Tätigkeit, insbesondere hinsichtlich des Entgelts, der Aufstiegsmöglichkeiten und der Versetzung, **nicht benachteiligt** werden (§ 9 Abs 1 AVRAG). **7**

Wird ein Arbeitnehmer wegen seiner Tätigkeit als Sicherheitsvertrauensperson gekündigt, so kann die Kündigung beim Gericht angefochten werden (§ 105 Abs 3 Z 1 lit g ArbVG). **8**

Wird eine Sicherheitsvertrauensperson, die nicht dem Kündigungsschutz nach § 105 Abs. 3 Z 1 lit g ArbVG unterliegt, gekündigt oder entlassen, so kann sie diese Kündigung oder Entlassung binnen einer Woche nach Zugang der Kündigung oder Entlassung anfechten, wenn sie wegen ihrer Tätigkeit für die Sicherheit und den Gesundheitsschutz der Arbeitnehmer erfolgt ist (§ 9 Abs 2 AVRAG).

Der Arbeitgeber hat vor jeder Kündigung einer Sicherheitsvertrauensperson die zuständige gesetzliche Interessenvertretung der Arbeitnehmer nachweislich zu verständigen; bei einer Entlassung hat er diese Verständigung unverzüglich vorzunehmen (§ 9 Abs 3 AVRAG).

III. Kooperation mit Belegschaftsorganen, Präventivfachkräften, Arbeitsschutzausschuss

A. Kooperation

Die Sicherheitsvertrauenspersonen haben in allen Fragen der Sicherheit und des Gesundheitsschutzes mit den Sicherheitsfachkräften und den Arbeitsmedizinern zusammenzuarbeiten (§ 11 Abs 1 Z 7, § 76 Abs 1, Abs 4 Z 1 und Z 2, § 81 Abs 1, Abs 4 Z 1 und Z 2 ASchG). **9**

Die Präventivfachkräfte haben bei gemeinsamen Besichtigungen der Arbeitsstätten, der Baustellen und der auswärtigen Arbeitsstellen die zuständigen Sicherheitsvertrauenspersonen und die Belegschaftsorgane beizuziehen (§ 85 Abs 3 ASchG).

B. Präventivfachkräfte-Berichte, Arbeitsschutzausschuss

Der Arbeitgeber hat den jährlichen Bericht der Präventivfachkräfte – der eine Zusammenfassung über ihre Tätigkeit samt Vorschlägen zur Verbesserung der Arbeitsbedingungen sowie eine systematische Darstellung der Auswirkungen ihrer Tätigkeit zu enthalten hat – den Sicherheitsvertrauenspersonen zu übermitteln (§ 84 Abs 3 ASchG). **10**

Sicherheitsvertrauenspersonen sind Mitglieder im Arbeitsschutzausschuss. Im Arbeitsschutzausschuss sind insbesondere die Berichte und Vorschläge der Sicherheitsvertrauenspersonen, der Sicherheitsfachkräfte und der Arbeitsmediziner zu erörtern (§ 88 Abs 2 und 3 ASchG).

C. Beiziehung nach dem Arbeitsinspektionsgesetz 1993 (ArbIG)

11 Sicherheitsvertrauenspersonen sind vom Arbeitgeber oder der nach Abs 5 beauftragten Person von der Anwesenheit des Arbeitsinspektors unverzüglich zu verständigen und den Besichtigungen beizuziehen; auf ihr Verlangen sind sie den Besichtigungen jedenfalls beizuziehen (§ 4 Abs 8 ArbIG).

Die Aufforderung ist den Organen der Arbeitnehmerschaft zur Kenntnis zu übermitteln. Bestehen solche Organe nicht, ist die Aufforderung den Sicherheitsvertrauenspersonen, soweit deren Aufgabenbereich berührt ist, zur Kenntnis zu übermitteln. (§ 9 Abs 1 ArbIG).

IV. Sicherheitsvertrauenspersonen-Bestellung, Mindestanzahl (SVP-VO)

A. Mindestanzahl in Betrieben mit Belegschaftsorganen

12 Die **Mindestanzahl** der Sicherheitsvertrauenspersonen (**§ 10 Abs 1**) ist in der **Anlage zur SVP-VO** geregelt. Bei der Ermittlung der Mindestanzahl und bei der Bestellung wird nicht mehr auf die einzelnen Betriebsbereiche abgestellt, sondern auf den Gesamtbetrieb (für den Belegschaftsorgane bestellt wurden, § 1 Abs 3 SVP-VO) bzw die gesamte Arbeitsstätte (wenn keine Belegschaftsorgane bestellt wurden, § 1 Abs 4 SVP-VO). Diese Regelung schafft einen größeren Spielraum bei der innerbetrieblichen Aufteilung und der Festlegung des Wirkungsbereiches. Die Mindestanzahl richtet sich nur nach der Beschäftigtenzahl, nicht nach der Art der Tätigkeit oder der Gefährdung.

13 Die SVP-VO legt eine Mindestanzahl fest. Es ist zulässig – und in vielen Fällen sicherlich auch sinnvoller –, eine höhere Anzahl an Sicherheitsvertrauenspersonen zu bestellen, zB zur erleichterten Betreuung von verschiedenen Standorten bzw der einzelnen Betriebsbereiche. Die Mindestanzahl der Sicherheitsvertrauenspersonen richtet sich nach der Arbeitnehmerzahl (§ 1 Abs 2 SVP-VO). Ausschlaggebend ist der **Beschäftigtenstand zum Zeitpunkt der Bestellung**. Änderungen im Beschäftigtenstand während der Funktionsperiode haben keine Auswirkungen. Wenn eine Sicherheitsvertrauensperson während der Funktionsperiode ausscheidet, muss eine Nachbesetzung erfolgen. **Alle Arbeitnehmer** sind zu **berücksichtigen**. Es kommt nicht darauf an, ob es sich um vollzeitbeschäftigte oder um teilzeitbeschäftigte Arbeitnehmer handelt. Auch urlaubs- oder krankheitsbedingt abwesende Arbeitnehmer sind einzurechnen. **Nicht zu berücksichtigen** sind bei der Beschäftigtenzahl Arbeitnehmerinnen, die sich in der Schutzfrist nach dem Mutterschutzgesetz befinden, Arbeitnehmer im Karenzurlaub sowie Arbeitnehmer, die ihren Zivil- oder Präsenzdienst leisten. Überlassene Arbeitskräfte sind nach dem ASchG für die Dauer der Überlassung beim Beschäftiger zu berücksichtigen, nicht beim Überlasser.

B. Mindestanzahl in Saisonbetrieben

Ausnahmen von der Berechnung der Mindestanzahl gelten für **Saisonbetriebe** 14 **(§ 3 SVP-VO)**. Demnach ist bei der Berechnung der Mindestanzahl der Sicherheitsvertrauenspersonen in Saisonbetrieben auf die **durchschnittliche Arbeitnehmerzahl** während jener drei Monate des der Bestellung vorangegangenen Kalenderjahres abzustellen, in denen der höchste Beschäftigtenstand bestand (§ 3 Abs 1 SVP-VO). Maßgeblich ist die durchschnittliche Arbeitnehmerzahl während dieser drei Monate. Kurzfristige Spitzen (zB aufgrund der Beschäftigung von Aushilfen für einige Tage) haben daher keine wesentliche Auswirkung. Für eine Neubestellung oder Nachbesetzung außerhalb der Saison gilt abweichend von § 6 und § 7 eine Frist von drei Monaten (§ 3 Abs 2 SVP-VO). Als Saisonbetriebe gelten Betriebe, die ihrer Art nach nur zu bestimmten Jahreszeiten arbeiten oder die regelmäßig zu gewissen Zeiten des Jahres erheblich verstärkt arbeiten (§ 53 Abs 6 ArbVG). Anzustreben ist eine Bestellung von Sicherheitsvertrauenspersonen aus dem Kreis der Stammbelegschaft. Die längere Frist (drei Monate statt acht Wochen) für die Nachbesetzung/Neubestellung soll gewährleisten, dass beim Ausscheiden einer Sicherheitsvertrauensperson am Ende der Saison eine Nachbesetzung erst zu Beginn der neuen Saison erfolgen muss, weil eine Bestellung außerhalb der Saison bzw während einer Betriebssperre nicht zielführend ist. (Erlass des Zentral-Arbeitsinspektorates vom 15.4.1996, 66.503/5-3/96)

C. Wirkungsbereich – Aufteilung

Sind für einen Betrieb oder für eine Arbeitsstätte mehr als zwei Sicherheits- 15 vertrauenspersonen zu bestellen, kann gemäß § 5 Abs 1 SVP-VO eine Aufteilung des Wirkungsbereiches erfolgen. Wird der Wirkungsbereich nicht aufgeteilt, sind alle Sicherheitsvertrauenspersonen für den gesamten Betrieb bzw die gesamte Arbeitsstätte zuständig. Eine Aufteilung des Wirkungsbereiches kann nur erfolgen, wenn mindestens drei Sicherheitsvertrauenspersonen zu bestellen sind. Werden nur zwei Sicherheitsvertrauenspersonen bestellt, sind beide für den gesamten Betrieb bzw die gesamte Arbeitsstätte zuständig – und auch entsprechend in allen Belangen zu beteiligen.

Bei der Aufteilung des Wirkungsbereiches der Sicherheitsvertrauenspersonen 16 ist auf die organisatorischen, regionalen und fachlichen Gegebenheiten Bedacht zu nehmen (§ 5 Abs 2 SVP-VO). Die Aufteilung des Wirkungsbereiches bedarf gemäß § 5 Abs 3 SVP-VO der Zustimmung der vorgesehenen Sicherheitsvertrauenspersonen und der zuständigen Belegschaftsorgane. In Arbeitsstätten ohne Belegschaftsorgane bedarf die Aufteilung des Wirkungsbereiches der Zustimmung der vorgesehenen Sicherheitsvertrauenspersonen und der Arbeitnehmer. In der schriftlichen Information der Arbeitnehmer über die beabsichtigte Bestellung gemäß § 10 Abs 4 Z 2 ASchG ist auch der vorgesehene Wirkungsbereich anzugeben. Dies gilt sinngemäß für die Mitbetreuung weiterer Arbeitsstätten im Sinne des § 2 Z 4 SVP-VO (§ 5 Abs 4 SVP-VO).

17 Bei Bestellung von drei oder mehr Sicherheitsvertrauenspersonen für einen Betrieb mit Betriebsrat wird es Sache des Arbeitgebers sein, bereits vor der Bestellung von Sicherheitsvertrauenspersonen mit dem Betriebsrat und den vorgesehenen Sicherheitsvertrauenspersonen eine einvernehmliche Lösung über die Aufteilung des Wirkungsbereiches zu finden. Ohne Zustimmung der Sicherheitsvertrauenspersonen und ohne Zustimmung des Betriebsrates kann keine Aufteilung des Wirkungsbereiches erfolgen. Gleiches gilt für die Mitbetreuung weiterer Arbeitsstätten mit bis zu 50 Beschäftigten.

18 Besteht kein Betriebsrat, so ist bei Bestellung von drei oder mehr Sicherheitsvertrauenspersonen für eine Arbeitsstätte eine Aufteilung des Wirkungsbereiches möglich, wenn die Sicherheitsvertrauenspersonen und alle Arbeitnehmer zustimmen. Wenn der Arbeitgeber und die vorgesehenen Sicherheitsvertrauenspersonen eine Aufteilung des Wirkungsbereiches wollen, wird es also zweckmäßig sein, das Einvernehmen mit allen Arbeitnehmern vor der Bestellung herzustellen.

D. Beteiligung der Arbeitnehmer bei der Bestellung

19 Wenn ein Drittel der Arbeitnehmer binnen vier Wochen schriftlich eine vorgesehene Sicherheitsvertrauensperson ablehnt, muss eine andere Person bestellt werden (siehe § 10 Abs 4 Z 2 ASchG). Für die Aufteilung des Wirkungsbereiches gilt diese Regelung nicht; es ist die Zustimmung der Arbeitnehmer notwendig. Sind nicht alle Arbeitnehmer mit der vorgesehenen Aufteilung des Wirkungsbereiches einverstanden, so kann zwar grundsätzlich eine Bestellung der vorgesehenen Sicherheitsvertrauenspersonen erfolgen, allerdings ohne Aufteilung des Wirkungsbereiches.

E. Betriebsbegriff (§ 10 Abs 2)

20 **Betrieb iSd § 34 ArbVG** ist jede Arbeitsstätte, die eine organisatorische Einheit bildet, innerhalb derer eine physische oder juristische Person (oder sonstige Gesellschaft mit Rechtspersönlichkeit) mit technischen oder immateriellen Mitteln die Erzielung bestimmter Arbeitsergebnisse fortgesetzt verfolgt, ohne Rücksicht darauf, ob Erwerbsabsicht besteht oder nicht. Die Hauptbedeutung dieses Betriebsbegriffs liegt in der Betriebsverfassung (II. Teil ArbVG), kann aber nicht schematisch auf andere arbeitsrechtliche Normen ohne Berücksichtigung des jeweiligen Regelungszwecks übertragen werden (zB nicht auf den ASchG-Anwendungsbereich – außer SVP § 11 Abs 2 und 3).

21 Für die Ermittlung der Arbeitnehmerzahl ist bei der Bestellung von Sicherheitsvertrauenspersonen gemäß **§ 10 Abs 2 und 3 ASchG** auf den Betrieb abzustellen, für den die Belegschaftsorgane gewählt wurden (§ 1 Abs 3 SVP-VO).

22 Wenn ein Betriebsrat besteht, sind die Sicherheitsvertrauenspersonen für den Betrieb zu bestellen, also für jenen Bereich, für den der Betriebsrat gewählt

wurde. Die Mindestanzahl richtet sich in diesem Fall nach der Zahl der im Betrieb beschäftigten Arbeitnehmer. Alle zum Betrieb gehörenden Arbeitsstätten sowie die auf Baustellen und auswärtigen Arbeitsstellen beschäftigten Arbeitnehmer sind zu berücksichtigen.

Nach der Stammfassung des ASchG konnten **Betriebsratsmitglieder** gemäß **23**
§ 10 Abs 2 Z 2 nur dann gleichzeitig auch die Funktion einer Sicherheitsvertrauensperson ausüben, wenn in der Arbeitsstätte regelmäßig nicht mehr als 50 Arbeitnehmer beschäftigt waren. Da die Erfahrungen der Sozialpartner und der Arbeitsinspektion gezeigt haben, dass in der betrieblichen Praxis vielfach der Wunsch nach Entfall dieser Zahlengrenze besteht, wurde durch das ANS-RG (BGBl I 2001/159) eine entsprechende Änderung vorgenommen, um den Betriebsratsmitgliedern auf deren Wunsch auch in größeren Arbeitsstätten die Tätigkeit als Sicherheitsvertrauenspersonen zu ermöglichen. Durch den Entfall der Z 2 können seither Betriebsratsmitglieder – unabhängig von der Betriebsgröße – als Sicherheitsvertrauenspersonen bestellt werden.

„Belegschaftsorgane" sind in **§ 2 Abs 2 ASchG** definiert; vgl ArbVG.

F. Bestellung in Betrieben mit mehreren Arbeitsstätten

§ 2 SVP-VO enthält Sonderregelungen für Betriebe mit mehreren Arbeits- **24**
stätten. Umfasst demnach ein Betrieb, für welchen Belegschaftsorgane bestehen, mehrere Arbeitsstätten, gilt Folgendes:

1. Die Anzahl der im Betrieb bestellten Sicherheitsvertrauenspersonen muss mindestens der in der Anlage angeführten Mindestanzahl entsprechen.
2. Für jede Arbeitsstätte des Betriebes, in der mehr als 50 Arbeitnehmer beschäftigt werden, ist mindestens eine Sicherheitsvertrauensperson zu bestellen.
3. Die gesonderte Bestellung nach Z 2 hat auch zu erfolgen, wenn sich aufgrund der Zahl der Arbeitsstätten insgesamt für den Betrieb eine höhere Anzahl an Sicherheitsvertrauenspersonen ergibt, als der Mindestanzahl nach der Anlage entspricht.
4. Eine Sicherheitsvertrauensperson, die für eine Arbeitsstätte mit mehr als 50 Arbeitnehmern bestellt ist, kann zusätzlich noch die Betreuung von Arbeitsstätten übernehmen, in denen bis zu 50 Arbeitnehmer beschäftigt werden.

Beispiel: **25**

Betrieb mit sieben Niederlassungen, insgesamt 299 Arbeitnehmer, davon 200 in der Zentrale in W, der Rest in den sechs Filialen in verschiedenen Bundesländern, jede Filiale hat weniger als 50 Arbeitnehmer.

Zwingende Vorgaben: Es sind nach der Anlage zur SVP-VO drei Sicherheitsvertrauenspersonen notwendig. Eine davon ist für die Zentrale in W zu bestellen. Es ist die Betreuung aller Filialen sicherzustellen.

Spielraum für die betriebliche Festlegung des Wirkungsbereiches: Die sechs Filialen können von den restlichen zwei Sicherheitsvertrauenspersonen betreut werden (zB jede zuständig für drei Niederlassungen). Es wäre auch zulässig, zwei Sicherheitsvertrauenspersonen für die Zentrale zu bestellen, die dann jeweils eine oder mehrere Filialen mit betreuen, während die dritte Sicherheitsvertrauensperson für die restlichen Filialen zuständig ist.

Wenn keine Festlegung des Wirkungsbereiches erfolgt, sind alle Sicherheitsvertrauenspersonen für alle Niederlassungen zuständig.

V. Sicherheitsvertrauenspersonen-Bestellung in Arbeitsstätten (ohne Belegschaftsorgane)

26 Nach § 1 Abs 4 SVP-VO ist für die Ermittlung der Arbeitnehmerzahl bei der Bestellung von Sicherheitsvertrauenspersonen gemäß **§ 10 Abs 4 ASchG** auf die Arbeitsstätte abzustellen. Mehrere auf einem Betriebsgelände gelegene oder sonst in räumlichem Zusammenhang stehende Gebäude eines Arbeitgebers zählen zusammen als eine Arbeitsstätte. Die auf Baustellen und auswärtigen Arbeitsstellen beschäftigten Arbeitnehmer sind einzurechnen.

27 **Arbeitsstätte** ist in der Regel ein Gebäude, zB eine gewerbliche Betriebsanlage (Tischlerei, KFZ-Werkstätte, Spanplattenwerk, Filiale einer Handelskette, Hotel), eine Krankenanstalt, ein Kraftwerk, eine Bankfiliale, das Verwaltungsgebäude einer Versicherung. Eine Arbeitsstätte kann auch aus mehreren Gebäuden bestehen. So gilt zB ein Betriebsgelände eines Unternehmens mit zwei Produktionshallen und einem Verwaltungsgebäude als eine Arbeitsstätte bei der Berechnung der Arbeitnehmerzahl. Mehrere Gebäude, die in räumlichem Zusammenhang stehen, sind ebenfalls zusammen als eine Arbeitsstätte anzusehen.

- Mehrere örtlich getrennte Gebäude (zB mehrere Filialen einer Handelskette, mehrere regionale Niederlassungen eines Versicherungsunternehmens) sind für die Berechnung der Arbeitnehmerzahl nicht zusammenzurechnen, auch wenn sie wegen der organisatorischen Einheit einen einheitlichen Betrieb im Sinne der Arbeitsverfassung bilden.
- Es ist immer auf einen bestimmten Arbeitgeber abzustellen. Wenn daher ein Bürogebäude von mehreren Unternehmen genutzt wird, erfolgt keine Zusammenrechnung aller im Gebäude beschäftigten Arbeitnehmer. Es kommt darauf an, wie viele Arbeitnehmer das jeweilige Unternehmen in diesem Bürogebäude beschäftigt. Gleiches gilt für Einkaufszentren, Gewerbeparks etc. In diesem Fall ist also Arbeitsstätte ein Teil eines Gebäudes.

28 Die auf **Baustellen** beschäftigten Arbeitnehmer sind bei der Berechnung der Arbeitnehmerzahl einer Arbeitsstätte zuzurechnen. Die Berücksichtigung muss bei jener Arbeitsstätte erfolgen, der sie organisatorisch zugehören, zB einer regionalen Niederlassung, in der auch die Arbeitseinteilung und die Lohnverrechnung erfolgen. Im Zweifel sind die auf Baustellen beschäftigten Arbeitnehmer dem Unternehmenssitz zuzurechnen.

Die auf **auswärtigen Arbeitsstellen** beschäftigten Arbeitnehmer sind ebenfalls bei der Berechnung der Arbeitnehmerzahl einer Arbeitsstätte zuzurechnen. Diese Regelung ist vor allem für Reinigungsunternehmen, Bewachungsunternehmen, Zeitungsverlage, Versicherungsunternehmen, Autobusunternehmen und für das Güterbeförderungsgewerbe wichtig. (Erlass des Zentral-Arbeitsinspektorates vom 15.4.1996, 66.503/5-3/96) **29**

VI. Funktionsperiode

Die Bestellung der Sicherheitsvertrauenspersonen hat für **vier Jahre** zu erfolgen. **30** Die Bestellung von Sicherheitsvertrauenspersonen hat binnen acht Wochen nach Ablauf der vorangegangenen Funktionsperiode zu erfolgen (§ 6 SVP-VO). Im Falle von Saisonbetrieben gilt für eine Neubestellung oder Nachbesetzung außerhalb der Saison eine Frist von drei Monaten (§ 3 Abs 2 SVP-VO).

Die **Neubestellung** von Sicherheitsvertrauenspersonen bei Ablauf der Funktions- **31** periode sowie bei notwendiger Nachbesetzung hat binnen acht Wochen zu erfolgen (§ 7 SVP-VO). Wenn für einen Betrieb/eine Arbeitsstätte mehrere Sicherheitsvertrauenspersonen bestellt sind und eine Sicherheitsvertrauensperson während der Funktionsperiode aus dem Betrieb/der Arbeitsstätte, für die sie bestellt ist, ausscheidet oder vorzeitig abberufen wird oder ihre Funktion zurücklegt, ist eine neue Sicherheitsvertrauensperson für den Rest der Funktionsperiode zu bestellen. Gleiches gilt bei mehr als achtwöchiger Verhinderung (§ 7 Abs 1 und Abs 2 SVP-VO). Eine Nachbesetzung/Neubestellung für vier Jahre wäre nicht zielführend, weil ein unterschiedliches Auslaufen der Funktionsperiode für die einzelnen Sicherheitsvertrauenspersonen schwer zu administrieren ist.

Wenn alle für eine Arbeitsstätte bzw einen Betrieb bestellten Sicherheits- **32** vertrauenspersonen während der Funktionsperiode vorzeitig abberufen werden, ihre Funktion zurücklegen oder ihr Arbeitsverhältnis beendet wird, hat eine Neubestellung für vier Jahre zu erfolgen (§ 7 Abs 3 SVP-VO).

Wenn die Bestellung nach § 10 Abs 4 ASchG erfolgt ist und während der **33** Funktionsperiode ein Betriebsrat gewählt wird, soll es dem Betriebsrat überlassen bleiben, ob die erfolgten Bestellungen für den Rest der Funktionsperiode aufrecht bleiben (§ 7 Abs 4 SVP-VO). Auf diese Weise werden einerseits die Mitbestimmungsbefugnisse des Betriebsrates gewahrt, andererseits unnötige administrative Belastungen vermieden.

Für den Fall, dass die Sicherheitsvertrauenspersonen für einen Betrieb mit Betriebsrat bestellt wurden, der mehrere Arbeitsstätten umfasst, und der Betriebsrat dann aufgelöst wird oder nach Ablauf seiner Funktionsperiode keine Neuwahl erfolgt, ist keine Regelung vorgesehen. Es gelten also die Regelungen über die Abberufung auf Verlangen der Arbeitnehmer gemäß § 10 Abs 5 ASchG sinngemäß. Wenn ein Drittel der Belegschaft einer Arbeitsstätte es verlangt, hat eine Abberufung der Sicherheitsvertrauensperson zu erfolgen. Für diese Arbeitsstätte muss dann eine Neubestellung erfolgen. (Erlass des Zentral-Arbeitsinspektorates vom 15.4.1996, 66.503/5-3/96)

34 Alle im Wirkungsbereich der Sicherheitsvertrauensperson beschäftigten **Arbeitnehmer** sind über die Bestellung der Sicherheitsvertrauensperson zu informieren. Die **Information** hat die in § 9 Abs 1 vorgesehenen Angaben zu enthalten. Diese Information kann auch durch einen Aushang der Mitteilung an das Arbeitsinspektorat an einer für alle Arbeitnehmer leicht zugänglichen Stelle erfolgen. (§ 9 Abs 3 SVP-VO)

35 Wurden für eine Arbeitsstätte bzw einen Betrieb mehrere Sicherheitsvertrauenspersonen bestellt, so können diese aus ihrem Kreis einen Vorsitzenden/eine Vorsitzende wählen (§ 8 Abs 1 SVP-VO).

VII. Unvereinbarkeiten

36 Als Sicherheitsvertrauenspersonen dürfen – wie oben klargestellt – nur Arbeitnehmer bestellt werden. Aus der folgenden Tabelle ist ersichtlich, wer zur Sicherheitsvertrauensperson bestellt werden kann:

Funktion	SFK	AMED	SVP
Arbeitgeber/ Arbeitgeberin	Bis 50 AN Unternehmermodell > 50 AN unvereinbar (1)	Unvereinbar (10)	Unvereinbar (13)
Handelsrechtlicher Geschäftsführer/ Geschäftsführerin, Vorstandsmitglied	bis 50 AN Unternehmermodell > 50 AN unvereinbar (2)	Unvereinbar (10)	Unvereinbar (13)
Verantwortlicher Beauftragter	Unvereinbar (3)	Unvereinbar (3)	Unvereinbar (13)
AN mit Unternehmensbeteiligung	Nicht ausgeschlossen (4)	Nicht ausgeschlossen (11)	Nicht ausgeschlossen (14)
Prokurist/Prokuristin	Nicht ausgeschlossen (5)	Nicht ausgeschlossen (5)	Nicht ausgeschlossen (14)
Betriebsleiter/in, Partieführer/in	Nicht ausgeschlossen (5)	Nicht ausgeschlossen (5)	Nicht ausgeschlossen (14)
Betriebsratsmitglied	Nicht ausgeschlossen (6)	Nicht ausgeschlossen (6)	Nicht ausgeschlossen (15)
SVP	Nicht ausgeschlossen	Nicht ausgeschlossen (7)	
Ersthelfer, Brandschutzbeauftragte, Sonstige Personen mit besonderen Aufgaben	Nicht ausgeschlossen (8)	Nicht ausgeschlossen (12)	Nicht ausgeschlossen (16)
AG-Verwandte	Nicht ausgeschlossen (9)	Nicht ausgeschlossen (9)	Nicht ausgeschlossen (16)

(1) Bei insgesamt nicht mehr als 50 AN Unternehmermodell möglich auf Grund der Sonderregelung § 78b ASchG (bis 25 AN muss AG ausreichende Kenntnisse über Sicherheits- und Gesundheitsschutz für die Arbeitsstätte nachweisen; bei > 25 AN muss AG die SFK-Fachausbildung absolvieren); ab insgesamt > 50 AN unzulässig (Betreuung durch betriebseigene SFK, externe SFK oder Zentren, siehe § 73 ASchG).

(2) Bei den Sozialpartnerverhandlungen zum ASchG bestand Übereinstimmung, dass das Unternehmermodell auch für die zur Vertretung nach außen berufenen Organe gelten soll, wenn AG eine juristische Person ist. Als AG im Sinn des Unternehmermodells sind auch unternehmensrechtliche (handelsrechtliche) Geschäftsführer/Geschäftsführerinnen anzusehen (nicht aber gewerberechtliche, diese können unabhängig von der Gesamtbeschäftigtenzahl bei entsprechender Qualifikation als SFK bestellt werden, außer sie sind verantwortliche Beauftragte oder Mitglied des außenvertretungsbefugten Organs.

(3) SFK und AMED können nicht verantwortliche Beauftragte sein, siehe § 83 Abs 9 ASchG. Betriebseigene SFK und AMED sind direkt den verantwortlichen Beauftragten zu unterstellen, siehe § 83 Abs 7 ASchG.

(4) Beteiligung am Unternehmen bewirkt noch keine Unvereinbarkeit, soweit es sich nicht um handelsrechtliche Geschäftsführer/Geschäftsführerinnen oder Vorstandsmitglieder (siehe Anm 2) oder um verantwortliche Beauftragte (siehe Anm 3) handelt.

(5) Es handelt sich um AN, eine Bestellung als betriebseigene SFK bzw AMED ist möglich. Ausgeschlossen sind allerdings diese Personen, wenn sie zu verantwortlichen Beauftragten bestellt wurden (siehe Anm 3).

(6) Kein ausdrücklicher gesetzlicher Ausschluss; Vereinbarkeit entspricht übereinstimmender bzw mehrheitlicher Forderung der Interessenvertretungen der Arbeitgeber und Arbeitnehmer unter Bezugnahme auf die abschließende Regelung der Unvereinbarkeiten für Betriebsratsmitglieder im ArbVG.

(7) SFK und AMED dürfen gleichzeitig auch als SVP bestellt werden, wenn sie AN sind, siehe § 10 Abs. 10 ASchG.

(8) Es liegt weder ein ausdrücklicher Ausschluss noch Unvereinbarkeit vor; die Wahrnehmung der SFK-Aufgaben muss aber gewährleistet sein (organisatorisch, inhaltlich, zeitlich). In die Präventionszeit dürfen nur die speziellen SFK-Tätigkeiten eingerechnet werden (siehe Liste gemäß § 77 ASchG).

(9) Verwandte und Verschwägerte sind nicht ausgeschlossen.

(10) Für die AMED ist – anders als für die SFK – im ASchG das Unternehmermodell nicht zugelassen; die Betreuung hat daher durch betriebseigene AMED, durch externe AMED oder durch ein Zentrum zu erfolgen, siehe § 79 ASchG.

(11) Beteiligung am Unternehmen bewirkt noch keine Unvereinbarkeit, soweit es sich nicht um die zur Vertretung nach außen berufenen Organe oder um verantwortliche Beauftragte handelt (siehe Anm 3 und 10).

(12) Es gelten dieselben Überlegungen wie für SFK, siehe Anm 8; hat allerdings kaum praktische Bedeutung.

(13) SVP sind Arbeitnehmervertreter/Arbeitnehmervertreterinnen, als SVP dürfen nur AN bestellt werden; sie können nicht verantwortliche Beauftragte sein, siehe §§ 10 und 11 ASchG und die SVP-VO.

(14) Kein Ausschluss, es kann aber zu Interessenkollisionen kommen, die für alle Beteiligten Probleme verursachen. Ausgeschlossen sind die zur Vertretung nach außen berufenen Organe und die verantwortlichen Beauftragten (siehe Anm 13).

(15) Seit 1. Jänner 2002 kann ein Betriebsratsmitglied unabhängig von der Beschäftigtenzahl als SVP bestellt werden. Die bis dahin geltende Zahlenobergrenze (§ 10 Abs 2 Z 2 ASchG: nur bis 50 AN) wurde mit dem Arbeitnehmerschutz-Reformgesetz (ANS-RG), BGBl I 2001/159, aufgehoben.

(16) Diese AN können zur SVP bestellt werden, die Wahrnehmung der SVP-Aufgaben darf aber nicht beeinträchtigt werden (inhaltlich, organisatorisch, zeitlich).

(Erlass des Zentral-Arbeitsinspektorates vom 19.12.2014, BMASK-461.302/0032-VII/A/3/2014).[1]

VIII. Sicherheitsvertrauenspersonen – Qualifikation (Abs 6)

37 Die Regelung über die fachlichen Voraussetzungen und die Aus- und Weiterbildung (§ 10 Abs 6) entspricht dem bis zum ASchG 1994 geltenden Recht. Nach Lehre und Judikatur ist für die Zeit der erforderlichen Aus- und Weiterbildung ein **Anspruch auf Entgeltfortzahlung** anzunehmen. (ErlRV 1590 BlgNR 18. GP)

Nach **§ 4 Abs 2 SVP-VO** dürfen als Sicherheitsvertrauenspersonen nur Arbeitnehmer bestellt werden, die die für ihre Aufgaben notwendigen **persönlichen und fachlichen Voraussetzungen** erfüllen.

Durch das ASRÄG 2014, BGBl. I 2014/94, wurde auch das ASchG geändert. Durch den geänderten § 10 Abs 10 ASchG wird nun klargestellt, dass die Funktion von Präventivfachkräften und Sicherheitsvertrauenspersonen vereinbar ist.

Konkretisiert wurde diese Regelung durch § 4 Abs 2a SVP-VO (BGBl II 2014/324), wonach die notwendigen fachlichen Voraussetzungen auch erfüllt sind, wenn eine Sicherheitsvertrauensperson eine Fachausbildung für

---

1 Website der Arbeitsinspektion vom 11.5.2021 https://www.arbeitsinspektion.gv.at/Uebergreifendes/Uebergreifendes/SVP-VO-_Kommentare_und_Erlaeuterungen.html.

Sicherheitsfachkräfte (§ 74 ASchG) oder eine arbeitsmedizinische Ausbildung (§ 79 Abs 2 ASchG) erfolgreich absolviert hat.

A. Sicherheitsvertrauensperson – Ausbildung

Die notwendigen fachlichen Voraussetzungen sind erfüllt, wenn eine Sicher- **38**
heitsvertrauensperson eine **Ausbildung auf dem Gebiet des Arbeitnehmerschutzes im Ausmaß von mindestens 24 Unterrichtseinheiten** absolviert hat. Eine Unterrichtseinheit muss mindestens 50 Minuten umfassen. Die Ausbildung muss Arbeitnehmerschutzbelange zum Inhalt haben; eine nähere Regelung oder eine Zulassung oder Anerkennung als Fachausbildung etc ist nicht vorgesehen. Ausbildungskurse für Sicherheitsvertrauenspersonen werden insbesondere von der AUVA (auch branchenspezifisch) oder den Berufsförderungsinstituten angeboten.

Sicherheitsvertrauenspersonen, die vor ihrer Bestellung noch keine Ausbildung **39**
absolviert haben, ist **innerhalb des ersten Jahres der Funktionsperiode** Gelegenheit zu geben, die für ihre Tätigkeit erforderlichen Fachkenntnisse durch eine solche Ausbildung zu erwerben (§ 4 Abs 3 SVP-VO). Dies gilt auch für Betriebsratsmitglieder. Wenn ein Arbeitgeber mit Zustimmung des Betriebsrates bzw der Belegschaft an Sicherheitsfragen interessierte Arbeitnehmer zu Sicherheitsvertrauenspersonen bestellen will, soll der Bestellung nicht die mangelnde Ausbildung entgegenstehen. Eine entsprechende Ausbildung nach der Bestellung ist aber unverzichtbar. Wer vor der Bestellung noch keine entsprechende Ausbildung absolviert hat, muss sie im ersten Jahr der Funktionsperiode absolvieren (siehe dazu § 10 SVP-VO, Übergangsregelungen zur Ausbildung).

Nach Ansicht des Zentral-Arbeitsinspektorates[1] wird es grundsätzlich für zulässig erachtet, dass Teile der SVP-Ausbildung (max ein Drittel der mind Unterrichtseinheiten, also 8 UE) in Selbstlernphasen bzw im E-Learning erfolgen.

Die fachlichen Voraussetzungen der Sicherheitsvertrauenspersonen (SVP) sind als SVP-Ausbildung in § 10 ASchG und § 4 Abs 2 SVP-VO nur dem Grunde nach geregelt.

Auf Grund kontinuierlicher Weiterentwicklungen in Bezug auf Ausbildungsmethoden (zB E-Learning, Selbstlernphasen, Fernstudium) sind diese „neuen" Lern- und Ausbildungsmethoden bereits gängige Praxis. Daher sind Selbstlernphasen/E-Learning – mangels näherer ASchG- und SVP-VO-Regelungen – als in geringfügigem Ausmaß zulässig anzusehen. Dies wird – analog zur SFK-VO bzw FK-V – mit max 1/3 Unterrichtseinheiten angesehen. Eine ausschließlich oder überwiegend im Fernkurs, E-Learning oder als Selbstlerntraining (zB CD-Rom) durchgeführte SVP-Ausbildung entspricht aber nicht der SVP-VO.

---

1 Website der Arbeitsinspektion vom 11.5.2021 https://www.arbeitsinspektion.gv.at/Uebergreifendes/Uebergreifendes/SVP-VO-_Kommentare_und_Erlaeuterungen.html.

Da mittlerweile jedoch Selbstlernphasen nach Novellen der FK-V, Bühnen-FK-V und der SFK-VO auch im Arbeitsschutz explizit zulässig sind (als „blended learning“ = integriertes Lernen mit abwechselnden Präsenz- und Selbstlernphasen), muss dies auch für die nicht näher geregelte SVP-Ausbildung gelten. Selbstlernphasen bzw e-learning sind daher im Rahmen der SVP-Ausbildung in geringem Ausmaß zulässig. Bei einem Mindestausmaß von mindestens 24 Unterrichtseinheiten kann dies jedoch max 1/3 der Stunden betragen. Dies entspricht den analogen Regelungen nach der FK-V und der SFK-VO.

Zur näheren Ausgestaltung der Selbstlernphasen bzw des e-learnings empfiehlt das Zentral-Arbeitsinspektorat Folgendes:

Ein Gesamtkonzept der SVP-Ausbildung sollte jedenfalls vorliegen. Die Selbstlernphasen bzw e-learning-Unterrichtseinheiten sollten inhaltlich und zeitlich ausgewiesen sein.

Hinweis: Der Inhalt der mind 24 Unterrichtseinheiten muss sich ausschließlich auf den Arbeitsschutz beziehen (wie bei allen SVP-Ausbildungen).

Die Präsenzphasen und Selbstlernphasen/e-learning sollten aufeinander folgend abwechseln: dabei ist das Ausmaß der Unterrichtseinheiten für Selbstlernphasen/e-learning gering zu halten.

Bei Selbstlern-/e-learning-Phasen muss weiters die Identität der Teilnehmenden gesichert sein.

Bei den Selbstlernphasen bzw beim e-learning bedarf es einer zweckentsprechenden Lernkontrolle zum Verständnis.

B. Weiterbildung

40 Arbeitgeber haben den Sicherheitsvertrauenspersonen unter Bedachtnahme auf die betrieblichen Belange Gelegenheit zu geben, die für ihre Tätigkeit erforderlichen näheren **Fachkenntnisse zu erweitern (§ 10 Abs 6 ASchG)**. Die Festlegung eines bestimmten Ausmaßes der Weiterbildung wurde durch die SVP-VO nicht näher konkretisiert.

Zu § 10 Abs 7 ASchG ist auf Art 11 Abs 5 sowie Art 12 Abs 3 und 4 der Rahmenrichtlinie 89/391/EWG zu verweisen.

C. Lehrlinge als Sicherheitsvertrauenspersonen

41 Die Bestellung eines Lehrlings zur Sicherheitsvertrauensperson erscheint **unzulässig**, weil die Tätigkeit als Sicherheitsvertrauensperson (§ 11 ASchG) mit einer Lehrausbildung nach dem Berufsausbildungsrecht nicht vereinbar ist: Lehrlinge dürfen zu lehrberufsfremden Tätigkeiten nicht herangezogen werden (§ 10 Abs 6 und 7 ASchG, § 1 und § 9 Abs 2 Berufsausbildungsgesetz).

Sicherheitsvertrauenspersonen müssen den gesamten Aufgabenkatalog nach § 11 ASchG wahrnehmen, einschließlich ihrer Beteiligungsrechte. Der Betriebsrat kann zusätzlich Arbeitsschutzbefugnisse nach § 92a ArbVG teilweise an die Sicherheitsvertrauensperson delegieren. Die für die Ausübung ihrer Tätigkeiten erforderliche Zeit muss den Sicherheitsvertrauenspersonen unter Anrechnung auf ihre Arbeitszeit zur Verfügung stehen (§ 10 Abs 7 ASchG). Um die weisungsfreie Funktion wahrnehmen zu können, ist eine Funktionsdauer von vier Jahren vorgesehen sowie neben persönlicher Eignung eine Kurzausbildung im Arbeitnehmerschutz erforderlich (§ 10 Abs 6 ASchG, § 4 Abs 2 SVP-VO).

Diese ASchG-Vorgaben für Sicherheitsvertrauenspersonen sind für Lehrlinge nicht umsetzbar, da **42**

- Lehrlinge meist nicht über die erforderliche Kurzausbildung verfügen; diese kann auch nicht während der Ausbildung im Lehrbetrieb nachgeholt werden (nach den Ausbildungsverordnungen zum Berufsausbildungsgesetz sind Arbeitsschutzkenntnisse Gegenstand des Berufsschulunterrichts),
- eine Sicherheitsvertrauensperson-Tätigkeit nach ASchG nicht im Rahmen der Lehrausbildung ausgeübt werden kann, weil dem das Berufsausbildungsrecht entgegensteht: Nach § 1 des Berufsausbildungsgesetzes sind Lehrlinge zur Erlernung eines Lehrberufes fachlich auszubilden und nur im Rahmen dieser Ausbildung zu verwenden. Zu lehrberufsfremden Tätigkeiten dürfen Lehrlinge nicht herangezogen werden; mit dem Wesen einer Lehrausbildung ist die Tätigkeit von SVP nicht vereinbar,
- eine Bestellung für eine vierjährige Funktionsperiode wegen meist kürzerer Lehrzeiten in den einzelnen Lehrberufen gar nicht möglich wäre.

Zusätzlich ist zu bedenken, dass der SVP-Wirkungsbereich nicht nur das eigene Lehrplatzumfeld umfasst, sondern den gesamten Betriebsbereich, soferne keine andere Aufteilung der Wirkungsbereiche vorgenommen wird (§ 5 SVP-VO).

Weiters ist die zusätzlich zur Fachqualifikation erforderliche persönliche Eignung bei Lehrlingen im Regelfall nicht gegeben, auch wenn diese älter als 18 Jahre sind – dies aufgrund ihrer untergeordneten Stellung in der Betriebshierarchie in Verbindung mit den Aufgaben der Sicherheitsvertrauensperson (§ 10 Abs 6, § 11 ASchG, § 4 Abs 2 SVP-VO, § 9 Abs 2 BAG). (Erlass des Zentral-Arbeitsinspektorates vom 21.6.2007, BMWA-461.302/0013-III/3/2007)

Ungeachtet dessen, dass Lehrlinge zwar nicht zu Sicherheitsvertrauenspersonen bestellt werden können, ist die Absolvierung einer Sicherheitsvertrauensperson-Ausbildung dennoch möglich und im Hinblick auf eine spätere Ausübung von betrieblichen Arbeitsschutzfunktionen sinnvoll. **43**

IX. Sicherheitsvertrauenspersonen – Auswahl (SVP-VO)

44 Bei der Auswahl der Sicherheitsvertrauenspersonen ist nach Möglichkeit auf eine angemessene Vertretung der **betrieblichen** Bereiche (zB Produktion und Verwaltung) und der **regionalen** Bereiche (zB Filialen) sowie auf eine dem Beschäftigtenstand entsprechende Vertretung von **Frauen und Männern** zu achten. Bei mehrschichtiger Arbeitsweise ist darauf zu achten, dass nach Möglichkeit alle Schichten entsprechend betreut werden können (**§ 4 Abs 1 SVP-VO**).

45 Eine entsprechende Berücksichtigung der **betrieblichen und regionalen Bereiche** ist wichtig für die betrieblichen Interessen und für die Sicherheitsvertrauenspersonen. Es ist zB nicht sinnvoll, wenn alle für einen größeren Produktionsbetrieb bestellten Sicherheitsvertrauenspersonen im Bereich der Verwaltung arbeiten. Bei Betrieben mit Niederlassungen in allen Bundesländern kann es – aus Gründen der Akzeptanz bei der Belegschaft, aber auch aus Kostengründen – nicht sinnvoll sein, wenn alle bestellten Sicherheitsvertrauenspersonen in derselben Filiale arbeiten.

X. Sicherheitsvertrauenspersonen – Meldung (Abs 8)

46 § 10 Abs 8 sieht eine Meldung **an die Arbeitsinspektion** vor und die Arbeitsinspektion wird zur **Weiterleitung an die Interessenvertretungen** verpflichtet. Diese Regelung entspricht dem Ergebnis der Sozialpartnerverhandlungen und verfolgt den Zweck, dass nicht die Arbeitgeber eine Kopie der Meldung an die Arbeiterkammer senden müssen, sondern nur eine Meldung an das Arbeitsinspektorat, das sich um die Vervielfältigung und Versendung kümmert. (ErlRV 1590 BlgNR 18. GP)

47 Nach § 9 Abs 1 SVP-VO hat die Mitteilung an das Arbeitsinspektorat gemäß § 10 Abs 8 ASchG zu enthalten:

1. Namen der Sicherheitsvertrauenspersonen,
2. Wirkungsbereich und Dienstort der einzelnen Sicherheitsvertrauenspersonen,
3. Beginn und Ende der Funktionsperiode,
4. Angaben über die Bestellung von Vorsitzenden (§ 8),
5. Unterschrift des Arbeitgebers/der Arbeitgeberin oder der sonst für die Einhaltung der Arbeitnehmerschutzvorschriften verantwortlichen Person,
6. bei Bestellung gemäß § 10 Abs 2 oder 3 ASchG auch die Unterschrift eines Vertreters der zuständigen Belegschaftsorgane.

48 Außer im Fall einer Nachbesetzung (§ 7 Abs 1) hat die Mitteilung auch Angaben über die Arbeitnehmerzahl zu enthalten (§ 9 Abs 2 SVP-VO). Alle betroffenen Arbeitnehmer sind über die Bestellung von Sicherheitsvertrauenspersonen zu informieren (§ 9 Abs 3 SVP-VO). Diese Information erfolgt beispielsweise in vielen Betrieben durch einen Aushang an einer für die betroffenen Arbeitnehmer leicht zugänglichen Stelle oder zB durch Rundschreiben.

Für die Meldung von Sicherheitsvertrauenspersonen stehen Formulare zum Download zur Verfügung: https://www.arbeitsinspektion.gv.at/Service/Formulare/Haeufige_Meldepflichten_im_Arbeitsschutz.html#heading_Meldeformulare

Vgl zur Meldung der SVP bei Betriebsübergang § 101a (Grace-Period-Gesetz).

XI. Verantwortlichkeit des Arbeitgebers

§ 10 Abs 9 stellt klar, dass die Bestellung von Sicherheitsvertrauenspersonen **49** nicht die Verantwortlichkeit der Arbeitgeber im Bereich des Arbeitnehmerschutzes einschränken kann und dass die **Verantwortlichkeit auch nicht auf diese Arbeitnehmervertreter mit besonderer Funktion übertragen werden kann**. Die im ASchG vorgesehenen Pflichten der Arbeitnehmer (§ 15 ASchG) gelten auch für die Sicherheitsvertrauenspersonen. Dazu ist auch auf Art 5 Abs 3 der Rahmenrichtlinie 89/391/EWG zu verweisen. (ErlRV 1590 BlgNR 18. GP)

§ 10 Abs 9 ASchG regelt ausdrücklich nur, dass (bereits bestellte) Sicherheits- **50** vertrauenspersonen nicht rechtswirksam zu verantwortlichen Beauftragten bestellt werden können, aber nicht, ob umgekehrt verantwortliche Beauftragte als Sicherheitsvertrauensperson bestellt werden können bzw welche der beiden Funktionen bei einer Kollision unwirksam ist.

Im VwGH-Erkenntnis vom 23.5.2006, 2005/02/0198, wurde klar entschieden, dass, wenn ein und dieselbe Person zuerst zum verantwortlichen Beauftragten und später zur Sicherheitsvertrauensperson bestellt wird, die Bestellung zur Sicherheitsvertrauensperson nicht rechtswirksam ist und die Funktion als verantwortlicher Beauftragter aufrecht bleibt.

Aufgaben und Beteiligung der Sicherheitsvertrauenspersonen

§ 11. (1) Die Sicherheitsvertrauenspersonen haben in allen Fragen der Sicherheit und des Gesundheitsschutzes

1. **die Arbeitnehmer zu informieren, zu beraten und zu unterstützen,**
2. **die Belegschaftsorgane zu informieren, zu beraten und zu unterstützen und mit ihnen zusammenzuarbeiten,**
3. **in Abstimmung mit den Belegschaftsorganen die Interessen der Arbeitnehmer gegenüber den Arbeitgebern, den zuständigen Behörden und sonstigen Stellen zu vertreten,**
4. **die Arbeitgeber bei der Durchführung des Arbeitnehmerschutzes zu beraten,**
5. **auf das Vorhandensein der entsprechenden Einrichtungen und Vorkehrungen zu achten und die Arbeitgeber über bestehende Mängel zu informieren,**
6. **auf die Anwendung der gebotenen Schutzmaßnahmen zu achten,**
7. **mit den Sicherheitsfachkräften und den Arbeitsmedizinern zusammenzuarbeiten.**

(2) Die Sicherheitsvertrauenspersonen sind bei Ausübung ihrer in diesem Bundesgesetz geregelten Aufgaben an keinerlei Weisungen gebunden.

(3) Die Sicherheitsvertrauenspersonen sind berechtigt, in allen Fragen der Sicherheit und des Gesundheitsschutzes bei den Arbeitgebern sowie bei den dafür zuständigen Stellen die notwendigen Maßnahmen zu verlangen, Vorschläge für die Verbesserung der Arbeitsbedingungen zu erstatten und die Beseitigung von Mängeln zu verlangen.

(4) Arbeitgeber sind verpflichtet, die Sicherheitsvertrauenspersonen in allen Angelegenheiten der Sicherheit und des Gesundheitsschutzes anzuhören.

(5) Die Sicherheitsvertrauenspersonen sind zur etwaigen Hinzuziehung externer Präventivdienste im Voraus zu hören und vor der Bestellung und Abberufung von Sicherheitsfachkräften, von Arbeitsmedizinern sowie von für die Erste Hilfe, die Brandbekämpfung und Evakuierung zuständigen Personen und von der etwaigen Beiziehung eines arbeitsmedizinischen Fachdienstes zu informieren. Die beabsichtigte Bestellung oder Abberufung ist mit den Sicherheitsvertrauenspersonen zu beraten, außer wenn Belegschaftsorgane errichtet sind oder wenn die Bestellung oder Abberufung im Arbeitsschutzausschuß behandelt wird.

(6) Wenn keine Belegschaftsorgane errichtet sind, sind die Arbeitgeber verpflichtet,

1. die Sicherheitsvertrauenspersonen bei der Planung und Einführung neuer Technologien zu den Auswirkungen zu hören, die die Auswahl der Arbeitsmittel oder Arbeitsstoffe, die Gestaltung der Arbeitsbedingungen und die Einwirkung der Umwelt auf den Arbeitsplatz für die Sicherheit und Gesundheit der Arbeitnehmer haben,
2. die Sicherheitsvertrauenspersonen bei der Auswahl der persönlichen Schutzausrüstung zu beteiligen und
3. die Sicherheitsvertrauenspersonen bei der Ermittlung und Beurteilung der Gefahren und der Festlegung der Maßnahmen sowie bei der Planung und Organisation der Unterweisung zu beteiligen.

(7) Arbeitgeber sind verpflichtet,

1. den Sicherheitsvertrauenspersonen Zugang zu den Sicherheits- und Gesundheitsschutzdokumenten sowie zu den Aufzeichnungen und Berichten über Arbeitsunfälle zu gewähren;
2. den Sicherheitsvertrauenspersonen folgende Unterlagen zur Verfügung zu stellen:
   a) die Unterlagen betreffend die Erkenntnisse gemäß § 3 Abs. 2,
   b) die Ergebnisse von Messungen betreffend gefährliche Arbeitsstoffe und Lärm sowie sonstiger Messungen und Untersuchungen, die mit dem Arbeitnehmerschutz im Zusammenhang stehen, und

c) die Aufzeichnungen betreffend Arbeitsstoffe und Lärm;

3. die Sicherheitsvertrauenspersonen über Grenzwertüberschreitungen sowie deren Ursachen und über die getroffenen Maßnahmen unverzüglich zu informieren,

4. die Sicherheitsvertrauenspersonen über Auflagen, Vorschreibungen, Bewilligungen und behördliche Informationen auf dem Gebiet des Arbeitnehmerschutzes zu informieren und zu den Informationen, die sich aus den Schutzmaßnahmen und Maßnahmen zur Gefahrenverhütung ergeben, im Voraus anzuhören,

5. die Sicherheitsvertrauenspersonen zu den Informationen über die Gefahren für Sicherheit und Gesundheit sowie über Schutzmaßnahmen und Maßnahmen zur Gefahrenverhütung im Allgemeinen und für die einzelnen Arten von Arbeitsplätzen bzw. Aufgabenbereichen im Voraus anzuhören,

6. die Sicherheitsvertrauenspersonen zur Information der Arbeitgeber von betriebsfremden Arbeitnehmern über die in Z 5 genannten Punkte sowie über die für Erste Hilfe, Brandbekämpfung und Evakuierung gesetzten Maßnahmen, im Voraus anzuhören.

(8) Werden auf Baustellen Arbeitnehmer mehrerer Arbeitgeber beschäftigt, hat bei der Anhörung und Beteiligung der Sicherheitsvertrauenspersonen eine angemessene Abstimmung zwischen diesen Arbeitgebern zu erfolgen, wenn dies angesichts des Ausmaßes des Risikos und des Umfanges der Baustelle erforderlich erscheint.

[BGBl I 2022/115]

Übersicht

I. Sicherheitsvertrauenspersonen – Aufgaben, Weisungsfreiheit ... 1–3
II. Anhörung und Beteiligung der Sicherheitsvertrauenspersonen
A. Anhörungs-, Informations- und Beteiligungsrechte (§ 11 Abs 5 und 6) ... 4–7
B. Anhörungs- und Beteiligungsrechte (§ 11 Abs 7) ... 8–12

I. Sicherheitsvertrauenspersonen – Aufgaben, Weisungsfreiheit

Zu den Aufgaben (§ 11) siehe die in § 10 ASchG dargestellten Grundsätze. **1**
Weiters wird auf Art 3 lit c der Richtlinie 89/391/EWG verwiesen.

Die **Weisungsfreiheit** (§ 11 Abs 2) entspricht § 115 Abs 2 des Arbeitsverfas- **2**
sungsgesetzes. Diese Weisungsfreiheit besteht nur in inhaltlicher Hinsicht, sie berührt nicht das Recht der Arbeitgeber zur Erteilung von Weisungen zB auf dem Gebiet der Arbeitszeit und der betrieblichen Ordnungsvorschriften.

Im Arbeitsverfassungsgesetz und in arbeitsvertragsrechtlichen Regelungen **3**
bzw in den entsprechenden Vorschriften auf dem Gebiet des Dienstrechtes wurden begleitende Regelungen getroffen, zB über die Mitwirkungsrechte

und über den Kündigungs- und Entlassungsschutz. In Art 11 Abs 4 der Rahmenrichtlinie 89/391/EWG ist vorgesehen, dass diesen Arbeitnehmervertretern aus ihrer Tätigkeit keinerlei Nachteile entstehen dürfen. Diese Regelung konnte aus kompetenzrechtlichen Gründen nicht im ASchG umgesetzt werden, sondern wurde in den einschlägigen arbeits- und dienstrechtlichen Vorschriften umgesetzt. (ErlRV 1590 BlgNR 18. GP)

Zur arbeitsrechtlichen Stellung der Sicherheitsvertrauenspersonen siehe § 10 ASchG.

II. Anhörung und Beteiligung der Sicherheitsvertrauenspersonen

A. Anhörungs-, Informations- und Beteiligungsrechte (§ 11 Abs 5 und 6)

4 Sicherheitsvertrauenspersonen sind zur etwaigen Hinzuziehung externer Präventivdienste im Voraus zu hören.

Vor der Bestellung und Abberufung von Präventivfachkräften sowie von für die Erste Hilfe, die Brandbekämpfung und Evakuierung zuständigen Personen und von der etwaigen Beiziehung eines arbeitsmedizinischen Fachdienstes sind diese zu informieren. Die beabsichtigte Bestellung oder Abberufung ist mit den Sicherheitsvertrauenspersonen zu beraten, außer wenn Belegschaftsorgane errichtet sind oder wenn die Bestellung oder Abberufung im Arbeitsschutzausschuss behandelt wird.

Die Anhörungs- und Beteiligungsrechte nach§ 11 Abs 6 stehen den Sicherheitsvertrauenspersonen nur **subsidiär** zu. Wenn Belegschaftsorgane errichtet sind, kommen diese Rechte diesen zu. Der Betriebsrat kann seine Befugnisse jedoch an die im Betrieb bestellten Sicherheitsvertrauenspersonen delegieren (§ 92a Abs 4 ArbVG).

5 Der **Europäische Gerichtshof** hat mit Urteil vom 6. April 2006 in der Rechtssache C-428/04 betreffend eine Vertragsverletzungsklage nach Art 226 EG festgestellt, dass die Republik Österreich die Richtlinie 89/391/EWG des Rates vom 12. Juni 1989 über die Durchführung von Maßnahmen zur Verbesserung der Sicherheit und des Gesundheitsschutzes der Arbeitnehmer bei der Arbeit nicht hinreichend in österreichisches Recht umgesetzt hat.

Laut EuGH war im ASchG entgegen **Art 11 Abs 2 lit c** der Richtlinie die Beteiligung und Anhörung der Sicherheitsvertrauenspersonen an folgenden Informationen nach Art 10 nicht hinreichend vorgesehen:

- Art 10 Abs 3 lit c der Richtlinie: Informationen, zu denen die Arbeitnehmer oder die Arbeitnehmervertreter mit einer besonderen Funktion bei der Sicherheit und beim Gesundheitsschutz der Arbeitnehmer zur Ausübung ihrer jeweiligen Tätigkeiten Zugang haben müssen, insbesondere die Informationen, die sich aus den Schutzmaßnahmen und Maßnahmen zur Gefahrenverhütung ergeben, sowie Informationen der für Sicherheit und Gesundheitsschutz zuständigen Behörden und Organe.

- Art 10 Abs 1 lit a der Richtlinie: Informationen über die Gefahren für Sicherheit und Gesundheit sowie die Schutzmaßnahmen und Maßnahmen zur Gefahrenverhütung im Unternehmen bzw im Betrieb im Allgemeinen und für die einzelnen Arten von Arbeitsplätzen bzw Aufgabenbereichen.
- Art 10 Abs 2 der Richtlinie: Informationen, die der Arbeitgeber den Arbeitgebern der Arbeitnehmer der in seinem Unternehmen oder Betrieb hinzugezogenen außerbetrieblichen Unternehmen bzw Betriebe zur Verfügung zu stellen hat.

Der EuGH erachtete weiters **Art 11 Abs 2 lit d** der Richtlinie dahingehend als 6
nicht hinreichend umgesetzt, als im ASchG bis dahin keine Verpflichtung zur Beteiligung und Anhörung der Sicherheitsvertrauenspersonen, für den Fall, dass **betriebsfremde Präventivfachkräfte** hinzugezogen werden, vorgesehen war. Bereits bis zur Novelle waren die Sicherheitsvertrauenspersonen vor Bestellung und Abberufung von Präventivfachkräften zu informieren. Mit der dem EuGH-Urteil entsprechenden ASchG-Novelle – BGBl I 2006/147 – sind die Sicherheitsvertrauenspersonen nicht nur zu informieren, sondern **im Voraus anzuhören**, wenn betriebsfremde Präventivfachkräfte bestellt werden sollen.

Da von der Novellierung (BGBl I 2006/147) Bestimmungen über die Sicher- 7
heitsvertrauenspersonen betroffen waren, musste gleichzeitig auch **§ 92a ArbVG** angepasst werden, da nach dem innerstaatlichen System im Arbeitsschutz die Anhörungs- und Beteiligungsrechte von Sicherheitsvertrauenspersonen (ASchG) und Betriebsrat (ArbVG) stets korrespondierend geregelt sind (ErlRV 1559 BlgNR 22. GP). Im Landarbeitsgesetz 2021 (LAG), BGBl I 2021/78, sind die Anhörungs- und Beteiligungsrechte in § 338 geregelt.

B. Anhörungs- und Beteiligungsrechte (§ 11 Abs 7)

Nach Abs 7 müssen Arbeitgeber den Sicherheitsvertrauenspersonen Zugang 8
zu Sicherheits- und Gesundheitsschutzdokumenten, Aufzeichnungen und Berichten über Arbeitsunfälle gewähren und weitere Unterlagen zur Verfügung stellen.

§ 11 Abs 7 Z 4 ASchG sowie § 92a Abs 2 Z 6 ArbVG dienen der Umsetzung von Art 11 Abs 2 lit c iVm Art 10 Abs 3 lit c der Richtlinie 89/391/EWG. Bereits bis zur Novelle waren die Arbeitgeber verpflichtet, die Sicherheitsvertrauenspersonen über **Auflagen, Vorschreibungen und Bewilligungen** auf dem Gebiet des Arbeitnehmerschutzes zu informieren. Diese Informationspflicht wurde mit BGBl I 2006/147 auf ***„behördliche Informationen"*** erweitert.

Weiters sind die Sicherheitsvertrauenspersonen **im Voraus zu den Informa-** 9
tionen, die sich aus den Schutzmaßnahmen und Maßnahmen zur Gefahrenverhütung ergeben, anzuhören: § 11 Abs 7 Z 5 ASchG sowie § 92a Abs 2

Z 7 ArbVG dienen der Umsetzung von Art 11 Abs 2 lit c iVm Art 10 Abs 1 lit a der Richtlinie 89/391/EWG. Die Sicherheitsvertrauenspersonen sind zu den Informationen über die Gefahren für Sicherheit und Gesundheit sowie über Schutzmaßnahmen und Maßnahmen zur Gefahrenverhütung im Allgemeinen und für die einzelnen Arten von Arbeitsplätzen bzw Aufgabenbereichen im Voraus anzuhören.

10 **§ 11 Abs 7 Z 6 ASchG** sowie § 92a Abs 2 Z 8 ArbVG dienen der Umsetzung von Art 11 Abs 2 lit c iVm Art 10 Abs 2 der Richtlinie 89/391/EWG. Werden in einer Arbeitsstätte **betriebsfremde Arbeitnehmer** beschäftigt, müssen gemäß § 8 Abs 2 ASchG deren Arbeitgeber Zugang zu den Sicherheits- und Gesundheitsschutzdokumenten haben und müssen die Schutzmaßnahmen für die betriebsfremden Arbeitnehmer im Einvernehmen mit deren Arbeitgebern festgelegt werden. Die Sicherheitsvertrauenspersonen sind zu den Informationen der Arbeitgeber der betriebsfremden Arbeitnehmer über die Evaluierung sowie über die für Erste Hilfe, Brandbekämpfung und Evakuierung gesetzten Maßnahmen im Voraus anzuhören.

11 Die Umsetzung dieser Richtlinienpunkte sowohl im ASchG als auch im ArbVG war deshalb notwendig, weil nach dem innerstaatlichen System der Anhörung/ Beteiligung im Arbeitsschutz die Aufgaben bzw Befugnisse von Sicherheitsvertrauenspersonen (ASchG) und Betriebsrat (ArbVG) korrespondierend geregelt sind. (ErlRV 1559 BlgNR 22. GP)

12 Die Anhörung und Beteiligung der Sicherheitsvertrauenspersonen auf **Baustellen** bei Beschäftigung von Arbeitnehmern mehrerer Arbeitgeber gemäß **§ 11 Abs 8** dient der Umsetzung des Art 12 der Baustellenrichtlinie 92/57/EWG.

Information

§ 12. (1) Arbeitgeber sind verpflichtet, für eine ausreichende Information der Arbeitnehmer über die Gefahren für Sicherheit und Gesundheit sowie über die Maßnahmen zur Gefahrenverhütung zu sorgen. Diese Information muß die Arbeitnehmer in die Lage versetzen, durch eine angemessene Mitwirkung zu überprüfen, ob die erforderlichen Schutzmaßnahmen getroffen wurden. Diese Information muß während der Arbeitszeit erfolgen.

(2) Die Information muß vor Aufnahme der Tätigkeit erfolgen. Sie muß regelmäßig wiederholt werden, insbesondere wenn dies auf Grund sich ändernder betrieblicher Gegebenheiten erforderlich ist, weiters bei Änderung der maßgeblichen Arbeitnehmerschutzvorschriften und bei neuen Erkenntnissen auf dem Gebiet der Sicherheit und des Gesundheitsschutzes.

(3) Arbeitgeber sind verpflichtet, alle Arbeitnehmer, die einer unmittelbaren erheblichen Gefahr ausgesetzt sein können, unverzüglich über diese Gefahr und die getroffenen oder zu treffenden Schutzmaßnahmen zu informieren.

(4) Die Information muß in verständlicher Form erfolgen. Bei Arbeitnehmern, die der deutschen Sprache nicht ausreichend mächtig sind, hat die Information in ihrer Muttersprache oder in einer sonstigen für sie verständlichen Sprache zu erfolgen. Arbeitgeber haben sich zu vergewissern, daß die Arbeitnehmer die Informationen verstanden haben.

(5) Den Arbeitnehmern sind erforderlichenfalls zur Information geeignete Unterlagen zur Verfügung zu stellen. Abs. 4 zweiter und dritter Satz gilt auch für diese Unterlagen. Bedienungsanleitungen betreffend Arbeitsmittel sowie Beipacktexte, Gebrauchsanweisungen und Sicherheitsdatenblätter betreffend Arbeitsstoffe sind den betroffenen Arbeitnehmern jedenfalls zur Verfügung zu stellen. Diese Unterlagen sind erforderlichenfalls am Arbeitsplatz auszuhängen.

(6) Die Information der einzelnen Arbeitnehmer gemäß Abs. 1, 2, 4 und 5 kann entfallen, wenn Sicherheitsvertrauenspersonen bestellt oder Belegschaftsorgane errichtet sind, diese entsprechend informiert wurden und eine Information dieser Personen zur wirksamen Gefahrenverhütung ausreicht. Dabei sind Inhalt und Zweck der Information sowie die bestehenden Gefahren und betrieblichen Gegebenheiten zu berücksichtigen.

(7) Wenn weder Sicherheitsvertrauenspersonen bestellt noch Belegschaftsorgane errichtet sind, sind alle Arbeitnehmer in allen in § 11 Abs. 7 angeführten Angelegenheiten zu informieren und sind ihnen die angeführten Unterlagen zur Verfügung zu stellen.

[BGBl 1994/450]

Übersicht

I.	Information – Unterrichtung	1–5
II.	Ausreichende Information, Verständlichkeit	6–11
III.	Subsidiäre Information	12, 13

I. Information – Unterrichtung

1 Ein wirksamer Arbeitnehmerschutz kann nur durch Mitwirkung der Arbeitnehmer erreicht werden. Voraussetzung für eine aktive Mitarbeit zur Verringerung oder Beseitigung der Gefahren ist eine ausreichende Information der Arbeitnehmer, die insbesondere die Grundlage dafür schaffen muss, dass sich die Arbeitnehmer der bestehenden Gefahren bewusst werden, die zur Beseitigung oder Verringerung der Gefahren zur Verfügung stehenden Möglichkeiten kennen und deren Sinnhaftigkeit einsehen. Der Information der Arbeitnehmer kommt daher eine zentrale Bedeutung zu.

2 In Übereinstimmung mit den einschlägigen Richtlinien wird auch in § 12 zwischen **Information („Unterrichtung“ in den Richtlinien)** und Unterweisung unterschieden. Die **Unterweisung** beinhaltet vor allem verhaltens-

bezogene Anweisungen bzw ist zum Teil als „Schulung" zu verstehen, die auf den konkreten Arbeitsplatz bzw Aufgabenbereich der Arbeitnehmer abstellt. Die Information soll darüber hinausgehendes Wissen vermitteln, um die Arbeitnehmer in die Lage zu versetzen, ihre Mitwirkungsrechte auszuüben, ihre Pflichten zu erfüllen und auf eine Fortentwicklung des Arbeitnehmerschutzes auf betrieblicher Ebene hinzuwirken.

3 Die allgemeinen Pflichten betreffend die Information (Unterrichtung) sind in Art 10 der Rahmenrichtlinie 89/391/EWG geregelt. Die dazu ergangenen Einzelrichtlinien enthalten zahlreiche Informationspflichten, zB Art 7 der Arbeitsstättenrichtlinie 89/654/EWG, Art 6 der Arbeitsmittelrichtlinie 89/655/EWG, Art 7 der PSA-Richtlinie 89/656/EWG, Art 6 der Lastenrichtlinie 90/269/EWG, Art 6 der Bildschirmrichtlinie 90/270/EWG, Art 11 und 12 der Karzinogenerichtlinie 90/394/EWG. Das ASchG enthält die allgemeinen Grundsätze betreffend die Information im Sinne der Rahmenrichtlinie 89/391/EWG, konkrete Durchführungsbestimmungen unter Berücksichtigung der Informationspflichten der Einzelrichtlinien wurden durch Verordnungen getroffen. Dabei war auch besonders darauf zu achten, dass einzelne Richtlinien auf jeden Fall – unabhängig vom Bestehen einer Belegschaftsvertretung – die Information der einzelnen Arbeitnehmer verlangen. (ErlRV 1590 BlgNR 18. GP)

Die Informationspflichten sind auch im Zusammenhang mit den Pflichten der Arbeitnehmer zu sehen.

4 Der Arbeitgeber kann die Information der Arbeitnehmer in bestimmten Angelegenheiten durch eine Information und Beteiligung der Sicherheitsvertrauenspersonen oder der Belegschaftsorgane ersetzen. In bestimmten Angelegenheiten ist hingegen jedenfalls eine Information der einzelnen Arbeitnehmer erforderlich. Eine Information der Arbeitnehmervertreter reicht in diesen Fällen nicht aus.

5 **Besondere Informationspflichten** sind etwa § 14 AStV, § 7 KennV, § 4 AM-VO, § 12 VbA, § 8 und § 25 Abs 1 Z 1 bis 6 GKV, § 6 VEXAT, § 8 VGÜ, § 14 BS-V, § 17 TAV, § 4 Abs 1 Z 2 SprengV, § 8 Abs 1 Z 1 bis 7 VOLV, § 6 Abs 1 Z 1 bis 7 VOPST, § 9 Abs 3 SVP-VO.

Zu Informationspflichten bei Koordination und Überlassung siehe § 8 Abs 2 Z 1 und § 9 Abs 3 Z 1 ASchG.

Zu Informationspflichten bei Handhabung von Lasten siehe § 64 Abs 5 ASchG.

II. Ausreichende Information, Verständlichkeit

6 **Abs 1** entspricht der Rahmenrichtlinie 89/391/EWG, insbesondere Art 10, und enthält die grundsätzliche Verpflichtung der Arbeitgeber, für eine **ausreichende** Information der Arbeitnehmer zu sorgen.

7 **Abs 2** stellt unter Berücksichtigung der oben angeführten Grundsätze klar, dass eine einmalige Information der Arbeitnehmer, zB vor Aufnahme der Tätigkeit,

nicht ausreicht, sondern zur Gewährleistung der Sicherheit und des Gesundheitsschutzes die Arbeitnehmer über aktuelle Informationen verfügen müssen und daher gegebenenfalls **ergänzende bzw neuerliche Informationen notwendig** sind. (ErlRV 1590 BlgNR 18. GP)

Im Erkenntnis vom 28.1.2004, 2003/02/0261, stellte der VwGH fest, dass der Arbeitgeber (das gemäß § 9 VStG zur Vertretung nach außen berufene Organ) verpflichtet ist, Arbeitnehmer über die Funktionsweise eines Arbeitsmittels **vor der Inbetriebnahme/Reparatur ausreichend zu informieren.** Auf Grund mangelnder Aufklärung über die Funktionsweise des Arbeitsmittels ist dem Arbeitnehmer die Gefährlichkeit eines Arbeitsmittels bei der Inbetriebnahme/Reparatur nicht bewusst. Der Arbeitgeber kann sich auf Grund des Verhaltens des Arbeitnehmers nicht seiner Verantwortung entziehen. 8

Abs 3 zur Information bei **unmittelbaren erheblichen Gefahren** entspricht Art 8 Abs 3 lit a der Rahmenrichtlinie 89/391/EWG. 9

Abs 4 verlangt Information **in verständlicher Form und Sprache.** Der Arbeitgeber muss sich vergewissern, dass die Arbeitnehmer die Information tatsächlich verstanden haben. Abs 4 berücksichtigt die Erfahrungen der Arbeitsinspektion, wonach häufig die den Arbeitnehmern zur Verfügung gestellten Informationen wenig praktischen Wert haben, weil sie für sie aus sprachlichen oder sonstigen Gründen unverständlich sind. 10

Abs 5 geht davon aus, dass auf manchen Gebieten eine mündliche Information nicht ausreicht oder nicht zweckmäßig ist, sondern geeignete **Unterlagen** erforderlich sind. Die Aushändigung von **Betriebsanleitungen**, Beipacktexten und Sicherheitsdatenblättern an die Arbeitnehmer kann einen wertvollen Beitrag zur Verbesserung der Sicherheit und des Gesundheitsschutzes darstellen und hat sich in zahlreichen Betrieben bereits bewährt. 11

III. Subsidiäre Information

Abs 6 schafft im Sinne der obigen Ausführungen die Grundlage dafür, bestimmte Informationspflichten durch eine **Information der Arbeitnehmervertreter** zu erfüllen, ohne dass es einer Information der einzelnen Arbeitnehmer bedarf. Inwieweit eine Information der Arbeitnehmervertreter ausreicht, ist unter Bedachtnahme auf die oben angeführten Bestimmungen der Richtlinien in den Durchführungsverordnungen bei den einzelnen Informationspflichten festzulegen. (ErlRV 1590 BlgNR 18. GP) 12

Abs 7 regelt jene Fälle, in denen in Übereinstimmung mit den Richtlinien **nur eine subsidiäre Information der einzelnen Arbeitnehmer** vorgesehen wird, also die Informationspflicht gegenüber den Arbeitnehmern nur zum Tragen kommt, wenn keine Arbeitnehmervertreter bestehen. (ErlRV 1590 BlgNR 18. GP) 13

Anhörung und Beteiligung

§ 13. (1) Arbeitgeber sind verpflichtet, die Arbeitnehmer in allen Fragen betreffend die Sicherheit und die Gesundheit am Arbeitsplatz anzuhören.

(2) Wenn weder Sicherheitsvertrauenspersonen bestellt noch Belegschaftsorgane errichtet sind, sind alle Arbeitnehmer in allen in § 11 Abs. 5 und 6 angeführten Angelegenheiten anzuhören und zu beteiligen.

(3) Werden auf einer Baustelle gleichzeitig oder aufeinanderfolgend Arbeitnehmer mehrerer Arbeitgeber beschäftigt, so hat bei der Anhörung und Beteiligung eine angemessene Abstimmung zwischen diesen Arbeitgebern zu erfolgen, wenn dies angesichts des Ausmaßes des Risikos und des Umfanges der Baustelle erforderlich erscheint.

[BGBl 1994/450]

Übersicht

I. Anhörung und Beteiligung der Arbeitnehmer
A. Initiative der Arbeitnehmer 1
B. Subsidiarität — Belegschaftsorgane, Sicherheitsvertrauenspersonen 2–4

I. Anhörung und Beteiligung der Arbeitnehmer

A. Initiative der Arbeitnehmer

1 **Abs 1** regelt die Anhörung der Arbeitnehmer entsprechend Art 11 Abs. 1 der Rahmenrichtlinie 89/391/EWG. Da die Richtlinie vorsieht, dass *„die Arbeitnehmer“* anzuhören sind, kann das Anhörungsrecht nicht nur subsidiär für den Fall vorgesehen werden, dass keine Arbeitnehmervertreter (Sicherheitsvertrauenspersonen, Belegschaftsorgane) bestellt sind. (ErlRV 1590 BlgNR 18. GP) In diesem Fall geht die **Initiative von den Arbeitnehmern** selbst aus. Das Anhörungsrecht gilt auch dann, wenn Sicherheitsvertrauenspersonen oder Belegschaftsorgane bestellt sind.

B. Subsidiarität — Belegschaftsorgane, Sicherheitsvertrauenspersonen

2 **Abs 2** regelt hingegen die Fälle des **subsidiären Anhörungs- und Beteiligungsrechtes der Arbeitnehmer**. Die Anhörungsrechte der Sicherheitsvertrauenspersonen sind in § 11 geregelt, die Anhörungsrechte der Belegschaftsorgane in § 92a ArbVG und in den Personalvertretungsvorschriften. Sind Belegschaftsorgane bestellt, so sind diese zu beteiligen; sie können jedoch ihre Befugnisse an die Sicherheitsvertrauenspersonen delegieren (§ 92a Abs 4 ArbVG). Sind keine Belegschaftsorgane errichtet, so hat der Arbeitgeber die Sicherheitsvertrauenspersonen zu beteiligen. Sind keine Sicherheitsvertrauenspersonen bestellt, so haben alle Arbeitnehmer Mitwirkungsrechte im Sinne des Abs 2.

Abs 2 entspricht Art 11 Abs 2 lit b und d der Richtlinie 89/391/EWG, besondere Vorschriften über die (subsidiäre) Beteiligung und den Zugang zu Unterlagen enthalten auch Art 6 Abs 3 lit b der Richtlinie 89/391, weiters folgende Richtlinien: die Arbeitsstättenrichtlinie 89/654/EWG (Art 8), Arbeitsmittelrichtlinie 89/655/EWG (Art 8), Baustellenrichtlinie 92/57/EWG (Art 12), Mineralgewinnungsrichtlinie 92/104/EWG (Art 9). 3

Abs 3 zur Anhörung und Beteiligung auf **Baustellen** bei gleichzeitigem Tätigwerden von Arbeitnehmern mehrerer Arbeitgeber dient der Umsetzung des Art 12 der Baustellenrichtlinie 92/57/EWG. 4

Vgl Koordinatorenbestellung nach BauKG.

Unterweisung

§ 14. (1) Arbeitgeber sind verpflichtet, für eine ausreichende Unterweisung der Arbeitnehmer über Sicherheit und Gesundheitsschutz zu sorgen. Die Unterweisung muß während der Arbeitszeit erfolgen. Die Unterweisung muß nachweislich erfolgen. Für die Unterweisung sind erforderlichenfalls geeignete Fachleute heranzuziehen.

(2) Eine Unterweisung muß jedenfalls erfolgen

1. **vor Aufnahme der Tätigkeit,**
2. **bei einer Versetzung oder Veränderung des Aufgabenbereiches,**
3. **bei Einführung oder Änderung von Arbeitsmitteln,**
4. **bei Einführung neuer Arbeitsstoffe,**
5. **bei Einführung oder Änderung von Arbeitsverfahren und**
6. **nach Unfällen oder Ereignissen, die beinahe zu einem Unfall geführt hätten, sofern dies zur Verhütung weiterer Unfälle nützlich erscheint.**

(3) Die Unterweisung muß auf den Arbeitsplatz und den Aufgabenbereich des Arbeitnehmers ausgerichtet sein. Sie muß an die Entwicklung der Gefahrenmomente und an die Entstehung neuer Gefahren angepaßt sein. Die Unterweisung muß auch die bei absehbaren Betriebsstörungen zu treffenden Maßnahmen umfassen. Die Unterweisung ist erforderlichenfalls in regelmäßigen Abständen zu wiederholen, jedenfalls dann, wenn dies gemäß § 4 Abs. 3 als Maßnahme zur Gefahrenverhütung oder in einer Verordnung zu diesem Bundesgesetz festgelegt ist.

(4) Die Unterweisung muß dem Erfahrungsstand der Arbeitnehmer angepaßt sein und in verständlicher Form erfolgen. Bei Arbeitnehmern, die der deutschen Sprache nicht ausreichend mächtig sind, hat die Unterweisung in ihrer Muttersprache oder in einer sonstigen für sie verständlichen Sprache zu erfolgen. Arbeitgeber haben sich zu vergewissern, daß die Arbeitnehmer die Unterweisung verstanden haben.

(5) Die Unterweisung kann auch schriftlich erfolgen. Erforderlichenfalls sind den Arbeitnehmern schriftliche Betriebsanweisungen und sonstige Anweisungen zur Verfügung zu stellen. Diese Anweisungen sind erforderlichenfalls am Arbeitsplatz auszuhängen. Abs. 4 zweiter und dritter Satz gilt auch für schriftliche Anweisungen.

[BGBl I 2001/159]

Übersicht

I.	Allgemeines	1–5
II.	Ausreichende Unterweisung, Nachweislichkeit	6
	A. Nachweislichkeit	7, 8
	B. Vor Tätigkeitsaufnahme, Unterweisungsintervalle	9, 10
	C. Bezogen auf Arbeitsplatz, Arbeitsaufgaben	11
	D. Anpassung an Erfahrungsstand, Verständlichkeit	12, 13
	E. Betriebsanweisungen, Verwenderinformationen	14, 15
III.	Schriftliche oder elektronische Unterweisung	16–19

I. Allgemeines

1 Eine ausreichende und verständliche Unterweisung stellt ebenso wie die Information der Arbeitnehmer eine wesentliche Grundlage für die Sicherheit und den Gesundheitsschutz am Arbeitsplatz dar. Die Unterweisung muss sich sowohl auf die allgemeinen Unternehmensbereiche als auch auf den konkreten Arbeitsplatz und Aufgabenbereich aus Arbeitnehmerschutzsicht beziehen.

2 Die allgemeinen Pflichten betreffend die Unterweisung sind in Art 12 der Rahmenrichtlinie 89/391/EWG geregelt. Die dazu ergangenen Einzelrichtlinien enthalten zahlreiche Unterweisungspflichten, zB Art 7 der Arbeitsmittelrichtlinie 89/655/EWG, Art 6 der Lastenrichtlinie 90/269/EWG, Art 6 der Bildschirmrichtlinie 90/270/EWG, Art 11 der Karzinogenerichtlinie 90/394/EWG, Art 7 der Sicherheitskennzeichnungsrichtlinie 92/58/EWG (der in diesem Zusammenhang eine „angemessene Schulung" verlangt) und Art 4 der Leiharbeitsrichtlinie 91/383/EWG.

Das ASchG enthält die allgemeinen Grundsätze betreffend die Unterweisung im Sinne der Rahmenrichtlinie. Konkrete Durchführungsbestimmungen unter Berücksichtigung der Unterweisungspflichten der Einzelrichtlinien wurden in den Durchführungsverordnungen getroffen. (ErlRV 1590 BlgNR 18. GP)

3 **Besondere Unterweisungspflichten** sind in § 7 KennV, § 5 AM-VO, § 12 Abs 2 VbA, § 25 Abs 2 GKV, § 6 VEXAT, § 13 BS-V, § 17 TAV, § 4 Abs 1 Z 5 und § 19 Abs 2 SprengV, § 9 Abs 2 BohrarbV, § 8 Abs 1 Z 1 bis 7 VOLV, § 6 Abs 1 Z 1 bis 7 VOPST, § 154 und § 60 Abs 6 BauV enthalten.

Zur Unterweisungspflicht bei der Handhabung von Lasten bzw bei Lärm siehe § 64 Abs 4 bzw § 65 Abs 4 ASchG.

Für Jugendliche ist weiters die Unterweisung nach § 24 KJBG zu beachten.

Zur Unterweisung bei der Verwendung von PSA siehe die allgemeinen Voraussetzungen in § 7 PSA-V, zu den einzelnen Schutzausrüstungen § 11 Abs 5, § 12 Abs 5, § 13 Abs 5, § 14 Abs 5, § 15 Abs 6 u 7, § 16 Abs 5 PSA-V.

Rz 4 entfällt

Arbeitgeber haben bei der Organisation der Unterweisungen **die Sicherheitsfachkräfte, die Arbeitsmediziner und erforderlichenfalls weitere geeignete Fachleute hinzuzuziehen** (§ 76 Abs 3 Z 10, § 81 Abs 3 Z 11 ASchG). Arbeitgeber sind verpflichtet, bei der **Planung und Organisation** der Unterweisung die Belegschaftsorgane, die Sicherheitsvertrauenspersonen sowie alle Arbeitnehmer zu beteiligen (§ 92a Abs 1 Z 3 ArbVG, § 11 Abs 6 Z 3 und § 13 Abs 2 ASchG). **5**

II. Ausreichende Unterweisung, Nachweislichkeit

Abs 1 und 2 entsprechen Art 12 Abs 1 und 4 der Rahmenrichtlinie 89/391/EWG, ergänzt um die nach bis dahin geltendem Recht vorgesehene neuerliche Unterweisung nach Unfällen. **6**

A. Nachweislichkeit

Der VwGH hat in seinem Erkenntnis vom 12.12.1991, 91/06/0084, zu § 9 Abs 4 VStG festgestellt, dass dem Wort **„nachweislich"** im Sinn von (bloß) „nachweisbar" keine normative Bedeutung zukäme, da Umstände, die keinem Beweis zugänglich sind, in der Regel einer behördlichen Entscheidung nicht zugrunde gelegt werden können. Demgegenüber bedeutet „nachweislich" (mag sich die Bedeutung im Randbereich auch mit jener von „nachweisbar" überschneiden) in erster Linie „durch Nachweis bestätigt, belegt". **7**

Nach dem Auslegungsprinzip der Einheit der Rechtsordnung und der Rechtssprache ist im Allgemeinen davon auszugehen, dass in der Rechtssprache geprägte Begriffe die gleiche Bedeutung haben (Hinweis E 12.9.1979, 255/79; E 31.3.1992, 90/13/0131). § 9 Abs 4 VStG enthält eine Bestimmung, in der das Wort „nachweislich" tragende Bedeutung hat. Es gibt keinen Hinweis darauf, dass der Gesetzgeber in § 14 Abs 1 ASchG 1994 dem Wort „nachweislich" eine andere Bedeutung beigemessen hat als in § 9 Abs 4 VStG – insbesondere findet sich in den Erläuterungen (ErlRV 1590 BlgNR 18. GP, S 80; AB 1671 BlgNR 18. GP) dazu nichts. Im Hinblick auf die genannte Auslegungsregel hatdie Behörde zu Recht die durch die hg Rsp klargestellte Auslegung des Wortes „nachweislich" in § 9 Abs 4 VStG auch auf § 14 Abs 1 ASchG 1994 angewendet, zumal auch der Zweck der Norm nichts anderes erfordert. (VwGH 24.11.2006, 2006/02/0235)

Dass die Unterweisung nachweislich erfolgen muss, ist unter anderem erforderlich, um überprüfen zu können, dass eine Unterweisung tatsächlich statt- **8** gefunden hat und dass ausreichend und für den jeweiligen Arbeitsplatz entsprechend vollständig unterwiesen wurde. Es muss nachvollziehbar sein, welcher Arbeitnehmer wann und zu welchen Themen bzw zu welchen Inhalten unterwiesen wurde. Die Nachweise sollten zumindest bis zur Folgeunterweisung aufbewahrt werden, weil diese auf Verlangen dem Arbeitsinspektorat vorzulegen sind (§ 8 Abs 1 ArbIG).

B. Vor Tätigkeitsaufnahme, Unterweisungsintervalle

9 In der Stammfassung des ASchG war vorgesehen, dass die durch das EU-Recht grundsätzlich zwingend vorgegebene Unterweisung mindestens **einmal jährlich zu wiederholen** ist, und zwar auch dann, wenn die konkrete Gefahrensituation am jeweiligen Arbeitsplatz dies nicht erfordern würde. Durch diese undifferenzierte Regelung fühlten sich die Betriebe zeitlich und bürokratisch belastet, obwohl aus Gründen der Arbeitssicherheit nicht generell die Notwendigkeit zu solchen jährlich wiederkehrenden Unterweisungen besteht und diese auch im EU-Recht nicht in dieser Form vorgesehen ist.

10 Im ArbeitnehmerInnenschutz-Reformgesetz, BGBl I 2001/159, wurde daher im Einklang mit der Arbeitsschutzrahmenrichtlinie darauf abgestellt, dass die Unterweisung **erforderlichenfalls in regelmäßigen Abständen zu wiederholen** ist (Abs 2), jedenfalls aber dann, wenn es auf Grund der Evaluierung gemäß § 4 Abs 3 an diesem Arbeitsplatz erforderlich oder in einer Verordnung zum ASchG vorgeschrieben ist. (ErlRV 802 BlgNR 21. GP)

C. Bezogen auf Arbeitsplatz, Arbeitsaufgaben

11 Abs 3 entspricht Art 12 Abs 1 der Rahmenrichtlinie 89/391/EWG, die verlangt, dass die Unterweisung des Arbeitnehmers *„eigens auf seinen Arbeitsplatz oder seinen Aufgabenbereich ausgerichtet ist"* und dass die Unterweisung an die Entwicklung der Gefahrenmomente und an die Entwicklung neuer Gefahren angepasst ist. Klargestellt wird, dass bei der Unterweisung auch auf absehbare Betriebsstörungen Bedacht zu nehmen ist, insbesondere auch im Hinblick auf die in § 3 Abs 4 und 5 vorgesehenen Pflichten der Arbeitgeber und die in § 15 Abs 6 vorgesehenen Pflichten der Arbeitnehmer. (ErlRV 1590 BlgNR 18. GP)

D. Anpassung an Erfahrungsstand, Verständlichkeit

12 **Abs 4** verankert den allgemein anerkannten Grundsatz, dass die Unterweisung dem Erfahrungsstand der Arbeitnehmer angepasst sein und in **verständlicher Form** erfolgen muss. Mängel bei der Unterweisung haben sich wiederholt bei Beschäftigung von Arbeitnehmern gezeigt, die der deutschen Sprache nicht ausreichend mächtig sind. Die Unterweisung in der Muttersprache oder einer sonst für sie **verständlichen Sprache** soll gewährleisten, dass gefährliche Missverständnisse aufgrund nicht ausreichender Sprachkenntnisse ausgeschlossen werden.

Arbeitgeber müssen sich **vergewissern**, dass die Arbeitnehmer die Unterweisung verstanden haben. Durch gezieltes Hinterfragen lässt sich überprüfen, ob der Unterwiesene die Unterweisung richtig und zur Gänze verstanden hat (zB Gruppen- oder Einzelarbeiten, Testfragen). 13

E. Betriebsanweisungen, Verwenderinformationen

Erforderlichenfalls sind den Arbeitnehmern schriftliche **Betriebsanweisungen** (zB entsprechend der Arbeitsmittelverordnung) und sonstige Anweisungen (wenn notwendig in der Muttersprache oder in einer für den Beschäftigten sonst verständlichen Sprache) zur Verfügung zu stellen (§ 14 Abs 4 letzter Satz und Abs 5 ASchG). 14

In der Praxis werden zunehmend Unterweisungsmaterialien in Form von Piktogrammen (zB AUVA-Hautschutz) oder Kurzvideos eingesetzt. 15

Näheres zB im AUVA-Merkblatt M070 Unterweisung, http://www.auva.at/portal27/portal/auvaportal/channel_content/cmsWindow?action=2&p_menuid=63770&p_tabid= 5&p_pubid=8418.

Zu Information und Unterweisung siehe auf der Website der Arbeitsinspektion vom 4.12.2023 https://www.arbeitsinspektion.gv.at/Uebergreifendes/Unterweisung-Information/Unterweisung_und_Information_der_Arbeitnehmerinnen_Arbeitne.html.

III. Schriftliche oder elektronische Unterweisung

Abs 5 entspricht Art 12 Abs 1 der Rahmenrichtlinie 89/391/EWG. Die Unterweisung kann auch **schriftlich** erfolgen. Auch bei schriftlichen Anweisungen gilt, dass diese bei Arbeitnehmern, die nicht der deutschen Sprache mächtig sind, in ihrer Muttersprache oder in einer sonstigen verständlichen Sprache zu erfolgen hat. Arbeitgeber haben sich zu vergewissern, dass die Arbeitnehmer die schriftliche Anweisung verstanden haben. 16

Elektronische Unterweisungen als besondere Form der schriftlichen Unterweisung sind nur beschränkt geeignet, alle ASchG-Voraussetzungen ausreichend zu erfüllen – so sind etwa die Anpassung an den persönlichen Erfahrungsstand der Arbeitnehmer und eine Verständniskontrolle schwer möglich. Elektronische Unterweisungen gestatten meist keine persönliche Kommunikation mit Rückfragemöglichkeit für die unterwiesenen Arbeitnehmer und erscheinen daher für komplexere Unterweisungsinhalte nicht geeignet. 17

Daher müssen die **erstmalige Unterweisung** sowie die **arbeitsplatzbezogene** Unterweisung und Unterweisungen, die sich auf die sichere Bedienung von Arbeitsmitteln beziehen, **persönlich** in einem Dialog zwischen Unterweisendem und Unterwiesenem durchgeführt werden. Die Unterweisung beinhaltet vor allem **verhaltensbezogene Anweisungen**, die auf den konkreten Arbeitsplatz bzw Aufgabenbereich der Arbeitnehmer abstellen. 18

19 Elektronisch/computergestützte Unterweisungen können daher nur ein ergänzendes, zusätzliches Mittel für eine wirksame Unterweisung sein, lediglich allgemeine betriebliche Handlungsanweisungen zum Arbeitnehmer beinhalten und nur für **wiederkehrende Unterweisungen** eingesetzt werden. Für wiederkehrende allgemeine Unterweisungen kann ein individualisiertes elektronisches Unterweisungsprogramm ausreichend sein, um die Voraussetzungen des § 14 ASchG zu erfüllen. Inhalt und Nachvollziehbarkeit müssen auch bei elektronischer Durchführung der wiederkehrenden Unterweisung einer Unterweisung durch Personen gleichwertig sein, zB Verständlichkeit der Sprache, Bedachtnahme auf individuellen Erfahrungsstand und Komplexität des Lerninhalts, Rückfragemöglichkeit, Verständnisüberprüfung.

Zur elektronischen Unterweisung siehe weitere Details auf Website der Arbeitsinspektion vom 23.6.2022 https://www.arbeitsinspektion.gv.at/Uebergreifendes/Unterweisung-Information/Elektronische_Unterweisung.html.

Pflichten der Arbeitnehmer

§ 15. (1) Arbeitnehmer haben die zum Schutz des Lebens, der Gesundheit und der Integrität und Würde nach diesem Bundesgesetz, den dazu erlassenen Verordnungen sowie behördlichen Vorschreibungen gebotenen Schutzmaßnahmen anzuwenden, und zwar gemäß ihrer Unterweisung und den Anweisungen des Arbeitgebers. Sie haben sich so zu verhalten, dass eine Gefährdung soweit als möglich vermieden wird.

(2) Arbeitnehmer sind verpflichtet, gemäß ihrer Unterweisung und den Anweisungen des Arbeitgebers die Arbeitsmittel ordnungsgemäß zu benutzen und die ihnen zur Verfügung gestellte, diesem Bundesgesetz entsprechende persönliche Schutzausrüstung zweckentsprechend zu benutzen und sie nach Benutzung an dem dafür vorgesehenen Platz zu lagern.

(3) Arbeitnehmer dürfen Schutzeinrichtungen nicht entfernen, außer Betrieb setzen, willkürlich verändern oder umstellen, soweit dies nicht aus arbeitstechnischen Gründen, insbesondere zur Durchführung von Einstellungs-, Reparatur- oder Wartungsarbeiten, unbedingt notwendig ist. Sie sind verpflichtet, gemäß ihrer Unterweisung und den Anweisungen des Arbeitgebers die Schutzeinrichtungen ordnungsgemäß zu benutzen.

(4) Arbeitnehmer dürfen sich nicht durch Alkohol, Arzneimittel oder Suchtgift in einen Zustand versetzen, in dem sie sich oder andere Personen gefährden können.

(5) Arbeitnehmer haben jeden Arbeitsunfall, jedes Ereignis, das beinahe zu einem Unfall geführt hätte, und jede von ihnen festgestellte ernste und unmittelbare Gefahr für Sicherheit oder Gesundheit sowie jeden an den Schutzsystemen festgestellten Defekt unverzüglich den zuständigen Vorgesetzten oder den sonst dafür zuständigen Personen zu melden.

(6) Wenn sie bei unmittelbarer erheblicher Gefahr die zuständigen Vorgesetzten oder die sonst zuständigen Personen nicht erreichen können, sind Arbeitnehmer verpflichtet, nach Maßgabe der Festlegungen in den Sicherheits- und Gesundheitsschutzdokumenten, ihrer Information und Unterweisung sowie der zur Verfügung stehenden technischen Mittel selbst die ihnen zumutbaren unbedingt notwendigen Maßnahmen zu treffen, um die anderen Arbeitnehmer zu warnen und Nachteile für Leben oder Gesundheit abzuwenden.

(7) Arbeitnehmer haben gemeinsam mit dem Arbeitgeber, den Sicherheitsvertrauenspersonen und den Präventivdiensten darauf hinzuwirken, daß die zum Schutz der Arbeitnehmer vorgesehenen Maßnahmen eingehalten werden und daß die Arbeitgeber gewährleisten, daß das Arbeitsumfeld und die Arbeitsbedingungen sicher sind und keine Gefahren für Sicherheit oder Gesundheit aufweisen.

(8) Die Pflichten der Arbeitnehmer in Fragen der Sicherheit und des Gesundheitsschutzes berühren nicht die Verantwortlichkeit des Arbeitgebers für die Einhaltung der Arbeitnehmerschutzvorschriften.

[BGBl I 2012/118]

Übersicht

I. Verpflichtung entsprechend Unterweisung 1, 2
II. Konsequenzen bei Fehlverhalten 3
III. Unmittelbare erhebliche Gefahr 4–7

I. Verpflichtung entsprechend Unterweisung

Das ASchG verpflichtet auf der einen Seite den Arbeitgeber, durch Informationen und Unterweisungen sowie ein wirksames Kontrollsystem sicherzustellen, dass die Arbeitnehmer die Schutzmaßnahmen einhalten. Auf der anderen Seite werden die Arbeitnehmer durch ihre Verpflichtungen, bei der Einhaltung der Schutzmaßnahmen mitzuwirken, beteiligt. Die Arbeitnehmerpflichten kommen jedoch **nur bei ausreichender Unterweisung zum Tragen**. 1

§ 15 ASchG steht unter Strafsanktion (§ 130 Abs 4 ASchG). Arbeitnehmer können jedoch nur dann bestraft werden, wenn diese **trotz Aufklärung und nachweislich schriftlicher Aufforderung** durch den Arbeitgeber oder das Arbeitsinspektorat ihre Pflichten nach dem ASchG oder den dazu erlassenen Verordnungen verletzt haben. 2

Wenn Arbeitnehmer Schutzvorschriften missachten, ist innerbetrieblich zu klären, ob sie ausreichend informiert und unterwiesen wurden, ob sie sich der Gefahren und der drohenden Konsequenzen bewusst sind, ob die Rahmenbedingungen die Einhaltung der Schutzmaßnahmen begünstigen (zB sicherheitsbewusstes Verhalten der Führungskräfte) oder erschweren (zB Zeitdruck).

(*Lang et al* [Hrsg], Handbuch ArbeitnehmerInnenschutzgesetz, Erläuterungen Teil 1, Wien 2013)

Abs 1 bis 5 entsprechen Art 13 der Rahmenrichtlinie 89/391/EWG und weitgehend dem bis dahin geltenden Recht.

II. Konsequenzen bei Fehlverhalten

3 Verletzt der Arbeitnehmer seine Pflichten, kann das zu weitreichenden Konsequenzen für ihn führen:

1. Verwaltungsstrafen – wenn der Arbeitnehmer

- Arbeitsmittel nicht ordnungsgemäß benutzt.
- vor Inbetriebnahme eines Arbeitsmittels nicht prüft, ob dieses offenkundige Mängel aufweist;
- die zur Verfügung gestellte, persönliche Schutzausrüstung nicht oder nicht zweckentsprechend verwendet oder sie nach Benutzung nicht an dem dafür vorgesehenen Platz lagert;
- eine Schutzeinrichtung entfernt, außer Betrieb setzt, willkürlich verändert oder umstellt oder eine Schutzeinrichtung nicht ordnungsgemäß benutzt;
- sich durch Alkohol, Arzneimittel oder Suchtgift in einen Zustand versetzt, in dem er sich oder andere Personen in Gefahr bringt.
- die Meldepflicht betreffend Arbeitsunfälle, ernste und unmittelbare Gefahren oder Defekte verletzt.

2. Schadenersatzansprüche
Hat ein Dienstnehmer dem Arbeitgeber oder einem Dritten durch sein schuldhaftes Verhalten bei Erbringung der Arbeitsleistung einen Schaden zugefügt, so kann er zum Ersatz des Schadens nach dem Dienstnehmerhaftpflichtgesetz herangezogen werden.

3. Arbeitsrechtliche Folgen
Die beharrliche Vernachlässigung der Pflichten stellt für den Arbeitgeber einen Entlassungsgrund dar.

4. Gerichtliche Strafbarkeit
Auch Arbeitnehmer können strafrechtlich zur Verantwortung gezogen werden, zB wegen fahrlässiger Körperverletzung oder fahrlässiger Tötung bei einem Arbeitsunfall.

III. Unmittelbare erhebliche Gefahr

4 Abs 6 entspricht Art 8 Abs 3 und 5 der Rahmenrichtlinie 89/391/EWG. Gemäß § 3 Abs 4 und 5 haben die Arbeitgeber für Gefahrensituationen vorzusorgen. **Bei ernster und unmittelbarer Gefahr müssen Arbeitnehmer selbst tätig werden, wenn**

- der zuständige Vorgesetzte oder die sonst zuständige Person nicht erreichbar ist,

- die Vorgangsweise für solche Fälle bereits bei Festlegung der Schutzmaßnahmen festgelegt wurde,
- die Arbeitnehmer vorher über die Gefahr und die zu treffenden Maßnahmen informiert wurden,
- bei der Unterweisung solche Fälle berücksichtigt wurden,
- ihnen die notwendigen technischen Mittel zur Verfügung stehen und
- ihnen die notwendigen Maßnahmen zumutbar sind, sie also dadurch insbesondere nicht einer ernsten zusätzlichen Gefahr ausgesetzt werden.

Siehe auch § 3 Abs 3 ASchG.

Die Verletzung dieser Pflichten steht nicht unter Strafsanktion.

§ 8 AVRAG regelt den arbeitsrechtlichen Schutz von Arbeitnehmern bei **5**
ernster und unmittelbarer Gefahr:

- Arbeitnehmer, die bei ernster und unmittelbarer Gefahr für Leben und Gesundheit den Gefahrenbereich verlassen, dürfen deswegen nicht benachteiligt werden (insbesondere hinsichtlich des Entgelts, der Aufstiegsmöglichkeiten und der Versetzung).
- Arbeitnehmer, die unter Berücksichtigung ihrer Kenntnisse und der zur Verfügung stehenden technischen Mittel selbst Maßnahmen zur Abwehr der Gefahr treffen, weil sie die sonst zuständigen Personen nicht erreichen, dürfen nicht benachteiligt werden, es sei denn, ihre Handlungsweise war grob fahrlässig.
- Wird ein Arbeitnehmer gekündigt oder entlassen, weil er in einer Gefahrensituation nicht tätig geworden ist bzw eine falsche Maßnahme (ohne grob fahrlässig gehandelt zu haben) gesetzt hat, so kann er diese Kündigung oder Entlassung binnen einer Woche nach Zugang der Kündigung oder Entlassung bei Gericht anfechten.

Die **Hinwirkungspflicht nach Abs 7** entspricht Art 13 Abs 2 lit e und f der Rah- **6**
menrichtlinie 89/391/EWG. Diese Bestimmung steht nicht unter Strafsanktion.

Abs 8 zur Verantwortlichkeit des Arbeitgebers entspricht Art 5 Abs 3 der **7**
Rahmenrichtlinie 89/391/EWG. Der Arbeitgeber kann seine Pflichten nicht auf die Arbeitnehmer übertragen. Seine Verantwortlichkeit wird durch die Arbeitnehmerpflichten nicht eingeschränkt.

Zum Kontrollsystem siehe § 130 ASchG.

Aufzeichnungen und Berichte über Arbeitsunfälle

§ 16. **(1) Arbeitgeber haben Aufzeichnungen zu führen**

1. **über alle tödlichen Arbeitsunfälle,**
2. **über alle Arbeitsunfälle, die eine Verletzung eines Arbeitnehmers mit einem Arbeitsausfall von mehr als drei Kalendertagen zur Folge haben.**

Z 3 aufgehoben

(2) Die Aufzeichnungen gemäß Abs. 1 sind mindestens fünf Jahre aufzubewahren.

(3) Arbeitgeber sind verpflichtet, auf Verlangen des Arbeitsinspektorates Berichte über bestimmte Arbeitsunfälle zu erstellen und dem Arbeitsinspektorat zu übermitteln.

[BGBl I 2017/126]

Übersicht

I.	Allgemeines	1, 2
II.	Arbeitsunfall und Haftung	3–6
III.	Meldepflichten	7–9
IV.	Aufzeichnungspflichten	10–12

I. Allgemeines

1 Diese Bestimmung entspricht Art 9 Abs 1 lit c und d der Rahmenrichtlinie 89/391/EWG mit der Maßgabe, dass bei der Aufzeichnungspflicht entsprechend den Ergebnissen der Sozialpartnerverhandlungen auch bestimmte **„Beinahe-Unfälle"** erfasst werden, sofern sie von den Arbeitnehmern gemeldet werden, wobei aber für diese Aufzeichnungspflicht keine Sanktion gelten soll, sie also von der Strafbestimmung (§ 130 ASchG) ausgenommen wurde.

Die Aufzeichnungsverpflichtung bezüglich „Beinahe-Unfälle" ist mit der ASchG-Novelle BGBl I 2017/126 entfallen. Unter Punkt 1.10 des Arbeitsprogramms der Bundesregierung 2017/2018 ist festgelegt: *„Der bereits eingeleitete Verhandlungsprozess mit den Sozialpartnern wird zügig fortgesetzt, mit dem Ziel eine Novelle des ArbeitnehmerInnenschutzgesetzes, des Arbeitsinspektionsgesetzes, des Arbeitszeitgesetzes und des Arbeitsruhegesetzes im ersten Halbjahr 2017 zu verabschieden."* Der bezeichnete Verhandlungsprozess hat eine Entbürokratisierung zum Ziel.

Bis zur Novelle hatten Arbeitgeber über alle Ereignisse, die beinahe zu einem tödlichen oder schweren Arbeitsunfall geführt hätten und die von Arbeitnehmer gemeldet wurden, Aufzeichnungen zu führen, die fünf Jahre aufzubewahren sind. Beinahe-Unfälle stellen Warnsignale dar. Für einen effektiven Arbeitnehmerschutz ist es erforderlich, sich dieses Themas anzunehmen, um die Schutzstandards im Betrieb weiterzuentwickeln. Wichtig ist, dass Beinahe-Unfälle analysiert werden, um künftige Unfälle zu verhindern. Vor allem durch die Arbeitsplatzevaluierung sind Arbeitgeber verpflichtet, bei Beinahe-Unfällen als sonstige Umstände oder Ereignisse, die auf eine Gefahr schließen lassen, aktiv Maßnahmen zu ergreifen (§ 4 Abs 5 Z 3 ASchG). Eine allfällige Dokumentation hat im Rahmen des Sicherheits- und Gesundheitsschutzdokuments zu erfolgen. Auf eine gesonderte Aufzeichnungspflicht von Beinahe-Unfällen kann verzichtet werden. (Erl A 2228/A 25. GP)

Der Aufzeichnungspflicht betreffend Arbeitsunfälle kann auch durch die Aufbewahrung eines Durchschlages der an den Unfallversicherungsträger erstatteten Meldung entsprochen werden. Diese Aufzeichnungen sind von den Arbeitgebern zu führen und müssen entsprechend der Richtlinie den zuständigen Behörden, den Arbeitnehmern und/oder Arbeitnehmervertretern sowie den Präventivdiensten zugänglich gemacht werden.

Gleiches gilt für die auf Verlangen des Arbeitsinspektorates zu erstellenden **Berichte über Arbeitsunfälle**. Diese Regelung zielt nicht auf allgemeine Berichte über das Unfallgeschehen ab, sondern auf einen Bericht zu einem konkreten Unfall, wenn zB aufgrund der Unfallmeldung der Ablauf und die Ursache des Unfalles sowie die getroffenen oder zu treffenden Maßnahmen nicht klar sind. Eine Regelung über die Übermittlung an das Arbeitsinspektorat ist im Hinblick auf die Auskunfts- und Übermittlungspflichten nach §§ 6 und 8 ArbIG 1993 nicht erforderlich. Es ist auch auf Art 3 Abs 4 der Mineralgewinnungsrichtlinie 92/104/EWG zu verweisen. (ErlRV 1590 BlgNR 18. GP) **2**

II. Arbeitsunfall und Haftung

Arbeitsunfälle sind Unfälle, die sich im örtlichen, zeitlichen und ursächlichen Zusammenhang mit der die Versicherung begründenden Beschäftigung ereignen (§ 175 Abs 1 ASVG). Der Dienstgeber oder diesem gleichgestellte Personen sind zur Schadenersatzleistung nur dann verpflichtet, wenn sie den Arbeitsunfall oder die Berufskrankheit vorsätzlich herbeigeführt haben **(Dienstgeberhaftungsprivileg)** (*Löschnigg*, Arbeitsrecht, 11. Auflage). Diese Einschränkung gilt auch gegenüber den Hinterbliebenen des Versicherten, wenn dessen Tod auf die körperliche Verletzung infolge des Arbeitsunfalles oder auf die Berufskrankheit zurückzuführen ist (§ 333 Abs 1 ASVG) (*Glawischnig* [Hrsg], Handbuch Arbeitsunfall [2012]; kritisch zum DG-Privileg: *Neumayr* in *Schwimann*, ABGB^{3} § 333 ASVG Rz 3 mwN; OGH 14.2.2012, 2 Ob 131/11w). **3**

Dem Dienstgeber sind gemäß § 333 Abs 4 ASVG die gesetzlichen oder bevollmächtigten Vertreter des Unternehmens sowie *„Aufseher im Betrieb"* gleichgestellt, ds Personen, denen in betrieblichen Teilbereichen selbständige Entscheidungsbefugnisse zukommen (*Löschnigg*, Arbeitsrecht, 11. Auflage). Beispiele aus der Judikatur: 18.10.2007, 2 Ob 61/07w; 9.5.2007, 9 ObA 60/07z; 21.9.1978, 2 Ob 115/78. **4**

Hat der Dienstgeber oder eine ihm gleichgestellte Person den Arbeitsunfall oder die Berufskrankheit vorsätzlich oder durch grobe Fahrlässigkeit verursacht, so hat er den Trägern der Sozialversicherung alle nach diesem Bundesgesetz zu gewährenden Leistungen zu ersetzen. Dies gilt nicht in den Fällen von Leistungen nach § 213a ASVG **(Integritätsabgeltung)** (§ 334 Abs 1 ASVG). **5**

So hat der OGH festgestellt, dass einer (externen) Sicherheitsfachkraft das **Haftungsprivileg gemäß § 333 Abs 1 und 4 ASVG im Sinne eines Aufsehers im Betrieb** zugutekommt. (14.2.2012, 2 Ob 174/11v) Damit § 333 ASVG über- **6** haupt zugunsten einer Sicherheitsvertrauensperson zur Anwendung kommen könnte, muss der Arbeitsunfall bzw das Entstehen einer Berufskrankheit jedenfalls in ursächlichem Zusammenhang mit einer Verletzung von Pflichten der Sicherheitsvertrauensperson bei Ausübung dieser ihrer Pflichten stehen. Dies ergibt sich insbesondere daraus, dass Pflichtverstöße der Sicherheitsvertrauenspersonen nur im Zusammenhang mit den sich aus § 11 ASchG ergebenden Pflichten gesehen werden, wobei diese Bestimmung als Schutznorm iSd § 1311 ABGB bewertet wird. Selbst wenn man daher Sicherheitsvertrauenspersonen nach dem ASchG die Stellung eines Aufsehers im Betrieb im Sinn des § 333 Abs 4 ASVG zumessen wollte, kommt es – wie allgemein beim Aufseher im Betrieb – darauf an, dass der Schädiger im Zeitpunkt der Schadenszufügung nicht nur formell die Funktion bekleidete, sondern in Ausübung seiner Funktion tätig war. (OGH 29.6.2009, 9 ObA 141/08p)

III. Meldepflichten

7 Der Dienstgeber hat jeden **Arbeitsunfall**, durch den ein Arbeitnehmer getötet oder mehr als drei Tage völlig oder teilweise arbeitsunfähig geworden ist, längstens **binnen fünf Tagen dem zuständigen Träger der Unfallversicherung** auf einem von diesem aufzulegenden Vordruck in dreifacher Ausfertigung zu melden. Im Falle einer Arbeitskräfteüberlassung obliegen diese Meldepflichten dem Beschäftiger nach § 3 Abs 3 des Arbeitskräfteüberlassungsgesetzes (§ 363 Abs 1 ASVG).

8 Im Falle einer **Unfallerhebung gemäß § 365 Abs 1 ASVG** sind das zuständige Arbeitsinspektorat, wenn der Unfall einen Arbeitnehmer betroffen hat, der Arbeitgeber und der Betriebsrat zu verständigen. Diese können sich durch Vertreter an der Erhebung beteiligen(§ 365 Abs 2 ASVG). § 21 des Arbeitsinspektionsgesetzes 1993 wird dadurch nicht berührt (§ 365 Abs 3 ASVG).

9 Der Betriebsinhaber hat den **Betriebsrat** von jedem Arbeitsunfall unverzüglich in Kenntnis zu setzen (§ 89 Z 3 ArbVG).

Zu sonstigen Meldepflichten siehe auch § 98 ASchG.

IV. Aufzeichnungspflichten

10 Aufzeichnungspflichten im **ASchG** sind § 5 (Sicherheits- und Gesundheitsschutzdokument), § 14 (Nachweis über die Unterweisung der Arbeitnehmer), § 37 (Prüfung von Arbeitsmitteln), § 38 (Wartung von Arbeitsmitteln), § 47 (Verzeichnis exponierter Arbeitnehmer, die bestimmte gefährliche Arbeitsstoffe verwenden), § 58 (Verzeichnis der Arbeitnehmer, für die Eignungs- und Folgeuntersuchungen erforderlich sind), § 62 Abs 8 (Verzeichnis der Tätigkeiten mit verpflichtenden Fachkenntnissen), § 65 Abs 4 Z 6 (Verzeichnis der lärmexponierten Arbeitnehmer), § 84 (Aufzeichnungen über Einsatzzeit und Tätigkeiten der Präventivdienste).

Auch in den **Durchführungsverordnungen zum ASchG** finden sich Aufzeichnungspflichten: §§ 11 und 16 AM-VO; §§ 44 Abs 5 sowie 45 Abs 3 AStV; §§ 23, 24, 31 Abs 3 und 32 GKV 2011; § 14 Abs 5 sowie §§ 6 Abs 3 Z 4 und 9 Abs 3 VOLV; § 5 VEXAT, § 5 SprengV, §§ 5, 6, 10 und 13 BohrarbV. **11**

Zugang zu den Aufzeichnungen und Berichten haben die **Präventivfachkräfte, die Sicherheitsvertrauenspersonen und der Betriebsrat** (§ 76 Abs 2, § 81 Abs 2, § 11 Abs 7 ASchG, § 92a Abs 2 ArbVG). Information und Übermittlungspflichten des Betriebsinhabers gegenüber dem Betriebsrat sind in § 92a taxativ aufgezählt (Es handelt sich um ein echtes, unverlangt zu erfüllendes Informationsrecht in der Form eines Einsichtsrechts in schriftliche oder elektronische Unterlagen. Auch sind Unterlagen zu überlassen.) (*Reissner* in ZellKomm[2] § 92a ArbVG Rz 15) **12**

Instandhaltung, Reinigung, Prüfung

§ 17. (1) Arbeitgeber haben dafür zu sorgen, daß die Arbeitsstätten einschließlich der Sanitär und Sozialeinrichtungen, die elektrischen Anlagen, Arbeitsmittel und Gegenstände der persönlichen Schutzausrüstung sowie die Einrichtungen zur Brandmeldung oder bekämpfung, zur ErsteHilfe-Leistung und zur Rettung aus Gefahr ordnungsgemäß instand gehalten und gereinigt werden.

(2) Arbeitgeber haben unbeschadet der in den folgenden Abschnitten dieses Bundesgesetzes vorgesehenen besonderen Prüfpflichten dafür zu sorgen, daß elektrische Anlagen, Arbeitsmittel, Gegenstände der persönlichen Schutzausrüstung sowie Einrichtungen zur Brandmeldung oder bekämpfung und zur Rettung aus Gefahr in regelmäßigen Abständen auf ihren ordnungsgemäßen Zustand überprüft werden und festgestellte Mängel unverzüglich beseitigt werden.

[BGBl 1994/450]

Übersicht

I. Instandhaltungs- und Reinigungspflicht 1
A. Persönliche Schutzausrüstung (PSA-V) 2
B. Besondere Regelungen nach ASchG 3

I. Instandhaltungs- und Reinigungspflicht

Diese Bestimmung entspricht dem bis dahin geltenden Recht (ANSchG) und Art 6 der Arbeitsmittelrichtlinie 89/654/EWG. **1**

Zu Instandhaltungs- und Wartungsarbeiten siehe den Endbericht der Schwerpunktaktion 2013/2014 zu Arbeitsschutz bei der Instandhaltung, Wartung und Störungsbeseitigung auf der Website der Arbeitsinspektion vom 13.7.2023 unter https://www.arbeitsinspektion.gv.at/Agenda/Agenda/2013-2014-_Instandhaltung_.html.

A. Persönliche Schutzausrüstung (PSA-V)

2 Für die Instandhaltung und Wartung von persönlicher Schutzausrüstung regelt die Verordnung über den Schutz der Arbeitnehmer/innen durch persönliche Schutzausrüstung (Verordnung Persönliche Schutzausrüstung – PSA-V, BGBl II 2014/77 [in Kraft getreten mit 1.5.2014]) die Prüfung von Gegenständen der persönlichen Schutzausrüstung im Sinne des § 17 Abs 2.

B. Besondere Regelungen nach ASchG

3 Zu Sanitär- und Sozialeinrichtungen siehe §§ 27 und 28 ASchG, §§ 33, 34 und 36 AStV.

Zu elektrischen Anlagen siehe die ESV 2012.

Zu Arbeitsmitteln siehe §§ 37 und 38 ASchG sowie AM-VO.

Zu persönlicher Schutzausrüstung siehe §§ 69 und 70 sowie PSA-V.

Zu Einrichtungen zur Brandmeldung oder -bekämpfung siehe § 25 ASchG.

Zur Ersten Hilfe siehe § 26 ASchG.

Verordnungen

§ 18. Der Bundesminister für Arbeit, Soziales und Konsumentenschutz hat in Durchführung des 1. Abschnittes durch Verordnung näher zu regeln:

1. **die Sicherheits- und Gesundheitsschutzdokumente, wobei die Art der Tätigkeiten und die Größe des Unternehmens bzw. der Arbeitsstätte, Baustelle oder auswärtigen Arbeitsstelle zu berücksichtigen sind,**
2. **Arbeiten, mit denen Arbeitnehmerinnen nicht oder nur unter Bedingungen oder Einschränkungen beschäftigt werden dürfen,**
3. **die Mindestanzahl der Sicherheitsvertrauenspersonen.**

[BGBl I 2012/118]

Übersicht

I. Durchführungsverordnungen zum ersten Abschnitt ASchG 1, 2

I. Durchführungsverordnungen zum ersten Abschnitt ASchG

1 Diese Bestimmung listet jene Regelungen des ersten Abschnittes auf, zu denen jedenfalls eine Konkretisierung durch Verordnung erforderlich ist bzw bei denen in den Übergangsbestimmungen ausdrücklich auf das Inkrafttreten einer Durchführungsverordnung abgestellt wird. Bis zur Erlassung dieser Verordnungen sind die derzeit geltenden Verordnungen nach Maßgabe des neunten Abschnittes anzuwenden. Dass darüber hinaus auch zur Durchführung anderer Regelungen dieses Entwurfes Verordnungen erlassen werden können, ergibt sich aus Art 18 Abs 2 B-VG und bedarf keiner zusätzlichen konkreten Ermächtigung durch Bundesgesetz.

Folgende Verordnungen sind zum ersten Abschnitt erlassen worden: 2

- Die Verordnung über die Sicherheits- und Gesundheitsschutzdokumente (**DOK-VO**), BGBl 1996/478, idF BGBl II 1997/53, konkretisiert die Dokumentation der Ergebnisse der Ermittlung und Beurteilung der Gefahren am Arbeitsplatz („Arbeitsplatzevaluierung“).
- Die inzwischen außer Kraft gesetzte **Verordnung über Beschäftigungsverbote und -beschränkungen für Arbeitnehmerinnen**, BGBl II 2001/356, idF BGBl II 2008/279, galt für die Beschäftigung von Arbeitnehmerinnen in Arbeitsstätten, auf Baustellen und auf auswärtigen Arbeitsstellen, auf die das ASchG anzuwenden ist. Arbeiten unter Einwirkung von Blei und Arbeiten mit besonderer physischer Belastung sind verboten. Ausnahmen davon waren unter bestimmten Voraussetzungen erlaubt. Mit der Verordnung BGBl II 2015/230 wurde diese Verordnung zum 31.8.2015 ersatzlos aufgehoben, weil die geltende Arbeitsschutzrechtslage zum Schutz der Sicherheit und Gesundheit der Arbeitnehmerinnen ausreichend erscheint. Vgl Anmerkungen zu § 6 und § 103. Unverändert gelten weiterhin die davon zu unterscheidenden Beschäftigungsverbote und -beschränkungen aus Gründen der Mutterschaft nach MSchG.
- Die Verordnung über die Sicherheitsvertrauenspersonen (**SVP-VO**), BGBl 1996/172, legt die Mindestanzahl der SVP im Betrieb sowie deren Auswahl und Qualifikation fest.

2. Abschnitt
Arbeitsstätten und Baustellen

Anwendungsbereich

§ 19. **(1) Arbeitsstätten sind**

1. **alle Gebäude und sonstigen baulichen Anlagen sowie Teile von Gebäuden oder sonstigen baulichen Anlagen, in denen Arbeitsplätze eingerichtet sind oder eingerichtet werden sollen oder zu denen Arbeitnehmer im Rahmen ihrer Arbeit Zugang haben (Arbeitsstätten in Gebäuden), sowie**
2. **alle Orte auf einem Betriebsgelände, zu denen Arbeitnehmer im Rahmen ihrer Arbeit Zugang haben (Arbeitsstätten im Freien).**

(2) Als Arbeitsstätten im Sinne des Abs. 1 Z 1 gelten auch Wohnwagen, Container und sonstige ähnliche Einrichtungen, sowie Tragluftbauten, die zur Nutzung für Arbeitsplätze vorgesehen sind.

(3) Die §§ 20 bis 28 gelten nicht für

1. **Gebäude und sonstige bauliche Anlagen, die dem Gottesdienst gesetzlich anerkannter Kirchen und Religionsgesellschaften gewidmet sind,**
2. **Felder, Wälder und sonstige Flächen, die zu einem land und forstwirtschaftlichen Betrieb gehören und außerhalb seiner verbauten Fläche liegen.**

[BGBl 1994/450]

Übersicht

I.	Allgemeines zum zweiten Abschnitt	1–6
II.	Arbeitsstättenbegriff (Abs 1)	7–13
III.	Wohnwagen, Container und ähnliche Einrichtungen (Abs 2)	14, 15
IV.	Ausnahmen (Abs 3)	16, 17

I. Allgemeines zum zweiten Abschnitt

1 Dieser Abschnitt enthält vor allem die Umsetzung der **Richtlinie 89/654/EWG** über die Mindestvorschriften für Sicherheit und Gesundheitsschutz in **Arbeitsstätten**. Geregelt werden vor allem Anforderungen hinsichtlich der Konstruktion, Beschaffenheit und Ausstattung, die in der Regel bereits bei der Planung und Errichtung von Betriebsanlagen oder sonstigen Arbeitsstätten berücksichtigt werden müssen. Diese Bestimmungen gelten grundsätzlich unabhängig von der Art der Arbeitsvorgänge und Arbeitsverfahren, von der Art der eingesetzten Arbeitsmittel und Arbeitsstoffe etc.

2 Weiters enthält der zweite Abschnitt die Umsetzung der für Baustellen nach der **Richtlinie 92/57/EWG** über die auf zeitlich begrenzte oder ortsveränderliche **Baustellen** anzuwendenden Mindestvorschriften für die Sicherheit und den Gesundheitsschutz, soweit diese Arbeitgeberpflichten zum Schutz der Arbeitnehmer regeln. Die in der Richtlinie vorgesehenen Detailregelungen wurden ebenso wie die für Bauarbeiten notwendigen Sonderregelungen betreffend Arbeitsvorgänge und Arbeitsplätze in der **Bauarbeiterschutzverordnung**, BGBl 1994/340, umgesetzt (vgl ErlRV 1590 BlgNR 18. GP).

Nach § 1 Abs 2 der Bauarbeiterschutzverordnung (BauV), BGBl 1994/340, idgF, gelten folgende Bestimmungen dieser Verordnung auch für die Beschäftigung von Arbeitnehmern auf auswärtigen Arbeitsstellen im Sinn des § 2 Abs 3 letzter Satz ASchG:

1. § 6 Abs. 2 zweiter Satz, Abs. 3, Abs. 7 und Abs. 8 (Arbeitsplätze und Verkehrswege),
2. §§ 7 bis 10 (Absturzgefahr, Absturzsicherungen, Abgrenzungen und Schutzeinrichtungen),
3. §§ 48 bis 54 (Maßnahmen bei Erd- und Felsarbeiten),
3. §§ 87 bis 93 (Arbeiten aud Dächern und an Schornstein- und Feuerungsanlagen),
4. §§ 106, 108 und 109 (Wasserbauarbeiten, Bau- und Erhaltungsarbeiten bei Eisenbahnanlagen und auf Straßen mit Fahrzeugverkehr) und
5. § 157 (Abweichungen für das Ausheben und Betreten von Mastgruben).

3 Das ASchG beschränkt sich auf die grundlegenden Anforderungen. Die Detailregelungen – wie sie zum Teil auch in den Anhängen der Richtlinie vorgesehen sind – erfolgten für Arbeitsstätten durch die **Arbeitsstättenverordnung (AStV)**, BGBl II 1998/368, die mit 1.1.1999 in Kraft getreten ist. Die Bestimmungen der

Arbeitsstättenverordnung – mit Ausnahme des sechsten Abschnittes – gelten für Arbeitsstätten im Sinne des § 19 ASchG (Geltungsbereich ASchG), und zwar sowohl für Arbeitsstätten in Gebäuden als auch, soweit sich die einzelnen Bestimmungen nicht ausdrücklich auf Gebäude oder auf Räume beziehen, für Arbeitsstätten im Freien. Die AStV enthält in sieben Abschnitten

- Allgemeine Bestimmungen für Arbeitsstätten (1. Abschnitt),
- Regelungen über Sicherung der Flucht (2. Abschnitt),
- Anforderungen an Arbeitsräume (3. Abschnitt),
- sanitäre Vorkehrungen und Sozialeinrichtungen (4. Abschnitt),
- Erste Hilfe und Brandschutz (5. Abschnitt),
- Gebäude auf Baustellen (6. Abschnitt),
- Übergangs- und Schlussbestimmungen (7. Abschnitt).

Für Dienststellen des Bundes (Bundes-Bedienstetenschutzgesetz – B-BSG, **4**
BGBl I 1999/70) wurde die Bundes-Arbeitsstättenverordnung (B-AStV), BGBl II 2002/352, erlassen.

Bis zum Inkrafttreten der AStV galt gemäß §§ 106 bis 108 ASchG eine Reihe **5**
von Bestimmungen der Allgemeinen Arbeitnehmerschutzverordnung (AAV) als Bundesgesetz. Mit Inkrafttreten der AStV ist ein Großteil dieser Bestimmungen außer Kraft getreten (siehe § 48 AStV).

Arbeitsstätten, die bereits vor dem Inkrafttreten des ASchG bzw der AStV bestanden, konnten ohne Notwendigkeit einer Nachrüstung oder Anpassung weiterhin genutzt werden, sofern sie bei Inkrafttreten der Arbeitsstättenverordnung zulässigerweise genutzt wurden, also den bis dahin für sie geltenden Vorschriften bzw einem Bescheid im Sinne der §§ 92 bis 94 oder § 126 ASchG entsprachen. Wenn jedoch eine bestehende Arbeitsstätte dem vorher geltenden Recht nicht entsprach und auch hinter den Anforderungen der AStV zurückbleibt, ist dieser Zustand rechtswidrig und konnte, wie bisher, allenfalls im Wege einer bescheidmäßigen Ausnahmegenehmigung (§ 95 Abs 3 ASchG) saniert werden.

Vgl Anmerkungen zu §§ 106 bis 108.

Die **AStV** sieht **Abweichungen** von den im zweiten Abschnitt festgelegten An- **6**
forderungen vor, wenn dies aus wichtigen Gründen erforderlich ist und Sicherheit und Gesundheit der Arbeitnehmer gewährleistet sind (§ 48 Abs 2 AStV).

Die meisten Arbeitsstätten unterliegen einer **Bewilligungspflicht** (vgl §§ 92 bis 94 ASchG). Die Erfordernisse des Arbeitnehmerschutzes sind zu berücksichtigen und zu beurteilen. Im Genehmigungsbescheid können zur Vermeidung von Gefährdungen der Sicherheit und Gesundheit der Arbeitnehmer Auflagen oder Bedingungen vorgeschrieben werden. In rechtskräftige Bescheide, die bereits vor dem Inkrafttreten der AStV bestanden, wurde grundsätzlich nicht eingegriffen (§ 47 Abs 5 bis 8 AStV).

II. Arbeitsstättenbegriff (Abs 1)

7 Entsprechend den Grundsätzen der Richtlinie 89/654/EWG wird in inhaltlicher Hinsicht zwischen **Arbeitsstätten in Gebäuden (Z 1)** und **Arbeitsstätten im Freien (Z 2)** unterschieden. Bei den Regelungen über Arbeitsstätten in Gebäuden wird wiederum – entsprechend dem vor dem ASchG geltenden Recht – zwischen Arbeitsräumen und sonstigen Betriebsräumen unterschieden. Jene arbeitsplatzbezogenen Regelungen der Richtlinie 89/654/EWG, die auch außerhalb der Arbeitsstätten bzw des Betriebsgeländes gelten müssen, werden im sechsten Abschnitt (Arbeitsvorgänge und Arbeitsplätze) umgesetzt (vgl ErlRV 1590 BlgNR 18. GP).

Die Definition der Arbeitsstätten entspricht Art 2 der Arbeitsstättenrichtlinie 89/654/EWG.

Zum Begriff der Arbeitsstätte siehe auch § 2 Abs 3 ASchG.

8 Zur Arbeitsstätte (§ 19 Abs 1 Z 1 ASchG) gehören **Arbeitsräume und sonstige Betriebsräume, einschließlich aller Sanitär- und Sozialräume sowie aller Verkehrswege** (Gänge, Stiegen, Stiegenhäuser, Vorhallen), die solche Räume verbinden oder erschließen.

9 Eine Arbeitsstätte ist in der Regel ein Gebäude, das von einem **Unternehmen (Arbeitgeber)** genutzt wird, zB eine gewerbliche Betriebsanlage, eine Krankenanstalt, einKraftwerk, eine Bankfiliale. Befinden sich mehrere von einem Unternehmen genutzte Gebäude auf einem Betriebsgelände, umfasst die Arbeitsstätte die gesamte Anlage. Die Grenze einer Arbeitsstätte, die ein ganzes Gebäude oder ein Betriebsgelände umfasst, stellt in der Regel eine Straße mit öffentlichem Verkehr dar.

10 Eine Arbeitsstätte umfasst aber oft nicht das ganze Gebäude, sondern nur einen **Teilbereich eines Gebäudes**, wie zB eine Ordination, ein Büro oder ein Geschäft in einem Wohnhaus, einzelne Geschäfte innerhalb eines Einkaufszentrums, einzelne Büros in einem Bürogebäude. Eine solche Arbeitsstätte endet (analog zur Betriebsanlage iSd Gewerbeordnung) dort, wo die Verfügungsberechtigung (idR der Bestandvertrag) des Arbeitgebers seine Grenzen hat, sodass die außerhalb der einzelnen Arbeitsstätte gelegenen Gebäudeteile (insbesondere Gänge, Stiegen, Stiegenhäuser, Ausgänge, Vorhallen) in der Regel nicht zur Arbeitsstätte im engeren Sinn gehören. Dennoch muss gewährleistet werden, dass Arbeitnehmer, die diese Gebäudeteile benützen (müssen), dadurch nicht in ihrer Sicherheit gefährdet werden. Wenn es sich um ein Gebäude handelt, in dem ausschließlich oder zum überwiegenden Teil Arbeitsstätten untergebracht sind (zB Einkaufszentren, Bürohäuser), müssen daher auch die außerhalb der einzelnen Arbeitsstätten gelegenen Verkehrswege, Stiegen, Gänge etc den für Arbeitsstätten geltenden Anforderungen entsprechen (vgl § 21 Abs 6 ASchG). (Erlass des BMAGS vom 27.6.1997, 66.505/2-3/97)

11 Wenn das Gebäude hingegen **überwiegend zu Wohnzwecken** genutzt wird und die betreffenden Gebäudeteile sowohl von Hausbewohnern als auch von

Arbeitnehmern benutzt werden, ist davon auszugehen, dass die für Hausbewohner bestehende Ausführung in der Regel auch zur Gewährleistung der Sicherheit von Arbeitnehmern ausreichend ist. Hier soll nur in Ausnahmefällen – wenn die bestehende Ausführung eine Gefährdung befürchten lässt – dem Arbeitgeber die Vornahme der notwendigen Sicherungsmaßnahmen aufgetragen werden (vgl § 1 Abs 2 und 3 AStV). Gleiches gilt, wenn das Gebäude ursprünglich überwiegend zu Wohnzwecken genutzt wurde, nach und nach aber die betriebliche Nutzung überhand genommen hat.

Auch **betreute Wohneinrichtungen für Menschen mit Behinderungen** sind als **12**
Arbeitsstätten im Sinne des § 19 ASchG zu beurteilen und die AStV ist anzuwenden. Laut Erlass des Zentral-Arbeitsinspektorates vom 29.5.2012, BMASK-461.304/0007-VII/A/3/2012, müssen dazu folgende Voraussetzungen vorliegen:

- Anmietung der Wohnungen durch den Arbeitgeber (Verein/juristische Person) des Betreuungspersonals;
- Menschen mit Behinderungen erhalten in den Wohneinrichtungen Vollbetreuung (vergleichbar mit einem Pflegeheim);
- Mitarbeiter der Wohneinrichtungen haben im Rahmen ihrer Dienstausübung ungehindert Zugang (zB Generalschlüssel) zu praktisch allen Räumen im Haus, jedenfalls zu den Räumen der zu betreuenden Personen;
- die Regelungen der AStV, insbesondere über die Sicherstellung der Flucht im Gefahrenfall (2. Abschnitt AStV), sind daher bei vollbetreuten Wohneinrichtungen anzuwenden. Da derartige Betreuungseinrichtungen oftmals in bestehenden Gebäuden installiert werden, ist auf die Möglichkeit von Ausnahmeverfahren gemäß § 95 Abs 3 ASchG Bedacht zu nehmen.

Im Unterschied zu solchen vollbetreuten Wohneinrichtungen liegt in folgenden Fällen keine Arbeitsstätte vor:

- Wohnungen/Häuser von Privatpersonen, die von einer Heimhilfe, die beispielsweise bei einem Verein beschäftigt ist, betreut werden (mobile Pflege). Diese gelten (für die Heimhelfer) als auswärtige Arbeitsstelle.
- Wohnungen/Häuser von Privatpersonen, die 24-Stunden-Betreuung in Anspruch nehmen. Diese sind als privater Haushalt oder auswärtige Arbeitsstelle (je nach Vertragslage) zu qualifizieren.

Zu den **Arbeitsstätten im Freien (§ 19 Abs 1 Z 2 ASchG)** gehören zB alle **13**
Verkehrswege, welche Arbeitsplätze innerhalb des Betriebsgeländes erschließen. Auch Steinbrüche, soweit sie nicht vom Geltungsbereich ausgenommen sind, sind Arbeitsstätten im Freien.

III. Wohnwagen, Container und ähnliche Einrichtungen (Abs 2)

Als Arbeitsstätten in Gebäuden gelten auch Wohnwagen, Container und **14**
sonstige ähnliche Einrichtungen sowie Tragluftbauten, die **zur Nutzung für Arbeitsplätze vorgesehen** sind. Abs 2 dient der Klarstellung, weil solche Einrichtungen nach baurechtlichen Vorschriften nicht generell als Gebäude oder

bauliche Anlagen anzusehen sind, jedoch die im zweiten Abschnitt vorgesehenen Mindestanforderungen auch für solche Einrichtungen gelten müssen, um Sicherheit und Gesundheit der Arbeitnehmer zu gewährleisten.

15 **Ausnahmen** von den Mindestanforderungen sieht **§ 31 AStV** vor. Demnach gelten für Container, Wohnwagen und sonstige ähnliche Einrichtungen abweichende Regelungen (zB in Bezug auf Raumhöhe, Luftraum), sofern es sich um zeitlich begrenzte Behelfslösungen (zB Bürocontainer als Ausweichquartier für die Dauer von Umbauarbeiten) oder um aufgrund der Nutzungsart notwendigerweise mobile Einrichtungen handelt.

IV. Ausnahmen (Abs 3)

16 Nach **§ 19 Abs 3 ASchG Z 1 ASchG** gelten die §§ 20 bis 28 nicht für Gebäude und sonstige bauliche Anlagen, die dem Gottesdienst gesetzlich anerkannter Kirchen und Religionsgesellschaften gewidmet sind:

- Nach der Judikatur des VwGH ist eine **sonstige bauliche Anlage** jede Anlage, zu deren fachgerechter Errichtung ein wesentliches Maß bautechnischer Kenntnisse erforderlich ist, die mit dem Boden in eine kraftschlüssige Verbindung (Fundament) gebracht wird und wegen ihrer Beschaffenheit geeignet ist, öffentliche Interessen zu berühren (VwGH 10.11.2011, 2008/05/0177; vgl VwGH 26.4.1994, 94/05/0017; VwGH 19.9.1995, 93/05/0105).
- Die Ausnahmen hinsichtlich **dem Gottesdienst gewidmeter Gebäude** wurden mit Rücksicht auf die Autonomie der Kirchen und Religionsgesellschaften vorgesehen. Diese Ausnahme stellt auf den Beschäftigungsort ab, nicht auf die Person des Arbeitgebers. Arbeitsstätten der Kirchen und Religionsgesellschaften, die anderen Zwecken als dem Gottesdienst dienen, wie zB Krankenanstalten, Kindergärten, Schulen, Heime oder auch Gastronomiebetriebe, sind daher entsprechend dem Prinzip derGleichbehandlung und aus sozialpolitischen Erwägungen von der Ausnahme nicht erfasst.

17 **§ 19 Abs 3 ASchG Z 2 ASchG** nimmt weitersFelder, Wälder und sonstige Flächen aus, die zu einem land- und forstwirtschaftlichen Betrieb gehören und außerhalb seiner verbauten Fläche liegen: Diese Ausnahmen der **Land- und Forstwirtschaft** entsprechen Art 1 Abs 2 lit e der Richtlinie 89/654/EWG.

Allgemeine Bestimmungen über Arbeitsstätten und Baustellen

§ 20. **(1) Arbeitgeber sind verpflichtet, Arbeitsstätten und Baustellen entsprechend den Vorschriften dieses Bundesgesetzes sowie den dazu erlassenen Verordnungen und entsprechend den für sie geltenden behördlichen Vorschreibungen einzurichten und zu betreiben.**

(2) Befinden sich in einer Arbeitsstätte oder auf einer Baustelle Gefahrenbereiche, in denen Absturzgefahr für die Arbeitnehmer oder die Gefahr des Herabfallens von Gegenständen besteht, so müssen diese Bereiche nach

Möglichkeit mit Vorrichtungen ausgestattet sein, die unbefugte Arbeitnehmer am Betreten dieser Bereiche hindern. Dies gilt auch für sonstige Bereiche, in denen besondere Gefahren bestehen, insbesondere durch elektrische Spannung, radioaktive Stoffe, ionisierende oder nichtionisierende Strahlung oder durch Lärm oder sonstige physikalische Einwirkungen. Gefahrenbereiche müssen gut sichtbar und dauerhaft gekennzeichnet sein.

(3) Elektrische Anlagen müssen so geplant und installiert sein, daß von ihnen keine Brand- oder Explosionsgefahr ausgeht und daß Arbeitnehmer bei direktem oder indirektem Kontakt angemessen vor Unfallgefahren geschützt sind.

(4) Der Verkehr innerhalb der Arbeitsstätten und auf den Baustellen ist so abzuwickeln, daß Sicherheit und Gesundheit der Arbeitnehmer nicht gefährdet werden. Die der Verkehrssicherheit dienenden Vorschriften der Straßenverkehrsordnung 1960, BGBl. Nr. 159, sind sinngemäß anzuwenden, soweit nicht betriebliche Notwendigkeiten eine Abweichung erfordern. Solche Abweichungen sind in der Arbeitsstätte oder auf der Baustelle entsprechend bekanntzumachen.

(5) Lagerungen sind in einer Weise vorzunehmen, daß Gefahren für Sicherheit oder Gesundheit der Arbeitnehmer nach Möglichkeit vermieden werden, wobei insbesondere die Beschaffenheit und die allfällige besondere Gefährlichkeit der gelagerten Gegenstände zu berücksichtigen sind.

(6) Arbeitsstätten und Baustellen, in/auf denen Arbeitnehmer bei Ausfall der künstlichen Beleuchtung in besonderem Maß Gefahren ausgesetzt sind, müssen mit einer ausreichenden Sicherheitsbeleuchtung ausgestattet sein.

(7) Arbeitgeber/innen haben dafür zu sorgen, dass auf Arbeitsstätten im Bergbau die erforderlichen Kommunikations-, Warn- und Alarmsysteme vorhanden sind, damit im Bedarfsfall unverzüglich Hilfs-, Evakuierungs- und Rettungsmaßnahmen eingeleitet werden können.

[BGBl I 2012/118]

Übersicht

I. Einrichtung und Betrieb von Arbeitsstätten (Abs 1) 1, 2
II. Kennzeichnung von Gefahrenbereichen (Abs 2) 3, 4
III. Elektrische Anlagen, Verkehrswege, Lagerungen (Abs 3 bis 5) 5–7
IV. Sicherheitsbeleuchtung (Abs 6) 8, 9
V. Arbeitsstätten im Bergbau (Abs 7) 10

I. Einrichtung und Betrieb von Arbeitsstätten (Abs 1)

§ 20 Abs 1 ASchG gilt sowohl für Arbeitsstätten in Gebäuden, Arbeitsstätten im Freien als auch für Baustellen. 1

Diese Regelungen entsprechen weitgehend dem vor dem ASchG geltenden Recht, siehe §§ 5, 7 und 18 Abs 2 ANSchG sowie §§ 10, 18, 38, 63 und 64 AAV sowie § 105 der Allgemeinen Dienstnehmerschutzverordnung (ErlRV 1590 BlgNR 18. GP).

2 Bestimmungen über die Gestaltung und Ausstattung von Arbeitsstätten finden sich nicht nur in der Arbeitsstättenverordnung (AStV), sondern – je nach Art der Nutzung der Arbeitsstätte – beispielsweise auch in den Verordnungen über biologische Arbeitsstoffe (VbA), über krebserzeugende Arbeitsstoffe (GKV 2011), über die Bildschirmarbeit (BS-V), über den Schutz der Arbeitnehmer vor der Gefährdung durch Lärm und Vibrationen (VOLV), über explosionsfähige Atmosphären (VEXAT), über optische Strahlung (VOPST), über den Schutz der Arbeitnehmer bei der Durchführung von Arbeiten im Tagbau (TAV) oder über den Schutz der Arbeitnehmer bei der Durchführung von Bohr- und Behandlungsarbeiten (BohrarbV).

II. Kennzeichnung von Gefahrenbereichen (Abs 2)

3 Zur Sicherung von Gefahrenbereichen sind beispielsweise gemäß **§ 11 AStV** Öffnungen oder Vertiefungen in Fußböden, wie zB Schächte, Gruben oder Kanäle, tragsicher und unverschiebbar abzudecken oder durch geeignete Vorrichtungen gegen Absturz von Personen und gegen das Herabfallen von Gegenständen zu sichern. Ist dies auf Grund der Art der durchzuführenden Arbeiten nicht möglich, sind geeignete Leisten oder Abweiser anzubringen. Ist auch dies nicht möglich, sind die Gefahrenbereiche so zu kennzeichnen, dass eine Gefährdung vermieden wird. Erhöhte Bereiche, von denen Arbeitnehmer abstürzen könnten, wie insbesondere erhöhte Standplätze, Verkehrswege, nicht festverschlossene Maueröffnungen, sind gemäß § 11 Abs 3 AStV zu sichern. Arbeitsplätze und Verkehrswege, auf die Gegenstände herabfallen könnten, sind durch Schutzdächer oder Schutznetze zu sichern. Verkehrswege aus Gitterrosten oder durchbrochenem Material sind so zu gestalten, dass keine Gegenstände durchfallen können, durch die Arbeitnehmer gefährdet werden könnten. Für Laderampen gilt § 11 Abs 6 AStV.

4 Die Kennzeichnung von Gefahrenbereichen hat entsprechend den Regelungen der **Kennzeichnungsverordnung (KennV)**, BGBl II 1997/101, zu erfolgen.

III. Elektrische Anlagen, Verkehrswege, Lagerungen (Abs 3 bis 5)

5 Die **Elektroschutzverordnung 2012 (ESV 2012)** enthält Regelungen zum Schutz der Sicherheit und der Gesundheit der Arbeitnehmer vor Gefahren, die von elektrischem Strom ausgehen.

6 Der Verkehr innerhalb der Arbeitsstätten und auf den Baustellen ist so abzuwickeln, dass Sicherheit und Gesundheit der Arbeitnehmer nicht gefährdet werden. Die der Verkehrssicherheit dienenden Vorschriften der Straßenverkehrsordnung 1960, BGBl Nr 159, sind sinngemäß anzuwenden. Da die StVO

grundsätzlich nur auf Straßen mit öffentlichem Verkehr gilt (als solche gelten gemäß § 1 StVO Straßen, die von jedermann unter den gleichen Bedingungen benützt werden können), wurde die gesetzliche Anordnung getroffen, dass **auch auf Verkehrswegen auf dem Betriebsgelände die StVO gilt**. Es bleibt jedoch den Arbeitgebern freigestellt, im Falle einer betrieblichen Notwendigkeit abweichende Regelungen zu treffen.

§ 20 Abs 5 ASchG soll verhindern, dass Arbeitnehmer durch **Lagerungen** 7
(Lagergut, Lagereinrichtungen) gefährdet werden. Lagerungen sind gemäß **§ 10 AStV** so vorzunehmen, dass Arbeitnehmer durch das Lagergut oder durch die Gebinde oder Verpackungen nicht gefährdet oder beeinträchtigt werden können. Dabei ist insbesondere Bedacht zu nehmen auf die Stabilität und Eignung der Unterlage, die Standfestigkeit der Lagerung selbst, die Standfestigkeit der für die Lagerung verwendeten Einrichtungen, die Beschaffenheit der Gebinde oder Verpackungen, den Böschungswinkel von Schüttgütern sowie den Abstand der Lagerungen zueinander oder zu Bauteilen oder Arbeitsmitteln und mögliche äußere Einwirkungen. Durch geeignete Maßnahmen, wie zB durch deutlich erkennbare, dauerhafte Anschrift, ist dafür zu sorgen, dass die zulässige Belastung von Böden, unter denen sich andere Räume befinden, die zulässige Belastung von Einrichtungen, die für die Lagerung verwendet werden (wie zB Galerien, Zwischenböden, Regalen, Paletten, Behälter) oder die zulässige Füllhöhe von Behältern nicht überschritten werden. Auf Stiegen einschließlich der Stiegenpodeste sind Lagerungen unzulässig.

Zu Lagerarbeiten im Allgemeinen siehe § 64 AAV.

Zur Lagerung von gesundheitsgefährdenden, brandgefährlichen oder explosionsgefährlichen Arbeitsstoffen siehe § 65 AAV.

IV. Sicherheitsbeleuchtung (Abs 6)

Gemäß **§ 9 AStV** sind folgende Bereiche mit einer Sicherheitsbeleuchtung 8
auszustatten:

- Arbeitsräume und Fluchtwege, die nicht natürlich belichtet sind
- Fluchtwege, die zwar natürlich belichtet sind, diese natürliche Belichtung jedoch zB auf Grund der baulichen Gegebenheiten oder auf Grund der Lage der Arbeitszeit nicht ausreicht, um bei Ausfall der künstlichen Beleuchtung das rasche und gefahrlose Verlassen der Arbeitsstätte zu ermöglichen
- Bereiche, in denen Arbeitnehmer bei Ausfall der Beleuchtung einer besonderen Gefahr ausgesetzt sein könnten oder in denen Einrichtungen bedient werden, von denen eine besondere Gefahr für die Arbeitnehmer ausgeht.

Die Sicherheitsbeleuchtung muss eine von der Beleuchtung unabhängige Energieversorgung haben und selbsttätig wirksam werden und wirksam bleiben, wenn die Energieversorgung der Beleuchtung ausfällt.

Weiters muss die Sicherheitsbeleuchtung hinsichtlich Einschaltverzögerung, Beleuchtungsstärke und Beleuchtungsdauer so ausgelegt sein, dass bei Ausfall der Beleuchtung die Arbeitsstätte rasch und gefahrlos verlassen werden kann und die oben genannten Bereiche schnell und sicher erkannt und alle erforderlichen Maßnahmen getroffen werden können.

9 Selbst oder nachleuchtende Orientierungshilfen, die bei Ausfall der Beleuchtung ein sicheres Verlassen der Arbeitsstätte gewährleisten, sind zulässig (§ 9 Abs 3 AStV).

V. Arbeitsstätten im Bergbau (Abs 7)

10 Mit ASchG-Novelle **BGBl I 2012/118** wurde Abs 7 eingefügt. § 20 Abs 7 ASchG entspricht Art 6 der RL 92/104/EWG und war bis zur Novelle in § 109 Abs 2 des Mineralrohstoffgesetzes (MinroG) geregelt. Das war systemwidrig, weil das MinroG grundsätzlich keinen Arbeitnehmerschutz regelt, sondern in § 183 MinroG bestimmt, dass für die dem MinroG unterliegenden Tätigkeiten für den Arbeitnehmerschutz das ASchG anzuwenden ist. Die derzeit im MinroG enthaltenen Arbeitnehmerschutzvorschriften wurden daher in das ASchG übernommen (vgl ErlRV 1983 BlgNR 24. GP).

Arbeitsstätten in Gebäuden

§ 21. (1) Arbeitsstätten in Gebäuden müssen eine der Nutzungsart entsprechende Konstruktion und Festigkeit aufweisen.

(2) Arbeitsstätten in Gebäuden müssen möglichst ausreichend Tageslicht erhalten und mit Einrichtungen für eine der Sicherheit und dem Gesundheitsschutz der Arbeitnehmer angemessene künstliche Beleuchtung ausgestattet sein.

(3) Ausgänge und Verkehrswege müssen so angelegt und beschaffen sein, daß sie je nach ihrem Bestimmungszweck leicht und sicher begangen oder befahren werden können. Anzahl, Anordnung, Abmessungen und Beschaffenheit der Ausgänge, der Verkehrswege, der Türen und der Tore müssen der Art, der Nutzung und der Lage der Räume entsprechen. Ausgänge, Verkehrswege, Türen und Tore müssen so angelegt sein, daß in der Nähe beschäftigte Arbeitnehmer nicht gefährdet werden können.

(4) Es muß dafür vorgesorgt werden, daß alle Arbeitsplätze bei Gefahr von den Arbeitnehmern schnell und sicher verlassen werden können. Anzahl, Anordnung, Abmessungen und Beschaffenheit der Fluchtwege und der Notausgänge müssen der höchstmöglichen Anzahl der darauf angewiesenen Personen sowie der Nutzung der Einrichtung und den Abmessungen der Arbeitsstätte angemessen sein. Die Verkehrswege zu Fluchtwegen und Notausgängen sowie die Fluchtwege und Notausgänge selbst müssen frei-

gehalten werden, damit sie jederzeit benutzt werden können. Fluchtwege und Notausgänge müssen gut sichtbar und dauerhaft gekennzeichnet sein.

(5) Arbeitsstätten in Gebäuden sind gegebenenfalls behindertengerecht zu gestalten. Dies gilt insbesondere für Ausgänge, Verkehrswege, Türen und Tore und sanitäre Vorkehrungen, die von behinderten Arbeitnehmern benutzt werden.

(6) Wird ein Gebäude nur zum Teil für Arbeitsstätten genutzt, gilt Abs. 3 nur für jene Ausgänge, Verkehrswege, Türen und Tore, die von den Arbeitnehmern benützt werden.

[BGBl II 1998/368]

Übersicht

I.	Allgemeines	1
II.	Belichtung (Abs 2)	2–5
III.	Verkehrswege und Ausgänge (Abs 3)	6–13
IV.	Sicherung der Flucht (Abs 4)	14–22
V.	Barrierefreie Gestaltung von Arbeitsstätten (Abs 5)	23–27
VI.	Teilnutzung als Arbeitsstätte (Abs 6)	28, 29

I. Allgemeines

Arbeitsstätten in Gebäuden müssen eine der Nutzungsart entsprechende Konstruktion und Festigkeit aufweisen. Nähere Regelungen dazu enthält die **Arbeitsstättenverordnung (AStV)**, BGBl II 1998/368. 1

Erläuterungen zu den einzelnen Regelungen der AStV siehe Kommentierte Rechtsvorschriften auf der Website der Arbeitsinspektion (Stand 8.1.2025) unter https://www.arbeitsinspektion.gv.at/Service/Rechtsvorschriften/Rechtsvorschriften.html.

II. Belichtung (Abs 2)

Alle Räume in Arbeitsstätten sind gemäß **§ 5 AStV** entsprechend ihrer Nutzungsart ausreichend beleuchtbar einzurichten. Die Beleuchtung von Räumen ist so zu gestalten, dass sie von den Ein- und Ausgängen aus geschaltet werden kann, Lichtschalter leicht zugänglich und erforderlichenfalls bei Dunkelheit erkennbar sind und Leuchten so beschaffen und so angebracht sind, dass eine Gefährdung der Arbeitnehmer vermieden wird. 2

Als Arbeitsräume dürfen nur Räume verwendet werden, die möglichst gleichmäßig natürlich belichtet sind. Sie müssen Lichteintrittsflächen aufweisen, die in Summe mindestens 10 % der Bodenfläche des Raumes betragen und direkt ins Freie führen **(§ 25 Abs 1 AStV)**. Bei der Beurteilung der natürlichen Belichtung von Arbeitsräumen anhand von Plänen ist die tatsächliche 3

Lichteintrittsfläche heranzuziehen (= Glasfläche der eingebauten Fenster). Bei im Plan ausgewiesener Architekturlichte ist, falls nicht ein konkreter Abzugswert nachgewiesen wird, ein Abzug von 15 % von der Architekturlichte zu machen, um auf die tatsächliche Lichteintrittsfläche der Arbeitsräume zu kommen.

- Die Anforderung **„gleichmäßig“** bezieht sich nur auf die Verteilung der erforderlichen Belichtungsflächen eines Arbeitsraumes an den Außenwänden (Fenster, Glas- flächen) bzw der Decke (im Falle von Lichtkuppeln). Der Begriff **„möglichst“** stellt klar, dass bei Vorhandensein der technischen (baulichen) Möglichkeiten die Anforderung zu erfüllen ist.
  Die Anforderung ist demnach zB nicht zu erfüllen, wenn sich das Gebäude im dicht verbauten Ortskern befindet und hier an den Seiten oder oberhalb eingeschlossen ist oder aus Gründen des baulichen Brandschutzes bestimmte Gebäudeteile ohne öffnungen auszuführen sind („Feuermauer“). (Erlass des Zentral-Arbeitsinspektorates vom 27.6.2012, BMASK-461.304/0013-VII/A/2/2012).[1]

4 Erfüllen Räume nicht die Voraussetzungen im Sinne des § 25 Abs 1 AStV, dürfen sie nur in folgenden Fällen als Arbeitsräume verwendet werden:

- wenn ihre Nutzungsart der Eintritt von Tageslicht entgegensteht,
- wenn sie ausschließlich zwischen 18.00 und 6.00 Uhr als Arbeitsräume genutzt werden,
- in Untergeschoßen, sofern es sich um Tiefgaragen oder ähnliche Einrichtungen, kulturelle Einrichtungen, Verkaufsstellen in dicht verbauten Ortskernen oder Gastgewerbebetriebe (Kellerlokale) handelt.

5 Als Arbeitsräume dürfen weiters nur Räume verwendet werden, die eine **Sichtverbindung zum Freien** aufweisen. Diese muss

- so gelegen und so beschaffen sein, dass von ortsgebundenen Arbeitsplätzen aus ein Sichtkontakt mit der äußeren Umgebung möglich ist, sofern dem nicht zwingende Gründe entgegenstehen, und
- mindestens 5 % der Bodenfläche des Raumes betragen (§ 25 Abs 5 AStV). Lichtkuppel und Glasdächer gelten nicht als Sichtverbindung nach Abs 5.

Entgegen den Bestimmungen der AAV ist das Kriterium *„in Augenhöhe“* für die Anordnung der Sichtverbindungsflächen nicht mehr vorgeschrieben. Wichtig ist es, die Umgebung wahrnehmen zu können. Die Anordnung der Sichtverbindung muss insbesondere im Zusammenhang mit der Raumgröße und der Art der Tätigkeit beurteilt werden.

---

1 Website der Arbeitsinspektion: http://www.arbeitsinspektion.gv.at/AI/Service/Erlaesse/erlaesse_ 020.htm.

III. Verkehrswege und Ausgänge (Abs 3)

Verkehrswege sind alle Flächen (einschließlich Stiegen und Rampen) in Gebäuden oder im Freien, die von Arbeitnehmern im Rahmen ihrer Arbeit begangen oder befahren werden. Darunter fallen auch jene Verkehrswege, bei denen es sich nicht um Fluchtwege handelt. Sie sind so anzulegen, zu erhalten und erforderlichenfalls zu sichern, dass sie sicher genutzt werden können. 6

Verkehrswegesind gemäß **§ 2 Abs 1 AStV** so zu gestalten und freizuhalten, dass sie – sofern nicht die Bestimmungen über Fluchtwege anzuwenden sind – folgende **nutzbare Mindestbreite** aufweisen:

- Verkehrswege ohne Fahrzeugverkehr: 1,0 m
- Durchgänge zwischen Lagerungen, Möbeln, Maschinen oder sonstigen Betriebseinrichtungen, ferner Bedienungsstiegen und -stege: 0,6 m
- Verkehrswege mit Fahrzeug- und Fußgängerverkehr: die maximale für den betreffenden Verkehrsweg vorgesehene Fahrzeugbreite bzw Breite der Ladung plus beidseits je 0,5 m
- Fahrtreppen und Fahrsteige: 0,6 m.

In Arbeitsstätten in Containern, Wohnwagen oder sonstigen ähnlichen Einrichtungen sind Verkehrswege mit einer nutzbaren Mindestbreite von 0,8 m zu gestalten.

Verkehrswege sind von sämtlichen Gegenständen freizuhalten. **Das Lagern auf Verkehrswegen ist nicht erlaubt.** Der Begriff „Lagerungen" ist nach ständiger VwGH-Judiaktur sehr weit auszulegen: Darunter ist jedes Abstellen von Gegenständen zu verstehen, wobei es auf den Zweck ebenso wenig ankommt wie auf die Dauer; auch das Abstellen eines Einkaufskorbes, durch wen auch immer, kann darunter verstanden werden (VwGH 9.3.1992, 91/19/0362). Gemäß § 24 Abs 6 AAV (außer Kraft, BGBl II 1998/368) dürfen „*durch Arbeitsvorgänge oder Arbeitsverfahren vorübergehend notwendige Lagerungen*" nur dann vorgenommen werden, wenn dadurch die Verkehrsweg-Mindestbreite nicht verringert ist. Die Auslegung bezieht sich zwar auf die AAV, ist aber aufgrund der inhaltsgleichen Bestimmungen der AStV auch jetzt noch zutreffend. 7

Aufstiege, Podeste und Arbeitsplattformen, die vom Hersteller an der Maschine angebracht worden sind, sind der Maschine zuzurechnen. Sie fallen nicht unter die Regelungen der AStV über die Beschaffenheit von Verkehrswegen (§§ 2 und 4 AStV). 8

Der Abstand, in dem Verkehrswege mit Fahrzeugverkehr an Türen, Toren, Durchgängen oder Treppenaustritten vorbeiführen, ist so zu bemessen, dass diese gefahrlos benutzt werden können. Wenn dieser Abstand 1,0 m unterschreitet, sind geeignete Maßnahmen zu treffen, um eine Gefährdung zu vermeiden, wie **Hinweise auf den Querverkehr, Abschrankungen oder Lichtsignale** (§ 2 Abs 6 AStV). 9

10 Weiters ist dafür zu sorgen, dass Verkehrswege möglichst eben, ausreichend tragfähig und sicher befestigt sowie beleuchtbar sind, dass die Beleuchtungsstärke **mindestens 30 Lux** beträgt, und bei jeder Witterung gefahrlos benützbar sind (§ 2 Abs 7 AStV).

11 Auf Verkehrswegen sind **Hindernisse, einzelne Stufen oder Vertiefungen zu vermeiden.** Ist dies nicht möglich, sind Hindernisse oder einzelne Stufen so zu sichern oder zu kennzeichnen, dass eine Gefährdung vermieden wird; Vertiefungen tragsicher und unverschiebbar abzudecken oder, sofern auch dies nicht möglich ist, so zu sichern oder zu kennzeichnen, dass eine Gefährdung vermieden wird (§ 2 Abs 8 AStV).

12 **Stiegen** gelten gemäß § 4 Abs 1 AStV als Verkehrswege. Für sie gelten daher die Bestimmungen des § 2 und gegebenenfalls die Bestimmungen über Fluchtwege. Hingegen dürfen Stiegen mit gewendelten Laufteilen nicht als Verkehrswege vorgesehen werden, auf denen aufgrund der betriebsüblichen Arbeitsvorgänge häufig schwere oder sperrige Lasten beidhändig zu transportieren sind (§ 4 Abs 6 AStV).

13 **Ausgänge** sind alle Verbindungen zwischen Räumen oder zwischen Räumen und dem Freien, die von Arbeitnehmern begangen oder befahren werden. Darunter fallen auch jene Ausgänge, bei denen es sich um Notausgänge handelt. Sie sind so anzulegen, zu erhalten und erforderlichenfalls zu sichern, dass sie sicher genutzt werden können.

Ausgänge sind gemäß **§ 3 Abs 1 AStV** so zu gestalten und freizuhalten, dass sie, sofern nicht die Bestimmungen über Notausgänge anzuwenden sind, folgende **nutzbare Mindestbreite** aufweisen:

- Ausgänge ohne Fahrzeugverkehr: 0,8 m
- Ausgänge mit Fahrzeug- und Fußgängerverkehr: die maximale für den betreffenden Ausgang vorgesehene Fahrzeugbreite bzw Breite der Ladung plus beidseits je 0,5 m.

Wenn ein Ausgang **überwiegend für den Fahrzeugverkehr bestimmt** ist, ist daneben ein eigener, als solcher gekennzeichneter Ausgang für den **Fußgängerverkehr** einzurichten oder der Ausgang mit einem Geländer in einen für den Fahrzeugverkehr vorgesehenen Abschnitt und in einen mindestens 0,8 m breiten für den Fußgängerverkehr vorgesehenen und als solchen gekennzeichneten Abschnitt zu unterteilen (§ 3 Abs 2 AStV). Ausgänge sind so zu gestalten, dass sie auf ihrer tatsächlichen nutzbaren Gesamtbreite eine lichte Höhe von mindestens 2,0 m aufweisen.

Zu Türen und Toren siehe § 7 AStV.

IV. Sicherung der Flucht (Abs 4)

14 Arbeitsstätten sind nach **§ 16 AStV** unter Beachtung des Brandverhaltens (zB Brennbarkeit, Brandwiderstand, Qualmbildung) der Konstruktionsteile des

Gebäudes so zu errichten und zu gestalten, dass im **Brandfall** der Schutz der Arbeitnehmer vor direkter oder indirekter Brandeinwirkung sowie vor Rauchgasen in ausreichendem Maß gewährleistet ist. Werden **sinnes- oder bewegungsbehinderte Arbeitnehmer** beschäftigt, ist durch geeignete technische oder organisatorische Maßnahmen sicherzustellen, dass diese den Eintritt einer Gefahr rechtzeitig wahrnehmen können und ihnen im Gefahrenfall das rasche und sichere Verlassen der Arbeitsstätte möglich ist.

Fluchtwege sind jene Verkehrswege, die im Gefahrenfall zur Flucht und zur **15** Rettung von Arbeitnehmern vorgesehen sind, unabhängig davon, ob sie durch Räume, über Stiegen, durch Gänge oder durch das Betriebsgelände führen.

Notausgänge sind alle Ausgänge im Verlauf von Fluchtwegen und der Endaus- **16** gang ins Freie. Es ist dabei unerheblich, ob diese Verkehrswege und Ausgänge auch im betrieblichen Alltag (also nicht nur zur Flucht) genutzt werden.

Der **zweite Abschnitt der AStV (Sicherung der Flucht)** enthält nähere Rege- **17** lungen über

- Fluchtwege, gesicherte Fluchtbereiche, Notausgänge (§ 17 AStV)
- Abmessungen von Fluchtwegen und Notausgängen (§ 18 AStV)
- Anforderungen an Fluchtwege (§ 19 AStV)
- Anforderungen an Notausgänge (§ 20 AStV)
- Anforderungen an gesicherte Fluchtbereiche (§ 21 AStV)
- Stiegenhaus (§ 22 AStV).

Eine Arbeitsstätte ist so zu bauen, zu gestalten und einzurichten, dass von je- **18** dem Punkt der Arbeitsstätte **nach höchstens 10 m** oder bei Verlassen eines Arbeitsraumes ein diesen Anforderungen entsprechender **Fluchtweg** erreicht wird (§ 17 Abs 1 Z 1 AStV).

Weiters muss **nach höchstens 40 m ein gesicherter Brandabschnitt** (vgl § 21 **19** AStV) erreicht werden können (§ 17 Abs 1 Z 2 AStV). Es soll sichergestellt werden, dass bereits bei der baulichen Errichtung einer Arbeitsstätte auf die Möglichkeit eines Brandes und die dann erforderliche Flucht oder Rettung von Arbeitnehmern Bedacht genommen wird.

Bei der Berechnung der erforderlichen Mindestbreiten ist nicht die Arbeit- **20** nehmerzahl, sondern die **Personenzahl heranzuziehen**, da die erforderliche Evakuierungszeit von der Zahl aller gleichzeitig auf den Fluchtweg oder Notausgang angewiesenen Personen abhängt (vgl § 18 Abs 2 AStV).

Für die Berechnung der erforderlichen Fluchtwegs- und Notausgangsbreiten **21** bei **mehrgeschoßigen Gebäuden** sind die Fluchtwege aus den Ober- und den Untergeschoßen (Stiegenhäuser) getrennt zu betrachten. Hier ist jeweils die **„Drei-Geschoße-Regel"** gemäß § 18 Abs 3 Z 2 AStV für das Stiegenhaus bzw die Stiegenhäuser wie folgt anzuwenden:

1. Für die Bemessung der Fluchtwege in Stiegenhäusern in oberirdischen Geschoßen **(OG)** werden alle Geschoße oberhalb des Geschoßes mit dem Endausgang betrachtet und jene drei unmittelbar übereinander liegenden Geschoße herangezogen, deren Gesamtanzahl gleichzeitig anwesender Personen das höchste Ergebnis liefert.
2. Für die Bemessung der Fluchtwege in Stiegenhäusern in unterirdischen Geschoßen **(UG)** werden alle Geschoße unterhalb des Geschoßes mit dem Endausgang betrachtet und jene drei unmittelbar übereinander liegenden Geschoße herangezogen, deren Gesamtanzahl gleichzeitig anwesender Personen das höchste Ergebnis liefert.
3. Für die Bemessung der Fluchtwege und Notausgänge (inkl Endausgang) **im Geschoß mit dem Endausgang** (im Regelfall das Erdgeschoß) werden alle Geschoße (vom obersten OG bis zum untersten UG einschließlich des Geschoßes mit dem Endausgang) betrachtet und jene drei unmittelbar übereinander liegenden Geschoße herangezogen, deren Gesamtanzahl gleichzeitig anwesender Personen das höchste Ergebnis liefert.

Beispiel:

Geschoß	Personenanzahl
4. OG	150
3. OG	100
2. OG	80
1. OG	90
EG	180
1. UG	40
2. UG	20
3. UG	10
4. UG	15

330 → Bemessung Stiegenhaus der Obergeschoße (4. OG bis 2. OG)

350 → Bemessung Fluchtwege, Notausgänge und Endausgang im Erdgeschoß (1. OG bis 1. UG)

70 → Bemessung Stiegenhaus der Untergeschoße (1. UG bis 3. UG)

(Erlass des Zentral-Arbeitsinspektorates vom 20.3.2013, BMASK-461.304/0002-VII/A/2/2013)

22 **§ 21 Abs 1 AStV** normiert, dass **gesicherte Fluchtbereiche** in ihrer gesamten Länge einer bestimmten Qualifikation entsprechen müssen. Eine **geringe Brandlast** im Sinne des § 21 Abs 1 AStV ist aus Sicht des Arbeitsschutzes gegeben, wenn im gesicherten Fluchtbereich vorhandene Stoffe hinsichtlich Brennbarkeit, Entzündlichkeit und Menge bei Brandausbruch die Benützung des Fluchtwegs durch Brandtemperatur, Rauchgasbildung und Toxizität nicht verhindern. Die Aussage über die Höhe einer Brandlast ist – für sich gesehen – noch kein Hinweis auf eine reale Gefahr. Ein Lager Eichenholzstämme stellt zwar eine hohe Brandlast dar, die tatsächliche Brandgefahr ist jedoch gering. Es ist durchaus zulässig, dass in gesicherten Fluchtbereichen in geringem Umfang Gegenstände vorhanden sind, die zwar nicht unbrennbar sind, von denen im Falle eines Brandes jedoch keine Gefährdung von Personen in diesem Be-

reich zu erwarten ist. Es ist daher erforderlich, im Einzelfall durch Ermittlung und Bewertung der Gefahren zu beurteilen, ob Art und Menge der vorhandenen Gegenstände im Hinblick auf eine gefahrlose Flucht der dort beschäftigten Arbeitnehmer zu rechtfertigen sind (vgl Erlass des Zentral-Arbeitsinspektorates vom 4.12.2007, BMWA-461.304/0056-III/2/2007).[2]

V. Barrierefreie Gestaltung von Arbeitsstätten (Abs 5)

§ 21 Abs 5 ASchG sieht, in Entsprechung der Richtlinien 89/654/EWG und 92/104/EWG vor, dass Arbeitsstätten ***„gegebenenfalls"*** **behindertengerecht** zu gestalten sind. Bei tatsächlicher Beschäftigung behinderter Arbeitnehmer ist daher die allenfalls erforderliche Nachrüstung bestehender Arbeitsstätten vorzunehmen. Ob und welche Anforderungen sich daraus ergeben, hängt davon ab, ob und in welchen Bereichen Behinderte tätig sind und außerdem von der Art ihrer Behinderung. 23

Werden **bewegungsbehinderte Arbeitnehmer** beschäftigt, ist die Arbeitsstätte **erforderlichenfalls** iSd § 15 Abs 2 bis 5 ASchG **zu adaptieren**: 24

- Mindestens ein Endausgang ins Freie ist stufenlos erreichbar zu gestalten, wobei Niveauunterschiede maximal 3 cm betragen dürfen.
- Mindestens eine Toilette und ein Waschplatz sind barrierefrei erreichbar einzurichten und nach den Grundsätzen für barrierefreies Bauen im Sinne der ÖNORM B 1600 zu gestalten.
- Sofern nach § 34 Abs 2 Duschen zur Verfügung zu stellen sind, sind die für bewegungsbehinderte Arbeitnehmer vorgesehenen Duschen barrierefrei erreichbar einzurichten und nach den Grundsätzen für barrierefreies Bauen im Sinne der ÖNORM B 1600 zu gestalten.
- Sind im Gebäude ein oder mehrere Aufzüge vorgesehen, ist zumindest ein Aufzug stufenlos erreichbar und nach den Grundsätzen für barrierefreies Bauen im Sinne der ÖNORM B 1600 zu gestalten.

Hinsichtlich **Gebäuden, die nach Inkrafttreten der AStV (1.1.1999) geplant und errichtet werden** und in denen Arbeitsstätten eingerichtet werden sollen, in denen die Beschäftigung bewegungsbehinderter Arbeitnehmer nicht aus produktionstechnischen Gründen ausgeschlossen ist, ist **bei der Planung darauf Bedacht zu nehmen**, dass die entsprechenden Einrichtungen vorgesehen werden oder eine nachträgliche Adaptierung ohne unverhältnismäßigen Kostenaufwand leicht erfolgen kann (**§ 15 Abs 2 AStV**). 25

Werden sinnes- oder bewegungsbehinderte Arbeitnehmer beschäftigt, ist **durch geeignete technische und organisatorische Maßnahmen sicherzustellen**, dass diese den Eintritt einer **Gefahr rechtzeitig wahrnehmen** können und ihnen im Gefahrenfall das **rasche und sichere Verlassen der Arbeitsstätte** 26

2 Erlässe Zentral-Arbeitsinspektorat auf der Website Arbeitsinspektion: http://www.arbeitsinspektion.gv.at/AI/Service/Erlaesse/erlaesse_020.htm.

möglich ist (vgl § 16 Abs 2 AStV; zB Bedachtnahme auf Sinnesbehinderungen bei optischer bzw akustischer Alarmierung, Eignung der Fluchtwege und Notausgänge bei Bewegungsbehinderungen).

27 Bei notwendiger behindertengerechter Adaptierung von Arbeitsplätzen können bauliche, technische und ergonomische Adaptierungsmaßnahmen bei bestehenden Arbeitsplätzen gefördert werden.

Nähere Informationen dazu sowie zu sonstigen Förderungen finden sich auf der Internetseite des Sozialministeriumsservice: https://www.sozialministeriumservice.at/.

Übersichtsfolder zur barrierefreien Gestaltung von Arbeitsplätzen auf der Website der Arbeitsinspektion (Stand 18.4.2024): https://www.arbeitsinspektion.gv.at/Arbeitsstaetten-_Arbeitsplaetze/Arbeitsstaetten-_Arbeitsplaetze_1/Barrierefreie_Gestaltung_von_Arbeitsstaetten.html.

VI. Teilnutzung als Arbeitsstätte (Abs 6)

28 § 20 Abs 6 ASchG dient der Klarstellung hinsichtlich jener Gebäude, die **nur zum Teil für betriebliche Zwecke genützt** werden, wie zB Gebäude, in denen sowohl Büros als auch Wohnungen untergebracht sind.

Stiegen, Ausgänge, Verkehrswege, Türen und Tore, die von den Arbeitnehmern in solchen Gebäuden benützt werden, sind den Arbeitsstätten in Gebäuden iSd § 19 Abs 1 Z 1 ASchG zuzurechnen (Teile von Gebäuden, zu denen die Arbeitnehmer im Rahmen ihrer Arbeit Zugang haben). Diese Teilbereiche haben den Anforderungen an die AStV zu entsprechen.

29 Wenn das Gebäude hingegen **überwiegend zu Wohnzwecken** genutzt wird und die betreffenden Gebäudeteile sowohl von Hausbewohnern als auch von Arbeitnehmern benutzt werden, ist davon auszugehen, dass die für Hausbewohner bestehende Ausführung in der Regel auch zur Gewährleistung der Sicherheit von Arbeitnehmern ausreichend ist. Hier soll nur in Ausnahmefällen – wenn die bestehende Ausführung eine Gefährdung befürchten lässt – dem Arbeitgeber die Vornahme der notwendigen Sicherungsmaßnahmen mit Bescheid aufgetragen werden. Gleiches gilt, wenn das Gebäude ursprünglich überwiegend zu Wohnzwecken genutzt wurde, sukzessive aber die betriebliche Nutzung überhand genommen hat. (Erlass des BMAGS vom 27.6.1997, 66.505/2-3/97)

Vgl § 1 Abs 2, 3 AStV, § 94 ASchG.

Arbeitsräume

§ 22. **(1) Arbeitsräume sind jene Räume, in denen mindestens ein ständiger Arbeitsplatz eingerichtet ist.**

(2) Arbeitsräume müssen für den Aufenthalt von Menschen geeignet sein und unter Berücksichtigung der Arbeitsvorgänge und Arbeitsbedingun-

gen den Erfordernissen des Schutzes des Lebens und der Gesundheit der Arbeitnehmer entsprechen.

(3) In Arbeitsräumen muß unter Berücksichtigung der Arbeitsvorgänge und der körperlichen Belastung der Arbeitnehmer ausreichend gesundheitlich zuträgliche Atemluft vorhanden sein und müssen raumklimatische Verhältnisse herrschen, die dem menschlichen Organismus angemessen sind.

(4) Bei der Konstruktion und Einrichtung der Arbeitsräume ist dafür zu sorgen, daß Lärm, elektrostatische Aufladung, üble Gerüche, Erschütterungen, schädliche Strahlungen, Nässe und Feuchtigkeit nach Möglichkeit vermieden werden.

(5) Arbeitsräume müssen eine ausreichende Grundfläche und Höhe sowie einen ausreichenden Luftraum aufweisen, sodaß die Arbeitnehmer ohne Beeinträchtigung ihrer Sicherheit, ihrer Gesundheit und ihres Wohlbefindens ihre Arbeit verrichten können.

(6) Soweit die Zweckbestimmung der Räume und die Art der Arbeitsvorgänge dies zulassen, müssen Arbeitsräume ausreichend natürlich belichtet sein und eine Sichtverbindung mit dem Freien aufweisen. Bei der Anordnung der Arbeitsplätze ist auf die Lage der Belichtungsflächen und der Sichtverbindung Bedacht zu nehmen.

(7) Arbeitsräume müssen erforderlichenfalls während der Arbeitszeit unter Berücksichtigung der Arbeitsvorgänge entsprechend künstlich beleuchtet sein.

(8) Die Fußböden der Arbeitsräume dürfen keine Unebenheiten, Löcher oder gefährlichen Neigungen aufweisen. Sie müssen befestigt, trittsicher und rutschfest sein. Sie müssen im Bereich der ortsgebundenen Arbeitsplätze eine ausreichende Wärmeisolierung aufweisen, sofern dies nicht aus arbeitstechnischen Gründen ausgeschlossen ist.

[BGBl 1994/450]

Übersicht

I. Definition Arbeitsräume (Abs 1) 1–3
II. Anforderungen an Arbeitsräume (Abs 2) 4
A. Belüftung (Abs 3) 5–7
B. Konstruktion und Einrichtung (Abs 4) 8
C. Raumhöhe, Bodenfläche, Luftraum (Abs 5) 9–11
D. Belichtungsflächen und Sichtverbindung (Abs 6) 12, 13
E. Künstliche Beleuchtung in Arbeitsräumen (Abs 7) 14, 15
F. Fußbodenoberflächen (Abs 8) 16

I. Definition Arbeitsräume (Abs 1)

1 Arbeitsräume sind gemäß § 22 Abs 1 ASchG jene Räume, in welchen **mindestens ein ständiger Arbeitsplatz** eingerichtet ist. Das ASchG unterscheidet, was die Ausstattung von Räumen in Arbeitsstätten betrifft, zwischen Arbeitsräumen (§ 22) und sonstigen Betriebsräumen (§ 23), wobei für Arbeitsräume strengere Regelungen gelten.

2 Gemäß **§ 1 Abs 4 AStV sind ständige Arbeitsplätze** jene räumlichen Bereiche, in denen sich Arbeitnehmer, der Zweckbestimmung des Raumes entsprechend, bei der von ihnen im regulären Betriebsablauf auszuübenden Tätigkeit aufhalten. Demnach sind die wesentlichen Kriterien einerseits, dass die Zweckbestimmung des Raumes auf die Durchführung von Arbeiten gerichtet ist, und andererseits, dass es sich bei den durchzuführenden Arbeiten um solche handelt, die zum regulären Betriebsablauf gehören. Eine zeitliche Dimension des „ständigen Arbeitsplatzes" fehlt.

Durch die Definition ist klargestellt, dass einerseits zB Gänge, Stiegen oder Sanitärräume, auch wenn in diesen täglich Reinigungsarbeiten durchgeführt werden, keine Arbeitsräume sind. Weiters sind zB Toiletten, Wasch- oder Aufenthaltsräume, Maschinenräume oder Kesselräume keine Arbeitsräume. Führer- oder Bedienungsstände von Arbeitsmitteln sind keine Arbeitsräume im Sinne der AStV.

3 Andererseits sind hingegen beispielsweise **Lagerräume, Archive oder Kopierräume** sehr wohl Arbeitsräume, auch wenn dort nur jeweils kurzfristige Tätigkeiten durchgeführt werden. Für die letztgenannten Fälle gelten nunmehr eindeutig die Bestimmungen über Arbeitsräume, doch sieht die AStV bei bloß kurzfristiger Beschäftigungsdauer (maximal zwei Stunden pro Tag) in solchen Räumen sehr weitgehende Ausnahmen in Bezug auf Raumhöhe, Bodenfläche und Luftraum, natürliche Belichtung und Sichtverbindung, Lüftungsquerschnitte und mechanische Lüftung, Raumklima vor (vgl § 30 AStV). (Erlass des BMAGS vom 27.6.1997, 66.505/2-3/97) Die Raumhöhe muss allerdings mindestens 2,1 m und die Raumtemperatur mindestens 16 °C betragen, auch die allgemeinen Anforderungen nach § 22 ASchG bleiben unberührt.

II. Anforderungen an Arbeitsräume (Abs 2)

4 Der **dritte Abschnitt der Arbeitsstättenverordnung (AStV)** enthält jene Anforderungen an Arbeitsräume, welche für den Aufenthalt von Menschen geeignet sind und unter Berücksichtigung der Arbeitsvorgänge und Arbeitsbedingungen den Erfordernissen des Schutzes des Lebens und der Gesundheit der Arbeitnehmer entsprechen.[1]

---

1 Näheres zu den einzelnen Regelungen der AStV siehe Kommentierte Rechtsvorschriften zur AStV auf der Website Arbeitsinspektion (8.1.2025): https://www.arbeitsinspektion.gv.at/Service/Rechtsvorschriften/Rechtsvorschriften.html.

Im Zusammenhang mit den Anforderungen an Arbeitsräume ist auf die Regelungen über Ausnahmen im achten Abschnitt zu verweisen, die eine flexible und sachgerechte Lösung im Einzelfall ermöglichen sollen.

A. Belüftung (Abs 3)

Als Arbeitsräume dürfen gemäß **§ 26 Abs 1 AStV** nur Räume verwendet werden, denen ausreichend frische, von Verunreinigungen möglichst freie Luft zugeführt und aus denen verbrauchte Luft abgeführt wird. Die Lüftung hat so zu erfolgen, dass die **Räume möglichst gleichmäßig be- und entlüftet** werden. Ortsgebundene Arbeitsplätze sind so anzuordnen, dass Arbeitnehmer keiner schädlichen Zugluft ausgesetzt sind. 5

Wird ein Arbeitsraum sowohl natürlich als auch mechanisch be- und entlüftet, ist die mechanische Be- und Entlüftung so auszulegen, dass unter Berücksichtigung der natürlichen Lüftung **ausreichend Außenluft zugeführt werden kann**. Die Zuluft ist erforderlichenfalls zu erwärmen oder zu kühlen. Zuluftöffnungen sind so anzuordnen und auszuführen, dass Arbeitnehmer keiner schädlichen Zugluft ausgesetzt sind und es zu keiner Beeinträchtigung der Luftqualität und zu keiner Geruchsbelästigung der Arbeitnehmer kommt. (§ 27 Abs 4 ff AStV) 6

Grundsätzlich besteht eine freie **Wahlmöglichkeit zwischen natürlicher und mechanischer Lüftung**. Sind beide vorhanden, so sind bei Festlegung der Mindestanforderungen an Lüftungsquerschnitt und zugeführtes Außenluftvolumen (Frischluftmenge) beide zu berücksichtigen. Die Lüftung eines Arbeitsraumes kann durch Fenster und Wandöffnungen (natürliche Lüftungen) sowie durch eine mechanische Lüftungsanlage erfolgen. Die frische Luft soll möglichst frei von Verunreinigungen sein. 7

Nähere Regelungen zu natürlicher Belüftung, mechanischer Be- und Entlüftung sowie zu Raumklima in Arbeitsräumen siehe **§§ 26, 27 und 28 AStV**.

B. Konstruktion und Einrichtung (Abs 4)

§ 20 Abs 4 ASchG regelt Anforderungen, die beim Bau und bei der Gestaltung der Arbeitsräume sowie der Aufstellung von Maschinen etc zu berücksichtigen sind, nicht hingegen die Gestaltung der Arbeitsvorgänge. 8

C. Raumhöhe, Bodenfläche, Luftraum (Abs 5)

Als Arbeitsräume dürfen gemäß **§ 23 AStV** nur Räume mit einer **lichten Höhe von mindestens 3,0 m** (und zwar unabhängig von der Bodenfläche und von den Arbeitsbedingungen) verwendet werden. 9

Abweichend dürfen als Arbeitsräume auch Räume mit einer lichten Höhe von mindestens

- 2,8 m bei einer Bodenfläche von 100 m^2 bis 500 m^2
- 2,5 m bei einer Bodenfläche bis 100 m^2

verwendet werden, sofern nur **Arbeiten mit geringer körperlicher Belastung** durchgeführt werden und keine erschwerenden Bedingungen, wie zB erhöhte Wärmeeinwirkung oder Belastung der Raumluft durch gefährliche Stoffe, vorliegen. Ist die lichte Höhe nicht an allen Punkten des Raumes gleich, so ist zur Beurteilung die durchschnittliche Raumhöhe heranzuziehen (§ 23 Abs 3 AStV).

Die lichte Höhe von Arbeitsräumen ist abhängig von der Bodenfläche des Raumes und den Arbeitsbedingungen im Arbeitsraum.

10 Als Arbeitsräume dürfen gemäß **§ 24 Abs 1 AStV** nur Räume verwendet werden, deren **Bodenfläche mindestens 8 m^2** für einen Arbeitnehmer und jeweils 5 m^2 für jeden weiteren Arbeitnehmer beträgt.

11 Arbeitsräume sind so zu gestalten, dass der **freie Luftraum** pro Arbeitnehmer, verringert durch das Volumen von Einbauten, mindestens beträgt:

- 12 m^3 freien Luftraum bei geringer körperlicher Belastung (überwiegend sitzende Tätigkeiten, zB Büro)
- 15 m^3 freien Luftraum bei normaler körperlicher Belastung (leichte manuelle Arbeit überwiegend im Stehen, zB Friseure)
- 18 m^3 freien Luftraum bei hoher körperlicher Belastung oder erschwerenden Arbeitsbedingungen (schwere körperliche Arbeit, zB Schmied).

Nähere Regelungen zu Raumhöhe, Bodenfläche und Luftraum in Arbeitsräumen siehe **§§ 23 und 24 AStV**.

D. Belichtungsflächen und Sichtverbindung (Abs 6)

12 Als Arbeitsräume dürfen gemäß **§ 25 Abs. 1 AStV** nur Räume verwendet werden, die **möglichst gleichmäßig natürlich belichtet** sind. Sie müssen Lichteintrittsflächen aufweisen, die in Summe mindestens 10 % der Bodenfläche des Raumes betragen und direkt ins Freie führen.

Die Anforderung **„gleichmäßig“** in § 25 Abs 1 AStV bezieht sich nur auf die Verteilung der erforderlichen Belichtungsflächen eines Arbeitsraumes an den Außenwänden (Fenster, Glasflächen) bzw der Decke (im Falle von Lichtkuppeln). Der Begriff **„möglichst“** stellt klar, dass bei Vorhandensein der technischen (baulichen) Möglichkeiten die Anforderung zu erfüllen ist. (vgl Kommentierte Rechtsvorschriften zur AStV auf der Website der Arbeitsinspektorate (Stand 8.1.2025): https://www.arbeitsinspektion.gv.at/Service/Rechtsvorschriften/Rechtsvorschriften.html).

Bei der Anordnung der Arbeitsplätze ist auf die Lage der Belichtungsflächen und Sichtverbindung Bedacht zu nehmen.

13 Als Arbeitsräume dürfen weiters nur Räume verwendet werden, die eine **Sichtverbindung zum Freien** aufweisen (**§ 25 Abs 5 AStV**). Diese muss min-

destens 5 % der Bodenfläche des Raumes betragen und so gelegen und so beschaffen sein, dass von ortsgebundenen Arbeitsplätzen aus ein Sichtkontakt mit der äußeren Umgebung möglich ist, sofern dem nicht zwingende Gründe entgegenstehen.

Bedruckte Glasflächen und vorgehängte Fassadenteile können eine Beeinträchtigung der Qualität der Sichtverbindung und des Lichteintritts bewirken. Von der Arbeitsinspektion wurde eine Sammlung von Beispielen aus der Praxis erstellt. Für diese Sammlung wurden Sonnen- und Sichtschutzsysteme hinsichtlich der Eignung als Sichtverbindungsfläche bewertet und erforderliche Kompensationsmaßnahmen angeführt. Ausführungen zu Sonnenschutz und Sichtschutz – Grundlagen, Beispiele: Website der Arbeitsinspektion (Stand 18.10.2021) unter https://www.arbeitsinspektion.gv.at/Arbeitsstaetten-_Arbeitsplaetze/Arbeitsraeume/Sonnen-_und_Sichtschutz.html.

Nähere Regelungen zu Lichteintrittsflächen und Sichtverbindung siehe § 25 AStV.

E. Künstliche Beleuchtung in Arbeitsräumen (Abs 7)

Arbeitsräume sind gemäß **§ 29 Abs 1 AStV** mit einer **möglichst gleichmäßigen und möglichst farbneutralen** künstlichen Beleuchtung auszustatten. Die Beleuchtungsstärke muss im ganzen Raum, gemessen 0,85 m über dem Boden, **mindestens 100 Lux** betragen, sofern die Nutzungsart des Raumes dem nicht entgegensteht (Allgemeinbeleuchtung). 14

Weiters sind Arbeitsplätze **erforderlichenfalls zusätzlich zu beleuchten**, wobei auf den Stand der Technik, die jeweilige Sehaufgabe und die möglichen Gefährdungen am Arbeitsplatz Bedacht zu nehmen ist. Bei der Gestaltung der Arbeitsräume und Arbeitsplätze sind Leuchten so auszuwählen und zu positionieren, dass große Leuchtdichten, große Leuchtdichteunterschiede, Flimmern, stroboskopische Effekte sowie direkte und indirekte Blendung im Gesichtsfeld der Arbeitnehmer vermieden werden. 15

F. Fußbodenoberflächen (Abs 8)

Fußbodenoberflächen sind gemäß **§ 6 Abs 1 AStV** so zu gestalten, dass sie 16

- keine Stolperstellen aufweisen,
- befestigt, trittsicher und rutschhemmend sind,
- von allen zu erwartenden Verunreinigungen leicht zu reinigen und erforderlichenfalls desinfizierbar sind,
- gegen die aufgrund der Nutzungsart des jeweiligen Bereichs zu erwartenden chemischen oder physikalischen Einwirkungen so weit widerstandsfähig sind, dass eine Belästigung oder Gefährdung von Arbeitnehmern vermieden wird.

Nähere Regelungen zu Fußböden siehe § 6 AStV.

Sonstige Betriebsräume

§ 23. (1) Sonstige Betriebsräume sind jene Räume, in denen zwar kein ständiger Arbeitsplatz eingerichtet ist, aber vorübergehend Arbeiten verrichtet werden.

(2) Sonstige Betriebsräume müssen für den Aufenthalt von Menschen geeignet sein und unter Berücksichtigung der Arbeitsvorgänge und Arbeitsbedingungen den Erfordernissen des Schutzes des Lebens und der Gesundheit der Arbeitnehmer entsprechen.

(3) Soweit dies die Nutzung und die Zweckbestimmung der Räume zulassen, muß in sonstigen Betriebsräumen unter Berücksichtigung der Arbeitsvorgänge und der körperlichen Belastung der Arbeitnehmer ausreichend gesundheitlich zuträgliche Atemluft vorhanden sein und müssen raumklimatische Verhältnisse herrschen, die dem menschlichen Organismus angemessen sind.

(4) Sonstige Betriebsräume müssen erforderlichenfalls während der Zeit, in der Arbeiten durchgeführt werden, unter Berücksichtigung der Arbeitsvorgänge entsprechend künstlich beleuchtet sein.

(5) Die Fußböden der sonstigen Betriebsräume dürfen keine Unebenheiten, Löcher oder gefährlichen Neigungen aufweisen. Sie müssen fest, trittsicher und rutschfest sein.

[BGBl I 2012/118]

Übersicht

I. Anforderungen an sonstige Betriebsräume 1, 2
II. Fußböden 3

I. Anforderungen an sonstige Betriebsräume

1 Sonstige Betriebsräume sind alle Räume in einer Arbeitsstätte, die keine Arbeitsräume iSd § 22 ASchG sind, in welchen jedoch **vorübergehend Arbeiten verrichtet** werden.

2 Für sonstige Betriebsräume gelten **weniger strenge Anforderungen als für Arbeitsräume**. Sonstige Betriebsräume müssen jedoch – auf Grund ihrer Funktion – weiteren Anforderungen entsprechen (zB Waschräume, Toiletten, Umkleide- oder Aufenthaltsräume, Stiegenhäuser).

II. Fußböden

3 Mit der ASchG-Novelle BGBl I 2012/118 entfiel in **§ 23 Abs 5 letzter Satz** hinsichtlich der Anforderungen an Fußböden in sonstigen Betriebsräumen die Anknüpfung an die Nutzung und Zweckbestimmung – Fußböden müssen seit 1.1.2013 generell befestigt, trittsicher und rutschfest sein.

Die Umformulierung wurde aufgrund eines Vertragsverletzungsverfahrens erforderlich, weil nach Auffassung der Europäischen Kommission die bisherige Formulierung den Anhang IV Teil B Abschnitt 1 Nummer 6.1. der Richtlinie 92/57/EWG über die auf zeitlich begrenzte oder ortsveränderliche Baustellen anzuwendenden Mindestvorschriften für die Sicherheit und den Gesundheitsschutz (Achte Einzelrichtlinie im Sinne des Artikels 16 Absatz 1 der Richtlinie 89/391/EWG), ABl L 245 vom 26.8.1992 S 6, in der Fassung der Richtlinie 2007/30/EG, ABl L 165 vom 27.6.2007 S 21 nicht hinreichend umsetzte (vgl ErlRV 1983 BlgNR 24. GP).

Arbeitsstätten im Freien und Baustellen

§ 24. **(1) Arbeitsstätten im Freien und Baustellen müssen während der Arbeitszeit ausreichend künstlich beleuchtet werden, wenn das Tageslicht nicht ausreicht.**

(2) Auf Arbeitsstätten im Freien und auf Baustellen sind geeignete Maßnahmen zu treffen, damit die Arbeitnehmer bei Gefahr rasch ihren Arbeitsplatz verlassen können und ihnen rasch Hilfe geleistet werden kann.

(3) Verkehrswege und sonstige Stellen oder Einrichtungen im Freien, die von den Arbeitnehmern im Rahmen ihrer Tätigkeit benutzt oder betreten werden müssen, sind so zu gestalten und zu erhalten, daß sie je nach ihrem Bestimmungszweck sicher begangen oder befahren werden können und daß in der Nähe beschäftigte Arbeitnehmer nicht gefährdet werden.

(4) Für Gebäude auf Baustellen, in denen Arbeitsplätze eingerichtet sind, gilt § 21 Abs. 1 bis 5. Für Räume auf Baustellen, in denen ständige Arbeitsplätze eingerichtet sind, wie Büros und Werkstätten, gilt § 22 Abs. 2 bis 7 und Abs. 8 erster und zweiter Satz. Für Räume auf Baustellen, in denen zwar keine ständigen Arbeitsplätze eingerichtet sind, in denen aber vorübergehend Arbeiten verrichtet werden, gilt § 23 Abs. 1 bis 5.

[BGBl 1994/450]

Übersicht

I. Sonderregelungen für Arbeitsstätten im Freien, auf Baustellen (Abs 1 bis 3) 1, 2

II. Gebäude, Räume auf Baustellen (Abs 4) 3, 4

I. Sonderregelungen für Arbeitsstätten im Freien, auf Baustellen (Abs 1 bis 3)

§ 24 Abs 1 bis 3 ASchG sehen Sonderregelungen für Arbeitsstätten im Freien und auf Baustellen vor. 1

Die Vorschriften der Arbeitsstättenverordnung (AStV) gelten gemäß **§ 1 Abs 1 AStV** sowohl für Arbeitsstätten in Gebäuden als auch, soweit sich die einzelnen

Bestimmungen nicht ausdrücklich auf Gebäude oder auf Räume beziehen, für Arbeitsstätten im Freien. Daher sind die Regelungen der AStV zB über **Verkehrswege, Beleuchtung, Sicherung der Flucht, sanitäre Vorkehrungen und Sozialeinrichtungen** auch auf Arbeitsstätten im Freien anzuwenden.

2 Für Baustellen finden sich die entsprechenden Vorschriften in der Bauarbeiterschutzverordnung (BauV), BGBl 1994/340.

II. Gebäude, Räume auf Baustellen (Abs 4)

3 § 20 Abs 4 ASchG trifft Sonderregelungen für Gebäude bzw Räume auf Baustellen. Durch die Umsetzung der **EU-Richtlinie 92/57/EWG** über die auf zeitlich begrenzte oder ortsveränderliche Baustellen anzuwendenden Mindestvorschriften für die Sicherheit und den Gesundheitsschutz gelten für **Gebäude auf Baustellen, in denen Arbeitsplätze eingerichtet sind (wie Baustellenbüros, Werkstätten oder Lagerräume)**, zusätzlich zu den Regelungen der BauV die Vorschriften nach § 21 Abs 1 bis 5 ASchG.

4 Darüber hinaus gelten für Räume auf Baustellen, in denen

- **ständige Arbeitsplätze** eingerichtet sind: § 22 Abs 2 bis 7 und Abs 8 erster und zweiter Satz ASchG,
- **vorübergehend Arbeiten** verrichtet werden: § 23 Abs. 1 bis 5 ASchG.

Als konkretisierende Bestimmung sieht **§ 46 AStV** vor, dass gewisse Anforderungen, die die AStV für Arbeitsstätten vorsieht, auch für Gebäude bzw Arbeitsräume auf Baustellen gelten.

Brandschutz und Explosionsschutz

§ 25. (1) Arbeitgeber müssen geeignete Vorkehrungen treffen, um das Entstehen eines Brandes und im Falle eines Brandes eine Gefährdung des Lebens und der Gesundheit der Arbeitnehmer zu vermeiden.

(2) Arbeitgeber müssen geeignete Maßnahmen treffen, die zur Brandbekämpfung und Evakuierung der Arbeitnehmer erforderlich sind.

(3) Es müssen ausreichende und geeignete Feuerlöscheinrichtungen und erforderlichenfalls Brandmelder und Alarmanlagen vorhanden sein. Die Feuerlöscheinrichtungen müssen gut sichtbar und dauerhaft gekennzeichnet sein.

(4) Arbeitgeber haben Personen zu bestellen, die für die Brandbekämpfung und Evakuierung der Arbeitnehmer zuständig sind. Eine ausreichende Anzahl von Arbeitnehmern muß mit der Handhabung der Feuerlöscheinrichtungen vertraut sein.

(5) *(aufgehoben)*

(6) Arbeitgeber müssen geeignete Vorkehrungen treffen, um Explosionen zu verhindern und die Folgen einer Explosion zu begrenzen.

(7) Arbeitsstätten müssen erforderlichenfalls mit Blitzschutzanlagen versehen sein.

(8) Bei Vorkehrungen und Maßnahmen gemäß Abs. 1 bis 7 sind die Art der Arbeitsvorgänge und Arbeitsverfahren, die Art und Menge der vorhandenen Arbeitsstoffe, die vorhandenen Einrichtungen und Arbeitsmittel, die Lage, Abmessungen und Nutzung der Arbeitsstätte sowie die höchstmögliche Anzahl der anwesenden Personen zu berücksichtigen.

(9) Für Baustellen gelten Abs. 1 bis 4, 6 und 8 mit der Maßgabe, daß auch die Lage und die räumliche Ausdehnung der Baustelle sowie allfällige Unterkünfte und Behelfsbauten besonders zu berücksichtigen sind.

[BGBl I 2014/94]

Übersicht

I. Allgemeines ... 1
II. Brandschutz (Abs 1 und 2) ... 2
  A. Vorbeugender Brandschutz ... 3, 4
  B. Betrieblicher Brandschutz ... 5, 6
  C. Abwehrender Brandschutz ... 7
III. Feuerlöscheinrichtungen (Abs 3) ... 8–12
IV. Personen für Brandbekämpfung und Evakuierung ... 13–16
V. Brandschutzbeauftragte, Brandschutzwarte und Brandschutzgruppe (Abs 2 und 4)
  A. Brandschutzbeauftragter ... 17–21
  B. Brandschutzwart ... 22–25
  C. Brandschutzgruppe ... 26
VI. Explosionsschutz (Abs 6) ... 31
VII. Blitzschutz (Abs 7) ... 32, 33

I. Allgemeines

Diese Bestimmung entspricht weitgehend der Rechtslage des § 12 ANSchG und §§ 54, 74 bis 80 AAV: 1

- Abs 1 und 2 entsprechen Art 8 der Richtlinie 89/391/EWG sowie Art 4 bis 5 der Richtlinie 92/104/EWG. Abs 3 entspricht Anhang I Z 5.1 und 5.2 sowie Anhang II Z 5.1 und 5.2 der Richtlinie 89/654/EWG.
- Abs 4 erster Satz stellt – abgesehen von den Fällen der Vorschreibung einer Brandschutzgruppe – eine Neuerung gegenüber dem alten Recht dar und entspricht Art 8 Abs 2 der Richtlinie 89/391/EWG. Die Richtlinie schreibt die Bestellung solcher Personen – ähnlich wie die Bestellung von Ersthelfern – nicht nur für Arbeitsstätten mit besonderen Gefahren vor.

Die Bestellung solcher Personen entspricht daher nicht der Einrichtung einer Brandschutzgruppe nach den geltenden Regelungen. Die Bestellung von Personen, die für den Brandschutz und die Evakuierung zuständig sind, wird durch Verordnung näher zu regeln sein.

- Die in Abs 8 angeführten Kriterien entsprechen Art 8 Abs 1 der Richtlinie 89/391/EWG sowie Anhang I Z 5.1 und Anhang II Z 5.1 der Richtlinie 89/654/EWG.
- Zu Abs 9 ist auf die Erläuterungen am Beginn dieses Abschnittes sowie auf Anhang IV Teil A Z 4 der Richtlinie 92/57/EWG zu verweisen.

Besondere Regelungen zum Brandschutz und Explosionsschutz enthält Abschnitt A Z 4 des Anhanges der Richtlinie 92/104/EWG.

(ErlRV 1590 BlgNR 18. GP)

II. Brandschutz (Abs 1 und 2)

2 Unter dem Begriff **„Brandschutz“** sind alle Maßnahmen zu subsumieren, die einerseits der Entstehung eines Brandes im Vorhinein vorbeugen und andererseits die negativen Auswirkungen durch einen Brandausbruch auf Personen und Sachgüter auf ein Minimum beschränken. Die Maßnahmen des Brandschutzes gliedern sich in den **vorbeugenden Brandschutz, den betrieblichen Brandschutz** und den **abwehrenden Brandschutz**.

A. Vorbeugender Brandschutz

3 Der vorbeugende Brandschutz umfasst alle Maßnahmen, die bereits die **Entstehung, Ausbreitung und Auswirkung von Bränden verhindern beziehungsweise verringern**. Dieser umfasst alle persönlichen und organisatorischen Vorkehrungen zur Brandverhütung. Weiters sind alle baulichen Maßnahmen zur Brandverhütung und zur Schadensbegrenzung im Falle eines Brandes, wie die Sicherung von Fluchtwegen und Notausgängen zum gefahrlosen Verlassen eines Gebäudes und Vorkehrungen für einen erfolgreichen Feuerwehreinsatz, Bestandteil des vorbeugenden Brandschutzes (*Lang et al*, Handbuch ArbeitnehmerInnenschutzgesetz, Wien 2013). Bereits in den einzelnen Bauordnungen der Länder sind Regelungen über den baulichen Brandschutz enthalten.

4 Demnach gelten beispielsweise folgende vorbeugende Maßnahmen:

- In brandgefährdeten Räumen sowie an solchen Orten im Freien ist das **Rauchen und die Verwendung von offenem Feuer und Licht verboten**. Durch deutlich sichtbare und dauerhafte Anschläge ist auf diese Verbote hinzuweisen (§ 74 Abs 1 AAV).
- In brandgefährdeten Räumen und an brandgefährdeten Orten sind solche Arbeiten nur zulässig, wenn **geeignete Maßnahmen** getroffen wurden, durch die das Entstehen eines Brandes verhindert wird (§ 74 Abs 2 AAV).

- **Schweiß-, Schneide- und Lötarbeiten** sind so durchzuführen, dass durch heiße Metallteile, insbesondere durch Schweißperlen, brennbare oder entzündliche Materialien nicht entzündet werden (§ 74 Abs 3 AAV).
- **Leicht brennbare Abfälle, Rückstände, Holzwolle, Sägespäne, loses Papier**
  - dürfen in Arbeitsräumen nur in solchen Mengen vorhanden sein, dass das Entstehen eines größeren Brandherdes oder das rasche Ausbreiten eines Brandes möglichst vermieden wird;
  - und im Falle eines Brandes von Abfällen, Rückständen, Holzwolle, Sägespänen, losem Papier udgl dürfen Fluchtwege, wie Notausstiege, Ausgänge, Notausgänge, Stiegen, Gänge oder sonstige Verkehrswege, nicht unbenützbar werden;
  - sind von Feuerstätten und anderen Zünd- oder Wärmequellen udgl fernzuhalten;
  - sind zu sammeln; aus den Arbeitsräumen zumindest nach jeder Arbeitsschicht zu entfernen und brandsicher zu verwahren (§ 75 Abs 2 AAV).
- **Leicht entzündliche oder selbstentzündliche Abfälle, Rückstände, Putzmaterialien**
  - dürfen in Arbeitsräumen nur in geringen Mengen vorhanden sein;
  - sind in dichten Behältern aus nicht brennbarem Material, die mit einem dicht schließenden Deckel ausgestattet und entsprechend gekennzeichnet sein müssen, zu sammeln und
  - so bald wie möglich aus dem Betrieb zu entfernen (§ 75 Abs 3 AAV).
- **Explosionsgefährliche Bereiche**, die für Arbeitnehmer zugänglich sind, sind zumindest mit dem Warnzeichen „Warnung vor explosionsfähigen Atmosphären" und dem Verbotszeichen „Feuer, offenes Licht und Rauchen verboten" zu kennzeichnen, wenn Gefahren für die Sicherheit und die Gesundheit der Arbeitnehmer nicht durch sonstige technische oder organisatorische Maßnahmen vermieden oder ausreichend begrenzt werden (§ 12 Abs 4 VEXAT).

B. Betrieblicher Brandschutz

Der betriebliche Brandschutz umfasst **alle organisatorischen Maßnahmen, die nicht durch den baulichen Brandschutz vermieden werden können**. Dabei sind die Art der Arbeitsvorgänge und Arbeitsverfahren, die Art und Menge der vorhandenen Arbeitsstoffe, die vorhandenen Einrichtungen und Arbeitsmittel, die Lage, Abmessungen und Nutzung der Arbeitsstätte sowie die höchstmögliche Anzahl der anwesenden Personen zu berücksichtigen. Damit er einwandfrei funktioniert, müssen beispielsweise folgende Maßnahmen getroffen werden: 5

- Arbeitnehmer sind über das Verhalten im Brandfall, über die Bedeutung der Alarmsignale sowie über die Standorte und die Handhabung der Löschhilfen zu **informieren** (§ 14 AStV). 6

- **Fluchtwege müssen jederzeit benutzbar sein:**
  - Fluchtwege müssen die erforderliche Mindestbreite aufweisen,
  - dürfen nicht durch Bereiche führen, in denen gefährliche Stoffe oder nicht atembare Gase in solchen Mengen vorhanden sind oder austreten können, dass diese im Gefahrenfall das sichere Verlassen der Arbeitsstätte unmöglich machen könnten.
  - dürfen nicht von Gegenständen begrenzt werden, die leicht umgestoßen oder verschoben werden können,
  - müssen auch im Gefahrenfall leicht und eindeutig als solche erkennbar sein (§ 19 AStV).
- **Notausgänge** müssen
  - jederzeit leicht und ohne fremde Hilfsmittel von innen auf die gesamte nutzbare Mindestbreite geöffnet werden können;
  - dürfen nicht von Gegenständen begrenzt werden, die leicht umgestoßen oder verschoben werden können,
  - und müssen auch im Gefahrenfall leicht und eindeutig als solche erkennbar sein (§ 20 AStV).
- Arbeitnehmer in explosionsgefährdeten Bereichen sind zumindest **jährlich zu unterweisen**:
  - im richtigen Verhalten gegenüber Explosionsgefahren bei vorhersehbaren Störungen;
  - im richtigen Umgang mit den vorhandenen Arbeitsmitteln;
  - darin, welche ortsveränderlichen Arbeitsmittel eingesetzt und welche nicht eingesetzt werden dürfen und welche sonstigen ortsveränderlichen Gegenstände eine Explosionsgefahr bewirken oder erhöhen können;
  - in der sicheren Durchführung von Arbeiten unter besonderer Berücksichtigung von Instandhaltung, Reinigung, Prüfung und Störungsbehebung;
  - darüber, welche Arbeitskleidung (einschließlich Arbeitsschuhen) oder persönliche Schutzausrüstung erforderlich ist und welche nicht verwendet werden darf (§ 6 Abs 2 VEXAT).
- **Schriftliche Anweisungen** sind zu erstellen
  - für das Befahren (Inspektion) und Arbeiten (wie Instandhaltung, Reinigung, Prüfung und Störungsbehebung) in oder an Betriebseinrichtungen (wie Behältern, Silos, Rohrleitungen, Schächten oder Gruben), die brennbare Arbeitsstoffe enthalten, enthalten haben oder in denen sich explosionsfähige Atmosphären ansammeln können;
  - für Arbeiten, für deren Dauer eine temporäre Zoneneinstufung oder -umstufung erfolgen muss (§ 14 Abs 5 ASchG) (§ 6 Abs 2 VEXAT).
- Die **Sicherheits- und Gesundheitsschutzkennzeichnung** in der Arbeitsstätte (zB „Rauchen verboten", „Feuer, offenes Licht und Rauchen verboten", „Warnung vor feuergefährlichen Stoffen oder hoher Temperatur") hat nach der KennV zu erfolgen.

- Die ordnungsgemäße **Lagerung von brandgefährlichen Arbeitsstoffen** erfolgt nach folgenden Verordnungen:
  - Verordnung über brennbare Flüssigkeiten 2023 (VbF 2023), BGBl II 2023/45
  - Aerosolpackungslagerungsverordnung (APLV), BGBl II 2018/347
  - Flüssiggasverordnung 2002 – FGV, BGBl II 2002/446.

Diese Spezialverordnungen enthalten sowohl gewerberechtliche Bestimmungen als auch Arbeitnehmerschutzbestimmungen. Bei der Lagerung von gefährlichen Arbeitsstoffen müssen Arbeitgeber dafür sorgen, dass alle aufgrund der jeweiligen gefährlichen Eigenschaften dieser Stoffe gebotenen Schutzmaßnahmen getroffen und vorhersehbare Gefahren für die Arbeitnehmer vermieden werden (§ 44 ASchG).

C. Abwehrender Brandschutz

Der abwehrende Brandschutz dient der **Bekämpfung eines Brandes bereits** 7 **im Entstehungsstadium**. Damit ein Brand rasch und effizient gelöscht werden kann, müssen geeignete Feuerlöscheinrichtungen in der erforderlichen Zahl zur Verfügung stehen. Die Standorte der Löschhilfen müssen deutlich erkennbar sein.

- In Betrieben mit besonders brandgefährlichen oder explosionsgefährlichen Arbeitsvorgängen oder Arbeitsverfahren müssen zur Rettung von Personen, deren Kleidung in Brand geraten ist, Löschdecken oder ausreichend große, mit Wasser gefüllte Behälter leicht erreichbar bereitgestellt sein; erforderlichenfalls hat die Behörde die Errichtung von Löschbrausen mit möglichst großer Wasserlieferung vorzuschreiben. Solche Brausen müssen durch einen einzigen Handgriff zu betätigen sein oder sich selbsttätig einschalten, wenn der Löschbrausenbereich betreten wird; sie dürfen sich nicht selbsttätig wieder abschalten. Löschbrausen müssen in der Nähe von Fluchtwegen, wie Ausgängen, Stiegen oder Gängen, oder im Freien angeordnet sein; der Boden im Löschbrausenbereich muss gleitsicher sein (§ 76 Abs 6 AAV).
- Bei Schweiß-, Schneide- und Lötarbeiten sowie bei Arbeiten mit Trennschleifmaschinen in der Nähe von brennbaren oder entzündlichen Materialien müssen geeignete Handfeuerlöscher bereitgestellt sein (§ 76 Abs 8 AAV).
- In jeder Arbeitsstätte müssen geeignete Löschhilfen, wie Löschwasser, Löschdecken, Löschsand, Wandhydranten, tragbare Feuerlöschgeräte oder fahrbare Feuerlöscher, in ausreichender Anzahl bereitgestellt sein. Bei der Auswahl der geeigneten Löschhilfen und deren Anzahl sind insbesondere die Brandklassen der vorhandenen Einrichtungen und Materialien, das Brandverhalten der vorhandenen Einrichtungen und Materialien, die vorhandene Brandlast, die Nutzungsart und die Ausdehnung der Arbeitsstätte zu berücksichtigen (§ 42 Abs 1 AStV).

- Löschgeräte und stationäre Löschanlagen sind mindestens jedes zweite Kalenderjahr, längstens jedoch in Abständen von 27 Monaten auf ihren ordnungsgemäßen Zustand zu überprüfen (§ 13 Abs 2 AStV).
- Bestehen Brandschutzeinrichtungen, wie Brandmeldeanlagen oder stationäre Löschanlagen, sind diese mindestens einmal jährlich, längstens jedoch in Abständen von 15 Monaten auf ihren ordnungsgemäßen Zustand zu überprüfen § 13 Abs 1 AStV).

III. Feuerlöscheinrichtungen (Abs 3)

8 Es müssen ausreichende und geeignete Feuerlöscheinrichtungen und erforderlichenfalls Brandmelder und Alarmanlagen vorhanden sein.

9 Gemäß **§ 42 Abs 1 AStV** müssen in jeder Arbeitsstätte **geeignete Löschhilfen**, wie Löschwasser, Löschdecken, Löschsand, Wandhydranten, tragbare Feuerlöschgeräte oder fahrbare Feuerlöscher, in ausreichender Anzahl bereitgestellt sein. Bei der Auswahl der geeigneten Löschhilfen und deren Anzahl sind insbesondere die Brandklassen und das Brandverhalten der vorhandenen Einrichtungen und Materialien, die vorhandene Brandlast, die Nutzungsart der Arbeitsstätte und die Ausdehnung der Arbeitsstätte zu berücksichtigen.

10 Des Weiteren hat die **Behörde besondere Brandschutzeinrichtungen**, wie Brandmeldeanlagen oder stationäre Löschanlagen, **vorzuschreiben**, wenn dies auf Grund besonderer Verhältnisse im Sinne des § 12 Abs 1 Z 1 bis 5 AStV für einen wirksamen Schutz der Arbeitnehmer erforderlich ist. Solche Verhältnisse können begründet sein in

- der Art der Arbeitsvorgänge oder Arbeitsverfahren,
- der Art oder Menge der vorhandenen Arbeitsstoffe,
- den vorhandenen Einrichtungen oder Arbeitsmitteln,
- der Lage, den Abmessungen, der baulichen Gestaltung oder der Nutzungsart der Arbeitsstätte oder
- der höchstmöglichen Anzahl der in der Arbeitsstätte anwesenden Personen.

Diese besonderen Brandschutzeinrichtungen dürfen nur außer Betrieb gesetzt werden, wenn andere geeignete Brandschutzmaßnahmen getroffen sind (§ 42 Abs 6 AStV).

11 Die Löschhilfen müssen jederzeit gebrauchsfähig, erforderlichenfalls gegen Einfrieren geschützt sowie leicht erreichbar sein. Die Löschhilfen oder deren Aufstellungsorte müssen entsprechend den Vorgaben der Verordnung über die Sicherheits- und Gesundheitsschutzkennzeichnung (KennV) gekennzeichnet sein.

12 Die **Überprüfung** von Löschgeräten und stationären Löschanlagen auf ihren ordnungsgemäßen Zustand hat alle zwei Jahre, längstens jedoch in einem zeitlichen Abstand von 27 Monaten zu erfolgen. Brandmeldeanlagen sind mindestens einmal jährlich, längstens jedoch in Abständen von 15 Monaten auf ihren ordnungsgemäßen Zustand zu überprüfen (§ 13 Abs 1 und 2 AStV).

IV. Personen für Brandbekämpfung und Evakuierung

§ 25 Abs 4 ASchG sieht vor, dass Arbeitgeber Personen zu bestellen haben, die für die Brandbekämpfung und Evakuierung der Arbeitnehmer zuständig sind. **13**

Vor der ASchG-Novelle BGBl I 2006/147 zur Umsetzung des EuGH-Urteils C-428/04 hat § 25 Abs 4 vorgesehen, dass zuständige Personen für Brandbekämpfung und Evakuierung nur **„erforderlichenfalls"** bestellt werden müssten, was durch die Novelle aufgehoben wurde. Der Begriff „erforderlichenfalls" wurde durch die Arbeitsstättenverordnung konkretisiert, die für diesen Fall die **bescheidmäßige Vorschreibung eines Brandschutzbeauftragten** vorsieht. Je nach den konkreten Verhältnissen des Einzelfalls (Personenanzahl, Ausdehnung der Arbeitsstätte) hat die Behörde auch eine Ersatzperson sowie Brandschutzwarte vorzuschreiben **(§ 43 AStV)**. **14**

Arbeitgeber haben seit der ASchG-Novelle **„jedenfalls" Personen zu bestellen**, die für Brandbekämpfung und Evakuierung zuständig sind. Die bisherigen Vorschriften über die erforderlichenfalls bescheidmäßige Vorschreibung von Brandschutzbeauftragten oder Brandschutzwarten (§§ 43–45 AStV) bleiben unberührt.

Mit der Novelle der Arbeitsstättenverordnung, BGBl II 2009/256, wurde in Durchführung des § 25 Abs 4 ASchG **§ 44a AStV** eingefügt. Demnach muss der Arbeitgeber eine **für Brandbekämpfung und Evakuierung zuständige Person benennen**, wenn weder **15**

- aufgrund landesgesetzlicher Vorschriften ein Brandschutzbeauftragter bestellt oder
- eine Betriebsfeuerwehr eingerichtet ist noch
- eine freiwillige Betriebsfeuerwehr nach den Richtlinien der Landesfeuerwehrverbände eingerichtet ist noch
- ein Brandschutzbeauftragter, ein Brandschutzwart oder eine Brandschutzgruppe nach der AStV vorgeschrieben ist.

Diese benannten Personen müssen mit der Handhabung der Mittel der ersten Löschhilfe vertraut und in der Lage sein, folgende Veranlassungen zu treffen:

- Im Brandfall erforderlichenfalls die Feuerwehr zu alarmieren,
- im Fall von Alarm nach Anweisung des Arbeitgebers zu kontrollieren, ob alle Arbeitnehmer die Arbeitsstätte verlassen haben,
- die Mittel der ersten Löschhilfe im Brandfall anzuwenden, soweit dies zur Sicherung der Flucht von Arbeitnehmern unbedingt notwendig ist.

Die Bestellung von Personen, die für Brandbekämpfung und Evakuierung der Arbeitnehmer zuständig sind, befreit die Arbeitgeber nicht von ihrer Verantwortung,

- geeignete Vorkehrungen zu treffen, um das Entstehen eines Brandes und im Falle eines Brandes eine Gefährdung des Lebens und der Gesundheit der Arbeitnehmer zu vermeiden,

- geeignete Maßnahmen zu treffen, die zur Brandbekämpfung und Evakuierung der Arbeitnehmer erforderlich sind,
- ausreichende und geeignete Feuerlöscheinrichtungen und erforderlichenfalls Brandmelder und Alarmanlagen anzubringen (§ 44a Abs 2 AStV).

16 Mit § 44a AStV wurde ein „Auffangparagraph" geschaffen, der für Arbeitsstätten gilt, in denen kein Brandschutzbeauftragter, keine Brandschutzgruppe, keine Brandschutzwarte oder Betriebsfeuerwehren eingerichtet oder vorgeschrieben sind.

Die Regelung über die Bestellung von Personen für Brandbekämpfung und Evakuierung gilt für alle Arbeitsstätten und Baustellen seit **1.1.2010**. Für Baustellen gilt § 45 BauV.

V. Brandschutzbeauftragte, Brandschutzwarte und Brandschutzgruppe (Abs 2 und 4)

A. Brandschutzbeauftragter

17 Arbeitgeber haben gemäß **§ 25 Abs 4 ASchG** Personen zu bestellen, die für die Brandbekämpfung und Evakuierung der Arbeitnehmer zuständig sind (**Brandschutzbeauftragte**). Eine ausreichende Anzahl von Arbeitnehmern muss mit der Handhabung der Feuerlöscheinrichtungen vertraut sein. Durchführungsbestimmungen trifft **§ 43 AStV**: Demnach kann die **zuständige Behörde** die Bestellung eines Brandschutzbeauftragten und erforderlichenfalls einer Ersatzperson (zB im Rahmen eines Genehmigungsverfahrens) vorschreiben, wenn dies auf Grund

- der Art der Arbeitsvorgänge oder Arbeitsverfahren,
- der Art oder Menge der vorhandenen Arbeitsstoffe,
- der vorhandenen Einrichtungen oder Arbeitsmittel,
- der Lage, den Abmessungen, der baulichen Gestaltung oder der Nutzungsart der Arbeitsstätte oder
- der höchstmöglichen Anzahl der in der Arbeitsstätte anwesenden Personen

für einen wirksamen Schutz der Arbeitnehmer erforderlich ist.

18 Die **Ausbildung** der Brandschutzbeauftragten umfasst eine mindestens 16-stündige Ausbildung auf dem Gebiet des Brandschutzes nach den Richtlinien der Feuerwehrverbände oder Brandverhütungsstellen oder eine andere, zumindest gleichwertige einschlägige Ausbildung. Die Ausbildung hat nachweislich zu erfolgen.

19 Die **Aufgaben des Brandschutzbeauftragten** sind:

- Erstellung einer Brandschutzordnung,
- Führen eines Brandschutzbuches,
- Erstellen eines Brandschutzplanes in Zusammenarbeit mit dem örtlich zuständigen Feuerwehrkommando,

- Durchführung der jährlichen Brandalarm- und Räumungsübungen,
- Unterweisung der Arbeitnehmer in der ordnungsgemäßen Handhabung der Löschgeräte,
- Information der Arbeitnehmer über das Verhalten im Brandfall,
- Durchführung der Eigenkontrolle im Sinne der einschlägigen Regeln der Technik,
- Bekämpfung von Entstehungsbränden mit Mitteln der ersten und erweiterten Löschhilfe,
- Evakuierung der Arbeitsstätte,
- Vorbereitung eines allfälligen Feuerwehreinsatzes.

Brandschutzbeauftragten ist während ihrer Arbeitszeit ausreichend Zeit für die Wahrnehmung ihrer Aufgaben zu gewähren. Weiters sind ihnen alle erforderlichen Mittel und Unterlagen zur Verfügung zu stellen. Sie sind mit den nötigen Befugnissen auszustatten. 20

Die **Bestellung oder Abberufung** von Brandschutzbeauftragten ist im Arbeitsschutzausschuss zu behandeln (**§ 88 ASchG**). Besteht kein Arbeitsschutzausschuss, sind die Sicherheitsvertrauenspersonen zu informieren und, soweit keine Belegschaftsorgane bestehen (zB Betriebsrat), haben sich Arbeitgeber mit den Sicherheitsvertrauenspersonen zu beraten. Bestehen weder Belegschaftsorgane noch sind Sicherheitsvertrauenspersonen bestellt, sind alle Arbeitnehmer über die Bestellung oder Abberufung von Brandschutzbeauftragten anzuhören und zu beteiligen (§ 11 Abs 5 und § 13 Abs 2 ASchG). 21

Vgl §§ 11, 13 und 88 ASchG.

B. Brandschutzwart

Ist es auf Grund der Personenzahl oder der Ausdehnung der Arbeitsstätte erforderlich, hat die Behörde gemäß **§ 43 Abs 5 AStV** zusätzlich die Bestellung der erforderlichen Anzahl von Brandschutzwarten und erforderlichenfalls von Ersatzpersonen vorzuschreiben. 22

Brandschutzwarte haben die **Aufgabe, den Brandschutzbeauftragten bei seinen Aufgaben zu unterstützen** und innerhalb bestimmter örtlicher oder sachlicher Bereiche der Arbeitsstätte die Brandsicherheit zu überwachen. 23

Als Brandschutzwarte dürfen nur Personen bestellt werden, die eine **einschlägige Ausbildung** einer Schulungseinrichtung nachweisen oder nachweislich vom Brandschutzbeauftragten mindestens sechs Stunden betriebsbezogen ausgebildet und unterwiesen wurden. 24

Die **behördlichen Vorschreibungen nach § 43 Abs 1 bis 6 AStV** erfolgen nur mehr subsidiär für jene Fälle, in welchen nicht bereits der Arbeitgeber auf Grund landesgesetzlicher Vorschriften einen Brandschutzbeauftragten bestellt oder eine Betriebsfeuerwehr eingerichtet hat oder in der Arbeitsstätte 25 nicht bereits eine freiwillige Betriebsfeuerwehr nach den Richtlinien der Landesfeuerwehrverbände eingerichtet ist.

C. Brandschutzgruppe

26 Bis 31.12.2014 hatte die **zuständige Behörde** gemäß **§ 25 Abs 5 ASchG** die Aufstellung einer besonders ausgebildeten und entsprechend ausgerüsteten Brandschutzgruppe vorzuschreiben, wenn es wegen der besonderen Verhältnisse für einen wirksamen Schutz der Arbeitnehmer erforderlich ist. Dabei sind gemäß § 44 Abs 1 AStV auch deren Stärke und Ausrüstung entsprechend den betrieblichen Erfordernissen festzulegen. Darüber hinaus wurden in § 44 AStV ausführlich die Organisation und Aufgaben der Brandschutzgruppe sowie die Ausbildung der Mitglieder geregelt.

Mit BGBl I 2014/94 ist § 25 Abs 5 ersatzlos entfallen. Da zum Brandschutz umfangreiche landesrechtliche Regelungen bestehen, konnte die subsidiäre Möglichkeit der Vorschreibung einer Brandschutzgruppe im Arbeitnehmerschutz daher entfallen.

Korrespondierend ist § 44 AStV mit der Novelle BGBl II 2014/324 aufgehoben worden.

(Rz 27–30 entfallen)

VI. Explosionsschutz (Abs 6)

31 Zur Verhütung von Explosionen, die durch die Verwendung von brandgefährlichen Arbeitsstoffen verursacht werden können, sieht der Arbeitnehmerschutz neben den allgemeinen Bestimmungen des ASchG **spezielle Regelungen** vor:

- Abschnitt VII (Brandschutzmaßnahmen) der Allgemeinen Arbeitnehmerschutzverordnung **(AAV)**;
- für Bauarbeiten: Abschnitt 5 (Brandschutzmaßnahmen) sowie Abschnitt 19 (Arbeiten mit Flüssiggas) der Bauarbeiterschutzverordnung **(BauV)**;
- für die Lagerung von brandgefährlichen Arbeitsstoffen gelten die Verordnung brennbare Flüssigkeiten 2023 **(VbF 2023)** BGBl II 2023/45, die Flüssiggasverordnung 2002 **(FGV)**, BGBl II 2002/446, die Aerosolpackungslagerungsverordnung (APLV), BGBl II 2018/347;
- für Bergbaubetriebe: Abschnitt IX (Lagerung von brennbaren Flüssigkeiten unter Tage), Abschnitt XI (Feuergefahr), Abschnitt XIII (Grubenbrand durch Selbstentzündung, Schlagwetter, Kohlenstaub) der **Allgemeinen Bergpolizeiverordnung**;
- für explosionsfähige Atmosphären gilt die Verordnung explosionsfähige Atmosphären **(VEXAT)** samt Anhang über elektrische Anlagen in explosionsgefährdeten Bereichen.

VII. Blitzschutz (Abs 7)

§ 25 Abs 7 ASchG wird durch **§ 15 der Elektroschutzverordnung 2012 (ESV 2012)**, BGBl II 2012/33, dahingehend konkretisiert, dass Arbeitsstätten mit **Blitzschutzanlagen** ausgestattet sein müssen, wenn aufgrund ihrer Höhe, Flächenausdehnung, Umgebung und der zu erwartenden Blitzaktivität (Erdblitzdichte), in Relation zu Bauweise, Nutzung oder Inhalt des Gebäudes eine Gefährdung durch Blitzschlag oder durch die Folgen eines Blitzschlags besteht. Dies gilt auch für Baustellen, soweit dies technisch möglich ist. 32

Für **blitzschlaggefährdete Arbeitsmittel** müssen Vorkehrungen getroffen werden, durch die durch Blitzschlag verursachte elektrische Ladungen auf sichere Art und Weise in den Erdboden abgeleitet werden.

Blitzschutzanlagen müssen regelmäßig auf ihren ordnungsgemäßen Zustand **geprüft** und festgestellte Mängel unverzüglich behoben werden. Die Prüfungen müssen in zeitlichen Abständen von längstens drei Jahren, im Falle der Verwendung von explosionsgefährlichen, hochentzündlichen oder größeren Mengen von leichtentzündlichen Arbeitsstoffen (oder Arbeitsstoffen der Gefahrenklasse 1, der Gefahrenklasse 6 Kategorie 1 und 2 oder der Gefahrenklasse 7) jährlich durchgeführt werden (§ 15 Abs 3 ESV 2012). 33

Erste Hilfe

§ 26. (1) Arbeitgeber müssen geeignete Vorkehrungen treffen, damit Arbeitnehmern bei Verletzungen oder plötzlichen Erkrankungen Erste Hilfe geleistet werden kann.

(2) Es müssen ausreichende und geeignete Mittel und Einrichtungen für die Erste Hilfe samt Anleitungen vorhanden sein. Die Aufbewahrungsstellen der für die Erste Hilfe notwendigen Mittel und Einrichtungen müssen gut erreichbar sein sowie gut sichtbar und dauerhaft gekennzeichnet sein.

(3) Es sind in ausreichender Anzahl Personen zu bestellen, die für die Erste Hilfe zuständig sind. Diese Personen müssen über eine ausreichende Ausbildung für die Erste Hilfe verfügen. Es ist dafür zu sorgen, daß während der Betriebszeit entsprechend der Anzahl der in der Arbeitsstätte anwesenden Arbeitnehmer für die Erste Hilfe zuständige Personen in ausreichender Anzahl anwesend sind.

(4) Für die Erste Hilfe müssen Sanitätsräume vorgesehen sein, wenn in einer Arbeitsstätte regelmäßig mehr als 250 Arbeitnehmer beschäftigt werden oder wenn es wegen der besonderen Verhältnisse für eine rasche und wirksame Erste Hilfe erforderlich ist. Sanitätsräume müssen mit den erforderlichen Einrichtungen und Mitteln ausgestattet und leicht zugänglich sein. Sie müssen gut sichtbar und dauerhaft gekennzeichnet sein.

(5) Bei Vorkehrungen und Maßnahmen gemäß Abs. 1 bis 4 sind die Art der Arbeitsvorgänge und Arbeitsverfahren, die Art und Menge der vorhandenen Arbeitsstoffe, die vorhandenen Einrichtungen und Arbeitsmittel, das Unfallrisiko, die Lage, Abmessungen und Nutzung der Arbeitsstätte sowie die Anzahl der in der Arbeitsstätte beschäftigten Arbeitnehmer zu berücksichtigen.

(6) Für Baustellen gelten Abs. 1, 2 und 5 mit der Maßgabe, daß auch die Lage und die räumliche Ausdehnung der Baustelle besonders zu berücksichtigen sind, sowie Abs. 3. Sanitätsräume oder vergleichbare Einrichtungen sind vorzusehen, wenn dies auf Grund der Lage der Baustelle und der Anzahl der auf der Baustelle beschäftigten Arbeitnehmer notwendig ist. Für diese Sanitätseinrichtungen gilt Abs. 4 zweiter und dritter Satz.

[BGBl I 2006/147]

Übersicht

I. Allgemeines ... 1
II. Mittel für die Erste Hilfe (Abs 2) ... 2–5
III. Ersthelfer (Abs 3) ... 6, 7
  A. Mindestanzahl Ersthelfer ... 8
  B. Ausbildung Erste Hilfe ... 9–11
  C. Erste-Hilfe-Auffrischung ... 12, 13
IV. Sanitätsräume (Abs 4) ... 14–16

I. Allgemeines

1 Diese Bestimmungen entsprechen Art 8 Abs 1 und 2 der Richtlinie 89/391/EWG, Anhang I Z 19 und Anhang II Z 14 der Richtlinie 89/654/EWG sowie § 13 ANSchG und §§ 81 und 82 AAV. Zu den Baustellen ist auf Anhang IV Teil A Z 13 der Richtlinie 92/57/EWG zu verweisen. Besondere Regelungen über die Erste Hilfe sieht Abschnitt A Z 12 des Anhanges der Richtlinie 92/104/EWG vor, weiters Art 8 Abs 1 lit c der Richtlinie 90/679/EWG (ErlRV 1590 BlgNR 18. GP). Gemäß § 26 Abs 1 müssen Arbeitgeber geeignete Vorkehrungen treffen, damit Arbeitnehmern bei Verletzungen oder plötzlichen Erkrankungen Erste Hilfe geleistet werden kann.

II. Mittel für die Erste Hilfe (Abs 2)

2 Es müssen **ausreichende und geeignete Mittel und Einrichtungen** für die Erste Hilfe samt **Anleitungen** vorhanden sein.

3 § 26 Abs 2 wird durch **§ 39 AStV** konkretisiert: **Erste-Hilfe-Kästen** müssen in ausreichender Zahl – bezogen auf Arbeitnehmer, Art der Arbeitsvorgänge und der verwendeten Arbeitsstoffe – zur Verfügung stehen. Sie sind in staubdicht schließenden Behältern, in hygienisch einwandfreiem, jederzeit gebrauchsfertigem Zustand aufzubewahren. Die Aufbewahrungsorte müssen

leicht zugänglich und gekennzeichnet sein. Die Kennzeichnung hat nach den Anforderungen der Kennzeichnungsverordnung (KennV) zu erfolgen.

Erste-Hilfe-Kästen bzw -Koffer haben der ÖNORM Z 1020 zu entsprechen.

In **unmittelbarer Nähe des Behälters** müssen vorhanden sein:

- eine ausführliche Anleitung zur Erste-Hilfe-Leistung,
- Vermerke mit den Namen der Ersthelfer,
- die Notrufnummer der Rettung oder Vermerke über Unfallmeldestellen, Krankentransportmittel, ärzte oder Krankenhäuser.

Ein **Notruftelefon** muss in der Arbeitsstätte oder in der Nähe der Arbeits- 4
stätte vorhanden sein. In Arbeitsstätten mit besonderen Unfallgefahren sind Einrichtungen für den Transport von Verletzten (zB Tragen) in ausreichender Zahl bereitzustellen. Die Aufbewahrungsorte müssen leicht zugänglich und gekennzeichnet sein.

Außerhalb des Standortes des Betriebes tätigen Arbeitnehmern sind die 5
notwendigen Mittel mitzugeben, sofern diese auf der auswärtigen Arbeitsstelle nicht unmittelbar zur Verfügung stehen (**§ 81 Abs 2 AAV**).

III. Ersthelfer (Abs 3)

Die Bestellung von Personen für die Leistung der Ersten Hilfe, va die Anzahl 6
der zu bestellenden Personen (unter Berücksichtigung der Zahl der Beschäftigten und der Betriebsart), war vor Inkrafttreten des ASchG bzw der AStV in § 81 AAV geregelt (vgl ErlRV 1590 BlgNR 18. GP).

§ 26 Abs 3 ASchG sieht vor, dass für die Erste Hilfe **Personen in ausreichender Anzahl** zu bestellen sind.

Vor der ASchG-Novelle BGBl I 2006/147 zur Umsetzung des EuGH-Urteils 7
vom 6.4.2006, C-428/04, sah § 26 Abs 3 ASchG vor, dass für Erste Hilfe zuständige Personen nur dann bestellt werden müssen, wenn in einer Arbeitsstätte mehr als fünf Arbeitnehmer beschäftigt sind. Dies ist in Umsetzung des EuGH-Urteils entfallen, sodass **in jeder Arbeitsstätte, unabhängig von der Beschäftigtenzahl**, Ersthelfer zu bestellen sind.

§ 40 AStV war daher entsprechend anzupassen. Die Änderungen zur Bestellung von Ersthelfern (Entfall der Zahl „5“) und über die Auffrischungskurse in der AStV und der BauV erfolgten durch die Novelle BGBl II 2009/256. Diese ist am **1.1.2010** in Kraft getreten.

Praxisbeispiele zur Bestellung und Ausbildung von Ersthelfern siehe auf der Website der Arbeitsinspektion vom 22.8.2024 unter https://www.arbeitsinspektion.gv.at/Uebergreifendes/Besondere_Funktionen/Praxisbeispiele-zur-Bestellung-und-Ausbildung-von-Ersthel.html

A. Mindestanzahl Ersthelfer

8 Die Mindestanzahl an nachweislich ausgebildeten Ersthelfern in Arbeitsstätten beträgt gemäß **§ 40 Abs 1 und 2 AStV**:

abhängig von der Zahl der **regelmäßig gleichzeitig** in der Arbeitsstätte beschäftigten Arbeitnehmern:	
Bei 1 bis 19 Arbeitnehmern	1 Ersthelfer
Bei 20 bis 29 Arbeitnehmern	2 Ersthelfer
Bei je 10 weiteren Arbeitnehmern	1 zusätzlicher Ersthelfer
In **Büros** oder Arbeitsstätten, in denen die Unfallgefahren mit denjenigen in Büros vergleichbar sind:	
Bei bis zu 29 Arbeitnehmern	1 Ersthelfer
Bei 30 bis 49 Arbeitnehmern	2 Ersthelfer
Bei je 20 weiteren Arbeitnehmern	1 zusätzlicher Ersthelfer

Durch organisatorische Maßnahmen ist sicherzustellen, dass **während der betriebsüblichen Arbeitszeit** eine im Hinblick auf die Anzahl der anwesenden Arbeitnehmer ausreichende Anzahl an Ersthelfern anwesend ist.

Ersthelfer kann auch der Arbeitgeber selbst sein.

B. Ausbildung Erste Hilfe

9 In Arbeitsstätten mit **mindestens fünf regelmäßig gleichzeitig beschäftigten Arbeitnehmern** hat gemäß **§ 40 Abs 2 Z 1 AStV** die Ausbildung nach den vom Österreichischen Roten Kreuz ausgearbeiteten Lehrplänen oder eine andere, zumindest gleichwertige Ausbildung (wie die des Präsenz- oder Ausbildungsdienstes beim Bundesheer) nachweislich mindestens **16 Stunden** zu betragen.

10 Folgende Berufsausbildungen beinhalten jedenfalls eine **„zumindest gleichwertige" Erste-Hilfe-Ausbildung** im Sinne des § 40 Abs 2 AStV:

- Ärzte (Allgemeinmedizin, alle Fachärzte, Zahnärzte),
- Hebammen,
- gehobene Dienste für Gesundheits- und Krankenpflege sowie Pflegehilfe,
- Sanitäter.

Absolventen dieser Ausbildungen benötigen daher keinen gesonderten Nachweis einer 16-stündigen Erste-Hilfe-Ausbildung nach den Lehrplänen des Roten Kreuzes.

11 Für **Arbeitsstätten mit bis zu vier Arbeitnehmern**, in denen bis 31.12.2009 keine Ersthelfer bestellt werden mussten, sieht § 40 Abs 2 Z 2 AStV eine **Übergangsregelung für die Ausbildung bis 1.1.2015** vor:

- Der Ersthelfer hat eine mindestens sechsstündige Unterweisung in lebensrettenden Sofortmaßnahmen (im Sinne des § 6 der Führerscheingesetz-

Durchführungsverordnung, BGBl II 1997/320) nach dem 1.1.1998 absolviert. Bei Personen, deren Führerschein nicht älter als zwölf Jahre ist, ist davon auszugehen, dass sie dieses Erfordernis erfüllen.

- Ab 1.1.2015 muss der Ersthelfer in Abständen von höchstens vier Jahren eine mindestens achtstündige Erste-Hilfe-Auffrischung absolvieren. Die mindestens achtstündige Erste-Hilfe-Auffrischung kann auch aufgeteilt werden, sodass jedes zweite Jahr eine mindestens vierstündige Erste-Hilfe-Auffrischung erfolgt.

C. Erste-Hilfe-Auffrischung

Ersthelfer für Arbeitsstätten bzw Baustellen haben regelmäßig an Auffrischungskursen teilzunehmen. In Abständen von höchstens vier Jahren ist eine mindestens achtstündige Erste-Hilfe-Auffrischung zu absolvieren. Diese kann auch geteilt werden, sodass in Abständen von höchstens zwei Jahren eine mindestens vierstündige Erste-Hilfe-Auffrischung erfolgt. Die Erste-Hilfe-Auffrischung kann auch durch den Arbeitsmediziner ohne Einrechnung in die Präventionszeit durchgeführt werden (§ 40 Abs 3 AStV). **12**

Nach der alten Rechtslage (bis 31.12.2009) bestand die Verpflichtung, die Ausbildung alle zehn Jahre zu wiederholen, und waren alle fünf Jahre Übungen zur Ersten Hilfe abzuhalten.

FAQs zur Erste-Hilfe-Ausbildung siehe Website der Arbeitsinspektion vom 24.8.2021 unter https://www.arbeitsinspektion.gv.at/Uebergreifendes/Besondere_Funktionen/FAQ_zur_Ausbildung_und_Bestellung_von_Ersthelferinnen_und_E.html. **13**

IV. Sanitätsräume (Abs 4)

Zu den Sanitätsräumen (Abs 4) ist darauf zu verweisen, dass die Richtlinie 89/654/EWG als Kriterien die Größe der Räumlichkeiten, die Art der dort ausgeübten Tätigkeiten und die Unfallhäufigkeit anführt. Gleiches gilt für die Richtlinie 92/104/EWG. Die Richtlinie 92/57/EWG führt als Kriterien die Größe der Baustelle und die Art der Tätigkeiten an. Abs 4 sieht daher die Einrichtung von Sanitätsräumen **in Arbeitsstätten, bei denen es wegen der besonderen Verhältnisse (Gefährlichkeit der Tätigkeiten, Unfallhäufigkeit) geboten erscheint, unabhängig von der Beschäftigtenzahl** vor. Die in Abs 4 vorgesehene Verpflichtung zur Einrichtung von Sanitätsräumen für Betriebe mit mehr als 250 Beschäftigten – unabhängig von der Art der Tätigkeiten und der Art des Betriebes – entspricht § 82 AAV. (ErlRV 1590 BlgNR 18. GP) **14**

§ 41 AStV konkretisiert die **Voraussetzungen und die Ausstattung von Sanitätsräumen**. Demnach ist ein Sanitätsraum in Arbeitsstätten einzurichten, **15**

- in denen regelmäßig mehr als 250 Arbeitnehmer beschäftigt werden oder
- regelmäßig mehr als 100 Arbeitnehmer beschäftigt werden und auf Grund der Art der Arbeitsvorgänge oder Arbeitsverfahren, der verwendeten Ar-

beitsstoffe oder Arbeitsmittel besondere Unfallgefahren für die Arbeitnehmer bestehen.

Sanitätsräume sind so zu gestalten, dass **bei Unfällen oder plötzlichen Erkrankungen Erste Hilfe geleistet und eine ärztliche Erstversorgung** durchgeführt werden kann. Weiters sind Sanitätsräume beispielsweise mit einem Telefon, einer Liege sowie einer Waschgelegenheit mit fließendem Kalt- und Warmwasser auszustatten. Sanitätsräume müssen als solche gekennzeichnet sein. Die Kennzeichnung hat entsprechend der KennV zu erfolgen.

16 **Zufahrtswege für Rettungskräfte** sind einzurichten, wenn dies auf Grund der Art der Arbeitsvorgänge oder Arbeitsverfahren, der Art oder Menge der vorhandenen Arbeitsstoffe, der vorhandenen Einrichtungen und Arbeitsmittel, der Lage, den Abmessungen, der baulichen Gestaltung oder der Nutzungsart der Arbeitsstätte oder der höchstmöglichen Anzahl der in der Arbeitsstätte anwesenden Personen für einen wirksamen Schutz der Arbeitnehmer erforderlich ist.

Nähere Regelungen über Erste-Hilfe-Mittel, die Bestellung von Ersthelfern sowie von Sanitätsräumen auf **Baustellen siehe §§ 31 und 32 BauV**.

Sanitäre Vorkehrungen in Arbeitsstätten

§ 27. **(1) Den Arbeitnehmern sind in ausreichender Anzahl geeignete Waschgelegenheiten mit hygienisch einwandfreiem, fließendem und nach Möglichkeit warmem Wasser, Reinigungsmittel sowie geeignete Mittel zum Abtrocknen zur Verfügung zu stellen. Waschräume sind zur Verfügung zu stellen, wenn**

1. **von einem Arbeitgeber in einer Arbeitsstätte regelmäßig mehr als zwölf Arbeitnehmer beschäftigt werden, oder**
2. **die Art der Arbeitsvorgänge, hygienische oder gesundheitliche Gründe dies erfordern.**

(2) Sind nach Abs. 1 Waschräume einzurichten, so hat eine Trennung nach Geschlecht zu erfolgen, wenn jedem Geschlecht mindestens fünf Arbeitnehmer angehören. Sind gemeinsame Waschgelegenheiten und Waschräume für Arbeitnehmer und Arbeitnehmerinnen eingerichtet, ist eine nach Geschlecht getrennte Benutzung sicherzustellen.

(3) Den Arbeitnehmern sind in der Nähe der Arbeitsplätze, der Aufenthaltsräume, der Umkleideräume und der Waschgelegenheiten oder Waschräume in ausreichender Anzahl geeignete Toiletten zur Verfügung zu stellen. In Vorräumen von Toiletten muß eine Waschgelegenheit vorhanden sein, sofern sich nicht in unmittelbarer Nähe der Toiletten eine Waschgelegenheit befindet. Werden in einer Arbeitsstätte regelmäßig mindestens fünf Arbeitnehmer und mindestens fünf Arbeitnehmerinnen

beschäftigt, so hat bei den Toiletten eine Trennung nach Geschlecht zu erfolgen.

(4) Jedem Arbeitnehmer ist ein versperrbarer Kleiderkasten oder eine sonstige geeignete versperrbare Einrichtung zur Aufbewahrung der Privatkleidung und Arbeitskleidung sowie sonstiger Gegenstände, die üblicherweise zur Arbeitsstätte mitgenommen werden, zur Verfügung zu stellen. Erforderlichenfalls ist dafür vorzusorgen, daß die Straßenkleidung von der Arbeits- und Schutzkleidung getrennt verwahrt werden kann. Den Arbeitnehmern sind geeignete Umkleideräume zur Verfügung zu stellen, wenn

1. **in einer Arbeitsstätte regelmäßig mehr als zwölf Arbeitnehmer beschäftigt werden, die bei ihrer Tätigkeit besondere Arbeitskleidung oder Schutzkleidung tragen, oder**
2. **aus hygienischen, gesundheitlichen oder sittlichen Gründen gesonderte Umkleideräume erforderlich sind.**

(5) Sind nach Abs. 4 Umkleideräume einzurichten, so hat eine Trennung nach Geschlecht zu erfolgen, wenn jedem Geschlecht mindestens fünf Arbeitnehmer angehören. Sind gemeinsame Umkleideräume für Arbeitnehmer und Arbeitnehmerinnen eingerichtet, ist eine nach Geschlecht getrennte Benutzung sicherzustellen.

(6) Waschräume müssen in der Nähe der Arbeitsplätze gelegen sein, soweit nicht gesonderte Waschgelegenheiten in der Nähe der Arbeitsplätze zur Verfügung stehen. Waschräume und Umkleideräume müssen untereinander leicht erreichbar sein.

(7) Waschräume, Toiletten und Umkleideräume müssen entsprechend ihrer Zweckbestimmung und der Anzahl der Arbeitnehmer bemessen und ausgestattet sein, den hygienischen Anforderungen entsprechen, eine angemessene Raumtemperatur aufweisen sowie ausreichend be- und entlüftet, belichtet oder beleuchtet sein.

(8) Der Verpflichtung zur Einrichtung von Waschräumen, Toiletten und Umkleideräumen kann auch in der Weise entsprochen werden, daß mehrere Arbeitgeber gemeinsam für ihre Arbeitnehmer Waschräume, Toiletten und Umkleideräume zur Verfügung stellen. In diesem Fall müssen die Waschräume, Toiletten und Umkleideräume hinsichtlich ihrer Lage, ihrer Anzahl, ihrer Bemessung und ihrer Ausstattung den Anforderungen nach Abs. 1 bis 7 unter Zugrundelegung der Gesamtzahl aller Arbeitnehmer entsprechen.

(9) Den Arbeitnehmern ist Trinkwasser oder ein anderes gesundheitlich einwandfreies, alkoholfreies Getränk zur Verfügung zu stellen.

[BGBl 1994/450]

Übersicht

I.	Allgemeines	1
II.	Waschgelegenheiten (Abs 1 und 2)	2–4
III.	Toilettenanlagen (Abs 3)	5–7
IV.	Kleiderkästen und Umkleideräume (Abs 4)	8, 9
V.	Waschräume (Abs 6)	10–12
VI.	Gemeinsame sanitäre Einrichtungen (Abs 8)	13
VII.	Trinkwasser (Abs 9)	14

I. Allgemeines

1 Die Abs 1 bis 6 entsprechen Anhang I Z 18 und Anhang II Z 13 der Richtlinie 89/654/EWG sowie Abschnitt A Z 14 des Anhanges der Richtlinie 92/104/EWG. Weiters ist auf Art 10 der Richtlinie 82/605/EWG, Art 13 Abs 1 lit c der Richtlinie 82/477/EWG sowie Art 8 Abs 1 lit c und Abs 2 lit b und c der Richtlinie 90/679/EWG zu verweisen.

Die Regelungen entsprechen weitgehend der vor Inkrafttreten des ASchG geltenden Rechtslage des § 14 ANSchG und §§ 84 bis 86 AAV. Abweichend vom alten Recht wird für Waschgelegenheiten bzw Waschräume nach ASchG nicht mehr verlangt, dass sie „im Betrieb“ zur Verfügung stehen müssen, sondern in der Nähe der Arbeitsplätze.

Die Verpflichtung zur Einrichtung von Umkleideräumen wird nicht mehr generell ab zwölf Beschäftigten vorgesehen, da zB in Bürobetrieben die Arbeitnehmer häufig entsprechende Kleiderschränke in ihren Büros einem Kleiderschrank in einem gesonderten Umkleideraum vorziehen (vgl ErlRV 1590 BlgNR 18. GP).

Erläuterungen zu den Regelungen der AStV unter Kommentierte Rechtsvorschriften auf der Website der Arbeitsinspektion (Stand 8.1.2025): https://www.arbeitsinspektion.gv.at/Service/Rechtsvorschriften/Rechtsvorschriften.html

II. Waschgelegenheiten (Abs 1 und 2)

2 Gemäß **§ 34 Abs 1 Arbeitsstättenverordnung (AStV)** ist in jeder Arbeitsstätte eine solche Anzahl an **Waschplätzen** zur Verfügung zu stellen, dass für jeweils höchstens **fünf Arbeitnehmer**, die gleichzeitig ihre Arbeit beenden, mindestens ein Waschplatz vorhanden ist.

3 Weiters sind für jene Arbeitnehmer, deren Arbeitsbedingungen eine **umfassendere Reinigung** als die der Hände, der Arme und des Gesichts erforderlich machen, insbesondere wegen starker Verschmutzung oder Staubeinwirkung, wegen hoher körperlicher Belastung oder Hitzeeinwirkung oder wegen Hautkontakts mit gefährlichen Arbeitsstoffen, **Duschen** zur Verfügung zu stellen. Für jeweils höchstens fünf Arbeitnehmer, die gleichzeitig ihre Arbeit beenden, muss mindestens eine Dusche vorhanden sein. (§ 34 Abs 3 AStV)

Die Waschplätze und die Duschen müssen **4**

1. ausreichend bemessen sein, so dass sich jeder Arbeitnehmer den hygienischen Erfordernissen entsprechend reinigen kann,
2. mit fließendem, nach Möglichkeit warmem Wasser ausgestattet sein,
3. den sanitären Anforderungen entsprechen, in hygienischem Zustand gehalten und erforderlichenfalls regelmäßig und wirksam desinfiziert werden,
4. mit geeigneten Mitteln zur Körperreinigung ausgestattet sein und
5. mit Einweghandtüchern oder Händetrocknern ausgestattet sind, sofern nicht jedem Arbeitnehmer ein eigenes Handtuch zur Verfügung gestellt wird. (§ 34 Abs 7 AStV)

III. Toilettenanlagen (Abs 3)

Nähere Regelungen zu Toilettenanlagen enthält **§ 33 AStV**. Demnach ist für jeweils höchstens **15 Arbeitnehmer** mindestens eine verschließbare Toilettezelle zur Verfügung zu stellen. **5**

Toiletten für betriebsfremde Personen, wie zB Kunden oder Patienten, dürfen in die Anzahl der für die Arbeitnehmer erforderlichen Toiletten nicht eingerechnet werden, und diese dürfen die für die Arbeitnehmer vorgesehenen Toiletten nicht benutzen. **Nach Geschlechtern getrennte Toiletten** sind einzurichten, wenn mindestens fünf männliche Arbeitnehmer **und** mindestens fünf weibliche Arbeitnehmer darauf angewiesen sind. Die Personenzahlen beziehen sich auf regelmäßig gleichzeitig in der Arbeitsstätte anwesende Arbeitnehmer.

Gemäß § 27 Abs 3 ASchG sind Arbeitnehmern in der ***„Nähe der Arbeitsplätze, der Aufenthaltsräume, der Umkleideräume und der Waschgelegenheiten oder Waschräume in ausreichender Anzahl geeignete Toiletten zur Verfügung zu stellen"***. Zur Auslegung dieses Begriffs „in der Nähe der Arbeitsplätze, …" wird die deutsche Arbeitsstättenregel ASR 37/1 (Herausgeber: Ausschuss für Arbeitsstätten – ASTA-Geschäftsführung – BAuA) herangezogen: Die Toilettenräume bzw die Toiletten sind daher innerhalb einer Arbeitsstätte so zu verteilen, dass sie von ständigen Arbeitsplätzen nicht mehr als 100 m und, sofern keine Fahrtreppen vorhanden sind, höchstens eine Geschosshöhe entfernt sind. (Weitere Informationen unter der Website der Arbeitsinspektion zu Kommentierte Rechtsvorschriften zur AStV https://www.arbeitsinspektion.gv.at/Service/Rechtsvorschriften/Rechtsvorschriften.html. **6**

Toiletten müssen entsprechend ihrer Zweckbestimmung und der Anzahl der Arbeitnehmer bemessen und ausgestattet sein, den hygienischen Anforderungen entsprechen, eine angemessene Raumtemperatur aufweisen sowie ausreichend be- und entlüftet, belichtet oder beleuchtet sein (§ 27 Abs 7). Toiletten sind so anzulegen, dass sie mit Arbeitsräumen, mit Aufenthalts- und Bereitschaftsräumen oder mit Umkleideräumen nicht unmittelbar in Verbindung stehen. Von solchen Räumen müssen Toiletten durch natürlich oder mecha- **7** nisch direkt ins Freie ausreichend lüftbare Vorräume getrennt sein (§ 33 Abs 5 AStV). Schließlich hat der Arbeitgeber dafür zu sorgen, dass

- Toiletten ohne Erkältungsgefahr benutzbar sind,
- Toiletten mit Wasserspülung oder einer gleichwertigen Einrichtung sowie mit Toilettenpapier ausgestattet sind,
- Toiletten den sanitären Anforderungen entsprechen und in hygienischem Zustand gehalten werden und
- in unmittelbarer Nähe der Toiletten eine Waschgelegenheit vorhanden ist.

Näheres siehe § 33 AStV.

IV. Kleiderkästen und Umkleideräume (Abs 4)

8 Nähere Regelungen zu **Kleiderkästen** und Umkleideräumen enthält **§ 35 AStV**. Demnach ist jedem Arbeitnehmer grundsätzlich ein Kleiderkasten zur Verfügung zu stellen, der **ausreichend groß, luftig und versperrbar** sowie **geeignet** ist, Kleidung und sonstige persönliche Gegenstände gegen Wegnahme zu sichern und vor Einwirkungen wie Nässe, Staub, Rauch, Dämpfe oder Gerüche zu schützen.

Davon abweichend ist nicht für jeden Arbeitnehmer ein eigener Kleiderkasten erforderlich, wenn dieser mit büroähnlichen Tätigkeiten oder im Verkauf beschäftigt ist und keine besondere Arbeits- oder Schutzkleidung trägt. In solchen Fällen ist es ausreichend, wenn dem Arbeitnehmer für die Kleidung bzw seine persönlichen Gegenstände eine versperrbare Aufbewahrungsmöglichkeit zur Verfügung gestellt wird. Vgl dazu § 35 Abs 3 AStV.

9 **Umkleideräume** sind – unabhängig von der Beschäftigtenzahl – zur Verfügung zu stellen, wenn

- den Arbeitnehmern auf Grund der Arbeitsbedingungen Duschen zur Verfügung zu stellen sind,
- in der Arbeitsstätte regelmäßig gleichzeitig mehr als zwölf Arbeitnehmer beschäftigt werden, die sich umkleiden müssen, weil sie bei ihrer Tätigkeit besondere Arbeits- oder Schutzkleidung tragen,
- wenn in der Arbeitsstätte regelmäßig gleichzeitig bis zu zwölf Arbeitnehmer beschäftigt werden, die sich umkleiden müssen, weil sie bei ihrer Tätigkeit besondere Arbeits- oder Schutzkleidung tragen und dieses Umkleiden in anderen Räumen aus sittlichen oder hygienischen Gründen nicht zumutbar ist. (§ 35 Abs 4 AStV)

Sind gleichzeitig fünf männliche und fünf weibliche Arbeitnehmer auf die Umkleideräume angewiesen, so sind nach Geschlechtern getrennte Umkleideräume einzurichten. (§ 27 Abs 5 ASchG)

Näheres siehe § 35 AStV.

V. Waschräume (Abs 6)

Waschräume müssen in der Nähe der Arbeitsplätze gelegen sein, soweit nicht gesonderte Waschgelegenheiten in der Nähe der Arbeitsplätze zur Verfügung stehen. Waschräume und Umkleideräume müssen untereinander leicht erreichbar sein. **10**

Gemäß § 34 Abs 4 AStV sind Waschräume zur Verfügung zu stellen,

- wenn in der Arbeitsstätte regelmäßig gleichzeitig mehr als zwölf Arbeitnehmer anwesend sind, zur Unterbringung der Waschplätze, oder
- wenn Duschen erforderlich sind, zur Unterbringung der Waschplätze und Duschen.

Es sind nach Geschlechtern getrennte Waschräume einzurichten, wenn mindestens fünf männliche und mindestens fünf weibliche Arbeitnehmer gleichzeitig auf die Waschräume angewiesen sind. **11**

Waschräume müssen entsprechend ihrer Zweckbestimmung und der Anzahl der Arbeitnehmer bemessen und ausgestattet sein, den hygienischen Anforderungen entsprechen, eine angemessene Raumtemperatur aufweisen sowie ausreichend be- und entlüftet, belichtet oder beleuchtet sein. Waschplätze und Duschen sind beispielsweise nach Möglichkeit mit fließendem warmem Wasser, Einweghandtüchern oder Händetrocknern sowie mit geeigneten Mitteln zur Körperreinigung auszustatten (§ 34 Abs 7 AStV). Die Raumtemperatur in Waschräumen hat mindestens zu betragen: **12**

1. 21 °C in Waschräumen ohne Duschen,
2. 24 °C in Waschräumen mit Duschen.

VI. Gemeinsame sanitäre Einrichtungen (Abs 8)

§ 27 Abs 8 ASchG regelt gemeinsame sanitäre Einrichtungen (Waschräume, Toiletten, Umkleideräume) **für die Arbeitnehmer mehrerer Arbeitgeber, zB in einem Einkaufszentrum**. **13**

Eine solche gemeinsame Einrichtung kann durchaus im Interesse des Arbeitnehmerschutzes gelegen sein, unter der Voraussetzung, dass diese Einrichtungen in der Nähe der Arbeitsplätze liegen und dass bei der Anzahl, der Bemessung, der Trennung nach Geschlecht etc die Gesamtzahl aller Arbeitnehmer zugrunde gelegt wird. (ErlRV 1590 BlgNR 18. GP)

VII. Trinkwasser (Abs 9)

§ 27 Abs 9 ASchG entspricht § 14 Abs 1 ANSchG und § 83 AAV der vor dem ASchG geltenden Rechtslage. **14**

Nähere Regelungen enthält **§ 32 AStV**. Demnach sind Trinkwasserentnahmestellen und allenfalls zur Verfügung gestellte Trinkgefäße **in hygienischem Zustand zu halten**. Entnahmestellen von nicht zum Trinken geeignetem Wasser sind als solche zu kennzeichnen.

Weiters ist **Waschwasser** zur Verfügung zu stellen, das den an Trinkwasser zu stellenden hygienischen Anforderungen möglichst nahekommt.

Sozialeinrichtungen in Arbeitsstätten

§ 28. (1) Den Arbeitnehmern sind für den Aufenthalt während der Arbeitspausen geeignete Aufenthaltsräume zur Verfügung zu stellen, wenn

1. Sicherheits oder Gesundheitsgründe dies erfordern, insbesondere wegen der Art der ausgeübten Tätigkeit, der Verwendung gefährlicher Arbeitsstoffe, der Lärmeinwirkung, Erschütterungen oder sonstigen gesundheitsgefährdenden Einwirkungen sowie bei längerdauernden Arbeiten im Freien, oder

2. ein Arbeitgeber in einer Arbeitsstätte regelmäßig mehr als zwölf Arbeitnehmer beschäftigt.

(2) Den Arbeitnehmern sind in den Aufenthaltsräumen, wenn solche nicht bestehen, an sonstigen geeigneten Plätzen, Sitzgelegenheiten mit Rückenlehne und Tische in ausreichender Anzahl zur Einnahme der Mahlzeiten sowie Einrichtungen zum Wärmen und zum Kühlen von mitgebrachten Speisen und Getränken zur Verfügung zu stellen.

(3) Für jene Arbeitnehmer, in deren Arbeitszeit regelmäßig und in erheblichem Umfang Zeiten der Arbeitsbereitschaft fallen, sind geeignete Bereitschaftsräume zur Verfügung zu stellen, wenn

1. sie sich während der Zeiten der Arbeitsbereitschaft nicht in Aufenthaltsräumen oder anderen geeigneten Räumen aufhalten dürfen und

2. Gesundheits oder Sicherheitsgründe die Einrichtung von Bereitschaftsräumen erfordern.

(4) Aufenthaltsräume und Bereitschaftsräume müssen leicht erreichbar sein.

(5) Aufenthaltsräume und Bereitschaftsräume müssen entsprechend ihrer Zweckbestimmung und der Anzahl der Arbeitnehmer bemessen und ausgestattet sein, den hygienischen Anforderungen entsprechen, angemessene raumklimatische Verhältnisse aufweisen, ausreichend be und entlüftet, belichtet oder beleuchtet und gegen Lärm, Erschütterungen und sonstige gesundheitsgefährdende Einwirkungen geschützt sein.

(6) Der Verpflichtung, Aufenthaltsräume zur Verfügung zu stellen, kann auch in der Weise entsprochen werden, daß mehrere Arbeitgeber gemeinsam für ihre Arbeitnehmer Aufenthaltsräume zur Verfügung stellen. In diesem Fall müssen die Aufenthaltsräume hinsichtlich ihrer Lage, ihrer Anzahl, ihrer Bemessung und ihrer Ausstattung den Anforderungen nach Abs. 1, 2, 4 und 5 unter Zugrundelegung der Gesamtzahl aller Arbeitnehmer entsprechen.

(7) Räume, die den Arbeitnehmern vom Arbeitgeber zu Wohnzwecken oder zur Nächtigung zur Verfügung gestellt werden, müssen entsprechend ihrer Zweckbestimmung bemessen und ausgestattet sein, den hygienischen Anforderungen entsprechen, angemessene raumklimatische Verhältnisse aufweisen, ausreichend be und entlüftet, belichtet und beleuchtbar sein. Den Arbeitnehmern müssen geeignete Duschen, Waschgelegenheiten und Toiletten zur Verfügung stehen.

(8) Abs. 7 gilt nicht für Werks und Dienstwohnungen.

[BGBl I 1997/9]

Übersicht

I.	Allgemeines	1
II.	Aufenthaltsräume (Abs 1 und 2)	2–8
III.	Bereitschaftsräume (Abs 3)	9, 10
IV.	Wohnräume (Abs 7)	11

I. Allgemeines

1 Diese Bestimmungen entsprechen Anhang I Z 16 und Anhang II Z 11 der Richtlinie 89/654 und Abschnitt A Z 16.8 des Anhanges der Richtlinie 92/104/EWG sowie weitgehend §§ 15 und 16 ANSchG sowie §§ 87 und 88 AAV. Entsprechend den Ergebnissen der Sozialpartnerverhandlungen zum ASchG werden wie nach alter Rechtslage (ANSchG) Aufenthaltsräume generell ab zwölf Beschäftigten vorgesehen.

Abweichend vom früher geltenden Recht sieht das ASchG Bereitschaftsräume für Arbeitnehmer vor, in deren Arbeitszeit regelmäßig Zeiten der Arbeitsbereitschaft fallen, entsprechend der Richtlinie 89/654/EWG. Die Verpflichtung zur Bereitstellung von Bereitschaftsräumen war durch Verordnung zu konkretisieren. Für die gemeinsame Einrichtung von Aufenthaltsräumen gilt dasselbe wie zur gemeinsamen Einrichtung von Sanitärräumen gemäß § 27 Abs 8 ASchG (vgl ErlRV 1590 BlgNR 18. GP).

II. Aufenthaltsräume (Abs 1 und 2)

2 Nach § 28 Abs 1 sind den Arbeitnehmern für den Aufenthalt während der Arbeitspausen geeignete Aufenthaltsräume zur Verfügung zu stellen, wenn

1. Sicherheits- oder Gesundheitsgründe dies erfordern, insbesondere wegen der Art der ausgeübten Tätigkeit, der Verwendung gefährlicher Arbeitsstoffe, der Lärmeinwirkung, Erschütterungen oder sonstigen gesundheitsgefährdenden Einwirkungen sowie bei länger dauernden Arbeiten im Freien, oder
2. ein Arbeitgeber in einer Arbeitsstätte regelmäßig mehr als zwölf Arbeitnehmer beschäftigt.

3 Weiters sind gemäß § 28 Abs 2 den Arbeitnehmern in den Aufenthaltsräumen, wenn solche nicht bestehen, an sonstigen geeigneten Plätzen, Sitzgelegenheiten mit Rückenlehne und Tische in ausreichender Anzahl zur Einnahme der Mahlzeiten sowie Einrichtungen zum Wärmen und zum Kühlen von mitgebrachten Speisen und Getränken zur Verfügung zu stellen.

4 Der VwGH bestätigte in seinem Erkenntnis vom 22.2.2013, 2011/02/0227, die Verpflichtung des Arbeitgebers nach § 28 Abs 2, *„den Arbeitnehmern in den Aufenthaltsräumen – wenn solche nicht bestehen, an sonstigen geeigneten Plätzen – Sitzgelegenheiten mit Rückenlehne und Tische in ausreichender Anzahl zur Einnahme der Mahlzeiten sowie Einrichtungen zum Wärmen und zum Kühlen von mitgebrachten Speisen und Getränken zur Verfügung zu stellen,* ***unabhängig davon****, ob diesen Arbeitnehmern auch eine Ruhepause iSd AZG zusteht oder nicht. § 28 Abs 2 enthält auch keine Ausnahme für die Bereitstellung von Aufenthaltsräumen bzw sonstigen geeigneten Plätzen, für den Fall, dass ein Arbeitgeber an einer Arbeitsstätte nur Arbeitnehmer beschäftigt, denen nach § 11 Abs 1 AZG keine Ruhepausen zustehen.“*

5 § 28 Abs 1 bis 5 ASchG wird durch **§ 36 AStV** konkretisiert. Demnach sind Aufenthaltsräume erforderlich, wenn **mehr als zwölf Arbeitnehmer** regelmäßig gleichzeitig und den überwiegenden Teil ihrer Arbeitszeit in der Arbeitsstätte anwesend sind.

Weiters sind denjenigen Arbeitnehmern – und zwar unabhängig von der Arbeitnehmerzahl – Aufenthaltsräume zur Verfügung zu stellen:

1. die mehr als zwei Stunden pro Tag im Freien beschäftigt werden,
2. die in Arbeitsräumen beschäftigt werden, welche aus Sicherheits- oder Gesundheitsgründen nicht zur Erholung oder zur Einnahme von Mahlzeiten während der Arbeitspausen geeignet sind (wie insbesondere wegen Beeinträchtigung oder Belästigung durch Lärm, Erschütterungen, üble Gerüche, Schmutz, Staub, Hitze, Kälte, Nässe oder Einwirkung gefährlicher Arbeitsstoffe),
3. sofern ihnen kein entsprechender Raum zur Erholung oder zur Einnahme von Mahlzeiten während der Arbeitspausen zur Verfügung steht.

6 So sind zB in Möbeltischlereien, in denen auf Grund der dort stattfindenden Arbeitsvorgänge (Sägen, Fräsen, Drehen, Schleifen etc) größere Mengen an Staub anfallen, den Arbeitnehmern – unabhängig von der Arbeitnehmerzahl – Aufenthaltsräume zur Verfügung zu stellen, um ihnen die Möglichkeit zur Erholung und zur Einnahme von Mahlzeiten während der Arbeitspause zu gewähren, da die im Arbeitsraum aufgestellten Maschinen und die verwendeten Arbeitsstoffe (Klebstoffe, Anstriche, Lacke) Beeinträchtigungen und Belästigungen durch Lärm, üble Gerüche und Staub verursachen können.

7 § 36 Abs 3 AStV legt weiters Anforderungen beispielsweise an Größe, Ausstattung und Raumtemperatur von Aufenthaltsräumen fest. Weiters darf

gemäß § 5 VOLV der Beurteilungspegel 50 dB in Aufenthalts- und Bereitschaftsräumen nicht überschreiten. Die Störwirkung von Ganzkörpervibrationen ist so niedrig wie möglich zu halten und darf maximal den Auslösewert von **0,5 m/s²** erreichen (§ 5 VOLV).

Gemäß **§ 28 Abs 6 ASchG** kann der Verpflichtung, Aufenthaltsräume zur Verfügung zu stellen, auch in der Weise entsprochen werden, dass mehrere Arbeitgeber gemeinsam für ihre Arbeitnehmer Aufenthaltsräume zur Verfügung stellen. Für die gemeinsame Einrichtung von Aufenthaltsräumen gilt dasselbe wie zur gemeinsamen Einrichtung von Sanitärräumen gemäß § 27 Abs 8 ASchG. 8

III. Bereitschaftsräume (Abs 3)

Bereitschaftsräume sind zur Verfügung zu stellen, wenn in die Arbeitszeit **in erheblichem Umfang Arbeitsbereitschaft** fällt, sich Arbeitnehmer während der Bereitschaftszeit nicht in Aufenthaltsräumen aufhalten können und Gesundheits- und Sicherheitsgründe dies erfordern. 9

Bereitschaftsräume haben den Anforderungen nach **§ 36 Abs 3 AStV** zu entsprechen; weiters muss für alle Arbeitnehmer, die während der Nacht gleichzeitig Bereitschaft haben, je eine zur Erholung geeignete Liege vorhanden sein. 10

Gemäß § 38 AStV ist dafür zu sorgen, dass Aufenthalts-, Bereitschafts- und Wohnräume durch andere Nutzungen (zB Lagerungen) nicht in ihrer Benutzbarkeit beeinträchtigt werden.

IV. Wohnräume (Abs 7)

Zu **Wohnzwecken** oder zur **Nächtigung** dürfen den Arbeitnehmern von Arbeitgebern nur Räume zur Verfügung gestellt werden, die den nachfolgenden Anforderungen des **§ 37 AStV** entsprechen: 11

- direkt ins Freie führendes Fenster,
- ausreichend beleuchtbar, beheizbar und versperrbar,
- lichte Höhe mindestens 2,5 m,
- ausreichend große Tische und mindestens eine Sitzgelegenheit mit Rückenlehne für jeden untergebrachten Arbeitnehmer,
- der freie Luftraum pro Arbeitnehmer muss mindestens 10 m³ betragen,
- für jeden Arbeitnehmer muss ein versperrbarer Kasten und ein Bett mit Bettzeug zur Verfügung stehen,
- versperrbare Schlafräume, nach Geschlechtern getrennt benutzbar mit gesonderten Zugängen,
- Einrichtungen zum Zubereiten und Wärmen sowie zum Kühlen von Speisen und Getränken,
- Mittel für die Erste Hilfe,

- bei gemeinsamer Unterbringung von Rauchern und Nichtrauchern ist das Rauchen zu untersagen;
- den Arbeitnehmern müssen geeignete Duschen, Waschgelegenheiten und Toiletten in ausreichender Zahl sowie geeignete Einrichtungen zum Trocknen nasser Kleidung zur Verfügung stehen;
- der Beurteilungspegel darf 50 dB nicht überschreiten (§ 5 VOLV);
- die Störwirkung von Ganzkörpervibrationen ist so niedrig wie möglich zu halten und darf maximal den Auslösewert von 0,5 m/s^2 erreichen (§ 5 VOLV).

Zu Wohnräumen § 37 AStV und § 28 ASchG siehe auf der AI-Website https://www.arbeitsinspektion.gv.at/Arbeitsstaetten-_Arbeitsplaetze/Arbeitsstaetten-_Arbeitsplaetze_1/Sanitaer-_und_Sozialbereiche.html#heading_Wohnraeume

Sanitäre Vorkehrungen und Sozialeinrichtungen auf Baustellen

§ 29. (1) Den Arbeitnehmern ist Trinkwasser oder ein anderes gesundheitlich einwandfreies, alkoholfreies Getränk zur Verfügung zu stellen.

(2) Den Arbeitnehmern müssen im gebotenen Umfang entsprechende Waschgelegenheiten oder Waschräume, Toiletten, Aufenthaltsräume, Kleiderkästen oder sonstige geeignete Einrichtungen, Umkleidemöglichkeiten und Unterkünfte zur Verfügung stehen, soweit dies unter Berücksichtigung der Lage der Baustelle, der örtlichen Gegebenheiten, der Art und Dauer der Tätigkeiten und der Anzahl der Arbeitnehmer erforderlich ist.

(3) Der Verpflichtung zur Einrichtung von Waschräumen, Toiletten, Aufenthaltsräumen und Unterkünften kann auch in der Weise entsprochen werden, daß mehrere Arbeitgeber gemeinsam für ihre Arbeitnehmer solche Einrichtungen zur Verfügung stellen. In diesem Fall müssen diese Einrichtungen hinsichtlich ihrer Lage, ihrer Anzahl, ihrer Bemessung und ihrer Ausstattung der Gesamtzahl aller Arbeitnehmer entsprechen.

[BGBl 1994/450]

Übersicht

I. Allgemeines 1, 2
II. Bauarbeiterschutzverordnung (BauV) 3

I. Allgemeines

1 Die **Richtlinie 92/57/EWG** über die auf zeitlich begrenzte oder ortsveränderliche Baustellen anzuwendenden Mindestvorschriften für die Sicherheit und den Gesundheitsschutz enthält weitgehend Regelungen, die der **Richtlinie 89/654/EWG** über Mindestvorschriften für Sicherheit und Gesundheits-

schutz in Arbeitsstätten (Arbeitsstätten-Richtlinie) entsprechen. Die Umsetzung der für Baustellen vorgesehenen Regelungen erfolgte in der Bauarbeiterschutzverordnung (**BauV**).

Der Verpflichtung zur Einrichtung von Waschräumen, Toiletten, Aufent- 2
haltsräumen und Unterkünften kann auch in der Weise entsprochen werden, dass mehrere Arbeitgeber gemeinsam für ihre Arbeitnehmer solche Einrichtungen zur Verfügung stellen. Die gemeinsame Einrichtung ist im Zusammenhang mit der Koordinationspflicht (§ 8 ASchG) zu sehen und entspricht der derzeit bereits auf vielen Baustellen geübten Praxis.

Nähere Regelungen über Trinkwasser, Waschgelegenheiten, Waschräume, Toiletten, Aufenthaltsräume sowie Kleiderkästen siehe §§ 32 bis 40 BauV (vgl ErlRV 1590 BlgNR 18. GP).

II. Bauarbeiterschutzverordnung (BauV)

Die Konkretisierung des § 29 ASchG erfolgte durch die Bauarbeiterschutz- 3
verordnung (BauV), BGBl 1994/340.

Näheres siehe §§ 33 bis 40 BauV.

Nichtraucher/innenschutz

§ 30. **(1) Arbeitgeber/innen haben dafür zu sorgen, dass nicht rauchende Arbeitnehmer/innen vor den Einwirkungen von Tabakrauch am Arbeitsplatz geschützt sind, soweit dies nach der Art des Betriebes möglich ist.**

(2) In Arbeitsstätten in Gebäuden ist das Rauchen für Arbeitgeber/innen und Arbeitnehmer/innen verboten, sofern Nichtraucher/innen in der Arbeitsstätte beschäftigt werden.

(3) Ist eine ausreichende Zahl von Räumlichkeiten in der Arbeitsstätte vorhanden, kann der/die Arbeitgeber/in abweichend von Abs. 2 einzelne Räume einrichten, in denen das Rauchen gestattet ist, sofern es sich nicht um Arbeitsräume handelt und gewährleistet ist, dass der Tabakrauch nicht in die mit Rauchverbot belegten Bereiche der Arbeitsstätte dringt und das Rauchverbot dadurch nicht umgangen wird. Aufenthalts-, Bereitschafts-, Sanitäts- und Umkleideräume dürfen nicht als Raucher/innenräume eingerichtet werden.

(4) Abs. 1 bis 3 gelten auch für die Verwendung von verwandten Erzeugnissen und Wasserpfeifen im Sinn des Tabak- und Nichtraucherinnen- bzw. Nichtraucherschutzgesetzes – TNRSG, BGBl. Nr. 431/1995.

[BGBl I 2017/126]

Übersicht

I.	Allgemeines	1–4
II.	Nichtraucherschutz und Rauchverbot nach ASchG	
	A. Nichtraucherschutz am Arbeitsplatz (Abs 1)	5–7
	B. Rauchverbot (Abs 2)	8, 11
	C. Einrichtung von Raucherräumen (Abs 3)	12
	D. Aufenthalts- und Bereitschaftsräume, Sanitäts- und Umkleideräume , Wohnräume (AStV)	14–16
III.	Nichtraucherschutz nach MSchG, GKV, BauV, VEXAT	
	A. Schutz werdender Mütter (MSchG)	17
	B. Arbeiten mit gesundheitsgefährdenden Arbeitsstoffen (GKV)	18
	C. Brandgefährdete Räume, Orte im Freien (AAV), Flüssiggas-Schutzzonen (BauV), explosionsgefährliche Bereiche (VEXAT)	19, 20
IV.	Rauchverbot im Arbeitsrecht	21–24
V.	Rauchverbot nach Tabak- und Nichtraucherinnen- bzw Nichtraucherschutzgesetz – TNRSG (Gesundheitsrecht)	25–27

I. Allgemeines

1 Die **Richtlinie 89/654/EWG** regelt den Nichtraucherschutz nur für Pausenräume und Bereitschaftsräume (Anhang I Z 16.3 und 16.4 sowie Anhang II Z 11.3).

Der **Nichtraucherschutz in Aufenthaltsräumen und Bereitschaftsräumen** nach ASchG entspricht der Richtlinie 89/654/EWG sowie dem vor 1995 geltenden Recht (§ 87 Abs 6 AAV). Das generelle Rauchverbot für Sanitätsräume und Umkleideräume wird aus gesundheitlichen und hygienischen Gründen vorgesehen.

2 Gemäß **§ 56 AAV** der vor Inkrafttreten des ASchG geltenden Rechtslage des ANSchG war durch geeignete technische oder organisatorische Maßnahmen dafür zu sorgen, dass Nichtraucher vor der Einwirkung von Tabakrauch geschützt sind, **soweit es die Art des Betriebes und die Betriebsorganisation gestatten** (insbesondere durch verstärkte Be- und Entlüftung von Arbeitsräumen, in denen geraucht wird, räumliche Trennung der Arbeitsplätze von Rauchern und Nichtrauchern oder örtlich angeordnete Rauchverbote). Aufgrund dieser Einschränkung hat sich die alte Rechtslage als nicht ausreichend für einen wirksamen Nichtraucherschutz erwiesen, weil viele Arbeitgeber sich auf betriebsorganisatorische Gründe beriefen.

3 Das **ASchG** enthält seit der StF in **§ 30 Abs 1** ebenfalls die allgemeine Verpflichtung der Arbeitgeber, Nichtraucher vor den Einwirkungen von Tabakrauch zu schützen. Im ASchG können den Arbeitgebern sowie den Arbeitnehmern nur Pflichten auferlegt werden, **ein allfälliges generelles Rauchver-**

bot kann nicht im Arbeitnehmerschutzrecht geregelt werden. Außerdem sollte diese Regelung entsprechend den Ergebnissen der Verhandlungen mit den Interessenvertretungen nur dann gelten, wenn die Nichtraucher nicht durch eine verstärkte Be- und Entlüftung des Raumes ausreichend geschützt werden können (vgl ErlRV 1590 BlgNR 18. GP).

Mit dem am 1.1.2002 in Kraft getretenen **ANS-RG, BGBl I 2001/159** wurde § 30 Abs 2 novelliert. Die Änderung des § 30 Abs 2 war in der Regierungsvorlage noch nicht enthalten (Abänderungsantrag im Sozialausschuss, Änderungsbeschluss im Plenum). 4

- Statt auf *„Büroraum oder vergleichbarer Raum"* der ASchG-Stammfassung bezieht sich Abs 2 seither auf das gemeinsame Arbeiten in einem Büroraum oder vergleichbaren *„Arbeitsraum"*. Die Änderung war notwendig, weil nur damit der Raucher noch die Möglichkeit hat, an einem anderen Ort im Betrieb seiner Sucht nachzukommen.
- Die bis dahin geltende Rauchverbotsvoraussetzung *„sofern die Nichtraucher nicht durch eine verstärkte Be- und Entlüftung des Raumes vor der Einwirkung von Tabakrauch ausreichend geschützt werden können"* entsprach nicht mehr dem Stand wissenschaftlicher Forschung und Erkenntnis, der letzte Halbsatz des Abs 2 ist mit dem ANS-RG entfallen (ErlRV 802 BlgNR 21. GP).

Mit der Novelle BGBl I 2017/216 wurde auch das ArbeitnehmerInnenschutzgesetz (ArbeitnehmerInnenschutz-Deregulierungsgesetz 2017) geändert. Mit BGBl I 2015/101 wurde eine Novelle zum Tabak- und Nichtraucherinnen- bzw Nichtraucherschutzgesetz – TNRSG kundgemacht, mit der – bis auf wenige Ausnahmen – ein Rauchverbot im öffentlichen Raum festgelegt wurde. Die Bestimmungen traten mit 1. Mai 2018 in Kraft. Darüber hinaus wurde im TNRSG geregelt, dass mit 20. Mai 2016 Rauchverbote auch für E-Zigaretten, Wasserpfeifen und sonstige verwandte Erzeugnisse gelten.

- In § 30 ASchG soll nun der Schutz von nichtrauchenden Beschäftigten am Arbeitsplatz vor schädlichem Passivrauchen an die Schutzstandards des Gesundheitsrechts im TNRSG angepasst werden. Im Sinn des BGBl I 2015/101 wird ein allgemeines Rauchverbot in Arbeitsstätten in Gebäuden festgelegt. Raucherräume dürfen eingerichtet werden. Allerdings dürfen Arbeitsräume sowie sonstige Räume, die nach den Arbeitnehmerschutzvorschriften einzurichten sind (Aufenthalts-, Bereitschafts-, Sanitäts- und Umkleideräume), nicht als Raucherräume vorgesehen werden.
- Zur Einrichtung von Raucherräumen ist auf § 97 Abs 1 Z 1 ArbVG, wonach allgemeine Ordnungsvorschriften betreffend das Verhalten der Arbeitnehmer im Betrieb Gegenstand einer Betriebsvereinbarung sind, aber auch auf § 97 Abs 1 Z 8 ArbVG hinzuweisen, wonach zu Maßnahmen und Einrichtungen zur Verhütung von Unfällen und Berufskrankheiten sowie

Maßnahmen zum Schutz der Gesundheit der Arbeitnehmer Betriebsvereinbarungen abgeschlossen werden können.
- Vom Rauchverbot am Arbeitsplatz sollen auch Wasserpfeifen und verwandte Erzeugnisse erfasst sein, das sind nach § 1 Z 1e TNRSG jedes neuartige Tabakerzeugnis, pflanzliche Raucherzeugnis, die elektronische Zigarette und deren Liquids. (ErlIA 2228/A XXV. GP)

II. Nichtraucherschutz und Rauchverbot nach ASchG

A. Nichtraucherschutz am Arbeitsplatz (Abs 1)

5 Arbeitgeber müssen dafür sorgen, dass **Nichtraucher am Arbeitsplatz** (Arbeitnehmer) vor den Einwirkungen durch Tabakrauch geschützt werden, soweit es **nach der Art des Betriebes möglich** ist (Abs 1).

Die allgemeine Generalklausel in Abs 1 bleibt trotz der Novelle BGBl I 2017/126 unverändert.

Diese Regelung stellt darauf ab, ob und wie weit ein solcher Schutz nach der Art des Betriebes möglich ist. Das bedeutet, dass Arbeitgeber ein Rauchverbot grundsätzlich aussprechen können. Wenn die Art des Betriebes aber ein Rauchverbot unzumutbar macht, weil zB der Arbeitgeber keinen Einfluss auf die Rauchgewohnheiten zB der Kunden bzw Gäste hat, sind die Arbeitnehmer durch andere Maßnahmen zu schützen.

Die Einschränkung iSd § 30 Abs 1 ASchG „soweit dies nach der Art des Betriebes möglich ist" zielt seit jeher gerade auf Arbeitsplätze an Räumen öffentlicher Orte iSd § 13 Abs 1 des Tabak- und Nichtraucherinnen- bzw Nichtraucherschutzgesetzes – TNRSG ab (beispielsweise Arbeitsplätze in Friseurbetrieben, Einkaufszentren).

6 Auch auf **Gängen, in Stiegenhäusern und auf sonstigen Verkehrswegen in Gebäuden** sind Arbeitnehmer nach dieser Bestimmung vor den Einwirkungen von Tabakrauch am Arbeitsplatz zu schützen, soweit dies nach der Art des Betriebes möglich ist. Ein generelles Rauchverbot nach ASchG besteht nicht.

7 **Tabakrauch**, (der zB früher durch rauchende Gäste in der Gastronomie entstand), **ist kein (gefährlicher) Arbeitsstoff im Sinn des § 2 Abs 6 ASchG**, da Tabakrauch kein Arbeitsstoff ist, der hergestellt oder im Arbeitsprozess verwendet wird. Die Regelungen über gefährliche Arbeitsstoffe gelten daher nicht für Tabakrauch. Es gibt auch keinen Grenzwert für Tabakrauch nach der GKV. Tabakrauch ist ein ***„gefährlicher Stoff"* iSd § 27 Abs 2 Z 3 lit a AStV** (erhöhte Raucheinwirkung, Belastung der Raumluft durch gefährliche Stoffe; jedoch keine *„Raucheinwirkung"* iSd § 27 Abs 3 Z 3 AStV).

Der Geruch von abgestandenem Zigarettenrauch in Räumen ist aus Sicht des Arbeitnehmerschutzes kein übler Geruch (und auch sonst keine erhebliche Beeinträchtigung) iSd § 66 Abs 2 ASchG.

B. Rauchverbot (Abs 2)

In Arbeitsstätten in Gebäuden ist das Rauchen für Arbeitgeber und Arbeitnehmer verboten, sofern Nichtraucher in der Arbeitsstätte beschäftigt werden. **8**

Mit der Novelle BGBl I 2017/126 ist nun in § 30 Abs 2 der Schutz von nichtrauchenden Beschäftigten am Arbeitsplatz vor schädlichem Passivrauchen an die Schutzstandards des Gesundheitsrechts im TNRSG angepasst worden. In diesem Sinn wurde ein allgemeines Rauchverbot in Arbeitsstätten in Gebäuden festgelegt, sofern Nichtraucher in der Arbeitsstätte beschäftigt werden. Somit gilt das Rauchverbot auch auf Gängen, Stiegenhäusern und auf sonstigen Verkehrswegen in Gebäuden.

Rz 9 und 10 entfallen

Bei Verletzungen des Rauchverbots durch den Arbeitgeber droht diesem eine Verwaltungsstrafe von 166 bis 8.324 €, im Wiederholungsfall eine Geldstrafe von 333 bis 16.659 € (§ 130 Abs 1 Z 15 ASchG). **11**

C. Einrichtung von Raucherräumen (Abs 3)

Abweichend vom allgemeinen Rauchverbot nach Abs 2 können einzelne Räume eingerichtet werden, in denen das Rauchen gestattet ist. Voraussetzung ist, dass in der Arbeitsstätte eine ausreichende Zahl von Räumlichkeiten vorhanden ist, von denen einer als Raucherraum eingerichtet werden kann. Bei dem Raucherraum darf es sich nicht um einen Arbeitsraum handeln. Darüber hinaus muss gewährleistet sein, dass der Tabakrauch nicht in die mit Rauchverbot belegten Bereiche der Arbeitsstätte dringt und das Rauchverbot dadurch nicht umgangen wird. Um dies zu gewährleisten, wird es wohl notwendig sein, ähnliche technische Maßnahmen zu treffen wie bei Raucherkabinen. **12**

Arbeitsräume sowie sonstige Räume, die nach den Arbeitnehmerschutzvorschriften einzurichten sind (Aufenthalts-, Bereitschafts-, Sanitäts- und Umkleideräume), dürfen nicht als Raucherräume vorgesehen werden. (ErlIA 2228/A XXV. GP).

Ein Sonderfall von Raucherräumen ist die Aufstellung von Raucherkabinen. Kabinen für Raucher sind zulässig, wenn gewährleistet ist, dass der Tabakrauch nicht in den mit Rauchverbot belegten Bereich dringt und das Rauchverbot dadurch nicht umgangen wird. Raucherkabinen können bei korrekter Aufstellung, Betrieb und Wartung (Herstellerangaben) somit als „Raucherräume“ angesehen werden.

Entscheidend ist die Funktion dieser Kabinen, die durch entsprechende Luftführung der Absaugung und Filtersysteme gewährleisten, dass Nichtraucher vor Tabakrauch geschützt werden (Schutz vor Passivrauchen). Nähere Informationen zu Anforderungen an Raucherkabinen enthält der Erlass BMASGK-461.304/0001-VII/A/2/2018 vom 28.04.2018 des Zentral-Arbeitsinspektorates.[1]

1 Website der Arbeitsinspektion vom 28.5.2021 https://www.arbeitsinspektion.gv.at/Arbeitsstaetten-_Arbeitsplaetze/Arbeitsstaetten-_Arbeitsplaetze_1/Nichtraucherinnen_und_Nichtraucherschutz.html.

Ihr Einsatzbereich beschränkt sich somit auf Gebäudeteile fern von Arbeits- und Aufenthaltsräumen. Hingegen darf nach der Gesetzeslage auf Freiflächen geraucht werden. Der AG kann also Rauchgelegenheiten (Raucherzonen) außerhalb des Betriebes festlegen, in denen während der Arbeitspausen geraucht werden darf.[2]

Rz 13 entfällt

D. Aufenthalts- und Bereitschaftsräume, Sanitäts- und Umkleideräume , Wohnräume (AStV)

14 Aufenthalts-, Bereitschafts-, Sanitäts- und Umkleideräume dürfen nicht als Raucherräume eingerichtet werden. In diesen Räumen herrscht ein absolutes Rauchverbot.

15 In Krankenstuben ist das Rauchen gemäß § 41 Abs 4 BauV nicht gestattet.

16 In **Wohnräumen** sind gemäß § 37 Z 10 AStV Raucher und Nichtraucher in getrennten Räumlichkeiten unterzubringen; ist das nicht möglich, ist das Rauchen zu untersagen. Vgl dazu § 39 Abs 7 BauV.

III. Nichtraucherschutz nach MSchG, GKV, BauV, VEXAT

A. Schutz werdender Mütter (MSchG)

17 Nach **§ 4 Abs 6 Mutterschutzgesetz (MSchG)** dürfen werdende Mütter, die selbst nicht rauchen, soweit es die Art des Betriebes gestattet, nicht an Arbeitsplätzen beschäftigt werden, bei denen sie der Einwirkung von Tabakrauch durch andere Mitarbeiter ausgesetzt werden. Wenn eine räumliche Trennung nicht möglich ist, hat der Arbeitgeber durch geeignete Maßnahmen dafür Sorge zu tragen, dass andere Arbeitnehmer, die im selben Raum wie die werdende Mutter beschäftigt sind, diese nicht der Einwirkung von Tabakrauch aussetzen.

B. Arbeiten mit gesundheitsgefährdenden Arbeitsstoffen (GKV)

18 Werden gesundheitsgefährdende Arbeitsstoffe verwendet, haben Arbeitgeber dafür zu sorgen, dass von Arbeitnehmern mitgebrachte Tabakerzeugnisse an Arbeitsplätzen und in Räumen, an bzw in denen die Gefahr einer Exposition gegenüber diesen Arbeitsstoffen besteht, nicht konsumiert werden (§ 27c Abs 1 Z 1 GKV). Dies umfasst auch das Mitbringen von Tabakerzeugnissen in Arbeitsräume, in denen Arbeiten mit solchen Arbeitsstoffen vorgenommen werden. Auf diese Verbote muss durch deutlich sichtbare Anschläge hingewiesen werden. Arbeitnehmer, die Arbeiten mit gesundheitsgefährdenden Arbeitsstoffen durchführen, haben vor dem Rauchen sowie nach Ende der Arbeit die Hände zu waschen.

Vgl dazu § 21 BauV und § 5 Abs 1 VbA.

---

2 *Ingrid Korenjak*, Aktuelle Entwicklungen im Arbeitnehmerschutzrecht, insb das neue Rauchverbot im Betrieb, ZAS 2018/26.

C. Brandgefährdete Räume, Orte im Freien (AAV), Flüssiggas-Schutzzonen (BauV), explosionsgefährliche Bereiche (VEXAT)

In **brandgefährdeten Räumen** sowie an solchen Orten im Freien ist das Rauchen verboten. Auf dieses Verbot ist durch deutlich sichtbare und dauerhafte Anschläge hinzuweisen (§ 74 Abs 1 AAV). Vgl dazu § 42 Abs 1 BauV. **19**

Innerhalb von **Schutzzonen von Flüssiggasanlagen** ist das Rauchen verboten (§ 129 Abs 5 BauV).

Explosionsgefährliche Bereiche, die für Arbeitnehmer zugänglich sind, sind mit dem Warnzeichen „Feuer, offenes Licht und Rauchen verboten" zu **kennzeichnen**, wenn Gefahren für Sicherheit und Gesundheit der Arbeitnehmer nicht durch sonstige technische oder organisatorische Maßnahmen vermieden oder ausreichend begrenzt werden (§ 12 Abs 4 VEXAT; vgl auch § 14 Abs 4 VEXAT). **20**

IV. Rauchverbot im Arbeitsrecht

Über das arbeitnehmerschutzrechtliche Rauchverbot hinaus können auch **arbeitsrechtliche Rauchverbote vereinbart** werden. Es steht dem Arbeitgeber frei, über den gesetzlichen Nichtraucherschutz hinausgehend ein allgemeines Rauchverbot im Betrieb festzulegen. In Betrieben mit Betriebsrat kann dies jedoch nur durch Betriebsvereinbarung erfolgen. Nach § 97 Abs 1 Z 1 ArbVG können Betriebsvereinbarungen über **allgemeine Ordnungsvorschriften**, die das Verhalten der Arbeitnehmer im Betrieb regeln, abgeschlossen werden. Von **§ 97 Abs 1 Z 1 ArbVG** erfasst sind generelle Vorschriften über jenes betriebliche Verhalten der Arbeitnehmer, welches nicht unmittelbar der Erfüllung der Arbeitspflicht dient, wie etwa Verhaltensgebote (zB Alkohol-, **Rauchverbote**, Bekleidungsvorschriften) (*Mazal/Risak*, Das Arbeitsrecht – System und Praxiskommentar, 20. Lfg, Sept 2012, Rn 76; vgl PVP 2/2005, 10, 13). **21**

Die Erlassung eines generellen Rauchverbotes wird in der Lehre jedenfalls nur für die betrieblichen Räume, **nicht aber für das gesamte Betriebsgelände** für zulässig erachtet. Hinsichtlich der inhaltlichen Ausgestaltung eines Rauchverbotes sind die Grundsätze von Erforderlichkeit und Verhältnismäßigkeit zu beachten (RdW 1985, 157). **22**

Die Erlassung eines Rauchverbotes im Betrieb durch Weisung der Arbeitgeber wird in der Lehre hingegen nur insoweit als zulässig erachtet, als Betriebsinhaber zur Gewährleistung des Nichtraucherschutzes durch arbeitnehmerschutzrechtliche Regelungen verpflichtet sind (vgl *Schwarz*, Arbeitsverfassungsrecht, Band 3, 110 f, *Rauch*, ASoK 2002, 85). Die **Erlassung eines generellen Rauchverbotes im Betrieb durch Weisung der Arbeitgeber ist daher nicht möglich**. **23**

Kommt zwischen Betriebsinhaber und Betriebsrat über den Abschluss, die Abänderung oder Aufhebung einer solchen Betriebsvereinbarung eine Eini- **24** gung nicht zustande, so entscheidet – insoweit eine Regelung durch Kollektivvertrag oder Satzung nicht vorliegt – auf Antrag eines der Streitteile die Schlichtungsstelle (§ 97 Abs 2 ArbVG; **erzwingbare Betriebsvereinbarung**).

V. Rauchverbot nach Tabak- und Nichtraucherinnen- bzw Nichtraucherschutzgesetz – TNRSG (Gesundheitsrecht)

25 Neben dem arbeitnehmerschutzrechtlichen und dem arbeitsrechtlichen Rauchverbot ist noch das Rauchverbot nach dem Tabakgesetz, BGBl 1995/431, zu beachten. Nach **§ 12 TNRSG** gilt ein allgemeines Rauchverbot in Räumen für

- Unterrichts- und Fortbildungszwecke,
- Verhandlungszwecke,
- schulsportliche Betätigung, schulische oder solche Einrichtungen, in denen Kinder oder Jugendliche beaufsichtigt, aufgenommen oder beherbergt werden, einschließlich der dazugehörigen Freiflächen,
- die Herstellung, Verarbeitung, Verabreichung oder Einnahme von Speisen oder Getränken sowie die in Gastronomiebetrieben für alle den Gästen zur Verfügung stehenden Bereiche, ausgenommen Freiflächen.

Ein Rauchverbot gilt in Mehrzweckhallen bzw Mehrzweckräumen. Dazu zählen auch nicht ortsfeste Einrichtungen, insbesondere Festzelte. Dazugehörige Freiflächen sind vom Rauchverbot nicht mitumfasst.

Ein Rauchverbot gilt auch in Räumen,

- in denen Vereinstätigkeiten im Beisein von Kindern und Jugendlichen ausgeübt werden (zB Chor- oder Musikproben, Sportvereinstreffen),
- in denen Vereine Veranstaltungen, auch ohne Gewinnerzielungsabsicht (zB auch karitative Veranstaltungen), abhalten (davon zu unterscheiden sind vereinsinterne Tätigkeiten wie zB des Zigarrenklubs, Bridge- oder Schachklubs).

Ein Rauchverbot gilt für geschlossene öffentliche und private Verkehrsmittel zur entgeltlichen oder gewerblichen Personenbeförderung.

26 **§ 13 TNRSG** sieht – unbeschadet arbeitsrechtlicher Bestimmungen und der Regelung des § 12 – ein **Rauchverbot in Räumen öffentlicher Orte** vor. Öffentlicher Ort ist nach § 1 Z 11 TNRSG jeder Ort, der von einem nicht von vornherein beschränkten Personenkreis ständig oder zu bestimmten Zeiten betreten werden kann, einschließlich der nicht ortsfesten Einrichtungen des öffentlichen und privaten Bus-, Schienen-, Flug- und Schiffverkehrs.

Beispiele: Amtsgebäude, schulische oder andere Einrichtungen, Hochschulen, Berufsbildungseinrichtungen, der Darbietung von Vorführungen oder Ausstellungen dienende Einrichtungen sowie Geschäftslokale, Büroräume oder ähnliche Räume mit Kundenverkehr zu den festgelegten Dienstzeiten bzw zu Zeiten, in denen üblicherweise Parteienverkehr stattfindet (zB Einkaufszentren).

Es kann jedoch eine Ausnahme vom Rauchverbot vorgesehen werden, wenn in den allgemein zugänglichen Bereichen ein Nebenraum als Raucherraum eingerichtet werden kann und gewährleistet ist, dass aus diesem Nebenraum weder Tabakrauch in den mit Rauchverbot belegten Bereich dringt noch das Rauchverbot dadurch umgangen wird.

So führt das allgemeine Rauchverbot in Räumen öffentlicher Plätze dazu, dass auch Arbeitnehmerinnen und Arbeitnehmer, die nach dem ASchG in solchen Räumen rauchen dürften, nun dem allgemeinen Rauchverbot nach dem TNRSG (§ 13) unterliegen.

Die Regelungen des Rauchverbotes im Sinne des TNRSG erstrecken sich **27** auch auf die Verwendung von verwandten Erzeugnissen und von Wasserpfeifen gemäß § 1 Z 1e und Z 1f TNRSG.

Das generelle Rauchverbot ist dem **verfassungsrechtlichen Kompetenztatbestand „Gesundheitswesen" zuzuordnen** und fällt in die Zuständigkeit des für Gesundheit zuständigen Bundesministers. Es handelt sich dabei um keine Arbeitnehmerschutzvorschrift.

Die Arbeitsinspektion ist für die Überprüfung der Einhaltung des TNRSG nicht zuständig. Überprüfungen durch die Arbeitsinspektion betreffend den Nichtraucherschutz haben ausschließlich im Rahmen des § 30 ASchG (bzw § 30 B-BSG) und § 4 Abs 6 MSchG zu erfolgen. Wird im Zuge einer Betriebsbesichtigung festgestellt, dass Regelungen zum Nichtraucherschutz des TNRSG nicht eingehalten werden, so ist iSd § 20 Abs 4 ArbIG eine Mitteilung an die Bezirksverwaltungsbehörde zu erstatten.

Schwimmkörper, schwimmende Anlagen und Geräte, Verkehrsmittel

§ 31. (1) Einrichtungen auf Schwimmkörpern, schwimmenden Anlagen und Geräten im Sinne des § 2 Schifffahrtsgesetzes, BGBl. I Nr. 62/1997 die zur Nutzung für Arbeitsplätze vorgesehen sind, und den Arbeitsstätten im Sinne des § 19 Abs. 1 vergleichbar sind, sind den §§ 20 bis 24 entsprechend einzurichten und zu betreiben, soweit dies nach der Art und Zweckbestimmung dieser Einrichtungen möglich und zum Schutz der Arbeitnehmer erforderlich ist. In diesen Einrichtungen sind die erforderlichen Vorkehrungen zum Brandschutz und Explosionsschutz, für die Erste Hilfe sowie für das rasche und sichere Verlassen dieser Einrichtungen im Notfall zu treffen und die erforderlichen Mittel bereitzustellen. Dabei sind die Art, Größe und Zweckbestimmung der Einrichtung, die Ausstattung, die Art und Menge der vorhandenen Arbeitsstoffe oder der transportierten Güter und Stoffe, die Arbeitsmittel sowie die größtmögliche Anzahl der anwesenden Personen zu berücksichtigen.

(2) Abs. 1 gilt auch für Einrichtungen in Verkehrsmitteln zum Transport auf dem Luftweg, dem Wasserweg, im Straßenbahn- oder Eisenbahnverkehr.

(3) In Einrichtungen gemäß Abs. 1 und 2, falls dies nicht möglich ist, in deren Nähe oder an sonstigen geeigneten Plätzen, sind den Arbeitnehmern geeignete Waschgelegenheiten oder Waschräume, Toiletten, Kleiderkästen und Umkleideräume sowie für den Aufenthalt während der Arbeitspausen, der Bereitschaftszeiten und gegebenenfalls auch der Ruhezeiten Sozialeinrichtungen zur Verfügung zu stellen. Auf diese Einrichtungen sind §§ 27 und 28 sinngemäß mit der Maßgabe anzuwenden, daß die Anzahl der Arbeitnehmer, die Art und Dauer der Arbeitsvorgänge, die Arbeitsbedingungen sowie Art und Zweckbestimmung der Einrichtung zu berücksichtigen sind. Den Arbeitnehmern ist Trinkwasser oder ein anderes gesundheitlich einwandfreies, alkoholfreies Getränk zur Verfügung zu stellen.

(4) In Einrichtungen gemäß Abs. 1 und 2 ist für den Schutz der Nichtraucher vor den Einwirkungen von Tabakrauch zu sorgen.

(5) Einrichtungen nach Abs. 1 und 2 sind gegebenenfalls behindertengerecht zu gestalten, soweit die Art und Zweckbestimmung der Einrichtung dem nicht entgegenstehen.

[BGBl I 2001/159]

1 Diese Einrichtungen sind von der Arbeitsstätten-Richtlinie 89/654/EWG ausgenommen. Im Interesse des Arbeitnehmerschutzes und zur Vermeidung einer Verschlechterung des bestehenden Schutzniveaus sind aber im ASchG auch für diese Einrichtungen unter Bedachtnahme auf deren Besonderheiten entsprechende **Sonderregelungen** vorgesehen. Außerdem war zu berücksichtigen, dass der Vorschlag für eine Richtlinie über Mindestvorschriften für Sicherheit und Gesundheitsschutz bei Transporttätigkeiten sowie in Arbeitsstätten in Transportmitteln viele der Richtlinie 89/654/EWG entsprechende Mindestanforderungen vorsah. In diesem Zusammenhang wird auch auf die Schifffahrt-ArbeitnehmerInnenschutzverordnung (SchiffAV), BGBl II 2009/260, verwiesen, die besondere Arbeitnehmerschutzvorschriften für solche Einrichtungen enthält (vgl ErlRV 1590 BlgNR 18. GP).

Verordnungen über Arbeitsstätten und Baustellen

§ 32. (1) Der Bundesminister für Arbeit, Soziales und Konsumentenschutz hat in Durchführung des 2. Abschnittes durch Verordnung näher zu regeln:

1. **die behindertengerechte Gestaltung von Arbeitsstätten in Gebäuden,**
2. **die Bestellung von für Brandbekämpfung und Evakuierung zuständigen Personen und**

3. die Bereitschaftsräume.

(2) Der Bundesminister für Arbeit, Soziales und Konsumentenschutz kann durch Verordnung nähere Durchführungsbestimmungen zu § 31 erlassen.

[BGBl I 2014/94]

Übersicht

I.	Durchführungsverordnungen zum zweiten Abschnitt ASchG	1
II.	Verordnungsermächtigung (Abs 2)	2

I. Durchführungsverordnungen zum zweiten Abschnitt ASchG

In Durchführung des zweiten Abschnitts ist die Verordnung über die Anforderungen an Arbeitsstätten und an Gebäuden auf Baustellen (**Arbeitsstättenverordnung – AStV**), BGBl II 1998/368, am 1.1.1999 in Kraft getreten. Die AStV regelt in sieben Abschnitten Anforderungen an Arbeitsstätten allgemein, Arbeitsräume, Sicherung der Flucht, sanitäre Vorkehrungen und Sozialeinrichtungen, Erste Hilfe und Brandschutz, Gebäude auf Baustellen. **1**

Bis zum Inkrafttreten der AStV galten gemäß §§ 106 bis 108 ASchG eine Reihe von Bestimmungen der Allgemeinen Arbeitnehmerschutzverordnung (AAV) als Bundesgesetz. Mit Inkrafttreten der AStV trat der Großteil dieser übergeleiteten Bestimmungen außer Kraft.

Vgl § 48 AStV, §§ 106 bis 108 ASchG.

II. Verordnungsermächtigung (Abs 2)

Mit dem 2. Stabilitätsgesetz (2. StabG), BGBl I 2012/35, wurde die Verkehrs-Arbeitsinspektion in die Organisation der Arbeitsinspektion eingegliedert. Der Bundesminister für Arbeit, Soziales und Konsumentenschutz kann durch Verordnung nähere Durchführungsbestimmungen zu § 31 erlassen. Mit § 32 Abs 2 ASchG wurde die bisherige Verordnungsermächtigung der Bundesministerin für Verkehr, Innovation und Technologie in die Zuständigkeit des Bundesministers für Arbeit, Soziales und Konsumentenschutz übertragen. Vgl ErlRV 1685 BlgNR 24. GP. **2**

Mit dem Arbeits- und Sozialrechts-Änderungsgesetz 2014 (ASRÄG 2014), BGBl I 2014/94, wurde betreffend Brandschutzgruppe in § 32 Abs 1 Z 2 ASchG die Verordnungsermächtigung und in § 107 Abs 3 ASchG die Übergangsbestimmung gestrichen. Mit dieser Novelle wurde – gemäß dem Regierungsprogramm von 2013–2018 – die vorgesehene Deregulierung für den Bereich Arbeitnehmerschutz vorgenommen.

3. Abschnitt
Arbeitsmittel

Allgemeine Bestimmungen über Arbeitsmittel

§ 33. (1) Die Benutzung von Arbeitsmitteln sind alle ein Arbeitsmittel betreffenden Tätigkeiten wie In- und Außerbetriebnahme, Gebrauch, Transport, Instandsetzung, Umbau, Instandhaltung, Wartung und Reinigung.

(2) Arbeitgeber haben dafür zu sorgen, daß Arbeitsmittel entsprechend den Bestimmungen dieses Abschnittes und den gemäß § 39 erlassenen Verordnungen beschaffen sind, aufgestellt, erhalten und benutzt werden.

(3) Arbeitgeber dürfen nur solche Arbeitsmittel zur Verfügung stellen, die

1. für die jeweilige Arbeit in Bezug auf Sicherheit und Gesundheitsschutz geeignet sind oder zweckentsprechend angepaßt werden und
2. hinsichtlich Konstruktion, Bau und weiterer Schutzmaßnahmen den für sie geltenden Rechtsvorschriften über Sicherheits oder Gesundheitsanforderungen entsprechen.

(4) Werden von Arbeitgebern Arbeitsmittel erworben, die nach den für sie geltenden Rechtsvorschriften gekennzeichnet sind, können Arbeitgeber, die über keine anderen Erkenntnisse verfügen, davon ausgehen, daß diese Arbeitsmittel hinsichtlich Konstruktion, Bau und weiterer Schutzmaßnahmen den für sie im Zeitpunkt des Inverkehrbringens geltenden Rechtsvorschriften über Sicherheits- und Gesundheitsanforderungen entsprechen.

(5) Arbeitgeber haben bei der Auswahl der einzusetzenden Arbeitsmittel die besonderen Bedingungen und Eigenschaften der Arbeit sowie die am Arbeitsplatz bestehenden Gefahren für die Sicherheit und Gesundheit der Arbeitnehmer und die Gefahren, die aus der Benutzung erwachsen können, zu berücksichtigen. Es dürfen nur Arbeitsmittel eingesetzt werden, die nach dem Stand der Technik die Sicherheit und Gesundheit der Arbeitnehmer so gering als möglich gefährden.

(6) Sofern es nicht möglich ist, die Sicherheit und den Gesundheitsschutz der Arbeitnehmer bei der Benutzung eines Arbeitsmittels in vollem Umfang zu gewährleisten, haben Arbeitgeber geeignete Maßnahmen zu treffen, um die Gefahren weitestgehend zu verringern sowie erforderlichenfalls Not- und Rettungsmaßnahmen festzulegen. Insbesondere haben Arbeitgeber auch dafür Sorge zu tragen, daß Arbeitnehmer die Zeit und Möglichkeit haben, sich den mit der In- und Außerbetriebnahme des Arbeitsmittels verbundenen Gefahren rasch zu entziehen.

[BGBl 1994/450]

Übersicht

I.	Allgemeines zum dritten Abschnitt	1–3
II.	Allgemeine Arbeitsmittelregelungen	
	A. Benutzung von Arbeitsmitteln (Abs 1)	4
	B. Arbeitgeberpflichten (Abs 2)	5–7
	C. Arbeitnehmerpflichten (§§ 15, 35 ASchG)	8, 9
	D. Sicherheitsanforderungen (Abs 3 AM-VO)	10–12
	E. CE-Kennzeichnung (Abs 4, Inverkehrbringervorschriften)	13–18
	F. Maßnahmen nach Abs 6	19, 20
III.	Arbeitsmittelverordnung (AM-VO)	21–26

I. Allgemeines zum dritten Abschnitt

Der dritte Abschnitt enthält Pflichten der Arbeitgeber hinsichtlich Anforderungen an Arbeitsmittel, die Arbeitnehmern zur Verfügung gestellt werden, sowie Pflichten der Arbeitgeber hinsichtlich der Auswahl der Arbeitsmittel und der Aufstellung, Benutzung, Prüfung und Wartung von Arbeitsmitteln. 1

Dieser Abschnitt setzt die **Richtlinie 89/655/EWG** über Mindestvorschriften für Sicherheit und Gesundheitsschutz bei Benutzung von Arbeitsmitteln durch Arbeitnehmer bei der Arbeit um. Die in dieser Richtlinie vorgesehenen Mindestanforderungen werden durch die geltenden Arbeitnehmerschutzbestimmungen weitgehend erfüllt. Besondere Vorschriften über Arbeitsmittel enthält auch Anhang IV Teil B Abschnitt II der Richtlinie 92/57/EWG, zB betreffend Gerüste, Leitern, Hebezeuge.

Im Gegensatz zur etwas unsystematischen Verwendung der Begriffe Betriebseinrichtungen, mechanische Einrichtungen und Betriebsmittel in der Allgemeinen Arbeitnehmerschutzverordnung wird seit dem ASchG 1994 entsprechend der Richtlinie 89/655/EWG und dem dazu ergangenen Ergänzungsvorschlag von einer sehr **umfassenden, einheitlichen Definition der Arbeitsmittel** ausgegangen. Unter **„Anlage"** im Sinne der Definition des § 2 Abs 5 ist eine Gesamtheit von miteinander verketteten Maschinen zu verstehen (siehe auch § 3 Abs 4 der Maschinen-Sicherheitsverordnung). Als Anlagen im Sinne dieser Bestimmung gelten nicht Betriebsanlagen nach der Gewerbeordnung 1994, Eisenbahnanlagen und ähnliche Einrichtungen. 2

Unter den **Begriff Arbeitsmittel** fallen neben den Betriebseinrichtungen, mechanischen Einrichtungen und Betriebsmitteln nach dem III. Abschnitt der Allgemeinen Arbeitnehmerschutzverordnung zB auch kraftbetriebene Türen und Tore, Hub-, Kipp- und Rolltore (vgl ErlRV 1590 BlgNR 18. GP).

Zum Arbeitsmittelbegriff siehe **§ 2 Abs 5 ASchG**.

Der dritte Abschnitt des ASchG wurde durch die Verordnung über den Schutz der Arbeitnehmer bei der Benutzung von Arbeitsmitteln (**Arbeitsmittelverordnung – AM-VO**), BGBl II 2000/164, konkretisiert. Die AM-VO ist am **1.7.2000** in Kraft getreten. 3

Weiters wurden zum dritten Abschnitt ASchG unter anderem erlassen:

- die **Elektroschutzverordnung 2012 (ESV 2012)**, BGBl II 2012/33; sie ist am **1.3.2012** in Kraft getreten und regelt den Schutz der Arbeitnehmer vor den Gefahren durch elektrischen Strom (zB elektrische Anlagen und elektrische Betriebsmittel);
- die **Nadelstichverordnung (NastV)**, BGBl II 2013/16 zum Schutz der Arbeitnehmer vor Verletzungen durch scharfe oder spitze medizinische Instrumente; sie ist am **11.5.2013** in Kraft getreten.

II. Allgemeine Arbeitsmittelregelungen

A. Benutzung von Arbeitsmitteln (Abs 1)

4 § 33 Abs 1 ASchG definiert die Benutzung von Arbeitsmitteln. Danach sind unter Benutzung von Arbeitsmitteln **alle Tätigkeiten zu verstehen, die ein Arbeitsmittel betreffen**, wie In- und Außerbetriebnahme, Gebrauch, Transport, Instandsetzung, Umbau, Instandhaltung, Wartung und Reinigung (§ 2 Abs 2 AM-VO). Die Aufzählung derartiger Tätigkeiten ist lediglich beispielhaft.

Zur Benutzung von Arbeitsmitteln siehe auch § 35 ASchG.

Zu Instandhaltung, Wartung, Reinigung siehe auch § 17 ASchG.

B. Arbeitgeberpflichten (Abs 2)

5 § 33 Abs 2 ASchG dient der Klarstellung, dass die Bestimmungen des dritten Abschnittes und der dazu erlassenen AM-VO die Arbeitgeber hinsichtlich der Auswahl und Beschaffenheit, der Aufstellung, Benutzung, Wartung und Prüfung von Arbeitsmitteln sowie weiters der Information und Unterweisung der Arbeitnehmer verpflichten.

6 Der **VwGH** stellte in seinem Erkenntnis vom **28.1.2004, 2003/02/0261**, fest, dass der Arbeitgeber (bzw das gemäß § 9 VStG zur Vertretung nach außen berufene Organ) verpflichtet ist, **Arbeitnehmer über die Funktionsweise eines Arbeitsmittels vor der Inbetriebnahme/Reparatur ausreichend zu informieren**. Auf Grund mangelnder Aufklärung über die Funktionsweise des Arbeitsmittels ist dem Arbeitnehmer die Gefährlichkeit eines Arbeitsmittels bei der Inbetriebnahme/Reparatur nicht bewusst. Der Arbeitgeber kann sich wegen des Verhaltens des Arbeitnehmers nicht seiner Verantwortung entziehen.

7 In einer anderen Rechtssache (**VwGH 16.11.2012, 2012/02/0203**) entschied der VwGH, *„dass es trotz einer* ***Zertifizierung eines Arbeitsmittels durch die AUVA*** *und auch zahlreicher* ***Kontrollen durch das Arbeitsinspektorat****, welche das Arbeitsmittel unbeanstandet gelassen hat,* ***am Arbeitgeber liegt, sich mit den einschlägigen Vorschriften vertraut zu machen und im Zweifel bei der Behörde anzufragen****. In der Unterlassung von diesbezüglichen Erkundi-*

gungen liegt zumindest ein fahrlässiges Verhalten. Die Unkenntnis eines Gesetzes kann nur dann als unverschuldet angesehen werden, wenn jemandem die Verwaltungsvorschrift trotz Anwendung der nach seinen Verhältnissen erforderlichen Sorgfalt unbekannt geblieben ist (vgl VwGH 23.3.2012, 2010/02/0294 mwN)." Dem Erkenntnis lag folgender Sachverhalt zu Grunde: Nachdem der Arbeitnehmer in einen Rohmilchtank gestiegen war, um Arbeiten durchzuführen, begann sich das im Tank befindliche Propellerrührwerk zu drehen und der Arbeitnehmer wurde vom Propellerflügel erfasst und schwer verletzt. Es wurde nicht dafür gesorgt, dass beim Einsteigen durch geeignete Maßnahmen ein unbeabsichtigtes, unbefugtes oder irrtümliches Einschalten des Arbeitsmittels (Propellerrührwerk im Tank 2) iSd § 17 Abs 1 AM-VO verhindert wurde. Mit Blick auf diese spezifisch arbeitnehmerschutzrechtlichen Anforderungen an ein Arbeitsmittel ist vor diesem rechtlichen Hintergrund darauf zu verweisen, dass für den Fall, dass bei einem anderen Tank eine der AM-VO entsprechende Sicherung vorhanden war, sich der Mitbeteiligte schon allein aus diesem Umstand mit der vorhandenen Ausstattung des in Rede stehenden Tanks nicht hätte zufrieden geben dürfen.

C. Arbeitnehmerpflichten (§§ 15, 35 ASchG)

Allerdings sieht das ASchG iVm der AM-VO auch **Pflichten für die Arbeitnehmer** vor, die bei Missachtung zu Verwaltungsstrafen gegen diese führen können: 8

- Ordnungsgemäße Benutzung von Arbeitsmitteln auf Grund von Unterweisung und Anweisungen des Arbeitgebers (§ 15 Abs 2 ASchG);
- Schutzeinrichtungen dürfen nicht entfernt, außer Betrieb gesetzt, willkürlich verändert oder umgestellt werden (§ 15 Abs 3 ASchG);
- ordnungsgemäße Benutzung von Schutzeinrichtungen auf Grund von Unterweisung und Anweisungen des Arbeitgebers (§ 15 Abs 3 ASchG);
- Meldung von Arbeitsunfällen, von ernster und unmittelbarer Gefahr sowie von festgestellten Defekten an Schutzeinrichtungen (§ 15 Abs 5 ASchG);
- Prüfung der Arbeitsmittel auf offenkundige Mängel vor Inbetriebnahme (§ 35 Abs 3 Z 1 ASchG);
- vor Inbetriebnahme vergewissern, dass sie sich selbst oder andere Arbeitnehmer nicht in Gefahr bringen (§ 35 Abs 3 Z 2 ASchG).

Strafnorm ist hier **§ 130 Abs 4 Z 1 bis 6 ASchG**. Demnach begeht der Arbeitnehmer eine Verwaltungsübertretung, wenn er **trotz Aufklärung und nachweislich schriftlicher Aufforderung durch den Arbeitgeber** oder das Arbeitsinspektorat zB entgegen der Unterweisung und der Anweisung des Arbeitgebers Arbeitsmittel nicht ordnungsgemäß benutzt und dadurch eine Gefahr für andere Arbeitnehmer herbeiführt (§ 130 Abs 4 Z 1 ASchG). Arbeitnehmern droht in diesen Fällen eine Geldstrafe bis zu € 218, im Wiederholungsfall bis zu € 360. 9

D. Sicherheitsanforderungen (Abs 3 AM-VO)

10 § 33 Abs 3 und 4 ASchG wird durch die AM-VO konkretisiert: Arbeitgeber dürfen gemäß **§ 3 Abs 1 AM-VO** ihren Arbeitnehmern nur solche Arbeitsmittel zur Verfügung stellen, die hinsichtlich Konstruktion, Bau und weiterer Schutzmaßnahmen den für sie geltenden Rechtsvorschriften über Sicherheits- und Gesundheitsanforderungen entsprechen. Zu diesen Rechtsvorschriften gehören die in den Anhängen A und B angeführten Vorschriften sowie der vierte Abschnitt der AM-VO. Handelt es sich bei den **Herstellervorschriften um eine nach Anhang A oder B der AM-VO**, kann davon ausgegangen werden, dass das Arbeitsmittel die **Beschaffenheitsanforderungen erfüllt**.

11 Rechtsvorschriften über **Sicherheitsanforderungen hinsichtlich Konstruktion, Bau und weiterer Schutzmaßnahmen iSd § 33 Abs 3 Z 2 ASchG** sind ua die nach § 71 GewO erlassenen bzw zu erlassenden Verordnungen und elektrotechnische Regelungen. Dabei handelt es sich jedoch nicht um arbeitnehmerschutzrechtliche Vorschriften , sondern um **Hersteller- bzw Inverkehrbringervorschriften**. Zu diesen zählen die in den Anhängen A und B der AM-VO aufgezählten Verordnungen (zB Maschinen-Sicherheitsverordnung - MSV, Niederspannungsgeräte-Verordnung 1993 - NspGV 1993, Versandbehälterverordnung 2002 - VBV 2002, Aufzüge-Sicherheitsverordnung 2008 - ASV 2008, Druckgeräteverordnung - DGVO, Medizinproduktegesetz - MPG, Verordnung über die Aufstellung und den Betrieb von Dampfkesseln - ABV). **§§ 41 bis 60 AM-VO** regeln die Beschaffenheit von „alten" Arbeitsmitteln und solchen, für die es keine Inverkehrbringervorschriften gibt (*Szymanski/Oberhauser/Marx*, ArbeitnehmerInnenschutzgesetz, 92, FN 4).

12 Der **vierte Abschnitt der AM-VO (Beschaffenheit von Arbeitsmitteln)** ist nicht anzuwenden auf Arbeitsmittel, die nach den im Anhang A angeführten Vorschriften in Verkehr gebracht wurden oder nach den im Anhang B angeführten Vorschriften aufgestellt oder betrieben wurden (§ 1 Abs 2 AM-VO).

E. CE-Kennzeichnung (Abs 4, Inverkehrbringervorschriften)

13 § 33 Abs 4 ASchG stellt klar, dass Arbeitgeber dann, wenn sie **mit dem CE-Zeichen gekennzeichnete Arbeitsmittel erwerben**, sich grundsätzlich darauf verlassen können, dass diese Arbeitsmittel den Sicherheitsanforderungen, die für sie im Zeitpunkt des Inverkehrbringens gegolten haben, entsprechen.

14 Art 4 Abs 1 lit a der Arbeitsmittelrichtlinie 89/655/EWG bestimmt, dass Arbeitgeber *„sich Arbeitsmittel zu beschaffen bzw zu benutzen haben"*, die, sofern sie Arbeitnehmern **erstmalig nach dem 31. Dezember 1992 zur Verfügung gestellt** werden, den Bestimmungen aller geltenden einschlägigen Gemeinschaftsrichtlinien entsprechen bzw, wenn keine andere Gemeinschaftsrichtlinie anwendbar ist oder wenn andere Gemeinschaftsrichtlinien nur teilweise anwendbar sind, den Mindestvorschriften des Anhanges zur Arbeitsmittelrichtlinie entsprechen. Nach Art 4 Abs 1 lit b der Richtlinie mussten Ar-

beitsmittel, die Arbeitnehmern am 31. Dezember 1992 bereits zur Verfügung standen, – mit einer Übergangsfrist – den Mindestanforderungen im Sinne des Anhangs zu der Richtlinie entsprechen (vgl ErlRV 1590 BlgNR 18. GP).

Mit der CE-Kennzeichnung bestätigen Hersteller und Inverkehrbringer, dass ihr Produkt den grundlegenden Sicherheitsanforderungen entspricht. Die grundlegenden Anforderungen bzw Sicherheitsanforderungen an ein Produkt sind in einzelnen EU-Richtlinien für die jeweilige Produktgruppe einheitlich geregelt. So müssen zB Maschinen, elektrische Betriebsmittel, Medizinprodukte, Messgeräte und Aufzüge ein CE-Zeichen aufweisen. 15

Die technischen Harmonisierungsrichtlinien der EU sehen Konformitätsprüfungen bzw -erklärungen sowie in bestimmten Fällen eine Prüfung und Zertifizierung von Maschinen und Geräten vor. Gemäß **§ 71 Abs 1 der GewO 1994** ist das Inverkehrbringen und Ausstellen von Maschinen, Geräten, Ausrüstungen oder deren Teilen und Zubehör, die Gefahren für das Leben oder die Gesundheit der Benützer herbeiführen können, nur zulässig, wenn eine **Übereinstimmungserklärung** oder eine Genehmigung des Bundesministers für Wirtschaft, Familie und Jugend vorliegt. Durch die Übereinstimmungserklärung haben Hersteller bzw Inverkehrbringer festzustellen, dass die Maschine, das Gerät etc den auf sie zutreffenden Bestimmungen einer Verordnung gemäß § 71 GewO 1994 (zB der Verordnung des Bundesministers für Wirtschaft und Arbeit über die Sicherheit von Maschinen und von Sicherheitsbauteilen für Maschinen (Maschinen-Sicherheitsverordnung 2010 – MSV 2010) der Maschinen-Sicherheitsverordnung) und gegebenenfalls den auf sie zutreffenden Bestimmungen einschlägiger Normen oder einem genehmigten Muster entspricht. 16

Grundlage für die Übereinstimmungserklärung ist eine vom Hersteller bzw Inverkehrbringer erstellte technische Dokumentation und allenfalls eine Prüfbescheinigung einer zugelassenen Stelle (zB Baumusterbescheinigung). Vor dem Inverkehrbringen ist das Vorliegen einer Übereinstimmungserklärung oder einer Genehmigung des Bundesministers für Wirtschaft, Familie und Jugend durch Anbringen eines Zeichens oder einer Plakette an der Maschine (CE-Zeichen) nachzuweisen. Diese gewerberechtlichen Regelungen gelten auch für Personen bzw Einrichtungen, die grundsätzlich vom Geltungsbereich der Gewerbeordnung 1994 ausgenommen sind, und zwar auch dann, wenn die Maschinen, Geräte etc für den Gebrauch im eigenen Betrieb erzeugt, zusammengefügt oder eingeführt werden (§ 2 Abs 14 GewO 1994). Vgl ErlRV 1590 BlgNR 18. GP. 17

Die CE-Kennzeichnung steht somit nicht nur für die Einhaltung von grundlegenden Anforderungen, sondern auch für die **Durchführung eines Verfahrens zum Nachweis der Einhaltung der grundlegenden Sicherheitsanforderungen**, welches ebenfalls Bestandteil der Richtlinien ist. (*Lang*, Handbuch ArbeitnehmerInnenschutzgesetz, Loseblattsammlung, Wien, Stand Februar 2013, Kap 6.1, 8)

Arbeitsmittel, die bereits **vor dem 1.1.1995** in der EU in Verkehr gebracht wurden, waren nicht mit einem CE-Kennzeichen zu versehen. Für diese gilt jedoch der **vierte Abschnitt der AM-VO**. Sind Arbeitsmittel nicht gekennzeichnet, dürfen Arbeitgeber sie nur dann zur Verfügung stellen, wenn sie den Anforderungen gemäß § 33 Abs 3 Z 2 ASchG entsprechen.

18 Erwirbt ein Arbeitgeber ein Arbeitsmittel, das nach einer im Anhang A angeführten Vorschrift gekennzeichnet ist (CE-Zeichen), kann er davon ausgehen, dass dieses Arbeitsmittel hinsichtlich Konstruktion, Bau und weiterer Schutzmaßnahmen dieser Vorschrift über sicherheits- und Gesundheitsanforderungen entspricht. Bestehen jedoch **Zweifel an der Sicherheit an einem CE-gekennzeichneten Arbeitsmittel** (insbesondere wenn sie auf Grund eines Unfalles oder auf Grund von Informationen des Herstellers, der SFK oder eines Prüfers annehmen können, dass ein Arbeitsmittel den im Anhang A angeführten Vorschriften über Sicherheits- und Gesundheitsanforderungen nicht entspricht), hat der Arbeitgeber unverzüglich die **Ermittlung und Beurteilung der vom Arbeitsmittel ausgehenden Gefahren zu überprüfen**. Ergibt die Evaluierung eine Gefahr für die Arbeitnehmer, so hat der Arbeitgeber unverzüglich geeignete Maßnahmen zum Schutz des Lebens und der Gesundheit der Arbeitnehmer zu ergreifen. Bei der Festlegung und Umsetzung dieser Maßnahmen ist § 7 ASchG zu beachten (Grundsätze der Gefahrenverhütung). **Erforderlichenfalls ist das Arbeitsmittel stillzulegen und von der weiteren Benutzung auszuschließen.** Die festgestellten Gefahren und ergriffenen Schutzmaßnahmen sind im Sicherheits- und Gesundheitsschutzdokument darzustellen (§ 3 Abs 2 bis 5 AM-VO; siehe auch §§ 4 und 5 ASchG).

Mit der Novelle BGBl I 2022/204 wurde das Maschinen – Inverkehrbringungs- und Notifizierungsgesetz (MING) geändert. Damit wird die Marktüberwachung, die bisher den Bezirksverwaltungsbehörden (BVB) übertragen war, nun dem Bundesamt für Eich- und Vermessungswesen (BEV) zugeordnet. Das Bundesamt für Eich- und Vermessungswesen (BEV) ist nun die zuständige Marktaufsichtsbehörde. Das BEV ist für die Abwicklung von Schutzklauselverfahren (§ 7 Marktüberwachungsbefugnisse und -maßnahmen) zuständig.

F. Maßnahmen nach Abs 6

19 Ist es jedoch nach dem Stand der Technik nicht möglich, Sicherheit und Gesundheit der Arbeitnehmer bei der Benutzung eines Arbeitsmittels in vollem Umfang zu gewährleisten , **haben Arbeitgeber gemäß § 33 Abs 6 ASchG geeignete Maßnahmen zu treffen**. Bei einem für die Sicherheit und Gesundheit verbleibenden Restrisiko haben Arbeitgeber auf Grundlage der im ersten Abschnitt normierten Pflichten die Gefahren zu ermitteln und Maßnahmen festzulegen, dieses Risiko durch zusätzliche Maßnahmen weitestgehend zu minimieren. Es ist davon auszugehen, dass in diesen Fällen bei der Ermittlung und Beurteilung von Gefahren und Festlegung von Schutzmaßnahmen

jedenfalls geeignete Fachleute heranzuziehen sind. Eine grundlegende Maßnahme ist zB, dafür Vorsorge zu treffen, dass Arbeitnehmer Zeit und Möglichkeit haben, sich den mit In- und Außerbetriebnahme von Arbeitsmitteln verbundenen Gefahren rasch zu entziehen. Erforderlichenfalls haben Arbeitgeber im Vorhinein Not- und Rettungsmaßnahmen festzulegen.

Zur Wartung von Arbeitsmitteln siehe § 38 ASchG. **20**

Zum Stand der Technik siehe § 2 Abs 8 ASchG.

Zur Definition „Arbeitsmittel" siehe § 2 Abs 5 ASchG, § 2 Abs 1 AM-VO.

Zur Beschäftigung von Arbeitnehmern mit Fachkenntnissen (Führen von Kranen und Hubstaplern) siehe § 62 ASchG und Fachkenntnisnachweis-Verordnung (FKV), BGBl II 2007/13.

Erläuterungen zur AM-VO siehe auf der Website der Arbeitsinspektion (Stand 8.1.2025) Kommentierte Rechtsvorschriften zur AM-VO unter https://www.arbeitsinspektion.gv.at/Service/Rechtsvorschriften/Rechtsvorschriften.html, zur CE-Kennzeichnung unter https://www.arbeitsinspektion.gv.at/Maschinen-_Werkzeuge/Gemeinsame_Bestimmungen/Unterschiede_bei_-neuen-_und_-alten-_Arbeitsmitteln.html.

III. Arbeitsmittelverordnung (AM-VO)

Der dritte Abschnitt ASchG wurde durch die Verordnung des Bundesministers für Wirtschaft und Arbeit über den Schutz der Arbeitnehmer bei der Benutzung von Arbeitsmitteln (**Arbeitsmittelverordnung – AM-VO**), BGBl II 2000/164, konkretisiert. **21**

Die AM-VO gilt für Arbeitsstätten, auswärtige Arbeitsstellen und Baustellen, die unter das ASchG fallen.

Die AM-VO ist am 1.7.2000 in Kraft getreten und wurde erlassen zur Umsetzung

- der **Richtlinie 89/655/EWG** über Mindestvorschriften für Sicherheit und Gesundheitsschutz bei der Benutzung von Arbeitsmitteln durch Arbeitnehmer bei der Arbeit, geändert durch die Richtlinie 95/93/EG,
- der **Richtlinie 92/57/EWG** über die auf zeitlich begrenzte oder ortsveränderliche Baustellen anzuwendenden Mindestvorschriften für die Sicherheit und den Gesundheitsschutz (Anhang IV Teil B Abschnitt II) und
- der **Richtlinie 92/104/EWG** über Mindestvorschriften zur Verbesserung der Sicherheit und des Gesundheitsschutzes der Arbeitnehmer in übertägigen oder untertägigen mineralgewinnenden Betrieben.

Gleichzeitig wurden zahlreiche durch das ASchG **als Bundesgesetz übergeleitete Bestimmungen über Arbeitsmittel aufgehoben**, so zB Vorschriften aus der Allgemeinen Arbeitnehmerschutzverordnung (AAV), BGBl 1983/218, der Allgemeinen Dienstnehmerschutzverordnung (ADSV), BGBl 1951/265, der Azetylenverordnung, BGBl 1951/75, die gesamte Allgemeine Maschinen-

und Geräte-Sicherheitsverordnung (AMGSV), BGBl 1983/219, und die Maschinen-Schutzvorrichtungsverordnung, BGBl 1961/43 (MSVV) zur Gänze, aus der Verordnung über den Schutz des Lebens und derGesundheit von Dienstnehmern in Eisen- und Stahlhüttenbetrieben, BGBl 1955/122, aus der Verordnung über den Schutz der Dienstnehmer und der Nachbarschaft beim Betrieb von Steinbrüchen, Lehm-, Ton-, Sand- und Kiesgruben sowie bei Haldenabtragungen (Steinbruchverordnung), BGBl 1955/253.

22 Mit **BGBl II 2010/21** wurde die AM-VO mit Wirksamkeit **1.2.2010** novelliert: Die AM-VO wurde an den aktuellen Stand der Technik angepasst. Weiters wurden Regelungen über die **Prüfungen von Arbeitsmitteln** (Präzisierung von Formulierungen, Vereinheitlichungen beim Prüferkreis), zu den schriftlichen **Betriebsanweisungen** sowie zur Beschaffenheit und Verwendung von **Leitern** angepasst. Der **vierte Abschnitt** der AM-VO wurde neu gegliedert und formuliert mit dem Ziel einer besseren Lesbarkeit, Übersichtlichkeit und Verständlichkeit (die Bestimmungen gingen zum Teil wörtlich auf die Maschinen-Schutzvorrichtungsverordnung aus 1961 und auf die Allgemeine Dienstnehmerschutzverordnung aus 1951 sowie auf die AAV aus dem Jahr 1984 zurück).

23 Die Bestimmungen des **ersten und zweiten Abschnittes der AM-VO** über die **Benutzung von Arbeitsmitteln** gelten unabhängig vom Zeitpunkt des Inverkehrbringens und unabhängig von allfälligen Inverkehrbringervorschriften, daher zB für Maschinen mit CE-Zeichen ebenso wie für alte Maschinen, die bereits seit vielen Jahren im Betrieb verwendet werden. Die AM-VO-Regelungen über die Benutzung von Arbeitsmitteln stellen eine Konkretisierung der ASchG-Anforderungen dar, vor allem des **§ 33 Abs 6 ASchG**, wonach Arbeitgeber geeignete Maßnahmen treffen müssen, um die Gefahren weitestgehend zu verringern.

Die in der AM-VO bis zur Novelle 2010 enthaltenen Regelungen über die Benutzung von Arbeitsmitteln entsprachen in inhaltlicher Hinsicht weitgehend dem zuvor geltenden Recht. Einige zusätzliche Regelungen waren zur Umsetzung des **Anhanges II der Richtlinie 89/655/EWG (Bestimmungen betreffend die Benutzung der Arbeitsmittel)** erforderlich geworden. Auf einen Teil der bis dahin geltenden Detailregelungen wurde in der Verordnung verzichtet, weil durch die allgemeinen Grundsätze für die Verwendung, die Bedienungsanleitungen der Hersteller, die innerbetrieblichen Betriebsanweisungen und die Evaluierungspflicht der Schutz der Arbeitnehmer ausreichend gewährleistet ist. In manchen Bereichen sind nur subsidiäre Regelungen vorgesehen, weil davon auszugehen ist, dass – bei „neuen" Arbeitsmitteln – die Bedienungsanleitungen der Hersteller ohnehin die notwendigen Maßnahmen festlegen. (Erlass des BMAGS vom 27.6.1997, 66.505/2-3/97)

§ 36 ASchG sieht **besondere Regelungen für gefährliche Arbeitsmittel vor**. Die Benutzung solcher Arbeitsmittel darf nur durch eigens hierzu **beauftrag-**

te Arbeitnehmer erfolgen. Diese Bestimmung setzte Artikel 5 der Richtlinie 89/655/EWG um, wonach Arbeitgeber die erforderlichen Vorkehrungen treffen müssen, damit die mit einer möglichen spezifischen Gefährdung der Sicherheit oder Gesundheit verbundene Benutzung eines Arbeitsmittels *„den hiezu beauftragten Personen vorbehalten bleibt"*. Die **AM-VO geht davon aus, dass Arbeitsmittel mit abgenommenen oder unwirksamen Schutzeinrichtungen (§ 15 Abs 4 AM-VO) als gefährliche Arbeitsmittel im Sinne des ASchG und der Arbeitsmittelrichtlinie anzusehen sind**, und verlangt daher einen besonderen Auftrag für die betroffenen Arbeitnehmer. Weiters geht die AM-VO davon aus, dass Krane (§ 19 AM-VO) und selbstfahrende Arbeitsmittel (§ 23 AM-VO) *„spezifisch gefährliche Arbeitsmittel"* im Sinne des Artikels 5 der RL 89/655/EWG sind unddaher eine besondere Beauftragung erforderlich ist. Die in der AM-VO vorgesehene **Fahrbewilligung** gilt als solcher Auftrag. Vgl Anmerkungen zu § 36.

Der **dritte Abschnitt** regelt die Anforderungen an **Gerüste und Leitern**. Für **24**
diese Arbeitsmittel gelten keine Inverkehrbringerregelungen. Die Arbeitnehmerschutzvorschriften haben daher die Benutzung und die Beschaffenheit zu regeln. Dieser Abschnitt entspricht vollinhaltlich dem geltenden Recht.

Der **vierte Abschnitt** regelt die **Beschaffenheit von Arbeitsmitteln**. Dieser **25**
Abschnitt gilt nur für „alte" Arbeitsmittel, die in Verkehr gebracht wurden, bevor die oben angeführten Gemeinschaftsrichtlinien durch entsprechende Herstellervorschriften umgesetzt wurden. Für diese Arbeitsmittel sind Beschaffenheitsanforderungen unter Beachtung der Mindestanforderungen des Anhanges I der Richtlinie 89/655/EWG geregelt. Fast alle Regelungen wurden aus dem alten Recht ohne Änderungen übernommen. Eine Anpassung erfolgte lediglich, soweit dies aufgrund der Begriffsbestimmungen nach § 2 (zB anderes Verständnis von „Schutzeinrichtungen") oder wegen der Zusammenführung von Bestimmungen aus unterschiedlichen Rechtsvorschriften (zB AAV und AMGSV) oder zur Vermeidung von Ausnahmegenehmigungsverfahren erforderlich war.

In diesem Zusammenhang ist auch auf **§ 35 Abs 2 ASchG** zu verweisen, wonach vor wesentlichen Änderungen eines Arbeitsmittels oder dessen Einsatzbedingungen neben den allgemeinen Pflichten der Arbeitgeber (Gefahren zu ermitteln und Maßnahmen festzulegen) zusätzlich eine besondere Risikoanalyse durchzuführen ist. Aufgrund des Ergebnisses der Risikoanalyse sind erforderlichenfalls für den Schutz der Sicherheit und der Gesundheit der Arbeitnehmer besondere Maßnahmen zu treffen. (Erlass des BMAGS vom 27.6.1997, 66.505/2-3/97)

Die AM-VO enthält **auch Ausnahmen von den Anforderungen des ASchG**. **26**
Solche Ausnahmen durch Verordnung sind nach § 95 ASchG zulässig, wenn die Abweichungen aus wichtigen Gründen erforderlich sind und Sicherheit und Gesundheit der Arbeitnehmer gewährleistet ist. Ausnahmen beinhalten § 14 (Erprobung) und § 15 Abs 4 (abgenommene oder unwirksam gesetzte

Schutzeinrichtungen) – es handelt sich um Ausnahmen von der Verpflichtung des Arbeitgebers nach § 35 Abs 1 Z 4 und 5 ASchG.

Vgl Anmerkungen zu §§ 35 und 95.

Erläuterungen zur AM-VO und Download von Publikationen über Arbeitsmittel siehe zB Website der Arbeitsinspektion https://www.arbeitsinspektion.gv.at/Maschinen-_Werkzeuge/Gemeinsame_Bestimmungen/Arbeitsmittel_Gemeinsame_Bestimmungen.html sowie Merkblätter der AUVA: http://www.auva.at/.

Aufstellung von Arbeitsmitteln

§ 34. (1) Als „Aufstellung" im Sinne dieser Bestimmung gilt das Montieren, Installieren, Aufbauen und Anordnen von Arbeitsmitteln.

(2) Arbeitgeber haben bei der Aufstellung von Arbeitsmitteln die besonderen Bedingungen und Eigenschaften der Arbeitsmittel und der Arbeit sowie die am Arbeitsplatz bestehenden Gefahren für Sicherheit und Gesundheit der Arbeitnehmer und die Gefahren, die aus der Benutzung der Arbeitsmittel erwachsen können, zu berücksichtigen. Bei der Aufstellung von Arbeitsmitteln ist insbesondere darauf zu achten, daß

1. **ausreichend Raum zwischen ihren mobilen Bauteilen und festen oder mobilen Bauteilen in ihrer Umgebung vorhanden ist,**
2. **alle verwendeten oder erzeugten Energien und Stoffe sicher zugeführt und entfernt werden können,**
3. **Arbeitnehmern ausreichend Platz für die sichere Benutzung der Arbeitsmittel zur Verfügung steht und**
4. **Arbeitsmittel nur dann aufgestellt werden, wenn die zulässige Beanspruchung tragender Bauteile nicht**

überschritten ist.

(3) Im Freien aufgestellte Arbeitsmittel sind erforderlichenfalls durch Vorrichtungen oder andere entsprechende Maßnahmen gegen Blitzschlag und Witterungseinflüsse zu schützen.

(4) Werden Arbeitsmittel unter oder in der Nähe von elektrischen Freileitungen aufgestellt oder benutzt, sind geeignete Maßnahmen zu treffen, um jegliches gefahrbringendes Annähern der Arbeitnehmer und der Arbeitsmittel an diese Leitungen sowie Stromschlag durch diese Leitungen zu verhindern.

(5) Arbeitsmittel und ihre Teile müssen durch Befestigung oder durch andere Maßnahmen stabilisiert werden, sofern dies für die Sicherheit und den Gesundheitsschutz der Arbeitnehmer erforderlich ist.

(6) Arbeitgeber haben geeignete Maßnahmen zu treffen, damit Kleidung oder Körperteile der die Arbeitsmittel benutzenden Arbeitnehmer nicht erfasst werden.

(7) Die Arbeits- und Wartungsbereiche der Arbeitsmittel müssen entsprechend der Benutzung ausreichend belichtet oder beleuchtet sein.

[BGBl 1994/450]

Übersicht

I.	Allgemeines zur Arbeitsmittelaufstellung (Abs 1 und 2)	1–4
II.	Arbeitsmittel im Freien (Abs 3 und 4)	5, 6
III.	Stabilität (Abs 5)	7
IV.	Maßnahmen gegen Erfasstwerden (Abs 6)	8
V.	Belichtung, Beleuchtung (Abs 7)	9, 10

I. Allgemeines zur Arbeitsmittelaufstellung (Abs 1 und 2)

Die Regelungen entsprechen weitgehend den im (zum Zeitpunkt der ASchG-Erlassung vorliegenden) Anhang des Ergänzungsvorschlags angeführten Mindestvorschriften über die Benutzung von Arbeitsmitteln, soweit sie die Aufstellung von Arbeitsmitteln betreffen (Entwurf eines Vorschlags für eine Richtlinie zur Ergänzung der Richtlinie 89/655/EWG – Einzelrichtlinie im Sinne der Richtlinie 89/391/EWG). 1

Als Aufstellung (**§ 34 Abs 1 ASchG**) gilt das **Montieren, Installieren, Aufbauen und Anordnen von Arbeitsmitteln**. Bei der Aufstellung von Arbeitsmitteln haben Arbeitgeber im Rahmen der Arbeitsplatzevaluierung die besonderen Bedingungen und Eigenschaften der Arbeitsmittel und der Arbeit sowie die am Arbeitsplatz bestehenden Gefahren für Sicherheit und Gesundheit der Arbeitnehmer und die Gefahren, die aus der Benutzung der Arbeitsmittel erwachsen können, zu berücksichtigen. 2

Arbeitsmittel sind gemäß **§ 12 Abs 1 AM-VO** so aufzustellen, dass Arbeitnehmer für die Benutzung des Arbeitsmittels sicheren Zugang zu allen hiefür erforderlichen Stellen haben. An diesen Stellen muss ein gefahrloser Aufenthalt möglich sein. Dabei ist insbesondere von Bedeutung, dass die Arbeitnehmer – durch Einhaltung von bestimmten Mindestabständen – zwischen den beweglichen Bauteilen von Arbeitsmitteln und festen oder beweglichen Bauteilen in ihrer Umgebung nicht gefährdet werden. Um den Arbeitnehmern einen sicheren Zugang zu den für die Durchführung der Produktions- und Einstellungsarbeiten am Arbeitsmittel notwendigen Stellen zu ermöglichen, sind bei Arbeitsmitteln festverlegte Bedienungsstiegen anzubringen. Wenn die Errichtung von Bedienungsstiegen aus technischen Gründen nicht möglich ist, sind festverlegte Leitern oder Steigeisen, die auf Plattformen oder Podeste führen, anzubringen. 3

4 **§ 34 Abs 2 ASchG** legt fest, welche **grundsätzlichen Bedingungen und Gefahren** Arbeitgeber im Rahmen ihrer allgemeinen Pflichten, Gefahren zu ermitteln und Maßnahmen festzulegen, bei der Aufstellung von Arbeitsmitteln zu berücksichtigen haben. § 34 Abs 2 Z 1 über **Schutzabstände** entspricht im Grundsatz § 30 Abs 3 AAV der vor dem ASchG geltenden Rechtslage (vgl ErlRV 1590 BlgNR 18. GP).

Bei der Aufstellung von Arbeitsmitteln nach § 34 Abs 2 ASchG ist weiters zu berücksichtigen:

- Alle **verwendeten oder erzeugten Energien** (zB elektrischer Strom) und Stoffe (zB Dampf, Aerosole, Staub) müssen sicher zugeführt und entfernt werden können (Z 2)
- Arbeitnehmern muss **ausreichend Platz** für die sichere Benutzung der Arbeitsmittel zur Verfügung stehen (Z 3; vgl § 30 Abs 2 AAV aF)
- Arbeitsmittel dürfen nur dann aufgestellt werden, wenn die **zulässige Beanspruchung tragender Bauteile** nicht überschritten ist (Z 4).

II. Arbeitsmittel im Freien (Abs 3 und 4)

5 § 34 Abs 3 ASchG, wonach im Freien aufgestellte Arbeitsmittel gegen Blitzschlag und Witterungseinflüssen zu schützen sind, entspricht dem Anhang des Ergänzungsvorschlags zum Zeitpunkt des ASchG-Inkrafttretens, ebenso § 34 Abs 4 ASchG über den Schutz der Arbeitnehmer vor einer Gefährdung durch elektrische Freileitungen; siehe auch § 38 Abs 2 AAV der alten Rechtslage (vgl ErlRV 1590 BlgNR 18. GP).

6 Bei im Freien aufgestellten Arbeitsmitteln ist zu berücksichtigen:

- Schutz der Arbeitsmittel durch Vorrichtungen oder andere entsprechende Maßnahmen gegen **Blitzschlag und Witterungseinflüsse** (§ 34 Abs 3 ASchG).
- Bei **unter oder in der Nähe von elektrischen Freileitungen** aufgestellten oder benutzten Arbeitsmitteln sind geeignete Maßnahmen zu treffen, um jegliches gefahrbringende Annähern der Arbeitnehmer und der Arbeitsmittel an diese Leitungen sowie **Stromschlag** durch diese Leitungen zu verhindern (§ 34 Abs 4 ASchG).

III. Stabilität (Abs 5)

7 § 34 Abs 5 ASchG regelt die **Stabilisierung von Arbeitsmitteln und ihren Teilen** entsprechend dem Anhang Z 2.6. der Richtlinie 89/655/EWG.

Arbeitsmittel und ihre Teile müssen durch **Befestigung** oder durch andere Maßnahmen stabilisiert werden, sofern dies für die Sicherheit und den Gesundheitsschutz der Arbeitnehmer erforderlich ist. Unter Stabilisierung erfasst ist auch das sichere Verankern von Betriebseinrichtungen und Betriebsmitteln (siehe § 30 Abs 1 AAV nach der alten Rechtslage) (vgl ErlRV 1590 BlgNR 18. GP).

IV. Maßnahmen gegen Erfasstwerden (Abs 6)

Nach § 34 Abs 6 ASchG sind geeignete Maßnahmen zu treffen, damit die **Kleidung oder Körperteile** der die Arbeitsmittel benutzenden Arbeitnehmer nicht erfasst werden. **8**

Derartige Schutzmaßnahmen wären zB eine **Verkleidung** oder Verdeckung der Arbeitsmittel oder das Einhalten entsprechender **Schutzzonen** (vgl ErlRV 1590 BlgNR 18. GP).

Zum Erfordernis eng anliegender Arbeitskleidung siehe Anmerkungen zu § 71.

V. Belichtung, Beleuchtung (Abs 7)

§ 34 Abs 7 ASchG über die Belichtung bzw Beleuchtung der Arbeits- und Wartungsbereiche entspricht dem Anhang Z 2.9. der Richtlinie 89/655/EWG (ErlRV 1590 BlgNR 18. GP). **9**

Arbeits- und Wartungsbereiche der Arbeitsmittel müssen entsprechend der Benutzung ausreichend belichtet oder beleuchtet sein (§ 34 Abs 7 ASchG).

Bei **ortsfesten Arbeitsmitteln** sind nach dem Aufstellen Schutzeinrichtungen wie Lichtschranken, Lichtvorhänge, Schaltleisten, Trittschaltmatten, Zweihandschaltungen, öffenbare Verkleidungen, Verdeckungen und Umwehrungen sowie Notausschaltvorrichtungen einer **Kontrolle** hinsichtlich ihrer **einwandfreien sicherheitstechnischen Funktion** zu unterziehen (§ 13 Abs 1 AM-VO).

Zur **Prüfung** von Arbeitsmitteln nach Aufstellung siehe § 37 ASchG und § 10 AM-VO. **10**

Zur Aufstellung von **Leitern** siehe §§ 34 bis 40 AM-VO.

Zur Aufstellung von einzelnen Arbeitsmitteln siehe §§ 41 bis 60 AM-VO.

Zur Aufstellung von **Dampfkesseln und Druckbehältern** siehe auch die im Anhang B zur AM-VO angeführten Rechtsvorschriften:

- Verordnung über die Aufstellung und den Betrieb von Dampfkesseln (ABV), BGBl 1995/353;
- Druckbehälter-Aufstellungs-Verordnung (DBA-VO), BGBl II 1998/361.

Benutzung von Arbeitsmitteln

§ 35. (1) Arbeitgeber haben dafür zu sorgen, daß bei der Benutzung von Arbeitsmitteln folgende Grundsätze eingehalten werden:

1. **Arbeitsmittel dürfen nur für Arbeitsvorgänge und unter Bedingungen benutzt werden, für die sie geeignet sind und für die sie nach den Angaben der Hersteller oder Inverkehrbringer vorgesehen sind.**

2. Bei der Benutzung von Arbeitsmitteln sind die für sie geltenden Bedienungsanleitungen der Hersteller oder Inverkehrbringer sowie die für sie geltenden elektrotechnischen Vorschriften einzuhalten.
3. Arbeitsmittel dürfen nur mit den für die verschiedenen Verwendungszwecke vorgesehenen Schutz- und Sicherheitseinrichtungen benutzt werden.
4. Die Schutz- und Sicherheitseinrichtungen sind bestimmungsgemäß zu verwenden.
5. Arbeitsmittel dürfen nicht benutzt werden, wenn Beschädigungen festzustellen sind, die die Sicherheit beeinträchtigen können, oder die Schutz- und Sicherheitseinrichtungen nicht funktionsfähig sind.

(2) Die Benutzung von Arbeitsmitteln, die oder deren Einsatzbedingungen in einem größeren Umfang verändert wurden, als dies von den Herstellern oder Inverkehrbringern vorgesehen ist, ist nur zulässig, wenn eine Gefahrenanalyse durchgeführt wurde und die erforderlichen Maßnahmen getroffen sind.

(3) Arbeitgeber haben durch entsprechende Informationen, Anweisungen und sonstige geeignete Maßnahmen dafür zu sorgen, daß

1. Arbeitnehmer vor Benutzung der Arbeitsmittel prüfen, ob diese offenkundige Mängel aufweisen,
2. Arbeitnehmer sich bei Inbetriebnahme der Arbeitsmittel vergewissern, daß sie sich selbst und andere Arbeitnehmer nicht in Gefahr bringen und
3. Arbeitnehmer, die sich bei der Benutzung eines Arbeitsmittels ablösen, festgestellte Unregelmäßigkeiten bei der Ablösung verständlich bekanntgeben.

(4) Eine kombinierte Benutzung von Arbeitsmitteln, die nicht von den Herstellern oder Inverkehrbringern vorgesehen ist, ist nur zulässig, wenn

1. die Verträglichkeit der Arbeitsmittel gewährleistet ist,
2. eine Gefahrenanalyse durchgeführt wurde und
3. sie auf den in der Gefahrenanalyse festgelegten Bereich beschränkt wird und erforderlichenfalls zusätzliche Einschränkungen und Maßnahmen auf Grund der Gefahrenanalyse getroffen sind.

(5) Außer Betrieb genommene Arbeitsmittel müssen mit den für sie vorgesehenen Schutz- und Sicherheitseinrichtungen versehen sein. Andernfalls sind diese Arbeitsmittel zu demontieren, unzugänglich oder durch Abnahme und Entfernung wesentlicher Bauelemente oder durch sonstige geeignete Maßnahmen funktionsunfähig zu machen. Erforderlichenfalls sind zusätzliche Schutzmaßnahmen zu treffen.

[BGBl I 2001/159]

Übersicht

I.	Benutzung von Arbeitsmitteln (§ 35)	1
	A. Beachtung bestimmter Grundsätze (Abs 2)	2–4
	B. Besondere Gefahrenanalyse (Abs 2 und 4)	5, 6
	C. Informationen, Anweisungen an Arbeitnehmer (Abs 3)	7
II.	Verwendung von Arbeitsmitteln (§ 15 AM-VO)	8–10
III.	Besondere Arbeiten (§ 17 AM-VO)	11–13
IV.	Schutz- und Sicherheitseinrichtungen (§ 35 Abs 1 und 5 ASchG)	14, 15
	A. Sicheres Zu- und Abführen von Werkstücken	16
	B. Funktionsunfähige, außer Betrieb genommene Arbeitsmittel (§ 35 Abs 5 ASchG)	17, 18
	C. Ersatzmaßnahmen bei Erprobung (Ausnahme § 14 AM-VO)	19–21
	D. Ersatzmaßnahmen bei Abnahme von Schutzeinrichtungen (§ 15 Abs 4 AM-VO)	22
V.	Information und Unterweisung der Arbeitnehmer (§§ 4 und 5 AM-VO)	23
	A. Information (§ 4 AM-VO)	24, 25
	B. Unterweisung (§ 5 AM-VO)	26–29

I. Benutzung von Arbeitsmitteln (§ 35)

Im Sinne des **§ 2 Abs 2 AM-VO** umfasst „Benutzung" alle ein Arbeitsmittel betreffenden Tätigkeiten wie In- und Außerbetriebnahme, Gebrauch, Transport, Instandsetzung, Umbau, Instandhaltung, Wartung oder Reinigung (vgl Art 2 lit b der Richtlinie 89/655/EWG). Dabei handelt es sich jedoch um eine beispielhafte Aufzählung. **1**

§ 35 Abs 1 ASchG verpflichtet die Arbeitgeber, dafür zu sorgen, dass bei der Benutzung von Arbeitsmitteln bestimmte Grundsätze des Abs 2 eingehalten werden:

A. Beachtung bestimmter Grundsätze (Abs 2)

Bestimmungsgemäße Benutzung (Z 1): So dürfen Arbeitsmittel nur für Arbeitsvorgänge und unter Bedingungen benutzt werden, für die sie geeignet sind und für die sie nach den Angaben der Hersteller oder Inverkehrbringer vorgesehen sind. Die Regelung entspricht dem Anhang Z 2.12. der Richtlinie 89/655/EWG. Die Gesetzesmaterialien (ErlRV 1590 BlgNR 18. GP) verweisen weiters auf die vergleichbaren Regelungen des zuvor geltenden § 29 Abs 1 AAV und die *„bestimmungsgemäße Verwendung"* nach § 3 der alten Maschinen-Sicherheitsverordnung, BGBl 1994/306, die durch die nunmehr geltende Maschinen-Sicherheitsverordnung 2010 (MSV 2010), BGBl II 2008/282 ersetzt wurde. **2**

Einhaltung der für die Arbeitsmittel geltenden Bedienungsanleitungen der Hersteller oder Inverkehrbringer und der **elektrotechnischen Vorschriften (Z 2)**: Diese Bestimmung entspricht § 58 Abs 19 AAV nach der alten **3**

Rechtslage. Bedienungsanleitungen sind zB Betriebsanleitungen nach den Vorschriften über das Inverkehrbringen von Maschinen nach der Gewerbeordnung 1994. Betriebsanleitungen haben alle notwendigen Informationen und Hinweise für den Anwender zu enthalten. Generell verpflichten die **Rechtsvorschriften über die Sicherheit von Produkten** die Hersteller bzw Inverkehrbringer, eine Betriebsanleitung (zB für Maschinen) oder Produktbeschreibung (zB für persönliche Schutzausrüstung nach der PSA-Sicherheitsverordnung – PSASV) mitzuliefern (*Szymanski/Oberhauser/Marx*, ArbeitnehmerInnenschutzgesetz, 98, FN 4). Arbeitgeber haben den betroffenen Arbeitnehmern Bedienungsanleitungen und schriftliche Betriebsanweisungen zur Verfügung zu stellen. Diese sind erforderlichenfalls am Arbeitsplatz auszuhängen. Vgl Anmerkungen zu §§ 12 Abs 5 und 14 Abs 5.

4 Zu **Z 3 und 4** (Schutz- und Sicherheitsvorrichtungen) vgl sinngemäß § 29 Abs 2 AAV der alten Rechtslage; **Z 5** war als Grundsatz für die Erprobung von Arbeitsmitteln bereits vor dem ASchG gemäß § 31 Abs 3 AAV geltendes Recht (vgl ErlRV 1590 BlgNR 18. GP).

Näheres zu Z 3 bis 5 siehe IV. Schutz- und Sicherheitseinrichtungen (Rz 14 ff).

B. Besondere Gefahrenanalyse (Abs 2 und 4)

5 **Größere Änderungen bei der Benutzung eines Arbeitsmittels oder dessen Einsatzbedingungen** – abweichend von den Hersteller- bzw Inverkehrbringerangaben – sind nur zulässig, wenn der Arbeitgeber neben der allgemeinen Verpflichtung einer Arbeitsplatzevaluierung (§ 4 ASchG) zusätzlich eine **besondere Gefahrenanalyse** durchgeführt hat. Auf Grund des Ergebnisses dieser Gefahrenanalyse sind erforderlichenfalls für den Schutz der Sicherheit und Gesundheit der Arbeitnehmer besondere Maßnahmen zu treffen **(§ 35 Abs 2 ASchG)**. Allenfalls treffen Arbeitgeber nach den Inverkehrbringervorschriften der Gewerbeordnung 1994 und der dazu erlassenen Verordnungen die Pflichten der Hersteller (vgl ErlRV 1590 BlgNR 18. GP zur besonderen Risikoanalyse bei wesentlichen Änderungen).

6 Weiters ist eine **kombinierte Benutzung** von Arbeitsmitteln – die ebenfalls nicht von den Herstellern oder Inverkehrbringern vorgesehen ist – nur zulässig, wenn die Verträglichkeit der Arbeitsmittel gewährleistet ist sowie eine **Gefahrenanalyse** durchgeführt wurde. Der Einsatzbereich ist jedoch auf den in der Gefahrenanalyse festgelegten Bereich beschränkt und erforderlichenfalls sind zusätzliche Einschränkungen und Maßnahmen aufgrund der Gefahrenanalyse zu treffen **(§ 35 Abs 4 ASchG)**.

C. Informationen, Anweisungen an Arbeitnehmer (Abs 3)

7 § 35 Abs 3 regelt Pflichten der Arbeitgeber im Zusammenhang mit der Benutzung von Arbeitsmitteln durch Arbeitnehmer, insbesondere zur Prüfung auf offenkundige Mängel vor Benutzung (Z 1) und die Bekanntgabe fest-

gestellter Unregelmäßigkeiten bei der Ablöse von Arbeitnehmern bei der Benutzung des Arbeitsmittels (Z 3). § 35 Abs 3 Z 2 entspricht § 58 Abs 1 AAV nach der zuvor geltenden Rechtslage (ANSchG): Arbeitnehmer müssen sich vergewissern, dass sie sich selbst oder andere bei Inbetriebnahme nicht in Gefahr bringen.

Zu § 35 Abs 5 ASchG siehe Rz 14 ff.

II. Verwendung von Arbeitsmitteln (§ 15 AM-VO)

Bei der Benutzung bzw Verwendung von Arbeitsmitteln gemäß § 15 AM-VO **8**
ist insbesondere Folgendes zu beachten:

Arbeitsmittel sind auszuschalten, wenn dies zur Vermeidung einer Gefährdung der Arbeitnehmer erforderlich ist. Dabei gilt (§ 15 Abs 2 AM-VO):

- Arbeitsmittel, die eine dauernde Beobachtung des Arbeitsvorganges aus Sicherheitsgründen erfordern, sind bei Verlassen des Arbeitsplatzes auszuschalten.
- Arbeitsmittel, deren Wiederanlaufen nach einem Energieausfall zu einer Gefahr für Arbeitnehmer führen kann, sind bei Energieausfall auszuschalten.
- Handgeführte motorisch angetriebene Arbeitsmittel dürfen nur bei stillstehendem Werkzeug abgelegt werden.
- Fahrbare Maschinen sowie Maschinen, die bei der Verwendung mit der Hand gehalten werden, dürfen nur in ausgeschaltetem Zustand transportiert werden.

Späne, Splitter oder Abfälle aller Art dürfen aus der Nähe bewegter Teile, **9**
Werkzeuge oder Werkstücke nicht mit der Hand entfernt werden (§ 15 Abs 3 AM-VO):

- Es sind geeignete Hilfsmittel zu verwenden.
- Zum Entfernen dürfen nur solche Hilfsmittel zur Verfügung gestellt werden, an deren Griffen ein Hängenbleiben nicht möglich ist.

Arbeiten unter beweglichen oder an gehobenen Arbeitsmitteln oder unter **10**
Teilen derselben dürfen nur durchgeführt werden, wenn diese Arbeitsmittel oder Teile in geeigneter Weise gegen unbeabsichtigtes Bewegen gesichert sind (§ 15 Abs 5 AM-VO).

III. Besondere Arbeiten (§ 17 AM-VO)

Wenn **Einstell-, Wartungs-, Instandhaltungs- und Reinigungsarbeiten** sowie **11**
Arbeiten zur **Beseitigung von Störungen** durchgeführt werden müssen, ist gemäß § 17 Abs 1 AM-VO Folgendes zu beachten:

- Die Arbeitsmittel müssen abgeschaltet werden,
- durch geeignete Maßnahmen ist ein unbeabsichtigtes, unbefugtes oder irrtümliches Einschalten der Arbeitsmittel zu verhindern.

12 Wenn **aus technischen Gründen** solche Arbeiten nur **an in Betrieb befindlichen Arbeitsmitteln** durchgeführt werden können (siehe § 17 Abs 2 AM-VO),

- müssen andere geeignete Schutzmaßnahmen festgelegt und durchgeführt werden;
- ist die Durchführung der Schutzmaßnahmen zu überwachen;
- und müssen dafür geeignete fachkundige und besonders unterwiesene Arbeitnehmer herangezogen werden.

13 Für Arbeiten, die offensichtlich auch an in Betrieb befindlichen Arbeitsmitteln **gefahrlos möglich** sind, sind die oben angeführten Maßnahmen zum Schutz der Arbeitnehmer nicht zu treffen (§ 17 Abs 3 ASchG).

Vgl Rz 22 (§ 15 Abs 4 AM-VO).

Zur Wartung siehe § 38 ASchG sowie § 16 AM-VO.

IV. Schutz- und Sicherheitseinrichtungen (§ 35 Abs 1 und 5 ASchG)

14 **Schutzeinrichtungen iSd § 2 Abs 6 AM-VO** sind technische Vorkehrungen, die dazu bestimmt sind, den Zugang zu Gefahrenbereichen oder ein Hineinlangen in diese zu verhindern, oder die eine andere geeignete Schutzfunktion bewirken.

15 Arbeitsmittel dürfen entsprechend **§ 35 Abs 1 Z 3 bis 5 ASchG** nur mit den für die verschiedenen Verwendungszwecke vorgesehenen Schutz- und Sicherheitseinrichtungenbenutzt werden. Sie sind bestimmungsgemäß zu verwenden. Weiters dürfen Arbeitsmittel nicht benutzt werden, wenn Beschädigungen festgestellt wurden, die die Sicherheit beeinträchtigen können, oder die Schutz- und Sicherheitseinrichtungen nicht funktionsfähig sind.

A. Sicheres Zu- und Abführen von Werkstücken

16 So ist gemäß **§ 15 Abs 1 AM-VO** durch geeignete Schutzeinrichtungen und Schutzmaßnahmen für das sichere Zuführen und Abführen von Werkstücken und Werkstoffen zu sorgen. Dabei gilt Folgendes:

- Werkstücke (die auf Grund der beim Bearbeitungsvorgang entstehenden Kräfte nicht mit der Hand gehalten oder geführt werden können) sind in geeignete Spann- oder Halteeinrichtungen der Arbeitsmittel einzuspannen, oder es sind andere geeignete Einrichtungen gegen ein Wegschleudern der Werkstücke zu verwenden.
- Einzuspannende Werkzeuge und Werkstücke sind so zu befestigen, dass sie sich beim Arbeitsvorgang nicht lösen können.
- Beim Bearbeiten kleiner oder schmaler Werkstücke, die den Werkzeugen von Hand zugeführt werden, sind geeignete Halte-, Spann- oder Zuführungsvorrichtungen zu verwenden.
- Beim Bearbeiten langer Werkstücke, die den Werkzeugen von Hand zugeführt werden, sind nach Erfordernis geeignete Auflageeinrichtungen zu verwenden.

Ist ein Zuführen, Nachstopfen, Nachdrücken, Abstreifen, Abstoßen oder Entfernen der zu bearbeitenden Werkstücke oder der zu verarbeitenden Werkstoffe **von Hand erforderlich**, sind geeignete Hilfsmittel, wie Schiebeladen, Stößel oder Zangen, zu verwenden.

B. Funktionsunfähige, außer Betrieb genommene Arbeitsmittel (§ 35 Abs 5 ASchG)

Auch bei **funktionsunfähigen Arbeitsmitteln** kann sich die Notwendigkeit besonderer Schutzmaßnahmen ergeben. § 35 Abs 5 entspricht § 33 Abs 9 AAV nach der vor dem ASchG geltenden Rechtslage. Vgl ErlRV 1590 BlgNR 18. GP. 17

Wurden Arbeitsmittel **außer Betrieb genommen**, sind sie gemäß **§ 35 Abs 5 ASchG** mit den für sie vorgesehenen Schutz- und Sicherheitseinrichtungen zu versehen. Andernfalls sind diese Arbeitsmittel zu demontieren, unzugänglich oder durch Abnahme und Entfernung wesentlicher Bauelemente oder durch sonstige geeignete Maßnahmen funktionsunfähig zu machen. Erforderlichenfalls sind zusätzliche Schutzmaßnahmen zu treffen.

Ausnahmen von den Verpflichtungen des Arbeitgebers nach § 35 Abs 1 Z 4 und 5 ASchG enthalten §§ 14 (Erprobung) und 15 Abs 4 AM-VO (abgenommene oder unwirksam gesetzte Schutzeinrichtungen). 18

Vgl § 95 ASchG.

C. Ersatzmaßnahmen bei Erprobung (Ausnahme § 14 AM-VO)

Gemäß **§ 14 AM-VO** sind für die **notwendige Erprobung eines Arbeitsmittels** Abweichungenvon den für den Normalbetrieb vorgesehenen Schutzmaßnahmen und die Benutzung des Arbeitsmittels ohne die vorgesehenen Schutzeinrichtungen zulässig, soweit dies **aus technischen Gründen erforderlich** ist. 19

Dabei sind folgende **Ersatzmaßnahmen** festzulegen:

- Festlegung, Dokumentation und Durchführung (§ 5 ASchG) geeigneter Schutzmaßnahmen gegen Gefahren:
- Überwachung der Durchführung dieser Schutzmaßnahmen:
- Heranziehung von geeigneten fachkundigen Personen:
- Unterweisung der für die Erprobung herangezogenen Arbeitnehmer (vor Beginn der Arbeiten über das Verhalten bei Unregelmäßigkeiten oder Störungen, die während der Erprobung auftreten können);
- Die erforderlichen Sicherheits-, Warn- und Messeinrichtungen müssen betriebsbereit und funktionsfähig sein;
- Kennzeichnung der Gefahrenbereiche entsprechend der Kennzeichnungsverordnung (KennV);
- unbefugte Arbeitnehmer sind am Betreten der Gefahrenbereiche zu hindern;

- im Gefahrenbereich dürfen sich nur die unbedingt erforderlichen Arbeitnehmer aufhalten;
- besondere Fluchtwege sind bei ernster und unmittelbarer Gefahr vorzusehen und entsprechend der KennV zu kennzeichnen;
- erforderlichenfalls Beauftragung einer fachkundigen Person mit Planung und Aufsicht der Erprobung;
- für maschinelle und elektrische Arbeitsmittel und Anlagen in mineralgewinnenden Betrieben ist für die systematische Erprobung ein Plan zu erstellen.

20 Zur Erprobung iSd § 14 AM-VO und damit zusammenhängend zur Dokumentation gemäß § 5 ASchG hat der **VwGH** in seinem Erkenntnis vom **26.11.2010, 2009/02/0348**, Folgendes entschieden:

> „§ 2 Abs 5 ASchG 1994 enthält eine Definition des Arbeitsmittels, wonach Arbeitsmittel im Sinne dieses Bundesgesetzes alle Maschinen, Apparate, Werkzeuge, Geräte und Anlagen sind, die zur Benutzung durch Arbeitnehmer vorgesehen sind. Zu den Arbeitsmitteln gehören insbesondere auch Beförderungsmittel zur Beförderung von Personen oder Gütern, Aufzüge, Leitern, Gerüste, Dampfkessel, Druckbehälter, Feuerungsanlagen, Behälter, Silos, Förderleitungen, kraftbetriebene Türen und Tore sowie Hub-, Kipp- und Rolltore. **Es ist aus § 14 ArbeitsmittelV 2000 keine Einschränkung der Anwendung auf ‚bereits zugelassene' Arbeitsmittel dieser Bestimmung zu entnehmen.** Es kann nämlich nicht angehen, dass Arbeitnehmer keinen gesetzlichen Schutz erfahren, wenn sie nicht im Produktions-, sondern im Probebetrieb oder in der Entwicklung tätig sind. (Hier: Ein neuer Antrieb und eine neue Steuerung der Abkantpresse wurden erprobt. Weshalb ein solcher Vorgang nicht dem Begriff des Erprobens eines Arbeitsmittels im § 14 ArbeitsmittelV 2000 unterstellt werden könnte, ist nicht zu sehen. Die Abkantpresse ist ein Arbeitsmittel, das – wie eben auch in einer Arbeitsstätte aufgestellte Arbeitsmittel – für die spätere Verwendung erprobt wurde. **Bei der Maschine hat ein Laser gefehlt, die Steuerung war noch nicht ganz in Ordnung und es bestand kein Schutz gegen das falsche Einführen des Bleches. Fehlen aber solche Schutzmaßnahmen, sind geeignete Schutzmaßnahmen gegen Gefahren, mit denen zu rechnen war, festzulegen, iSd § 5 ASchG 1994 zu dokumentieren und durchzuführen.**"

Der Beschwerdeführer hatte sich gegen die Anwendung der arbeitnehmerschutzrechtlichen Bestimmungen im Wesentlichen mit der Begründung gewandt, diese seien nur auf Arbeitsmittel im Produktionsbetrieb, nicht jedoch im Probebetrieb anzuwenden. Die Abkantpresse sei kein Arbeitsmittel im Sinne des ASchG gewesen, weil sie noch nicht im Produktionsbetrieb verwendet worden sei. Dies ergebe sich aus den Bestimmungen über die Arbeitsmittel in den §§ 33 ff ASchG.

21 Der VwGH ist dem nicht gefolgt:

„Einerseits kommt es für die Anwendung arbeitnehmerschutzrechtlicher Bestimmungen nicht auf den Charakter der Maschine an und andererseits auch nicht darauf, mögliche Sicherheitsmaßnahmen herauszufinden, sondern einzig und allein auf die vorgeworfenen Unterlassungen."

D. Ersatzmaßnahmen bei Abnahme von Schutzeinrichtungen (§ 15 Abs 4 AM-VO)

Eine weitere Ausnahme sieht § 15 Abs 4 AM-VO für den Fall vor, dass **aus fertigungstechnischen Gründen** einzelne bestimmte Arbeitsvorgänge auf Arbeitsmitteln nur durchgeführt werden können, wenn vorübergehend Schutzeinrichtungen ganz oder teilweise abgenommen oder außer Wirksamkeit gesetzt sind. Solche Abweichungen von § 35 Abs 1 Z 4 und 5 ASchG sind nur zulässig, wenn gemäß **§ 15 Abs 4 AM-VO** folgende **Ersatzmaßnahmen** festgelegt werden: 22

- Festlegung und Durchführung geeigneter Schutzmaßnahmen
- Überwachung der Durchführung dieser Schutzmaßnahmen
- Heranziehung nur eigens beauftragter und unterwiesener Arbeitnehmer

Nach Beendigung solcher Arbeitsvorgänge darf erst weitergearbeitet werden, wenn die Schutzeinrichtungen wieder angebracht und wirksam sind.

V. Information und Unterweisung der Arbeitnehmer (§§ 4 und 5 AM-VO)

Die §§ 4 und 5 AM-VO enthalten spezielle Regelungen über die Information und Unterweisung in Bezug auf Arbeitsmittel. Diese gelten zusätzlich zu den allgemeinen Informations- und Unterweisungspflichten nach §§ 12 und 14 ASchG. 23

A. Information (§ 4 AM-VO)

So haben die Arbeitgeber gemäß § 4 AM-VO alle Arbeitnehmer, die Arbeitsmittel benutzen, von welchen eine Gefahr für Sicherheit und Gesundheit ausgeht, zu informieren über 24

- **Einsatzbedingungen** des jeweiligen Arbeitsmittels,
- **absehbare Störungen** sowie über
- **Rückschlüsse** aus den bei der Benutzung von Arbeitsmitteln gegebenenfalls gesammelten Erfahrungen.

Die Information kann **entfallen**, soweit die zu informierenden Arbeitnehmer im Rahmen ihrer Ausbildung oder ihrer bisherigen beruflichen Tätigkeit ausreichende Kenntnisse über die Arbeitsweise und Verwendung der Arbeitsmittel erworben haben (§ 4 Abs 2 AM-VO).

Weiters hat der Arbeitgeber alle Arbeitnehmer iSd **§ 12 ASchG** zu informieren über die sie betreffenden **Gefährdungen** durch die in ihrer unmittelbaren Arbeitsumgebung vorhandenen Arbeitsmittel sowie über entsprechende **Veränderungen**, sofern diese Veränderungen jeweils Arbeitsmittel in ihrer 25 unmittelbaren Arbeitsumgebung betreffen, auch wenn sie diese Arbeitsmittel nicht unmittelbar benutzen. Wenn für das sichere Verwenden, Einspannen oder Befestigen von Werkzeugen die Kenntnis besonderer Daten erforderlich ist (zB höchstzulässige Drehzahl, Abmessungen, Angaben über zu bearbeitende Werkstoffe oder Lager- und Ablauffristen), sind die Arbeitnehmer über diese Daten zu informieren und sind ihnen erforderlichenfalls diese Informationen zur Verfügung zu stellen.

Vgl Anmerkungen zu § 12 (allgemeine Information).

B. Unterweisung (§ 5 AM-VO)

26 Wenn die Verwendung eines Arbeitsmittels mit einer Gefahr für Sicherheit und Gesundheit von Arbeitnehmern verbunden ist, haben Arbeitgeber dafür zu sorgen, dass alle Arbeitnehmer, die diese Arbeitsmittel verwenden, eine angemessene Unterweisung iSd **§ 14 ASchG** erhalten.

27 Vor der erstmaligen Verwendung von Arbeitsmitteln hat die Unterweisung zumindest zu beinhalten (§ 5 Abs 2 AM-VO):

- Inbetriebnahme, Verwendung,
- gegebenenfalls Auf- und Abbau,
- Beseitigen von Störungen im Arbeitsablauf der Arbeitsmittel,
- erforderlichenfalls Rüsten der Arbeitsmittel,
- für den jeweiligen Verwendungszweck vorgesehene Schutzeinrichtungen,
- notwendige Schutzmaßnahmen.

28 Die **wiederkehrende Unterweisung** muss zumindest die für den jeweiligen Verwendungszweck vorgesehenen Schutzeinrichtungen sowie die notwendigen Schutzmaßnahmen beinhalten (§ 5 Abs 4 AM-VO). Bei den Unterweisungen sind **Bedienungsanleitungen** der Hersteller und innerbetriebliche **Betriebsanweisungen** zu berücksichtigen. Diese Unterlagen sind den Arbeitnehmern zur Verfügung zu stellen (§ 5 Abs 6 AM-VO).

29 Die Unterweisung kann **entfallen**, soweit die zu unterweisenden Arbeitnehmer im Rahmen ihrer Ausbildung oder ihrer bisherigen beruflichen Tätigkeit ausreichende Kenntnisse über die Arbeitsweise und Verwendung der jeweiligen Arbeitsmittel erworben haben (§ 5 Abs 3 AM-VO).

Arbeitnehmer, die mit **Instandsetzungs-, Umbau-, Instandhaltungs- und Wartungsarbeiten** betraut sind, müssen eine angemessene besondere Unterweisung erhalten.

Zur Unterweisung siehe auch § 14 (Erprobung), § 15 (Verwendung von Arbeitsmitteln), § 17 (Besondere Arbeiten), § 26 (Geräte für autogenes Schweißen, Schneiden und verwandte Verfahren), § 29 (Bolzensetzgeräte) der AM-VO.

Vgl Anmerkungen zu § 14 (allgemeine Unterweisung).

Gefährliche Arbeitsmittel

§ 36. (1) Gefährliche Arbeitsmittel sind Arbeitsmittel, deren Benutzung mit einer möglichen spezifischen Gefährdung der Arbeitnehmer verbunden ist oder deren Benutzung auf Grund ihres Konzeptes besondere Gefahren mit sich bringt.

(2) Arbeitgeber haben geeignete Maßnahmen zu treffen, damit

1. **die Benutzung gefährlicher Arbeitsmittel nur durch eigens hiezu beauftragte Arbeitnehmer erfolgt und**
2. **Instandsetzungs-, Umbau-, Instandhaltungs-, Reinigungs- und Wartungsarbeiten nur von eigens hiezu befugten, speziell unterwiesenen Personen durchgeführt werden.**

[BGBl 1994/450]

Übersicht

I.	Allgemeines	1
II.	Beauftragte Arbeitnehmer, Spezialunterweisung	2–4
III.	Gefährliche Arbeitsmittel (AM-VO)	5–8

I. Allgemeines

Diese Regelungen entsprechen Art 5 und 7 der **Richtlinie 89/655/EWG** und 1 Art 2 und 6 des Ergänzungsvorschlags. Danach müssen mit der Benutzung gefährlicher Arbeitsmittel Arbeitnehmer beauftragt werden, die eine angemessene und spezifische Ausbildung ua auch über die Gefahren, die diese Benutzung mit sich bringen kann, erhalten haben. Mit der Benutzung bestimmter Arbeitsmittel durften auch nach dem vor dem ASchG geltenden Recht nur Arbeitnehmer mit **besonderen Fachkenntnissen** beauftragt werden (zB Krane). Mit Instandsetzungs-, Umbau-, Instandhaltungs- und Wartungsarbeiten an gefährlichen Arbeitsmitteln beauftragte Personen müssen zur Durchführung dieser Arbeiten zusätzlich befugt sein. Voraussetzung für die Befugnis zur Durchführung dieser Arbeiten ist, dass diese Personen neben der allgemeinen Information und Unterweisung die erforderliche spezifische Ausbildung (eine angemessene Spezialunterweisung) erhalten haben (vgl ErlRV 1590 BlgNR 18. GP).

Zu erforderlichen Fachkenntnissen siehe Anmerkungen zu § 62.

II. Beauftragte Arbeitnehmer, Spezialunterweisung

Als gefährlich sind jene Arbeitsmittel anzusehen, deren Benutzung mit einer 2 möglichen **spezifischen Gefährdung** der Arbeitnehmer verbunden ist oder deren Benutzung **aufgrund ihres Konzeptes besondere Gefahren** mit sich bringt. § 36 ASchG sieht besondere Regelungen für gefährliche Arbeitsmittel vor.

3 Die **Benutzung** solcher Arbeitsmittel darf **nur durch eigens beauftragte Arbeitnehmer** erfolgen (§ 36 Abs 2 Z 1 ASchG). Diese Bestimmung setzt Art 5 der Arbeitsmittelrichtlinie 89/655/EWG um, wonach Arbeitgeber die erforderlichen Vorkehrungen treffen, damit die mit einer möglichen spezifischen Gefährdung der Sicherheit oder Gesundheit verbundene Benutzung eines Arbeitsmittels *„den hiezu beauftragten Personen vorbehalten bleibt"*.

4 Voraussetzung für die Durchführung von Arbeiten zur **Instandsetzung, Instandhaltung, Reinigung, Wartung und Umbau** von gefährlichen Arbeitsmitteln ist, dass diese Personen neben der allgemeinen Information und Unterweisung (iSd §§ 4 und 5 AM-VO) eine darüber hinausgehende angemessene **Spezialunterweisung** erhalten haben und **befugt** sind, diese Arbeiten durchzuführen (§ 36 Abs 2 Z 2 ASchG).

III. Gefährliche Arbeitsmittel (AM-VO)

5 Die Regelungen des § 36 ASchG bedurften laut Gesetzesmaterialien (ErlRV 1590 BlgNR 18. GP) einer Konkretisierung durch eine Liste gefährlicher Arbeitsmittel unter Bedachtnahme auf die einschlägigen Richtlinien. Nach der Ermächtigung des **§ 39 Abs 1 Z 2 ASchG** ist die **Liste gefährlicher Arbeitsmittel** durch Verordnung zu regeln.

6 Die Arbeitsmittelverordnung (**AM-VO**) geht demgegenüber davon aus, dass Arbeitsmittel mit **abgenommenen oder unwirksamen Schutzeinrichtungen** (§ 15 Abs 4 AM-VO) als gefährliche Arbeitsmittel im Sinne des ASchG und der Arbeitsmittelrichtlinie anzusehen sind, und verlangt daher einen **besonderen Auftrag** für die betroffenen Arbeitnehmer.

7 Weiters geht die AM-VO davon aus, dass **Krane** (§ 19 AM-VO) **und selbstfahrende Arbeitsmittel** (§ 23 AM-VO) *„spezifisch gefährliche Arbeitsmittel"* im Sinne desArt 5 der RL 89/655/EWG sind und daher eine besondere Beauftragung erforderlich ist. Die in der AM-VO vorgesehene **Fahrbewilligung** gemäß § 19 Abs 3 AM-VO gilt als solcher Auftrag. Auf diese Weise regelt die AM-VO selbst, welche Arbeitsmittel „gefährlich" iSd § 36 ASchG sind; eine Liste gefährlicher Arbeitsmittel ist damit entbehrlich.

8 So sind für die **Benutzung von Kranen** unter Berücksichtigung der betrieblichen Gegebenheiten gemäß § 19 Abs 1 AM-VO **schriftliche Betriebsanweisungen** zu erstellen. Diese Betriebsanweisungen müssen mindestens Sicherheitsregeln für folgende Bereiche enthalten:

- Aufnehmen, Transport und Absetzen von Lasten;
- gegebenenfalls Betreten von Kranen und Kranbahnen;
- Verständigung zwischen Last-Anschläger, Einweiser und Kranführer;
- Umrüstung und Wartung von Kranen, Aufbau und Abbau von Kranen;
- gegebenenfalls Betrieb von Kranen mit einander überschneidenden Arbeitsbereichen;

- gegebenenfalls Heben von Lasten durch zwei oder mehrere Krane;
- bei im Freien verwendeten Kranen das Verhalten in der Nähe von Freileitungen;
- bei im Freien verwendeten Kranen das Verhalten bei Berührung von Freileitungen;
- Verhalten bei Windeinwirkung oder Gewittern, falls Regelungen auf diesem Gebiet auf Grund des Aufstellungsortes und der Art des Krans für die Sicherheit der Arbeitnehmer erforderlich sind;
- Sicherung gegen Inbetriebnahme durch Unbefugte.

Für die Erstellung der Betriebsanweisungen können neben den Betriebsanleitungen der Hersteller einschlägige Normen, Merkblätter der AUVA und andere Unterlagen herangezogen werden, die durch betriebsspezifische Anweisungen zu ergänzen sind (siehe unter Kommentare und Erläuterungen zur AM-VO https://www.arbeitsinspektion.gv.at/Service/Rechtsvorschriften/Rechtsvorschriften.html zu § 19 AM-VO, Website der AUVA: http://www.auva.at).

Mit der Novelle der AM-VO, BGBl II 2024/330 wurden die bisher gemäß § 109 Abs 2ASchG als Bundesgesetz übergeleiteten § 59 und 60 § AAV in die AM-VO übernommen. Die Bestimmungen entsprechen nicht mehr dem Stand der Technik. Stattdessen wurden die Maßnahmen bei Arbeiten in kleinen, engen oder schlechtbelüfteten Räumen und Behältern in den § 23a und 23b AM-VO dahingehend neu geregelt, dass die Arbeitsvorbereitung, Arbeitsfreigabe und Aufsicht in den Mittelpunkt gestellt wurde. Mängel bei diesen Maßnahmen waren in der Vergangenheit immer die eigentliche Ursache von Arbeitsunfällen.

Unter Arbeiten in kleinen, engen oder schlechtbelüfteten Räumen und Behältern sind alle Tätigkeiten zu subsumieren, bei denen sich Personen in kleinen, engen oder schlechtbelüfteten Räumen und Behältern aufhalten. Dazu zählen beispielsweise das Betreten, Befahren, Einfahren, Einsteigen oder Hineinbeugen.

Auf Grund der Ermittlung und Beurteilung der Gefahren gemäß § 4 ASchG haben die Arbeitgeberinnen und Arbeitgeber dafür zu sorgen, dass eine schriftliche Betriebsanweisung mit Maßnahmen gegen die Gefahren erstellt und ein Freigabesystem etabliert wird. Für die Arbeiten ist eine fachkundige Person (fachliche Kenntnisse und Berufserfahrung und mit den möglichen Gefahren und den erforderlichen Schutz- und Rettungsmaßnahmen vertraut) zu benennen. Die Arbeit darf erst aufgenommen werden, wenn die Arbeitnehmerinnen und Arbeitnehmer anhand der schriftlichen Betriebsanweisungen unterwiesen wurden, die Aufsicht wirksam ist und die in der Betriebsanweisung enthaltenen Maßnahmen ergriffen worden sind.

Diese Form der Regelungen ist der in der DGUV-Regel 113-004 ähnlich und passt auch zum Merkblatt+ 327 der AUVA. Die DGUV-Regel und das Merkblatt der AUVA sind detaillierter als § 23a und 23b des Entwurfs, können aber als Stand der Technik herangezogen werden. (Erl Begutachtung)

So sind für Arbeiten in kleinen, engen oder schlechtbelüfteten Räumen und Behältern wie beispielsweise Schächte, Gruben, Kanäle oder Rohrleitungen, bei denen eine der folgenden Gefahren nicht ausgeschlossen werden kann, schriftliche Betriebsanweisungen zu erstellen:

1. Gefahren durch gesundheitsgefährdende Arbeitsstoffe,
2. Gefahren durch brand- und explosionsgefährliche Arbeitsstoffe,
3. Gefahren durch Sauerstoffmangel,
4. mechanische Gefahren durch Einbauten in den kleinen, engen oder schlechtbelüfteten Räumen und Behältern wie zB durch Rührwerke und Zuführungseinrichtungen,
5. Gefahren durch unter Druck stehende Behälter und Rohrleitungen,
6. Gefahren durch Schüttgüter,
7. Gefahren durch besonders belastende Temperatur und Luftfeuchte,
8. Gefahr durch Absturz oder Versinken (§ 23a Abs 1 AM-VO).

In einer schriftlichen Betriebsanweisung sind – abhängig von den bestehenden Gefahren (Abs 1) – die entsprechenden Maßnahmen zum Schutz der Sicherheit und Gesundheit der Arbeitnehmer festzulegen. Bei anderen Gefahren wie zB durch biologische Arbeitsstoffe, Elektrizität und andere, sind die jeweiligen Rechtsvorschriften wie VbA, ESV 2012 etc anzuwenden. Bevor eine schriftliche Betriebsanweisung zu erstellen ist, ist im Rahmen der Arbeitsplatzevaluierung zu klären, ob eine Gefahr gemäß Abs 1 bestehen kann. Die schriftliche Betriebsanweisung ist bei jeder geänderten Arbeitsplatzevaluierung anzupassen. Wenn es sich immer um die gleichen Arbeiten unter den gleichen Bedingungen handelt, braucht die Betriebsanweisung nicht geändert werden.

Der Mindestinhalt der schriftlichen Betriebsanweisungen ist in Abs 2 geregelt. In der Betriebsanweisung sind beispielsweise Art und Ausmaß der Gefahren durch Arbeitsstoffe oder Sauerstoffmangel und die dagegen festgelegten Schutzmaßnahmen sowie die Form der Aufsicht, oder Sicherung gegen Absturz bzw Versinken beim Einstieg in kleine, enge oder schlechtbelüftete Räume und Behälter sowie für Arbeiten in und an diesen Arbeitsmitteln anzuführen.

Für die in Abs 1 genannten Arbeiten ist im Rahmen der Ermittlung und Beurteilung der Gefahren gemäß § 4 ASchG ein schriftliches Arbeitsfreigabesystem samt den notwendigen Schutz- und Rettungsmaßnahmen festzulegen und eine geeignete fachkundige Person zu benennen, die die erforderlichen fachlichen Kenntnisse und Berufserfahrungen besitzt und mit den möglichen Gefahren und den erforderlichen Schutz- und Rettungsmaßnahmen vertraut ist.

Die Arbeiten dürfen erst aufgenommen werden, wenn eine Arbeitsfreigabe erteilt wurde. Die Arbeitsfreigabe darf erteilt werden, wenn eine auf das betreffende Arbeitsmittel und die Arbeitsabläufe abgestimmte besondere Unterweisung der Arbeitnehmerinnen bzw Arbeitnehmer über die Inhalte der schriftlichen Betriebsanweisung nach Abs 1 erteilt wurde und nachdem die benannte, fachkundige Person (Abs 3) sich überzeugt hat, dass die laut Arbeitsfreigabesystem festgelegten Schutz- und Rettungsmaßnahmen durchgeführt sind und für eine geeignete Aufsicht gesorgt ist.

Können die Gefahren gemäß Abs 1 ausgeschlossen werden bei Arbeiten in kleinen, engen oder schlechtbelüfteten Räumen und Behältern, sind zumindest Maßnahmen für die Überwachung der Arbeitnehmer und die Rettung der Arbeitnehmer festzulegen. Die Arbeitnehmer, die für diese Arbeiten herangezogen werden, sind vor Beginn der Arbeiten entsprechend zu unterweisen.

§ 23a gilt nicht für Baustellen im Sinn des ASchG.

Maßnahmen bei Arbeiten an Einrichtungen für die Lagerung von Schüttgütern sind in § 23b AM-VO festgelegt. Demnach darf in Einrichtungen für die Lagerung von Schüttgütern (wie Silos oder Bunker), denen diese Güter seitlich oder von unten entnommen werden, solange sie nicht entleert sind, nur eingestiegen werden, wenn dies unumgänglich notwendig ist. Während in solche Einrichtungen eingestiegen wird und während sich Arbeitnehmer darin aufhalten, darf aus ihnen kein Schüttgut entnommen werden. Entleerungsöffnungen müssen, soweit dies möglich ist, geschlossen gehalten sein.

Für das Einsteigen in diese Behälter, Silos oder Bunker ist § 23a anzuwenden. Mit diesem Verweis wird wohl klargestellt, dass sowohl eine schriftliche Betriebsanweisung zu erstellen und ein Arbeitsfreigabesystem festzulegen ist.

Sofern Schüttgut zur Bildung von Stauungen, Brücken oder Ansätzen neigt, müssen zum Beseitigen der Stauungen oder zum Lockern des Schüttgutes entsprechende Vorrichtungen vorhanden oder geeignete Geräte beigestellt sein. Diese Vorrichtungen oder Geräte müssen ein Beseitigen von Störungen von außen ermöglichen. Arbeitnehmerinnen bzw Arbeitnehmer dürfen sich im Inneren von solchen Einrichtungen nicht unterhalb von anstehendem oder haftendem Schüttgut aufhalten.

§ 23b gilt ebenfalls nicht für Baustellen im Sinn des ASchG.

Prüfung von Arbeitsmitteln

§ 37. (1) Wenn es auf Grund der Art oder der Einsatzbedingungen für die Gewährleistung der Sicherheit und Gesundheit der Arbeitnehmer erforderlich ist, müssen Arbeitsmittel vor der erstmaligen Inbetriebnahme, nach dem Aufbau an jedem neuen Einsatzort sowie nach größeren Instandsetzungen und wesentlichen Änderungen auf ihren ordnungsgemäßen Zustand, ihre korrekte Montage und ihre Stabilität überprüft werden (Abnahmeprüfungen). Dies gilt insbesondere für Krane, Aufzüge, Hebebühnen sowie bestimmte Zentrifugen und Hub- und Kipptore.

(2) Arbeitsmittel, bei denen Abnahmeprüfungen durchzuführen sind, sind darüber hinaus in regelmäßigen Abständen auf ihren ordnungsgemäßen

Zustand besonders zu überprüfen (wiederkehrende Prüfungen). Wiederkehrende Prüfungen sind weiters durchzuführen bei Arbeitsmitteln, die Belastungen und Einwirkungen ausgesetzt sind, durch die sie derart geschädigt werden können, daß dadurch entstehende Mängel des Arbeitsmittels zu gefährlichen Situationen für die Arbeitnehmer führen können.

(3) Arbeitsmittel, bei denen wiederkehrende Prüfungen durchzuführen sind, sind außerdem nach außergewöhnlichen Ereignissen, die schädigende Auswirkungen auf die Sicherheit des Arbeitsmittels haben können, auf ihren ordnungsgemäßen Zustand zu prüfen.

(4) Abnahmeprüfungen, wiederkehrende Prüfungen und Prüfungen nach außergewöhnlichen Ereignissen dürfen nur durch geeignete fachkundige Personen durchgeführt werden.

(5) Für Arbeitsmittel, bei denen Abnahmeprüfungen oder wiederkehrende Prüfungen durchzuführen sind, ist durch eine geeignete fachkundige Person auf der Grundlage einer Gefahrenanalyse und nach Maßgabe der vorgesehenen Einsatzbedingungen ein Plan für die Prüfung des Arbeitsmittels zu erstellen. Der Prüfplan hat zu enthalten:

1. die Art, die Methode und die Häufigkeit der Prüfung,
2. Kriterien zur Bewertung der Prüfung und die daraus zu ziehenden Schlußfolgerungen,
3. Ereignisse, die eine außerordentliche Prüfung erforderlich machen und
4. die Geltungsdauer des Prüfplans im Zusammenhang mit den Einsatzbedingungen des Arbeitsmittels.

(6) Die Ergebnisse der Prüfung sind von der Person, die die Prüfung durchgeführt hat, schriftlich festzuhalten. Diese Aufzeichnungen sind von den Arbeitgebern bis zum Ausscheiden des Arbeitsmittels aufzubewahren. Am Einsatzort des Arbeitsmittels müssen Aufzeichnungen oder Kopien über die letzte Abnahmeprüfung und über die wiederkehrenden Prüfungen vorhanden sein.

(7) Arbeitsmittel dürfen nur benutzt werden, wenn die für sie erforderlichen Abnahmeprüfungen, wiederkehrenden Prüfungen und Prüfungen nach außergewöhnlichen Ereignissen durchgeführt wurden. Werden bei der Prüfung Mängel des Arbeitsmittels festgestellt, darf das Arbeitsmittel erst nach der Mängelbehebung benutzt werden.

(8) Werden bei einer wiederkehrenden Prüfung Mängel des Arbeitsmittels festgestellt, darf das Arbeitsmittel abweichend von Abs. 7 auch vor Mängelbehebung wieder benutzt werden, wenn

1. die Person, die die Prüfung durchgeführt hat, im Prüfbefund schriftlich festhält, daß das Arbeitsmittel bereits vor Mängelbehebung wieder benutzt werden darf und

2. die betroffenen Arbeitnehmer über die Mängel des Arbeitsmittels informiert wurden.

[BGBl I 2001/159]

Übersicht

I.	Allgemeines zur Arbeitsmittelprüfung	1–3
II.	Prüfpflichten und Benutzung bei Mängeln (Abs 7 und 8, AM-VO)	4
	A. Prüfpflichten (§ 6 Abs 1 AM-VO)	5, 6
	B. Benutzung nach Mängelbehebung (§ 37 Abs 7 ASchG,§ 6 Abs 2 AM-VO)	7
	C. Benutzung bereits vor Mängelbehebung (§ 37 Abs 8 ASchG)	8
III.	Abnahmeprüfung (Abs 1, § 7 AM-VO)	9
	A. Prüfpflichtige Arbeitsmittel	10
	B. Prüfinhalte	11
IV.	Wiederkehrende Prüfung (Abs 2, § 8 AM-VO)	12
	A. Prüfpflichtige Arbeitsmittel	13
	B. Prüfinhalte	14
V.	Prüfung nach außergewöhnlichen Ereignissen (Abs 3, § 9 AM-VO)	15, 16
VI.	Prüfung nach Aufstellung (§ 10 AM-VO)	17
	A. Prüfpflichtige Arbeitsmittel	18
	B. Prüfinhalt	19
VII.	Fachkundige Personen (§ 2 Abs 3 AM-VO)	20–22
	A. Fachkunde für Abnahmeprüfungen (§ 7 Abs 3 und 4 AM-VO)	23
	B. Fachkunde für wiederkehrende Prüfungen (§ 8 Abs 3 AM-VO)	24, 25
	C. Fachkunde für Prüfungen nach außergewöhnlichen Ereignissen (§ 9 Abs 2 AM-VO)	26
	D. Fachkunde für Prüfungen nach Aufstellung (§ 10 Abs 3 AM-VO)	27
VIII.	Prüfplan und Prüfbefund (Abs 5 und 6)	
	A. Prüfplan (§ 37 Abs 5 ASchG)	28–31
	B. Prüfbefund (§ 37 Abs 6 ASchG)	32–34

I. Allgemeines zur Arbeitsmittelprüfung

Bei bestimmten Arbeitsmitteln müssen durch geeignete fachkundige Personen **Abnahmeprüfungen, wiederkehrende Prüfungen und Prüfungen nach außergewöhnlichen Ereignissen** durchgeführt werden. Hinsichtlich dieser besonderen Prüfpflichten nach § 37 Abs 1 bis 4 ASchG konnte das System des **§ 5 ANSchG** der vor dem ASchG geltenden Rechtslage grundsätzlich beibehalten werden (vgl ErlRV 1590 BlgNR 18. GP). Arbeitsmittel, für die Abnahme- 1 prüfungen, und Arbeitsmittel, für die wiederkehrende Prüfungen erforderlich sind, sowie die Zeitabstände zwischen den wiederkehrenden Prüfungen sollten durch Verordnung festgelegt werden (vgl ErlRV 1590 BlgNR 18. GP).

2 Bis zum **Inkrafttreten der Arbeitsmittelverordnung (AM-VO) mit 1.7.2000** wurden jene Bestimmungen der alten Rechtslage, die Abnahmeprüfungen, wiederkehrende Prüfungen und die Prüfbefugnis regelten, **übergeleitet** (zB §§ 40 Abs 5, 44 Abs 4 AAV; §§ 90 Abs 1 und 2, 93 Abs 4 bis 6, 94 Abs 3, 95 Abs 7, 104 Abs 3 der Allgemeinen Dienstnehmerschutzverordnung, BGBl 1951/265). Siehe auch die allgemeinen Regelungen über Prüfungen im ersten Abschnitt (§ 17 ASchG).

§ 37 Abs 6 ASchG zu den **Aufzeichnungen über die Prüfungen** entspricht weitgehend § 5 Abs 3 und 4 ANSchG der alten Rechtslage. Für Prüfungen nach den übergeleiteten Arbeitnehmerschutzvorschriften waren die Abs 6 bis 8 anzuwenden.

3 Im **Sicherheits- und Gesundheitsschutzdokument** muss ein **Verzeichnis** jener Arbeitsmittel enthalten sein, für welche Prüfungen im Sinne des § 37 ASchG notwendigsind, samt allfälligen Prüfplänen, gegebenenfalls auch Wartungsplänen für Arbeitsmittel (**§ 2 Abs 3 Z 2 DOK-VO**).

Prüfungen und Prüfbefugnis betreffend **Aufzüge** waren zum Zeitpunkt der ASchG-Erlassung in der Aufzugs-Sicherheitsverordnung geregelt, welche (wie auch die spätere ASV 1996) noch sowohl auf die Gewerbeordnung als auch auf das ASchG gestützt war. Die nunmehr geltende Hebeanlagen-Betriebsverordnung 2009 (**HBV 2009**), BGBl II 2009/210, ist ebenso wie die Aufzugs-Sicherheitsverordnung 2008 (**ASV 2008**), BGBl II 2008/274, eine ausschließlich **gewerberechtliche Vorschrift**. Für den Arbeitnehmerschutz iZm Aufzügen gilt die AM-VO (siehe Anhang A Z 14 der AM-VO).

II. Prüfpflichten und Benutzung bei Mängeln (Abs 7 und 8, AM-VO)

4 Die Prüfung von Arbeitsmitteln ist in den **§§ 6 bis 11 der AM-VO** näher geregelt. Mit der Novelle BGBl II 2002/313 wurden die entsprechenden Sonderregelungen über **Prüfpflichten in der BauV aufgehoben**. Es erfolgte eine Rechtsbereinigung durch Vereinheitlichung der Prüfpflichten in der AM-VO gemäß den §§ 6 ff AM-VO. Durch die Aufnahme in die AM-VO wurde eine **einheitliche Systematik** der Prüfungen von Arbeitsmitteln geschaffen. Die Prüfpflichten für Arbeitsmittel (wie zB Krane, Leitern, Bagger, Arbeitskörbe) sind nun in den §§ 7 bis 11 umfassend geregelt.

A. Prüfpflichten (§ 6 Abs 1 AM-VO)

5 § 6 Abs 1 AM-VO konkretisiert die in **§ 37 Abs 7 ASchG** enthaltenen Voraussetzungen für die Verwendung von Arbeitsmitteln. Demnach dürfen

Arbeitsmittel nur verwendet werden, wenn die für sie erforderlichen Prüfungen durchgeführt wurden. Dies gilt für

- Abnahmeprüfungen, wiederkehrende Prüfungen, Prüfungen nach außergewöhnlichen Ereignissen und Prüfungen nach Aufstellung iSd AM-VO,
- Erstprüfungen bzw Prüfungen für das rechtmäßige Inverkehrbringen und die erste Betriebsprüfung bei Druckgeräten,
- periodische Kontrollen bzw wiederkehrende Untersuchungen und Überprüfungen bei Druckgeräten (Dampfkesseln, Druckbehältern, Versandbehältern und Rohrleitungen),
- Abnahmeprüfungen und regelmäßige Überprüfungen bei überwachungspflichtigen Hebeanlagen, die unter die Hebeanlagen-Betriebsverordnung 2009, BGBl II 2009/210, fallen.

Der VwGH hat in seiner Entscheidung vom **21.5.2008, 2007/02/0165**, festgestellt, dass sich die § 6 Abs 1 AM-VO und § 130 Abs 1 Z 16 ASchG als **Gebot an den Arbeitgeber, die Verwendung von nicht geprüften Arbeitsmitteln nicht zuzulassen**, richten. Solange ungeprüfte Arbeitsmittel im Betrieb verwendet werden, verletzt der Arbeitgeber seine Verpflichtung gemäß § 130 Abs 1 Z 16 ASchG hinsichtlich der Benutzung der Arbeitsmittel. Den Arbeitgeber trifft demnach zunächst die Verpflichtung, verwendete Arbeitsmittel prüfen zu lassen. Allein mit der **Unterlassung der Prüfung** ist dieser Tatbestand aber noch nicht erfüllt, weil die Bedingung hinzutreten muss, dass **ungeprüfte Arbeitsmittel auch verwendet werden**. Erst wenn die Arbeitsmittel der erforderlichen Überprüfung zugeführt werden, endet die strafbare Verwendung iSd § 6 legcit. Daraus folgt, dass dann keine Zustandsdelikte vorliegen, wenn nicht nur die Herbeiführung des rechtswidrigen Zustandes (Unterlassung der Prüfung verwendeter Arbeitsmittel), sondern auch dessen Aufrechterhaltung strafbar ist. Es handelt sich in diesem Fall vielmehr um **Dauerdelikte**, bei denen die Verjährungsfrist von dem Zeitpunkt an zu laufen beginnt, in dem das strafbare Verhalten aufgehört hat (Hinweis VwGH 27.2.1992, 92/02/0081). 6

B. Benutzung nach Mängelbehebung (§ 37 Abs 7 ASchG,§ 6 Abs 2 AM-VO)

Werden bei einer Prüfung Mängel des Arbeitsmittels festgestellt, so darf dieses grundsätzlich **erst wieder nach Behebung der Mängel benutzt** werden (**§ 6 Abs 2 AM-VO**). § 37 Abs 7 ASchG entspricht § 5 Abs 2 letzter Satz ANSchG (vgl ErlRV 1590 BlgNR 18. GP). 7

Bis zur Mängelbehebung sind entsprechende **Sicherheitsvorkehrungen** gegen eine unbefugte Verwendung zu treffen (siehe § 35 Abs 1 Z 5 und § 35 Abs 5 ASchG).

C. Benutzung bereits vor Mängelbehebung (§ 37 Abs 8 ASchG)

8 Werden hingegen bei einer **wiederkehrenden Prüfung** Mängel des Arbeitsmittels festgestellt, darf das Arbeitsmittel abweichend von § 6 Abs 2 AM-VO auch vor Mängelbehebung wieder benutzt werden, wenn die Person, die die Prüfung durchgeführt hat, **im Prüfbefund schriftlich** festhält, dass das Arbeitsmittel bereits vor Mängelbehebung wieder benutzt werden darf. Weiters müssen jene Arbeitnehmer, welche das Arbeitsmittel benutzen, vor Benutzung über die Mängel des Arbeitsmittels **informiert** worden sein (vgl ErlRV 1590 BlgNR 18. GP).

III. Abnahmeprüfung (Abs 1, § 7 AM-VO)

9 Abnahmeprüfung ist die **Überprüfung des gesamten, für die Benutzung durch Arbeitnehmer bereitgestellten Arbeitsmittels unter Berücksichtigung der Umgebung des Arbeitsmittels und seiner Einsatzbedingungen**. (ErlRV 1590 BlgNR 18. GP) Demnach müssen Arbeitsmittel vor ihrer erstmaligen Inbetriebnahme, nach dem Aufbau an jedem neuen Einsatzort sowie nach größeren Instandsetzungen und wesentlichen Änderungen auf ihren ordnungsgemäßen Zustand, ihre korrekte Montage und ihre Stabilität überprüft werden.

A. Prüfpflichtige Arbeitsmittel

10 So sind gemäß **§ 7 Abs 1 AM-VO** folgende Arbeitsmittel **vor der ersten Inbetriebnahme** einer Abnahmeprüfung zu unterziehen:

- Krane einschließlich Ladekranen auf Fahrzeugen, ausgenommen schienengebundene und nicht schienengebundene Fahrzeugkrane (Mobilkrane), Turmdrehkrane,
- sonstige kraftbetriebene Arbeitsmittel zum Heben von Lasten, die vor der Verwendung eingebaut oder montiert werden müssen,
- durch mechanische oder elektronische Führungs- bzw Leitsysteme geführte Regalbediengeräte,
- Fahrzeughebebühnen,
- auf Fahrzeugen aufgebaute Ladebordwände,
- kraftbetriebene Anpassrampen,
- fest montierte Hubtische zur ausschließlichen Beförderung von Gütern mit einer Tragfähigkeit über 10 kN oder wenn eine Hubhöhe über 2 m erreicht werden kann,
- Arbeitskörbe für Krane, Hubstapler und mechanische Leitern, wenn die Verwendung vom Hersteller oder Inverkehrbringer des Kranes, Hubstaplers oder der mechanischen Leiter nicht vorgesehen ist,
- Arbeitsmittel, die vor der Verwendung am Einsatzort aus Einzelteilen zusammengebaut oder an Teilen der Umgebung, wie Gebäuden, montiert werden müssen, zum Heben von Arbeitnehmern oder von Lasten und Arbeitnehmern (zB Fassadenbefahrgeräte, Mastkletterbühnen, Bauaufzüge

mit Personenbeförderung, Einrichtungen zur Beförderung von Arbeitnehmern im Schornsteinbau),
- kraftbetriebene Türen und Tore, einschließlich solcher von Fahrzeugen,
- Tore, die sich nach oben öffnen, mit einer Torblattfläche über 10 m^2,
- Materialseilbahnen, auf die das Seilbahngesetz 2003, BGBl I 2003/103, aufgrund § 3 Z 2 und 3 SeilbG 2003 keine Anwendung findet,
- Bagger und Radlader zum Heben von Einzellasten, die vom Hersteller oder Inverkehrbringer für diese Verwendung nicht vorgesehen sind,
- fahrbare und verfahrbare Hängegerüste,
- Förderanlagen für Untertagebauarbeiten (zB Schachtbefahrungsanlagen, Schrägaufzüge).

B. Prüfinhalte

Die Abnahmeprüfung muss mindestens folgende Prüfinhalte umfassen: 11

- Prüfung des ordnungsgemäßen Zustandes, der korrekten Montage und der Stabilität,
- Prüfung der Steuer- und Kontrolleinrichtungen,
- erforderlichenfalls Funktionsprüfung mit und ohne Belastung,
- Prüfung der Einhaltung der Sicherheitsfunktionen bei vorhersehbaren Störungen und Fehlbedienungen,
- Prüfung der sicheren Zu- und Abfuhr von Stoffen und Energien,
- Prüfung der Schutzmaßnahmen für allfällig vorhandene, nicht vermeidbare Restrisiken, wie Sicherheitsaufschriften, Warneinrichtungen und persönliche Schutzausrüstungen,
- bei Arbeitskörben auch die Eignung des Arbeitsmittels (Kran, Hubstapler oder mechanische Leiter), mit dem der Arbeitskorb gehoben wird.

IV. Wiederkehrende Prüfung (Abs 2, § 8 AM-VO)

Arbeitsmittel, bei denen **Abnahmeprüfungen** durchzuführen sind, sind darüber hinaus **in regelmäßigen Abständen** auf ihren ordnungsgemäßen Zustand besonders zu überprüfen (wiederkehrende Prüfungen). 12

Wiederkehrende Prüfungen sind weiters durchzuführen bei Arbeitsmitteln, die **Belastungen und Einwirkungen ausgesetzt** sind, durch die sie derart geschädigt werden können, dass dadurch entstehende Mängel des Arbeitsmittels zu gefährlichen Situationen für die Arbeitnehmer führen können (§ 37 Abs 2 ASchG).

Wiederkehrende Prüfungen sind mindestens einmal im Kalenderjahr, längstens jedoch im Abstand von **15 Monaten** durchzuführen.

A. Prüfpflichtige Arbeitsmittel

Folgende Arbeitsmittel sind einer wiederkehrenden Prüfung zu unterziehen: 13

- Krane einschließlich Ladekranen auf Fahrzeugen, schienengebundene und nicht schienengebundene Fahrzeugkrane (Mobilkrane),

- sonstige kraftbetriebene Arbeitsmittel zum Heben von Lasten; Winden und Zuggeräte,
- durch mechanische oder elektronische Führungs- bzw Leitsysteme geführte Regalbediengeräte,
- Hubtische zur ausschließlichen Beförderung von Gütern,
- Fahrzeughebebühnen,
- auf Fahrzeugen aufgebaute Ladebordwände,
- kraftbetriebene Anpassrampen,
- kraftbetriebene Türen und Tore, einschließlich solcher von Fahrzeugen,
- Tore, die sich nach oben öffnen, mit einer Torblattfläche über 10 m^2,
- Materialseilbahnen, auf die das Seilbahngesetz 2003, BGBl I 2003/103, aufgrund § 3 Z 2 und 3 SeilbG 2003 keine Anwendung findet,
- Bagger und Radlader zum Heben von Einzellasten,
- Lastaufnahmeeinrichtungen und Anschlagmittel für Lasten oder Arbeitskörbe,
- selbstfahrende Arbeitsmittel, ausgenommen Fahrzeuge, für die eine Prüfpflicht nach dem Kraftfahrgesetz 1967 (KFG 1967), BGBl 1967/267, besteht,
- Arbeitsmittel zum Heben von Arbeitnehmern oder von Lasten und Arbeitnehmern,
- Arbeitskörbe,
- Hubstapler mit hubbewegtem Fahrerplatz,
- Befahr- und Rettungseinrichtungen,
- mechanische Leitern,
- Stetigförderer, ausgenommen Förderbänder und Rollenbahnen unter 5 m Förderlänge,
- Feuerungsanlagen für flüssige oder gasförmige Brennstoffe mit mehr als 30 kW Nennwärmeleistung,
- kraftbetriebene Pressen, Stanzen und Spritzgießmaschinen mit Handbeschickung oder Handentnahme,
- Bolzensetzgeräte,
- fahrbare und verfahrbare Hängegerüste,
- Förderanlagen für Untertagebauarbeiten (zB Schachtbefahrungsanlagen, Schrägaufzüge),
- mechanische Vortriebsgeräte für Untertagebauarbeiten (zB Fräsen, Aufbruchgeräte),
- sonstige Geräte und Anlagen für Untertagebauarbeiten, auf denen Arbeitnehmer transportiert oder von denen aus Arbeiten durchgeführt werden,
- Verteilermaste.

B. Prüfinhalte

14 Die wiederkehrende Prüfung muss mindestens folgende Prüfinhalte umfassen:

- Prüfung von verschleißbehafteten Komponenten, wie Bremsen, Kupplungen, Rollen, Räder und Tragmittel,

- Einstellung von sicherheitsrelevanten Bauteilen und Sicherheitseinrichtungen, wie Lastkontrolleinrichtungen, Bewegungsbegrenzungen,
- Funktionsprüfung sicherheitsrelevanter Bauteile, wie Schalteinrichtungen, Notausschaltvorrichtungen, Lichtschranken, Bewegungssensoren, Kontaktleisten, Schaltmatten, Warn- und Signaleinrichtungen, Verriegelungen,
- bei Arbeitskörben auch die Eignung des Arbeitsmittels (Kran, Hubstapler oder mechanische Leiter), mit dem der Arbeitskorb gehoben wird.

Eine Prüfung nach außergewöhnlichen Ereignissen nach **§ 9 AM-VO ersetzt eine wiederkehrende Prüfung**, die sonst durchzuführen wäre. Werden Arbeitsmittel, die wiederkehrend zu prüfen sind, mehr als 15 Monate nicht verwendet, so ist die wiederkehrende Überprüfung vor der nächsten Verwendung durchzuführen.

V. Prüfung nach außergewöhnlichen Ereignissen (Abs 3, § 9 AM-VO)

Arbeitsmittel, bei denen wiederkehrende Prüfungen (§ 8 Abs 1 AM-VO) durchzuführen sind, sind nach außergewöhnlichen Ereignissen, die schädliche Einwirkungen auf die Sicherheit des Arbeitsmittels haben können, auf ihren ordnungsgemäßen Zustand zu prüfen. 15

Zu den **außergewöhnlichen Ereignissen** zählen insbesondere

- Absturz von Lasten,
- Umstürzen des Arbeitsmittels oder von Teilen davon,
- Kollision des Arbeitsmittels mit anderen Arbeitsmitteln oder mit Teilen der Umgebung,
- Überlastung des Arbeitsmittels,
- Einwirkung von großer Hitze, insbesondere bei Bränden,
- wesentliche vom Hersteller oder Inverkehrbringer des Arbeitsmittels nicht vorgesehene änderungen,
- größere Instandsetzungen.

Außergewöhnliche Ereignisse, nach denen Prüfungen durchgeführt werden müssen, sind laut Gesetzesmaterialien zB auch **längere Zeiträume**, in denen das Arbeitsmittel nicht benutzt wurde, und **Unfälle** (vgl ErlRV 1590 BlgNR 18. GP). 16

VI. Prüfung nach Aufstellung (§ 10 AM-VO)

Arbeitsmittel müssen nach ihrem Aufbau an jedem neuen Einsatzort vor ihrer Verwendung auf ihren ordnungsgemäßen Zustand, ihre korrekte Montage und Stabilität überprüft werden. 17

A. Prüfpflichtige Arbeitsmittel

Folgende Arbeitsmittel sind einer Prüfung zu unterziehen: 18

- Krane,
- sonstige kraftbetriebene Arbeitsmittel zum Heben von Lasten; Winden und Zuggeräte,

- Arbeitsmittel zum Heben von Arbeitnehmern und von Arbeitskörben,
- Befahr- und Rettungseinrichtungen,
- mechanische Leitern,
- fahrbare und verfahrbare Hängegerüste,
- Förderanlagen für Untertagebauarbeiten (zB Schachtbefahrungsanlagen, Schrägaufzüge),
- mechanische Vortriebsgeräte für Untertagebauarbeiten (zB Fräsen, Aufbruchgeräte),
- sonstige Geräte und Anlagen für Untertagebauarbeiten, auf denen Arbeitnehmern transportiert oder von denen aus Arbeiten durchgeführt werden.

B. Prüfinhalt

19 Die Prüfung nach Aufstellung muss mindestens folgende Prüfinhalte umfassen:

- Nach dem erstmaligen Aufstellen des Arbeitsmittels an einem Arbeitstag den ordnungsgemäßen Zustand durch Funktions- und Sichtkontrolle,
- nach dem erstmaligen Aufstellen des Arbeitsmittels an einem Arbeitstag und bei jeder weiteren Umstellung die sichere Aufstellung,
- bei Arbeitsmitteln, die am Einsatzort aus mehreren Einzelteilen zusammengesetzt werden, die ordnungsgemäße Montage.

Eine wiederkehrende Prüfung nach § 8 AM-VO ersetzt die sonst bei einer Prüfung nach Aufstellung durchzuführende Funktions- und Sichtkontrolle.

VII. Fachkundige Personen (§ 2 Abs 3 AM-VO)

20 Abnahmeprüfungen, wiederkehrende Prüfungen und Prüfungen nach außergewöhnlichen Ereignissen dürfen nur von geeigneten fachkundigen Personen durchgeführt werden. Fachkundig iSd § 2 Abs 3 AM-VO sind Personen, die die **erforderlichen fachlichen Kenntnisse** und **Berufserfahrungen** besitzen und auch die Gewähr für eine **gewissenhafte Durchführung** der ihnen übertragenen Arbeiten bieten.

Als fachkundige Personen können **auch Betriebsangehörige** eingesetzt werden. Geeignete fachkundige Personen, die Prüfungen durchführen und Prüfpläne erstellen, können sowohl **physische als auch juristische Personen** sein.

21 **Kriterien für die erforderliche Fachkunde** sind zB berufliche Qualifikation, praktische Erfahrungen, Kenntnisse der anzuwendenden Rechtsvorschriften, Kenntnisse über die durchzuführenden Prüfungen und die Beurteilung der Ergebnisse sowie über erforderlichenfalls zu treffende Maßnahmen, ausreichende Unabhängigkeit insbesondere hinsichtlich der Verantwortung für den Betrieb des Arbeitsmittels (ErlRV 1590 BlgNR 18. GP). Eine allgemeine Präzisierung der Anforderungen an eine fachkundige Person für die Durchführung von Prüfungen ist schwer möglich. Die Anforderungen an den Prüfer hängen in erster Linie vom zu prüfenden Arbeitsmittel ab. Allgemeine Voraussetzungen sind zB, dass der Prüfer im Stande sein muss, die entspre-

chenden Prüfinhalte zu erfüllen, oder Erfahrung im Umgang mit dem zu prüfenden Arbeitsmittel besitzt.

Für die Auswahl von **Betriebsangehörigen als fachkundige Personen** für die Durchführung von Prüfungen trägt der Arbeitgeber die Verantwortung, ob diese tatsächlich die Anforderungen erfüllen. Wenn **externe Prüfer** herangezogen werden (zB Servicefirmen, Technische Büros, Prüfstellen), kann der Arbeitgeber darauf vertrauen, dass diese die erforderliche Fachkunde besitzen. 22

A. Fachkunde für Abnahmeprüfungen (§ 7 Abs 3 und 4 AM-VO)

Als fachkundige Personen für Abnahmeprüfungen sind heranzuziehen: 23

- Ziviltechniker einschlägiger Fachgebiete, insbesondere für Maschinenbau oder Elektrotechnik,
- zugelassene Prüfstellen gemäß § 71 Abs 5 der GewO 1994 (GewO),
- akkreditierte Prüf- und Überwachungsstellen nach dem Akkreditierungsgesetz (AkkG),
- Ingenieurbüros (Beratende Ingenieure) einschlägiger Fachrichtung,
- Inspektionsstellen für überwachungsbedürftige Hebeanlagen gemäß § 15 der HBV 2009 (gilt für Abnahmeprüfungen nach § 7 Abs 1 Z 2, 4, 5, 6, 7, 11 und 12 AM-VO). Gleiches gilt für Krane mit einer Tragfähigkeit unter 50 kN, wenn das höchstzulässige Lastmoment unter 100 kNm liegt (§ 7 Abs 4 AM-VO).

B. Fachkunde für wiederkehrende Prüfungen (§ 8 Abs 3 AM-VO)

Als fachkundige Personen für wiederkehrende Prüfungen von Arbeitsmitteln sind Personen nach § 7 Abs 3 oder § 7 Abs 4 AM-VO heranzuziehen. 24

Für wiederkehrende Prüfungen nach § 8 Abs 1 Z 1 bis 14 und Z 19 bis 23 AM-VO dürfen auch sonstige geeignete fachkundige Personen herangezogen werden. Für wiederkehrende Prüfungen nach § 8 Abs 1 Z 26 und 27 AM-VO dürfen auch sonstige geeignete fachkundige Personen, die vom Hersteller eingeschult wurden, herangezogen werden (§ 8 Abs 3 AM-VO).

Wenn wiederkehrende Prüfungen nach § 8 Abs 1 Z 1, 2, 3, 5, 9, 12 und 19 durch fachkundige Betriebsangehörige durchgeführt werden, ist abweichend von Abs 3 mindestens jedes vierte Jahr 25

- eine Person nach § 7 Abs 3 oder § 7 Abs 4 heranzuziehen,
- dafür zu sorgen, dass die fachkundigen Betriebsangehörigen dieser Prüfung beigezogen werden oder durch die Prüfer über allfällige Neuerungen auf dem Gebiet der Prüfinhalte oder Methoden für die Durchführung dieser Prüfung (zB durch Weitergabe des Prüfbefundes) informiert werden (§ 8 Abs 4 AM-VO).

Dies gilt nicht für wiederkehrende Prüfungen von Türen und Toren nach § 8 Abs 1 Z 9 (kraftbetriebene Türen und Tore, einschließlich solcher von Fahrzeugen), wenn die Türe bzw das Tor sich in einem Fahrzeug befindet und die wiederkehrende Prüfung der Türe bzw des Tors im Rahmen der wiederkehrenden Prüfung des Fahrzeugs erfolgt.

C. Fachkunde für Prüfungen nach außergewöhnlichen Ereignissen (§ 9 Abs 2 AM-VO)

26 Als fachkundige Personen für Prüfungen nach außergewöhnlichen Ereignissen sind **Personen nach § 7 Abs 3 AM-VO** heranzuziehen.

Handelt es sich um ein in § 8 Abs. 1 Z 2, 4, 6, 7, 9, 10, 13, 14, 17, 19 bis 23 angeführtes Arbeitsmittel, dürfen auch Personen nach § 7 Abs 4 AM-VO für diese Prüfung herangezogen werden.

D. Fachkunde für Prüfungen nach Aufstellung (§ 10 Abs 3 AM-VO)

27 Für die Prüfung nach Aufstellung sind **geeignete fachkundige Personen** heranzuziehen. Als fachkundige Person für die Durchführung der Prüfung von Kranen nach Aufstellung gemäß § 10 Abs 1 Z 1 ist im Regelfall der Kranführer anzusehen.

Für die Prüfung nach Aufstellung der folgenden Arbeitsmittel, sofern sie auf Baustellen verwendet werden, sind auf jeden Fall Personen nach § 7 Abs 3 oder Abs 4 AM-VO heranzuziehen:

- Krane mit Arbeitskörben, ausgenommen Ladekrane auf Fahrzeugen sowie schienengebundene und nicht schienengebundene Fahrzeugkrane (Mobilkrane) mit Arbeitskörben,
- fahrbare und verfahrbare Hängegerüste,
- Förderanlagen für Untertagebauarbeiten (zB Schachtbefahrungsanlagen, Schrägaufzüge).

VIII. Prüfplan und Prüfbefund (Abs 5 und 6)

A. Prüfplan (§ 37 Abs 5 ASchG)

28 Für Arbeitsmittel, bei denen **Abnahmeprüfungen oder wiederkehrende Prüfungen** durchzuführen sind, ist durch eine **geeignete fachkundige Person** auf der Grundlage einer Gefahrenanalyse und nach Maßgabe der für das Arbeitsmittel vorgesehenen Einsatzbedingungen ein Plan für die Prüfung des Arbeitsmittels zu erstellen (vgl ErlRV 1590 BlgNR 18. GP).

Der Prüfplan hat zu enthalten:

- Die Art, die Methode und die Häufigkeit der Prüfung,
- Kriterien zur Bewertung der Prüfung und die daraus zu ziehenden Schlussfolgerungen,
- Ereignisse, die eine außerordentliche Prüfung erforderlich machen,
- die Geltungsdauer des Prüfplans im Zusammenhang mit den Einsatzbedingungen des Arbeitsmittels.

Auch für Arbeitsmittel zum **Heben von Arbeitnehmern oder von Lasten und Arbeitnehmern**, die vor der Verwendung am Einsatzort aus Einzelteilen zusammengebaut werden müssen (wie insbesondere Fassadenbefahrgeräte, Mastkletterbühnen, Hängebühnen, Hängegerüste), sowie für Krane und mechanische Leitern mit Arbeitskörben auf Baustellen ist ein **Prüfplan** zu erstellen (**§ 11 Abs 4 AM-VO**). 29

Der Prüfplan für die wiederkehrende Prüfung hat sich mindestens an den grundsätzlichen **Anforderungen des § 8 Abs 2 AM-VO** zu orientieren. Die dort angeführten Mindestinhalte sind für das jeweilige Arbeitsmittel bzw die Bauteile des Arbeitsmittels zu konkretisieren. 30

Die **Anforderung an die Fachkunde** für die Erstellung eines Prüfplans ist vergleichbar der für die Durchführung der wiederkehrenden Prüfung (nur inhaltlich, nicht formal). Vom Ersteller des Prüfplans wird eine ähnliche Qualifikation wie die des Prüfers verlangt werden müssen, also etwa der Abschluss einer mittleren technischen Ausbildung (HTL), bzw wäre uU auch ein Facharbeiter mit entsprechender Praxis und Erfahrung denkbar. Verantwortlich für die Auswahl einer entsprechenden Person ist der Arbeitgeber. 31

B. Prüfbefund (§ 37 Abs 6 ASchG)

Die **Ergebnisse** der Prüfung sind von der Person, die die Prüfung durchgeführt hat, schriftlich festzuhalten. Die Ergebnisse folgender Prüfungen sind gemäß **§ 11 Abs 1 AM-VO** in einem Prüfbefund festzuhalten: 32

- Abnahmeprüfungen, wiederkehrende Prüfungen sowie Prüfungen nach außergewöhnlichen Ereignissen,
- Prüfung nach Aufstellung von Kranen, die vor der Verwendung am Einsatzort aus Einzelteilen zusammengebaut werden müssen (wie zB Turmdrehkrane, Fahrzeugkrane (Mobilkrane) mit getrennt angeliefertem Zusatzausleger, Fahrzeugkrane (Mobilkrane) mit zerlegt angeliefertem Gittermast),
- Prüfung nach Aufstellung von Kranen mit Arbeitskörben auf Baustellen, ausgenommen schienengebundene und nicht schienengebundene Fahrzeugkrane (Mobilkrane) und Ladekrane auf Fahrzeugen mit Arbeitskörben,
- Prüfung nach Aufstellung von Arbeitsmitteln zum Heben von Arbeitnehmern auf Baustellen, die vor der Verwendung am Einsatzort aus Einzelteilen zusammengebaut oder an Teilen der Umgebung, wie Gebäuden, montiert werden müssen (zB Fassadenbefahrgeräte, Mastkletterbühnen, Hängebühnen, Dachdeckerfahrstühle, Bauaufzüge mit Personenbeförderung),
- Prüfung nach Aufstellung von sonstigen kraftbetriebenen Arbeitsmitteln zum Heben von Lasten; Winden und Zuggeräten auf Baustellen, die vor der Verwendung am Einsatzort aus Einzelteilen zusammengebaut werden müssen,
- Prüfung nach Aufstellung von fahrbaren und verfahrbaren Hängegerüsten,
- Förderanlagen für Untertagebauarbeiten (zB Schachtbefahrungsanlagen, Schrägaufzüge).

33 Der **Prüfbefund** muss das Prüfdatum, Namen und Anschrift des Prüfers bzw die Bezeichnung der Prüfstelle, die Unterschrift des Prüfers, das Ergebnis der Prüfung sowie Angaben über die Prüfinhalte beinhalten. Die Prüfbefunde sind von den Arbeitgebern bis zum Ausscheiden des Arbeitsmittels aufzubewahren. Aufzeichnungen über wiederkehrende Prüfungen und die letzte Abnahmeprüfung müssen jedenfalls (auch) entweder im Original oder in Kopie am Einsatzort des Arbeitsmittels vorhanden sein (Abs 6). Ähnliches regelte zur vor dem ASchG geltenden Rechtslage § 5 Abs 4 ANSchG (vgl ErlRV 1590 BlgNR 18. GP).

34 **Am Einsatzort des Arbeitsmittels** müssen Prüfbefunde oder Kopien über die letzte Abnahmeprüfung, über die wiederkehrenden Prüfungen und über die Prüfungen nach Aufstellung vorhanden sein **(§ 11 Abs 3 AM-VO)**. Dies gilt gemäß **§ 11 Abs 3a AM-VO** nicht, wenn lediglich für die wiederkehrenden Prüfungen eines Arbeitsmittels ein Prüfbefund erforderlich ist und am Arbeitsmittel an gut sichtbarer Stelle eine **Prüfplakette** angebracht ist, die

- das Datum der letzten wiederkehrenden Prüfung aufweist,
- eine eindeutige Zuordnung zum Prüfbefund des Arbeitsmittels aufweist,
- unverwischbar und gut lesbar beschriftet ist.

Diese Regelung kann nur in Anspruch genommen werden, wenn für ein Arbeitsmittel **nur wiederkehrende Prüfungen erforderlich** sind und auch kein Befund nach einer Aufstellungsüberprüfung (§ 10 AM-VO) nötig ist. Die **Plakette** darf nur am Arbeitsmittel angebracht werden, wenn entweder keine Mängel bei der Prüfung festgestellt wurden (§ 6 Abs 2 AM-VO) oder der Prüfer eine Weiterverwendung trotz (leichter) Mängel zugelassen hat (§ 6 Abs 3 AM-VO).

Nach Ansicht des Zentral-Arbeitsinspektorates ist eine elektronische Archivierung von Prüfbefunden, soweit die gesetzlichen Vorgaben nach § 11 AM-VO eingehalten werden, möglich. Gemäß § 11 Abs 3 AM-VO muss sichergestellt sein, dass bei dieser Art der Dokumentation die Prüfbefunde bis zum Ausscheiden des Arbeitsmittels aufbewahrt werden. Des Weiteren muss am Einsatzort sichergestellt sein, dass die Prüfbefunde vorhanden sind. Das wird dadurch gewährleistet, dass am Arbeitsmittel ein QR-Code angebracht wird, der es dem Prüfer und jedem Mitarbeiter ermöglicht, direkt beim Prüfmittel vor Ort auf die Dokumentation zuzugreifen.

Kommentare und Erläuterungen zur AM-VO siehe auf der Website der Arbeitsinspektion (Stand 8.1.2025): https://www.arbeitsinspektion.gv.at/Service/Rechtsvorschriften/Rechtsvorschriften.html.

Wartung von Arbeitsmitteln

§ 38. (1) Arbeitgeber haben dafür zu sorgen, daß Arbeitsmittel während der gesamten Dauer der Benutzung durch entsprechende Wartung in

einem Zustand gehalten werden, der den für sie geltenden Rechtsvorschriften entspricht. Bei der Wartung sind die Anleitungen der Hersteller oder Inverkehrbringer zu berücksichtigen.

(2) Bei Arbeitsmitteln mit Wartungsbuch sind die Eintragungen stets auf dem neuesten Stand zu halten.

[BGBl 1994/450]

Übersicht

I. Allgemeines ... 1
II. Wartungspflicht (Abs 1, § 16 Abs 1 bis 3 AM-VO) ... 2
III. Wartungsbücher (Abs 2, § 16 Abs 4 AM-VO) ... 3

I. Allgemeines

Diese Regelungen entsprechen Art 4 Abs 2 und dem Anhang Z 2.13 der **Richtlinie 89/655/EWG**. Durch Verordnung war zu regeln, für welche Arbeitsmittel Wartungsbücher zu führen sind (Verordnungsermächtigung § 39 Abs 2 ASchG; vgl ErlRV 1590 BlgNR 18. GP). 1

Dies ist mit der **Arbeitsmittelverordnung (AM-VO)** zum 1.7.2000 erfolgt.

II. Wartungspflicht (Abs 1, § 16 Abs 1 bis 3 AM-VO)

§ 16 AM-VO dient der Konkretisierung der Wartungspflicht nach § 38 ASchG. 2
Schutzeinrichtungen und sonstige für die Sicherheit von Arbeitnehmern relevante Teile von Arbeitsmitteln sind regelmäßig zu warten. Für die systematische Wartung von maschinellen und elektrischen Arbeitsmitteln und Anlagen in mineralgewinnenden Betrieben ist ein geeigneter Plan zu erstellen.

Für die Wartung von Arbeitsmitteln sind **geeignete fachkundige Personen** heranzuziehen. Fachkundig im Sinne des **§ 2 Abs 3 AM-VO** sind Personen, welche die erforderlichen fachlichen Kenntnisse und Berufserfahrungen besitzen und auch die Gewähr für eine gewissenhafte Durchführung der ihnen übertragenen Arbeiten bieten. Als fachkundige Personen können **auch Betriebsangehörige** eingesetzt werden.

III. Wartungsbücher (Abs 2, § 16 Abs 4 AM-VO)

Für bestimmte Arbeitsmittel sind **Wartungsbücher** zu führen: 3

- Krane einschließlich Ladekranen auf Fahrzeugen, schienengebundene und nicht schienengebundene Fahrzeugkrane (Mobilkrane),
- sonstige kraftbetriebene Arbeitsmittel zum Heben von Lasten; Winden und Zuggeräte,
- durch mechanische oder elektronische Führungs- bzw Leitsysteme geführte Regalbediengeräte,
- Materialseilbahnen, auf die das Seilbahngesetz 2003, BGBl I 2003/103, aufgrund § 3 Z 2 und 3 SeilbG 2003 keine Anwendung findet,

- Bagger und Radlader zum Heben von Einzellasten,
- Lastaufnahmeeinrichtungen und Anschlagmittel für Lasten oder Arbeitskörbe,
- selbstfahrende Arbeitsmittel, ausgenommen Fahrzeuge, für die eine Prüfpflicht nach dem Kraftfahrgesetz 1967 (KFG 1967), BGBl 1967/267, besteht,
- Arbeitsmittel zum Heben von Arbeitnehmern oder von Lasten und Arbeitnehmern.

In die Wartungsbücher sind die durchgeführten Wartungen unter Angabe der gewarteten Teile der Arbeitsmittel einzutragen.

Wartungsarbeiten dürfen **nicht an in Betrieb befindlichen Arbeitsmitteln** durchgeführt werden. Durch geeignete Maßnahmen ist ein unbeabsichtigtes, unbefugtes oder irrtümliches Einschalten der Arbeitsmittel zu verhindern (**§ 17 Abs 1 AM-VO**).

Verordnungen über Arbeitsmittel

§ 39. (1) Der Bundesminister für Arbeit, Soziales und Konsumentenschutz hat in Durchführung des 3. Abschnittes durch Verordnung näher zu regeln:

1. **Sicherheits- und Gesundheitsanforderungen für Arbeitsmittel sowie die erforderlichen übergangsregelungen für bereits in Verwendung stehende Arbeitsmittel,**
2. **eine Liste der gefährlichen Arbeitsmittel,**
3. **die Prüfung von Arbeitsmitteln.**

(2) Der Bundesminister für Arbeit, Soziales und Konsumentenschutz kann unter Berücksichtigung der Gefahren für die Sicherheit und Gesundheit der Arbeitnehmer und unter Bedachtnahme auf Rechtsvorschriften über das Inverkehrbringen sowie auf internationale übereinkommen durch Verordnung Arbeitsmittel bezeichnen, für die ein Wartungsbuch zu führen ist.

(3) Für Arbeitsmittel, auf die die Gewerbeordnung 1994, BGBl. Nr. 194/1994, nicht anzuwenden ist, kann der Bundesminister für Arbeit, Soziales und Konsumentenschutz durch Verordnung die grundlegenden Sicherheitsanforderungen hinsichtlich Konstruktion, Bau und weiterer Schutzmaßnahmen einschließlich der Erstellung von Beschreibungen und Bedienungsanleitungen festlegen. In diesen Verordnungen können auch besondere Regelungen über die Prüfung, übereinstimmungserklärung und über eine Zulassung durch Bescheid des Bundesministers für Arbeit, Soziales und Konsumentenschutz getroffen werden.

[BGBl I 2012/118]

Übersicht

I. Durchführungsverordnungen zum dritten Abschnitt ASchG
A. Arbeitsmittelverordnung (AM-VO) 1
B. Weitere auf den dritten Abschnitt gestützte Verordnungen 2
II. Verordnungsermächtigung (Abs 3) 3

I. Durchführungsverordnungen zum dritten Abschnitt ASchG

A. Arbeitsmittelverordnung (AM-VO)

In Durchführung des dritten Abschnittes des ASchG wurde mit BGBl II 2000/164 die Verordnung über den Schutz der Arbeitnehmer bei der Benutzung von Arbeitsmitteln (**Arbeitsmittelverordnung – AM-VO)** erlassen. Die Verordnung ist mit 1.7.2000 in Kraft getreten. 1

Die AM-VO regelt/beinhaltet im

- 1. Abschnitt die allgemeinen Grundsätze für die Benutzung von Arbeitsmitteln, Prüfungen sowie Information und Unterweisung,
- 2. Abschnitt besondere Bestimmungen für die Benutzung bestimmter Arbeitsmittel,
- 3. Abschnitt Leitern und Gerüste,
- 4. Abschnitt die Beschaffenheit von „alten" Arbeitsmitteln,
- 5. Abschnitt Schlussbestimmungen.

Die Bestimmungen des ersten und zweiten Abschnittes über die Benutzung von Arbeitsmitteln gelten unabhängig vom Zeitpunkt des Inverkehrbringens und unabhängig von allfälligen Inverkehrbringervorschriften. Sie gelten daher zB für Maschinen mit CE-Zeichen ebenso wie für alte Maschinen, die bereits seit vielen Jahren im Betrieb verwendet werden.

Der dritte Abschnitt regelt Gerüste und Leitern. Für diese Arbeitsmittel gelten keine Inverkehrbringerregelungen. Die Arbeitnehmerschutzvorschriften haben daher die Benutzung und die Beschaffenheit zu regeln.

Der vierte Abschnitt regelt die Beschaffenheit. Dieser Abschnitt gilt nur für „alte" Arbeitsmittel, die in Verkehr gebracht wurden, bevor die Gemeinschaftsrichtlinien durch entsprechende „Herstellervorschriften" umgesetzt wurden. Für diese Arbeitsmittel sind Beschaffenheitsanforderungen unter Beachtung der Mindestanforderungen des Anhanges I der Richtlinie 89/655/EWG zu regeln.

Eine Liste von gefährlichen Arbeitsmitteln – wie es § 39 Abs 1 Z 3 vorsieht – enthält die Verordnung nicht. Die AM-VO regelt, welche Arbeitsmittel gefährliche im Sinn des § 36 ASchG sind, ohne diese aber in einer ausdrücklichen Liste festzulegen (*Szymanski/Oberhauser/Marx*, ArbeitnehmerInnenschutzgesetz, Kommentar, 104, FN 2).

B. Weitere auf den dritten Abschnitt gestützte Verordnungen

2 Ebenfalls auf den 3. Abschnitt ASchG gestützt, wurden weiters erlassen die

- **Elektroschutzverordnung 2012 (ESV 2012)**, BGBl II 2012/33; sie ist am **1.3.2012** in Kraft getreten und regelt den Schutz der Arbeitnehmer vor den Gefahren durch elektrischen Strom (zB elektrische Anlagen und elektrische Betriebsmittel);
- **Nadelstichverordnung (NastV)**, BGBl II 2013/16 zum Schutz der Arbeitnehmer vor Verletzungen durch scharfe oder spitze medizinische Instrumente; sie ist am **11.5.2013** in Kraft getreten.

II. Verordnungsermächtigung (Abs 3)

3 Mit dem 2. Stabilitätsgesetz (2. StabG), BGBl I 2012/35, wurde die Verkehrs-Arbeitsinspektion in die Organisation der Arbeitsinspektion eingegliedert. Mit § 39 Abs 3 ASchG wurde die bisherige Verordnungsermächtigung der Bundesministerin für Verkehr, Innovation und Technologie in die Zuständigkeit des Bundesministers für Arbeit, Soziales und Konsumentenschutz übertragen (vgl ErlRV 1685 BlgNR 24. GP).

4. Abschnitt
Arbeitsstoffe

Gefährliche Arbeitsstoffe

§ 40. **(1) Gefährliche Arbeitsstoffe sind explosionsgefährliche, brandgefährliche und gesundheitsgefährdende Arbeitsstoffe sowie biologische Arbeitsstoffe, sofern nicht die Ermittlung und Beurteilung gemäß § 41 ergeben hat, daß es sich um einen biologischen Arbeitsstoff der Gruppe 1 ohne erkennbares Gesundheitsrisiko für die Arbeitnehmer handelt. Soweit im Folgenden Gefahrenklassen oder -kategorien genannt sind, sind diese im Sinne der Kriterien nach Anhang I Teil 2 und 3 der Verordnung (EG) Nr. 1272/2008 (CLP-Verordnung) zu verstehen, auch wenn der Arbeitsstoff nicht aufgrund dieser Verordnung eingestuft ist.**

(2) Explosionsgefährliche Arbeitsstoffe sind Arbeitsstoffe, die zugeordnet werden können:

1. **explosiven Stoffen/Gemischen und Erzeugnissen mit Explosivstoff (Gefahrenklasse 2.1),**
2. **selbstzersetzlichen Stoffen oder Gemischen (Gefahrenklasse 2.8), Typ A und B,**
3. **organischen Peroxiden (Gefahrenklasse 2.15), Typ A und B.**

(2a) Explosionsgefährliche Arbeitsstoffe sind weiters Arbeitsstoffe, die explosionsgefährliche Eigenschaften im Sinne des § 3 des Chemikaliengesetzes 1996, BGBl. I Nr. 53/1997 in der Fassung BGBl. I Nr. 14/2015, aufweisen.

(3) Brandgefährliche Arbeitsstoffe sind

1. oxidierende (entzündende) Arbeitsstoffe, die zugeordnet werden können:
   a. oxidierenden Gasen (Gefahrenklasse 2.4),
   b. oxidierenden Flüssigkeiten (Gefahrenklasse 2.13),
   c. oxidierenden Feststoffen (Gefahrenklasse 2.14);
2. extrem entzündbare, leicht entzündbare und entzündbare Arbeitsstoffe, die zugeordnet werden können:
   a. entzündbaren Gasen (Gefahrenklasse 2.2),
   b. entzündbaren Aerosolen (Gefahrenklasse 2.3),
   c. entzündbaren Flüssigkeiten (Gefahrenklasse 2.6),
   d. entzündbaren Feststoffen (Gefahrenklasse 2.7),
   e. selbstzersetzlichen Stoffen oder Gemischen (Gefahrenklasse 2.8) außer Typ A und B,
   f. pyrophoren Flüssigkeiten (Gefahrenklasse 2.9),
   g. pyrophoren Feststoffen (Gefahrenklasse 2.10),
   h. selbsterhitzungsfähigen Stoffen oder Gemischen (Gefahrenklasse 2.11),
   i. Stoffen oder Gemischen, die in Berührung mit Wasser entzündbare Gase entwickeln (Gefahrenklasse 2.12),
   j. organischen Peroxiden (Gefahrenklasse 2.15) außer Typ A und B.

(3a) Brandgefährliche Arbeitsstoffe sind weiters Arbeitsstoffe, die brandfördernde, hochentzündliche, leicht entzündliche oder entzündliche Eigenschaften im Sinne des § 3 des Chemikaliengesetzes 1996, BGBl. I Nr. 53/1997 in der Fassung BGBl. I Nr. 14/2015, aufweisen.

(4) Gesundheitsgefährdende Arbeitsstoffe sind Arbeitsstoffe, die einer der folgenden Gefahrenklassen zugeordnet werden können:

1. Akute Toxizität (Gefahrenklasse 3.1),
2. Ätz-/Reizwirkung auf die Haut (Gefahrenklasse 3.2),
3. Schwere Augenschädigung/Augenreizung (Gefahrenklasse 3.3),
4. Sensibilisierung der Atemwege oder der Haut (Gefahrenklasse 3.4),
5. Keimzellmutagenität (Gefahrenklasse 3.5),
6. Karzinogenität (Gefahrenklasse 3.6),
7. Reproduktionstoxizität (Gefahrenklasse 3.7),
8. Spezifische Zielorgan-Toxizität, einmalige Exposition (Gefahrenklasse 3.8),
9. Spezifische Zielorgan-Toxizität, wiederholte Exposition (Gefahrenklasse 3.9),
10. Aspirationsgefahr (Gefahrenklasse 3.10).

(4a) Gesundheitsgefährdende Arbeitsstoffe sind weiters Arbeitsstoffe, die sehr giftige, giftige, gesundheitsschädliche (mindergiftige), ätzende, reizende, krebserzeugende, erbgutverändernde, fortpflanzungsgefährdende oder sensibilisierende Eigenschaften im Sinne des § 3 des Chemikalien-

gesetzes 1996, BGBl. I Nr. 53/1997 in der Fassung BGBl. I Nr. 14/2015, aufweisen.

(4b) Gesundheitsgefährdende Arbeitsstoffe sind weiters Arbeitsstoffe, die eine der folgenden Eigenschaften aufweisen:

1. **„fibrogen", wenn sie als Schwebstoffe durch Einatmen mit Bindegewebsbildung einhergehende Erkrankungen der Lunge verursachen können;**
2. **„radioaktiv", wenn sie zufolge spontaner Kernprozesse ionisierende Strahlen aussenden;**
3. **„biologisch inert", wenn sie als Stäube weder giftig noch fibrogen wirken und keine spezifischen Krankheitserscheinungen hervorrufen, jedoch eine Beeinträchtigung von Funktionen der Atmungsorgane verursachen können.**

(5) Biologische Arbeitsstoffe sind Mikroorganismen, einschließlich genetisch veränderter Mikroorganismen, Zellkulturen und Humanendoparasiten, die Infektionen, Allergien oder toxische Wirkungen hervorrufen könnten. Entsprechend dem von ihnen ausgehenden Infektionsrisiko gilt folgende Unterteilung in vier Risikogruppen:

1. **Biologische Arbeitsstoffe der Gruppe 1 sind Stoffe, bei denen es unwahrscheinlich ist, daß sie beim Menschen eine Krankheit verursachen.**
2. **Biologische Arbeitsstoffe der Gruppe 2 sind Stoffe, die eine Krankheit beim Menschen hervorrufen können und eine Gefahr für Arbeitnehmer darstellen könnten. Eine Verbreitung des Stoffes in der Bevölkerung ist unwahrscheinlich, eine wirksame Vorbeugung oder Behandlung ist normalerweise möglich.**
3. **Biologische Arbeitsstoffe der Gruppe 3 sind Stoffe, die eine schwere Krankheit beim Menschen hervorrufen und eine ernste Gefahr für die Arbeitnehmer darstellen können. Die Gefahr einer Verbreitung in der Bevölkerung kann bestehen, doch ist normalerweise eine wirksame Vorbeugung oder Behandlung möglich.**
4. **Biologische Arbeitsstoffe der Gruppe 4 sind Stoffe, die eine schwere Krankheit beim Menschen hervorrufen und eine ernste Gefahr für Arbeitnehmer darstellen. Die Gefahr einer Verbreitung in der Bevölkerung ist unter Umständen groß, normalerweise ist eine wirksame Vorbeugung oder Behandlung nicht möglich.**

(6) *(aufgehoben)*

(7) Als gefährliche Arbeitsstoffe gelten weiters Arbeitsstoffe, die einer der folgenden Gefahrenklassen zugeordnet werden können:

1. **Gase unter Druck (Gefahrenklasse 2.5) oder**
2. **auf Metalle korrosiv wirkende Stoffe oder Gemische (Gefahrenklasse 2.16).**

(8) Bestimmungen über gefährliche Arbeitsstoffe in Verordnungen zu diesem Bundesgesetz oder in Rechtsvorschriften, die nach dem 9. Abschnitt dieses Bundesgesetzes weitergelten, gelten mit folgenden Maßgaben:

1. **Bestimmungen für Arbeitsstoffe mit brandfördernden Eigenschaften gelten auch für oxidierende Arbeitsstoffe im Sinne des Abs. 3 Z 1;**
2. **Bestimmungen für Arbeitsstoffe mit entzündlichen Eigenschaften gelten auch für Arbeitsstoffe, die zugeordnet werden können**
   a. **entzündbaren Flüssigkeiten (Gefahrenklasse 2.6) Kategorie 3,**
   b. **entzündbaren Aerosolen (Gefahrenklasse 2.3) Kategorie 1, sowie – wenn sich dies auf Grund anerkannter physikalischer Stoffdaten (z. B. Gefahrstoffdatenbanken oder -literatur) stoffspezifisch ergibt – Kategorie 2,**
   c. **organischen Peroxiden (Gefahrenklasse 2.15), Typ E und F;**
3. **Bestimmungen für Arbeitsstoffe mit leicht entzündlichen Eigenschaften gelten auch für Arbeitsstoffe, die zugeordnet werden können**
   a. **entzündbaren Flüssigkeiten (Gefahrenklasse 2.6) Kategorie 2,**
   b. **entzündbaren Aerosolen (Gefahrenklasse 2.3) Kategorie 1, sowie – wenn sich dies auf Grund anerkannter physikalischer Stoffdaten (z. B. Gefahrstoffdatenbanken oder -literatur) stoffspezifisch ergibt – Kategorie 2,**
   c. **entzündbaren Feststoffen (Gefahrenklasse 2.7),**
   d. **selbstzersetzlichen Stoffen oder Gemischen (Gefahrenklasse 2.8) Typ C, D, E und F,**
   e. **pyrophoren Flüssigkeiten und pyrophoren Feststoffen (Gefahrenklasse 2.9 und 2.10),**
   f. **selbsterhitzungsfähigen Stoffen oder Gemischen (Gefahrenklasse 2.11),**
   g. **Stoffen oder Gemischen, die in Berührung mit Wasser entzündbare Gase entwickeln (Gefahrenklasse 2.12) Kategorie 2 und 3,**
   h. **organischen Peroxiden (Gefahrenklasse 2.15) Typ C und D;**
4. **Bestimmungen für Arbeitsstoffe mit hochentzündlichen Eigenschaften gelten auch für Arbeitsstoffe, die zugeordnet werden können**
   a. **entzündbaren Gasen (Gefahrenklasse 2.2),**
   b. **entzündbaren Aerosolen (Gefahrenklasse 2.3), Kategorie 1, sowie – wenn sich dies auf Grund anerkannter physikalischer Stoffdaten (z. B. Gefahrstoffdatenbanken oder -literatur) stoffspezifisch ergibt – Kategorie 2,**
   c. **entzündbaren Flüssigkeiten (Gefahrenklasse 2.6) Kategorie 1,**
   d. **Stoffen oder Gemischen, die in Berührung mit Wasser entzündbare Gase entwickeln (Gefahrenklasse 2.12) Kategorie 1;**
5. **Bestimmungen für Arbeitsstoffe mit giftigen Eigenschaften gelten auch für Arbeitsstoffe, die einer der folgenden Gefahrenklassen zugeordnet werden können**

   a. akute Toxizität (Gefahrenklasse 3.1) Kategorie 1 bis 3,
   b. spezifische Zielorgan-Toxizität bei einmaliger oder wiederholter Exposition (Gefahrenklasse 3.8 oder 3.9) jeweils Kategorie 1,
   c. Aspirationsgefahr (Gefahrenklasse 3.10);
6. Bestimmungen für Arbeitsstoffe mit gesundheitsschädlichen Eigenschaften gelten auch für Arbeitsstoffe, die einer der folgenden Gefahrenklassen zugeordnet werden können
   a. akute Toxizität (Gefahrenklasse 3.1) Kategorie 4,
   b. spezifische Zielorgan-Toxizität, einmalige Exposition (Gefahrenklasse 3.8) Kategorien 2 und 3,
   c. spezifische Zielorgan-Toxizität, wiederholte Exposition (Gefahrenklasse 3.9) Kategorie 2;
7. Bestimmungen für Arbeitsstoffe mit ätzenden Eigenschaften gelten auch für Arbeitsstoffe, die einer der folgenden Gefahrenklassen zugeordnet werden können
   a. Ätz-/Reizwirkung auf die Haut (Gefahrenklasse 3.2) Kategorien 1A, 1B und 1C,
   b. schwere Augenschädigung/Augenreizung (Gefahrenklasse 3.3) Kategorie 1;
8. Bestimmungen für Arbeitsstoffe mit reizenden Eigenschaften gelten auch für Arbeitsstoffe, die einer der folgenden Gefahrenklassen zugeordnet werden können
   a. Ätz-/Reizwirkung auf die Haut (Gefahrenklasse 3.2) Kategorie 2,
   b. schwere Augenschädigung/Augenreizung (Gefahrenklasse 3.3) Kategorie 2,
   c. spezifische Zielorgan-Toxizität bei einmaliger Exposition (Gefahrenklasse 3.8) Kategorie 3;
9. Bestimmungen für Arbeitsstoffe mit sensibilisierenden Eigenschaften gelten auch für Arbeitsstoffe, die der Gefahrenklasse 3.4 (Sensibilisierung der Atemwege oder der Haut) zugeordnet werden können;
10. Bestimmungen für Arbeitsstoffe mit erbgutverändernden Eigenschaften gelten auch für Arbeitsstoffe, die der Gefahrenklasse 3.5 (Keimzellmutagenität) zugeordnet werden können;
11. Bestimmungen für Arbeitsstoffe mit krebserzeugenden Eigenschaften gelten auch für Arbeitsstoffe, die der Gefahrenklasse 3.6 (Karzinogenität) zugeordnet werden können;
12. Bestimmungen für Arbeitsstoffe mit fortpflanzungsgefährdenden Eigenschaften gelten auch für Arbeitsstoffe, die der Gefahrenklasse 3.7 (Reproduktionstoxizität) zugeordnet werden können.

[BGBl I 2015/60]

Übersicht

I.	Allgemeines zum vierten Abschnitt – Arbeitsstoffe	1–4
II.	Verwenden von Arbeitsstoffen bei der Arbeit	5, 6
III.	Eigenschaften gefährlicher Arbeitsstoffe	7
	A. Brandgefährliche und explosionsgefährliche Arbeitsstoffe (Abs 2 bis 3a)	8, 9
	B. Gesundheitsgefährdende Arbeitsstoffe (Abs 4 bis 4b)	10
	C. Nach CLP-Verordnung eingestufte Arbeitsstoffe (Abs 8)	11
	D. Biologische Arbeitsstoffe (Abs 5)	13–17
	E. Neue gefährliche Arbeitsstoffe (Abs 7)	
IV.	Verordnung biologische Arbeitsstoffe (VbA)	18, 19
	A. Beabsichtigte Verwendung (§ 1 Abs 3 VbA)	20
	B. Unbeabsichtigte Verwendung (§ 1 Abs 4 VbA)	21–23
	C. Hygiene, Expositionsvermeidung und Impfungen (§ 5 VbA)	24
	D. Ausstattung, persönliche Schutzausrüstung, sichere Handhabung, Desinfektion (§§ 6 f VbA)	25, 26
	E. Zusätzliche Schutzmaßnahmen (§§ 9 f VbA)	27
	F. Information und Unterweisung (§ 12 VbA)	28
	G. Anhänge der VbA	29
V.	Grenzwerteverordnung 2024 (GKV)	30–35
VI.	Verordnung explosionsfähige Atmosphären (VEXAT)	36–40
VII.	Nadelstichverordnung	41–46
VIII.	CLP-Verordnung	47, 48
IX.	REACH	49–53

I. Allgemeines zum vierten Abschnitt – Arbeitsstoffe

Dieser Abschnitt enthält Schutzmaßnahmen für den Umgang mit gefährlichen Arbeitsstoffen bei der Arbeit. Das ASchG stellt nicht auf jedes „Vorhandensein" von Stoffen, Zubereitungen und biologischen Agenzien bei der Arbeit ab, sondern auf das „Verwenden". Als Verwenden gilt gemäß § 2 Abs 6 ASchG auch das Gewinnen, Erzeugen, Anfallen, Entstehen, Gebrauchen, Verbrauchen, Bearbeiten, Verarbeiten, Abfüllen, Umfüllen, Mischen, Beseitigen, Lagern, Aufbewahren, Bereithalten zur Verwendung und das innerbetriebliche Befördern. 1

Vor dem ArbeitnehmerInnenschutzgesetz 1994 (ASchG) folgte die Einteilung der gefährlichen Arbeitsstoffe in explosionsgefährliche, brandgefährliche und gesundheitsgefährdende dem früher geltenden System der **AAV**; danach folgte die Einteilung der einzelnen Eigenschaften dem System des **Chemikaliengesetzes 1996** unter Ergänzung der gefährlichen Eigenschaften von biologischen Agenzien, wobei die Einteilung in vier Risikogruppen der Richtlinie 90/679/EWG (geltende Richtlinie 2000/54/EG, idgF) entspricht. 2

Die allgemeinen Grundsätze über Ermittlung und Beurteilung, Festlegung von Maßnahmen zur Gefahrenverhütung, Information und Unterweisung der Arbeitnehmer gelten auch hinsichtlich der Gefahren durch Arbeitsstoffe.

3 Schließlich waren für gesundheitsgefährdende und für biologische Arbeitsstoffe in den einzelnen Richtlinien Grundsätze über die Vermeidung oder Verringerung einer Exposition aufgestellt. Dies entsprach weitgehend dem bis dahin geltenden Recht: das Ersetzen von gefährlichen durch ungefährliche oder weniger gefährliche Arbeitsstoffe war bereits im ANSchG und in der AAV normiert. Dies wurde im ASchG 1994 klarer formuliert und um die in den Richtlinien vorgesehene Rangordnung der Schutzmaßnahmen (Verwendung im geschlossenen System bei besonders gefährlichen Arbeitsstoffen, Beschränkung der Menge von gefährlichen Arbeitsstoffen und der Zahl der exponierten Arbeitnehmer, Absaugung, Lüftung, persönliche Schutzmaßnahmen) ergänzt (vgl ErlRV 1590 BlgNR 18. GP).

Mit der ASchG-Novelle BGBl I 118/2012, welche mit 1.1.2013 in Kraft getreten ist, erfolgte eine erste Anpassung der Regelungen über Arbeitsstoffe an die Verordnung (EG) Nr 1272/2008 über die Einstufung, Kennzeichnung und Verpackung von Stoffen und Gemischen, zur Änderung und Aufhebung der Richtlinien 67/548/EWG und 1999/45/EG und zur Änderung der Verordnung (EG) Nr 1907/2006, ABl Nr L 353 vom 31.12.2008 S 1 (kurz: CLP-Verordnung). Nach § 41 Abs 2 ASchG müssen Arbeitgeber die Eigenschaften der von ihnen verwendeten Arbeitsstoffe ermitteln und gefährliche Arbeitsstoffe nach ihren Eigenschaften gemäß § 40 ASchG einstufen. Diese Eigenschaften gemäß § 40 ASchG orientierten sich am Chemikalienrecht (§ 3 Abs 1 ChemG 1996). Das bisherige Recht zu Einstufung und Kennzeichnung bleibt bis 1.6.2015 in Geltung. Die Einstufung nach der CLP-Verordnung erfolgt nicht mehr nach den in § 40 ASchG genannten gefährlichen Eigenschaften, sondern in insgesamt 26 Gefahrenklassen, die ihrerseits wiederum in Gefahrenkategorien untergliedert sind. Da die Arbeitnehmerschutzvorschriften jedoch (noch) an die Stoffeigenschaften nach § 40 ASchG anknüpfen, muss klargestellt werden, welche dieser Schutzbestimmungen für die nach der CLP-Verordnung eingestuften Arbeitsstoffe jeweils zu gelten haben (ErlRV 528 24. GP).

Die endgültige Anpassung an das Einstufungssystem nach der CLP-Verordnung erfolgte mit der Novelle BGBl I 2015/60. Mit der Richtlinie 2014/27/EU wurden die Richtlinie 92/58/EWG (RL Sicherheitskennzeichnung), die Richtlinie 92/85/EWG (Mutterschutz-RL), die Richtlinie 94/33/EG (Jugendarbeitsschutz-RL), die Richtlinie 98/24/EG (RL chemische Arbeitsstoffe) und die Richtlinie 2004/37/EG (Karzinogene-RL) geändert.

Diese Änderungen waren notwendig, weil mit der (chemikalienrechtlichen) CLP-Verordnung in der Union ein neues System zur Einstufung und Kennzeichnung von Stoffen und Gemischen eingeführt worden ist, das auf dem international geltenden Global Harmonisierten System zur Einstufung und Kennzeichnung von Chemikalien (GHS) im Rahmen der VN-Wirtschaftskommission für Europa beruht.

Die (arbeitnehmerschutzrechtlichen) EU-Richtlinien enthielten aber Verweise auf das frühere (chemikalienrechtliche) Einstufungs- und Kennzeichnungssystem und mussten daher geändert werden, um sie an das neue, in der CLP-Verordnung beschriebene System anzupassen.

Auch das österreichische Arbeitnehmerschutzrecht verweist derzeit noch auf das frühere chemikalienrechtliche Einstufungs- und Kennzeichnungssystem und muss daher geändert werden, um es an das neue, in der CLP-Verordnung beschriebene System anzupassen. In Österreich bedarf es dazu der Änderung des ArbeitnehmerInnenschutzgesetzes, des Mutterschutzgesetzes, der Verordnung über die Sicherheits- und Gesundheitsschutzkennzeichnung und der Verordnung über Beschäftigungsverbote und -beschränkungen für Jugendliche (ErlRV 528 25. GP).

In **Durchführung des vierten Abschnitts** wurden bisher folgende Verordnungen erlassen: 4

- Verordnung biologische Arbeitsstoffe (VbA) BGBl II 1998/237,
- Grenzwerteverordnung 2001 (GKV 2001), BGBl II 2001/253, nunmehr: Verordnung des Bundesministers für Arbeit und Wirtschaft über Grenzwerte für Arbeitsstoffe sowie über gefährliche Arbeitsstoffe (Grenzwerteverordnung 2024 – GKV), BGBl II 2024/330 .

Auf den vierten Abschnitt ASchG gestützt wurden weiters die

- Verordnung explosionsfähige Atmosphären (VEXAT), BGBl II 2004/309, sowie die
- Nadelstichverordnung – NastV, BGBl II 2013/16.

II. Verwenden von Arbeitsstoffen bei der Arbeit

Gemäß **§ 2 Abs 6 ASchG** sind Arbeitsstoffe alle Stoffe, Zubereitungen und biologischen Agenzien, die bei der Arbeit verwendet werden. Als „Verwenden" gilt auch das Gewinnen, Erzeugen, Anfallen, Entstehen, Gebrauchen, Verbrauchen, Bearbeiten, Verarbeiten, Abfüllen, Umfüllen, Mischen, Beseitigen, Lagern, Aufbewahren, Bereithalten zur Verwendung und das innerbetriebliche Befördern. 5

„Verwenden bei der Arbeit" iSd § 2 Abs 6 ASchG indiziert allerdings, dass das **„Verwenden" arbeitsbedingt** ist, also mit der Tätigkeit bzw den Arbeitsvorgängen in Zusammenhang steht. Daher ist zwar Zigarettenrauch am Arbeitsplatz ein gesundheitsschädlicher Stoff für die dort beschäftigten Nichtraucher, es ist jedoch kein „Arbeitsstoff" iSd ASchG.

Anders ist die Situation in Schmutzwäschebereichen von Wäschereien, die Wäsche aus dem Gesundheitsdienst (Schmutzwäsche aus Krankenhäusern, Alten- oder Pflegeheimen, Behinderteneinrichtungen oder vergleichbaren 6

Einrichtungen) behandeln. Bei ihrer Tätigkeit können die Beschäftigten mit durch Blut, Fäkalien usw verschmutzter Wäsche in Berührung kommen. Dabei handelt es sich um biologische Arbeitsstoffe iSd VbA. In diesem Fall liegt eine **unbeabsichtigte Verwendung von biologischen Arbeitsstoffen** vor. Dasselbe gilt auch in Schlachthöfen: Es liegt jedenfalls eine unbeabsichtigte Verwendung von biologischen Arbeitsstoffen (zB BSE-Erreger) vor, da mit Blut, Körperflüssigkeiten usw von Schlachttieren umgegangen wird.

III. Eigenschaften gefährlicher Arbeitsstoffe

7 Gefährliche Arbeitsstoffe sind gemäß **§ 40 Abs 1 ASchG** explosionsgefährliche, brandgefährliche und gesundheitsgefährdende Arbeitsstoffe sowie biologische Arbeitsstoffe , sofern nicht die Ermittlung und Beurteilung gemäß § 41 ergeben hat, dass es sich um einen biologischen Arbeitsstoff der Gruppe 1 ohne erkennbares Gesundheitsrisiko für die Arbeitnehmer handelt.

Soweit im Folgenden Gefahrenklassen oder -kategorien genannt sind, sind diese im Sinne der Kriterien nach Anhang I Teil 2 und 3 der Verordnung (EG) Nr 1272/2008 (CLP-Verordnung) zu verstehen, auch wenn der Arbeitsstoff nicht aufgrund dieser Verordnung eingestuft ist.

Der letzte Satz wurde mit der ASchG-Novelle BGBl I 2015/60 eingefügt. Mit dem in § 40 Abs 1 aufzunehmenden zweiten Satz wird Art 4 der Richtlinie 2014/27/EU umgesetzt, durch den Art 2 lit b) sublit i) der Richtlinie 98/24/EG (Richtlinie Chemische Arbeitsstoffe) dahingehend abgeändert wurde, dass als „gefährliche Arbeitsstoffe" alle chemischen Arbeitsstoffe gelten, *„die die Kriterien für die Einstufung als gefährlich in einer der Klassen für physikalische und gesundheitliche Gefahr gemäß der CLP-Verordnung erfüllen, unabhängig davon, ob der chemische Arbeitsstoff aufgrund dieser Verordnung eingestuft ist"* (ErlRV 528 25. GP).

Die bisher im ASchG verwendeten Überbegriffe „explosionsgefährliche" bzw „brandgefährliche" und „gesundheitsgefährdende" Arbeitsstoffe sollen beibehalten werden.

A. Brandgefährliche und explosionsgefährliche Arbeitsstoffe (Abs 2 bis 3a)

8 So können gemäß Abs 2 explosionsgefährliche Arbeitsstoffe den folgenden Gefahrenklassen zugeordnet werden:

1. explosiven Stoffen/Gemischen und Erzeugnissen mit Explosivstoff (Gefahrenklasse 2.1),
2. selbstzersetzlichen Stoffen oder Gemischen (Gefahrenklasse 2.8), Typ A und B,
3. organischen Peroxiden (Gefahrenklasse 2.15), Typ A und B.

Darüber hinaus sind nach Abs 2a explosionsgefährliche Arbeitsstoffe weiters Arbeitsstoffe, die explosionsgefährliche Eigenschaften im Sinne des § 3 des Chemikaliengesetzes 1996, BGBl I 1997/53 in der Fassung BGBl I 2015/14, aufweisen. Daneben bleiben bis 2027 aber auch noch die „alten" Definitionen nach dem ChemG im ASchG erhalten, weil die CLP-VO eine Abverkaufsfrist für Gemische mit „alter" Kennzeichnung bis zum 1.6.2017 vorsieht und angenommen wird, dass dann für maximal zehn weitere Jahre die bisherigen Stoffeigenschaften innerbetrieblich noch relevant sein können.

Nach Abs 3 sind brandgefährliche Arbeitsstoffe

1. oxidierende (entzündende) Arbeitsstoffe, die zugeordnet werden können:
   a. oxidierenden Gasen (Gefahrenklasse 2.4),
   b. oxidierenden Flüssigkeiten (Gefahrenklasse 2.13),
   c. oxidierenden Feststoffen (Gefahrenklasse 2.14);
2. extrem entzündbare, leicht entzündbare und entzündbare Arbeitsstoffe, die zugeordnet werden können:
   a. entzündbaren Gasen (Gefahrenklasse 2.2),
   b. entzündbaren Aerosolen (Gefahrenklasse 2.3),
   c. entzündbaren Flüssigkeiten (Gefahrenklasse 2.6),
   d. entzündbaren Feststoffen (Gefahrenklasse 2.7),
   e. selbstzersetzlichen Stoffen oder Gemischen (Gefahrenklasse 2.8) außer Typ A und B,
   f. pyrophoren Flüssigkeiten (Gefahrenklasse 2.9),
   g. pyrophoren Feststoffen (Gefahrenklasse 2.10),
   h. selbsterhitzungsfähigen Stoffen oder Gemischen (Gefahrenklasse 2.11),
   i. Stoffen oder Gemischen, die in Berührung mit Wasser entzündbare Gase entwickeln (Gefahrenklasse 2.12),
   j. organischen Peroxiden (Gefahrenklasse 2.15) außer Typ A und B.

Daneben sind nach Abs 3a brandgefährliche Arbeitsstoffe weiters Arbeitsstoffe, die brandfördernde, hochentzündliche, leicht entzündliche oder entzündliche Eigenschaften im Sinne des § 3 des Chemikaliengesetzes 1996, BGBl I 1997/53 in der Fassung BGBl I 2015/14, aufweisen (siehe zu den „alten" Definitionen Abs 2a).

Zur Klarstellung: Die VEXAT gilt gemäß § 1 Abs 2 Z 1 nicht für das Verwen- 9
den von explosionsgefährlichen Arbeitsstoffen. Gemäß § 3 Abs 1 ist explosionsfähige Atmosphäre ein Gemisch aus Luft oder anderer oxidativer Atmosphäre und brennbaren Gasen, Dämpfen, Nebeln oder Stäuben, in dem sich der Verbrennungsvorgang nach erfolgter Entzündung auf das gesamte unverbrannte Gemisch überträgt.

B. Gesundheitsgefährdende Arbeitsstoffe (Abs 4 bis 4b)

10 Gesundheitsgefährdende Arbeitsstoffe sind nach Abs 4 Arbeitsstoffe, die einer der folgenden Gefahrenklassen zugeordnet werden können:

1. Akute Toxizität (Gefahrenklasse 3.1),
2. Ätz-/Reizwirkung auf die Haut (Gefahrenklasse 3.2),
3. Schwere Augenschädigung/Augenreizung (Gefahrenklasse 3.3),
4. Sensibilisierung der Atemwege oder der Haut (Gefahrenklasse 3.4),
5. Keimzellmutagenität (Gefahrenklasse 3.5),
6. Karzinogenität (Gefahrenklasse 3.6),
7. Reproduktionstoxizität (Gefahrenklasse 3.7),
8. Spezifische Zielorgan-Toxizität, einmalige Exposition (Gefahrenklasse 3.8),
9. Spezifische Zielorgan-Toxizität, wiederholte Exposition (Gefahrenklasse 3.9),
10. Aspirationsgefahr (Gefahrenklasse 3.10).

Darüberhinaus sind nach Abs 4a gesundheitsgefährdende Arbeitsstoffe weiters Arbeitsstoffe, die sehr giftige, giftige, gesundheitsschädliche (mindergiftige), ätzende, reizende, krebserzeugende, erbgutverändernde, fortpflanzungsgefährdende oder sensibilisierende Eigenschaften im Sinne des § 3 des Chemikaliengesetzes 1996, BGBl I 1997/53 in der Fassung BGBl I 2015 /14, aufweisen.

Nach den chemikalienrechtlichen Vorschriften dürfen Gemische, die nach den bisherigen Kennzeichnungsvorschriften gekennzeichnet sind, noch bis zum 1.6.2017 in Verkehr gebracht werden. Als Übergangsfrist für die innerbetriebliche Verwendung wird ein Zeitraum von maximal zehn Jahren angenommen, während dem noch die bisherigen Stoffeigenschaften relevant sein können. Die Abs 2a, 3a und 4a sollen zehn Jahre nach Ablauf der „Abverkaufsfrist“ des Art 61 Abs 4 CLP-VO (1.6.2017) außer Kraft treten (siehe Erläuterung zu Abs 2a) (ErlRV 528 25. GP).

Gesundheitsgefährdende Arbeitsstoffe sind gemäß § 40 Abs 6 ASchG

- „fibrogen“, wenn sie als Schwebstoffe durch Einatmen mit Bindegewebsbildung einhergehende Erkrankungen der Lunge verursachen können;
- „radioaktiv“, wenn sie infolge spontaner Kernprozesse ionisierende Strahlen aussenden;
- „biologisch inert“, wenn sie als Stäube weder giftig noch fibrogen wirken und keine spezifischen Krankheitserscheinungen hervorrufen, jedoch eine Beeinträchtigung von Funktionen der Atmungsorgane verursachen können.

C. Nach CLP-Verordnung eingestufte Arbeitsstoffe (Abs 8)

Mit der ASchG-Novelle BGBl I 2015/60 wurde der bisherige § 40 Abs 7 zu Abs 8 und regelt, wie bereits geltende Arbeitnehmerschutzvorschriften, die noch auf das bisherige Einstufungssystem von gefährlichen chemischen Arbeitsstoffen abstellen (zB VEXAT, SprengV, Flüssiggasverordnung), künftig auf Arbeitsstoffe anzuwenden sind, die nach dem CLP-System eingestuft oder zu beurteilen sind. 11

Lediglich hinsichtlich STOT (spezifische Zielorgan-Toxizität) wird in den Z 5 und 6 vorgeschlagen, dass Arbeitnehmerschutzvorschriften für Arbeitsstoffe „mit giftigen Eigenschaften" für STOT-Arbeitsstoffe jeweils Kategorie 1 gelten sollen, während Bestimmungen für Arbeitsstoffe „mit gesundheitsschädlichen Eigenschaften" für STOT-einmalige Exposition Kategorien 2 und 3, und STOT-wiederholte Exposition Kategorie 2 gelten sollen. Weiters wurde die Nummerierung der Gefahrenklassen an den Anhang zur CLP-VO angepasst. Die Z 2, 3 und 4 wurden ergänzt, da alle Arten von entzündlichen Aerosolen nach dem ChemG allen Kategorien von entzündbaren Aerosolen eindeutig zuzuordnen waren. Da dies infolge unterschiedlicher Einstufungskriterien allgemein nicht widerspruchsfrei möglich ist, wurde eine Textierung gewählt, die auch eine stoffspezifische Zuordnung ermöglicht, wenn sie eindeutig nachgewiesen werden kann, zB Gefahrstoffdatenbanken oder -literatur. Die Zuordnung entzündbarer Feststoffe (Gefahrenklasse 2.7) zu Arbeitsstoffen mit leicht entzündlichen Eigenschaften wurde richtig (ErlRV 528 25. GP):

1. Bestimmungen für Arbeitsstoffe mit brandfördernden Eigenschaften gelten auch für oxidierende Arbeitsstoffe	im Sinne des Abs. 3 Z 1
2. Bestimmungen für Arbeitsstoffe mit entzündlichen Eigenschaften gelten auch für Arbeitsstoffe, die zugeordnet werden können	a. entzündbaren Flüssigkeiten (Gefahrenklasse 2.6) Kategorie 3, b. entzündbaren Aerosolen (Gefahrenklasse 2.3) Kategorie 1, sowie – wenn sich dies auf Grund anerkannter physikalischer Stoffdaten (zB Gefahrstoffdatenbanken oder -literatur) stoffspezifisch ergibt – Kategorie 2, c. organischen Peroxiden (Gefahrenklasse 2.15), Typ E und F;

3. Bestimmungen für Arbeitsstoffe mit leichtentzündlichen Eigenschaften gelten auch für Arbeitsstoffe, die zugeordnet werden können	a. entzündbaren Flüssigkeiten (Gefahrenklasse 2.6) Kategorie 2, b. entzündbaren Aerosolen (Gefahrenklasse 2.3) Kategorie 1, sowie – wenn sich dies auf Grund anerkannter physikalischer Stoffdaten (z. B. Gefahrstoffdatenbanken oder -literatur) stoffspezifisch ergibt – Kategorie 2, c. entzündbaren Feststoffen (Gefahrenklasse 2.7), d. selbstzersetzlichen Stoffen oder Gemischen (Gefahrenklasse 2.8) Typ C, D, E und F, e. pyrophoren Flüssigkeiten und pyrophoren Feststoffen (Gefahrenklasse 2.9 und 2.10), f. selbsterhitzungsfähigen Stoffen oder Gemischen (Gefahrenklasse 2.11), g. Stoffen oder Gemischen, die in Berührung mit Wasser entzündbare Gase entwickeln (Gefahrenklasse 2.12) Kategorie 2 und 3, h. organischen Peroxiden (Gefahrenklasse 2.15) Typ C und D;
4. Bestimmungen für Arbeitsstoffe mit hochentzündlichen Eigenschaften gelten auch für Arbeitsstoffe, die zugeordnet werden können	a. entzündbaren Gasen (Gefahrenklasse 2.2), b. entzündbaren Aerosolen (Gefahrenklasse 2.3), Kategorie 1, sowie – wenn sich dies auf Grund anerkannter physikalischer Stoffdaten (zB Gefahrstoffdatenbanken oder -literatur) stoffspezifisch ergibt – Kategorie 2, c. entzündbaren Flüssigkeiten (Gefahrenklasse 2.6) Kategorie 1, d. Stoffen oder Gemischen, die in Berührung mit Wasser entzündbare Gase entwickeln (Gefahrenklasse 2.12) Kategorie 1;
5. Bestimmungen für Arbeitsstoffe mit giftigen Eigenschaften gelten auch für Arbeitsstoffe, die einer der folgenden Gefahrenklassen zugeordnet werden können	a. akute Toxizität (Gefahrenklasse 3.1) Kategorie 1 bis 3, b. spezifische Zielorgan-Toxizität bei einmaliger oder wiederholter Exposition (Gefahrenklasse 3.8 oder 3.9) jeweils Kategorie 1, c. Aspirationsgefahr (Gefahrenklasse 3.10);

6. Bestimmungen für Arbeitsstoffe mit gesundheitsschädlichen Eigenschaften gelten auch für Arbeitsstoffe, die einer der folgenden Gefahrenklassen zugeordnet werden können	a. akute Toxizität (Gefahrenklasse 3.1) Kategorie 4, b. spezifische Zielorgan-Toxizität, einmalige Exposition (Gefahrenklasse 3.8) Kategorien 2 und 3, c. spezifische Zielorgan-Toxizität, wiederholte Exposition (Gefahrenklasse 3.9) Kategorie 2;
7. Bestimmungen für Arbeitsstoffe mit ätzenden Eigenschaften gelten auch für Arbeitsstoffe, die einer der folgenden Gefahrenklassen zugeordnet werden können	a. Ätz-/Reizwirkung auf die Haut (Gefahrenklasse 3.2) Kategorien 1A, 1B und 1C, b. schwere Augenschädigung/Augenreizung (Gefahrenklasse 3.3) Kategorie 1
8. Bestimmungen für Arbeitsstoffe mit reizenden Eigenschaften gelten auch für Arbeitsstoffe, die einer der folgenden Gefahrenklassen zugeordnet werden können	a. Ätz-/Reizwirkung auf die Haut (Gefahrenklasse 3.2) Kategorie 2, b. schwere Augenschädigung/Augenreizung (Gefahrenklasse 3.3) Kategorie 2, c. spezifische Zielorgan-Toxizität bei einmaliger Exposition (Gefahrenklasse 3.8) Kategorie 3
9. Bestimmungen für Arbeitsstoffe mit sensibilisierenden Eigenschaften gelten auch für Arbeitsstoffe, die zugeordnet werden können	Gefahrenklasse 3.4 (Sensibilisierung der Atemwege oder der Haut)
10. Bestimmungen für Arbeitsstoffe mit erbgutverändernden Eigenschaften gelten auch für Arbeitsstoffe, die zugeordnet werden können	Gefahrenklasse 3.5 (Keimzellmutagenität)
11. Bestimmungen für Arbeitsstoffe mit krebserzeugenden Eigenschaften gelten auch für Arbeitsstoffe, die zugeordnet werden können	Gefahrenklasse 3.6 (Karzinogenität)
12. Bestimmungen für Arbeitsstoffe mit fortpflanzungsgefährdenden Eigenschaften gelten auch für Arbeitsstoffe, die zugeordnet werden können	Gefahrenklasse 3.7 (Reproduktionstoxizität)

Rz 12 entfällt

D. Biologische Arbeitsstoffe (Abs 5)

13 Im Sinne des § 40 Abs 5 sind biologische Arbeitsstoffe

- Mikroorganismen: alle zellularen oder nicht zellularen mikrobiologischen Einheiten, die zur Vermehrung oder zur Weitergabe von genetischem Material fähig sind,
- Zellkulturen: In-vitro-Vermehrungen von aus vielzelligen Organismen isolierten Zellen,
- Humanendoparasiten und
- die Infektionen, Allergien oder toxische Wirkungen hervorrufen können.

14 Bei **Mikroorganismen** handelt es sich um lebende Organismen wie Pilze, Bakterien, Viren oder Viroide. Nicht zu den Mikroorganismen zählen nach dieser Definition hingegen: Plasmide, freie Nukleinsäuren. Pilze oder Pilzsporen können beim Menschen Mykosen, Allergien oder Vergiftungen durch Toxine hervorrufen. Bakterien sind va Infektionserreger, die meisten produzieren zudem hochgiftige Substanzen (Toxine). Viren bzw Viroide sind bei allen Lebewesen als Parasiten und Krankheitserreger zu finden, wobei sie jeweils auf bestimmte Lebewesen spezialisiert sind.

15 Als **Zellkulturen** bezeichnet man die In-vitro-Haltung und Vermehrung von isolierten, einzelnen Zellen, die aus einem vielzelligen Organismus (Pflanze, Tier, Mensch) stammen. Von den Zellkulturen selbst ist keine unmittelbare Gefährdung von Arbeitnehmern zu erwarten; sie werden daher als solche auch nicht in Risikogruppen eingestuft. Sie können allerdings Infektionserreger oder Toxine enthalten, dh mit Viren, Bakterien, Pilzen oder Parasiten (geringe Wahrscheinlichkeit) vom Spenderorganismus behaftet sein. Ihre Bestandteile können weiters auch Allergien hervorrufen.

16 **Humanendoparasiten** leben temporär oder dauernd im Organismus ihrer Wirte. Zu den Endoparasiten des Menschen zählen Protozoen (tierische Einzeller), Helminthen (parasitäre Würmer) und Arthropoden (Gliederfüßer).

Werden Mikroorganismen (einschließlich genetisch veränderter Mikroorganismen), Zellkulturen oder Humanendoparasiten, die Infektionen, Allergien oder toxische Wirkungen hervorrufen könnten, **bei der Arbeit verwendet (§ 2 Abs 6 ASchG), liegen biologische Arbeitsstoffe vor.**

Nach **§ 1 Abs 1 Verordnung biologische Arbeitsstoffe (VbA)** gehören zu den biologischen Arbeitsstoffen auch **unkonventionelle Agenzien**, die mit transmissiblen spongiformen Enzephalopathien assoziiert sind.

17 Die Verwendung biologischer Arbeitsstoffe kann gemäß der VbA eine **beabsichtigte oder unbeabsichtigte** sein (Näheres siehe Einführung zum vierten Abschnitt).

Die Einteilung der biologischen Arbeitsstoffe in vier Risikogruppen erfolgt gemäß § 2 VbA. Demnach haben Arbeitgeber bei beabsichtigter Verwendung die biologischen Arbeitsstoffe entsprechend ihrem Infektionsrisiko einer der vier Risikogruppen nach § 40 Abs 5 Z 1 bis 4 ASchG zuzuordnen. Die Zuordnung hat gemäß den Organismenlisten (Anhang 2) zu erfolgen. Sofern ein biologischer Arbeitsstoff in den Organismenlisten (Anhang 2) nicht enthalten ist, hat die Zuordnung nach dem Stand von Wissenschaft und Technik, unter Beachtung der Kriterien gemäß § 40 Abs 5 Z 1 bis 4 ASchG zu erfolgen. Bei dieser Zuordnung können national oder international anerkannte Listen der EU-Mitgliedstaaten herangezogen werden, die eine Einstufung biologischer Arbeitsstoffe in Risikogruppen im Sinne des § 40 Abs 5 Z 1 bis 4 ASchG enthalten. Ist jedoch die Zuordnung eines biologischen Arbeitsstoffes nicht eindeutig möglich, ist er der höchsten der in Betracht kommenden Risikogruppen zuzuordnen. Viren, die bereits beim Menschen isoliert, aber noch nicht in der Organismenliste (Anhang 2) eingestuft sind, sind mindestens der Risikogruppe 2 zuzuordnen, es sei denn, das Virus ist in einer Liste im Sinne des § 2 Abs 3 in Risikogruppe 1 eingestuft (§ 2 Abs 5 VbA).

In Durchführung des vierten Abschnitts wurden bisher die VbA und die GKV (derzeit GKV 2024) als **ASchG-Durchführungsverordnungen** erlassen, weiters wurden die VEXAT und die NastV auch auf den vierten Abschnitt des ASchG gestützt.

E. Neue gefährliche Arbeitsstoffe (Abs 7)

Als gefährliche Arbeitsstoffe gelten weiters Arbeitsstoffe, die einer der folgenden Gefahrenklassen zugeordnet werden können: **17a**

1. Gase unter Druck (Gefahrenklasse 2.5) oder
2. auf Metalle korrosiv wirkende Stoffe oder Gemische (Gefahrenklasse 2.16).

Diese Bestimmung ist zur Umsetzung von Art 4 der Richtlinie 2014/27/EU erforderlich, durch den Art 2 lit b) sublit i) der Richtlinie 98/24/EG (Richtlinie Chemische Arbeitsstoffe) dahingehend abgeändert wurde, dass nunmehr als „gefährliche Arbeitsstoffe" alle chemischen Arbeitsstoffe gelten, die die Kriterien für die Einstufung als gefährlich in einer der Klassen für physikalische und gesundheitliche Gefahr gemäß der CLP-Verordnung erfüllen. Dazu gehören auch Gase unter Druck (Gefahrenklasse 2.5) und auf Metalle korrosiv wirkende Stoffe oder Gemische (Gefahrenklasse 2.16) (ErlRV 528 25. GP).

IV. Verordnung biologische Arbeitsstoffe (VbA)

Die Verordnung über den Schutz der Arbeitnehmer gegen Gefährdung durch biologische Arbeitsstoffe (Verordnung biologische Arbeitsstoffe – VbA) wurde mit BGBl II 1998/237 kundgemacht und ist am **1.11.1998** in Kraft getreten. **18**

Die Verordnung setzte die folgenden EU-Richtlinien um:

- 90/679/EWG über den Schutz der Arbeitnehmer gegen Gefährdung durch biologische Arbeitsstoffe bei der Arbeit,

- 93/88/EWG zur Änderung der Richtlinie 90/679/EWG sowie
- 95/30/EG zur Anpassung der Richtlinie 90/679/EWG an den technischen Fortschritt.

Diese Verordnung gilt für die **Verwendung (§ 2 Abs 6 ASchG) von biologischen Arbeitsstoffen (§ 40 Abs 4 ASchG) einschließlich unkonventioneller Agenzien, die mit transmissiblen spongiformen Enzephalopathien assoziiert sind** (§ 1 Abs 1 VbA).

19 „Verwenden bei der Arbeit" iSd § 2 Abs 6 ASchG indiziert allerdings, dass das „Verwenden" arbeitsbedingt ist, also mit der Tätigkeit bzw den Arbeitsvorgängen in Zusammenhang steht. Daher ist nicht jedes am Arbeitsplatz vorhandene biologische Agens auch ein biologischer „Arbeitsstoff". So stellen zum Beispiel Mikroorganismen in Lüftungsfiltern

- hinsichtlich jener Arbeitnehmer, in deren Büros sie durch die Lüftungsanlage gelangen können, keine „Arbeitsstoffe" dar,
- wohl aber hinsichtlich jener Arbeitnehmer, die mit der Wartung, Reparatur oder Reinigung der Lüftungsanlage beschäftigt werden, da bei derartigen Arbeiten eine arbeitsbedingte Exposition gegenüber solchen Mikroorganismen bekanntermaßen wahrscheinlich ist.

Hinsichtlich biologischer Arbeitsstoffe ist klarzustellen, dass natürlich auch **deren Isolieren, Vermehren oder Abernten unter „Verwenden" iSd § 2 Abs 6 ASchG** zu subsumieren ist.

A. Beabsichtigte Verwendung (§ 1 Abs 3 VbA)

20 Die Verordnung unterscheidet – entsprechend Art 3 der Richtlinie 90/679/EWG – zwischen beabsichtigter und unbeabsichtigter Verwendung von biologischen Arbeitsstoffen.

Eine beabsichtigte Verwendung liegt demnach vor, wenn der **Zweck einer Tätigkeit oder eines Arbeitsverfahrens** die Verwendung eines oder mehrerer biologischer Arbeitsstoffe ist, wie insbesondere

1. an industriellen Arbeitsplätzen in der Biotechnologie und
2. an Laborarbeitsplätzen in Forschung und Entwicklung, einschließlich diagnostischer mikrobiologischer Labors, jedoch mit Ausnahme klinischer, veterinärmedizinischer und allgemein diagnostischer Labors.

B. Unbeabsichtigte Verwendung (§ 1 Abs 4 VbA)

21 Im Gegensatz dazu liegt eine unbeabsichtigte Verwendung vor, wenn keine beabsichtigte Verwendung vorliegt, es aber **offenkundig** ist **oder** die **Ermittlung und Beurteilung der Gefahren** nach § 41 ASchG ergeben hat, dass eine Tätigkeit oder ein Arbeitsverfahren zu einer Exposition gegenüber einem oder mehreren biologischen Arbeitsstoffen führen kann (zB Tätigkeiten, bei denen Kontakt mit Tieren bzw Erzeugnissen tierischen Ursprungs besteht;

Arbeiten in Nahrungsproduktionsanlagen; Arbeiten in Müllbeseitigungsanlagen oder in Abwasserkläranlagen). Bei der unbeabsichtigten Verwendung ist somit Ausgangspunkt die vom Arbeitgeber vorzunehmende Arbeitsplatzevaluierung sowie deren Dokumentation. Es fallen daher alle Tätigkeiten, bei denen keine beabsichtigte Verwendung vorliegt, immer dann unter eine unbeabsichtigte Verwendung, wenn die Arbeitsplatzevaluierung nach § 41 ASchG ergeben hat, dass eine Exposition gegenüber einem oder mehreren biologischen Arbeitsstoffen möglich ist. Nach § 41 Abs 1 ASchG müssen sich Arbeitgeber im Rahmen der Ermittlung und Beurteilung der Gefahren hinsichtlich aller Arbeitsstoffe vergewissern, ob es sich um gefährliche Arbeitsstoffe handelt. Dieser Ermittlung und Beurteilung der Gefahren kommt somit im Bereich der unbeabsichtigten Verwendung ein grundlegender und entscheidender Stellenwert zu, was eine hohe Verantwortung der Arbeitgeber voraussetzt.

Nicht jeder mögliche Kontakt mit Krankheitserregern am Arbeitsplatz ist **22**
eine unbeabsichtigte Verwendung, sondern es muss ein Zusammenhang mit der Tätigkeit bzw den Arbeitsvorgängen bestehen. So wird beispielsweise bei beruflichen Tätigkeiten, zu denen der Kontakt mit infizierten Patienten gehört, eine unbeabsichtigte Verwendung biologischer Arbeitsstoffe vorliegen, nicht hingegen zB bei Tätigkeiten mit Kundenkontakt (auch wenn die Kunden erkältet sein könnten).

Es liegt zB eine **offenkundige, unbeabsichtigte Verwendung** von biologischen **23**
Arbeitsstoffen (§ 1 Abs 4 VbA) in Schlachthöfen vor, wo mit Blut, Körperflüssigkeiten von Schlachttieren umgegangen wird. Es kann daher zu einer Exposition gegenüber einem oder mehreren biologischen Arbeitsstoffen kommen. Es sind daher entsprechende Maßnahmen der Hygiene, Expositionsvermeidung oder PSA zu treffen.

Zur Arbeitsplatzevaluierung bei beabsichtigter und unbeabsichtigter Verwendung siehe § 41 ASchG.

C. Hygiene, Expositionsvermeidung und Impfungen (§ 5 VbA)

§ 5 VbA enthält Vorschriften über Hygiene, Expositionsvermeidung und **24**
Impfungen. Diese Maßnahmen gelten gleichermaßen für die beabsichtigte wie für die unbeabsichtigte Verwendung von biologischen Arbeitsstoffen, und zwar ausnahmslos für Risikogruppe 1 bis 4.

Ergibt die **Ermittlung und Beurteilung der Gefahren**, dass ein Risiko für die Sicherheit oder Gesundheit der Arbeitnehmer auf Grund der Exposition gegenüber biologischen Arbeitsstoffen besteht, gegen die es wirksame Impfstoffe gibt, hat der Arbeitgeber den betreffenden Arbeitnehmern die **Impfung anzubieten** (§ 5 Abs 4 VbA).

Vgl § 43 Abs 4 ASchG.

D. Ausstattung, persönliche Schutzausrüstung, sichere Handhabung, Desinfektion (§§ 6 f VbA)

25 § 6 VbA enthält Vorschriften über die Ausstattung, persönliche Schutzausrüstung sowie die sichere Handhabung bei Verwendung von biologischen Arbeitsstoffen. So sind den Arbeitnehmern beispielsweise **Seifenspender, Hautdesinfektionsmittel, geeignete Arbeitskleidung, geeignete Schutzhandschuhe, geeignete Schutzmasken** bei staub- oder aerosolbildenden Arbeitsverfahren sowie **getrennte Aufbewahrungsmöglichkeiten** für Straßenkleidung einerseits und Arbeitskleidung oder persönliche Schutzausrüstung andererseits zur Verfügung zu stellen.

26 Die **Oberflächen von Werkbänken und Arbeitstischen** müssen wasserundurchlässig, leicht zu reinigen und desinfizierbar sowie gegen die zu erwartende mechanische, chemische oder physikalische Einflüsse widerstandsfähig sein.

Arbeitgeber haben weiters dafür zu sorgen, dass zB die Arbeitskleidung und persönliche Schutzausrüstung außerhalb des Arbeitsraumes bzw außerhalb des Arbeitsbereiches nicht getragen und persönliche Schutzausrüstung nach jedem Gebrauch, erforderlichenfalls auch vor jedem Gebrauch, überprüft und gereinigt wird.

Arbeitgeber haben weiters gemäß § 7 Abs 1 VbA festzulegen, welche **spezifischen Desinfektionsverfahren** für die verwendeten biologischen Arbeitsstoffe geeignet und wie oft diese anzuwenden sind, und müssen die dafür erforderlichen Mittel zur Verfügung stellen.

E. Zusätzliche Schutzmaßnahmen (§§ 9 f VbA)

27 Zusätzliche Schutzmaßnahmen sind vorgesehen bei beabsichtigter Verwendung (Näheres siehe § 9 VbA) und in bestimmten Fällen unbeabsichtigter Verwendung (siehe § 10 VbA); vgl § 43 ASchG.

Welche zusätzlichen Schutzmaßnahmen zu setzen sind, ergibt sich aus der jeweiligen Risikogruppe in Anhang 1 der VbA.

Zur **Meldung bei erstmaliger Verwendung** von biologischen Arbeitsstoffen siehe § 42 Abs 6 ASchG.

F. Information und Unterweisung (§ 12 VbA)

28 § 12 VbA konkretisiert § 12 und § 14 ASchG über die Information und Unterweisung der Arbeitnehmer. Demnach sind die Arbeitnehmer zu informieren über:

- mögliche Gefahren für die Gesundheit,
- von ihnen zu treffende Hygiene- und Desinfektionsmaßnahmen,
- von ihnen zu treffende Maßnahmen zur Verhütung einer Exposition und
- das Tragen und Benutzen von persönlicher Schutzausrüstung.

Schriftliche Anweisungen nach § 14 Abs 5 ASchG müssen am Arbeitsplatz ausgehängt werden über:

- die gemäß § 7 Abs 3 Z 4 festgelegten Maßnahmen und
- die zu beachtenden Schutzmaßnahmen, sofern biologische Arbeitsstoffe der Risikogruppe 3 oder 4 verwendet werden.

G. Anhänge der VbA

Anhang 1 enthält zusätzliche Schutzmaßnahmen bei der Verwendung von **29** biologischen Arbeitsstoffen der Risikogruppen 2, 3 und 4.

Anhang 2 enthält eine Organismenliste, unterteilt in

- A: Bakterien
- B: Viren
- C: Parasiten
- D: Pilze.

Den **Risikogruppen zugeordnet** sind nur biologische Arbeitsstoffe, die bekanntermaßen Infektionskrankheiten beim Menschen hervorrufen.

Nicht berücksichtigt sind:

1. Tier- und Pflanzenpathogene, von denen bekannt ist, dass sie nicht auf den Menschen wirken, und
2. genetisch veränderte Mikroorganismen (§ 13 VbA).

V. Grenzwerteverordnung 2024 (GKV)

Die Verordnung über Grenzwerte für Arbeitsstoffe und über krebserzeugende **30** Arbeitsstoffe (Grenzwerteverordnung 2001 – GKV 2001) wurde mit BGBl II 2001/253 kundgemacht und ist am **1.10.2001** in Kraft getreten. Seit der Novelle **BGBl II 2024/330** lautet der Verordnungstitel: „***Verordnung über Grenzwerte für Arbeitsstoffe sowie über gefährliche Arbeitsstoffe (Grenzwerteverordnung 2024 – GKV)***".

Die GKV gilt gemäß § 1 Abs 1 GKV für Arbeitsstätten, Baustellen und auswärtige Arbeitsstellen im Sinne des ASchG. Die GKV gliedert sich in sieben Abschnitte:

Der **erste Abschnitt (Grenzwerte)** konkretisiert die in § 45 ASchG enthalte- **31** nen Bestimmungen zu den Grenzwerten am Arbeitsplatz und wird durch **Anhang I** – Stoffliste (MAK-Werte und TRK-Werte) ergänzt. Abschnitt 1 enthält Regelungen über

- maximale Arbeitsplatzkonzentration (MAK-Werte) (§ 2)
- technische Richtkonzentration (TRK-Werte) (§ 3)
- Beurteilungszeitraum für MAK-Werte und TRK-Werte (§ 4)
- MAK-Werte für biologisch inerte Schwebstoffe (§ 5)
- MAK-Werte für Kohlenwasserstoffdämpfe (§ 6)

- Bewertung von Stoffgemischen (§ 7)
- Information der Arbeitnehmer über das Bestehen eines Grenzwertes für Arbeitsstoffe (§ 8)
- Handhabung des Anhangs I (§ 9).

32 Der **zweite Abschnitt** konkretisiert die im vierten Abschnitt des ASchG enthaltenen Regelungen über **krebserzeugende und fortpflanzungsgefährdende (reproduktionstoxische) Arbeitsstoffe** und wird ergänzt durch **Anhang III** (Liste krebserzeugender Arbeitsstoffe) und durch **Anhang VI** (Liste fortpflanzungsgefährdender [reproduktionstoxischer] Arbeitsstoffe).

Der zweite Abschnitt gliedert sich in

- Einstufung und Unterteilung von krebserzeugenden Arbeitsstoffen (§ 10)
- Einstufung und Unterteilung von fortpflanzungsgefährdenden (reproduktionstoxischen) Arbeitsstoffen (§ 10a)
- Ausnahmen für Arbeitsstoffe mit begründetem Verdacht auf krebserzeugendes Potenzial (§ 11)
- Verringerung der Einwirkung durch reproduktionstoxische Arbeitsstoffe (§ 11a)Verbot von eindeutig krebserzeugenden Arbeitsstoffen (§ 12)
- Meldung eindeutig krebserzeugender und reproduktionstoxischer (Kategorie 1A und 1B) Arbeitsstoffe (§ 13)
- Schutz- oder Arbeitskleidung (§ 14)
- Unterweisung (§ 14a)
- Luftrückführung (§ 15).

Mit der GKV-Novelle BGBl II 2024/330 wurde eine spezielle Unterweisungsverpflichtung aufgenommen. Die Unterweisungsverpflichtung in Art 11 ist durch die Änderungsrichtlinie konkretisiert und an den erweiterten Geltungsbereich angepasst worden, wodurch auch die reproduktionstoxischen Stoffe genannt werden. Zu diesen bestand bereits nach Art 8 der Chemischen Arbeitsstoff-Richtlinie 98/24/EG eine Unterweisungspflicht. Arbeitgeberinnen und Arbeitgeber haben die Beschäftigten *„über angemessene Vorsichtsmaßregeln und Vorkehrungen, die der Arbeitnehmer zu seinem eigenen Schutz und zum Schutz der anderen Arbeitnehmer am Arbeitsplatz zu treffen hat"*, zu unterweisen. Die in Art 11 der Änderungsrichtlinie vorgesehenen Unterweisungsinhalte stellen solche Vorsichtsmaßnahmen nach Art 8 der Chemischen Arbeitsstoff-Richtlinie dar. Es sollten somit auch bisher die Beschäftigten über solche Inhalte unterwiesen werden, wenn sie krebserzeugende Arbeitsstoffe der CLP-Kategorie 2 und reproduktionstoxische Arbeitsstoffe aller Gefahrenkategorien verwenden, aber eben auf Grundlage der Chemischen Arbeitsstoff-Richtlinie. Da die GKV sowohl die Karzinogene-RL als auch die Chemische Arbeitsstoffe-RL umsetzt, gilt die Unterweisungsverpflichtung bei der Verwendung von krebserzeugenden und reproduktionstoxischen Arbeitsstoffen aller Gefahrenkategorien. Demnach muss die Unterweisung gemäß § 14 ASchG

1. neue oder veränderte Gefährdungen berücksichtigen, wenn Arbeitnehmerinnen und Arbeitnehmer tatsächlich oder wahrscheinlich neuen Karzinogenen oder reproduktionstoxischen Stoffen oder mehreren verschiedenen Karzinogenen oder reproduktionstoxischen Stoffen, auch solchen, die in gefährlichen Arzneimitteln enthalten sind, ausgesetzt sind oder wenn sich die Umstände im Zusammenhang mit der Arbeit ändern,
2. im Gesundheitswesen für alle Arbeitnehmerinnen und Arbeitnehmer, bei denen eine Exposition gegenüber Karzinogenen oder reproduktionstoxischen Stoffen gegeben ist, regelmäßig durchgeführt werden, insbesondere, wenn am jeweiligen Arbeitsplatz neuartige gefährliche Arzneimittel, die diese Stoffe enthalten, verwendet werden.

§ 14 ASchG enthält allgemeine Voraussetzungen für die Durchführung einer Unterweisung. Da die speziellen Vorgaben aus Art 11 UAbs 2 der Änderungsrichtlinie durch § 14 ASchG nicht abgedeckt werden, ist es notwendig, eine konkrete Unterweisungsverpflichtung in der GKV aufzunehmen (Erl Begutachtung vom 13.6.2024).

Der **dritte Abschnitt** enthält Sonderbestimmungen für Holzstaub. Er wird ergänzt durch Anhang V (Liste von Hölzern, deren Stäube als eindeutig krebserzeugend gelten). Er enthält Bestimmungen zu/zur: 33

- Luftrückführung und TRK-Wert (§ 16)
- Pflicht zur Absaugung für bestimmte Holzbearbeitungsmaschinen (§ 16a)
- Maßnahmen bei der Absaugung von Holzstaub (§ 17)
- Reinigung von Betriebsräumen und Arbeitsmitteln (§ 18).

Der **vierte Abschnitt** enthält Sonderbestimmungen für Asbest. Dieser wurde mit der Novelle BGBl II 2006/242 in Umsetzung der EU-Richtlinie 2003/18/EG über den Schutz der Arbeitnehmer gegen Gefährdung durch Asbest am Arbeitsplatz vom 27. März 2003 („Asbest-RL“), ABl Nr L 97 vom 15.4.2003 S 48, in die GKV aufgenommen. Dieser Abschnitt gilt für Arbeiten, bei denen Arbeitnehmer Asbeststaub oder Staub von asbesthaltigen Materialien ausgesetzt sind oder sein können (§ 21 GKV). Er enthält die folgenden Bestimmungen: 34

- Geltungsbereich (§ 21)
- Meldung von Asbestarbeiten vor Beginn der Arbeiten an das Arbeitsinspektorat (§ 22)
- Erstellung eines schriftlichen Arbeitsplans vor Beginn von Abbrucharbeiten oder der Entfernung von Asbest (§ 23)
- Messungen der Asbestfaserkonzentration (§ 24)
- Information und Unterweisung der Arbeitnehmer über die Gefahren von Asbest (§ 25)
- Maßnahmen zur Minimierung der Exposition durch Asbeststaub (§ 26)
- Besondere Maßnahmen bei Abbruch-, Sanierungs-, Reparatur- oder Instandhaltungsarbeiten (§ 27).

Der **Abschnitt 4a** über allgemeine Bestimmungen zu gefährlichen Arbeitsstoffen wurde mit der GKV-Novelle BGBl II 2024/330 eingefügt. Damit erfolgte eine Rechtsbereinigung der Allgemeinen Arbeitnehmerschutzverordnung (AAV). Die AAV, BGBl 1983/218, enthält noch vereinzelt Regelungen zu gefährlichen Arbeitsstoffen und bestimmten Arbeitsverfahren (Arbeiten in Behältern) in Gesetzesrang. Diese durch das ArbeitnehmerInnenschutzgesetz, BGBl 1994/450, übergeleiteten, zum Teil obsoleten, Vorschriften entsprechen überwiegend nicht mehr dem aktuellen Stand der Technik und Erkenntnissen auf dem Gebiet der Arbeitsgestaltung. Weil diese Schutzvorschriften rechtstechnisch älter als das ASchG sind, folgen sie auch nicht zur Gänze der ASchG-Regelungssystematik, was zu Unklarheiten in der betrieblichen Umsetzung dieser Arbeitsschutzvorschriften führt. Mit dieser Novelle soll nun eine Rechtsbereinigung durch Aufhebung des gesamten vorläufig übergeleiteten, alten Rechtsbestandes zu gefährlichen Arbeitsstoffen (§§ 16, 52, 54, 55, 65 und 81 AAV) sowie zu Arbeiten in Behältern (§§ 59 und 60 AAV) erfolgen. Der alte Rechtsbestand soll durch eine der ASchG-Systematik und dem aktuellen Stand der Technik und der Arbeitswissenschaften entsprechenden Neuregelung in der GKV und AM-VO ersetzt werden (Erl Begutachtung 13.6.2024).

Der Abschnitt 4a gilt nicht für Baustellen. Auf Baustellen sind die speziellen Regelungen nach der Bauarbeiterschutzverordnung (BauV), BGBl 1994/340, anzuwenden.

Der Abschnitt 4a enthält Bestimmungen über

- Schutzmaßnahmen gegen Gase, Dämpfe und Schwebstoffe (§ 27b)
- Arbeiten mit gesundheitsgefährdenden und explosionsgefährlichen Arbeitsstoffen (§ 27c)
- Ersatz von Arbeitsstoffen und Verwendungsbeschränkungen für bestimmte Arbeitsstoffe (§ 27d)
- Lagerung von gefährlichen Arbeitsstoffen (§ 27e) und
- Vorsorge für Erste-Hilfe-Leistung (§ 27f).

35 Der **fünfte Abschnitt** konkretisiert die in § 46 ASchG enthaltenen Bestimmungen über Messungen von gesundheitsgefährdenden Arbeitsstoffen. Der fünfte Abschnitt ist ebenfalls mit BGBl II 2006/242 in die GKV aufgenommen worden. Er enthält Bestimmungen über

- Grenzwert-Vergleichsmessungen (§ 28)
- Kontrollmessungen (§ 29)
- Kontinuierliche und mobile Messungen sowie Überwachung (§ 30)
- Gemeinsame Bestimmungen (§ 31)
- Prüfungen von Absaug- oder mechanischen Lüftungsanlagen (§ 32).

Der sechste Abschnitt enthält die Übergangs- und Schlussbestimmungen.

VI. Verordnung explosionsfähige Atmosphären (VEXAT)

Die Verordnung über den Schutz der Arbeitnehmer vor explosionsfähigen Atmosphären (VEXAT) wurde mit BGBl II 2004/309 in Umsetzung der EU-Richtlinie 1999/92/EG über Mindestvorschriften zur Verbesserung des Gesundheitsschutzes und der Sicherheit der Arbeitnehmer, die durch explosionsfähige Atmosphären gefährdet werden können, kundgemacht und ist am **1.8.2004** in Kraft getreten. 36

Die VEXAT gilt für Arbeitsstätten, Baustellen und auswärtige Arbeitsstellen im Sinne des ASchG.

Sie **gilt nicht für**

- das Verwenden von explosionsgefährlichen Arbeitsstoffen (das sind Arbeitsstoffe, die, ohne gasförmig zu sein, auch ohne Beteiligung von Luftsauerstoff exotherm und unter schneller Entwicklung von Gasen reagieren können und, wenn sie unter festgelegten Prüfbedingungen detonieren, schnell deflagrieren oder beim Erhitzen unter teilweisem Einschluss explodieren) oder chemisch instabilen Stoffen;
- untertägige grubengasführende Bergbaue sowie untertägige Bergbaue mit entzündlichen Stäuben (Kohlenbergbaue);
- die Verwendung von Gasverbrauchseinrichtungen gemäß der Gasgeräte-Sicherheitsverordnung, GSV BGBl 1994/430;
- die Beförderung gefährlicher Güter nach dem Gefahrgutbeförderungsgesetz – GGBG, BGBl I 1998/145.

Explosionsfähige Atmosphäre ist gemäß **§ 3 Abs 1 VEXAT** ein Gemisch aus Luft oder anderer oxidativer Atmosphäre und brennbaren Gasen, Dämpfen, Nebeln oder Stäuben, in dem sich der Verbrennungsvorgang nach erfolgter Entzündung auf das gesamte unverbrannte Gemisch überträgt. 37

Explosionsgefährdete Bereiche sind alle Bereiche, in denen explosionsfähige Atmosphären in gefahrdrohenden Mengen auftreten können, sodass besondere Schutzmaßnahmen für die Aufrechterhaltung des Schutzes von Sicherheit und Gesundheit der betroffenen Arbeitnehmer erforderlich werden. Ein Bereich, in dem explosionsfähige Atmosphären nicht in solchen Mengen zu erwarten sind, dass besondere Schutzmaßnahmen erforderlich werden, gilt als nicht explosionsgefährdeter Bereich **(§ 3 Abs 3 VEXAT)**. 38

Arbeitgeber haben im Rahmen der **Arbeitsplatzevaluierung** die Wahrscheinlichkeit und die Dauer des Auftretens von explosionsfähigen Atmosphären und explosionsgefährdeten Bereichen sowie die charakteristischen Eigenschaften und Kenndaten der Arbeitsstoffe, die explosionsfähige Atmosphären bilden können, zu ermitteln und zu beurteilen (§ 4 Abs 1 VEXAT) und auf Grundlage der Arbeitsplatzevaluierung ein Explosionsschutzdokument zu erstellen (§ 5 VEXAT). 39

40 Kann die Bildung von explosionsfähigen Atmosphären nicht ausgeschlossen werden, hat der Arbeitgeber die der Art des Betriebes entsprechenden **technischen oder organisatorischen Maßnahmen zum Schutz gegen Explosionen** zu treffen (§ 10 VEXAT). Dabei hat der Arbeitgeber die Explosionsschutz-Maßnahmen in folgender **Rangordnung** zu treffen:

1. Die Bildung von explosionsfähigen Atmosphären oder zumindest von explosionsgefährdeten Bereichen ist zu verhindern (**primärer Explosionsschutz**):
   - Verhindern der Entstehung von explosionsgefährdeten Bereichen (§ 11)
   - Einstufen und Kennzeichnen explosionsgefährdeter Bereiche (Zonen) (§ 12)
   - Bauliche Ausführung von explosionsgefährdeten Bereichen (§ 13).
2. Falls dies auf Grund der Art der Arbeitsvorgänge nicht möglich ist, sind wirksame Zündquellen in explosionsgefährdeten Bereichen zu vermeiden (**sekundärer Explosionsschutz**):
   - Vermeiden von Zündquellen (§ 14)
   - Anforderungen an elektrische Anlagen und an Gegenstände in explosionsgefährdeten Bereichen (§ 15)
   - Vorsorge für den Fall von Störungen, zB Energieausfall (§ 16)
   - Maßnahmen für das Befahren von Behältern und ähnlichen Betriebseinrichtungen (§ 17)
   - Maßnahmen bei Untertagebauarbeiten (§ 18)
   - Maßnahmen bei Bohr- und Behandlungsarbeiten (§ 19).
3. Falls dies nicht organisatorisch und technisch sicher möglich ist, sind Maßnahmen zu treffen, die die schädlichen Auswirkungen einer möglichen Explosion so begrenzen, dass die Gesundheit und Sicherheit der Arbeitnehmer gewährleistet wird (**konstruktiver Explosionsschutz**):
   - Begrenzung der Auswirkung von Explosionen durch besondere Maßnahmen (§ 20).

Weiters enthält die VEXAT Bestimmungen über:

- Information und Unterweisung der Arbeitnehmer sowie Festlegung eines Arbeitsfreigabesystems für bestimmte Arbeiten (§ 6),
- Prüfungen vor erstmaliger Inbetriebnahme von zB elektrischen Anlagen oder mechanischen Lüftungs- oder Absauganlagen (§ 7),
- Messungen der Konzentration explosionsfähiger Atmosphäre (§ 8),
- Durchführung einer Gefahrenanalyse von bestimmten Arbeitsmitteln, Arbeitskleidung und persönlicher Schutzausrüstung über ihre Geeignetheit in explosionsgefährdeten Bereichen (§ 9).

VII. Nadelstichverordnung

41 Gestützt ua auf den vierten Abschnitt, ist mit **11.5.2013** auch die Verordnung des Bundesministers für Arbeit, Soziales und Konsumentenschutz zum **Schutz der Arbeitnehmer vor Verletzungen durch scharfe oder spitze medizini-**

sche Instrumente (Nadelstichverordnung – NastV), BGBl II 2013/16, in Kraft getreten. Ziel der Verordnung ist die Prävention vor Verletzungen durch scharfe oder spitze medizinische Instrumente.

Gemäß **§ 1 Abs 1 NastV** gilt die Verordnung für Arbeitsstätten und auswärtige **42**
Arbeitsstellen im Sinn des ASchG **in den Bereichen des Krankenhaus- und Gesundheitswesens** (wie Kranken- und Kuranstalten, Ambulatorien, Arzt- und Zahnarztpraxen, Blut- oder Plasmaspendeeinrichtungen, Rettungsdienste, Krankentransporte, Pflegeeinrichtungen, Einrichtungen zur psychosozialen Betreuung oder Suchtbekämpfung, Arbeitsplätze der mobilen Krankenbetreuung oder mobilen Pflege), des Veterinärwesens sowie in Labors, **wenn für die Arbeitnehmer die Gefahr besteht, sich mit scharfen oder spitzen medizinischen Instrumenten zu verletzen.**

Beauftragen Arbeitgeber **Subunternehmer** (wie zB Wäscherei-, Reinigungs- und Abfallentsorgungsdienste), müssen sie Maßnahmen treffen (wie zB Informationen, Mitteilungen, Warnungen, Hinweise oder sonstige geeignete Maßnahmen), damit auch diese im Hinblick auf deren Arbeitnehmer diese Verordnung einhalten (§ 1 Abs 3 NastV).

Unter **scharfen oder spitzen medizinischen Instrumenten** sind gemäß **§ 2** **43**
Abs 1 NastV Arbeitsmittel zur Durchführung bestimmter medizinischer Tätigkeiten, die schneiden, stechen und Verletzungen oder Infektionen verursachen können (zB Injektionsnadeln), zu verstehen.

Bei der Ermittlung und Beurteilung der Gefahren durch scharfe oder spitze medizinische Instrumente sind alle Situationen zu erfassen, in denen Verletzungen und Kontakt mit Blut, mit anderen potenziell infektiösen Stoffen oder mit sonstigen gesundheitsgefährdenden Arbeitsstoffen vorkommen können. Dabei sind Technologie, Arbeitsorganisation, Arbeitsgestaltung, Arbeitsbedingungen, Qualifikationsniveau, arbeitsbezogene psychosoziale Faktoren sowie der Einfluss von Faktoren der Arbeitsumgebung zu berücksichtigen (§ 3 Abs 1 und 2 NastV).

Zur Expositionsvermeidung sind gemäß § 4 Abs 1 NastV Arbeitsverfahren so zu **44**
gestalten, dass das Risiko von Verletzungen und Infektionen verhindert oder zumindest minimiert wird und Expositionen vermieden werden. Ergibt sich aus der Ermittlung und Beurteilung der Gefahren ein Risiko der Verletzung oder Infektion durch scharfe oder spitze medizinische Instrumente, sind, zusätzlich zu § 5 VbA, bestimmte Maßnahmen gemäß § 4 Abs 2 NastV zu treffen.

Bei der Information und der Unterweisung der Arbeitnehmer (§§ 12 und 14 **45**
ASchG) sind insbesondere auch bestimmte Inhalte gemäß § 5 Abs 1 Z 1 bis 6 NastV abzudecken. Diese Information und Unterweisung der Arbeitnehmer, einschließlich allfälliger überlassener Arbeitnehmer, muss vor Aufnahme der Tätigkeit erfolgen und ist in regelmäßigen Abständen zu wiederholen. Diese Abstände sind auf der Grundlage der Ergebnisse der Ermittlung und Beurteilung der Gefahren festzulegen.

46 Arbeitgeber müssen gemäß § 6 Abs 1 NastV ein Verfahren festlegen, das gewährleistet, dass die Arbeitnehmer systematisch jede Verletzung oder Infektion durch scharfe oder spitze medizinische Instrumente und jedes Ereignis, das beinahe zu einer Verletzung oder Infektion durch scharfe oder spitze medizinische Instrumente geführt hätte, gemäß § 15 Abs 5 und 6 ASchG unverzüglich den zuständigen Vorgesetzten oder den sonst dafür zuständigen Personen melden. Dieses Meldesystem ist so in die Betriebsabläufe zu integrieren, dass es ein anerkanntes und übliches Verfahren darstellt.

VIII. CLP-Verordnung

47 Das **Global harmonisierte System zur Einstufung und Kennzeichnung von Chemikalien** (**GHS**, Globally Harmonized System of Classification, Labelling and Packaging of Chemicals) der Vereinten Nationen zielt auf die Schaffung eines weltweit einheitlichen Systems zur Einstufung von Chemikalien sowie deren Kennzeichnung auf Verpackungen ab.

Auf Grundlage der GHS hat die Europäische Union eine eigene Verordnung entsprechend den UN-Vorgaben umgesetzt: Die Verordnung (EG) Nr 1272/2008 des Europäischen Parlaments und des Rates vom 16. Dezember 2008 über die Einstufung und Verpackung von Stoffen und Gemischen zur Änderung und Aufhebung der Richtlinien 67/548/EWG und 1999/45/EG und zur Änderung der Verordnung (EG) 1907/2006 (CLP-Verordnung) ist am 20. Jänner 2009 in Kraft getreten. **Die Einstufung, Verpackung und Kennzeichnung von Stoffen erfolgt seit 2.12.2010 nur mehr nach der CLP-Verordnung** (eine Übergangsregelung bestand bis 1.12.2010, wonach Stoffe bis zu diesem Zeitpunkt nach der RL 67/548/EWG [Stoff-RL] eingestuft, verpackt und gekennzeichnet werden konnten). **Für Zubereitungen gilt die Übergangsfrist noch bis 1. Juni 2015**, danach sind auch diese nach der CLP-Verordnung einzustufen, zu verpacken und zu kennzeichnen.

48 Durch die CLP-Verordnung ergeben sich folgende **Änderungen**:

- Ersatz der bisherigen orangefarbenen Gefahrensymbole durch weißrote GHS-Gefahrenpiktogramme;
- Signalworte „Gefahr“ oder „Achtung“ werden an die Gefahrenpiktogramme angefügt;
- an die Stelle der R-Sätze treten künftig H-Sätze (Hazard Statements) sowie zusätzliche EUH-Sätze (besondere Gefährdungen), an die Stelle der S-Sätze treten die P-Sätze (Precautionary Statements);
- Angaben zur jeweiligen Gefahrenbezeichnung und Kennbuchstaben, zB T, T+ entfallen;
- die bisher geltenden 15 Gefahrenbezeichnungen werden durch 28 Gefahrenklassen ersetzt; die Gefahrenklassen werden wiederum in Gefahrenkategorien unterteilt.

Die CLP-Verordnung hat auch **Auswirkungen auf den Arbeitnehmerschutz:** Die Kennzeichnungen für Stoffe und Zubereitungen werden sich schrittweise ändern. Einige Stoffe und Zubereitungen werden künftig nach der CLP-Verordnung anders eingestuft. Für die betriebliche Praxis bedeutet dies, dass bei Bekanntwerden neuer Einstufungen auf jeden Fall die Arbeitsstoffevaluierungen und die Arbeitsstoffverzeichnisse sowie gegebenenfalls Unterweisungsunterlagen oder Betriebsanweisungen überprüft werden müssen.

IX. REACH

Die Verordnung (EG) Nr 1907/2006 zur **Registrierung, Bewertung, Zulassung und Beschränkung chemischer Stoffe** ist am 1. Juni 2007 in Kraft getreten. REACH steht für **R**egistration, **E**valuation, **A**uthorisation and Restriction of **Ch**emicals (REACH-Verordnung). Durch REACH wurde das **europäische Chemikalienrecht harmonisiert und vereinfacht.** Darüber hinaus soll ein hohes Schutzniveau für die menschliche Gesundheit und für die Umwelt mit dem Ziel einer nachhaltigen Entwicklung sichergestellt werden. Dies soll unter anderem durch die Verpflichtung der Hersteller und Importeure, relevante Informationen über Stoffeigenschaften und Expositionen zu liefern, erzielt werden. 49

Ein wichtiges Instrument, um den Informationsfluss aufrechtzuerhalten, ist auch nach REACH das **Sicherheitsdatenblatt**. So hat gemäß Art 31 REACH jeder **Lieferant eines Stoffes oder einer Zubereitung** ein Sicherheitsdatenblatt zur Verfügung zu stellen, wenn es sich beispielsweise um gefährliche Stoffe oder Zubreitungen handelt oder wenn der Stoff persistent, bioakkumulierbar und toxisch oder sehr persistent und sehr bioakkumulierbar ist. 50

Weiters hat der Lieferant auf Verlangen ein Sicherheitsdatenblatt für nicht als gefährlich eingestufte Zubereitungen zur Verfügung zu stellen, wenn diese Zubreitungen in bestimmten Einzelkonzentrationen einen gesundheitsgefährdenden oder umweltgefährlichen Stoff enthalten. Dasselbe gilt für Zubereitungen, die einen Stoff enthalten, für den ein gemeinschaftlicher Grenzwert gilt (Art 31 Abs 3 REACH).

Das Sicherheitsdatenblatt braucht nicht zur Verfügung gestellt zu werden, wenn gefährliche Stoffe oder Zubereitungen, die der breiten öffentlichkeit angeboten oder verkauft werden, mit ausreichenden Informationen versehen sind, die es dem Anwender ermöglichen, die erforderlichen Maßnahmen für den Schutz der menschlichen Gesundheit, für die Sicherheit und für die Umwelt zu ergreifen. Jedoch ist ein Sicherheitsdatenblatt auszuhändigen, sofern dies von einem nachgeschalteten Anwender oder Händler verlangt wird (Art 31 REACH).

REACH enthält auch eine **Informationspflicht gegenüber den nachgeschalteten Akteuren der Lieferkette** bei Stoffen als solchen und in Zubereitungen, für die kein Sicherheitsdatenblatt erforderlich ist (Art 32 REACH). So muss jeder Lieferant eines Stoffes als solchen oder in einer Zubereitung, der kein Sicherheitsdatenblatt gemäß Artikel 31 zur Verfügung stellen muss, dem Ab- 51 nehmer bestimmte Informationen (zB Registrierungsnummer/n, etwaige Zulassungspflichten, Einzelheiten zu Beschränkungen oder sonstige verfügbare und sachdienliche Informationen über den Stoff, die notwendig sind, damit geeignete Risikomanagementmaßnahmen ermittelt und angewendet werden können) zur Verfügung stellen.

52 Auch die **Arbeitgeber werden durch REACH explizit verpflichtet**, den Arbeitnehmern und ihren Vertretern Zugang zu den Sicherheitsdatenblättern (Art 31) und sonstigen bereitgestellten Informationen (Art 32) über Stoffe oder Zubereitungen, die sie verwenden oder denen sie bei ihrer Arbeit ausgesetzt sein können, zu ermöglichen.

Das durch REACH vereinheitlichte Sicherheitsdatenblatt stellt nun aus Sicht des Arbeitnehmerschutzes eine umfangreichere und verbesserte Informationsquelle für die Ermittlung und Beurteilung der Gefahren am Arbeitsplatz dar.

53 Mit der GKV-**Novelle 2024, BGBl II 2024/330, wurde der Tabelle in Anhang I (Stoffliste)** folgender Satz angefügt: „*Im Fall einer Abweichung hinsichtlich der Einstufung krebserzeugend oder reproduktionstoxisch zwischen Anhang I und der chemikalienrechtlichen Einstufung ist für die Angabe auf dem Kennzeichnungsetikett und im Sicherheitsdatenblatt die chemikalienrechtliche Einstufung ausreichend.* " Damit sollen Unklarheiten bei Abweichungen zwischen dem Chemikalienrecht und der GKV, insbesondere bei der Erstellung von Sicherheitsdatenblättern und der Etikettierung für das Inverkehrbringen, vermieden werden. Dieser Hinweis ist primär relevant für Hersteller von gefährlichen Stoffen oder Produkten. Bei Verwendung von krebserzeugenden/reproduktionstoxischen Arbeitsstoffen sind jedoch stets zusätzlich zu den Angaben im Sicherheitsdatenblatt auch die Angaben in der GKV 2011 (Anhang I) daraufhin zu prüfen, ob eine Abweichung der Einstufung vorliegt und ob diese relevant ist (zB betreffend § 42 Abs 1, 2, 5 und 7, § 43 Abs 1 und § 44 Abs 4 oder § 47 ASchG).

Ermittlung und Beurteilung von Arbeitsstoffen

§ 41. (1) Arbeitgeber müssen sich im Rahmen der Ermittlung und Beurteilung der Gefahren hinsichtlich aller Arbeitsstoffe vergewissern, ob es sich um gefährliche Arbeitsstoffe handelt.

(2) Arbeitgeber/innen müssen die Eigenschaften der Arbeitsstoffe ermitteln und die Gefahren beurteilen, die von den Arbeitsstoffen aufgrund ihrer Eigenschaften oder aufgrund der Art ihrer Verwendung ausgehen könnten. Sie müssen dazu insbesondere die Angaben der Hersteller/innen oder Importeure/Importeurinnen, praktische Erfahrungen, Prüfergebnisse und wissenschaftliche Erkenntnisse heranziehen. Im Zweifel müssen sie Auskünfte der Hersteller/innen oder Importeure/Importeurinnen einholen.

(3) *(aufgehoben)*

(4) Werden Arbeitsstoffe von Arbeitgeber/innen erworben, gilt für die Ermittlung gemäß Abs. 2 Folgendes:

1. Sofern ein erworbener Arbeitsstoff nach
   a. der Verordnung (EG) Nr. 1272/2008 (CLP-Verordnung),
   b. dem Chemikaliengesetz 1996, BGBl. I Nr. 53/1997,
   c. dem Pflanzenschutzmittelgesetz 2011, BGBl. I Nr. 10/2011,
   d. dem Abfallwirtschaftsgesetz 2002 (AWG 2002), BGBl. I Nr. 102/2002, oder
   e. dem Biozidproduktegesetz (BiozidprodukteG), BGBl. I Nr. 105/2013,

   gekennzeichnet oder deklariert ist, können Arbeitgeber/innen, die über keine anderen Erkenntnisse verfügen, davon ausgehen, dass die Angaben dieser Kennzeichnung zutreffend und vollständig sind.

2. Ist ein erworbener Arbeitsstoff nicht nach Z 1 gekennzeichnet oder deklariert, können Arbeitgeber, die über keine anderen Erkenntnisse verfügen, davon ausgehen, dass der Arbeitsstoff keiner Kennzeichnungspflicht nach den in Z 1 genannten Bundesgesetzen unterliegt.

(5) Arbeitgeber müssen in regelmäßigen Zeitabständen Art, Ausmaß und Dauer der Einwirkung von gesundheitsgefährdenden Arbeitsstoffen und von biologischen Arbeitsstoffen im Sinne des § 40 Abs. 1 auf die Arbeitnehmer ermitteln, wobei gegebenenfalls die Gesamtwirkung von mehreren gefährlichen Arbeitsstoffen sowie sonstige risikoerhöhende Bedingungen am Arbeitsplatz zu berücksichtigen sind. Diese Ermittlung ist zusätzlich auch bei Änderung der Bedingungen und bei Auftreten von Gesundheitsbeschwerden, die arbeitsbedingt sein können, vorzunehmen.

(6) Arbeitgeber müssen in regelmäßigen Zeitabständen ermitteln, ob explosionsgefährliche oder brandgefährliche Arbeitsstoffe in einer für die Sicherheit der Arbeitnehmer gefährlichen Konzentrawirkung von mehreren gefährlichen Arbeitsstoffen sowie sonstige risikoerhöhende Bedingungen am Arbeitsplatz zu berücksichtigen sind. Diese Ermittlung ist zusätzlich auch bei Änderung der Bedingungen vorzunehmen.

[BGBl I 2015/60]

Übersicht

I.	Allgemeines	1–3
II.	Vergewisserung: Ist der Arbeitsstoff gefährlich?	4, 5
III.	Einstufung der gefährlichen Arbeitsstoffe	6, 7
IV.	Besondere Einstufungskriterien nach VbA und GKV	8–10
V.	Beurteilung der Gefahren	11–14
VI.	Festlegung der Maßnahmen (Rangordnung)	15

I. Allgemeines

1 Zur Arbeitsplatzevaluierung allgemein siehe **§ 4 ASchG**.

Im Rahmen der **Ermittlung und Beurteilung von Arbeitsstoffen** gemäß **§ 41 ASchG** sind Arbeitgeber auch hinsichtlich aller verwendeten Arbeitsstoffe dazu verpflichtet,

- sich zu vergewissern, ob es sich um gefährliche Arbeitsstoffe handelt (Abs 1),
- die Eigenschaften dieser Arbeitsstoffe ermitteln und die Gefahren beurteilen, die von den Arbeitsstoffen aufgrund ihrer Eigenschaften oder aufgrund der Art ihrer Verwendung ausgehen könnten. (Abs 2).

Dazu müssen Arbeitgeber insbesondere die Angaben der Hersteller oder Importeure, praktische Erfahrungen, Prüfergebnisse und wissenschaftliche Erkenntnisse heranziehen. Im Zweifel müssen sie Auskünfte der Hersteller oder Importeure einholen.

2 Besondere Vorschriften zur Arbeitsstoffevaluierung sieht zB die VbA vor: So sind bei beabsichtigter Verwendung bei der Ermittlung und Beurteilung der Gefahren gemäß **§ 3 VbA** zu berücksichtigen:

1. die Risikogruppe der biologischen Arbeitsstoffe;
2. Art und Häufigkeit der Tätigkeit;
3. mögliche Infektionswege, zB durch Inhalation von Aerosolen oder Staub, durch direkten oder indirekten Haut- oder Schleimhautkontakt, durch Verletzungen oder Bisse, durch orale Aufnahme;
4. die aus der Arbeit der Arbeitnehmer resultierenden möglichen allergieauslösenden oder toxigenen Wirkungen;
5. Informationen im Sinne des § 41 Abs 2 ASchG über mögliche oder tatsächlich aufgetretene Erkrankungen, die auf die Verwendung von biologischen Arbeitsstoffen zurückzuführen sind oder sein könnten;
6. die Ungewissheit hinsichtlich des Vorhandenseins von sowie die Gefährdung durch biologische Arbeitsstoffe, die im Organismus menschlicher Patienten oder von Tieren oder in den von Menschen oder Tieren stammenden Proben, Ausscheidungen oder Abfällen vorhanden sind oder sein könnten.

Bei unbeabsichtigter Verwendung ist die Ermittlung und Beurteilung der Gefahren anhand von Informationen über Erfahrungen mit vergleichbaren Arbeitsplätzen vorzunehmen. Dabei ist § 3 anzuwenden, soweit dies ohne Kenntnis der Identität des biologischen Arbeitsstoffes möglich ist. Sofern bei unbeabsichtigter Verwendung die Identität eines biologischen Arbeitsstoffes bekannt ist, muss überdies eine Zuordnung zu einer Risikogruppe vorgenommen werden (§ 4 VbA).

Vgl Anmerkungen zu § 40.

Auch die **VEXAT** sieht in **§ 4** eine besondere Verpflichtung zur Arbeitsstoffevaluierung vor. Arbeitgeber haben demnach zu ermitteln und zu beurteilen: **3**

- die Wahrscheinlichkeit und die Dauer des Auftretens von explosionsfähigen Atmosphären und explosionsgefährdeten Bereichen sowie
- die charakteristischen Eigenschaften und Kenndaten der Arbeitsstoffe, die explosionsfähige Atmosphären bilden können.

Arbeitgeber müssen weiters die spezifischen Gefahren, die von explosionsfähigen Atmosphären ausgehen können, und die spezifischen Gefahren von explosionsgefährdeten Bereichen in ihrer Gesamtheit ermitteln und beurteilen und dabei insbesondere berücksichtigen:

1. die Wahrscheinlichkeit des Vorhandenseins, der Aktivierung und des Wirksamwerdens von Zündquellen, einschließlich elektrostatischer Entladungen;
2. das Ausmaß der zu erwartenden Auswirkungen und ob Arbeitnehmer betroffen sein können;
3. die Arbeitsmittel sowie deren Sicherheits-, Kontroll- und Regelvorrichtungen, die elektrischen Anlagen (Installationen), die baulichen und örtlichen Gegebenheiten, die angewendeten Arbeitsvorgänge und ihre möglichen Wechselwirkungen, die Arbeitskleidung und persönliche Schutzausrüstung;
4. die möglichen Explosionsgefahren, insbesondere bei
   a) Normalbetrieb,
   b) vorhersehbaren Störungen, Instandhaltung, Reinigung, Prüfung und Störungsbehebung,
   c) Arbeiten nach § 6 Abs 3 (Befahren [Inspektion] und Arbeiten in oder an Betriebseinrichtungen [zB Behälter, Silos, Schächten, Gruben], die brennbare Arbeitsstoffe enthalten, enthalten haben oder in denen sich explosionsfähige Atmosphären ansammeln können, sowie Arbeiten, für deren Dauer eine temporäre Zoneneinstufung oder -umstufung erfolgen muss [§ 12 Abs 2 oder 3]).

Bei der Ermittlung und Beurteilung ebenfalls zu berücksichtigen sind Bereiche, die über öffnungen mit Bereichen verbunden sind oder verbunden werden können, in denen explosionsfähige Atmosphären auftreten können.

II. Vergewisserung: Ist der Arbeitsstoff gefährlich?

Arbeitgeber müssen sich hinsichtlich aller Arbeitsstoffe vergewissern, ob es sich um gefährliche Arbeitsstoffe handelt. Diese grundsätzliche Verpflichtung der Arbeitgeber, zu **prüfen, ob die verwendeten Arbeitsstoffe gefährliche Eigenschaften aufweisen**, ist notwendige Voraussetzung für die im ASchG und den Durchführungsverordnungen normierten Schutzmaßnahmen. **4**

Dazu ist es erforderlich und vor allem zweckmäßig, alle Arbeitsstoffe, die im Betrieb verwendet werden, vor der Arbeitsplatzevaluierung zu erfassen. Für diese Fälle erscheint es zweckmäßig, dass Arbeitgeber die verwendeten Arbeitsstoffe in einem sogenannten **„Arbeitsstoffverzeichnis"** zusammenführen. Im Einzelfall wird zu klären sein, wie das „Arbeitsstoffverzeichnis" geführt wird (zB einzelne Arbeitsplätze, einzelne Arbeitsbereiche oder auf den ganzen Betrieb). In der Praxis wird es beispielsweise bei größeren Betrieben oder Arbeitsstätten, die viele Arbeitsstoffe in unterschiedlichen Bereichen verwenden, notwendig sein, das Verzeichnis auf mehreren Ebenen zu führen.

5 Weiters sind auch – neben den verwendeten Arbeitsstoffen – solche **Stoffe zu berücksichtigen, die erst während des Arbeitsvorganges entstehen können** (zB Holzstaub, Schweißrauch). Schließlich hat der Arbeitgeber auch chemische Arbeitsstoffe, die als unschädlich gelten, im Zusammenwirken mit anderen Chemikalien jedoch gefährlich werden oder eine Gefahr vergrößern können, in seine Evaluierung mit einzuschließen. Chemische Arbeitsstoffe, die normalerweise im täglichen Leben nicht als gefährlich gelten, können jedoch dann gefährlich sein, wenn sie in größeren Mengen am Arbeitsplatz Verwendung finden. Die Bewertung muss sich auf sämtliche chemischen Arbeitsstoffe erstrecken, die tatsächlich oder möglicherweise verwendet werden.

Das **Verzeichnis** über die verwendeten gefährlichen Arbeitsstoffe ist dem Sicherheits- und Gesundheitsschutzdokument beizulegen (§ 2 Abs 3 Z 1 DOK-VO).

III. Einstufung der gefährlichen Arbeitsstoffe

6 Arbeitgeber müssen die Eigenschaften ermitteln und Arbeitsstoffe iSd § 40 einstufen.

Bei der Ermittlung der Eigenschaften auf Grund der **Einstufung und Kennzeichnung** nach der Verordnung (EG) Nr 1272/2008 (CLP-Verordnung), dem Chemikaliengesetz 1996, BGBl I 1997/53, dem Pflanzenschutzmittelgesetz 2011, BGBl I 2011/10, dem Abfallwirtschaftsgesetz 2002 (AWG 2002), BGBl I 2002/102, oder dem Biozidproduktegesetz (BiozidprodukteG), BGBl I 2013/105, kann der Arbeitgeber, der über keine anderen Erkenntnisse verfügt, davon ausgehen, **dass die Angaben dieser Kennzeichnung zutreffend und vollständig sind**.

Arbeitgeber können sich daher darauf verlassen, dass Hersteller und Importeure ihren Pflichten nach der CLP-Verordnung, dem ChemG 1996, dem Pflanzenschutzmittelgesetz 2011, AWG 2002 und dem BiozidG nachgekommen sind. Diese Angaben können Grundlage für die Ermittlung und Beurteilung sein, diese aber nicht ersetzen.

7 Wenn eine solche **Kennzeichnung nicht vorhanden ist**, können Arbeitgeber davon ausgehen, dass eine solche Kennzeichnung nach den oben angeführten Vorschriften nicht vorgeschrieben ist (§ 41 Abs 4 Z 2). Das schließt jedoch nicht notwendigerweise eine Gefährdung aus, denn viele Arbeitsstoffe unterliegen nicht diesen Bestimmungen (zB Arzneimittel). Liegt beispielsweise in

einem Arbeitsbereich ein gefährlicher Arbeitsstoff in einer nicht nach diesen Vorschriften kennzeichnungspflichtigen Zubereitung vor und ist das dem Arbeitgeber bekannt, so hat er, so wie bei jedem anderen Arbeitsstoff, unabhängig von der Kennzeichnungspflicht nach diesen Gesetzen die Ermittlung und Beurteilung durchzuführen und die entsprechenden Maßnahmen festzulegen (§ 41 Abs 2).

Im Zweifel muss der Arbeitgeber **Auskünfte der Hersteller und Vertreiber einholen**. Auf die Angaben der Kennzeichnung sowie sonstige Angaben dürfen sich Arbeitgeber jedoch nur dann verlassen, wenn sie über keine anderen Erkenntnisse verfügen. Sie können sich nicht in jedem Fall darauf berufen.

IV. Besondere Einstufungskriterien nach VbA und GKV

Nach **§ 2 VbA** haben Arbeitgeber bei beabsichtigter Verwendung die biologischen Arbeitsstoffe entsprechend ihrem **Infektionsrisiko** einer der vier Risikogruppen nach § 40 Abs 5 Z 1 bis 4 ASchG zuzuordnen. Die Zuordnung erfolgt gemäß den Organismenlisten (Anhang 2) der VbA. **8**

Als **krebserzeugend** (im Sinne des vierten Abschnittes ASchG) gelten gemäß **§ 10 Abs 1 GKV** jedenfalls Arbeitsstoffe, die **9**

- in Anhang III (Liste krebserzeugender Arbeitsstoffe) oder Anhang V (Liste von Hölzern, deren Stäube als eindeutig krebserzeugend gelten) genannt sind oder
- nach den Bestimmungen des ChemG 1996 oder des Pflanzenschutzmittelgesetzes 2011 als krebserzeugend einzustufen oder zu kennzeichnen sind oder die in Anhang I der Verordnung (EG) Nr 1272/2008 über die Einstufung, Kennzeichnung und Verpackung von Stoffen und Gemischen, ABl Nr L 353 S 1, in der jeweils geltenden Fassung genannten Kriterien für die Einstufung als karzinogener Stoff der Kategorie 1A und 1B erfüllen.

Krebserzeugende Arbeitsstoffe werden unterteilt in

1. **eindeutig krebserzeugende Arbeitsstoffe**, das sind Arbeitsstoffe, die beim Menschen erfahrungsgemäß bösartige Geschwülste zu verursachen vermögen oder sich im Tierversuch als krebserzeugend erwiesen haben, und
2. Arbeitsstoffe mit begründetem Verdacht auf krebserzeugendes Potenzial.

Als **fortpflanzungsgefährdende (reproduktionstoxische) Arbeitsstoffe** (im Sinne des vierten Abschnittes ASchG) gelten gemäß **§ 10a GKV** jedenfalls Arbeitsstoffe, die **10**

- in Anhang VI (fortpflanzungsgefährdende [reproduktionstoxische] Arbeitsstoffe) genannt sind oder
- nach den Bestimmungen des ChemG 1996 oder des Pflanzenschutzmittelgesetzes 2011 als fortpflanzungsgefährdende Stoffe einzustufen und zu kennzeichnen sind oder die in Anhang I der Verordnung (EG) Nr 1272/2008 über

die Einstufung, Kennzeichnung und Verpackung von Stoffen und Gemischen, ABl Nr L 353 S 1, in der jeweils geltenden Fassung, genannten Kriterien für die Einstufung als reproduktionstoxischer Stoff der Kategorien 1A und 1B erfüllen.

Fortpflanzungsgefährdende Stoffe werden nach folgenden Kriterien klassifiziert:

- kann die Fruchtbarkeit beeinträchtigen,
- kann vermutlich die Fruchtbarkeit beeinträchtigen,
- kann das Kind im Mutterleib schädigen,
- kann vermutlich das Kind im Mutterleib schädigen,
- kann Säuglinge über die Muttermilch schädigen.

Mit Novelle **BGBl II 2011/429** wurde die GKV um den Begriff der *„fortpflanzungsgefährdenden (reproduktionstoxischen) Arbeitsstoffe"* erweitert. **§ 10a GKV** legt Einstufung und Unterteilung bei fortpflanzungsgefährdenden Stoffen fest. Die Einstufung erfolgt gemäß dem Chemikaliengesetz 1996, der Verordnung (EG) 1272/2008 (Verordnung über die Einstufung, Kennzeichnung und Verpackung von Stoffen und Gemischen, „CLP-Verordnung") oder gemäß dem Pflanzenschutzmittelgesetz 2011.

Die fortpflanzungsgefährdenden Arbeitsstoffe wurden in Anhang I aufgenommen und zusätzlich wurde ein neuer **Anhang VI „Liste fortpflanzungsgefährdender (reproduktionstoxischer) Arbeitsstoffe"** erstellt. Alle in Anhang I aufscheinenden fortpflanzungsgefährdenden Arbeitsstoffe werden ähnlich wie die krebserzeugenden Arbeitsstoffe entsprechend ihrer Wirkung in mehreren Einzellisten angeführt. Eine Substanz kann in zwei oder drei dieser Listen aufscheinen (zB Fenarimol [ISO], das als „f", „d", „L" eingestuft ist).

V. Beurteilung der Gefahren

11 Arbeitgeber müssen die Gefahren beurteilen, die mit dem Vorhandensein der Arbeitsstoffe verbunden sein könnten. Sie müssen dazu insbesondere die **Angaben der Hersteller oder Importeure** (zB Kennzeichnung, Beipacktexte, Sicherheitsdatenblätter, Gebrauchsanweisungen und Bedienungsanleitungen), praktische Erfahrungen, Prüfergebnisse und wissenschaftliche Erkenntnisse heranziehen. Im Zweifel müssen sie Auskünfte der Hersteller oder Importeure einholen. Auch die **Erfahrungen der Arbeitnehmer sowie Arbeitsunfälle und Erkrankungen**, bei denen der begründete Verdacht besteht, dass sie durch Arbeitsstoffe hervorgerufen sein könnten, sind bei der Ermittlung und Beurteilung der durch Arbeitsstoffe bedingten Gefahren zu berücksichtigen.

12 Zu berücksichtigen und zu erheben sind bei der Arbeitsstoffevaluierung auch die **Bedingungen am Arbeitsplatz und bei den jeweiligen Arbeitsverfahren**, so beispielsweise

- die Art der Einwirkung (über die Haut, Atemwege, Schleimhäute, durch Verschlucken),

- ob der Stoff als Gas, Dampf, Nebel oder Rauch vorliegt,
- die Anlagenart (geschlossen, halb geschlossen, offen),
- Umgebungsbedingungen (zB Hitze, Kälte),
- Vorhandensein von Absaug- und Lüftungsanlagen,
- Belastungen durch Tragen von persönlicher Schutzausrüstung.

Arbeitgeber müssen gemäß **§ 40 Abs 5 ASchG** Art, Ausmaß und Dauer der Einwirkung von gesundheitsgefährdenden und von biologischen Arbeitsstoffen ermitteln, und zwar **13**

- in regelmäßigen Zeitabständen,
- bei Änderung der Bedingungen,
- bei Auftreten von Gesundheitsbeschwerden,
- bei Einführung neuer Arbeitsstoffe und Arbeitsverfahren oder
- bei Unfällen.

Eine solche Ermittlung ist **auch für brand- und explosionsgefährliche Arbeitsstoffe** im Hinblick auf eine für die Sicherheit der Arbeitnehmer gefährliche Konzentration in regelmäßigen Zeitabständen und bei Änderung der Bedingungen vorzunehmen. So sieht **§ 4 Abs 4 VEXAT** vor, dass die Beurteilung der Schutzmaßnahmen auf das größtmögliche Gefährdungspotential ausgelegt sein muss, wenn eine explosionsfähige Atmosphäre mehrere Arten von brennbaren Gasen, Dämpfen, Nebeln oder Stäuben enthält. **14**

Bei diesen Ermittlungen sind gegebenenfalls die Gesamtwirkung mehrerer gefährlicher Arbeitsstoffe sowie sonstige risikoerhöhende Bedingungen zu berücksichtigen. So kann beispielsweise die Verwendung mehrerer Arbeitsstoffe oder Arbeitsstoffgemische zu Reaktionen zwischen diesen Stoffen führen, die negative Wirkungen auf die Arbeitnehmer haben können. Solche Umstände sind bei der Ermittlung und Beurteilung der Gefahren jedenfalls zu erheben und einzubeziehen.

VI. Festlegung der Maßnahmen (Rangordnung)

Auf Grundlage der Ergebnisse der Ermittlung und Beurteilung sind von den Arbeitgebern die Maßnahmen festzulegen, die notwendig sind, um die mit den jeweiligen gefährlichen Arbeitsstoffen verbundenen Gefahren zu vermeiden oder abzuwehren. **15**

Bei Festlegung der Maßnahmen ist **auf die vorgegebenen Maßnahmen und deren Rangfolge Bedacht zu nehmen** (siehe dazu §§ 42 und 43 ASchG).

Ersatz und Verbot von gefährlichen Arbeitsstoffen

§ 42. **(1) Krebserzeugende (Gefahrenklasse 3.6 – Karzinogenität), erbgutverändernde (Gefahrenklasse 3.5 – Keimzellmutagenität), fortpflanzungsgefährdende (Gefahrenklasse 3.7 – Reproduktionstoxizität) und biologische**

Arbeitsstoffe der Gruppe 2, 3 oder 4 dürfen nicht verwendet werden, wenn ein gleichwertiges Arbeitsergebnis erreicht werden kann

1. mit nicht gefährlichen Arbeitsstoffen oder, sofern dies nicht möglich ist,
2. mit Arbeitsstoffen, die weniger gefährliche Eigenschaften aufweisen.

(2) Mit besonderen Gefahren verbundene Verfahren bei der Verwendung von in Abs. 1 genannten Arbeitsstoffen dürfen nicht angewendet werden, wenn durch Anwendung eines anderen Verfahrens, bei dem die von der Verwendung des Arbeitsstoffes ausgehenden Gefahren verringert werden können, ein gleichwertiges Arbeitsergebnis erzielt werden kann.

(3) Abs. 1 und 2 gelten auch für die in Abs. 1 und 2 nicht genannten gefährlichen Arbeitsstoffe, sofern der damit verbundene Aufwand vertretbar ist.

(4) Im Zweifelsfall entscheidet die zuständige Behörde auf Antrag des Arbeitsinspektorates oder des Arbeitgebers, ob die Verwendung eines bestimmten Arbeitsstoffes oder die Anwendung eines bestimmten Arbeitsverfahrens nach Abs. 1 oder 2 zulässig ist, wobei der jeweilige Stand der Technik und die jeweils aktuellen wissenschaftlichen Erkenntnisse zu berücksichtigen sind.

(5) Die Absicht, krebserzeugende (Gefahrenklasse 3.6 – Karzinogenität), erbgutverändernde (Gefahrenklasse 3.5 – Keimzellmutagenität) oder fortpflanzungsgefährdende (Gefahrenklasse 3.7 – Reproduktionstoxizität) Arbeitsstoffe zu verwenden, ist dem Arbeitsinspektorat vor dem Beginn der Verwendung schriftlich zu melden.

(6) Die erstmalige Verwendung biologischer Arbeitsstoffe der Gruppe 2, 3 oder 4 ist dem Arbeitsinspektorat mindestens 30 Tage vor dem Beginn der Arbeiten schriftlich zu melden. Nach Ablauf dieser Frist können Arbeitgeber davon ausgehen, daß die Verwendung zulässig ist, solange sie über keine anderen Erkenntnisse verfügen. Wenn an den Arbeitsprozessen oder Arbeitsverfahren wesentliche Änderungen vorgenommen werden, die für die Sicherheit oder Gesundheit am Arbeitsplatz von Bedeutung sind und auf Grund deren die Meldung überholt ist, hat eine neue Meldung zu erfolgen.

(7) Auf Verlangen des Arbeitsinspektorates haben Arbeitgeber schriftlich darzulegen, aus welchen Gründen ein in Abs. 1 angeführter Arbeitsstoff verwendet wird und unter Vorlage von Unterlagen über die Ergebnisse ihrer Untersuchungen zu begründen, warum ein Ersatz im Sinne der Abs. 1 oder 2 nicht möglich ist. Wird diese Begründung nicht erbracht, hat die Behörde auf Antrag des Arbeitsinspektorates die Beschäftigung von Arbeitnehmern an Arbeitsplätzen, an denen der gefährliche Arbeitsstoff verwendet wird, zu untersagen.

[BGBl I 2015/60]

Übersicht

I.	Absolutes Substitutionsgebot	1–7
II.	Meldung der Verwendung (Abs 5)	
	A. Krebserzeugende, erbgutverändernde oder fortpflanzungsgefährdende Arbeitsstoffe (GKV)	8, 9
	B. Biologische Arbeitsstoffe (VbA)	10, 11

I. Absolutes Substitutionsgebot

Bei der Verwendung von Arbeitsstoffen ist eine Reihe von Maßnahmen vorgegeben. So ist bei der Festlegung der Maßnahmen zunächst zu prüfen, ob der Arbeitsstoff durch einen weniger gefährlichen oder nicht gefährlichen ersetzt werden kann bzw das Arbeitsverfahren durch ein solches ersetzt werden kann, bei dem die vom Arbeitsstoff ausgehenden Gefahren verringert werden können. 1

Für krebserzeugende (Gefahrenklasse 3.6 – Karzinogenität), erbgutverändernde (Gefahrenklasse 3.5 – Keimzellmutagenität), fortpflanzungsgefährdende (Gefahrenklasse 3.7 – Reproduktionstoxizität) **und biologische Arbeitsstoffe der Gruppe 2, 3 und 4** sieht das ASchG strengere Vorschriften vor als für andere gefährliche Arbeitsstoffe. Der Grundsatz, dass gefährliche Arbeitsstoffe und gefährliche Arbeitsverfahren durch ungefährliche oder, wenn dies nicht möglich ist, durch weniger gefährliche ersetzt werden müssen, war bereits vor dem ASchG 1994 geltendes Recht (§ 6 Abs 2 ANSchG bzw § 55 Abs 1 AAV). 2

Der Ersatz hinsichtlich besonders gefährlicher Arbeitsstoffe und Verfahren ist **jedenfalls vorzunehmen, sofern mit einem nicht oder weniger gefährlichen Arbeitsstoff oder Arbeitsverfahren ein gleichwertiges Arbeitsergebnis technisch machbar ist** (mangels eines gleichwertigen Arbeitsergebnisses fallen Forschungsarbeiten an einem gefährlichen Arbeitsstoff nicht unter die Ersatzpflicht). Die Substitution gilt ohne Rücksicht auf den damit verbundenen Aufwand.

Hinsichtlich der anderen gefährlichen Arbeitsstoffe sieht § 42 Abs 3 ASchG jedoch vor, dass der Ersatz nur dann vorgenommen werden muss, wenn er wirtschaftlich vertretbar ist. 3

Auf Verlangen des Arbeitsinspektorates haben Arbeitgeber schriftlich darzulegen, aus welchen Gründen ein krebserzeugender (Gefahrenklasse 3.6 – Karzinogenität), erbgutverändernder (Gefahrenklasse 3.5 – Keimzellmutagenität), fortpflanzungsgefährdender (Gefahrenklasse 3.7 – Reproduktionstoxizität) und biologischer Arbeitsstoff der Gruppe 2, 3 und 4 verwendet wird, und unter Vorlage von Unterlagen über die Ergebnisse ihrer Untersuchungen zu begründen, warum ein Ersatz im Sinne der Abs 1 oder 2 nicht möglich ist. Wird diese Begründung nicht erbracht, hat die Behörde auf Antrag des Arbeitsinspektorates die Beschäftigung von Arbeitnehmern an Arbeitsplätzen, an denen der gefährliche Arbeitsstoff verwendet wird, zu untersagen (**§ 42 Abs 7**).

4 Für die in § 42 Abs 1 angeführten Arbeitsstoffe gelten weitere – strengere – Regelungen als für andere gefährliche Arbeitsstoffe:

- Substitutionsgebot (§ 42 Abs 1)
- Schriftliche Meldung der beabsichtigten Verwendung (§ 42 Abs 5)
- Schriftliche Begründung, wenn keine Substitution vorgenommen wird (§ 42 Abs 7)
- Verwendung in geschlossenen Systemen (§ 43 Abs 1)
- Zugangsbeschränkung und Kennzeichnung der Arbeitsbereiche (§ 44 Abs 4)
- Verzeichnis der exponierten Arbeitnehmer (§ 47).

§ 11 GKV sieht jedoch eine **Ausnahme** (§ 95 Abs 2 ASchG) von diesen strengen Regelungen vor für Arbeitsstoffe mit begründetem Verdacht auf krebserzeugendes Potenzial (Anhang III.B). Diese strengeren Bestimmungen würden nach dem Wortlaut des ASchG, das den umfassenden Begriff „krebserzeugend" verwendet, sowohl für „eindeutig krebserzeugende" Stoffe (= III.A1 und 2) als auch für Stoffe mit „begründetem Verdacht auf krebserzeugendes Potenzial" (= III.B) gelten. Dies wird durch § 11 GKV dahingehend korrigiert, dass die strengeren Bestimmungen des ASchG nur für eindeutig krebserzeugende, nicht aber für krebsverdächtige Arbeitsstoffe gelten sollen.

Demnach ist auf **Arbeitsstoffe mit begründetem Verdacht auf krebserzeugendes Potenzial § 42 Abs 3 ASchG (Substitutionsgebot, sofern der damit verbundene Aufwand vertretbar ist), anzuwenden**; nicht anzuwenden auf Arbeitsstoffe mit begründetem Verdacht auf krebserzeugendes Potenzial sind § 42 Abs 5 (schriftliche Meldung der beabsichtigten Verwendung) und Abs 7 ASchG (schriftliche Begründung, wenn keine Substitution vorgenommen wird), § 43 ASchG (Verwendung in geschlossenen Systemen) und § 44 Abs 4 ASchG (Zugangsbeschränkung und Kennzeichnung der Arbeitsbereiche).

Das Verzeichnis der exponierten Arbeitnehmer iSd § 47 ASchG ist auch bei Verwendung von Arbeitsstoffen mit begründetem Verdacht auf krebserzeugendes Potential zu führen.

5 Weiters ist gemäß **§ 12 Abs 1 GKV** die **Verwendung folgender, eindeutig krebserzeugender Arbeitsstoffe verboten:**

- 2-Naphthylamin und seine Salze
- 4-Aminobiphenyl und seine Salze
- Benzidin und seine Salze
- 4-Nitrobiphenyl.

Beträgt die Konzentration eines der oben genannten Stoffe in einer Zubereitung unter 0,1 Gewichtsprozent, gilt das Verwendungsverbot nicht.

Im Zweifelsfall entscheidet die zuständige Behörde auf Antrag des Arbeitsinspektorates oder des Arbeitgebers, ob die Verwendung eines bestimmten Arbeitsstoffes oder die Anwendung eines bestimmten Arbeitsverfahrens nach Abs 1 oder 2 zulässig ist, wobei der jeweilige Stand der Technik und die jeweils aktuellen wissenschaftlichen Erkenntnisse zu berücksichtigen sind. **§ 42 Abs 4 ASchG** sieht im Einzelfall ein Feststellungsverfahren vor, ob ein bestimmter Arbeitsstoff bzw ein bestimmtes Arbeitsverfahren ex lege verboten ist. 6

Weitere Vorschriften über den Ersatz bzw das Verbot und die Verwendungsbeschränkung von gefährlichen Arbeitsstoffen enthält**§ 27d GKV**: 7

- Können 1,1,2,2-Tetrachlorethan und Pentachlorethan sowie Arbeitsstoffe, die einen Volumenanteil von mehr als ein Prozent der genannten Stoffe enthalten, durch nicht oder weniger gesundheitsgefährdende Arbeitsstoffe ersetzt werden, sind diese zu verwenden (ausgenommen für die Erzeugung dieser Arbeitsstoffe, für ihre Verwendung für chemische Synthesen oder für analytische Zwecke und Forschungszwecke in Labors). Zum Antrieb von zweitaktmotorbetriebenen handgeführten Arbeitsmitteln sind nur Treibstoffe zu verwenden, die maximal 0,1 Gewichtsprozent Benzol enthalten.
- Tetrachlorkohlenstoff, 1,1,2,2-Tetrachlorethan und Pentachlorethan sowie Arbeitsstoffe, die einen Volumenanteil von mehr als ein Prozent der genannten Stoffe enthalten, **dürfen als Löse-, Verdünnungs-, Reinigungs- und Entfettungsmittel nicht verwendet werden**.
- Schwefelkohlenstoff darf als Lösemittel nicht verwendet werden (ausgenommen für die Verwendung von Schwefelkohlenstoff zur Erzeugung von Chemiefasern nach dem Viskoseverfahren). Abs. 1 zweiter Satz ist sinngemäß anzuwenden.
- Arsen sowie arsenhaltige Arbeitsstoffe dürfen zum Reinigen und Beizen nicht verwendet werden.
- Das Auftragen von Farben und Lacken, die einen Masseanteil von mehr als zwei Prozent Blei enthalten, ist im Spritzverfahren, ausgenommen in geschlossenen Apparaten, nicht zulässig.
- Das Auftragen von Holzschutzmitteln, die chlorierte Phenole enthalten, ist im Spritzverfahren, ausgenommen in geschlossenen Apparaten, nicht zulässig.
- Strahlmittel, die einen Masseanteil von mehr als zwei Prozent Quarz enthalten, dürfen, ausgenommen in geschlossenen Apparaten, zum Strahlen nicht verwendet werden.
- Leichtmetalle dürfen mit chlorierten Kohlenwasserstoffen nur entfettet werden, wenn diese stabilisiert sind. Dies gilt nicht für Perchlorethylen.

§ 27d GKV wurde mit der GKV-Novelle BGBl II 2024/330 in einem neuen Abschnitt 4a aufgenommen. § 27d entspricht dem bisher geltenden § 55 AAV.

II. Meldung der Verwendung (Abs 5)

A. Krebserzeugende, erbgutverändernde oder fortpflanzungsgefährdende Arbeitsstoffe (GKV)

8 Die **beabsichtigte Verwendung** von krebserzeugenden (Gefahrenklasse 3.6 – Karzinogenität), erbgutverändernden (Gefahrenklasse 3.5 – Keimzellmutagenität) oder fortpflanzungsgefährdenden (Gefahrenklasse 3.7 – Reproduktionstoxizität) Arbeitsstoffen ist gemäß § 42 Abs 5 ASchG dem Arbeitsinspektorat schriftlich zu melden.

In Konkretisierung des § 42 Abs 5 ASchG hat die Meldung über die beabsichtigte erstmalige Verwendung von eindeutig krebserzeugenden und reproduktionstoxischen (Kategorie 1A und 1B) Arbeitsstoffengemäß **§ 13 GKV** mindestens folgende Angaben zu enthalten:

- Namen des Arbeitgebers und Anschrift der Arbeitsstätte,
- voraussichtlich jährlich verwendete Mengen der betreffenden Stoffe und der Zubereitungen, in denen die betreffenden Stoffe enthalten sind,
- Art der Arbeitsvorgänge,
- Zahl der exponierten Arbeitnehmer,
- Angaben zur Exposition,
- beabsichtigte Maßnahmen zur Gefahrenverhütung gemäß §§ 43 und 45 Abs 5 ASchG.

9 Eine besondere Meldepflicht sieht **§ 22 GKV** für **Asbestarbeiten** vor. Demnach haben Arbeitgeber vor Beginn von Arbeiten nach § 21 GKV dem zuständigen Arbeitsinspektorat den Ort (Anschrift), Beginn und Dauer der Arbeiten und alle Angaben nach § 13 schriftlich zu melden. Sofern es sich um Bauarbeiten im Sinne der BauV handelt, ist auch der Name der vorgesehenen Aufsichtsperson zu melden. Bei einer Änderung der Arbeitsbedingungen, durch die die Exposition gegenüber Asbeststaub oder Staub von asbesthaltigen Materialien erheblich zunehmen kann, muss eine neue Meldung erfolgen. Den Sicherheitsvertrauenspersonen und den Belegschaftsorganen ist Einsicht in die Meldung zu gewähren. Sind weder Sicherheitsvertrauenspersonen bestellt noch Belegschaftsorgane errichtet, ist den betroffenen Arbeitnehmern Einsicht in die Meldung zu gewähren. Eine Ausnahme von der Meldeverpflichtung ist bei bestimmten Arbeiten vorgesehen, sofern Arbeitnehmer nur gelegentlichen Expositionen geringer Höhe (15.000 F/m^3) ausgesetzt sind und sofern die Ermittlung und Beurteilung der Gefahren gemäß §§ 4 und 41 ASchG ergeben hat, dass der TRK-Wert für Asbest nicht überschritten wird.

Diese Ausnahme wird durch die Richtlinie (EU) 2023/2668 des europäischen Parlaments und des Rates vom 22. November 2023 zur Änderung der Richtlinie 2009/148/EG über den Schutz der Arbeitnehmer gegen Gefährdung durch Asbest am Arbeitsplatz spätestens mit 21.12.2025 (Umsetzungsfrist gemäß Art 2 der genannten Richtlinie) dahingehend verschärft, dass eine Ausnahme von der Meldeverpflichtung nur dann möglich ist, wenn es sich um gelegentliche Expositionen der Arbeitnehmer von geringer Höhe handelt und sich auf Grund der Arbeitsplatzevaluierung ergibt, dass der Grenzwert von 0,01F/cm³ (gemäß Art 8 der Änderungsrichtlinie) Asbest in der Luft im Arbeitsbereich nicht überschritten wird. Ob die in § 22 Abs. 3 GKV aufgezählten Arbeiten weiterhin solche sind, bei denen die Arbeitnehmer nur einer Exposition geringer Höhe (in Zukunft von 0,01F/cm³) ausgesetzt sind, lässt sich wohl nur durch entsprechende Messungen im Vorfeld feststellen.

B. Biologische Arbeitsstoffe (VbA)

Die erstmalige Verwendung biologischer Arbeitsstoffe der **Gruppe 2, 3 oder 4** 10 ist dem Arbeitsinspektorat mindestens 30 Tage vor dem Beginn der Arbeiten schriftlich zu melden. Nach Ablauf dieser Frist können Arbeitgeber davon ausgehen, dass die Verwendung zulässig ist, solange sie über keine anderen Erkenntnisse verfügen. Wenn an den Arbeitsprozessen oder Arbeitsverfahren wesentliche Änderungen vorgenommen werden, die für die Sicherheit oder Gesundheit am Arbeitsplatz von Bedeutung sind und aufgrund deren die Meldung überholt ist, hat eine neue Meldung zu erfolgen.

Nach **§ 11 VbA** hat die Meldung der erstmaligen beabsichtigten Verwendung 11 biologischer Arbeitsstoffe der Risikogruppe 2, 3 oder 4 zu enthalten:

- Namen des Arbeitgebers und Anschrift der Arbeitsstätte,
- Angaben zur Identität der biologischen Arbeitsstoffe, sofern möglich, nach Gattung und Art,
- die vorgenommene Zuordnung zu den Risikogruppen gemäß § 2,
- die Ergebnisse der Ermittlung und Beurteilung der Gefahren gemäß § 3,
- gegebenenfalls Angaben über Schutzmaßnahmen nach § 9 Abs 4, 5 oder 6.

Weiters sind gegebenenfalls jene biologischen Arbeitsstoffe zu melden, welche bei der Verwendung voraussichtlich entstehen werden, sofern diese einer höheren als der ursprünglich gemeldeten Risikogruppe zuzuordnen sind.

Arbeitgeber haben dem Arbeitsinspektorat weiters **Betriebsstörungen oder Zwischenfälle**, die zu einer beträchtlichen Erhöhung der Exposition der Arbeitnehmer gegenüber einem biologischen Arbeitsstoff der Risikogruppe 3 oder 4 geführt haben, zu melden (§ 11 Abs 4 VbA).

Maßnahmen zur Gefahrenverhütung

§ 43. **(1) Krebserzeugende (Gefahrenklasse 3.6 – Karzinogenität), erbgutverändernde (Gefahrenklasse 3.5 – Keimzellmutagenität), fortpflanzungsgefährdende (Gefahrenklasse 3.7 – Reproduktionstoxizität) und biologische Arbeitsstoffe der Gruppe 2, 3 oder 4 dürfen, wenn es nach der Art der Arbeit und dem Stand der Technik möglich ist, nur in geschlossenen Systemen verwendet werden.**

(2) Stehen gefährliche Arbeitsstoffe in Verwendung, haben Arbeitgeber Maßnahmen zur Gefahrenverhütung in folgender Rangordnung zu treffen:

1. Die Menge der vorhandenen gefährlichen Arbeitsstoffe ist auf das nach der Art der Arbeit unbedingt erforderliche Ausmaß zu beschränken.
2. Die Anzahl der Arbeitnehmer, die der Einwirkung von gefährlichen Arbeitsstoffen ausgesetzt sind oder ausgesetzt sein könnten, ist auf das unbedingt erforderliche Ausmaß zu beschränken.
3. Die Dauer und die Intensität der möglichen Einwirkung von gefährlichen Arbeitsstoffen auf Arbeitnehmer sind auf das unbedingt erforderliche Ausmaß zu beschränken.
4. Die Arbeitsverfahren und Arbeitsvorgänge sind, soweit dies technisch möglich ist, so zu gestalten, daß die Arbeitnehmer nicht mit den gefährlichen Arbeitsstoffen in Kontakt kommen können und gefährliche Gase, Dämpfe oder Schwebstoffe nicht frei werden können.
5. Kann durch diese Maßnahmen nicht verhindert werden, daß gefährliche Gase, Dämpfe oder Schwebstoffe frei werden, so sind diese an ihrer Austritts- oder Entstehungsstelle vollständig zu erfassen und anschließend ohne Gefahr für die Arbeitnehmer zu beseitigen, soweit dies nach dem Stand der Technik möglich ist.
6. Ist eine solche vollständige Erfassung nicht möglich, sind zusätzlich zu den Maßnahmen gemäß Z 5 die dem Stand der Technik entsprechenden Lüftungsmaßnahmen zu treffen.
7. Kann trotz Vornahme der Maßnahmen gemäß Z 1 bis 6 kein ausreichender Schutz der Arbeitnehmer erreicht werden, haben Arbeitgeber dafür zu sorgen, daß erforderlichenfalls entsprechende persönliche Schutzausrüstungen verwendet werden.

(3) Bei bestimmten Tätigkeiten wie z. B. Wartungs- oder Reinigungsarbeiten, bei denen die Möglichkeit einer beträchtlichen Erhöhung der Exposition der Arbeitnehmer oder eine Überschreitung eines Grenzwertes im Sinne des § 45 Abs. 1 oder 2 vorherzusehen ist, müssen Arbeitgeber

1. jede Möglichkeit weiterer technischer Vorbeugungsmaßnahmen zur Begrenzung der Exposition ausschöpfen,
2. Maßnahmen festlegen, die erforderlich sind, um die Dauer der Exposition der Arbeitnehmer auf das unbedingt notwendige Mindestmaß zu verkürzen,
3. dafür sorgen, daß die Arbeitnehmer während dieser Tätigkeiten die entsprechenden persönlichen Schutzausrüstungen verwenden, und
4. dafür sorgen, daß mit diesen Arbeiten nur die dafür unbedingt notwendige Anzahl von Arbeitnehmern beschäftigt wird.

(4) Bei der Verwendung biologischer Arbeitsstoffe müssen Arbeitgeber die dem jeweiligen Gesundheitsrisiko entsprechenden Sicherheitsvorkeh-

rungen treffen. Erforderlichenfalls sind den Arbeitnehmern wirksame Impfstoffe zur Verfügung zu stellen.

[BGBl I 2015/60]

Übersicht

I.	Allgemeines	1
II.	Verwendung in geschlossenen Systemen (Abs 1)	2–6
III.	Rangordnung der Maßnahmen (Abs 2)	7, 8
IV.	Besondere Gefahrenverhütungsmaßnahmen (GKV)	9, 10
V.	Maßnahmen bei beträchtlicher Erhöhung der Exposition	11

I. Allgemeines

Die einzelnen Gefahrenverhütungsmaßnahmen fanden sich bereits vor dem ASchG 1994 im geltenden Recht: So sah § 16 Abs 1 AAV die räumliche Trennung von Bereichen mit gefährlichen Einwirkungen sowie die Anwendung von geschlossenen Systemen vor, §§ 52 Abs 4 und 54 Abs 6 AAV normierten Mengenbeschränkungen für gefährliche Arbeitsstoffe und § 16 verpflichtete zu Absaug- und Entlüftungsmaßnahmen (vgl ErlRV 1590 BlgNR 18. GP). **1**

Die oben genannten Bestimmungen der AAV zu gefährlichen Arbeitsstoffen wurden mit der GKV-Novelle BGBl II 2024/330 rechtsbereinigt. Die AAV, BGBl 1983/218, enthält noch vereinzelt Regelungen zu gefährlichen Arbeitsstoffen und bestimmten Arbeitsverfahren (Arbeiten in Behältern) in Gesetzesrang. Diese durch das ArbeitnehmerInnenschutzgesetz, BGBl 1994/450, übergeleiteten, zum Teil obsoleten, Vorschriften entsprechen überwiegend nicht mehr dem aktuellen Stand der Technik und Erkenntnissen auf dem Gebiet der Arbeitsgestaltung. Weil diese Schutzvorschriften rechtstechnisch älter als das ASchG sind, folgen sie auch nicht zur Gänze der ASchG-Regelungssystematik, was zu Unklarheiten in der betrieblichen Umsetzung dieser Arbeitsschutzvorschriften führt. Mit dieser Novelle soll nun eine Rechtsbereinigung durch Aufhebung des gesamten vorläufig übergeleiteten, alten Rechtsbestandes zu gefährlichen Arbeitsstoffen (§§ 16, 52, 54, 55, 65 und 81 AAV) erfolgen. In einem neuen Abschnitt 4a werden diese zusammengefasst. (Erl Begutachtung Juli 2024). Der Abschnitt 4a gilt gemäß § 27a nicht für Baustellen im Sinn des ASchG.

II. Verwendung in geschlossenen Systemen (Abs 1)

§ 42 Abs 1, 2 und 7 ASchG sieht für krebserzeugende (Gefahrenklasse 3.6 – Karzinogenität), erbgutverändernde (Gefahrenklasse 3.5 – Keimzellmutagenität), fortpflanzungsgefährdende (Gefahrenklasse 3.7 – Reproduktionstoxizität) und biologische Arbeitsstoffe der Gruppe 2, 3 oder 4 ein absolutes Substitutionsgebot vor. Das bedeutet, dass krebserzeugende, erbgutverändernde, fortpflanzungsgefährdende und biologische Arbeitsstoffe der Gruppe 2, 3 oder 4 **2** nur dann in geschlossenen Systemen verwendet werden können, **wenn das Substitutionsgebot nicht greift**.

In diesem Fall dürfen diese besonders gefährlichen Arbeitsstoffe nur im geschlossenen System verwendet werden, **soweit dies technisch möglich ist**.

3 Konkrete Gefahrenverhütungsmaßnahmen sieht beispielsweise **§ 9 VbA bei beabsichtigter Verwendung von biologischen Arbeitsstoffen** vor. So sind

1. Bereiche, in denen biologische Arbeitsstoffe der Risikogruppe 2, 3 oder 4 verwendet werden, an den Zugängen mit dem Warnzeichen „Biogefährdung" zu kennzeichnen und
2. über §§ 5 bis 7 (Hygiene, Expositionsvermeidung, Desinfektion, PSA) hinausgehend die Schutzmaßnahmen nach Anhang 1 zu treffen, und zwar bei Verwendung von biologischen Arbeitsstoffen:
   a) der **Risikogruppe 2:** die Schutzmaßnahmen nach Anhang 1.RG2 (zB Dekontaminationseinrichtung, unkontrollierter Austritt muss vermieden werden);
   b) der **Risikogruppe 3:** die Schutzmaßnahmen nach Anhang 1.RG3 (Zugang zu Arbeitsbereich nur über Schleuse möglich, besondere Ausstattung der Arbeitsräume, Arbeiten in Unterdruckräumen etc);
   c) der **Risikogruppe 4:** die Schutzmaßnahmen nach Anhang 1.RG4 (zB Zugang über dreikammerige Schleuse, besondere Ausstattung der Arbeitsräume wie Videoüberwachung, die Rückführung der Abluft ist verboten).

Werden innerhalb eines Arbeitsbereiches **biologische Arbeitsstoffe mit unterschiedlichen Risikogruppen verwendet**, sind die Schutzmaßnahmen entsprechend der höchsten in Betracht kommenden Risikogruppe zu treffen.

Können bei der beabsichtigten Verwendung biologischer Arbeitsstoffe in industriellen Verfahren die Gefahren auf Grund der Ermittlung und Beurteilung für bestimmte Tätigkeiten zwar nicht abschließend beurteilt werden, liegen jedoch Hinweise dafür vor, dass ein erhebliches Gesundheitsrisiko für die Arbeitnehmer gegeben sein könnte, so dürfen die entsprechenden Tätigkeiten nur in Arbeitsräumen ausgeführt werden, die dem Anhang 1.RG3 entsprechen.

4 Konkrete Gefahrenverhütungsmaßnahmen für die Verwendung von krebserzeugenden Arbeitsstoffen enthält die **GKV** in ihrem zweiten Abschnitt (krebserzeugende und fortpflanzungsgefährdende Arbeitsstoffe), im dritten Abschnitt (Holzstaub) und im vierten Abschnitt (Asbest).

Besteht die Gefahr einer Einwirkung von **eindeutig krebserzeugenden Arbeitsstoffen**, so haben Arbeitgeber gemäß **§ 14 GKV** den Arbeitnehmern

1. geeignete Schutzkleidung im Sinne der §§ 69 und 70 ASchG oder
2. geeignete Arbeitskleidung im Sinne des § 71 Abs 2 ASchG, sofern für die spezifischen chemischen Einwirkungen der verwendeten Arbeitsstoffe eine geeignete Schutzkleidung nicht erhältlich ist, und

3. getrennte Aufbewahrungsmöglichkeiten für die Straßenkleidung einerseits und Arbeitskleidung oder persönliche Schutzausrüstung andererseits zur Verfügung zu stellen.

Die persönliche Schutzausrüstung muss nach jedem Gebrauch, erforderlichenfalls auch vor jedem Gebrauch, überprüft und gereinigt wird.

Bei der **Verwendung von biologischen Arbeitsstoffen** sieht **§ 6 Abs 1 VbA** die entsprechenden Regelungen über Arbeitskleidung vor. Das gilt grundsätzlich sowohl bei beabsichtigter als auch bei unbeabsichtigter Verwendung, sofern nicht eine Ausnahme nach § 8 VbA vorliegt. Den Arbeitnehmern sind zur Verfügung zu stellen: 5

1. Seifenspender, Hautdesinfektionsmittel, Einweghandtücher und Hautpflegemittel an den Waschplätzen,
2. geeignete Arbeitskleidung und geeignete Schutzhandschuhe,
3. geeignete Schutzmasken bei staub- oder aerosolbildenden Arbeitsverfahren,
4. getrennte Aufbewahrungsmöglichkeiten für Straßenkleidung einerseits und Arbeitskleidung oder persönliche Schutzausrüstung andererseits.

Eine weitere Maßnahme zur Gefahrenverhütung ist die **Luftrückführung nach § 15 GKV**. Das Umluftverbot wurde mit der Novelle BGBl II 2011/429 neu geregelt. Die Möglichkeit zur Luftrückführung wird nun bei Verwendung von eindeutig krebserzeugenden Schwebstoffen für Absauganlagen und -geräte einerseits und für Klima- und Lüftungsanlagen andererseits unterschiedlich geregelt: 6

- Bei Verwendung von **eindeutig krebserzeugenden Arbeitsstoffen (Gasen, Dämpfen, Schwebstoffen)** ist die Rückführung der Abluft von Klimaanlagen, Lüftungsanlagen oder Absaugeinrichtungen (Absauganlagen oder Absauggeräten), auch wenn diese gereinigt ist, in Räume verboten **(generelles Umluftverbot)**.
- Für Klima- und Lüftungsanlagen ist die Luftrückführung bei Verwendung von eindeutig krebserzeugenden Schwebstoffen jedoch im Falle der Wärmerückgewinnung während der Heizperiode erlaubt, sofern die belastete Luft nicht in vorher unbelastete Arbeitsbereiche geführt wird und bestimmte Voraussetzungen vorliegen. Die Rückführung der Abluft von Absauganlagen und -geräten darf unter den in § 15 Abs 2 GKV genannten Voraussetzungen erfolgen:
  - Es wird ein Zwanzigstel des entsprechenden TRK-Wertes (= 0,1 mg/m^3) unterschritten oder
  - es wird ein Zehntel des entsprechenden TRK-Wertes (= 0,2 mg/m^3) unterschritten und
  - die gesamte Staubbeladung in der rückgeführten Luft beträgt maximal 1 mg/m^3 und
  - der Umluftanteil an der Zuluft beträgt höchstens 50 %.

§ 16 GKV enthält ein **Umluftverbot für Holzstaub**. Besondere Schutzmaßnahmen sieht auch der vierte Abschnitt für Arbeiten mit Asbeststaub oder Staub von asbesthaltigen Materialien vor.

III. Rangordnung der Maßnahmen (Abs 2)

7 § 43 Abs 2 **gilt für alle gefährlichen Arbeitsstoffe** (und ist daher auch auf krebserzeugende, erbgutverändernde, fortpflanzungsgefährdende und biologische Arbeitsstoffe der Gruppe 2, 3 oder 4 Arbeitsstoffe anzuwenden, wenn deren Verwendung im geschlossenen System technisch nicht möglich sein sollte).

Die genannten **Schutzmaßnahmen müssen in der Rangordnung der Z 1 bis 6 gesetzt werden**. Die jeweils rangniedrigere Maßnahme kann nur Platz greifen, wenn die jeweils ranghöhere Maßnahme technisch nicht durchführbar ist oder nicht zur Vermeidung von Expositionen führt. Persönliche Schutzausrüstungen können demgemäß – entsprechend dem Grundsatz, dass kollektivem Gefahrenschutz Vorrang vor individuellem Gefahrenschutz zukommt – niemals eine Alternative zu den in Ziffer 1 bis 5 genannten technischen und organisatorischen Maßnahmen darstellen, sondern bleiben bloß die letzte Möglichkeit, wenn alle anderen Maßnahmen nicht ausreichen. (ErlRV 1590 BlgNR 18. GP).

8 Die Z 1 bis 3 enthalten das sogenannten **„Minimierungsgebot"** hinsichtlich der Menge der vorhandenen Arbeitsstoffe, der Anzahl der Arbeitnehmer, die der Einwirkung von gefährlichen Arbeitsstoffen ausgesetzt sind, und der Dauer und Intensität der möglichen Einwirkung von gefährlichen Arbeitsstoffen auf die Arbeitnehmer.

Arbeitgeber haben bei der Verwendung von Arbeitsstoffen die Festlegung der Schutzmaßnahmen nach folgender Rangordnung vorzunehmen:

1. Beschränkung der Menge der vorhandenen gefährlichen Arbeitsstoffe auf das nach der Art der Arbeit unbedingt erforderliche Ausmaß.
2. Beschränkung der Anzahl der exponierten Arbeitnehmer auf das unbedingt erforderliche Ausmaß.
3. Beschränkung der Dauer und der Intensität der möglichen Einwirkung von gefährlichen Arbeitsstoffen auf die Arbeitnehmer auf das unbedingt erforderliche Ausmaß.
4. Gestaltung der Arbeitsverfahren und der Arbeitsvorgänge (soweit technisch möglich), sodass die Arbeitnehmer nicht mit den gefährlichen Arbeitsstoffen in Kontakt kommen können und ein Freiwerden gefährlicher Gase, Dämpfe oder Schwebstoffe vermieden wird.
5. Erfassung der gefährlichen Gase, Dämpfe oder Schwebstoffe an ihrer Austritts- oder Entstehungsstelle und Beseitigung ohne Gefahr für die Arbeitnehmer, soweit dies nach dem Stand der Technik möglich ist.

6. Ist eine solche vollständige Erfassung nicht möglich, sind zusätzlich zu den Maßnahmen gemäß Z 5 die dem Stand der Technik entsprechenden Lüftungsmaßnahmen zu treffen.
7. Verwendung entsprechender persönlicher Schutzausrüstungen, wenn trotz Vornahme der Maßnahmen gemäß Z 1 bis 6 kein ausreichender Schutz der Arbeitnehmer erreicht werden kann.

IV. Besondere Gefahrenverhütungsmaßnahmen (GKV)

Weitere Maßnahmen zur Gefahrenverhütung bei der Verwendung von gefährlichen Arbeitsstoffen enthalten die §§ 27b bis 27 f GKV, welche in einem eigenen Abschnitt 4a zusammengefasst wurden (Abschnitt 4a gilt nicht für Baustellen im Sinn des ASchG): 9

- Gesundheitsgefährdende Arbeitsstoffe dürfen an Arbeitsplätzen nur in der für den Fortgang der Arbeiten erforderlichen **Menge**, höchstens jedoch jener eines Tagesbedarfes, vorhanden sein.
- **Verschüttete Arbeitsstoffe** sind unverzüglich unter Beachtung der nötigen Vorsichtsmaßnahmen zu beseitigen.
- **Abfälle und Rückstände** sind in geeigneten, erforderlichenfalls verschließbaren Behältern zu sammeln und gefahrlos zu entfernen (§ 27c Abs 1 GKV).
- § 27c Abs 1 gilt sinngemäß auch für Arbeiten mit explosionsgefährlichen Arbeitsstoffen.
- Von den Arbeitnehmern mitgebrachte Lebensmittel, Getränke, Kosmetika, Medikamente und Tabakerzeugnisse sind so aufzubewahren, dass eine Einwirkung durch gesundheitsgefährdende und ekelerregende Arbeitsstoffe vermieden wird, und
- Lebensmittel, Getränke, Kosmetika, Medikamente und Tabakerzeugnisse dürfen an Arbeitsplätzen und in Räumen, an bzw in denen die Gefahr einer Exposition gegenüber gesundheitsgefährdenden oder ekelerregenden Arbeitsstoffen besteht, nicht konsumiert oder angewendet werden. Auf dieses Verbot ist durch deutlich sichtbare Anschläge hinzuweisen.
- Arbeitnehmer haben vor dem Essen, Trinken oder Rauchen sowie nach Ende der Arbeit die Hände zu waschen.
- Arbeitnehmer mit Erkrankungen oder Verletzungen der Haut, die eine Aufnahme von gesundheitsgefährdenden Arbeitsstoffen durch die Haut begünstigen, dürfen zu Arbeiten mit solchen Arbeitsstoffen nicht herangezogen werden.
- Arbeitsplätze und Arbeitsmittel sind in einem dem Arbeitsablauf entsprechenden sauberen Zustand zu halten, insbesondere sind Böden, Wände und andere Oberflächen regelmäßig zu reinigen (§ 27c Abs 2 GKV).
- Zum gefahrlosen Umfüllen und Entnehmen von gesundheitsgefährdenden oder heißen Flüssigkeiten aus Behältern müssen außer der erforderlichen Schutzausrüstung **geeignete Einrichtungen (zB Sicherheitsheber, Pumpen oder Kippeinrichtungen**) beigestellt sein (§ 27c Abs 3 GKV.

- Sofern die Arbeits- oder Schutzkleidung bei der Arbeit stark verschmutzt wird oder mit gesundheitsgefährdenden, leicht zersetzlichen oder ekelerregenden Arbeitsstoffen in Berührung kommt, ist diese getrennt von der Straßenkleidung aufzubewahren (§ 27c Abs 4 GKV).

10 **§ 27b GKV** enthält besondere Schutzmaßnahmen gegen **Gase, Dämpfe, Schwebstoffe** und sonstige Beeinträchtigungen in Betriebsräumen:

- Arbeitsvorgänge und Arbeitsverfahren, mit denen eine erhebliche Beeinträchtigung der Arbeitnehmer durch Gase, Dämpfe, Schwebstoffe, Wärme, üblen Geruch oder ähnliche Einwirkungen verbunden ist, sind in geschlossenen Systemen oder nach Möglichkeit in eigenen Räumen durchzuführen. Auf Grund der Arbeitsplatzevaluierung ist durch entsprechende organisatorische und technische Maßnahmen (zB Lüftung mit geeigneter Luftführung, Reduktion der anwesenden Beschäftigten, zeitliche Einschränkung der Tätigkeit oder mobile Abtrennungen) sicherzustellen, dass Arbeitnehmer, die nicht unmittelbar damit beschäftigt sind, vor den Einwirkungen geschützt werden. (Erl Begutachtung 13.6. 2024)
- Sofern dies nicht möglich ist, sind Arbeitnehmerinnen bzw Arbeitnehmer, die nicht unmittelbar mit solchen Arbeiten beschäftigt sind, durch geeignete Maßnahmen vor solchen Einwirkungen zu schützen (Abs 1).
- Abgesaugte Gase, Dämpfe oder Schwebstoffe sind so abzuleiten, **abzuscheiden oder zu sammeln**, dass Arbeitnehmer nicht gefährdet und die Luftverhältnisse im Betrieb nicht beeinträchtigt sind. Absaugung und Raumlüftung dürfen einander nicht ungünstig beeinflussen (Abs 2).
- Den Arbeitsräumen und sonstigen Betriebsräumen ist die der abgesaugten Luftmenge entsprechende Frischluftmenge, wenn notwendig vorgewärmt, unter Vermeidung schädlicher Zugluft zuzuführen. Sofern Absauganlagen oder Absauggeräte für den jeweiligen Arbeitsplatz vorhanden sind, müssen diese bei Verwendung von gefährlichen Arbeitsstoffen betrieben werden (Abs 3).
- Wenn **Störungen oder Gebrechen an Absauganlagen** auftreten können, die nicht ohne weiteres erkennbar sind und die zu einer akuten Gefährdung der Arbeitnehmer führen können, ist eine selbsttätig wirkende Warn- und Alarmeinrichtung zu installieren. Diese hat rechtzeitig die betroffenen Arbeitnehmerinnen bzw Arbeitnehmer optisch oder akustisch vor den Störungen und Gebrechen zu warnen. An Alleinarbeitsplätzen sind die Auslösewerte für Warn- und Alarmeinrichtungen entsprechend anzupassen (Abs 4). Im Rahmen der Arbeitsplatzevaluierung ist wohl festzulegen, ob optische, akustische oder beide Alarmierungsarten notwendig sind. Insbesondere bei Lärmarbeitsplätzen (PSA Gehörschutz) sowie bei Arbeitnehmern mit eingeschränktem Hörvermögen ist jedenfalls eine optische Alarmierung notwendig.
- Absauganlagen einschließlich der Rohrleitungen sind nach Bedarf zu **reinigen**. Abscheideanlagen sind nach Bedarf zu entleeren und Filter rechtzeitig

zu regenerieren oder auszutauschen. Wartungsanleitungen von Herstellerinnen und Herstellern sind zu beachten (Abs 5).

- Abgase von Arbeitsmitteln sind direkt ins Freie abzuleiten, sodass Arbeitnehmerinnen bzw Arbeitnehmer nicht gefährdet werden. Sofern der Austritt von Abgasen aus Gasverbrauchseinrichtungen in den Raum nach dem Stand der Technik zulässig ist, müssen die Abgase nicht abgeleitet werden. Abgase offener Feuerstellen sind möglichst nahe der Entstehungsstelle zu erfassen und gefahrlos ins Freie abzuführen (Abs 6).
- Die Verwendung von mit Verbrennungsmotoren betriebenen selbstfahrenden Arbeitsmitteln und nicht ortsfesten Arbeitsmitteln ist in geschlossenen Räumen verboten. Davon kann abgewichen werden, wenn
  - die Abgase keine eindeutig krebserzeugenden oder reproduktionstoxischen (Kategorie 1A und 1B) Abgasbestandteile enthalten und der Nachweis über Grenzwerte gemäß § 45 ASchG geführt wird, oder
  - die Abgase von selbstfahrenden Arbeitsmitteln eindeutig krebserzeugende oder reproduktionstoxische (Kategorie 1A und 1B) Abgasbestandteile beinhalten, aber kein gleichwertiges Arbeitsergebnis mit selbstfahrenden Arbeitsmitteln ohne eindeutig krebserzeugende oder reproduktionstoxische Abgasbestandteile erreicht werden kann und die Konzentration so gering, wie es nach dem Stand der Technik möglich ist, gehalten wird. Dies gilt auch für dieselbetriebene Fahrzeuge.
- Bei Prüf- und Wartungsarbeiten an Verbrennungsmotoren in geschlossenen Arbeits- und Betriebsräumen sind entstehende Abgase zu erfassen und gefahrlos ins Freie abzuleiten (Abs 7).
- In Arbeitsräumen sind geeignete Vorkehrungen zu treffen, durch die eine die Sicherheit der Arbeitnehmer gefährdende oder die Gesundheit nachteilig beeinflussende Dampfbildung verhindert wird (Abs 8). So sind in Arbeitsräumen, in denen sich durch Arbeitsvorgänge oder Arbeitsverfahren **größere Dampfmengen** entwickeln können, geeignete Vorkehrungen zu treffen, um eine die Sicherheit oder Gesundheit der Arbeitnehmer nachteilig beeinflussende Dampfbildung zu vermeiden.

Für die Verwendung von gefährlichen Arbeitsstoffen ist – wenn kein adäquater Ersatz möglich ist – eine bestimmte Rangordnung von Maßnahmen laut ASchG zu beachten und es sind Schutzmaßnahmen gegen Gase, Dämpfe und Schwebstoffe zu treffen.

Besondere Vorsorgemaßnahmen für Erste-Hilfe-Leistungen regelt § 27f GKV. Demnach ist in Räumen, in denen Arbeitsstoffe der folgenden Gefahrenklassen verwendet werden, zur raschen Beseitigung von Verunreinigungen der Haut oder Schleimhaut eine entsprechende Waschgelegenheit mit Kalt- und nach Möglichkeit Warmwasser bereitzustellen:

1. akute Toxizität (Gefahrenklasse 3.1) Kategorie 1 bis 3,

2. Ätz-/Reizwirkung auf die Haut (Gefahrenklasse 3.2) Kategorien 1A, 1B und 1C,
3. schwere Augenschädigung/Augenreizung (Gefahrenklasse 3.3) Kategorie 1,
4. spezifische Zielorgan-Toxizität bei einmaliger oder wiederholter Exposition (Gefahrenklasse 3.8 oder 3.9) jeweils Kategorie 1,
5. Aspirationsgefahr (Gefahrenklasse 3.10).

Werden Arbeitsstoffe der Gefahrenklasse Ätz-/Reizwirkung auf die Haut (Gefahrenklasse 3.2) Kategorien 1A, 1B und 1C oder schwere Augenschädigung/Augenreizung (Gefahrenklasse 3.3) Kategorie 1 verwendet, sind außerdem einsatzbereite, geeignete Augenduschen oder – wenn dies nicht möglich ist – Augenspülflaschen in der Nähe des Arbeitsplatzes bereitzustellen. Wenn es auf Grund der Ermittlung und Beurteilung der Gefahren erforderlich ist, sind außerdem einsatzbereite Notduschen bereitzustellen.

§ 27f GKV wurde mit der Novelle BGBl II 2024/330 im Abschnitt 4a aufgenommen und bereinigt den bis dahin gemäß § 107 Abs 1 ASchG als bundesgesetzliche Bestimmung geltenden § 81 Abs 8 AAV.

V. Maßnahmen bei beträchtlicher Erhöhung der Exposition

11 Bei bestimmten Tätigkeiten wie zB Wartungs- oder Reinigungsarbeiten, bei denen die Möglichkeit einer beträchtlichen Erhöhung der Exposition der Arbeitnehmer oder eine Überschreitung eines Grenzwertes im Sinne des § 45 Abs 1 oder 2 vorherzusehen ist, müssen Arbeitgeber

1. jede Möglichkeit weiterer technischer Vorbeugungsmaßnahmen zur Begrenzung der Exposition ausschöpfen,
2. Maßnahmen festlegen, die erforderlich sind, um die Dauer der Exposition der Arbeitnehmer auf das unbedingt notwendige Mindestmaß zu verkürzen,
3. dafür sorgen, dass die Arbeitnehmer während dieser Tätigkeiten die entsprechenden persönlichen Schutzausrüstungen verwenden, und
4. dafür sorgen, dass mit diesen Arbeiten nur die dafür unbedingt notwendige Anzahl von Arbeitnehmern beschäftigt wird.

In diesem Fall werden Maßnahmen bei vorhersehbaren Expositionserhöhungen bzw bei Grenzwertüberschreitungen geregelt.

Für **unvorhersehbare Grenzwertüberschreitungen auf Grund von Zwischenfällen** sind Maßnahmen nach § 45 Abs 6 und 7 ASchG festzulegen.

Kennzeichnung, Verpackung und Lagerung

§ 44. (1) Soweit die Art des Arbeitsstoffes oder die Art des Arbeitsvorganges dem nicht entgegenstehen, müssen Arbeitgeber dafür sorgen, daß gefährliche Arbeitsstoffe so verpackt sind, daß bei bestimmungsgemäßer oder vorhersehbarer Verwendung keine Gefahr für Leben oder Gesundheit der Arbeitnehmer herbeigeführt werden kann.

(2) Arbeitgeber/innen müssen dafür sorgen, dass Behälter (einschließlich sichtbar verlegter Rohrleitungen), die gefährliche Arbeitsstoffe enthalten, entsprechend den Eigenschaften dieser Arbeitsstoffe mit Angaben über die möglichen Gefahren, die mit ihrer Einwirkung verbunden sind, sowie über notwendige Sicherheitsmaßnahmen gut sichtbar und dauerhaft gekennzeichnet sind, soweit die Art des Arbeitsstoffes oder die Art des Arbeitsvorganges dem nicht entgegenstehen. In diesem Fall muss durch andere Maßnahmen für eine ausreichende Information und Unterweisung der Arbeitnehmer/innen über die Gefahren, die mit der Einwirkung verbunden sind, und über die notwendigen Sicherheitsmaßnahmen gesorgt werden.

(3) Bei der Lagerung von gefährlichen Arbeitsstoffen müssen Arbeitgeber dafür sorgen, daß alle auf Grund der jeweiligen gefährlichen Eigenschaften dieser Stoffe gebotenen Schutzmaßnahmen getroffen werden und vorhersehbare Gefahren für die Arbeitnehmer vermieden werden. Räume oder Bereiche (einschließlich Schränke), die für die Lagerung erheblicher Mengen gefährlicher Arbeitsstoffe verwendet werden, müssen bei den Zugängen gut sichtbar gekennzeichnet sein, sofern die einzelnen Verpackungen oder Behälter nicht bereits mit einer ausreichenden Kennzeichnung versehen sind.

(4) Arbeitgeber müssen dafür sorgen, daß unbefugte Arbeitnehmer zu Bereichen, in denen krebserzeugende (Gefahrenklasse 3.6 – Karzinogenität), erbgutverändernde (Gefahrenklasse 3.5 – Keimzellmutagenität), fortpflanzungsgefährdende (Gefahrenklasse 3.7 – Reproduktionstoxizität oder biologische Arbeitsstoffe der Gruppe 2, 3 oder 4 in Verwendung stehen, keinen Zugang haben. Diese Bereiche sind nach Möglichkeit mit Vorrichtungen auszustatten, die unbefugte Arbeitnehmer am Betreten dieser Bereiche hindern und müssen gut sichtbar gekennzeichnet sein.

(5) Gefährliche Arbeitsstoffe, die nicht gemäß Abs. 2 gekennzeichnet sind, dürfen nicht verwendet werden.

[BGBl I 2015/60]

Übersicht

I.	Verpackung (Abs 1)	1–4
II.	Kennzeichnung von gefährlichen Arbeitsstoffen (Abs 2)	5
III.	Lagerung gefährlicher Arbeitsstoffe (Abs 3)	7–10
IV.	Bereichskennzeichnung bei Verwendung gefährlicher Arbeitsstoffe (Abs 4)	11

I. Verpackung (Abs 1)

Regelungen über die Verpackung von gefährlichen Stoffen, die in Verkehr 1
gesetzt werden, enthalten §§ 17 Abs 1 Z 1, 18 und 23 sowie 24 ChemG 1996, § 24 Biozid-Produkte-Gesetz. Für Verpackungen von Pflanzenschutzmitteln

gilt die Verordnung (EG) 1107/2009 über das Inverkehrbringen von Pflanzenschutzmitteln (§ 1 Pflanzenschutzmittelgesetz 2011).

2 **Gefährliche Stoffe und gefährliche Gemische** dürfen gemäß **§ 23 ChemG 1996** nur in Verkehr gebracht werden, wenn ihre Verpackung derart beschaffen ist, dass sie bei ihrer bestimmungsgemäßen oder bei einer vorhersehbaren Verwendung keine Gefahr für das Leben oder die Gesundheit von Menschen oder für die Umwelt herbeiführen können oder die in der CLP-V (Titel IV) festgelegten Regelungen eingehalten werden.

3 **§ 44 Abs 1 ASchG** verpflichtet den Arbeitgeber, gefährliche Arbeitsstoffe so zu verpacken, dass bei bestimmungsgemäßer oder vorhersehbarer Verwendung keine Gefahr für Leben oder Gesundheit der Arbeitnehmer herbeigeführt werden kann, soweit die Art des Arbeitsstoffes oder die Art des Arbeitsvorganges dem nicht entgegenstehen.

4 **§ 26 Abs 1 GKV** enthält als eine Maßnahme zur Minimierung der Exposition der Arbeitnehmer bei Arbeiten mit **Asbeststaub** oder Staub von asbesthaltigen Materialien, dass Arbeitskleidung und persönliche Schutzausrüstung, die mit Asbest in Berührung gekommen sind, sowie Asbest, Asbeststaub freisetzendes oder asbesthaltiges Material und asbesthaltige Abfälle geeignet zu verpacken sind.

Behälter für Lebensmittel oder solche, die damit verwechselt werden können, dürfen für die Aufbewahrung von gesundheitsgefährdenden, brandgefährlichen oder explosionsgefährlichen Arbeitsstoffen nicht verwendet werden (§ 27e Abs. 3 GKV). Mit der GKV-Novelle BGBl II 2024/330 wird § 65 Abs 3 AAV durch § 27e Abs 3 GKV bereinigt.

II. Kennzeichnung von gefährlichen Arbeitsstoffen (Abs 2)

5 § 44 Abs 2 und 5 ASchG über die Kennzeichnung von gefährlichen Arbeitsstoffen tritt erst mit einer entsprechenden Durchführungsverordnung in Kraft (**§ 110 Abs 4 ASchG**). Mit BGBl I 2015/60 wurde § 44 Abs 2 novelliert. Die Änderungen in § 44 sind zur Umsetzung von Art 1 Ziffer 4 der Richtlinie 2014/27/EU erforderlich, durch die Anhang III Ziffer 1 der Richtlinie 92/58/EWG (Richtlinie Sicherheitskennzeichnung) abgeändert wurde. Diese Richtlinienänderung wird darüber hinaus zur Regelung näherer Durchführungsbestimmungen eine Novellierung der Kennzeichnungsverordnung – KennV, BGBl II 1997/101, erforderlich machen (ErlRV 528 25. GP). Die rechtliche Grundlage für die Kennzeichnung gefährlicher Arbeitsstoffe und somit das Inkrafttreten des § 44 Abs 2 erfolgte durch die KennV-Novelle BGBl II 2015/184. Sie enthält Durchführungsbestimmungen zu § 44 Abs 2 und 4 ASchG idF der ASchG-Novelle BGBl I 2015/60, betreffend die Kennzeichnung von gefährlichen Arbeitsstoffen. Sie dient der Umsetzung der EU-Sicherheitskennzeichnungsrichtlinie (92/58/EWG), die mit der EU-Richtlinie 2014/27/EU abgeändert wurde, um sie an die (chemikalienrechtliche) CLP-VO anzupassen.

Die KennV regelt die Kennzeichnung von (räumlichen) Bereichen bzw bestimmten Situationen sowie die Kennzeichnung von Arbeitsstoffen zB auf einer Verpackung.

Somit haben Arbeitgeber nach § 44 Abs 2 Behälter (einschließlich sichtbar verlegter Rohrleitungen), die gefährliche Arbeitsstoffe enthalten, entsprechend den Eigenschaften dieser Arbeitsstoffe mit Angaben über die möglichen Gefahren, die mit ihrer Einwirkung verbunden sind, sowie über notwendige Sicherheitsmaßnahmen gut sichtbar und dauerhaft zu kennzeichnen, soweit die Art des Arbeitsstoffes oder die Art des Arbeitsvorganges dem nicht entgegenstehen. In diesem Fall muss durch andere Maßnahmen für eine ausreichende Information und Unterweisung der Arbeitnehmer über die Gefahren, die mit der Einwirkung verbunden sind, und über die notwendigen Sicherheitsmaßnahmen gesorgt werden. Konkretisiert wird die Kennzeichnung von Behältern (einschließlich sichtbar verlegter Rohrleitungen) in § 1a KennV. Diese Behälterkennzeichnung nach § 1a gilt nur für gefährliche chemische (dh nicht für biologische) Arbeitsstoffe.

Zu kennzeichnen sind „Behälter", die gefährliche Arbeitsstoffe enthalten – das reicht von einer kleinen Dose bis hin zu riesigen Tanks, sowie auch zu sichtbar verlegten Rohrleitungen. Angekaufte Originalbehälter (Gebinde) für Chemikalien und Biozidprodukte sind entsprechend den Inverkehrbringervorschriften gekennzeichnet. Diese Kennzeichnung entspricht dem § 1a Abs 1 KennV, und die Arbeitgeber können grundsätzlich davon ausgehen, dass die Angaben dieser Kennzeichnung zutreffend und vollständig sind.

Wenn solche angekauften Arbeitsstoffe innerbetrieblich in kleinere Behälter umgefüllt werden oder als Verdünnungen oder Mischungen verwendet werden, müssen die Arbeitgeber dafür sorgen, dass auch diese „Nicht-Originalbehälter" mit einer dem § 1a Abs 1 KennV entsprechenden Kennzeichnung versehen sind.

Die Behälter-Kennzeichnung hat nach § 1a Abs 1 KennV zu enthalten

1. eine Bezeichnung des Arbeitsstoffs – diese muss eindeutig und den Arbeitnehmern bekannt sein. Es muss nicht unbedingt der chemische Name des Stoffs sein! Die Bezeichnung kann zB sein der chemische Name des Stoffs (zB „Wasserstoffperoxid") oder die chemische Formel (zB „H2SO4 30 %") oder der Markenname (zB „Schmutz-ex") oder auch eine eindeutige interne Bezeichnung („Lack A").
2. Angaben über die möglichen Gefahren, die mit der Einwirkung des Arbeitsstoffs verbunden sind („H-Sätze" – Hazard-Statements)
3. Angaben über notwendige Sicherheitsmaßnahmen („P-Sätze" – Precautionary Statements)
4. Gefahrenpiktogramm/Symbol
5. Darüber hinaus kann die Kennzeichnung durch zusätzliche Informationen ergänzt werden (§ 1a Abs 3 Z 1 KennV, zB Gefahrzettel bei innerbetrieblichem Transport).

Nach § 44 Abs 2 ASchG kann die Behälterkennzeichnung entfallen, „*soweit die Art des Arbeitsstoffes oder die Art des Arbeitsvorganges dem entgegenstehen.*“ Zufolge der EU-Richtlinie 92/58/EWG trifft dies zu für Behälter, die bei der Arbeit nur während eines kurzen Zeitraums verwendet werden sowie für Behälter, deren Inhalt oft wechselt (zB bei kurzfristigen Umfüllvorgängen oder Reaktionsbehältern, in denen immer wieder verschiedene Stoffe gemischt werden, Staubsauger).

Nach § 44 Abs 2 ASchG muss in diesem Fall aber durch andere Maßnahmen für eine ausreichende Information und Unterweisung der Arbeitnehmer über die Gefahren, die mit der Einwirkung verbunden sind, und über die notwendigen Sicherheitsmaßnahmen gesorgt werden. § 1a Abs 5 KennV konkretisiert, dass dies erfolgen kann:

1. entweder durch eine zumindest jährliche nachweisliche Unterweisung auf Grundlage einer Betriebsanweisung (§ 14 Abs 5 ASchG)
2. oder aber der Arbeitgeber hat im Sicherheits- und Gesundheitsschutzdokument selbst eine andere Maßnahme festgelegt, die geeignet ist, die Arbeitnehmer über die möglichen Gefahren, die mit der Einwirkung verbunden sind, und über notwendige Sicherheitsmaßnahmen zu informieren und zu unterweisen.

Dieselben Alternativen haben die Arbeitgeber gemäß § 1a Abs 6 KennV auch bei Arbeitsstoffen, die nach den für sie geltenden Inverkehrbringervorschriften keine dem § 1a Abs 1 KennV entsprechende Kennzeichnung aufweisen müssen (zB Kosmetika, Arzneimittel, Lebensmittel). (Erlass des Zentral-Arbeitsinspektorates vom 29.5.2015 BMASK-461.301/0008-VII/A/3/2015)[1]

(Rz 6 entfallen)

III. Lagerung gefährlicher Arbeitsstoffe (Abs 3)

7 Hinsichtlich der Lagerung gefährlicher Arbeitsstoffe gilt bis zum Inkrafttreten einer entsprechenden Durchführungsverordnung **§ 65 AAV** als Bundesgesetz (§ 110 Abs 8 ASchG). Mit der ASchG-Novelle BGBl I 2015/60 ist § 44 Abs 3 novelliert worden. Die Änderung war zur Umsetzung von Art 1 Ziffer 4 der Richtlinie 2014/27/EU erforderlich, durch die Anhang III Ziffer 1 der Richtlinie 92/58/EWG (Richtlinie Sicherheitskennzeichnung) abgeändert wurde. Diese Richtlinienänderung war darüber hinaus zur Regelung näherer Durchführungsbestimmungen einer Novellierung der Kennzeichnungsverordnung – KennV, BGBl II 1997/101, erforderlich. Mit BGBl II 2015/184 wurde in § 44 Abs 3 ASchG gesetzlich vorgesehene Kennzeichnung von Räumen und Bereichen (einschließlich Schränken), die für die Lagerung erheb-

1 Website der Arbeitsinspektion vom 5.7.2024 https://www.arbeitsinspektion.gv.at/Arbeitsstaetten-_Arbeitsplaetze/Allgemeines/Sicherheits-_und_Gesundheitsschutzkennzeichnung.html.

licher Mengen gefährlicher Arbeitsstoffe verwendet werden, in § 1b KennV konkretisiert. § 1b konkretisiert einerseits, was unter einer „ausreichenden Kennzeichnung" der gelagerten Behälter zu verstehen ist und andererseits, was – abgestuft nach der Gefährlichkeit der verschiedenen Arbeitsstoffe – jeweils unter „erheblichen Mengen" zu verstehen ist.

So sind nach § 44 Abs 3 letzter Satz Räume oder Bereiche (einschließlich Schränke), die für die Lagerung erheblicher Mengen gefährlicher Arbeitsstoffe verwendet werden, bei den Zugängen gut sichtbar zu kennzeichnen, sofern die einzelnen Verpackungen oder Behälter nicht bereits mit einer ausreichenden Kennzeichnung versehen sind.

Nach § 1b Abs 1 sind daher zu kennzeichnen

1. Lagerräume, die zur Lagerung erheblicher Mengen folgender Arbeitsstoffe bestimmt sind:
   - explosionsgefährliche Arbeitsstoffe (§ 40 Abs 2 ASchG)
   - brandgefährliche Arbeitsstoffe (§ 40 Abs 3 ASchG)
   - bestimmte gesundheitsgefährdende Arbeitsstoffe, nämlich:
     1. Akute Toxizität (Gefahrenklasse 3.1)
     2. Spezifische Zielorgan-Toxizität, einmalige Exposition (Gefahrenklasse 3.8)
     3. Ätz-/Reizwirkung auf die Haut (Gefahrenklasse 3.2)
     4. Schwere Augenschädigung/Augenreizung (Gefahrenklasse 3.3)
     5. Keimzellmutagenität (Gefahrenklasse 3.5)
     6. Karzinogenität (Gefahrenklasse 3.6)
     7. Reproduktionstoxizität (Gefahrenklasse 3.7).
2. Andere Räume, sowie Bereiche (einschließlich Schränke), die für die Lagerung erheblicher Mengen gefährlicher Arbeitsstoffe verwendet werden, müssen (nur) dann gekennzeichnet werden, wenn nicht bei Betreten des Raumes oder Bereiches die Kennzeichnung der einzelnen gelagerten Behälter eindeutig erkennbar ist.

Nicht jeder Raum, in dem Arbeitsstoffe gelagert werden, ist seiner Zweckbestimmung nach ein Lagerraum. Lagerungen von Arbeitsstoffen finden sich auch in Abstellkammern, Vorratsräumen oder auch in Arbeitsräumen. Wenn solche Lagerungen in erheblichen Mengen erfolgen, müssen die Räume gekennzeichnet werden – außer alle gelagerten Behälter sind so gekennzeichnet, dass ihre Kennzeichnung bei Betreten des Raumes gut sichtbar und übersichtlich ist, wie zB bei einem großen Einzelbehälter oder bei Lagerung von nur einer Gefahrenklasse. Je diverser und größer die Anzahl der Behälter ist, und umso kleiner deren Kennzeichnung, desto eher wird eine Kennzeichnung des Raumes erforderlich sein. Dasselbe gilt für Bereiche und auch für (Sicherheits-)Schränke, in denen gefährliche Arbeitsstoffe gelagert werden (auch wenn Schränke nicht „betreten" werden – hier wird es darauf ankommen, ob bei Öffnen der Schranktür die Kennzeichnung der Behälter eindeutig erkennbar ist).

Bei „erheblichen Mengen" nach § 1b Abs 2 handelt es sich nicht etwa um Lagervorschriften oder -beschränkungen. Die angegebenen Mengen sagen nichts über die Zulässigkeit der Lagermengen aus. Die angegebenen Mengen lösen (nur) die Pflicht zur Kennzeichnung aus, und zwar:

- für Lagerräume, die zur Lagerung solcher Mengen an Arbeitsstoffen bestimmt sind,
- für andere Räume sowie Bereiche (einschließlich Schränke), die zur Lagerung solcher Mengen an Arbeitsstoffen verwendet werden, sofern nicht bei Betreten des Raumes oder Bereiches die Kennzeichnung der einzelnen Behälter eindeutig erkennbar ist.

Bei den folgenden (besonders gefährlichen) Arbeitsstoffen gilt jede Menge als „erheblich" und löst die Pflicht zur Kennzeichnung aus (§ 1b Abs 2 Z 8):

a. explosive Stoffe oder Gemische und Erzeugnisse mit Explosivstoff (Gefahrenklasse 2.1)
b. entzündbare Feststoffe (Gefahrenklasse 2.7)
c. selbstzersetzliche Stoffe oder Gemische (Gefahrenklasse 2.8)
d. pyrophore Flüssigkeiten und pyrophore Feststoffe (Gefahrenklasse 2.9 und 2.10)
e. selbsterhitzungsfähige Stoffe und Gemische (Gefahrenklasse 2.11)
f. organische Peroxide (Gefahrenklasse 2.15)
g. akute Toxizität (Gefahrenklasse 3.1), Kategorie 1 bis 3
h. spezifische Zielorgan-Toxizität, einmalige Exposition (Gefahrenklasse 3.8), Kat. 1.

Im Übrigen sind die „erheblichen Mengen", die die Kennzeichnungspflicht auslösen, in § 1b Abs 2 in den Ziffern 1 bis 7 nach dem Gefahrenpotential der Arbeitsstoffe gestaffelt.

Bei jenen Gefahrenklassen oder -kategorien, die in den Ziffern 1 bis 8 des § 1b Abs 2 KennV nicht ausdrücklich angeführt sind, gilt als „erhebliche Menge" jeweils 1000 kg (§ 1b Abs 2, 1. Satz). (Erlass des Zentral-Arbeitsinspektorates vom 29.5.2015 BMASK-461.301/0008-VII/A/3/2015)[2]

Die in Abs 2 vorgesehenen Lagermengen orientieren sich am Stand der Technik, vor allem an der „TRGS 510 – Lagerung von Gefahrstoffen in ortsbeweglichen Behältern" (Technische Regel für Gefahrstoffe, herausgegeben vom Bundesministerium für Arbeit und Soziales in Deutschland), wobei aber bei karzinogenen und reproduktionstoxischen Arbeitsstoffen im Hinblick auf

2 Website der Arbeitsinspektion vom 5.7.2024 https://www.arbeitsinspektion.gv.at/Arbeitsstaetten-_Arbeitsplaetze/Allgemeines/Sicherheits-_und_Gesundheitsschutzkennzeichnung.html.

deren Gefährlichkeit keine Ausnahme für die Gefahrenkategorie 3 vorgesehen wurde.

Des Weiteren sind folgende Maßnahmen nach § 27e GKV bei der Lagerung von gefährlichen Arbeitsstoffen festzulegen:

Bei der **Lagerung von gefährlichen Arbeitsstoffen** gemäß § 40 ASchG sind 8
die durch deren Eigenschaften bedingten Schutzmaßnahmen zu treffen. Dies gilt insbesondere bei der Lagerung von leicht entzündlichen oder selbstentzündlichen Abfällen, Rückständen oder Putzmaterialien sowie von leeren Behältern, die Reste von diesen Arbeitsstoffen enthalten (Abs 1). **Gefährliche Arbeitsstoffe** dürfen über Arbeitsplätzen und Verkehrswegen, in Ausfahrten, Durchgängen, Durchfahrten, Schleusen und Pufferräumen sowie auf oder unter Stiegen, Laufstegen, Podesten, Plattformen, Rampen und ähnlichen Verkehrswegen nicht gelagert werden. Behälter, die solche Arbeitsstoffe enthalten, dürfen nur aufeinandergestellt werden, wenn keine Gefahr besteht, dass die Behälter dadurch beschädigt oder undicht werden (Abs 2).

Behälter für Lebensmittel oder solche, die damit verwechselt werden können, dürfen für die Aufbewahrung von gesundheitsgefährdenden, brandgefährlichen oder explosionsgefährlichen Arbeitsstoffen nicht verwendet werden (Abs 3).

Räume, in denen Behälter gelagert werden, die gefährliche Arbeitsstoffe, verdichtete, verflüssigte oder unter Druck gelöste Gase oder nicht atembare Gase enthalten, müssen so angelegt sein, dass im Gefahrenfall Fluchtwege oder sonstige Verkehrswege nicht unbenutzbar werden. Erforderlichenfalls müssen ins Freie gut lüftbare Pufferräume vorhanden sein. Die im ersten Satz genannten Räume müssen so angelegt sein, dass eine gefährliche Ansammlung von Arbeitsstoffen nicht möglich ist. Insbesondere wenn Gase und Dämpfe schwerer als Luft sind, ist dies durch eine ausreichende natürliche oder mechanische Lüftung unmittelbar ins Freie sicherzustellen und Vorsorge zu treffen, dass sich solche Gase und Dämpfe in tiefer gelegenen Räumen in nicht gefährlicher Menge ansammeln können. Erforderlichenfalls ist zusätzlich ein Warn- und Alarmsystem zu installieren. Die Räume müssen gegen Zutritt Unbefugter gesichert sein. Hygienemaßnahmen nach § 27c Abs 2 sind sinngemäß anzuwenden (Abs 4).

In Räumen, in denen größere Mengen von Flüssigkeiten der folgenden Gefahrenklassen erzeugt, verwendet oder gelagert werden, muss der Fußboden flüssigkeitsundurchlässig und gegen die Einwirkung solcher Flüssigkeiten widerstandsfähig sein:

1. akute Toxizität (Gefahrenklasse 3.1) Kategorie 1 bis 3,
2. Ätz-/Reizwirkung auf die Haut (Gefahrenklasse 3.2) Kategorien 1A, 1B und 1C,

3. schwere Augenschädigung/Augenreizung (Gefahrenklasse 3.3) Kategorie 1, spezifische Zielorgan-Toxizität bei einmaliger oder wiederholter Exposition (Gefahrenklasse 3.8 oder 3.9) jeweils Kategorie 1,
4. Aspirationsgefahr (Gefahrenklasse 3.10),
5. entzündbare Flüssigkeiten (Gefahrenklasse 2.6.) Kategorie 1 bis 3,
6. organische Peroxide (Gefahrenklasse 2.15) Typ E und F,
7. selbstzersetzliche Stoffe oder Gemische (Gefahrenklasse 2.8) Typ C, D, E und F,
8. pyrophore Flüssigkeiten (Gefahrenklasse 2.9),
9. selbsterhitzungsfähige Stoffe oder Gemische (Gefahrenklasse 2.11),
10. Stoffe oder Gemische, die in Berührung mit Wasser entzündbare Gase entwickeln (Gefahrenklasse 2.12) Kategorie 2 und 3,
11. organische Peroxide (Gefahrenklasse 2.15) Typ C und D,
12. Stoffe oder Gemische, die in Berührung mit Wasser entzündbare Gase entwickeln (Gefahrenklasse 2.12) Kategorie 1.

Durch Maßnahmen, wie Gefälle des Fußbodens zu Sammelgruben oder entsprechend hohe, flüssigkeitsundurchlässige Wandumfassungen und Türschwellen, muss verhindert sein, dass solche Flüssigkeiten in andere Räume oder ins Freie fließen können (Abs 5).

9 Lagerungen von brandgefährlichen oder explosionsgefährlichen Arbeitsstoffen müssen auch gegen Brandeinwirkung von außen gesichert sowie so eingerichtet und angelegt sein, dass ein Brand rasch und ungehindert bekämpft werden kann (Abs 6).

10 Behälter für Gase unter Druck (Gefahrenklasse 2.5) dürfen nicht geworfen oder gestürzt werden. Sie müssen, auch im entleerten Zustand, gegen Umfallen gesichert sein. Gefüllte Behälter müssen vor gefahrbringender Erwärmung oder starkem Frost geschützt sein (Abs 7).

Arbeitsstoffe mit unterschiedlichen Gefahreneigenschaften oder solche, die unter starker Erwärmung, Flammenbildung oder unter Entwicklung von gefährlichen Gasen oder Dämpfen miteinander reagieren oder reagieren können, müssen sicher getrennt oder genügend weit voneinander entfernt gelagert werden. Sofern solche Arbeitsstoffe zusammen gelagert werden, sind die Behälter in getrennte Auffangwannen zu stellen (Abs 8).

Lagerungen von ekelerregenden Arbeitsstoffen dürfen nur in ausschließlich diesen Zwecken dienenden, von anderen Arbeitsräumen und sonstigen Betriebsräumen abgetrennten Räumen vorgenommen werden. Diese Räume müssen gegen Zutritt Unbefugter gesichert sein.

Weitere Vorschriften zur Lagerung gefährlicher Arbeitsstoffe enthalten die Aerosolpackungslagerungsverordnung – APLV, die Flüssiggas-VO und die VbF 2023.

§ 27e GKV wurde mit der Novelle BGBl II 2024/330 im Abschnitt 4a aufgenommen und bereinigt den bis dahin gemäß § 110 Abs 8 ASchG als bundesgesetzliche Bestimmung geltenden § 65 AAV.

IV. Bereichskennzeichnung bei Verwendung gefährlicher Arbeitsstoffe (Abs 4)

Damit unbefugte Arbeitnehmer zu **Bereichen, in denen krebserzeugende (Gefahrenklasse 3.6 – Karzinogenität), erbgutverändernde (Gefahrenklasse 3.5 – Keimzellmutagenität), fortpflanzungsgefährdende (Gefahrenklasse 3.7 – Reproduktionstoxizität) oder biologische Arbeitsstoffe der Gruppe 2, 3 oder 4 in Verwendung stehen**, keinen Zugang haben, sind diese Bereiche nach Möglichkeit mit Vorrichtungen auszustatten, die unbefugte Arbeitnehmer am Betreten dieser Bereiche hindern, und gut sichtbar zu kennzeichnen. 11

§ 9 VbA konkretisiert § 44 Abs 4 in Bezug auf die Verwendung biologischer Arbeitsstoffe. Demnach sind gemäß § 9 Abs 1 Z 1 VbA bei beabsichtigter Verwendung Bereiche, in denen biologische Arbeitsstoffe der Risikogruppe 2, 3 oder 4 in Verwendung stehen, an den Zugängen mit dem **Warnzeichen „Biogefährdung“** zu kennzeichnen.

Grenzwerte

§ 45. **(1) Der MAK-Wert (Maximale Arbeitsplatz-Konzentration) ist der Mittelwert in einem bestimmten Beurteilungszeitraum, der die höchstzulässige Konzentration eines Arbeitsstoffes als Gas, Dampf oder Schwebstoff in der Luft am Arbeitsplatz angibt, die nach dem jeweiligen Stand der wissenschaftlichen Erkenntnisse auch bei wiederholter und langfristiger Exposition im allgemeinen die Gesundheit von Arbeitnehmern nicht beeinträchtigt und diese nicht unangemessen belästigt.**

(2) Der TRK-Wert (Technische Richtkonzentration) ist der Mittelwert in einem bestimmten Beurteilungszeitraum, der jene Konzentration eines gefährlichen Arbeitsstoffes als Gas, Dampf oder Schwebstoff in der Luft am Arbeitsplatz angibt, die nach dem Stand der Technik erreicht werden kann und die als Anhalt für die zu treffenden Schutzmaßnahmen und die meßtechnische Überwachung am Arbeitsplatz heranzuziehen ist. TRK-Werte sind nur für solche gefährlichen Arbeitsstoffe festzusetzen, für die nach dem jeweiligen Stand der Wissenschaft keine toxikologischarbeitsmedizinisch begründeten MAK-Werte aufgestellt werden können.

(3) Steht ein Arbeitsstoff, für den ein MAK-Wert festgelegt ist, in Verwendung, müssen Arbeitgeber dafür sorgen, daß dieser Wert nicht überschritten wird. Arbeitgeber haben anzustreben, daß dieser Wert stets möglichst weit unterschritten wird.

(4) Steht ein Arbeitsstoff, für den ein TRK-Wert festgelegt ist, in Verwendung, müssen Arbeitgeber dafür sorgen, daß dieser Wert stets möglichst weit unterschritten wird.

(5) Stehen gesundheitsgefährdende Arbeitsstoffe, für die ein MAK-Wert oder TRK-Wert festgelegt ist, in Verwendung, müssen die Arbeitgeber Maßnahmen festlegen, die im Falle von Grenzwertüberschreitungen infolge von Zwischenfällen zu treffen sind.

(6) Bei Grenzwertüberschreitungen auf Grund von Zwischenfällen müssen die Arbeitgeber weiters dafür sorgen, daß, solange die Grenzwertüberschreitung nicht beseitigt ist,

1. nur die für Reparaturen und sonstige notwendige Arbeiten benötigten Arbeitnehmer beschäftigt werden,
2. die Dauer der Exposition für diese Arbeitnehmer auf das unbedingt notwendige Ausmaß beschränkt ist und
3. diese Arbeitnehmer während ihrer Tätigkeit die entsprechenden persönlichen Schutzausrüstungen verwenden.

(7) Steht ein gesundheitsgefährdender Arbeitsstoff in Verwendung, für den kein MAK-Wert oder TRK-Wert festgelegt ist, müssen Arbeitgeber dafür sorgen, daß die Konzentration dieses Arbeitsstoffes als Gas, Dampf oder Schwebstoff in der Luft am Arbeitsplatz stets so gering wie möglich ist.

[BGBl 1994/450]

Übersicht

I.	Maximale Arbeitsplatzkonzentration (MAK-Werte)	1–3
II.	Technische Richtkonzentration (TRK-Werte)	4–6
III.	Unvorhersehbare Grenzwertüberschreitungen (Abs 5 und 6)	7
IV.	Gesundheitsgefährdende Arbeitsstoffe ohne Grenzwerte (Abs 7)	8

I. Maximale Arbeitsplatzkonzentration (MAK-Werte)

1 Mit der Umsetzung der Arbeitsstoffrahmenrichtlinie 80/1107/EWG idF 88/642/EWG wurde die Grundlage für eine Verordnung, mit der MAK- und TRK-Werte festzulegen waren, geschaffen. **§ 45 Abs 1 ASchG** definiert den MAK-Wert (Maximale Arbeitsplatzkonzentration) als den Mittelwert in einem bestimmten Beurteilungszeitraum, der die höchstzulässige Konzentration eines Arbeitsstoffes als Gas, Dampf oder Schwebstoff in der Luft am Arbeitsplatz angibt, die nach dem jeweiligen Stand der wissenschaftlichen Erkenntnisse auch bei wiederholter und langfristiger Exposition im Allgemeinen die Gesundheit von Arbeitnehmern nicht beeinträchtigt und diese nicht unangemessen schädigt. Als MAK-Werte im Sinne des § 45 Abs 1 ASchG werden die

in **Anhang I (Stoffliste mit MAK-Werten und TRK-Werten)** angeführten Werte festgelegt (**§ 2 Abs 1 GKV**).

Nach § 45 Abs 3 ASchG müssen Arbeitgeber dafür sorgen, dass MAK-Werte nicht überschritten werden, und haben anzustreben, dass diese stets möglichst weit unterschritten werden.

Voraussetzung für die Aufstellung eines MAK-Wertes sind **ausreichende toxikologische, arbeitsmedizinische oder industriehygienische Erfahrungen beim Umgang mit einem bestimmten Stoff**. Maßgebend bei der Aufstellung eines MAK-Wertes sind wissenschaftlich fundierte Kriterien des Gesundheitsschutzes, nicht die technischen und wirtschaftlichen Möglichkeiten der Realisation in der Praxis. Bei der Aufstellung eines MAK-Wertes werden in erster Linie die Wirkungscharakteristika des Stoffes berücksichtigt und daneben, soweit möglich, praktische Gegebenheiten der Arbeitsprozesse und der durch diese bestimmten Expositionsmuster. Bei Einhaltung der MAK-Werte wird im Allgemeinen die Gesundheit von Arbeitnehmern nicht beeinträchtigt und werden diese nicht unangemessen belästigt. Dabei ist allerdings zu beachten, dass MAK-Werte gemäß § 2 Abs 2 GKV 2011 für gesunde Personen im erwerbsfähigen Alter aufgestellt werden. Die **Einhaltung von MAK-Werten schließt somit eine gesundheitliche Beeinträchtigung oder unangemessene Belästigung von Arbeitnehmern im Einzelfall nicht aus**. Dies gilt insbesondere für schwangere Arbeitnehmerinnen. Die Einhaltung von MAK-Werten kann weder den sicheren Schutz des ungeborenen Kindes vor schädigenden Wirkungen der Arbeitsstoffe gewährleisten noch kann nach dem derzeitigen Wissensstand ausgeschlossen werden, dass der weibliche Organismus durch die schwangerschaftsbedingten Stoffwechselveränderungen und hormonellen Umstellungsprozesse empfindlicher auf Schadstoffeinwirkungen reagiert. 2

Der **Beurteilungszeitraum für Grenzwerte** iSd § 45 Abs 1 und 2 ASchG (MAK-Werte und TRK-Werte) wird gemäß **§ 4 GKV** festgelegt: 3

1. als **„Tagesmittelwert"**: Es gilt als Beurteilungszeitraum eine in der Regel achtstündige Exposition bei Einhaltung einer durchschnittlichen Wochenarbeitszeit von 40 Stunden (in Vierschichtbetrieben 42 Stunden je Woche im Durchschnitt von vier aufeinanderfolgenden Wochen).
2. als **„Kurzzeitwert"**: Es gilt als Beurteilungszeitraum
   a) ein Zeitraum von 15 Minuten oder
   b) wenn in Anhang I (Spalte10) für einen bestimmten Arbeitsstoff ein anderer Zeitraum festgelegt ist, dieser Zeitraum.
3. Als **„Momentanwert"** wird ein Kurzzeitwert bezeichnet, dessen Höhe in seinem Beurteilungszeitraum zu keiner Zeit, das ist die nach dem Stand der Technik kürzestmögliche Mess- oder Anzeigezeit des Messverfahrens, überschritten werden darf.

Kurzzeitwerte mit einem Beurteilungszeitraum von 15 Minuten dürfen innerhalb von acht Stunden insgesamt höchstens eine Stunde lang erreicht werden.

Für Kurzzeitwerte mit einem anderen, in Anhang I (Spalte 10) festgelegten Beurteilungszeitraum gilt Folgendes:

1. Der Kurzzeitwert darf innerhalb von acht Stunden höchstens in der Häufigkeit erreicht werden, die in Anhang I für den bestimmten Arbeitsstoff jeweils festgelegt ist.
2. Zwischen den Expositionsspitzen, in denen der Tagesmittelwert überschritten wird, muss ein Zeitabstand von mindestens dem Dreifachen der zulässigen Kurzzeitwertdauer liegen.
3. Gemittelt über jeden dieser Zeitabstände darf der Konzentrationswert des Tagesmittelwerts nicht überschritten werden.

§ 5 GKV legt einen MAK-Werte für **biologisch inerte Schwebstoffe** fest.

§ 6 GKV legt MAK-Werte für **Kohlenwasserstoffdämpfe** fest.

MAK-Werte sind in **Anhang I** (Stoffliste MAK-Werte und TRK-Werte) der Verordnung über krebserzeugende und fortpflanzungsgefährdende Arbeitsstoffe (GKV) aufgelistet.

II. Technische Richtkonzentration (TRK-Werte)

4 **§ 45 Abs 2 ASchG** definiert den TRK-Wert (Technische Richtkonzentration) als den **Mittelwert in einem bestimmten Beurteilungszeitraum**, der jene Konzentration eines Arbeitsstoffes als Gas, Dampf oder Schwebstoff in der Luft am Arbeitsplatz angibt, welche nach dem Stand der Technik erreicht werden kann und die als Anhaltspunkt für die zu treffenden Schutzmaßnahmen und die messtechnische Überwachung am Arbeitsplatz heranzuziehen ist. TRK-Werte sind nur für solche Arbeitsstoffe festzusetzen, **für die nach dem Stand der Wissenschaft keine toxikologisch-arbeitsmedizinisch begründeten MAK-Werte aufgestellt werden können.** Als TRK-Werte im Sinne des § 45 Abs 2 ASchG werden die in Anhang I (Stoffliste mit MAK-Werten und TRK-Werten) angeführten Werte festgelegt (§ 3 Abs 1 GKV).

Nach **§ 45 Abs 4 ASchG** müssen Arbeitgeber dafür sorgen, dass TRK-Werte stets **möglichst weit unterschritten** werden.

5 TRK-Werte orientieren sich an den **technischen Gegebenheiten und den Möglichkeiten der technischen Prophylaxe**. Für die Festlegung ihrer Höhe sind die Möglichkeit, die Schadstoffkonzentrationen im Bereich des TRK-Wertes analytisch zu bestimmen, und der jeweilige Stand der verfahrens- und lüftungstechnischen Maßnahmen unter Berücksichtigung des in naher Zukunft Erreichbaren maßgebend. TRK-Werte bedürfen der steten Anpassung an den Stand der technischen Entwicklung und der analytischen Möglichkeiten sowie der Überprüfung nach dem Stand der arbeitsmedizinischen und

toxikologischen Kenntnisse. **Die Einhaltung der TRK-Werte soll das Risiko einer Beeinträchtigung der Gesundheit vermindern, vermag dieses jedoch nicht vollständig auszuschließen.** TRK-Werte werden für solche gesundheitsgefährdenden Arbeitsstoffe aufgestellt, für die nach dem Stand der Wissenschaft keine als unbedenklich anzusehende Konzentration angegeben werden kann (§ 3 Abs 2 GKV).

TRK-Werte sind in **Anhang I (Stoffliste MAK-Werte und TRK-Werte) der Grenzwerteverordnung (GKV)** aufgelistet. Bis zur Novelle der GKV 2007, BGBl II 2007/243, waren die MAK-Werte und die TRK-Werte in getrennten Listen (Anhang I: MAK-Werte; Anhang II: TRK-Werte) zusammengefasst. Mit der Novelle wurden die beiden Anhänge in Anhang I unter gleichzeitiger Änderung des Tabellenformats zusammengefasst: eine Spalte „MAK oder TRK" wurde neu aufgenommen, Arbeitsstoffe mit TRK-Wert werden dort durch Fettschrift des Wortes TRK hervorgehoben. Anhang II ist entfallen. 6

Derzeit werden TRK-Werte für **krebserzeugende und erbgutverändernde Arbeitsstoffe** festgesetzt, da für diese Arbeitsstoffe keine Konzentration angegeben werden kann, unterhalb derer ein Erkrankungsrisiko ausgeschlossen werden kann. Auch bei Einhaltung der TRK ist eine Gesundheitsgefährdung nicht auszuschließen (*Lang* [Hrsg], Handbuch ArbeitnehmerInnenschutzgesetz, Loseblattausgabe, Wien, Erläuterungen Teil 2, Reg 7, Kap 7.1.3., S 2).

III. Unvorhersehbare Grenzwertüberschreitungen (Abs 5 und 6)

Stehen gesundheitsgefährdende Arbeitsstoffe, für die ein MAK-Wert oder TRK-Wert festgelegt ist, in Verwendung, müssen die Arbeitgeber gemäß § 45 Abs 5 und 6 Maßnahmen festlegen, die **im Falle von Grenzwertüberschreitungen infolge von Zwischenfällen** zu treffen sind. 7

Weiters müssen die Arbeitgeber dafür sorgen, dass, solange die Grenzwertüberschreitung nicht beseitigt ist,

1. nur die für Reparaturen und sonstige notwendige Arbeiten benötigten Arbeitnehmer beschäftigt werden,
2. die Dauer der Exposition für diese Arbeitnehmer auf das unbedingt notwendige Ausmaß beschränkt ist und
3. diese Arbeitnehmer während ihrer Tätigkeit die entsprechenden persönlichen Schutzausrüstungen verwenden.

IV. Gesundheitsgefährdende Arbeitsstoffe ohne Grenzwerte (Abs 7)

Steht ein gesundheitsgefährdender Arbeitsstoff in Verwendung, für den kein MAK-Wert oder TRK-Wert festgelegt ist, müssen Arbeitgeber gemäß § 45 Abs 7 dafür sorgen, dass die **Konzentration dieses Arbeitsstoffes als Gas, Dampf oder Schwebstoff in der Luft am Arbeitsplatz stets so gering wie möglich** ist. 8

§ 45 Abs 7 ASchG normiert die allgemeine Anordnung, gefährliche Konzentrationen auch dann möglichst gering zu halten, wenn für einen gefährlichen Arbeitsstoff kein Grenzwert besteht.

Messungen

§ 46. (1) Steht ein Arbeitsstoff, für den ein MAK-Wert oder ein TRK-Wert festgelegt ist, in Verwendung oder ist das Auftreten eines solchen Arbeitsstoffes nicht sicher auszuschließen, müssen Arbeitgeber in regelmäßigen Zeitabständen Messungen durchführen oder durchführen lassen.

(2) Steht ein explosionsgefährlicher oder brandgefährlicher Arbeitsstoff in Verwendung und kann auf Grund der Ermittlung und Beurteilung der Gefahren nicht ausgeschlossen werden, daß eine für die Sicherheit der Arbeitnehmer gefährliche Konzentration solcher Arbeitsstoffe vorliegt, sind Messungen durchzuführen oder durchführen zu lassen.

(3) Messungen dürfen nur von Personen durchgeführt werden, die über die notwendige Fachkunde und die notwendigen Einrichtungen verfügen.

(4) Bei Messungen gemäß Abs. 1 muß das Meßverfahren dem zu messenden Arbeitsstoff, dessen Grenzwert und der Atmosphäre am Arbeitsplatz angepaßt sein. Das Meßverfahren muß zu einem für die Exposition der Arbeitnehmer repräsentativen Meßergebnis führen, das die Konzentration des zu messenden Arbeitsstoffes eindeutig in der Einheit und der Größenordnung des Grenzwertes wiedergibt.

(5) Bei Messungen gemäß Abs. 2 muß das Meßverfahren dem zu messenden Arbeitsstoff, der zu erwartenden für die Sicherheit der Arbeitnehmer gefährlichen Konzentration und der Atmosphäre im Gefahrenbereich angepaßt sein und zu einem für die Konzentration repräsentativen Meßergebnis führen.

(6) Ergibt eine Messung gemäß Abs. 1, daß der Grenzwert eines Arbeitsstoffes nicht überschritten wird, so ist die Messung in angemessenen Zeitabständen zu wiederholen. Je näher die gemessene Konzentration am Grenzwert liegt, umso kürzer haben diese Zeitabstände zu sein. Ergeben wiederholte Messungen die langfristige Einhaltung des Grenzwertes, können die Messungen in längeren Zeitabständen vorgenommen werden, sofern keine Änderung der Arbeitsbedingungen eingetreten ist, die zu einer höheren Exposition der Arbeitnehmer führen könnte.

(7) Ergibt eine Messung gemäß Abs. 1 die Überschreitung eines Grenzwertes, hat der Arbeitgeber unverzüglich die Ursachen festzustellen und Abhilfemaßnahmen zu treffen. Sodann ist eine neuerliche Messung vorzunehmen.

(8) Ergibt eine Messung gemäß Abs. 2, daß eine für die Sicherheit der Arbeitnehmer gefährliche Konzentration eines explosionsgefährlichen oder brandgefährlichen Arbeitsstoffes vorliegt, hat der Arbeitgeber unverzüglich die Ursachen festzustellen und Abhilfemaßnahmen zu treffen.

[BGBl 1994/450]

Übersicht

I. Allgemeines ... 1
II. Messungen für Arbeitsstoffe mit MAK-Wert oder TRK-Wert ... 2, 3
III. Messungen (5. Abschnitt GKV) ... 4
A. Grenzwert-Vergleichsmessungen (§ 28 GKV) ... 5
B. Kontrollmessungen (§ 29 GKV) ... 6
C. Kontinuierliche und mobile Messungen sowie Überwachung (§ 30 GKV) ... 7
D. Prüfungen von Absaug- oder mechanischen Lüftungsanlagen (§ 32 GKV) ... 8
IV. Messungen für explosionsgefährliche oder brandgefährliche Arbeitsstoffe (Abs 2 und 8, VEXAT) ... 9, 10
A. Repräsentative Messungen (VEXAT) ... 11
B. Kontrollmessungen (VEXAT) ... 12
V. Messungen von Absaug- und Lüftungsanlagen (GKV, VEXAT) ... 13, 14

I. Allgemeines

Gemäß **§ 110 Abs 6 ASchG** konnte § 46 erst mit Inkrafttreten einer Verordnung nach dem ASchG, die Messungen gemäß § 48 Abs 1 Z 4 ASchG regelt, in Kraft treten. 1

Mit In-Kraft-Treten der **VEXAT** BGBl II 2004/309, am **27.7.2004**, und der Novelle der (damaligen) **GKV 2006**, BGBl II 2006/242, ist § 46 „Messungen" sowohl für Arbeitsstoffe, für die ein MAK-Wert oder TRK-Wert festgelegt ist, als auch für explosionsgefährliche oder brandgefährliche Arbeitsstoffe in Kraft getreten. Die Anforderungen des § 46 ASchG über Messungen

- für gesundheitsgefährdende Arbeitsstoffe wurden durch die **§§ 28 bis 31 GKV,**
- für explosionsfähige Atmosphären durch **§ 8 VEXAT**

konkretisiert.

Daneben gibt es noch weitere Sonderbestimmungen für Messungen: zB § 17 Abs 4 bis 7 GKV betreffend **Holzstaub**, § 24 GKV betreffend **Asbest**, §§ 11 Abs 7 bis 9, 17 Abs 3 und 4, 18 Abs 3 und 4 und 19 Abs 1 und 2 VEXAT (Messungen zu Überwachungszwecken).

Messungen sind durchzuführen:

- für Arbeitsstoffe, für die ein **MAK-Wert oder TRK-Wert** festgelegt ist,
- für **explosionsgefährliche oder brandgefährlicheArbeitsstoffe,**

- bei **gefährlichen Konzentrationen** durch kontinuierlich messende Einrichtungen mit Warnsignal und selbsttätig ausgelösten Maßnahmen,
- für **Absaug- und Lüftungsanlagen** bei erstmaliger Inbetriebnahme (Messung der Absaug- bzw Lüftungsleistung).

II. Messungen für Arbeitsstoffe mit MAK-Wert oder TRK-Wert

2 Messungen sind **in regelmäßigen Zeitabständen** durchzuführen,

- wenn ein Arbeitsstoff, für den ein MAK-Wert oder ein TRK-Wert festgelegt ist, verwendet wird oder
- das Auftreten eines solchen Arbeitsstoffes nicht sicher auszuschließen ist (**§ 46 Abs 1 ASchG**).

Das **Messverfahren** muss

- dem zu messenden Arbeitsstoff, dessen Grenzwert, der Atmosphäre am Arbeitsplatz angepasst sein und
- zu einem für die Exposition der Arbeitnehmer repräsentativen Messergebnis führen (das bedeutet, dass das Messergebnis die Konzentration des zu messenden Arbeitsstoffes eindeutig in der Einheit und der Größenordnung des Grenzwertes wiedergibt) (**§ 46 Abs 4 ASchG**).

3 Ergibt eine Messung, dass der Grenzwert eines Arbeitsstoffes nicht überschritten wird, so ist die Messung in angemessenen Zeitabständen zu wiederholen. Das heißt: **Je näher die gemessene Konzentration am Grenzwert liegt, desto kürzer haben diese Zeitabstände zu sein.** Ergeben jedoch wiederholte Messungen eine langfristige Einhaltung des Grenzwertes, können die Messungen in längeren Zeitabständen vorgenommen werden, sofern keine Änderung der Arbeitsbedingungen eingetreten ist, die zu einer höheren Exposition der Arbeitnehmer führen könnte (**§ 46 Abs 6 ASchG**).

Ist jedoch ein **Grenzwert überschritten**, hat der Arbeitgeber unverzüglich die Ursachen festzustellen und Abhilfemaßnahmen (zB bei Zwischenfällen gemäß § 45 Abs 5 und 6) zu treffen. Sodann ist eine neuerliche Messung vorzunehmen (**§ 46 Abs 7 ASchG**).

III. Messungen (5. Abschnitt GKV)

4 Mit der Novelle zur (damaligen) GKV 2006, BGBl II 2006/242, ist der neue „5. Abschnitt: Messungen“ (§§ 28 bis 32 GKV 2006) am **1.7.2006** in Kraft getreten. Dieser konkretisiert § 46 Abs 1, 3, 4, 6 und 7 ASchG. Bis dahin war der Schutz der Arbeitnehmer vor gesundheitsgefährdenden Arbeitsstoffen und mit diesen in Zusammenhang stehenden Messungen in §§ 16 Abs 8, 52 Abs 3 und 59 Abs 13 AAV sowie in § 19 Abs 4 BauV geregelt. Diese Bestimmungen sind mit 1.7.2006 außer Kraft getreten. Für die mit 1.7.2006 bereits bestehenden Arbeitsstätten, Baustellen und auswärtigen Arbeitsstellen mussten die Verpflichtungen über Messungen sowie über die Prüfung von Absaug- oder

mechanischen Lüftungsanlagen erst mit 1.7.2007 erfüllt sein. Messungen, die bereits vor In-Kraft-Treten dieses Abschnittes durchgeführt wurden, gelten als Grenzwert-Vergleichsmessungen, sofern sie die Voraussetzungen nach § 28 Abs 2 GKV 2006 oder § 31 Abs 1 GKV 2006 erfüllen.

Der 5. Abschnitt „Messungen" regelt:

A. Grenzwert-Vergleichsmessungen (§ 28 GKV)

Grenzwert-Vergleichsmessungen sind repräsentative Messungen der Exposition der Arbeitnehmer, deren Ergebnisse Grenzwertvergleiche ermöglichen. 5
Sie sind an repräsentativen Stellen unter repräsentativen Bedingungen durchzuführen.

Wenn später Kontrollmessungen mit vereinfachten Messverfahren durchgeführt werden sollen, sind im Rahmen der Grenzwert-Vergleichsmessungen dafür Messpunkte festzulegen und Referenz-Messergebnisse festzustellen.

B. Kontrollmessungen (§ 29 GKV)

Kontrollmessungen können mit vereinfachten Messverfahren durchgeführt 6
werden, mit denen repräsentativ geprüft wird, ob sich die Expositionsverhältnisse an den gemäß § 28 Abs 2 GKV festgelegten Messpunkten geändert haben. Kontrollmessungen können aber auch als neuerliche Grenzwert-Vergleichsmessungen durchgeführt werden.

C. Kontinuierliche und mobile Messungen sowie Überwachung (§ 30 GKV)

Bei Arbeitsvorgängen, bei denen plötzliche Grenzwertüberschreitungen nicht 7
sicher ausgeschlossen werden können und kein Atemschutz verwendet wird, muss der Konzentrationswert an repräsentativen Stellen überwacht werden

- mittels kontinuierlich messender Einrichtungen oder
- zumindest vor Durchführung der Tätigkeiten und während derselben mittels mobiler Messeinrichtungen oder
- durch andere Maßnahmen zur Konzentrationsbegrenzung, wie zB durch die Funktionsüberwachung von Absaug- oder mechanischen Lüftungsanlagen.

Die Arbeitnehmer sind vor Erreichen von gesundheitsgefährdenden Konzentrationen rechtzeitig akustisch und, falls dies nicht ausreicht, auch optisch zu warnen.

Solche Überwachungen sind jedenfalls erforderlich für das Befahren (Inspektion) von und für Arbeiten in oder an Betriebseinrichtungen,

- die gesundheitsgefährdende Arbeitsstoffe enthalten oder enthalten haben oder
- in denen sich gesundheitsgefährdende Gase oder Dämpfe bilden oder ansammeln können oder
- in denen die Luft einen Sauerstoffgehalt von weniger als 17 % erreichen kann.

D. Prüfungen von Absaug- oder mechanischen Lüftungsanlagen (§ 32 GKV)

8 Näheres siehe Rz 9 ff.

Auf der Website der Arbeitsinspektion sind Ablaufschemata für Messungen nach der GKV zum Download verfügbar. Diese zeigen an, ob und wann Grenzwert-Vergleichsmessungen durchzuführen sind bzw in welchen Abständen Kontrollmessungen erforderlich sind: https://www.arbeitsinspektion.gv.at/Arbeitsstoffe/Grenzwerte/Grenzwerte.html#heading_Messungen.

IV. Messungen für explosionsgefährliche oder brandgefährliche Arbeitsstoffe (Abs 2 und 8, VEXAT)

9 Messungen sind durchzuführen oder durchführen zu lassen, wenn aufgrund der Ermittlung und Beurteilung der Gefahren nicht ausgeschlossen werden kann, dass eine fürdie Sicherheit der Arbeitnehmer **gefährliche Konzentration solcher Arbeitsstoffe** vorliegt (§ 46 Abs 2 ASchG).

Das **Messverfahren** muss

- dem zu messenden Arbeitsstoff,
- der zu erwartenden, für die Sicherheit der Arbeitnehmer gefährlichen Konzentration und
- der Atmosphäre im Gefahrenbereich angepasst sein und
- zu einem für die Konzentration repräsentativen Messergebnis führen (§ 46 Abs 5 ASchG).

Ergibt eine Messung, dass eine für die Sicherheit der Arbeitnehmer gefährliche Konzentration eines explosionsgefährlichen oder brandgefährlichen Arbeitsstoffes vorliegt, hat der Arbeitgeber unverzüglich die Ursachen festzustellen und Abhilfemaßnahmen zu treffen (§ 46 Abs 8 ASchG).

10 Mit Erlassung der VEXAT mit BGBl II 2004/309 ist gleichzeitig auch § 46 Abs 2, 3, 5 und 8 ASchG für Messungen von explosionsfähigen Atmosphären in Kraft getreten. Die Anforderungen des § 46 für Messungen von explosionsfähigen Atmosphären werden durch **§ 8 VEXAT** konkretisiert.

A. Repräsentative Messungen (VEXAT)

11 Kann die Entstehung explosionsgefährdeter Bereiche nicht sicher ausgeschlossen werden, ist durch **repräsentative Messungen** der Konzentration von explosionsfähigen Atmosphären die Wirksamkeit der Maßnahmen des primären Explosionsschutzes nachzuweisen (§ 8 Abs 1 VEXAT).

Messungen sind nicht erforderlich, wenn

- durch Herstellerangaben oder durch Berechnung nach dem Stand der Technik die Unterschreitung der unteren Explosionsgrenze (UEG) mit

genügend großer Sicherheit (das sind für gas- und dampfförmige explosionsfähige Atmosphären 10 % UEG und für andere Verhältnisse eine vergleichbare Sicherheit) nachgewiesen wird oder
- eine Einstufung in Zonen erfolgt und dafür Messungen nicht erforderlich sind (§ 8 Abs 2 VEXAT).

B. Kontrollmessungen (VEXAT)

Ergibt die Messung eine Konzentration von gas- oder dampfförmigen explosionsfähigen Atmosphären von **mehr als 25 % UEG** und für andere eine vergleichbare Sicherheit, sind zumindest im Kalenderjahr, jedoch längstens im Abstand von 15 Monaten, wiederkehrende Kontrollmessungen durchzuführen. 12

Solche Kontrollmessungen sind nicht erforderlich

- in Bereichen, in denen eine Überwachung durch kontinuierlich messende Einrichtungen oder durch mobile Messeinrichtungen gewährleistet ist, oder
- wenn Maßnahmen zur Konzentrationsbegrenzung, wie Inertisierung, Absaug- oder mechanische Lüftungsanlagen, durch eine technische Maßnahme in ihrer Wirksamkeit überwacht werden (§ 8 Abs 3 VEXAT).

Werden änderungen, Erweiterungen oder Umgestaltungen vorgenommen, die sich auf die Konzentrationsverhältnisse auswirken, sind die Messungen zu ergänzen (§ 8 Abs 4 VEXAT).

§ 8 Abs 2 und 3 VEXAT enthält **Ausnahmen** von der Messverpflichtung nach § 46 Abs 2 ASchG (vgl § 22 VEXAT).

V. Messungen von Absaug- und Lüftungsanlagen (GKV, VEXAT)

Vor der **erstmaligen Inbetriebnahme** von Absaug- oder mechanischen Lüftungsanlagen ist gemäß **§ 32 Abs 1 GKV bzw § 7 Abs 1 Z 2 VEXAT** deren Wirksamkeit durch eine repräsentative Messung der Absaug- bzw Lüftungsleistung zu überprüfen und nachzuweisen. 13

Absaug- oder mechanische Lüftungsanlagen oder Absauggeräte zur Abführung von gesundheitsgefährdenden Arbeitsstoffen bzw zur Abführung von explosionsfähigen Atmosphären sind gemäß § 32 Abs 2 GKV bzw § 7 Abs 3 VEXAT mindestens einmal im Kalenderjahr, jedoch längstens im Abstand von 15 Monaten, auf ihren ordnungsgemäßen Zustand zu überprüfen.

Die Prüfungen sind zu ergänzen, wenn Änderungen, Erweiterungen oder Umgestaltungen vorgenommen werden, die sich auf die Absaug- oder Lüftungsleistung von Anlagen gemäß § 32 Abs 1 GKV 2011 bzw die Explosionssicherheit auswirken (§ 32 Abs 4 GKV bzw § 7 Abs 3 VEXAT).

Die Prüfungen müssen von **geeigneten, fachkundigen und hiezu berechtigten Personen** (zB befugte Gewerbetreibende, akkreditierte Prüf- und Überwachungsstellen, Ziviltechniker, technische Büros – Ingenieurbüros, qualifi- 14 zierte Betriebsangehörige) nach den Regeln der Technik durchgeführt werden (§ 32 Abs 5 GKV, § 7 Abs 5 VEXAT).

Prüfungen sind so zu **dokumentieren** (§ 5 ASchG), dass Umfang und Ergebnisse der Prüfungen eindeutig und nachvollziehbar sind (§ 32 Abs 4 GKV, § 7 Abs 3 VEXAT).

Eine Zusammenfassung des Mindeststandards **für den Überprüfungsbefund** für Absaug- und Lüftungsanlagen im Sinne des § 32 GKV und § 7 Abs 3 VEXAT ist verfügbar auf der Website der Arbeitsinspektion: https://www.arbeitsinspektion.gv.at/Arbeitsstoffe/Massnahmen_bei_der_Verwendung_von_Arbeitsstoffen/Massnahmen_bei_der_Verwendung_von_Arbeitsstoffen.html#heading_Absaugung

Informationen zu Arbeitsstoffevaluierung, **Gefahrstoffverzeichnis** siehe unter https://www.arbeitsinspektion.gv.at/Arbeitsstoffe/Erkennen_und_Beurteilen_von_Arbeitsstoffen/Erkennen_und_Beurteilen_von_Arbeitsstoffen.html#heading_Arbeitsstoffverzeichnis oder https://arbeitsstoffverzeichnis.auva.at/.

Verzeichnis der Arbeitnehmer

§ 47. (1) Stehen krebserzeugende (Gefahrenklasse 3.6 – Karzinogenität), erbgutverändernde (Gefahrenklasse 3.5 – Keimzellmutagenität), fortpflanzungsgefährdende (Gefahrenklasse 3.7 – Reproduktionstoxizität) oder biologische Arbeitsstoffe der Gruppe 3 oder 4 in Verwendung, müssen die Arbeitgeber ein Verzeichnis jener Arbeitnehmer führen, die der Einwirkung dieser Arbeitsstoffe ausgesetzt sind.

(2) Dieses Verzeichnis muß für jeden betroffenen Arbeitnehmer insbesondere folgende Angaben enthalten:

1. **Name, Geburtsdatum, Geschlecht,**
2. **Bezeichnung der Arbeitsstoffe,**
3. **Art der Gefährdung,**
4. **Art und Dauer der Tätigkeit,**
5. **Datum und Ergebnis von Messungen im Arbeitsbereich, soweit vorhanden,**
6. **Angaben zur Exposition, und**
7. **Unfälle und Zwischenfälle im Zusammenhang mit diesen Arbeitsstoffen.**

(3) Die Verzeichnisse sind stets auf dem aktuellen Stand zu halten und jedenfalls bis zum Ende der Exposition aufzubewahren. Nach Ende der Exposition sind sie dem zuständigen Träger der Unfallversicherung zu übermitteln. Dieser hat diese Verzeichnisse mindestens 40 Jahre aufzubewahren.

(4) Arbeitgeber müssen unbeschadet der §§ 12 und 13 jedem Arbeitnehmer zu den ihn persönlich betreffenden Angaben des Verzeichnisses Zugang gewähren und auf Verlangen Kopien davon aushändigen.

[BGBl I 2015/60]

Übersicht

I. Allgemeines ... 1
II. Ausnahme (§ 22 GKV) ... 2, 3
III. Aufbewahrung und Übermittlung (Abs 3) ... 4
IV. Zugang für Arbeitnehmer (Abs 4) ... 5

I. Allgemeines

Arbeitgeber müssen ein Verzeichnis über jene Arbeitnehmer führen, die krebserzeugenden „(Gefahrenklasse 3.6 – Karzinogenität), erbgutverändernden (Gefahrenklasse 3.5 – Keimzellmutagenität), fortpflanzungsgefährdenden (Gefahrenklasse 3.7 – Reproduktionstoxizität) oder biologischen Arbeitsstoffen der Gruppe 3 oder 4 bei der Arbeit ausgesetzt sind. 1

Bei den **krebserzeugenden Arbeitsstoffen** wird jedoch keine Unterscheidung getroffen, ob es sich um eindeutig krebserzeugende Arbeitsstoffe (§ 10 Abs 2 GKV, Anhang III.A der GKV) oder um solche mit begründetem Verdacht auf krebserzeugendes Potenzial (§ 10 Abs 2 GKV, Anhang III.B der GKV) handelt. Das Verzeichnis ist bei jeder Verwendung von krebserzeugenden Arbeitsstoffen zu führen.

II. Ausnahme (§ 22 GKV)

Eine Ausnahme vom Führen des Verzeichnisses iSd § 47 sieht **§ 22 Abs 2 und 4 GKV für bestimmte Arbeiten** unter besonderen Voraussetzungen vor. Demnach sind vom Führen eines Verzeichnisses die folgenden Arbeiten ausgenommen: 2

1. kurze, nicht aufeinanderfolgende Wartungsarbeiten, bei denen nur an nicht brüchigen Materialien gearbeitet wird,
2. Entfernung von intakten Materialien, in denen die Asbestfasern fest in einer Matrix gebunden sind, wobei diese Materialien nicht beschädigt werden,
3. Einkapselung und Einhüllung von asbesthaltigen Materialien in gutem Zustand oder
4. Überwachung und Kontrolle der Luft und Probenahmen zur Feststellung des Vorhandenseins von Asbest in einem bestimmten Material.

Voraussetzung ist jedoch, dass die Arbeitnehmer dabei **nur gelegentlichen Expositionen geringer Höhe** (15.000 F/m^3) ausgesetzt sind und die Ermittlung und Beurteilung der Gefahren gemäß §§ 4 und 41 ASchG ergeben hat, dass der **TRK-Wert für Asbest nicht überschritten** wird. 3

So fallen insbesondere unter Arbeiten nach Z 1 bis 4 (wenn sie unter Einhaltung der Maßnahmen nach § 26 GKV 2011 durchgeführt werden) die folgenden Tätigkeiten:

1. Wartung und Reinigung von Standardheizkesseln,
2. Rauchfangkehrerarbeiten bei asbesthältigen Schornsteinen,
3. Bohren von Gerüstverankerungslöchern an Außenfassaden sowie Anbohren von Asbestzement-Fassadenplatten, Vorbereitungsarbeiten für Montagen bei Asbestzement-Platten,
4. Ausbau, insbesondere von Dichtschnüren von Standardheizkesseln, von asbesthaltigem Material aus Elektrospeicherheizgeräten, von asbesthaltigen Flachdichtungen, von asbesthaltigem Material bei Pumpen, Schiebern und sonstigen Armaturen, von asbesthaltigen Kupplungsscheiben, Scheibenbremsbelägen, Trommelbremsbelägen bei Kraftfahrzeugen sowie von Fensterrahmen und Türen mit asbesthaltigem Fugenkitt,
5. zerstörungsfreier Ausbau von Asbestzement-Rohrleitungen, sowie
6. Entfernen von einzelnen Asbestzement-Platten sowie von Vinyl-Asbestplatten (Flexplatten).

Die Ausnahme vom Führen eines Verzeichnisses wurde auf Grund der Umsetzung von Art 3 Abs 3 der Richtlinie 2003/18/EG des Europäischen Parlaments und des Rates zur Änderung der Richtlinie 83/477/EWG des Rates über den Schutz der Arbeitnehmer gegen Gefährdung durch Asbest am Arbeitsplatz vom 27. März 2003 („Asbest-RL"), ABl Nr L 97 vom 15.4.2003 S 48 aufgenommen. Mit der Richtlinie (EU) 2023/2668 des Europäischen Parlaments und des Rates vom 22. November 2023 zur Änderung der Richtlinie 2009/148/EG über den Schutz der Arbeitnehmer gegen Gefährdung durch Asbest am Arbeitsplatz, ABl Nr L, S 1, wurde diese Bestimmung dahingehend verschärft, dass nun ganz allgemein bei Arbeiten mit Asbest oder asbesthaltigen Materialien Arbeitgeber ein Verzeichnis der Arbeitnehmer im Sinn des § 47 ASchG zu führen haben. Nach EW 3 ist Asbest ein hochgefährlicher karzinogener Stoff, der immer noch in verschiedenen Wirtschaftszweigen eingesetzt wird, in denen die Arbeitnehmer einem hohen Expositionsrisiko ausgesetzt sind (zB Renovierung von Gebäuden, Bergbau und Gewinnung von Steinen und Erden, Abfallbewirtschaftung und Brandbekämpfung). Laut der Europäischen Statistik der Berufskrankheiten ist Asbest bei Weitem die Hauptursache für berufsbedingte Krebserkrankungen, wobei in den Mitgliedstaaten 78 % der berufsbedingten Krebserkrankungen auf Asbestexposition zurückzuführen sind. Das Einatmen von in der Luft befindlichen Asbestfasern kann schwere Krankheiten wie Mesotheliome oder Lungenkrebs verursachen, wobei erste Krankheitsanzeichen durchschnittlich etwa 30 Jahre nach der Exposition auftreten und letztlich zu arbeitsbedingten Todesfällen führen können. Die in der Richtlinie 2009/148/EG vorgesehene Ausnahme von bestimmten Vorschriften der genannten Richtlinie für eine gelegentliche Exposition und eine Exposition von geringer Intensität sollte im Hinblick auf die in der genannten Richtlinie festgelegten Anforderungen für die Erfassung der Exposition und die medizinische Überwachung der Arbeitnehmer für ein Karzinogen ohne Schwellenwert wie Asbest nicht gelten (EW 8).

Die Anpassungen sind bis 21. Dezember 2025 in der GKV anzupassen. Somit wird die Ausnahme vom Führen eines Verzeichnisses in § 22 Abs 4 GKV wohl aufzuheben sein um in Einklang mit der Richtlinie zu stehen.

III. Aufbewahrung und Übermittlung (Abs 3)

Die Verzeichnisse sind stets auf dem **aktuellen Stand** zu halten und jedenfalls bis zum Ende der Exposition aufzubewahren. 4

Nach Ende der Exposition sind sie dem zuständigen **Träger der Unfallversicherung** zu übermitteln. Dieser hat diese Verzeichnisse mindestens 40 Jahre aufzubewahren.

Diese Regelung erscheint am zweckmäßigsten. Nach den ErlRV kann zB bei einem Arbeitsplatzwechsel eine Übergabe der personenbezogenen Aufzeichnungen an die neuen Arbeitgeber aus Gründen des Datenschutzes nicht in Betracht kommen, es ist aber sicherzustellen, dass gegebenenfalls die einen Arbeitnehmer betreffenden Aufzeichnungen über seine Tätigkeit bei verschiedenen Arbeitgebern den Behörden und auch den betroffenen Arbeitnehmern zugänglich sind. Es kommt daher nur eine zentrale Aufbewahrung durch eine Stelle in Betracht, deren räumlicher Wirkungsbereich sich auf das ganze Bundesgebiet erstreckt. Außerdem ist zu berücksichtigen, dass für die Aufbewahrung nur eine Einrichtung in Betracht kommt, für die besondere Verschwiegenheitspflichten bestehen. Dies trifft auf die Unfallversicherungsträger zu (vgl ErlRV 1590 BlgNR 18. GP).

IV. Zugang für Arbeitnehmer (Abs 4)

Darüber hinaus müssen Arbeitgeber – unbeschadet der §§ 12 und 13 ASchG – 5
jedem Arbeitnehmer zu den ihn persönlich betreffenden Angaben des Verzeichnisses Zugang gewähren und auf Verlangen Kopien davon aushändigen.

Verordnungen über Arbeitsstoffe

§ 48. **(1) Der Bundesminister für Arbeit, Soziales und Konsumentenschutz hat in Durchführung des 4. Abschnittes durch Verordnung näher zu regeln:**

1. **die Meldung biologischer Arbeitsstoffe,**
2. **die Kennzeichnung von gefährlichen Arbeitsstoffen,**
3. **die Grenzwerte,**
4. **nähere Bestimmungen über**

a) **Anforderungen an Fachkunde und Einrichtungen jener Personen, die Messungen durchführen dürfen,**
b) **Meßverfahren, Verfahren der Probenahme, Auswahl der Meßorte, Auswertung der Messungen und Bewertung der Meßergebnisse,**
c) **Zeitabstände der Messungen.**

(2) Der Bundesminister für Arbeit, Soziales und Konsumentenschutz kann mit Verordnung anordnen, daß die Bestimmungen des § 42 Abs. 1 und 2 (Verbot von Stoffen oder Verfahren), Abs. 5 (Meldung der Verwendung an das Arbeitsinspektorat), Abs. 7 (Begründung für die Verwendung), § 43 Abs. 1 (Verwendung im geschlossenen System), § 44 Abs. 4 (Zugang zu Gefahrenbereichen) und § 47 (Verzeichnis der Arbeitnehmer) auch für gesundheitsgefährdende Arbeitsstoffe anzuwenden sind, die andere gefährliche Eigenschaften als die in der jeweiligen Bestimmung genannten aufweisen, wenn dies unter Bedachtnahme auf arbeitsmedizinische Erkenntnisse, auf den jeweiligen Stand der Technik oder auf internationale Abkommen erforderlich ist.

[BGBl I 2012/118]

Übersicht

I.	Durchführungsverordnungen zum vierten Abschnitt ASchG....	1
II.	Verordnungsermächtigung..	2

I. Durchführungsverordnungen zum vierten Abschnitt ASchG

1 In Durchführung des § 48 Abs 1 Z 1 ASchG wurde die **Verordnung biologische Arbeitsstoffe (VbA), BGBl II 1998/237** erlassen; sie ist mit 1.11.1998 in Kraft getreten.

In Durchführung des § 48 Abs 1 Z 3 ASchG wurde die Grenzwerteverordnung (GKV), BGBl II 2001/253, derzeit in der Fassung **Grenzwerteverordnung 2011 - GKV 2011**), BGBl II 2011/429, erlassen; sie gilt seit 1.10.2001.

In Durchführung des § 48 Abs 1 Z 4 ASchG wurden

- im **fünften Abschnitt** (Messungen: §§ 28 bis 32) der GKV 2006, BGBl II 2006/242 (nunmehr **GKV 2011**), Bestimmungen über Messungen für Arbeitsstoffe, für die ein MAK- oder TRK-Wert festgelegt ist, erlassen;
- weiters Regelungen über Messungen in der **Verordnung über explosionsfähige Atmosphären (VEXAT)**, BGBl II 2004/309, in Kraft seit 27.7.2004.

II. Verordnungsermächtigung

2 Eine Verordnung über die **Kennzeichnung gefährlicher Arbeitsstoffe** (§ 48 Abs 1 Z 2 ASchG) wurde bisher nicht erlassen, ebenso noch keine Durchführungsbestimmungen zur Verordnungsermächtigung nach § 48 Abs 2 ASchG.

5. Abschnitt
Gesundheitsüberwachung

Eignungs- und Folgeuntersuchungen

§ 49. (1) Mit Tätigkeiten, bei denen die Gefahr einer Berufskrankheit besteht, und bei denen einer arbeitsmedizinischen Untersuchung im Hinblick auf die spezifische mit dieser Tätigkeit verbundene Gesundheitsgefährdung prophylaktische Bedeutung zukommt, dürfen Arbeitnehmer nur beschäftigt werden, wenn

1. vor Aufnahme der Tätigkeit eine solche Untersuchung durchgeführt wurde (Eignungsuntersuchung) und

2. bei Fortdauer der Tätigkeit solche Untersuchungen in regelmäßigen Zeitabständen durchgeführt werden (Folgeuntersuchungen).

(2) Abs. 1 gilt weiters für Tätigkeiten, bei denen häufiger und länger andauernd Atemschutzgeräte (Filter oder Behältergeräte) getragen werden müssen, für Tätigkeiten im Rahmen von Gasrettungsdiensten und für Tätigkeiten unter Einwirkung von den Organismus besonders belastender Hitze.

(3) Das Arbeitsinspektorat hat im Einzelfall mit Bescheid für eine Tätigkeit, die nicht in einer Durchführungsverordnung zu Abs. 1 angeführt ist, Eignungs und Folgeuntersuchungen vorzuschreiben, sofern

1. es sich um eine Tätigkeit handelt, die nach arbeitsmedizinischen Erfahrungen die Gesundheit zu schädigen vermag, und

2. im Hinblick auf die spezifische mit dieser Tätigkeit verbundene Gesundheitsgefährdung einer arbeitsmedizinischen Untersuchung prophylaktische Bedeutung zukommt.

(4) Für Untersuchungen gemäß Abs. 3 gelten die Bestimmungen über Eignungs und Folgeuntersuchungen mit Ausnahme der Bestimmung, daß die Untersuchungen nach einheitlichen Richtlinien durchzuführen und zu beurteilen sind.

(5) In Bescheiden gemäß Abs. 3 sind Art, Umfang und Zeitabstände der Untersuchungen festzulegen. Weiters ist festzulegen, welche Voraussetzungen die Ärzte für die Untersuchungen erfüllen müssen.

(6) Bescheide gemäß Abs. 3 sind auf Antrag des Arbeitgebers oder von Amts wegen aufzuheben, wenn die Voraussetzungen für die Vorschreibung nicht mehr vorliegen.

[BGBl 1994/450]

Übersicht

I. Gesundheitsüberwachung am Arbeitsplatz
A. Allgemeines zum fünften Abschnitt — EU-Richtlinien zur Gesundheitsüberwachung 1–3

B. Rechtsüberleitung (§ 112 ASchG) und Systematik der Untersuchungen ... 4–8
C. Verordnung über die Gesundheitsüberwachung 2024 (VGÜ) ... 9–13
II. Gemeinsame Bestimmungen (ASchG, VGÜ) ... 14–17
III. Eignungs- und Folgeuntersuchungen (§ 49 Abs 1 und 2 ASchG, VGÜ) ... 18, 19
A. Eignungs- und Folgeuntersuchungen nach § 49 Abs 1 ASchG, § 2 VGÜ ... 20–23
B. Eignungs- und Folgeuntersuchungen nach § 49 Abs 2 ASchG, § 3 VGÜ ... 24
C. Eignungs- und Folgeuntersuchungen im untertägigen Bergbau (§ 3a VGÜ) ... 25
D. Eignungs- und Folgeuntersuchungen bei Beschäftigung in Räumen mit zur Brandvermeidung herabgesetzter Sauerstoffkonzentration (§ 3b VGÜ) ... 26–28
IV. Untersuchung aufgrund Bescheid des Arbeitsinspektorates (§ 49 Abs 3 ASchG) ... 29–31
V. Ermittlung und Beurteilung der Gefahren (§ 6a VGÜ) ... 32–34
VI. Gesundheitliche Eignung (§ 7 VGÜ) ... 35, 36
VII. Information der Arbeitnehmer/Arbeitnehmerinnen (§ 8 VGÜ) ... 37, 38

I. Gesundheitsüberwachung am Arbeitsplatz

A. Allgemeines zum fünften Abschnitt — EU-Richtlinien zur Gesundheitsüberwachung

1 Die Gesetzesmaterialien zur Gesundheitsüberwachung nach ASchG (ErlRV 1590 BlgNR 18. GP) betonen, dass die **EU-Richtlinien der Präventivmedizin und der Gesundheitsüberwachung am Arbeitsplatz einen hohen Stellenwert einräumen**. Da die Richtlinien von Eignungs- und wiederkehrenden Untersuchungen ausgehen, konnte weitgehend das bestehende Regelungssystem des Arbeitnehmerschutzgesetzes 1972 (ANSchG) und der Verordnung über die gesundheitliche Eignung von Arbeitnehmern, BGBl 1974/39 beibehalten werden:

2 So sieht die **Richtlinie 80/1107/EWG (Arbeitsstoff-Rahmenrichtlinie**) für bestimmte Einwirkungen vor, dass die **Arbeitnehmer in regelmäßigen Abständen ärztlich überwacht werden** müssen (Art 5). Die mittlerweile aufgehobene Richtlinie 82/605/EWG über den Schutz der Arbeitnehmer gegen Gefährdung durch metallisches **Blei** und seine Ionenverbindungen am Arbeitsplatz verlangte eine ärztliche Überwachung vor oder bei Beginn der Exposition und während der Dauer der Beschäftigung, zT mindestens einmal jährlich, zT mindestens halbjährlich. Diese Richtlinie enthielt auch nähere Regelungen über die Untersuchungen. Die Richtlinie 83/477/EWG **(Asbest)** verlangt, dass den Arbeitnehmern Gelegenheit zu einer Gesundheitskontrolle zu geben ist, wobei der Anhang der Richtlinie Empfehlungen für die ärztliche

Überwachung enthält. Die Richtlinie 86/188/EWG (**Lärm**) sieht einen Anspruch der Arbeitnehmer auf eine Überwachung der Hörfähigkeit vor. Die Richtlinie 90/394/EWG (**Karzinogene**) sieht vor, dass eine geeignete Gesundheitsüberwachung vor der Exposition und später in regelmäßigen Abständen zu ermöglichen ist. Nach der Richtlinie 90/679/EWG (**biologische Arbeitsstoffe**) ist eine geeignete Überwachung der Gesundheit der Arbeitnehmer zu gewährleisten, der Anhang enthält praktische Empfehlungen für die Gesundheitsüberwachung. Die Richtlinie 92/104/EWG (**mineralgewinnende Betriebe**) verlangt, dass *„jeder Arbeitnehmer ein Recht auf eine präventivmedizinische Überwachung hat bzw. sich ihr unterziehen muß, bevor ihm Aufgaben … übertragen werden, und diese Überwachung in der Folge in regelmäßigen Abständen vorgenommen wird"*.

Der damalige Richtlinienentwurf betreffend chemische Arbeitsstoffe sah vor, 3
dass bei zwei Kategorien von Arbeitsstoffen für eine Gesundheitsüberwachung Sorge zu tragen ist: **sensibilisierend wirkende Arbeitsstoffe und sonstige gefährliche Chemikalien** laut Anhang (zB Arsen, Beryllium, Cadmium, Blei, Quecksilber). Der Richtlinienentwurf betreffend physikalische Einwirkungen sah einen Anspruch auf regelmäßige ärztliche Untersuchungen bei **Lärm, Vibrationen und gefährlicher optischer Strahlung** vor. Der Vorschlag für eine Richtlinie betreffend Transportarbeiten sah ebenfalls eine besondere Gesundheitsüberwachung vor (vgl ErlRV 1590 BlgNR 18. GP).

B. Rechtsüberleitung (§ 112 ASchG) und Systematik der Untersuchungen

Die Regierungsvorlage zum ASchG (ErlRV 1590 BlgNR 18. GP) führt aus, 4
dass nach (vor dem 1.1.1995) geltendem Recht nicht für alle in den Richtlinien bzw Richtlinienentwürfen vorgesehenen Fälle Regelungen über die Gesundheitsüberwachung bestehen, es war daher die Grundlage für die Regelung zusätzlicher Untersuchungen zu schaffen. Manche Richtlinien sehen keine verpflichtende Gesundheitsüberwachung vor, sondern nur die Möglichkeit bzw den Anspruch der Arbeitnehmer, sich bestimmten Untersuchungen unterziehen zu können, wobei aber auch für die letztgenannten Untersuchungen Regelungen zu treffen waren.

Das ASchG unterscheidet ebenfalls zwischen

- **verpflichtenden Untersuchungen** (Eignungs- und Folgeuntersuchungen) und
- **freiwilligen Untersuchungen** (sonstige besondere Untersuchungen).

Jene Untersuchungen, denen nach arbeitsmedizinischen Erkenntnissen eine 5
prophylaktische Bedeutung zukommt, sind in gleicher Weise wie nach alter Rechtslage **verpflichtend vorzunehmen (Eignungs- und Folgeuntersuchungen)**. Für andere Tätigkeiten sind freiwillige Untersuchungen vorgesehen. Die Festlegung von Tätigkeiten, bei denen verpflichtende Untersuchungen oder freiwilli-

ge Untersuchungen notwendig sind, sollte durch **Verordnung** erfolgen, wobei bei Erlassung der Verordnungen auch auf die jeweils geltenden Regelungen der Richtlinien Bedacht zu nehmen war (vgl ErlRV 1590 BlgNR 18. GP).

Bis zum Inkrafttreten einer ASchG-Durchführungsverordnung wurden die vor Inkrafttreten des ASchG (1.1.1995) geltenden Bestimmungen des Arbeitnehmerschutzgesetzes 1972 (ANSchG) und der Verordnung über die gesundheitliche Eignung von Arbeitnehmern, BGBl 1974/39, als vorläufig weiter geltend übergeleitet – diese Rechtslage bezog sich nur auf verpflichtende Untersuchungen. Die **Rechtsüberleitung (bis zur Erlassung der VGÜ) erfolgte durch § 112 ASchG** der Stammfassung BGBl 1994/450, einschließlich der Bestimmungen zur Ermächtigung der Ärzte zur Untersuchungsdurchführung und Bescheide nach § 8 ANSchG. § 112 Abs 5 ASchG ordnet die Weitergeltung von Regelungen der Druckluft- und Taucherarbeitenverordnung an.

Vgl Anmerkungen zu §§ 112 und 119 (Rz 1–4).

6 Zu den **Untersuchungen der Hörfähigkeit bei Lärmeinwirkung** wurde aufgrund der Ergebnisse des Begutachtungsverfahrens und der Sozialpartnerverhandlungen zum ASchG abweichend von der alten ANSchG-Rechtslage und vom Begutachtungsentwurf Folgendes vorgesehen: Vor Aufnahme der Tätigkeit sind verpflichtende Eignungsuntersuchungen vorgesehen, bei Nichteignung erfolgt eine bescheidmäßige Feststellungdurch das Arbeitsinspektorat. Weiters haben die Arbeitgeber dafür zur sorgen, dass sich die Arbeitnehmer wiederkehrenden Untersuchungen unterziehen. Die wiederkehrenden Untersuchungen sind aber nicht Voraussetzung für die Zulässigkeit der weiteren Beschäftigung und können auch nicht zu einer bescheidmäßigen Feststellung der gesundheitlichen Eignung durch das Arbeitsinspektorat führen (vgl ErlRV 1590 BlgNR 18. GP).

7 Das **Verfahren zur Feststellung der gesundheitlichen Eignung** bei Eignungsuntersuchungen und (verpflichtenden) Folgeuntersuchungen wurde mit dem ASchG neu geregelt, wobei ua entsprechend den einschlägigen Richtlinien eine Parteistellung der Arbeitnehmer vorgesehen wurde. Das ASchG trug weiters den Bestimmungen der Richtlinien über den Zugang der Arbeitnehmer zu den Untersuchungsergebnissen, über die Möglichkeit der Überprüfung der Untersuchungsergebnisse auf Antrag der Arbeitnehmer oder der Arbeitgeber sowie über den Zugang der untersuchenden Ärzte/Ärztinnen zum Arbeitsplatz und zu arbeitsmedizinisch relevanten Unterlagen Rechnung.

8 Das ASchG hält am bisher geltenden System der **Ermächtigung von Ärzten für die Durchführung von Eignungs- und Folgeuntersuchungen** fest, stellt die bis 1995 geübte Vorgangsweise, bestimmte Untersuchungen zB an Labors zu delegieren, auf eine gesetzliche Basis und enthält eine gesetzliche Grundlage, um die Untersuchungsrichtlinien in Zukunft als Verordnung zu erlassen. Hinsichtlich der **sonstigen besonderen Untersuchungen** wird nicht generell

eine Ermächtigung verlangt, sondern nur für den Fall, dass nach der Art der Untersuchung eine besondere persönliche Qualifikation oder besondere sachliche Voraussetzungen erforderlich sind.

Weitgehend gleich geblieben sind auch die Regelungen über die Kostentragung für die Untersuchungen sowie über die Aufzeichnungen, die über untersuchte Arbeitnehmer zu führen sind (vgl ErlRV 1590 BlgNR 18. GP).

C. Verordnung über die Gesundheitsüberwachung 2024 (VGÜ)

Die Verordnung über die Gesundheitsüberwachung am Arbeitsplatz (VGÜ), 9
BGBl II 1997/27 ist mit **1.3.1997** in Kraft getreten (für Nachtarbeitsuntersuchungen mit 1.2.1997) und konkretisiert den fünften Abschnitt ASchG sowie § 6 ASchG zum Einsatz der Arbeitnehmer. Die vorläufig übergeleiteten alten Regelungen der Gesundheitsüberwachung wurden durch § 11 Abs 4 und 6 VGÜ aufgehoben. Derzeit gilt die Verordnung über die Gesundheitsüberwachung am Arbeitsplatz 2024 (VGÜ) idF BGBl II 2024/330.

Die Verordnungsregelung zur Untersuchung von Arbeitnehmern, die bei 10
ihrer Tätigkeit gesundheitsgefährdenden Einwirkungen ausgesetzt sind oder besonderen Belastungen durch das Tragen von Atemschutzgeräten bzw den Einsatz in Gasrettungsdiensten sowie durch Hitzeeinwirkung, erfolgte aufgrund der **Verordnungsermächtigung des § 59 ASchG**: Dies betraf va die Tätigkeiten, die

- Eignungs- und Folgeuntersuchungen (§ 49 ASchG, §§ 2 bis 3b VGÜ) erfordern, bzw
- sonstige besondere Untersuchungen (§ 51 ASchG, § 5 VGÜ),
- Lärmuntersuchungen (§ 50 ASchG, § 4 VGÜ), weiters
- Zeitabstände für Folge- und wiederkehrende Untersuchungen (VGÜ Anlage 1) sowie
- Richtlinien über die Durchführung der Untersuchungen (VGÜ Anlage 2).

Zudem bestanden neue arbeitsmedizinische Erkenntnisse zur Durchführung von Eignungs- und Folgeuntersuchungen, die mit der VGÜ eine rechtliche Grundlage fanden.

Für die Gesundheitsüberwachung bei Druckluft- und Taucherarbeiten gilt 11
weiterhin die vorläufig übergeleitete Verordnung über den Schutz des Lebens und der Gesundheit der Arbeitnehmer bei Arbeiten in Druckluft sowie bei Taucherarbeiten (**Druckluft- und Taucherarbeiten-Verordnung**), BGBl 1973/501 (§ 119 ASchG).

Aufgrund **§ 95 Abs 3 ASchG** darf die Behörde von den Bestimmungen des 12
fünften Abschnitts des ASchG (Gesundheitsüberwachung) keine Ausnahmen zulassen.

Arbeitgeber müssen weiters gemäß **§ 81 Abs 5 ASchG** dafür sorgen, dass sich 13
alle Arbeitnehmer und Arbeitnehmerinnen auf Wunsch einer regelmäßigen

geeigneten Überwachung der Gesundheit, je nach den Gefahren am Arbeitsplatz, durch die Arbeitsmediziner unterziehen können. Die Regelungen über besondere Eignungs- und Folgeuntersuchungen bleiben davon unberührt.

Für die abweichend geregelten Untersuchungen bei Bildschirmarbeit siehe § 68 Rz 15 f, BS-V.

II. Gemeinsame Bestimmungen (ASchG, VGÜ)

14 Die Tätigkeiten, für die **Eignungs- und Folgeuntersuchungen** notwendig sind, sind in §§ 2 bis 3b VGÜ festgelegt.

15 § 4 VGÜ regelt die **Untersuchung bei Lärmeinwirkung**, § 5 VGÜ **sonstige besondere Untersuchungen** (eindeutig krebserzeugende Arbeitsstoffe iSd Grenzwerteverordnung 2021 – GKV, biologische Arbeitsstoffe der Gruppen 2 bis 4 nach der VbA sowie bei Vibrationen oder optischer Strahlung bei Grenzwertüberschreitungen nach VOLV bzw VOPST). Siehe Anmerkungen zu §§ 50 und 51 ASchG.

16 Zu den durch **§ 6 VGÜ** konkretisierten **gemeinsamen Untersuchungsgrundsätzen** siehe Anmerkungen zu § 52 ASchG (ua Untersuchungsdurchführung unter Zugrundelegung der Intervalle nach Anlage 1 und der Untersuchungsrichtlinien der Anlage 2 VGÜ, Formulare).

17 Nach **§ 82 Z 5 ASchG** darf in die **Präventionszeit** nur die für arbeitsmedizinische Untersuchungen von Arbeitnehmern aufgewandte Zeit bis zum Höchstausmaß von 20 % der für Arbeitsmediziner festgelegten jährlichen Präventionszeit (§ 82a ASchG) eingerechnet werden. Vgl Anmerkungen zu § 82 Rz 4–17.

III. Eignungs- und Folgeuntersuchungen (§ 49 Abs 1 und 2 ASchG, VGÜ)

18 **§ 49 Abs 1 und 2** entspricht weitgehend der vor dem ASchG geltenden Rechtslage (§ 8 Abs 2 ANSchG iVm § 3 der Verordnung BGBl 1974/39). Mit bestimmten Tätigkeiten dürfen nur solche Arbeitnehmer beschäftigt werden, die entsprechenden Eignungs- und Folgeuntersuchungen unterzogen worden sind. Diese verpflichtenden Untersuchungen sind nur vorgesehen, wenn ihnen eine **prophylaktische Bedeutung** zukommt. Eine Eignungsuntersuchung vor Aufnahme der Tätigkeit hat dann prophylaktische Bedeutung im Sinne der Verhütung von Berufskrankheiten, wenn sie die Feststellung jener gesundheitlichen Gegebenheiten ermöglicht, die nach wissenschaftlichen Erkenntnissen das individuelle Risiko erhöhen, eine bestimmte Berufskrankheit zu erleiden, oder die im Falle einer bestimmten Berufskrankheit den Verlauf derselben ungünstig beeinflussen oder eine Funktionsminderung zufolge der Erkrankung erhöhen würden. (ErlRV 1590 BlgNR 18. GP)

19 Berufskrankheiten sind Erkrankungen, die durch Ausübung einer unfallversicherten Tätigkeit verursacht werden und die in der Liste der Berufskrank-

heiten erfasst sind (**§ 177, Anlage 1 ASVG**). Davon zu unterscheiden sind arbeitsbedingte Erkrankungen, die nicht den Status einer Berufskrankheit haben. Die Generalklausel des § 177 Abs 2 ASVG ermöglicht die (in der Praxis seltene) Feststellung einer Krankheit, die ihrer Art nach nicht in der Liste enthalten ist, als Berufskrankheit, wenn die Unfallversicherung im konkreten Fall auf Grund gesicherter wissenschaftlicher Erkenntnisse feststellt, dass diese Krankheit ausschließlich oder überwiegend durch die Verwendung schädigender Stoffe oder Strahlen bei einer vom Versicherten ausgeübten Beschäftigung entstanden ist. Diese Feststellung bedarf der Zustimmung des Bundesministers für Gesundheit.

A. Eignungs- und Folgeuntersuchungen nach § 49 Abs 1 ASchG, § 2 VGÜ

Arbeitnehmer und Arbeitnehmerinnen dürfen mit Tätigkeiten, bei denen sie einer der in **§ 2 Abs 1 VGÜ** angeführten Einwirkungen ausgesetzt sind, nur beschäftigt werden, wenn **20**

- **vor Aufnahme der Tätigkeit Eignungsuntersuchungen und**
- bei Fortdauer der Tätigkeit **in regelmäßigen Zeitabständen Folgeuntersuchungen**

durchgeführt werden (§ 49 Abs 1 ASchG, § 2 Abs 1 VGÜ). Die Reihenfolge der angeführten Einwirkungen orientiert sich nach den Einwirkungsgruppen Metalle und Metallverbindungen, anorganische Stäube, Lösemittel, diverse (andere) Arbeitsstoffe und andere Einwirkungen:

1. Blei, seine Legierungen oder Verbindungen
2. Quecksilber oder seine anorganischen Verbindungen
3. Arsen oder seine Verbindungen
4. Mangan oder seine Verbindungen
5. Cadmium oder seine Verbindungen
6. Chrom-VI-Verbindungen
7. Cobalt oder seine Verbindungen
8. Nickel oder seine Verbindungen
9. Aluminiumstaub oder aluminiumhältiger Schweißrauch
10. Quarz- oder asbesthaltiger Staub oder Hartmetallstaub
11. Schweißrauch
12. Fluor oder seine anorganischen Verbindungen
13. Rohparaffin, Teer, Teeröle, Anthracen, Pech oder Ruß mit hohem Anteil an polyzyklischen aromatischen Kohlenwasserstoffen (wenn die Ermittlung und Beurteilung der Gefahren gemäß §§ 4 und 41 ASchG ergibt, dass eine Gesundheitsgefährdung bestehen könnte)
14. Benzol
15. Toluol
16. Xylole

17. Trichlormethan (Chloroform), Trichlorethen (Trichlorethylen), Tetrachlormethan (Tetrachlorkohlenstoff), Tetrachlorethan, Tetrachlorethen (Perchlorethylen) oder Chlorbenzole
18. Kohlenstoffdisulfid (Schwefelkohlenstoff)
19. Dimethylformamid
20. Ethylenglykoldinitrat (Nitroglykol) oder Glyzerintrinitrat (Nitroglyzerin)
21. Aromatische Nitro- und Aminoverbindungen
22. Phosphorsäureester
23. Rohbaumwoll-, Rohhanf- oder Rohflachsstaub
24. Isocyanate

21 **Eine Beschäftigung nicht untersuchter Arbeitnehmer/Arbeitnehmerinnen ist unzulässig, außer in den Fällen des § 2 Abs 2 und 3 VGÜ:**

- Eignungsuntersuchungen können entfallen, wenn die Ermittlung und Beurteilung der Gefahren gemäß **§§ 4 und 41 ASchG (Evaluierung)** ergibt, dass diese Arbeitsstoffe in einer Apparatur so verwendet werden, dass während des normalen Arbeitsvorganges **kein Entweichen in den Arbeitsraum** möglich ist (§ 2 Abs 2 VGÜ).
- Ausgenommen von dieser Voraussetzung der Verwendung in geschlossenen Systemen sind die Einwirkungen des **§ 2 Abs 1 Z 13**, hier ist im Rahmen der Evaluierung zu klären, ob eine Gesundheitsgefährdung besteht, die eine Untersuchung erfordert (§ 2 Abs 2 letzter Satz iVm § 2 Abs 1 Z 13 VGÜ).
- Wenn Arbeitnehmer mit Tätigkeiten, bei denen sie einer Einwirkung nach Abs 1 ausgesetzt sind, nicht **mehr als eine Stunde pro Arbeitstag** beschäftigt werden. Dies gilt nicht für die Einwirkung von eindeutig krebserzeugenden Arbeitsstoffen (§ 2 Abs 3 VGÜ).

Zu den Untersuchungsintervallen für die Folgeuntersuchungen siehe Anlage 1, zu Untersuchungsrichtlinien Anlage 2 VGÜ.

22 Das Wort „täglich" in § 3 Abs 1 Z 21 Verordnung über die gesundheitliche Eignung von Arbeitnehmern für bestimmte Tätigkeiten BGBl 1974/39, ist dahingehend zu verstehen, dass damit eine Einwirkung pro einzelnem (Arbeitstag) Tag gemeint ist, nicht also dahin, dass die Einwirkung jeden (Arbeitstag) Tag erfolgen muss (VwGH 30.5.1997, 97/02/0096, zu § 49 Abs 1 ASchG).

23 Verweigert ein Arbeitnehmer die Untersuchung, ist dies nach der Judikatur des OGH kein Entlassungsgrund: Der Arbeitgeber hat den Arbeitnehmer vielmehr an einem anderen Arbeitsplatz weiter zu beschäftigen oder ihn bis zum Ablauf der Kündigungsfrist zum nächstmöglichen Kündigungstermin zur bisherigen Tätigkeit heranzuziehen (OGH 25.5.1994, 9 ObA 84/94). Das Erkenntnis bezieht sich noch auf die Rechtslage des § 8 Abs 2 ANSchG, ist aber auf das ASchG bzw die VGÜ 2008 übertragbar mit der Einschränkung, dass eine (weitere) Beschäftigung mit gesundheitsgefährdenden Tätigkeiten gemäß § 49 Abs 1 ASchG (außer gemäß § 2 Abs 2 und 3 VGÜ) aus Sicht des Arbeitnehmerschutzes unzulässig ist.

B. Eignungs- und Folgeuntersuchungen nach § 49 Abs 2 ASchG, § 3 VGÜ

Die Bestimmungen des § 2 Abs 1 VGÜ gelten aufgrund § 2 Abs 2 VGÜ auch für folgende Tätigkeiten: 24

- **Häufiger und länger andauerndes Tragen von Atemschutzgeräten:** Filter- oder Behältergeräte (vgl PSASV, § 68 AAV, § 26 BauV) mit einer Masse von mehr als 5 kg, die länger als jeweils 30 Minuten pro Arbeitstag getragen werden müssen.
- **Tätigkeiten im Rahmen von Gasrettungsdiensten und Grubenwehren sowie als deren ortskundige Führer:** Vgl bergrechtliche Vorschriften, va § 187a Z 4 lit aMinroG; Gasrettungen werden weiters durch die zuständige Behörde als Auflage in Einzelfällen vorgeschrieben. Zu den Fachkenntnissen für die Durchführung von Tätigkeiten im Gasrettungsdienst siehe § 62 ASchG, FK-V.
- Tätigkeiten unter Einwirkung von den Organismus **besonders belastender Hitze**: Hitze iSd Art VII Abs 2 Z 2 des Nachtschwerarbeitsgesetzes (NSchG), BGBl 1981/354 idF BGBl 1992/473. Demnach liegt eine den Organismus besonders belastende Hitze *„bei einem durch Arbeitsvorgänge bei durchschnittlicher Außentemperatur verursachten Klimazustand vor, der einer Belastung durch Arbeit während des überwiegenden Teils der Arbeitszeit bei 30 °Celsius und 50% relativer Luftfeuchtigkeit bei einer Luftgeschwindigkeit von 0,1 m pro Sekunde wirkungsgleich oder ungünstiger ist“*.

C. Eignungs- und Folgeuntersuchungen im untertägigen Bergbau (§ 3a VGÜ)

Arbeitnehmer/Arbeitnehmerinnen unter 21 Jahren dürfen unter Tage im 25
Bergbau nur beschäftigt werden, wenn vor Aufnahme der Tätigkeit Eignungsuntersuchungen und bei Fortdauer der Tätigkeit in **Zeitabständen von einem Jahr Folgeuntersuchungen** durchgeführt werden. Abweichend von § 56 Abs 1 ASchG können auch Arbeitsmediziner ohne bescheidmäßige Ermächtigung die Untersuchungen durchführen und beurteilen.

Diese Eignungs- und Folgeuntersuchungen sind nicht erforderlich, wenn bereits gemäß § 2 Abs 1 oder § 3 VGÜ Untersuchungspflichten bestehen. Näheres zu Intervallen der Folgeuntersuchungen und Lungenröntgen siehe zu § 3a Abs 2, Anlagen 1 und 2 VGÜ.

D. Eignungs- und Folgeuntersuchungen bei Beschäftigung in Räumen mit zur Brandvermeidung herabgesetzter Sauerstoffkonzentration (§ 3b VGÜ)

Arbeitnehmer/Arbeitnehmerinnen dürfen in Räumen, in denen die **Sauerstoffkonzentration** zum Zweck der Brandvermeidung auf einen Wert **zwischen 15 und 17 Volumsprozent** herabgesetzt ist, nur beschäftigt werden, wenn vor 26

Aufnahme der Tätigkeit Eignungsuntersuchungen und bei Fortdauer der Tätigkeit in Zeitabständen von **zwei Jahren Folgeuntersuchungen** durchgeführt werden.

27 Sollte es sich um Arbeitsräume mit ständigen Arbeitsplätzen (nicht um sonstige Betriebsräume) handeln, sind Arbeiten unter derartiger Sauerstoffreduktion auch weiterhin nicht zulässig (§§ 22 f ASchG).

28 Vor Geltung des § 3b VGÜ erfolgte die bescheidmäßige Vorschreibung durch die Arbeitsinspektion bereits bei Herabsetzung der Sauerstoffreduktion unter 18 Vol% (§ 49 Abs 3 ASchG). Die technischen Bescheidauflagen sind (ausgenommen Volumsprozente) auch weiterhin gültig.

Die Regelung erfolgte mit der VGÜ-Novelle BGBl II 2007/224.

IV. Untersuchung aufgrund Bescheid des Arbeitsinspektorates (§ 49 Abs 3 ASchG)

29 **§ 49 Abs 3 ASchG** sieht weiters eine bescheidmäßige Feststellung im Einzelfall vor. Die Gesetzesmaterialien zur ASchG-Stammfassung verweisen auf die entsprechende Regelung der alten Rechtslage, § 2 Abs 4 und § 3 Abs 7 der Verordnung BGBl 1974/39. Eine solche bescheidmäßige Feststellung kommt demnach insbesondere in Frage, wennbestimmte in den Richtlinien vorgesehene Untersuchungen nur für einen oder einige Betriebe in Betracht kommen und daher eine generelle Regelung nicht notwendig ist (vgl ErlRV 1590 BlgNR 18. GP).

Das Arbeitsinspektorat muss **im Einzelfall mit Bescheid** Eignungs- und Folgeuntersuchungen für eine Tätigkeit vorschreiben, die **nicht in einer Durchführungsverordnung zu § 49 Abs 1 ASchG angeführt ist**, sofern

1. es sich um eine Tätigkeit handelt, die **nach arbeitsmedizinischen Erfahrungen die Gesundheit zu schädigen vermag**, und
2. im Hinblick auf die spezifische mit dieser Tätigkeit verbundene Gesundheitsgefährdung einer arbeitsmedizinischen Untersuchung **prophylaktische** Bedeutung zukommt.

30 In Bescheiden sind Art, Umfang und Zeitabstände der Untersuchungen festzulegen und die Voraussetzungen, welche die Ärzte für die Untersuchungen erfüllen müssen. Gemäß § 49 Abs 4 ASchG gelten für derartige Untersuchungen alle Bestimmungen über Eignungs- und Folgeuntersuchungen, ausgenommen die Untersuchungsdurchführung und -beurteilung nach einheitlichen Richtlinien.

31 Bescheide gemäß § 49 Abs 3 sind auf Antrag des Arbeitgebers oder von Amtswegen aufzuheben, wenn die Voraussetzungen für die Vorschreibung nicht mehr vorliegen (§ 49 Abs 6 ASchG). Die bei Erlassung des ASchG bereits bestehenden Bescheide bleiben unberührt (§ 112 Abs 4 ASchG).

V. Ermittlung und Beurteilung der Gefahren (§ 6a VGÜ)

Wird bei der Gesundheitsüberwachung eine **Gesundheitsbeeinträchtigung** festgestellt, die nach Auffassung des untersuchenden Arztes **auf Einwirkungen am Arbeitsplatz zurückzuführen** ist, muss der Arbeitgeber die Ermittlung und Beurteilung der Gefahren für den **Arbeitsplatz des untersuchten Arbeitnehmers**/der untersuchten Arbeitnehmerin überprüfen. 32

Das ist **jedenfalls** erforderlich, wenn die Beurteilung der gesundheitlichen Eignung bei Durchführung von Eignungs- und Folgeuntersuchungen auf „nicht geeignet" oder „geeignet mit Verkürzung des Zeitabstandes bis zur Folgeuntersuchung" lautet (§ 52 ASchG). 33

§ 6a wurde mit der VGÜ-Novelle BGBl II 2007/224 neu geregelt, die Bestimmung konkretisiert **§ 4 Abs 5 Z 3 ASchG**, wonach die Evaluierung bei Auftreten von Erkrankungen oder sonstigen Umständen oder Ereignissen, die auf eine Gefahr für die Gesundheit der Arbeitnehmer schließen lassen, zu überprüfen und erforderlichenfalls anzupassen ist. 34

Informationen zu Wirkungen einzelner Arbeitsstoffe und allgemeine Schutzmaßnahmen finden sich zB auf der Website der deutschen GESTIS-Stoffdatenbank (www.dguv.de/ifa/stoffdatenbank), auf die österreichische Einrichtungen häufig verweisen.

VI. Gesundheitliche Eignung (§ 7 VGÜ)

Eine Beschäftigung von Arbeitnehmern und Arbeitnehmerinnen mit Tätigkeiten, bei denen die Gefahr einer Berufskrankheit besteht, ist nicht zulässig, wenn durch ein vom Arbeitnehmer vorgelegtes **ärztliches Zeugnis** nachgewiesen wird, dass sein/ihr **Gesundheitszustand eine derartige Tätigkeit nicht zulässt**. 35

§ 7 gilt nicht für Tätigkeiten unter Einwirkungen gemäß § 2 Abs 1 VGÜ 2008.

Grundlage dieser Regelung ist **§ 6 ASchG** (Einsatz der Arbeitnehmer): Erfasst werden jene Fälle, in welchen zwar die Gefahr einer Berufskrankheit besteht, aber derzeit keine Untersuchungen mit prophylaktischer Wirkung zur Verfügung stehen (zB Hautallergien, Bäckerasthma). 36

VII. Information der Arbeitnehmer/Arbeitnehmerinnen (§ 8 VGÜ)

Vor Aufnahme der Beschäftigung mit einer Tätigkeit, für die die VGÜ Untersuchungen vorsieht, müssen die Arbeitnehmer und Arbeitnehmerinnen informiert werden (§ 8 Abs 1 VGÜ), 37

- dass **Gesundheitsuntersuchungen** vor Aufnahme sowie bei Fortdauer der Tätigkeit **auf Kosten des Arbeitgebers** durchgeführt werden müssen, damit eine Beschäftigung erfolgen kann,

- ob es sich um sonstige besondere Untersuchungen handelt, denen sich Arbeitnehmer **auf eigenen Wunsch** unterziehen können,
- über die **Zeitabstände** der Folgeuntersuchungen bzw (bei Lärm) wiederkehrenden Untersuchungen.

38 Wird bei einer Lärmuntersuchung oder besonderen Untersuchung infolge Grenzwertüberschreitung bei Vibrationen bzw optischer Strahlung eine die Gesundheit schädigende Auswirkung bei einem Arbeitnehmer oder einer Arbeitnehmerin festgestellt, muss der Arbeitgeber (sofern er davon Kenntnis hat) alle anderen in ähnlicher Weise exponierten Beschäftigten verstärkt über die Möglichkeit solcher Untersuchungen informieren (§ 8 Abs 2 VGÜ).

Untersuchungen bei Lärmeinwirkung

§ 50. (1) Mit Tätigkeiten, die mit gesundheitsgefährdender Lärmeinwirkung verbunden sind, dürfen Arbeitnehmer nur beschäftigt werden, wenn vor Aufnahme der Tätigkeit eine arbeitsmedizinische Untersuchung der Hörfähigkeit durchgeführt wurde. Für diese Untersuchung gelten die Bestimmungen über Eignungsuntersuchungen.

(2) Arbeitgeber haben dafür zu sorgen, daß Arbeitnehmer, die einer gesundheitsgefährdenden Lärmeinwirkung ausgesetzt sind, sich in regelmäßigen Abständen einer arbeitsmedizinischen Untersuchung der Hörfähigkeit unterziehen.

[BGBl 1994/450]

Übersicht

I. Untersuchungen bei gesundheitsgefährdender Lärmeinwirkung – Rechtsüberleitung VGÜ 1–4
II. Umsetzung der Lärm-RL 2003/10/EG (VOLV, VGÜ) 5, 6
III. Verpflichtende Lärmuntersuchungen (§ 4 Abs 1 und 2 VGÜ, § 50 ASchG) 7, 8
A. Arbeitsmedizinische Untersuchung der Hörfähigkeit 9, 10
B. Wiederkehrende Lärmuntersuchungen (§§ 50 Abs 2 und 55 ASchG) 11–13
IV. Vorbeugende audiometrische Untersuchungen (besondere Untersuchung – § 51 ASchG, § 4 Abs 3 VGÜ) 14–17

I. Untersuchungen bei gesundheitsgefährdender Lärmeinwirkung – Rechtsüberleitung VGÜ

1 Nach der vor dem ASchG geltenden Rechtslage (ANSchG) waren ausschließlich verpflichtende Eignungs- und Folgeuntersuchungen vorgesehen. Die bei Erlassung des ASchG umzusetzende alte **Lärmrichtlinie 86/188/EWG** sah hingegen nur freiwillige Untersuchungen vor. Das ASchG regelt die **„Eignungs(Einstellungs)untersuchung"** schließlich in gleicher Weise wie nach alter Rechtslage als

verpflichtend, dh eine Beschäftigung von Arbeitnehmern mit diesen Tätigkeiten ist erst nach erfolgter arbeitsmedizinischer Untersuchung der Hörfähigkeit zulässig (**§ 50 Abs 1 ASchG**; der ANSchG-Begriff „Einstellungsuntersuchung" wird – weil missverständlich – heute nicht mehr verwendet).

Die als **„wiederkehrende Untersuchungen"** der Hörfähigkeit bezeichneten Untersuchungen wurden mit dem ASchG neu geregelt (**§ 50 Abs 2 ASchG**): Die Arbeitgeber haben dafür zu sorgen, dass diese Untersuchungen durchgeführt werden. Im ASchG-Begutachtungsentwurf waren nur freiwillige wiederkehrende Untersuchungen vorgesehen, dies wurde aber von den Interessenvertretungen der Arbeitnehmer und von der Ärztekammer entschieden abgelehnt. In den Sozialpartnerverhandlungen bestand aber Übereinstimmung, dass eine (verpflichtende) wiederkehrende Untersuchung der Hörfähigkeit **nicht zu einem Beschäftigungsverbot führen soll**. Das ASchG sieht daher bezüglich der Durchführung und der Vorgangsweise dieselben Regelungen vor wie für die **sonstigen besonderen Untersuchungen** (§ 51 ASchG) (vgl ErlRV 1590 BlgNR 18. GP). 2

Die Gesetzesmaterialien zur ASchG-Stammfassung BGBl 1994/450 führen zur Schwierigkeit der Richtlinienumsetzung aus, dass die **Lärm-Richtlinie 86/188/EWG** eine besondere Gesundheitsüberwachung **ab 85 dB(A)** vorsah, während der damals vorliegende Richtlinienentwurf betreffend **physikalische Einwirkungen** eine solche ab **80 dB(A)** enthielt. Durch eine künftige Durchführungsverordnung sollte nun unter Bedachtnahme auf die jeweils geltenden Richtlinien geregelt werden, ab welcher Lärmbelastung verpflichtende Eignungsuntersuchungen und wiederkehrende Untersuchungen vorzusehen sind (Verordnungsermächtigung § 59 ASchG). Bis zum Inkrafttreten einer solchen ASchG-Verordnung wurden die Lärmregelungen zur Gesundheitsüberwachung der **Verordnung über die gesundheitliche Eignung von Arbeitnehmern für bestimmte Tätigkeiten, BGBl 1974/39** im Rang eines Bundesgesetzes übergeleitet. Somit waren wie bisher Untersuchungen **ab 85 dB(A)** notwendig und wiederkehrende Untersuchungen aufgrund § 50 ASchG nach Maßgabe der Rechtsüberleitung durch § 112 Abs 2 Z 1 ASchG aF. 3

Mit **1.3.1997** ist schließlich die **Verordnung über die Gesundheitsüberwachung (VGÜ)**, BGBl II 1997/27, in Kraft getreten. **§ 4 VGÜ** konkretisierte **§ 50 Abs 1 ASchG** und regelte die verpflichtenden Untersuchungen bei Lärmeinwirkung weiterhin ab Überschreitung einer täglichen Lärmexposition von $L_{A,eq,8h}$ = **85 dB**. § 11 Abs 4 VGÜ hob die vorläufig übergeleiteten Lärmregelungen auf. 4

II. Umsetzung der Lärm-RL 2003/10/EG (VOLV, VGÜ)

Zur nationalen Umsetzung der **Richtlinie 2003/10/EG** über Mindestvorschriften zum Schutz von Sicherheit und Gesundheit der Arbeitnehmer vor der Gefährdung durch physikalische Einwirkungen (Lärm) wurden zusätzliche Lärm- 5 regelungen erforderlich, insbesondere eine **Regelung auch vorbeugender audiometrischer Untersuchungen**. Ziel der Lärmuntersuchungen ist es, eine Frühdiagnose jeglichen lärmbedingten Gehörverlusts zu stellen und die Funktion des Gehörs zu erhalten (Art 10 Abs 2 der RL 2003/10/EG). Schädigungen der Hörfähigkeit sind irreversibel.

6 Mit der **Verordnung Lärm und Vibrationen (VOLV)**, BGBl II 2006/22, wurden sowohl die Vibrationen- als auch die Lärmrichtlinie 2003/10/EG mit **26.1.2006** umgesetzt. Die Neuregelung der Untersuchungen bei Lärmeinwirkung erfolgte mit **Novelle der VGÜ** (idF BGBl II 2004/306) durch Artikel II BGBl II 2006/22 (§ 4 Abs 1 und 3, § 8 Abs 2 VGÜ, Übergangsfrist für den Musik- und Unterhaltungssektor bis 15.2.2008 aufgrund § 11 Abs 10 VGÜ): Neben den verpflichtenden Lärmuntersuchungen ab Überschreitung des Expositionsgrenzwertes von 85 dB (§ 4 Abs 1 VGÜ) regelt der neue § 4 Abs 3 VGÜ nun auch bei Überschreitung des Auslösewertes **vorbeugende audiometrische Untersuchungen als freiwillige Untersuchungen (sonstige besondere Untersuchungen iSd § 51 ASchG)**.

Zum Lärmschutz siehe Anmerkungen zu § 65 Rz 7 f.

III. Verpflichtende Lärmuntersuchungen (§ 4 Abs 1 und 2 VGÜ, § 50 ASchG)

7 Eine **gesundheitsgefährdende Lärmeinwirkung** iSd § 50 ASchG liegt nach **§ 4 Abs 1 VGÜ** vor, wenn für Arbeitnehmer folgende Expositionsgrenzwerte überschritten werden:

1. $L_{A,EX,8h}$ = **85 dB**, sofern nicht die Lärmexposition von einem Arbeitstag zum anderen erheblich schwankt und die wöchentliche Lärmexposition $L_{A,EX,40h}$ von 85 dB nicht überschritten wird oder
2. p_{peak} = **140 Pa** (entspricht: $L_{C,peak}$ = 137 dB).

8 Die dämmende Wirkung von persönlicher Schutzausrüstung ist bei der Lärmmessung nicht zu berücksichtigen.

A. Arbeitsmedizinische Untersuchung der Hörfähigkeit

9 Ab **Überschreitung des Expositionsgrenzwertes** sind Lärmuntersuchungen **vor Aufnahme der Tätigkeit** verpflichtend durchzuführen (§ 50 ASchG, § 4 Abs 1 VGÜ). Die Untersuchungen müssen von ermächtigten Ärzten/Ärztinnen durchgeführt werden (§ 56 ASchG).

10 Es gelten die Bestimmungen über die **Eignungsuntersuchungen** (siehe §§ 53 Abs 3 und 54 Abs 2 ASchG): Arbeitnehmer und Arbeitnehmerinnen dürfen mit Tätigkeiten, die mit einer solchen Lärmeinwirkung verbunden sind, erst nach erfolgter Lärmuntersuchung (arbeitsmedizinische Untersuchungen der Hörfähigkeit) beschäftigt werden, sofern kein Bescheid auf Nichteignung erlassen wird.

Die Untersuchungsrichtlinien für Lärmuntersuchungen sind in der Anlage 2 VGÜ (Teil II) festgelegt.

B. Wiederkehrende Lärmuntersuchungen (§§ 50 Abs 2 und 55 ASchG)

Gemäß **§ 50 Abs 2 ASchG** müssen die Arbeitgeber dafür sorgen, dass die lärmexponierten Beschäftigten sich **in regelmäßigen Abständen** einer arbeitsmedizinischen Untersuchung der Hörfähigkeit unterziehen (wiederkehrende Untersuchungen). Diese Untersuchungen sind zwar verpflichtend, führen aber gegebenenfalls nicht zu einem Beschäftigungsverbot (vgl ErlRV 1590 BlgNR 18. GP). Laut Anlage 1 VGÜ beträgt der Zeitabstand für die Untersuchungen **fünf Jahre**. 11

Die Untersuchungsdurchführung erfolgt gemäß **§ 55 ASchG (sonstige besondere Untersuchungen)**. Bei Durchführung der Untersuchungen hat der untersuchende Arzt dem Arbeitgeber eine **Bestätigung** darüber zu übermitteln, dass eine Untersuchung durchgeführt wurde (§ 4 Abs 2 VGÜ). 12

Auch wiederkehrende Lärmuntersuchungen müssen von **ermächtigten Ärzten/Ärztinnen** durchgeführt werden (§ 56 Abs 6 ASchG).

§ 10 VGÜ sieht davon jedoch eine **Ausnahme** gemäß § 95 Abs 2 ASchG vor: Arbeitnehmer und Arbeitnehmerinnen dürfen mit Tätigkeiten, die mit gesundheitsgefährlicher Lärmeinwirkung verbunden sind, auch beschäftigt werden, wenn **Tonschwellenaudiogramme** im Rahmen der Untersuchungen gemäß § 50 Abs 2 ASchG von qualifizierten Bediensteten der Träger der Unfallversicherung unter der Verantwortung eines Arztes durchgeführt werden (Möglichkeit mobiler Untersuchungseinrichtungen – „Lärmbusse"; Ausnahme von § 50 Abs 2, § 55 Abs 1 und § 56 Abs 6 ASchG). 13

IV. Vorbeugende audiometrische Untersuchungen (besondere Untersuchung – § 51 ASchG, § 4 Abs 3 VGÜ)

Arbeitgeber müssen gemäß § 4 Abs 3 VGÜ dafür sorgen, dass sich Arbeitnehmer und Arbeitnehmerinnen **auf eigenen Wunsch** vor Aufnahme der Tätigkeit sowie bei deren Fortdauer in regelmäßigen Zeitabständen einer **besonderen Untersuchung iSd § 51 ASchG** unterziehen können. 14

Diese **vorbeugende audiometrische Untersuchung** ist zu ermöglichen, wenn 15

- Ermittlung und Beurteilung der Gefahren,
- Bewertungen und Messungen der Lärmexposition oder
- Gesundheitsbeschwerden von Arbeitnehmern

auf ein **Gesundheitsrisiko** hindeuten und die Exposition der Arbeitnehmer die **Auslösewerte für Lärm überschreitet**.

Die **Auslösewerte** betragen:

1. **$L_{A,EX,8h}$ = 80 dB**, sofern nicht die Lärmexposition von einem Arbeitstag zum anderen erheblich schwankt und die wöchentliche Lärmexposition $L_{A,EX,40h}$ von 80 dB nicht überschritten wird, oder
2. **p_{peak} = 112 Pa** (entspricht: $L_{C,peak}$ = 135 dB).

16 Diese Untersuchung muss von **Arbeitsmedizinern/Arbeitsmedizinerinnen** (§ 79 Abs 2 ASchG) durchgeführt werden.

17 Wird bei einer Untersuchung gemäß § 4 Abs 3 (oder gemäß § 5 Abs 1 Z 3 Vibrationen) bei einem Arbeitnehmer eine die **Gesundheit schädigende Auswirkung festgestellt**, ist ein Arbeitgeber, der davon Kenntnis hat, verpflichtet, alle anderen in ähnlicher Weise exponierten Arbeitnehmer verstärkt über die Möglichkeit solcher Untersuchungen zu informieren (§ 8 Abs 2 VGÜ).

Sonstige besondere Untersuchungen

§ 51. (1) Wenn im Hinblick auf die spezifische mit einer Tätigkeit verbundene Gesundheitsgefährdung nach arbeitsmedizinischen Erkenntnissen oder nach dem jeweiligen Stand der Technik besondere ärztliche Untersuchungen geboten erscheinen, müssen Arbeitgeber dafür sorgen, daß Arbeitnehmer, die eine solche Tätigkeit ausüben oder ausüben sollen, sich auf eigenen Wunsch vor Aufnahme dieser Tätigkeit sowie bei Fortdauer der Tätigkeit in regelmäßigen Zeitabständen einer solchen besonderen Untersuchung unterziehen können.

(2) Tätigkeiten im Sinne des Abs. 1 sind solche, bei denen Arbeitnehmer

1. besonderen physikalischen Einwirkungen ausgesetzt sind oder
2. den Einwirkungen gefährlicher Arbeitsstoffe ausgesetzt sind oder
3. besonders belastenden Arbeitsbedingungen ausgesetzt sind oder
4. bei deren Ausübung durch gesundheitlich nicht geeignete Arbeitnehmer eine besondere Gefahr für diese selbst oder für andere Personen entstehen kann.

(3) Gelangt dem Arbeitsinspektorat zur Kenntnis, daß bei einem Arbeitnehmer eine Erkrankung aufgetreten ist, die auf eine Tätigkeit im Sinne des Abs. 2 zurückzuführen sein könnte, so kann es die Vornahme von besonderen Untersuchungen auch hinsichtlich anderer Arbeitnehmer empfehlen, die mit derartigen Tätigkeiten beschäftigt werden.

[BGBl 1994/450]

Übersicht

I. Besondere Untersuchungen auf Wunsch der Arbeitnehmer/Arbeitnehmerinnen ... 1–4
II. Sonstige besondere Untersuchungen (§ 51 ASchG, § 5 VGÜ) ... 5–8
III. Empfehlung des Arbeitsinspektorats ... 9

I. Besondere Untersuchungen auf Wunsch der Arbeitnehmer/Arbeitnehmerinnen

1 **§ 51 Abs 1 und 2 ASchG** berücksichtigen die **freiwilligen Untersuchungen nach den EU-Richtlinien**. Auch diese Regelung bedurfte einer Durchführungs-

verordnung (Verordnungsermächtigung § 59 ASchG) und bildet die Grundlage auch für den Fall, dass Richtlinien für bestimmte gefährliche Tätigkeiten (zB für Transporttätigkeiten und für mineralgewinnende Betriebe) **besondere Untersuchungen** verlangen. Ähnliches gilt für die Untersuchungen bei Nachtarbeit entsprechend Artikel 9 der Arbeitszeit-Richtlinie 93/104/EWG. Weiters können solche besonderen Untersuchungen im Zusammenhang mit physikalischen Einwirkungen sowie im Zusammenhang mit chemischen Arbeitsstoffen notwendig werden, soweit es sich nicht um Einwirkungen handelt, für die wegen der prophylaktischen Bedeutung verpflichtende Eignungs- und wiederkehrende Untersuchungen notwendig sind (vgl ErlRV 1590 BlgNR 18. GP).

Aufgrund **§ 112 Abs 1 ASchG** sind §§ 51 und 55 ASchG erst mit Erlassung der **Verordnung über die Gesundheitsüberwachung (VGÜ)** zum **1.3.1997** in Kraft getreten. Die Regelungen über Nachtarbeitsuntersuchungen gelten bereits seit 1.2.1997, diejenigen über Untersuchungen bei Einwirkung biologischer Arbeitsstoffe erst seit Inkrafttreten der Verordnung biologische Arbeitsstoffe (VbA) mit 1.11.1998 (§ 11 Abs 1 bis 3 VGÜ). 2

Maßgebend für die Verpflichtung der Arbeitgeber, dafür zu sorgen, dass Arbeitnehmer, die eine **mit einer spezifischen Gesundheitsgefährdung verbundene Tätigkeit ausüben** (sollen), 3

- sich auf eigenen Wunsch
- vor Aufnahme dieser Tätigkeit sowie
- bei Fortdauer der Tätigkeit in regelmäßigen Zeitabständen

einer solchen besonderen Untersuchung unterziehen können, sind **arbeitsmedizinische Erkenntnisse und der Stand der Technik** (siehe § 2 Abs 8 ASchG).

Nach **§ 51 Abs 2 ASchG** sind das Tätigkeiten unter besonderen physikalischen Einwirkungen, Einwirkungen gefährlicher Arbeitsstoffe, besonders belastenden Arbeitsbedingungen oder besonderer Gefahr bei Ausübung durch gesundheitlich nicht geeignete Arbeitnehmer (für diese selbst oder für andere Personen). 4

II. Sonstige besondere Untersuchungen (§ 51 ASchG, § 5 VGÜ)

§ 5 Abs 1 VGÜ konkretisiert die in § 51 Abs 2 ASchG angeführten Einwirkungen, bei denen sich Arbeitnehmer und Arbeitnehmerinnen auf eigenen Wunsch einer besonderen Untersuchung unterziehen können: 5

1. **Eindeutig krebserzeugende Arbeitsstoffe** iSd Grenzwerteverordnung 2021 (GKV),
2. **biologische Arbeitsstoffe der Gruppe 2, 3 oder 4** (§ 40 Abs 4 ASchG, Verordnung biologische Arbeitsstoffe – VbA),
3. **Vibrationen**, die einen Auslösewert (Hand-Arm-Vibrationen: $a_{hw,8h}$ = 2,5 m/s ^{2} und Ganzkörper-Vibrationen $a_{w,8h}$ = 0,5 m/s ^{2}) überschreiten (VOLV),

4. inkohärente künstliche **optische Strahlung** oder kohärente optische Strahlung (Laser), durch die Expositionsgrenzwerte nach § 3 Verordnung optische Strahlung (VOPST) überschritten werden.

6 Bei **eindeutig krebserzeugenden Arbeitsstoffen** und **biologischen Arbeitsstoffen der Gruppe 2, 3 oder 4** gilt die **Ausnahme** des § 2 Abs 2 VGÜ sinngemäß (§ 5 Abs 2 VGÜ), dh die Untersuchung kann entfallen, wenn aufgrund der Evaluierung anzunehmen ist, dass der gefährliche Arbeitsstoff bei Verwendung in geschlossenen Systemen nicht entweichen kann (vgl Anmerkung zu § 49 ASchG).

7 **§ 5 Abs 3** VGÜ regelt besondere Untersuchungen weiters bei regelmäßiger **Nachtarbeit** oder Nachtarbeit in mindestens 30 Nächten im Kalenderjahr. Als Nachtarbeit gilt hier eine Tätigkeit von mindestens **drei Stunden im Zeitraum zwischen 22 und 6 Uhr**.

8 Die Untersuchungsdurchführung erfolgt durch **Arbeitsmediziner/Arbeitsmedizinerinnen** (§ 79 Abs 2 ASchG). Zu den Untersuchungsintervallen siehe VGÜ Anlage 1 Teil II (ein bis fünf Jahre), zu den Untersuchungsrichtlinien Anlage 2 Teil III.

III. Empfehlung des Arbeitsinspektorats

9 Das Arbeitsinspektorat kann die Vornahme von besonderen Untersuchungen **auch hinsichtlich anderer Arbeitnehmer** empfehlen, die mit derartigen Tätigkeiten beschäftigt werden, wenn bei einem Arbeitnehmer eine Erkrankung aufgetreten ist, die auf eine Tätigkeit iSd § 5 Abs 2 VGÜ zurückzuführen sein könnte.

Die Gesetzesmaterialien der ASchG-Stammfasssung verweisen zu dieser Regelung auf Art 14 Abs 3 der Richtlinie 90/679/EWG (biologische Arbeitsstoffe) sowie auf die damaligen Richtlinienentwürfe betreffend physikalische Einwirkungen bzw chemische Arbeitsstoffe (vgl ErlRV 1590 BlgNR 18. GP).

Durchführung von Eignungs- und Folgeuntersuchungen

§ 52. Die untersuchenden Ärzte haben bei Durchführung von Eignungs- und Folgeuntersuchungen nach folgenden Grundsätzen vorzugehen:

1. **Die Untersuchungen sind nach einheitlichen Richtlinien durchzuführen und zu beurteilen.**
2. **Die Ergebnisse der Untersuchungen sind in einem Befund festzuhalten.**
3. **Es hat eine Beurteilung zu erfolgen („geeignet“, „nicht geeignet“).**
4. **Wenn die Beurteilung auf „geeignet“ lautet, aber eine Verkürzung des Zeitabstandes bis zur Folgeuntersuchung geboten erscheint, ist in die Beurteilung der Zeitabstand bis zur vorzeitigen Folgeuntersuchung aufzunehmen.**

5. **Der Befund samt Beurteilung ist unverzüglich dem ärztlichen Dienst des zuständigen Arbeitsinspektorates zu übermitteln.**
6. **Der Befund ist dem Arbeitnehmer auf Verlangen zu übermitteln und zu erläutern.**
7. **Wenn die Beurteilung auf „geeignet" lautet, ist diese Beurteilung dem Arbeitgeber sowie dem Arbeitnehmer schriftlich mitzuteilen.**

[BGBl I 2012/118]

Übersicht

I. Untersuchungsgrundsätze (§ 6 VGÜ) 1–4
II. Befundübermittlung 5, 6

I. Untersuchungsgrundsätze (§ 6 VGÜ)

1 § 52 ASchG fasst jene Grundsätze zusammen, nach welchen die untersuchenden Ärzte bei **Eignungs- und Folgeuntersuchungen** vorzugehen haben. Die Z 1, 2 und 5 entsprechen § 8 Abs 3 des Arbeitnehmerschutzgesetzes, Z 4 entspricht § 3 Abs 6 der Verordnung BGBl 1974/39, die Z 3 und 7 der nach den Erfordernissen der Praxis bereits derzeit üblichen Vorgangsweise. Z 6 ist aufgrund der Richtlinien erforderlich (vgl ErlRV 1590 BlgNR 18. GP).

Die Regelung ist aufgrund **§ 112 Abs 2 ASchG** erst mit der VGÜ als ASchG-Durchführungsverordnung in Kraft getreten, bis dahin wurde die alte Rechtslage des ANSchG vorläufig übergeleitet.

Siehe Anmerkungen zu § 49 Rz 4 ff, 9 ff.

2 Für alle Untersuchungen ist Folgendes zu beachten (§ 6 VGÜ):

- Die Untersuchungen dürfen bei Aufnahme der Tätigkeit nicht länger als **zwei Monate** zurückliegen;
- **Zeitabstände** der Folgeuntersuchungen (bzw wiederkehrenden Untersuchungen der Hörfähigkeit) laut Anlage 1 VGÜ;
- Untersuchungsdurchführung im Umfang der Anlage 2 VGÜ (**Untersuchungsrichtlinien**);
- Beachtung der **anerkannten Regeln der Arbeitsmedizin** bei der Untersuchungsdurchführung;
- werden zu Teilbereichen der Untersuchungen **andere Ärzte oder Labors** herangezogen, müssen deren Ergebnisse bei der Beurteilung berücksichtigt werden;
- Verwendung einheitlicher Untersuchungsformulare bei Eignungs- und Folgeuntersuchungen für die Übermittlung nach § 52 Z 5 ASchG (zur Vereinheitlichung von Anamnese, Untersuchungsgang, Befundermittlung sowie Dokumentation). Formularvorgaben gelten nur bei Eignungs- und Folgeuntersuchungen, nicht für sonstige besondere Untersuchungen (zB Nachtarbeit) oder wiederkehrende Untersuchungen der Hörfähigkeit. Der

Download der Untersuchungsformulare ist auf den Websites von Arbeitsministerium oder Arbeitsinspektion möglich (www.arbeitsinspektion.gv.at/Gesundheit_im_Betrieb/Gesundheitsueberwachung), auch diesen inhaltlich entsprechende und gut lesbare Formulare können verwendet werden, ebenso möglich ist eine elektronische Übermittlung mittels Webapplikation der Arbeitsinspektion.

3 Die untersuchenden Ärzte müssen sich **Kenntnis von den konkreten Arbeitsbedingungen** des zu untersuchenden Arbeitnehmers beschaffen. Dies kann vor allem durch **Besichtigung des jeweiligen Arbeitsplatzes**, aber auch (oder zusätzlich) durch Einholung der zur Beurteilung und Beratung erforderlichen Informationen über den Arbeitsplatz erfolgen (**§ 6 Abs 7 VGÜ**; Novelle BGBl II 2007/24).

4 Die Kenntnis von den konkreten Arbeitsbedingungen der zu Untersuchenden ist für eine wirksame Prävention und für die Bewertung der Eignung oder Nichteignung von Arbeitnehmer/innen für bestimmte Einwirkungen oder Tätigkeiten unerlässlich. Zu den einzuholenden Informationen zählen insbesondere **Angaben über Expositionsart und Expositionshäufigkeit, verwendete Arbeitsstoffe, eventuell vorliegende Messergebnisse und technische oder persönliche Schutzmaßnahmen**. Die eingeholten Informationen sind bei allen Einwirkungen und Tätigkeiten als **Arbeitsanamnese** zu dokumentieren. Bei der Durchführung der Arbeitsanamnese ist auch eine gezielte Beratung hinsichtlich Belastungen und Arbeitsgestaltung durchzuführen (Informationsschreiben des Zentral-Arbeitsinspektorats an die ermächtigten Ärzte und Ärztinnen vom 11.2.2008, BMWA-463.200/0050-III/4/2008).

II. Befundübermittlung

5 Der Befund darf den Arbeitgebern nicht übermittelt werden. Die Übermittlung von Befunden **an den ärztlichen Dienst der Arbeitsinspektion** ist zur Durchführung der Verwaltungsverfahren unerlässlich (siehe § 53) (vgl ErlRV 1590 BlgNR 18. GP).

Arbeitgeber und Arbeitnehmer erfahren von einer allfälligen Nichteignung erst mit Zustellung des Bescheides (siehe §§ 53, 54 ASchG).

6 Seit 1.8.2017 kann unter bestimmten Voraussetzungen auch eine **elektronische Befundübermittlung** erfolgen (Näheres siehe § 52a ASchG, § 6 Abs 7a bis 7c VGÜ).

Elektronische Übermittlung von Befund samt Beurteilung

§ 52a. Die Übermittlung nach § 52 Z 5 ASchG kann auch elektronisch erfolgen. Dies dient dem Zweck der Erfassung und der erleichterten Prüfung von Befund und Beurteilung im Sinn des § 53. Die Vertraulichkeit

der Übermittlung von Befund und Beurteilung ist durch dem Stand der Technik entsprechende verschlüsselte Übermittlungsverfahren zu gewährleisten. Die Arbeitsinspektion hat den elektronischen Befund samt Beurteilung 10 Jahre lang ab dem Zeitpunkt der Übermittlung aufzubewahren und mit Ablauf des jeweiligen Kalenderjahres zu löschen. In Einzelfällen kann die Aufbewahrungsfrist auf Grund einer arbeitsmedizinischen Begründung verlängert werden. Der Bundesminister für Arbeit, Soziales und Konsumentenschutz ist ermächtigt, durch Verordnung die näheren Bestimmungen betreffend die Verfahren zur Einbringung der Daten sowie Datensicherheitsmaßnahmen festzulegen.

[BGBl I 2017/126]

Übersicht

I. Elektronische Übermittlung – Gesundheitsüberwachung 1, 2
II. Verschlüsseltes Übermittlungsverfahren, Webapplikation 3–5
III. Aufbewahrung durch die Arbeitsinspektion (DSG) 6–8

I. Elektronische Übermittlung – Gesundheitsüberwachung

Die Übermittlung von Befund und Beurteilung nach § 52 Z 5 ASchG durch die untersuchenden Ärzte und Ärztinnen an die arbeitsinspektionsärztlichen Dienste kann seit 1.8.2017 (Novelle BGBl I 2017/126, Artikel 1) auch **elektronisch** erfolgen (**§ 52a ASchG, § 6 Abs 7a bis c VGÜ**). Bereits zuvor war mit der Novelle BGBl I 2012/118 zu § 52 Z 5 das Erfordernis der Übermittlung in zweifacher Ausfertigung entfallen. Die Übermittlung sollte nach Maßgabe technischer Möglichkeiten auch online erfolgen können (ErlRV 1983 BlgNR 24. GP). Die nachfolgende Neuregelung § 52a ASchG zur elektronischen Übermittlung von Unterlagen im Rahmen der Gesundheitsüberwachung erfolgte in Zusammenhang mit Vereinfachungen bei der Ermächtigung von Ärzten und Ärztinnen gemäß § 56 ASchG im Rahmen des Arbeitnehmer-Innenschutz-Deregulierungsgesetzes (BGBl I 2017/126). Nach Begründung des Initiativantrags 2228/A 25. GP zu § 52a sollte es den untersuchenden Ärzten und Ärztinnen im Sinne moderner Kommunikationstechnologien ermöglicht werden, ihrer (sinngemäß seit dem Arbeitnehmerschutzgesetz 1972 – ANSchG geltenden) Verpflichtung zur unverzüglichen Übermittlung von Befund und Beurteilung auch durch elektronische Eingabe nachzukommen. 1

Zweck der elektronischen Übermittlung ist weiters die Erfassung der Befunde der betroffenen Arbeitnehmer und Arbeitnehmerinnen samt Beurteilung durch die Arbeitsinspektion, um den gesundheitlichen Verlauf besser dokumentieren und beurteilen zu können: Die Ärzte und Ärztinnen des arbeitsmedizinischen Dienstes der Arbeitsinspektion haben bei Eignungs- und Folgeuntersuchungen amtswegig die übermittelten Befunde und Beurteilungen 2 unter Berücksichtigung der Arbeitsbedingungen zu überprüfen (§ 53 ASchG). Für die medizinische Entscheidung, ob die gesundheitliche Eignung zur Durchführung einer bestimmten Tätigkeit unter Einwirkung von gesundheitsgefährdenden Arbeitsstoffen (zB Quarzstaub, Asbest, Isocyanate) oder für bestimmte Tätigkeiten unter besonderen physischen Belastungen (zB Hitze) gegeben ist, sind Vorbefunde erforderlich. Die Verlaufsbeobachtung (gegenüber aktuellen Untersuchungsergebnissen) auch über mehrere Jahre bildet die arbeitsmedizinische Grundlage für die Entscheidung, ob Beschäftigte weiter ihre Tätigkeit ausführen können oder den Arbeitsplatz wechseln müssen, insbesondere bei Einwirkung von krebserzeugenden Arbeitsstoffen mit langer Latenzzeit (vgl Initiativantrag 2228/A 25. GP zu § 52a).

II. Verschlüsseltes Übermittlungsverfahren, Webapplikation

3 Die Vertraulichkeit der Übermittlung von Befund und Beurteilung muss durch ein dem Stand der Technik entsprechendes verschlüsseltes Übermittlungsverfahren gewährleistet sein. Auf Verordnungsebene wurden daher nähere Bestimmungen betreffend die Verfahren zur Einbringung der Daten sowie Datensicherheitsmaßnahmen im Sinn des Datenschutzgesetzes festgelegt (Verordnungsermächtigung § 52a letzter Satz):

Seit 1.10.2017 gilt die Durchführungsbestimmung § 6 Abs 7a VGÜ (Novelle BGBl II 2017/253), wonach die elektronische Übermittlung von Befund und Beurteilung an den zuständigen arbeitsinspektionsärztlichen Dienst über eine Secure E-Mail an das jeweilige Arbeitsinspektorat möglich ist. Ebenso kann die Webapplikation der Arbeitsinspektion „Eignungs- und Folgeuntersuchung" verwendet werden.

4 Voraussetzung dafür ist die Übermittlung der Daten in – den Vorgaben der Arbeitsinspektion entsprechender – strukturierter Form (XML-Datenformat) und eine verschlüsselte Verbindung (zumindest TLS 1.2, AES mit mindestens 128 Bit Verschlüsselung sowie RSA mit mindestens 2048 Bit Austausch). Über die Verwendung der webbasierten Applikation informiert ein Handbuch auf der Arbeitsinspektionswebsite (Gesundheit im Betrieb – Handbuch für die Applikation, www.arbeitsinspektion.gv.at/Gesundheit_im_Betrieb/Gesundheitsueberwachung).

5 Der untersuchende Arzt bzw die untersuchende Ärztin muss die elektronische Übermittlung von Befund und Beurteilung mit einer qualifizierten elektronischen Signatur versehen (§ 6 Abs 7b VGÜ). Die Arbeitsinspektion hat ihrerseits zur Gewährleistung der Datensicherheit die in § 6 Abs 7c VGÜ angeführten Maßnahmen zu treffen.

III. Aufbewahrung durch die Arbeitsinspektion (DSG)

6 Aus arbeitsmedizinischen Gründen hat die Arbeitsinspektion den Befund samt Beurteilung 10 Jahre lang aufzubewahren. Diese Frist orientiert sich an

§ 51 Abs 3 Ärztegesetz 1998, wonach Aufzeichnungen sowie sonstige der Dokumentation dienliche Unterlagen mindestens 10 Jahre aufzubewahren sind.

Ein längerer Zeitraum der Aufbewahrung ist erforderlich bei Untersuchungen wegen Einwirkung von Arbeitsstoffen bzw aufgrund gesundheitsgefährdender Tätigkeiten, die zu akuten oder chronischen Erkrankungen führen können (zB Silikose, Asbestose und Lungenkarzinom nach Quarzstaub- oder Asbestexposition, Herz-Kreislauferkrankungen nach Hitzeexposition), weil Gesundheitsstörungen oder Erkrankungen erst nach langjähriger Einwirkung auftreten können. Der § 52a zugrundeliegende Initiativantrag 2228/A 25. GP verweist dazu insbesondere auf Erkrankungen mit langer Latenzzeit (Zeit zwischen Einwirkung und Auftreten der Erkrankung, zB bei Arbeiten mit krebserzeugenden Arbeitsstoffen) und Gesundheitsbeeinträchtigungen mit schwerwiegenden Langzeitfolgen (zB Hautkrebs nach Einwirkung von krebserzeugendem Steinkohlenteer bzw Blutbildveränderungen nach Einwirkung von Benzol). Deshalb sind die Untersuchungsergebnisse auch bei langjährigen, wiederkehrenden Untersuchungen 10 Jahre aufzubewahren, um einen Vergleich mit vorhergehenden Untersuchungsergebnissen zu haben und eine Eignung bzw Nicht-Eignung zu begründen.

Des Weiteren ist eine 10-jährige Aufbewahrungszeit erforderlich, um gegebenenfalls das Vorliegen von Ausnahmevoraussetzungen von der Untersuchungspflicht nach § 2 Abs 3 Z 1 VGÜ beurteilen zu können, da mehrjährige Untersuchungsergebnisse vorliegen müssen, um die Verpflichtung zur Durchführung von Untersuchungen bei krebserzeugenden Arbeitsstoffen beurteilen zu können (zB bei Chrom-Exposition).

In Einzelfällen kann die Aufbewahrungsfrist aufgrund einer arbeitsmedizinischen Begründung über die 10 Jahre hinaus verlängert werden: Dies gilt insbesondere nach vorübergehenden Nicht-Eignungs-Beurteilungen bis zum Erreichen der Normalwerte und zunehmender Beschäftigung bei wechselnden Arbeitgebern. Erst im Längsschnittvergleich könne eine Beurteilung für eine dauerhafte Eignung bzw Nicht-Eignung erfolgen. Auch in Zusammenhang mit der Feststellung von Berufskrankheiten sind als wesentliche Beurteilungsgrundlage länger zurückliegende Befunde und Verlaufsbeobachtungen erforderlich (Begründung Initiativantrag 2228/A 25. GP zu § 52a). 7

Nach Ablauf der 10 Jahre bzw der verlängerten Frist sind die Daten zu löschen. 8 Auftraggeberin der Datenanwendung im Sinn des Datenschutzrechts ist die Arbeitsinspektion. Ihr obliegen die Auftraggeberpflichten nach dem Datenschutzgesetz (DSG). Die Form der elektronischen Übermittlung sowie Datensicherheitsmaßnahmen im Sinn der §§ 14 ff DSG werden mit Verordnung des Bundesministers für Arbeit festgelegt.

Überprüfung der Beurteilung

§ 53. (1) Die Ärzte der Arbeitsinspektion haben bei Eignungs- und Folgeuntersuchungen von Amts wegen die übermittelten Befunde und Beurteilungen unter Berücksichtigung der Arbeitsbedingungen zu überprüfen.

(2) Die Ärzte der Arbeitsinspektion sind verpflichtet, dem Arbeitnehmer auf Verlangen den Befund zu erläutern.

(3) Über die gesundheitliche Eignung entscheidet das Arbeitsinspektorat mit Bescheid. Im Verfahren haben der Arbeitnehmer und der Arbeitgeber Parteistellung. Tatsachen, die der ärztlichen Verschwiegenheitspflicht unterliegen, sind vom Arbeitsinspektorat dem Arbeitgeber jedoch nur mit Zustimmung des Arbeitnehmers zur Kenntnis zu bringen.

(4) Führt die Überprüfung durch das Arbeitsinspektorat zu einem von der Beurteilung des untersuchenden Arztes abweichenden Ergebnis, so ist diesem Arzt eine Abschrift des Bescheides zu übermitteln. Führt die Überprüfung einer auf „nicht geeignet“ lautenden ärztlichen Beurteilung durch das Arbeitsinspektorat zu einem abweichenden Ergebnis, ist dieser Arzt außerdem vor Bescheiderlassung anzuhören.

(5) Ein Bescheid über die gesundheitliche Eignung kann entfallen, wenn

1. die Beurteilung auf „geeignet“ lautet,
2. die Überprüfung ergibt, daß der Arbeitnehmer für die betreffende Tätigkeit geeignet ist und keine zusätzlichen Maßnahmen zur Verminderung der Gesundheitsgefährdung notwendig sind, und
3. weder der Arbeitgeber noch der Arbeitnehmer einen Antrag auf Erlassung eines Bescheides stellen.

(6) Wenn in der Beurteilung keine Verkürzung des Zeitabstandes bis zur Folgeuntersuchung vorgesehen ist, eine Verkürzung aber auf Grund der Überprüfung geboten erscheint, ist von Amts wegen oder auf Antrag mit Bescheid der Zeitabstand zu verkürzen.

(7) Ist in der Beurteilung eine Verkürzung des Zeitabstandes bis zur Folgeuntersuchung vorgesehen und ergibt die Überprüfung, daß eine solche Verkürzung nicht erforderlich ist, so hat das Arbeitsinspektorat dies dem Arbeitgeber, dem Arbeitnehmer sowie dem Arzt, der die Untersuchung durchgeführt hat, mitzuteilen.

(8) Einer Beschwerde beim Verwaltungsgericht gegen Bescheide über die gesundheitliche Eignung und über die Verkürzung des Zeitabstandes bis zur Folgeuntersuchung kommt keine aufschiebende Wirkung zu.

(9) Das Arbeitsinspektorat hat dem zuständigen Träger der Unfallversicherung auf Anfrage eine Ausfertigung des Befundes samt Beurteilung zu übermitteln, sofern die Übermittlung dieser personenbezogenen Daten

wesentliche Voraussetzung für Zwecke der Forschung nach § 186 Abs. 1 Z 4 ASVG darstellt.

[BGBl I 2013/71]

Übersicht

I.	Beurteilung der gesundheitlichen Eignung	1, 2
II.	Beurteilung mit Bescheid des Arbeitsinspektorates	3, 4
III.	Anhörung und Übermittlung der Bescheidausfertigung an den untersuchenden Arzt	5, 6
IV.	Beschwerde beim Verwaltungsgericht (ab 1.1.2014)	7

I. Beurteilung der gesundheitlichen Eignung

Diese Bestimmung fasst jene Grundsätze zusammen, nach denen die Arbeitsinspektorate vorzugehen haben. Über die gesundheitliche Eignung entscheidet das Arbeitsinspektorat in einem Verwaltungsverfahren im Sinne des AVG, für das aber Sonderregelungen gelten, die aufgrund des Verfahrensgegenstandes notwendig sind. **Im Sinne des AVG zieht das Arbeitsinspektorat als verfahrensführende Behörde ermächtigte Ärzte als Sachverständige zur Erstellung von Befund und Gutachten heran.** Diese Befunde und Gutachten (Beurteilung) unterliegen der Beweiswürdigung im Sinne des AVG. 1

Da den Bescheiden in der Regel medizinische Befunde zugrunde liegen werden, enthält **Abs 3** eine zur Regelung des Gegenstandes erforderliche Abweichung von § 45 Abs 3 AVG. Klargestellt wird die **Parteistellung der Arbeitgeber und der Arbeitnehmer** (vgl ErlRV 1590 BlgNR 18. GP). 2

Vgl Anmerkungen zu §§ 49 und 56, VGÜ.

II. Beurteilung mit Bescheid des Arbeitsinspektorates

Wenn die **Beurteilung auf „nicht geeignet" (Abs 4)** lautet, hat das Arbeitsinspektorat jedenfalls einen Bescheid zu erlassen, ohne dass es eines Antrages bedarf. Es erfolgt keine direkte Information der Arbeitgeber und Arbeitnehmer, sondern es ist jedenfalls von Amts wegen ein Bescheid zu erlassen. Wegen der damit verbundenen gravierenden Eingriffe in die Rechte der Arbeitgeber und Arbeitnehmer sowie im Hinblick auf die Rechtsschutzmöglichkeiten wird also ein Beschäftigungsverbot nicht direkt aufgrund der Beurteilung durch die untersuchenden Ärzte wirksam, sondern erst aufgrund eines Bescheides der Arbeitsinspektion. In diesem Zusammenhang ist auch zu berücksichtigen, dass ein solches Beschäftigungsverbot auf die konkreten betrieblichen Verhältnisse abstellen muss, sich also in der Regel nicht allein auf den ärztlichen Befund stützen kann, sondern vor Bescheiderlassung eine Erhebung notwendig ist. 3

Wenn die **Beurteilung auf „geeignet" (Abs 5)** lautet und das Verfahren ergibt, dass der Arbeitnehmer für die betreffende Tätigkeit nicht geeignet ist, 4 dass weitergehende Maßnahmen notwendig sind oder dass eine Verkürzung des Zeitabstandes bis zur Folgeuntersuchung notwendig ist, hat das Arbeitsinspektorat ebenfalls von Amts wegen einen Bescheid zu erlassen. Aus verfahrensökonomischen Gründen wird hingegen von der amtswegigen Erlassung eines Bescheides in jenen Fällen abgesehen, in denen die dem Arbeitgeber sowie dem Arbeitnehmer übermittelte Beurteilung auf „geeignet" lautet und die amtswegige Überprüfung kein abweichendes Ergebnis und keine Notwendigkeit zu weiteren Maßnahmen ergeben hat. In diesen – nach den vorliegenden Erfahrungen sehr häufigen – Fällen ist nämlich grundsätzlich davon auszugehen, dass weder die Arbeitgeber noch die Arbeitnehmer an der Erlassung eines Bescheides interessiert sind, da sie ja auf Grundlage der ihnen vorliegenden Beurteilung davon ausgehen können, dass die weitere Beschäftigung zulässig ist. Sowohl der Arbeitgeber als auch der Arbeitnehmer können aber auch in diesem Fall die Ausstellung eines Bescheides verlangen, zB weil sie das Ergebnis der Beurteilung für nicht zutreffend halten. Siehe dazu Abs 5 Z 3, der die Umsetzung der in verschiedenen Richtlinien vorgesehenen Bestimmungen enthält, wonach Arbeitnehmer und Arbeitgeber eine Überprüfung der Ergebnisse der Gesundheitsüberwachung beantragen können (Art 14 Abs 6 der Richtlinie 90/394/EWG, Art 14 Abs 7 der Richtlinie 90/679/EWG) (ErlRV 1590 BlgNR 18. GP).

III. Anhörung und Übermittlung der Bescheidausfertigung an den untersuchenden Arzt

5 Den untersuchenden Ärzten bzw Ärztinnen ist gemäß **Abs 4** eine Ausfertigung des Bescheides zu übermitteln, falls die Überprüfung zu einem von ihrer Beurteilung abweichenden Ergebnis führt.

6 Eine **Anhörung des Arztes** bzw der Ärztin vor Bescheiderlassung ist für den Fall vorgesehen, dass seine Beurteilung auf „nicht geeignet" lautet, nach Auffassung der Arbeitsinspektion aber die weitere Beschäftigung zulässig ist. Wenn hingegen die Beurteilung auf „geeignet" lautet, aufgrund der amtswegigen Überprüfung aber ein Bescheid über die Nichteignung zu erlassen ist, kommt wegen der Dringlichkeit eine vorherige Anhörung des Arztes oder der Ärztin nicht in Betracht (vgl ErlRV 1590 BlgNR 18. GP).

IV. Beschwerde beim Verwaltungsgericht (ab 1.1.2014)

7 Mit Bundesgesetz BGBl I 2013/71 erfolgte auch die Anpassung des ASchG an die Verwaltungsgerichtsbarkeitsreform: Seit 1.1.2014 besteht statt des bis dahin geltenden Berufungsrechts an den Bundesminister für Arbeit, Soziales und Konsumentenschutz als Berufungsbehörde (§ 99 Abs 2 ASchG) gemäß § 53 Abs 8 ASchG aufgrund des Entfalls des administrativen Instanzenzuges das Recht auf Beschwerde an das Verwaltungsgericht (Verwaltungsgerichtsbarkeits-Anpassungsgesetz, vgl ErlRV 2193 BlgNR 24. GP).

Bescheide über die gesundheitliche Eignung

§ 54. (1) **Die bescheidmäßige Feststellung der gesundheitlichen Eignung auf Grund einer Eignungsuntersuchung oder Folgeuntersuchung kann erfolgen**

1. **unter Verkürzung des Zeitabstandes bis zur Folgeuntersuchung,**
2. **unter der Bedingung, daß der Arbeitgeber bestimmte im Bescheid festzulegende geeignete Maßnahmen trifft, die die Gesundheitsgefährdung vermindern.**

(2) Bei bescheidmäßiger Feststellung der gesundheitlichen Nichteignung darf der Arbeitnehmer mit den im Bescheid angeführten Tätigkeiten nicht mehr beschäftigt werden. Dies gilt im Fall des Abs. 4 bis zu einer Folgeuntersuchung, sonst bis zur Aufhebung durch Bescheid des Arbeitsinspektorates gemäß Abs. 5.

(3) Das Arbeitsinspektorat kann im Bescheid aussprechen, daß das Beschäftigungsverbot erst nach Ablauf einer bestimmten Frist wirksam wird, wenn dies aus arbeitsmedizinischen Gründen unter Berücksichtigung der Arbeitsbedingungen vertretbar ist.

(4) Ist anzunehmen, daß die gesundheitliche Eignung in absehbarer Zeit wieder gegeben ist, so ist im Bescheid festzulegen, zu welchem Zeitpunkt eine neuerliche Untersuchung frühestens erfolgen soll. In diesem Fall darf der Arbeitnehmer mit den im Bescheid angeführten Tätigkeiten wieder beschäftigt werden, wenn eine Folgeuntersuchung die Beurteilung „geeignet" ergeben hat.

(5) Die Aufhebung des Beschäftigungsverbotes hat auf Antrag des Arbeitgebers oder des Arbeitnehmers oder von Amts wegen zu erfolgen, wenn auf Grund einer Folgeuntersuchung festgestellt wird, daß die gesundheitliche Eignung für die betreffende Tätigkeit wieder gegeben ist.

[BGBl 1994/450]

Übersicht

I. Befristung und Bedingung der Eignungsfeststellung 1
II. Verfahren und Beschäftigungsverbot 2, 3

I. Befristung und Bedingung der Eignungsfeststellung

Abs 1 sieht die Möglichkeit von befristeten oder bedingten bescheidmäßigen Feststellungen für den Fall der Eignung vor. Die Verkürzung des Untersuchungsabstandes entspricht dem geltenden Recht und ist ua auch in der Richtlinie 82/605/EWG vorgesehen, die Eignung unter der Bedingung geeigneter betrieblicher Schutzmaßnahmen ist in verschiedenen Richtlinien vorgesehen, zB Art 15 Z 2 der Richtlinie 83/477/EWG, Art 14 Abs 4 der Richt- 1 linie 90/394/EWG und Art 14 Abs 5 der Richtlinie 90/679/EWG (ErlRV 1590 BlgNR 18. GP).

Zu den Untersuchungsintervallen siehe Anlage 1 VGÜ, zu den Untersuchungsrichtlinien Anlage 2 VGÜ.

II. Verfahren und Beschäftigungsverbot

2 **Abs 2 bis 5** enthält Vorschriften über die Vorgangsweise bzw über das Verfahren für den Fall der gesundheitlichen Nichteignung. Das **Beschäftigungsverbot wird sofort wirksam**, sofern nicht im Bescheid ein späteres Wirksamwerden vorgesehen wird. Ausschlaggebend für diese Entscheidung müssen **arbeitsmedizinische Gründe** sein. Dies entspricht im Ergebnis weitgehend § 8 Abs 2 letzter Satz ANSchG, wonach im Falle der Nichteignung eine Weiterbeschäftigung während der Kündigungsfrist nur zulässig ist, wenn sich das Arbeitsinspektorat nicht wegen einer akuten Gefährdung von Leben und Gesundheit dagegen ausspricht. Soweit es arbeitsmedizinisch vertretbar ist, kann daher ein späteres Wirksamwerden eines auf Dauer gerichteten Beschäftigungsverbotes den Arbeitgebern und Arbeitnehmern Gelegenheit bieten, eine geeignete Lösung betreffend einen Ersatzarbeitsplatz zu finden.

3 Ob das Beschäftigungsverbot auf Dauer wirksam bleiben muss oder ob – nach einer **neuerlichen Untersuchung** – künftig wieder eine Beschäftigung in Betracht kommt, hängt von der Art der Einwirkung und dem Ergebnis der ärztlichen Untersuchungen ab. In der Regel kann bereits im Zeitpunkt des Bescheides über das Beschäftigungsverbot beurteilt werden, ob eine künftige Beschäftigung in Betracht kommt und ab welchem Zeitpunkt eine neuerliche Untersuchung zielführend ist. In diesen Fällen ist dies bereits im Bescheid über das Beschäftigungsverbot festzulegen, wenn dann die Untersuchung die Beurteilung „geeignet" ergibt, darf die Beschäftigung wieder aufgenommen werden, ohne dass ein neuerlicher Bescheid erforderlich ist (ErlRV 1590 BlgNR 18. GP).

Vgl § 112 Abs 4 ASchG zur Übergangsregelung für Bescheide, die vor Inkrafttreten des ASchG erlassen wurden.

Zur Gesundheitsüberwachung bei **überlassenen Arbeitnehmern** siehe Anmerkungen zu § 9.

Durchführung von sonstigen besonderen Untersuchungen

§ 55. (1) Die untersuchenden Ärzte haben bei der Durchführung von wiederkehrenden Untersuchungen der Hörfähigkeit und bei sonstigen besonderen Untersuchungen wie folgt vorzugehen:

1. **Sofern für die Durchführung von solchen Untersuchungen einheitliche Richtlinien erlassen wurden, sind die Untersuchungen nach diesen Richtlinien durchzuführen.**

2. **Die Ergebnisse der Untersuchungen sind in einem Befund festzuhalten.**
3. **Der Befund ist dem Arbeitnehmer auf Verlangen zu übermitteln und zu erläutern.**

(2) Die Ärzte der Arbeitsinspektion sind verpflichtet, dem Arbeitnehmer auf Verlangen den Befund zu erläutern.

[BGBl 1994/450]

Übersicht

I. Wiederkehrende Untersuchungen der Hörfähigkeit und freiwillige Untersuchungen 1, 2
II. Befunderläuterung auf Wunsch des Arbeitnehmers/der Arbeitnehmerin 3
III. Untersuchungsrichtlinien 4

I. Wiederkehrende Untersuchungen der Hörfähigkeit und freiwillige Untersuchungen

1 Die untersuchenden Ärzte und Ärztinnen haben bei den wiederkehrenden Untersuchungen der Hörfähigkeit und den freiwilligen Untersuchungen grundsätzlich **vorzugehen wie bei den obligatorischen**, wobei jedoch die Mitteilung der Beurteilung an den Arbeitgeber sowie an das Arbeitsinspektorat entfällt.

2 Eine **Ausnahme** von § 50 Abs 2 ASchG gilt nach **§ 10 VGÜ** (Durchführung von Tonschwellenaudiogrammen).

Zu den **besonderen Untersuchungen** siehe Anmerkungen zu § 50 Rz 14 ff, VGÜ.

II. Befunderläuterung auf Wunsch des Arbeitnehmers/der Arbeitnehmerin

3 Eine Übermittlung der Befunde an das Arbeitsinspektorat ist nicht vorgesehen, ebenso wenig eine Überprüfung der Beurteilung durch das Arbeitsinspektorat.

Die **Ärzte und Ärztinnen der Arbeitsinspektion** sind aber verpflichtet, dem Arbeitnehmer oder der Arbeitnehmerin den Befund zu erläutern, wenn er/sie dies **unter Vorlage des Befundes** verlangt. (ErlRV 1590 BlgNR 18. GP)

III. Untersuchungsrichtlinien

4 Die Gesetzesmaterialien zur ASchG-Stammfasssung (ErlRV 1590 BlgNR 18. GP) verweisen auf die **Bedeutung einheitlicher Untersuchungsrichtlinien** (§ 55 Abs 1 Z 1 ASchG): Einheitliche Untersuchungsrichtlinien haben sich zB für die wiederkehrenden Lärmuntersuchungen bewährt.

Die Untersuchungsrichtlinien wurden in **Anlage 2 der Verordnung über die Gesundheitsüberwachung 2024 (VGÜ)** für alle Untersuchungen einheitlich geregelt.

Siehe Anmerkungen zu §§ 49 ff, VGÜ.

Zum Inkrafttreten vgl § 112 Rz 1 f.

Ermächtigte Ärzte und Ärztinnen

§ 56. (1) Eignungs- und Folgeuntersuchungen sind von ermächtigten Ärzten und Ärztinnen durchzuführen und zu beurteilen. Ein Arzt/Eine Ärztin gilt als ermächtigt, wenn folgende Voraussetzungen vorliegen und eine Eintragung in die Liste nach Abs. 6 erfolgt ist:

1. Berechtigung zur selbständigen Ausübung des ärztlichen Berufes im Sinne des Ärztegesetzes 1998 – ÄrzteG 1998, BGBl. I Nr. 169/1998,
2. Abschluss einer von dem/der Bundesminister/in für Gesundheit und Frauen anerkannten arbeitsmedizinischen Ausbildung gemäß § 38 ÄrzteG 1998,
3. apparative Ausstattung um die Untersuchungen durchführen zu können, wobei zu Teilbereichen der jeweiligen Untersuchung auch andere Ärzte/Ärztinnen oder geeignete Labors mit apparativer Ausstattung für die Durchführung der Untersuchungen herangezogen werden können.

(2) Der Arzt/Die Ärztin hat dem Bundesminister für Arbeit, Soziales und Konsumentenschutz zu melden:

1. vor der erstmaligen Durchführung der jeweiligen Untersuchung: Genaue Angabe der Arbeitsstoffe oder Einwirkungen, für die die Untersuchung durchgeführt werden soll, Name, Anschrift, Telefonnummer, E-Mail-Adresse samt schriftlicher Nachweise über das Vorliegen der Voraussetzungen nach Abs. 1,
2. allfällige Änderungen der Angaben nach Z 1 sowie Voraussetzungen nach Abs. 1,
3. die Einstellung der jeweiligen Untersuchung oder der Tätigkeit.

(3) Der Bundesminister für Arbeit, Soziales und Konsumentenschutz hat auf Grund der Meldung nach Abs. 2 Z 1 zu überprüfen, ob die Voraussetzungen nach Abs. 1 vorliegen. Der Allgemeinen Unfallversicherungsanstalt ist Gelegenheit zu geben, im Rahmen der Überprüfung Stellung zu nehmen, wenn es sich um Untersuchungen handelt, die zur Feststellung der gesundheitlichen Eignung für die Ausübung von Tätigkeiten dienen, die eine Berufskrankheit verursachen können.

(4) Ermächtigte Ärzte/Ärztinnen müssen die Untersuchungen einer regelmäßigen Qualitätssicherung, die den neuesten Erkenntnissen auf dem Gebiet der Arbeitsmedizin entspricht, unterziehen. Sie müssen den Ärzten und Ärztinnen der Arbeitsinspektion auf Verlangen Einsicht in die Unterlagen zur Qualitätssicherung und zur für die Untersuchungen einschlägigen Fortbildung nach § 49 ÄrzteG 1998 gewähren oder Kopien dieser Unterlagen übermitteln sowie Auskünfte dazu erteilen.

(5) Abs. 4 gilt auch für andere Ärzte/Ärztinnen und Labors nach Abs. 1 Z 3.

(6) Der Bundesminister für Arbeit, Soziales und Konsumentenschutz hat eine Liste der ermächtigten Ärzte und Ärztinnen zu erstellen und regelmäßig zu aktualisieren sowie im Internet zu veröffentlichen. Diese Liste hat zu enthalten: Namen, Anschrift, Telefonnummer, E-Mail-Adresse der Ärzte/Ärztinnen sowie die Art der Untersuchung, auf die sich die Eintragung in die Liste bezieht. In diese Liste sind alle Ärzte und Ärztinnen aufzunehmen, bei denen die Überprüfung gemäß Abs. 3 ergeben hat, dass sie die Voraussetzungen nach Abs. 1 erfüllen. Ergibt die Überprüfung, dass die Voraussetzungen nach Abs. 1 nicht erfüllt sind, ist der Arzt/die Ärztin zur Behebung der Mängel schriftlich aufzufordern. Werden die Voraussetzungen nach Abs. 1 weiterhin nicht erfüllt, hat keine Aufnahme in die Liste zu erfolgen. Auf Antrag des Arztes/der Ärztin ist dies mit Bescheid festzustellen.

(7) Ein Arzt/Eine Ärztin ist von der Liste nach Abs. 6 zu streichen, wenn

1. **die Voraussetzungen nach Abs. 1 nicht mehr vorliegen oder**
2. **gegen die für ermächtigte Ärzte/Ärztinnen geltenden Bestimmungen dieses Bundesgesetzes oder der Verordnung über die Gesundheitsüberwachung verstoßen wurde oder**
3. **innerhalb der letzten fünf Jahre keine entsprechende Untersuchung vorgenommen wurde.**

Vor der Streichung ist dem Arzt/der Ärztin Gelegenheit zu geben, Stellung zu nehmen. Auf Antrag des Arztes/der Ärztin ist mit Bescheid festzustellen, dass die Voraussetzungen für eine Streichung vorliegen.

[BGBl I 2017/126]

Übersicht

I.	Meldeverfahren zur Ermächtigung für die Durchführung von Eignungs- und Folgeuntersuchungen	1–6
II.	Arbeitsmediziner und Arbeitsmedizinerinnen	7, 8
III.	Widerruf der Ermächtigung – Streichung aus der ASchG-Liste	9, 10
IV.	Liste der ermächtigten Ärzte und Ärztinnen	11, 12

I. Meldeverfahren zur Ermächtigung für die Durchführung von Eignungs- und Folgeuntersuchungen

Die verpflichtenden Eignungs- und Folgeuntersuchungen dürfen nur von dazu 1
ermächtigten Ärzten bzw ermächtigten Ärztinnen durchgeführt werden. Bis zur ASchG-Novelle BGBl I 2017/126 erfolgte die Ermächtigung mit Bescheid des ressortmäßig für den Bereich Arbeit zuständigen Bundesministers bzw der zuständigen Bundesministerin. Mit der Novelle sollten Vereinfachungen bei der Ermächtigung von Ärzten/Ärztinnen sowie bei der Übermittlung von Unterlagen im Rahmen der Gesundheitsüberwachung erzielt werden. Die Be-

scheidverfahren wurden daher mit Inkrafttreten der Neuregelung § 56 ASchG am 1.8.2017 durch ein Anmeldeverfahren ersetzt, das den Regelungen für arbeitsmedizinische bzw sicherheitstechnische Zentren (§§ 75, 80 ASchG) nachgebildet ist.

Die Voraussetzungen der bis dahin erforderlichen Bescheidermächtigung (§ 56 Abs 1 bis 6 aF) entsprachen weitgehend der noch vor Inkrafttreten des ASchG (1.1.1995) geltenden Rechtslage des Arbeitnehmerschutzgesetzes (§ 8 ANSchG). Die bisherigen Ex-lege-Voraussetzungen für eine Ermächtigung wurden mit der Novelle an die praktischen Anforderungen angepasst und darüber hinaus wurden auch Voraussetzungen aufgenommen, die bisher als Bescheidauflagen vorgeschrieben wurden (zB Qualitätssicherungsaspekte, vgl Begründung Initiativantrag 2228/A 25. GP).

Mit der ASchG-Novelle 2017 entfallen ist die in Abs 2 Z 2 aF ausdrücklich geforderte persönliche Eignung. Aufgrund der Übergangsbestimmung des § 112 Abs 3 Z 1 ASchG wurden zuvor mit Bescheid ermächtigte Ärztinnen und Ärzte ohne weitere Voraussetzungen in die nunmehrige Liste nach § 56 Abs 6 übernommen (siehe Anmerkungen zu § 112 Abs 3).

2 Seit 1.8.2017 ist ein Meldeverfahren gemäß § 56 Abs 1 bis 4 ASchG durchzuführen: Ein Arzt bzw eine Ärztin gilt demnach als ermächtigt, wenn folgende Voraussetzungen erfüllt sind (Abs 1 Z 1 bis 3):

- Berechtigung zur selbständigen ärztlichen Berufsausübung im Sinne des Ärztegesetzes 1998 (ÄrzteG 1998),
- Abschluss einer anerkannten arbeitsmedizinischen Ausbildung (§ 38 ÄrzteG),
- apparative Ausstattung zur Untersuchungsdurchführung (zu Teilbereichen der jeweiligen Untersuchung können auch andere Ärzte/Ärztinnen oder geeignete Labors mit apparativer Ausstattung herangezogen werden),

und eine Eintragung in die Liste ermächtiger Ärzte/Ärztinnen erfolgt ist (Abs 6).

3 Dazu unterliegt der Arzt/die Ärztin der Meldepflicht des § 56 Abs 2 Z 1 ASchG: Vor erstmaliger Durchführung der jeweiligen Eignungs- und Folgeuntersuchungen müssen dem Arbeitsminister/der Arbeitsministerin Angaben zu den Arbeitsstoffen oder Einwirkungen, für die die Untersuchung durchgeführt werden soll, sowie persönliche Daten (Name, Anschrift, Telefonnummer, E-Mail-Adresse) gemeldet werden. Die Berechtigung zur selbständigen ärztlichen Berufsausübung, die arbeitsmedizinische Ausbildung sowie die erforderliche apparative Ausstattung sind schriftlich nachzuweisen.

§ 56 Abs 2 Z 2 u 3 normiert weiters eine Meldepflicht hinsichtlich allfälliger Änderungen dieser Angaben (Z 1) sowie der Voraussetzungen nach Abs 1, meldepflichtig ist auch die Einstellung der jeweiligen Untersuchung oder der ärztlichen Tätigkeit.

4 Ergibt die Überprüfung (durch den Arbeitsminister/die Arbeitsministerin) aufgrund der ärztlichen Meldung, dass alle erforderlichen Voraussetzungen vorliegen, erfolgt die entsprechende Eintragung in die Liste der zur Untersuchungsdurchführung ermächtigten Ärzte und Ärztinnen (§ 56 Abs 6, siehe Anmerkungen zu Punkt IV). Der Allgemeinen Unfallversicherungsanstalt (AUVA) ist im Rahmen der Überprüfung Gelegenheit zur Stellungnahme zu geben, soweit es sich um Untersuchungen der gesundheitlichen Eignung für Tätigkeiten handelt, deren Ausübung eine Berufskrankheit verursachen kann.

Bei Erfüllung der Voraussetzungen besteht ein Rechtsanspruch der Antragsteller auf Ermächtigung gemäß § 56 ASchG: Der Bedarf nach ärztlichen Untersuchungen ist keine Voraussetzung für die Ermächtigung (VwGH 17.12.1991, 86/08/0232; die Entscheidung bezog sich auf die ANSchG-Rechtslage, ist aber auf das ASchG übertragbar).

Ergibt die Überprüfung hingegen, dass Voraussetzungen nach Abs 1 nicht erfüllt sind, wird der Arzt/die Ärztin zur Behebung der Mängel schriftlich aufgefordert. Bleibt dies ergebnislos und werden die Voraussetzungen weiterhin nicht erfüllt, darf keine Aufnahme in die Liste gemäß Abs 6 erfolgen. Aus Rechtsschutzgründen ist für den Fall, dass die Voraussetzungen für eine Aufnahme in die Liste nicht gegeben sind, auf Antrag des Arztes/der Ärztin die Erlassung eines Feststellungsbescheids vorgesehen, gegen den das Rechtsmittel der Beschwerde ergriffen werden kann (vgl Initiativantrag 2228/A 25. GP).

Unter den Voraussetzungen des § 56 Abs 7 kann die Ermächtigung widerrufen werden (siehe Punkt III.).

Ermächtigte Ärzte/Ärztinnen müssen die Untersuchungen einer regelmäßigen **5** Qualitätssicherung nach neuesten arbeitsmedizinischen Erkenntnissen unterziehen und der Arbeitsinspektion auf Verlangen Einsicht in die Unterlagen zur Qualitätssicherung und einschlägigen Fortbildung nach § 49 ÄrzteG 1998 gewähren, Kopien dieser Unterlagen übermitteln sowie Auskünfte dazu erteilen. Das gilt auch für andere Ärzte/Ärztinnen und Labors, die nach Abs 1 Z 3 zu Teilbereichen der jeweiligen Untersuchung allenfalls herangezogen werden (§ 56 Abs 4 u 5).

Zu den (von der Gesundheitsüberwachung abweichend geregelten) Augen- **6** untersuchungen siehe Anmerkungen zu § 68 Rz 14 f und Bildschirmarbeitsverordnung (BS-V).

Mit der ASchG-Novelle BGBl I 2017/126 entfallen ist die in § 56 Abs 6 aF noch vorgesehene gesetzliche Grundlage für eine Ermächtigung zu freiwilligen Untersuchungen (sonstige besondere Untersuchungen gemäß § 51 ASchG, § 5 VGÜ). Bei Erlassung der ASchG-Stammfassung BGBl 1994/450 war die weitere Entwicklung der EU-Richtlinienvorgaben und damit der nationalen Umsetzungsnotwendigkeit zum Teil noch offen (vgl ErlRV 1590 BlgNR 18. GP). Nach geltender ASchG-Rechtslage und VGÜ können sich Arbeitnehmerinnen und Arbeitnehmer auf eigenen Wunsch besonderen Untersuchungen durch Ärzte und Ärztinnen unterziehen, die den Anforderungen für Arbeitsmedizinerinnen und Arbeitsmediziner gemäß § 79 Abs 2 ASchG entsprechen müssen (§ 5 Abs 4 VGÜ). Derartige Untersuchungen sind auf Wunsch der Beschäftigten möglich bei Einwirkung von eindeutig krebserzeugenden Arbeitsstoffen, biologischen Arbeitsstoffen der Gruppen 2, 3 oder 4, bei Vibrationen, die den Auslösewert für Ganzkörper-Vibrationen bzw Hand-Arm-Vibrationen überschreiten, bei künstlicher optischer Strahlung, elektromagnetischen Feldern und bei Nachtarbeit (§ 5 Abs 1 u 3 VGÜ).

II. Arbeitsmediziner und Arbeitsmedizinerinnen

7 Bis 31.12.2012 war es für die Ermächtigung zur Durchführung von Eignungs- und Folgeuntersuchungen ausreichend, wenn der Arzt/die Ärztin eine der jeweiligen Untersuchung entsprechende Ausbildung absolviert hatte. Seit der Novelle BGBl I 2012/118 gelten strengere Erfordernisse (§ 56 Abs 1):

- Berechtigung zur selbständigen Ausübung des ärztlichen Berufes im Sinne des Ärztegesetzes 1998 (ÄrzteG 1998), BGBl I 1998/169 (Z 1),
- Abschluss einer durch den Gesundheitsminister/die Gesundheitsministerin anerkannten arbeitsmedizinischen Ausbildung gemäß § 38 ÄrzteG 1998 (Z 2).

Diese Ausbildungsvorgabe erfolgte in Hinblick auf die Aufgabenstellung der Arbeitsmedizin, die auf Verordnungsebene näher geregelt wird: Gemäß **§ 6a der Verordnung über die Gesundheitsüberwachung am Arbeitsplatz 2024 (VGÜ)** muss der Arbeitgeber/die Arbeitgeberin die Ermittlung und Beurteilung der Gefahren überprüfen, wenn der untersuchende Arzt bzw die untersuchende Ärztin bei einer Eignungs- oder Folgeuntersuchung eine Gesundheitsbeeinträchtigung festgestellt hat, die auf Einwirkungen am Arbeitsplatz zurückzuführen ist. **Ärzte und Ärztinnen, die Eignungs- und Folgeuntersuchungen durchführen, benötigen daher nicht nur Kenntnisse der konkreten Arbeitsbedingungen der untersuchten Arbeitnehmer und Arbeitnehmerinnen, sondern auch ein breites arbeitsmedizinisches Wissen**. § 56 Abs 1 legt deshalb fest, dass die notwendige umfassende arbeitsmedizinische Fachkompetenz im Rahmen der zwölfwöchigen arbeitsmedizinischen Ausbildung erworben werden muss.

Gemäß § 38 Ärztegesetz 1998 müssen approbierte Ärzte/Ärztinnen, Allgemeinmediziner/Allgemeinmedizinerinnen und Fachärzte/Fachärztinnen, die beabsichtigen, eine Tätigkeit als Arbeitsmediziner/Arbeitsmedizinerin nach ASchG auszuüben, einen anerkannten zwölfwöchigen Ausbildungslehrgang an einer Akademie für Arbeitsmedizin absolvieren (derzeit: Akademie für Arbeitsmedizin und Prävention – AAMP, Linzer Akademie für Arbeitsmedizin und Sicherheitstechnik, Wiener Akademie für Arbeitsmedizin und Prävention – WIAP). Nähere Ausbildungsregelungen trifft die Verordnung des Gesundheitsministers über die arbeitsmedizinische Ausbildung von Ärztinnen und Ärzten, BGBl 1995/489.

Für Arbeitsmediziner/Arbeitsmedizinerinnen, die selbst zB nicht die erforderliche apparative Ausstattung besitzen, besteht weiterhin die Möglichkeit, Teiluntersuchungen, wie Ergometrie, Audiometrie oder Röntgen, an Fachärzte/Fachärztinnen zu vergeben (§ 56 Abs 1 Z 3 u Abs 5 ASchG).

Diese strengere Voraussetzung des § 56 Abs 1 gilt nur für **Untersuchungsermächtigungen**, die ab dem **1.1.2013** erteilt wurden; bereits zuvor bestehende Untersuchungsermächtigungen waren davon nicht berührt. Ermächtigungsverfahren, die im Zeitpunkt des Inkrafttretens der damaligen ASchG-Novelle anhängig waren, sollten nach der im Zeitpunkt der Antragstellung geltenden – also nach bisheriger – Rechtslage zu Ende geführt werden (vgl ErlRV 1983 BlgNR 24. GP und § 127 Abs 3). **8**

III. Widerruf der Ermächtigung – Streichung aus der ASchG-Liste

§ 56 Abs 5 ASchG aF regelte als Widerrufsgründe einer (nach alter Rechtslage bescheidmäßig erteilten) Berechtigung zur Vornahme der Untersuchungen die mangelhafte Durchführung, den Wegfall von Ermächtigungsvoraussetzungen und die Nichteinhaltung von Auflagen. Die Bescheidermächtigung erlosch zudem aufgrund Abs 5a automatisch, wenn der ermächtigte Arzt bzw die ermächtigte Ärztin innerhalb der letzten fünf Jahre keine entsprechenden Untersuchungen vorgenommen hatte. Diese Regelung des Abs 5a wurde zur Verwaltungsvereinfachung mit Novelle BGBl I 2012/118 in das ASchG aufgenommen und galt seit 1.1.2013 (vgl ErlRV 1983 BlgNR 24. GP). **9**

Bereits aufgrund § 56 Abs 5 Z 2 der ASchG-Stammfassung führte die Nichtausübung der Ermächtigung innerhalb der letzten fünf Jahre somit zum Widerruf: Nach Durchführung eines Verwaltungsverfahrens war die Ermächtigung mit Bescheid des Bundesministers für Arbeit abzuerkennen. Ein Widerruf erschien – so die Gesetzesmaterialien – im Hinblick auf den Wandel der arbeitsmedizinischen Erkenntnisse zur Gewährleistung einer entsprechenden Qualität der Untersuchungen notwendig. Außerdem ist zu berücksichtigen, dass die gesetzlich vorgesehene jährliche Liste der ermächtigten Ärzte wesentlich an Informationsgehalt verlieren würde, wenn auch Ärzte aufzunehmen sind, die seit Jahren keine Untersuchungen durchgeführt haben, zB ihre Tätigkeit eingestellt haben, und die daher nicht mehr für die Durchführung von Untersuchungen in Betracht kommen (vgl ErlRV 1590 BlgNR 18. GP, ErlRV 1983 BlgNR 24. GP).

Nachdem die ASchG-Novelle BGBl I 2012/118 bei fünfjähriger Nichtgebrauchnahme der Ermächtigung anstelle des bisherigen Widerrufsverfahrens ein automatisches Erlöschen der Bescheidberechtigung aufgrund Abs 5a vorgesehen hatte, ersetzte die ASchG-Novelle BGBl I 2017/126 die Bescheidverfahren ab 1.8.2017 zur Gänze durch ein Anmeldeverfahren und die Aufnahme in eine Liste (siehe Punkt I.). **10**

§ 56 Abs 7 Z 1 bis 3 regelt folgedessen die Voraussetzungen, unter denen ein Arzt/eine Ärztin von der Liste nach Abs 6 wieder zu streichen ist, nämlich wenn

- die Voraussetzungen nach Abs 1 nicht mehr vorliegen (Berechtigung zur selbständigen Berufsausübung, arbeitsmedizinische Ausbildung, apparative Ausstattung) oder
- gegen die für ermächtigte Ärzte/Ärztinnen geltenden Bestimmungen nach ASchG oder der Verordnung über die Gesundheitsüberwachung am Arbeitsplatz 2024 (VGÜ) verstoßen wurde oder
- innerhalb der letzten fünf Jahre keine entsprechende Untersuchung vorgenommen wurde.

Bevor die Streichung aus der Liste vorgenommen wird, muss dem Arzt/der Ärztin Gelegenheit zur Stellungnahme gegeben werden. Auf Antrag des Arztes/der Ärztin ist mit Bescheid festzustellen, dass die Voraussetzungen für eine Streichung vorliegen (Abs 7 letzter Satz), wogegen das Rechtsmittel der Beschwerde ergriffen werden kann.

IV. Liste der ermächtigten Ärzte und Ärztinnen

11 Die Liste jener Ärzte/Ärztinnen, welche zur Vornahme der Untersuchungen berechtigt sind (**§ 56 Abs 1 u 6ASchG**), dient der Unterstützung der Arbeitgeber und Arbeitnehmer bei der Auswahl von in Betracht kommenden Ärzten/Ärztinnen (vgl ErlRV 1590 BlgNR 18. GP). Die Liste muss regelmäßig aktualisiert und **im Internet veröffentlicht** werden (Abs 6).

In die Liste der ermächtigten Ärztinnen und Ärzte werden die gemäß § 56 Abs 1 ASchG, § 6 Abs 1 und § 31 Abs 2 Druckluft- und Taucherarbeiten-Verordnung sowie § 3 Abs 3 Tropentauglichkeitsverordnung (Verordnung zum Schutz von Bundesbediensteten in Dienststellen des Bundes in Tropenländern, BGBl 1983/630) ermächtigten Ärztinnen und Ärzte durch das ZAI laufend eingepflegt.

12 Mit der **ASchG-Novelle BGBl I 2012/118** wurde die Möglichkeit einer Listenführung auf der **Website des Bundesministeriums für Arbeit** auf eine rechtliche Grundlage gestellt: Die Neuregelung diente der Verwaltungsvereinfachung. Die Veröffentlichung im Internet erfolgt auf der Website der **Arbeitsinspektion** www.arbeitsinspektion.gv.at, auf Anfrage wird die Liste an interessierte Personen übersendet. Ein ausdrücklicher gesetzlicher Auftrag ist dazu nicht erforderlich (vgl ErlRV 1983 BlgNR 24. GP). Die aktuelle Liste der ermächtigten Ärztinnen und Ärzte wird mittlerweile als Datenbank auf der Website der Arbeitsinspektion zur Verfügung gestellt (Abfrage in der Ermächtigten-Datenbank: https://www1.arbeitsinspektion.gv.at/ermaerzte/).

Kosten der Untersuchungen

§ 57. (1) Die Kosten von Eignungs- und Folgeuntersuchungen sind vom Arbeitgeber zu tragen.

(2) Die Kosten von sonstigen besonderen Untersuchungen hat der Arbeitgeber zu tragen, soweit sie nicht auf Kosten eines Versicherungsträgers erfolgen.

(3) Wenn Eignungs- und Folgeuntersuchungen oder sonstige besondere Untersuchungen im Zusammenhang mit Tätigkeiten, die eine Berufskrankheit verursachen können, durchgeführt werden, hat der Arbeitgeber gegenüber dem zuständigen Träger der Unfallversicherung Anspruch auf Ersatz der Kosten. Dies gilt auch für Eignungsuntersuchungen, die unmittelbar vor Aufnahme einer Tätigkeit durchgeführt werden, die die Unfallversicherungspflicht auslöst.

(4) Die Höhe des Kostenersatzes wird durch einen privatrechtlichen Vertrag geregelt, welcher für die Träger der Unfallversicherung mit deren Zustimmung durch den Dachverband der Sozialversicherungsträger mit der Österreichischen Ärztekammer abzuschließen ist. Der Vertrag bedarf zu seiner Rechtsgültigkeit der schriftlichen Form. Im übrigen gelten die Bestimmungen des Sechsten Teils des Allgemeinen Sozialversicherungsgesetzes, BGBl. Nr. 189/1955, sinngemäß.

(5) Der zuständige Träger der Unfallversicherung ist berechtigt, mit ermächtigten Ärzten die direkte Verrechnung der Kosten von Untersuchungen nach Abs. 3 zu vereinbaren.

(6) Die zuständigen Träger der Unfallversicherung sind berechtigt, die sachliche und rechnerische Richtigkeit der Kosten von Untersuchungen nach Abs. 3 stichprobenartig bei den Ärzten zu überprüfen. Die Ärzte haben in diesem Zusammenhang Auskünfte im erforderlichen Umfang nach Maßgabe des Abs. 7 zu erteilen. Das Vorliegen der Voraussetzungen für eine Auskunftserteilung ist dem betreffenden Arzt gegenüber glaubhaft zu machen.

(7) Auskünfte im Sinne des Abs. 6 dürfen nur insoweit in personenbezogener Form erteilt werden, als dies der Zweck der im Einzelfall vorgenommenen Überprüfung unbedingt erfordert. Medizinische Daten, insbesondere die Diagnose, dürfen nur einem ordnungsgemäß ausgewiesenen bevollmächtigten Arzt des zuständigen Trägers der Unfallversicherung bekannt gegeben werden. Der erste Satz ist auch anzuwenden auf jede weitere Übermittlung innerhalb der Organisation des zuständigen Trägers der Unfallversicherung hinsichtlich der Daten, die in einer Auskunft im Sinne des Abs. 6 enthalten sind.

(8) Abs. 1 und Abs. 3 bis 7 gelten auch für wiederkehrende Untersuchungen der Hörfähigkeit.

[BGBl I 2018/100]

Übersicht

I. Kostenersatz 1, 2
II. Auskunftspflicht der Ärzte und Ärztinnen 3

I. Kostenersatz

1 Diese Bestimmung entspricht dem vor dem ASchG geltenden Recht (§ 8 Abs 5 und 6 ANSchG). Neu ist die Regelung über den Kostenersatz für **Eignungsuntersuchungen vor Beginn des Arbeitsverhältnisses**. Da die Tätigkeit erst aufgenommen werden darf, nachdem die Eignungsuntersuchung durchgeführt wurde, sind Untersuchungen vor Beginn des Arbeitsverhältnisses durchaus üblich und zielführend. Nach den Gesetzesmaterialien zur ASchG-Stammfassung fehlte bei Erlassung des ASchG per 1.1.1995 für solche Untersuchungen eine Regelung über den Kostenersatz. Dies hat zu Nachteilen für jene Arbeitgeber geführt, die in gesetzeskonformer Weise Arbeitnehmer erst nach Durchführung der Eignungsuntersuchung beschäftigen wollen (vgl ErlRV 1590 BlgNR 18. GP).

Mittlerweile wurde ein privatrechtlicher Vertrag iSd Abs 4 abgeschlossen, siehe Anmerkungen zu § 112 Rz 6 f. Mit der ASchG-Novelle BGBl I 2018/100 (Artikel 38 Sozialversicherungs-Organisationsgesetz – SV-OG) erfolgte die terminologische Anpassung an die Sozialversicherungsreform auch im ASchG (seit 1.1.2020 „Dachverband der Sozialversicherungsträger" statt zuvor „Hauptverband der österreichischen Sozialversicherungsträger").

2 Die ursprüngliche Begrenzung auf die höchstens nach den bei der Versicherungsanstalt öffentlich Bediensteter jeweils geltenden Honorarsätze (§ 57 Abs 3 letzter Satz ASchG-Stammfassung) ist mit der **ASchG-Novelle BGBl I 1997/9** entfallen. Die Gesetzesmaterialien zur RV 461 BlgNR 20. GP führen zu den Hintergründen der Neuregelung durch § 57 Abs 3 bis 8 und § 112 Abs 1a ASchG Folgendes aus:

> „Im Zusammenhang mit dem Kostenersatz für Untersuchungen nach dem 5. Abschnitt des ASchG sind Auslegungsprobleme aufgetreten. In § 57 Abs 3 ASchG wird – ebenso wie bisher im Arbeitnehmerschutzgesetz – angeordnet, dass der Kostenersatz nach den bei der Versicherungsanstalt öffentlich Bediensteter jeweils geltenden Honorarsätzen erfolgt. Diese Honorarsätze stellen auf kurative Tätigkeiten ab und sind daher für die Gesundheitsüberwachung nach dem ASchG nur sinngemäß anwendbar. Die im Entwurf vorgesehenen Änderungen sollen für diese besonderen Untersuchungen eine sachgerechte Honorarvereinbarung ermöglichen. Für den Zeitraum bis zum Wirksamwerden der neuen Vereinbarung wird in § 112 Abs. 1a eine Übergangsregelung getroffen (sinngemäße Anwendung der BVA-Honorarsätze).
>
> Die nach dem ASchG ermächtigten Ärzte sind nicht Vertragspartner der Träger der Unfallversicherung, weshalb den zuständigen Trägern der Unfallversicherung bei geltender Rechtslage keine rechtlichen Möglichkeiten zu-

stehen, stichprobenartige Kontrollen der ärztlichen Leistungen durchzuführen, obwohl sie zum Kostenersatz verpflichtet sind. Die vorgeschlagene Regelung wurde § 27 des Gesamtvertrages vom 25.06.1956, in der Fassung vom 01.01.1987, abgeschlossen zwischen der Ärztekammer für Wien und dem Hauptverband der österreichischen Sozialversicherungsträger, nachgebildet und entsprechend den Erfordernissen des Datenschutzes adaptiert."

(ErlRV 461 BlgNR 20. GP)

II. Auskunftspflicht der Ärzte und Ärztinnen

Mit der ASchG-Novelle BGBl I 2012/118, in Kraft seit 1.1.2013, ist die Ein- **3**
schränkung auf ermächtigte Ärzte und Ärztinnen entfallen:

„Gemäß § 57 Abs. 3 haben Arbeitgeber/innen gegenüber den zuständigen Trägern der Unfallversicherung Anspruch auf Ersatz der Kosten für Eignungs- und Folgeuntersuchungen sowie für sonstige besondere Untersuchungen in Zusammenhang mit Tätigkeiten, die eine Berufskrankheit verursachen können. Abs. 6 nimmt auf diese Regelung Bezug und bestimmt, dass die ermächtigten Ärzte, die diese Untersuchungen durchgeführt haben, gegenüber dem Unfallversicherungsträger auskunftspflichtig sind. Allerdings können sonstige besondere Untersuchungen (z. B. wegen Vibrationen) auch von nicht ermächtigten Ärzten durchgeführt werden. Auch diese sollen aber – wenn es sich um Untersuchungen in Zusammenhang mit Tätigkeiten, die eine Berufskrankheit verursachen können, und für die der Unfallversicherungsträger die Kosten übernimmt – gegenüber dem Unfallversicherungsträger auskunftspflichtig sein. Die bisherige Einschränkung soll daher entfallen."

(ErlRV 1983 BlgNR 24. GP)

Pflichten der Arbeitgeber

§ 58. (1) Arbeitgeber müssen den untersuchenden Ärzten Zugang zu den Arbeitsplätzen der zu untersuchenden Arbeitnehmer sowie zu allen für die Durchführung oder Beurteilung notwendigen Informationen, wie zum Beispiel zu Meßergebnissen, gewähren.

(2) Werden Eignungs- und Folgeuntersuchungen, wiederkehrende Untersuchungen der Hörfähigkeit sowie sonstige besondere Untersuchungen während der betrieblichen Arbeitszeit durchgeführt, müssen Arbeitgeber den Arbeitnehmern die erforderliche Freizeit unter Fortzahlung des Entgelts gewähren.

(3) *(aufgehoben)*

(4) Arbeitgeber müssen über jeden Arbeitnehmer, für den Eignungs- oder Folgeuntersuchungen erforderlich sind, Aufzeichnungen führen, die folgendes zu enthalten haben:

1. Vor- und Zuname, Geburtsdatum und Anschrift,
2. Art der Tätigkeit, die die Untersuchungspflicht begründet,
3. Datum der Aufnahme dieser Tätigkeit,
4. Datum der Beendigung dieser Tätigkeit,
5. Name und Anschrift des untersuchenden Arztes,
6. Datum jeder Untersuchung.

(5) Den Aufzeichnungen sind alle Beurteilungen der untersuchenden Ärzte über die gesundheitliche Eignung sowie allfällige Bescheide des Arbeitsinspektorates und allfällige Erkenntnisse des Verwaltungsgerichts anzuschließen.

(6) Die Unterlagen gemäß Abs. 4 und 5 sind aufzubewahren, bis der Arbeitnehmer aus dem Betrieb ausscheidet. Sodann sind sie dem zuständigen Träger der Unfallversicherung zu übermitteln. Dieser hat die Unterlagen mindestens 40 Jahre aufzubewahren.

(7) Arbeitgeber müssen unbeschadet der §§ 12 und 13 jedem Arbeitnehmer zu den ihn persönlich betreffenden Aufzeichnungen und Unterlagen Zugang gewähren und auf Verlangen Kopien davon aushändigen.

[BGBl I 2013/71]

Übersicht

I. Zugang zu Informationen, Unterlagen, Untersuchungsdurchführung in der Arbeitszeit 1–3
II. Verzeichnis der Arbeitnehmer, Aufbewahrung 4, 5

I. Zugang zu Informationen, Unterlagen, Untersuchungsdurchführung in der Arbeitszeit

1 Der in **Abs 1** vorgesehene Zugang der untersuchenden Ärzte und Ärztinnen entspricht Art 12 der Richtlinie 82/605/EWG.

2 **Abs 2 (Entgeltfortzahlung)** entspricht weitgehend dem vor dem ASchG geltenden geltenden Recht (§ 7 Abs 1 der Verordnung BGBl 1974/39). Die geänderte Formulierung soll Missverständnissen vorbeugen, wonach die Arbeitnehmer bzw Arbeitnehmerinnen gezwungen werden könnten, sich einer Untersuchung zu unterziehen.

3 Die Regelung des **§ 58 Abs 3** der ASchG-Stammfassung ist mit dem ANS-RG (BGBl I 2001/159) zum 1.1.2002 **entfallen**: Bei der Dokumentationsverpflichtung der Arbeitgeber zur Evaluierung handelt es sich um eine EU-Mindestvorschrift, die als solche nicht zur Disposition steht. Der Inhalt des Sicherheits- und Gesundheitsschutzdokuments ist in § 2 DOK-VO, BGBl 1996/478, geregelt. Nach § 2 Abs 2 Z 1 DOK-VO muss das Dokument ua die Festlegung der Arbeitsplätze oder Arbeitsbereiche, für die Untersuchungen im Sinne des fünften Abschnitts des ASchG vorgesehen sind, enthalten. § 58 Abs 3 enthielt eine inhaltsgleiche Bestimmung und war daher entbehrlich (vgl ErlRV 802 BlgNR 21. GP).

II. Verzeichnis der Arbeitnehmer, Aufbewahrung

Abs 4 und 5 entsprechen dem vor Inkrafttreten des ASchG geltenden Recht (§ 5 Abs 1 und 2 der Verordnung BGBl 1974/39), das durch die in Abs 6 vorgesehene Aufbewahrungsregelung ergänzt wird. Zur Aufbewahrung bzw zur Übermittlung an den zuständigen Träger der Unfallversicherung ist auf die Erläuterungen zum Verzeichnis der Arbeitnehmer betreffend die Einwirkung von Arbeitsstoffen zu verweisen (vgl ErlRV 1590 BlgNR 18. GP). 4

Die Änderung in **§ 58 Abs 5** mit Bundesgesetz BGBl I 2013/71 erfolgte zur ASchG-Anpassung an die **Verwaltungsgerichtsbarkeitsreform** (in Kraft seit 1.1.2014). 5

Die Regelung des **§ 58 Abs 7** wurde mit ASchG-Novelle BGBl I 1997/9 neu eingefügt.

Verordnungen über die Gesundheitsüberwachung

§ 59. Der Bundesminister für Arbeit, Soziales und Konsumentenschutz hat in Durchführung des 5. Abschnittes durch Verordnung näher zu regeln:

1. **die Tätigkeiten, die Eignungs- und Folgeuntersuchungen erforderlich machen, sowie die Tätigkeiten, bei denen sonstige besondere Untersuchungen geboten sind,**
2. **die Zeitabstände, in denen Folgeuntersuchungen, wiederkehrende Untersuchungen der Hörfähigkeit sowie sonstige besondere Untersuchungen durchzuführen sind,**
3. **Richtlinien über die Durchführung von Untersuchungen, wobei insbesondere festzulegen ist, welche speziellen Untersuchungen und Untersuchungsverfahren nach dem jeweiligen Stand der Arbeitsmedizin zur Feststellung der gesundheitlichen Eignung von Arbeitnehmern für bestimmte Tätigkeiten in Betracht kommen, nach welchen arbeitsmedizinischen Kriterien die Untersuchungsergebnisse zu beurteilen sowie welche biologischen Grenzwerte gegebenenfalls zu beachten sind.**

[BGBl I 2012/118]

Übersicht

I. Verordnungsermächtigung 1
II. Durchführungsverordnungen zum fünften Abschnitt ASchG 2

I. Verordnungsermächtigung

Siehe Anmerkungen zu § 18 ASchG und zu den betreffenden Bestimmungen dieses Abschnittes. 1

Mit der ASchG-Novelle BGBl I 2012/118 erfolgte die Aktualisierung der Ressortbezeichnung gemäß der damaligen Bundesministeriengesetz-Novelle 2009,

BGBl I 2009/3 (derzeit Bundesministeriengesetz – BMG idF der Novelle 2022, BGBl I 2022/98: Bundesminister für Arbeit und Wirtschaft).

II. Durchführungsverordnungen zum fünften Abschnitt ASchG

2 Folgende Verordnung über die Präventivdienste wurde erlassen:

Verordnung über die Gesundheitsüberwachung (VGÜ), BGBl II 1997/27, in Kraft getreten am 1.2.1997 (gemäß § 11 VGÜ für Nachtarbeitsuntersuchungen mit 1.2.1997, für Untersuchungen bei Einwirkung biologischer Arbeitsstoffe mit 1.11.1998). Derzeit lautet der Verordnungstitel (BGBl II 2024/330): Verordnung über die Gesundheitsüberwachung 2024 (VGÜ).

6. Abschnitt
Arbeitsvorgänge und Arbeitsplätze

Allgemeine Bestimmungen über Arbeitsvorgänge

§ 60. (1) Arbeitgeber haben dafür zu sorgen, daß Arbeitsvorgänge so vorbereitet, gestaltet und durchgeführt werden, daß ein wirksamer Schutz des Lebens und der Gesundheit der Arbeitnehmer erreicht wird.

(2) Arbeitsvorgänge sind so zu gestalten, dass Zwangshaltung möglichst vermieden wird und Belastungen durch monotone Arbeitsabläufe, einseitige Belastung, Belastungen durch taktgebundene Arbeiten und Zeitdruck sowie sonstige psychische Belastungen möglichst gering gehalten und ihre gesundheitsschädigenden Auswirkungen abgeschwächt werden.

(3) Arbeitsvorgänge sind so zu gestalten, daß die Arbeit nach Möglichkeit ganz oder teilweise im Sitzen verrichtet werden kann.

(4) Arbeitgeber/innen haben im Rahmen der Ermittlung und Beurteilung der Gefahren im Bergbau für gefährliche Arbeiten oder normalerweise gefahrlose Arbeiten, die sich mit anderen Arbeitsvorgängen überschneiden und daher eine ernste Gefährdung bewirken können, ein Arbeitsfreigabesystem samt den notwendigen Schutz- und Rettungsmaßnahmen festzulegen und eine geeignete fachkundige Person zu benennen, die die erforderlichen fachlichen Kenntnisse und Berufserfahrungen besitzt und mit den möglichen Gefahren und den erforderlichen Schutz- und Rettungsmaßnahmen vertraut ist. Es ist dafür zu sorgen, dass die festgelegten Arbeiten erst durchgeführt werden, nachdem die benannte Person sich davon überzeugt hat, dass die laut Arbeitsfreigabesystem festgelegten Schutz- und Rettungsmaßnahmen durchgeführt sind, und die Arbeitsfreigabe erteilt hat.

(5) Arbeitgeber/innen haben im Bergbau jedem/jeder untertägig beschäftigten Arbeitnehmer/in jeweils einen umgebungsluftunabhängigen Selbstretter (Sauerstoffselbstretter) zur Verfügung zu stellen.

[BGBl I 2015/60]

Übersicht

I.	Arbeitsvorgänge und Arbeitsplätze	1–6
II.	Allgemeines zu Arbeitsvorgängen	7–9
III.	Vermeidung von Zwangshaltungen und anderen Belastungen – Gestaltung von Arbeitsvorgängen	10–12
IV.	Arbeitsverrichtung im Sitzen	13–16
V.	Arbeitsfreigabesystem im Bergbau	17, 19
VI.	Nadelstichverordnung (NastV)	20–26
VII.	Physikalische Einwirkungen (VEXAT, VOLV, VOPST, VEMF)	27

I. Arbeitsvorgänge und Arbeitsplätze

Der **sechste Abschnitt ASchG** fasst jene Regelungen zusammen, die für die 1
Gestaltung der Arbeitsvorgänge und Arbeitsplätze – innerhalb und außerhalb von Arbeitsstätten – gelten, soweit es sich nicht um die Verwendung von Arbeitsmitteln (dritter Abschnitt) oder von Arbeitsstoffen (vierter Abschnitt) handelt. Diese Regelungen entsprechen zum Teil dem zuvor geltenden Recht des **ANSchG (insbesondere der AAV)**, zum Teil finden sie ihre Grundlage in einzelnen **EU-Richtlinien** (über Arbeitsstätten, über die manuelle Handhabung von Lasten, über Lärm, über Bildschirmarbeit, über die Benutzung von persönlichen Schutzausrüstungen). Vgl ErlRV 1590 BlgNR 18. GP.

Die Konkretisierung der Bestimmungen über Arbeitsvorgänge und Arbeits- 2
plätze erfolgt durch ASchG-Durchführungsverordnungen (**§ 72 ASchG**), folgende Verordnungen ua zum sechsten Abschnitt ASchG wurden bisher erlassen:

- Verordnung über den Schutz der Arbeitnehmer/innen bei Bildschirmarbeit (Bildschirmarbeitsverordnung – **BS-V**), in Kraft seit 1.5.1998, BGBl II 1998/124
- Verordnung über den Schutz von ArbeitnehmerInnen im Bereich von Gleisen (Eisenbahn-ArbeitnehmerInnenschutzverordnung – **EisbAV**), in Kraft seit 1.1.2000, BGBl II 1999/384
- Verordnung über den Nachweis der Fachkenntnisse für die Vorbereitung und Organisation von bühnentechnischen und beleuchtungstechnischen Arbeiten (**Bühnen-FK-V**), in Kraft seit 1.1.2004 (Arbeitgeberpflichten) bzw 1.10.2003 (Ausbildungsregelungen und Ermächtigung), BGBl II 2003/403
- Verordnung über den Schutz der Arbeitnehmer/innen vor explosionsfähigen Atmosphären (**VEXAT**), in Kraft seit 1.8.2004, BGBl II 2004/309
- Verordnung über die Sicherheit und den Gesundheitsschutz der Arbeitnehmer/innen bei der Durchführung von Sprengarbeiten (Sprengarbeitenverordnung – **SprengV**), in Kraft seit 1.10.2004, BGBl II 2004/358
- Verordnung über den Schutz der Arbeitnehmer/innen bei der Durchführung von Bohr- und Behandlungsarbeiten (Bohrarbeitenverordnung – **BohrarbV**), in Kraft seit 25.5.2005, BGBl II 2005/140

- Verordnung über den Schutz der Arbeitnehmer/innen vor der Gefährdung durch Lärm und Vibrationen (VO Lärm und Vibrationen - **VOLV**), in Kraft seit 26.1.2006, BGBl II 2006/22
- Verordnung über den Nachweis der Fachkenntnisse (Fachkenntnisnachweis-Verordnung - **FK-V**), in Kraft seit 1.2.2007, BGBl II 2007/13
- Schifffahrt-ArbeitnehmerInnenschutzverordnung - (**SchiffAV**), in Kraft seit 1.9.2009, BGBl II 2009/260
- Verordnung über den Schutz der Arbeitnehmer/innen vor der Einwirkung durch optische Strahlung (VO optische Strahlung - **VOPST**), in Kraft seit 9.7.2010, BGBl II 2010/221
- Verordnung über den Schutz der Arbeitnehmer/innen bei der Durchführung von Arbeiten im Tagbau (Tagbauarbeitenverordnung - **TAV**), in Kraft seit 1.1.2011, BGBl II 2010/416
- Verordnung über den Schutz der Sicherheit und der Gesundheit der Arbeitnehmer/innen vor Gefahren durch den elektrischen Strom (Elektroschutzverordnung 2012 - **ESV 2012**), in Kraft seit 1.3.2012, BGBl II 2012/33
- Verordnung zum Schutz der Arbeitnehmer/innen vor Verletzungen durch scharfe oder spitze medizinische Instrumente (Nadelstichverordnung - **NastV**), in Kraft seit 11.5.2013, BGBl II 2013/16
- Verordnung über den Schutz der Arbeitnehmer/innen durch persönliche Schutzausrüstung (Verordnung Persönliche Schutzausrüstung - **PSA-V**), in Kraft seit 1.5.2014, BGBl II 2014/77
- Verordnung über den Schutz der Arbeitnehmer/innen vor der Einwirkung durch elektromagnetische Felder (Verordnung elektromagnetische Felder - **VEMF**), in Kraft seit 1.8.2016, BGBl II 2016/179

Als ASchG-Verordnung gilt weiters die Verordnung über Sicherheit und Gesundheitsschutz auf Baustellen und auf auswärtigen Arbeitsstellen (Bauarbeiterschutzverordnung - **BauV**), BGBl 1994/340, in Kraft seit 1.1.1995 (**§ 118 Abs 3 ASchG**).

Für den Arbeitsschutz im Verkehrsbereich gelten als Verordnungen insbesondere zum 6. Abschnitt ASchG die Verordnung über den Schutz von ArbeitnehmerInnen im Bereich von Gleisen (Eisenbahn-ArbeitnehmerInnenschutzverordnung (EisbAV), BGBl II 1999/384, die Schifffahrt-ArbeitnehmerInnenschutzverordnung (SchiffAV), BGBl II 2009/260, und die Luftfahrt-ArbeitnehmerInnenschutzverordnung (LuftAV), BGBl II 2019/185.

3 Aus der ANSchG-Rechtslage vorläufig übergeleitet bis zur Erlassung von Durchführungsverordnungsregelungen gelten zum sechsten Abschnitt ASchG Bestimmungen der Allgemeinen Arbeitnehmerschutzverordnung (**AAV**) des IV. Abschnitts (Arbeitsvorgänge, Arbeitsverfahren, Arbeitsplätze), V. Abschnitts (Lagerungen) und VI. Abschnitts (Arbeitskleidung) sowie § 20 Abs 5 AAV (Arbeitsstellen/Verkaufsstände) (**§ 114 ASchG**).

Zusätzlich zu Bestimmungen der AAV wurden mit **§ 119 ASchG** Bestimmungen der Verordnung vom 25. Juli 1973 über den Schutz des Lebens und der Gesundheit der Arbeitnehmer bei Arbeiten in Druckluft sowie bei Taucherarbeiten (**Druckluft- und Taucherarbeiten-Verordnung**), BGBl 1973/501 (derzeit idF BGBl II 2018/100), aus der ANSchG-Rechtslage übergeleitet und stehen vorläufig noch im Rang eines Bundesgesetzes in Geltung: §§ 3 und 4, § 5 erster Satz sowie §§ 6 bis 15, §§ 17 bis 20, § 21 Abs 1 bis 3, § 21 Abs 5 und 6 jeweils mit Ausnahme des Verweises auf Abs 4, § 22, § 23 Abs 1 bis 5 und Abs 7 bis 10, §§ 24 bis 30, § 31 Abs 5 und Abs 9, § 32 Abs 1, 3, 4 und 5, §§ 33 bis 44 sowie §§ 46 bis 50a der Verordnung BGBl 1973/501. **4**

Gemäß **§ 95 Abs 3 ASchG** kann die zuständige Behörde (§ 99 ASchG) im Einzelfall **Ausnahmen** von den Bestimmungen des sechsten Abschnitts ASchG unter bestimmten Voraussetzungen genehmigen. **5**

Va folgende allgemeine ASchG-Bestimmungen sind zusätzlich relevant für Arbeitsvorgänge und Arbeitsplätze: **6**

- **Arbeitsplatzevaluierung** – ua Gestaltung der Arbeitsplätze sowie Gestaltung der Arbeitsverfahren und Arbeitsvorgänge sowie deren Zusammenwirken **(§ 4 Abs 1 Z 4 und 5 ASchG)und Dokumentation (§ 5 ASchG, DOK-VO** – ua Festlegung der Tätigkeiten, für die ein Fachkenntnisnachweis erforderlich ist, Angaben zur persönlichen Schutzausrüstung)
- **Einsatz der Arbeitnehmer** bei der Übertragung von Aufgaben (**§ 6 ASchG**)
- **Grundsätze der Gefahrenverhütung** ua bei der Gestaltung von Arbeitsplätzen und Arbeitsvorgängen (**§ 7 ASchG**)
- **Koordination** des Sicherheits- und Gesundheitsschutzes bei Beschäftigung von Arbeitnehmern mehrerer Arbeitgeber (**§ 8 ASchG**)
- **Überlasser**- und Beschäftigerpflichten (**§ 9 ASchG**)
- **Information** der Arbeitnehmer über die Gefahren für Sicherheit und Gesundheit (**§ 12 ASchG**) – geeignete Unterlagen, ua Bedienungsanleitungen
- **Unterweisung** der Arbeitnehmer vor Aufnahme der Tätigkeit und ua bei Einführung oder Änderung der Arbeitsverfahren, ausgerichtet auf Arbeitsplatz und Aufgabenbereich(**§ 14 ASchG**)
- **Pflichten der Arbeitnehmer**(**§ 15 ASchG**)
- **Instandhaltung**, Reinigung, Prüfung – ua von Gegenständen der persönlichen Schutzausrüstung (**§ 17 ASchG**).

II. Allgemeines zu Arbeitsvorgängen

Die allgemeinen Bestimmungen des **§ 60 ASchG** über Arbeitsvorgänge entsprechen zum Großteil der vor dem ASchG geltenden Rechtslage, siehe insbesondere §§ 2 und 6 ANSchG und § 48 AAV. § 60 Abs 1 und 2 nimmt außerdem auf Art 6 der **Arbeitsschutz-Rahmenrichtlinie 89/391/EWG** Bedacht. **7**

In diesem Zusammenhang ist besonders auf Art 8 lit h der Richtlinie 92/57/EWG (**Richtlinie über die auf zeitlich begrenzte oder ortsveränderliche Baustel-** **8**

len anzuwendenden Mindestvorschriften für die Sicherheit und den Gesundheitsschutz) zu verweisen, wonach die Grundsätze der Gefahrenverhütung insbesondere auf die Anpassung der tatsächlichen Dauer für die verschiedenen Arbeiten oder Arbeitsabschnitte unter Berücksichtigung der Arbeiten auf der Baustelle anzuwenden sind. Besondere Regelungen über die **Gestaltung von Arbeitsvorgängen** enthält Anhang IV Teil B Abschnitt II der Richtlinie 92/57/EWG (vgl ErlRV 1590 BlgNR 18. GP).

9 Arbeitgeber müssen dafür sorgen, dass Arbeitsvorgänge so vorbereitet, gestaltet und durchgeführt werden, dass ein wirksamer Schutz des Lebens und der Gesundheit der Arbeitnehmer erreicht wird (**§ 60 Abs 1 ASchG**).

III. Vermeidung von Zwangshaltungen und anderen Belastungen – Gestaltung von Arbeitsvorgängen

10 Gemäß **§ 60 Abs 2 ASchG** müssen Arbeitsvorgänge so gestaltet werden, dass Zwangshaltungen möglichst vermieden werden und **Belastungen** durch

- monotone Arbeitsabläufe
- einseitige Belastung
- Belastungen durch taktgebundene Arbeiten
- Zeitdruck
- sonstige psychische Belastungen

möglichst gering gehalten und ihre gesundheitsschädigenden Auswirkungen abgeschwächt werden.

11 Bis 1.1.2013 war das **Gebot, Zwangshaltung möglichst zu vermeiden**, in § 48 Abs 4 der Allgemeinen Arbeitnehmerschutzverordnung (AAV), BGBl 1983/218 geregelt , der gemäß § 114 Abs 4 Z 1 ASchG als Bundesgesetz übergeleitet wurde. Im Zuge einer Rechtsbereinigung durch die **ASchG-Novelle BGBl I 2012/118** wurde § 48 Abs 4 AAV aufgehoben und in § 60 Abs 2 ASchG integriert. Inhaltlich kam es dadurch zu keiner Änderung des geltenden Rechts: Die ständige Durchführung von Arbeiten in Zwangshaltung, insbesondere mit nicht gestützten oder über den Kopf gestreckten Armen sowie in stark gebückter oder kniender Stellung, muss möglichst vermieden sein. Um die Durchführung von Arbeiten in nicht körpergerechter Stellung zu vermeiden, sind erforderlichenfalls entsprechende Betriebseinrichtungen und Betriebsmittel, wie Hebe- oder Absenkvorrichtungen, zur Verfügung zu stellen.

12 Weiters wurde mit 1.1.2013 klargestellt, dass bei der Gestaltung der Arbeitsvorgänge auch sonstige **psychische Belastungen, die zu Fehlbeanspruchungen führen**, möglichst gering gehalten werden müssen (vgl ErlRV 1983 BlgNR 24. GP).

IV. Arbeitsverrichtung im Sitzen

13 Arbeitsvorgänge sind nach **§ 60 Abs 3 ASchG** so zu gestalten, dass die Arbeit nach Möglichkeit ganz oder teilweise im Sitzen verrichtet werden kann.

Gemäß § 48 Abs 4 AAV müssen Arbeitsvorgänge und Arbeitsverfahren ebenfalls so gestaltet sein, dass **Arbeiten nach Möglichkeit auch im Sitzen durchgeführt werden können**. Die ständige Durchführung von Arbeiten in Zwangshaltung, insbesondere mit nicht gestützten oder über den Kopf gestreckten Armen sowie in stark gebückter oder knieender Stellung, muss möglichst vermieden sein. Um die Durchführung von Arbeiten in nicht körpergerechter Stellung zu vermeiden, sind erforderlichenfalls entsprechende Betriebseinrichtungen und Betriebsmittel, wie Hebe- oder Absenkvorrichtungen, zur Verfügung zu stellen. 14

Für Arbeiten, die ständig oder zeitweise sitzend verrichtet werden können, sind den Arbeitnehmern am Arbeitsplatz **Arbeitssitze** zur Verfügung zu stellen. Sofern aus betrieblichen Gründen Arbeitssitze unmittelbar am Arbeitsplatz nicht aufgestellt oder verwendet werden können, obwohl die Arbeitsvorgänge und Arbeitsverfahren ein zeitweises Sitzen zulassen, müssen in der Nähe der Arbeitsplätze Sitze bereitgestellt sein **(§ 49 Abs 1 AAV)**. Besondere Arten von Arbeitssitzen sind Hochstühle mit Fußstützen, Hocker oder Stehsitze **(§ 49 Abs 3 AAV)**.§ 49 AAV regelt weiters Anforderungen an Sitze, Tische, Werkbänke. Vgl Anmerkungen zu § 61 ASchG. Auch wenn Arbeitnehmern an einer Arbeitsstätte wegen der geringen Arbeitszeiten keine Ruhepausen zustehen, muss der Arbeitgeber Sitzgelegenheiten und Tische bereitstellen (VwGH 22.2.2013, 2011/02/0227 zu § 28 AschG). 15

Vgl Mutterschutzgesetz (MSchG) – Evaluierung (§§ 2a, 2b) sowie das Beschäftigungsverbot für schwangere Arbeitnehmerinnen nach § 4 Abs 2 Z 2 MSchG mit Arbeiten, die überwiegend im Stehen verrichtet werden müssen.

Sofern Arbeitsvorgänge oder Arbeitsverfahren spürbare **elektrostatische Aufladungen** verursachen können, sind diese im Rahmen der betrieblichen Möglichkeiten durch geeignete Schutzmaßnahmen, wie Erdung, leitfähige Fußböden oder Erhöhung der Luftfeuchtigkeit, abzuleiten oder es müssen Vorkehrungen getroffen sein, die das Entstehen solcher Aufladungen verhindern (**§ 48 Abs 5 AAV**; VEXAT). Diese Regelung gilt nicht für Baustellen (§ 118 Abs 4 Z 3 ASchG). Zur Vermeidung explosionsfähiger Atmosphären und erforderlichen Schutzmaßnahmen siehe Anmerkungen zu § 66 ASchG. 16

V. Arbeitsfreigabesystem im Bergbau

§ 60 Abs 4 ASchG verlangt ein **Arbeitsfreigabesystem samt notwendigen Schutz- und Rettungsmaßnahmen**, welche im Rahmen der Ermittlung und Beurteilung der Gefahren im Bergbau für gefährliche Arbeiten oder normalerweise gefahrlose Arbeiten, die sich mit anderen Arbeitsvorgängen überschneiden und daher eine ernste Gefährdung bewirken können, festzulegen sind. Zusätzlich muss eine **geeignete fachkundige Person benannt** werden, die über die erforderlichen fachlichen Kenntnisse und Berufserfahrungen verfügt und mit möglichen Gefahren und den erforderlichen Schutz- und Rettungsmaßnahmen vertraut ist. 17

§ 60 Abs 4 ASchG dient der Umsetzung des Anhangs, Abschnitt A, Punkt 1.8. der **Richtlinie 92/104/EWG**. Bis 1.1.2013 befand sich eine ähnliche Regelung in § 109 Abs 2 des Mineralrohstoffgesetzes (MinroG). Dies war systemwidrig, weil das MinroG grundsätzlich keinen Arbeitnehmerschutz regelt, sondern in § 183 MinroG bestimmt, dass für die dem MinroG unterliegenden Tätigkeiten für den Arbeitnehmerschutz das ASchG anzuwenden ist. Die im MinroG noch enthaltenen Arbeitnehmerschutzvorschriften wurden daher mit der ASchG-Novelle BGBl I 2012/118 zum 1.1.2013 in das ASchG übernommen (vgl ErlRV 1983 BlgNR 24. GP).

Die Novelle BGBl I 2015/60 regelte als neuen Abs 5 die Zurverfügungstellung von Selbstrettern: Arbeitgeber müssen im Bergbau jedem untertägig beschäftigten Arbeitnehmer jeweils einen umgebungsluftunabhängigen Selbstretter (Sauerstoffselbstretter) zur Verfügung stellen. Diese Verpflichtung war ursprünglich in § 69 Abs 7 im Zusammenhang mit persönlicher Schutzausrüstung geregelt, wurde aber aus Gründen der Systematik unverändert in § 60 (Arbeitsvorgänge) verschoben, weil es sich bei Selbstrettern um keine persönliche Schutzausrüstung iSd ASchG handelt (ErlRV 528 BlgNR 25. GP).

Rz 18 entfällt.

19 Mit der Durchführung gefährlicher Arbeiten darf erst begonnen werden, nachdem sich die benannte Person überzeugt hat, dass die laut Arbeitsfreigabesystem festgelegten Schutz- und Rettungsmaßnahmen durchgeführt sind, und nachdem sie die Arbeitsfreigabe erteilt hat.

Arbeitsfreigaben auf ASchG-Verordnungsebene sind näher geregelt in

- § 5 Bohrarbeitenverordnung (BohrarbV),
- § 4 Tagbauarbeitenverordnung (TAV),
- § 6 Verordnung explosionsfähige Atmosphären (VEXAT),
- § 23a Arbeitsmittelverordnung (AM-VO).

Zum Arbeitsplan bei Asbestarbeiten siehe vierter Abschnitt Grenzwerteverordnung 2024 (GKV).

VI. Nadelstichverordnung (NastV)

20 Besteht für Arbeitnehmer die Gefahr, sich mit **scharfen oder spitzen medizinischen Instrumenten** zu verletzen (zB Injektionsnadeln), ist in bestimmten Bereichen die seit 11.5.2013 geltende Nadelstichverordnung (NastV) zu beachten. Nach § 1 Abs 1 NastV gilt die NastV

- im Krankenhaus- und Gesundheitswesen (zB Kranken- und Kuranstalten, Ambulatorien, Arzt- und Zahnarztpraxen, Blut- oder Plasmaspendeeinrichtungen, Rettungsdienste, Krankentransporte, Pflegeeinrichtungen, Einrichtungen zur psychosozialen Betreuung oder Suchtbekämpfung, Arbeitsplätze der mobilen Krankenbetreuung oder mobilen Pflege),

- im Veterinärwesen und
- in Labors.

Nach **§ 4 NastV (Expositionsvermeidung)** sind **Arbeitsverfahren** so zu gestalten, dass das Risiko von Verletzungen und Infektionen verhindert oder zumindest minimiert wird und Expositionen vermieden werden. Bei Risiko der Verletzung oder Infektion durch scharfe oder spitze medizinische Instrumente sind (zusätzlich zu § 5 VbA) bestimmte Maßnahmen zu treffen: **21**

Die Verwendung von scharfen oder spitzen medizinischen Instrumenten ist durch **Änderung der Arbeitsverfahren** zu vermeiden. Es müssen medizinische Instrumente mit **integrierten Sicherheits- und Schutzmechanismen** zur Verfügung gestellt werden, für deren Verwendung zu sorgen ist (§ 4 Abs 2 Z 1 NastV). **22**

- Ergibt die Ermittlung und Beurteilung der Gefahren, dass für eine konkrete Tätigkeit keine geeigneten medizinischen Instrumente mit integrierten Sicherheits- und Schutzmechanismen erhältlich sind, mit denen ein gleichwertiges Arbeitsergebnis erzielt werden kann, kann weiterhin mit konventionellen Instrumenten gearbeitet werden. In diesem Fall ist die Risikominimierung im Hinblick auf die Gestaltung der Arbeitsabläufe und Arbeitsorganisation vorrangig. Die sichere Entsorgung konventioneller Instrumente ist zu gewährleisten.
- Eine Pflicht zum Ersatz konventioneller Instrumente besteht nur, wenn Arbeitgeber diese Instrumente zur Verfügung stellen müssen. Sie gilt nicht, wenn Nadeln zB von Patienten oder betreuten Personen selbst besorgt werden (wie zB in der mobilen Pflege).

Das Wiederaufsetzen der Schutzkappe auf die gebrauchte Nadel ist verboten (§ 4 Abs 2 Z 2 NastV). Dieses **Recapping-Verbot** kommt nur in Fällen zum Tragen, in denen keine sicheren Instrumente erhältlich sind. **23**

Es müssen **sichere Verfahren für den Umgang** mit und für die **Entsorgung von scharfen oder spitzen medizinischen Instrumenten** festgelegt und umgesetzt werden. Für deren Entsorgung sind so nah wie möglich deutlich gekennzeichnete **Behälter** bereitzustellen, die ausreichend stich- und bruchfest, flüssigkeitsdicht, fest verschließbar und undurchsichtig sind (§ 4 Abs 2 Z 3 NastV). **24**

Vgl §§ 7 und 43 ASchG, §§ 5 und 6 VbA.

Nach § 6 NastV ist ein **betriebliches Meldeverfahren** für Verletzungen und Infektionen durch scharfe oder spitze medizinische Instrumente und Folgemaßnahmen gemäß § 15 Abs 5 und 6 ASchG einzurichten, das in die Betriebsabläufe integriert ist (unverzügliche Meldung an den zuständigen Vorgesetzten oder die sonst dafür zuständigen Personen). Erforderliche Maßnahmen zur Versorgung verletzter Arbeitnehmer müssen gewährleistet werden. Im Fall einer Verletzung durch scharfe oder spitze medizinische Ins- **25** trumente müssen Arbeitgeber prüfen, ob eine **Meldung an den zuständigen Träger der Unfallversicherung** gemäß § 363 ASVG oder vergleichbaren österreichischen Rechtsvorschriften zu erstatten ist (§ 6 Abs 3 NastV).

Zu den Regelungen der NastV über die Arbeitsplatzevaluierung, Information und Unterweisung siehe Anmerkungen zu §§ 4, 12 und 14 ASchG. Nähere Informationen zur NastV siehe Website der Arbeitsinspektion (Download 12.11.2024): https://www.arbeitsinspektion.gv.at/Arbeitsstoffe/Arbeitsstoffe_2/Biologische_Arbeitsstoffe.html#heading_Nadelstichverletzungen

26 Die NastV setzt die im März 2010 vom Rat der Europäischen Union beschlossene Richtlinie 2010/32/EU zur Vermeidung von Verletzungen durch scharfe/spitze Instrumente im Krankenhaus- und Gesundheitssektor um. Die Richtlinie beruht auf einer Einigung der europäischen Sozialpartner (Rahmenvereinbarung der HOSPEEM und EGÖD).

VII. Physikalische Einwirkungen (VEXAT, VOLV, VOPST, VEMF)

27 Sind Beschäftigte bei ihren Tätigkeiten gesundheitsgefährdenden physikalischen Einwirkungen ausgesetzt, treffen einzelne ASchG-Verordnungen nähere Regelungen zu Schutzmaßnahmen hinsichtlich gehörgefährdenden Lärm und Vibrationen, explosionsfähige Atmosphären, optische Strahlung und elektromagnetische Felder am Arbeitsplatz.

- Näheres zum Arbeitsschutz bei Lärmeinwirkung siehe § 65 (Lärm), Verordnung über den Schutz der Arbeitnehmer/innen vor der Gefährdung durch Lärm und Vibrationen (VO Lärm und Vibrationen – VOLV) sowie hinsichtlich Vibrationen § 66 (Sonstige Einwirkungen und Belastungen), Punkt I. bis V.
- Zum Schutz gegen optische Strahlung siehe § 66 (Punkt VI. u VII.) und Verordnung über den Schutz der Arbeitnehmer/innen vor der Einwirkung durch optische Strahlung (VO optische Strahlung – VOPST).
- Zum Schutz bei Einwirkung von elektromagnetischen Feldern siehe § 66 (Punkt IX.) und Verordnung über den Schutz der Arbeitnehmer/innen vor der Einwirkung durch elektromagnetische Felder (Verordnung elektromagnetische Felder – VEMF).

Arbeitsplätze

§ 61. **(1) Arbeitsplätze müssen so eingerichtet und beschaffen sein und so. erhalten werden, daß die Arbeitnehmer möglichst ohne Gefahr für ihre Sicherheit und Gesundheit ihre Arbeit verrichten können.**

(2) Arbeitsplätze müssen so beschaffen sein, daß sie nicht einstürzen, umkippen, einsinken, abrutschen oder ihre Lage auf andere Weise ungewollt verändern.

(3) Arbeitsplätze und Zugänge zu den Arbeitsplätzen müssen erforderlichenfalls mit Einrichtungen zum Schutz gegen Absturz oder herabfallende Gegenstände versehen sein.

(4) Die freie unverstellte Fläche am Arbeitsplatz muß so bemessen sein, daß sich die Arbeitnehmer bei ihrer Tätigkeit ungehindert bewegen können. Ist dies aus arbeitsplatztechnischen Gründen nicht möglich, so muß den Arbeitnehmern erforderlichenfalls in der Nähe des Arbeitsplatzes eine andere ausreichend große Bewegungsfläche zur Verfügung stehen.

(5) Kann die Arbeit ganz oder teilweise im Sitzen verrichtet werden, sind den Arbeitnehmern geeignete Sitzgelegenheiten zur Verfügung zu stellen. Den Arbeitnehmern sind geeignete Arbeitstische, Werkbänke oder sonstige Einrichtungen zur Verfügung zu stellen, soweit deren Verwendung nach der Art der Tätigkeit möglich ist.

(6) An Arbeitsplätzen mit erhöhter Unfallgefahr sowie an abgelegenen Arbeitsplätzen darf ein Arbeitnehmer nur allein beschäftigt werden, wenn eine wirksame Überwachung sichergestellt ist.

(7) Im Freien und in nicht allseits umschlossenen Räumen dürfen ständige Arbeitsplätze nur eingerichtet werden, wenn dies wegen der Art der Tätigkeiten oder aus sonstigen wichtigen betrieblichen Gründen erforderlich ist. Bei Arbeitsplätzen in nicht allseits umschlossenen Räumen sowie bei ortsgebundenen Arbeitsplätzen im Freien ist dafür zu sorgen, daß die Arbeitnehmer durch geeignete Einrichtungen gegen Witterungseinflüsse soweit als möglich geschützt sind. Bei Arbeitsplätzen im Freien ist dafür zu sorgen, daß die Arbeitnehmer nicht ausgleiten oder abstürzen können.

(8) Für Verkaufsstände im Freien gilt abweichend von Abs. 7 folgendes:

1. **An Verkaufsständen im Freien dürfen Arbeitnehmer nur beschäftigt werden, wenn sie gegen Witterungseinflüsse, schädliche Zugluft, Einwirkungen durch Lärm, Erschütterungen und Abgase von Kraftfahrzeugen ausreichend geschützt sind.**
2. **An Verkaufsständen im Freien, die organisatorisch und räumlich im Zusammenhang mit Verkaufsläden oder sonstigen Betriebsgebäuden stehen, dürfen Arbeitnehmer außerdem nur beschäftigt werden, wenn die Außentemperatur am Verkaufsstand mehr als +16 °C beträgt.**

[BGBl I 1997/7]

Übersicht

I.	Gestaltung von Arbeitsplätzen	1–3
II.	Sitzgelegenheiten, Kassenarbeitsplätze, Arbeitstische, Werkbänke	4–10
III.	Arbeiten mit erhöhter Unfallgefahr und abgelegene Arbeitsplätze (Alleinarbeitsplätze)	11–16
IV.	Arbeitsplätze im Freien, Verkaufsstände	17–20

I. Gestaltung von Arbeitsplätzen

1 Die Bestimmungen über Arbeitsplätze entsprechen zum Großteil der vor dem ASchG geltenden Rechtslage, siehe §§ 2 und 6 ANSchG sowie §§ 18, 19, 20, 24, 48, 49 und 57 AAV. § 61 Abs 4 ASchG entspricht Anhang I Z 15.2 der Arbeitsstättenrichtlinie 89/654/EWG und Anhang IV Teil A Z 12 der Baustellenrichtlinie 92/57/EWG. Besondere Regelungen über die Gestaltung von Arbeitsplätzen enthalten vor allem Anhang IV Teil B Abschnitt II der Baustellenrichtlinie 92/57/EWG sowie der Anhang der Mineralgewinnungsrichtlinie 92/104/EWG (vgl ErlRV 1590 BlgNR 18. GP).

2 Nach § 2 Abs 4 ASchG ist ein **Arbeitsplatz** im Sinne dieses Bundesgesetzes der räumliche Bereich, in dem sich Arbeitnehmer bei der von ihnen auszuübenden Tätigkeit aufhalten.

3 Bis zur Erlassung von Durchführungsverordnungsregelungen über Sitze, Tische und Werkbänke zu § 61 Abs 5 ASchG gilt aufgrund des ASchG-Übergangsrechts **§ 49 AAV** vorläufig im Rang eines Bundesgesetzes weiter (**§ 114 Abs 4 Z 2 ASchG**). Für **Baustellen** gelten gemäß § 118 Abs 4 ASchG hingegen die Regelungen der Bauarbeiterschutzverordnung (BauV) anstelle der in § 114 Abs 4 übergeleiteten Bestimmungen über Arbeitsvorgänge und Arbeitsplätze.

II. Sitzgelegenheiten, Kassenarbeitsplätze, Arbeitstische, Werkbänke

4 Für Arbeiten, die **ständig oder teilweise sitzend** verrichtet werden können, sind den Arbeitnehmern am Arbeitsplatz Arbeitssitze zur Verfügung zu stellen. Sofern aus betrieblichen Gründen Arbeitssitze unmittelbar am Arbeitsplatz nicht aufgestellt oder verwendet werden können, obwohl die Arbeitsvorgänge und Arbeitsverfahren ein zeitweises Sitzen zulassen, müssen in der Nähe der Arbeitsplätze Sitze bereitgestellt sein (§ 49 Abs 1 AAV, § 61 Abs 5 ASchG).

5 **Arbeitssitze** müssen den menschlichen Körpermaßen angepasst sein und eine solche Form und Höhe aufweisen, dass sie eine ungezwungene Körperhaltung zulassen und die Beine vom Körpergewicht entlasten. Beim Sitzen müssen die Füße auf den Fußboden oder auf eine Fußstütze aufgestellt werden können. Die **Sitzfläche** muss genügend groß sein und aus glattem Material bestehen; Bezüge müssen luftdurchlässig sein. Die Tiefe der Sitzfläche hat etwa 0,35 m bis 0,45 m zu betragen. Die Vorderkante der Sitzfläche muss abgerundet oder gepolstert sein, ohne dass dadurch die Tiefe der Sitzfläche verringert wird. Arbeitssitze müssen eine **Rückenlehne** haben, die so geformt ist, dass sie die Lendenwirbelsäule stützt; erforderlichenfalls müssen auch Fuß- und Armstützen vorhanden sein. Sitzfläche und Rückenlehne müssen nötigenfalls verstellbar sein. Besondere Arten von Arbeitssitzen sind Hochstühle mit Fußstützen, Hocker oder Stehsitze, die anstelle von Arbeitssitzen am Arbeitsplatz verwendet werden dürfen (§ 49 Abs 2 und 3 AAV).

§ 49 Abs 4 bis 6 AAV regelt weiters: 6

- Zum **zeitweisen Sitzen** während der Arbeit oder in den Arbeitspausen müssen zumindest Stühle oder Bänke mit Rückenlehnen, sofern nicht eine andere Möglichkeit zum Anlehnen besteht, zur Verfügung gestellt werden.
- Nicht fest mit dem Fußboden verbundene Sitze müssen bei ordnungsgemäßem Gebrauch **kippsicher**, Sitze mit Rollen überdies gegen unbeabsichtigtes Wegrollen gesichert sein.
- Arbeitssitze müssen so **aufgestellt oder angeordnet** sein, dass den Arbeitsvorgängen und Arbeitsverfahren entsprechend Betriebseinrichtungen und Betriebsmittel leicht zu bedienen sind und mit Arbeitsstoffen leicht umgegangen werden kann sowie die Arbeitsplätze im Gefahrenfall möglichst unbehindert verlassen werden können.

Der Erlass des Zentral-Arbeitsinspektorates vom 14.1.2005, BMWA-461.309/ 7
5004-III/2/2004, behandelt die **ergonomisch richtige Gestaltung von Kassen-Arbeitsplätzen**: Demnach ist die aktualisierte **ÖNORM A 5910** vom 1.12.2004 „Kassenarbeitsplätze – Anforderungen" als Stand der Technik zur Konkretisierung von Arbeitnehmerschutzvorschriften für die Neu- und Umgestaltung von Kassenarbeitsplätzen anzuwenden. Die ergonomischen Anforderungen der Norm zielen darauf ab, die Belastungen für das Kassenpersonal auf ein ergonomisch vertretbares Minimum zu reduzieren und gesundheitlichen Gefahren, Unfallgefahren und Beeinträchtigungen vorzubeugen.

Nach § 61 Abs 5 ASchG sind den Arbeitnehmern bei der Kassiertätigkeit 8
Sitzgelegenheiten zur Verfügung zu stellen, wenn die Arbeit im Sitzen verrichtet werden kann. Dies ist der Fall bei **Steh-Sitzkassen- und Sitzkassenarbeitsplätzen** für

- ausschließliche Kassiertätigkeit ohne oder
- Kassiertätigkeiten mit nicht zu großer und/oder schwerer Warenhandhabung, die innerhalb der Armreichweite liegt.

Derartige Kassenarbeitsplätze bestehen meist in Selbstbedienungsmärkten (Supermärkten, Elektronikmärkten usw). Im Allgemeinen bleibt es den Arbeitgebern überlassen, ob gemäß § 61 Abs 5 ASchG ein Steh-Sitzkassen- oder Sitzkassen-Arbeitsplatz zum Einsatz kommt. Der Erlass der Arbeitsinspektion empfiehlt als Entscheidungshilfe unter Einbeziehung der ASchG-Vorgaben zu manueller Lastenhandhabung für

- **Sitzkassen:**
  - Innerhalb der Schicht Wechsel der Kassiertätigkeit mit oder ohne Warenmanipulation mit anderen Tätigkeiten. Tätigkeitswechsel: zB Regaleinschlichten.
  - Handhabung kleiner und leichter Waren (regelmäßig kleiner 5 kg, selten größer).

- **Steh-Sitzkassen:**
  - Innerhalb der Schicht ausschließlich Kassiertätigkeit mit oder ohne Warenmanipulation. Kein Wechsel mit anderen Tätigkeiten.
  - Handhabung kleiner und leichter Waren (regelmäßig kleiner 5 kg, selten größer) oder größerer, unhandlicher und schwerer Waren.
- **Stehkassenarbeitsplatz:** Überall, wo auf Grund des Arbeitsablaufes, wie Kundenbetreuung oder Auswahl und Aushändigen der Waren, der Kassenbereich regelmäßig über die Armreichweite hinaus verlassen werden muss, muss kein Kassenarbeitsstuhl zur Verfügung gestellt werden. Wird der Arbeitsablauf geteilt und eine Person zum Kassieren (in Armreichweite) eingesetzt, so ist aber ein Kassenarbeitsstuhl zur Verfügung zu stellen. Derartige Kassenarbeitsplätze liegen in der Regel in Verkaufsgeschäften mit Kundenbetreuung und Bedienung (Trafiken, Greißler, Textil- und Schuhverkauf) vor. Gemäß § 49 Abs 4 AAV sind in diesen Fällen Sitzgelegenheiten zum zeitweisen Sitzen während der Arbeit oder in den Arbeitspausen zur Verfügung zu stellen.

9 Zur **manuellen Lasthandhabung bei der Warenmanipulation** verweist der Erlass auf den Umstand, dass unhandliche (große, sperrige) und schwere Lasten im Sitzen nicht gut manipulierbar sind, was beim Arbeitsablauf bei der Warenzuführung zu beachten ist:

- Ist die Last > 10 kg oder sehr unhandlich, sollte sie im Einkaufswagen bleiben oder
- eine andere Preiserfassung erfolgen, zB Teilerfassung, Erfassung durch Handscanner oder Erfassung durch anderen Arbeitnehmer.

Im Sitzen müssen die häufig zu manipulierenden Lasten ≤ 5 kg sein. Selten zu manipulierende Lasten (≤ 1/4 h je Schicht) sollten 10 kg nicht überschreiten. Schwere und/oder unhandliche Lasten sollten zur Preiserfassung nach Möglichkeit gar nicht manipuliert werden müssen. Hier bieten sich zB Handscanner zur Preiserfassung an. Näheres und Vorgangsweise bei bereits genehmigten Betriebsanlagen mit massiven und nicht begründbaren Abweichungen siehe Website der Arbeitsinspektion: http://www.arbeitsinspektion.gv.at/NR/rdonlyres/10E7D027-01AA-4FFB-86E9-07CB7B2A1D5C/0/ERL_ Kassen_neu_2004.pdf.

Der ebenfalls downloadbare BMASK-Erlass BMWA-461.309/0009-III/2/2008 des Zentral-Arbeitsinspektorates vom 4.12.2008 führt die Zulassungsvoraussetzungen für eine von der ÖNORM A 5910 abweichende Anordnung der Tastatur bei Steh-Sitzkassenarbeitsplätzen mit Bi-Optical-Scannern aus (ein wahlweiser Wechsel von stehender und sitzender Körperhaltung muss dabei möglich sein).

Zu Bildschirmarbeitsplätzen siehe Anmerkungen zu § 67 ASchG.

10 Nach § 49 Abs 7 AAV müssen **Arbeitstische und Werkbänke** eine nach Art der durchzuführenden Arbeit entsprechende Höhe, Form und Oberfläche auf-

weisen und nötigenfalls verstellbar sein; bei Arbeiten mit giftigen, ätzenden oder leicht zersetzlichen Arbeitsstoffen muss die Oberfläche glatt, dicht und leicht zu reinigen sein. Hinsichtlich infektiöser Arbeitsstoffe gilt seit 31.10.1998 die Verordnung biologische Arbeitsstoffe (VbA), BGBl II 1998/237.

Vgl Anmerkungen zu § 60 Rz 10 ff, 13 ff.

III. Arbeiten mit erhöhter Unfallgefahr und abgelegene Arbeitsplätze (Alleinarbeitsplätze)

An Arbeitsplätzen mit erhöhter Unfallgefahr und an abgelegenen Arbeits- **11** plätzen dürfen Arbeitnehmer nur dann allein beschäftigt werden, wenn eine **wirksame Überwachung** sichergestellt ist **(§ 61 Abs 6 ASchG)**. Überwachung ist hier im Sinn von rechtzeitiger Hilfeleistung zu verstehen. Die Gesetzesmaterialien der ASchG-Stammfassung BGBl 1994/450 verweisen dazu auf den mit § 124 Abs 3 Z 14 ASchG außer Kraft gesetzten § 57 Abs 3 AAV, wonach die Überwachung durch Ausführen der Arbeiten **in Sichtweite einer anderen Person**, durch Beaufsichtigung der Arbeitnehmer durch **Kontrollgänge in kurzen Zeitabständen** oder durch **Personenüberwachungsanlagen** erfolgen kann (ErlRV 1590 BlgNR 18. GP). Die Einführung von Kontrollmaßnahmen und technischen Systemen zur Kontrolle der Arbeitnehmer ist, sofern diese Maßnahmen (Systeme) die Menschenwürde berühren, eine zustimmungspflichtige Maßnahme nach § 96 Abs 1 Z 3 Arbeitsverfassungsgesetz (ArbVG), BGBl 1974/22 (Rechtswirksamkeit nur bei Zustimmung des Betriebsrates).

Mit der ASchG-Novelle BGBl I 1997/9 entfiel das Wort „besonders" als **12** Voraussetzung abgelegener Arbeitsplätze in § 61 Abs 6 ASchG: Die ursprüngliche Formulierung, wonach Arbeitnehmer an „besonders" abgelegenen Arbeitsplätzen nur dann allein beschäftigt werden durften, wenn eine wirksame Überwachung sichergestellt war, führte mehrfach zu Auslegungsproblemen im Hinblick darauf, was unter „besonders" abgelegenen Arbeitsplätzen zu verstehen ist, weshalb die Streichung zur Klarstellung erfolgte (vgl ErlRV 461 BlgNR 20. GP).

Unter **Alleinarbeit** (Einzelarbeit) werden allgemein Tätigkeiten verstanden, **13** die von einer arbeitenden Person alleine, ohne Anwesenheit weiterer Personen, ausgeführt werden, wobei unterschieden werden kann zwischen

- Arbeiten **an abgelegenen Arbeitsplätzen**: Arbeitsplätze an Orten, an denen sich üblicherweise keine anderen Personen befinden und bei denen nur geringe Gefahren auftreten (vergleichbar jenen bei Büroarbeit) und wo Hilfeleistung im Notfall erforderlich werden kann (zB bei plötzlicher Erkrankung) – etwa im Straßenbau oder bei Wachdiensten.
- Arbeitsplätzen **mit erhöhter Unfallgefahr**: Arbeitsplätze mit spezifischen Gefahren, bei denen aber eine zeitlich verzögerte Hilfeleistung während des Arbeitseinsatzes ohne Folgeschäden möglich ist.

14 Durch Rationalisierung und technischen Fortschritt nimmt Alleinarbeit zu. Alleinarbeitsplätze bestehen **vorwiegend in Industrie und Gewerbe**, sind aber in verschiedensten Betrieben und Berufen anzutreffen, va bei

- Arbeiten in automatisierten Produktionsabläufen,
- Arbeiten an technischen Einrichtungen und Geräten im Sonderbetrieb (wie Instandhaltungs-, Reinigungs-, Wartungs- oder Kontrollarbeiten),
- Arbeiten in Kraftwerken, Verbrennungs- und Kläranlagen sowie auf Deponien,
- Kontrollgängen in Großanlagen oder bei Kontrollen in Betrieben während der Betriebsferien,
- Überzeit-, Schicht-, Gleit-, Samstags- oder Sonntagsarbeit.

15 **Gefahren und Belastungen** bei Alleinarbeit sind die schwierige Sicherstellung der Hilfeleistung und Ersten Hilfe bei Unfällen, Isolationsgefühl und Angst als psychische Begleitbelastung, höhere Stresswahrscheinlichkeit mangels Unterstützung bei außergewöhnlichen Ereignissen (Gefahr steigender physischer, intellektueller oder psychischer Überforderung) und die immer noch mangelnde Akzeptanz der Verwendung von Sicherungssystemen (Personensicherungssystemen) bei allein arbeitenden Arbeitnehmern. Grundsätze einer sicheren Alleinarbeit sind daher die

- Möglichkeit einer zeitlich verzögerten Hilfeleistung während des Arbeitseinsatzes oder der Schicht ohne Folgeschäden,
- rechtzeitige Hilfeleistung durch geeignete organisatorische und/oder technische Sicherungsmaßnahmen und
- ausreichende Information und Unterweisung allein arbeitender und sichernder Personen.

16 **Arbeitnehmerschutzbestimmungen, die Sicherungsmaßnahmen konkretisieren oder ein Alleinarbeitsverbot regeln, sind va:**

- Aufsicht bei Arbeiten in und an Betriebseinrichtungen, wie Behälter, Silos, Gruben, Schächte (§ 59 Abs 1 und 2 AAV, § 60 Abs 1 und 2 AAV); für explosionsfähige Atmosphären: § 6 Abs 6 VEXAT;
- Aufsicht bei Arbeiten auf Strickleitern (§ 39 Abs 6 AM-VO);
- erforderlichenfalls fachkundige Aufsicht bei Lagerungen für das Errichten und Abtragen von Stapeln (§ 64 Abs 5 AAV);
- Arbeiten an, über oder in Gewässern, die keine Bauarbeiten sind (§ 72 Abs 9 AAV);
- Verbot der Alleinarbeit bei Durchführung von Sprengarbeiten zur Lawinenauslösung (§ 25 Abs 1 Z 1 SprengV).
- **Bauarbeiten** (vgl § 5 Abs 4 BauV; gilt gemäß § 1 Abs 2 BauV zT auch für auswärtige Arbeitsstellen):
  - Künetten/Verbaumaßnahmen (§ 51 BauV), gilt auch für auswärtige Arbeitsstellen

- Aufstellen und Abtragen von Gerüsten (§ 60 BauV)
- Montagearbeiten (§ 85 BauV)
- Arbeiten auf Dächern (§ 87 BauV), gilt auch für auswärtige Arbeitsstellen
- Wasserbauarbeiten (§ 106 BauV), gilt auch für auswärtige Arbeitsstellen
- Bau- und Erhaltungsanlagen bei Eisenbahnanlagen (§ 108 BauV), gilt auch für auswärtige Arbeitsstellen
- Aufsicht bei Arbeiten in und an Behältern, Silos, Schächten, Gruben, Gräben, Künetten, Kanälen und Rohrleitungen (§§ 120 Abs 2, 122 Abs 3 BauV)
- Arbeiten mit Flüssiggas unter Erdgleiche, sofern die Aufsichtsperson die Schutzmaßnahmen schriftlich anzuordnen hat (§ 130 BauV)
- Untertagebauarbeiten (13. Abschnitt BauV)
- Abrucharbeiten, bei denen eine schriftliche Abbruchanweisung erforderlich ist (16. Abschnitt BauV)
- besondere Bauarbeiten (18. Abschnitt BauV: Deponien, Blei, Sandstrahlen)

Weitere Regelungen treffen die Druckluft- und Taucherarbeitenverordnung und die KJBG-VO.

Siehe zB Website der Arbeitsinspektion mit Beispielsammlung und weiterführenden Hinweisen: http://www.arbeitsinspektion.gv.at (Bereich Arbeitsstätten, Arbeitsplätze – Alleinarbeit).

IV. Arbeitsplätze im Freien, Verkaufsstände

Ständige Arbeitsplätze im Freien und in nicht allseits umschlossenen Räumen sind nur zulässig, wenn dies wegen der Art der Tätigkeiten oder aus sonstigen wichtigen betrieblichen Gründen erforderlich ist **(§ 61 Abs 6 ASchG)**. Bei ortsgebundenen Arbeitsplätzen dieser Art muss dafür gesorgt werden, dass die Arbeitnehmer durch geeignete Einrichtungen gegen Witterungseinflüsse so weit als möglich geschützt sind und bei Arbeitsplätzen im Freien nicht ausgleiten oder abstürzen können. **17**

Die Gesetzesmaterialien verweisen zu § 61 Abs 7 ASchG auf den mit § 124 Abs 3 Z 14 ASchG aufgehobenen § 20 Abs 4 AAV und § 58 Abs 6 und 7 AAV (vgl ErlRV 1590 BlgNR 18. GP): Nach **§ 20 Abs 4 AAV** waren Arbeitsstellen auf dem Betriebsgelände im Freien, an denen Arbeitnehmer ständig oder regelmäßig an Betriebseinrichtungen, sonstigen mechanischen Einrichtungen oder Betriebsmitteln beschäftigt werden, nur zulässig, wenn dies aus betriebstechnischen Gründen erforderlich war. Arbeitnehmer, die an diesen Arbeitsstellen beschäftigt waren, mussten auch nach alter Rechtslage durch geeignete Einrichtungen gegen Witterungseinflüsse, wie Kälte, Wind, Niederschläge oder Bodennässe, so weit als möglich geschützt sein. Sofern an diesen Arbeitsstellen Arbeiten mit geringer körperlicher Beanspruchung ausgeübt wurden, mussten sie in der kalten Jahreszeit beheizt sein. § 58 AAV regelte Arbeiten an und mit Betriebseinrichtungen, sonstigen mechanischen Einrichtungen und Betriebsmitteln und wurde durch § 61 AM-VO zum 1.7.2000 aufgehoben. **18**

Zu Arbeitsstätten im Freien siehe § 24 ASchG.

19 **Verkaufsstände** können auch unter den **zweiten Abschnitt ASchG (Arbeitsstätten)** fallen, wenn sie der Definition der Arbeitsstätten entsprechen, weil sie sich zB auf dem Betriebsgelände befinden oder weil es sich nicht um offene Verkaufsstände handelt, sondern um bauliche Anlagen. Die ASchG-Gesetzesmaterialien (ErlRV 1590 BlgNR 18. GP) weisen im Zusammenhang mit solchen Verkaufsständen darauf hin, dass durch Verordnung Ausnahmen und Abweichungen geregelt werden können, diese Regelung könnte insbesondere für kurzfristig genutzte Verkaufsstände zum Tragen kommen (zB Weihnachtsmärkte). Bisher wurden keine derartigen Durchführungsbestimmungen erlassen.

20 **§ 61 Abs 8 ASchG** trifft abweichende Regelungen für jene **Verkaufsstände**, die **keine Arbeitsstätten** im Sinne des zweiten Abschnittes ASchG sind (vgl ErlRV 1590 BlgNR 18. GP). Arbeitnehmer dürfen nur beschäftigt werden, wenn sie gegen Witterungseinflüsse, schädliche Zugluft, Einwirkungen durch Lärm, Erschütterungen und Abgase von Kraftfahrzeugen ausreichend geschützt sind. Stehen die Verkaufsstände im Freien in einem organisatorischen und räumlichen Zusammenhang mit Verkaufsläden oder sonstigen Betriebsgebäuden, dürfen Arbeitnehmer weiters nur beschäftigt werden, wenn die Außentemperatur am Verkaufsstand mehr als +16 °C beträgt.

Nach dem übergeleiteten **§ 20 Abs 5 AAV** muss bei den Verkaufsständen für jeden Arbeitnehmer außerdem eine **freie Bodenfläche** von mindestens 1,50 m^2 vorhanden sein; **Sitze zum Ausruhen** sind zur Verfügung zu stellen (§ 114 Abs 1 Z 3 ASchG).

Fachkenntnisse und besondere Aufsicht

§ 62. **(1) Zu Arbeiten, die mit einer besonderen Gefahr für die damit beschäftigten oder für andere Arbeitnehmer verbunden sind, dürfen nur Arbeitnehmer herangezogen werden, die**

1. hiefür geistig und körperlich geeignet sind,
2. über einen Nachweis der erforderlichen Fachkenntnisse verfügen und
3. über die erforderliche Berufserfahrung verfügen.

(2) Abs. 1 gilt für die Durchführung von Taucherarbeiten, das Führen von bestimmten Kranen und Staplern, die Beschäftigung im Rahmen eines Gasrettungsdienstes, die Durchführung von Sprengarbeiten sowie sonstige Arbeiten mit vergleichbarem Risiko.

(3) Mit der Durchführung von Sprengarbeiten dürfen darüber hinaus nur Arbeitnehmer beschäftigt werden, die verläßlich sind.

(4) Wenn es für eine sichere Durchführung der Arbeiten erforderlich ist, hat die Organisation und Vorbereitung durch Personen zu erfolgen, die hiefür geeignet sind und die erforderlichen Fachkenntnisse nachweisen. Dies gilt

für Vorbereitungs- und Organisationsarbeiten betreffend besonders gefährliche Arbeiten unter Spannung, bühnentechnische und beleuchtungstechnische Arbeiten sowie sonstige Arbeiten, für die hinsichtlich der Vorbereitung und Organisation vergleichbare Anforderungen bestehen.

(5) Wenn es mit Rücksicht auf die mit der Arbeit verbundenen Gefahren oder die spezifischen Arbeitsbedingungen erforderlich ist, dürfen Arbeiten nur unter Aufsicht einer geeigneten Person durchgeführt werden. Taucherarbeiten, bestimmte Bauarbeiten sowie sonstige Arbeiten, die hinsichtlich der Gefahren oder der Arbeitsbedingungen vergleichbar sind, dürfen nur unter Aufsicht von Personen durchgeführt werden, die hiefür geeignet sind und über fachliche Kenntnisse verfügen.

(6) Abs. 2 bis 5 gelten auch für den Arbeitgeber soweit dies zur Vermeidung einer Gefahr für die, Sicherheit oder die Gesundheit der Arbeitnehmer erforderlich ist.

(7) *(aufgehoben)*

[BGBl I 2017/126]

Übersicht

I. Eignung der Arbeitnehmer für gefährliche Arbeiten – Fachkenntnisse und fachkundige Aufsicht 1–4
II. Fachkenntnisse oder fachliche Kenntnisse für die Durchführung gefährlicher Arbeiten 5
A. Fachkenntnisse nach der FK-V 6–14
B. Fachliche Kenntnisse und Eignung nach der BauV 15–17
C. Fachkenntnisse nach der SprengV (iVm FK-V) 18, 19
D. Fachliche Kenntnisse und elektrotechnische Unterweisung nach der ESV 2012 .... 20, 21
III. Fachkenntnisse für die Organisation und Vorbereitung gefährlicher Arbeiten 22
A. Fachkenntnisse für Vorbereitung und Organisation von Arbeiten unter Hochspannung nach der FK-V 23–25
B. Vorbereitung und Organisation von bühnen- und beleuchtungstechnischen Arbeiten nach der FK-V 26–34
IV. Fachkundige Aufsicht 35–40
A. Fachkundige Aufsicht nach der Druckluft- und Taucherarbeiten-Verordnung (Fachkenntnisse nach FK-V) 41–43
B. Fachkundige Aufsicht und fachliche Eignung nach BauV 44–47
C. Fachkundige Aufsicht nach VEXAT 48–50
D. Fachkenntnisse der Sprengaufsicht nach SprengV 51
E. Fachkundige Aufsicht und Vertretung nach BohrarbV 52–54
F. Fachkundige Leitung und Vertretung nach TAV 55–57
G. Fachkundige Aufsicht nach ESV 2012 58
V. Geltung für Arbeitgeber 59, 60
VI. Arbeitnehmerverzeichnis Fachkenntnisse 61, 62

I. Eignung der Arbeitnehmer für gefährliche Arbeiten – Fachkenntnisse und fachkundige Aufsicht

1 Zahlreiche Arbeitnehmerschutzbestimmungen verlangen besondere Kenntnisse und Erfahrungen oder den Nachweis von Fachkenntnissen für bestimmte Tätigkeiten oder eine fachkundige Aufsicht. Allgemeine Regelungen über die Eignung und über die Information und Unterweisung von Arbeitnehmern enthält der erste Abschnitt (§§ 6, 12, 14 ASchG).

§ 62 Abs 1 und 2 ASchG betrifft jene Fälle, in welchen für die Durchführung der Arbeiten besondere Anforderungen gelten: Zu **Arbeiten, die mit einer besonderen Gefahr für die damit beschäftigten oder für andere Arbeitnehmer verbunden sind**, dürfen nur entsprechend geeignete und qualifizierte Arbeitnehmer herangezogen werden. Sie müssen folgende Voraussetzungen erfüllen:

- **geistige und körperliche Eignung**
- **Nachweis der erforderlichen Fachkenntnisse**
- **erforderliche Berufserfahrung**

Berufserfahrung bedeutet in diesem Zusammenhang nicht Erfahrung durch Ausübung der Tätigkeit, für die ein Nachweis der Fachkenntnisse notwendig ist, sondern ist im Sinne von betrieblichen Erfahrungen zu verstehen (ErlRV 1590 BlgNR 18. GP). Regelungen über besondere Fachkenntnisse oder eine besondere Aufsicht sind auch in einzelnen Richtlinien vorgesehen, etwa der Baustellenrichtlinie 92/57/EWG und der Mineralgewinnungsrichtlinie 92/104/EWG. Der Vorschlag für eine Richtlinie betreffend chemische Arbeitsstoffe bei Inkrafttreten des ASchG am 1.1.1995 verlangte ebenfalls eine Aufsicht bzw Überwachung durch Fachkräfte, die über die dazu notwendigen Fachkenntnisse verfügen, und zum Teil auch eine besondere Fachkunde für die Durchführung von Arbeiten.

2 **§ 62 ASchG** berücksichtigt die zuvor geltende ANSchG-Rechtslage betreffend besondere Kenntnisse und Erfahrungen sowie eine besondere Aufsicht und entspricht weitgehend § 6 ANSchG mit der Maßgabe, dass eine systematische Trennung zwischen

- **Fachkenntnissen für die Durchführung** (§ 62 Abs 2 und 3)
- **Fachkenntnissen für die Vorbereitung und Organisation** (§ 62 Abs 4)
- **besonderer Aufsicht** (§ 62 Abs 5 erster Satz)
- **Fachkenntnissen für die Aufsichtsperson** (§ 62 Abs 5 letzter Satz)

erfolgt und dass eine Grundlage für eine Erweiterung der Anwendungsfälle geschaffen wird, insbesondere im Hinblick auf die oben angeführten Richtlinien. Die ASchG-Gesetzesmaterialien (ErlRV 1590 BlgNR 18. GP) verweisen auf die zuvor geltenden derartigen Anforderungen in § 6 Abs 4 und 5 ANSchG.

3 Die zu §§ 62 f ASchG weiters angeführten und **durch das ASchG vorläufig übergeleiteten Verordnungsregelungen über Fachkenntnisse nach ANSchG**

wurden mittlerweile weitgehend durch ASchG-Durchführungsverordnungen ersetzt (vgl ErlRV 1590 BlgNR 18. GP):

- Die Verordnung BGBl 1975/441 verlangte einen Nachweis der Fachkenntnisse für das Führen von Kranen und Staplern, Arbeiten im Rahmen des Einsatzes von Gasrettungsdiensten und die selbständige Durchführung von Sprengarbeiten. (aufgehoben und ersetzt durch FK-V, BGBl II 2007/13).
- Die Verordnung BGBl 1982/10 verlangte einen Nachweis der Fachkenntnisse für die Vorbereitung und Organisation von bestimmten Arbeiten unter elektrischer Spannung (aufgehoben und ersetzt durch FK-V, BGBl II 2007/13).
- Die Druckluft- und Taucherarbeitenverordnung BGBl 1973/501 verlangt einen Nachweis der Fachkenntnisse für die Durchführung von Taucherarbeiten sowie eine fachkundige Aufsicht für Arbeiten in Druckluft (vorläufig weitergeltend und novelliert va durch FK-V, BGBl II 2007/13).
- Die Verordnung BGBl 1955/253 verlangte für Arbeiten in Steinbrüchen etc den Nachweis der Fachkenntnisse und Berufserfahrungen für die Aufsichtsperson (aufgehoben und ersetzt durch TAV, BGBl II 2010/416).
- Nach der Verordnung BGBl 1954/267 durften Bauarbeiten nur unter Aufsicht einer fachkundigen Person ausgeführt werden. Für den Fall, dass die Aufsichtsperson nicht ständig anwesend war, musste ein Anordnungsbefugter bestellt werden. Die neue Bauarbeiterschutzverordnung (BauV) BGBl 1994/340 sah zunächst einen Nachweis der Fachkenntnisse für Aufsichtspersonen und für Arbeiten mit bestimmten schweren Baumaschinen vor. Seit der BauV-Novelle Art 4 BGBl II 2007/13 sind fachliche Kenntnisse bzw eine fachkundige Aufsicht ausreichend.

Vgl Anmerkungen zu §§ 113 Rz 2 bis 6, 119 und 123 (Übergangsbestimmungen betreffend Fachkenntnisse).

Auf Grundlage der Verordnungsermächtigung des § 72 Abs 1 ASchG wurden **4**
jene Tätigkeiten, für welche ein Nachweis der Fachkenntnisse erforderlich ist, sowie die Anerkennung entsprechender ausländischer Zeugnisse durch **ASchG-Durchführungsverordnungen zu § 63 ASchG** näher geregelt. Nach nunmehrigerASchG-Rechtslage ist daher wie folgt entweder ein Nachweis von Fachkenntnissen nach § 62 Abs 2 und 4 ASchG erforderlich oder es müssen für bestimmte Tätigkeiten fachkundige Personen bzw Arbeitnehmer oder eine fachkundige Aufsicht eingesetzt werden:

- Verordnung über den Nachweis der Fachkenntnisse für die Vorbereitung und Organisation von bühnentechnischen und beleuchtungstechnischen Arbeiten **(Bühnen-FK-V)**, BGBl II 2003/403: Fachkenntnisse für **Vorbereitung und Organisation von bühnen- und beleuchtungstechnischen Arbeiten**

- Verordnung über den Nachweis der Fachkenntnisse (**Fachkenntnisnachweis-Verordnung – FK-V**), BGBl II 2007/13: Fachkenntnisse für das Führen von **Kranen**, **Hubstaplern**, die Durchführung von **Sprengarbeiten**, Tätigkeiten im Rahmen eines **Gasrettungsdienstes**, Durchführung von **Taucharbeiten/Signalperson**, **Vorbereitungs- und Organisationsarbeiten betreffend Hochspannungsarbeiten**
- Verordnung über den Schutz des Lebens und der Gesundheit der Arbeitnehmer bei Arbeiten in Druckluft sowie bei Taucherarbeiten (**Druckluft- und Taucherarbeiten-Verordnung**), BGBl 1973/501 (übergeleitet durch § 119 ASchG; noch keineASchG-Durchführungsverordnung): § 5 **fachkundige Aufsicht** über Arbeiten in Druckluft, § 30 fachkundige Aufsicht Tauchergruppe (nach FK-V: Fachkenntnisse für die Durchführung von Taucharbeiten/Signalperson)
- Verordnung über Sicherheit und Gesundheitsschutz auf Baustellen und auf auswärtigen Arbeitsstellen (**Bauarbeiterschutzverordnung – BauV**), BGBl 1994/340: § 4 **fachkundige Aufsicht** oder Anordnungsbefugter, § 5 Abs 6 **fachliche Kenntnisse für Arbeiten mit schweren Baumaschinen**, wie Bagger, Radlader, Planierraupen (nach FK-V: Fachkenntnisse für das Führen von Kranen, Hubstaplern ua)
- Verordnung über die Sicherheit und den Gesundheitsschutz der Arbeitnehmer/innen bei der Durchführung von Sprengarbeiten (**Sprengarbeitenverordnung – SprengV**), BGBl II 2004/358: § 3 **Sprengbefugte** (mit Fachkenntnissen nach FK-V), Sprengaufsicht, Sprenggehilfen
- Verordnung über den Schutz der Arbeitnehmer/innen vor explosionsfähigen Atmosphären (**VEXAT**), BGBl II 2004/309: **fachkundige Person:** § 6 Abs 4 VEXAT
- Verordnung über den Schutz der Arbeitnehmer/innen bei der Durchführung von Bohr- und Behandlungsarbeiten (**Bohrarbeitenverordnung – BohrarbV**), BGBl II 2005/140: § 3: **fachkundige Aufsichtsperson** und fachkundige Vertretung
- Verordnung über den Schutz der Arbeitnehmer/innen bei der Durchführung von Arbeiten im Tagbau (**Tagbauarbeitenverordnung – TAV**), BGBl II 2010/416 – § 3 **fachkundige Person (Leitung)**
- Verordnung über den Schutz der Sicherheit und der Gesundheit der Arbeitnehmer/innen vor Gefahren durch den elektrischen Strom (**Elektroschutzverordnung 2012 – ESV 2012**), in Kraft seit 1.3.2012, BGBl II 2012/33: § 1 Abs 3 Z 1 **Elektrofachkraft** (Person mit geeigneter fachlicher Ausbildung, Kenntnissen und Erfahrungen).

Von diesen fachlichen Kenntnissen bzw nachzuweisenden Fachkenntnissen zu unterscheiden ist die für die Prüfung von Arbeitsmitteln erforderliche Fachkunde und Qualifikation, wofür besondere Vorschriften gelten (siehe dritter Abschnitt ASchG, AM-VO, EisbAV ua).

II. Fachkenntnisse oder fachliche Kenntnisse für die Durchführung gefährlicher Arbeiten

§ 62 Abs 1 und 2 ASchG betrifft jene Fälle, in denen für die Durchführung der Arbeiten besondere Anforderungen gelten: geistige und körperliche Eignung, Berufserfahrung und Nachweis der Fachkenntnisse. Die für bestimmte gefährliche Arbeiten erforderlichen Fachkenntnisse und Berufserfahrungen werden durch ASchG-Durchführungsverordnungen konkretisiert. 5

A. Fachkenntnisse nach der FK-V

Nach § 2 Z 1 der Verordnung über den Nachweis der Fachkenntnisse (**Fachkenntnisnachweis-Verordnung – FK-V**), BGBl II 2007/13, dürfen mit der Durchführung von **Arbeiten mit besonderen Gefahren** nur Arbeitnehmer beschäftigt werden, die die entsprechenden **Fachkenntnisse** durch ein Zeugnis (§ 4 FK-V) nachweisen: 6

- **Führen von Kranen** (§ 2 Abs 7 AM-VO)
- **Führen von Hubstaplern** (§ 2 Abs 9 AM-VO)
- **Sprengarbeiten** (§ 2 Abs 1 SprengV)
- **Arbeiten im Rahmen eines Gasrettungsdienstes** (§ 3 Abs 2 der Verordnung über die Gesundheitsüberwachung am Arbeitsplatz – VGÜ, BGBl II 1997/27), ausgenommen Arbeiten im Grubenrettungs- und Gasschutzwesen, insbesondere Gasschutzwehren nach bergrechtlichen Vorschriften
- **Taucharbeiten (einschließlich der Tätigkeit als Signalperson)** im Sinn der Druckluft- und Taucherarbeitenverordnung, BGBl 1973/501.

Nach § 4 Abs 3 FK-V gelten Zeugnisse über die **Häuerprüfung** (Häuerbrief, Häuerschein) gemäß § 331 der Allgemeinen Bergpolizeiverordnung, BGBl 1959/114, als Nachweis der Fachkenntnisse iSd FK-V für die Durchführung von allgemeinen Sprengarbeiten und Tiefbohrlochsprengarbeiten, eingeschränkt auf Gesteinssprengungen.

Der Nachweis der Fachkenntnisse iSd FK-V kann entsprechend § 63 Abs 1 ASchG durch ein Zeugnis einer dafür in Betracht kommenden **Unterrichtsanstalt** erbracht werden (§ 15 FK-V), siehe Anmerkungen zu § 63 ASchG. 7

Ausnahmen vom Fachkenntnisnachweis regelt **§ 3 Abs 1 FK-V** für die Beschäftigung von Arbeitnehmern mit der Durchführung folgender Arbeiten: 8

- Führen von handbetriebenen Kranen
- Führen von flurgesteuerten Kranen, deren Tragfähigkeit nicht mehr als 50 kN beträgt, sowie Führen von Fahrzeug- und Ladekranen, deren Tragfähigkeit nicht mehr als 50 kN und deren Lastmoment nicht mehr als 100 kNm beträgt
- Führen von Hubstaplern, die ihre Last ausschließlich innerhalb der Radbasis aufnehmen und befördern oder die mittels Deichsel geführt werden
- Verwendung von Fluchtgeräten für den Brand- oder Evakuierungsfall

- Bedienung von Hebeeinrichtungen, die integrierter Bestandteil von Maschinen oder maschinellen Einrichtungen sind und ausschließlich zu deren Beschickung dienen
- Einsatz als Sprenggehilfe für Tätigkeiten gemäß § 3 Abs 4 SprengV.

9 Nach **§ 3 Abs 3 FK-V** ist ein Fachkenntnisnachweis weiters nicht erforderlich für die Beschäftigung von **nach Österreich zur vorübergehenden Arbeitsleistung entsandten Arbeitnehmern**, wenn die Beschäftigung nicht länger als vier Wochen im Kalenderjahr dauert und der Arbeitgeber über eine Bestätigung verfügt, wonach der Arbeitnehmer die im Entsendestaat gegebenenfalls erforderlichen Nachweise für die sichere Durchführung der Arbeiten besitzt. Bei Durchführung von Sprengarbeiten ist zusätzlich eine nachweisliche einschlägige Berufserfahrung von zumindest zweijähriger Dauer im Ausmaß der Normalarbeitszeit in den letzten zehn Jahren erforderlich.

10 Inhalte und Umfang der jeweils erforderlichen Fachkenntnisse werden im Rahmen der Ausbildungsbestimmungen der FK-V und in den Verordnungsanlagen näher geregelt. Zeugnisse werden durch mit Bescheid des Bundesministers für Arbeit, Soziales und Konsumentenschutz **ermächtigte Ausbildungseinrichtungen** ausgestellt (§§ 11 und 14 FK-V). Auf der Website der Arbeitsinspektion ist eine Liste der aktuell ermächtigten Ausbildungseinrichtungen downloadbar (Bereich Publikationen – Listen): http://www.arbeitsinspektion.gv.at/AI/Service/Publikationen/default.htm.

11 Die FK-V gilt seit 1.2.2007 (für Taucharbeiten aufgrund § 16 Abs 10 FK-V seit 1.1.2008). Gleichzeitig sind § 62 und § 63 Abs 1 und 2 ASchG zur Gänze in Kraft getreten (§ 113 Abs 1 ASchG). Mit **§ 16 Abs 9 Z 1 und 3 FK-V** wurden die bis dahin durch§ 113 Abs 2 Z 1 bzw § 119 Abs 1 ASchG vorläufig übergeleiteten Bestimmungen der **ANSchG-Rechtslage aufgehoben** (§§ 2 bis 9 der Verordnung über den Nachweis der Fachkenntnisse für bestimmte Arbeiten, BGBl 1975/441; § 31 Abs 6 bis 8 und § 32 Abs 2 sowie Anhang 5 hinsichtlich des Nachweises über Taucherarbeiten/Ausbildung für Taucherarbeiten sowie der Ausbildung als Taucher und als Signalperson der Druckluft- und Taucherarbeitenverordnung, BGBl 1973/501).

12 Nach den FK-V-Übergangsbestimmungen gelten Zeugnisse über den Nachweis von Fachkenntnissen, die **vor 1.2.2007** durch Unterrichtsanstalten oder ermächtigte Einrichtungen ausgestellt wurden, als Nachweis der Fachkenntnisse iSd FK-V (§ 16 Abs 1 FK-V). Arbeitnehmer, die vor dem 1.1.2008 mindestens zwei Jahre nachweislich mit der Durchführung von Taucharbeiten (Tätigkeit als Signalperson) beschäftigt wurden, dürfen mit diesen Arbeiten uneingeschränkt ohne Nachweis der Fachkenntnisse weiterhin beschäftigt werden, auch im Falle eines Arbeitgeberwechsels (§ 16 Abs 3 FK-V; für Personen mit weniger Tauchberufspraxis galt bis 31.12.2009 eine Übergangsregelung).

13 **Ausländische Befähigungs- oder Ausbildungsnachweise** werden nach § 12 FK-V durch eine ermächtigte Ausbildungseinrichtung anerkannt (sofern als öffentlich-rechtliche Körperschaft eingerichtet, das sind va die Wirtschaftsförderungsinstitute der Wirtschaftskammern – WIFI; § 14 FK-V). Die Anerkennungsregelungen zur Umsetzung der Richtlinie über die **Anerkennung von Berufsqualifikationen 2005/36/EG** gelten für Staatsangehörige eines Mitgliedstaates der Europäischen Union und sinngemäß auch für Angehörige von Vertragsstaaten des Europäischen Wirtschaftsraumes (EWR), der Schweizerischen Eidgenossenschaft oder der Türkei; sie erfassen bei Nichtreglementierung im Herkunftsland auch einschlägige Berufserfahrungen von zumindest zweijähriger Dauer (§ 12 Abs 1 bis 4 FK-V). Bei außerhalb der EU und dieser Länder erworbenen Befähigungs- oder Ausbildungsnachweisen kann eine theoretische und/oder praktische Prüfung erforderlich sein, wenn nicht eindeutig feststellbar ist, dass zumindest Fachkenntnisse entsprechend der FK-V vorliegen (§ 12 Abs 4 FK-V). In allen anderen Fällen erfolgt die Anerkennung durch eine Zeugnisausstellung nach der FK-V. Gegen Entscheidungen der ermächtigten Ausbildungseinrichtungen ist bis 31.12.2013 eine Berufung an den Bundesminister für Arbeit, Soziales und Konsumentenschutz zulässig (ab 1.1.2014 Beschwerde an das Bundesverwaltungsgericht, § 12 Abs 7 FK-V entfällt mit 31.12.2013, Novelle FK-V durch BGBl II 2013/210).

14 Die Erläuterungen zur ASchG-Stammfassung weisen darauf hin, dass jene Tätigkeiten, für welche ein Nachweis der Fachkenntnisse nach zuvor geltendem Recht erforderlich war, in **§ 62 Abs 2 ASchG** demonstrativ aufgezählt werden (und aufgrund Rechtsüberleitung bis zur Erlassung einer ASchG-Durchführungsverordnung vorläufig aufrecht bleiben). Als **sonstige Arbeiten mit vergleichbarem Risiko** im Sinne des letzten Satzes kommen zB Arbeiten mit schweren Baumaschinen in Betracht. In diesem Zusammenhang ist auch auf Anhang IV Teil B Abschnitt II der Richtlinie 92/57/EWG zu verweisen, der für die Bedienung von Hebezeugen, Fahrzeugen, Erdbaumaschinen, Förderzeugen, Anlagen, Maschinen und Ausrüstungen besonders geschulte Arbeitnehmer vorschreibt. Weiters ist auf Art 3 lit c und auf Z 5 des Anhanges der Richtlinie 92/104/EWG zu verweisen, wonach Aufbewahrung, Transport und Verwendung von Sprengstoffen und Zündmitteln nur von fachkundigen Personen ausgeführt werden dürfen (vgl ErlRV 1590 BlgNR 18. GP).

Entgegen dem Konzept der ASchG-Stammfassung, den Nachweis von Fachkenntnissen in der Folge auch für weitere, nicht ausdrücklich in § 62 Abs 2 angeführte sonstige Arbeiten mit vergleichbarem Risiko als Arbeitgeberpflicht zu regeln, sehen die bisher erlassenen Verordnungsregelungen über ASchG-Fachkenntnisse lediglich die Aktualisierung der alten Rechtslage bzw eine Beschränkung auf nur fachliche Kenntnisse der mit diesen Arbeiten beschäftigten Arbeitnehmer vor.

B. Fachliche Kenntnisse und Eignung nach der BauV

15 Für die Durchführung gefährlicher **Bauarbeiten** ist nach der Verordnung über Sicherheit und Gesundheitsschutz auf Baustellen und auf auswärtigen Arbeitsstellen (**Bauarbeiterschutzverordnung – BauV**), BGBl 1994/340, kein Nachweis von Fachkenntnissen erforderlich, außer für das Führen von Kranen auf Baustellen oder andere nach § 2 FK-V generell fachkenntnisnachweispflichtige Tätigkeiten. Zur fachkundigen Aufsicht nach § 4 BauV siehe Ausführungen über die Qualifikation für die Aufsicht.

16 Lediglich **fachliche Kenntnisse** für die sichere Durchführung sind gemäß **§ 5 Abs 6 BauV für Arbeiten mit schweren Baumaschinen**, wie Bagger, Planierraupen und Radlader, erforderlich (neben körperlicher und geistiger Eignung und Berufserfahrung). Für diese gefährlichen Bauarbeiten sah die Stammfassung der – noch vor dem ASchG erlassenen – Bauarbeiterschutzverordnung (BauV) ursprünglich noch einen Nachweis der Fachkenntnisse für das Führen schwerer Baumaschinen wie auch für die Aufsicht über Bauarbeiten vor (vorbehaltlich einer Durchführungsregelung). Aufgrund § 118 Abs 3 ASchG gilt die BauV seit 1.1.1995 als ASchG-Verordnung; mit der BauV-Novelle durch Art 4 BGBl II 2007/13 (iZm der FK-V) entfiel die Rechtsgrundlage in der BauV zur Regelung des Nachweises weiterer Fachkenntnisse, fachliche Kenntnisse werden nunmehr als ausreichend erachtet.

17 **§ 5 BauV (Eignung der Arbeitnehmer)** bestimmt in seinem Abs 4, dass mit der selbständigen Ausführung von Arbeiten, die mit **besonderen Gefahren** verbunden sind, nur Arbeitnehmer beschäftigt werden dürfen, die mit diesen Arbeiten vertraut, körperlich und **fachlich geeignet** sowie besonders unterwiesen sind. Bei Alleinarbeit muss eine wirksame Überwachung sichergestellt sein (siehe Anmerkungen zu § 61 ASchG). Dies gilt auf Baustellen insbesondere für:

- das Einbringen von Künettenverbauen (§ 51 BauV)
- das Aufstellen oder Abtragen von Gerüsten (§ 60 BauV)
- Montagearbeiten (§ 85 BauV)
- Arbeiten auf Dächern, wobei die Arbeitnehmer mit persönlicher Schutzausrüstung gesichert sind (§ 87 BauV)
- Untertagebauarbeiten (13. Abschnitt BauV)
- Wasserbauarbeiten (§ 106 BauV)
- Arbeiten im Gleisbereich (§ 108 BauV; vgl EisbAV)
- Abbrucharbeiten, bei denen eine schriftliche Abbruchanweisung erforderlich ist (16. Abschnitt BauV)
- Arbeiten nach dem 17. Abschnitt BauV (sofern Schutzmaßnahmen schriftlich anzuordnen sind)
- besondere Bauarbeiten nach dem 18. Abschnitt BauV
- Arbeiten mit Flüssiggas unter Erdgleiche, sofern die Aufsichtsperson die Schutzmaßnahmen schriftlich anzuordnen hat (§ 130 BauV).

Nach § 5 Abs 5 BauV dürfen zum Lenken und Führen von motorisch angetriebenen Fahrzeugen, wie Baggern, Planierraupen, Radladern oder Motorkarren, nur Arbeitnehmer herangezogen werden, die die hiefür notwendige Eignung und Ausbildung nachweisen.

C. Fachkenntnisse nach der SprengV (iVm FK-V)

Die Verordnung über die Sicherheit und den Gesundheitsschutz der Arbeitnehmer/innen bei der Durchführung von Sprengarbeiten (**Sprengarbeitenverordnung – SprengV**), BGBl II 2004/358, regelt die für Sprengarbeiten erforderlichen Qualifikationen in ihrem **§ 3**: 18

- **Sprengbefugte** benötigen den Nachweis der **Fachkenntnisse** nach §§ 62 f ASchG und FK-V für die Durchführung von Sprengarbeiten. Werden mehrere Sprengbefugte beschäftigt, ist einem von ihnen die Sprengaufsicht zu übertragen (§ 3 Abs 1 und 2 SprengV).
- **Sprenggehilfen**, die zur Mitarbeit bei Sprengungen beschäftigt werden, benötigen keinen Fachkenntnisnachweis und dürfen nur für bestimmte Tätigkeiten eingesetzt werden (§ 3 Abs 4 SprengV, § 3 Abs 1 Z 6 FK-V).

Nach **§ 62 Abs 3 ASchG** ist weiters **Verlässlichkeit** der mit der Durchführung von Sprengarbeiten beschäftigten Arbeitnehmer erforderlich. Dies war bereits nach der zuvor geltenden Sprengarbeitenverordnung, BGBl 1954/77, erforderlich (vgl ErlRV 1590 BlgNR 18. GP). Zur Prüfung der Verlässlichkeit sind besondere Regelungen vorgesehen, siehe Anmerkungen zu § 64 ASchG. 19

D. Fachliche Kenntnisse und elektrotechnische Unterweisung nach der ESV 2012

Die seit 1.3.2012 geltende Verordnung über den Schutz der Sicherheit und der Gesundheit der Arbeitnehmer/innen vor Gefahren durch den elektrischen Strom (**Elektroschutzverordnung 2012 – ESV 2012**), BGBl II 2012/33, unterscheidet in § 1 Abs 3 ESV 2012: 20

- **Elektrofachkraft:** eine Person mit geeigneter fachlicher Ausbildung, Kenntnissen und Erfahrungen, sodass sie Gefahren erkennen und vermeiden kann, die von der Elektrizität ausgehen können (Z 1);
- **elektrotechnisch unterwiesene Person:** eine Person, die durch Elektrofachkräfte ausreichend unterrichtet wurde, sodass sie Gefahren vermeiden kann, die von der Elektrizität ausgehen können (Z 2).

Arbeiten an elektrischen Anlagen dürfen nur von Elektrofachkräften oder elektrotechnisch unterwiesenen Personen durchgeführt werden, zum Teil ist deren Aufsicht ausreichend (2. Abschnitt ESV 2012). 21

III. Fachkenntnisse für die Organisation und Vorbereitung gefährlicher Arbeiten

§ 62 Abs 4 ASchG betrifft jene Fälle, in welchen besondere Anforderungen nicht für die Durchführung der Arbeiten gelten, sondern für die Organisation 22 und Vorbereitung: Diese muss – **wenn es für eine sichere Durchführung der Arbeiten erforderlich ist – durch Personen** erfolgen, **die dafür geeignet sind und die erforderlichen Fachkenntnisse nachweisen.** Neben den Arbeiten unter Spannung, für deren Vorbereitung und Organisation der Nachweis der Fachkenntnisse bereits nach der alten Rechtslage des ANSchG erforderlich war (Verordnung BGBl 1982/10 betreffend bestimmte Arbeiten unter elektrischer Spannung über 1 kV), werden auch bühnentechnische und beleuchtungstechnische Arbeiten angeführt. Dies entspricht nach den Gesetzesmaterialien zur ASchG-Stammfassung BGBl 1994/450 den in der Bundesrepublik Deutschland für Bühnenmeister und Beleuchtungsmeister geltenden Regelungen. Es hat sich gezeigt, dass für solche Arbeiten eine entsprechende fachkundige Organisation und Vorbereitung zum Schutz der Arbeitnehmer notwendig ist (vgl ErlRV 1590 BlgNR 18. GP).

§ 62 Abs 4 ASchG ist – abgesehen vom Nachweis der Fachkenntnisse für die Organisation und Vorbereitung von Hochspannungsarbeiten nach alter Rechtslage – erst mit Inkrafttreten der Bühnen-FK-V wirksam geworden. Fachkenntnisnachweispflichten für **sonstige Arbeiten**, für die hinsichtlich der Vorbereitung und Organisation vergleichbare Anforderungen bestehen (§ 62 Abs 4 letzter Satz ASchG), wurden bisher nicht geregelt.

A. Fachkenntnisse für Vorbereitung und Organisation von Arbeiten unter Hochspannung nach der FK-V

23 Die **Fachkenntnisnachweis-Verordnung (FK-V)**, BGBl II 2007/13, verlangt in **§ 2 Z 2 FK-V** für die Beschäftigung von Arbeitnehmern mit der **Vorbereitung und Organisation von Arbeiten unter Hochspannung** (Arbeiten an elektrischen Starkstromanlagen unter Wechselspannungen über 1 kV oder Gleichspannungen über 1,5 kV) den Nachweis der entsprechenden Fachkenntnisse durch ein Zeugnis (§ 4 FK-V). Inhalte und Umfang dieser Fachkenntnisse werden im Rahmen der Ausbildungsvorschriften des § 6 Z 6 FK-V und des Anhangs 6 näher geregelt.

24 Mit Inkrafttreten der FK-V zum 1.2.2007 wurden die durch § 113 Abs 2 Z 2 ASchG vorläufig übergeleiteten §§ 2 bis 7 der Verordnung über den Nachweis der Fachkenntnisse für die Vorbereitung und Organisation von bestimmten Arbeiten unter elektrischer Spannung über 1 kV, BGBl 1982/10, aufgehoben (§ 16 Abs 9 Z 2 FK-V). Zeugnisse über den Nachweis von Fachkenntnissen, die zuvor auf Basis der alten Rechtslage durch Unterrichtsanstalten oder ermächtigte Einrichtungen gemäß § 5 Abs 1 der Verordnung BGBl 1982/10 ausgestellt wurden, gelten als Nachweis der Fachkenntnisse iSd FK-V (§ 16 Abs 1 FK-V).

25 Kein Fachkenntnisnachweis ist erforderlich für folgende gemäß **§ 3 Abs 2 FK-V ausgenommenen** Organisations- und Vorbereitungsarbeiten betreffend Hochspannung:

- Bedienung mittels Isolierstangen (zB Schalten von Trennern, Ein- und Rückstellen von Anzeigevorrichtungen),
- Heranführung von geeigneten Mess-, Prüf-, Justier- und Ablesevorrichtungen (zB Temperaturmesseinrichtungen, Spannungsprüfer),
- Reinigen mit geeigneten Hilfswerkzeugen und Hilfsmitteln,
- Entladen von Kondensatoren,
- Abspritzen von Isolatoren,
- Abklopfen von Fremdbelägen (zB Raureif) und Entfernen von Gegenständen (zB Ausästen der Leitungstrassen) mit Hilfe geeigneter Werkzeuge auf Isolierstangen,
- Anbringen von einfachen Vorrichtungen mit geeigneten Werkzeugen auf Isolierstangen (zB Anbringen von Abdeckplatten, Kurzschlussanzeigen, Spannungsanzeigen),
- Nachfüllen von Löschflüssigkeiten in Leistungsschaltern,
- Arbeiten an Akkumulatoren, sofern mindestens eine zweite Person anwesend ist,
- weiters – sofern die Ermittlung und Beurteilung der Gefahren (§§ 4 f ASchG) ergibt, dass die Durchführung folgender Arbeiten unter Beachtung der festgelegten Maßnahmen zur Gefahrenverhütung ohne Nachweis der Fachkenntnisse für die Organisation und Vorbereitung gefahrlos möglich ist – Arbeiten in Prüffeldern, auf Prüfplätzen und in Laboratorien sowie Herausnehmen und Einsetzen von nicht gegen direktes Berühren geschützten Sicherungen mit geeigneten Hilfsmitteln.

Zur Ausnahme bei Entsendungen siehe obige Anmerkungen zu § 3 Abs 3 FK-V (Beschäftigung nicht länger als vier Wochen im Kalenderjahr); ebenso Ausführungen zur Anerkennung ausländischer Ausbildungen und Berufserfahrungen (§ 12 FK-V).

B. Vorbereitung und Organisation von bühnen- und beleuchtungstechnischen Arbeiten nach der FK-V

Die Verordnung über den Nachweis der Fachkenntnisse für die **Vorbereitung und Organisation von bühnentechnischen und beleuchtungstechnischen Arbeiten (Bühnen-FK-V)**, BGBl II 2003/403, regelt seit 1.1.2004 die Beschäftigung von Arbeitnehmern mit diesen Vorbereitungs- und Organisationsaufgaben in Theaterbetrieben, sonstigen örtlich gebundenen Veranstaltungsstätten und Produktionsstätten für Hörfunk- oder Fernsehaufnahmen: Nach § 1 Abs 3 Bühnen-FK-V ist dafür ein Nachweis der Fachkenntnisse durch ein entsprechendes Zeugnis erforderlich. 26

Ausgenommen vom Geltungsbereich der Bühnen-FK-V sind Inszenierungen mit geringem szenischem Aufwand und ohne Einsatz bühnentechnischer Einrichtungen auf Bühnen- oder Szenenflächen mit maximal 100 m^2 Grundfläche (§ 1 Abs 2 Bühnen-FK-V). Für die bloße Durchführung der bühnen- 27 und beleuchtungstechnischen Arbeiten ist ebenfalls kein Fachkenntnisnachweis nach ASchG bzw Bühnen-FK-V erforderlich.

28 **Bühnentechnische Vorbereitungs- und Organisationsarbeiten** sind (§ 1 Abs 4 Bühnen-FK-V):

- Vorbereitung und Organisation des innerbetrieblichen Transports, des Auf- und Abbaus sowie des Einsatzes von Dekorationen, Hilfseinrichtungen und Hilfsmitteln, an deren Standfestigkeit oder Materialeigenschaften besondere Anforderungen zu stellen sind oder deren Konstruktion, Funktionsweise oder Gewicht besondere sicherheitstechnische Maßnahmen hinsichtlich deren Handhabung erforderlich macht;
- Auswahl von Arbeitsstoffen, die zur Imprägnierung von Dekorationsgegenständen und Requisiten verwendet werden, einschließlich der Erstbeurteilung extern durchgeführter Imprägnierungen;
- Auswahl von Arbeitsstoffen, die zur Erzielung besonderer szenischer Effekte dienen und gesundheitsgefährdend sind;
- Vorbereitung und Organisation des Einsatzes von bühnentechnischen Einrichtungen, insbesondere Drehbühnen, Bühnenwagen, Hubpodien oder Versenkeinrichtungen und des Schnürbodens oder ähnlicher Einrichtungen, die als Ersatz für den Schnürboden verwendet werden können.

29 **Beleuchtungstechnische Vorbereitungs- und Organisationsarbeiten** sind (§ 1 Abs 5 Bühnen-FK-V):

- Vorbereitung und Organisation des Einsatzes nicht fix installierter beleuchtungstechnischer Einrichtungen sowie Aufbauten, Gerüste und sonstiger Tragmittel für Beleuchtungseinrichtungen,
- Vorbereitung und Organisation der Befestigung von Scheinwerferanlagen oder anderen vergleichbaren Beleuchtungseinrichtungen,
- Vorbereitung und Organisation der Verwendung von Laser-Einrichtungen, ausgenommen der Laser-Klasse 1.

30 Arbeitgeber dürfen weiters mit der Auswahl und der Festlegung der **Einsatzbedingungen von pyrotechnischen Gegenständen** (insbesondere Leuchtsätzen, Signalsätzen, Rauchsätzen, Nebelsätzen oder Blitzlichtsätzen) oder brandgefährlichen Arbeitsstoffen nur Arbeitnehmer mit Fachkenntnisnachweis beschäftigen (§ 1 Abs 6 Bühnen-FK-V).

31 Inhalte und Umfang dieser Fachkenntnisse sowie die Ausbildungsabwicklung an der ermächtigten Einrichtung sind in §§ 2 ff Bühnen-FK-V näher geregelt. Zeugnisse werden durch mit Bescheid des Bundesministers für Arbeit, Soziales und Konsumentenschutz **ermächtigte Ausbildungseinrichtungen** ausgestellt (§§ 5 und 8 FK-V). Auf der Website der Arbeitsinspektion ist eine Liste der aktuell ermächtigten Ausbildungseinrichtungen downloadbar (Bereich Publikationen – Listen): http://www.arbeitsinspektion.gv.at/AI/Service/Publikationen/default.htm.

Der Nachweis der Fachkenntnisse iSd Bühnen-FK-V kann auch durch ein Lehrabschlusszeugnis im **Lehrberuf Veranstaltungstechnik** erbracht werden (§ 9 Abs 2 Bühnen-FK-V), oder entsprechend § 63 Abs 1 ASchG durch ein Zeugnis einer dafür in Betracht kommenden **Unterrichtsanstalt** (§ 9 Bühnen-FK-V), siehe Anmerkungen zu § 63 Rz 5. **32**

Für kurzfristige **Entsendungen** gilt § 1 Abs 7 Bühnen-FK-V. § 6 Bühnen-FK-V normiert weiters die Anerkennung von **außerhalb Österreichs erworbenen Ausbildungsabschlüssen und Berufsqualifikationen** entsprechend § 12 FK-V (siehe Rz 13). **33**

Das **Übergangsrecht** des **§ 10 Abs 2 und 3** Bühnen-FK-V regelt die Befreiung vom Fachkenntnisnachweis für Arbeitnehmer, die bereits vor dem 1.1.2004 mindestens drei Jahre nachweislich mit solchen Arbeiten beschäftigt wurden; sie dürfen uneingeschränkt ohne Nachweis der Fachkenntnisse mit der Vorbereitung und Organisation von bühnen- und beleuchtungstechnischen Arbeiten beschäftigt werden. Dies gilt auch im Falle eines Wechsels des Arbeitgebers. Für Personen mit geringerer Berufspraxis galt eine Übergangsfrist bis 31.12.2006. **34**

IV. Fachkundige Aufsicht

§ 62 Abs 5 erster Satz ASchG betrifft Arbeiten, für die eine **besondere Aufsicht** erforderlich ist, ohne dass ein spezieller Nachweis der Fachkenntnisse verlangt wird (vgl § 6 Abs 4 ANSchG der vor dem ASchG geltenden Rechtslage; ErlRV 1590 BlgNR 18. GP). **35**

Der zweite Satz betrifft Fälle, in denen **fachliche Kenntnisse für die Aufsicht** notwendig sind (Taucherarbeiten, bestimmte Bauarbeiten, sonstige Arbeiten, die hinsichtlich der Gefahren und Arbeitsbedingungen vergleichbar sind).

Die früher geltende Rechtslage verlangte dafür zum Teil noch einen „Nachweis der Fachkenntnisse" iSd § 63 ASchG für die Aufsicht, dieses Erfordernis ist jedoch iZm der Erlassung der FK-V entfallen bzw wurden keine Durchführungsregelungen erlassen. Erst mit der **ASchG-Novelle BGBl I 2012/118** wurde ein damit zusammenhängendes Redaktionsversehen in **§ 62 Abs 5, 2. Satz ASchG** zum 1.1.2013 bereinigt und statt des obsolet gewordenen Fachkenntnisnachweises (ieS nun in der FK-V bzw Bühnen-FK-V geregelt) lediglich fachliche Kenntnisse für die Aufsicht über die in § 62 Abs 5 ASchG genannten Arbeiten vorgesehen, für die es keinen Fachkenntnisnachweis iSd ASchG mehr gibt. Hier sind vielmehr **„fachliche Kenntnisse" in einem allgemeineren Sinn gemeint**. Dies sollte durch die mit 1.1.2013 wirksame Umformulierung klargestellt werden (vgl ErlRV 1983 BlgNR 24. GP): **36**

- Bereits mit dem ANS-RG, BGBl I 2001/159, entfielen die bis 31.12.2001 gemäß § 62 Abs 5 ASchG aF erforderlichen Fachkenntnisse für die Aufsicht über die Durchführung von **Arbeiten in Druckluft**. Nach den Geset- **37** zesmaterialien zeigten die Erfahrungen der Arbeitsinspektion, dass ein solcher Nachweis der Fachkenntnisse für die Aufsicht nicht länger erforderlich war und daher entfallen sollte (vgl ErlRV 802 BlgNR 21. GP). Eine fachkundige Aufsicht über Arbeiten in Druckluft ist ausreichend.

38 • Artikel IV des Bundesgesetzes BGBl II 2007/13 hob iZm der Erlassung der Fachkenntnisnachweis-Verordnung (FK-V) die bis dahin nicht in Kraft getretenen Bestimmungen der BauV zum Erfordernis eines Fachkenntnisnachweises für **Arbeiten mit schweren Baumaschinen** (Bagger, Planierraupen, Radlader) auf, weil – so die Erläuterungen zum Begutachtungsentwurf – die ein Jahrzehnt währenden praktischen Erfahrungen zeigten, dass sich solche Fachkenntnisse als nicht erforderlich erwiesen haben. Wie die Baustellenpraxis zeigte, sind weiters die derzeit für eine Baustellenaufsicht bereits erforderlichen Erfahrungen und Kenntnisse ausreichend (zB Meisterprüfung; die Bauaufsicht wird oft von erfahrenen Polieren/Polierinnen wahrgenommen), weshalb auch für die Aufsicht über Bauarbeiten kein Fachkenntnisnachweis erforderlich sein sollte.

39 • Ein Nachweis der Fachkenntnisse war bis 11.1.2007 auch für die Aufsicht über **Taucherarbeiten** notwendig. Mit Art V des Bundesgesetzes BGBl II 2007/13 entfiel auch diese Voraussetzung durch Novelle des § 5 der Druckluft- und Taucherarbeitenverordnung: Begründet wurde dies nach den Erläuterungen des Begutachtungsentwurfs damit, dass die Regelungen über die in einer Tauchergruppe durchzuführenden Taucherarbeiten (§ 30 der Verordnung) verbunden mit den erforderlichen Fachkenntnisnachweisen für Taucharbeiten und den Einsatz als Signalperson nach der FK-V ausreichend sind, um die sichere Durchführung auch ohne Aufsicht durch eine Person mit Fachkenntnisnachweis „Aufsicht über Taucharbeiten" zu gewährleisten. Die Aufhebung der noch nicht in Kraft getretenen Bestimmungen der BauV sowie der Aufsichtsregelung der Druckluft- und Taucherarbeitenverordnung erschien auch zum Abbau nicht notwendiger Hemmnisse der Berufsausübung erforderlich.

40 • Artikel VI des Bundesgesetzes BGBl II 2007/13 änderte weiters die Verordnung über den Schutz der Dienstnehmer und der Nachbarschaft beim Betrieb von **Steinbrüchen**, Lehm-, Ton-, Sand- und Kiesgruben sowie bei Haldenabtragungen, BGBl 1955/253, und hob die nach § 4 Abs 2 bis dahin erforderlichen Fachkenntnisse fürdie mit der fachkundigen Leitung betraute Person über diese Arbeiten auf. Bis zum Außerkrafttreten dieser Verordnung aufgrund der Tagbauarbeitenverordnung (TAV), BGBl II 2010/416, waren lediglich fachliche Kenntnisse dafür notwendig. Seit 1.1.2011 gilt für die fachkundige Leitung § 3 Abs 4 TAV (siehe dazu im Folgenden).

Im Zusammenhang mit der Aufsicht ist auch auf Z 1.3. des Anhanges zur Baustellenrichtlinie 92/104/EWG zu verweisen, nach der die Arbeitnehmer von Personen zu beaufsichtigen sind, die nach den einzelstaatlichen Rechtsvorschriften und/oder Praktiken über die für diese Aufgabe erforderlichen Fähigkeiten und Qualifikationen verfügen.

A. Fachkundige Aufsicht nach der Druckluft- und Taucherarbeiten-Verordnung (Fachkenntnisse nach FK-V)

Einzelne Bestimmungen der Verordnung über den Schutz des Lebens und der Gesundheit der Arbeitnehmer bei Arbeiten in Druckluft sowie bei Taucherarbeiten (**Druckluft- und Taucherarbeiten-Verordnung**), BGBl 1973/501, wurden durch § 119 ASchG übergeleitet und gelten bis zur Erlassung einer ASchG-Durchführungsverordnung vorläufig weiter im Rang eines Bundesgesetzes.

Nach § 5 der Verordnung dürfen **Arbeiten in Druckluft** nur unter **Aufsicht** einer zuverlässigen Person ausgeführt werden, die die notwendigen **fachlichen Kenntnisse** und Berufserfahrungen besitzt und in gesundheitlicher Hinsicht für die Ausübung ihrer Tätigkeit in Druckluft geeignet ist. Bei Abwesenheit der fachkundigen Person ist die Aufsicht über die Arbeiten in Druckluft durch deren **Stellvertreter** wahrzunehmen, der den gleichen Anforderungen entsprechen muss. 41

Taucherarbeiten mit Schlauch-Helmtauchergeräten dürfen nur von einer **Tauchergruppe unter Aufsicht** einer zuverlässigen**fachkundigen Person** ausgeführt werden. Weisungen für die Tauchergruppe dürfen nur von dieser fachkundigen Person erteilt werden, die ihrerseits zumindest eine **Tauchausbildung oder Ausbildung als Signalperson** abgeschlossen haben und entsprechende Berufserfahrungen besitzen muss (§ 30 Abs 1 und 2 der Verordnung). 42

- Das Personal der Tauchergruppe muss für die durchzuführenden Arbeiten in körperlicher und geistiger Hinsicht geeignet sein und aus dazu ausgebildeten Personen bestehen.
- Die Zusammensetzung der Tauchergruppe ist angepasst an Arbeitszweck und voraussichtliche Schwierigkeiten der Arbeiten. Ihr müssen mindestens zwei Taucher und zwei weitere Personen angehören, von denen einer die Signalgebung (Signalperson) und der anderen die Versorgung des Tauchers mit Atemgas (die für die Versorgung mit Atemgas zuständige Person) übertragen ist. Müssen für die fernmündliche Verständigung mit dem Taucher Sprech- und Hörgeräte von Hand gehalten werden, gehört der Tauchergruppe zusätzlich ein Telefonist an.
- Als fachkundige Person kann auch jener Taucher tätig sein, der nicht eingesetzt ist. Ist der zweite Taucher mit der Aufsicht über die Tauchergruppe betraut, so obliegt die Aufsicht während eines Einsatzes beider Taucher der Signalperson.
- Auch Taucher mit schlauchlosen Tauchgeräten oder leichten Tauchgeräten müssen auftauchen, sobald die Signalperson ein entsprechendes Signal (Anzeige) gibt.

43 Nach **§ 2 Z 1 lit e FK-V** ist für die Durchführung von Taucharbeiten und für die Tätigkeit als Signalperson ein Nachweis der Fachkenntnisse erforderlich. Die fachkundige Aufsicht ist zusätzlich zu gewährleisten.

B. Fachkundige Aufsicht und fachliche Eignung nach BauV

44 Die **Bauarbeiterschutzverordnung (BauV)**, BGBl 1994/340, sieht in **§ 4 BauV** vor, dass Bauarbeiten nur unter Aufsicht einer geeigneten Aufsichtsperson mit der erforderlichen Sorgfalt und nach fachmännischen Grundsätzen durchgeführt werden dürfen. Als Aufsichtsperson kann auch der Arbeitgeber selbst oder eine von ihm bevollmächtigte, mit entsprechenden Befugnissen ausgestattete Person tätig sein.

45 Die **Fachkunde der Aufsichtsperson** erfordert

- die für die auszuführenden Arbeiten erforderlichen theoretischen und praktischen Kenntnisse und Erfahrungen in allen Fragen, die mit den in Betracht kommenden Arbeiten vom Standpunkt der Sicherheit zusammenhängen,
- Kenntnisse über die in Betracht kommenden Arbeitnehmerschutzvorschriften und
- die Gewähr für eine gewissenhafte Durchführung der übertragenen Aufgaben.

Diese Kenntnisse sind in geeigneter Form nachzuweisen, zB durch ein Meisterprüfungszeugnis (§ 4 Abs 1 Z 2 und Abs 3 BauV). Der ursprünglich in der BauV-Stammfassung vorgesehene Nachweis der Fachkenntnisse auch für Aufsichtspersonen wurde nie näher geregelt und daher aufgehoben (BauV-Novelle durch BGBl II 2007/13 iZm der FK-V), lediglich ausreichende Fachkunde ist erforderlich.

46 Für den Fall, dass die Aufsichtsperson nicht ständig anwesend ist, muss ein **Anordnungsbefugter** bestellt sein (§ 4 Abs 4 BauV), der in Abwesenheit der Aufsichtsperson auf die Durchführung und Einhaltung der zum Schutz der Arbeitnehmer notwendigen Maßnahmen zu achten hat. Diese Person muss ebenfalls über eine entsprechende Eignung verfügen (ausgenommen theoretische Kenntnisse) und von der Aufsichtsperson über die bei den auszuführenden Arbeiten zum Schutz der Arbeitnehmer notwendigen Maßnahmen nachweislich besonders unterwiesen worden sein (nachweisliche Zustimmung zur Bestellung ist erforderlich).

47 Obwohl eine Aufsichtsperson für die Baustelle bestellt ist, besteht weiterhin die Verantwortlichkeit des Arbeitgebers für die Einhaltung der Arbeitnehmerschutzvorschriften – **VwGH 31.3.2000, 96/02/0052**: Dem Dienstgeber wird in der Bauarbeiterschutzverordnung die Bestellung einer Aufsichtsperson bei Vorliegen bestimmter Voraussetzungen zwar aufgetragen, jedoch wird der Betriebsinhaber allein durch die Bestellung eines fachkundigen Anordnungs-

befugten für eine Baustelle nicht von seiner Verantwortung zur Einhaltung der Bestimmungen der BauV befreit, selbst wenn die auf der Baustelle vorkommenden Übertretungen gegen Arbeitnehmerschutzvorschriften von einem Dienstnehmer ohne Willen des Betriebsinhabers begangen werden und er nicht den Nachweis zu erbringen vermag, dass von ihm solche Maßnahmen getroffen wurden, die unter den vorhersehbaren Verhältnissen mit gutem Grund die Einhaltung der gesetzlichen Vorschriften erwarten ließen.

C. Fachkundige Aufsicht nach VEXAT

Die Verordnung über den Schutz der Arbeitnehmer/innen vor explosions- **48**
fähigen Atmosphären **(VEXAT)**, BGBl II 2004/309, regelt im Rahmen der Information, Unterweisung, Arbeitsfreigabe die Benennung einer fachkundigen Person (§ 6 Abs 4 VEXAT):

Für bestimmte Arbeiten in explosionsfähigen Atmosphären ist

- im Rahmen der Ermittlung und Beurteilung der Explosionsgefahren ein **Arbeitsfreigabesystem** samt den notwendigen Schutz- und Rettungsmaßnahmen festzulegen und
- eine geeignete **fachkundige Person zu benennen**, die die erforderlichen fachlichen Kenntnisse und Berufserfahrungen besitzt und mit den möglichen Gefahren und den erforderlichen Schutz- und Rettungsmaßnahmen vertraut ist.

Das betrifft die in **§ 6 Abs 3 VEXAT** angeführten Arbeiten, für die auch **49**
schriftliche Anweisungen (§ 14 Abs 5 ASchG) zu erstellen sind:

- Befahren (Inspektion) und Arbeiten (wie Instandhaltung, Reinigung, Prüfung und Störungsbehebung) in oder an Betriebseinrichtungen (wie Behältern, Silos, Rohrleitungen, Schächten oder Gruben), die brennbare Arbeitsstoffe enthalten, enthalten haben oder in denen sich explosionsfähige Atmosphären ansammeln können,
- Arbeiten, für deren Dauer eine temporäre Zoneneinstufung oder -umstufung erfolgen muss (§ 12 Abs 2 oder 3 VEXAT).

Nach § 6 Abs 5 VEXAT ist dafür zu sorgen, dass diese Arbeiten erst durchge- **50**
führt werden, nachdem die benannte Person sich überzeugt hat, dass die laut Arbeitsfreigabesystem festgelegten Schutz- und Rettungsmaßnahmen durchgeführt sind, und die Arbeitsfreigabe erteilt hat.

Vgl Arbeitsfreigaben nach § 5 BohrarbV, § 4 TAV und § 60 Abs 4 ASchG.

D. Fachkenntnisse der Sprengaufsicht nach SprengV

Die **Sprengarbeitenverordnung** (SprengV), BGBl II 2004/358, regelt in § 3 **51**
Abs 1 SprengV die für Sprengarbeiten erforderliche Qualifikation als **Sprengbefugter** (Nachweis der Fachkenntnisse nach §§ 62 f ASchG und FK-V für die Durchführung von Sprengarbeiten).

Werden mehrere Sprengbefugte bei derselben Sprengung oder bei gleichzeitig durchgeführten Sprengungen mit einander überschneidenden Gefahrenbereichen beschäftigt, ist einer von ihnen mit der **Sprengaufsicht** zu betrauen (§ 3 Abs 2 SprengV).

E. Fachkundige Aufsicht und Vertretung nach BohrarbV

52 Die Verordnung über den Schutz der Arbeitnehmer/innen bei der Durchführung von Bohr- und Behandlungsarbeiten (**Bohrarbeitenverordnung** – BohrarbV), BGBl II 2005/140, regelt in ihrem § 3 Abs 1 die

- **fachkundige Aufsichtsperson:** Bei der Durchführung von Bohr- und Behandlungsarbeiten muss eine vom Arbeitgeber benannte fachkundige Person anwesend sein, die auf die Durchführung und Einhaltung der für die beschäftigten Arbeitnehmer erforderlichen Schutzmaßnahmen zu achten hat, falls der Arbeitgeber nicht selbst im erforderlichen Ausmaß anwesend ist oder nicht über die hierfür erforderlichen Fähigkeiten und Qualifikationen verfügt.
- Für eine geeignete **fachkundige Vertretung** ist im Fall von deren Verhinderung zu sorgen.

53 Nach **§ 3 Abs 2 BohrarbV** gilt dies nicht, wenn Arbeitnehmer ausschließlich mit mindergefährlichen Instandsetzungs- oder Überwachungsarbeiten beschäftigt werden.In diesem Fall muss der Arbeitgeber oder die Aufsichtsperson zumindest ständig erreichbar sein und sich mindestens einmal pro Schicht mit den Arbeitnehmern in Verbindung setzen.

54 Nach **§ 5 BohrarbV** sind schriftliche Anweisungen (§ 14 Abs 5 ASchG) für die Durchführung der Bohr- und Behandlungsarbeiten zu erstellen und ist für die gemäß § 4 Z 8 BohrarbV ermittelten Arbeiten ein schriftliches **Arbeitsfreigabesystem** samt den erforderlichen Schutz- und Rettungsmaßnahmen vorzusehen (außer die Ermittlung und Beurteilung der Gefahren führt zum Ergebnis, dass dies nicht erforderlich ist). Es ist dafür zu sorgen, dass diese Arbeiten erst durchgeführt werden, wenn der **Arbeitgeber oder die Aufsichtsperson** sich überzeugt hat, dass die laut Arbeitsfreigabesystem festgelegten Schutz- und Rettungsmaßnahmen durchgeführt sind, und die Arbeitsfreigabe erteilt hat.

Vgl Arbeitsfreigaben nach § 6 Abs 5 VEXAT, § 4 TAV und § 60 Abs 4 ASchG.

F. Fachkundige Leitung und Vertretung nach TAV

55 Gemäß § 3 der Verordnung über den Schutz der Arbeitnehmer/innen bei der Durchführung von Arbeiten im Tagbau (**Tagbauarbeitenverordnung** – TAV), BGBl II 2010/416, ist für jede Arbeitsstätte und auswärtige Arbeitsstelle eine geeignete fachkundige Leitung und Vertretung zu bestellen. Werden Arbeitnehmer mehrerer Arbeitgeber beschäftigt, müssen die betroffenen Arbeitgeber eine gemeinsame fachkundige Leitung bestellen oder für eine Koordination der fachkundigen Leitungen sorgen.

Die **fachkundige Person (fachkundige Leitung)** hat insbesondere folgende Aufgaben: 56

- Beaufsichtigung der Arbeitnehmer/innen
- Erteilung der Arbeitsfreigabe (§ 4 TAV; vgl Arbeitsfreigaben nach § 6 Abs 5 VEXAT, § 5 BohrarbV und § 60 Abs 4 ASchG)
- Absperrung und Freigabe von Bereichen (§ 15 Abs 1 TAV)
- Überprüfung des Tagbaus (§ 16 Abs 1 und 2 TAV)

Die erforderliche **Fachkunde** umfasst

- theoretische und praktische Kenntnisse, die für die sichere Durchführung der Arbeiten erforderlich sind,
- einschlägige Berufserfahrung,
- Kenntnisse der in Betracht kommenden Arbeitnehmerschutzvorschriften.

Für den Fall der Verhinderung müssen die Arbeitgeber eine geeignete **fachkundige Stellvertretung** benennen (§ 3 Abs 2 u 3 BohrarbV). Für die Bestellung zur fachkundigen Leitung oder deren Stellvertretung ist eine nachweisliche Zustimmung notwendig. 57

G. Fachkundige Aufsicht nach ESV 2012

Nach der **Elektroschutzverordnung 2012 (ESV 2012)**, BGBl II 2012/33, dürfen Arbeiten an elektrischen Anlagen nur von Elektrofachkräften oder elektrotechnisch unterwiesenen Personen durchgeführt werden (siehe oben Anmerkungen zu § 1 Abs 3 ESV 2012). Zum Teil ist eine **Aufsicht durch eine Elektrofachkraft oder elektrotechnisch unterwiesene Person** ausreichend (2. Abschnitt ESV 2012). 58

V. Geltung für Arbeitgeber

Die Regelungen des § 62 Abs 2 bis 5 gelten auch für den **Arbeitgeber** selbst, soweit dies zur Vermeidung einer Gefahr für die Sicherheit oder die Gesundheit der Arbeitnehmer erforderlich ist **(§ 62 Abs 6 ASchG)**. 59

Mit der ASchG-Novelle BGBl I 2012/118 wurde ein Redaktionsversehen in § 62 Abs 6 bereinigt: Der Verweis auf das **Mineralrohstoffgesetz** (MinroG), BGBl I 1999/38, wonach die Regelung keine Geltung für die Tätigkeiten **verantwortlicher Personen** nach MinroG hat, ist mit 31.12.2012 entfallen (§§ 124 bis 142 MinroG beinhalten Regelungen zum Betriebsleiter, dessen Stellvertreter, Betriebsaufseher, verantwortlichen Markscheider sowie zur Leitung und technischen Aufsicht). Die Regelung bezog sich in der ASchG-Stammfassung 1994 auf das damals geltende Berggesetz 1975 und war bereits seit dem Inkrafttreten des MinroG obsolet, weil dieses im Unterschied zum Berggesetz 1975 keine arbeitnehmerschutzrechtlichen Regelungen mehr enthält und daher die verantwortlichen Personen nach dem MinroG keine Funktionen im Arbeitnehmerschutz mehr haben. Der Entfall des § 62 Abs 6 ASchG ändert aber für die Praxis nichts. 60

Die verantwortlichen Personen nach MinroG können selbstverständlich auch als **Aufsichtspersonen nach § 62 Abs 5 ASchG** tätig werden; grundsätzlich wird man von deren Eignung iSd § 62 Abs 5 ausgehen können (ErlRV 1983 BlgNR 24. GP). Zum Schutz der Sicherheit und Gesundheit von Gewerbetreibenden, die selbst eine berufliche Tätigkeit auf Baustellen ausüben, sind bestimmte ASchG- und BauV-Regelungen einzuhalten (§ 84j GewO 1994).

VI. Arbeitnehmerverzeichnis Fachkenntnisse

61 Bis 31.7.2017 (ASchG-Novelle BGBl I 2017/126 ArbeitnehmerInnenschutz-Deregulierungsgesetz) galt für Arbeitgeber die Verpflichtung nach **§ 62 Abs 7 ASchG** zur Führung eines **Verzeichnisses jener Arbeitnehmer, welche Tätigkeiten iSd Abs 2 bis 5 durchführen** (Vorbereitung und Organisation von bühnen- und beleuchtungstechnischen Arbeiten, Sprengarbeiten, Gasrettungsdienst, Taucharbeiten, Vorbereitung und Organisation von Arbeiten unter Hochspannung). Dieses Verzeichnis musste auch Angaben über den Nachweis der Fachkenntnisse enthalten und war stets auf dem aktuellen Stand zu halten.

Die Gesetzesmaterialien zum ArbeitnehmerInnenschutz-Deregulierungsgesetz (Initiativantrag 2228/A 25. GP) begründen den Entfall dieser Verpflichtung damit, dass ein solches Verzeichnis bereits nicht mehr geführt werden musste für Fachkenntnisse zum Führen von Kranen und Hubstaplern. Die Erfahrung habe gezeigt, dass ein Arbeitnehmer-Verzeichnis auch für alle anderen Fachkenntnisnachweis-Tätigkeiten verzichtbar ist. Relevant ist die Festlegung der Tätigkeiten, für die solche Fachkenntnisse notwendig sind, im Rahmen der Arbeitsplatzevaluierung im Sicherheits- und Gesundheitsschutzdokument (§ 2 Abs 2 Z 2 DOK-VO).

62 Aufgrund der ASchG-Novelle BGBl I 2012/118 waren davon Arbeitnehmer, die **Krane und Stapler** führen, bereits **seit 1.1.2013 ausgenommen**. Die Gesetzesmaterialien zu dieser früheren Novelle verweisen auf das Projekt der damaligen Bundesregierung „Senkung von Verwaltungslasten für Unternehmen“, wonach es sich beim *„Führen eines Verzeichnisses jener Arbeitnehmer, die Tätigkeiten durchführen, für die ein Fachkenntnis-Nachweis erforderlich ist“*, um eine Informationspflicht handelt, die erhebliche Verwaltungslasten für die Unternehmen verursacht. Der überwiegende Großteil dieser Informationspflicht betraf Aufzeichnungen über Arbeitnehmer, die Stapler oder Krane führen, wobei gerade bei diesen Tätigkeiten das Verzeichnis ohne Senkung des Schutzniveaus entbehrlich erschien, weshalb im Sinne der Reduktion von Verwaltungslasten diese Informationspflicht aufgehoben wurde. Unberührt blieb die Pflicht zum Führen eines Verzeichnisses jedoch für Taucharbeiten, für die Beschäftigung im Rahmen eines Gasrettungsdienstes, für die Durchführung von Sprengarbeiten sowie für sonstige Arbeiten mit vergleichbarem Risiko (§ 62 Abs 2) sowie für die Arbeiten nach § 62 Abs 4 und 5 (vgl ErlRV 1983 BlgNR 24. GP).

Nachweis der Fachkenntnisse

§ 63. (1) Der Nachweis der Fachkenntnisse gemäß § 62 ist durch ein Zeugnis einer hiefür in Betracht kommenden Unterrichtsanstalt oder durch ein Zeugnis einer anderen Einrichtung zu erbringen, die hiezu vom Bundesminister für Arbeit, Soziales und Konsumentenschutz ermächtigt wurde.

(2) Die Ermächtigung ist zu erteilen, wenn die Gewähr dafür gegeben ist, daß die notwendigen Fachkenntnisse in entsprechender Weise vermittelt werden. Die Ermächtigung ist unter Auflagen zu erteilen, wenn dies zur Gewährleistung einer ordnungsgemäßen Vermittlung der Fachkenntnisse erforderlich ist. Die Ermächtigung ist zu widerrufen, wenn gegen die Bestimmungen dieses Bundesgesetzes oder der dazu erlassenen Verordnungen über die Vermittlung der Fachkenntnisse verstoßen wurde, die Auflagen nicht eingehalten werden, oder wenn die Voraussetzungen für die Ermächtigung nicht mehr vorliegen.

(3) Zur Vermittlung der Fachkenntnisse zur Durchführung von Sprengarbeiten sind von der Unterrichtsanstalt oder ermächtigten Einrichtung nur Auszubildende zuzulassen, die eine Bescheinigung der Landespolizeidirektion, insoweit diese für das Gebiet einer Gemeinde zugleich Sicherheitsbehörde erster Instanz ist, oder, außerhalb dieses örtlichen Wirkungsbereiches, der Bezirksverwaltungsbehörde über ihre Verläßlichkeit beibringen. Zur Beurteilung der Verläßlichkeit nach diesem Bundesgesetz ist sinngemäß § 8 des Waffengesetzes 1996, BGBl. I Nr. 12/1997, heranzuziehen, wobei auch entsprechend schwerwiegende Verwaltungsübertretungen zu berücksichtigen sind.

(4) Der Nachweis der Fachkenntnisse ist von der zuständigen Behörde zu entziehen, wenn die betreffende Person zur Durchführung der betreffenden Arbeiten geistig oder körperlich nicht mehr geeignet ist. Gleiches gilt, wenn auf Grund besonderer Vorkommnisse, zB eines Fehlverhaltens, das zu einem Unfall geführt hat, eine sichere Durchführung der Arbeiten durch die betreffende Person nicht mehr gewährleistet ist. Der Entzug des Nachweises ist dem Arbeitgeber, dem zuständigen Arbeitsinspektorat sowie jener Unterrichtsanstalt oder Einrichtung, die den Nachweis ausgestellt hat, bekanntzugeben.

(5) Die Arbeitsinspektorate haben Umstände, die zur Entziehung des Nachweises der Fachkenntnisse führen könnten, der zuständigen Behörde zur Kenntnis zu bringen. Werden dem Arbeitgeber Umstände bekannt, die zum Entzug des Nachweises der Fachkenntnisse führen könnten, hat er dies dem zuständigen Arbeitsinspektorat zu melden.

(6) Die Sicherheitsbehörden haben Umstände, die zur Entziehung des Nachweises der Fachkenntnisse betreffend die Durchführung von Sprengarbeiten führen könnten, der zuständigen Behörde zur Kenntnis zu bringen.

[BGBl I 2012/50]

Übersicht

I.	Fachkenntnisnachweis	1–3
II.	Zeugnis einer Unterrichtsanstalt	4, 5
III.	Zeugnis einer ermächtigten Einrichtung	6–8
IV.	Verlässlichkeit für Sprengarbeiten	9–12
V.	Entzug des Fachkenntnisnachweises	13–16

I. Fachkenntnisnachweis

1 Diese Bestimmung betrifft den Nachweis der Fachkenntnisse gemäß § 62 ASchG, welcher entweder **durch ein Zeugnis einer Unterrichtsanstalt oder einer mit Bescheid des Bundesministers für Arbeit, Soziales und Konsumentenschutz (BMASK) dazu ermächtigten Einrichtung** zu erbringen ist.

Die Regelung entspricht weitgehend dem vor dem ASchG geltenden § 6 Abs 6 ANSchG. Aufgrund der Erfahrungen mit dieser alten Rechtslage wurden die **Vorschreibung von Auflagen** und eine **Widerrufsmöglichkeit** vorgesehen (§ 63 Abs 2 ASchG; Konkretisierung in Bühnen-FK-V, FK-V). Eine Teilnahme des Arbeitsinspektorates an den Prüfungen wurde im Hinblick auf die angespannte Personalsituation nicht mehr vorgesehen. Durch entsprechende Kontrolle der Ausbildungseinrichtung in Verbindung mit der Widerrufsmöglichkeit kann – so die Gesetzesmaterialien zur ASchG-Stammfassung, BGBl 1994/450 – mit einem geringeren personellen Aufwand der Behörden die Qualität der Ausbildung durchaus gewährleistet werden, indem insbesondere regelmäßig durch das Bundesministerium für Arbeit und Soziales (nunmehr Bundesministerium für Arbeit, Soziales und Konsumentenschutz) bzw in seinem Auftrag durch die Arbeitsinspektorate überprüft wird, ob die vorgeschriebenen Auflagen eingehalten werden und ob die für die Ermächtigung maßgeblichen Voraussetzungen noch vorliegen (vgl ErlRV 1590 BlgNR 18. GP).

2 **§ 63 Abs 1 und 2 ASchG trat mit der Bühnen-FK-V (1.10.2003) und der FK-V (1.2.2007)** als ASchG-Durchführungsverordnung in Kraft. Bis dahin wurden die Verordnungsregelungen der alten Rechtslage des ANSchG (Verordnungen BGBl 1975/441 und BGBl 1982/10) vorläufig übergeleitet und für die bereits ermächtigten Einrichtungen und **nach ANSchG-Rechtslage ausgestellten Zeugnisse** in den ASchG-Übergangsbestimmungen deren **Weitergeltung** angeordnet. Auch die vor Inkrafttreten der Bühnen-FK-V bzw FK-V ausgestellten Zeugnisse gelten aufgrund deren Übergangsbestimmungen weiter (siehe Anmerkungen zu § 62 und § 113 ASchG; formelle Anpassung der Übergangsbestimmung durch ANS-RG).

3 Die mit der **ASchG-Novelle BGBl I 1999/12** zum 1.1.1999 eingefügte Regelung in § 63 Abs 1 ASchG, dass der Fachkenntnisnachweis auch durch eine **vom Verkehrsminister ermächtigte Einrichtung** erbracht werden kann, sofern diese Einrichtung oder deren Betreiber der Aufsicht der Verkehrs-Arbeitsinspektion unterliegt, wurde mit deren Aufgabenübergang von der

Bundesministerin für Verkehr, Innovation und Technologie (BMVIT) zum BMASK mit Wirksamkeit 1.7.2013 obsolet und mit dem **2. Stabilitätsgesetz 2012** (2. StabG 2012), BGBl I 2012/35, aufgehoben. Ursprünglich sollte damit einem in der Praxis aufgetretenen Bedürfnis zB der ÖBB, Post- und Telekom AG und Luftfahrtlinien (bis 1.7.2013 der Aufsicht der Verkehrs-Arbeitsinspektion unterstellt) entsprochen werden: Die Regelung gewährleistete, dass Arbeitnehmer mit dem Zeugnis jeder hierzu (sei es durch BMWV bzw BMVIT oder BMAGS bzw BMASK) ermächtigten Einrichtung beschäftigt werden konnten, unabhängig davon, welcher Aufsicht die jeweiligen Tätigkeiten unterlagen. Durch Entfall der Zuständigkeit des BMVIT für die Ermächtigung von Ausbildungseinrichtungen im Zuständigkeitsbereich der Verkehrs-Arbeitsinspektion infolge Aufgabenübergang zum BMASK wurde die Regelung durch Art 60 des 2. StabG 2012 mit 1.7.2013 aufgehoben und die Weitergeltung solcher vor dem Inkrafttreten dieses Bundesgesetzes erteilten Ermächtigungen im Zusammenhang mit dem Nachweis der Fachkenntnisse in **§ 113 Abs 6 ASchG** geregelt (vgl ErlRV 1449 BlgNR 20. GP und ErlRV 1685 BlgNR 24. GP).

Vgl Anmerkungen zu § 113 Abs 4 bis 6 ASchG.

II. Zeugnis einer Unterrichtsanstalt

Nach § 63 Abs 1 ASchG kann der Nachweis der Fachkenntnisse durch ein Zeugnis einer hiefür **in Betracht kommenden Unterrichtsanstalt** erbracht werden. Deren Konkretisierung erfolgt auf Verordnungsebene: 4

Nach **§ 15 Fachkenntnisnachweis-Verordnung (FK-V)**, BGBl II 2007/13, gelten als Fachkenntnisnachweise für das Führen von Kranen, Hubstaplern, die Durchführung von Sprengarbeiten, Tätigkeiten im Rahmen eines Gasrettungsdienstes, Durchführung von Taucharbeiten/Signalperson, Vorbereitungs- und Organisationsarbeiten betreffend Hochspannungsarbeiten auch die Zeugnisse folgender Unterrichtsanstalten (sofern sie im Sinn dieser Verordnung einschlägige Ausbildungen oder Lehrgänge durchführen):

- Universitäten im Sinne des Universitätsgesetzes 2002, BGBl I 2002/120, einschließlich der Universitätslehrgänge gemäß § 56 Universitätsgesetz 2002;
- Universität für Weiterbildung Krems nach dem DUK-Gesetz 2004, BGBl I 2004/22;
- akkreditierte Privatuniversitäten;
- Fachhochschulen gemäß Fachhochschul-Studiengesetz, BGBl 1993/340;
- Einrichtungen des berufsbildenden mittleren und höheren Schulwesens.

Zeugnisse dieser Unterrichtsanstalten gelten weiters gemäß **§ 9 Abs 2 Bühnen-FK-V**, BGBl II 2003/403, als Fachkenntnisnachweise iSd § 63 Abs 1 ASchG, soweit sie erfolgreich abgeschlossene einschlägige Ausbildungen oder Lehrgänge für die Vorbereitung und Organisation von bühnentechnischen und beleuchtungstechnischen Arbeiten betreffen. 5

Vgl Anmerkungen zu § 62 Rz 32, Bühnen-FK-V, FK-V.

III. Zeugnis einer ermächtigten Einrichtung

6 Der Nachweis der Fachkenntnisse gemäß § 62 ASchG kann statt durch Zeugnis einer Unterrichtsanstalt auch durch ein Zeugnis einer anderen **Einrichtung** erbracht werden, die dazu **vom Bundesminister für Arbeit, Soziales und Konsumentenschutz mit Bescheid ermächtigt** wurde (§ 63 Abs 1 ASchG).

Durchführungsbestimmungen zur Antragstellung und den Voraussetzungen der Ermächtigung, zu Inhalten und Umfang der jeweiligen Ausbildungen, zur Ausbildungsabwicklung sowie Zeugnisausstellung treffen die

- §§ 5 ff Fachkenntnisnachweis-Verordnung (FK-V).
- §§ 2 ff Bühnen-FK-V.

7 Liegen die Voraussetzungen für die Ermächtigung nicht mehr vor, werden Bescheidauflagen nicht eingehalten oder verstößt die ermächtigte Einrichtung gegen zB Melde- und Auskunftspflichten, ist die Ermächtigung zu widerrufen (**§ 63 Abs 2 ASchG**, § 8 Abs 4 Bühnen-FK-V, § 14 Abs 4 FK-V).

Eine Liste der ermächtigten Ausbildungseinrichtungen ist auf der Website der Arbeitsinspektion downloadbar (Publikationen – Listen): http://www.arbeitsinspektion.gv. at/AI/Service/Publikationen/default.htm.

8 Bis 1.7.2013 bestand die Zuständigkeit der Bundesministerin für Verkehr, Innovation und Technologie (BMVIT) für die Ermächtigung von Ausbildungseinrichtungen im Zuständigkeitsbereich der Verkehrs-Arbeitsinspektion. Aufgrund des Aufgabenübergangs zum BMASK wurde diese Regelung durch das 2. StabG 2012, BGBl I 2012/35, aufgehoben. Gemäß § 113 Abs 6 ASchG gelten die zuvor erteilten BMVIT-Ermächtigungen im Zusammenhang mit dem Nachweis der Fachkenntnisse weiter bis zu einem allfälligen Widerruf durch den Bundesminister für Arbeit, Soziales und Konsumentenschutz (vgl ErlRV 1449 BlgNR 20. GP und ErlRV 1685 BlgNR 24. GP).

Vgl Anmerkungen zu § 62 ASchG, FK-V und Bühnen-FK-V.

IV. Verlässlichkeit für Sprengarbeiten

9 **§ 63 Abs 3 und 6 ASchG** tragen den besonderen Erfordernissen im Zusammenhang mit Sprengarbeiten Rechnung. Aufgrund der besonderen Gefährlichkeit von Sprengarbeiten für die durchführenden Arbeitnehmer selbst und für andere Personen wird vorgesehen, dass nur verlässliche Personen **zur Ausbildung zuzulassen** sind. Mit der ASchG-Novelle BGBl I 1997/9 wurde klargestellt, dass nicht jene Personen, die die Ausbildung durchführen, sondern die Auszubildenden ihre Verlässlichkeit unter Beweis zu stellen haben.

10 Die Beurteilung der Verlässlichkeit kann zu diesem Zeitpunkt nur die **Sicherheitsbehörde** durchführen (Landespolizeidirektion, insoweit diese für das Gebiet einer Gemeinde zugleich Sicherheitsbehörde erster Instanz ist, oder, außerhalb dieses örtlichen Wirkungsbereiches, die Bezirksverwaltungsbehörde).

Nach den Erläuterungen der ASchG-Stammfassung und dem damals geltenden § 6 Waffengesetz 1986 ist die Verlässlichkeit unter sinngemäßer Heranziehung des Waffengesetzes dann gegeben, wenn Sprengmittel und -stoffe nicht missbräuchlich oder leichtfertig verwendet werden, vorsichtig und sachgemäß behandelt und gelagert werden und nicht an unberechtigte Personen weitergegeben werden. Dem Waffengesetz in der Häufigkeit oder den Auswirkungen entsprechende Verwaltungsübertretungen sind zu berücksichtigen (vgl ErlRV 1590 BlgNR 18. GP).

Derzeit gilt **§ 8 Waffengesetz 1996**, wonach ein Mensch 11

- **verlässlich** ist, wenn er voraussichtlich mit Waffen sachgemäß umgehen wird und keine Tatsachen die Annahme rechtfertigen, dass er Waffen missbräuchlich oder leichtfertig verwenden wird, mit Waffen unvorsichtig umgehen oder diese nicht sorgfältig verwahren wird oder Waffen Menschen überlassen wird, die zum Besitz solcher Waffen nicht berechtigt sind, und
- **keinesfalls verlässlich** ist, wenn er alkohol- oder suchtkrank ist, psychisch krank oder geistesschwach ist oder durch ein körperliches Gebrechen nicht in der Lage ist, mit Waffen sachgemäß umzugehen.
- Bestimmte Verurteilungen begründen die **Unzuverlässigkeit** ebenso wie die zweimalige Begehung einer schwerwiegenden Verwaltungsübertretung im Zustand der Trunkenheit (sofern keine dieser Bestrafungen getilgt ist) oder wenn aus Gründen, die in der Person liegen, die Feststellung des für die Verlässlichkeit maßgeblichen Sachverhaltes nicht möglich war – jedenfalls bei Weigerung des Vorweisens der Waffe, des Waffenscheins oder des Nachweises einer sicheren Verwahrung (§ 8 Abs 3, 5 und 6 Waffengesetz).

§ 8 Waffengesetz 1996 ist zur Beurteilung der Verlässlichkeit sinngemäß heranzuziehen, das gilt laut Erlass des Zentral-Arbeitsinspektorates vom 2.4.1998, 61.655/8-1/98, jedoch nicht für das Erfordernis eines psychologischen Gutachtens gemäß § 8 Abs 7 Waffengesetz.

Die Sicherheitsbehörden müssen Umstände, die zur Entziehung des Nachweises der Fachkenntnisse für die Durchführung von Sprengarbeiten führen könnten, der zuständigen Behörde zur Kenntnis bringen (**§ 63 Abs 6 ASchG**). 12

V. Entzug des Fachkenntnisnachweises

§ 63 Abs 4 und 5 ASchG beruhen auf Erfahrungen der Arbeitsinspektion und sollen jenen Fällen Rechnung tragen, in welchen ein Arbeitnehmer über einen Nachweis der Fachkenntnisse verfügt, aber aus bestimmten Gründen **nicht mehr für die Durchführung der betreffenden Arbeiten geeignet** ist (zB wenn aufgrund rechtskräftiger Verurteilung wegen eines einschlägigen Deliktes davon auszugehen ist, dass einer Person die für die Durchführung von Sprengarbeiten unverzichtbare Verlässlichkeit fehlt, oder wenn ein Kranführer einen schweren Unfall verschuldet hat). In solchen Fällen kann zwar die 13

Weiterbeschäftigung im Betrieb in der Regel verhindert werden, weil dem betreffenden Arbeitgeber die mangelnde Eignung bekannt ist, nach geltendem Recht lässt sich aber nicht verhindern, dass solche Arbeitnehmer unter Verweis ihres Zeugnisses in einem anderen Betrieb eine Tätigkeit aufnehmen, ohne dass für den Arbeitgeber die mangelnde Eignung erkennbar ist.

Als praktikable Lösung kommt in einem solchen Fall nur der Entzug des Nachweises durch die Behörde in Betracht. Der Arbeitnehmer hat in diesem Verwaltungsverfahren Parteistellung. Eine Information der Einrichtung, die den Nachweis ausgestellt hat, soll verhindern, dass ein Duplikat ausgestellt wird. (ErlRV 1590 BlgNR 18. GP)

14 Aufgrund der Erläuterungen zur ASchG-Stammfassung ist klargestellt, dass auch privates Fehlverhalten den Entzug des Fachkenntnisnachweises nach sich ziehen kann, nicht nur ein Fehlverhalten im Zusammenhang mit der beruflichen Tätigkeit.

VwGH 20.12.2002, 2002/02/0090

„Mit der Ansicht, dass die in § 63 Abs 4 ASchG 1994 enthaltene Wortfolge **‚besondere Vorkommnisse'** impliziere, dass es sich um ein ‚nachhaltiges, gravierendes Ereignis von großer Tragweite' handeln müsse und zumindest grobe Fahrlässigkeit gegeben sein müsse, wird das in dieser Norm vom Gesetzgeber selbst gegebene Beispiel ‚eines **Fehlverhaltens, das zu einem Unfall geführt hat**', übersehen. Bereits auf Grund dieses Beispiels verbietet sich diese Interpretation, weil jedes vom Sollzustand abweichende Verhalten ein Fehlverhalten ist und der Gesetzgeber keine (besondere) Schuldform vorsieht. Ebenso wenig gebietet diese Norm, ein früheres (Wohl-)Verhalten dem nunmehrigen Fehlverhalten abwägend gegenüberzustellen. Dies zeigt schon die Wortfolge ‚nicht mehr gewährleistet' in § 63 Abs 4 zweiter Satz ASchG 1994. Damit wird zum Ausdruck gebracht, dass eine ab jetzt eingetretene Änderung der für die betreffenden Arbeiten nötigen Voraussetzungen zu beachten ist."

15 Auch die **Arbeitsinspektorate** sind verpflichtet, Umstände, die zur Entziehung des Nachweises (zB Staplerschein) führen könnten, der zuständigen Behörde zur Kenntnis zu bringen **(§ 63 Abs 5 ASchG)**. Arbeitgeber, denen Umstände bekannt sind, die zu einem Entzug führen könnten, müssen dies dem zuständigen Arbeitsinspektorat melden.

16 Die Behördenzuständigkeit für den Entzug des Fachkenntnisnachweises ergibt sich aus § 63 Abs 4 iVm § 99 Abs 3 ASchG (Z 8 Bezirksverwaltungsbehörde).

Handhabung von Lasten

§ 64. (1) **Als manuelle Handhabung im Sinne dieser Bestimmung gilt jede Beförderung oder das Abstützen einer Last durch Arbeitnehmer, ins-**

besondere das Heben, Absetzen, Schieben, Ziehen, Tragen und Bewegen einer Last, wenn dies auf Grund der Merkmale der Last oder ungünstiger ergonomischer Bedingungen für die Arbeitnehmer eine Gefährdung, insbesondere des Bewegungs- und Stützapparates, mit sich bringt.

(2) Arbeitgeber haben geeignete organisatorische Maßnahmen zu treffen oder geeignete Mittel einzusetzen, um zu vermeiden, daß Arbeitnehmer Lasten manuell handhaben müssen.

(3) Läßt es sich nicht vermeiden, daß Arbeitnehmer Lasten manuell handhaben müssen, so haben die Arbeitgeber im Rahmen der Ermittlung und Beurteilung der Gefahren insbesondere die Merkmale der Last, den erforderlichen körperlichen Kraftaufwand, die Merkmale der Arbeitsumgebung und die Erfordernisse der Aufgabe zu berücksichtigen. Die Arbeitgeber haben dafür zu sorgen, daß es bei den Arbeitnehmern nicht zu einer Gefährdung des Bewegungs- und Stützapparates kommt oder daß solche Gefährdungen gering gehalten werden, indem sie unter Berücksichtigung der Merkmale der Arbeitsumgebung und der Erfordernisse der Aufgabe geeignete Maßnahmen treffen.

(4) Arbeitnehmer dürfen mit der manuellen Handhabung von Lasten nur beschäftigt werden, wenn sie dafür körperlich geeignet sind und über ausreichende Kenntnisse und eine ausreichende Unterweisung verfügen.

(5) Arbeitnehmer, die mit der manuellen Handhabung von Lasten beschäftigt werden, müssen Angaben über die damit verbundene Gefährdung des Bewegungs- und Stützapparates sowie nach Möglichkeit auch genaue Angaben über das Gewicht und die sonstigen Merkmale der Lasten erhalten. Die Arbeitnehmer müssen genaue Anweisungen über die sachgemäße Handhabung von Lasten und Angaben über die bestehenden Gefahren bei unsachgemäßer Handhabung erhalten.

[BGBl 1994/450]

Übersicht

I.	Manuelle Lastenhandhabung	1–5
II.	Grenzlasten	6–13
III.	Evaluierung manueller Lastenhandhabung	14–17
IV.	Körperliche Eignung der Arbeitnehmer	18–20
V.	Information und Unterweisung bei manueller Lastenhandhabung	21

I. Manuelle Lastenhandhabung

Händisches Bewegen von Lasten, das Unfallgefahren oder Gefährdungen va 1
des Bewegungs- und Stützapparates mit sich bringt, ist zu vermeiden. Arbeitgeber müssen dazu geeignete **organisatorische Maßnahmen** treffen oder **ge-**

eignete Mittel einsetzen (§ 64 Abs 1 und 2 ASchG, vgl § 7 ASchG – Grundsätze der Gefahrenverhütung).

Händisches Bewegen von Lasten ist das

- Heben und Absetzen (Umsetzen), Halten (Abstützen) und Tragen,
- Schieben und Ziehen (inklusive Manövrieren),
- Betätigen (Bewegen), zB von Stellteilen.

2 § 64 ASchG dient der Umsetzung der **Richtlinie 90/269/EWG** bezüglich der Sicherheit und des Gesundheitsschutzes bei der manuellen Handhabung von Lasten, die für Arbeitnehmer insbesondere eine Gefährdung der Lendenwirbelsäule mit sich bringt:

- § 64 Abs 1 ASchG entspricht (unter Erweiterung um die Gefährdung des Bewegungs- und Stützapparats) dem Art 2 der Richtlinie 90/269/EWG,
- § 64 Abs 2 entspricht dem Art 3 der Richtlinie,
- § 64 Abs 3 dem Art 4 lit a und b sowie Art 3 Abs 2,
- § 64 Abs 4 entspricht Anhang II iVm Art 5 der Richtlinie 90/269/EWG iVm Art 6, 14 und 15 der Arbeitsschutz-Rahmenrichtlinie 89/391/EWG,
- § 64 Abs 5 ASchG entspricht Art 6 der Richtlinie 90/269/EWG.

Diese Richtlinie berücksichtigt neben dem Gewicht auch die Häufigkeit und Dauer der Handhabung, das Volumen der Last, deren Handhabbarkeit, die Höhe, auf die die Last angehoben werden muss, die zurückzulegende Entfernung sowie die Möglichkeit oder Unmöglichkeit, die Last zu teilen.

3 Die Erläuterungen zur ASchG-Stammfassung verweisen dazu auf die vergleichbaren Regelungen des **§ 62 AAV (Transportarbeiten)**. Diese Bestimmung gilt aufgrund der Rechtsüberleitung durch § 114 Abs 4 Z 4 ASchG bis zum Inkrafttreten einer Durchführungsverordnung über die Handhabung von Lasten im Rang eines Bundesgesetzes. Ist die Vermeidung manueller Lasthandhabung nicht möglich (zB durch Automatisierung), muss die Belastung der Arbeitnehmer durch **Zurverfügungstellung von Lasthandhabungsmitteln** (Fördermittel, Traghaken, Gurte usw) oder durch **organisatorische Maßnahmen** auf ein gesundheitsgerechtes Ausmaß verringert werden:

- Nach § 62 Abs 2 AAV sind zum Heben, Tragen oder Bewegen von Lasten nach Möglichkeit **Betriebseinrichtungen oder Betriebsmittel**, wie Fördereinrichtungen oder Transportmittel, zu verwenden. Für **schwere, gefährliche oder ähnliche Lasten** sind den Arbeitnehmern geeignete Betriebseinrichtungen oder Betriebsmittel, wie Fördereinrichtungen, Transportmittel, Gurte, Seile oder Traghaken, zur Verfügung zu stellen. Diese Einrichtungen und Mittel müssen einen möglichst sicheren Transport gewährleisten.
- Schwere Lasten dürfen beim händischen **Transport über Stiegen oder geneigte Flächen** nur unter Verwendung von Betriebsmitteln, wie Seilen,

Keilen oder Böcken, bewegt werden, die ein Abrollen oder Abgleiten verhindern. Arbeitnehmer dürfen sich im Gefahrenbereich nicht aufhalten (§ 62 Abs 3 AAV).

Für Bauarbeiten gelten **§ 17 Abs 2 und 3 BauV** sowie §§ 60, 64 ASchG.

Aufgrund der Beratungen in der Arbeitnehmerschutzkommission stellt § 64 ASchG nicht nur auf eine Gefährdung der Lendenwirbelsäule ab (wie die Richtlinie 90/269/EWG), sondern auch auf die **Gefährdung des Bewegungs- und Stützapparates**. In diesem Zusammenhang weisen die Gesetzesmaterialien auch darauf hin, dass nach der Statistik des Hauptverbandes der österreichischen Sozialversicherungsträger an der Spitze der Neuzugänge an Invaliditätspensionen (Berufs- bzw Erwerbsunfähigkeitspensionen) die Krankheiten des Bewegungs- und Stützapparates, des Skelettes und der Muskeln stehen (1990: 40 %). Eine verstärkte Vorbeugung durch entsprechende Gestaltung der Arbeitsvorgänge muss daher ein vordringliches Anliegen darstellen (vgl ErlRV 1590 BlgNR 18. GP). **1995** waren noch rund **47 % aller krankheitsbedingten Neuzugänge zur Invaliditätspensionen** bedingt durch Krankheiten des Skeletts, der Muskeln, des Bewegungs- und Stützapparates. Mittlerweile ist der Anteil dieser Krankheitsgruppe auf rund **33 %** gesunken: Krankheiten des Bewegungsapparates liegen 2012/13 nur noch an zweiter Stelle der Pensionsneuzugänge, nachdem psychiatrische Krankheiten erheblich zugenommen haben (an dritter Stelle weitgehend stabil Herz- und Kreislauferkrankungen). (Quelle: BMASK-Sozialpolitik Datenbank www.sopol.at – Jahresbericht Pensionsversicherungsanstalt 2011) 4

Für das Entstehen von Muskel- und Skeletterkrankungen ist nicht nur das Manipulieren schwerer Lasten maßgeblich, sondern es spielt auch eine Reihe anderer Faktoren eine entscheidende Rolle. Dazu gehören neben Umwelteinflüssen auch Arbeitsbedingungen und psychische Belastungen sowie deren Wechselwirkungen. 5

II. Grenzlasten

Zu den Grenzlasten verweisen die Gesetzesmaterialien auf die **Verordnungsermächtigung des § 72 Abs 1 Z 2 ASchG** (ErlRV 1590 BlgNR 18. GP), wonach Grenzwerte für die Handhabung von Lasten näher zu regeln sind, sobald gesicherte wissenschaftliche Erkenntnisse oder Normen für die Festlegung solcher Grenzwerte vorliegen. Bisher wurde noch keine Verordnung zu § 64 ASchG erlassen. Die Belastungen für Arbeitnehmer durch manuelle Lastenhandhabung sind aber regelmäßig Gegenstand von Forschungsprojekten und der Weiterentwicklung arbeitswissenschaftlicher Erkenntnisse. 6

Bei manueller Handhabung von Lasten sind immer auch die **individuelle körperliche Eignung** der Arbeitnehmer sowie deren Kenntnisse und eine ausreichende Unterweisung zur richtigen Lastenhandhabung zu beachten (§ 64 Abs 4 ASchG). 7

8 Als **Grenzlasten** galten in Österreich anfangs die auch in den „Richtlinien für das Heben und Tragen von Lasten“ (Erlass des Zentral-Arbeitsinspektorates vom 17.12.1980, 62.260/1-4/80) angeführten Werte. Dabei waren Dauer und Häufigkeit manueller Transportarbeiten , Hubhöhe und Geschlecht zu berücksichtigen. Für Männer ergab sich demnach für eine Dauer bis zu einer Stunde pro Tag eine Grenzlast von 40 kg. Im Laufe der Zeit erfolgte eine Ergänzung durch die **Lasttabelle nach Prof. *Hettinger*** (Männer zwischen 19 und 45 Jahren, seltenes Heben 55 kg, häufiges Heben 30 kg).

9 Für die Evaluierung des Hebens und Tragens von Lasten wurde neben diesen Grenzlasttabellen auch die vom finnischen Institut für Arbeitsmedizin entwickelte wissenschaftliche **OWAS**-(für Ovako Working Posture Analysing System)Methode empfohlen. Diese einfache Methode der Arbeitsbeobachtung und Beschreibung beruht auf einer systematischen Klassifikation von Arbeitspositionen, verbunden mit Arbeitsaufgaben. Bei der Beurteilung der gesundheitlichen Gefährdung sind demnach **nicht nur die Masse der Last und die Häufigkeit der verschiedenen Lastenmanipulationen** heranzuziehen, sondern auch die Ausführungsbedingungen sowie andere Faktoren, wie die Merkmale der Last (Sperrigkeit), der erforderliche körperliche Kraftaufwand (geringe oder große Distanz vom Boden bis zum Körper), die Arbeitsumgebung und die Erfordernisse der Aufgabe. Schwere oder sperrige oder über größere Strecken zu befördernde oder höher zu hebende oder in gebückter Körperposition zu hebende Lasten sind sicher eine Belastung, bei welcher in jedem Fall mit technischen Hilfsmitteln oder unter Einsatz von arbeitsorganisatorischen Maßnahmen gearbeitet werden muss (vgl Ausführungen im Erlass des Zentral-Arbeitsinspektorats im BMAGS vom 19.4.1999, 61.209/12-4/99 zur Einführung von Zementsäcken mit 25 kg statt mit 50 kg).

10 Auch das deutsche Arbeitsschutzgesetz (§§ 5 und 6) sowie die Lastenhandhabungsverordnung (§ 2) fordern in Umsetzung der Lastenrichtlinie 90/269/EWG die Beurteilung der Arbeitsbedingungen, wenn Gefährdungen bei der manuellen Handhabung von Lasten nicht sicher auszuschließen sind. Für diese Gefährdungsanalyse werden von der **Bundesanstalt für Arbeitsschutz und Arbeitsmedizin (BAuA)** und dem Länderausschuss für Arbeitsschutz und Sicherheitstechnik **(LASI)** die Leitmerkmalmethoden empfohlen. Näheres zur von der BAuA entwickelten Leitmerkmalmethode zur Erfassung von Belastungen bei manuellen Arbeitsprozessen (Version 2012; Leitmerkmalmethode Heben, Halten, Tragen – LMM-HHT und Leitmerkmalmethode zur Beurteilung von Ziehen, Schieben) siehe http://www.baua.de/ (Bundesanstalt für Arbeitsschutz und Arbeitsmedizin – BAuA).

11 Auf einem multiplen Ansatz beruhen auch die Berechnungen nach **NIOSH** (National Institute for Occupational Safety and Health – NIOSH 1991), **ISO11228-1** (Ergonomics – Manual handling – Part 1: Lifting and carrying) und **EN1005-2** (Sicherheit von Maschinen – Menschliche körperliche Leis-

tung): Psychophysische (Empfinden als akzeptabel), biomechanische (Begrenzung der Kompressionsbelastung der Lendenwirbelsäule) und physiologische (Begrenzung des Energieumsatzes) Parameter werden berücksichtigt (vgl Übersichten http://www.iad.tu-darmstadt.de – Institut für Arbeitswissenschaft Technische Universität Darmstadt).

Die österreichische Arbeitsinspektion hat mehrfach **Kampagnen zu Muskel- und Skeletterkrankungen mit Schwerpunkt manuelle Lasthandhabung** durchgeführt: 2000 zur Beurteilung manueller Lasthandhabung (Publikation einer Studie über manuelle Lasthandhabung) sowie drei Kampagnen 2007 und 2008 unter dem Motto der Europäischen Woche „Pack's leichter an" (EU-SLIC): In diesen Jahren wurden europaweite Informations- und Inspektionskampagnen zur Prävention der Erkrankungen der Lendenwirbelsäule in den Bereichen Transport- und Gesundheitswesen sowie Einzelhandel und Bauwesen durchgeführt. Zur Schwerpunktaktion der Arbeitsinspektion 2006 in Alten- und Pflegeheimen wurde ein Leitfaden für stationäre Altenpflege publiziert, va auch zur Evaluierung manueller Lastenhandhabung („Schwere Arbeit leicht gemacht" – https://auva.at/media/coyfz13w/leitfaden-fuer-stationaere-altenpflege.pdf, Website AUVA, Download 20.2.2025). Weitere Informationen und nationale Publikationen auf der Website der Arbeitsinspektion: https://www.arbeitsinspektion.gv.at/Service/Publikationen/Merkblaetter-_Broschueren_und_Studien.html. 12

Auf Grundlage der 2000 veröffentlichten Studie der Arbeitsinspektion und von drei Projekten im Zeitraum 2000 bis 2009 und der daraus gewonnenen Erkenntnisse wurden die Lasthandhabungs-Beurteilungs-Tabellen (LBT) im Rahmen der **österreichischen Arbeitsschutzstrategie 2007–2012** ausgearbeitet. Hintergrund dafür waren Anwenderwünsche, weil Modelle wie die Leitmerkmalmethode 2001, EN 1005-2 oder ISO 11228-1 stets eine Berechnung erfordern, was rasche Abschätzungen erschwert. Der **Leitfaden Lastenhandhabungs-Beurteilungs-Tabellen (LBT)** basiert auf den drei Parametern Höhe der Last, Ausmaß der Zeit (Frequenz, Dauer, Weg) und Art der Körperhaltung und ermöglicht in Form von Tabellen mit allen relevanten Informationen einen raschen Überblick in Übereinstimmung mit dem Stand der Technik. (Näheres siehe https://www.arbeitsinspektion.gv.at/Arbeitsstaetten-_Arbeitsplaetze/Arbeitsvorgaenge/Manuelle_Lasthandhabung.html). 13

III. Evaluierung manueller Lastenhandhabung

Lässt es sich nicht vermeiden, dass Arbeitnehmer Lasten manuell handhaben müssen, ist die manuelle Lasthandhabung im Rahmen der Ermittlung und Beurteilung der Gefahren (Arbeitsplatzevaluierung § 4 ASchG) entsprechend zu berücksichtigen, um Unfälle und Schädigungen zu vermeiden (**§ 64 Abs 3 ASchG** und § 62 AAV). Zu berücksichtigen ist immer auch die körperliche Eignung der Arbeitnehmer (vgl § 6 ASchG, weiters MSchG und KJBG). 14

15 Die **Ermittlung und Beurteilung der Gefahren und Belastungen** bei manueller Lasthandhabung erfolgt in zwei Bereichen:

- Ermittlung und Beurteilung möglicher Unfallgefahren,
- Ermittlung (Bewertung) und Beurteilung der Gesundheitsgefährdung (Belastung) der Arbeitnehmer.

Die Arbeitsinspektion empfiehlt ein Stufenkonzept mit Methodenmix:

- **Stufe 1 – Datensammlung, Gefahrenermittlung:** Fallweise enthalten bereits Unterlagen von Herstellern eine Bewertung, Beurteilung und Risikoeinstufung für die Belastung von Arbeitnehmern durch die manuelle Lasthandhabungen im Zusammenhang mit Maschinen, zB gemäß ÖNORM EN 1005 Teil 1 bis 5 „Sicherheit von Maschinen – Menschliche körperliche Leistung“; Gefahrenermittlung mittels Checklisten – AI-Website).
- **Stufe 2 – Bewertung und Beurteilung für manuelle Lasthandhabung**, bei deren Ermittlung gemäß Stufe 1 Gesundheitsgefahren nicht ausgeschlossen werden können:
  - Für **selbstbestimmtes Heben, Halten und Tragen** in stehenden, hockenden, knieenden oder gehenden Körperpositionen: Leitmerkmalmethode zur Beurteilung von Heben, Halten, Tragen, LMM-HHT-Rechner (BAuA); HSE – Bewertungscharts (Manual Handling Assessment Chart) „MAC-Tool“ (HSE); Leitfaden – Kurzbeurteilung von Heben, Halten und Tragen, Lasthandhabungs-Beurteilungs-Tabellen (LBT) (BMASK); Guideline – short risk assessment of lifting, holding and carrying – Manual handling Assessment Tables (MAT) (BMASK)
  - Für das **Schieben, Ziehen und Manipulieren** in stehenden, hockenden, knieenden oder gehenden Körperpositionen: Leitmerkmalmethode zur Beurteilung von Ziehen, Schieben, LMM-SZ-Rechner (BAuA)
  - Für die manuelle Lasthandhabung **im Sitzen**: Manuelle Lasthandhabung – Beurteilung Sitzposition (AI-Website)
  - Für **werdende und stillende Mütter**: Lastgrenzen für Beschäftigungsverbote (§ 4 Abs 2 Z 1 MSchG).
- **Stufe 3 – spezifische Bewertung und Beurteilung**, falls für bestimmte manuelle Lasthandhabungen erforderlich:
  - Gemäß ÖNORM EN ISO 11228 Part 1 to 3 „Ergonomics – Manual handling – Lifting and carrying, Pushing and pulling, Handling of low loads at high frequency“
  - gemäß ÖNORM EN 1005 Teil 1 bis 5 „Sicherheit von Maschinen – Menschliche körperliche Leistung“
  - nach NIOSH-1993, EN 1005-2 mit Vergleich zur LMM-2001 mittels „Lastenrechner von ASER“ (Download AI-Website)
  - für nicht selbstbestimmtes Halten: Haltezeit – Haltekraft
  - gemäß DIN 33411 Teil 1 bis 5 „Körperkräfte des Menschen“.

Eine andere Möglichkeit der Bewertung und Beurteilung von Heben und Tragen bieten **Grenzlasttabellen** (siehe Ausführungen zu Grenzlasten), soferne sie **in modifizierter Form** angewandt werden: Neben Zeit und Last müssen auch die Haltungs- und Ausführungsbedingungen bei der manuellen Lasthandhabung berücksichtigt werden. 16

Vgl auch **AUVA-Merkblatt** „Körperschonendes Lasthandhaben und Ausgleichstraining" – (M 025 Heben und Tragen) und weitere Informationen zur manuellen Lastenhandhabung auf der AUVA-Website: https://auva.at/praevention/sicher-arbeiten/evaluierung/lastenhandhabung/ (Download 20.2.2025).

Ein **Praxisbeispiel** zur Evaluierung der manuellen Lastenhandhabung unter Berücksichtigung von Gesundheitsaspekten, Grundsätzen der Gefahrenverhütung und Prävention bietet der Leitfaden „Schwere Arbeit leicht gemacht" zum Schwerpunkt der Arbeitsinspektion in **Alten- und Pflegeheimen** 2006. Insbesondere wurde dabei das Vorhandensein folgender Präventivmaßnahmen überprüft: 17

- **Technische Hilfsmittel:** höhenverstellbare Betten, fahrbare Lifter, Pflegestühle, höhenverstellbare Badewannen, fahrbare Hebestühle, höhenverstellbare Untersuchungsliegen, Verwendung kleiner Hebe- und Tragehilfen: Rutschbrett, Rollboard, Drehscheiben, Halte- und Hebegürtel, Bettleiter, gleitende Hebekissen.
- **Anwendung spezifischer Hebetechniken** – Bobath-Konzept und Kinästhetik: Beim Bobath-Konzept wird durch Aktivierung der Bewegungsfähigkeit der betreuten Person die Belastung der Pflegefachkräfte vermindert. Die Kinästhetik als handlungsorientiertes Bewegungskonzept verbessert die Bewegungs-, Berührungs- und Wahrnehmungsfähigkeit. Die Pflegefachkräfte lernen, sich mit den zu Pflegenden über die körperliche Berührung zu verständigen und eigene Körperbewegung zu nutzen, um so die zu Pflegenden zu bewegen.
- **Arbeitsorganisatorische Maßnahmen:** Pausengestaltung, Arbeiten im Team, ausreichende Unterweisung im Umgang mit Hebehilfen.

Nähere Informationen auf der Website der Arbeitsinspektion: https://www.arbeitsinspektion.gv.at/Arbeitsstaetten-_Arbeitsplaetze/Arbeitsvorgaenge/Manuelle_Lasthandhabung.html und https://www.arbeitsinspektion.gv.at/Service/Publikationen/Merkblaetter-_Broschueren_und_Studien.html (Download 20.2.2025).

IV. Körperliche Eignung der Arbeitnehmer

Bei einer Beschäftigung mit manueller Lastenhandhabung ist immer die körperliche Eignung der Arbeitnehmer besonders zu berücksichtigen. Nach **§ 64 Abs 4 ASchG** dürfen Arbeitnehmer damit nur beschäftigt werden, wenn sie 18

- dafür körperlich geeignet sind,
- über ausreichende Kenntnisse und
- eine ausreichende Unterweisung verfügen.

19 Auch gemäß **§ 62 Abs 1 AAV** dürfen Arbeitnehmer zum Heben, Tragen oder Bewegen von Lasten nur nach Maßgabe ihrer Konstitution und Körperkräfte herangezogen werden. Vgl **§ 6 Abs 1 ASchG** zum **Einsatz der Arbeitnehmer**: „*Arbeitgeber haben bei der Übertragung von Aufgaben an Arbeitnehmer deren Eignung in Bezug auf Sicherheit und Gesundheit zu berücksichtigen. Dabei ist insbesondere auf Konstitution und Körperkräfte, Alter und Qualifikation Rücksicht zu nehmen.*“ Das gilt für Frauen wie auch für Männer und insbesondere für Jugendliche.

20 Gemäß **§ 6 Abs 6 ASchG** dürfen Arbeitnehmerinnen mit Arbeiten, die infolge ihrer Art für **Frauen** eine spezifische Gefahr bewirken können, nicht oder nur unter Bedingungen oder Einschränkungen beschäftigt werden, die geeignet sind, diese besondere Gefahr zu vermeiden. Nach **§ 3 der bis 19.8.2015 geltenden Verordnung über Beschäftigungsverbote und -beschränkungen für Arbeitnehmerinnen**, BGBl II 2001/356, durften Arbeitnehmerinnen mit Arbeiten unter **besonderer physischer Belastung** ex lege nicht beschäftigt werden, sofern damit eine für sie unzuträgliche Beanspruchung des Organismus verbunden ist. Diese Regelung wurde durch Verordnung des Bundesministers für Arbeit, Soziales und Konsumentenschutz, BGBl II 2015/230 mittlerweile aufgehoben, die zugrundeliegenden Parameter sind aber weiterhin im Rahmen der Arbeitsplatzevaluierung (§ 4 ASchG) zu überprüfen. Maßgebende Faktoren sind va Gewicht, Art und Form der Last, Beförderungsweg und -geschwindigkeit, die Dauer der Arbeiten und deren Häufigkeit sowie die Leistungsfähigkeit der Arbeitnehmerinnen. Das gilt weitgehend nicht für Arbeiten, bei denen Arbeitnehmerinnen nur kurzzeitig oder sonst in einer Weise beschäftigt werden, bei der eine Gefährdung von Leben und Gesundheit der Arbeitnehmerinnen nicht zu erwarten ist. Entsprechend den Grundsätzen der Gefahrenverhütung müssen zudem vorrangig arbeitsorganisatorische und kollektive Schutzmaßnahmen getroffen werden, individuelle Maßnahmen sind nachrangig (§ 7 ASchG).

Vgl Schutzbestimmungen für schwangere Arbeitnehmerinnen nach MSchG; weiters für Jugendliche nach § 23 Abs 1 KJBG.

V. Information und Unterweisung bei manueller Lastenhandhabung

21 Nach **§ 64 Abs 5 ASchG** müssen Arbeitnehmer, die mit der manuellen Handhabung von Lasten beschäftigt werden, ausreichend informiert und unterwiesen sein (vgl Abs 4 sowie §§ 12, 14 ASchG): Sie müssen

- Angaben über die damit verbundene Gefährdung des Bewegungs- und Stützapparates sowie
- nach Möglichkeit auch genaue Angaben über das Gewicht und die sonstigen Merkmale der Lasten erhalten.

- Die Arbeitnehmer müssen weiters genaue Anweisungen über die sachgemäße Handhabung von Lasten und
- Angaben über die bestehenden Gefahren bei unsachgemäßer Handhabung erhalten.

Lärm

§ 65. (1) Arbeitgeber haben unter Berücksichtigung des Standes der Technik die Arbeitsvorgänge und die Arbeitsplätze entsprechend zu gestalten und alle geeigneten Maßnahmen zu treffen, damit die Lärmeinwirkung auf das niedrigste in der Praxis vertretbare Niveau gesenkt wird. Unter Berücksichtigung des technischen Fortschrittes und der verfügbaren Maßnahmen ist auf eine Verringerung des Lärms, möglichst direkt an der Entstehungsquelle, hinzuwirken.

(2) Im Rahmen der Ermittlung und Beurteilung der Gefahren ist auch zu ermitteln, ob die Arbeitnehmer einer Lärmgefährdung ausgesetzt sein könnten. Wenn eine solche Gefährdung nicht ausgeschlossen werden kann, ist der Lärm zu messen. Bei der Messung ist gegebenenfalls auch Impulslärm zu berücksichtigen. Diese Ermittlung und Messung ist in regelmäßigen Zeitabständen sowie bei Änderung der Arbeitsbedingungen zu wiederholen.

(3) Die Ermittlung und Messung ist unter der Verantwortung der Arbeitgeber fachkundig zu planen und durchzuführen. Das Meßverfahren muß zu einem für die Exposition der Arbeitnehmer repräsentativen Ergebnis führen.

(4) Je nach Ausmaß der Lärmeinwirkung sind die erforderlichen Maßnahmen zur Verringerung und Beseitigung der Gefahren zu treffen. Zu diesen Maßnahmen zählen insbesondere:

1. **Die Arbeitnehmer sind über die möglichen Gefahren der Lärmeinwirkung und die zur Verringerung dieser Gefahren getroffenen Maßnahmen zu informieren und zu unterweisen.**
2. **Den Arbeitnehmern sind geeignete Gehörschutzmittel zur Verfügung zu stellen.**
3. **Die Arbeitnehmer haben die Gehörschutzmittel zu benutzen.**
4. **Die Lärmbereiche sind zu kennzeichnen und abzugrenzen. Der Zugang zu diesen Bereichen ist zu beschränken.**
5. **Die Gründe für die Lärmeinwirkung sind zu ermitteln. Es ist ein Programm technischer Maßnahmen und Maßnahmen der Arbeitsgestaltung zur Herabsetzung der Lärmeinwirkung festzulegen und durchzuführen.**
6. **Es ist ein Verzeichnis jener Arbeitnehmer zu führen, die der Lärmeinwirkung ausgesetzt sind. Dieses Verzeichnis ist stets auf dem aktuellen**

Stand zu halten und jedenfalls bis zum Ende der Exposition aufzubewahren. Nach Ende der Exposition ist es dem zuständigen Träger der Unfallversicherung zu übermitteln. Arbeitgeber müssen jedem Arbeitnehmer zu den ihn persönlich betreffenden Angaben des Verzeichnisses Zugang gewähren.

[BGBl 1994/450]

Übersicht

I.	Lärmverringerung auf niedrigstes Niveau	1–6
II.	Schutz gegen Lärm (VOLV)	7–9
	A. Lärm (§ 2 Z 2 VOLV und Anhang A)	10, 11
	B. Expositionsgrenzwerte (§ 3 VOLV)	12–14
	C. Auslösewerte (§ 4 VOLV)	15, 16
	D. Bewertung und Messung	17–19
	E. Evaluierung bei Lärmexposition	20, 21
	F. Maßnahmen und Maßnahmenprogramm	22–25
	G. Persönliche Schutzausrüstung — Gehörschutzmittel	26, 27
	H. Information und Unterweisung, Anhörung und Beteiligung	28–30
	I. Kennzeichnung	31
	J. Ausnahmen und Übergangsbestimmungen (§§ 15 und 17 VOLV)	32, 33
III.	Verzeichnis lärmexponierter Arbeitnehmer	34, 35
IV.	Zurverfügungstellung von Unterlagen an SVP, PFK, Betriebsrat	36
V.	Gesundheitsüberwachung bei Lärmeinwirkung (§§ 50 f ASchG, § 4 VGÜ)	37, 38

I. Lärmverringerung auf niedrigstes Niveau

1 Entsprechend den allgemeinen Grundsätzen der Gefahrenverhütung des § 7 ASchG sind Risken grundsätzlich zu vermeiden. Ist dies nicht möglich, müssen die verbleibenden Risken abgeschätzt werden und muss die Gefahrenbekämpfung jeweils an der Quelle erfolgen (§ 7 Z 1 bis 3 ASchG und Rangordnung weiterer Maßnahmen).

2 Zum Schutz der Arbeitnehmer vor **Lärmeinwirkung** regelt **§ 65 Abs 1 ASchG,** dass Arbeitsvorgänge und Arbeitsplätze entsprechend dem Stand der Technik (§ 2 Abs 8 ASchG) so zu gestalten und alle geeigneten Maßnahmen zu treffen sind, dass die Lärmeinwirkung zumindest **auf das niedrigste in der Praxis vertretbare Niveau gesenkt wird.** Dabei ist auf eine Lärmverringerung möglichst direkt an der Entstehungsquelle hinzuwirken. § 65 legt sowohl allgemeine Schutzpflichten fest als auch spezielle abgestufte Schutzmaßnahmen in Abhängigkeit von der Lärmexposition.

3 **§ 65 Abs 4 ASchG** übernimmt dazu im Wesentlichen die **in der (alten) Lärmschutzrichtlinie 86/188/EWG vorgesehenen Maßnahmen**: Die Gesetzes-

materialien der ASchG-Stammfassung verweisen auf diese (nach dem EWR-Abkommen umzusetzende) alte Einzelrichtlinie zur Rahmenrichtlinie 80/1107/EWG (Schutz der Arbeitnehmer vor der Gefährdung durch chemische, physikalische und biologische Arbeitsstoffe bei der Arbeit) sowie auf die Arbeitsschutz-Rahmenrichtlinie 89/391/EWG (vgl ErlRV 1590 BlgNR 18. GP):

> „An vielen Arbeitsplätzen ist ein hoher Lärmpegel festzustellen. Gesundheit und Sicherheit zahlreicher Arbeiter sind dadurch potenziell gefährdet. Eine Verringerung der Lärmexposition soll insbesondere der Gefahr eines lärmbedingten Gehörverlustes entgegenwirken. Die Herabsetzung des Lärmpegels während der Arbeit ist effizienter zu erreichen, wenn bereits bei der Planung von Anlagen Präventivmaßnahmen getroffen werden und wenn weniger lärmintensive Materialien, Arbeitsverfahren und -methoden gewählt werden. Die Expositionsminderung muß vornehmlich an der Lärmquelle ansetzen. Die Expositionsminderung an der Lärmquelle ist durch Bereitstellung und Verwendung von individuellen Gehörschutzmitteln zu ergänzen, wenn die Belastung nicht in vertretbarer Weise durch andere Mittel vermieden werden kann."

Auf die Festlegung von Grenzwerten bzw Auslöseschwellen im Gesetzesrang des § 65 ASchG wurde verzichtet: Grenzwerte und Schwellenwerte standen bei ASchG-Erlassung in Diskussion, bei Festlegung von Grenzwerten sind jedoch auch Mess- und Bewertungsvorschriften notwendig, die ebenfalls einem Wandel unterliegen. Bei Inkrafttreten des ASchG lag bereits der Richtlinienvorschlag betreffend physikalische Einwirkungen vor, der auch umfangreiche Lärmregelungen vorsah. Die ASchG-Gesetzesmaterialien (ErlRV 1590 BlgNR 18. GP) betonen, dass der damalige wissenschaftliche Kenntnisstand über die gesundheitlichen Folgen physikalischer Einwirkungen nicht erlaubte, exakte, jegliche Gesundheitsgefährdung erfassende Expositionsgrenzen festzulegen, insbesondere was die extraauralen Lärmwirkungen angeht. Im Hinblick auf diesen Richtlinienvorschlag, der ua verschiedene Grenzwerte bzw Auslöseschwellen regelte, die strenger waren als die Werte der Richtlinie 86/188/EWG, wurden mit dem ASchG (abweichend vom Begutachtungsentwurf) keine Grenzwerte bzw Schwellenwerte für die einzelnen Maßnahmen festgelegt. Es wurden vielmehr die in der Richtlinie 86/188/EWG und im Richtlinienvorschlag angeführten abgestuften Maßnahmen übernommen (§ 65 Abs 4 ASchG).

Die Festlegung entsprechender Auslöseschwellen für die einzelnen Maßnahmen wurden einer Durchführungsregelung auf Verordnungsebene vorbehalten: **§ 65 Abs 2 bis 4 ASchG** sollten gemäß § 114 Abs 1 und 2 ASchG erst mit einer ASchG-Durchführungsverordnung über Ermittlungen und Messungen betreffend Lärm bzw über Grenzwerte (Auslöseschwellen) in Kraft treten. Dies erfolgte zum **26.1.2006** mit Inkrafttreten der **Verordnung Lärm und Vibrationen (VOLV)**, BGBl II 2006/22 (Verordnungsermächtigung § 72 **4**

Abs 1 Z 3 ASchG). Bis dahin galt aufgrund der Rechtsüberleitung durch § 114 Abs 2 letzter Satz ASchG zunächst die ANSchG-Rechtslage vorläufig weiter (§§ 17 Abs 1 bis 3 und 51 Abs 1 und 3 AAV). Für Bauarbeiten galten vorläufig die Lärmregelungen der Bauarbeiterschutzverordnung (BauV), BGBl 1994/340 weiter (§ 17 Abs 1, § 18, § 24 Abs 1 und Abs 2 letzter Satz, Abs 4 und 5 BauV), für Bergbautätigkeiten die lärmrelevanten Regelungen der Allgemeinen Bergpolizeiverordnung, BGBl 1959/114. Für diese Arbeiten gelten nunmehr ebenfalls die Bestimmungen der VOLV.

5 Dass die Minderung des Lärms am Arbeitsplatz ein vordringliches Anliegen darstellen muss, zeigt auch der Umstand, dass **durch Lärm verursachte Schwerhörigkeit an der Spitze der anerkannten Berufskrankheiten** steht. Eine Schädigung der Hörfähigkeit ist irreversibel. Nach den ASchG-Gesetzesmaterialien waren 1991 noch 1.796 Fälle der Anerkennung einer Berufskrankheit (davon 782 Fälle lärmbedingter Schwerhörigkeit) zu verzeichnen. Bis heute ist Lärmschwerhörigkeit die häufigste Berufskrankheit:

Häufigste Berufskrankheiten 2011/2012

Lärmschwerhörigkeit	788/705
Hauterkrankungen	150/178
Atemwegs- und Lungenerkrankungen	69/55
Asthma bronchiale	63/60

(Quelle: AUVA; Liste der Berufskrankheiten § 177 und Anlage 1 des Allgemeinen Sozialversicherungsgesetzes – ASVG)

6 **§ 65 Abs 2 bis 4 ASchG** über die Evaluierung einer Lärmexposition und Lärmmessung bzw über Lärmgrenzwerte (Auslöseschwellen) sowie erforderliche Maßnahmen gilt aufgrund § 114 Abs 1 und 2 ASchG erst seit Inkrafttreten der **Verordnung Lärm und Vibrationen (VOLV)**, BGBl II 2006/22 (§ 17 Abs 1 VOLV). Die VOLV setzte die EU-Vorgaben um und führte die Lärmregelungen des § 65 ASchG näher aus:

- Mit 6.2.2003 wurde die (neue) **Richtlinie 2003/10/EG** des Europäischen Parlaments und des Rates über Mindestvorschriften zum Schutz von Sicherheit und Gesundheit der Arbeitnehmer vor der **Gefährdung durch physikalische Einwirkungen (Lärm)** kundgemacht (17. Einzelrichtlinie iSd Art 16 Abs 1 der Richtlinie 89/391/EWG), welche die alte Lärmschutzrichtlinie 86/188 ersetzte und bis 15.2.2006 durch die Mitgliedstaaten innerstaatlich umzusetzen war.
- Weiters umzusetzen war die **Richtlinie 2002/44/EG** über Mindestvorschriften zum Schutz von Sicherheit und Gesundheit der Arbeitnehmer vor der Gefährdung durch physikalische Einwirkungen **(Vibrationen)**. Zur Richtlinienumsetzung siehe Anmerkungen zu § 66 ASchG.

II. Schutz gegen Lärm (VOLV)

Für Österreich erfolgte die Richtlinienumsetzung für Lärm und Vibrationen in Durchführung der § 22 Abs 4 und § 65 Abs 1 bis 4 ASchG für beide Einwirkungen durch die **Verordnung Lärm und Vibrationen** (VOLV), die mit **26.1.2006** in Kraft getreten ist. Die Verordnung gilt in Arbeitsstätten, auswärtigen Arbeitsstellen und auf Baustellen für Tätigkeiten, bei denen die Arbeitnehmer während ihrer Arbeit einer Gefährdung durch Lärm und Vibrationen ausgesetzt sind (oder sein könnten). 7

Art 17 Abs 2 der Lärm-Richtlinie 2003/10/EG ermöglichte über den 26.1.2006 hinausgehend einen zusätzlichen Übergangszeitraum von maximal zwei Jahren für den **Musik- und Unterhaltungssektor** durch Ausarbeitung eines Kodex für einen praktischen Leitfaden zur Durchführung der Richtlinienbestimmungen in diesen Sektoren unter der Voraussetzung, dass die bereits in einzelnen Mitgliedstaaten erreichten Schutzniveaus im Hinblick auf das Personal erhalten bleiben. Für Österreich erfolgte dies durch den „KODEX zur Lärmreduktion im Musik- und Unterhaltungssektor – Leitfaden zur Verordnung Lärm und Vibrationen – VOLV" der Arbeitsinspektion. Für Schall (Lärm) im Musik- und Unterhaltungssektor gilt die Verordnung Lärm und Vibrationen aufgrund § 17 Abs 9 VOLV **erst seit 15.2.2008**. Näheres siehe Erlass der Arbeitsinspektion „Lärmminderung inklusive Raumakustik" vom 11.2.2009, BMASK-461.309/0003-III/2/2009, und Kodex Lärmreduktion: https://www.arbeitsinspektion.gv.at/Arbeitsstaetten-_Arbeitsplaetze/Arbeitsstaetten-_Arbeitsplaetze/Laerm_am_Arbeitsplatz.html. 8

Zum Schutz gegen Vibrationen siehe Anmerkungen zu § 66 Rz 13 ff.

Gefahren durch Lärm müssen **am Entstehungsort ausgeschlossen** oder so weit **verringert werden**, als dies nach dem Stand der Technik und der Verfügbarkeit von geeigneten technischen Mitteln möglich ist. Um Lärm auf das niedrigste in der Praxis vertretbare Niveau zu senken, müssen Arbeitgeber unter Beachtung der Grundsätze der Gefahrenverhütung (§ 7 ASchG) geeignete Maßnahmen aus den §§ 10 bis 13 VOLV festlegen und durchführen (§ 9 Abs 1 VOLV). 9

A. Lärm (§ 2 Z 2 VOLV und Anhang A)

Lärm ist jede Art von Schall im hörbaren Frequenzbereich. Unterschieden werden zwei Arten der Lärmwirkung auf Menschen mit folgenden Grenzwerten bzw Schwellenwerten:

- **störender Lärm:** Lärm, der einen in bestimmten Räumen vorgesehenen Beurteilungspegel $L_{A,r}$ überschreitet (§ 5 VOLV – in Räumen bei Durchführung überwiegend geistiger Tätigkeiten 50 dB, bei überwiegend einfachen Bürotätigkeiten bzw diesen vergleichbaren Tätigkeiten 65 dB; in Aufenthalts-, Bereitschafts-, Sanitäts- und Wohnräumen 50 dB) 10

11 • **gehörgefährdender Lärm:** Lärm mit individuell nicht gänzlich auszuschließender Gehörgefährdung über den Auslösewerten $L_{A,EX,8\,h}$ > 80 dB bzw $L_{C,peak}$ > 135 dB (§ 4 Z 3 VOLV) und Lärm mit statistischer Relevanz für eine Gehörgefährdung – Lärm über den Expositionsgrenzwerten $L_{A,EX,8\,h}$ > 85 dB bzw $L_{C,peak}$ > 137 dB (§ 3 Abs 1 Z 3 VOLV).

B. Expositionsgrenzwerte (§ 3 VOLV)

12 Die persönliche Lärmexposition darf die Expositionsgrenzwerte ($L_{A,EX,8h}$ = **85 dB** bzw $L_{C,peak}$ = **137 dB**) nicht überschreiten.

Die Festlegung von Expositionsgrenzwertensoll gewährleisten, dass Arbeitnehmer, die bei ihrer Tätigkeit Lärm ausgesetzt sind, gegen gesundheitsschädigende bzw gehörschädigende Auswirkungen geschützt sind: § 3 Abs 1 VOLV normiert Expositionsgrenzwerte bei einem Beurteilungszeitraum von im Regelfall einem Tag (acht Stunden) für gehörgefährdenden Lärm (ebenso für Vibrationen). Für schwankende Lärmexpositionen gilt § 3 Abs 2 VOLV (Beurteilungszeitraum 40 Stunden bzw eine Woche).

13 Werden Expositionsgrenzwerte dennoch **überschritten**, müssen die Arbeitgeber nach § 3 Abs 3 VOLV

- unverzüglich Maßnahmen ergreifen, um die Exposition auf einen Wert unterhalb des Expositionsgrenzwertes zu senken,
- ermitteln, warum der Expositionsgrenzwert überschritten wurde, und
- die Schutz- und Vorbeugemaßnahmen entsprechend anpassen, um ein erneutes Überschreiten des Grenzwertes zu verhindern.

14 Sind die Expositionsgrenzwerte für gehörgefährdenden Lärm (oder Grenzwerte für bestimmte Räume) überschritten, ist gemäß § 9 Abs 3 Z 2 und 3 VOLV ein Maßnahmenprogramm festzulegen und durchzuführen.

C. Auslösewerte (§ 4 VOLV)

15 Soweit nach dem Stand der Technik möglich, sind Auslösewerte ($L_{A,EX,8h}$ = **80 dB** bzw $L_{C,peak}$ = **135 dB**) möglichst zu unterschreiten (§ 4 VOLV).

16 Erfolgt dennoch eine **Überschreitung** (die individuelle Wirkung von persönlicher Schutzausrüstung ist dabei nicht zu berücksichtigen), sind §§ 8 Abs 1 und 14 Abs 1 VOLV anzuwenden:

- Information, Unterweisung, Anhörung und Beteiligung der Arbeitnehmer (vgl §§ 12 bis 14 ASchG),
- Zurverfügungstellung von Gehörschutz (persönliche Schutzausrüstung nach §§ 69 f ASchG und § 67 AAV).

D. Bewertung und Messung

17 Lärm ist wie Vibrationen an den Arbeitsplätzen jedenfalls einer **Bewertung nach dem Stand der Technik** zu unterziehen (§ 6 VOLV). Dazu können zB

Betriebsanleitungen, Hersteller- oder Inverkehrbringerangaben, Arbeitsverfahrensvergleiche, veröffentlichte Informationen wie wissenschaftliche Erkenntnisse und Vergleichsdatenbanken oder Berechnungsverfahren, herangezogen werden.

Kann eine Überschreitung des Expositionsgrenzwertes oder des Grenzwertes für bestimmte Räume nicht sicher ausgeschlossen werden, muss die **Bewertung auf Grundlage einer repräsentativen Messung** erfolgen. § 6 Abs 3 bis 5 VOLV legen dazu die näheren Voraussetzungen fest, ua müssen Bewertungen und Messungen **18**

- unter Berücksichtigung der Herstellerangaben sachkundig geplant und in angemessenen Zeitabständen durchgeführt werden,
- in den Sicherheits- und Gesundheitsschutzdokumenten (§ 5 ASchG) so dokumentiert sein, dass die Ergebnisse eindeutig und nachvollziehbar sind,
- von fachkundigen Personen oder Diensten durchgeführt werden.

Fachkundige Personen oder Dienste müssen die erforderlichen Fachkenntnisse und Berufserfahrungen besitzen und Gewähr für die gewissenhafte und repräsentative Durchführung der Bewertungen und Messungen nach dem Stand der Technik bieten. Auch Betriebsangehörige können als Fachkundige eingesetzt werden. **19**

E. Evaluierung bei Lärmexposition

Arbeitgeber müssen die Gefahren und Belastungen, denen Arbeitnehmer durch Lärm ausgesetzt sind, **nach § 7 VOLV** ermitteln und beurteilen (vgl §§ 4 f ASchG; § 7 VOLV konkretisiert **§ 65 Abs 4 Z 5 ASchG**, wonach die Gründe der Lärmeinwirkung zu ermitteln sind). **20**

Siehe Anmerkungen zu § 66 Rz 24 ff.

Als **indirekte Auswirkungen** auf Gesundheit und Sicherheit der Arbeitnehmer bei Lärmexposition sind nach § 7 Abs 2 Z 5 lit a und lit b zu berücksichtigen: **21**

- Wechselwirkungen zwischen Lärm und Warnsignalen bzw anderen Geräuschen, die beachtet werden müssen, um Unfallgefahren zu vermeiden; dies ist insbesondere zu beachten, wenn Gehörschutz zur Anwendung kommt,
- verminderte Sprachverständlichkeit bei Lärm.

F. Maßnahmen und Maßnahmenprogramm

Gefahren durch Lärm müssen am Entstehungsort ausgeschlossen oder so weit verringert werden, als dies nach Stand der Technik und Verfügbarkeit geeigneter technischer Mittel möglich ist. Um Lärm auf das niedrigste in der Praxis vertretbare Niveau zu senken, müssen Arbeitgeber unter Beachtung der Grundsätze der Gefahrenverhütung (§ 7 ASchG) geeignete Maßnahmen aus den §§ 10 bis 13 VOLV auswählen und durchführen (§ 9 Abs 1 und 2 VOLV). **22**

23 Bei Überschreitung der Expositionsgrenzwerte für gehörgefährdenden Lärm oder des Grenzwertes für bestimmte Räume müssen Arbeitgeber bei der Maßnahmenfestlegung nach § 4 Abs 3 ASchG auch ein **Maßnahmenprogramm** aus den in §§ 10 bis 13 angeführten Maßnahmen festlegen und durchführen (§ 9 Abs 3 VOLV).

- **Bauliche und raumakustische Maßnahmen** (§ 10) zur Vermeidung oder Verringerung der Exposition, wie die Gestaltung und Auslegung der Räume und Arbeitsplätze. Nach Möglichkeit sind raumakustische Maßnahmen mit einem mittleren Schallabsorptionsgrad von mindestens αm,B = 0,25 (leerer Raum, Planungswert) oder mindestens αm = 0,3 (eingerichteter Raum) für die Oktavbandmittenfrequenzen von 500, 1000 und 2.000 Hz zu setzen. Raumakustische Maßnahmen müssen jedenfalls gesetzt werden, wenn damit der jeweilige Grenzwert für bestimmte Räume (§ 5), bei gehörgefährdendem Lärm der Expositionsgrenzwert unterschritten werden kann.
- **Maßnahmen an der Quelle** (§ 11)
- **Maßnahmen betreffend Arbeitsmittel und Arbeitsvorgänge** (§ 12).

Näheres zu §§ 11 und 12 VOLV siehe Anmerkungen zu § 66 Rz 28–30 (Vibrationen).

24 **§ 13 VOLV** führt als technische und organisatorische Maßnahmen gegen Lärmeinwirkung an:

- **Technische Maßnahmen** (§ 13 Abs 1 Z 1): Luftschallminderung (zB durch Abschirmungen, Kapselungen, Abdeckungen mit schallabsorbierendem Material) oder Körperschallminderung (zB durch Körperschalldämmung oder Körperschallisolierung). Zu Vibrationen siehe § 66 ASchG.
- **Organisatorische Maßnahmen** (§ 13 Abs 2): Abstandsvergrößerung zur Emissionsquelle von Lärm, insbesondere für Arbeitnehmer, die nicht an diesen Arbeitsmitteln oder bei diesen Arbeitsvorgängen tätig sind (Z 1); sichere Arbeitsverfahren sowie korrekte Handhabung der Arbeitsmittel und Verhaltensweisen zur Minimierung der Exposition der Arbeitnehmer (Z 2); Begrenzen der Dauer der Exposition durch geeignete organisatorische Maßnahmen, wie eine Beschränkung der Beschäftigungsdauer, Arbeitsunterbrechungen oder die Einhaltung von Erholzeiten (Z 3).

25 §§ 9 Abs 3 und 10 bis 13 VOLV konkretisieren **§ 65 Abs 4 Z 5 ASchG**, wonach ein Programm technischer Maßnahmen und Maßnahmen der Arbeitsgestaltung zur Herabsetzung der Lärmeinwirkung festzulegen und durchzuführen ist.

G. Persönliche Schutzausrüstung – Gehörschutzmittel

26 **§ 14 VOLV** konkretisiert **§ 65 Abs 4 Z 2 ASchG**, wonach den Arbeitnehmern geeignete Gehörschutzmittel zur Verfügung zu stellen sind:

- Für Arbeitnehmer, die sich in Bereichen aufhalten, in denen der Auslösewert für Lärm überschritten ist, ist Gehörschutz zur Verfügung zu stellen.
- Für Arbeitnehmer, die sich in Bereichen aufhalten, in denen der Expositionsgrenzwert für gehörgefährdenden Lärm (§ 14 Abs 4) überschritten ist, muss der Gehörschutz so ausgewählt werden, dass die individuelle Exposition der Arbeitnehmer den Expositionsgrenzwert nicht überschreitet.

Arbeitnehmer, die sich in Bereichen aufhalten, in denen der Expositions- **27**
grenzwert für gehörgefährdenden Lärm überschritten ist, müssen diesen Gehörschutz benutzen (§ 14 Abs 1 VOLV, § 15 Abs 2 und § 65 Abs 4 Z 2 und 3 ASchG).

Nach § 7 Z 8 ASchG (Grundsätze der Gefahrenverhütung) sind individuelle Schutzmaßnahmen wie PSA nachrangig gegenüber kollektiven Gefahrenverhütungsmaßnahmen.

Vgl Anmerkungen zu §§ 69 f ASchG.

H. Information und Unterweisung, Anhörung und Beteiligung

§ 8 VOLV konkretisiert **§ 65 Abs 4 Z 1 ASchG**, wonach Arbeitnehmer über **28**
die möglichen Gefahren der Lärmeinwirkung und die zur Verringerung dieser Gefahren getroffenen Maßnahmen zu informieren und zu unterweisen sind.

Wird ein **Auslösewert überschritten**, muss eine **Information und Unter-** **29**
weisung der Arbeitnehmer nach §§ 12 und 14 ASchG erfolgen, die sich jedenfalls auf folgende Punkte beziehen muss (§ 8 Abs 1 VOLV):

- Maßnahmen nach §§ 10 bis 13 (ua bauliche, raumakustische Maßnahmen);
- Bedeutung und Höhe der Expositionsgrenzwerte und Auslösewerte sowie ihren Bezug zur Gefährdung;
- Ergebnisse der Bewertungen und Messungen und die potenziellen Gefahren, die von den Emissionsquellen ausgehen;
- Erkennen und Melden von gesundheitsschädigenden Auswirkungen;
- Voraussetzungen, unter denen die Arbeitnehmer Anspruch auf eine Gesundheitsüberwachung haben, und deren Zweck (VGÜ);
- sichere Arbeitsverfahren, korrekte Handhabung der Arbeitsmittel und Verhaltensweisen zur Minimierung der Exposition;
- korrekte Verwendung der zur Verfügung gestellten persönlichen Schutzausrüstung.

Die **Anhörung und Beteiligung** der Arbeitnehmer nach § 13 ASchG muss **30**
sich insbesondere beziehen auf die:

- Ergebnisse der Ermittlung und Beurteilung der Gefahren;
- Maßnahmen gemäß §§ 10 bis 13;
- Auswahl persönlicher Schutzausrüstungen.

I. Kennzeichnung

31 Bereiche, in denen ein Expositionsgrenzwert für gehörgefährdenden Lärm (zu beurteilen nach § 14 Abs 4 VOLV) überschritten ist, sind in geeigneter Weise zu kennzeichnen. Soweit technisch möglich und auf Grund der Expositionsgefahr gerechtfertigt, sind die Bereiche auch abzugrenzen und ist der Zugang einzuschränken (§ 14 Abs 3 VOLV).

§ 14 Abs 3 VOLV konkretisiert **§ 65 Abs 4 Z 4 ASchG** zur Kennzeichnung und Zugangsbeschränkung von Lärmbereichen.

Vgl Anmerkungen zu § 20 Abs 2 ASchG.

J. Ausnahmen und Übergangsbestimmungen (§§ 15 und 17 VOLV)

32 Gemäß § 15 Abs 1 VOLV sind **Ausnahmen** von Bestimmungen der VOLV nur zulässig hinsichtlich § 5 (Grenzwerte für bestimmte Räume), § 9 Abs 3 Z 3 (diesbezügliches Maßnahmenprogramm) und § 10 Abs 2 (raumakustische Maßnahmen).

33 **Vor dem 26.1.2006** erlassene **Bescheide** bleiben aufrecht, ausgenommen vorgeschriebene Grenzwerte für Lärm oder Vibrationen, für die seither §§ 3 bis 5 VOLV Anwendung finden (§ 17 Abs 4 VOLV). Für **Arbeitsräume**, die vor dem 26.1.2006 für einfache Bürotätigkeiten oder vergleichbare Tätigkeiten verwendet wurden, gilt abweichend von § 5 Abs 1 Z 2 VOLV ein Grenzwert von lediglich $L_{A,r}$ =70 dB (§ 17 Abs 6 VOLV). Für die am 26.1.2006 bereits bestehenden **Arbeitsstätten** gilt § 10 Abs 2 VOLV betreffend raumakustische Maßnahmen nicht, diese sind nur für neu errichtete Arbeitsstätten obligatorisch (§ 17 Abs 7 VOLV).

III. Verzeichnis lärmexponierter Arbeitnehmer

34 Nach **§ 65 Abs 4 Z 6 ASchG** ist ein Verzeichnis jener Arbeitnehmer zu führen, welche einer Lärmeinwirkung ausgesetzt sind. **§ 14 Abs 5 VOLV** konkretisiert dies dahingehend, dass das Verzeichnis lärmexponierter Arbeitnehmer für jene Beschäftigten zu führen ist, welche einer **personenbezogenen Exposition über dem Expositionsgrenzwert für gehörgefährdenden Lärm** ausgesetzt sind. Die individuelle Wirkung von persönlicher Schutzausrüstung ist dabei nicht zu berücksichtigen.

35 Das Verzeichnis ist stets auf dem aktuellen Stand zu halten und jedenfalls bis Expositionsende aufzubewahren. Nach Ende der Exposition ist es dem zuständigen Träger der Unfallversicherung zu übermitteln. Arbeitgeber müssen jedem Arbeitnehmer zu den ihn persönlich betreffenden Angaben des Verzeichnisses Zugang gewähren.

Vgl § 47 ASchG (Verzeichnis der Arbeitnehmer bei gefährlichen Arbeitsstoffen).

IV. Zurverfügungstellung von Unterlagen an S VP, PFK, Betriebsrat

Die Ergebnisse der Lärmmessungen sind 36

- den Sicherheitsvertrauenspersonen (ebenso Aufzeichnungen betreffend Lärm – § 11 Abs 7 Z 2 lit b und lit c ASchG),
- den Präventivfachkräften (§ 76 Abs 2 und § 81 Abs 2 ASchG)
- und dem Betriebsrat (ebenso Aufzeichnungen betreffend Lärm – § 92a Abs 2 ArbVG)

zur Verfügung zu stellen.

V. Gesundheitsüberwachung bei Lärmeinwirkung (§§ 50 f ASchG, § 4 VGÜ)

Die Regelung der Gesundheitsüberwachung bei Lärmexposition erfolgte mit der Novelle der **Verordnung über die Gesundheitsüberwachung am Arbeitsplatz** (VGÜ), BGBl II 1997/27 (derzeit § 4 VGÜ idF BGBl II 2024/330):

Verpflichtende Lärmuntersuchungen (§ 4 Abs 1 VGÜ) sind vorzunehmen ab Überschreitung des Expositionsgrenzwertes für gehörgefährdenden Lärm: 37

- $L_{A,EX,8\,h}$ > **85 dB** (sofern nicht die Lärmexposition von einem Arbeitstag zum anderen erheblich schwankt und die wöchentliche Lärmexposition $L_{A,EX,40h}$ von 85 dB nicht überschritten wird) bzw
- $L_{C,peak}$ > **137 dB** (p peak = 140 Pa). Der Untersuchungsabstand und der Untersuchungsumfang bleiben unverändert.

Das Untersuchungsintervall beträgt fünf Jahre (VGÜ, Anlage 1 Teil II, Lärmeinwirkung nach § 50 ASchG), der Untersuchungsumfang ist ebenso wie die Untersuchungsrichtlinien in Anlage 2 Teil III VGÜ näher geregelt.

Vorbeugende audiometrische Untersuchungen (freiwillige Lärmuntersuchungen – sonstige besondere Untersuchungen iSd § 51 ASchG) müssen den Arbeitnehmern auf deren Wunsch in regelmäßigen Abständen zur Verfügung stehen, wenn sie einem **über den unteren Auslösewerten** ($L_{A,EX,8\,h}$ > 80 dB bzw $L_{C,peak}$ > 135 dB) liegenden Lärm ausgesetzt sind und Evaluierung, Bewertung und Messung oder Gesundheitsbeschwerden der Beschäftigten auf ein Gesundheitsrisiko hindeuten (§ 4 Abs 3 VGÜ). 38

Vgl Anmerkungen zu §§ 50 f ASchG, VGÜ.

Sonstige Einwirkungen und Belastungen

§ 66. **(1) Arbeitgeber haben unter Berücksichtigung des Standes der Technik die Arbeitsvorgänge und Arbeitsplätze so zu gestalten und alle geeigneten Maßnahmen zu treffen, daß das Ausmaß von Erschütterungen, die auf den menschlichen Körper übertragen werden, möglichst gering gehalten wird. Gleiches gilt auch für andere physikalische Einwirkungen.**

(2) Arbeitgeber haben die Arbeitsvorgänge und Arbeitsplätze entsprechend zu gestalten und alle geeigneten Maßnahmen zu treffen, damit die Arbeitnehmer keinen erheblichen Beeinträchtigungen durch blendendes Licht, Wärmestrahlung, Zugluft, üblen Geruch, Hitze, Kälte, Nässe, Feuchtigkeit oder vergleichbare Einwirkungen ausgesetzt sind oder diese Einwirkungen möglichst gering gehalten werden.

(3) Lassen sich gesundheitsgefährdende Erschütterungen oder sonstige besondere Belastungen nicht durch andere Maßnahmen vermeiden oder auf ein vertretbares Ausmaß verringern, so sind zur Verringerung der Belastungen oder zum Ausgleich geeignete organisatorische Maßnahmen zu treffen, wie eine Beschränkung der Beschäftigungsdauer, Arbeitsunterbrechungen oder die Einhaltung von Erholzeiten. Dies gilt für Druckluft und Taucherarbeiten, für Arbeiten, die mit besonderen physischen Belastungen verbunden sind sowie für Arbeiten unter vergleichbaren Belastungen, wie besonders belastenden klimatischen Bedingungen, z.B. Arbeiten in Kühlräumen.

[BGBl 1994/450]

Übersicht

I. Vibrationen und andere physikalische Einwirkungen, sonstige besondere Belastungen 1–5
II. Vermeidung und Verringerung auf möglichst geringes Ausmaß 6, 7
III. Organisatorische Maßnahmen 8–12
IV. Schutz gegen Vibrationen (VOLV) 13, 14
A. Vibrationen (§ 2 Z 1 VOLV und Anhang B) 15–17
B. Expositionsgrenzwerte (§ 3 VOLV) und Auslösewerte (§ 4 VOLV) 18–23
C. Evaluierung bei Lärm- und Vibrationsexposition 24–27
D. Maßnahmen und Maßnahmenprogramm 28–30
E. Persönliche Schutzausrüstung 31
F. Kennzeichnung 32
G. Ausnahmen und Übergangsbestimmungen (§ 15 und § 17 VOLV) 33, 34
V. Gesundheitsüberwachung bei Vibrationen (§ 51 ASchG, § 5 VGÜ) 35, 36
VI. Schutz gegen optische Strahlung (VOPST) 37, 38
A. Optische Strahlung (§ 2 VOPST) 39–41
B. Expositionsgrenzwerte (§ 3 VOPST) 42–44
C. Bewertung und Messung (§ 4 VOPST) 45, 46
D. Evaluierung bei Exposition gegenüber künstlicher optischer Strahlung (§ 5 VOPST) 47–52
E. Maßnahmen und Maßnahmenprogramm (§§ 7 und 8 VOPST) 53–55

F. Persönliche Schutzausrüstung, geeignete Arbeitskleidung, Hautschutzmittel (§ 9 VOPST) 56–60
G. Schutz vor natürlicher optischer Strahlung, Hitzebelastung (§ 10 VOPST, § 66 Abs 2 ASchG) 61–68
H. Information und Unterweisung, Anhörung und Beteiligung (§ 6 VOPST) 69, 70
I. Kennzeichnung 71
J. Übergangsbestimmungen 72
VII. Gesundheitsüberwachung bei optischer Strahlung (§ 51 ASchG, § 5 VGÜ 2008) 73, 74
VIII. Gase, Dämpfe, Schwebstoffe und sonstige Beeinträchtigungen (AAV) 75, 76
IX. Schutz vor elektromagnetischen Feldern (VEMF) 77, 78
A. EMF-physikalische Größen, Auslöse- und Expositionsgrenzwerte (§§ 3 ff VEMF, Anhänge) 79–82
B. Ausnahmen von der Einhaltung bestimmter Expositionsgrenzwerte (§ 3 Abs 3 bis 10 VEMF) 83–85
C. Bewertungen, Berechnungen und Messungen (§ 6 VEMF) 86, 87
D. Arbeitsplatzevaluierung bei EMF-Exposition (§ 7 VEMF) 88–91
E. Maßnahmen und Maßnahmenprogramm (§§ 9, 10 VEMF) 92, 93
F. Persönliche Schutzausrüstung und Kennzeichnung von EMF-Bereichen (§ 11 VEMF) 94, 95
G. Information, Unterweisung, Anhörung und Beteiligung (§ 8 VEMF) 96, 97
H. Gesundheitsüberwachung bei EMF-Exposition (§ 51 ASchG, § 5 VGÜ) 98, 99

I. Vibrationen und andere physikalische Einwirkungen, sonstige besondere Belastungen

Diese Bestimmung regelt insbesondere jene Einwirkungen und Belastungen, welche nicht durch die Regelungen über Arbeitsstoffe und über Lärm erfasst werden: 1

- Arbeitgeber müssen nach **§ 66 Abs 1 ASchG** Arbeitsvorgänge und Arbeitsplätze so gestalten und alle geeigneten Maßnahmen treffen, dass das Ausmaß von **Erschütterungen (Vibrationen) und anderer physikalischer Einwirkungen** auf die Arbeitnehmer möglichst gering gehalten wird.
- **§ 66 Abs 2 ASchG** betrifft **sonstige nachteilige Einwirkungen**: Beeinträchtigungen durch blendendes Licht, Wärmestrahlung, Zugluft, üblen Geruch, Hitze, Kälte, Nässe, Feuchtigkeit oder vergleichbare Einwirkungen.

Zu den übrigen physikalischen Einwirkungen verweisen die Gesetzesmaterialien der ASchG-Stammfasssung BGBl 1994/450 auf den damaligen Richtlinienvorschlag betreffend physikalische Einwirkungen, der umfangreiche Regelungen für **Vibrationen, optische Strahlung und elektrische und magnetische Felder** 2

und Wellen festlegt (vgl ErlRV 1590 BlgNR 18. GP). Der Richtlinienvorschlag wurde mittlerweile durch folgende EU-Einzelrichtlinien realisiert:

- Die **Richtlinie 2002/44/EG** vom 25.6.2002 über Mindestvorschriften zum Schutz von Sicherheit und Gesundheit der Arbeitnehmer vor der Gefährdung durch physikalische Einwirkungen **(Vibrationen)** erforderte eine innerstaatliche Umsetzung bis 6.7.2005 (16. Einzelrichtlinie zur Arbeitsschutz-Rahmenrichtlinie 89/391/EWG).
- Die **Richtlinie 2006/25/EG** vom 5.4.2006 über Mindestvorschriften zum Schutz von Sicherheit und Gesundheit der Arbeitnehmer vor der Gefährdung durch physikalische Einwirkungen **(künstliche optische Strahlung)** war innerstaatlich bis 27.4.2010 umzusetzen (19. Einzelrichtlinie zur Arbeitsschutz-Rahmenrichtlinie 89/391/EWG).
- Die Richtlinie 2004/40/EG vom 29.4.2004 über Mindestvorschriften zum Schutz von Sicherheit und Gesundheit der Arbeitnehmer vor der Gefährdung durch physikalische Einwirkungen **(elektromagnetische Felder)** wurde mit 29.6.2013 durch die **Richtlinie 2013/35/EU** vom 26.6.2013, ABl L 179/1 aufgehoben (20. Einzelrichtlinie zur Arbeitsschutz-Rahmenrichtlinie 89/391/EWG). Die nationale Umsetzung musste bis 1.7.2016 erfolgen.

3 Die innerstaatliche Umsetzung dieser Richtlinien erfolgte bisher durch die ASchG-Durchführungsverordnungen (Verordnungsermächtigung § 72 Abs 1 Z 4 ASchG)

- Verordnung über den Schutz der Arbeitnehmer/innen vor der Einwirkung durch optische Strahlung **(Verordnung optische Strahlung – VOPST)**, BGBl II 2010/221, in Kraft getreten mit 9.7.2010.
- Verordnung über den Schutz der Bediensteten vor der Gefährdung durch Lärm und Vibrationen **(Verordnung Lärm und Vibrationen – VOLV)**, BGBl II 2006/22, mit 26.1.2006 in Kraft getreten.
- Verordnung über den Schutz der Arbeitnehmer/innen vor der Einwirkung durch elektromagnetische Felder (Verordnung elektromagnetische Felder – VEMF), BGBl II 179/2016, in Kraft seit 1.8.2016.

4 Als Schutzvorschriften gegen Vibrationseinwirkung galten zuvor neben § 66 Abs 1 bis 3 ASchG vorläufig übergeleitete **AAV-Regelungen**: § 66 Abs 1 ASchG über Erschütterungen entspricht der vor dem ASchG geltenden Rechtslage (siehe § 3 Abs 5 ANSchG und §§ 17, 51 und 87 AAV). Bis zum Inkrafttreten der VOLV galten bei Vibrationen gemäß § 114 Abs 4 Z 5 ASchG die §§ 17 Abs 4 und 51 Abs 2 der Allgemeinen Arbeitnehmerschutzverordnung (AAV) vorläufig weiter, für Baustellen die BauV-Bestimmungen (§ 118 Abs 4 Z 3 ASchG). Bis zu einer Neuregelung durch eine ASchG-Durchführungsverordnung leitet **§ 114 Abs 4 Z 6 ASchG** die Regelung des § 16 Abs 1 AAV über Schutzmaßnahmen gegen Gase, Dämpfe, Schwebstoffe und sonstige Beeinträchtigungen in Betriebsräumen als vorläufig weitergeltend über,

siehe im Folgenden (vgl auch § 48 Abs 7 AAV der vor dem ASchG geltenden Rechtslage des ANSchG).

Gesundheitsschädigungen, wie vibrationsbedingte Durchblutungsstörungen an den Händen sowie andere Erkrankungen durch Erschütterung, Druckschädigung der Nerven oder Erkrankungen durch Arbeit in Druckluft, gehören zu den häufigsten anerkannten Berufskrankheiten. Dazu zählen auch chronische Erkrankungen der Schleimbeutel, der Sehnenscheiden und des Sehnengleitgewebes sowie der Sehnen- und Muskelansätze durch ständigen Druck oder ständige Erschütterung (vgl Liste der Berufskrankheiten § 177 und Anlage 1 ASVG). 5

II. Vermeidung und Verringerung auf möglichst geringes Ausmaß

Arbeitgeber müssen gemäß **§ 66 Abs 1 ASchG** die Arbeitsvorgänge und Arbeitsplätze so gestalten und alle geeigneten Maßnahmen treffen, dass das **Ausmaß** von Erschütterungen (Vibrationen) und anderer physikalischer Einwirkungen, die auf den menschlichen Körper übertragen werden, **möglichst gering gehalten** wird. Dabei ist der Stand der Technik zu berücksichtigen (siehe Definition § 2 Abs 8 ASchG). 6

Nach **§ 66 Abs 2 ASchG** gilt dies auch für Beeinträchtigungen durch blendendes Licht, Wärmestrahlung, Zugluft, üblen Geruch, Hitze, Kälte, Nässe, Feuchtigkeit oder vergleichbare Einwirkungen, denen Arbeitnehmer ausgesetzt sind: Auch bei solchen Einwirkungen sind Arbeitsvorgänge und Arbeitsplätze entsprechend zu gestalten und alle geeigneten Maßnahmen zu treffen, damit die **Arbeitnehmer keinen erheblichen Beeinträchtigungen ausgesetzt sind oder diese Einwirkungen zumindest möglichst gering gehalten** werden. 7

Zur Exposition gegenüber **elektromagnetischen Feldern bei der Arbeit** im Frequenzbereich von 0 Hz bis 300 GHz (Beurteilungsgrundlagen) gilt die Verordnung elektromagnetische Felder (VEMF).

Nähere Regelungen zur Expositionsvermeidung und notwendigen Maßnahmen bei Einwirkung durch **Lärm oder optische Strahlungen** treffen die ASchG-Durchführungsverordnungen über Lärm und Vibrationen (VOLV) und über optische Strahlung (VOPST).

III. Organisatorische Maßnahmen

§ 66 Abs 3 ASchG trifft für jene Fälle Vorsorge, in welchen nachteiligen Einwirkungen nicht durch Schutzmaßnahmen oder durch eine entsprechende Gestaltung der Arbeitsvorgänge und Arbeitsplätze begegnet werden kann oder trotz technischer Maßnahmen keine Verringerung der Belastungen auf ein vertretbares Maß möglich ist. In diesem Zusammenhang verweisen die Gesetzesmaterialien zur ASchG-Stammfassung (ErlRV 1590 BlgNR 18. GP) auch auf § 22 des Arbeitszeitgesetzes (Arbeitseinsatz bei Reparaturarbeiten in 8 heißen Öfen von Eisen- oder Stahlhüttenbetrieben oder Kokereien), auf die mittlerweile aufgehobene Regelung des § 51 Abs 2 AAV (Arbeiten unter Einwirkung von Lärm und Erschütterungen) und auf die Druckluft- und Taucherarbeitenverordnung (gegebenenfalls Maßnahmenvorschreibung im Einzelfall durch die zuständige Behörde).

9 Können gesundheitsgefährdende Erschütterungen oder sonstige besondere Belastungen nicht durch andere Maßnahmen vermieden oder zumindest auf ein vertretbares Ausmaß verringert werden, müssen gemäß § 66 Abs 3 ASchG **geeignete organisatorische Maßnahmen** getroffen werden zur Verringerung der Belastungen oder zum Ausgleich, zB Beschränkung der Beschäftigungsdauer, Arbeitsunterbrechungen und Einhaltung von Erholzeiten.

10 Nach **§ 66 Abs 3 ASchG** gilt dies für

- **Druckluft- und Taucherarbeiten**,
- **mit besonderen physischen Belastungen** verbundene Arbeiten,
- Arbeiten unter vergleichbaren Belastungen, wie **besonders belastenden klimatischen Bedingungen** (zB Arbeiten in Kühlräumen).

11 Vgl Grundsätze der Gefahrenverhütung (**§ 7 ASchG**), wonach technische und arbeitsorganisatorische Maßnahmen vorrangig vor individuellen Gefahrenverhütungsmaßnahmen (wie die Zurverfügungstellung persönlicher Schutzausrüstung) zu treffen sind. Nach § 7 Z 4a ist eine vorrangige Gefahrenverhütungsmaßnahme die Berücksichtigung der Gestaltung der Arbeitsaufgaben und Art der Tätigkeiten, der Arbeitsumgebung, der Arbeitsabläufe und Arbeitsorganisation. Nach Z 7 ist Ziel der Planung der Gefahrenverhütung die kohärente Verknüpfung von Technik, Tätigkeiten und Aufgaben, Arbeitsorganisation, Arbeitsabläufen, Arbeitsbedingungen, Arbeitsumgebung, sozialen Beziehungen und Einfluss der Umwelt auf den Arbeitsplatz.

12 Zu organisatorischen Maßnahmen bei Einwirkung durch Vibrationen siehe **§ 13 Abs 2 VOLV** und bei optischer Strahlung **§ 8 Abs 1 Z 5 VOPST**. Demnach sind im Maßnahmenprogramm (§ 9 VOLV, § 8 VOPST) organisatorische Maßnahmen festzulegen, wie

- Abstandsvergrößerung zur Strahlenquelle, insbesondere für Arbeitnehmer, die nicht an diesen Arbeitsmitteln oder bei diesen Arbeitsvorgängen tätig sind,
- sichere Arbeitsverfahren sowie korrekte Handhabung der Arbeitsmittel und Verhaltensweisen zur Minimierung der Exposition der Arbeitnehmer,
- Begrenzen der Dauer der Exposition durch geeignete organisatorische Maßnahmen, wie eine Beschränkung der Beschäftigungsdauer, Arbeitsunterbrechungen oder die Einhaltung von Erholzeiten.

IV. Schutz gegen Vibrationen (VOLV)

13 Die Verordnung über den Schutz der Arbeitnehmer/innen vor der Gefährdung durch Lärm und Vibrationen (**Verordnung Lärm und Vibrationen –**

VOLV), BGBl II 2006/22, ist mit 26.1.2006 in Kraft getreten. Die VOLV gilt in Arbeitsstätten, auswärtigen Arbeitsstellen und auf Baustellen für Tätigkeiten, bei denen die Arbeitnehmer während ihrer Arbeit einer Gefährdung durch Lärm und Vibrationen ausgesetzt sind oder sein könnten.

Zum Schutz gegen Lärmeinwirkung siehe Anmerkungen zu § 65 ASchG.

Gefahren durch Vibrationen müssen **am Entstehungsort ausgeschlossen** oder **so weit verringert werden**, als dies nach dem Stand der Technik und der Verfügbarkeit von geeigneten technischen Mitteln möglich ist. Um Vibrationen auf das niedrigste in der Praxis vertretbare Niveau zu senken, müssen Arbeitgeber unter Beachtung der Grundsätze der Gefahrenverhütung (§ 7 ASchG) geeignete Maßnahmen aus den §§ 10 bis 13 VOLV festlegen und durchführen (§ 9 Abs 1 VOLV). 14

A. Vibrationen (§ 2 Z 1 VOLV und Anhang B)

Als **Vibrationen** iSd § 2 Z 1 VOLV gelten mechanische Schwingungen oder Erschütterungen, die durch direkten Kontakt auf den menschlichen Körper übertragen werden (zB über Hände, Füße oder Gesäß als Einleitstellen; zur Definition und Bewertung siehe Verordnungs-Anhang B). Unterschieden werden 15

- **Hand-Arm-Vibrationen** (Teilkörper-Vibrationen): Mechanische Schwingungen, die durch kraftschlüssigen Kontakt der Hand mit vibrierenden Arbeitsmitteln auf das Hand-Arm-System des Menschen übertragen werden und Gefährdungen für die Gesundheit und Sicherheit der Arbeitnehmer verursachen, insbesondere Durchblutungsstörungen, Knochen- oder Gelenkschäden, neurologische oder Muskelerkrankungen (§ 2 Z 1 lit a VOLV). Hand-Arm-Vibrationen entstehen bei Arbeiten mit vibrierenden Handmaschinen, zB Bohrhämmern, Schleifmaschinen. 16
- **Ganzkörper-Vibrationen:** Mechanische Schwingungen, die durch kraftschlüssigen Kontakt mit vibrierenden Arbeitsmitteln (zB über Füße oder Gesäß) eine Übertragung auf den gesamten Körper und Gefährdungen für die Gesundheit und Sicherheit der Arbeitnehmer verursachen, insbesondere Rückenschmerzen und Schädigungen der Wirbelsäule (§ 2 Z 1 lit b VOLV). Ganzkörper-Vibrationen entstehen auf mobilen Arbeitsmaschinen, zB Traktoren, Hubstaplern und auf schweren Baumaschinen (wie Bagger, Grader, Radlader) oder an stationären Arbeitsplätzen neben großen Maschinen, zB Kompressoren, Stanzen. 17

B. Expositionsgrenzwerte (§ 3 VOLV) und Auslösewerte (§ 4 VOLV)

Die Festlegung von **Expositionsgrenzwerten**, die nicht überschritten werden dürfen, soll gewährleisten, dass Arbeitnehmer, die bei ihrer Tätigkeit Vibrationen ausgesetzt sind, gegen gesundheitsschädigende Auswirkungen geschützt 18 sind. § 3 Abs 1 VOLV normiert Expositionsgrenzwerte bei einem Beurteilungszeitraum von im Regelfall einem Tag (acht Stunden) für Hand-Arm-Vibrationen und Ganzkörper-Vibrationen.

19 Soweit nach Stand der Technik möglich, sollte die Exposition der Arbeitnehmer auch keinen der folgenden **Auslösewerte** überschreiten (§ 4 Abs 1 VOLV):

Physikalische Einwirkung	Expositionsgrenzwert	Auslösewert
Hand-Arm-Vibrationen	$a_{hw,8h} = 5\ m/s^2$ (Jugendliche $2{,}5\ m/s^2$)	$a_{hw,8h} = 2{,}5\ m/s^2$
Ganzkörper-Vibrationen	$a_{w,8h} = 1{,}15\ m/s^2$ (Jugendliche $0{,}5\ m/s^2$)	$a_{w,8h} = 0{,}5\ m/s^2$

20 Für **jugendliche Arbeitnehmer** gelten die Auslösewerte für Vibrationen als Expositionsgrenzwerte (§ 3 Abs 1 Z 4 VOLV): Besonders gefährdete Risikogruppen müssen gegen die speziell sie bedrohenden Gefahren geschützt werden, weshalb niedrigere Expositionsgrenzwerte für Jugendliche vorzusehen sind (Art 5 Abs 4 Vibrationen-Richtlinie und Art 15 der Arbeitsschutz-Rahmenrichtlinie 89/391/EWG).

21 In **Räumen** mit geistigen Tätigkeiten, einfachen Bürotätigkeiten und vergleichbaren Tätigkeiten sowie in Aufenthalts-, Bereitschafts-, Sanitäts- und Wohnräumen ist die Vibrationsexposition so niedrig wie möglich zu halten und darf maximal den Auslösewert von $0{,}5\ m/s^2$ für Ganzkörper-Vibrationen erreichen (§ 5 VOLV).

22 Werden dennoch die **Expositionsgrenzwerte überschritten**, müssen die Arbeitgeber (§ 3 Abs 3 VOLV)

- unverzüglich Maßnahmen ergreifen, um die Exposition auf einen Wert unterhalb des Expositionsgrenzwertes zu senken,
- ermitteln, warum der Expositionsgrenzwert überschritten wurde, und
- die Schutz- und Vorbeugemaßnahmen entsprechend anpassen, um ein erneutes Überschreiten des Grenzwertes zu verhindern.

23 Überschreiten die Expositionen der Arbeitnehmer gegenüber Vibrationen (bzw für bestimmte Räume) die **Auslösewerte,** ist gemäß § 9 Abs 3 Z 1 und 3 VOLV ein Maßnahmenprogramm festzulegen und durchzuführen.

Weiters muss nach § 8 VOLV bei Überschreitung von Auslösewerten eine besondere **Information und Unterweisung, Anhörung und Beteiligung** der Arbeitnehmer erfolgen (vgl §§ 12 bis 14 ASchG). Siehe Anmerkungen zu § 65 Rz 28 f.

Zur **Bewertung und Messung von Vibrationen** an den Arbeitsplätzen (§ 6 VOLV) siehe Anmerkungen zu § 65 Rz 17–19.

C. Evaluierung bei Lärm- und Vibrationsexposition

Arbeitgeber müssen die Gefahren und Belastungen, denen Arbeitnehmer durch Lärm oder Vibrationen ausgesetzt sind, ermitteln und beurteilen (vgl §§ 4 f ASchG). 24

Nach **§ 7 VOLV** sind bei der Evaluierung **zu berücksichtigen**:

- Art, Ausmaß, Dauer und Frequenzspektrum der Exposition, einschließlich der Exposition gegenüber impulsförmigem Schall sowie gegenüber intermittierenden und wiederholten Vibrationen,
- Expositionsgrenzwerte, Auslösewerte und Grenzwerte für bestimmte Räume,
- Ergebnisse von Bewertungen, Messungen, Informationen aufgrund der Gesundheitsüberwachung (VGÜ),
- Hersteller- und Inverkehrbringerangaben, Bedienungsanleitungen, veröffentlichte Informationen (zB wissenschaftliche Erkenntnisse, Vergleichsdaten),
- alle Auswirkungen auf Gesundheit und Sicherheit der Arbeitnehmer bei gleichzeitiger Einwirkung von Lärm und Vibrationen oder ototoxischen Substanzen (soweit ein Zusammenhang nach Stand der Technik oder Arbeitsmedizin erwiesen ist),
- besondere Arbeits-, Umgebungsbedingungen bei Vibrationen (zB niedrige Temperaturen),
- Auswirkungen auf besonders gefährdete Arbeitnehmer,
- Verfügbarkeit von persönlicher Schutzausrüstung mit einer angemessenen mindernden Wirkung bei Hand-Arm-Vibrationen, zB auch Handschuhe zum Schutz vor Nässe und Kälte,
- alle indirekten Auswirkungen auf Gesundheit und Sicherheit der Arbeitnehmer durch Auswirkungen von Vibrationen auf den Arbeitsplatz oder auf Arbeitsmittel, zB wenn sich Vibrationen auf das korrekte Handhaben von Bedienungselementen, auf das Ablesen von Anzeigen oder auf die Stabilität der Strukturen oder die Festigkeit von Verbindungen störend auswirken,
- allfällige über die Normalarbeitszeit (acht bzw 40 Stunden) hinausgehende Exposition.

Wirkungsverstärkungen durch zB körperliche Schwerarbeit, kaltfeuchte Umgebungsbedingungen, niedrige Temperaturen, gleichzeitige Einwirkung von Lärm und Vibrationen sind bei der Beurteilung zu berücksichtigen (§ 7 Abs 2 VOLV). 25

Ausgehend vom Ist-Zustand ist bei der Evaluierung **nach § 7 Abs 3 VOLV Bedacht zu nehmen auf die** 26

- Gestaltung und Auslegung der Arbeitsstätten, Räume, Arbeitsplätze und Arbeitsverfahren (wie bauliche Trennung von stark belasteten Bereichen, Abschirmungen, für Lärm auch Raumakustik),

- Verfügbarkeit alternativer Arbeitsmittel oder Ausrüstungen und Möglichkeit technischer Maßnahmen, durch die das Expositionsausmaß verringert wird,
- Möglichkeit, Arbeitsmittel so aufzustellen und Arbeitsvorgänge so durchzuführen, dass die Exposition va für Arbeitnehmer, die nicht an diesen Arbeitsmitteln oder bei diesen Arbeitsvorgängen tätig sind, verringert wird,
- Möglichkeit, Verbindungen zwischen Arbeitsmitteln oder sonstigen Einrichtungen schwingungsdämpfend zu gestalten.

27 Die Ermittlung und Beurteilung ist **regelmäßig zu aktualisieren**. Eine Überprüfung und erforderlichenfalls Anpassung muss insbesondere dann erfolgen, wenn die Evaluierung aufgrund bedeutsamer Veränderungen veraltet sein könnte oder sich aufgrund der Ergebnisse einer Bewertung oder Messung bzw der Gesundheitsüberwachung als erforderlich erweist (§ 7 Abs 4 VOLV).

D. Maßnahmen und Maßnahmenprogramm

28 Gefahren durch Lärm oder Vibrationen müssen am Entstehungsort ausgeschlossen oder so weit verringert werden, als dies nach Stand der Technik und Verfügbarkeit geeigneter technischer Mittel möglich ist. Um Lärm oder Vibrationen auf das niedrigste in der Praxis vertretbare Niveau zu senken, müssen Arbeitgeber unter Beachtung der Grundsätze der Gefahrenverhütung (§ 7 ASchG) geeignete Maßnahmen aus den §§ 10 bis 13 VOLV auswählen und durchführen (§ 9 Abs 1 und 2 VOLV).

29 Bei Überschreitung der Auslösewerte für Vibrationen, der Expositionsgrenzwerte für gehörgefährdenden Lärm oder des Grenzwertes für bestimmte Räume müssen Arbeitgeber bei der Maßnahmenfestlegung nach § 4 Abs 3 ASchG auch ein Maßnahmenprogramm aus den in §§ 10 bis 13 angeführten Maßnahmen festlegen und durchführen (§ 9 Abs 3 VOLV).

30 §§ 10 bis 13 VOLV nennen als zur Vermeidung oder Verringerung der Exposition geeignete Maßnahmen:

- **Bauliche und raumakustische Maßnahmen** (§ 10) zur Vermeidung oder Verringerung der Exposition, wie die Gestaltung und Auslegung der Räume und Arbeitsplätze.
- **Maßnahmen an der Quelle** (§ 11) wie alternative Arbeitsverfahren mit keiner oder geringerer Exposition, Auswahl geeigneter Arbeitsmittel, die laut Herstellerangaben und unter Berücksichtigung der auszuführenden Arbeit möglichst wenig Lärm und Vibrationen verursachen und die nach ergonomischen Gesichtspunkten gestaltet sind, sowie angemessene Wartung von Arbeitsmitteln, ihrer Verbindungs- und Aufstellungsbauteile und anderer Einrichtungen an den Arbeitsplätzen.
- **Maßnahmen betreffend Arbeitsmittel und Arbeitsvorgänge** (§ 12) wie Unterbringung von Arbeitsmitteln und Durchführung von Arbeitsvorgängen, die an Arbeitsplätzen Lärm oder Vibrationen über den Aus-

lösewerten verursachen, nach Möglichkeit in eigenen Räumen oder so, dass insbesondere für andere Arbeitnehmer das Expositionsausmaß gegenüber Lärm und Vibrationen so weit als möglich verringert wird, schwingungsdämpfende Ausführung und Befestigung von Rohren oder Leitungen, die vibrierende Arbeitsmittel untereinander oder mit anderen Einrichtungen verbinden.

- **Technische Maßnahmen** (§ 13 Abs 1): Bereitstellung von Zusatzausrüstungen, die die Gefahren aufgrund von Vibrationen verringern. Zu Lärm siehe § 65 ASchG.
- **Organisatorische Maßnahmen** (§ 13 Abs 2) wie sichere Arbeitsverfahren, korrekte Handhabung der Arbeitsmittel, Verhaltensweisen zur Minimierung der Exposition der Arbeitnehmer, Begrenzen der Dauer der Exposition. Zu Lärm siehe § 65 ASchG.

E. Persönliche Schutzausrüstung

Sind keine anderen Maßnahmen möglich und geeignet, ist persönliche 31
Schutzausrüstung (PSA) nach § 14 VOLV bereitzustellen: Zur Unterschreitung des Expositionsgrenzwerts für Vibrationen ist PSA zur Verfügung zu stellen, durch die die individuelle Exposition der Arbeitnehmer unter den Expositionsgrenzwert gesenkt werden kann. Zum Schutz vor Hand-Arm-Vibrationen ist persönliche Schutzausrüstung zwar erhältlich, allerdings ist die Schutzwirkung von Antivibrations-Handschuhen nur in eingeschränktem Umfang gegeben.

Die Arbeitnehmer müssen die PSA benutzen (§ 14 Abs 2 VOLV, § 15 Abs 2 ASchG). Ergänzend sind die Bestimmungen der seit 1.5.2014 geltenden Verordnung Persönliche Schutzausrüstung (PSA-V), BGBl II 2014/77 zu beachten. Vgl Anmerkungen zu §§ 69 f ASchG.

F. Kennzeichnung

Bereiche, in denen ein **Expositionsgrenzwert für Ganzkörper-Vibrationen** 32
(bei Übertragung von Vibrationen über den Boden) überschritten ist, sind in geeigneter Weise zu kennzeichnen. Soweit technisch möglich und auf Grund der Expositionsgefahr gerechtfertigt, sind die Bereiche auch abzugrenzen und der Zugang einzuschränken (§ 14 Abs 3 VOLV).

Vgl Anmerkungen zu § 20 Abs 2 ASchG.

G. Ausnahmen und Übergangsbestimmungen (§ 15 und § 17 VOLV)

Hinsichtlich des **Expositionsgrenzwertes** für Vibrationen darf die Behörde 33
gemäß § 95 Abs 3 ASchG Ausnahmen von § 3 Abs 1 VOLV zulassen, wenn die Arbeitnehmer Vibrationen ausgesetzt sind, die in der Regel unter den Auslösewerten liegen, aber von einem Arbeitstag zum anderen erheblich schwanken und gelegentlich den Expositionsgrenzwert überschreiten können (§ 15 Abs 2 bis 4 VOLV).

34 **Vor dem 26.1.2006** erlassene Bescheide bleiben aufrecht, ausgenommen vorgeschriebene Grenzwerte für Lärm oder Vibrationen, für die nunmehr §§ 3 bis 5 VOLV Anwendung finden (§ 17 Abs 4 VOLV).

Arbeitsmittel, die vor dem 7.7.2011 verwendet werden und bei deren Verwendung trotz Durchführung aller nach der VOLV in Betracht kommender Maßnahmen die Expositionsgrenzwerte (§ 3 Abs 1 VOLV) nicht eingehalten werden können, durften bis 7.7.2011 weiterverwendet werden.

V. Gesundheitsüberwachung bei Vibrationen (§ 51 ASchG, § 5 VGÜ 2008)

35 Die Gesundheitsüberwachung bei Einwirkung von Vibrationen ist in **§ 5 Abs 1 Z 3** der Verordnung über die Gesundheitsüberwachung (VGÜ), BGBl II 1997/27 (derzeit **VGÜ 2008**), geregelt:

Arbeitnehmer, die Vibrationen ausgesetzt sind, die nachfolgenden Auslösewert überschreiten, haben jedenfalls auf eigenen Wunsch Anspruch auf angemessene Gesundheitsüberwachung durch sonstige besondere Untersuchungen iSd § 51 ASchG:

- Hand-Arm-Vibrationen $a_{ahw,8h} = 2{,}5\ m/s^2$
- Ganzkörper-Vibrationen $a_{aw,8h} = 0{,}5\ m/s^2$

36 Das Untersuchungsintervall bei Exposition gegenüber Vibrationen beträgt vier Jahre (VGÜ-Anlage 1 Teil III). Die Anlage 2, Teil III der VGÜ normiert die für Vibrationsuntersuchungen anzuwendenden Untersuchungsrichtlinien und den Untersuchungsumfang.

Vgl Anmerkungen zu § 51 ASchG, VGÜ 2008.

VI. Schutz gegen optische Strahlung (VOPST)

37 Nach **§ 66 Abs 2 ASchG** müssen Arbeitgeber die Arbeitsvorgänge und Arbeitsplätze entsprechend so gestalten und alle geeigneten Maßnahmen treffen, dass die Arbeitnehmer keinen erheblichen Beeinträchtigungen ua durch **blendendes Licht** ausgesetzt sind oder diese Einwirkung möglichst gering gehalten wird.

38 Die Durchführungsbestimmungen va zu **§ 66 Abs 2 bis 3 ASchG** auf Verordnungsebene erfolgten mit der Verordnung über den Schutz der Arbeitnehmer vor der Einwirkung durch optische Strahlung **(Verordnung optische Strahlung – VOPST)**, BGBl II 2010/221. Die VOPST ist am **9.7.2010** als Durchführungsverordnung in Kraft getreten und setzte die Richtlinie 2006/25/EG innerstaatlich um. Die Richtlinie betrifftdie Gefährdung der Gesundheit und Sicherheit von Arbeitnehmern durch die Schädigung von Augen und Haut aufgrund der Exposition gegenüber künstlicher optischer Strahlung (die Umsetzungsfrist endete am 27.4.2010). Gleichzeitig mit der VOPST ist **§ 71 Abs 2 ASchG** hinsichtlich der Zurverfügungstellung bestimmter Arbeitskleidung

zum Schutz vor der Einwirkung künstlicher optischer Strahlung in Kraft getreten (§ 13 Abs 2 VOPST).

Die Verordnung gilt in Arbeitsstätten, auf Baustellen und an auswärtigen Arbeitsstellen für Tätigkeiten, bei denen die Arbeitnehmer während ihrer Arbeit einer Einwirkung durch optische Strahlung ausgesetzt sind oder ausgesetzt sein können (§ 1 VOPST).

A. Optische Strahlung (§ 2 VOPST)

Optische Strahlung ist jede inkohärente und kohärente (zB Laser) **elektromagnetische Strahlung von natürlichen oder künstlichen Quellen im Wellenlängenbereich von 100 nm bis 1 mm**. Optische Strahlung wird als nicht ionisierend bezeichnet, weil die Energie nicht ausreicht, um Atome im Gewebe zu ionisieren. 39

- **Inkohärente optische Strahlung** wird künstlich von Lampen und Lampensystemen, natürlich von der Sonne emittiert.
- **Kohärente optische Strahlung** wird von Lasersystemen emittiert (Laser = Light Amplification by Stimulated Emission of Radiation; Lichtverstärkung durch stimulierte Emission von Strahlung).

Das Spektrum der optischen Strahlung wird unterteilt in ultraviolette Strahlung, sichtbare Strahlung und Infrarotstrahlung:

- **Ultraviolette Strahlung** (UV) ist optische Strahlung im Wellenlängenbereich (λ) von 100 nm bis 400 nm. Der Bereich der ultravioletten Strahlung wird unterteilt in
  - UV-A-Strahlung (λ = 315 nm bis 400 nm)
  - UV-B-Strahlung (λ = 280 nm bis 315 nm; zB bei Sonnenbrand)
  - UV-C-Strahlung (λ = 100 nm bis 280 nm; zB beim Schweißen)
- **Sichtbare Strahlung** (VIS) ist optische Strahlung im Wellenlängenbereich von 380 nm bis 780 nm.
- **Infrarotstrahlung** (IR) ist optische Strahlung im Wellenlängenbereich von 780 nm bis 1 mm. Aufgrund unterschiedlicher biologischer Wirkung werden einzelne Wellenlängenbereiche der IR unterschieden:
  - IR-A-Strahlung (λ = 780 nm bis 1400 nm)
  - IR-B-Strahlung (λ = 1400 nm bis 3000 nm)
  - IR-C-Strahlung (λ = 3000 nm bis 1 mm).

Ausmaß der Strahlung ist die kombinierte Wirkung von Bestrahlungsstärke, Bestrahlung und Strahldichte, der Arbeitnehmer ausgesetzt sind.

Biologische Gefahren optischer Strahlung entstehen durch unterschiedliche Eindringtiefen in Haut und Auge, die von der Wellenlänge abhängig sind. Direkte Einwirkung (direkter oder reflektierter Strahl) von UV kann va zu frühzeitiger Alterung, Schwächung des Immunsystems, Hautkrebs, Horn- und Bindehautentzündung, Netzhautschädigung, grauem Star führen; Ein- 40 wirkung durch sichtbares Licht bzw IR zu Verbrennungen der Haut, beim Auge zu Blendung, Blaulichtgefahr, Netzhautschädigung und grauem Star.

41 Durch die Wechselwirkung von optischer Strahlung mit der Umgebung können **indirekte Gefahren** für Arbeitnehmer auftreten, zB Brand- oder Explosionsgefahr durch Strahlungseinwirkung.

Gefahren entstehen auch aus der **Art der Anwendung** beim Schneiden und Schweißen bestimmter Materialien, durch Entstehen von bodennahem Ozon, Phosgen bei chlorierten Lösungs- oder Reinigungsmitteln, Dämpfen bei Trocknungsprozessen mittels UV-A-Strahlung (zB Aushärtung). Indirekte Gefahren bei **Laser** sind das Entstehen von Rauchen und Stäuben sowie Begleitstrahlung (zB Röntgenstrahlung als Wechselwirkung bei Schwermetallen, UV-Strahlung), Brand- und Explosionsgefahr (bei leistungsstarken Lasern der Klasse 3B und 4).

B. Expositionsgrenzwerte (§ 3 VOPST)

42 Expositionsgrenzwerte sind **Grenzwerte** für die Exposition gegenüber optischer Strahlung, die unmittelbar auf nachgewiesenen gesundheitlichen Auswirkungen und biologischen Erwägungen beruhen. Durch die Einhaltung dieser Grenzwerte wird sichergestellt, dass Arbeitnehmer, die künstlichen Quellen optischer Strahlung ausgesetzt sind, vor allen bekannten gesundheitsschädlichen Auswirkungen geschützt sind (§ 2 Abs 5 VOPST).

43 Die Expositionsgrenzwerte gemäß § 3 Abs 1 VOPST dürfen nicht überschritten werden. Die **Grenzwertetabellen** sind in den Verordnungsanlagen festgelegt für

- **inkohärente künstliche optische Strahlung:** Expositionsgrenzwerte gemäß Tabelle A.3, Anhang A unter Berücksichtigung der Definitionen gemäß Anhang A;
- **kohärente optische Strahlung (LASER):** Expositionsgrenzwerte gemäß Tabellen B.4a, B.4b, B.4c, B.4d und B.4e, Anhang B unter Berücksichtung der Definitionen gemäß Anhang B.

44 Ergibt die Bewertung (§ 4 VOPST), dass die Exposition der Arbeitnehmer einen dieser Expositionsgrenzwerte für künstliche optische Strahlung **überschreitet**, sind Maßnahmen nach § 3 Abs 2 VOPST zu setzen:

- Information, Unterweisung, Anhörung und Beteiligung der Arbeitnehmer (§ 6 VOPST);
- Festlegung der Maßnahmen einschließlich Maßnahmenprogramm zur Unterschreitung (§ 7 Abs 3 VOPST);
- Maßnahmenprogramm – zB bauliche, technische und organisatorische Maßnahmen, Maßnahmen zur Vermeidung oder Verringerung der Exposition an der Quelle, Maßnahmen betreffend Arbeitsmittel und Arbeitsvorgänge (§ 8 VOPST);

- persönliche Schutzausrüstung (für Augen und Haut), Schutzmittel für ungeschützte Hände, geeignete Arbeitskleidung (Schutzkleidung), Kennzeichnung (§ 9 Abs 1 bis 3 VOPST).

C. Bewertung und Messung (§ 4 VOPST)

Künstliche optische Strahlungen an den Arbeitsplätzen sind einer Bewertung 45
zu unterziehen. Als Stand der Technik (§ 2 Abs 8 ASchG) können dazu herangezogen werden

- internationale oder europäische Normen und Empfehlungen,
- falls diese keine Bewertung ermöglichen, auch nationale oder internationale wissenschaftlich untermauerte Leitlinien.

Angaben der Hersteller oder Inverkehrbringer können berücksichtigt werden, wenn die Quellen künstlicher optischer Strahlung in den Geltungsbereich der einschlägigen Gemeinschaftsrichtlinien fallen (zB Angabe von Risikogruppen bei künstlicher inkohärenter optischer Strahlung für Lampen und Lampensysteme, Angabe von Laserklassen).

Bewertungen und Messungen dürfen nur von **fachkundigen Personen oder** 46
Diensten durchgeführt werden (auch Betriebsangehörige; § 4 Abs 5 und 6 VOPST). Siehe Anmerkungen zu § 65 Rz 17–19.

D. Evaluierung bei Exposition gegenüber künstlicher optischer Strahlung (§ 5 VOPST)

§ 5 VOPST regelt die Ermittlung und Beurteilung der Gefahren durch künst- 47
liche optische Strahlung, denen Arbeitnehmer ausgesetzt sind. Dabei sind insbesondere zu berücksichtigen:

- Art, Dauer und Intensität der Strahlung, Bewertungs- und Messergebnisse sowie einschlägige wissenschaftliche Erkenntnisse, Angaben der Hersteller und Inverkehrbringer (zB RG, Risikoklassen), Bedienungsanleitungen;
- alle Auswirkungen auf die Gesundheit der Arbeitnehmer, va das Zusammenwirken optischer Strahlung mit fotosensibilisierenden Stoffen, Schweißarbeiten;
- alle Auswirkungen auf die Gesundheit besonders gefährdeter Arbeitnehmer;
- die Entstehung von gesundheitsgefährlichen Arbeitsstoffen oder explosionsfähigen Atmosphären;
- alle indirekten Auswirkungen durch Blendung, Brand- und Explosionsgefahr;
- Gefahren, die bei Wartung, Instandhaltung, Störungsbehebung auftreten können;
- Klassifizierungen nach dem Stand der Technik.

Ausgehend vom Ist-Zustand ist gemäß § 5 Abs 3 VOPST weiters Bedacht zu 48
nehmen auf die

- Gestaltung und Auslegung der Arbeitsstätten, Räume, Arbeitsplätze und Arbeitsverfahren (zB bauliche Trennung von stark belasteten Bereichen und Abschirmungen);

- Verfügbarkeit alternativer Arbeitsmittel oder Ausrüstungen und die Möglichkeit technischer Maßnahmen zur Expositionsverringerung;
- Möglichkeit, künstliche optische Strahlenquellen so aufzustellen und Arbeitsvorgänge so durchzuführen, dass das Ausmaß der Exposition insbesondere für Arbeitnehmer, die nicht an diesen Strahlenquellen oder bei diesen Arbeitsvorgängen tätig sind, verringert wird;
- Möglichkeit zur Verringerung der Einwirkung durch Verriegelungseinrichtungen, Abschirmungen oder vergleichbare Schutzvorrichtungen;
- Durchführung von unverzüglichen Maßnahmen zur Unterschreitung von Expositionsgrenzwerten.

49 Die **Anhänge** der VOPST enthalten (neben Definitionen und Expositionsgrenzwerten) Vorgaben zur **Gefahrenevaluierung nach**

- **Risikogruppen für Lampen, Lampensysteme (Anhang A);**
- **Klassen für Laser (Anhang B).**

Die Gefahren durch **Lampen oder Lampensysteme** können im Allgemeinen über deren Risikogruppen (RG) nach dem Stand der Technik oder Angaben der Hersteller oder Inverkehrbringer ermittelt und beurteilt werden.

Allgemeingebrauchslampen zur Beleuchtung von Orten, an denen sich typischerweise Menschen aufhalten (zB Büros, Schulen, Fabriken, Straßen), bewirken bei bestimmungsgemäßer Verwendung grundsätzlich keine Gefahr hinsichtlich ihres sichtbaren und Infrarot-Strahlungsanteils (außer bei UV-Strahlungsanteil, diesfalls zB Klärung mit Herstellern).

Gefahren durch **Laser** (kohärente Strahlung) können über deren Klassifizierung nach dem Stand der Technik ermittelt und beurteilt werden.

50 Zur Gefahrenermittlung und -beurteilung der Gefahren optischer Strahlung wurden **Leitfäden für die betriebliche Praxis** entwickelt, ua

- „Leitfaden – Evaluierung der biologischen Gefahren von Lampen und Lasern“ der Arbeitsinspektion, „EU-Leitfaden optische Strahlung“ – Download Website Arbeitsinspektion (20.2.2025): https://www.arbeitsinspektion.gv.at/Service/Publikationen/Merkblaetter-_Broschueren_und_Studien.html#heading_Arbeitsplatzevaluierung sowie weitere Informationen: https://www.arbeitsinspektion.gv.at/Arbeitsstaetten-_Arbeitsplaetze/Arbeitsstaetten-_Arbeitsplaetze/Optische_Strahlung.html;
- Informationen der österreichischen Evaluierungsplattform: https://auva.at/praevention/sicher-arbeiten/evaluierung/;
- Sicherheitsinformationen, Merkblätter der AUVA (http://www.auva.at), va
  - M 080: Grundlagen der Lasersicherheit
  - M.plus 082: Lasersicherheit in der Telekommunikation
  - M 083 Optische Strahlung – Sicherheitsbeurteilung von LEDs
  - M 085 Optische Strahlung – Gefährdung durch sichtbares Licht und Infrarotstrahlung

- M 086 Optische Strahlung – Hitzebelastung
- M 140: Medizinische Anwendung von Lasern
- M 014: UV-Strahlungsbelastung am Arbeitsplatz.

Für **Jugendliche** verbotene Arbeiten sind gemäß **§ 4 Abs 2 KJBG-VO** (ausgenommen in Ausbildung unter Aufsicht nach 18 Monaten) **51**

- Arbeiten unter Verwendung von Lampen der RG 3 oder vergleichbarer Intensität;
- Verwendung von Lasern der Klassen 3R, 3B und 4.

Die Evaluierung ist regelmäßig zu **aktualisieren**. Eine Aktualisierung ist jedenfalls erforderlich bei relevanten Veränderungen der Arbeitsbedingungen oder auf Grund von Ergebnissen einer Bewertung oder der Gesundheitsüberwachung, die auf die Notwendigkeit einer Neubeurteilung hinweisen (§ 5 Abs 4 VOPST). **52**

E. Maßnahmen und Maßnahmenprogramm (§§ 7 und 8 VOPST)

Gefahren durch künstliche optische Strahlung müssen **am Entstehungsort ausgeschlossen** oder so weit verringert werden, wie dies nach dem Stand der Technik und der Verfügbarkeit von geeigneten technischen Mitteln möglich ist. Um die Einwirkung von künstlicher optischer Strahlung **auf das niedrigste in der Praxis vertretbare Niveau zu senken**, müssen Arbeitgeber unter Beachtung der Grundsätze der Gefahrenverhütung (§ 7 ASchG) geeignete Maßnahmen setzen, insbesondere Maßnahmen nach § 8 VOPST (§ 7 Abs 1 und 2 VOPST). **53**

Ergibt die Bewertung, dass die **Expositionsgrenzwerte** für künstliche optische Strahlung **überschritten** werden, müssen Arbeitgeber bei der Festlegung von Evaluierungsmaßnahmen gemäß § 4 Abs 3 ASchG auch ein **Maßnahmenprogramm** (§ 8 VOPST) festlegen und durchführen, um die Grenzwerte zu unterschreiten. Das Maßnahmenprogramm beinhaltet **54**

- **bauliche Maßnahmen**, wie die Gestaltung und Auslegung der Räume und Arbeitsplätze;
- **Maßnahmen an der Quelle**, wie zB alternative Arbeitsverfahren, Auswahl geeigneter Arbeitsmittel, die laut Herstellerangaben und unter Berücksichtigung der auszuführenden Arbeit möglichst wenig optische Strahlung emittieren, angemessene Wartung der Arbeitsmittel und Schutzeinrichtungen sowie ihrer Verbindungs- und Aufstellungsbauteile;
- **Maßnahmen betreffend Arbeitsmittel und Arbeitsvorgänge**, wie die Unterbringung der Arbeitsmittel bzw Durchführung der Arbeitsvorgänge, die optische Strahlung über den Expositionsgrenzwerten verursachen, in eigenen Räumen, Aufstellung der Arbeitsmittel bzw Durchführung der Arbeitsvorgänge so, dass insbesondere für andere Arbeitnehmer das Ausmaß der Exposition so weit als möglich verringert wird;

- **technische Maßnahmen** zur Verringerung der Einwirkung von optischer Strahlung (erforderlichenfalls Einsatz von Verriegelungseinrichtungen, Abschirmungen oder vergleichbaren Schutzvorrichtungen);
- **organisatorische Maßnahmen**, wie zB Abstandsvergrößerung zur Strahlenquelle va für andere Arbeitnehmer, sichere Arbeitsverfahren, korrekte Handhabung der Arbeitsmittel und Verhaltensweisen zur Minimierung des Ausmaßes der Exposition, Begrenzen der Expositionsdauer durch Beschränkung der Beschäftigungsdauer, Arbeitsunterbrechungen oder Einhaltung von Erholzeiten.

55 Bei Erstellung des Maßnahmenprogramms sind schutzbedürftige Arbeitnehmer besonders zu berücksichtigen (§ 8 Abs 2 VOPST).

F. Persönliche Schutzausrüstung, geeignete Arbeitskleidung, Hautschutzmittel (§ 9 VOPST)

56 Arbeitnehmern und Arbeitnehmerinnen, die sich in Bereichen aufhalten, in denen ein Expositionsgrenzwert für **künstliche optische Strahlung** überschritten ist, muss der Arbeitgeber je nach Art und Ausmaß der vorliegenden Gefahr zur Verfügung stellen (§ 9 Abs 1 VOPST):

- Geeignete **persönliche Schutzausrüstung für Augen und Haut** (va Schutzbrillen, Schweißerschirm);
- sofern persönliche Schutzausrüstung für optische Strahlung (va Schutzkleidung iSd Inverkehrbringervorschriften und der Verordnung Persönliche Schutzausrüstung – PSA-V) nicht erhältlich ist: **geeignete Arbeitskleidung** (§ 71 Abs 2 ASchG, § 73 AAV);
- geeignete **Schutzmittel für ungeschützte Haut** (Hautschutzmittel § 15 PSA-V, siehe Rz 59 f).

57 Die Überschreitung von Expositionsgrenzwerten kann ortsbezogen oder personenbezogen erfolgen. Für eine personenbezogene Beurteilung muss die Aufenthaltsdauer der betroffenen Arbeitnehmer im Gefahrenbereich dokumentiert werden (§ 9 Abs 3 VOPST).

Ergänzend sind für PSA die Bestimmungen der seit 1.5.2014 geltenden Verordnung Persönliche Schutzausrüstung (PSA-V) zu beachten: Hautschutz ist eine PSA gemäß § 13 PSA-V (vgl Anmerkungen zu § 69). Die Arbeitnehmer und Arbeitnehmerinnen sind zur Benutzung persönlicher Schutzausrüstung verpflichtet (§ 15 Abs 2 ASchG).

58 Handelsübliche T-Shirts, die fallweise auch auf Baustellen verwendet werden,[1] sind mangels Regelung durch Inverkehrbringervorschriften keine PSA-Schutzkleidung iSd ASchG und der PSA-V, sondern gegebenenfalls geeignete

1 Publikation im Rahmen der Österreichischen Arbeitsschutzstrategie 2007–2012, BMASK (Hrsg), Wien, Mai 2011.

Arbeitskleidung iSd § 9 Abs 1 Z 2 VOPST (abhängig von der konkreten Gefahrensituation). Laut AUVA-Messbericht zur UV-Durchlässigkeit handelsüblicher T-Shirts sollten diese bei Verwendung etwa auf Baustellen einen UPF (Ultraviolet Protection Factor) von mindestens 20 aufweisen. Empfohlen werden daher Textilien

- in dunklen Farben (diese weisen meist einen höheren UPF auf als helle Farben) und
- mit einem Flächengewicht von zumindest 150 g/m^2 (Gewebedichte).

Vgl Rz 61 ff (Schutz vor natürlicher optischer Strahlung, Hitzebelastung) und Anmerkungen zu §§ 69 f (PSA) und § 71 ASchG (Arbeitskleidung).

Hautschutzmittel (Hautschutz, -reinigung und -pflege) stellen eine persönliche Schutzausrüstung (PSA) iSd § 15 PSA-V (Hautschutzmittel) und der PSA-RL 89/656/EWG dar (Liste Anhang II – Hautschutz – Hautschutzcremes). Die Zurverfügungstellung geeigneter Hautschutzmittel, die Erstellung eines Hautschutzplans sowie die Unterweisung über die Anwendung der Hautschutzmittel sollen Arbeitnehmer und Arbeitnehmerinnen vor Hauterkrankungen und Hautschädigungen bei der Arbeit schützen (bei Exposition gegenüber UV-Strahlen, aber auch bei Nässe oder Kälte, Arbeiten in Kälteanlagen). Sonnenschutz- und Hautpflegemittel sind auf EU- und nationaler Ebene als kosmetische Mittel (Lebensmittelrecht, Inverkehrbringervorschriften) geregelt, was auch für den Arbeitnehmerschutz relevant ist: 59

- EU-Verordnung über kosmetische Mittel VO (EG) Nr 1223/2009 (va Verwenderinformationen UV-Filter, Kennzeichnung, Gebrauchsanweisungen);
- innerstaatlich va Lebensmittelsicherheits- und Verbraucherschutzgesetz (LMSVG), BGBl I 2006/13, und Kosmetik-Durchführungsverordnung, BGBl II 2013/330 (bei Inkrafttreten der PSA-V galt bis 11.8.2014 noch die Kosmetikverordnung BGBl II 1999/375).

Zum **Hautschutzplan** siehe § 13 Abs 3 PSA-V und die deutsche TRGS 401 (Technische Regeln für Gefahrstoffe) „Gefährdung durch Hautkontakt Ermittlung – Beurteilung – Maßnahmen“ als Stand der Technik. Nähere Informationen zB Website der deutschen BauA – Bundesanstalt für Arbeitsschutz und Arbeitsmedizin http://www.baua.de/de/Themen-von-A-Z/Gefahrstoffe/TRGS/TRGS.html und Merkblätter der AUVA (siehe Rz 61 ff) sowie der Arbeitsinspektion (Arbeiten bei Hitze, optische Strahlung: https://www.arbeitsinspektion.gv.at/Arbeitsstaetten-_Arbeitsplaetze/Arbeitsstaetten-_Arbeitsplaetze/Uebersicht_phys.html). 60

Regelungen zum Hautschutz der § 29 Abs 5 BauV und § 84 Abs 4 AAV (Arbeiten mit ätzenden oder hautreizenden Arbeitsstoffen) wurden zeitgleich mit Inkrafttreten der PSA-V aufgehoben.

G. Schutz vor natürlicher optischer Strahlung, Hitzebelastung (§ 10 VOPST, § 66 Abs 2 ASchG)

61 Natürliche optische Strahlung umfasst den Bereich von Infrarot- oder Wärmestrahlung, sichtbarem Licht bis zur Ultraviolettstrahlung. Von der Sonne emittierte natürliche optische Strahlung **(Sonnenlicht)** wird auch als **solare Strahlung** bezeichnet.

62 Der Schutz von Arbeitnehmern vor Gefahren durch natürliche optische Strahlung ist gemäß **§§ 4, 5, 12 bis 15, 33 Abs 5, §§ 66, 69 und 70 ASchG** zu gewährleisten (§ 10 VOPST).

- Es ist daher eine **Gefahrenevaluierung nach § 4 ASchG** durchzuführen, die erforderlichen geeigneten Maßnahmen sind festzulegen und nach § 5 ASchG zu dokumentieren.
- Gemäß **§ 7 ASchG** (Grundsätze der Gefahrenverhütung) besteht bei der Maßnahmenfestlegung Vorrang kollektiver technischer, arbeitsorganisatorischer Maßnahmen gegenüber individuellen Schutzmaßnahmen (wie persönliche Schutzausrüstung, §§ 69 f ASchG).

63 Die größte mit solarer Strahlung verbundene Gefahr für den Menschen ist **UV-Strahlung** (Anteile von UV-A, UV-B). **Indirekte Gefahren** auf Grund solarer UV-Einwirkung entstehen durch die vorzeitige Alterung von Kunststoffen und Bildung von bodennahem Ozon. Sichtbares Licht der Sonne trägt zur **Hitzebelastung** (solare IR-Strahlung) bei und kann va bei reflektierenden Oberflächen auch eine Belastung oder Gefahr durch **Blendung** bewirken (zB Zinkblech, Weißaluminium, Schnee, Styropor).

64 Beurteilungsmöglichkeiten der Gefahren solarer Strahlung sind va

- **UV-Index** (http://www.uv-index.at/): Die WHO (World Health Organisation) empfiehlt je nach Hauttyp die Bereitstellung persönlicher Schutzausrüstung (einschließlich Hautschutz) ab UV-Index 3 bis 4, jedenfalls erforderlich ab UV-Index 5 bei Aufenthaltsdauer von mehr als 20 bis 30 min).
- Anwendung der **„Schattenregel"**: Zu Tageszeiten, zu denen der Körperschatten kleiner als die Körpergröße ist, muss persönliche Schutzausrüstung bereitgestellt werden. In Höhenlagen ist zu berücksichtigen, dass je zusätzliche 1.000 m Seehöhe die UV-Belastung um ca 20 % steigt.
- Eine in der Praxis geübte Methode ist, für **bestimmte Jahres- und Tageszeiten**, bei denen bekannterweise ein UV-Index von 4 bis 5 überschritten werden kann, persönliche Schutzausrüstung zur Verfügung zu stellen (April bis September nach mitteleuropäischer Sommerzeit/MESZ im Zeitraum von ca 11.00 bis 15.00 Uhr bis maximal 1.000 m Seehöhe).

65 Welche technischen, organisatorischen oder persönlichen Schutzmaßnahmen gegen gesundheitsgefährdende oder belastende natürliche Strahlung umgesetzt werden müssen, ist im Rahmen der Arbeitsplatzevaluierung festzulegen (§§ 4 f ASchG). Sind kollektive technische und arbeitsorganisatorische Maß-

nahmen nicht ausreichend, muss den Beschäftigten erforderlichenfalls persönliche Schutzausrüstung bzw geeignete Arbeitskleidung samt Hautschutz zur Verfügung gestellt werden (§§ 4 f, 66, 69 ff ASchG, §§ 13, 16 PSA-V).

Für den UV-Schutz am Arbeitsplatz sind den Arbeitnehmern und Arbeitnehmerinnen (neben geeigneter Arbeitskleidung bzw allenfalls erforderlicher PSA-Schutzkleidung) zur Verfügung zu stellen: **66**

- **UV-Sonnenschutzmittel** mit geeignetem Lichtschutzfaktor für nicht durch die Kleidung bedeckte Teile der Haut (va entsprechend dem Hauttyp und der Verweildauer in der Sonne) – Hautschutzmittel (§ 9 VOPST, § 13 PSA-V (Hautschutz, -reinigung und -pflege, Hautschutzplan – Persönliche Schutzausrüstung, geeignete Arbeitskleidung, Hautschutzmittel); siehe Rz 56 ff.
- **Schutzbrillen** mit UV-Filterwirkung und Tönung gegen Blendung durch sichtbares Licht zum Schutz der Augen.

Zu Hautschutzmitteln (Hautschutz, -reinigung und -pflege) und Hautschutzplan siehe Rz 56 ff – Persönliche Schutzausrüstung, geeignete Arbeitskleidung, Hautschutzmittel (§ 9 VOPST).

Leitfäden für die betriebliche Praxis zur Gefahrenermittlung und -beurteilung der Gefahren natürlicher optischer Strahlung: **67**

- Leitfaden natürliche optische Strahlung – UV-Strahlung im Freien. Österreichische Arbeitsschutzstrategie 2007–2012, Hrsg BMASK (Mai 2011, Wien);
- Sicherheitsinformationen, Merkblätter der AUVA (http://www.auva.at), va
  - Messbericht UV-Durchlässigkeit von Textilen
  - M 013: UV-Strahlung und Arbeiten im Freien
  - M 014: UV-Strahlungsbelastung am Arbeitsplatz

Zu **Maßnahmen bei Hitzebelastung** (solare IR-Strahlung) vgl zB Merkblatt der Arbeitsinspektion „Arbeiten unter direkter Sonneneinstrahlung bei hohen Temperaturen" und Informationen zu Arbeiten bei Hitze bzw optische Strahlung auf der Website Arbeitsinspektion (Download 12.11.2024): https://www.arbeitsinspektion.gv.at/Arbeitsstaetten-_Arbeitsplaetze/Arbeitsstaetten-_Arbeitsplaetze/Arbeiten_bei_Hitze.html **68**

- Bereitstellung alkoholfreier Getränke
- Beschattung der Arbeitsplätze
- Duschgelegenheiten
- organisatorische Maßnahmen (Vorverlegung des Arbeitsbeginns, Vermeiden der Mittagshitze, zusätzliche Arbeitspausen)
- Unterweisung über mögliche Gesundheitsgefahren
- Unterweisung in Erster Hilfe speziell bei Hitzekollaps, Hitzschlag, Sonnenstich

- persönliche Schutzmaßnahmen wie
  - luftdurchlässige, UV-sichere Kleidung
  - Kopfbedeckung (mit Durchlüftung), falls kein Schutzhelm erforderlich ist,
  - regelmäßige Flüssigkeitszufuhr durch geeignete, alkoholfreie Getränke,
  - geeignete Sonnenschutzmittel,
  - Sonnenschutzbrillen, gegebenenfalls mit Seitenschutz,
  - Schutzhandschuhe beim Angreifen erhitzter Oberflächen, zB von Metallen (sofern nicht hinderlich).[2]

H. Information und Unterweisung, Anhörung und Beteiligung (§ 6 VOPST)

69 Eine **Information und Unterweisung** der Arbeitnehmer (**§ 12 und § 14 ASchG**) muss erfolgen, wenn in Arbeitsbereichen ein Expositionsgrenzwert für künstliche optische Strahlung überschritten ist oder Gefahren aufgrund der Arbeitsvorgänge vermieden werden müssen (zB indirekte Auswirkungen). Erforderliche Inhalte sind jedenfalls (**§ 6 Abs 1 VOPST**):

- Maßnahmen gemäß § 8 VOPST,
- Bedeutung und Höhe der Expositionsgrenzwerte mit Bezug zur Gefährdung,
- Ergebnisse der Bewertungen oder Messungen und potenzielle Gefahren, die von den Strahlenquellen ausgehen,
- Erkennen und Melden gesundheitsschädigender Auswirkungen,
- Voraussetzungen, unter denen die Arbeitnehmer Anspruch auf eine Gesundheitsüberwachung haben, und deren Zweck,
- sichere Arbeitsverfahren und korrekte Handhabung der Arbeitsmittel und Verhaltensweisen zur Minimierung der Exposition,
- korrekte Verwendung der zur Verfügung gestellten persönlichen Schutzausrüstung, Arbeitskleidung und Schutzmittel.

70 Die **Anhörung und Beteiligung** der Arbeitnehmer nach § 13 ASchG muss sich insbesondere beziehen auf (**§ 6 Abs 2 VOPST**):

- die Ergebnisse der Ermittlung und Beurteilung der Gefahren,
- Maßnahmen gemäß § 8,
- Auswahl von persönlicher Schutzausrüstung, Schutzmitteln und Arbeitskleidung.

I. Kennzeichnung

71 Bereiche, in denen ein **Expositionsgrenzwert überschritten** ist, müssen in geeigneter Weise gekennzeichnet sein; erforderlichenfalls unter Angabe der maximalen Aufenthaltsdauer. Wenn technisch möglich und aufgrund der Expositionsgefahr gerechtfertigt, müssen die Bereiche auch abgegrenzt und der Zugang eingeschränkt werden (§ 9 Abs 2 VOPST).

---

2 Siehe auch AUVA-Merkblatt M·plus 012 „Sommerliche Hitze – Präventionsmaßnahmen" (Hitzeschutzplan).

J. Übergangsbestimmungen

Ausnahmen von Bestimmungen der VOPST sind nicht zulässig (§ 11 VOPST). **72**

Vor dem **9.7.2010** aufgrund des ASchG oder des zuvor geltenden ANSchG erlassene **Bescheide** werden durch die VOPST nicht berührt – mit der Maßgabe, dass bescheidmäßige Vorschreibungen von Grenzwerten für künstliche optische Strahlung außer Kraft treten und stattdessen die in § 3 VOPST festgelegten Expositionsgrenzwerte gelten (**§ 13 Abs 3 VOPST**).

§ 13 Abs 1 VOPST hat den durch § 114 Abs 4 Z 6 ASchG vorläufig übergeleiteten § 16 Abs 1 der Allgemeinen Arbeitnehmerschutzverordnung (AAV) hinsichtlich blendenden Lichts, schädlicher Strahlen außer Kraft gesetzt. § 71 Abs 2 ASchG über bestimmte Arbeitskleidung ist mit der VOPST hinsichtlich der Einwirkung künstlicher optischer Strahlung in Kraft getreten (§ 13 Abs 2 VOPST).

VII. Gesundheitsüberwachung bei optischer Strahlung (§ 51 ASchG, § 5 VGÜ 2008)

Die Gesundheitsüberwachung bei Einwirkung von künstlicher optischer Strahlung ist seit 9.7.2010 in **§ 5 Abs 1 Z 4** der Verordnung über die Gesundheitsüberwachung (VGÜ), BGBl II 1997/27 (derzeit **VGÜ 2008**), geregelt: **73**

Arbeitnehmer, die inkohärenter künstlicher optischer Strahlung oder kohärenter optische Strahlung (Laser) unter Überschreitung der Expositionsgrenzwerte nach § 3 VOPST ausgesetzt sind, haben auf eigenen Wunsch jedenfalls Anspruch auf angemessene Gesundheitsüberwachung durch sonstige besondere Untersuchungen iSd § 51 ASchG.

Das Untersuchungsintervall bei Exposition beträgt zwei Jahre (VGÜ, Anlage 1 Teil III). Die Anlage 2, Teil III der VGÜ normiert die für die Untersuchungen anzuwendenden Untersuchungsrichtlinien und den Untersuchungsumfang bei Einwirkungen durch künstliche optische Strahlung. **74**

Vgl Anmerkungen zu § 51 Rz 5, VGÜ.

VIII. Gase, Dämpfe, Schwebstoffe und sonstige Beeinträchtigungen (AAV)

Aufgrund der vorläufigen Rechtsüberleitung durch § 114 Abs 4 Z 6 ASchG gilt derzeit noch die Regelung des **§ 16 Abs 1 AAV** über Schutzmaßnahmen gegen Gase, Dämpfe, Schwebstoffe und sonstige Beeinträchtigungen **in Betriebsräumen**: **75**

- Demnach sind Betriebseinrichtungen, Arbeitsvorgänge und Arbeitsverfahren, mit denen eine erhebliche Beeinträchtigung der Arbeitnehmer durch Gase, Dämpfe, Schwebstoffe, Wärme, üblen Geruch oder ähnliche Einwirkungen verbunden ist, **nach Möglichkeit in eigenen Räumen unterzubringen oder durchzuführen.**

- Andernfalls müssen solche Betriebseinrichtungen, Arbeitsvorgänge und Arbeitsverfahren **von den übrigen Arbeitsplätzen so weit als möglich getrennt** sein oder die Arbeiten sind so auszuführen, dass die nicht unmittelbar mit solchen Arbeiten Beschäftigten Einwirkungen der angeführten Art nicht ausgesetzt sind.
- Sofern durch diese Einwirkungen die Gesundheit von Arbeitnehmern gefährdet werden kann, die wohl im selben Raum, jedoch nicht an Betriebseinrichtungen oder bei Arbeitsvorgängen und Arbeitsverfahren iSd § 16 Abs 1 erster Satz AAV beschäftigt sind, hat die Behörde die **Beistellung eigener Räume oder andere Schutzmaßnahmen**, wie Durchführung der Arbeitsvorgänge in **geschlossenen Apparaten**, vorzuschreiben.

76 § 16 Abs 1 AAV wurde durch § 13 Abs 1 VOPST lediglich hinsichtlich Einwirkungen durch blendendes Licht und schädliche Strahlen aufgehoben. Bis zu einer Neuregelung durch die ASchG-Durchführungsverordnung gilt § 16 Abs 1 AAV im Übrigen vorläufig weiter.

IX. Schutz vor elektromagnetischen Feldern (VEMF)

77 Zu den physikalischen Einwirkungen, die auf den menschlichen Körper übertragen werden und die bei der Arbeit möglichst gering gehalten werden müssen (§ 66 Abs 1 ASchG), zählen auch elektromagnetische Felder (EMF).

Seit 1.8.2016 gilt in Arbeitsstätten, auswärtigen Arbeitsstellen und auf Baustellen die Verordnung über den Schutz der Arbeitnehmer/innen vor der Einwirkung durch elektromagnetische Felder (VEMF), BGBl II 2016/179 (Artikel 1), für Tätigkeiten, bei denen die Arbeitnehmer und Arbeitnehmerinnen während ihrer Arbeit einer Einwirkung durch elektromagnetische Felder (EMF) im Frequenzbereich von 0 Hz bis 300 GHz ausgesetzt sind oder sein könnten (§ 1 VEMF).

Die VEMF dient der Umsetzung der Richtlinie 2013/35/EU Elektromagnetische Felder.

78 Elektromagnetische Felder iSd VEMF sind statische elektrische, statische magnetische sowie zeitlich veränderliche elektrische, magnetische und elektromagnetische Felder im Frequenzbereich von 0 Hz bis 300 GHz (§ 2 Abs 1 VEMF).

Biologische Effekte müssen sofort oder bereits nach kurzzeitiger Einwirkung auftreten: Die VEMF erfasst nicht vermutete gesundheitsschädliche Langzeitwirkungen durch die Einwirkung niederschwelliger EMF (zB Kopftumore, Leukämie, Elektrosensibilität, § 2 Abs 3 VEMF).

A. EMF-physikalische Größen, Auslöse- und Expositionsgrenzwerte (§§ 3 ff VEMF, Anhänge)

79 Die Verordnungsanhänge beschreiben die der VEMF zugrunde liegenden physikalischen Größen und legen die Auslösewerte (§ 4 VEMF) und Expositionsgrenzwerte (§ 3 VEMF) für nicht-thermische und thermische Wirkungen fest (direkte biologische Wirkungen auf den menschlichen Körper):

- Anlage 1 – Physikalische Größen zur Bewertung der Exposition gegenüber elektromagnetischen Feldern
- Anlage 2 – Nichtthermische Wirkungen (Expositionsgrenzwerte und Auslösewerte im Frequenzbereich von 0 Hz bis 10 MHz)
- Anlage 3 – Thermische Wirkungen (Expositionsgrenzwerte und Auslösewerte im Frequenzbereich von 100 kHz bis 300 GHz)

Expositionsgrenzwerte sind jene elektrischen Feldwerte im Gewebe, ab denen es zu gesundheits- oder sicherheitsgefährdenden Effekten kommen kann. Sie sind nicht messbar, können aber mittels bestimmter Methoden berechnet werden.

Auslösewerte sind jene Feldwerte am Arbeitsplatz, deren Einhaltung auch die Einhaltung der Expositionsgrenze gewährleistet. Sie können gemessen bzw relativ einfach bestimmt werden.

Nicht-thermische Wirkungen, die im Frequenzbereich von 0 Hz bis 10 MHz auftreten, meinen die Stimulation von Nerven und Muskeln durch ein EMF im menschlichen Gewebe, das durch ein äußeres EMF verursacht wird.

Thermische Wirkungen treten im Frequenzbereich von 100 kHz bis 300 GHz auf und führen zu einer Gewebserwärmung durch Energieabsorption. Durch Einhaltung der Expositionsgrenzwerte wird eine unzulässige Erwärmung des Gewebes vermieden.

Zusätzlich können **indirekte Wirkungen** auftreten wie die Störung aktiver medizinischer Implantate (zB Herzschrittmacher, Defibrillatoren, Cochlea-Implantate) und am Körper getragener Medizingeräte (zB Insulinpumpen) oder die **Projektilwirkung** auf magnetisierbare Körper im Nahbereich von starken Quellen statischer Magnetfelder (zB Magnetresonanztomographen). Durch EMF können elektrische Zündvorrichtungen ausgelöst und durch Funkenentladungen auch Brände und Explosionen verursacht werden (aufgrund der Wirkung hoher elektrischer Feldstärke).

Für **schwangere Arbeitnehmerinnen** gelten die Grenzwerte zum Schutz der 80
Allgemeinbevölkerung (§ 5 VEMF): Es gelten die Referenzwerte (als Auslösewerte) und Basisgrenzwerte (als Expositionsgrenzwerte), die nach der Empfehlung des Rates 1999/519/EG zur Begrenzung der Exposition der Bevölkerung gegenüber EMF festgelegt wurden. Bei einer Überschreitung dieser Grenzwerte greift das Beschäftigungsverbot § 4 MSchG.

Für **Jugendliche** gelten aufgrund § 4 Abs. 2 Z 1 KJBG-VO die Auslösewerte als Expositionsgrenzwerte. Erst nach 18 Monaten Ausbildung dürfen Jugendliche bis zu den Expositionsgrenzwerten belastet werden, soferne die Arbeiten unter Aufsicht durchgeführt werden.

81 Wird nachgewiesen, dass die **Auslösewerte (§ 4 VEMF) nicht überschritten** werden, gilt dies als Einhaltung der entsprechenden Expositionsgrenzwerte für gesundheitliche und sensorische Wirkungen durch den Arbeitgeber (§ 3 Abs 4 VEMF).

Wird ein Auslösewert aber **überschritten**, muss entweder das EMF am Arbeitsplatz bis unterhalb des Auslösewertes reduziert werden, oder es muss durch Berechnungen nachgewiesen werden, dass trotzdem der zugehörige Expositionsgrenzwert eingehalten ist (§ 4 Abs 4 VEMF).

Falls der niedrige Auslösewert für die elektrische Feldstärke gemäß Anlage 2 Punkt B 1 überschritten wird, müssen Maßnahmen wie Erdung, Potentialausgleich oder Verwendung von isolierender persönlicher Schutzausrüstung gegen übermäßige Funkenentladungen getroffen werden. Weiters darf keine Überschreitung der Expositionsgrenzwerte für gesundheitliche Wirkungen vorliegen und die Beschäftigten müssen über möglicherweise auftretende vorübergehende Symptome informiert sein (§ 4 Abs 6 VEMF).

82 Wenn die Exposition von Beschäftigten bei ihrer Tätigkeit einen **Expositionsgrenzwert für elektromagnetische Felder überschreitet**, müssen die Arbeitgeber (§ 3 Abs 5)

- unverzüglich Sicherheitsmaßnahmen gemäß § 9 und § 10 (Maßnahmen und Maßnahmenprogramm) ergreifen, um die Exposition auf einen Wert unterhalb des Expositionsgrenzwertes zu senken,
- ermitteln, warum der Expositionsgrenzwert überschritten wurde,
- und die Schutz- und Vorbeugemaßnahmen sowie das Sicherheits- und Gesundheitsschutzdokument (§ 7 VEMF) entsprechend anpassen, um ein erneutes Überschreiten des Grenzwertes zu verhindern.

B. Ausnahmen von der Einhaltung bestimmter Expositionsgrenzwerte (§ 3 Abs 3 bis 10 VEMF)

83 § 3 Abs 3 bis 10 VEMF regelt weitreichende Ausnahmen für die Einhaltung bestimmter Expositionsgrenzwerte für bildgebende Verfahren mittels Magnetresonanz im Gesundheitswesen, bestimmte Schweißarbeiten und Arbeiten in Anlagen zur Erzeugung, Übertragung und Verteilung von elektrischer Energie:

Bei der medizinischen Anwendung von **Magnetresonanz im Gesundheitswesen** und damit verknüpften Forschungsarbeiten mit Magnetresonanzgeräten dürfen Expositionsgrenzwerte überschritten werden, wenn (neben anderen Voraussetzungen) eine Gefahrenbeurteilung (§ 7 VEMF) durchgeführt und alle technischen und organisatorischen Maßnahmen nach dem Stand der Technik und den Grundsätzen der Gefahrenverhütung (§ 7 ASchG) zur Reduzierung der Exposition getroffen wurden.

Nachzuweisen ist auch, dass die Arbeitnehmer trotz Grenzwertüberschreitung weiterhin vor gesundheitsschädlichen Wirkungen und Sicherheitsrisiken geschützt sind, etwa indem die Informationen für die sichere Anwendung nach dem Medizinproduktegesetz (MPG) eingehalten werden (§ 3 Abs 6 Z 1 bis 6 VEMF).

Eine **vorübergehende Überschreitung bestimmter Expositionsgrenzwerte (sensorische Wirkungen)** ist bei bestimmten Tätigkeiten zulässig, wenn dies aus praxis- oder verfahrensbedingten Gründen notwendig ist (§ 3 Abs 7 u 8 VEMF). Das ist va dann gegeben, wenn spezielle Anwendungstechniken erforderlich sind und keine geeigneten alternativen Arbeitsverfahren zur Verfügung stehen (zB bei Herstellung von Prototypen in der Autoindustrie ist kein Robotereinsatz möglich). Eine vorübergehende bzw zeitweilige Überschreitung von Expositionsgrenzwerten darf nur kurz sein und nicht regelmäßig erfolgen (vgl Judikatur zu § 23 Abs 1 ASchG: VwGH 93/18/0067 v 1.12.1994, VwGH 86/08/0035 v 3.4.1986 ua). **84**

Vorübergehende Überschreitungen sind nur zulässig

- bei Widerstands- und Bolzenschweißarbeiten in beengten Räumen (§ 3 Abs 7 Z 1, nach deutscher BGI 534 sind enge Räume auch offene Räume wie Gruben, Schächte, Gräben, Kanäle),
- in elektrischen Anlagen zur Erzeugung, Übertragung und Verteilung elektrischer Energie bei Wartungs- und Instandhaltungsarbeiten und bei Nennspannungen von 220 kV oder darüber (§ 3 Abs 7 Z 2, Abs 9 u 10).

Hier ist auch eine zeitweilige Überschreitung bestimmter Expositionsgrenzwerte für Arbeiten in abgeschlossenen elektrischen Betriebsstätten (ÖVE/ÖNORM E 8001-4-44, verbindlich aufgrund Elektrotechnikverordnung 2002 – ETV 2002) oder in abgegrenzten Räumen im Freien zulässig, wenn bei absehbaren Betriebsstörungen übermäßig hohe Fehlerströme auftreten (§ 3 Abs 9 u 10 VEMF).

Voraussetzungen, um eine VEMF-Ausnahme in Anspruch nehmen zu können, sind ua eine erfolgte **Arbeitsplatzevaluierung**, die **Durchführung aller technischen und organisatorischen Maßnahmen** zur Expositionsreduktion nach dem Stand der Technik und die **Information** der betroffenen Arbeitnehmer und Arbeitnehmerinnen über mögliche, durch EMF hervorgerufene Symptome (§ 3 Abs 8 Z 4 VEMF). **85**

In jedem Fall muss das **Sicherheits- und Gesundheitsschutzdokument** entsprechend der Ausnahme und erforderlichen Maßnahmen angepasst werden (§ 7 Abs 4 VEMF, § 4 Abs 4 u 5 ASchG, § 3 DOK-VO).

Die zuständige Behörde darf von den Bestimmungen der VEMF keine Ausnahmen zulassen (§ 12 VEMF, § 95 Abs 1 ASchG).

C. Bewertungen, Berechnungen und Messungen (§ 6 VEMF)

Zur Bewertung, ob die Expositionsgrenzwerte an den Arbeitsplätzen eingehalten werden, können herangezogen werden (§ 6 VEMF): **86**

- Bedienungs- und Betriebsanleitungen, Angaben der Hersteller oder Inverkehrbringer von EMF-Quellen,

- Arbeitsverfahrensvergleiche,
- veröffentlichte Informationen wie wissenschaftliche Erkenntnisse, expositionsbezogene Datenbanken oder Berechnungsverfahren, ÖVE/ÖNORM EN 50499 (Verfahren für die Beurteilung der Exposition von Arbeitnehmern gegenüber EMF), Computerprogramm EMES der AUVA für die Evaluierung von Büroarbeitsplätzen (www.eval.at),
- Leitfäden der Europäischen Kommission (Praktischer Leitfaden, Fallstudien, Leitfaden für KMU).

Die individuelle Wirkung von persönlicher Schutzausrüstung ist bei der Bewertung nicht zu berücksichtigen (§ 6 Abs 1 Z 3).

87 Ist es nicht möglich, die Einhaltung der Expositionsgrenzwerte zuverlässig zu bestimmen und eine Überexposition auszuschließen, sind **Berechnungen oder Messungen** erforderlich, die nur von fachkundigen Personen oder Diensten durchgeführt werden dürfen, die über geeignete Einrichtungen und Unterlagen verfügen (§ 6 Abs 2, 4 u 5 VEMF).

Die nach einschlägigen bewährten Verfahren ermittelten Mess- oder Berechnungsunsicherheiten müssen berücksichtigt werden (§ 6 Abs 1 Z 4 – zB numerische Fehler, Quellenmodellierung, Phantomgeometrie, elektrische Eigenschaften von Geweben und Werkstoffen).

D. Arbeitsplatzevaluierung bei EMF-Exposition (§ 7 VEMF)

88 **EMF-Risikobereiche** sind Bereiche, in denen hohe elektrische Spannungen oder Ströme auftreten oder starke Felder erzeugt werden (zB zur Materialerwärmung) – etwa in Kraftwerken, Umspannwerken, Anlagen für die Stromversorgung mit hoher Leistung, bei elektrischen Schweißarbeiten, Elektrolyseanlagen, Induktionsöfen, Magnetresonanztomographen; weiters Strahlenbereiche in unmittelbarer Nähe von Sendeantennen des Rundfunks und Mobilfunks.

Die **Ergebnisse der Bewertungen, Berechnungen und Messungen** müssen der Arbeitsplatzevaluierung zugrundegelegt werden, dabei sind va zu berücksichtigen (§ 7 Abs 1 VEMF):

- Art, Ausmaß, Dauer und Frequenz- oder Wellenlängenspektrum der Exposition gegenüber EMF unter Berücksichtigung von Mehrfachquellen, EMF mit mehreren Frequenzen,
- Expositionsgrenzwerte und Auslösewerte für besonders gefährdete oder schutzbedürftige Arbeitnehmer/innen,
- Ergebnisse von Bewertungen, Berechnungen und Messungen sowie einschlägige Informationen auf Grundlage der Gesundheitsüberwachung,
- Angaben von Hersteller/innen, Inverkehrbringer/innen oder der Bedienungsanleitung (va Angaben zur korrekten Verwendung, Wartung und

Kennzeichnung der Arbeitsmittel) sowie veröffentlichte Informationen wie wissenschaftliche Erkenntnisse, expositionsbezogene Datenbanken oder Berechnungsverfahren und Vergleichsdaten).

Weiters kann der Leitfaden der Europäischen Kommission gemäß Art 14 der Richtlinie 2013/35/EU herangezogen werden (Nicht verbindlicher Leitfaden mit bewährten Verfahren im Hinblick auf die Durchführung der Richtlinie 2013/35/EU – Band 1: Praktischer Leitfaden, Band 2: Fallstudien, Leitfaden für KMU).

Bei der Ermittlung und Beurteilung von Gefahren durch EMF sind zudem zu berücksichtigen (§ 7 Abs 2): **89**

- alle Auswirkungen von EMF auf die Gesundheit und Sicherheit **besonders gefährdeter oder schutzbedürftiger** Arbeitnehmer/innen,
- alle indirekten Auswirkungen auf Gesundheit und Sicherheit der Arbeitnehmer/innen durch
  a) Beeinflussung von medizinischen Geräten, wie metallischen Prothesen und elektronischen Implantaten (zB Herzschrittmacher), oder von sonstigen am Körper getragenen metallischen Gegenständen (zB Brillen, Ringe, Schmuck), soweit der/die Arbeitgeber/in darüber von dem/der Arbeitnehmer/in Kenntnis erlangt hat,
  b) Kraftwirkung auf ferromagnetische Gegenstände in statischen Magnetfeldern (Projektilwirkung),
  c) Auslösung von elektrischen Zündvorrichtungen (Detonatoren),
  d) Brand- und Explosionsgefahr durch Funkenbildung auf Grund von induzierten Feldern, Kontaktströmen oder Funkenentladungen,
- Gefahren, die bei **Wartung, Instandhaltung oder Störungsbehebung** auftreten können.

Bedacht genommen werden muss dabei auf die Gestaltung und Auslegung der Arbeitsstätten, Räume, Arbeitsplätze und Arbeitsverfahren (zB bauliche Trennung von stark belasteten Bereichen und Abschirmungen), auf die Verfügbarkeit alternativer Arbeitsmittel oder Ausrüstungen, die Möglichkeit technischer Maßnahmen zur Expositionsverringerung, Verriegelungseinrichtungen, Abschirmungen oder vergleichbare Schutzvorrichtungen, oder auf die Möglichkeit, die Einwirkung von statischen magnetischen Feldern durch Verhaltensweisen (va Bewegungskontrolle) zu verringern (§ 7 Abs 3 VEMF). **90**

Zur Beurteilung einer **EMF-Belastung an Büroarbeitsplätzen** kann das Softwaretool EMES der AUVA für die Evaluierung von Büroarbeitsplätzen verwendet werden (www.eval.at), vgl Merkblatt Elektromagnetische Felder auf der Website der Arbeitsinspektion (Download 12.11.2024): https://www.arbeitsinspektion.gv.at/Arbeitsstaetten-_Arbeitsplaetze/Arbeitsstaetten-_Arbeitsplaetze/Elektromagnetische_Felder.html

91 Die Arbeitsplatzevaluierung muss **regelmäßig aktualisiert** werden (§ 7 Abs 4 VEMF), jedenfalls aber

- wenn Auslösewerte überschritten sind und ein Nachweis für die Einhaltung der Expositionsgrenzwerte nicht erbracht bzw Sicherheitsrisiken nicht ausgeschlossen werden können,
- bei Veränderungen (zB neue Arbeitsmittel),
- aufgrund einer Bewertung (zB Messung),
- aufgrund der Ergebnisse der Gesundheitsüberwachung (zB wenn Arbeitnehmer/innen Symptome melden wie Schwindelgefühl, Übelkeit, optische Wahrnehmungsstörungen),
- wenn besonders gefährdete Arbeitnehmer/innen eingestellt werden (zB Herzschrittmacherträger/innen), soweit dies dem Arbeitgeber bekannt ist.

E. Maßnahmen und Maßnahmenprogramm (§§ 9, 10 VEMF)

92 Gefahren durch EMF müssen **ausgeschlossen** oder so weit **auf ein Mindestmaß verringert** werden, als dies nach dem Stand der Technik und Verfügbarkeit von geeigneten technischen Mitteln möglich ist (§ 9 Abs 1 VEMF).

Kann die Einhaltung des Expositionsgrenzwertes nicht nachgewiesen werden (zB durch Einhaltung des Auslösewertes) müssen **Maßnahmen** ergriffen werden, um die EMF-Expositionen am Arbeitsplatz zu senken, zB durch:

- bauliche Maßnahmen (va Gestaltung und Auslegung der Räume und Arbeitsplätze),
- Maßnahmen an der Quelle zur Vermeidung oder Verringerung der Exposition (zB alternative Arbeitsverfahren, Auswahl geeigneter Arbeitsmittel, Wartung),
- Unterbringung von Arbeitsmitteln und Durchführung von Arbeitsvorgängen, die EMF über den Expositionsgrenzwerten verursachen, nach Möglichkeit in eigenen Räumen, Verwendung von Arbeitsmitteln, die geringere Felder emittieren,
- technische Maßnahmen (Erdung, Potenzialausgleich, erforderlichenfalls Verriegelungseinrichtungen, Abschirmungen, vergleichbare Schutzvorrichtungen)
- organisatorische Maßnahmen (Abstandsvergrößerung zur Feldquelle, Verhaltensweisen zur Minimierung des Expositionsausmaßes, Begrenzen der Dauer und Intensität der Exposition).

93 Können bei **Überschreitung eines Auslösewertes** die Einhaltung der Expositionsgrenzwerte nicht nachgewiesen und Sicherheitsgefahren nicht ausgeschlossen werden, müssen Arbeitgeber bei der Festlegung oder Anpassung von Gefahrenverhütungsmaßnahmen (§ 4 ASchG) auch ein Maßnahmenprogramm festlegen und durchführen. Bei Erstellung des Maßnahmenprogramms sind auch besonders gefährdete oder schutzbedürftige Arbeitnehmer zu berücksichtigen (§ 9 Abs 3 u 4, § 10 VEMF).

F. Persönliche Schutzausrüstung und Kennzeichnung von EMF-Bereichen (§ 11 VEMF)

Bei **Überschreitung der Expositionsgrenzwerte** müssen Arbeitgeber den exponierten Beschäftigten **geeignete persönliche Schutzausrüstung** (PSA) als Schutz gegen das EMF zur Verfügung stellen (Ganzkörperanzug samt Haube, Metallgitter vor dem Sehschlitz – Faradayscher Käfig). Wird der niedrige Auslösewert für das elektrische Feld überschritten zB isolierende Schutzhandschuhe, sofern nicht durch andere Maßnahmen übermäßige Kontaktströme vermieden werden können. 94

Arbeitnehmer und Arbeitnehmerinnen sind verpflichtet, die PSA zweckentsprechend zu benutzen und zu lagern (§ 15 Abs 2 ASchG, § 11 Abs 1 VEMF).

Bereiche, in denen ein Auslösewert überschritten ist oder in denen Arbeitnehmer wahrscheinlich einer Gefährdung durch EMF ausgesetzt sind (zB Implantatträger) müssen in geeigneter Weise **gekennzeichnet** werden (Warnzeichen nach der Kennzeichnungsverordnung – KennV, gegebenenfalls mit EMF-Zusatzschild, falls EMF Herzschrittmacher stören können: Verbotsschild nach ÖNORM ISO 7010). 95

Ist dies technisch möglich und aufgrund der Expositionsgefahr gerechtfertigt, sind diese Bereiche auch abzugrenzen und der **Zugang einzuschränken** (§ 11 Abs 2 VEMF). Derartige speziell auf EMF ausgerichtete Kennzeichnungen und Zugangsbeschränkungen sind nicht erforderlich, wenn der Zugang aus anderen Gründen in geeigneter Weise eingeschränkt ist und die Arbeitnehmer/innen über die EMF-Gefahren informiert und unterwiesen sind (§ 8).

G. Information, Unterweisung, Anhörung und Beteiligung (§ 8 VEMF)

Wenn bei der Tätigkeit die Möglichkeit besteht, dass ein **Auslösewert überschritten wird und auch die Einhaltung des Expositionsgrenzwertes nicht nachgewiesen** wird, müssen die Arbeitnehmer und Arbeitnehmerinnen über die Gefährdungen durch EMF und die Maßnahmen zu deren Vermeidung bzw Verringerung nach §§ 12 und 14 ASchG informiert und unterwiesen werden (§ 8 Abs 1 VEMF), zB korrekte Verhaltensweisen zur Minimierung der Exposition, sichere Arbeitsverfahren, korrekte Handhabung der Arbeitsmittel. 96

Den Arbeitnehmer/innen soll so ermöglicht werden, zB Symptome, die durch EMF hervorgerufen werden können, zu erkennen (Schwindelgefühl, Übelkeit, optische Wahrnehmungsstörungen) und über die Voraussetzungen, unter denen sie Anspruch auf eine **Gesundheitsüberwachung** haben und deren Zweck Bescheid zu wissen. Die Information und Unterweisung muss sich daher jedenfalls auf die in § 8 Abs 1 Z 1 bis 8 VEMF angeführten Inhalte beziehen. Mögliche Auswirkungen von EMF auf die Gesundheit und Sicherheit bei der

Arbeit sind zB auch das Versagen oder die Fehlfunktion aktiver Implantate, passive Metallimplantate können sich erwärmen. Die Information und Unterweisung muss sich auch auf am Körper getragenene medizinische Geräte oder sonstige metallische Gegenstände wie Brillen, Ringe, Schmuck der Arbeitnehmer/innen beziehen (Z 10).

97 Die Anhörung und Beteiligung der Arbeitnehmer/innen (§ 13 ASchG) muss sich insbesondere beziehen auf die Ergebnisse der Arbeitsplatzevaluierung, Maßnahmen gemäß § 10 VEMF und die Auswahl persönlicher Schutzausrüstungen (§ 8 Abs 2 VEMF).

H. Gesundheitsüberwachung bei EMF-Exposition (§ 51 ASchG, § 5 VGÜ)

98 Die Gesundheitsüberwachung bei Einwirkung durch elektromagnetische Felder ist seit 1.8.2016 in § 5 Abs 1 Z 5 der **Verordnung über die Gesundheitsüberwachung am Arbeitsplatz (VGÜ)** geregelt (Novelle BGBl II 2016/179 Artikel 2):

Arbeitnehmern und Arbeitnehmerinnen ist **auf eigenen Wunsch** eine **ärztliche Untersuchung** zu ermöglichen, wenn sie gegenüber elektromagnetischen Feldern exponiert sind

- und die Expositionsgrenzwerte nach § 3 VEMF überschritten sind
- oder wenn der/die Arbeitnehmer/in unerwünschte oder unerwartete gesundheitliche Auswirkungen meldet.

99 Für diese Gesundheitsüberwachung durch **sonstige besondere Untersuchungen iSd § 51 ASchG** gilt ein Untersuchungsintervall von fünf Jahren (VGÜ-Anlage 1 Teil III Z 6). Anlage 2, Teil IV Punkt 6 der VGÜ normiert die für die Untersuchungen anzuwendenden Untersuchungsrichtlinien und den Untersuchungsumfang bei EMF-Einwirkung am Arbeitsplatz.

Bildschirmarbeitsplätze

§ 67. (1) Bildschirmgerät im Sinne dieser Bestimmung ist eine Baueinheit mit einem Bildschirm zur Darstellung alphanumerischer Zeichen oder zur Grafikdarstellung, ungeachtet des Darstellungsverfahrens. Bildschirmarbeitsplätze im Sinne dieser Bestimmung sind Arbeitsplätze, bei denen das Bildschirmgerät und die Dateneingabetastatur oder sonstige Steuerungseinheit sowie gegebenenfalls ein Informationsträger eine funktionale Einheit bilden.

(2) Arbeitgeber sind verpflichtet, Bildschirmarbeitsplätze ergonomisch zu gestalten. Es dürfen nur Bildschirmgeräte, Eingabe oder Datenerfassungsvorrichtungen sowie Zusatzgeräte verwendet werden, die dem Stand der Technik und den ergonomischen Anforderungen entsprechen. Es sind geeignete Arbeitstische bzw. Arbeitsflächen und Sitzgelegenheiten zur Verfügung zu stellen.

(3) Bildschirmarbeitsplätze sind so zu bemessen und einzurichten, daß ausreichend Platz vorhanden ist, um wechselnde Arbeitshaltungen und -bewegungen zu ermöglichen. Es ist für eine geeignete Beleuchtung und dafür zu sorgen, daß eine Reflexion und eine Blendung vermieden werden.

(4) Auf tragbare Datenverarbeitungsgeräte ist Abs. 2 und 3 anzuwenden, wenn sie regelmäßig am Arbeitsplatz eingesetzt werden.

(5) Bei den nachstehend angeführten Einrichtungen bzw. Geräten sind die nach der Art oder Zweckbestimmung der Einrichtung oder der Art der Arbeitsvorgänge erforderlichen Abweichungen von Abs. 2 und 3 zulässig:

1. **Fahrer- und Bedienungsstände von Fahrzeugen und Maschinen,**
2. **Datenverarbeitungsanlagen an Bord eines Verkehrsmittels,**
3. **Datenverarbeitungsanlagen, die hauptsächlich zur Benutzung durch die Öffentlichkeit bestimmt sind,**
4. **Rechenmaschinen, Registrierkassen und Geräte mit einer kleinen Daten- oder Meßwertanzeigevorrichtung, die zur direkten Benutzung des Gerätes erforderlich ist, und**
5. **Display-Schreibmaschinen.**

(6) Abs. 1, 2 mit Ausnahme des letzten Satzes und 4 gelten auch für die vom Arbeitgeber den Arbeitnehmern zur Erbringung von Arbeitsleistungen außerhalb der Arbeitsstätte zur Verfügung gestellten Bildschirmgeräte, Eingabe- oder Datenerfassungsvorrichtungen sowie Zusatzgeräte, Arbeitstische bzw. Arbeitsflächen und Sitzgelegenheiten.

[BGBl I 2012/118]

Übersicht

I. Bildschirmarbeitsplätze, Bildschirmgeräte ... 1–8
II. Ergonomische Anforderungen an Bildschirmarbeitsplätze (§ 67 Abs 2 und 3 ASchG, 2. Abschnitt BS-V) ... 9–12
III. Bildschirmarbeitsplätze mit tragbaren Datenverarbeitungsgeräten – Laptops (§ 67 Abs 4 ASchG) ... 13, 14
IV. Bildschirmarbeitsplätze gemäß § 67 Abs 5 ASchG ... 15–20
V. Fallweise kurz dauernde Eingaben und Abfragen mit Tätigkeitswechsel (§ 16 Abs 1 BS-V) ... 21
VI. Tele-Heimarbeit – Home Office (Bildschirmarbeitsplätze außerhalb der Arbeitsstätte gemäß § 67 Abs 6 ASchG) ... 22–25
VII. Unterweisung, Information, Anhörung und Beteiligung (4. Abschnitt BS-V) ... 26
A. Unterweisung (§ 13 BS-V) ... 27
B. Information (§ 14 BS-V) ... 28
C. Anhörung und Beteiligung (§ 15 BS-V) ... 29

I. Bildschirmarbeitsplätze, Bildschirmgeräte

1 Die §§ 67 und 68 über Bildschirmarbeitsplätze und besondere Maßnahmen bei Bildschirmarbeit beinhalten die Umsetzung der **Richtlinie 90/270/EWG** über die Mindestvorschriften bezüglich der Sicherheit und des Gesundheitsschutzes bei der Arbeit an Bildschirmgeräten.

Die Definitionen in **§ 68 Abs 1 ASchG** berücksichtigen die Begriffsbestimmungen des Art 2 der Richtlinie 90/270/EWG, ua Art 2 lit c zum Arbeitnehmerbegriff bei Bildschirmarbeit. Nach den Gesetzesmaterialien der ASchG-Stammfassung konnten die Definitionen nach der (mittlerweile zurückgezogenen) ÖNORM A 2611 bei Erlassung des ASchG 1994 nur berücksichtigt werden, soweit sie keine unzulässige Einschränkung der Richtlinie bewirken (vgl ErlRV 1590 BlgNR 18. GP).

2 Als ASchG-Durchführungsverordnung zu §§ 67 und 68 ASchG wurde die am **1.5. 1998** in Kraft getretene Verordnung über den Schutz der Arbeitnehmer/innen bei Bildschirmarbeit **(Bildschirmarbeitsverordnung – BS-V)**, BGBl II 1998/124, erlassen. Von der BS-V können weitgehend keine Ausnahmen zugelassen werden (siehe § 16 Abs 2 BS-V).

3 Es gelten folgende Begriffsbestimmungen nach ASchG und BS-V:

- **Bildschirmgerät** ist eine Baueinheit mit einem Bildschirm zur Darstellung alphanumerischer Zeichen oder zur Grafikdarstellung, ungeachtet des Darstellungsverfahrens (§ 67 Abs 1 erster Satz ASchG).
- **Bildschirmarbeitsplätze** sind Arbeitsplätze, bei denen das Bildschirmgerät und die Dateneingabetastatur oder sonstige Steuerungseinheit sowie gegebenenfalls ein Informationsträger eine funktionale Einheit bilden (§ 67 Abs 1 letzter Satz ASchG).
- **Bildschirmarbeit** ist die Ausführung von Tätigkeiten wie Datenerfassung, Datentransfer, Dialogverkehr, Textverarbeitung, Bildbearbeitung oder CAD/CAM-Arbeiten an Bildschirmarbeitsplätzen unter Verwendung von Bildschirmgeräten (jeweils iSd § 67 Abs 1 ASchG). (§ 1 Abs 2 BS-V)
- **Ein nicht unwesentlicher Teil der normalen Arbeit** (iSd § 68 Abs 3 ASchG) ist eine Beschäftigung mit Bildschirmarbeit im durchschnittlichen Ausmaß von ununterbrochen mehr als zwei Stunden bzw (bei Unterbrechungen) mehr als drei Stunden der Tagesarbeitszeit (§ 1 Abs 4 BS-V, relevant für den Anspruch der Arbeitnehmer/innen ua auf Augenuntersuchungen, Sehhilfen, Pausen). Siehe Anmerkungen zu § 68 Rz 1–5 (§ 1 Abs 4 BS-V, Art 2 lit c der RL 90/207/EWG).
- **Arbeitsmittel** iSd BS-V sind Bildschirmgeräte, Eingabe- und Datenerfassungsvorrichtungen sowie unbedingt erforderliche Zusatzgeräte (§ 2 BS-V). Zusatzgeräte sind zB Telefon, Fax, Drucker.

4 Die Definition des Begriffs Bildschirm gemäß Art 2 lit a der Richtlinie 90/270/EWG ist dahin auszulegen, dass der Ausdruck **Schirm zur Grafik-**

darstellung auf die Darstellung jeder Art von Bildern einschließlich der Wiedergabe von Filmmaterial auf Monitoren zu beziehen ist, und zwar unabhängig davon, ob es sich um analoge Filmaufzeichnungen handelt oder um Videodateien, die digitale Aufzeichnungen enthalten (hier: Tätigkeit einer Cutterin beim Fernsehen). Darunter fallen auch Bildschirme, auf denen Filmaufzeichnungen in analoger oder in digitalisierter Form dargestellt werden (EuGH 6.7.2000, Rs C-11/99, *Dietrich*).

Folgende Arten von Bildschirmarbeitsplätzen können aufgrund ihrer jeweiligen ergonomischen Anforderungen unterschieden werden: 5

- **Bildschirmarbeitsplätze**, für die keine Abweichungen zulässig sind (§ 67 Abs 1 bis 3 und § 68 Abs 1 bis 4 ASchG, BS-V);
- Bildschirmarbeitsplätze mit **tragbaren Datenverarbeitungsgeräten** (§ 67 Abs 4 und § 68 Abs 5 ASchG);
- Bildschirmarbeitsplätze gemäß § 67 Abs 5 und § 68 Abs 6 ASchG (**Fahrer- und Bedienungsstände, Kassenarbeitsplätze** ua);
- Bildschirmarbeitsplätze mit **fallweisen kurz dauernden Eingaben und Abfragen** (Ausnahme § 16 Abs 1 BS-V);
- **Tele-Bildschirmarbeitsplätze** außerhalb der Arbeitsstätte (§ 67 Abs 6 und § 68 Abs 7 ASchG).

Zu beachten sind va auch die für Bildschirmarbeitsplätze relevanten Bestimmungen der **Arbeitsstättenverordnung** (AStV): natürliche Belichtung (§ 25 AStV), Sichtverbindung ins Freie (§ 25 AStV), Beleuchtung (§ 29 AStV), Raumklima (§ 28 AStV). Für Bürotätigkeiten gilt weiters der **Grenzwert von 65 dB(A) für Lärm** nach § 5 Abs 1 Z 2 Verordnung Lärm und Vibrationen (VOLV). 6

Nach Artikel VII Abs 2 Z 7 Nachtschwerarbeitsgesetz (NSchG) liegt **Nachtschwerarbeit** bei Bildschirmarbeitsplätzen in Verbindung mit Nachtarbeit vor im Zeitraum von 22 bis 6 Uhr, wenn die Bildschirmarbeit für die gesamte Tätigkeit bestimmend ist. Vgl Anmerkungen zu § 68 ASchG. 7

Anwendungsinformationen bietet zB das AUVA-Merkblatt M 026 Bildschirmarbeitsplätze der Allgemeinen Unfallversicherungsanstalt https://auva.at/praevention/medien-und-publikationen/publikationen-us/m-026-bildschirmarbeitsplaetze/ (Download 12.11.2024). 8

Weiterführende Links und Informationen auf der Website der Arbeitsinspektion (Downoad 12.11.2024): https://www.arbeitsinspektion.gv.at/Arbeitsstaetten-_Arbeitsplaetze/Ergonomie/Bildschirmarbeitsplaetze.html

II. Ergonomische Anforderungen an Bildschirmarbeitsplätze (§ 67 Abs 2 und 3 ASchG, 2. Abschnitt BS-V)

§ 67 Abs 2 und 3 entsprechen dem Anhang der Richtlinie 90/270/EWG. Im Zusammenhang mit der Gestaltung von Bildschirmarbeitsplätzen ist vor allem auf einschlägige Normen und sonstige anerkannte Regelungen Bedacht zu nehmen (vgl ErlRV 1590 BlgNR 18. GP). 9

10 **Technische Normen** für Bildschirmarbeitsplätze (Stand der Technik – § 2 Abs 8 ASchG) sind

- ÖNORM EN ISO 9241 Ergonomische Anforderungen für Bürotätigkeiten mit Bildschirmgeräten bzw Ergonomie der Mensch/Maschine-Schnittstelle (alle Teile)
- ÖNORM EN 12464-1 Licht und Beleuchtung – Beleuchtung von Arbeitsstätten – Teil 1 Arbeitsstätten in Innenräumen
- ÖNORM EN 527 Büromöbel – Büro – Arbeitstische (Teil 1–3)
- ÖNORM EN 1335 Büromöbel – Büro – Arbeitsstuhl (Teil 1–3)
- ÖNORM A 8010 Ergonomische Gestaltung von Büroarbeitsplätzen
- ÖNORM EN 14306 Ergonomische Anforderungen an optische Anzeigen in Flachbauweise (Teil 1–2).

11 **Bildschirmarbeitsplätze müssen ergonomisch gestaltet sein.** Dazu sind auch die dem Stand der Technik entsprechenden Geräte (Monitore, Tastaturen, sonstige Steuerungs- oder Zusatzeinheiten), Arbeitstische, Arbeitsflächen und Arbeitsstühle beizustellen. Zur Notwendigkeit einer benutzerfreundlichen Software siehe Anmerkungen zu § 68 Abs 2 ASchG.

Die ergonomischen Anforderungen an Bildschirmarbeitsplätze sind in § 67 Abs 2 und 3 ASchG allgemein festgelegt und werden durch den **2. Abschnitt (Bildschirmarbeitsplätze) der Bildschirmarbeitsverordnung (BS-V)** konkretisiert: Die **§§ 3 bis 7 BS-V** gelten für Bildschirmarbeitsplätze iSd § 67 Abs 1 zweiter Satz ASchG, ausgenommen die in § 67 Abs 5 ASchG genannten Einrichtungen und Geräte (§ 1 Abs 1 BS-V).

12 Die Benützung des Bildschirmgeräts als solche darf keine Gefährdung der Arbeitnehmer/innen mit sich bringen (§ 3 Abs 1 Z 1 BS-V). Den Arbeitnehmer/innen dürfen nur Bildschirmgeräte zur Verfügung gestellt werden, die folgenden Anforderungen entsprechen:

- **§ 3 Abs 1: Bildschirm**
  - angezeigte Zeichen müssen scharf und deutlich, ausreichend groß und mit angemessenem Zeichen- und Zeilenabstand dargestellt werden;
  - Wiedergabe der Zeichen in Positivdarstellung möglich;
  - Bild stabil und frei von Flimmern (auch keine Instabilitäten anderer Art wie störende Veränderungen von Zeichengestalt und Zeichenort);
  - Helligkeit und der Kontrast zwischen Zeichen und Bildschirmhintergrund müssen leicht eingestellt und den Umgebungsbedingungen angepasst werden können;
  - leicht dreh- sowie neigbar zur Anpassung an die individuellen Bedürfnisse des Arbeitnehmers (es kann stattdessen auch ein separater Ständer für den Bildschirm oder ein verstellbarer Tisch verwendet werden);
  - reflexionsarme Oberfläche;
  - Größe des Bildschirms der Arbeitsaufgabe entsprechend.

- **§ 3 Abs 1: Tastatur**
  - neigbar, vom Bildschirm getrennte Einheit;
  - matte Oberfläche zur Vermeidung von Reflexionen;
  - Tastenbeschriftung muss sich vom Untergrund deutlich abheben, auch bei leicht wechselnden Arbeitshaltungen ohne Schwierigkeiten lesbar;
  - Anordnung und Beschaffenheit der Tasten müssen die Bedienung der Tastatur erleichtern.
- **§ 4: Arbeitstisch und Arbeitsfläche**
  - ausreichend große und reflexionsarme Oberfläche;
  - Größe entspricht den Maßen der verwendeten Arbeitsmittel;
  - flexible Anordnung der Arbeitsmittel und Arbeitsvorlagen ist möglich;
  - abgerundete Ecken und Kanten.

  Ein ausreichender Greifraum und Beinfreiraum müssen gewährleistet sein (§ 4 Abs 3 und 4 BS-V). Bei häufiger Arbeit mit Arbeitsvorlagen sind auf Wunsch Vorlagehalter zur Verfügung zu stellen (§ 4 Abs 2 BS-V mit näheren Anforderungen).
- **§ 5: Arbeitsstuhl**
  - Arbeitsstühle dürfen die Bewegungsfreiheit nicht einschränken und müssen den Arbeitnehmern die Einnahme ergonomisch günstiger Körperhaltungen ermöglichen;
  - ausgeführt als Drehstühle mit Rollen oder Gleitern (kippsicher, Rollen beim unbelasteten Stuhl schwergängig, Untergestell mit mindestens fünf Auflagepunkten);
  - verstellbare Sitzhöhe;
  - Rückenlehne muss eine gute Abstützung in verschiedenen Sitzhaltungen ermöglichen und in Höhe und Neigung verstellbar sein;

  Den Arbeitnehmern sind Fußstützen zur Verfügung zu stellen, wenn dies auf Grund der Körpermaße oder fehlenden Tischhöhenverstellung erforderlich ist (§ 5 Abs 2 BS-V).
- **§ 6: Belichtung und Beleuchtung**
  - Blendungen und störende Reflexionen auf dem Bildschirm und anderen Arbeitsmitteln durch Lichtquellen müssen auch bei leicht wechselnden Arbeitshaltungen vermieden werden;
  - bei der Bildschirmaufstellung ist darauf zu achten, dass die Blickrichtung annähernd parallel zu Fensterflächen gerichtet ist, wenn dies auf Grund der Raumanordnung möglich ist;
  - Lichteintrittsöffnungen, die störende Reflexionen oder zu hohe Kontraste hervorrufen, müssen mit verstellbaren Lichtschutzvorrichtungen ausgestattet sein;
  - die Beleuchtung ist so zu dimensionieren und anzuordnen, dass ausreichende Lichtverhältnisse und ausgewogener Kontrast zwischen Bildschirm und Umgebung gewährleistet sind. Dabei sind die Art der

Tätigkeit sowie die sehkraftbedingten Bedürfnisse des Arbeitnehmers zu berücksichtigen.

- § 7: **Strahlung**
  - Alle Strahlungen mit Ausnahme des sichtbaren Teils des elektromagnetischen Spektrums müssen auf Werte verringert werden, die für die Sicherheit und Gesundheit der Arbeitnehmer unerheblich sind.

III. Bildschirmarbeitsplätze mit tragbaren Datenverarbeitungsgeräten – Laptops (§ 67 Abs 4 ASchG)

13 § 67 Abs 4 und 5 ASchG entsprechen Art 1 Abs 3 der Bildschirm-Richtlinie 90/270/EWG mit der Maßgabe, dass auf den in der Praxis mittlerweilen üblichen Einsatz von tragbaren Datenverarbeitungsanlagen am Arbeitsplatz durch eine teilweise Anwendung der Schutzvorschriften Rechnung getragen wird (vgl ErlRV 1590 BlgNR 18. GP).

Beim **regelmäßigen Einsatz** von Bildschirmarbeitsplätzen mit tragbaren Datenverarbeitungsgeräten (Laptops) sind **keine Abweichungen** von ergonomischen Anforderungen zulässig. Der 2. Abschnitt BS-V ist neben § 67 Abs 2 und 3 sowie § 68 ASchG zur Gänze anwendbar (**§ 67 Abs 4 ASchG**). Es muss daher insbesondere die Tastatur neigbar und vom Bildschirmgerät unabhängig sein, die Software für die regelmäßige Tätigkeit geeignet und die Größe des Bildschirms der Arbeitsaufgabe angepasst sein.

14 Bei **nicht regelmäßigem Einsatz** am Arbeitsplatz sind **Abweichungenzulässig**

- von **ergonomischen Anforderungen** des § 67 Abs 2 und 3 ASchG an Geräte und Arbeitsplatz wie zB Bildschirm, Tastatur, Arbeitstisch, Arbeitsfläche, Arbeitsstuhl, Belichtung, Beleuchtung (§ 67 Abs 4 ASchG) und
- von § 68 Abs 2 ASchG zur **Softwareergonomie** (§ 68 Abs 5 ASchG).

IV. Bildschirmarbeitsplätze gemäß § 67 Abs 5 ASchG

15 Für bestimmte Bildschirmarbeitsplätze sind aufgrund § 67 Abs 5 und § 68 Abs 6 ASchG ebenfalls **Abweichungenvon § 67 Abs 2 und 3 sowie § 68 Abs 2 ASchG** zulässig. Das betrifft Tätigkeiten an/mit folgenden Einrichtungen oder Geräten:

- Fahrer- und Bedienungsstände an Fahrzeugen und Maschinen,
- Datenverarbeitungsanlagen an Bord eines Verkehrsmittels,
- Datenverarbeitungsanlagen, die hauptsächlich zur Benutzung durch die Öffentlichkeit bestimmt sind,
- Rechenmaschinen, Registrierkassen und Geräte mit einer kleinen Daten- oder Messwertanzeigevorrichtung, die zur direkten Benutzung des Gerätes erforderlich sind, und
- Display-Schreibmaschinen.

16 Ergonomische Abweichungen sowie Abweichungen von Anforderungen an die Softwareergonomie sind für diese Art von Bildschirmarbeitsplätzen nur

zulässig, soweit sich diese aufgrund der **Art oder Zweckbestimmung der Einrichtung** oder **Art der Arbeitsvorgänge** (§ 67 Abs 5 und § 68 Abs 6 ASchG) als erforderlich ergeben.

Aufgrund der Ausnahme des § 1 Abs 1 BS-V gelten die Bestimmungen des 2. Abschnitts BS-V nicht für derartige Bildschirmarbeitsplätze an Einrichtungen undGeräten iSd § 67 Abs 5 ASchG (somit keine Geltung von BS-V-Regelungen über Anforderungen an Bildschirm, Tastatur, Arbeitstisch, Arbeitsfläche, Arbeitsstuhl, Belichtung und Beleuchtung sowie Strahlung). Ebenso gilt aufgrund § 1 Abs 3 BS-V nicht der **4. Abschnitt BS-V** zur Information, Unterweisung, Anhörung und Beteiligung der Arbeitnehmer. Sehr wohl sind aber auch in Fällen des § 67 Abs 5 ASchG die diesbezüglichen allgemeinen Regelungen der §§ 12 bis 14 ASchG zu beachten. **17**

Zur Neu- und Umgestaltung von **Kassenarbeitsplätzen** kann als Stand der Technik (§ 2 Abs 8 ASchG) die ÖNORM A 5910/2004 (Kassenarbeitsplätze – Anforderungen) herangezogen werden. Kassenarbeitsplätze, die optische Anzeigen, wie Daten- oder Messwertanzeigevorrichtungen oder Monitore aufweisen, sind Bildschirmarbeitsplätze. Arbeitsschutzanforderungen für Kassenarbeitsplätze sind nur allgemein rechtlich geregelt, zu beachten sind va Rechtsvorgaben für die Arbeitsplatzgestaltung (Arbeit im Sitzen § 60 Abs 3, § 61 Abs 5 ASchG, § 49 AAV, Ergonomie – manuelle Lastenhandhabung § 64 ASchG), Arbeitsstättenregelungen zu Belichtung, Sichtverbindung, Beleuchtung und Raumklima, weiters Regelungen zur Verringerung bzw Vermeidung von Lärmeinwirkung sowie physischer und va auch psychischer Belastungen am Arbeitsplatz, die bei regelmäßigem Kundenverkehr auftreten können. **18**

- Für Registrierkassen mit kleinen Daten- oder Messwertanzeigevorrichtungen sind Abweichungen von ergonomischen Anforderungen für Bildschirmarbeitsplätze nach Art der Zweckbestimmung zulässig, zB für Bildschirm und Tastatur (§§ 67 f ASchG, Bildschirmarbeitsverordnung – BS-V).
- Kassenarbeitsplätze mit Monitoren als optische Anzeigen sind Bildschirmarbeitsplätze, auf die die Vorschriften nach ASchG und BS-V ohne Abweichung zur Anwendung kommen.

Den Arbeitnehmerinnen und Arbeitnehmern müssen bei der Kassiertätigkeit Sitzgelegenheiten zur Verfügung gestellt werden, wenn die Arbeit im Sitzen verrichtet werden kann, zB bei ausschließlicher Kassiertätigkeit zB in Supermärkten (§ 61 Abs 5 ASchG, § 49 AAV). In der Praxis werden neben Sitzkassen-Arbeitsplätzen häufig auch Steh-Sitzkassen, fallweise Stehkassen mit/ohne Stehhilfe eingerichtet (vgl deutsche DGUV Informationen 208-002 und 208-003).

Nähere Informationen siehe Website der Arbeitsinspektion (Download 12.11.2024): https://www.arbeitsinspektion.gv.at/Arbeitsstaetten-_Arbeitsplaetze/Arbeitsplaetze/Kassenarbeitsplaetze.html

19 Für **Fahrer- und Bedienungsstände von Fahrzeugen sowie Datenverarbeitungsanlagen an Bord eines Verkehrsmittels (§ 67 Abs 5 Z 1 und 2 ASchG)** sind die Festlegungen für Pausen oder Tätigkeitswechsel nach § 68 Abs 3 Z 1 ASchG nur anzuwenden, wenn Art oder Zweckbestimmung der Einrichtung oder Art der Arbeitsvorgänge dem nicht entgegenstehen; andernfalls entfallen Pausen und Tätigkeitswechsel (§ 68 Abs 6 ASchG letzter Satz). Siehe Anmerkungen zu § 68 Rz 10–13.

20 Art 1 Abs 3 der Bildschirmrichtlinie 90/270/EWG ist laut EuGH dahin auszulegen, dass sich der Ausdruck **Bedienerplätze von Maschinen** nur auf einen Arbeitsplatz bezieht, an dem der Arbeitnehmer eine Maschine oder eine technische Einrichtung mithilfe einer Anlage zur Verarbeitung technischer Daten steuert, die lediglich auf einem Bildschirm die Daten darstellt, die der Arbeitnehmer eingibt oder die das Gerät im Produktionsvorgang liefert. Der Begriff Fahrer- bzw Bedienerplätze von Fahrzeugen und Maschinen ist, da er einen Ausnahmetatbestand vom Geltungsbereich der Richtlinie 90/270/EWG darstellt, jedenfalls eng auszulegen. Eine Tätigkeit wie diese [*hier: Cutterin beim Fernsehen*]verlangt neben der ständigen Manipulation der Produktionsschritte die visuelle und auditive Verfolgung dieser Schritte und deren Darstellung in Form elektronischer Laufbilder an mehreren Bildschirmen bzw Monitoren gleichzeitig und erfordert darüber hinaus intellektuelle und kreative Leistungen, deren Umsetzung Auge und Ohr gleichermaßen beanspruchen. Ein Arbeitsplatz, wie er im Ausgangsverfahren streitig ist, auf dem analoges oder digitalisiertes Bildmaterial mit Hilfe von technischen Einrichtungen und/oder Computerprogrammen bearbeitet wird, um sendefähige Fernsehbeiträge fertig zu stellen, fällt nicht unter den Begriff Bedienerplatz von Maschinen im Sinne des Artikels 2 Absatz 3 Buchstabe a der Richtlinie 90/270/EWG (EuGH 6.7.2000, Rs C-11/99, *Dietrich*).

Mit der ASchG-Novelle BGBl I 2012/118 wurde lediglich ein Grammatikfehler in § 67 Abs 5 Z 4 ASchG berichtigt.

V. Fallweise kurz dauernde Eingaben und Abfragen mit Tätigkeitswechsel (§ 16 Abs 1 BS-V)

21 Aufgrund der Ausnahmeregelung des § 16 Abs 1 BS-V sind die §§ 4 und 5 BS-V (Arbeitstisch und Arbeitsfläche, Arbeitsstuhl) nicht anzuwenden auf **Arbeitsvorgänge,**

- die nur **fallweise, kurz dauernde Eingaben und Abfragen** von Informationen am Bildschirm erfordern,
- **mit nachfolgendem Tätigkeitswechsel** (zB Kundenbetreuung in Kaufhäusern, Buchhandlungen, im Bankschalterdienst, bei der Lagerhaltung).

Arbeitgeber sind in diesen Fällen nicht verpflichtet, Arbeitstische, Arbeitsflächen und Arbeitsstühle zur Verfügung zu stellen.

VI. Tele-Heimarbeit – Home Office (Bildschirmarbeitsplätze außerhalb der Arbeitsstätte gemäß § 67 Abs 6 ASchG)

§ 67 Abs 6 und § 68 Abs 7 ASchG über Bildschirmarbeit außerhalb der Arbeitsstätte wurden mit der ASchG-Novelle BGBl I 1997/9 neu eingefügt. Diese Regelungen sollten der Entwicklung der sogenannten **„Tele-Heimarbeit"** Rechnung tragen und sicherstellen, dass auch die den Arbeitnehmern für Arbeitsleistungen außerhalb der Arbeitsstätte vom Arbeitgeber zur Verfügung gestellten Bildschirmgeräte und sonstigen Einrichtungen den technischen Anforderungen entsprechen (vgl ErlRV 461 BlgNR 20. GP). 22

Bei Arbeiten in Tele(heim)arbeit handelt es sich um Tätigkeiten in auswärtigen Arbeitsstellen (§ 2 Abs 3 ASchG): Die Arbeitnehmerinnen und Arbeitnehmer sind nicht in einer Arbeitsstätte des Unternehmens tätig, sondern leisten Bildschirmarbeit in ihrer Privatwohnung (Homeoffice). Bei mobile working sind die Beschäftigten hinsichtlich der Wahl ihres Arbeitsortes nicht auf die Wohnung beschränkt. Die unterschiedlichen Formen von Telearbeit gewinnen zunehmend an Bedeutung, weil die Beschäftigten ihre Arbeit immer häufiger außerhalb des Betriebes unter Einsatz moderner Informations- und Kommunikationstechnologie erbringen. Beim Arbeitsschutz stehen dabei va die ergonomische Gestaltung der Bildschirmarbeitsplätze und der Umgang mit psychischen Belastungen, die sich durch die Telearbeit ergeben können, im Mittelpunkt.

Für Tele-Bildschirmarbeitsplätze sind **nur bestimmte ergonomische Anforderungen zu erfüllen**: 23

- § 67 Abs 1, 2 (ausgenommen letzter Satz) und Abs 4 ASchG gilt auch für die vom Arbeitgeber den Arbeitnehmern zur Erbringung von Arbeitsleistungen außerhalb der Arbeitsstätte **zur Verfügung gestellten Bildschirmgeräte, Eingabe- oder Datenerfassungsvorrichtungen sowie Zusatzgeräte**, Arbeitstische bzw Arbeitsflächen und Sitzgelegenheiten.
- Aus der Ausnahme von der Arbeitgeberverpflichtung des § 67 Abs 2 letzter Satz ASchG über die Zurverfügungstellung von **Arbeitstischen, Arbeitsflächen und Sitzgelegenheiten** wird abgeleitet, dass die ergonomischen Anforderungen nur dann zu erfüllen sind, wenn der Arbeitgeber diese tatsächlich beistellt (ohne dazu verpflichtet zu sein).
- Die den ergonomischen Anforderungen entsprechenden Geräte (Monitore, Tastaturen, sonstige Steuerungs- oder Zusatzeinheiten) sind mit einer **benutzerfreundlichen Software** zur Verfügung zu stellen (§ 68 Abs 2 und 7 ASchG).

Andere spezifische Regelungen bei Bildschirmtätigkeiten etwa zu Pausen, Augenuntersuchungen und Sehhilfen kommen nicht zur Anwendung. Allerdings kann ein Anspruch auf **Augenuntersuchungen und Sehhilfen** aus der allgemeinen arbeitsrechtlichen Fürsorgepflicht abgeleitet werden: Nach § 1157 Abs 1 ABGB muss der Dienstgeber die Dienstleistungen so regeln und 24 bezüglich der von ihm beizustellenden oder beigestellten Räume und Gerätschaften auf seine Kosten dafür sorgen, dass Leben und Gesundheit des Dienstnehmers, soweit es nach der Natur der Dienstleistung möglich ist, geschützt werden.

Arbeitsstättenbezogene Arbeitsschutzbestimmungen des ASchG oder der Arbeitsstättenverordnung (AStV) sind bei Telearbeit nicht anwendbar, weil der Ort der Arbeitsverrichtung eine auswärtige Arbeitsstelle ist (zB Privatwohnung des Arbeitnehmers/der Arbeitnehmerin) – die Bildschirmtätigkeiten erfolgen außerhalb des Betriebes. Jedoch gelten allgemeine Arbeitsschutzbestimmungen wie zB Information und Unterweisung (§§ 12, 14 ASchG) und Arbeitsplatzevaluierung (§ 4 ASchG):

Im Rahmen der Evaluierung von Telearbeitsplätzen sind Arbeitsschutzaspekte wie Belichtung, Raumtemperatur oder arbeitsbedingte psychische Belastungen zu berücksichtigen (siehe Anmerkungen zu § 68 Abs 1 ASchG, § 8 BS-V). Die Durchführung der Arbeitsplatzevaluierung bei Homeoffice wird sich in der betrieblichen Praxis auf eine allgemeine Musterevaluierung typischer Belastungen beschränken, die üblicherweise mit den geforderten Bildschirmtätigkeiten verbunden sind. Ein Zutrittsrecht zu den Privatwohnungen der Beschäftigten ist nicht mit Arbeitsschutzvorschriften begründbar. Der Beratung der Beschäftigten durch die Präventivfachkräfte (7. Abschnitt ASchG) kommt daher besondere Bedeutung zu. Eine Begehung des Bildschirmarbeitsplatzes in einer Privatwohnung ist aber nur möglich, wenn der Arbeitnehmer bzw die Arbeitnehmerin ausdrücklich zustimmt oder dies auf deren Wunsch zu Beratungszwecken oder zur Evaluierungsdurchführung erfolgt. Mit Telearbeit Beschäftigte sind organisatorisch einer Arbeitsstätte zuzurechnen, in der auch die für die Telearbeitsplätze relevanten Unterlagen vorhanden sein müssen (zB Sicherheits- und Gesundheitsschutzdokumente, Unterweisungsnachweise).

Auf der Website der Arbeitsinspektion sind neben weiterführenden Informationen Links zu spezifischen Homeoffice-Publikationen verfügbar (Download 12.11.2024): https://www.arbeitsinspektion.gv.at/Arbeitsstaetten-_Arbeitsplaetze/Arbeitsplaetze/Telearbeitsplaetze-Home_Office.html

- Homeoffice Leitfaden zum Arbeitnehmerinnen- und Arbeitnehmerschutz (Bundesministerium für Arbeit, 2021)
- Ergonomisches Arbeiten im Homeoffice – Leitfaden und Checkliste für ein sicheres und gesundes Arbeiten zu Hause (Bundesministerium für Arbeit, 2021)
- Allgemeine Unfallversicherungsanstalt (AUVA): Sichere Arbeit – Homeoffice allen geht‘s gut? – AUVA-Merkblatt M+ 022 – Telearbeitsplätze
- Arbeiterkammer Wien (AK Wien): Psychische Gesundheit im Homeoffice
- EVAL.AT – Evaluierung Homeoffice Allgemeines (AUVA, WKO, AK)

Arbeitsvertragsrechtlich wurde Homeoffice durch § 2h Arbeitsvertragsrechts-Anpassungsgesetz (AVRAG), BGBl 1993/459, mit der am 1.4.2021 in Kraft getretenen Novelle BGBl I 2021/61 geregelt: Demnach liegt Arbeit im Homeoffice vor, wenn eine Arbeitnehmerin oder ein Arbeitnehmer regelmäßig Arbeitsleistungen in der Wohnung erbringt, was schriftlich zu vereinbaren ist (§ 2h Abs 1 u 2 AVRAG). Homeoffice kann nur im Einvernehmen zwischen den Arbeitsvertragsparteien begründet werden. Die Arbeitgeber/innen müssen die dafür erforderlichen digitalen Arbeitsmittel bereitstellen (§ 2h Abs 3), wovon durch Vereinbarung abgewichen werden kann. § 2h AVRAG ist keine Arbeitsschutzbestimmung, sondern eine arbeitsrechtliche Norm. 25

Nach den Gesetzesmaterialien dieser AVRAG-Novelle umfasst der Begriff Arbeit im Homeoffice *„die Erbringung von Arbeitsleistungen in der Privatwohnung der Arbeitnehmerin oder des Arbeitnehmers, aber nicht etwa in einem öffentlichen Coworking Space. Der Begriff umfasst auch ein Wohnhaus und schließt auch eine Wohnung (Wohnhaus) in einem Nebenwohnsitz oder die Wohnung eines nahen Angehörigen oder Lebensgefährten ein. Arbeit im Homeoffice bedeutet nicht nur die Erbringung der Arbeitsleistung unter Verwendung von Informations- und Kommunikationstechnik, sondern umfasst auch die Erbringung von Arbeitsleistungen mit anderen Mitteln im Rahmen eines Arbeitsverhältnisses wie zB die Bearbeitung von Papierunterlagen.“* (vgl Begründung Initiativantrag 1301/A 27. GP)

Das Homeoffice-Maßnahmenpaket 2021 umfasste neben den Novellen von AVRAG und Arbeitsverfassungsgesetz (§ 97 Abs 1 Z 27 ArbVG – Festlegung von Rahmenbedingungen der Telearbeit durch Betriebsvereinbarung) auch sozialversicherungs- und steuerrechtliche Regelungen. Weiters wurde zeitgleich durch Novelle des Arbeitsinspektionsgesetzes (ArbIG) klargestellt, dass die Organe der Arbeitsinspektion zur Durchführung ihrer Aufgaben nicht berechtigt sind, Wohnungen von Arbeitnehmerinnen und Arbeitnehmern im Homeoffice zu betreten (§ 4 Abs 10 ArbIG, Novelle BGBl I 2021/61 Artikel 4).

Mit 1.1.2025 ist eine weitere AVRAG-Novelle in Kraft getreten (BGBl I 2024/110), wodurch das bisherige Homeoffice erweitert wird auf ortsungebundene Telearbeit. Arbeitnehmer und Arbeitnehmerinnnen müssen nicht mehr ausschließlich von ihrer Wohnung aus arbeiten, sondern können auch anderswo tätig sein, wodurch ein flexibleres Arbeiten ermöglicht werden soll. § 2h Abs 1 AVRAG idF BGBl I 2024/110 lautet ab 1.1.2025: *„Telearbeit liegt vor, wenn eine Arbeitnehmerin oder ein Arbeitnehmer regelmäßig Arbeitsleistungen insbesondere unter Einsatz der dafür erforderlichen Informations- und Kommunikationstechnologie in ihrer oder seiner Wohnung oder in einer sonstigen nicht zum Unternehmen gehörenden Örtlichkeit erbringt.“*

VII. Unterweisung, Information, Anhörung und Beteiligung (4. Abschnitt BS-V)

26 Der 4. Abschnitt BS-V zu sonstigen Pflichten der Arbeitgeber gilt für alle Bildschirmarbeitsplätze außer für Bildschirmarbeitsplätze nach § 67 Abs 5 ASchG (§ 1 Abs 1 und 3 BS-V).

A. Unterweisung (§ 13 BS-V)

27 Jeder Arbeitnehmer bzw jedem Arbeitnehmer ist vor Aufnahme der Tätigkeit am Bildschirmgerät und bei jeder wesentlichen Veränderung der Organisation ihres bzw seines Arbeitsplatzes im Umgang mit dem Gerät sowie hinsichtlich der ergonomisch richtigen Einstellung und Anordnung der Arbeitsmittel zu unterweisen.

Gemäß § 9 BS-V (**Unterlagen**) müssen alle zur Programmbedienung notwendigen Informationen, wie Handbücher und Tastaturschablonen, soweit sie für die Erfüllung der Arbeitsaufgabe notwendig sind, für die Arbeitnehmer/innen leicht erreichbar zur Verfügung stehen.

Vgl Anmerkungen zu § 14.

B. Information (§ 14 BS-V)

28 Die an Bildschirmarbeitsplätzen beschäftigten Arbeitnehmer/innen sind zu informieren,

- ob an Arbeitsplätzen Bildschirmarbeit (§ 1 Abs 4 BS-V) vorliegt,
- über das Recht auf Untersuchungen (§ 11 BS-V),
- das Recht auf Zurverfügungstellung einer speziellen Sehhilfe (unter den Voraussetzungen des § 68 Abs 3 Z 4 ASchG) und
- den Anspruch auf Pausen und Tätigkeitswechsel (§ 10 BS-V).

Sind Sicherheitsvertrauenspersonen bestellt oder Belegschaftsorgane errichtet, kann die Information der einzelnen Arbeitnehmer/innen entfallen, wenn diese entsprechend informiert werden (§ 14 Abs 2 BS-V).

Vgl Anmerkungen zu §§ 14 und 68 ASchG.

C. Anhörung und Beteiligung (§ 15 BS-V)

29 Die Anhörung der an Bildschirmarbeitsplätzen beschäftigten Arbeitnehmer/innen muss zu allen in der BS-V geregelten Fragen erfolgen, die Beschäftigten sind an deren Behandlung zu beteiligen.

Sind Sicherheitsvertrauenspersonen bestellt oder Belegschaftsorgane errichtet, kann die Anhörung und Beteiligung der einzelnen Arbeitnehmer/innen entfallen, wenn diese entsprechend befasst werden (§ 15 Abs 2 BS-V).

Vgl Anmerkungen zu § 12 ASchG.

Besondere Maßnahmen bei Bildschirmarbeit

§ 68. (1) Im Rahmen der Ermittlung und Beurteilung der Gefahren ist auch auf die mögliche Beeinträchtigung des Sehvermögens sowie auf physische und psychische Belastungen besonders Bedacht zu nehmen. Auf Grundlage dieser Ermittlung und Beurteilung sind zweckdienliche Maßnahmen zur Ausschaltung der festgestellten Gefahren zu treffen, wobei das allfällige Zusammenwirken der festgestellten Gefahren zu berücksichtigen ist.

(2) Bei der Konzipierung, Auswahl, Einführung und Änderung der Software sowie bei der Gestaltung von Tätigkeiten, bei denen Bildschirmgeräte zum Einsatz kommen, haben die Arbeitgeber folgende Faktoren zu berücksichtigen:

1. Die Software muß der auszuführenden Tätigkeit angepaßt sein.
2. Die Software muß benutzerfreundlich sein und gegebenenfalls dem Kenntnis- und Erfahrungsstand der Benutzer angepaßt werden können.
3. Die Systeme müssen den Arbeitnehmern Angaben über die jeweiligen Abläufe bieten.
4. Die Systeme müssen die Information in einem Format und in einem Tempo anzeigen, das den Benutzern angepaßt ist.
5. Die Grundsätze der Ergonomie sind insbesondere auf die Verarbeitung von Informationen durch den Menschen anzuwenden.

(3) Bei Beschäftigung von Arbeitnehmern, die bei einem nicht unwesentlichen Teil ihrer normalen Arbeit ein Bildschirmgerät benutzen, gilt folgendes:

1. Die Arbeitgeber haben die Tätigkeit so zu organisieren, daß die tägliche Arbeit an Bildschirmgeräten regelmäßig durch Pausen oder durch andere Tätigkeiten unterbrochen wird, die die Belastung durch Bildschirmarbeit verringern.
2. Die Arbeitnehmer haben das Recht auf eine Untersuchung der Augen und des Sehvermögens, und zwar vor Aufnahme der Tätigkeit, sowie anschließend in regelmäßigen Abständen und weiters bei Auftreten von Sehbeschwerden, die auf die Bildschirmarbeit zurückgeführt werden können.
3. Die Arbeitnehmer haben das Recht auf eine augenärztliche Untersuchung, wenn sich dies auf Grund der Ergebnisse der Untersuchung nach Z 2 als erforderlich erweist.
4. Den Arbeitnehmern sind spezielle Sehhilfen zur Verfügung zu stellen, wenn die Ergebnisse der Untersuchungen nach Z 2 und 3 ergeben, daß diese notwendig sind.

(4) Maßnahmen nach Abs. 3 Z 2 bis 4 dürfen in keinem Fall zu einer finanziellen Mehrbelastung der Arbeitnehmer führen.

(5) Auf tragbare Datenverarbeitungsgeräte, die nicht regelmäßig am Arbeitsplatz eingesetzt werden, ist Abs. 2 nicht anzuwenden.

(6) Auf die in § 67 Abs. 5 angeführten Einrichtungen bzw. Geräte ist Abs. 2 nur anzuwenden, soweit die Art oder Zweckbestimmung der Einrichtung oder die Art der Arbeitsvorgänge dem nicht entgegenstehen. Auf die in § 67 Abs. 5 Z 1 und 2 angeführten Fahrer- und Bedienungsstände von Fahrzeugen und Datenverarbeitungsanlagen an Bord eines Verkehrsmittels ist Abs. 3 Z 1 nur anzuwenden, soweit die Art oder Zweckbestimmung der Einrichtung oder die Art der Arbeitsvorgänge dem nicht entgegenstehen.

(7) Abs. 2 gilt auch für Bildschirmarbeit außerhalb der Arbeitsstätte.

[BGBl I 2001/159]

Übersicht

I.	Ermittlung und Beurteilung der Gefahren – Bildschirmarbeit (§ 68 Abs 1 ASchG, § 8 iVm § 1 Abs 4 BS-V)	1–5
II.	Softwareergonomie (§ 68 Abs 2 ASchG)	6–8
III.	Pausen und Tätigkeitswechsel, Untersuchungen, Sehhilfen (§ 68 Abs 3 ASchG, 3. Abschnitt BS-V)	9
	A. Pausen und Tätigkeitswechsel	10–13
	B. Untersuchung der Augen und des Sehvermögens, augenärztliche Untersuchung	14–16
	C. Spezielle Sehhilfen	17–19
IV.	Kostentragung für Untersuchungen, Sehbehelfe (§ 68 Abs 4 ASchG, § 11 Abs 3, § 12 Abs 3 BS-V)	20–24

I. Ermittlung und Beurteilung der Gefahren – Bildschirmarbeit (§ 68 Abs 1 ASchG, § 8 iVm § 1 Abs 4 BS-V)

1 **§ 68 Abs 1 ASchG** entspricht Art 3 der Richtlinie 90/270/EWG. In **Abs 5 und 6** wird klargestellt, dass die Verpflichtung zur Ermittlung und Bewertung der Gefahren auch für jene Einrichtungen bzw Geräte gilt, auf die die übrigen Absätze nicht oder nur zum Teil anzuwenden sind (ErlRV 1590 BlgNR 18. GP).

2 Bei der Gefahrenevaluierung ist besonders Bedacht zu nehmen auf:

- **mögliche Beeinträchtigung des Sehvermögens,**
- **physische und psychische Belastungen.**

Bei der Maßnahmenfestlegung sind allfällige **Wechselwirkungen** der Risken zu berücksichtigen und zweckdienliche Maßnahmen zur Gefahrenbeseitigung zu treffen (§ 68 Abs 1 ASchG) wie zB Zurverfügungstellung dem Stand der Technik entsprechender Bildschirmgeräte, benutzerfreundliche Software, Risikobekämpfung unter Berücksichtigung des Zusammenwirkens von Gefahren.

Nach **§ 8 B-SV** ist im Rahmen der Evaluierung nach § 68 Abs 1 ASchG insbesonderefestzustellen, **ob Bildschirmarbeit iSd § 1 Abs 4 BS-V vorliegt:** Gemäß § 1 Abs 4 BS-V verrichten Arbeitnehmer/innen Bildschirmarbeit (als nicht unwesentlichen Teil der normalen Arbeit iSd § 68 Abs 3 ASchG), wenn sie durchschnittlich **3**

- ununterbrochen mehr als **zwei Stunden** (Z 1)
- oder (bei Unterbrechungen) mehr als **drei Stunden** (Z 2)

ihrer Tagesarbeitszeit mit Bildschirmarbeit beschäftigt werden.

Der durchschnittliche Beobachtungszeitraum gemäß § 1 Abs 4 BS-V sollte **4** möglichst kurz gehalten werden, er muss aber dennoch repräsentativ sein. Im Regelfall kann ein **Beobachtungszeitraum von ein bis maximal vier Wochen** zugrunde gelegt werden, in dem beobachtet wird, wie weit die Voraussetzungen des § 1 Abs 4 BS-V erfüllt sind. Dies ist im Rahmen der Evaluierung gemäß § 8 BS-V zu klären. Bei praktisch ganztägiger Bildschirmarbeit ist jedenfalls von erheblichen gesundheitlichen Belastungen und Störungen auszugehen, auch wenn in späteren Wochen nur wenig Bildschirmarbeit geleistet wird. In solchen Fällen kann auch eine nur tageweise Beobachtung repräsentativ sein. Nach einer Entscheidung des EuGH zur Bildschirmrichtlinie 90/270/EWG ist das Ausmaß der Bildschirmarbeit im Vergleich zur normalen Arbeit der Arbeitnehmerinnen zu beurteilen (EuGH 12.12.1996, verbundene Rs C-74/95 u C-129/95; *Szymanski/Oberhauser/Marx*, ArbeitnehmerInnenschutzgesetz, 160).

Die Gesetzesmaterialien zur ASchG-Stammfassung weisen zu § 68 Abs 1 ASchG **5** besonders darauf hin, dass die **Definition der Bildschirmarbeitsplätze nicht dem Nachtschwerarbeitsgesetz entspricht**, weil das Nachtschwerarbeitsgesetz (NSchG), BGBl 1981/354, eine unzulässige Einschränkung gegenüber der Richtlinie bewirken würde und es darüber hinaus aufgrund des Regelungszweckes des ASchG nicht darauf ankommen kann, ob die Bildschirmarbeit als besonders erschwerende Arbeitsbedingung anzusehen ist (vgl ErlRV 1590 BlgNR 18. GP).

- Nach **§ 1 Abs 2 7 NSchG** leistet ein Arbeitnehmer Nachtschwerarbeit iSd § 1 Abs 1 NSchG bei Arbeit an Bildschirmarbeitsplätzen (das sind Arbeitsplätze, bei denen das Bildschirmgerät und die Dateneingabetastatur sowie gegebenenfalls ein Informationsträger eine funktionale Einheit bilden), sofern die Arbeit mit dem Bildschirmgerät und die Arbeitszeit an diesem Gerät für die gesamte Tätigkeit bestimmend sind. Sonstige Steuerungseinheiten sind Dateneingabetastaturen gleichgestellt, wenn die Voraussetzungen des ersten Satzes erfüllt sind und die Bedienung dieser Steuerungseinheiten durch die Vielfältigkeit und Menge der je Zeiteinheit zu verarbeitenden Informationen und die Häufigkeit und Dichte aufeinanderfolgender Teilaufgaben oder sonstige Arbeitsbedingungen (zB Störeinflüsse, Beleuchtung) für die dort beschäftigten Arbeitnehmer eine entsprechende Erschwernis darstellen.

- **VwGH 7.8.2002, 99/08/0101:** In qualitativer Hinsicht ist – in Anlehnung an die Beschreibung von Bildschirmarbeit in der Bildschirmarbeitsverordnung – die „Arbeit mit dem Bildschirmgerät" als Kommunikation mit dem Bildschirm über die Dateneingabetastatur zu verstehen; somit einerseits als (richtige) Reaktion auf die vom Bildschirm übertragenen Informationen, andererseits als aktive Benutzung des Bildschirms über die Dateneingabetastatur zur Erreichung eines bestimmten Zweckes, etwa eines Rechenergebnisses. Liegt nur eine **reine Kontrolltätigkeit** vor, bei der ausschließlich der Bildschirm beobachtet und gegebenenfalls mit vorgegebenen Befehlen korrigierend eingegriffen wird, kann von einer „Arbeit mit dem Bildschirmgerät" keine Rede sein. Dazu kommt, dass die Arbeit mit dem Bildschirmgerät – um erschwerend im Sinne des NSchG zu sein – für die gesamte Tätigkeit und den Arbeitsablauf bestimmend sein muss (Hinweis auf die Erläuterungen zur RV zur Novellierung von Art VII NSchG, BGBl1992/473, 597 BlgNR 18. GP, 8).
- **VwGH 7.8.2002, 99/08/0101:** In quantitativer Hinsicht (Arbeitszeit am Gerät) reichen gelegentliche Bildschirmtätigkeiten für die in Frage stehende Bestimmtheit für die Gesamttätigkeit nicht aus (597 BlgNR 18. GP, 8). **Erschwerende Arbeitsbedingungen iSd NSchG** liegen aber auch dann noch nicht vor, wenn ununterbrochen zumindest ein Viertel oder durchschnittlich mehr als ein Drittel der regelmäßig achtstündigen Tagesarbeitszeit mit Bildschirmarbeit verbracht wird (vgl § 1 Abs 4 Bildschirmarbeitsverordnung), weil ab einem solchen Ausmaß zwar schon arbeitsrechtliche Schutzmaßnahmen zu ergreifen sind, die zeitliche Belastung aber noch nicht als „bestimmend" für die Gesamttätigkeit angesehen werden kann.

II. Softwareergonomie (§ 68 Abs 2 ASchG)

6 § 68 Abs 2 ASchG entspricht dem Anhang der Bildschirmrichtlinie 90/270/EWG: **Bei Konzipierung, Auswahl, Einführung und Änderung der Software sowie bei der Gestaltung von Tätigkeiten**, bei denen Bildschirmgeräte zum Einsatz kommen, müssen Arbeitgeber folgende Faktoren berücksichtigen:

- Software angepasst an die auszuführende Tätigkeit;
- benutzerfreundliche Software, gegebenenfalls an den Kenntnis- und Erfahrungsstand der Benutzer anpassbar;
- Systeme müssen den Arbeitnehmern Angaben über die jeweiligen Abläufe bieten;
- Systeme müssen die Information in einem den Benutzern angepassten Format und Tempo anzeigen;
- Grundsätze der Ergonomie sind insbesondere auf die Verarbeitung von Informationen durch den Menschen anzuwenden.

7 Die Anforderungen des § 68 Abs 3 ASchG an die Softwareergonomie gelten auch für **Bildschirmarbeit außerhalb der Arbeitsstätte**: Diese Regelung des

§ 68 Abs 7 ASchG wurde mit der ASchG-Novelle BGBl I 1997/9 in § 68 ASchG verankert. Nach den Gesetzesmaterialien sollte damit der Entwicklung der Tele-Heimarbeit Rechnung getragen und sichergestellt werden, dass auch die den Arbeitnehmern für Arbeitsleistungen außerhalb der Arbeitsstätte vom Arbeitgeber zur Verfügung gestellten Bildschirmgeräte und sonstigen Einrichtungen den technischen Anforderungen entsprechen (vgl ErlRV 461 BlgNR 20. GP).

Laut AUVA-Merkblatt M 026 Bildschirmarbeit sind unter Zugrundelegung der **ÖNORM EN ISO 9241-10** (Ergonomische Anforderungen für Bürotätigkeiten mit Bildschirmgeräten – Teil 10: Grundsätze der Dialoggestaltung [ISO 9241-10:1996]) folgende Grundsätze für die Bewertung und Gestaltung der **Interaktionen zwischen Benutzer und Software bzw Hardware (Dialog)** wichtig: 8

- **Aufgabenangemessenheit:** Der Benutzer soll unterstützt werden, seine Arbeitsaufgabe effizient und effektiv zu erledigen. Das ist zB dann der Fall, wenn die Eingabereihenfolge dem gewohnten Arbeitsablauf und der Reihenfolge der Arbeitsaufgabe entspricht.
- **Steuerbarkeit:** Der Benutzer kann den Dialogablauf bis zur Erreichung des Ziels beeinflussen. So sollte zB zumindest der letzte Dialogschritt rückgängig gemacht werden können.
- **Selbstbeschreibungsfähigkeit:** Jeder Schritt des Dialoges wird durch Rückmeldungen verständlich oder dem Benutzer erklärt, wenn er die entsprechenden Informationen verlangt. Dies kann zB durch eine Statuszeile geschehen.
- **Erwartungskonformität:** Der Benutzer kann Erkenntnisse aus bisherigen Arbeitsabläufen, aus seiner Ausbildung und Erfahrung und aus allgemein anerkannten Übereinkünften auf den Dialog anwenden. Hilfe sollte zB immer über die Taste F1 angefordert werden können, ein Befehl sollte immer mit derselben Taste bestätigt (ENTER) und immer mit derselben Taste abgebrochen (ESC) werden können.
- **Fehlerrobustheit:** Das beabsichtigte Arbeitsergebnis kann trotz fehlerhafter Eingaben mit minimalem oder ohne Korrekturaufwand erreicht werden. So sollten zB Befehle mit besonderer Tragweite zusätzlich abgesichert sein.
- **Individualisierbarkeit:** Die Anpassung an individuelle Benutzerbelange und Benutzerfähigkeiten ist möglich. Das ist zB dann der Fall, wenn aufeinanderfolgende Arbeitsschritte aufgezeichnet werden können, um sie zu wiederholen (Makros).
- **Lernförderlichkeit:** Dem Benutzer wird während des Erlernens Unterstützung und Anleitung gegeben. Der Umgang mit der Software sollte zB ohne die Gefahr des Datenverlustes geübt werden können.[1]

1 AUVA (Hrsg), Merkblatt M 026 Bildschirmarbeit, AUVA, Wien 2011, S 13 f.

III. Pausen und Tätigkeitswechsel, Untersuchungen, Sehhilfen (§ 68 Abs 3 ASchG, 3. Abschnitt BS-V)

9 **§ 68 Abs 3 ASchG** fasst jene Bestimmungen zusammen, welche auf die Beschäftigung von Arbeitnehmern im Sinne der Definition nach Art 2 der Richtlinie 90/270/EWG abstellen. Diese Bestimmungen finden keine Anwendung auf Arbeitnehmer, die nur bei einem unwesentlichen Teil ihrer Arbeit ein Bildschirmgerät benutzen (vgl ErlRV 1590 BlgNR 18. GP):

- Organisation der Tätigkeit mit regelmäßigen Unterbrechungen der täglichen Arbeit an Bildschirmgeräten durch **Pausen oder andere Tätigkeiten**, die die Belastung durch Bildschirmarbeit verringern (Z 1);
- Recht der Arbeitnehmer auf **Untersuchung der Augen und des Sehvermögens** vor Aufnahme der Tätigkeit sowie anschließend in regelmäßigen Abständen und weiters bei Auftreten von Sehbeschwerden, die auf die Bildschirmarbeit zurückgeführt werden können (Z 2);
- Recht der Arbeitnehmer auf eine **augenärztliche Untersuchung**, wenn sich dies auf Grund der Untersuchungsergebnisse als erforderlich erweist (Z 3);
- Zurverfügungstellung spezieller **Sehhilfen**, wenn die Untersuchungsergebnisse (Z 2 und 3) ergeben, dass diese notwendig sind.

A. Pausen und Tätigkeitswechsel

10 **§ 68 Abs 3 Z ASchG** entspricht Art 7 der Richtlinie 90/270/EWG. Nach den Gesetzesmaterialien erfolgte vor Inkrafttreten des ASchG die Vorschreibung im Einzelfall durch Bescheid des Arbeitsinspektorates gemäß § 11 Abs 7 des Arbeitszeitgesetzes, diese Regelung stellte aber eine Einschränkung gegenüber der Richtlinie dar und war darüber hinaus mit einem hohen administrativen Aufwand verbunden (vgl ErlRV 1590 BlgNR 18. GP).

11 Gemäß § 10 BS-V muss **nach jeweils 50 Minuten ununterbrochener Bildschirmarbeit** eine Pause oder ein Tätigkeitswechsel im Ausmaß von jeweils **mindestens zehn Minuten** erfolgen (außer wenn täglich nicht mehr als zwei Stunden ununterbrochen Bildschirmarbeit geleistet wird).

- Pause oder Tätigkeitswechsel können in die anschließende zweite Stunde verlegt werden, sofern der Arbeitsablauf dies erfordert (Abs 3);
- der Tätigkeitswechsel muss in Tätigkeiten bestehen, die geeignet sind, die durch Bildschirmarbeit auftretenden Belastungen zu verringern (Abs 4);
- Pausen sind in die Arbeitszeit einzurechnen (Abs 5). Bildschirmpausen berühren nicht § 11 AZG über Ruhepausen.

12 Ist aus **zwingenden technischen Gründen** (zB beim Bedienen und Überwachen von Verkehrsleitsystemen) eine Pausenregelung oder ein Tätigkeitswechsel nicht möglich, muss eine gleichwertige andere Pausenregelung getroffen werden oder ist ein gleichwertiger anderer Tätigkeitswechsel vorzusehen (§ 10 Abs 6 BS-V).

- **OGH 5.11.1996, 10 Ob S 2355/96p:** Hat ein Arbeitgeber nach einer unter Strafdrohung stehenden gesetzlichen Anordnung die Tätigkeit so zu organisieren, dass die Bildschirmarbeit regelmäßig durch Pausen oder andere Tätigkeiten unterbrochen wird, kann nicht davon ausgegangen werden, dass ein Arbeitnehmer, der nach einer kontinuierlichen Bildschirmtätigkeit von fünfzig Minuten eine Pause von zehn Minuten einhalten oder zehn Minuten eine andere augenschonende Tätigkeit verrichten muss, seines Arbeitsplatzes verlustig gehen würde oder auf das besondere Entgegenkommen seines Arbeitgebers angewiesen wäre.
- **OGH 5.11.1996, 10 Ob S 2355/96p:** Seit Inkrafttreten des Bundesgesetzes über Sicherheit und Gesundheitsschutz bei der Arbeit, BGBl 1994/450 – ASchG ist der Dienstgeber bei Bildschirmarbeit nunmehr von sich aus zu einer entsprechenden Arbeits(zeit)gestaltung verpflichtet. Eine Verletzung der Verpflichtungen betreffend die Bildschirmarbeit ist eine nach § 130 Abs 1 Z 25 ASchG unter Strafdrohung gestellte Verwaltungsübertretung.

Für **Fahrer- und Bedienungsstände** an Fahrzeugen und Maschinen sowie **13** **Datenverarbeitungsanlagen an Bord eines Verkehrsmittels** (§ 67 Abs 5 Z 1 und 2 ASchG) sind die Bestimmungen über Pausen oder Tätigkeitswechsel nur anzuwenden, wenn Art oder Zweckbestimmung der Einrichtung oder Art der Arbeitsvorgänge dem nicht entgegenstehen (§ 68 Abs 6 ASchG zweiter Satz). Diese Ausnahmebestimmung des § 68 Abs 6 ASchG wurde mit der ASchG-Novelle BGBl I 2001/159 (ANS-RG) eingefügt. Dadurch sollten verkehrsspezifische Regelungen ermöglicht werden und insbesondere die Tätigkeit in Verkehrsmitteln ohne Unterbrechung bzw Personalwechsel ausgeübt werden können (vgl ErlRV 802 BlgNR 21. GP).

B. Untersuchung der Augen und des Sehvermögens, augenärztliche Untersuchung

§ 68 Abs 3 Z 2 und 3 ASchG entsprechen Art 9 Abs 1 und 2 der Bildschirm- **14** richtlinie 90/207/EWG. Es handelt sich dabei nicht um Eignungsuntersuchungen und Folgeuntersuchungen im Sinne des vierten Abschnittes ASchG (es besteht daher **keine Untersuchungspflicht, sondern nur ein Recht der Arbeitnehmer**, es kommt auch kein Einspruch durch das Arbeitsinspektorat in Betracht, eine besondere Ermächtigung der Ärzte ist nicht erforderlich). Vgl ErlRV 1590 BlgNR 18. GP.

Nach **§ 11 Abs 1 BS-V** müssen Arbeitgeber/innen den Arbeitnehmer/innen **15** bei Bildschirmarbeit (§ 1 Abs 4 BS-V) eine **angemessene Untersuchung der Augen und des Sehvermögens (Überprüfungen der Sehschärfe und Untersuchung des sonstigen Sehvermögens)** anbieten:

- vor Aufnahme der Tätigkeit,
- anschließend in Abständen von drei Jahren,

- bei Auftreten von Sehbeschwerden, die auf Bildschirmarbeit zurückgeführt werden können.

Gemäß **§ 11 Abs 2 BS-V** können dazu in Anspruch genommen werden:

- Fachärzte/Fachärztinnen für Augenheilkunde und Optometrie,
- Fachärzte/Fachärztinnen für Arbeits- und Betriebsmedizin,
- Ärzte/Ärztinnen mit anerkannter arbeitsmedizinischer Ausbildung,
- zur Überprüfung der Sehschärfe auch Augenoptiker/innen.

16 Wenn es sich auf Grund der **Untersuchung** als erforderlich erweist, muss den Arbeitnehmer/innen weiters eine **augenfachärztliche Untersuchung** ermöglicht werden (§ 12 Abs 4 BS-V).

C. Spezielle Sehhilfen

17 **§ 68 Abs 3 Z 4 ASchG** entspricht Art 9 Abs 3 der Richtlinie 90/207/EWG.

Den Arbeitnehmern sind spezielle Sehhilfen zur Verfügung zu stellen, wenn die Ergebnisse der **Untersuchungen** (§ 11 Abs 1 und 4 BS-V) ergeben, dass diese notwendig sind, weil normale Sehhilfen nicht verwendet werden können (§ 12 Abs 1 BS-V).

18 **Spezielle Sehhilfen** („Bildschirmbrillen") müssen den Anforderungen des § 12 Abs 2 und 3 BS-V entsprechen:

- Abstimmung auf eine Arbeitsdistanz zum Bildschirm und zu den Belegen (Z 1), in der Regel größer als der normale Leseabstand von ca 30 cm;
- Abstimmung auf die physiologischen Gegebenheiten und pathologischen Befunde des Arbeitnehmers (Z 2);
- entspiegelte, aber nicht getönte Gläser (Z 3).

19 Für die **Brillenglasqualität** gelten (unter Berücksichtigung der individuellen physiologischen Gegebenheiten und pathologischen Befunde) folgende Maßgaben:

- Einstärkengläser für die Arbeitsdistanz zum Bildschirm,
- Mehrstärkengläser (hohe Bifokalgläser für die Arbeitsdistanz zum Bildschirm und Beleg oder Tri- bzw Multifokalgläser).

IV. Kostentragung für Untersuchungen, Sehbehelfe (§ 68 Abs 4 ASchG, § 11 Abs 3, § 12 Abs 3 BS-V)

20 **§ 68 Abs 4 ASchG** entspricht Art 9 Abs. 4 der Richtlinie 90/270/EWG. In Übereinstimmung mit Art 9 Abs 5 der Richtlinie wird aber nicht ausgeschlossen, dass die Kosten der Untersuchungen nicht von den Arbeitgebern getragen werden, sondern vom Versicherungsträger (ErlRV 1590 BlgNR 18. GP).

21 Die Maßnahmen bei Bildschirmarbeit gemäß § 68 Abs 3 Z 2 bis 4 ASchG dürfen **keinesfalls zu finanziellen Mehrbelastungen der Arbeitnehmer** führen (§ 68 Abs 4 ASchG).

- Kosten für **Untersuchungen** der Augen und der Sehschärfe sind von den Arbeitgeber/innen zu tragen (§ 9 Abs 3 BS-V).
- Kosten für **Sehhilfen**, die ausschließlich durch den notwendigen Schutz bei Bildschirmarbeit entstehen, sind von den Arbeitgeber/innen zu tragen, sofern nicht die Träger der Sozialversicherung diese übernehmen (§ 12 Abs 3 BS-V).

OGH 6.9.2000, 9 ObA 63/00f: Der Arbeitnehmer hat gegenüber dem Arbeitgeber nur Anspruch auf **Ersatz des den Tarif der Sozialversicherungsträger übersteigenden Teils der Kosten für eine in Ausstattung und Qualität der BS-V entsprechenden Bildschirmarbeitsbrille** [Anm: den Anteil betreffend besondere Gläser und Entspiegelung, den der Sozialversicherungsträger nicht übernommen hat und der ausschließlich dem Arbeitnehmerschutz dient]. Da der Arbeitnehmer nur Anspruch auf eine Bildschirmbrille im Sinne der BS-V hat, sind auch die Ausstattungserfordernisse lediglich in dem dadurch bestimmten notwendigen Ausmaß des Arbeitnehmerschutzes determiniert und ist klargestellt, dass nur in diesem Rahmen ein Kostenersatzanspruch gegeben ist. Eine darüber hinausgehende Ausstattung und Qualität gehen über den Zweck des Arbeitnehmerschutzes hinaus, sodass die dafür aufgelaufenen Kosten auch nicht im Vertrauen auf die ärztliche Verordnung dem Arbeitgeber aufgelastet werden dürfen. 22

Weiters hat der OGH in dieser Entscheidung festgestellt, dass aus § 12 Abs 3 BS-V **kein Anspruch des Arbeitgebers auf Kostenersatz durch den Sozialversicherungsträger** erwächst. Der Normengeber hat nur darauf abgestellt, inwieweit der Sozialversicherungsträger tatsächlich im üblichen (tarifmäßigen) Umfang die Kosten für Brillen als Heilbehelfe (§ 137 Abs 1 ASVG) übernommen hat: Daraus, dass ein Anspruch des Arbeitgebers gegenüber der Sozialversicherung des Arbeitnehmers, zu der ausschließlich dieser in einem Vertragsverhältnis steht, im ASchG oder in der BS-V hinsichtlich der Bildschirmbrille nicht normiert ist, § 98 ASVG einer Zession eines allfälligen Kostenerstattungsanspruches des Versicherten für einen Heilbehelf an den Arbeitgeber entgegensteht, folgt, dass die Maßnahmen der Richtlinie im Rahmen der Sozialversicherung nicht dahin umgesetzt wurden, konkret einen Anspruch auf eine Bildschirmbrille im Sinne der BS-V als Anspruch gegen den Sozialversicherungsträger zu schaffen. Dass dies Absicht des Gesetzgebers war, ergibt sich daraus, dass beispielsweise an anderer Stelle in § 57 Abs 3 ASchG ein Anspruch des Arbeitgebers gegenüber der Unfallversicherung auf Ersatz von Untersuchungskosten im Zusammenhang mit Tätigkeiten, die eine Berufskrankheit verursachen können, vorgesehen ist. Der Gesetzgeber ist daher nicht von der Grundtendenz des Arbeitnehmerschutzes abgewichen, dass der Arbeitgeber nach den öffentlich-rechtlichen, vor allem an den Arbeitgeber gerichteten Bestimmungen des ASchG auch verpflichtet ist, auf seine Kosten für die Einhaltung und Umsetzung der gesetzlichen Zielrichtung des ASchG Sorge zu tragen (*Schwarz/Löschnigg*, Arbeitsrecht[7], 945).

23 Der OGH bestätigte mit dieser Entscheidung vom 6.9.2000, 9 ObA 63/00f, die Ansicht des Berufungsgerichts **OLG Wien 7.5.1999, 9 Ra 342/98z:** Die Kostentragung beschränkte sich hier auf eine verordnete Bifokalbrille abzüglich des Anteils, den die Krankenkasse ersetzte, zuzüglich des Selbstbehalts. Eine Kostenübernahme von Mehrkosten einer in diesem Fall nicht unbedingt notwendigen Gleitsichtbrille wurde jedoch verneint. Dem Arbeitgeber obliegt demnach die **Zurverfügungstellung des gesamten Sehbehelfs, ohne einen allfälligen Abzug für die Kosten der Brillenfassung,** weil diese Bestandteil des zur Verfügung zu stellenden Arbeitsbehelfes ist. Den Arbeitnehmer/innen sind allerdings nur die **Kosten einer Standardfassung** sowie die funktionellen in gleicher Weise entsprechenden Gläser des günstigeren Anbieters mit einfacher Entspiegelung zu ersetzen. Ein Anspruch auf Kostenerstattung für eine höherwertigere Ausstattung und Qualität als nach den notwendigen Anforderungen des § 12 BS-V besteht gegenüber den Arbeitgeber/innen nur dann, wenn es eine andere Rechtsgrundlage gibt wie Kollektivvertrag, Betriebsvereinbarung oder eine Einzelvereinbarung (vgl *Streithofer*, DRdA 41/2023/INFAS 2023, Heft 408).

24 Der **Hauptverband der Österreichischen Sozialversicherungsträger** (nunmehr Dachverband der Sozialversicherungsträger) hat im Zusammenhang mit der Kostenübernahme der Bildschirmarbeitsbrille und der Untersuchung der Augen in seinem Rundschreiben vom 26.9.1995, HVST 32-54.107/95 Ch/Mm, an alle Krankenversicherungsträger festgehalten, dass **lediglich bei Auftreten von Sehbeschwerden oder bei Notwendigkeit einer augenfachärztlichen Untersuchung die Kosten vom zuständigen Krankenversicherungsträger übernommen werden**, weil dann im sozialversicherungsrechtlichen Sinne eine Krankheit vorliegt, die eine Behandlung erfordert. Laut Rundschreiben sind Bildschirmbrillen („Bildschirm-Arbeitsbrillen“) Brillen, die ausschließlich für die Tätigkeit am Bildschirmarbeitsplatz und nicht für den Alltag bestimmt sind:

> „Das Problem der Bildschirm-Arbeitsbrille besteht darin, dass die üblichen Nahbrillen auf einen Leseabstand von 30 cm bis 40 cm ausgerichtet sind, der Arbeitnehmer am Bildschirm aber Sehdistanzen von 40 cm bis 80 cm zu bewältigen hat. Kann die normale Lesebrille das mangelnde Sehvermögen nicht ausgleichen, benötigt der Arbeitnehmer eine zusätzliche Sehhilfe, die auf das Anforderungsprofil des konkreten Arbeitsplatzes zugeschnitten ist. Auf Grund der speziellen Erfordernisse der Bildschirm-Arbeitsbrille ergibt sich aber auch, dass Multifokalbrillen im Regelfall nicht verordnet werden sollten. Multifokalbrillen bewirken, dass infolge des relativ kleinen Sehbereiches, in dem auf die Distanz von 40 cm bis 80 cm korrigiert wird, eine starre Haltung des Kopfes eingenommen wird. In weiterer Folge führt dies zu Verspannungen im Bereich der Halswirbelsäule. Multifokalgläser sind daher nur in Ausnahmefällen (zB Astigmatismus) für die Bildschirmarbeit erforderlich und geeignet.“ – Vgl Rundschreiben des Bundesministeriums für Finanzen 25.2.2000, 920.611/4-VII/A/6/00, Durchführung der B-BS-V: Augenuntersuchungen und „Bildschirmbrille“.

Persönliche Schutzausrüstung

§ 69. (1) Als persönliche Schutzausrüstung gilt jede Ausrüstung, die dazu bestimmt ist, von den Arbeitnehmern benutzt oder getragen zu werden, um sich gegen eine Gefahr für ihre Sicherheit oder Gesundheit bei der Arbeit zu schützen, sowie jede mit demselben Ziel verwendete Zusatzausrüstung.

(2) Persönliche Schutzausrüstungen sind von den Arbeitgebern auf ihre Kosten zur Verfügung zu stellen, wenn Gefahren nicht durch kollektive technische Schutzmaßnahmen oder durch arbeitsorganisatorische Maßnahmen vermieden oder ausreichend begrenzt werden können.

(3) Arbeitnehmer sind verpflichtet, die persönlichen Schutzausrüstungen zu benutzen. Arbeitgeber dürfen ein dem widersprechendes Verhalten der Arbeitnehmer nicht dulden.

(4) Persönliche Schutzausrüstungen dürfen, außer in besonderen Ausnahmefällen, nur für jene Zwecke und unter jenen Bedingungen eingesetzt werden, für die sie nach den Angaben des Herstellers oder des Inverkehrbringers bestimmt sind.

(5) Persönliche Schutzausrüstungen müssen für den persönlichen Gebrauch durch einen Arbeitnehmer bestimmt sein. Erfordern die Umstände eine Benutzung durch verschiedene Personen, so sind entsprechende Maßnahmen zu treffen, damit sich dadurch für die verschiedenen Benutzer keine Gesundheits- und Hygieneprobleme ergeben.

(6) Arbeitgeber haben durch geeignete Lagerung und ausreichende Reinigungs-, Wartungs-, Reparatur- und Ersatzmaßnahmen ein gutes Funktionieren der persönlichen Schutzausrüstung und einwandfreie hygienische Bedingungen zu gewährleisten. Dabei sind insbesondere die Verwenderinformationen der Hersteller und Inverkehrbringer zu berücksichtigen.

(7) *(aufgehoben)*

[BGBl I 2015/60]

Übersicht

I.	Persönliche Schutzausrüstungen – PSA am Arbeitsplatz	1–3
	A. ASchG-Überleitung und PSA-Rechtsbereinigung durch die PSA-V	4, 5
	B. PSA-Ausrüstung zum Sicherheits- und Gesundheitsschutz bei der Arbeit	6–8
	C. Inverkehrbringervorschriften und harmonisierte EU-Normen	9–12
II.	PSA-Zurverfügungstellung durch die Arbeitgeber	
	A. Kostenfreie Zurverfügungstellung am Ort der Gefahr	13

B. Arbeitsplatzevaluierung – Gefahren, gegen die PSA schützen müssen (§ 4 und 2. Abschnitt PSA-V) 14–17
C. PSA zur alleinigen Benutzung 18
III. PSA-Einsatz, Prüfung, Instandhaltung, Lagerung und Kennzeichnung
A. PSA-Einsatz 19–22
B. Prüfung der PSA 23, 24
C. Instandhaltung der PSA 25, 26
D. Lagerung der PSA 27, 28
E. Kennzeichnung der Gefahrenbereiche (PSA-Tragebereiche) ... 29, 30
IV. PSA-Information und Unterweisung 31–36
V. Arbeitnehmerverpflichtung zur PSA-Benutzung 37–42
VI. PSA in ASchG-Verordnungen (VbA, GKV, VOLV, VEXAT, VOPST ua)
A. PSA in ASchG-Durchführungsverordnungen 43
B. PSA im Verkehrsbereich (ASchG-Verordnungen Verkehr) 44
C. PSA in Durchführungsverordnungen zu ASchG, GewO 1994 45
D. PSA im untertägigen Bergbau (Bergrecht) 46
VII. Sauerstoffselbstretter im untertägigen Bergbau 47–50

I. Persönliche Schutzausrüstungen – PSA am Arbeitsplatz

1 §§ 69 und 70 ASchG regeln die persönliche Schutzausrüstung (PSA), deren Bewertung und Auswahl, die Verordnung Persönliche Schutzausrüstung (PSA-V) trifft nähere Durchführungsbestimmungen. § 71 ASchG und § 73 AAV regeln demgegenüber die arbeitsschutzrelevante Arbeitskleidung, die – weil keine PSA iSd ASchG – durch diese PSA-Bestimmungen nicht berührt wird.

2 Die PSA-Regelungen gelten in Arbeitsstätten, auswärtigen Arbeitsstellen und auf Baustellen zur Umsetzung der Richtlinie 89/656/EWG des Rates vom 30.11.1989 über Mindestvorschriften für Sicherheit und Gesundheitsschutz bei Benutzung persönlicher Schutzausrüstungen durch Arbeitnehmer bei der Arbeit (Dritte Einzelrichtlinie iSd Artikel 16 Absatz 1 der Arbeitsschutz-Rahmenrichtlinie Richtlinie 89/391/EWG).

Die am 1.5.2014 in Kraft getretene PSA-V gilt auch für PSA, die nach anderen Arbeitnehmerschutzvorschriften zur Verfügung gestellt werden müssen (§ 1 Abs 2 PSA-V): Einige noch vor dem 1.5.2014 zu §§ 68 f ASchG erlassene ASchG-Durchführungsverordnungen enthielten bereits Einzelregelungen über PSA bzw Arbeitskleidung in sachlichem Zusammenhang mit dem jeweiligen Regelungsgegenstand und ordnen an, unter welchen Bedingungen bei welchen Arbeitsvorgängen PSA den Beschäftigten zur Verfügung gestellt und benutzt werden muss (zB VbA – Schutzhandschuhe, Schutzmasken bei Verwendung biologischer Arbeitsstoffe, GKV – Schutz- und Arbeitskleidung bei gefährlichen Arbeitsstoffen). Aufgrund § 17 Abs 3 PSA-V bleiben derartige Bestimmungen über PSA in anderen ASchG-Durchführungsverordnungen unberührt mit der Maßgabe, dass die darüber hinausgehenden Bestimmungen der PSA-V zusätzlich zu beachten sind (Näheres siehe Punkt VI.).

PSA iSd ASchG und der PSA-V sind nur PSA-Ausrüstungen und Zusatzausrüstungen, für die auch Inverkehrbringervorschriften einschließlich harmonisierter Normen der EU gelten (§ 2 Abs 1 PSA-V, siehe Punkt I C). **3**

A. ASchG-Überleitung und PSA-Rechtsbereinigung durch die PSA-V

Zur Umsetzung der Richtlinie 89/656/EWG wurde bis zur Neuregelung durch eine ASchG-Durchführungsverordnung die vor 1995 geltende Rechtslage (ANSchG) durch das ASchG vorläufig übergeleitet, siehe § 11 ANSchG und PSA-Regelungen der Allgemeinen Arbeitnehmerschutzverordnung (AAV), BGBl 1983/218, und der 1994 noch vor dem ASchG erlassenen Bauarbeiterschutzverordnung (BauV). Diese Regelungen entsprachen freilich nicht mehr dem Stand der Technik und der Arbeitswissenschaften, weshalb eine Neuregelung dringend erforderlich war. Entsprechend Art 6 Abs 1 der Richtlinie und der Verordnungsermächtigung **§ 72 Abs 1 Z 5 ASchG** wurden schließlich mit Inkrafttreten 1.5.2014 die Bedingungen, unter denen bestimmte persönliche Schutzausrüstungen zur Verfügung zu stellen sind, sowie die Benutzung von persönlichen Schutzausrüstungen durch die Verordnung **Persönliche Schutzausrüstung (PSA-V)**, BGBl II 2014/77 (Artikel 1) neu geregelt. **4**

Die PSA-V nahm zudem eine umfassende Rechtsbereinigung durch Aufhebung des aufgrund der ASchG-Rechtsüberleitung nach dem 1.1.1995 vorläufig noch weitergeltenden alten PSA-Rechtsbestandes vor: **5**

- § 114 Abs 4 Z 7 und Z 8 ASchG leiteten die §§ 66 bis 73 **(VI. Abschnitt) der Allgemeinen Arbeitnehmerschutzverordnung (AAV)** über PSA und Arbeitskleidung bis zu einer Neuregelung durch ASchG-Verordnung im Rang eines Bundesgesetzes als weitergeltend über, ebenso § 105 und 108 Abs 2 die § 84 Abs 4 (Hautschutz) und § 90 Abs 2 bis 4 (PSA-Prüfung) AAV. Dieses PSA-Übergangsrecht ist aufgrund § 17 Abs 2 PSA-V außer Kraft getreten. Die ASchG-Überleitungsbestimmung § 114 Abs 4 Z 7 wurde nach Inkrafttreten der PSA-V schließlich mit der ASchG-Novelle BGBl I 2015/60 als gegenstandslos aufgehoben. § 114 Abs 4 Z 8 (Arbeitskleidung) und § 73 AAV stehen mangels ASchG-Durchführungsbestimmungen zur Arbeitskleidung weiterhin in Geltung.
- Der bis zum Inkrafttreten der PSA-V geltende **3. Abschnitt (§§ 22 bis 30) Bauarbeiterschutzverordnung (BauV)** – Persönliche Schutzausrüstung wurde mit Ausnahme des § 22 BauV ebenfalls aufgehoben und weitere BauV-Regelungen wurden terminologisch an die PSA-V angepasst (BGBl II 2014/77 Artikel 2). Gemäß des weiterhin geltenden § 22 BauV ist die zweckentsprechende Verwendung der Schutzausrüstung auf Baustellen zu überwachen (die BauV gilt gemäß § 118 Abs 3 ASchG als Verordnung zum ASchG).

B. PSA-Ausrüstung zum Sicherheits- und Gesundheitsschutz bei der Arbeit

6 PSA ist jede Ausrüstung, die von den Arbeitnehmern und Arbeitnehmerinnen benutzt oder getragen werden muss, um sich gegen eine Sicherheits- oder Gesundheitsgefahr bei der Arbeit zu schützen. PSA ist auch jede mit demselben Ziel verwendete Zusatzausrüstung (§ 69 Abs 1 ASchG).

Als **PSA-Arten** unterscheidet der 2. Abschnitt PSA-V – Besondere Bestimmungen über persönliche Schutzausrüstung:

- § 8 Fuß- und Beinschutz
- § 9 Kopf- und Nackenschutz
- § 10 Augen- und Gesichtsschutz
- § 11 Gehörschutz
- § 12 Hand- und Armschutz
- § 13 Hautschutz
- § 14 Persönliche Schutzausrüstung gegen Absturz, Ertrinken und Versinken
- § 15 Atemschutz
- § 16 Schutzkleidung

7 Die PSA-V folgt weitgehend der zuvor geltenden PSA-Kategorisierung in AAV und BauV, ausdrücklich als eigene PSA-Art neu geregelt wurde in § 13 PSA-V der Hautschutz:

Hautschutz ist der systematische Schutz der Haut bei der Arbeit durch äußerlich aufzubringende Hautschutzmittel (Hautschutz, -reinigung und -pflege). Hautschutz ist eine PSA iSd ASchG, der PSA-V und der PSA-RL 89/656/EWG. Hautschutz soll die Arbeitnehmer/innen vor Hauterkrankungen und Hautschädigungen bei der Arbeit schützen, die durch Exposition zB gegenüber Nässe, Kälte oder UV-Strahlen entstehen, etwa bei Arbeiten in Kälteanlagen oder bei starker natürlicher Strahlung bei Arbeiten im Freien auf Baustellen oder auswärtigen Arbeitsstellen.

Arbeitgeber/innen müssen die erforderlichen Hautmittel den Beschäftigten in geeigneter und den hygienischen Anforderungen entsprechender Form zur persönlichen Anwendung zur Verfügung stellen (§ 13 Abs 1 u 2 PSA-V), zB in Spendersystemen oder Tuben für den individuellen Gebrauch.

Bei der Arbeitsplatzevaluierung ist schriftlich festzulegen, bei welchen betrieblichen Arbeitsvorgängen und in welchen Arbeitsbereichen jeweils welche Hautmittel sowie – falls Hand- oder Armschutz ausgewählt wurde – welcher Hand- oder Armschutz anzuwenden ist. In der Praxis wird diese Festlegung gemäß § 13 Abs 3 u 4 PSA-V als Hautschutzplan bezeichnet. Dabei sind Produktnamen und Informationen über Art, Zeitpunkte und Intervall der Anwendung anzugeben und die Hersteller- und Inverkehrbringerangaben zu beachten (zB Dauer der Schutzwirkung gegenüber bestimmten Chemikalien, optischer Strahlung, vgl TRGS 401 Gefährdung durch Hautkontakt).

Keine PSA iSd ASchG und der PSA-V sind insbesondere: 8

- Berufskleidung und Uniformen, die nicht speziell dem Schutz von Sicherheit und Gesundheit des Arbeitnehmers/der Arbeitnehmerin dienen (zB Privatkleidung, Berufskleidung mit Firmenlogo),
- Ausrüstungen wie Fluchtmittel (zB Selbstretter) und Rettungsmittel,
- Schutzausrüstungen für öffentliche Sicherheits- und Ordnungsdienste,
- Schutzausrüstungen im Straßenverkehr, soweit für diese straßenverkehrsrechtliche Bestimmungen gelten (zB Kraftfahrgesetz 1967 – KFG 1967)
- Arbeitsmittel zur Sportausübung,
- Selbstverteidigungs- und Abschreckungsmittel,
- tragbare Geräte zur Feststellung und Signalisierung von Risiken und Schadstoffen,
- Sehhilfen an Bildschirmarbeitsplätzen (§ 68 Abs 3 ASchG, B-SV), soweit der Sehhilfe keine zusätzliche Schutzfunktion zukommt.

(§ 2 Abs 2 Z 1 bis 8 PSA-V, vgl Artikel 2 Abs 2 PSA-Richtlinie 89/656/EWG)

C. Inverkehrbringervorschriften und harmonisierte EU-Normen

Um vom Anwendungsbereich der PSA-V und des ASchG erfasst zu sein, müssen für PSA-Ausrüstungen und Zusatzausrüstungen (auch für den Hautschutz) Inverkehrbringervorschriften einschließlich harmonisierter Normen der EU gelten (§ 2 Abs 1 PSA-V). 9

- **Inverkehrbringervorschriften** sind vorrangig dem Wirtschaftsrecht zuzurechnen (ursprünglich gewerberechtlich geregelt nach neuem Rechtsrahmen der EU/New Legislative Framework – NLF nun als Marktüberwachungsnormen national und auf EU-Ebene ausgestaltet). Hautschutz unterliegt als kosmetisches Mittel dem österreichischen Lebensmittelrecht und den dazu geltenden Inverkehrbringervorschriften national und EU-rechtlich.
- **Harmonisierte europäische Normen**, die auf grundlegenden Anforderungen basieren, werden von den Europäischen Normungsgremien erarbeitet (Europäisches Komitee für Normung – CEN, Europäisches Komitee für elektrotechnische Normung – Cenelec), zB für Warnkleidung.

Ist dies nicht der Fall, handelt es sich mangels Inverkehrbringervorschriften definitionsgemäß nicht um PSA, gegebenenfalls aber – wenn geeignete PSA für die benötigte spezifische Schutzwirkung nicht erhältlich ist – um Arbeitskleidung gemäß § 71 Abs 2 ASchG (zB § 9 Abs 1 Z 2 VOPST: *„geeignete Arbeitskleidung (Schutzkleidung), sofern geeignete persönliche Schutzausrüstung für optische Strahlung nicht erhältlich ist“*).

10 **Hersteller- bzw Inverkehrbringervorschriften** über Einsatz und Benutzung von PSA sowie über deren Lagerung und Instandhaltung **sind keine Arbeitsschutzbestimmungen**, aber für den Umgang mit PSA auch nach dem Arbeitnehmerschutzrecht maßgebend. Dazu zählen auch Verwenderinformationen der Hersteller- und Inverkehrbringer als schriftliche Bedienungsanleitungen iSd § 15 Abs 5 ASchG.

Mit dem ASchG wurde bewusst auf eine Bewilligung von PSA verzichtet. Die Verordnungsermächtigung des § 72 Abs 2 ASchG zur Regelung grundlegender Sicherheitsanforderungen hinsichtlich Konstruktion, Bau und weiterer Schutzmaßnahmen einschließlich Beschreibungen und Bedienungsanleitungen für PSA, auf die die Gewerbeordnung 1994 nicht anzuwenden ist, ist bislang ungenutzt (siehe Anmerkungen zu § 72 ASchG).

11 Bei Inkrafttreten der PSA-V zum 1.5.2014 war maßgebende nationale Inverkehrbringervorschrift die Verordnung des Bundesministers für wirtschaftliche Angelegenheiten über das Inverkehrbringen und Ausstellen von persönlichen Schutzausrüstungen und über die grundlegenden Sicherheitsanforderungen an persönliche Schutzausrüstungen (**PSA-Sicherheitsverordnung – PSASV**), BGBl 1994/596, die auf Grundlage des § 71 Abs 3 bis 6 der Gewerbeordnung 1994 (GewO 1994) im Einvernehmen mit dem Bundesminister für Arbeit und Soziales erlassen worden war. Auf EU-Ebene normierte die **Richtlinie 89/686/EWG** des Rates vom 21.12.1989 zur Angleichung der Rechtsvorschriften der Mitgliedstaaten für persönliche Schutzausrüstungen Inverkehrbringervorschriften und grundlegende Sicherheitsanforderungen, die PSA erfüllen müssen, um die Gesundheit der Benutzer zu schützen und deren Sicherheit zu gewährleisten (aus Arbeitsschutzsicht ergänzt durch die PSA-Richtlinie 89/656/EWG). Mit der PSA-V wurde weitgehend die PSASV-Systematik bzw die Richtlinie 89/686/EWG hinsichtlich der PSA-Arten auch im Arbeitsschutzrecht übernommen (2. Abschnitt PSA-V).

Den **Hautschutz** (§ 13 PSA-V) regelte § 62 PSASV nur als Zusatzanforderung, weil Sonnenschutz- und Hautpflegemittel auf EU- und nationaler Ebene als kosmetische Mittel gelten: **Verordnung (EG) 1223/2009 des Europäischen Parlaments und des Rates vom 30.11.2009 über kosmetische Mittel** (Neufassung), auf nationaler Ebene **Regelungen des Lebensmittelrechts**. Hautschutzmittel (Hautschutz, -reinigung und -pflege) gelten laut Anhang II der PSA-Richtlinie 89/656/EWG über Mindestvorschriften für Sicherheit und Gesundheitsschutz bei Benutzung persönlicher Schutzausrüstungen durch Arbeitnehmer bei der Arbeit ebenfalls als PSA (Liste Anhang II – Hautschutz – Hautschutzcremes), weshalb eine derartige Regelung in der PSA-V nicht nur zum Gesundheitsschutz sinnvoll, sondern für die EU-Umsetzung auch erforderlich war. Die unmittelbar anwendbare VO (EG) 1223/2009 ist eine Inverkehrbringervorschrift iSd § 70 Abs 1 Z 1 ASchG; deren Verwenderinformationen, zB zu UV-Filtern, Kennzeichnung, Gebrauchsanweisungen, sind auch für den Arbeitnehmerschutz relevant.

Mit 21.10.2016 ist das Bundesgesetz über das Inverkehrbringen von Maschinen, Geräten, Ausrüstungen oder deren Teile oder Zubehör im harmonisierten Bereich und die Notifizierung von Konformitätsbewertungsstellen (**Maschinen – Inverkehrbringungs- und NotifizierungsG – MING**), BGBl I 2015/77, in Kraft getreten (Wirtschaftsrecht). Damit wurde der neue Rechtsrahmen der EU (New Legislative Framework – NLF) und die Neuordnung der Marktüberwachung national umgesetzt. § 13 Abs 3 MING setzte zeitgleich auch die PSASV zur Gänze außer Kraft. 12

Die PSA-Richtlinie 89/686/EWG des Rates vom 21.12.1989 wurde mit 21.4.2018 durch die **Verordnung (EU) 2016/425 (Gewährleistung sicherer persönlicher Schutzausrüstungen für Nutzer)** aufgehoben und ersetzt. Jede PSA ist nun entsprechend den Risikokategorien laut Anhang I der PSA-Verordnung (EU) 2016/425 einzustufen:

- Kategorie I: geringfügige Risiken
- Kategorie II: Risiken, die nicht unter Kategorie I oder III angeführt sind (jede PSA, die nicht der Kategorie I und III unterliegt, ist automatisch Kategorie II)
- Kategorie III: Risiken, die zu sehr schwerwiegenden Folgen wie Tod oder irreversiblen Gesundheitsschäden führen können

PSA-Produkte, die der alten Richtlinie entsprachen, durften bis 21.4.2018 zulässigerweise noch in Verkehr gebracht werden. Auch EG-Baumusterprüfbescheinigungen nach der Richtlinie galten bis 21.4.2023 (sofern nicht vorher abgelaufen). Spätestens zum Ende der Übergangsfrist mussten alle PSA-Bestände der Hersteller der neuen EU-PSA-VO entsprechen.

II. PSA-Zurverfügungstellung durch die Arbeitgeber

A. Kostenfreie Zurverfügungstellung am Ort der Gefahr

PSA ist den Arbeitnehmer/innen **auf Kosten der Arbeitgeber am Ort der Gefahr** zur Verfügung stellen, wenn die Gefahren nicht durch kollektive technische Schutzmaßnahmen oder durch arbeitsorganisatorische Maßnahmen vermieden oder ausreichend begrenzt werden können (**§ 69 Abs 2 ASchG, § 3 Abs 1 PSA-V**). Vgl **Grundsätze der Gefahrenverhütung** (**§ 7 ASchG**): Gefahrenvermeidung an der Quelle, Minimierung verbleibender Risken unter Nachrangigkeit individueller Schutzmaßnahmen (wie die Zurverfügungstellung von PSA). 13

- **VwGH 9.9.1998, 97/04/0085:** Gemäß § 69 Abs 2 ASchG 1994 haben die **kollektiven Schutzmaßnahmen Vorrang** gegenüber den persönlichen Schutzausrüstungen. Erst wenn die in Betracht kommenden Gefahren nicht durch kollektive technische Schutzmaßnahmen oder durch arbeitsorganisatorische Maßnahmen vermieden oder hinreichend begrenzt werden können, sind persönliche Schutzausrüstungen einzusetzen. Ein Verbot des Einsatzes bestimmter technischer Maßnahmen zugunsten des Einsatzes persönlicher Schutzausrüstungen ist dem § 69 Abs 2 ASchG 1994 nicht zu entnehmen (hier: Umhausung und Beheizung der Führerstände der Stapler zur Erreichung eines iSd § 126 Abs 2 Z 2 ASchG 1994 gleichen Schutzes der Gesundheit von Arbeitnehmern).

- **VwGH 15.12.1992, 88/08/0192:** Das **Zurverfügungstellen** von geeigneten Gehörschutzmitteln iSd § 67 Abs 1 erster Satz AAV bedeutet die Ermöglichung der freien Entnahme dieser Gehörschutzmittel durch die in Betracht kommenden Arbeitnehmer, was mit einschließt, dass sich die freie Entnahmemöglichkeit an geeigneter, frei zugänglicher Stelle befinden muss.
- **OGH 15.9.2004, 9 ObA 81/04h** (betreffend Arbeitskleidung, Schutzhelm): Eine Anspruchsgrundlage für die kostenlose Beistellung von Arbeitskleidung kann auch die **Fürsorgepflicht** bilden; diese wird durch § 71 ASchG nicht vollständig konsumiert, weil die Fürsorgepflicht generalklauselartig angelegt ist und deren Interpretation ua durch die unternehmerische Risikotragung geprägt wird (*Binder*, Glosse zu OGH 9 ObA 81/04h, DRdA 2005/19). Kann sich der Arbeitgeber einen adäquaten Schutz nicht leisten, hat die Durchführung der gefährlichen Tätigkeit zu unterbleiben (*Krejci* in *Rummel*[3] § 1157 Rz 9). – Vgl *Marhold* in *Marhold/Burgstaller/Preyer*, Angestelltengesetz, Kommentar, zu § 18 AngG (Fürsorgepflicht).

B. Arbeitsplatzevaluierung – Gefahren, gegen die PSA schützen müssen (§ 4 und 2. Abschnitt PSA-V)

14 Die Beschäftigung von Arbeitnehmer/innen mit Tätigkeiten, bei denen eine der im 2. Abschnitt PSA-V angeführten Gefahren besteht oder auftreten kann, ist nur bei Verwendung geeigneter persönlicher Schutzausrüstung zulässig (§ 3 Abs 2 PSA-V). Welche Gefahren mit der durchzuführenden Tätigkeit verbunden sein können, muss evaluiert werden: Im Rahmen der Arbeitsplatzevaluierung (§ 4 ASchG, § 4 PSA-V) ist zu ermitteln und zu beurteilen, ob Gefahren und Belastungen zum Schutz der Arbeitnehmer die Benutzung von PSA (oder das Tragen bestimmter Arbeitskleidung, § 71 ASchG) erfordern oder ob vorrangige Schutzmaßnahmen ausreichend sind: Kollektiver Gefahrenschutz hat Vorrang vor individuellen Maßnahmen (§ 2 Abs 7, § 69 Abs 2 ASchG, § 3 Abs 1 PSA-V, Grundsätze der Gefahrenverhütung § 7 ASchG).

15 Alle Risken, die die Sicherheit oder Gesundheit der Arbeitnehmer/innen bei der Arbeit beeinträchtigen können, müssen in die Gefahrenevaluierung (auch bei deren Überprüfung und Anpassung) einbezogen und den Ergebnissen entsprechende geeignete Schutzmaßnahmen festgelegt werden. PSA-relevante Gefahren sind va physikalische Einwirkungen, gesundheitsgefährdende Arbeitsstoffe oder Sauerstoffmangel, Gefahren für Augen, Gewebe (Haut, Schleimbeutel) oder Muskel-Skelett-Apparat sowie sonstige Einwirkungen, Beeinträchtigungen und Belastungen bei der Arbeit (§ 66 ASchG,

etwa gesundheitsgefährdende Erschütterungen, blendendes Licht, Hitze, Kälte, Feuchtigkeit, besonders belastende klimatische Bedingungen).

Der **2. Abschnitt PSA-VO** legt taxativ fest, bei welchen festgestellten Gefahren und Belastungen welche Art von PSA den Arbeitnehmer/innen jedenfalls zur Verfügung zu stellen ist. **Diese Risiken müssen daher bereits in die Gefahrenermittlung einbezogen werden (§§ 8 bis 16 PSA-V):**

- **mechanische Gefahren** – durch Anstoßen an Gegenstände, Einklemmen, umfallende, herabfallende oder abrollende Gegenstände, Hineintreten oder Hineinknien in spitze oder scharfe Gegenstände oder sonstige Kontakte mit spitzen oder scharfen Gegenständen oder solchen mit abrasiver Wirkung, durch pendelnde, umfallende oder wegfliegende Gegenstände, Erfasstwerden durch bewegte oder drehende Teile von Arbeitsmitteln oder sonstige Gegenstände, Gefahren durch Fremdkörper und Festkörper, wie Stäube, Späne, Splitter oder Körner, durch Stiche, Schnitte, Scheuern, Stäube, Kontakt mit Schneiden oder Sägen
- **thermische Gefahren** – durch Kontakt mit heißen oder kalten Oberflächen oder Medien (Berührungswärme, -kälte), Gasen (Konvektionswärme), Wärmestrahlung, Flammenwirkung, Funken oder Spritzer heißer Flüssigkeiten
- **gesundheitsgefährdende Arbeitsstoffe** – wie chemische Gefahren durch feste, flüssige oder gasförmige Substanzen, va hautschädigende oder hautgängige Arbeitsstoffe, insbesondere bei direktem Kontakt
- **biologische Arbeitsstoffe der Gruppe 2, 3 oder 4** – wie Bakterien, Viren oder sonstige Mikroorganismen
- **ionisierende oder optische Strahlung**, Lichtblendung
- **elektrische Gefahren** – wie elektrische Spannung und elektrostatische Aufladung, Lichtbögen, Verblitzen
- **Vibrationen**
- Gesundheitsgefahren für Gewebe oder Muskel-Skelett-Apparat **bei Arbeiten in länger andauernder kniender Haltung**
- Gesundheitsgefahren durch **länger andauerndes Tragen von Schutzhandschuhen**
- **Hitze, Kälte, Feuchtigkeit, Nässe oder Witterung**
- **starke Verunreinigungen**
- **Ausrutschen** auf geneigten oder rutschigen Untergründen
- Gefahr von **Absturz, Ertrinken oder Versinken**
- **Gefahren für die Atmung** durch Konzentration der gesundheitsgefährdenden oder biologischen Stoffe oder Sauerstoffkonzentration unter 15 Volumsprozent in der Umgebungsatmosphäre
- **Bisse oder sonstige Verletzungen** insbesondere durch Tiere
- Gefahren bei **Arbeiten auf öffentlichen Verkehrsflächen** und im **innerbetrieblichen Fahrverkehr**.

16 Bei der Arbeitsplatzevaluierung müssen auch die **Belastungen und sonstigen Einwirkungen**, die den Einsatz von PSA erforderlich machen, berücksichtigt und dokumentiert werden, insbesondere (§ 4 Abs 1 Z 1 bis 3 PSA-V):

- Art und Umfang der Gefahren, bei denen PSA erforderlich ist,
- bei der Arbeitsdurchführung gegebene Einsatz- und Umgebungsbedingungen
- für die PSA-Benutzung der PSA erforderliche Konstitution.

17 Die **Sicherheits- und Gesundheitsschutzdokumente** müssen Angaben über die notwendige PSA für den jeweiligen Bereich der Arbeitsstätte erhalten (§ 2 Abs 2 Z 3 DOK-VO, § 5 ASchG, § 4 Abs 1 PSA-V). Die Dokumentation der erforderlichen PSA ist auch für die Koordinationspflichten der Arbeitgeber/innen bedeutsam (§ 8 ASchG).

Den auf Baustellen und auswärtigen Arbeitsstellen beschäftigten Arbeitnehmer/innen ist ein Auszug der auf die PSA bezogenen Inhalte des Sicherheits- und Gesundheitsschutzdokumentes im für die durchzuführenden Arbeiten erforderlichen Umfang zur Verfügung zu stellen (§ 4 Abs 2 PSA-V). Damit sollen die für sie relevanten Informationen über den PSA-Einsatz bei ihren Tätigkeiten vor Ort gewährleistet werden. In der Praxis kann dies zB durch eine mitgeführte Kopie des PSA-bezogenen Teils des Sicherheits- und Gesundheitsdokuments erfolgen.

Werden PSA als erforderlich festgelegt, folgt die **Bewertung der PSA** (§ 70 Abs 5 u 6 ASchG, § 5 PSA-V), danach die **PSA-Auswahl und Anpassung** an den Träger bzw die Trägerin (§ 6 PSA-V, siehe Anmerkungen zu § 70 ASchG).

C. PSA zur alleinigen Benutzung

18 Nach **§ 69 Abs 5 ASchG** müssen PSA grundsätzlich für den persönlichen Gebrauch durch einen Arbeitnehmer bzw eine Arbeitnehmerin bestimmt sein. PSA ist daher grundsätzlich zur **Alleinbenutzung** zur Verfügung zu stellen. Nur wenn die betrieblichen Umstände eine Benutzung durch verschiedene Personen erfordern, ist eine solche **Benutzung durch mehrere Arbeitnehmer/innen** zulässig. Gemäß **§ 3 Abs 3 PSA-V** ist das der Fall, wenn dies entweder im 2. Abschnitt zur jeweiligen PSA-Kategorie vorgesehen wird (zB zulässig für Hand- und Armschutz in der Röntgendiagnostik), bei Gefahr in Verzug oder wenn unvorhersehbare, unaufschiebbare oder kurzfristig zu erledigende Arbeiten dies erfordern und dies gesundheitlich und hygienisch unbedenklich ist.

Müssen PSA von mehreren Arbeitnehmer/innen benutzt werden, sind entsprechende Maßnahmen zu treffen, um **Gesundheits- und Hygieneprobleme** zu vermeiden, zB geeignete Reinigung.

III. PSA-Einsatz, Prüfung, Instandhaltung, Lagerung und Kennzeichnung

A. PSA-Einsatz

Nach **§ 69 Abs 4 und 6 ASchG** 19

- dürfen PSA nur zu den laut Angaben des Herstellers oder des Inverkehrbringers **bestimmten Zwecken und unter den angegebenen Bedingungen eingesetzt** werden (außer in besonderen Ausnahmefällen);
- müssen Arbeitgeber durch **geeignete Lagerung und ausreichende Reinigungs-, Wartungs-, Reparatur- und Ersatzmaßnahmen** ein gutes Funktionieren der persönlichen Schutzausrüstung und einwandfreie hygienische Bedingungen gewährleisten. Dabei sind insbesondere die Verwenderinformationen der Hersteller und Inverkehrbringer zu berücksichtigen.

Die **Beschäftigung von Arbeitnehmer/innen** mit Tätigkeiten, bei denen eine der im 2. Abschnitt PSA-V angeführten Gefahren besteht oder auftreten kann, ist **nur bei Verwendung geeigneter persönlicher Schutzausrüstung zulässig (§ 3 Abs 2 PSA-V)**.

Ebenso müssen die Hersteller- und Inverkehrbringerangaben bei der **Auswahl** von persönlichen Schutzausrüstungen beachtet werden: Arbeitgeber dürfen nur solche persönlichen Schutzausrüstungen zur Verfügung stellen, die hinsichtlich ihrer **Konzeption und Konstruktion** den für das Inverkehrbringen geltenden Sicherheits- und Gesundheitsanforderungen entsprechen **(§ 70 Abs 1 Z 1 ASchG)**. 20

Beim **Erwerb von PSA** dürfen Arbeitgeber gemäß **§ 70 Abs 3 ASchG,** § 3 Abs 1 PSA-V davon ausgehen, dass diese hinsichtlich Konstruktion, Bau und weiterer Schutzmaßnahmen den für sie im Zeitpunkt des Inverkehrbringens geltenden Rechtsvorschriften entsprechen, soferne 21

- die PSA nach den für sie geltenden Rechtsvorschriften **gekennzeichnet** ist und
- die Arbeitgeber über **keine anderen Erkenntnisse** verfügen (zB aufgrund eines Unfalles, de Verdachts auf eine Berufskrankheit oder arbeitsbedingte Erkrankung, durch Informationen von Herstellern, Sicherheitsfachkräften, Arbeitsmedizinern, Prüfern oder Behörden).

Die Kennzeichnung für PSA ist vor allem das **CE-Kennzeichen**, aber auch **Eigenschaftskennzeichnungen** direkt auf den Gegenständen der PSA. 22

Das Anbringen einer CE-Kennzeichnung auf Produkten ist in Richtlinien der Europäischen Union zur Harmonisierung der Vermarktung von Produkten zwingend vorgeschrieben (CE-Kennzeichnung: Anhang III der **Maschinen-Sicherheitsverordnung 2010 (MSV 2010)**, BGBl II 2008/282).

Zur MSV 2010 und CE-Kennzeichnung siehe etwa nähere Informationen auf der Website der Arbeitsinspektion (Download 12.11.2024): https://www.arbeitsinspektion.gv.at/Maschinen-_Werkzeuge/Gemeinsame_Bestimmungen/Maschinen-Sicherheitsverordnung.html

Vgl Anmerkungen zu §§ 33 Abs 4 und 70 ASchG.

Für **Hautschutzmittel** ist eine Kennzeichnung nach der unmittelbar anwendbaren EU-Verordnung über kosmetische Mittel VO (EG) 1223/2009 vorgesehen. Die bei Inkrafttreten der PSA-V noch geltende Kosmetikverordnung, BGBl II 1999/375, mit spezifischer Kennzeichnungspflicht wurde mit § 95 Abs 21 Z 5 der Novelle BGBl I 67/2014 des Lebensmittelsicherheits- und Verbraucherschutzgesetzes außer Kraft gesetzt.

B. Prüfung der PSA

23 Nach **§ 17 Abs 2 ASchG** müssen Arbeitgeber, unbeschadet besonderer Prüfpflichten, dafür sorgen, dass ua Gegenstände der persönlichen Schutzausrüstung in regelmäßigen Abständen auf ihren **ordnungsgemäßen Zustand** überprüft und **festgestellte Mängel unverzüglich beseitigt** werden.

24 Seit 1.5.2014 gelten die **Prüfpflichten der PSA-V für bestimmte PSA-Arten** (§ 14 Abs 7 Absturzsicherungssysteme, § 15 Abs 8 Atemschutzgeräten). **Fachkundige Personen** iSd PSA-V sind Betriebsangehörige oder sonstige Personen, die die erforderlichen fachlichen Kenntnisse und Berufserfahrungen hinsichtlich der jeweiligen persönlichen Schutzausrüstungen und Zusatzausrüstungen besitzen und die Gewähr für eine gewissenhafte Durchführung der ihnen übertragenen Arbeiten bieten (§ 2 Abs 3 PSA-V). Die Definition fachkundiger Personen entspricht der Begriffsbestimmung in § 2 Abs 3 Arbeitsmittelverordnung (AM-VO).

Gemäß § 105 ASchG galten bis zum Inkrafttreten der PSA-V als ASchG-Durchführungsverordnung zu § 17 Abs 2 ASchG für die Prüfung von Gegenständen der PSA § 90 Abs 2 und 4 AAV im Gesetzesrang. Aufgrund einer Maßgabenbestimmung waren die Prüfungen von Ziviltechnikern des Fachgebietes oder fachkundigen Personen des Technischen Überwachungsvereins oder sonstigen geeigneten, fachkundigen und berechtigten Personen durchzuführen. Mit der PSA-V wurden diese vorläufig weitergeltenden Bestimmungen aufgehoben (§ 17 Abs 2 PSA-V).

Einzelne ASchG-Durchführungsverordnungen enthalten **spezifische Durchführungsbestimmungen zur PSA-Prüfung**, zB § 6 Abs 3 Z 2 VbA, § 14 Abs 2 Z 1 GKV.

Unterweisungsinhalt ist gemäß § 7 Abs 4 Z 7 PSA-V auch das Erkennen von die Schutzwirkung beeinträchtigenden Beschädigungen und Mängeln (Sichtprüfung vor der Verwendung) durch die auf die PSA angewiesenen Arbeitnehmer. Dies enthebt die Arbeitgeber aber nicht von ihren Prüfpflichten. Siehe Anmerkungen zu §§ 17 und 105 (Rz 1).

C. Instandhaltung der PSA

Nach § 17 Abs 1 ASchG ist PSA ordnungsgemäß in Stand zu halten und zu reinigen. Siehe Anmerkungen zu § 17 ASchG. 25

Für **Reinigungs-, Wartungs-, Reparatur- und Ersatzmaßnahmen (§ 69 Abs 6 ASchG)** sind ebenfalls vorrangig die Verwenderinformationen der Hersteller und Inverkehrbringer heranzuziehen. Ist das „Funktionieren", dh die notwendige Schutzwirkung der PSA nicht mehr gewährleistet, ist die PSA von der weiteren Benutzung auszuschließen (zB bei Beschädigungen, Überschreitung des Ablaufdatums, nach Sturz beanspruchter Absturzschutz).

Nach § 3 Abs 5 u 6 PSA-V dürfen Reparaturen, Ersatz- und Instandhaltungsmaßnahmen nur in dem Umfang durchgeführt werden, der von den Hersteller/innen oder Inverkehrbringer/innen für die betreffende Ausrüstung zugelassen ist. Arbeitgeber/innen haben dafür zu sorgen, dass PSA, bei der die **Schutzwirkung nicht mehr gegeben** ist (etwa auf Grund von Beschädigungen oder Überschreitung von Ablaufdaten), nicht mehr verwendet wird.

Einzelne ASchG-Durchführungsverordnungen enthalten **Durchführungsbestimmungen zur PSA-Reinigung** – zB GKV: eindeutig krebserzeugende Arbeitsstoffe § 14 Abs 2, Holzstaub § 18, Asbest § 27 GKV; bei biologischen Arbeitsstoffen § 6 Abs 3 Z 2, § 7 Abs 3 VbA. 26

D. Lagerung der PSA

Auch für die ordnungsgemäße **PSA-Lagerung** sind va **Verwenderinformationen** der Hersteller und Inverkehrbringer heranzuziehen. Geeignete Behältnisse für die Aufbewahrung von Augenschutz (Schutzbrillen), Gesichts- und Gehörschutz sowie Atemschutzmasken müssen erforderlichenfalls beigestellt werden (§ 69 Abs 6 ASchG, § 3 Abs 4 PSA-V). 27

Die vorläufig durch das ASchG übergeleiteten Lagerungsregelungen (§ 66 Abs 5, § 67 Abs 3 AAV, § 68 Abs 8 AAV; für PSA bei Bauarbeiten § 22 Abs 6 BauV) wurden durch § 17 Abs 2 PSA-V außer Kraft gesetzt.

Erforderlichenfalls sind auch Lagerplätze festzulegen (§ 3 Abs 3 PSA-V). Die Festlegung von **Aufbewahrungsorten** ist bedeutsam, wenn PSA von mehreren Beschäftigten benutzt werden muss (zB Schweißerschürze). 28

Vgl Arbeitnehmerverpflichtung zur PSA-Lagerung nach Gebrauch (§ 15 Abs 2 ASchG, § 3 Abs 7 Z 2 PSA-V).

E. Kennzeichnung der Gefahrenbereiche (PSA-Tragebereiche)

Die Kennzeichnungspflicht des **§ 20 Abs 2 ASchG** erfasst **räumlich abgegrenzte Gefahrenbereiche** in Arbeitsstätten und auf Baustellen bei Absturzgefahr für die Arbeitnehmer, bei Gefahr des Herabfallens von Gegenständen sowie besondere Gefahren, wie elektrische Spannung, Radioaktivität, Lärm usw. 29

Räumlich abgegrenzte Bereiche, in denen PSA zu verwenden ist, sind entsprechend zu kennzeichnen, außer wenn die Gefahr nur kurzzeitig besteht und gefährdete Personen in sonst geeigneter Weise auf die Gefahr hingewiesen werden (§ 3 Abs 8 PSA-V).

Lärmbereiche (§ 14 Abs 3 VOLV) sowie **Bereiche optischer Strahlung** (§ 9 Abs 2 VOPST) unterliegen ebenfalls der Kennzeichnung, doch kann statt einer Kennzeichnung eine Abgrenzung und Zugangsbeschränkung erfolgen, wenn dies technisch möglich und aufgrund der Gefahr zu rechtfertigen ist.

30 Die Sicherheits- und Gesundheitsschutzkennzeichnung ist in der **Kennzeichnungsverordnung (KennV)** näher geregelt.

Siehe Anmerkungen zu § 20 ASchG.

Vorläufig weitergeltende AAV- und BauV-Bestimmungen der Rechtslage vor dem ASchG wurden durch § 17 Abs 2 PSA-V mit 1.5.2014 außer Kraft gesetzt: Die AAV regelte zuvor die Kennzeichnungspflicht bei Notwendigkeit von Augen- und Gesichtsschutz (§ 66 Abs 6), Atemschutz (§ 68 Abs 13), Kopfschutz (§ 69 Abs 7), Schutz des Körpers (§ 71 Abs 6 AAV). Für Bauarbeiten galt Kennzeichnungspflicht betreffend Atemschutz (§ 25 Abs 8 BauV) und Kopfschutz (§ 27 Abs 5 BauV).

IV. PSA-Information und Unterweisung

31 Entsprechend **§§ 12 und 14 ASchG** sind die Arbeitnehmer **jedenfalls vor der erstmaligen PSA-Benutzung** entsprechend zu informieren und zu unterweisen, erforderlichenfalls durch geeignete Fachleute. Weitere Fälle der verpflichtenden Unterweisung sind zB Veränderungen des Aufgabenbereichs, Einführung neuer Arbeitsstoffe und Änderung der Arbeitsverfahren, nach Arbeitsunfällen oder Beinahe-Unfällen (§ 14 Abs 2 ASchG). Der Arbeitgeber bzw der für ihn Unterweisende muss sich vergewissern, ob der Arbeitnehmer die Unterweisung verstanden hat, die an dessen Erfahrungsstand zu orientieren ist und auf dessen Aufgabenbereich und den Arbeitsplatz ausgerichtet sein muss (§ 14 Abs 3 und 4 ASchG).

32 Nähere Durchführungsbestimmungen trifft die PSA-V:

Vor der erstmaligen PSA-Verwendung und danach ist **mindestens einmal jährlich** nachweislich über die PSA zu informieren und zu unterweisen, **sofern der 2. Abschnitt PSA-V zu den einzelnen PSA-Arten nichts anderes bestimmt oder die Gefahrenevaluierung andere Intervalle vorsieht** (§ 7 Abs 1 PSA-V). Einzelne ASchG-Verordnungen regeln ebenfalls Intervalle, zB § 6 Abs 2 VEXAT ebenfalls jährlich bei explosionsfähigen Atmosphären.

Bei regelmäßiger, zB wöchentlicher PSA-Verwendung können in der Arbeitsplatzevaluierung abweichende Intervalle für die wiederkehrende Information und Unterweisung sowie für die Übungen längere Intervalle, maximal aber drei Jahre, festgelegt werden. Voraussetzung dafür ist, dass durch in der Arbeitsplatzevaluierung vorgesehene Maßnahmen ein wirksamer Schutz der Arbeitnehmer/innen erreicht wird (§ 7 Abs 7 PSA-V).

Nach § 5 Abs 4 PSA-V kann auch die **PSA-Bewertung** eine Verkürzung der Unterweisungsintervalle erfordern.

Die **Information vor der erstmaligen Verwendung** muss zumindest umfassen (§ 7 Abs 2 Z 1 bis 5): **33**

- gegen welche Gefahren die zur Verfügung gestellte PSA bei zweckentsprechender Verwendung schützt (auch bei wiederkehrender Information),
- Ergebnisse der Arbeitsplatzevaluierung und festgelegte Gefahrenverhütungsmaßnahmen,
- Bewertung und Auswahl der PSA,
- Sicherheits- und Gesundheitsgefahren bei Nichtverwendung der PSA (auch bei wiederkehrender Information),
- Sicherheits- und Gesundheitsgefahren bei allenfalls weiterbestehenden Restrisiken (auch bei wiederkehrender Information).

Erforderlichenfalls müssen in die Information auch Arbeitnehmer/innen einbezogen werden, die **in unmittelbarer Nähe** von Bereichen tätig sind, in denen PSA zu verwenden ist. Das gilt auch für Arbeitnehmer/innen, die bei ihrer Tätigkeit solche Bereiche durchqueren müssen (§ 7 Abs 3 PSA-V). Dies wird insbesondere erforderlich sein bei großräumiger Wirkung von Gefahren wie zB Lärm oder gesundheitsgefährdenden Arbeitsstoffen. **34**

Die **PSA-Unterweisung** muss zumindest umfassen (§ 7 Abs 4 PSA-V): **35**

- bestimmungsgemäße Benutzung unter Beachtung allfälliger Verwendungsbeschränkungen,
- ordnungsgemäße Lagerung vor erster Verwendung,
- ordnungsgemäße Aufbewahrung zwischen den einzelnen Verwendungen und Aufbewahrungsplätze für PSA (wenn solche festgelegt sind),
- Reinigung und Pflege,
- sachgerechte Entsorgung,
- Erkennen von die Schutzwirkung beeinträchtigenden Beschädigungen und Mängeln (Sichtprüfung vor der Verwendung, zB bei kontaminierten Schutzhandschuhen),
- Verhaltens- und Verfahrensregeln bei festgestellten Beschädigungen und Mängeln (zB innerbetriebliche Meldesysteme bei festgestellter Abnutzung oder Überschreiten der PSA-Verwendungsdauer),
- alle sonstigen Maßnahmen, die für Sicherheit und Gesundheit der Arbeitnehmer/innen bei der PSA-Benutzung bei der Arbeit zu treffen sind.

Zu bestimmten PSA-Arten regelt der 2. Abschnitt PSA-V besondere Unterweisungsinhalte, zB für den Hautschutz § 13 Abs 5 PSA-V (die Unterweisung muss sich hier erforderlichenfalls auch auf die Abnahme von Handschmuck wie va Ringen beziehen).

Die Unterweisung hat durch **Schulungen und erforderlichenfalls praktische Übungen** zu erfolgen, wenn dies im 2. Abschnitt PSA-V vorgesehen ist (§ 7 Abs 1 PSA-V).

36 Die **Angaben der PSA-Hersteller und -Inverkehrbringer** sind bei der Information und Unterweisung zu berücksichtigen, insbesondere **Verwenderinformationen**, die den Beschäftigten in einer für sie verständlichen Form erforderlichenfalls zur Verfügung zu stellen sind (§ 14 Abs 5 ASchG, § 7 Abs 5 u 6 PSA-V).

Vgl Anmerkungen zu § 14 ASchG.

V. Arbeitnehmerverpflichtung zur PSA-Benutzung

37 Nach **§ 69 Abs 3 ASchG** sind die Arbeitnehmer wie auch nach **§ 15 Abs 2 ASchG** verpflichtet, die PSA zu benutzen. Auch ASchG-Durchführungsverordnungen wie VEXAT und VOPST enthalten eine solche Arbeitnehmerverpflichtung.

Arbeitgeber/innen haben dafür zu sorgen, dass Arbeitnehmer/innen die zur Verfügung gestellte PSA außer in besonderen Ausnahmefällen **nur zu den vorgesehenen Zwecken und gemäß den Anweisungen und Bedienungsanleitungen** benutzen (§ 3 Abs 7 PSA-V).

38 Arbeitgeber dürfen ein dem **widersprechendes Verhalten der Arbeitnehmer** nicht dulden (§ 69 Abs 3 ASchG; vgl Anmerkungen zum betrieblichen Kontrollsystem iZm§ 130 ASchG). Nach § 22 BauV ist die zweckentsprechende Verwendung der Schutzausrüstung zu überwachen.

VwGH 8.11.1996, 93/02/0318, ua: Gerade für den Fall, dass die Arbeiter aus eigenem Antrieb die vom Arbeitgeber zur Verfügung gestellten Schutzvorrichtungen nicht in Anspruch genommen haben und somit auf Grund eigenmächtiger Handlungen gegen die Arbeitnehmervorschriften verstoßen, hat das entsprechende, **vom Arbeitgeber eingerichtete Kontrollsystem** Platz zu greifen (Hinweis E 23.9.1994, 94/02/0258, 0259).

39 Benutzen Arbeitnehmer trotz Aufklärung und nachweislich schriftlicher Aufforderung durch den Arbeitgeber oder das Arbeitsinspektorat die PSA nicht oder nicht zweckentsprechend, unterliegen sie ebenfalls einer **Verwaltungsstrafsanktion**: **§ 130 Abs 3 Z 3 ASchG** sieht eine Geldstrafe bis 250 €, im Wiederholungsfall bis 413 € vor (anders als bei der Strafandrohung, der Arbeitgeber unterliegen, ist jedoch keine Mindeststrafe geregelt).

Voraussetzungen für die Verhängung der Verwaltungsstrafe sind, dass der Arbeitnehmer

- entgegen der Unterweisung und den Anweisungen des Arbeitgebers handelt,

- eine Aufklärung und nachweisliche schriftliche Aufforderung zur PSA-Benutzung durch den Arbeitgeber oder das Arbeitsinspektorat erfolgt ist und
- die zur Verfügung gestellte PSA auch dem ASchG oder einer ASchG-Durchführungsverordnung entspricht.

Mit Verwaltungsstrafe sind die Arbeitnehmer auch bedroht, wenn sie die PSA **nach Benutzung nicht an dem dafür vorgesehenen Platz lagern** (§ 15 Abs 2 iVm § 130 Abs 3 Z 3 ASchG, vgl § 3 Abs 7 Z 2 PSA-V). **40**

Siehe Anmerkungen zu § 15 ASchG.

Es ist sowohl gem §§ 69 ff ASchG als auch im Rahmen der **Fürsorgepflicht** jedenfalls Pflicht des Arbeitgebers, auf seine Kosten dem Arbeitnehmer eine adäquate Schutzausrüstung – wie im vorliegenden Fall eine Schutzbrille – zur Verfügung zu stellen. Eine zur Verfügung gestellte Schutzausrüstung ist vom Arbeitnehmer auch zu benützen. Stellt der Arbeitgeber die Ausrüstung jedoch nicht zur Verfügung, kann er die Nichtverwendung einer Schutzausrüstung nicht dem Arbeitnehmer zur Last legen. Vielmehr hätte der Arbeitnehmer sogar das Recht, bis zur Zurverfügungstellung der entsprechenden persönlichen Schutzausrüstung wegen der zu befürchtenden nachteiligen Folgen für seine Gesundheit die gefährdenden Arbeiten zu verweigern (ASG Wien 17 Cga 10/00i, ARD 5216/7/2001 mwN) (*Marhold* in *Marhold/Burgstaller/Preyer*, Angestelltengesetz, Kommentar, zu § 18 AngG [Fürsorgepflicht]). **41**

Auf Verlangen der Arbeitgeber müssen Arbeitnehmer und Arbeitnehmerinnen die für die jeweilige PSA relevanten **gesundheitlichen Erfordernisse** in geeigneter Form nachweisen (§ 3 Abs 9 PSA-V) – zB bei Fußschutz Fußdeformationen und Fußfehlstellungen, bei Augenschutz Fehlsichtigkeit, Seheinschränkungen, Gehörgangsreizungen bei Gehörschutz oder Folgen von Erkrankungen oder Verletzungen. **42**

VI. PSA in ASchG-Verordnungen (VbA, GKV, VOLV, VEXAT, VOPST ua)

A. PSA in ASchG-Durchführungsverordnungen

Auf Grundlage der Verordnungsermächtigung **§ 72 Abs 1 Z 5 ASchG** wurden **PSA-Bestimmungen in ASchG-Durchführungsverordnungen** (auch für den Verkehrsbereich) bereits vor Inkrafttreten der PSA-V erlassen: Im Zusammenhang mit dem jeweiligen Verordnungsgegenstand wird darin geregelt, unter welchen Bedingungen PSA zur Verfügung zu stellen ist: **43**

- **Verordnung biologische Arbeitsstoffe (VbA):** § 6 Abs 1 Z 2 bis 5 (geeignete Arbeitskleidung, Schutzhandschuhe, Schutzmasken bei staub- und aerosolbildenden Arbeitsverfahren, getrennte Aufbewahrung Straßenkleidung-PSA) und Abs 3 (Trageverbot außerhalb der Arbeitsbereiche, Überprüfung, Reinigung), § 8 (Ausnahmemöglichkeit bei beabsichtigter Verwendung) und Anhang I (zusätzliche Schutzmaßnahmen)

- **Grenzwerteverordnung 2024 (GKV):** § 14 (Schutz- oder Arbeitskleidung, getrennte Aufbewahrungsmöglichkeit von Straßenkleidung–Arbeitskleidung–PSA, Überprüfung, Reinigung bei Einwirkung eindeutig krebserzeugender Arbeitsstoffe), § 18 Abs 2 (Tragen von Atemschutz bei Holzstaub, Reinigung), § 27 Abs 2 Z 3, 4 und 5 (PSA bei Asbestarbeiten, Reinigung)
- **Flüssiggas-Verordnung 2002 (FGV):** § 89 Abs 2 (Arbeiten in Abfüllräumen – antistatische Kleidung, elektrostatisch leitfähige Schuhe, Augenschutz, Schutzhandschuhe)
- **Verordnung explosionsfähige Atmosphären (VEXAT):** § 5 Abs 3 (Explosionsschutzdokument – Überarbeitung bei Änderungen ua), § 6 Abs 2 Z 5 (Unterweisung), § 7 Abs 1 Z 10 (Prüfung hinsichtlich der Eignung zur bestimmungsgemäßen Verwendung in explosionsgefährlichen Bereichen), § 9 Abs 1 Z 2 (Gefahrenanalyse betreffend Arbeitskleidung und PSA ohne eindeutige Herstellerangaben zur bestimmungsgemäßen Verwendung in explosionsgefährlichen Bereichen), § 15 Abs 2 (Anforderungen und Auswahlkriterien an Arbeitskleidung/Arbeitsschuhe und PSA in explosionsgefährlichen Bereichen)
- **Bohrarbeitenverordnung:** § 13 (Schutz vor gesundheitsgefährdenden Gasen – Atemschutzgeräte und erforderliche Schutzausrüstungen)
- **Verordnung Lärm und Vibrationen (VOLV):** § 7 Abs 2 Z 4 (Gefahrenevaluierung bei Lärm und Vibrationen – Verfügbarkeit von PSA mit angemessen mindernder Wirkung, bei Hand-Arm-Vibrationen auch Schutz vor Nässe und Kälte), § 8 Abs 1 Z 7 (Information, Unterweisung betreffend korrekte PSA-Verwendung) und Abs 2 Z 3 (Anhörung und Beteiligung bei PSA-Auswahl), § 14 Abs 1 bis 3 (Gehörschutz bei Aufenthalt in Lärmbereichen, PSA zum Schutz vor Kälte und Nässe, Benutzungspflicht der Arbeitnehmer, Kennzeichnung von Lärmbereichen)
- **Verordnung optische Strahlung (VOPST):** § 6 Abs 1 Z 7 (korrekte Verwendung von PSA, Arbeitskleidung und Schutzmitteln), § 9 (PSA, Arbeitskleidung einschließlich Schutzmitteln für ungeschützte Haut, Kennzeichnung) und § 10 (Schutz bei natürlicher optischer Strahlung)
- **Tagbauarbeitenverordnung (TAV):** § 6 Abs 2 (Schutzausrüstungen, Sicherheitsübungen, Unterweisung für den Gefahrenfall).
- **Elektroschutzverordnung 2012 (ESV 2012):** § 13 Abs 6 (Unterweisung zur erforderlichen Vorgangsweise betreffend Aufbewahrung und Lagerung, Transport, Pflege, Instandhaltung).

B. PSA im Verkehrsbereich (ASchG-Verordnungen Verkehr)

44
- **Eisenbahn-ArbeitnehmerInnenschutzverordnung (EisbAV):** § 22 (PSA bei Arbeiten im Gefahrenraum von Gleisen – Warnkleidung, Sicherheits- oder Schutzschuhe, eng anliegende Kleidung)
- **Schifffahrt-ArbeitnehmerInnenschutzverordnung (SchiffAV):** §§ 17, 19 und 41 (Rettungswesten, Unterweisung, Überprüfung, wiederkehrende Übungen).

C. PSA in Durchführungsverordnungen zu ASchG, GewO 1994

Folgende Verordnungen enthalten Arbeitnehmerschutzbestimmungen ua über PSA, die für gewerbliche Betriebsanlagen gelten und auf das ASchG und die Gewerbeordnung 1994 (GewO 1994) gestützt sind: 45

- **Kälteanlagenverordnung:** § 20 (Schutzausrüstung in begehbaren Kühlräumen und bei Störungsbehebungsarbeiten in Kälteanlagen – Schutzkleidung; Atemschutzgerät, Augenschutz, feste Leder- oder Gummihandschuhe, Unterweisung, Benutzungspflicht, Aufbewahrung)
- **Flüssiggas-Tankstellen-Verordnung 2010 (FGTV 2010):** Anhang 7 und 8 (Schutzhandschuhe bei Befüllen der Flüssiggasbehälter).

D. PSA im untertägigen Bergbau (Bergrecht)

Die Arbeitnehmerschutzbestimmungen der ABPV sind im Anwendungsbereich der Bohrarbeitenverordnung mit 24.5.2005 außer Kraft getreten (§ 19 Abs 1 BohrarbV). **Als bergrechtliche Norm regelt die Allgemeine Bergpolizeiverordnung:** § 243 Abs 3 (Atemschutzgeräte bei Auswetterung vergaster Grubenräume und bei Brandgewältigungen), § 342 Abs 1 zweiter Satz (Schutzkleidung zum Schutz gegen Nässe), § 344 Abs 1 (Fußschutz – Schuhwerk), Abs 2 (Kopfschutz), Abs 3 (Schutz gegen Verletzungen der Augen, Hände und Schienbeine). 46

VII. Sauerstoffselbstretter im untertägigen Bergbau

Mit der ASchG-Novelle BGBl I 2015/60 entfallen ist auch **§ 69 Abs 7 ASchG,** wonach Arbeitgeber im Bergbau jedem untertägig beschäftigten Arbeitnehmer jeweils einen umgebungsluftunabhängigen Selbstretter (Sauerstoffselbstretter) zur Verfügung stellen mussten. Diese in Abs 7 enthaltene Verpflichtung betreffend Selbstretter im Bergbau wurde aus Gründen der Systematik unverändert in § 60 (Arbeitsvorgänge) verschoben, weil es sich bei Selbstrettern um keine persönliche Schutzausrüstung iSd ASchG und der PSA-V handelt (vgl ErlRV 528 BlgNR 25. GP). 47

Die Regelung war aus Gründen der EU-Richtlinienkonformität durch BGBl I 2012/118 zum **1.1.2013** in § 69 ASchG eingefügt worden. Nach den Erläuterungen zu § 69 Abs 7 ASchG setzt § 69 Abs 7 den Anhang, Abschnitt C, 12. der **Richtlinie 92/104/EWG** um (Richtlinie über Mindestvorschriften zur Verbesserung der Sicherheit und des Gesundheitsschutzes der Arbeitnehmer in übertägigen oder untertägigen mineralgewinnenden Betrieben). Zuvor war die Zurverfügungstellung von Selbstrettern in § 187c des Mineralrohstoffgesetzes (MinroG) geregelt. Dies war systemwidrig, weil das MinroG grundsätzlich keinen Arbeitnehmer/innenschutz regelt: § 183 MinroG bestimmt, dass für die dem MinroG unterliegenden Tätigkeiten für den Arbeitnehmer/innenschutz das ASchG anzuwenden ist. Die bisher im MinroG enthaltenen Arbeitnehmer/innenschutzvorschriften wurden daher in das ASchG übernommen und im MinroG aufgehoben (vgl ErlRV 1983 BlgNR 24. GP). 48

49 Die ursprüngliche Verankerung in § 69 ASchG erschien zur Umsetzung der RL 92/104/EWG angemessen, weil damit Arbeitnehmerschutzbestimmungen für den Bergbau im ASchG (statt im MinroG) erfolgten und zumindest ein Zusammenhang mit persönlicher Schutzausrüstung gegeben ist. Bereits zum damaligen Zeitpunkt war aber davon auszugehen, dass **Selbstretter definitionsgemäß keine PSA iSd §§ 69 f ASchG** sind, weil diesen keine Schutzwirkung gegen arbeitsbedingte Sicherheits- oder Gesundheitsgefahren bei der Arbeit zukommt, sondern Geräte sind, die im Gefahrenfall die **sichere Flucht** ermöglichen sollen. Da bei gesundheitsgefährdender Umgebungsluft oder Sauerstoffmangel Selbstretter für den Gefahrenfall bereitstehen müssen, hat sich aber die Bezeichnung „Atemschutzgerät" auch für Selbstretter etabliert.

Nach alter (vorläufig übergeleiteter) Rechtslage erfolgte eine Regelung hinsichtlich Selbstrettern daher im PSA-Zusammenhang, vgl § 291 Allgemeine Bergpolizeiverordnung und der mittlerweile aufgehobene **§ 69 Abs 2 AAV**: Zum Verlassen gefährdeter Bereiche, in denen gesundheitsgefährdende Gase, Dämpfe oder Schwebstoffe oder ein zu geringer Sauerstoffgehalt der Luft unvorhergesehen auftreten können, sind den Arbeitnehmern geeignete Fluchtgeräte (Selbstretter) zur Verfügung zu stellen.

50 Nach ASchG-Systematik ist die Zurverfügungstellung von Selbstrettern eine **Sicherheitsmaßnahme aufgrund der Ergebnisse der Gefahrenevaluierung nach § 4 ASchG**. In der Praxis wird die Zurverfügungstellung von Selbstrettern an Gefahrenstellen als **ASchG-Auflage in Genehmigungsverfahren** durch die zuständige Behörde vorgeschrieben.

Auswahl der persönlichen Schutzausrüstung

§ 70. (1) Arbeitgeber dürfen nur solche persönliche Schutzausrüstungen zur Verfügung stellen, die

1. **hinsichtlich ihrer Konzeption und Konstruktion den für das Inverkehrbringen geltenden Sicherheits- und Gesundheitsanforderungen entsprechen,**
2. **Schutz gegenüber den zu verhütenden Gefahren bieten, ohne selbst eine größere Gefahr mit sich zu bringen,**
3. **für die am Arbeitsplatz gegebenen Bedingungen geeignet sind,**
4. **den ergonomischen Anforderungen und den gesundheitlichen Erfordernissen des Arbeitnehmers Rechnung tragen sowie**
5. **dem Träger, allenfalls nach erforderlicher Anpassung, passen.**

(2) Zu den Bedingungen im Sinne des Abs. 1 Z 3 zählen die Dauer ihres Einsatzes, das Risiko, die Häufigkeit der Exposition gegenüber diesem Risiko, die spezifischen Merkmale des Arbeitsplatzes der einzelnen Arbeitnehmer und die Leistungswerte der persönlichen Schutzausrüstung.

(3) Werden von Arbeitgebern persönliche Schutzausrüstungen erworben, die nach den für sie geltenden Rechtsvorschriften gekennzeichnet sind, können Arbeitgeber, die über keine anderen Erkenntnisse verfügen, davon ausgehen, daß diese persönlichen Schutzausrüstungen hinsichtlich Konstruktion, Bau und weiterer Schutzmaßnahmen den für sie im Zeitpunkt des Inverkehrbringens geltenden Rechtsvorschriften über Sicherheits und Gesundheitsanforderungen entsprechen.

(4) Machen verschiedene Gefahren den gleichzeitigen Einsatz mehrerer persönlicher Schutzausrüstungen notwendig, so müssen diese Ausrüstungen aufeinander abgestimmt und muß ihre Schutzwirkung gegenüber den betreffenden Gefahren gewährleistet sein.

(5) Vor der Auswahl der persönlichen Schutzausrüstung müssen die Arbeitgeber eine Bewertung der von ihnen vorgesehenen persönlichen Schutzausrüstung vornehmen, um festzustellen, ob sie den in Abs. 1, 2 und 4 genannten Anforderungen entspricht. Die Bewertung hat zu umfassen:

1. **die Untersuchung und Abwägung derjenigen Gefahren, die anderweitig nicht vermieden oder ausreichend begrenzt werden können,**
2. **die Definition der Eigenschaften, die persönliche Schutzausrüstungen aufweisen müssen, damit sie einen Schutz gegenüber diesen Gefahren bieten, wobei eventuelle Gefahrenquellen, die die persönliche Schutzausrüstung selbst darstellen oder bewirken kann, zu berücksichtigen sind, und**
3. **die Bewertung der Eigenschaften der entsprechenden verfügbaren persönlichen Schutzausrüstungen im Vergleich mit den unter Z 2 genannten Eigenschaften.**

(6) Die Bewertung ist bei Änderung der für die Bewertung maßgeblichen Kriterien zu wiederholen. Arbeitgeber sind verpflichtet, diese Bewertung sowie die Grundlagen für die Bewertung dem Arbeitsinspektorat auf Verlangen zur Verfügung zu stellen.

[BGBl 1994/450]

Übersicht

I. Auswahl der PSA (§ 70 Abs 1 u 2 ASchG, § 6 PSA-V) 1–5
II. Bewertung der PSA (§ 70 Abs 5 u 6 ASchG, § 5 PSA-V) 6–9
III. Kombination mehrerer PSA, Zusammentreffen unterschiedlicher Gefahren 10–12
IV. Beteiligung der Arbeitnehmer und Arbeitnehmerinnen bei der PSA-Auswahl 13
V. Hinzuziehung der Präventivdienste bei PSA-Auswahl 14

I. Auswahl der PSA (§ 70 Abs 1 u 2 ASchG, § 6 PSA-V)

1 **§ 70 Abs 1 und 2 ASchG** regeln die Bedingungen und Auswahlkriterien für die zur Verfügung zu stellenden persönlichen Schutzausrüstungen (PSA). Als **PSA-Durchführungsverordnung** zu § 70 ASchG wurde die Verordnung Persönliche Schutzausrüstung (PSA-V) erlassen, die mit 1.5.2014 in Kraft getreten ist und das bisher vorläufig übergeleitete PSA-Recht der AAV und BauV außer Kraft gesetzt hat (§ 17 Abs 2 PSA-V). Einzelne ASchG-Verordnungen, die vor der PSA-V erlassen wurden, regeln ebenfalls iZm der jeweiligen Sachmaterie PSA-Bestimmungen (siehe Anmerkungen zu § 69 ASchG).

Die PSA-V regelt – dem Prozessablauf folgend – in § 4 die Arbeitsplatzevaluierung hinsichtlich PSA, in § 5 die PSA-Bewertung und in § 6 die PSA-Auswahl.

2 **Grundlagen für die Auswahl** der geeigneten und passenden PSA sind

1. die Ergebnisse der **Arbeitsplatzevaluierung**, wonach PSA als notwendige Schutzmaßnahme festgelegt wurde (weil kollektive technische und arbeitsorganisatorische Maßnahmen nicht ausreichen oder nicht möglich sind – §§ 4, 7, 69 Abs 2 ASchG, §§ 4 u 6 PSA-V) und
2. die der Auswahl vorangegangene **PSA-Bewertung** (§ 70 Abs 5 und 6 ASchG, § 5 PSA-V).

3 Nach den **Auswahlkriterien** des§ 70 Abs 1 ASchG dürfen Arbeitgeber nur eine PSA für den Arbeitseinsatz zur Verfügung stellen, die

- in Konzeption und Konstruktion den Inverkehrbringervorschriften (Sicherheits- und Gesundheitsanforderungen) entspricht,
- ausreichenden Schutz gegenüber den zu verhütenden Gefahren bietet, ohne selbst eine größere Gefahr mit sich zu bringen,
- für die am Arbeitsplatz (bzw bei den durchzuführenden Arbeitsvorgängen) gegebenen Bedingungen geeignet ist,
- den individuellen ergonomischen und gesundheitlichen Erfordernissen des Arbeitnehmers Rechnung trägt (zB Berücksichtigung von Fußfehlstellungen, Korrektionsbrillen bei Sehschwäche) und
- dem Träger bzw der Trägerin, die auf die PSA angewiesen sind, um sich gegen die Gefahren und Belastungen bei der Arbeit zu schützen, passt (gegebenenfalls nach vorhergehender Anpassung).

4 Nähere Regelungen zur Auswahl der PSA trifft **§ 6 PSA-V**.

Die PSA muss demnach so ausgewählt werden, dass eine **Beeinträchtigung oder Belastung des Trägers/der Trägerin oder eine Behinderung bei der Arbeit so gering wie möglich gehalten** wird: Die PSA muss den individuellen Erfordernissen des Arbeitnehmers bzw der Arbeitnehmerin Rechnung tragen und allenfalls nach erforderlicher Anpassung dem Träger/der Trägerin passen. Bei der PSA-Auswahl sind ergonomische Anforderungen, Anforderungen aufgrund von Gesundheit und Konstitution des Arbeitnehmers bzw der Arbeitnehmerin einzubeziehen (zB Fußdeformationen, Fußfehlstellungen, Korrektionsbrillen bei Sehschwäche); vgl § 70 Abs 1 Z 4 u 5 ASchG.

Es darf nur solche PSA zur Verfügung gestellt werden, die nach Arbeitsplatzevaluierung (§ 4 Abs 1) und Bewertung (§ 5) als **insgesamt geeignet** festgelegt wurde. Die Auswahl muss dabei in Abstimmung mit den jeweiligen Arbeitsbedingungen, Arbeitsvorgängen und allenfalls zusätzlich erforderlicher anderer PSA oder Arbeitskleidung erfolgen (§ 6 Abs 1 u 2 PSA-V).

Zur **Kennzeichnung nach den PSA-Inverkehrbringervorschriften**, auf die 5
die Arbeitgeber beim Erwerb der PSA vertrauen dürfen (außer sie verfügen über andere Erkenntnisse, § 70 Abs 3 ASchG) siehe Anmerkungen zu § 69 ASchG iVm § 3 Abs 1 PSA-V (zur CE-Kennzeichnung RZ 22) und zu § 33.

Verfügt der Arbeitgeber über Erkenntnisse, die darauf schließen lassen, dass eine PSA den für sie geltenden Rechtsvorschriften über Sicherheits- und Gesundheitsanforderungen trotz Kennzeichnung nicht entspricht, sind unverzüglich die Arbeitsplatzevaluierung und die Bewertung der PSA zu überprüfen und – wenn dies eine Gefahr für die Beschäftigten, die diese PSA benutzen müssen, ergibt – geeignete Schutzmaßnahmen zu ergreifen. Erforderlichenfalls muss die Tätigkeit beendet und die PSA von der weiteren Benutzung ausgeschlossen werden. Derartige Erkenntnisse werden va aufgrund von Unfällen, Beinaheunfällen, Verdacht auf Berufskrankheit oder arbeitsbedingte Erkrankung oder aufgrund von Informationen von Hersteller/innen, Sicherheitsfachkräften, Arbeitsmediziner/innen, Arbeitnehmer/innen, Prüfer/innen, Unfallversicherungsträgern, Behörden oder sonstigen Personen und Einrichtungen erlangt (§ 6 Abs 3 u 4 PSA-V).

II. Bewertung der PSA (§ 70 Abs 5 u 6 ASchG, § 5 PSA-V)

Vor der Auswahl einer PSA muss der Arbeitgeber eine Bewertung der vor- 6
gesehenen PSA nach § 70 Abs 5 und 6 ASchG vornehmen. Dadurch soll festgestellt werden, **ob die PSA den** Einsatzbedingungen **gerecht wird** und **sicheren Schutz** gegen die mit dem Arbeitseinsatz verbundenen Risken bieten kann (Anforderungen des § 70 Abs 1, 2 und 4 ASchG).

Die Bewertung muss nach **§ 70 Abs 5 ASchG** alle Gefahren und Belastungen einbeziehen (soweit nicht anderweitig vermeidbar oder ausreichend begrenzbar, siehe § 7 ASchG), die erforderlichen PSA-Eigenschaften definieren und dabei auch mögliche Gefahrenquellen, die die persönliche Schutzausrüstung selbst darstellen oder bewirken kann, berücksichtigen. Die verfügbare PSA muss diesen, als erforderlich definierten PSA-Eigenschaften entsprechen.

Die Bewertung muss **auf Grundlage der Ergebnisse der Arbeitsplatz-** 7
evaluierung die spezifischen Benutzungsbedingungen der PSA am Arbeitsplatz berücksichtigen, insbesondere (§ 5 Abs 1 Z 1 bis 5 PSA-V)

- die vorgesehene Verwendungs- und Einsatzdauer der Ausrüstung,

- Häufigkeit und Dauer der Exposition der Arbeitnehmer/innen gegenüber den Gefahren,
- Ausmaß und Art der Gefahr,
- die spezifischen Merkmale des Arbeitsplatzes jedes/jeder auf die PSA angewiesenen Arbeitnehmers/Arbeitnehmerin, der am Arbeitsplatz gegebenen Bedingungen, der Arbeitsvorgänge und der Art der Tätigkeit,
- Tragekomfort und Leistungsmerkmale der PSA.

8 Bei der Bewertung sind auch der **Tragekomfort** und die **Auswirkungen einer PSA-Benutzung für den Arbeitnehmer** zu berücksichtigen, wie etwa Schweißentwicklung, Gefahr von Pilzerkrankungen, physische Belastungen (zB Eigengewicht der PSA, erschwerte Atmung). Erforderlichenfalls muss die Tragedauer beschränkt und ein Tätigkeitswechsel vorgesehen werden (§ 6 Abs 2 PSA-V).

Zum Arbeitnehmereinsatz allgemein siehe Anmerkungen zu § 6 ASchG.

9 Die Bewertung der PSA muss **bei Änderung maßgeblicher Bewertungskriterien wiederholt** werden. Auf Verlangen des Arbeitsinspektorates müssen die Bewertungsgrundlagen vorgelegt werden (**§ 70 Abs 6 ASchG**): Nach § 8 Arbeitsinspektionsgesetz 1993 (ArbIG) sind die Arbeitgeber bzw die von ihnen beauftragten Personen verpflichtet, den Arbeitsinspektionsorganen auf Verlangen alle Unterlagen zur Einsicht vorzulegen, die mit dem Arbeitnehmerschutz in Zusammenhang stehen.

III. Kombination mehrerer PSA, Zusammentreffen unterschiedlicher Gefahren

10 Erfordern verschiedene Gefahren den **gleichzeitigen Einsatz mehrerer PSA (§ 70 Abs 4 ASchG)**, müssen diese Ausrüstungen **aufeinander abgestimmt** und muss die **Schutzwirkung** gegenüber den verschiedenen Gefahren sicher gewährleistet sein (§ 6 Abs 5 PSA-V).

Das ist in der Praxis etwa der Fall beim Tragen von Schutzkleidung gegen die Einwirkung gefährlicher Arbeitsstoffe und gleichzeitiger Benutzung von Absturzschutz, oder bei gleichzeitigem Tragen von Gesichtsschutz und Schutzhelm. Auch zur Beurteilung einer **PSA-Kompatibilität** sind vorrangig die Angaben der PSA-Hersteller und -Inverkehrbringer heranzuziehen.

11 Vor allem bei Überschreitung von Grenzwerten (gefährliche Arbeitsstoffe, Expositionsgrenzwerte bei Vibrationen oder gehörgefährdendem Lärm) ist die Schutzwirkung der Ausrüstungen gegenüber der *„überschrittenen Einwirkung“* sicher zu gewährleisten: Bei der Bewertung ist auch festzustellen, ob die **Unterschreitung des Grenzwertes oder Expositionsgrenzwertes**, sofern ein solcher festgelegt ist, durch Verwendung der PSA gewährleistet ist. Die Schutzwirkung von PSA muss jedenfalls gegenüber jenem Arbeitsstoff oder jener physikalischen Einwirkung, dessen/deren Grenzwert überschritten ist, sicher gewährleistet sein (§ 6 Abs 3 u 6 PSA-V). Auch GKV, VOLV, VOPST erfordern das sichere Unterschreiten festgelegter Grenzwerte.

In Einzelfällen können **einander widersprechende Anforderungen** an verschiedene, jeweils erforderliche Schutzausrüstungen auftreten. Hier muss die Schutzwirkung der PSA jedenfalls gegenüber der Gefahr mit dem höchsten Risiko sicher gewährleistet sein, wobei auch der Schutz gegen die Gefahr mit geringerem Risiko bestmöglich zu gewährleisten ist, zumindest soweit dies durch Erteilung geeigneter Anweisungen an den Arbeitnehmer oder die Arbeitnehmerin möglich ist. Allenfalls verbleibende Risken müssen neu evaluiert und bewertet werden (§§ 4, 7 Z 9 und § 70 Abs 5 Z 1 und 2 ASchG, § 6 Abs 7 PSA-V).

Entsprechendes gilt bei Erfordernis nur einer PSA, wenn verschiedene Gefahren bei der Auswahl zu berücksichtigen sind (§ 6 Abs 8 PSA-V).

Der **Information und Unterweisung** der auf die PSA angewiesenen Arbeitnehmer/innen kommt hier besondere Bedeutung zu. PSA-Regelungen auf Verordnungsebene legen zum Teil besondere Unterweisungsinhalte und -intervalle bzw die Art der Durchführung fest (zB Schulungen in Gruppen, praktische Übungen – vor allem bei Atemschutz und Absturzsicherungen). § 7 Abs 2 PSA-V regelt als Mindestinhalt der Information ua auch mögliche Sicherheits- und Gesundheitsgefahren bei Nichtverwendung der PSA. 12

Gemäß § 5 Abs 4 PSA-V ist bei der Bewertung festzulegen, ob **kürzere Intervalle** für die wiederkehrenden Unterweisungen der Arbeitnehmer/innen erforderlich sind und ob die Unterweisung durch **Schulungen** und erforderlichenfalls durch **praktische Übungen** zu erfolgen hat (2. Abschnitt PSA-V).

Näheres siehe Anmerkungen zu § 69 ASchG, § 7 PSA-V.

IV. Beteiligung der Arbeitnehmer und Arbeitnehmerinnen bei der PSA-Auswahl

Gemäß **§ 13 ASchG** sind die Arbeitnehmer in allen Fragen betreffend die Sicherheit und Gesundheit am Arbeitsplatz anzuhören und zu beteiligen; das gilt va auch für die **Auswahl der PSA**. Sind Sicherheitsvertrauenspersonen bestellt, ist deren Beteiligung ausreichend, ist ein Betriebsrat errichtet, grundsätzlich dessen Beteiligung. 13

Vor allem in der Baustellenpraxis hat sich aber erwiesen, dass eine möglichst frühzeitige **Beteiligung der auf PSA angewiesenen Arbeitnehmer** die **Akzeptanz** der späteren PSA-Verwendung erhöht; das gilt besonders auch für eine individuelle Auswahlmöglichkeit aus mehreren geeigneten PSA-Modellen (zB Trageversuche bei der Auswahl von Schutzschuhen). Auch kann so das **Erfahrungswissen** der mit PSA tätigen Arbeitnehmer bei PSA-Auswahl und -Bewertung mit einbezogen werden. Nach Möglichkeit sind daher gemäß § 6 Abs 9 PSA-V vor der Auswahl von Fuß- und Beinschutz, Augen- und Gesichtsschutz oder Gehörschutz **Trageversuche** mit den Sicherheitsvertrauenspersonen durchzuführen.

V. Hinzuziehung der Präventivdienste bei PSA-Auswahl

14 Die Präventivfachkräfte (Arbeitsmediziner, Sicherheitsfachkräfte) und erforderlichenfalls geeignete Fachleute (zB der Ergonomie, Orthopädie) müssen bei der **Erprobung und Auswahl** von persönlichen Schutzausrüstungen hinzugezogen werden (§ 76 Abs 3 Z 5, § 81 Abs 3 Z 5 ASchG).

Siehe Anmerkungen zum 7. Abschnitt ASchG.

Arbeitskleidung

§ 71. (1) Die Arbeitskleidung muß den Erfordernissen der Tätigkeit entsprechen und so beschaffen sein, daß durch die Kleidung keine Gefährdung der Sicherheit und Gesundheit bewirkt wird.

(2) Wenn die Art der Tätigkeit zum Schutz der Arbeitnehmer eine bestimmte Arbeitskleidung erfordert oder wenn die Arbeitskleidung durch gesundheitsgefährdende oder ekelerregende Arbeitsstoffe verunreinigt wird, sind die Arbeitgeber verpflichtet, auf ihre Kosten den Arbeitnehmern geeignete Arbeitskleidung zur Verfügung zu stellen und für eine ausreichende Reinigung dieser Arbeitskleidung zu sorgen.

[BGBl 1994/450]

Übersicht

I. Anforderungen an die Arbeitskleidung 1, 2
A. Unterscheidung Arbeitskleidung—Schutzkleidung (persönliche Schutzausrüstung) iSd ASchG 3–6
B. Abgrenzung zu Uniformen, Berufskleidung 7–9
C. Hygienerecht, Produktschutz, Patientenschutz 10, 11
II. Beistellung und Reinigung durch den Arbeitgeber 12–14
III. Bestimmte Arbeitskleidung zum Schutz der Arbeitnehmer aufgrund der Art der Tätigkeit (§ 71 Abs 2 ASchG) 15–17
IV. Verunreinigung durch gesundheitsgefährdende oder ekelerregende Arbeitsstoffe 18, 19
V. Arbeitskleidung nach § 73 AAV 20–26

I. Anforderungen an die Arbeitskleidung

1 **§ 71 Abs 1 ASchG** entspricht der vor dem ASchG geltenden Rechtslage: Bereits nach dem bis 31.12.1994 geltenden § 11 Abs 3 Arbeitnehmerschutzgesetz 1972 (ANSchG) musste die Arbeitskleidung *„den Erfordernissen der beruflichen Tätigkeit der Arbeitnehmer entsprechen und vor allem so beschaffen sein, daß durch die Kleidung eine zusätzliche Gefährdung des Lebens und der Gesundheit nicht bewirkt wird"*.

2 Auch nach der derzeit weitergeltenden Regelung des **§ 73 Allgemeine Arbeitnehmerschutzverordnung (AAV)** darf der Träger oder die Trägerin durch

die Beschaffenheit der Arbeitskleidung und Arbeitsschuhe im Hinblick auf die beruflichen Gefahren nicht zusätzlich gefährdet werden (§ 73 Abs 1 AAV). Gefahren können zB durch die Materialeigenschaften (leicht brennbar, statisch aufladend, luftdurchlässig), die Schnitt- bzw Passform oder sonstige Ausführung der Arbeitskleidung oder Arbeitsschuhe begründet sein.

§ 73 AAV gilt aufgrund der Rechtsüberleitung durch **§ 114 Abs 4 Z 8 ASchG** bis zum Inkrafttreten einer ASchG-Verordnung, die in Durchführung des § 71 Abs 1 ASchG die Arbeitskleidung regelt, vorläufig weiter.

Die mit 1.5.2015 in Kraft getretene Verordnung persönliche Schutzausrüstung (PSA-V), BGBl II 2014/77, regelt nur persönliche Schutzausrüstung iZm Inverkehrbringervorschriften, nicht aber die Arbeitskleidung (siehe Anmerkungen zu §§ 69f ASchG und PSA-V). Die zuvor bereits **in anderen ASchG-Durchführungsverordnungen erlassenen Bestimmungen über Arbeits- und Schutzkleidung gelten weiter**; soweit diesbezüglich Inverkehrbringervorschriften einschließlich harmonisierter EU-Normen gelten, handelt es sich dabei um PSA iSd PSA-V (va Schutzanzüge, Sicherheitsschuhe).

Näheres siehe Anmerkungen zu § 73 Rz 20 ff AAV.

A. Unterscheidung Arbeitskleidung—Schutzkleidung (persönliche Schutzausrüstung) iSd ASchG

Arbeitskleidung iSd Arbeitnehmerschutzrechts (§ 71 ASchG) wird hinsichtlich der Anforderungen des Sicherheits- und Gesundheitsschutzes der Arbeitnehmer bei der Arbeit geregelt. Zu unterscheiden sind: **3**

- **Arbeitskleidung** ohne Schutzfunktion (§ 71 Abs 1 ASchG, § 73 AAV);
- **bestimmte Arbeitskleidung** (zum Schutz der Arbeitnehmer erforderlich aufgrund der Art der Tätigkeit bzw der Arbeitsvorgänge, § 71 Abs 2 ASchG und Arbeitskleidungsregelungen in Durchführungsverordnungen, zB VbA, GKV, VOPST);
- **Schutzkleidung als persönliche Schutzausrüstung** (§§ 69 ff ASchG, soferne durch va wirtschaftsrechtliche Inverkehrbringervorschriften einschließlich harmonisierter EU-Normen geregelt oder aufgrund einer Verordnung gemäß § 72 Abs 2 ASchG).

Die Unterscheidung ist vor allem hinsichtlich der Zurverfügungstellung und **4**
Reinigung bedeutsam: **Arbeitgeber sind verpflichtet, auf ihre Kosten** den Arbeitnehmern persönliche Schutzausrüstung (PSA-Schutzkleidung, § 69 Abs 2 ASchG) oder bestimmte Arbeitskleidung **zur Verfügung zu stellen und für deren Reinigung zu sorgen** (§ 71 Abs 2 ASchG, ebenso, wenn Arbeitskleidung durch gesundheitsgefährdende oder ekelerregende Arbeitsstoffe verunreinigt ist).

Zu Fällen der Beistellungs- und Reinigungspflicht von Arbeitskleidung siehe Rz 12 ff.

5 Diese Beistellungs- und Reinigungspflicht nach § 71 Abs 2 ASchG **gilt nicht für die Privatkleidung der Arbeitnehmer**, auch wenn diese bei der Arbeit als Arbeitskleidung getragen wird, für **Berufskleidung** (zB Kleidung mit Firmenlogo, Uniformen) oder wenn die Bekleidungsvorschriften im Unternehmen zu einem bestimmten Kleidungsstil verpflichten (zB Trachtenkleidung, schwarzer Anzug). Dieser Kleidung kommt keine Schutzfunktion iSd ASchG für die Sicherheit oder die Gesundheit der Arbeitnehmer zu. Regelungsbedarf betreffend Privatkleidung der Arbeitnehmer oder Berufskleidung besteht im Bereich des Arbeitnehmer/innenschutzrechts lediglich hinsichtlich der **Notwendigkeit einer sicheren und nicht gesundheitsgefährdenden Aufbewahrung am Arbeitsort**: Nach § 6 Abs 1 Z 5 VbA sind *„getrennte Aufbewahrungsmöglichkeiten für Straßenkleidung einerseits und Arbeitskleidung oder persönliche Schutzausrüstung andererseits"* erforderlich. §§ 35, 37 AStV führen „Kleidung" im Sinn mitgebrachter Privatkleidung der Arbeitnehmer im Zusammenhang mit Kleiderkästen und Umkleideräumen an.

6 Die **Verpflichtung der Arbeitnehmer nach § 15 Abs 2 ASchG**, gemäß ihrer Unterweisung und den Anweisungen der Arbeitgeber eine ihnen zur Verfügung gestellte und dem ASchG entsprechende **persönliche Schutzausrüstung zweckentsprechend zu benutzen** und sie nach Benutzung an dem dafür vorgesehenen Platz **zu lagern**, bezieht sich nicht auf die Arbeitskleidung gemäß § 71 ASchG. Die daran anknüpfende Verwaltungsstrafsanktion des § 130 Abs 4 Z 3 ASchG sieht vor, dass eine Geldstrafe von zumindest 166 € über einen Arbeitnehmer verhängt werden kann, wenn er trotz Aufklärung und nachweislich schriftlicher Aufforderung durch den Arbeitgeber oder das Arbeitsinspektorat die PSA-Pflichten des § 15 Abs 2 ASchG verletzen.

Hinsichtlich der Benutzung (bzw Lagerung) von Arbeitskleidung besteht keine Arbeitnehmerverpflichtung nach § 15 Abs 2 ASchG und somit auch keine Verwaltungsstrafsanktionsmöglichkeit (auch nicht betreffend Nichtbenutzung einer schützenden Arbeitskleidung gemäß § 71 Abs 2 ASchG, vgl zB § 14 Abs 4 Z 6 VEXAT, § 6 Abs 1 Z 7 VOPST und § 3 Abs 7 PSA-V).

B. Abgrenzung zu Uniformen, Berufskleidung

7 Arbeitskleidung iSd ASchG ist zu unterscheiden von **Privatkleidung der Arbeitnehmer** (Straßenkleidung, Freizeitkleidung, ziviler Kleidung) und von **Berufskleidung**, die ebenso wie **Uniformen** anstelle, in Ergänzung oder zum Schutz der Privatkleidung bei der Arbeit getragen wird: Berufskleidung dient nicht dem Schutz von Sicherheit und Gesundheit der Arbeitnehmer, hat somit keine Schutzfunktion und muss auch nicht aus Sicherheits- oder Gesundheitsgründen in bestimmter Weise ausgeführt oder getragen werden. Häufig dient Berufskleidung dem Corporate Design, der Zuordnung zum Unternehmen (Aufdruck von Firmenlogos) oder wird branchenüblich – etwa im Hotel- und Gastgewerbe – als Kleidung bei der Arbeit verpflichtend vereinbart.

Allgemeiner Sprachgebrauch und Fachterminologie zu Privatkleidung – Arbeitskleidung – Berufskleidung – Schutzkleidung sind vielfältig („persönliche Kleidung" – „allgemeine Arbeitskleidung", „einheitliche Arbeitskleidung" – „spezifische Arbeitskleidung") und werden zum Teil missverständlich verwendet, auch weil die Bedeutung einer Differenzierung vom Regelungsbereich abhängig ist:

So ist unter **typischer Berufskleidung iSd § 49 ASVG** nach VwGH 5.6.2002, 99/08/0166, eine *„Arbeitskleidung mit* ***allgemein erkennbarem, eine private Nutzung praktisch ausschließendem Uniformcharakter bzw eine für die Nutzung im Rahmen der privaten Lebensführung ungeeignete Uniform"*** zu verstehen (vgl VwGH 24.4.1997, 93/15/0069, 21.12.1999, 99/14/0262; 28.11.2001, 96/13/0210, mit weiteren Judikaturnachweisen). Weist eine Bekleidung solche Besonderheiten nicht auf, ist sie als **„bürgerliche Kleidung"** anzusehen, der es dann aber – so der VwGH – *„selbst wenn sie als Arbeitskleidung getragen wird, mangels Zuordenbarkeit sowohl der Kleidung als auch des Trägers der Kleidung zu einem bestimmten Unternehmen oder zu einer bestimmten Berufsgruppe – etwa durch auf der Kleidung angebrachte Beschriftungen oder Zeichen (Logos) – am Merkmal des für eine Berufskleidung ‚Typischen' fehlt". – „Wird so genannte bürgerliche Kleidung (Zivilanzüge, Straßenkleidung) als Arbeitskleidung getragen, handelt es sich selbst dann nicht um typische Berufskleidung, wenn solche Kleidungsstücke ausschließlich bei der Berufsausübung getragen werden oder wenn bei der Berufsausübung eine bestimmte bürgerliche Kleidung zwingend getragen werden muss (Hinweis E 28. November 2001, 96/13/0210). So handelt es sich bei einem als Arbeitskleidung einem Orchestermitglied überlassenen schwarzen Anzug nicht um typische Berufskleidung (Hinweis E 11. April 1984, 83/13/0048)."* (Hier: Die den Dienstnehmerinnen für die Arbeit in einer Dirndlstube als verpflichtend vorgeschriebene Kleidung unentgeltlich überlassenen Trachtenbekleidungsstücke, die mit keinen Beschriftungen oder Zeichen versehen sind, die einen Hinweis auf das Unternehmen des Dienstgebers erkennen lassen, gelten nicht als typische Berufskleidung.) **8**

- **OGH 27.4.1993, 10 ObS 29/93, zu § 175 Abs 2 Z 5 ASVG:** Dabei ist Kleidung im Allgemeinen nicht als Arbeitsgerät anzusehen, wenn sie nach ihrer Zweckbestimmung nicht hauptsächlich für die Tätigkeit in dem Unternehmen gebraucht wird, es sich also nicht um spezifische Arbeitskleidung handelt.
- **VwGH 21.12.1999, 99/14/0262 und 24.4.1997, 93/15/0069 zu §§ 16, 20 EStG 1988:** Auch **steuerliche Berücksichtigung** können nur Aufwendungen für typische Berufskleidung finden, also für solche Kleidung, die sich nicht für die Nutzung im Rahmen der privaten Lebensführung eignet. Aufwendungen für „bürgerliche Kleidung" (zB Zivilanzüge, Straßenanzüge, weiße Hemden) zählen auch dann zu den nicht abzugsfähigen Kosten der Lebensführung, wenn die Kleidung ausschließlich bei der Berufsausübung getragen wird.

9 **Arbeitsrechtlich** könnte eine Betriebsvereinbarung betreffend die vom Arbeitgeber beigestellte Berufskleidung iZm betrieblichen Kleidervorschriften samt Kostenersatz (§ 97 Abs 1 ArbVG) abgeschlossen werden. In Kollektivverträgen sind Regelungen über die Arbeitskleidung selten und beziehen sich idR auf Entgeltfragen, nicht auf Erfordernisse des öffentlich-rechtlichen Arbeitnehmerschutzrechts.

C. Hygienerecht, Produktschutz, Patientenschutz

10 Zu beachten ist, dass in manchen Branchen, zB in der Lebensmittelproduktion, Haarnetze (Schutzhauben) aufgrund lebensmittelrechtlicher bzw **hygienerechtlicher Vorschriften** erforderlich sind, nicht zwingend aufgrund des ASchG oder der ASchG-Durchführungsverordnungen.

11 Zum Teil werden Handschuhe, Masken udgl ohne Notwendigkeit des Sicherheits- und Gesundheitsschutzes für die Arbeitnehmer verwendet, sondern weil **Kundenerwartungen** erfüllt werden sollen (etwa im Bedienungsbereich des Lebensmittelhandels) oder aus Gründen des **Patientenschutzes** im Pflege- und Gesundheitsbereich: Wenn abwehrgeschwächte Patienten vor Ansteckung durch andere Menschen (auch durch die betreuenden Arbeitnehmer) geschützt werden sollen, müssen auch die Betreuer entsprechende Atemmasken benutzen, ohne dass für sie selbst eine Ansteckungsgefahr besteht.

II. Beistellung und Reinigung durch den Arbeitgeber

12 **§ 71 Abs 2 ASchG** sieht für besondere Fälle eine Verpflichtung des Arbeitgebers zur **Beistellung und Reinigung der Arbeitskleidung** vor: Arbeitgeber müssen demnach **auf ihre Kosten** Arbeitskleidung zur Verfügung stellen und für deren Reinigung sorgen, wenn es sich um Tätigkeiten handelt,

- bei denen die Kleidung mit gesundheitsgefährdenden oder ekelerregenden Arbeitsstoffen verunreinigt wird oder
- bei denen die Art der Tätigkeit eine bestimmte Arbeitskleidung zum Schutz der Arbeitnehmer erfordert.

Die ASchG-Gesetzesmaterialien (ErlRV 1590 BlgNR 18. GP) verweisen dazu auf die bei Inkrafttreten des ASchG zum 1.1.1995 noch geltende Richtlinie über den Schutz der Arbeitnehmer gegen Gefährdung durch metallisches Blei und seine Ionenverbindungen am Arbeitsplatz 82/605/EWG, in der eine solche Verpflichtung enthalten war. Diese Einzelrichtlinie zur Richtlinie 80/1107/EWG (Schutz der Arbeitnehmer vor der Gefährdung durch chemische, physikalische und biologische Arbeitsstoffe bei der Arbeit) wurde inzwischen durch Art 13 der RL 98/24/EG (Richtlinie chemische Arbeitsstoffe) zum 5.5.2001 aufgehoben.

13 Gefahren durch unsachgemäße Reinigung sollen durch § 71 Abs 2 ASchG vermieden und die Arbeitnehmer von der Kostenbelastung der Arbeitskleidung und des Reinigungsaufwands freigehalten werden. Im Unterschied zur persön-

lichen Schutzausrüstung, die jedenfalls auf Kosten des Arbeitgebers zur Verfügung zu stellen und zu reinigen ist, unterscheidet das ASchG Arbeitskleidung nach § 71 Abs 1 und solche nach § 71 Abs 2 ASchG:

Eine Beistell- und Reinigungspflicht auf Kosten des Arbeitgebers besteht nur hinsichtlich Arbeitskleidung gemäß § 71 Abs 2 ASchG.

Keine Verpflichtung des Arbeitgebers zur Beistellung und Reinigung von Arbeitskleidung besteht daher, wenn eine Arbeitskleidung keinen besonderen Anforderungen oder lediglich den Anforderungen des § 71 Abs 1 ASchG genügen muss (den Tätigkeitserfordernissen entsprechend, keine zusätzliche Gefährdung durch deren Beschaffenheit).

Da § 71 Abs 2 ASchG gemäß **§ 114 Abs 3 ASchG** erst mit Inkrafttreten einer **14** ASchG-Durchführungsverordnung betreffend die Arbeitskleidung in Kraft tritt, besteht derzeit noch **keine generelle Beistellungs- und Reinigungsverpflichtung** des Arbeitgebers nach ASchG. § 71 Abs 2 ASchG ist lediglich für jene Arbeitnehmerschutzbereiche bereits in Kraft getreten, für welche bereits erlassene ASchG-Durchführungsverordnungen Einzelregelungen zur Arbeitskleidung im Zusammenhang mit dem jeweiligen Regelungsgegenstand enthalten.

Siehe Anmerkungen zu §§ 69f und § 114 Abs 4 Z 8 ASchG.

III. Bestimmte Arbeitskleidung zum Schutz der Arbeitnehmer aufgrund der Art der Tätigkeit (§ 71 Abs 2 ASchG)

Wenn die Art der Tätigkeit zum Schutz der Arbeitnehmer eine bestimmte **15** Arbeitskleidung erfordert, sind Arbeitgeber nach § 71 Abs 2 ASchG verpflichtet, auf ihre Kosten den Arbeitnehmern geeignete Arbeitskleidung **zur Verfügung zu stellen** (sofern aufgrund der Gefahrensituation nicht ohnehin persönliche Schutzausrüstung nach §§ 69 f ASchG erforderlich ist) und für eine ausreichende **Reinigung** zu sorgen.

Arbeitskleidung nach § 71 Abs 2 ASchG ist **keine persönliche Schutzausrüstung** **16** iSd §§ 69 f ASchG oder der Inverkehrbringervorschriften (einschließlich harmonisierter EU-Normen).

Nach **§ 114 Abs 3 ASchG** tritt die Regelung des § 71 Abs 2 ASchG erst mit Inkrafttreten einer Verordnung betreffend die Arbeitskleidung gemäß § 72 Abs 1 Z 6 in Kraft.

Einzelne ASchG-Durchführungsverordnungen enthalten bereits Vorschrif- **17** **ten für bestimmte Arbeitskleidung im Zusammenhang mit dem Regelungsgegenstand.** Insoweit ist § 71 Abs 2 ASchG zur verpflichtenden Beistellung und Reinigung auf Kosten des Arbeitgebers für den jeweiligen Verordnungsbereich bereits in Kraft getreten. Vgl Anordnungen des Inkrafttretens in § 34 Abs 2 GKV, § 22 Abs 1 VEXAT oder § 13 Abs 2 VOPST für Arbeitskleidung zum Schutz vor Einwirkungen durch künstliche optische Strahlung.

Bereits in Kraft getretene Regelungen über bestimmte Arbeitskleidung in ASchG-Durchführungsverordnungen sind großteils geregelt im Zusammenhang mit persönlicher Schutzausrüstung. Aufgrund der PSA-V handelt es sich dabei um persönliche Schutzausrüstung iSd ASchG und PSA-V, wenn für sie Inverkehrbringervorschriften einschließlich harmonisierter EU-Normen gelten:

- **Verordnung biologische Arbeitsstoffe (VbA)**, BGBl II 1998/237: Werden biologische Arbeitsstoffe verwendet, ist den Arbeitnehmer/innen geeignete Arbeitskleidung zur Verfügung zu stellen – § 6 Abs 1 Z 2 (geeignete Arbeitskleidung; Ausnahmen § 8).
- **Grenzwerteverordnung 2024 (GKV)**, BGBl II 2011/253: ArbeitgeberInnen müssen ArbeitnehmerInnen, für welche die Gefahr einer Einwirkung von eindeutig krebserzeugenden Arbeitsstoffen besteht, geeignete Arbeitskleidung zur Verfügung stellen, sofern für die spezifischen chemischen Einwirkungen der verwendeten Arbeitsstoffe keine geeignete Schutzkleidung erhältlich ist – § 14 Abs 1 Z 2 (geeignete Arbeitskleidung).
- **Verordnung optische Strahlung (VOPST)**, BGBl II 2010/221: § 9 Abs 1 Z 2 (geeignete Arbeitskleidung zum Schutz vor künstlicher optischer Strahlung), § 6 Abs 1 Z 7 (korrekte Verwendung ua von Arbeitskleidung).
- **Verordnung explosionsfähige Atmosphären (VEXAT)**, BGBl II 2004/309: In explosionsgefährdeten Räumen darf Arbeitskleidung, die zur Bildung von zündfähigen Funken bzw Lichtbogen (und damit zur Entzündung explosionsfähiger Atmosphären) führen kann, etwa Kleidung aus elektrostatisch aufladbaren Materialien, nichtgetragen werden – § 9 Abs 1 Z 2, § 14 Abs 4 Z 6, § 15 Abs 2 (Gefahrenanalyse, Auswahlkriterien für Arbeitskleidung, Arbeitsschuhe, Tragepflicht).
- Antistatische Kleidung ist weiters erforderlich aufgrund der **Flüssiggasverordnung 2002 (FGV 2002)**, BGBl II 2002/446: § 89 Abs 2 (bei Arbeiten in Abfüllräumen – antistatische Kleidung, elektrostatisch leitfähige Schuhe).
- **Eisenbahn-ArbeitnehmerInnenschutzverordnung (EisbAV)**, BGBl II 1999/384: § 22 Abs 2 (bei Arbeiten im Gefahrenraum von Gleisen eng anliegende Arbeitskleidung).

Die mit § 111 Abs 1 Z 1 bis 3 ASchG übergeleiteten Regelungen betreffend bestimmte Arbeitsstoffe enthielten ebenfalls Regelungen zur Arbeitskleidung, wurden inzwischen jedoch aufgehoben. Vgl Anmerkungen zu § 111 ASchG.

IV. Verunreinigung durch gesundheitsgefährdende oder ekelerregende Arbeitsstoffe

18 Eine **Beistellungs- und Reinigungsverpflichtung** des Arbeitgebers besteht nach **§ 71 Abs 2 ASchG** auch dann, wenn Arbeitskleidung durch gesundheitsgefährdende oder ekelerregende Arbeitsstoffe verunreinigt wird (vorbe-

haltlich einer Regelung durch ASchG-Durchführungsbestimmung, § 114 Abs 3 ASchG).

Im Regelfall wird bei gesundheitsgefährdenden Arbeitsstoffen ohnehin eine Verpflichtung zur Zurverfügungstellung persönlicher Schutzausrüstung (Schutzkleidung, Schutzhandschuhe) oder (wenn keine spezifische PSA erhältlich ist) im Fall des **§ 14 Abs 1 Z 2 GKV** zur Bereitstellung bestimmter Arbeitskleidung bestehen. § 14 Abs 1 GKV erfasst freilich nur eindeutig krebserzeugende und reproduktionstoxische (Kategorie 1A und 1B) Arbeitsstoffe, nicht aber andere chemische Arbeitsstoffe, die ebenfalls zu gesundheitsgefährdenden Verunreinigungen der Arbeitskleidung führen können.

Auch bei **Exposition gegenüber ekelerregenden Arbeitsstoffen** wird (ab- 19
hängig von Verwendung, Art und Ausmaß) aufgrund der Verordnung biologische Arbeitsstoffe (VbA) persönliche Schutzausrüstung bzw geeignete bestimmte Arbeitskleidung notwendig sein. Aufgrund der **Ausnahmeregelung § 8 VbA** kann aber die Verpflichtung einer Zurverfügungstellung entfallen, va bei unbeabsichtigter Verwendung biologischer Arbeitsstoffe aufgrund entsprechender Evaluierungsergebnisse (wenn Arbeitskleidung im Einzelnen nicht erforderlich ist oder mit höchster Wahrscheinlichkeit nur biologische Arbeitsstoffe der Gruppe 1 verwendet werden). Wird zB im Pflegebereich die Kleidung eines Arbeitnehmers oder einer Arbeitnehmerin durch Körperflüssigkeiten, Erbrochenes, Körperausscheidungen oder sonstige biologische Arbeitsstoffe (nur) der Gruppe 1, wenn auch nur geringfügig, aber doch ekelerregend verunreinigt, wäre von einer Beistellungs- und Reinigungspflicht des Arbeitgebers auszugehen.

Die Regelung des § 71 Abs 2 ASchG bedarf gemäß § 114 Abs 3 ASchG zu ihrem Inkrafttreten einer ASchG-Durchführungsverordnung betreffend die Arbeitskleidung.

Zu beachten ist, dass die PSA-V die Verpflichtung zur Verfügungstellung persönlicher Schutzausrüstung regelt, wenn ua die Gefahr starker Verunreinigung besteht (Hand- und Armschutz § 12, Schutzkleidung § 16 PSA-V). Starke Verunreinigungen sind häufig auch ekelerregend.

V. Arbeitskleidung nach § 73 AAV

Aufgrund der Rechtsüberleitung des **§ 114 Abs 4 Z 8 ASchG** gilt **§ 73 AAV** 20
vorläufig im Rang eines Bundesgesetzes weiter bis zum Inkrafttreten einer ASchG-Verordnung, die in Durchführung des **§ 71 Abs 1 ASchG** die Arbeitskleidung näher regelt.

Arbeitskleidung (wie Arbeitsanzüge, Arbeitsmäntel oder Wäsche) sowie 21
Arbeitsschuhe müssen

- für die berufliche Tätigkeit **geeignet** sein und
- sich in **ordnungsgemäßem Zustand** befinden.

- Der Träger darf durch die Beschaffenheit der Kleidung und der Schuhe im Hinblick auf die bestehenden beruflichen Gefahren **nicht zusätzlich gefährdet** werden (vgl § 71 Abs 1 ASchG).

22 Dementsprechend müssen Arbeitskleidung und Arbeitsschuhe ausgewählt sein (§ 73 Abs 1 AAV). Im Rahmen der **Arbeitsplatzevaluierung nach § 4 ASchG** ist zu überprüfen, ob die Arbeitskleidung bzw die Arbeitsschuhe geeignet sind, den Gefahren am Arbeitsplatz ausreichend entgegenzuwirken (sofern nach den Grundsätzen der Gefahrenverhütung keine kollektiven technischen oder arbeitsorganisatorischen Maßnahmen vorrangig möglich sind, § 7 ASchG).

23 Sofern die Gefahr besteht, durch **bewegte Teile** von Betriebseinrichtungen, Arbeitsmitteln, durch bewegte Maschinenwerkzeuge oder Werkstücke erfasst zu werden, müssen die Arbeitnehmer **eng anliegende Arbeitskleidung** tragen (§ 73 Abs 2 AAV). Dadurch soll das Hineingezogenwerden zB durch Erfasstwerden weiter Ärmel in Walzen vermieden werden (vgl EN 510 Festlegungen für Schutzkleidungen für Bereiche, in denen ein Risiko des Verfangens in beweglichen Teilen besteht).

24 **§ 73 Abs 3 AAV** verweist auf die Anwendbarkeit des derzeit ebenfalls noch in Geltung stehenden **§ 71 Abs 3 AAV** (Schutzkleidung) für das **Tragen von Arbeitskleidung:** Kleidung, die mit öligen, fetten, brandfördernden, leicht entzündlichen oder explosionsgefährlichen Arbeitsstoffen verunreinigt ist, darf bei Arbeiten, bei denen sie in Brand geraten könnten, nicht getragen werden (gilt auch für leicht brennbare oder schmelzende Kunststoffe). Gegenstände wie Brillenfassungen, Augenschirme oder Kämme aus leicht entzündlichen oder leicht brennbaren Kunststoffen (wie Zelluloid) dürfen bei Arbeiten, bei denen sie in Brand geraten können, nicht getragen werden.

25 Für das **Reinigen von Arbeitskleidung** gilt nach § 73 Abs 3 iVm § 71 Abs 3 AAV, dass das Ausblasen mit Sauerstoff oder Druckluft nicht zulässig ist. Druckluft darf nur dann zum Reinigen verwendet werden, wenn dafür geeignete Geräte bereitgestellt sind, die eine Gefährdung der Arbeitnehmer ausschließen.

26 Pantoffel, Schuhe mit Holzsohlen oder offene Schuhe dürfen bei **Arbeiten auf Gerüsten, an gefährlichen Maschinen, beim Lenken von Fahrzeugen oder bei Transportarbeiten** nicht getragen werden (§ 73 Abs 4 AAV).

Vgl Anmerkungen zu § 114 Rz 8–10.

Verordnungen über Arbeitsvorgänge und Arbeitsplätze

§ 72. **(1) Der Bundesminister für Arbeit, Soziales und Konsumentenschutz hat in Durchführung des 6. Abschnittes durch Verordnung näher zu regeln:**

1. jene Tätigkeiten, für die ein Nachweis der Fachkenntnisse erforderlich ist, die Ermächtigung nach § 63 einschließlich der Grundzüge der Ausbildung zur Vermittlung der notwendigen Fachkenntnisse sowie die Anerkennung ausländischer Zeugnisse über den Nachweis der Fachkenntnisse,
2. Grenzwerte für die Handhabung von Lasten, sobald gesicherte wissenschaftliche Erkenntnisse oder Normen für die Festlegung solcher Grenzwerte vorliegen,
3. die Ermittlungen und Messungen betreffend Lärm sowie die Grenzwerte (Auslöseschwellen) für die Schutzmaßnahmen nach § 65 Abs. 4,
4. für sonstige physikalische Einwirkungen Grenzwerte (Auslöseschwellen), sobald gesicherte wissenschaftliche Erkenntnisse oder Normen für die Festlegung solcher Werte vorliegen, auf das Ausmaß dieser Einwirkungen abgestimmte geeignete Maßnahmen zur Verringerung oder Beseitigung der Gefahren sowie die Ermittlungen und Messungen betreffend diese physikalischen Einwirkungen
5. die Tätigkeiten und Bedingungen, bei denen bestimmte persönliche Schutzausrüstungen zur Verfügung zu stellen sind, sowie die Benutzung von persönlichen Schutzausrüstungen,
6. die Tätigkeiten und Bedingungen, bei denen Arbeitskleidung zur Verfügung gestellt werden muß.

(2) Für persönliche Schutzausrüstungen, auf die die Gewerbeordnung 1994, BGBl. Nr. 194/1994, nicht anzuwenden ist, kann der Bundesminister für Arbeit, Soziales und Konsumentenschutz durch Verordnung die grundlegenden Sicherheitsanforderungen hinsichtlich Konstruktion, Bau und weiterer Schutzmaßnahmen einschließlich der Erstellung von Beschreibungen und Bedienungsanleitungen festlegen. In diesen Verordnungen können auch besondere Regelungen über die Prüfung, Übereinstimmungserklärung und über eine Zulassung durch Bescheid des Bundesministers für Arbeit, Soziales und Konsumentenschutz getroffen werden.

[BGBl I 2012/118]

Übersicht

I.	Verordnungsermächtigungen zum sechsten Abschnitt ASchG....	1–3
II.	Durchführungsverordnungen zum sechsten Abschnitt ASchG ...	4–6

I. Verordnungsermächtigungen zum sechsten Abschnitt ASchG

Zu § 72 (Verordnungen) ist auf die Erläuterungen zu § 18 ASchG zu verweisen, vgl auch Anmerkungen zu § 60 ASchG.

§ 72 Abs 1 Z 1 ASchG enthält eine Verordnungsermächtigung, die die 1
Grundlage für die Fachkenntnisnachweis-Verordnung, BGBl II 2007/13, dar-

stellt. Den vom Bundeskanzleramt-Verfassungsdienst im seinerzeitigen Begutachtungsverfahren geäußerten Bedenken Rechnung tragend, wurde mit der ASchG-Novelle BGBl I 2012/118 (in Kraft seit 1.1.2013) in dieser Verordnungsermächtigung nunmehr klargestellt, dass diese Verordnung auch nähere Regelungen über die **zur Erlangung von Fachkenntnisnachweisen notwendige Ausbildung** zu treffen hat (vgl ErlRV 1983 BlgNR 24. GP).

2 Laut Gesetzesmaterialien zur ASchG-Stammfasssung war betreffend die **Handhabung von Lasten (§ 72 Abs 1 Z 2 ASchG)** zu berücksichtigen, dass in absehbarer Zeit mit der Festlegung von international anerkannten Grenzlasten zu rechnen war, die dann durch Verordnung zum vorliegenden Entwurf umgesetzt werden sollten. Entgegen der damaligen Einschätzung wurde bisher keine Verordnung über manuelle Lastenhandhabung erlassen (vgl ErlRV 1590 BlgNR 18. GP).

3 **§ 72 Abs 2 ASchG** der ASchG-Stammfassung regelte auf Vorschlag des Bundesministeriums für öffentliche Wirtschaft und Verkehr eine **Verordnungsermächtigung**, die den besonderen Bedingungen im Verkehrsbereich Rechnung tragen sollte (vgl ErlRV 1590 BlgNR 18. GP). Aufgrund des Aufgabenübergangs des Arbeitnehmerschutzes im Verkehr (Verkehrs-Arbeitsinspektorat) zum Zentral-Arbeitsinspektorat im Bundesministerium für Arbeit, Soziales und Konsumentenschutz mit Wirksamkeit 1.7.2012 wurde diese Verordnungsermächtigung (nunmehr) der Bundesministerin für Verkehr, Innovation und Technologie mit dem 2. Stabilitätsgesetz 2012 (2. StabG 2012), BGBl I 2012/35 (Artikel 60), in die Zuständigkeit des Bundesministers für Arbeit, Soziales und Konsumentenschutz übertragen (vgl ErlRV 1685 BlgNR 24. GP).

II. Durchführungsverordnungen zum sechsten Abschnitt ASchG

4 Die Verordnung über Sicherheit und Gesundheitsschutz auf Baustellen und auf auswärtigen Arbeitsstellen (Bauarbeiterschutzverordnung – BauV), BGBl 1994/340 (in Kraft getreten: 1.1.1995), gilt gemäß § 118 Abs 3 ASchG als Verordnung zum ASchG.

Zum sechsten Abschnitt ASchG wurden bisher folgende Verordnungen erlassen:

- Verordnung über den Schutz der Arbeitnehmer/innen bei Bildschirmarbeit (Bildschirmarbeitsverordnung – **BS-V**), BGBl II 1998/124 (in Kraft getreten: 1.5.1998)
- Eisenbahn-ArbeitnehmerInnenschutzverordnung **(EisbAV)**, BGBl II 1999/384 (in Kraft getreten: 1.1.2000)
- Verordnung über den Nachweis der Fachkenntnisse für die Vorbereitung und Organisation von bühnentechnischen und beleuchtungstechnischen Arbeiten **(Bühnen-FK-V)**, BGBl II 2003/403 (in Kraft getreten: 1.10.2003, hinsichtlich der Arbeitgeberpflichten 1.1.2004)

- Verordnung über den Schutz der Arbeitnehmer/innen vor explosionsfähigen Atmosphären **(VEXAT)**, BGBl II 2004/309 (in Kraft getreten: 1.8.2004)
- Verordnung über die Sicherheit und den Gesundheitsschutz der Arbeitnehmer/innen bei der Durchführung von Sprengarbeiten (Sprengarbeitenverordnung – **SprengV**), BGBl II 2004/358 (in Kraft getreten: 1.10.2004)
- Verordnung über den Schutz der Arbeitnehmer/innen bei der Durchführung von Bohr- und Behandlungsarbeiten (Bohrarbeitenverordnung – **BohrarbV**), BGBl II 2005/140 (in Kraft getreten: 25.5.2005)
- Verordnung über den Schutz der Arbeitnehmer/innen vor der Gefährdung durch Lärm und Vibrationen (VO Lärm und Vibrationen – **VOLV**), BGBl II 2006/22 (in Kraft getreten: 26.1.2006)
- Verordnung über den Nachweis der Fachkenntnisse (Fachkenntnisnachweis-Verordnung – **FK-V**), BGBl II 2007/13 (in Kraft getreten: 1.2.2007)
- Schifffahrt-ArbeitnehmerInnenschutzverordnung **(SchiffAV)**, BGBl II 2009/260 (in Kraft getreten: 1.9.2009)
- Verordnung über den Schutz der Arbeitnehmer/innen vor der Einwirkung durch optische Strahlung (VO optische Strahlung – **VOPST**), BGBl II 2010/221 (in Kraft getreten: 9.7.2010)
- Verordnung über den Schutz der Arbeitnehmer/innen bei der Durchführung von Arbeiten im Tagbau (Tagbauarbeitenverordnung – **TAV**), BGBl II 2010/416 (in Kraft getreten: 1.1.2011)
- Verordnung über den Schutz der Sicherheit und der Gesundheit der Arbeitnehmer/innen vor Gefahren durch den elektrischen Strom (Elektroschutzverordnung 2012 – **ESV 2012**), BGBl II 2012/33 (in Kraft getreten: 1.3.2012)
- Verordnung vor Verletzungen durch scharfe oder spitze medizinische Instrumente (Nadelstichverordnung – **NastV**), BGBl II 2013/16 (in Kraft getreten: 11.5.2013).
- Verordnung über den Schutz der Arbeitnehmer/innen durch persönliche Schutzausrüstung (Verordnung Persönliche Schutzausrüstung – **PSA-V**), in Kraft seit 1.5.2014, BGBl II 2014/77
- Verordnung über den Schutz der Arbeitnehmer/innen vor der Einwirkung durch elektromagnetische Felder (Verordnung elektromagnetische Felder – **VEMF**), in Kraft seit 1.8.2016, BGBl II 2016/179.

Als ASchG-Verordnung gilt weiters die Verordnung über Sicherheit und Gesundheitsschutz auf Baustellen und auf auswärtigen Arbeitsstellen (Bauarbeiterschutzverordnung – **BauV**), BGBl 1994/340, in Kraft seit 1.1.1995 (§ 118 Abs 3 ASchG). 5

Für den Arbeitsschutz im **Verkehrsbereich** wurden insbesondere zum 6. Abschnitt ASchG die Verordnung über den Schutz von ArbeitnehmerInnen im Bereich von Gleisen (Eisenbahn-ArbeitnehmerInnenschutzverordnung (EisbAV), BGBl II 1999/384, die Schifffahrt-ArbeitnehmerInnenschutzverordnung

(SchiffAV), BGBl II 2009/260, und die Luftfahrt-ArbeitnehmerInnenschutzverordnung (LuftAV), BGBl II 2019/185, erlassen.

6 Bis zur Erlassung von Durchführungsverordnungsregelungen zum sechsten Abschnitt ASchG gelten aus der früheren ANSchG-Rechtslage vorläufig übergeleitete Bestimmungen der Allgemeinen Arbeitnehmerschutzverordnung **(AAV)** des IV. Abschnitts (Arbeitsvorgänge, Arbeitsverfahren, Arbeitsplätze), V. Abschnitts (Lagerungen) und VI. Abschnitts (Arbeitskleidung) sowie § 20 Abs 5 AAV (Arbeitsstellen/Verkaufsstände) **(§ 114 ASchG)** weiter.

Weiters wurden mit **§ 119 ASchG** Bestimmungen in Zusammenhang mit Arbeitsvorgängen der Verordnung über den Schutz des Lebens und der Gesundheit der Arbeitnehmer bei Arbeiten in Druckluft sowie bei Taucherarbeiten **(Druckluft- und Taucherarbeiten-Verordnung)**, BGBl 1973/501 (derzeit idF BGBl II 2018/100), aus der ANSchG-Rechtslage übergeleitet und stehen vorläufig im Rang eines Bundesgesetzes noch in Geltung.

7. Abschnitt
Präventivdienste

Bestellung von Sicherheitsfachkräften

§ 73. (1) Arbeitgeber haben Sicherheitsfachkräfte (Fachkräfte für Arbeitssicherheit) zu bestellen. Diese Verpflichtung ist gemäß folgender Z 1 oder, wenn ein Arbeitgeber nicht über entsprechend fachkundiges Personal verfügt, gemäß folgender Z 2 oder 3 zu erfüllen:

1. **durch Beschäftigung von Sicherheitsfachkräften im Rahmen eines Arbeitsverhältnisses (betriebseigene Sicherheitsfachkräfte),**
2. **durch Inanspruchnahme externer Sicherheitsfachkräfte oder**
3. **durch Inanspruchnahme eines sicherheitstechnischen Zentrums.**

(2) Als Sicherheitsfachkräfte dürfen nur Personen bestellt werden, die die erforderlichen Fachkenntnisse gemäß § 74 nachweisen.

(3) Sicherheitsfachkräfte sind bei Anwendung ihrer Fachkunde weisungsfrei.

(4) Arbeitgeber sind verpflichtet, den Sicherheitsfachkräften das für die Durchführung ihrer Aufgaben notwendige Hilfspersonal sowie die erforderlichen Räume, Ausstattung und Mittel zur Verfügung zu stellen.

(5) Bei Inanspruchnahme eines sicherheitstechnischen Zentrums entfällt die Verpflichtung der Arbeitgeber zur Beistellung des Hilfspersonals, der Ausstattung und der Mittel. Bei Inanspruchnahme externer Sicherheitsfachkräfte entfällt diese Verpflichtung der Arbeitgeber insoweit, als die externen Sicherheitsfachkräfte nachweislich das erforderliche Hilfspersonal, die erforderliche Ausstattung und die erforderlichen Mittel beistellen.

[BGBl I 2006/147]

Übersicht

I. Präventivdienste ... 1–8
II. Bestellung von Sicherheitsfachkräften (Fachkräfte für Arbeitssicherheit) für eine Arbeitsstätte ... 9–16
III. Vorrang interner Präventivdienstbetreuung ... 17–19
IV. Weisungsfreiheit und organisatorische Einbindung ... 20–22
V. Sach- und Personalressourcen der sicherheitstechnischen Betreuung ... 23–25

I. Präventivdienste

Art 7 der Arbeitsschutz-Rahmenrichtlinie 89/391/EWG schreibt unabhängig von der Beschäftigtenzahl vor, dass die Arbeitgeber entweder Arbeitnehmer mit einer besonderen Funktion bei der Sicherheit und beim Gesundheitsschutz bestellen oder externe Personen oder externe Dienste hinzuziehen müssen. Der siebte Abschnitt ASchG (Präventivdienste) sieht in Umsetzung des Art 7 die Bestellung von **Sicherheitsfachkräften und Arbeitsmedizinern als Präventivfachkräfte** vor: Arbeitgeber müssen demnach für die arbeitsmedizinische und sicherheitstechnische Betreuung (Präventivdienstbetreuung) ihrer Arbeitsstätten vorrangig betriebsinterne Präventivfachkräfte im Rahmen eines Arbeitsverhältnisses beschäftigen. 1

Der Begriff „Präventivdienste" wird in der Praxis unterschiedlich verwendet: 2 Präventivdienste sind vor allem die Präventivfachkräfte, nämlich Sicherheitsfachkräfte (SFK, Fachkräfte für Arbeitssicherheit) und Arbeitsmediziner. Als Präventivdienste können neben den Präventivfachkräften (PFK) auch **„sonstige Fachleute" der Prävention** gelten, insbesondere der Arbeitspsychologie, aber auch anderer Fachgebiete, wie etwa der Chemie, Toxikologie oder Ergonomie. Sonstige Fachleute sind hinzuzuziehen, wenn es die betriebliche Gefahrensituation erfordert, sie sind jedoch keine Präventivfachkräfte, denen besondere Rechte und Pflichten zukommen. Angehörige des Arbeitsmedizinischen Fachdienstes (AFa, § 82c ASchG) zur Unterstützung der Arbeitsmediziner/innen sind ebenfalls keine Präventivfachkräfte.

Als **externe Präventivfachkräfte** können entsprechend qualifizierte Sicher- 3 heitsfachkräfte und Arbeitsmediziner oder auch **sicherheitstechnische Zentren (STZ) bzw arbeitsmedizinische Zentren (AMZ)** in Anspruch genommen werden. Für die Präventivdienstbetreuung in Kleinbetrieben kommen außerdem Präventionszentren der Unfallversicherungsträger (zB AUVAsicher) in Betracht. Die sicherheitstechnische Betreuung können ausreichend qualifizierte Arbeitgeber im Rahmen des „Unternehmermodells" unter bestimmten Voraussetzungen in Kleinstbetrieben gegebenenfalls selbst ausüben (nicht jedoch die arbeitsmedizinische Betreuung).

Die Einrichtung einer Präventivdienstbetreuung für alle Arbeitnehmer bilde- 4 te zusammen mit der Gefahrenevaluierung die Eckpfeiler des ASchG. Nach dem damaligen Koalitionsübereinkommen sollte mit dem ASchG vor allem eine möglichst flächendeckende arbeitsmedizinische und sicherheitstechnische Betreuung sichergestellt werden. Zuvor waren nach Rechtslage des Arbeitnehmerschutzgesetzes 1972 (ANSchG) lediglich für Großbetriebe (ab 250 Beschäftigten) ein „sicherheitstechnischer Dienst" und eine „betriebsärztliche Betreuung" verpflichtend vorgesehen. Das ASchG setzte die Verpflichtung zur Einrichtung einer sicherheitstechnischen und arbeitsmedizinischen Betreuung jedoch nur schrittweise, abhängig von der Beschäftigtenzahl, in Kraft, weil zum Zeitpunkt des Inkrafttretens des ASchG mit 1.1.1995 noch nicht genug ausgebildete Fachleute zur Verfügung standen. Die Rechtsverpflichtung zur Präventivdienstbetreuung wurde für Klein- und Mittelbetriebe somit nur stufenweise nach einem Etappenplan wirksam – zB bei 51 Arbeitnehmern mit 1.1.1998, bei elf Arbeitnehmern mit 1.1.1999. Seit 1.1.2000 muss in allen Arbeitsstätten, in denen ein oder mehrere Arbeitnehmern beschäftigt werden, eine sicherheitstechnische und arbeitsmedizinische Betreuung erfolgen. Die Aufgaben dieser Personen und Dienste entsprechen jenen des sicherheitstechnischen Dienstes und der arbeitsmedizinischen Betreuung nach der vor dem ASchG geltenden Rechtslage des Arbeitnehmerschutzgesetzes 1972 (ANSchG).

5 Nach den Erläuterungen zur Regierungsvorlage (ErlRV 1590 BlgNR 18. GP) ging die ASchG-Stammfassung BGBl 1994/450 bei der Präventivdienstbetreuung von der Überlegung aus, dass

- funktionierende innerbetriebliche Einrichtungen auf dem Gebiet der Sicherheit und des Gesundheitsschutzes verbunden mit einer stärkeren Einbindung der Arbeitnehmer einen besonders wichtigen Beitrag zur Verbesserung der Arbeitsbedingungen darstellen;
- innerbetriebliche Strukturen für eine Information und eine Auseinandersetzung über Fragen der Sicherheit und des Gesundheitsschutzes notwendig sind;
- auf dem Gebiet der Sicherheit und des Gesundheitsschutzes die Arbeitgeber in gleicher Weise wie auf anderen Gebieten entsprechende Fachleute benötigen;
- die Wirksamkeit und die Akzeptanz der sicherheitstechnischen und arbeitsmedizinischen Betreuung vor allem durch eine stärkere Einbindung in den innerbetrieblichen Informations- und Entscheidungsprozess verbessert werden kann;
- die Verantwortung für eine funktionierende sicherheitstechnische und arbeitsmedizinische Betreuung bei den Arbeitgebern liegt;
- sicherheitstechnische und arbeitsmedizinische Betreuung nicht als Hilfsorgan der Arbeitgeber zur Überwachung der Einhaltung der Arbeitnehmerschutzvorschriften eingesetzt werden soll, sondern zur Beratung in Fragen der Sicherheit und der Gesundheit sowie Ausarbeitung von Vorschlägen zur Verbesserung der Arbeitsbedingungen.

Dazu sind nach der RV 1590 folgende Grundsätze festgelegt:

- Sicherheitstechnische und arbeitsmedizinische Betreuung für alle Arbeitnehmer;
- besondere Regelungen zur Berücksichtigung der Situation der Kleinbetriebe;
- sicherheitstechnische und arbeitsmedizinische Betreuung sind der Arbeitgebersphäre zuzurechnen, Interessenkollisionen sind zu vermeiden;
- Unterscheidung zwischen interner und externer Betreuung, wobei für die externen Personen und Dienste besondere Anforderungen gelten;
- Fach- und Hilfspersonal, Ausstattung und Mittel können durch die externen Personen und Dienste beigestellt werden;
- inhaltliche Bestimmung der Tätigkeit der sicherheitstechnischen und arbeitsmedizinischen Betreuung einerseits durch die Verpflichtung der Arbeitgeber, in bestimmten Angelegenheiten diese Personen und Dienste beizuziehen, andererseits durch Festlegung von „einsatzzeitrelevanten" Tätigkeiten;
- Aufzeichnungs- und Berichtspflichten zur Kontrolle der Tätigkeiten und als Grundlage für den Arbeitsschutzausschuss bzw die Information der Arbeitnehmer;
- die innerbetrieblichen Institutionen haben zusammenzuarbeiten, bei größeren Arbeitsstätten vor allem in Form des Arbeitsschutzausschusses.

Die zunächst erforderlichen Bewilligungsverfahren für arbeitsmedizinische **6**
und sicherheitstechnische Zentren wurden aufgrund der ASchG-Novelle BGBl I 1999/12 mit 1.1.1999 durch ein Anmeldeverfahren ersetzt. Der Eintrag in die STZ- bzw AMZ-Liste wird seit 1.1.2013 nur noch im Internet veröffentlicht: https://www.arbeitsinspektion.gv.at/Service/Publikationen/.

Als Ursache für arbeitsbedingte Beschwerden und Erkrankungen in der Arbeits- **7**
welt ist eine stete **Zunahme psychischer Belastungen und Gefährdungen, die zu Fehlbeanspruchungen** führen, zu beobachten. Das ASchG sah bereits seit der Stammfassung erforderlichenfalls die Hinzuziehung sonstiger Fachleute zur Präventivdienstbetreuung der Sicherheitsfachkräfte und Arbeitsmediziner/innen vor. Das **Arbeitnehmerschutz-Reformgesetz (ANS-RG)**, BGBl I 2001/159 (ErlRV 802 BlgNR 21. GP) betonte die besondere Rolle va von Arbeitspsychologen als **sonstige Fachleute der Prävention** und ermöglichte ab 1.1.2002 die Anrechnung deren Tätigkeit auf die Präventionszeit bis jährlich maximal 25 % je nach der in der Arbeitsstätte gegebenen Gefährdungs- und Belastungssituation. Ebenso können Tätigkeiten anderer sonstiger Fachleute, zB der Chemie, Toxikologie, in diese 25 % eingerechnet werden.

Mit der **ASchG-Novelle 2013** (BGBl I 2012/118; ErlRV 1983 BlgNR 24. GP) **8**
wurde der Prävention gegen arbeitsbedingte psychische Belastungen bei der Arbeitsplatzevaluierung zusätzlich Rechnung getragen. Mit deren Durchführung können auch Arbeitspsychologen beauftragt werden, diese sind aber weiterhin keine Präventivfachkräfte, denen besondere Rechte und Pflichten zukommen (§ 83 Abs 1 ASchG). Begleitend wurde die Arbeits- und Organi-

sationspsychologie mit Novelle der Verordnung des Bundesministers für Gesundheit über die arbeitsmedizinische Ausbildung von Ärzten, BGBl 1996/664, durch BGBl II 2012/463 verstärkt in die Ausbildung der Arbeitsmediziner/innen integriert (siehe Anmerkungen zu § 79 Rz 4 ff). Zur Unterstützung der Arbeitsmediziner/innen kann seit der **ASchG-Novelle BGBl I 2022/115** zudem ein **arbeitsmedizinischer Fachdienst** unter Einrechnung in die arbeitsmedizinische Betreuungszeit (bis maximal 30 %) beschäftigt werden (AFa, § 82c ASchG, ErlRV 1510 BlgNR 27.GP). Diese Novellen erfolgten vor dem Hintergrund des zunehmenden Mangels an ausgebildeten Arbeitsmediziner/innen (siehe Anmerkungen zu § 82c Rz 2). Für die sicherheitstechnische Betreuung nach ASchG besteht bislange keine vergleichbare Notwendigkeit.

II. Bestellung von Sicherheitsfachkräften (Fachkräfte für Arbeitssicherheit) für eine Arbeitsstätte

9 Nach § 73 Abs 1 ASchG sind **vorrangig betriebsinterne** Sicherheitsfachkräfte zu bestellen, wenn ausreichend qualifiziertes Personal zur Verfügung steht. Die betriebseigenen Sicherheitsfachkräfte sind **im Rahmen eines Arbeitsverhältnisses zu beschäftigen (Z 1)**. § 73 ASchG trifft keine Aussage über die rechtliche Form der zwischen Arbeitgeber/in und den Sicherheitsfachkräften abgeschlossenen Verträge. Nach OGH 24.4.2012, 8 ObA 31/11h, muss die in § 73 Abs 1 Z 1 ASchG verwendete Wortfolge, wonach betriebseigene Sicherheitsfachkräfte solche sind, die *„im Rahmen ihres Arbeitsverhältnisses"* beschäftigt werden, schon infolge des weiten Arbeitnehmerbegriffs des § 2 Abs 1 ASchG weit ausgelegt werden. So kann ein Vertragsbediensteter, der neben seiner eigentlichen dienstvertraglichen Tätigkeit für seinen Dienstgeber im Rahmen einer Nebentätigkeit die Tätigkeit als Sicherheitsfachkraft ausübt, als betriebseigen iSd § 73 Abs 1 Z 1 ASchG qualifiziert werden.

10 **Nur wenn ein Arbeitgeber nicht über entsprechend fachkundiges betriebseigenes Personal verfügt, kann die Bestellungspflicht durch Inanspruchnahme externer Sicherheitsfachkräfte (Z 2) oder eines sicherheitstechnischen Zentrums (Z 3) erfüllt werden.** Analoge Regelungen gelten für die Bestellung von Arbeitsmedizinern (§ 79 Abs 1 ASchG). Die ErlRV 1590 zu § 73 ASchG sahen 1995 die Heranziehung externer Personen und Dienste, vor allem bei Arbeitsstätten mit geringem Beschäftigtenstand, noch als die häufig zweckmäßigste Lösung. Diese Wahlfreiheit der Arbeitgeber bei Bestellung betriebseigener oder externer Präventivfachkräfte ist 2006 entfallen, nunmehr gilt der Vorrang betriebsinterner Präventivdienstbetreuung (siehe Rz 17 ff).

11 Seit 1.1.1999 (ASchG-Novelle BGBl I 1999/12) stehen Kleinbetrieben Sonderformen der Präventivdienstbetreuung zur Verfügung:

- Arbeitgeber können für Arbeitsstätten mit bis zu 50 regelmäßig beschäftigten Arbeitnehmern die Präventionszentren der Unfallversicherungsträger zur sicherheitstechnischen Betreuung in Anspruch nehmen, zB AUVAsicher (§ 78 Abs 1 Z 2 ASchG). Gleiches gilt für die arbeitsmedizinische Betreuung (§ 78 Abs 2 Z 2 ASchG).

- Ausreichend qualifizierte Arbeitgeber, die nicht mehr als 50 Arbeitnehmer beschäftigen, können nach Maßgabe des Unternehmermodells (§ 78b ASchG) die sicherheitstechnischen Betreuung unter bestimmten Voraussetzungen selbst wahrnehmen. Dies erfolgt in der betrieblichen Praxis aber äußerst selten. Siehe Anmerkungen zu § 78b ASchG.

Als Sicherheitsfachkräfte dürfen nur Personen bestellt werden, die die **erforderlichen Fachkenntnisse gemäß § 74 ASchG** nachweisen (§ 73 Abs 2 ASchG). **12** Mit 1.6.1995 wurde in Durchführung dieser Regelung die Verordnung über die Fachausbildung der Sicherheitsfachkräfte (SFK-VO), BGBl 1995/277, erlassen (Übergangsbestimmungen ermöglichen eine Tätigkeit ohne absolvierte Fachausbildung, siehe Anmerkungen zu §§ 74, 115 ASchG). Die vor 1.1.1995 nach alter Rechtslage des ANSchG tätigen Sicherheitstechniker gelten aufgrund § 115 Abs 6 ASchG als Sicherheitsfachkräfte nach ASchG.

Vgl Anmerkungen zu SFK-VO, § 115 Rz 8 ff.

Mit dem ANS-RG, BGBl I 2001/159, wurde die Zusatzbezeichnung **„Fachkräfte für Arbeitssicherheit“** in § 73 Abs 1 ASchG verankert. **13** Nach den Gesetzesmaterialien forderte der VÖSI – Verband der Österreichischen Sicherheitstechniker und -ingenieure – seit Längerem, dass die Sicherheitsfachkräfte dazu berechtigt werden sollten, sich „Fachkraft für Arbeitssicherheit“ zu nennen, weil „Sicherheitsfachkraft“ im normalen Sprachgebrauch zu Missverständnissen führt (Verwechslung mit Detektiven, Bewachungsgewerbe, Schlüsseldiensten usw), während bei den Arbeitsmedizinern allein schon in deren gesetzlicher Bezeichnung zum Ausdruck kommt, welche Aufgaben sie zu erfüllen haben. Die ASchG-Novelle trug diesem berechtigten Wunsch Rechnung. Vgl ErlRV 802 BlgNR 21. GP.

Die Bestellung von Sicherheitsfachkräften erfolgt (wie bei Arbeitsmedizinern) **14** **jeweils für eine Arbeitsstätte samt allen dazugehörigen auswärtigen Arbeitsstellen und Baustellen**. Eine gesonderte Bestellung ist nur für Baustellen zulässig, wenn dies aus organisatorischen oder fachlichen Gründen zweckmäßig ist – etwa bei Großbaustellen (§ 83 Abs 4 und 5). Dazu VwGH 19.10.2001, 99/02/0030 iZm der Strafverfolgung zum Tatortbegriff: *„Rechtsschutzüberlegungen machen es im Zusammenhang mit Übertretungen der § 73 Abs 1 und § 79 Abs 1 ASchG 1994 nicht erforderlich, als Gegenstand einer Verfolgungshandlung (und auch des Spruches gemäß § 44a Z 1 VStG) den Umstand zu fordern, die Bestellung von Sicherheitskräften bzw Arbeitsmediziner/inne/n sei in Ansehung einer ‚Arbeitsstätte‘ erfolgt.“*

Vor der Bestellung ist der Arbeitsschutzausschuss anzuhören, der in Arbeitsstätten ab 100 Arbeitnehmern, in Bürobetrieben ab 250 Beschäftigten **15**

einzurichten ist (§§ 83 Abs 2, 88 ASchG). Die beabsichtigte Bestellung oder Abberufung von Sicherheitsfachkräften, Arbeitsmedizinern und Personen, die für die Erste Hilfe, die Brandbekämpfung und Evakuierung zuständig sind, weiters die beabsichtigte Beiziehung eines arbeitsmedizinischen Fachdienstes, ist mit dem **Betriebsrat** zu beraten, außer wenn die beabsichtigte Maßnahme im Arbeitsschutzausschuss behandelt wird. Der Betriebsrat hat das Recht, das Arbeitsinspektorat zu den Beratungen beizuziehen. Eine ohne Beratung mit dem Betriebsrat oder Behandlung im Arbeitsschutzausschuss vorgenommene Bestellung von Sicherheitsfachkräften und Arbeitsmedizinern ist rechtsunwirksam (§ 92a ArbVG). Nach OGH 24.4.2012, 8 ObA 31/11h, bedarf hingegen die Abberufung einer Sicherheitsfachkraft weder der Zustimmung des Arbeitsschutzausschusses noch der des Betriebsrates. § 92a Abs 3 ArbVG enthält diesbezüglich keine planwidrige Gesetzeslücke (siehe Anmerkungen zu § 87 ASchG).

Auch die Sicherheitsvertrauenspersonen sind über die beabsichtigte Bestellung von Sicherheitsfachkräften zu informieren. Die beabsichtigte Bestellung ist mit ihnen zu beraten, außer es sind Belegschaftsorgane errichtet oder die Bestellung wurde im Arbeitsschutzausschuss beraten. Gleiches gilt für die Abberufung von Sicherheitsfachkräften (§ 11 Abs 5 ASchG).

16 Werden **mehrere betriebsinterne Sicherheitsfachkräfte** bestellt, ist einer von ihnen die **Leitung** zu übertragen. Der Leiter der Sicherheitsfachkräfte oder dessen Stellvertreter ist Mitglied des Arbeitsschutzausschusses (§ 88 Abs 3 Z 3). Bei Bestellung mehrerer Sicherheitsfachkräfte (wie auch bei der Inanspruchnahme eines Zentrums neben betriebseigenen oder externen Präventivfachkräften) ist für deren Zusammenarbeit und Koordination zu sorgen (§ 83 Abs 6).

Näheres zur Bestellung von Präventivfachkräften siehe Anmerkungen zu § 83 Rz 1 ff.

Für die sicherheitstechnische Betreuung im untertägigen Bergbau gelten Sonderregelungen (§ 8a SFK-VO).

III. Vorrang interner Präventivdienstbetreuung

17 Nach §§ 73 Abs 1, 79 Abs 1 der ASchG-Stammfassung konnten Arbeitgeber ursprünglich frei wählen, ob sie interne oder externe Präventivfachkräfte (Sicherheitsfachkräfte und Arbeitsmediziner/innen) bestellen wollten. Mit der ASchG-Novelle BGBl I 2006/147 ist diese Wahlfreiheit aufgrund des Nachvollzugs einer EuGH-Entscheidung mit 12.8.2006 entfallen; seither gilt der Vorrang interner Präventivdienstbetreuung: Der EuGH stellte mit Urteil vom 6.4.2006 in einem Vertragsverletzungsverfahren nach Art 226 EG (Rechtssache C-428/04) fest, dass die Republik Österreich die Richtlinie 89/391/EWG des Rates vom 12. Juni 1989 über die Durchführung von Maßnahmen zur Verbes-

serung der Sicherheit und des Gesundheitsschutzes der Arbeitnehmer bei der Arbeit nicht hinreichend in österreichisches Recht umgesetzt hatte. **Die im ASchG vorgesehene Wahlfreiheit einer internen oder externen Betreuungsform widersprach laut EuGH Art 7 Abs 1 und 3 der Arbeitsschutz-Rahmenrichtlinie**, wonach der Arbeitgeber primär innerbetriebliche Präventivfachkräfte bestellen muss und außerbetriebliche PFK nur dann heranzuziehen sind, wenn die Möglichkeiten im Betrieb nicht ausreichen.

Die nachfolgende ASchG-Novelle BGBl I 2006/147 änderte die vom Urteil betroffenen ASchG-Bestimmungen nur, soweit unbedingt notwendig, um dem Urteil des EuGH Rechnung zu tragen. Die Neuformulierungen der entsprechenden Bestimmungen im ASchG bringen – so die ErlRV 1559 BlgNR 22. GP – den grundsätzlichen Vorrang der innerbetrieblichen Betreuung zum Ausdruck und tragen so dem EuGH-Urteil Rechnung. **Der Arbeitgeber muss aber nur dann vorrangig interne Fachkräfte bestellen, wenn die gegebenen innerbetrieblichen Möglichkeiten im Hinblick auf Betriebsgröße und Betriebsart dafür ausreichen.** Voraussetzung ist daher – wie auch die EU-Kommission in ihrer Klageschrift festgehalten hat –, dass innerbetrieblich entsprechend fachkundiges Personal (also ausgebildete Sicherheitsfachkräfte und Arbeitsmediziner) vorhanden ist. Die Anstellung zusätzlicher Fachkräfte oder die Ausbildung von vorhandenem Personal ist nicht geboten. 18

Nach OGH 24.4.2012, 8 ObA 31/11h, trifft es zu, dass gemäß § 73 Abs 1 ASchG idF BGBl I 2006/147 primär betriebseigene Sicherheitsfachkräfte heranzuziehen sind (EuGH 20.10.2005, Rs C-428/04, *Kommission/Österreich*; *Stärker* in *Mazal/Risak*, AR I IX Rz 23). Es bestehen aber keine Bedenken dagegen, einen Vertragsbediensteten, der neben seiner eigentlichen dienstvertraglichen Tätigkeit für seinen Dienstgeber im Rahmen einer Nebentätigkeit die Tätigkeit als Sicherheitsfachkraft ausübt, als betriebseigen iSd § 73 Abs 1 Z 1 ASchG zu qualifizieren. Dieser war daher als betriebseigene Sicherheitsfachkraft gemäß § 73 Abs 1 Z 1 ASchG anzusehen.

Der Vorrang interner Betreuung ist auch bei Konzerngesellschaften in deren Eigenschaft als Arbeitgeberin nach § 2 Abs 1 ASchG zu beachten: Konzernumstrukturierungen können eine Bestellung (künftig) externer Dienste wohl nicht rechtfertigen, wenn die Präventivdienstbetreuung in Arbeitsstätten einer Konzerngesellschaft bisher intern erfolgte. So ist etwa fraglich, ob eine konzerninterne organisatorische Präventivfachkraft-Verlagerung von einer Konzerngesellschaft zu einer anderen und dem dadurch bedingten Wechsel der Betreuungsform intern zu extern mit dem Vorrang nach § 73 Abs 1 (Sicherheitsfachkräfte) bzw § 79 Abs 1 (Arbeitsmediziner) vereinbar ist. Nach Auffassung der Arbeitsinspektion ist die Inanspruchnahme externer Präventivfachkräfte dann unzulässig, wenn zuvor betriebseigene, in einer Konzerngesellschaft beschäftigte Präventivfachkräfte nur deshalb abberufen werden, um anschließend eine externe Bestellung vornehmen zu können („gezieltes 19

PFK-Outsourcing“). Zulässig wäre eine künftig externe Betreuungsform hingegen, wenn die bisher betriebseigene Präventivfachkraft zB wegen Pensionsantritt oder Beendigung des Arbeitsverhältnisses durch die Präventivfachkraft selbst ausscheidet und innerbetrieblich keine für die Aufgabenstellung einer Sicherheitsfachkraft (bzw eines Arbeitsmediziners) geeignete Person beschäftigt ist (Erlass BMWA-461.302/0016-III/3/2008 vom 5.6.2008).

IV. Weisungsfreiheit und organisatorische Einbindung

20 Sicherheitsfachkräfte sind **fachlich weisungsfrei**. Diese in § 73 Abs 3 verankerte Unabhängigkeit der Sicherheitsfachkräfte bei der Ausübung ihrer Fachkunde stellt eine Grundvoraussetzung für eine wirksame sicherheitstechnische Betreuung dar. Die ErlRV 1590 BlgNR 18. GP verweisen dazu auf die deutsche Rechtslage, wonach Fachkräfte für Arbeitssicherheit gemäß § 8 des Gesetzes über Betriebsärzte, Sicherheitsingenieure und andere Fachkräfte für Arbeitssicherheit (ASIG) bei der Anwendung der Fachkunde ebenfalls weisungsfrei sind.

21 Die organisatorische Abwicklung zB des Arbeitsvertrags oder organisatorische Vorgaben der Arbeitgeber, welche nicht die inhaltlichen Aufgaben der Präventivdienstbetreuung betreffen, fallen hingegen nicht unter die fachliche Weisungsfreiheit (vgl ErlRV 1590 BlgNR 18. GP zu § 73 Abs 3 ASchG).

Die Weisungsfreiheit besteht auch wechselseitig zwischen den Präventivfachkräften (Sicherheitsfachkräfte–Arbeitsmediziner). Präventivfachkräfte und Belegschaftsorgane sind aber zur Zusammenarbeit verpflichtet (siehe Anmerkungen zu § 85 Abs 1 ASchG).

Betriebseigene Sicherheitsfachkräfte bzw deren Leitung müssen unmittelbar dem Arbeitgeber oder der sonst für die Einhaltung der Arbeitnehmerschutzvorschriften verwaltungsstrafrechtlich verantwortlichen Person unterstellt werden (siehe Anmerkungen zu § 83 Abs 7 ASchG).

22 Die Sicherheitsfachkraft ist Mitglied im Arbeitsschutzausschuss der Arbeitsstätte. Sind mehrere Sicherheitsfachkräfte bestellt, ist deren Leiter oder Stellvertreter Ausschussmitglied (§ 88 Abs 3 Z 1). Bei mehreren Arbeitsstätten sind die Sicherheitsfachkräfte auch Mitglied des zentralen Arbeitsschutzausschusses (§ 88a Abs 2 Z 3, Abs 3 Z 3ASchG).

OGH 14.2.2012, 2 Ob 174/11v: Einer externen Sicherheitsfachkraft nach §§ 73 ff ASchG kommt das Haftungsprivileg gem § 333 Abs 1 und 4 ASVG zugute. Zu einer möglichen Haftung und Verantwortlichkeit siehe Ausführungen zu § 83 ASchG und § 130 ASchG.

V. Sach- und Personalressourcen der sicherheitstechnischen Betreuung

23 Für die sicherheitstechnische Betreuung sind personelle und fachliche Ressourcen erforderlich, die **grundsätzlich von den Arbeitgebern zur Ver-**

fügung zu stellen sind. Diese Verpflichtung entspricht Art 7 Abs 5 der Arbeitsschutz-Rahmenrichtlinie 89/391/EWG und der vor dem ASchG geltenden Rechtslage des § 21 Abs 3 ANSchG. Als für die Durchführung der Aufgaben von Sicherheitsfachkräften (SFK) jedenfalls erforderlich führt § 73 Abs 4 das notwendige Hilfspersonal sowie die erforderlichen Räume, Ausstattung und Mittel an.

Bei **Inanspruchnahme externer Dienste** entfällt diese Arbeitgeberverpflichtung zur Bereitstellung der erforderlichen Sach- und Personalressourcen ganz oder teilweise (§ 73 Abs 4): **24**

- Bei Inanspruchnahme externer SFK entfällt diese Verpflichtung insoweit, als diese Hilfspersonal, Ausstattung und Mittel nachweislich selbst beistellen.
- Bei Inanspruchnahme sicherheitstechnischer Zentren müssen Arbeitgeber lediglich die zur Betreuung erforderlichen Räume zur Verfügung stellen. Die Materialien (ErlRV 1590 BlgNR 18. GP) begründen dies mit der ursprünglich erforderlichen Feststellung gemäß § 75 Abs 2 ASchG durch Bescheid des Bundesministers für Arbeit und Soziales über die Gewährleistung der erforderlichen personellen und berufsspezifischen Mittel durch sicherheitstechnische Zentren (auf Antrag der Betreiber). Diese bis 1.1.1999 erforderliche bescheidmäßige Ermächtigung für sicherheitstechnische wie auch arbeitsmedizinische Zentren ist mit der ASchG-Novelle 1999 (BGBl I 1999/12) entfallen und wurde durch ein Anmeldeverfahren ersetzt.
- Für die Ausstattung sicherheitstechnischer und arbeitsmedizinischer Zentren gelten §§ 75, 80 ASchG sowie die Vorgaben der STZ-VO und AMZ-VO.

Nach ErlRV 1590 BlgNR 18. GP soll diese subsidiäre Verpflichtung der Arbeitgeber insbesondere auf die Bedürfnisse kleiner Betriebe Rücksicht nehmen, die durch Anschaffung der erforderlichen Mittel und durch die Beistellung des erforderlichen Hilfspersonals besonders belastet würden. **Die Verpflichtung zur Beistellung der erforderlichen Räume besteht jedoch unabhängig von der Form der Präventivdienstbetreuung**, da diese jedenfalls in der Arbeitsstätte stattfinden muss. **25**

Fachkenntnisse der Sicherheitsfachkräfte

§ 74. (1) Die erforderlichen Fachkenntnisse sind durch ein Zeugnis über den erfolgreichen Abschluß einer vom Bundesminister für Arbeit, Soziales und Konsumentenschutz anerkannten Fachausbildung nachzuweisen.

(2) Eine Fachausbildung ist auf Antrag anzuerkennen, wenn

1. nach dem vorgelegten Ausbildungsplan davon auszugehen ist, daß sie die Auszubildenden in die Lage versetzt, die Aufgaben einer Sicherheitsfachkraft zu erfüllen und das dafür notwendige Wissen auf dem Gebiet der Arbeitssicherheit und Kenntnisse über die maßgeblichen Arbeitnehmerschutzvorschriften vermittelt und

2. **die Ausbildungseinrichtung über die zur Erreichung des Ausbildungszieles erforderliche Ausstattung, Lehrmittel und Lehrkräfte verfügt.**

(3) Die Anerkennung ist unter Vorschreibung von Auflagen zu erteilen, wenn dies zur Gewährleistung einer ordnungsgemäßen Ausbildung im Hinblick auf Abs. 2 Z 2 und Abs. 4 erforderlich ist. Die Anerkennung ist zu widerrufen, wenn die ordnungsgemäße Ausbildung nicht mehr gewährleistet ist.

(4) Zur Fachausbildung sind nur Personen zuzulassen, die über ausreichende Grundkenntnisse auf technischem Gebiet und ausreichende betriebliche Erfahrungen verfügen. Personen, die diese Grundkenntnisse nicht durch den erfolgreichen Abschluß einer geeigneten Ausbildung nachweisen, dürfen erst nach erfolgreicher Ablegung einer Aufnahmeprüfung zur Fachausbildung zugelassen werden.

[BGBl I 2012/118]

Übersicht

I.	Fachausbildung für Sicherheitsfachkräfte	1, 2
II.	Zulassung zur Fachausbildung	3–5
III.	Fachkenntnisse – Ausbildungsinhalte (SFK-VO)	6–10
IV.	Übergangsbestimmungen für Sicherheitstechniker/innen (ANSchG)	11–13
V.	Ausbildung oder Berufspraxis im Ausland	14–17

I. Fachausbildung für Sicherheitsfachkräfte

1 Nach Art 7 Abs 8 der Arbeitsschutz-Rahmenrichtlinie 89/391/EWG ist zu regeln, welche Fähigkeiten und Eignungen für die Sicherheitsfachkräfte erforderlich sind. § 74 ASchG lehnt sich an das in Deutschland bestehende Konzept der Qualifikationsanforderungen für Fachkräfte für Arbeitssicherheit an und verlangt eine gewisse Grundqualifikation, praktische Erfahrungen und darauf aufbauend eine Fachausbildung (ErlRV 1590 BlgNR 18. GP).

2 Die für die Tätigkeit als Sicherheitsfachkraft erforderlichen Fachkenntnisse müssen durch ein **Zeugnis über den erfolgreichen Abschluss einer entsprechenden Fachausbildung** nachgewiesen werden. Diese Fachausbildung bedarf einer bescheidmäßigen Anerkennung durch den Bundesminister für Arbeit (§ 74 Abs 1 ASchG). Aufgrund § 116 Abs 1 ASchG wurden nähere Ausführungsbestimmungen durch Verordnung geregelt: Mit Erlassung der **Verordnung über die Fachausbildung der Sicherheitsfachkräfte (SFK-VO)**, BGBl 1995/277, ist § 74 ASchG am 1.6.1995 in Kraft getreten. Übergangsbestimmungen ermöglichen das Tätigwerden als Sicherheitsfachkraft nach ASchG unter bestimmten Voraussetzungen auch ohne Abschluss der Fachausbildung nach der SFK-VO (siehe Rz 11 ff).

Für die sicherheitstechnische Betreuung im untertägigen Bergbau gelten Sonderregelungen (§ 8a SFK-VO), die mit der Novelle BGBl II 2002/342 in der SFK-VO verankert wurden. Der Langtitel der Verordnung lautet seit 1.10.2002 daher „Verordnung über die Fachausbildung der Sicherheitsfachkräfte und die Besonderheiten der sicherheitstechnischen Betreuung für den untertägigen Bergbau (SFK-VO)".

II. Zulassung zur Fachausbildung

Anders als nach der Rechtslage des ANSchG wird nicht mehr vorausgesetzt, dass es sich bei Sicherheitsfachkräften um Ingenieure handelt. Die erforderliche Grundqualifikation kann nicht nur durch ein Universitätsstudium oder durch Absolvierung einer höheren technischen Lehranstalt erworben werden. Grundsätzlich soll auch Personen mit einer geeigneten Berufsausbildung die Fachausbildung für Sicherheitsfachkräfte offenstehen (ErlRV 1590 BlgNR 18. GP). 3

Voraussetzungen für eine Zulassung zur Fachausbildung für Sicherheitsfachkräfte sind nach § 74 Abs 4 ASchG und § 7 Abs 1 SFK-VO **ausreichende Grundkenntnisse auf technischem Gebiet sowie ausreichende betriebliche Erfahrungen**: 4

- Abschluss eines Hochschulstudiums oder Fachhochschulstudiums einer technischen oder naturwissenschaftlichen Studienrichtung, Reifeprüfung an einer höheren technischen Lehranstalt, Meisterprüfung nach gewerberechtlichen Vorschriften, Abschluss einer Werkmeisterschule oder vergleichbare Ausbildung;
- mindestens zweijährige Ausübung einer dieser Ausbildung entsprechenden betrieblichen Tätigkeit.

Personen ohne Abschluss einer geeigneten Ausbildung müssen eine Aufnahmeprüfung zum Nachweis ausreichender Grundkenntnisse auf technischem Gebiet ablegen und eine mindestens vierjährige betriebliche Tätigkeit ausgeübt haben (§ 74 Abs 4 ASchG, § 7 Abs 2 SFK-VO). 5

III. Fachkenntnisse – Ausbildungsinhalte (SFK-VO)

Die Fachausbildung muss das notwendige Wissen auf dem Gebiet der Arbeitssicherheit und Kenntnisse der maßgeblichen Arbeitnehmerschutzvorschriften vermitteln und die Ausbildungsabsolvent/inn/en in die Lage versetzen, die Aufgaben einer Sicherheitsfachkraft zu erfüllen. 6

Fachgebiete der SFK-Ausbildung sind (§ 74 Abs 2 ASchG, § 1 Abs 1 SFK-VO): 7

- Einführung und Grundlagen;
- Rechtsgrundlagen, Normen;
- Grundsätze der Organisation und der Methoden des betrieblichen Arbeitnehmerschutzes;
- Sicherheit von Arbeitssystemen mit Anwendungsfällen;

- Ergonomie, Grundlagen und Anwendung: mindestens 24 Unterrichtseinheiten;
- Schadstoffe, Grundlagen und Anwendung;
- Ermittlung und Beurteilung von Gefahren, Festlegung von Maßnahmen;
- Kosten-Nutzen-Analyse;
- psychologische und betriebssoziologische Grundlagen des Arbeitnehmerschutzes;
- Schnittstellen mit verwandten Sachgebieten, insbesondere dem Verkehrswesen.

8 Die SFK-Fachausbildung umfasst **mindestens acht Wochen mit einer Mindestzahl von 288 Unterrichtseinheiten**. Die Ausbildungseinrichtung muss gewährleisten, dass die Fachausbildung bei normalem Ausbildungsgang innerhalb von zwei Jahren abgeschlossen werden kann (§ 1 SFK-VO). Qualitätskriterien der Fachausbildung – wie Praxis- und Anwendungsorientierung, systematisches Gesamtkonzept Lernzielorientierung, moderne methodisch-didaktische Anforderungen – regelt § 2 SFK-VO. Bis zu 96 Unterrichtseinheiten können in Form eines Selbststudiums absolviert werden (§ 1 Abs 31 SFK-VO). Lernkontrollen und Prüfungen müssen sich aber auch auf diese Ausbildungsteile beziehen.

9 **Ausbildungseinrichtungen**, die Fachausbildungen nach ASchG durchführen wollen, müssen einen **Antrag auf Anerkennung** ihrer Fachausbildung beim Bundesminister für Arbeit stellen und die dazu erforderlichen Unterlagen anschließen (§ 74 Abs 2 und § 5 SFK-VO: Ausbildungsplan, Angaben zu Ausbildungsleitung, Lehrpersonal, Ausstattung und Lehrmitteln sowie zu Organisation und Prüfungen). Die Durchführung des Anerkennungsverfahrens erfolgt durch das Zentral-Arbeitsinspektorat im für den Bereich Arbeit zuständigen Bundesministerium.

10 Die Anerkennung einer SFK-Fachausbildung erfolgt **durch Bescheid des Bundesministers für Arbeit** (§ 74 Abs 1 ASchG, § 6 SFK-VO). Die Anerkennung kann unter Vorschreibung von Auflagen zu Organisation, Ausstattung, Lehrmitteln und Prüfung erteilt werden, wenn dies zur Gewährleistung einer ordnungsgemäßen Ausbildung erforderlich ist. Wenn die ordnungsgemäße Ausbildung nicht mehr gewährleistet ist (zB Unterschreitung des Ausbildungsplans, Nichterfüllung von Auflagen), ist die Anerkennung zu widerrufen (§ 74 Abs 3 ASchG, § 6 Abs 3 und 4 SFK-VO). Die Ausbildungseinrichtung muss Meldepflichten gegenüber dem Bundesministerium für Arbeit zur Ausbildungstätigkeit und zu wesentlichen Änderungen erfüllen (§ 8 SFK-VO).

Das Zentral-Arbeitsinspektorat im für den Bereich Arbeit zuständigen Bundesministerium führt als Serviceleistung eine Liste der nach der SFK-VO bescheidmäßig anerkannten SFK-Fachausbildungseinrichtungen auf der Website der Arbeitsinspektion (Bereich Publikationen – Listen): https://www.arbeitsinspektion.gv.at/Service/Publikationen/Merkblaetter-_Broschueren_und_Studien.html (Download 21.2.2025).

IV. Übergangsbestimmungen für Sicherheitstechniker/innen (ANSchG)

Die bei Inkrafttreten des ASchG mit **1.1.1995** auf Grundlage des zuvor geltenden § 21 ANSchG tätigen Sicherheitsingenieure gelten als Sicherheitsfachkräfte nach ASchG ohne neuerliche Bestellung oder Absolvierung der SFK-Fachausbildung (§ 115 ASchG). Sie dürfen uneingeschränkt weiterhin als Sicherheitsfachkräfte nach ASchG tätig sein. 11

§ 9 Abs 1 SFK-VO erweitert dies auf Sicherheitstechniker/innen, die zuvor im Zeitraum vom **1.1.1985 bis 31.12.1994** mindestens drei Jahre als Sicherheitstechniker gemäß § 21 des Arbeitnehmerschutzgesetzes, BGBl 1972/234, bestellt und dem zuständigen Arbeitsinspektorat schriftlich gemeldet waren und vor dem 1.1.1995 einen Lehrgang für Sicherheitstechniker in der Dauer von mindestens zwei Wochen absolviert haben. 12

Die **uneingeschränkte Tätigkeit** kann sich auf alle Arbeitsstätten, Baustellen und auswärtigen Arbeitsstellen beziehen und gilt auch im Falle eines Arbeitgeberwechsels. Auch wer schon einmal nach bergrechtlichen Vorschriften bescheidmäßig als Sicherheitsbeauftragter anerkannt war, darf nach dem 1.1.1995 weiterhin als Sicherheitsfachkraft auch für den untertägigen Bergbau tätig sein (§ 9 Abs 3a SFK-VO).

Zusätzliche Übergangbestimmungen für damals bereits tätige Sicherheitstechniker des § 9 SFK-VO (wie auch § 115 Abs 5 ASchG) sind infolge Zeitablaufs inzwischen gegenstandslos.

Arbeitnehmer, die ein Drittel der Fachausbildung absolviert haben, können für einen Zeitraum von höchstens zwei Jahren als Sicherheitsfachkräfte bestellt werden, wenn sie in einer Arbeitsstätte oder auf Baustellen des Arbeitgebers seit mindestens drei Jahren beschäftigt sind (§ 9 Abs 4 SFK-VO). 13

Vgl Anmerkungen zu §§ 115 und 116 (Rz 1 ff, 10 f).

V. Ausbildung oder Berufspraxis im Ausland

Personen, die eine sicherheitstechnische Ausbildung außerhalb Österreichs abgeschlossen oder sich durch zumindest zweijährige Berufspraxis im Ausmaß der Normalarbeitszeit in den letzten zehn Jahren entsprechendes sicherheitstechnisches Fachwissen erworben haben (in Herkunftsländern ohne Reglementierung einer SFK-Fachausbildung), können ebenfalls als Sicherheitsfachkräfte nach ASchG bestellt werden. 14

Voraussetzung nach § 3a SFK-VO ist, dass

- bei Nachweis einer solchen Befähigung oder Ausbildung
- eine nach § 6 SFK-VO bescheidmäßig anerkannte Fachausbildungseinrichtung für Sicherheitsfachkräfte
- dieser Person ein **Zeugnis nach § 3 Abs 3 SFK-VO** (§ 74 ASchG) ausstellt.

15 Dazu berechtigt sind nur jene **Ausbildungseinrichtungen, welche als öffentlich-rechtliche Körperschaft eingerichtet** sind, wie AUVA, WKO/WIFI (§ 3a SFK-VO). Antragsberechtigt sind Staatsangehörige eines Mitgliedstaates der Europäischen Union, eines Vertragsstaates des Europäischen Wirtschaftsraumes (EWR), der Schweizerischen Eidgenossenschaft oder der Türkei. Die Absolvierung einer Ergänzungsausbildung oder Ablegung einer Prüfung ist hier nicht erforderlich (§ 3a Abs 1 bis 3 SFK-VO). Die Regelungen dienen der Umsetzung der Richtlinie des Europäischen Parlaments und des Rates vom 7.9.2005 über die Anerkennung von Berufsqualifikationen 2005/36/EG, ABl L 255/22 (in Folge geändert durch die Richtlinie 2013/55/EU).

16 Die Ausbildungseinrichtung nach § 3a Abs 1 SFK-VO gilt als zuständige benannte Stelle gemäß Art 56 Abs 3 der Richtlinie 2005/36/EG und muss binnen drei Monaten nach Einreichung der vollständigen Unterlagen entscheiden. Gegen diese Entscheidung besteht seit 1.1.2014 ein Berufungsrecht an das Bundesverwaltungsgericht (Anpassung an Verwaltungsgerichtsreform, Novelle BGBl II 2013/210, zuvor an den Bundesminister für Arbeit, Soziales und Konsumentenschutz).

17 Für Befähigungs- oder Ausbildungsnachweise, die außerhalb der Europäischen Union, eines Vertragsstaates des Europäischen Wirtschaftsraumes (EWR), der Schweizerischen Eidgenossenschaft oder der Türkei erworben wurden, gilt § 3a Abs 4 SFK-VO (Zeugnisausstellung nach § 3 Abs 3 SFK-VO, wenn Gewähr dafür gegeben ist, dass ausreichende Fachkenntnisse im Sinne der SFK-VO vorliegen). Wurden diese Befähigungs- oder Ausbildungsnachweise noch nicht in der Europäischen Union anerkannt, kann (nur hier) eine theoretische und/oder praktische Prüfung erforderlich werden.

Sicherheitstechnische Zentren

§ 75. **(1) Für den Betrieb eines sicherheitstechnischen Zentrums im Sinne dieses Bundesgesetzes müssen folgende Voraussetzungen erfüllt sein:**

1. **Die sicherheitstechnische Leitung des Zentrums muß einer Sicherheitsfachkraft übertragen sein, die die erforderlichen Fachkenntnisse nachweist und die sicherheitstechnische Betreuung hauptberuflich ausübt.**
2. **Im Zentrum müssen weitere Sicherheitsfachkräfte beschäftigt werden, die die erforderlichen Fachkenntnisse nachweisen, sodaß gewährleistet ist, daß das Zentrum regelmäßig eine sicherheitstechnische Betreuung im Ausmaß von mindestens 70 Stunden wöchentlich ausüben kann, wobei auf dieses Ausmaß nur die Einsatzzeit von Sicherheitsfachkräften anzurechnen ist, die regelmäßig mindestens acht Stunden wöchentlich beschäftigt werden.**

3. Im Zentrum muß das erforderliche Fach und Hilfspersonal beschäftigt werden.
4. Im Zentrum müssen die für eine ordnungsgemäße sicherheitstechnische Betreuung erforderlichen Einrichtungen, Geräte und Mittel vorhanden sein.

(2) Der Betreiber eines sicherheitstechnischen Zentrums hat dem Bundesminister für Arbeit, Soziales und Konsumentenschutz zu melden:

1. spätestens vier Wochen vor Aufnahme des Betriebes eines Zentrums: Zeitpunkt der beabsichtigten Inbetriebnahme, Bezeichnung des Zentrums, Name des Leiters, Anschrift und Telefonnummer des Zentrums,
2. nach Aufnahme des Betriebes: allfällige Änderungen der Angaben nach Z 1,
3. die allfällige Beendigung der Tätigkeit des Zentrums.

(3) Das zuständige Arbeitsinspektorat hat auf Grund der Meldung nach Abs. 2 Z 1 unverzüglich zu überprüfen, ob die Voraussetzungen nach Abs. 1 vorliegen. Ergibt die Überprüfung, daß die Voraussetzungen nach Abs. 1 nicht erfüllt sind, hat das Arbeitsinspektorat den Betreiber schriftlich zur Behebung der Mängel vor Aufnahme des Betriebes des Zentrums aufzufordern. Wird ein sicherheitstechnisches Zentrum betrieben, ohne die Voraussetzungen nach Abs. 1 zu erfüllen, hat das Arbeitsinspektorat Strafanzeige an die zuständige Verwaltungsstrafbehörde zu erstatten. § 9 Abs. 4 und 5 sowie §§ 11 und 13 des Arbeitsinspektionsgesetzes 1993, BGBl. Nr. 27, gelten sinngemäß. Das Arbeitsinspektorat hat den zuständigen gesetzlichen Interessenvertretungen der Arbeitgeber und der Arbeitnehmer

1. Gelegenheit zu geben, an der Überprüfung teilzunehmen,
2. gegebenenfalls eine Kopie der Aufforderung zur Behebung der Mängel zu übermitteln und
3. mitzuteilen, ob die Voraussetzungen nach Abs. 1 vorliegen oder ob Strafanzeige erstattet wurde.

(4) Der Bundesminister für Arbeit, Soziales und Konsumentenschutz hat jährlich eine Liste der sicherheitstechnischen Zentren zu erstellen und sie im Internet zu veröffentlichen. Diese Liste hat zu enthalten: Namen der Betreiber, Namen der Leiter, Anschriften, Telefonnummern und Bezeichnung der Zentren. In diese Liste sind alle sicherheitstechnischen Zentren aufzunehmen, bei denen die Prüfung gemäß Abs. 3 ergeben hat, daß sie die Voraussetzungen nach Abs. 1 erfüllen. Erfolgt eine rechtskräftige Bestrafung im Sinne des § 130 Abs. 6 Z 1, so ist das betreffende Zentrum aus der Liste zu streichen.

[BGBl I 2012/118]

Übersicht

I.	Personal und Mindestausstattung eines sicherheitstechnischen Zentrums (STZ)	1–8
II.	Zentren für die sicherheitstechnische und arbeitsmedizinische Betreuung	9, 10
III.	Meldeverfahren vor STZ-Betriebsaufnahme	11–13
IV.	Inanspruchnahme eines STZ durch Arbeitgeber	14, 15
V.	STZ-Liste des Arbeitsministeriums	16–18
VI.	Reglementiertes Gewerbe SFK, STZ (GewO 1994)	19–21

I. Personal und Mindestausstattung eines sicherheitstechnischen Zentrums (STZ)

1 § 75 ASchG geht davon aus, dass ein sicherheitstechnisches Zentrum strengere Anforderungen erfüllen muss als externe Sicherheitsfachkräfte, insbesondere muss ein STZ eine sicherheitstechnische Betreuung nach ASchG im Ausmaß von mindestens 70 Wochenstunden gewährleisten können und dazu mindestens zwei Sicherheitsfachkräfte beschäftigen. Mit der Verordnung über sicherheitstechnische Zentren (STZ-VO), BGBl II 1998/450, wurden in Ausführung des § 75 Abs 1 nähere Regelungen zur Mindestausstattung und zum erforderlichen Zentrumspersonal festgelegt.

2 Die ASchG-Novelle BGBl I 1999/12 passte aus Gleichheitsgründen die personellen Anforderungen an sicherheitstechnische Zentren den entsprechenden Regelungen für arbeitsmedizinischen Zentren an (ErlRV 1449 BlgNR 20. GP). Sicherheitstechnische Zentren (STZ) müssen nach ASchG und STZ-VO daher seit 1.1.1999 Folgendes gewährleisten:

3 Die **fachliche Leitung** des STZ muss einer Sicherheitsfachkraft mit Fachkenntnissen nach § 74 Abs 1 ASchG übertragen sein, die die sicherheitstechnische Betreuung **hauptberuflich** ausübt (§ 75 Abs 1 ASchG). Nach § 1 Abs 1 STZ-VO ist die Leitung im Ausmaß von zumindest 20 Wochenstunden wahrzunehmen, somit ist nun auch eine Zentrenleitung in **Teilzeit** zulässig, sofern dies hauptberuflich erfolgt (ASchG-Novelle BGBl I2012/118, Novelle STZ-VO BGBl II 2013/210). Die ErlRV 1983 BlgNR 24. GP verweisen dazu auf Art 9 des ILO-Übereinkommens Nr 175 über die Teilzeitarbeit (1994), wonach Maßnahmen zu treffen sind, um den Zugang zu Teilzeitarbeit zu erleichtern. Das bis 2013 notwendige Beschäftigungsausmaß von mindestens 38 Wochenstunden hatte sich als Hürde insbesondere für Frauen erwiesen, die eine Zentrumsleitung in Teilzeit anstrebten. Damit weiterhin gewährleistet ist, dass die Leitung eines Zentrums nicht nebenberuflich ausgeübt werden kann, wird nach wie vor eine hauptberufliche Tätigkeit gefordert, die jedoch auch in weniger als 38 Wochenstunden ausgeübt werden kann. Ob auch eine administrative Leitung eingerichtet wird, liegt in der Entscheidung des STZ, die fachliche Unabhängigkeit der Sicherheitsfachkräfte ist jedenfalls zu gewährleisten.

Im Zentrum müssen **weitere Sicherheitsfachkräfte** (§ 74 Abs 1 ASchG, § 1 Abs 2 STZ-VO) beschäftigt werden, sodass das STZ eine sicherheitstechnische Betreuung im Ausmaß von **mindestens 70 Stunden wöchentlich** ausüben kann. Auf dieses Ausmaß kann nur die Einsatzzeit von Sicherheitsfachkräften angerechnet werden, die regelmäßig mindestens acht Stunden wöchentlich beschäftigt sind. Ebenfalls angerechnet werden können die für die fachliche Leitung des STZ notwendigen Koordinations- und Leitungstätigkeiten (§ 1 Abs 3 STZ-VO). 4

Als geeignetes **Fachpersonal** zur fachlichen Unterstützung der Sicherheitsfachkräfte verlangen § 75 Abs 1 Z 3 ASchG und § 2 STZ-VO eine interdisziplinäre Besetzung: zumindest eine Person mit abgeschlossener Ausbildung auf dem Gebiet **Maschinenbau oder Elektronik** sowie eine Person mit Abschluss **Chemie oder Biologie**. Davon kann nur abgesehen werden, wenn eine Sicherheitsfachkraft des Zentrums über eine Ausbildung in diesen Fachbereichen verfügt oder wenn eine Zusammenarbeit mit gewerberechtlich befugten Personen bzw Ziviltechnikern dieser Bereiche erfolgt. § 2 Abs 3 STZ-VO verlangt neben einem Ausbildungsabschluss (Universität, Fachhochschule, HTL, Meisterprüfung, Werkmeisterschule oder vergleichbare Ausbildung) zusätzlich eine mindestens dreijährige entsprechende betriebliche Tätigkeit. Auch Personen, die nachweislich mindestens ein Drittel einer anerkannten SFK-Fachausbildung abgeschlossen haben (§ 6 SFK-VO), können als Fachpersonal beschäftigt werden. Mindestbeschäftigungsausmaß des Fachpersonals ist die Hälfte der Summe der Normalarbeitszeit der Sicherheitsfachkräfte, zumindest aber regelmäßig 38 Wochenstunden (§ 2 Abs 5 STZ-VO). 5

Hilfspersonal (Sekretariatsarbeiten, Ablage, Telefondienst ua) zur Unterstützung der Sicherheitsfachkräfte und des STZ-Fachpersonals muss ebenfalls zumindest im Gesamtausmaß von 38 Wochenstunden beschäftigt werden (§ 3 STZ-VO). 6

Für die Beschäftigung von STZ-Arbeitnehmer/inne/n gilt das ASchG.

§ 4 STZ-VO regelt den **Mindestraumbedarf** eines STZ: Arbeitsräume, Besprechungsraum sowie aus Datenschutzgründen ein versperrbares Archiv zum Schutz von betriebsbezogenen und arbeitnehmerbezogenen Unterlagen (Schutz vor Zugriff Unbefugter in geeigneter Weise). 7

Im Zentrum müssen die für eine ordnungsgemäße sicherheitstechnische Betreuung erforderliche **Ausstattung** und die nötigen Geräte und Mittel vorhanden sein (Geräte zur Messung von Beleuchtungsstärke, Leuchtdichte, Luftfeuchtigkeit, Temperatur, Luftgeschwindigkeit und Dauerschallpegel sowie Normensammlung und Fachliteratur). 8

Die STZ-Räumlichkeiten müssen den Arbeitnehmerschutzvorschriften entsprechen, insbesondere die Anforderungen der Arbeitstättenverordnung (AStV) erfüllen.

II. Zentren für die sicherheitstechnische und arbeitsmedizinische Betreuung

9 Will ein Zentrum sowohl die sicherheitstechnische als auch arbeitsmedizinische Betreuung nach ASchG durchführen **(2. Abschnitt STZ-VO)**, muss es hinsichtlich Präventivfachkräften, Fach- und Hilfspersonal sowohl die Voraussetzungen nach STZ-VO als auch diejenigen nach AMZ-VO erfüllen. Es müssen **eine leitende Sicherheitsfachkraft und ein leitender Arbeitsmediziner** bestellt werden, die in fachlicher Hinsicht voneinander unabhängig sind. Diese Unabhängigkeit muss auch bei einer gemeinsamen administrativen Leitung gewährleistet sein (§ 6 Abs 1 und 2 STZ-VO).

10 Das STZ-AMZ muss über die gemeinsame Ausstattung sowohl sicherheitstechnischer als auch arbeitsmedizinischer Zentren verfügen (§ 5 Abs 1 und 2 STZ-VO, § 5 Abs 1 und 2 AMZ-VO), die notwendigen Räumlichkeiten sind ebenfalls zu gewährleisten (§ 6 Abs 4 STZ-VO).

III. Meldeverfahren vor STZ-Betriebsaufnahme

11 § 75 der ASchG-Stammfassung sah ursprünglich eine bescheidmäßige Feststellung des Bundesministers für Arbeit und Soziales über die Erfüllung der ASchG-Voraussetzungen vor. Mit 1.1.1999 sind die Feststellungsbescheide für sicherheitstechnische Zentren aufgrund des hohen Verwaltungsaufwands und zwecks Entfalls entbehrlicher Bürokratie entfallen (ErlRV 1449 BlgNR 20. GP zur ASchG-Novelle BGBl I 1999/12).

12 Betreiber von STZ müssen **spätestens vier Wochen vor Aufnahme des Zentrumsbetriebes** dem für den Bereich Arbeit zuständigen Bundesminister darüber **Meldung nach § 75 Abs 2 ASchG** erstatten. Unmittelbar nach der Meldung der beabsichtigten Betriebsaufnahme veranlasst das Zentral-Arbeitsinspektorat im Arbeitsministerium eine Kontrolle durch das zuständige **Arbeitsinspektorat**. Werden die gesetzlichen oder durch Verordnung festgelegten Anforderungen an die Zentren nicht oder noch nicht zur Gänze erfüllt, fordert das Arbeitsinspektorat den Betreiber dazu auf, noch vor Inbetriebnahme des Zentrums diese Mängel zu beheben. Geschieht dies nicht, erfolgt unverzüglich Strafanzeige an die zuständige Verwaltungsstrafbehörde wegen eines Zentrumsbetriebs ohne Erfüllung der Voraussetzungen (§ 130 Abs 6 Z 1 ASchG). Die Regelung dieser Vorgangsweise des Arbeitsinspektorates ist an § 9 Arbeitsinspektionsgesetz 1993 (ArbIG) angelehnt (Aufforderung zur Herstellung des gesetzlichen Zustandes binnen angemessener Frist).

13 Nach ErlRV 1449 BlgNR 20. GP sichert dieses Meldesystem in Verbindung mit den Kontrollen der STZ durch die Arbeitsinspektorate, mit den zwingend einzuhaltenden Regelungen der nach STZ-VO festgelegten Anforderungen und den für Verletzungen dieser Vorschriften vorgesehenen **Strafbestimmungen (§ 130 Abs 6 ASchG)** die Qualität der Tätigkeit der Zentren in ebensolcher Weise wie die Feststellungsbescheide im zuvor geltenden

Recht. Berücksichtigt wurde mit der Novelle BGBl I 1999/12 auch, dass sogar bei Widerruf eines Feststellungsbescheides die Weiterarbeit des Zentrums als externe Präventivfachkraft mit Mitteln des ASchG nicht verhindert werden konnte, weshalb den Bescheiden nach den Erfahrungen der Arbeitsinspektion praktisch auch keine vorbeugende Wirkung zukam.

IV. Inanspruchnahme eines STZ durch Arbeitgeber

Während sich Arbeitgeber bei Inanspruchnahme externer Sicherheitsfachkräfte vergewissern müssen, dass diese die Voraussetzungen erfüllen (Fachkenntnisse, Hilfspersonal, Ausstattung und Mittel; § 73 Abs 2 und 5 ASchG), entfällt diese Verpflichtung bei Inanspruchnahme sicherheitstechnischer Zentren, weil diese strengere Anforderungen erfüllen und das zur ordnungsgemäßen sicherheitstechnischen Betreuung erforderliche Personal und die notwendigen Sachressourcen selbst gewährleisten müssen. **Arbeitgeber können bei dieser Betreuungsform darauf vertrauen, dass ein STZ dem ASchG und der STZ-VO entsprechend betrieben wird**, sofern es in der STZ-Liste des Bundesministeriums für Arbeit (Zentral-Arbeitsinspektorat) angeführt ist (vgl ErlRV 1590 BlgNR 18. GP). 14

Die zur Durchführung der **Präventivdienstbetreuung vor Ort** erforderlichen Räumlichkeiten in der betreuten Arbeitsstätte sind von den Arbeitgebern beizustellen (§ 73 Abs 5 ASchG). Die grundsätzliche Verantwortlichkeit von Arbeitgebern für die Einhaltung der Arbeitnehmerschutzvorschriften, so auch für eine ordnungsgemäße sicherheitstechnische Betreuung der Arbeitsstätten, wird nicht berührt. 15

V. STZ-Liste des Arbeitsministeriums

Die erforderliche Information der interessierten Öffentlichkeit über jene Zentren, die die Voraussetzungen von ASchG und STZ-VO erfüllen, wird durch die mindestens einmal jährlich durch den Bundesminister für Arbeit zu erstellende STZ-Liste gewährleistet. Diese Liste soll zur Unterstützung der Arbeitgeber bei der Auswahl eines sicherheitstechnischen Zentrums dienen (ErlRV 1590 BlgNR 18. GP). 16

Seit 1.1.2013 wird die Liste nur noch auf der **Website der Arbeitsinspektion** im Internet veröffentlicht und laufend aktualisiert: https://www.arbeitsinspektion.gv.at/Service/Publikationen/Merkblaetter-_Broschueren_und_Studien.html. Diese Neuregelung der ASchG-Novelle BGBl I 2012/118 dient der Verwaltungsvereinfachung. Weiterhin übersendet das Zentral-Arbeitsinspektorat im Arbeitsministerium die Listen auch in Papierform (wie jedes Informationsmaterial) auf Anfrage an interessierte Personen. Ein ausdrücklicher gesetzlicher Auftrag ist dazu nicht erforderlich (ErlRV 1983 BlgNR 24. GP).

Nach E des OGH zu § 75 Abs 4 ASchG v 30.11.2006, 6 Ob 283/05v, dient die STZ-Liste der Unterstützung der Arbeitgeber bei der Auswahl eines STZ.

Nehmen Arbeitgeber ein in der Liste angeführtes Zentrum in Anspruch, können sie davon ausgehen, dass die gesetzlichen Voraussetzungen für den Betrieb des STZ erfüllt sind. Die Liste der STZ (§ 75 Abs 4 ASchG) soll den Arbeitgeber bei der Inanspruchnahme externer Dienste davon entlasten, sich zu vergewissern, dass ein solcher Dienst die gesetzlichen Voraussetzungen erfüllt. Die Streichung aus der Liste indiziert den Arbeitgebern, dass die gesetzlichen Voraussetzungen für den Betrieb eines STZ nicht (mehr) erfüllt sind.

17 Bei **rechtskräftiger Bestrafung gemäß § 130 Abs 6 Z 1 oder Z 3 ASchG** (Betrieb eines STZ ohne Erfüllung der Voraussetzungen, Verletzung von Melde- und Auskunftspflichten) ist das betreffende Zentrum nach § 75 Abs 4 ASchG **aus der STZ-Liste zu streichen**.

18 Die Inanspruchnahme eines nicht (oder nicht mehr) gelisteten STZ durch Arbeitgeber als STZ nach § 73 Abs 1 Z 3 ASchG ist unzulässig. Die Weiterarbeit eines aus der Liste gelöschten Zentrums kann mit Mitteln des ASchG zwar nicht verhindert werden, eine Inanspruchnahme ist dann aber nur noch als externe Sicherheitsfachkraft gemäß § 73 Abs 1 Z 2 ASchG möglich (vgl ErlRV 1449 BlgNR 20. GP). Arbeitgeber treffen dann jedoch die Pflichten nach § 73 Abs 5 ASchG (Bereitstellung von Hilfspersonal, Ausstattung und erforderlichen Mitteln, außer die Sicherheitsfachkraft stellt diese nachweislich selbst bei).

VI. Reglementiertes Gewerbe SFK, STZ (GewO 1994)

19 Externe Sicherheitsfachkräfte und sicherheitstechnische Zentren müssen bei gewerblicher sicherheitstechnischer Betreuungstätigkeit die Voraussetzungen der Gewerbeordnung 1994 (GewO 1994) für reglementierte Gewerbe erfüllen.

Nach ErlRV 1590 BlgNR 18. GP zur ASchG-Stammfassung handelt es sich bei den Sicherheitsfachkräften nicht um einen Beruf im Sinne des Berufsausbildungsgesetzes und bestehen auch keine Auswirkungen auf die nach der Gewerbeordnung 1994 zu beurteilende Notwendigkeit einer Gewerbeberechtigung für externe Sicherheitsfachkräfte.

Die Regelungen der GewO 1994, die durch das ASchG unberührt bleiben, beziehen sich für eine gewerblich ausgeübte sicherheitstechnische Betreuung auf den Abschluss einer SFK-Fachausbildung nach ASchG (§ 74 ASchG, SFK-VO). Nach **§ 94 Z 61 GewO 1994** ist Sicherheitsfachkraft bzw sicherheitstechnisches Zentrum ein anmeldepflichtiges reglementiertes Gewerbe.

20 Vgl auch **§ 33 Abs 2 GewO 1994**: Eine Nebenberechtigung zur Ausübung der Tätigkeit einer Sicherheitsfachkraft (§ 73 Abs 1 Z 2 ASchG) bei Nachweis der erforderlichen Fachkenntnisse gemäß § 74 ASchG haben Anlagenhersteller, Ingenieurbüros (§ 94 Z 69), Unternehmensberater und Unternehmensorganisatoren (§ 94 Z 74). Ingenieurbüros (beratende Ingenieure) sind bei einer Tätigkeit als Sicherheitsfachkraft nicht auf ihr technisches Fachgebiet beschränkt. Dies gilt auch für sicherheitstechnische Zentren (§ 75 ASchG), auf die die Merkmale des § 33 Abs 1 GewO 1994 zutreffen.

VwGH 22.2.2011, 2010/04/0144, zu § 94 Z 69 GewO 1994 (Ingenieurbüros, beratende Ingenieure):

„Wie sich bereits aus dem Wortlaut des § 76 Abs. 1 ASchG 1994 ergibt, haben Sicherheitsfachkräfte die Aufgabe, Arbeitgeber/innen und weitere näher bezeichnete Personen (so ausdrücklich das Gesetz) ‚auf dem Gebiet der Arbeitssicherheit und der menschengerechten Arbeitsgestaltung' zu beraten und die Arbeitgeber/innen bei der Erfüllung ihrer Pflichten (wiederum ausdrücklich das Gesetz) ‚auf diesen Gebieten' zu unterstützen. Bereits aus diesem Wortlaut ergibt sich, dass die Tätigkeit der Sicherheitsfachkräfte auf das Gebiet der Arbeitssicherheit und der menschengerechten Arbeitsgestaltung eingeschränkt ist (Hinweis Grabler/Stolzlechner/Wendl, Gewerbeordnung 2 [2003], 809. Rz 102 zu § 94, die davon sprechen, dass die Tätigkeit von Sicherheitsfachkräften insbesondere die Gewährleistung des Arbeitnehmerschutzes betrifft). In diesem Sinne ist auch die Bestimmung des § 76 Abs. 3 Z. 2 ASchG 1994 zu verstehen, wonach die Sicherheitsfachkräfte vom/von der Arbeitgeber/in bei der Planung von Arbeitsstätten hinzuzuziehen sind. Gerade der Begriff ‚hinzuzuziehen' macht deutlich, dass nicht die gesamte Planung der Arbeitsstätten und somit die Ausarbeitung von Projekten – wie dies im § 134 Abs. 1 GewO 1994 dem Gewerbe ‚Ingenieurbüros (beratende Ingenieure)' vorbehalten ist – von der Tätigkeit der Sicherheitsfachkräfte umfasst ist."

Die zur Berufsausübung der Ziviltechniker zählenden Tätigkeiten unterliegen **21** nicht der GewO 1994 (§ 3 Abs 5 Ziviltechnikergesetz 2019 – ZTG 2019). Ziviltechniker (Ingenieurkonsulenten, Architekten) benötigen für eine Tätigkeit als Sicherheitsfachkraft daher keine Gewerbeberechtigung.

Aufgaben, Information und Beiziehung der Sicherheitsfachkräfte

§ 76. (1) Sicherheitsfachkräfte haben die Aufgabe, die Arbeitgeber, die Arbeitnehmer, die Sicherheitsvertrauenspersonen und die Belegschaftsorgane auf dem Gebiet der Arbeitssicherheit und der menschengerechten Arbeitsgestaltung zu beraten und die Arbeitgeber bei der Erfüllung ihrer Pflichten auf diesen Gebieten zu unterstützen.

(2) Arbeitgeber haben den Sicherheitsfachkräften alle zur Erfüllung ihrer Aufgaben erforderlichen Informationen und Unterlagen zur Verfügung zu stellen, insbesondere betreffend die Sicherheits- und Gesundheitsschutzdokumente , Aufzeichnungen und Berichte über Arbeitsunfälle, die Ergebnisse von Messungen betreffend gefährliche Arbeitsstoffe und Lärm sowie von sonstigen für die Sicherheit und den Gesundheitsschutz maßgeblichen Messungen und Untersuchungen. Die Sicherheitsfachkräfte sind gesondert zu informieren, wenn Arbeitnehmer aufgenommen werden oder wenn Arbeitnehmer auf Grund einer Überlassung gemäß § 9 beschäftigt werden, soweit dies zur Erfüllung ihrer Aufgaben erforderlich ist.

(3) Arbeitgeber haben die Sicherheitsfachkräfte und erforderlichenfalls weitere geeignete Fachleute hinzuzuziehen:

1. **in allen Fragen der Arbeitssicherheit einschließlich der Unfallverhütung,**
2. **bei der Planung von Arbeitsstätten,**
3. **bei der Beschaffung oder Änderung von Arbeitsmitteln,**
4. **bei der Einführung oder Änderung von Arbeitsverfahren und bei der Einführung von Arbeitsstoffen,**
5. **bei der Erprobung und Auswahl von persönlichen Schutzausrüstungen,**
6. **in arbeitsphysiologischen, arbeitspsychologischen und sonstigen ergonomischen sowie arbeitshygienischen Fragen, insbesondere der Gestaltung der Arbeitsplätze und des Arbeitsablaufes,**
7. **bei der Organisation des Brandschutzes und von Maßnahmen zur Evakuierung,**
8. **bei der Ermittlung und Beurteilung der Gefahren,**
9. **bei der Festlegung von Maßnahmen zur Gefahrenverhütung,**
10. **bei der Organisation der Unterweisung und bei der Erstellung von Betriebsanweisungen und**
11. **bei Verwaltungsverfahren im Sinne des 8. Abschnittes.**

(4) Arbeitgeber haben dafür zu sorgen, daß die Sicherheitsfachkräfte

1. **den Arbeitnehmern, den Sicherheitsvertrauenspersonen und den Belegschaftsorganen auf Verlangen die erforderlichen Auskünfte erteilen,**
2. **die Arbeitnehmer und die Sicherheitsvertrauenspersonen beraten, und**
3. **die Belegschaftsorgane auf Verlangen beraten.**

[BGBl 1994/450]

Übersicht

I. Aufgaben der Sicherheitsfachkräfte (SFK) 1, 2
II. Arbeitgeberpflichten gegenüber SFK 3
III. Hinzuziehung der SFK und sonstiger Fachleute 4–8
IV. Auskünfte und Beratung der Arbeitnehmer, Belegschaftsorgane und Sicherheitsvertrauenspersonen 9–14

I. Aufgaben der Sicherheitsfachkräfte (SFK)

1 Die Aufgaben der Sicherheitsfachkräfte werden in § 76 Abs 1 nur allgemein umschrieben. Die Sicherheitsfachkräfte sind **Fachleute der Arbeitgeber, die sie beraten und bei der Erfüllung ihrer Aufgaben unterstützen** sollen. Die Sicherheitsfachkräfte haben nicht nur die Arbeitgeber, sondern auch die Arbeitnehmer, die Sicherheitsvertrauenspersonen und Belegschaftsorgane auf dem Gebiet der Arbeitssicherheit und der menschengerechten Arbeitsgestaltung zu beraten. Diese Aufgabenstellung entspricht der Rechtslage vor Geltung des ASchG (§ 21 ANSchG). Diese **fachkundige Beratung der Ar-**

beitnehmer und ihrer Vertreter soll in gleicher Weise wie die Information und Unterweisung dazu beitragen, dass die Arbeitnehmer in die Lage versetzt werden, ihre Aufgaben auf dem Gebiet der Sicherheit und des Gesundheitsschutzes zu erfüllen und auf eine Verbesserung des Arbeitsumfeldes und der Arbeitsbedingungen hinzuwirken (siehe auch Art 13 Abs 2 lit e und f der Richtlinie 89/391/EWG). Es ist Sache der Arbeitgeber, die erforderlichen Voraussetzungen für eine entsprechende Beratung der Arbeitnehmer durch die Sicherheitsfachkräfte zu schaffen. Zur Zusammenarbeit ist auf § 85 und auf den Arbeitsschutzausschuss zu verweisen. Im Sinne der Richtlinie 89/391/EWG wird vorgesehen, dass die Sicherheitsfachkräfte auch die Aufgabe haben, die Arbeitgeber bei der Umsetzung des Arbeitnehmerschutzes zu unterstützen (ErlRV 1590 BlgNR 18. GP).

Der OGH leitet aus der Aufgabenstellung von Sicherheitsfachkräften ab, dass 2
externen Sicherheitsfachkräften nach §§ 73 ff ASchG das **Haftungsprivileg gemäß § 333 Abs 1 und 4 ASVG** zugutekommt (OGH 14.2.2012, 2 Ob 174/11): Sicherheitsfachkräfte üben sehr wohl Tätigkeiten aus, die der Erfüllung von Arbeitgeberpflichten dienen, und so Arbeitgeberfunktionen; sie sind gewissermaßen Gehilfen der Arbeitgeber bei Erfüllung von deren Pflichten gegenüber den Arbeitnehmern im Bereich der Arbeitssicherheit. Mag das Gesetz zwar nicht formell von einer Weisungsbefugnis der Sicherheitsfachkräfte gegenüber den Arbeitnehmern sprechen, so haben doch nach § 76 Abs 1 ASchG die Sicherheitsfachkräfte die Aufgabe, ua die Arbeitnehmer auf dem Gebiet der Arbeitssicherheit zu beraten. Gem § 76 Abs 4 Z 2 ASchG haben die Arbeitgeber dafür zu sorgen, dass die Sicherheitsfachkräfte die Arbeitnehmer und die Sicherheitsvertrauenspersonen beraten. Diese Beratung hätte keinen Sinn, wenn sie für die Arbeitnehmer völlig unverbindlich wäre, weil dann ihr Zweck, nämlich die Gewährleistung der Arbeitssicherheit, nicht erreicht werden könnte. Ein Arbeitnehmer, der sich um eine diesbezügliche Beratung iS eines Hinweises auf eine einzuhaltende Sicherheitsmaßnahme nicht kümmert, müsste zumindest mit einer Mitteilung an den Arbeitgeber rechnen. Insofern kommt der „Beratung" durch die Sicherheitsfachkraft de facto der Charakter einer Weisung zu. Das Haftungsprivileg ist somit anzuwenden.

Vgl Anmerkungen zu § 83 Abs 9 ASchG.

II. Arbeitgeberpflichten gegenüber SFK

Den Sicherheitsfachkräften müssen gemäß § 76 Abs 2 die **für ihre Tätigkeit** 3
erforderlichen Unterlagen zur Verfügung gestellt werden, dies gilt für betriebseigene Sicherheitsfachkräfte in gleicher Weise wie für externe Personen und Dienste. Diese Regelung entspricht Art 7 Abs 4 und Art 10 Abs 3 der Richtlinie 89/391/EWG sowie Art 6 der Richtlinie 91/383/EWG. Normadressaten des Arbeitsschutzgesetzes sind nicht die Sicherheitsfachkräfte, sondern die Arbeitgeber. Es ist daher primär deren Aufgabe, für eine wirksame sicher-

heitstechnische Betreuung durch entsprechenden Einsatz der Sicherheitsfachkräfte zu sorgen (ErlRV 1590 BlgNR 18. GP).

Die Wahrnehmung der SFK-Aufgaben nach § 76 Abs 4 ASchG ist somit als Arbeitgeberverpflichtung konzipiert.

III. Hinzuziehung der SFK und sonstiger Fachleute

4 Die Arbeitgeber werden in § 76 Abs 3 verpflichtet, die Sicherheitsfachkräfte in bestimmten Angelegenheiten beizuziehen. Die Aufzählung jener Angelegenheiten, in denen die Sicherheitsfachkräfte zu beteiligen sind, entspricht weitgehend den Aufgaben des sicherheitstechnischen Dienstes nach alter Rechtslage des § 21 ANSchG und außerdem den Erfahrungen mit funktionierenden sicherheitstechnischen Diensten sowie den Erfahrungen und Diskussionen in Deutschland im Zusammenhang mit Fachkräften für Arbeitssicherheit zum Zeitpunkt des ASchG-Inkrafttretens. Im Übrigen ist auf die Richtlinie 89/391/EWG, insbesondere Art 11, zu verweisen. Die Aufzählung dieser Angelegenheiten ist nicht abschließend, es wird auf die Arbeitgeber ankommen, inwieweit die Sicherheitsfachkräfte in sonstigen Angelegenheiten befasst werden. Außerdem sind die konkreten Aufgaben der Sicherheitsfachkräfte in sehr hohem Maße von den betrieblichen Verhältnissen abhängig und können daher nur in sehr allgemeinen Grundsätzen generell umschrieben werden (vgl ErlRV 1590 BlgNR 18. GP).

5 **VwGH 22.2.2011, 2010/04/0144** (zu § 94 Z 69 GewO 1994; siehe Anmerkung zu § 75): Die Tätigkeit der Sicherheitsfachkräfte ist **auf das Gebiet der Arbeitssicherheit und der menschengerechten Arbeitsgestaltung eingeschränkt**. In diesem Sinne ist auch die Bestimmung des § 76 Abs 3 Z 2 ASchG zu verstehen, wonach die Sicherheitsfachkräfte vom Arbeitgeber bei der Planung von Arbeitsstätten hinzuzuziehen sind. Gerade der Begriff „hinzuzuziehen“ macht deutlich, dass nicht die gesamte Planung der Arbeitsstätten und somit die Ausarbeitung von Projekten – wie dies im § 134 Abs 1 GewO 1994 dem Gewerbe „Ingenieurbüros (beratende Ingenieure)“ vorbehalten ist – von der Tätigkeit der Sicherheitsfachkräfte umfasst ist.

6 Die **Sicherheitsfachkräftemüssen in den in § 76 Abs 3 Z 1 bis 11 ASchG aufgezählten Anlassfällen jedenfalls hinzugezogen werden**, wobei die Aufzählung dieser Angelegenheiten nicht abschließend ist. Da in kleineren Arbeitsstätten mit bis zu 50 Arbeitnehmern statt einer Mindestpräventionszeit (§ 82a ASchG) lediglich regelmäßige Begehungen zur Präventivdienstbetreuung sowie zusätzliche Anlassbegehungen erfolgen müssen (§ 77a ASchG), sind die Aufgaben der Sicherheitsfachkräfte nach § 76 Abs 1 und 3 ASchG im Rahmen dieser Begehungen zu erfüllen (§ 77a Abs 2 ASchG; vgl ErlRV 1449 BlgNR 20. GP).

7 Als **sonstige geeignete Fachleute der Prävention** führt § 82a Abs 5 ASchG (im Zusammenhang mit der bis zu 25 % möglichen Anrechnung ihrer Tätigkeit auf die Präventionszeit) beispielsweise an: Fachleute der Chemie, Toxikologie,

Ergonomie und insbesondere der Arbeitspsychologie. Rechte und Pflichten sonstiger Fachleute regelt § 82b ASchG. Sonstige Fachleute sind im Gegensatz zu Sicherheitsfachkräften und Arbeitsmediziner **erforderlichenfalls** der Präventivdienstbetreuung hinzuzuziehen, somit abhängig von der in der konkreten Arbeitsstätte gegebenen Gefährdungs- und Belastungssituation und Aufgabenstellung. Ist die fachliche Qualifikation der Sicherheitsfachkraft und des Arbeitsmediziners ausreichend, ist keine sonstige fachliche Expertise erforderlich (siehe Anmerkungen zu §§ 4 Abs 6, 82a Abs 5 und 82b ASchG).

Die Sicherheitsvertrauenspersonen sind vor einer etwaigen Hinzuziehung externer Präventivfachdienste im Voraus zu hören (§ 11 Abs 5 ASchG idF BGBl I 2012/118). **8**

IV. Auskünfte und Beratung der Arbeitnehmer, Belegschaftsorgane und Sicherheitsvertrauenspersonen

§ 76 Abs 4 stellt klar, dass es Sache der Arbeitgeber ist, dafür zu sorgen, dass die Sicherheitsfachkräfte auch ihren Aufgaben gegenüber den Arbeitnehmern und Belegschaftsorganen nachkommen. Diese Bestimmung bewirkt aber keine Erfolgshaftung der Arbeitgeber im Sinne einer Haftung für ausreichende und inhaltlich richtige Beratung (ErlRV 1590 BlgNR 18. GP). **9**

OGH 14.2.2012, 2 Ob 174/11: Gem § 76 Abs 4 Z 2 ASchG haben die Arbeitgeber dafür zu sorgen, dass die Sicherheitsfachkräfte die Arbeitnehmer und die Sicherheitsvertrauenspersonen beraten. Diese **Beratung hätte keinen Sinn, wenn sie für die Arbeitnehmer völlig unverbindlich wäre**, weil dann ihr Zweck, nämlich die Gewährleistung der Arbeitssicherheit, nicht erreicht werden könnte. Ein Arbeitnehmer, der sich um eine diesbezügliche Beratung im Sinn eines Hinweises auf eine einzuhaltende Sicherheitsmaßnahme nicht kümmert, müsste zumindest mit einer Mitteilung an den Arbeitgeber rechnen. Insofern kommt der „Beratung" durch die Sicherheitsfachkraft de facto der Charakter einer Weisung zu (siehe Rz 1). **10**

Nach **§ 85 Abs 1 ASchG** müssen Sicherheitsfachkräfte, Arbeitsmediziner und Belegschaftsorgane **zusammenarbeiten**: **11**

Sicherheitsvertrauenspersonen sind Arbeitnehmervertreter mit einer besonderen Funktion auf dem Gebiet des Sicherheits- und Gesundheitsschutzes der Arbeitnehmer (§ 10 Abs 1 ASchG). Auch Sicherheitsvertrauenspersonen haben Informations-, Beratungs- und Unterstützungspflichten gegenüber Arbeitnehmern, Belegschaftsorganen und auch Arbeitgebern sowie Anhörungsrechte (§ 11 ASchG). Da sie aber lediglich eine Kurzausbildung auf dem Gebiet des Arbeitnehmer/innenschutzes absolvieren müssen (24 Unterrichtseinheiten, § 4 Abs 2 SVP-VO), kommt ihnen kein Expertenstatus wie den Sicherheitsfachkräften zu. Sicherheitsvertrauenspersonen sind zur Zusammenarbeit mit den Belegschaftsorganen und Präventivfachkräften (Sicherheitsfachkräfte, Arbeitsmediziner) aufgrund § 11 Abs 1 Z 2 und 7 ASchG verpflichtet. **12**

13 **Belegschaftsorgane** haben Anhörungs- und Beteiligungsrechte im Arbeitsschutz nach § 92a ArbVG (ua auch bei der Bestellung und Abberufung von Präventivfachkräften, siehe Anmerkungen zu § 73 ASchG). Sie können ihre Befugnisse zum Teil an die Sicherheitsvertrauenspersonen delegieren (§ 92a Abs 4 ArbVG). Betriebsinhaber müssen den Betriebsrat in allen Angelegenheiten der Sicherheit und des Gesundheitsschutzes rechtzeitig anhören und mit ihm darüber beraten, weshalb eine enge Kooperation mit den Präventivfachkräften zur Verbesserung des Arbeitnehmerschutzes geboten und sinnvoll ist.

14 In größeren Arbeitsstätten ab 100 bzw (in Bürobetrieben) 250 Arbeitnehmern ist ein **Arbeitsschutzausschuss** einzurichten zur gegenseitigen Information, zum Erfahrungsaustausch und zur Koordination der betrieblichen Arbeitsschutzeinrichtungen (siehe Anmerkungen zu §§ 88 f ASchG).

Tätigkeiten der Sicherheitsfachkräfte

§ 77. In die Präventionszeit der Sicherheitsfachkräfte darf nur die für folgende Tätigkeiten aufgewendete Zeit eingerechnet werden:

1. die Beratung und Unterstützung des Arbeitgebers in Angelegenheiten gemäß § 76 Abs. 3,

2. die Beratung der Arbeitnehmer, der Sicherheitsvertrauenspersonen und der Belegschaftsorgane in Angelegenheiten der Arbeitssicherheit und der menschengerechten Arbeitsgestaltung,

3. die Besichtigung der Arbeitsstätten, Baustellen und auswärtigen Arbeitsstellen sowie die Teilnahme an Besichtigungen durch das Arbeitsinspektorat,

4. die Ermittlung und Untersuchung der Ursachen von Arbeitsunfällen und arbeitsbedingten Erkrankungen sowie die Auswertung dieser Ermittlungen und Untersuchungen,

4a. die nach den Arbeitnehmerschutzvorschriften erforderliche Ermittlung und Beurteilung der Gefahren und Festlegung von Maßnahmen samt Dokumentation im Sicherheits- und Gesundheitsschutzdokument sowie deren Überprüfung und Anpassung,

5. die Weiterbildung bis zum Höchstausmaß von 15 % der für sie festgelegten jährlichen Präventionszeit,

6. die Tätigkeit im Rahmen des Arbeitsschutzausschusses und des zentralen Arbeitsschutzausschusses,

7. die Dokumentation der Tätigkeit und der Ergebnisse von Untersuchungen sowie die Erstellung von Berichten und Programmen auf dem Gebiet der Arbeitssicherheit und der Arbeitsgestaltung und

8. die Koordination der Tätigkeit mehrerer Sicherheitsfachkräfte.

[BGBl I 2017/126]

Übersicht

I. Einrechnung in die Präventionszeit 1–3
II. Einrechenbare Tätigkeiten der SFK 4–9

I. Einrechnung in die Präventionszeit

In **§ 77 ASchG** werden jene Tätigkeiten **taxativ** aufgezählt, welche in die Präventionszeit der Sicherheitsfachkräfte nach § 82a ASchG einrechenbar sind. 1

Die ASchG-Stammfassung BGBl 1994/450 sah in § 77 noch eine nach der Arbeitnehmerzahl gestaffelte Mindestpräventionszeit der Sicherheitsfachkräfte in Stunden vor: Die Festlegung einer Mindesteinsatzzeit hatte sich in der Praxis bewährt und entspricht auch Art 7 Abs 3 der Richtlinie 391/89/EWG, wonach die „benannten Arbeitnehmer" über die entsprechende Zeit verfügen müssen, um ihren Verpflichtungen nachkommen zu können (ErlRV 1590 BlgNR 18. GP). Der § 77 idgF entspricht im Wesentlichen dem § 77 Abs 6 der ASchG-Stammfassung über die in die Mindesteinsatzzeit einrechenbare Zeit, die für die angeführten Tätigkeiten der Sicherheitsfachkräfte aufgewendet wurde.

Mit der ASchG-Novelle BGBl I 1999/12 wurden die verbindlichen Mindesteinsatzzeiten für die Präventivfachkräfte für Arbeitsstätten mit bis zu 50 Arbeitnehmern ersetzt durch das flexiblere Begehungsmodell gemäß § 77a ASchG zur sicherheitstechnischen und arbeitsmedizinischen Betreuung. Für größere Arbeitsstätten wurden die Mindesteinsatzzeit und damit auch die einrechenbaren Tätigkeiten der Präventivfachkräfte zunächst beibehalten. Erst mit dem ANS-RG (ASchG-Novelle BGBl I 2001/159) erfolgte die bis heute geltende Neuregelung als **Präventionszeit gemäß § 82a ASchG**. Die für die im – mit dem ANS-RG neu gefassten – § 77 ASchG taxativ angeführten Tätigkeiten der Sicherheitsfachkräfte aufgewendete Zeit kann in die Präventionszeit eingerechnet werden (vgl ErlRV 802 BlgNR 21. GP). 2

Seit dem 1.1.2002 (Inkrafttreten des ANS-RG) sind in betrieblichen Anlassfällen auch die **Tätigkeiten sonstiger Fachleute** (§ 82b ASchG) bis zu 25 % der jährlichen Gesamtpräventionszeit einrechenbar (§ 82a Abs 5 iVm § 76 Abs 3 ASchG für die sicherheitstechnische Präventivdienstbetreuung). Die jährliche Mindestpräventionszeit der Sicherheitsfachkräfte von 40 % (§ 82a Abs 5) darf nicht unterschritten werden. 3

Näheres siehe Anmerkungen zu § 77a (Begehungen in Arbeitsstätten mit bis zu 50 Arbeitnehmern) und § 82a ASchG (Präventionszeit).

II. Einrechenbare Tätigkeiten der SFK

Zu den einsatzzeitrelevanten Tätigkeiten der Sicherheitsfachkräfte zählen insbesondere die **Beratung und Unterstützung der Arbeitgeber** (**Z 1**, siehe Anmerkungen zu § 76 Abs 3). 4

Einrechenbar sind vor allem auch die

- Beratung der **Arbeitnehmer, Sicherheitsvertrauenspersonen und Belegschaftsorgane (Z 2)**,
- **Besichtigung der Arbeitsplätze (Z 3)**,
- Ermittlung und Untersuchung der **Ursachen von Arbeitsunfällen und arbeitsbedingten Erkrankungen sowie deren Auswertung (Z 4)**.

Dies entspricht der Regelung für den sicherheitstechnischen Dienst nach dem (vor dem ASchG geltenden) Arbeitnehmerschutzgesetz (ANSchG); vgl ErlRV 1590 BlgNR 18. GP.

Mit der ASchG-Novelle BGBl I 2014/94 (ASRÄG 2014 Artikel 3, in Kraft getreten 1.1.2015) wurde klargestellt, dass die **Funktionen von Sicherheitsvertrauenspersonen und Präventivfachkräften (Sicherheitsfachkraft und Arbeitsmediziner) vereinbar** sind, soferne es sich bei den Präventivfachkräften um Arbeitnehmer handelt (§ 10 Abs 6 u 10 ASchG). Eine doppelte Einrechnung der Tätigkeit auch als Sicherheitsvertrauensperson in die Präventionszeit ist jedoch nicht zulässig (ErlRV 319 BlgNR 25. GP).

5 Die in § 77 **Z 4a** angeführte **Arbeitsplatzevaluierung samt Anpassung der Sicherheits- und Gesundheitsschutzdokumente** (§§ 4 f ASchG) war zunächst nur hinsichtlich Folgeevaluierungen mit der Novelle BGBl I 2001/159 (ANS-RG) als einrechenbar geregelt: Nach den ErlRV 802 BlgNR 21. GP einigte man sich in den Sozialpartnerverhandlungen darauf, die Ergänzung und Anpassung der Gefahrenermittlung samt dazugehöriger Dokumentation dann, wenn sie von den Präventivfachkräften durchgeführt wird, in deren Mindesteinsatzzeit (nunmehr: Präventionszeit § 82a ASchG) einzurechnen. Dies galt jedoch zunächst nur für Folgeevaluierungen, nicht auch für die erstmalige Auseinandersetzung mit den im Betrieb für die Arbeitnehmer bestehenden Gefahren, die im Betriebsgeschehen ein einmaliges Ereignis darstellt (Erstevaluierung).

Die Gesetzesmaterialien ErlRV 802 BlgNR 21. GP zum Regelungshintergrund des ANS-RG stellen zur Einrechenbarkeit auch außerhalb des ASchG geregelter Arbeitsplatzevaluierungen klar:

> „Nach geltendem Recht darf in die Mindesteinsatzzeit der Präventivdienste in Bezug auf die Evaluierung nur jene Zeit eingerechnet werden, die für die Überprüfung und Anpassung der Ermittlung und Beurteilung der Gefahren und der festgelegten Maßnahmen gemäß § 4 Abs. 4 und 5 samt Anpassung der Sicherheits- und Gesundheitsschutzdokumente aufgewendet wird. Dieser Verweis auf ‚§ 4 Abs. 4 und 5‘ umfasst allerdings nur die ‚allgemeine‘ Gefahrenevaluierung. Daher müssen derzeit andere Evaluierungen, wie beispielsweise die Evaluierung nach dem Mutterschutzgesetz, dem KJBG oder auch die besondere Arbeitsstoff-Evaluierung nach § 41 ASchG zusätzlich zu den Mindesteinsatzzeiten der Präventivdienste erbracht werden. Entspre-

chend den Erfahrungen und Bedürfnissen der Praxis sollen in Zukunft daher alle Evaluierungen in die neugestaltete Präventionszeit mit eingerechnet werden können (§§ 77 und 82)."

Ebenfalls mit dem ANS-RG wurde die Einrechnung der Tätigkeiten sonstiger Fachleute (§ 82b ASchG) in die Präventionszeit **in Anlassfällen** ermöglicht (siehe Anmerkungen zu § 82a Abs 5 iVm § 76 Abs 3 Z 8 und 9 ASchG für die sicherheitstechnische Präventivdienstbetreuung). 6

Erst **seit 1.8.2017** sind aufgrund des ArbeitnehmerInnenschutz-Deregulierungsgesetzes auch **Arbeitsplatzerstevaluierungen** in die sicherheitstechnische und arbeitsmedizinische Präventionszeit einrechenbar (ASchG-Novelle Artikel 1 BGBl I 2017/126). Die Begründung des Initiativantrags 2228/A 25. GP verweist dazu auf die Erfahrungen und Bedürfnisse der Praxis, wonach nicht nur Tätigkeiten im Zuge der Überprüfung und Anpassung der Evaluierung, sondern künftig auch die erstmalige Auseinandersetzung mit den im Betrieb für die Arbeitnehmer/innen bestehenden Gefahren (Erstevaluierung) in die Präventionszeit miteingerechnet werden können (§ 77 Z 4a und § 82 Z 4a). Ausdrücklich wird in der Begründung aber darauf hingewiesen, dass gesetzlich in § 82a ASchG lediglich Mindest-Präventionszeiten festgelegt sind. Insbesondere in Zusammenhang mit Neu- oder umfangreichen Umbauten wäre daher zu prüfen, ob bei Einrechnung der Erstevaluierung auf Grund des Umfangs die Mindestpräventionszeit zu erhöhen ist, um den Aufgaben der Präventivfachkräfte gerecht zu werden.

Die Einrechnung der **Weiterbildung von maximal 15 % der jährlichen Präventionszeit** von Sicherheitsfachkräften (**Z 5**) wird in der Praxis wohl nur für betriebseigene Sicherheitsfachkräfte relevant sein, kann aber auch für externe Dienste nicht ausgeschlossen werden, wenn die sicherheitstechnische Betreuung im Einzelfall außergewöhnliche betriebliche Gefahrensituationen erfassen soll. Die ErlRV 1590 BlgNR 18. GP beziehen sich auf die vor dem ASchG geltende Rechtslage des ANSchG, welche ebenfalls eine Verpflichtung zur Weiterbildung des sicherheitstechnischen Dienstes vorsah, die dafür aufgewendete Zeit war aber nicht in die Mindesteinsatzzeit einzurechnen. Da eine regelmäßige Weiterbildung für eine ordnungsgemäße sicherheitstechnische Betreuung unerlässlich ist, sieht das ASchG die Einrechnung von Weiterbildungszeiten bis zum Höchstausmaß von 15 % der Mindesteinsatzzeit vor. Zur Weiterbildung im Sinne dieser Bestimmung zählt die Teilnahme an einschlägigen Kursen und Fachveranstaltungen. 7

Die Tätigkeit im Rahmen des **Arbeitsschutzausschusses (Z 6)** sowie die Dokumentation der SFK-Tätigkeit **und Erstellung von Berichten und Programmen (Z 7)** auf dem Gebiet der Arbeitssicherheit und der Arbeitsgestaltung gehören zu den Aufgaben der Sicherheitsfachkräfte und sind daher in die Präventionszeit einzurechnen (siehe §§ 84, 88 und 88b ASchG). 8

9 Zur **Koordination** der Tätigkeit mehrerer Sicherheitsfachkräfte (**Z 8**) siehe § 83 Abs 6 ASchG.

In die Präventionszeit einrechenbar sind nur die in § 77 taxativ angeführten sicherheitstechnischen Tätigkeiten. **Unzulässig wäre die Einrechnung von Tätigkeiten, die Sicherheitsfachkräften oft zusätzlich zur sicherheitstechnischen Betreuung übertragen werden** – zB Arbeitsmittelprüfungen oder Durchführung der Unterweisung (vgl OGH E vom 14.2.2012, 2 Ob 174/11v zu § 76, wonach es Aufgabe des Arbeitgebers ist, für eine ausreichende Unterweisung nach § 14 ASchG zu sorgen, keine Aufgabenstellung der SFK-Betreuung).

Eine **Hilfestellung zur Berechnung der betrieblichen Präventionszeiten** bietet ua die österreichische Evaluierungsplattform: https://www.eval.at/praeventionszeitberechnung.

Begehungen in Arbeitsstätten mit bis zu 50 Arbeitnehmern

§ 77a. **(1) In Arbeitsstätten mit bis zu 50 Arbeitnehmern hat die sicherheitstechnische und arbeitsmedizinische Betreuung in Form von Begehungen durch eine Sicherheitsfachkraft und durch einen Arbeitsmediziner zu erfolgen.**

(2) Regelmäßige Begehungen haben mindestens in den in Z 1, 1a und 2 genannten Zeitabständen sowohl durch eine Sicherheitsfachkraft als auch durch einen Arbeitsmediziner, nach Möglichkeit gemeinsam, zu erfolgen. Diese Begehungen haben sich auf die Aufgaben der Präventivfachkräfte gemäß § 76 Abs. 1 und 3 und § 81 Abs. 1 und 3 in der Arbeitsstätte, einschließlich aller dazugehörigen Baustellen und auswärtigen Arbeitsstellen, zu beziehen:

1. **in Arbeitsstätten mit 1 bis 10 Arbeitnehmern: mindestens einmal in zwei Kalenderjahren,**

1a. **in Arbeitsstätten mit 1 bis 10 Arbeitnehmern, in denen nur Büroarbeitsplätze sowie Arbeitsplätze mit Büroarbeitsplätzen vergleichbaren Gefährdungen und Belastungen eingerichtet sind: mindestens einmal in drei Kalenderjahren,**

2. **in Arbeitsstätten mit 11 bis 50 Arbeitnehmern: mindestens einmal im Kalenderjahr.**

(3) Darüber hinaus sind weitere Begehungen je nach Erfordernis zu veranlassen. Bezieht sich eine aus Anlaß der in §§ 76 Abs. 3 und 81 Abs. 3 genannten Fälle veranlaßte Begehung auf alle Aspekte von Sicherheit und Gesundheitsschutz, gilt diese als Begehung nach Abs. 2.

(3a) Die erstmalige Begehung einer Arbeitsstätte gemäß Abs. 1, in der nur Büroarbeitsplätze sowie Arbeitsplätze mit Büroarbeitsplätzen vergleichbaren Gefährdungen und Belastungen eingerichtet sind, hat durch eine

Arbeitsmedizinerin/einen Arbeitsmediziner zu erfolgen. Weitere regelmäßige Begehungen sowie Anlassbegehungen gemäß Abs. 3 und Abs. 8 können je nach Erfordernis durch den arbeitsmedizinischen Fachdienst gemäß § 82c erfolgen. § 82c Abs. 1, 2, 4, 5 und 7 gelten sinngemäß.

(4) Arbeitgeber haben bei Begehungen nach Abs. 2 und 3 dafür zu sorgen, daß nach Möglichkeit alle Arbeitnehmer anwesend sind, soweit sie nicht durch Urlaub, Krankenstand oder sonstige wichtige persönliche Gründe oder zwingende betriebliche Gründe verhindert sind.

(5) Für die Ermittlung der Arbeitnehmerzahl ist maßgeblich, wie viele Arbeitnehmer regelmäßig in der Arbeitsstätte beschäftigt werden. Für Arbeitsstätten mit wechselnder Arbeitnehmerzahl gelten die Bestimmungen für Arbeitsstätten mit bis zu 50 Arbeitnehmern auch dann, wenn die vorhersehbare durchschnittliche Arbeitnehmerzahl pro Jahr nicht mehr als 50 Arbeitnehmer beträgt und an nicht mehr als 30 Tagen im Jahr mehr als 75 Arbeitnehmer in der Arbeitsstätte beschäftigt werden. Die Bestimmungen für Arbeitsstätten mit bis zu 50 Arbeitnehmern gelten auch dann, wenn in einer Arbeitsstätte bis zu 53 Arbeitnehmer beschäftigt werden, sofern die Zahlengrenze von 50 Arbeitnehmern nur deshalb überschritten wird, weil in dieser Arbeitsstätte Lehrlinge oder begünstigte Behinderte im Sinne des Behinderteneinstellungsgesetzes, BGBl. Nr. 22/1970, beschäftigt werden.

(6) Arbeitnehmer, die auf Baustellen oder auswärtigen Arbeitsstellen beschäftigt werden, sind bei der Ermittlung der Arbeitnehmerzahl jener Arbeitsstätte zuzurechnen, der sie organisatorisch zugehören, im Zweifel dem Unternehmenssitz. Dies gilt nicht für Arbeitnehmer auf Baustellen, für die eine gesonderte sicherheitstechnische und arbeitsmedizinische Betreuung nach den §§ 77 und 82 eingerichtet ist.

(7) Abs. 5 letzter Satz gilt nicht für Arbeitsstätten, die vorwiegend der Ausbildung Jugendlicher oder der Beschäftigung Behinderter dienen, wie Lehrwerkstätten oder integrative Betriebe.

(8) Im Fall des Abs. 5 letzter Satz sind Begehungen im Sinne des Abs. 3 zusätzlich aus dem Erfordernis der spezifischen Aspekte von Sicherheit und Gesundheitsschutz der Lehrlinge oder der begünstigten Behinderten zu veranlassen.

[BGBl I 2022/115]

Übersicht

I. Präventivdienstbetreuung in Arbeitsstätten mit bis zu 50 Arbeitnehmern 1, 2

II. Begehungsmodell und Artikel VI (Beratungsdienste) der ASchG-Stammfassung 3–6

III. Basisbetreuung (regelmäßige Begehungen) 7–12
IV. Anlassbetreuung 13–15
V. Anwesenheit der Beschäftigten 16
VI. Ermittlung der Arbeitnehmerzahl 17–19
VII. Sonderregelungen bei Ausbildung Jugendlicher und Beschäftigung von Arbeitnehmern mit Behinderungen 20–22

I. Präventivdienstbetreuung in Arbeitsstätten mit bis zu 50 Arbeitnehmern

1 §§ 77a, 78 und 78b ASchG regeln seit 1.1.1999 die Präventivdienstbetreuung in Kleinbetrieben in Form von Begehungen (statt Mindestpräventionszeiten) und die Möglichkeit der Inanspruchnahme von Präventionszentren (Beratungsdiensten iSd Artikels VI der ASchG-Stammfassung):

- In kleineren Arbeitsstätten erfolgt nach § 77a ASchG die sicherheitstechnische und arbeitsmedizinische Betreuung durch regelmäßige (Abs 2) und anlassbezogene (Abs 3) Begehungen der Präventivfachkräfte, die nach Möglichkeit gemeinsam stattzufinden haben.
- § 78 ASchG regelt die möglichen Formen zur sicherheitstechnischen und arbeitsmedizinischen Betreuung von Arbeitsstätten mit bis zu 50 Arbeitnehmern, insbesondere durch kostenfreie Inanspruchnahme von Präventionszentren der Unfallversicherungsträger nach § 78a ASchG (zB AUVAsicher). Der Arbeitgeber kann aus mehreren Betreuungsformen auswählen (soferne nicht bei vorhandenem entsprechend fachkundigem Personal der Vorrang betriebsinterner Betreuung greift, § 78 iVm §§ 73, 79).
- So kann als Sonderform der Präventivdienstbetreuung in kleineren Arbeitsstätten die sicherheitstechnische Betreuung auch durch den Arbeitgeber selbst bei entsprechender Qualifikation wahrgenommen werden (§ 78b ASchG: Unternehmermodell; für die arbeitsmedizinische Betreuung besteht diese Möglichkeit nicht).

2 Für Arbeitsstätten mit einer höheren Beschäftigtenzahl, die nicht dem § 77 ASchG unterliegen, gilt seit 1.1.2002 die Präventionszeit nach § 82a ASchG, wonach eine Beschäftigung von Sicherheitsfachkräften und Arbeitsmedizinern im Ausmaß einer nach Gefahrenklassen zu errechnenden Präventionszeit erfolgen muss.

II. Begehungsmodell und Artikel VI (Beratungsdienste) der ASchG-Stammfassung

3 Mit dem Präventivdienstbetreuungskonzept des Bundesgesetzes BGBl I 1999/12 vom 12.1.1999 wurde **Artikel VI (Beratungsdienste) der ASchG-Stammfassung BGBl 1994/450** umgesetzt, dessen Mindesteinsatzzeitenmodell für kleinere Arbeitsstätten aufgehoben und durch zeitlich nicht näher determinierte „Begehungen" ersetzt.

Hintergrund war das bevorstehende Inkrafttreten der Verpflichtung auch von Arbeitgebern in Kleinbetrieben zur Bestellung von Sicherheitsfachkräften und Arbeitsmedizinern aufgrund des im Übergangsrecht festgelegten Etappenplans der ASchG-Stammfassung, welcher abhängig von der Arbeitnehmerzahl einer Arbeitsstätte stufenweise von1.1.1996 bis 1.1.2000 in Kraft treten sollte (§ 115 ASchG idF BGBl 1994/450): Demnach wären mit 1.1.1999 die Bestellung von Präventivfachkräften und deren Beschäftigung im Ausmaß der Mindestpräventionszeit (die seit 1.1.1998 bereits für Arbeitsstätten ab 51 Arbeitnehmern galt) auch für Arbeitsstätten mit elf bis 50 Arbeitnehmern mit 1.1.1999 verpflichtend in Kraft getreten (mit einer Staffelung von 13 bis 46 Stunden sicherheitstechnischer Betreuung pro Kalenderjahr, für die arbeitsmedizinische Betreuung neun bis 30 Stunden). Für Arbeitsstätten mit regelmäßig bis zu zehn beschäftigten Arbeitnehmern sollte diese Verpflichtung mit 1.1.2000 wirksam werden (§ 115 Abs 1 iVm § 77 Abs 3 und 4 und § 82 Abs 3 und 4 ASchG idF BGBl 1994/450; nach der vor dem ASchG geltender Rechtslage des ANSchG war eine betriebsärztliche Betreuung bzw ein sicherheitstechnischer Dienst lediglich für Betriebe mit mehr als 250 Beschäftigten zwingend vorgesehen).

Die **ASchG-Novelle BGBl I 1999/12** ersetzte das auch für Kleinbetriebe vor- **4**
gesehene Mindesteinsatzzeitenmodell noch vor dessen Inkrafttreten im Rahmen des Etappenplans durch ein **Begehungsmodell für Arbeitsstätten mit bis zu 50 Arbeitnehmern** mit Wirksamkeit 1.1.1999. Mit Einführung der **Präventionszentren** (§ 78a ASchG) wurde zeitgleich Artikel VI (Beratungsdienste) der ASchG-Stammfassung aufgehoben (Artikel II). Den in §§ 77 Abs 3 und 82 Abs 3 ASchG weiterhin geregelten Mindesteinsatzzeitstaffeln von elf bis 50 Arbeitnehmer/innen kam nur noch bei der Aliquotierung von Teilzeitkräften in größeren Arbeitsstätten Bedeutung zu (bis zu ihrer endgültigen Aufhebung durch das ANS-RG mit 1.1.2002).

Die Gesetzesmaterialien (ErlRV 1449 BlgNR 20. GP) führen dazu aus:

> „Im Zuge der Vorbereitung der Regierungsvorlage zur Stammfassung des ArbeitnehmerInnenschutzgesetzes – ASchG wurde das spätere Bundesgesetz BGBl. Nr. 450/1994 um einen neuen Artikel VI ergänzt. Dieser Artikel sieht vor, dass zur Erfüllung der Verpflichtung der Einführung und regelmäßigen Durchführung arbeitsmedizinischer und sicherheitstechnischer Beratung für Arbeitsstätten, in denen regelmäßig bis 50 Arbeitnehmer beschäftigt werden, Beratungsdienste in Zusammenarbeit mit dem zuständigen Träger der Unfallversicherung anzubieten sind. Die grundsätzliche Verpflichtung zur Bestellung von Präventivfachkräften tritt für Arbeitsstätten, in denen regelmäßig elf bis 50 Arbeitnehmer beschäftigt werden, mit 1. Jänner 1999 und für Arbeitsstätten, in denen regelmäßig bis zu zehn Arbeitnehmer beschäftigt werden, mit 1. Jänner 2000 in Kraft, weshalb die legistische und praktische Umsetzung von Artikel VI noch im Jahr 1998 erfolgen muss.

Für Arbeitsstätten mit bis zu 50 Arbeitnehmern sollen flexiblere, unbürokratische Betreuungsmodelle unter Berücksichtigung folgender Konzeption vorgesehen werden:

- Schaffung von ‚Präventionszentren' der zuständigen Träger der Unfallversicherung;
- gleichwertige Qualität der sicherheitstechnischen und arbeitsmedizinischen Betreuung für alle Arbeitsstätten, unabhängig von der Arbeitnehmerzahl, unter entsprechender Qualitätssicherung;
- regelmäßige Begehungen von Präventivfachkräften anstelle einer Mindesteinsatzzeit in Arbeitsstätten mit bis zu 50 Arbeitnehmern in Form von Basisbetreuungen und zusätzlichen anlaßbezogenen Betreuungen (zB bei Arbeitsunfällen, neuen Arbeitsverfahren, Einsatz neuer Arbeitsstoffe usw.);
- Aufrechterhaltung der Wahlmöglichkeit des Arbeitgebers, für die Bestellung eigener Präventivdienste zu sorgen;
- Neuregelung und Ausweitung des sogenannten ‚Unternehmermodells'."

5 Vorbild für die Neuregelung der §§ 77a und 78 ASchG war vor allem das **Begehungsmodell des § 78 Abs 3 und 4 der ASchG-Stammfassung BGBl 1994/450** (sicherheitstechnische und arbeitsmedizinische Betreuung von Kleinbetrieben), das für Betriebe mit bis zu zehn Arbeitnehmern vorgesehen war. Laut Etappenplan des § 115 Abs 1 Z 5 ASchG idF BGBl 1994/450 sollte die Verpflichtung zur Präventivdienstbetreuung von Arbeitsstätten mit dieser Beschäftigtenzahl erst mit 1.1.2000 wirksam werden. Neben einer Erstregelung des Unternehmermodells (§ 78 Abs 1 und 2 idF BGBl 1994/450) war demnach für Arbeitsstätten mit regelmäßig sechs bis zehn beschäftigten Arbeitnehmern mindestens zweimal im Kalenderjahr eine gemeinsame Begehung durch eine Sicherheitsfachkraft und einen Arbeitsmediziner vorgesehen. Für Arbeitsstätten mit bis zu fünf Arbeitnehmern sollten externe Präventivfachkräfte eine gemeinsame Begehung zur Gefahrenevaluierung (§ 4 ASchG) vornehmen und je nach Begehungsergebnis unter Berücksichtigung der festgestellten Gefahren festlegen, in welchen Zeitabständen die künftigen Begehungen erforderlich sind.

Dazu ErlRV 1590 BlgNR 18. GP:

„Den besonderen Verhältnissen in Kleinbetrieben wird durch diese Sonderregelungen Rechnung getragen, die das Ergebnis von Verhandlungen mit den Interessenvertretungen der Arbeitgeber und Arbeitnehmer sind. Abs. 3 und 4 enthält Sonderregelungen für die sicherheitstechnische und arbeitsmedizinische Betreuung von Kleinbetrieben. Anstelle einer Mindesteinsatzzeit wird festgelegt, daß in bestimmten Intervallen eine gemeinsame Besichtigung durch eine Sicherheitsfachkraft und einen Arbeitsmediziner erfolgen muß. Diese Regelung ist das Ergebnis von Sozialpartnerverhandlungen und nimmt darauf Bedacht, daß das derzeit bestehende Modell der sicherheitstechnischen und betriebsärztlichen Betreuung nach §§ 21 ff ANSchG nicht auf Kleinbetriebe umgelegt werden kann. Der erforderliche Aufwand für die vorgesehene gemeinsame Besichtigung wird vor allem von der Art des Betriebes und den vorhandenen Gefahren abhängen. Eine auf die Zahl der Beschäftigten abstellende Festlegung der Betreuungszeit wäre bei solchen Kleinbetrieben nicht sachgerecht. Da Kleinstbetriebe bestehen, für die eine sicherheitstechnische und arbeitsmedizinische Betreuung in generell festgelegten Intervallen nicht sachgerecht und auch nicht notwendig erscheint, sieht der Entwurf für diese Betriebe eine flexiblere Regelung vor. Der Entwurf geht von der Überlegung aus, daß die Arbeitgeber die Evaluierung nicht selbst durchführen, sondern dazu externe Fachleute heranziehen, z.B. ein sicherheitstechnisches und arbeitsmedizinisches Zentrum, und daß diese Fachleute beurteilen können, wie oft eine gemeinsame Begehung erforderlich ist. Diese Regelung entspricht auch den im Allgemeinen Teil der Erläuterungen dargestellten Zielsetzungen der Richtlinien."

Entsprechend dieser Sonderform der Betreuung für Kleinbetriebe bis zu zehn Arbeitnehmern durch Begehungen sah die ASchG-Stammfassung erst ab elf Arbeitnehmern eine gestaffelte Mindesteinsatzzeit für Sicherheitsfachkräfte vor (§ 77 Abs 3 ASchG; für Arbeitsmediziner/innen § 82 Abs 3 ASchG idF 1994/450), die mit 1.1.1999 in Kraft treten sollte. Stattdessen erfolgten mit Wirksamkeit **1.1.1999** die Neuregelungen für die sicherheitstechnische und arbeitsmedizinische Betreuung von Arbeitsstätten in Kleinbetrieben durch **§§ 77a und § 78 idF der ASchG-Novelle BGBl I 1999/12**. Die Präventivdienstbetreuung hat somit in Form von regelmäßigen Begehungen, die auf Arbeitsstätten bis zu 50 Arbeitnehmern ausgedehnt wurden, zu erfolgen (Begehungsmodell § 77a), wobei der Arbeitgeber aus den zur Verfügung stehenden Betreuungsformen auswählen kann (§ 78). Dazu ErlRV 1449 BlgNR 20. GP: *„§ 77a regelt das neue Modell der Präventivbetreuung in Arbeitsstätten mit bis zu 50 Arbeitnehmern, das ‚maßgeschneiderte' Betreuungseinheiten vorsieht, die genau den Gefahren und Belastungen in der Arbeitsstätte angepasst sind und somit das auf Grund der jeweiligen Situation in der Arbeitsstätte erforderliche Ausmaß an Betreuung sicherstellen werden."* 6

III. Basisbetreuung (regelmäßige Begehungen)

Der Begriff „Begehungen" umfasst nicht nur die Begehung der Arbeitsstätte als solche, sondern insbesondere auch die Beratung der Arbeitgeber und Arbeitnehmer, der Sicherheitsvertrauenspersonen und der Belegschaftsorgane im Sinne des § 76 Abs 1 bzw § 81 Abs 1 sowie gegebenenfalls die Vorlage von Verbesserungsvorschlägen (ErlRV 1449 BlgNR 20. GP). Der Verweis auf die Anlassfälle des § 76 Abs 3 § 81 Abs 3 ASchG soll verdeutlichen, dass bei Durchführung von Begehungen der **Aufgabenumfang der Präventivfachkräfte derselbe ist wie bei der Präventionszeit in größeren Arbeitsstätten**. 7

Eine regelmäßige „Basisbetreuung" in Form regelmäßiger Begehungen nach § 77a Abs 2 ASchG muss sowohl durch Sicherheitsfachkräfte als auch durch Arbeitsmediziner und Arbeitsmedizinerinnen mindestens in den in Abs 2 Z 1, Z 1a oder Z 2 festgelegten **zeitlichen Intervallen** erfolgen, somit mindestens 8

- bei einem bis zehn Arbeitnehmern/Arbeitnehmerinnen einmal in zwei Kalenderjahren (Z 1),
- sind in diesen Kleinst-Arbeitsstätten (bis 10 Beschäftigte) nur Büroarbeitsplätze sowie Arbeitsplätze mit Büroarbeitsplätzen vergleichbaren Gefährdungen und Belastungen eingerichtet, mindestens einmal in drei Kalenderjahren (Z 1a),
- bei elf bis 50 Arbeitnehmern/Arbeitnehmerinnen einmal jährlich (Z 2).

9 Die **Bürobetriebsregelung** der Z 1a mit zumindest dreijährigem Begehungsintervall wurde mit dem ArbeitnehmerInnenschutz-Deregulierungsgesetz (ASchG-Novelle BGBl I 2017/126 Artikel 1) eingefügt und **gilt seit 1.8.2017**. Die Begründung des Initiativantrags 2228/A 25.GP führt dazu näher aus:

> „Das verpflichtende Begehungsintervall für die präventivdienstliche Betreuung soll für Arbeitsstätten mit 1 bis 10 Arbeitnehmer/innen, in denen ausschließlich Büroarbeitsplätze sowie Arbeitsplätze mit Büroarbeitsplätzen vergleichbaren Gefährdungen und Belastungen eingerichtet sind, – auf Grund des geringen Gefährdungspotenzials – von zwei auf drei Jahre verlängert werden. Die Formulierung erfolgte entsprechend der Regelung zur Präventionszeit in § 82a Abs. 2 Z 1. Als Beispiele für Arbeitsplätze mit Büroarbeitsplätzen vergleichbaren Gefährdungen können also in diesem Sinn (vgl. 802 BlgNR 21. GP) angeführt werden: Arbeiten in Warten, an Bankschaltern, an Hotelrezeptionen, Arbeiten als Ordinationsassistentinnen mit überwiegend organisatorischen Aufgaben, Arbeiten im strategischen Unternehmensbereich sowie Arbeiten vorwiegend im Bereich der Unternehmensberatung (Managementaufgaben, Verwaltungsaufgaben), Arbeiten in der Informationstechnologie. Die Gefährdungen und Belastungen an Arbeitsplätzen im Einzelhandel können dort mit Büroarbeitsplätzen vergleichbar sein, wo keine oder nur geringe manuelle Lastenhandhabung erforderlich ist und überwiegend administrativen Aufgaben vergleichbare Arbeiten zu erledigen sind. Gefährdungsmäßig nicht mit Büroarbeitsplätzen vergleichbar sind demnach etwa: Kassenarbeitsplätze in Selbstbedienungsläden, Arbeitsplätze an Feinkosttheken oder Arbeitsplätze, an denen schwere Lasten händisch bewegt werden müssen.
>
> Bei der zur Intervallfestlegung erforderlichen Beurteilung des Arbeitgebers/der Arbeitgeberin, ob es sich um eine Arbeitsstätte handelt, in der nur Büroarbeitsplätze oder diesen vergleichbare Arbeitsplätze eingerichtet sind, ist auf die Arbeitsplatzeinrichtung als solche abzustellen. Außer Betracht bleiben hier allfällige zur Aufrechterhaltung des laufenden Geschäftsbetriebs üblicherweise verbundene Tätigkeiten, wie etwa die regelmäßige Reinigung der Räumlichkeiten. Die Beschäftigung einer einzelnen Reinigungskraft als Arbeitnehmer/in neben Bürobeschäftigten soll nicht dazu führen, dass alleine aufgrund dieses Umstands statt des 3-Jahresintervalls für Büroarbeitsplätze doch ein 2-Jahresintervall vorzusehen wäre (weil zusätzlicher Reinigungsarbeitsplatz im Bürobetrieb). Bei der Präventionszentrenbegehung im 3-Jahresintervall wird aber – wie auch bei der Arbeitsplatzevaluierung – auch auf diese Reinigungstätigkeiten Bedacht zu nehmen sein. Gleiches gilt etwa für Planungsbüros, in denen Planungstätigkeiten überwiegend an Büroarbeits-

plätzen erbracht werden, fallweise aber das Begehen einer Baustelle vor Ort erforderlich ist.

Für eine bereits laufende Präventionszentrenbetreuung gilt dies entsprechend bei der Festlegung des Folgeintervalls der nächsten Begehung durch das Präventionszentrum."

Nach Möglichkeit sind diese **Begehungen gemeinsam** durch die Sicherheitsfachkraft und den Arbeitsmediziner oder die Arbeitsmedizinerin durchzuführen. Im Rahmen dieser Begehungen der Präventivfachkräfte sind **alle Aspekte von Sicherheit und Gesundheitsschutz**, die die Arbeit in der Arbeitsstätte und auf allen dazugehörigen Baustellen und auswärtigen Arbeitsstellen betreffen, zu berücksichtigen. **10**

§ 77a Abs 3a zur erforderlichen **Qualifikation für die arbeitsmedizinische Erstbegehung** wurde im Zusammenhang mit der Einführung des arbeitsmedizinischen Fachdienstes (AFa, § 82c) durch die mit **1.7.2022** in Kraft getretene ASchG-Novelle BGBl I 2022/115 eingefügt: Die erstmalige Begehung einer Kleinst-Arbeitsstätte, in der nur Büroarbeitsplätze sowie Arbeitsplätze vergleichbaren Gefährdungen und Belastungen eingerichtet sind, muss weiterhin durch eine Arbeitsmedizinerin oder einen Arbeitsmediziner erfolgen, eine Begehung nur durch Angehörige des arbeitsmedizinischen Fachdienstes (AFa) ist bei Erstbegehungen nicht ausreichend. Weitere regelmäßige Begehungen sowie Anlassbegehungen (Abs 3 und Abs 8) können hingegen je nach Erfordernis auch alleine durch den arbeitsmedizinischen Fachdienst erfolgen (bei sinngemäßer Geltung § 82c Abs 1, 2, 4, 5 und 7). **11**

Vgl ErlRV 1510 BlgNR 27. GP zu Abs 3a:

„Die Beiziehung eines entsprechend qualifizierten arbeitsmedizinischen Fachdienstes (§ 82c ASchG) zur Unterstützung bei der arbeitsmedizinischen Präventivdienstbetreuung soll (wie in Arbeitsstätten mit Präventionszeit, § 82a ASchG) auch zu Begehungen in Arbeitsstätten von Kleinbetrieben (bis 50 Arbeitnehmer und Arbeitnehmerinnen) möglich sein, soferne in der Arbeitsstätte nur Büroarbeitsplätze oder Arbeitsplätze mit vergleichbar geringer Gefahrenlage eingerichtet sind. Der AFa wird dabei unter Leitung des Arbeitsmediziners/der Arbeitsmedizinerin tätig, um diese/n bei Erfüllung der arbeitsmedizinischen Aufgaben als Präventivfachkraft zu unterstützen (§ 77a Abs. 2 ASchG). Bei der Erstbegehung der Arbeitsstätte, die jedenfalls durch den Arbeitsmediziner/die Arbeitsmedizinerin erfolgen muss, ist auch zu beurteilen in welcher Form die künftige arbeitsmedizinische Begehung der Arbeitsstätte durchgeführt werden soll (‚je nach Erfordernis', siehe Anmerkungen zu § 78a Abs. 2a ASchG). Für eine geplante AFa-Beiziehung ist das Einvernehmen zwischen Arbeitgeber/Arbeitgeberin und Arbeitsmediziner/Arbeitsmedizinerin erforderlich. Die Beratungs-, Anhörungs- und Informationsrechte der Belegschaftsorgane und Sicherheitsvertrauenspersonen umfassen auch einen beabsichtigten AFa-Einsatz bei Begehungen (§ 92a Abs. 3 ArbVG, § 11 Abs. 4 u. Abs. 5ASchG). Wie im Präventionszeitmodell oder bei einer Präventionszentrenbetreuung der Unfallversicherungsträger gelten auch im Begehungsmodell entsprechende Kooperations- und Aufzeichnungspflichten des AFa."

12 Im Unterschied zu § 82a Abs 6 letzter Satz ASchG (mindestens zwei Stunden Betreuungseinheit) ist das **zeitliche Ausmaß einer Begehung nicht vorgegeben**, sondern orientiert sich am Einzelfall (zB Zustand der Arbeitsstätte, Branche und Art der Arbeitsstätte, Gefährlichkeit der Arbeitsvorgänge, besondere Belastungen). Dazu ErlRV 1449 BlgNR 20. GP:

„Im Rahmen der Sozialpartnerverhandlungen wurde im Zusammenhang mit Expertenbedarfsberechnungen der AUVA einvernehmlich davon ausgegangen, dass in Arbeitsstätten mit nicht mehr als zehn Arbeitnehmern rechnerisch durchschnittlich mindestens zwei Stunden für eine umfassende Basisbetreuung anzusetzen sein werden, in Arbeitsstätten mit elf bis 20 Arbeitnehmern rechnerisch durchschnittlich mindestens vier Stunden und in Arbeitsstätten mit 21 bis 50 Arbeitnehmern rechnerisch durchschnittlich mindestens acht Stunden. Dabei handelt es sich allerdings um rein rechnerische Durchschnittswerte des voraussichtlichen Mindestbedarfs und nicht um eine Festlegung des im Einzelfall tatsächlich jeweils erforderlichen Zeitausmaßes. Das für die Begehungen tatsächlich erforderliche Zeitausmaß wird sich im Einzelfall an den konkreten Bedürfnissen der jeweiligen Arbeitsstätte, deren Arbeitnehmerzahl und den dort vorhandenen Unfall- bzw. Gesundheitsgefahren zu orientieren haben. Der Entwurf geht somit von einer flexiblen, der jeweiligen betrieblichen Situation genau angepassten, also ‚maßgeschneiderten' arbeitsmedizinischen und sicherheitstechnischen Betreuung aus."

IV. Anlassbetreuung

13 **§ 77a Abs 3 ASchG** geht davon aus, dass über die Basisbegehung hinaus je **nach Erfordernis** weitere Begehungen zur sicherheitstechnischen und arbeitsmedizinischen Betreuung veranlasst werden. Die ErlRV 1590 BlgNR 18. GP zum ursprünglichen Begehungsmodell des § 78 Abs 3 und 4 der ASchG-Stammfassung gehen davon aus, dass im Rahmen der **Arbeitsplatzevaluierung** (§ 4 ASchG) externe Fachleute beurteilen können, wie oft eine gemeinsame Begehung künftig erforderlich sein wird.

14 Zusätzlich zu den regelmäßigen Begehungen nach § 77a Abs 2 müssen daher **bedarfsorientierte bzw anlassbezogene Begehungen** vorgenommen werden, zB bei Einsatz neuer Arbeitsstoffe oder Arbeitsverfahren („*Anlassbetreuung*" – ErlRV 1449 BlgNR 20. GP). § 77a Abs 3 verweist dazu auf **§§ 76 Abs 3 und 81 Abs 3 ASchG**, worin jene Fälle geregelt sind, in welchen Arbeitgeber die Sicherheitsfachkräfte und Arbeitsmediziner jedenfalls beiziehen müssen (erforderlichenfalls auch sonstige Fachleute), zB bei Arbeitsunfällen oder Auftreten arbeitsbedingter Erkrankungen, geänderten Arbeitsverfahren oder Einsatz neuer Arbeitsstoffe. **Eine arbeitsmedizinische Anlassbetreuung kann je nach Erfordernis auch nur durch den arbeitsmedizinischen Fach-**

dienst erfolgen, soferne dieser über die spezifisch erforderliche Qualifikation verfügt.

Zur Nutzung möglicher Synergieeffekte soll nach den Gesetzesmaterialien dann, wenn ein solcher Anlassfall eine Begehung erfordert und im Rahmen dieser Begehung eine umfassende Prüfung aller Gesichtspunkte von Sicherheit und Gesundheitsschutz erfolgt (§§ 76 Abs 3 und 81 Abs 3 ASchG), diese Begehung **gleichzeitig auch als Basisbetreuung** gelten.

Zusätzliche Begehungen sind bei der **Beschäftigung von Arbeitnehmern mit Behinderungen oder der Ausbildung Jugendlicher** erforderlich, wenn aus diesem Grund die Zahlengrenze von 50 Arbeitnehmern überschritten ist (§ 77a Abs 8 ASchG). 15

Die Veranlassung einer Anlassbetreuung liegt in der Verantwortung der Arbeitgeber (§ 130 Abs 1 Z 17 ASchG).

V. Anwesenheit der Beschäftigten

Bereits vor Inkrafttreten der Novelle BGBl I 1999/12 war in § 78 Abs 3 zweiter Satz der ASchG-Stammfassung BGBl 1994/450 festgelegt, dass nach Möglichkeit alle Arbeitnehmer anwesend sein sollen, soweit sie nicht durch **Urlaub, Krankenstand oder sonstige wichtige persönliche oder zwingende betriebliche Gründe** verhindert sind. 16

Mit § 77a Abs 4 wurde diese Sorgetragungspflicht der Arbeitgeber in das geltende Recht übernommen.

VI. Ermittlung der Arbeitnehmerzahl

§ 77a Abs 5 und 6 dient der Klarstellung, wie die rechtlich relevante Anzahl von **50 Arbeitnehmern** zu berechnen ist. Ausschlaggebend nach Abs 5 ist die Anzahl der **regelmäßig** Beschäftigten. 17

Für **wechselnden Beschäftigtenstand** etwa bei Saisonbetrieben gilt eine Sonderregelung: Nicht zu berücksichtigen sind vorübergehende, fallweise und nur kurzfristige Über- oder Unterschreitungen der Zahlengrenzen bei wechselndem Arbeitnehmerstand, sofern im vorhersehbaren Jahresdurchschnitt 18

- die durchschnittliche Beschäftigtenzahl pro Jahr maximal 50 Arbeitnehmer beträgt und
- an nicht mehr als 30 Tagen im Jahr mehr als 75 Arbeitnehmer

in der Arbeitsstätte beschäftigt werden (vgl ErlRV 1449 BlgNR 20. GP).

§ 77a Abs 6 enthält eine zu § 82a Abs 4 und § 115 Abs 3 ASchG analoge Regelung für die **Einrechnung der auf Baustellen oder auswärtigen Arbeitsstellen beschäftigten Arbeitnehmer** bei **jener Arbeitsstätte, welcher sie organisatorisch zugehören**. Im Zweifel hat eine Einrechnung in die Beschäftigtenzahl am Unternehmenssitz zu erfolgen. Das gilt jedoch nicht für Baustellen mit einer gesondert eingerichteten Präventivdienstbetreuung, die nach § 83 Abs 5 ASchG nur zulässig ist, wenn dies aus organisatorischen oder fach- 19 lichen Gründen zweckmäßig ist. Entsprechende Berechnungsregelungen galten bereits vor der ASchG-Novelle I 1999/12 (§ 77 Abs 2 und § 82 Abs 2 in Verbindung mit § 115 Abs 3 ASchG idF BGBl 1994/450).

Von einer aliquoten Berücksichtigung der Teilzeitbeschäftigten (wie bei Berechnung der Präventionszeit nach § 82a ASchG vorgesehen) wurde im Hinblick darauf, dass Artikel VI BGBl 1994/450 analog zu § 115 eindeutig nur auf die Zahl der beschäftigten Arbeitnehmer abstellte, Abstand genommen (ErlRV 1449 BlgNR 20. GP). Auch bei Beschäftigung von Teilzeitkräften ist die relevante Arbeitnehmerzahl daher „nach Köpfen" zu ermitteln.

Näheres zur Ermittlung der Arbeitnehmerzahl, vor allem für die Präventionszeitberechnung: siehe Anmerkungen zu § 82a ASchG.

VII. Sonderregelungen bei Ausbildung Jugendlicher und Beschäftigung von Arbeitnehmern mit Behinderungen

20 Begehungen sind nur für Arbeitsstätten mit regelmäßig 50 beschäftigten Arbeitnehmern zulässig (für größere Arbeitsstätten gilt die Präventionszeit nach § 82a ASchG). Für die Ermittlung der Arbeitnehmerzahl ist maßgeblich, wie viele Arbeitnehmer regelmäßig in der Arbeitsstätte beschäftigt werden. § 77a Abs 5 ASchG erhöht die relevante Zahl auf **53 regelmäßig Beschäftigte**, wenn die Zahlengrenze 50 in einer Arbeitsstätte nur deshalb überschritten wird, weil **Lehrlinge oder begünstigte Behinderte** im Sinne des Behinderteneinstellungsgesetzes, BGBl 1970/22, in dieser Arbeitsstätte beschäftigt werden.

21 Das gilt gemäß § 77a Abs 7 jedoch nicht für Arbeitsstätten, die vorwiegend der Ausbildung Jugendlicher oder der Beschäftigung von Menschen mit Behinderungen dienen, wie Lehrwerkstätten oder integrative Betriebe. Hier ist die Zahlengrenze von 50 Arbeitnehmern maßgebend.

22 Bei Beschäftigung von Lehrlingen oder begünstigten Behinderten müssen **weitere Begehungen** (Anlassbegehungen iSd Abs 3) zusätzlich aus dem Erfordernis der spezifischen Aspekte von Sicherheit und Gesundheitsschutz der Lehrlinge oder der begünstigten Behinderten veranlasst werden (§ 77a Abs 8 iVm Abs 5 letzter Satz).

Sicherheitstechnische und arbeitsmedizinische Betreuung in Arbeitsstätten mit bis zu 50 Arbeitnehmern

§ 78. **(1) Die sicherheitstechnische Betreuung in Arbeitsstätten mit bis zu 50 Arbeitnehmern kann erfolgen:**

1. **durch Bestellung von Sicherheitsfachkräften gemäß § 73,**
2. **durch Inanspruchnahme eines Präventionszentrums des zuständigen Trägers der Unfallversicherung gemäß § 78a, sofern der Arbeitgeber insgesamt nicht mehr als 250 Arbeitnehmer beschäftigt und nicht über**

entsprechend fachkundiges Personal zur Beschäftigung betriebseigener Sicherheitsfachkräfte (§ 73 Abs. 1 Z 1) verfügt, oder

3. durch den Arbeitgeber selbst nach Maßgabe des § 78b (Unternehmermodell).

(2) Die arbeitsmedizinische Betreuung in Arbeitsstätten mit bis zu 50 Arbeitnehmern kann erfolgen:

1. durch Bestellung von Arbeitsmedizinern gemäß § 79 oder
2. durch Inanspruchnahme eines Präventionszentrums des zuständigen Trägers der Unfallversicherung gemäß § 78a, sofern der Arbeitgeber insgesamt nicht mehr als 250 Arbeitnehmer beschäftigt und nicht über entsprechend fachkundiges Personal zur Beschäftigung betriebseigener Arbeitsmediziner (§ 79 Abs. 1 Z 1) verfügt.

(3) Abs. 1 Z 2 und Abs. 2 Z 2 gelten nicht, wenn ein Präventionszentrum die Betreuung gemäß § 78a Abs. 2 letzter Satz ablehnt. Abs. 1 Z 3 gilt nicht, wenn der Arbeitgeber zweimal rechtskräftig gemäß § 130 Abs. 1 Z 27b bestraft wurde.

(4) Die Arbeitgeber haben die Sicherheitsvertrauenspersonen und die Belegschaftsorgane, sind weder Sicherheitsvertrauenspersonen bestellt noch Belegschaftsorgane errichtet, alle Arbeitnehmer, von ihrer Absicht, für eine Arbeitsstätte ein Präventionszentrum in Anspruch zu nehmen oder die sicherheitstechnische Betreuung selbst durchzuführen, zu informieren und mit ihnen darüber zu beraten.

[BGBl I 2006/147]

Übersicht

I. Kleinbetriebsbetreuung in Arbeitsstätten mit bis zu 50 Arbeitnehmern 1–4
II. Bestellung von Sicherheitsfachkräften und Arbeitsmedizinern 5, 6
III. Inanspruchnahme eines Präventionszentrums (bis insgesamt 250 Arbeitnehmer) 7–9
IV. Unternehmermodell für die sicherheitstechnische Betreuung durch den Arbeitgeber 10
V. Ausschlussgründe 11
VI. Mitwirkung der Arbeitnehmer (Sicherheitsvertrauenspersonen, Betriebsrat) 12

I. Kleinbetriebsbetreuung in Arbeitsstätten mit bis zu 50 Arbeitnehmern

Den besonderen Verhältnissen in Klein- und auch Mittelbetrieben hat der 1
Gesetzgeber durch ASchG-Sonderregelungen Rechnung getragen, die das Ergebnis von Sozialpartnerverhandlungen sind. So wurde auch das Betreuungs-

modell der ASchG-Stammfassung für Kleinbetriebe durch die ASchG-Novelle BGBl I 1999/12 mit Wirksamkeit 1.1.1999 modifiziert und eine kostenfreie Präventivdienstbetreuung durch Präventionszentren gewährleistet (siehe Anmerkungen zu § 77a): Für Arbeitsstätten mit bis zu 50 Arbeitnehmern bietet § 78 ASchG seither mehrere Betreuungsformen, die auch unterschiedlich für die sicherheitstechnische und/oder arbeitsmedizinische Betreuung kombiniert werden können:

2 § 78 Abs 1 Z 1 bis 3 ermöglicht dem Arbeitgeber, für die sicherheitstechnische Betreuung seiner Arbeitnehmer

- Sicherheitsfachkräfte bzw
- ein sicherheitstechnisches Zentrum gemäß § 73 zu bestellen,
- ein Präventionszentrum des zuständigen Trägers der Unfallversicherung gemäß § 78a kostenlos in Anspruch zu nehmen oder
- gemäß § 78b die Aufgaben der Sicherheitsfachkräfte selbst wahrzunehmen.

3 Aufgrund der ASchG-Novelle BGBl I 2006/147 zur vollständigen Umsetzung der Arbeitsschutz-Rahmenrichtlinie 391/89/EWG gilt auch für die Präventivdienstbetreuung in Kleinbetrieben seit 12.8.2006 grundsätzlich der **Vorrang betriebsinterner Dienste**: Die Wahlmöglichkeit des Arbeitgebers ist daher insoweit beschränkt, als vorrangig betriebseigene Sicherheitsfachkräfte und/oder Arbeitsmediziner bestellt werden müssen (Näheres siehe Anmerkungen zu § 73). Nur wenn der Arbeitgeber nicht über entsprechend fachkundiges Personal innerbetrieblich verfügt, stehen alle Betreuungsformen zur Auswahl.

4 Abs 2 enthält analog zu Abs 1 die Wahlmöglichkeit des Arbeitgebers in Bezug auf die arbeitsmedizinische Betreuung: Er kann selbst Arbeitsmediziner bzw ein arbeitsmedizinisches Zentrum gemäß § 79 verpflichten oder ein Präventionszentrum des zuständigen Trägers der Unfallversicherung in Anspruch nehmen (vgl ErlRV 1449 BlgNR 20. GP). Auch bei der arbeitsmedizinischen Betreuung ist der Vorrang betriebseigener Dienste zu beachten. Die Wahrnehmung der arbeitsmedizinischen Betreuung durch den Arbeitgeber selbst (wie beim Unternehmermodell der sicherheitstechnischen Betreuung) ist nicht möglich.

II. Bestellung von Sicherheitsfachkräften und Arbeitsmedizinern

5 Vorrangig müssen betriebseigene Sicherheitsfachkräfte und/oder Arbeitsmediziner auch für die Präventivdienstbetreuung in Kleinbetrieben bestellt werden, sofern diese innerbetrieblich zur Verfügung stehen und über die notwendige Fachkunde verfügen (**Vorrang betriebsinterner Dienste** seit 12.8.2006; Näheres siehe Anmerkungen zu § 73).

Entscheidet sich der Arbeitgeber zumindest zum Teil – entweder für die sicherheitstechnische oder die arbeitsmedizinische Betreuung – für die Bestellung eigener Präventivfachkräfte, so kommen für deren Aufgaben und Tätigkeit, für die innerbetriebliche Zusammenarbeit, für die Pflichten des Arbeitgebers usw, zusätzlich zu den §§ 77a und 78 auch alle Bezug habenden Regelungen des 1. und 7. Abschnittes zum Tragen (ErlRV 1449 BlgNR 20. GP). **6**

Näheres siehe Anmerkungen zu § 73 (Bestellung von Sicherheitsfachkräften) und § 79 (Bestellung von Arbeitsmedizinern).

III. Inanspruchnahme eines Präventionszentrums (bis insgesamt 250 Arbeitnehmer)

Die in der Praxis kostenfreie Inanspruchnahme eines Präventionszentrums des zuständigen Trägers der Unfallversicherung (§ 78a ASchG) für die Kleinbetriebsbetreuung von Arbeitsstätten bis zu 50 Arbeitnehmern ist an zwei Grundvoraussetzungen geknüpft (§ 78 Abs 1 Z 2 und Abs 2 Z 2 ASchG): **7**

- Der Arbeitgeber darf insgesamt nicht mehr als 250 Arbeitnehmer in allen Arbeitsstätten und
- innerbetrieblich kein entsprechend fachkundiges Personal beschäftigen (Arbeitnehmer mit Fachausbildung für Sicherheitsfachkräfte, Arzt/Ärztin mit arbeitsmedizinischer Ausbildung – § 73 Abs 1 Z 1 und § 79 Abs 1 Z 1 ASchG).

Auch bei beabsichtigter Inanspruchnahme eines Präventionszentrums ist somit der **Vorrang betriebsinterner Dienste** aufgrund der ASchG-Novelle BGBl I 2006/147 seit 12.8.2006 zu beachten. **8**

Die Beschränkung der Präventionszentrenbetreuung auf Kleinbetriebe mit **bis zu insgesamt 250 beschäftigten Arbeitnehmern** (Summe aller Arbeitnehmer in allen Arbeitsstätten des Kleinbetriebs) war bereits in der ASchG-Stammfassung angelegt. Dazu die ErlRV 1449 BlgNR 20. GP zur Umsetzung des Artikels VI über die Beratungsdienste (ASchG-Novelle BGBl I 1999/12) durch § 78a ASchG (Präventionszentren): **9**

> „Artikel VI gilt seinem Wortlaut nach für Arbeitsstätten mit bis zu 50 Arbeitnehmern, und zwar unabhängig von der Gesamtzahl der vom Arbeitgeber beschäftigten Arbeitnehmer. Das bei der seinerzeitigen Beschlußfassung verfolgte politische Ziel war es jedoch, nur für Klein- und Mittelbetriebe Erleichterungen zu schaffen. Entsprechend diesem politischen Ziel wird nunmehr der Kreis jener Arbeitsstätten mit bis zu 50 Arbeitnehmern, die durch Präventionszentren der Unfallversicherungsträger betreut werden können, insofern eingegrenzt, als die Gesamtzahl der vom Arbeitgeber insgesamt beschäftigten Arbeitnehmer 250 nicht überschreiten darf. Dies entspricht auch den Intentionen der EU in bezug auf KMU (kleine und mittlere Unternehmen) und deren Definition für KMU."

Aufgrund dieser zweifachen Zahlenhöchstgrenze von 50 Arbeitnehmern pro Arbeitsstätte und 250 beschäftigten Arbeitnehmern insgesamt kommen etwa größere Handelsketten, Bankinstitute und andere Unternehmen mit mehreren Standorten nicht in den Genuss der kostenfreien Präventionszentrenbetreuung (zB durch „AUVAsicher"), selbst wenn sie in einzelnen Filialen (Arbeitsstätten) weniger als 50 Arbeitnehmer beschäftigen sollten, weil die Maximalgrenze von 250 (Gesamtbeschäftigtenstand) im Regelfall überschritten sein wird.

IV. Unternehmermodell für die sicherheitstechnische Betreuung durch den Arbeitgeber

10 Ausreichend fachkundige Arbeitgeber können unter den Voraussetzungen des § 78b ASchG (Unternehmermodell) die sicherheitstechnische Betreuung ihrer Arbeitsstätte selbst wahrnehmen.

Bereits § 78 Abs 1 und 2 der ASchG-Stammfassung sahen ein solches Modell in Entsprechung des Artikels 7 Abs 7 der Rahmenrichtlinie 391/89/EWG vor. Dieses wurde mit der ASchG-Novelle BGBl I 1999/12 modifiziert und in § 78b ASchG neu geregelt.

Näheres siehe § 78b ASchG.

V. Ausschlussgründe

11 § 78 Abs 3 sieht den Ausschluss der Wahl des Unternehmermodells oder der Inanspruchnahme eines Präventionszentrums vor, falls der Arbeitgeber eine ordnungsgemäße Betreuung nicht vornimmt bzw vereitelt:

- Das Unternehmermodell scheidet aus, wenn über den Arbeitgeber bereits zweimal rechtskräftig eine Verwaltungsstrafe nach § 130 Abs. 1 Z 27b verhängt wurde, weil er seine Aufgaben nicht ordnungsgemäß wahrnimmt (Aufzeichnungen und Berichte gemäß § 84 Abs 1 und 3, gemeinsame Besichtigungen durch Präventivfachkräfte § 85 Abs 2 ASchG).
- Die Inanspruchnahme eines Präventionszentrums ist unzulässig, wenn das Zentrum die Betreuung bereits zweimal abgelehnt hat, weil der Arbeitgeber Informationen oder Unterlagen nicht zur Verfügung gestellt hat (§ 78a Abs 2 letzter Satz ASchG).

VI. Mitwirkung der Arbeitnehmer (Sicherheitsvertrauenspersonen, Betriebsrat)

12 **§ 78 Abs 4** enthält die erforderlichen **Informations- und Beratungsverpflichtungen des Arbeitgebers** gegenüber Sicherheitsvertrauenspersonen und Belegschaftsorganen – subsidiär auch gegenüber den Arbeitnehmern – für den Fall, dass er beabsichtigt, ein Präventionszentrum des zuständigen Trägers der Unfallversicherung oder das Unternehmermodell in Anspruch zu nehmen.

Präventionszentren der Unfallversicherungsträger

§ 78a. (1) Für die sicherheitstechnische und arbeitsmedizinische Betreuung der Arbeitnehmer in Arbeitsstätten mit bis zu 50 Arbeitnehmern haben die Allgemeine Unfallversicherungsanstalt und die Versicherungsanstalt öffentlich Bediensteter, Eisenbahnen und Bergbau Präventionszentren einzurichten. Diesen Präventionszentren müssen Sicherheitsfachkräfte mit den Fachkenntnissen nach § 74 und Arbeitsmediziner mit der Ausbildung nach § 79 Abs. 2, das erforderliche Fach- und Hilfspersonal und die zur arbeitsmedizinischen und sicherheitstechnischen Betreuung erforderlichen Einrichtungen, Geräte und Mittel zur Verfügung stehen. Der zuständige Träger der Unfallversicherung kann sich dabei externer Präventivfachkräfte und sicherheitstechnischer und arbeitsmedizinischer Zentren bedienen, die die Betreuungsleistungen in seinem Auftrag zu erbringen haben.

(2) Die Präventionszentren haben auf Verlangen der Arbeitgeber nach Begehung und Betreuung unter Berücksichtigung der Dringlichkeit so bald als möglich, bei Gefahr im Verzug unverzüglich, nachzukommen und darüber hinaus nach pflichtgemäßem Ermessen den Arbeitgebern von sich aus die sicherheitstechnische und arbeitsmedizinische Betreuung für Arbeitsstätten mit bis zu 50 Arbeitnehmern anzubieten. Die Präventionszentren können die Betreuung ablehnen, wenn ihnen der Arbeitgeber die erforderlichen Informationen und Unterlagen gemäß § 76 Abs. 2 oder § 81 Abs. 2 nicht zur Verfügung stellt. Das Präventionszentrum hat das zuständige Arbeitsinspektorat spätestens binnen zwei Wochen von jeder erfolgten Ablehnung der Betreuung einer Arbeitsstätte unter Bekanntgabe von Namen oder sonstiger Bezeichnung des Arbeitgebers sowie Anschrift der Arbeitsstätte zu verständigen.

(2a) Die erstmalige Begehung einer Arbeitsstätte gemäß § 77a, in der nur Büroarbeitsplätze sowie Arbeitsplätze mit Büroarbeitsplätzen vergleichbaren Gefährdungen und Belastungen eingerichtet sind, hat durch eine Arbeitsmedizinerin/einen Arbeitsmediziner zu erfolgen. Weitere regelmäßige Begehungen sowie Anlassbegehungen gemäß § 77a Abs. 3 und Abs. 8 können je nach Erfordernis durch den arbeitsmedizinischen Fachdienst gemäß § 82c erfolgen. § 82c Abs. 1, 2, 4, 5 und 7 gelten sinngemäß.

(3) Nimmt der Arbeitgeber ein Präventionszentrum in Anspruch, sind die Sicherheitsvertrauenspersonen und die Belegschaftsorgane, sind weder Sicherheitsvertrauenspersonen bestellt noch Belegschaftsorgane errichtet, alle Arbeitnehmer, berechtigt, direkt beim zuständigen Unfallversicherungsträger Auskunftserteilung, Beratung und Zusammenarbeit und erforderlichenfalls Begehungen durch ein Präventionszentrum zu verlangen. Die Präventionszentren haben die Quelle solcher Verlangen als vertraulich zu behandeln. Abs. 2 erster Halbsatz gilt sinngemäß.

(4) Die §§ 76 Abs. 1 bis 3, 81 Abs. 1 bis 3, 84 Abs. 1 und 4, 85 Abs. 1 und § 86 gelten sinngemäß. Weiters gilt § 85 Abs. 3 sinngemäß mit der Maßgabe, daß die Sicherheitsvertrauenspersonen und Belegschaftsorgane auch beizuziehen sind, wenn die Begehungen nicht gemeinsam erfolgen.

(5) Das Präventionszentrum hat nach jeder Begehung dem Arbeitgeber die Begehungsergebnisse und allfällige Vorschläge zur Verbesserung der Arbeitsbedingungen in bezug auf Sicherheit und Gesundheitsschutz, allenfalls unter Bekanntgabe einer Dringlichkeitsreihung, schriftlich bekanntzugeben. Der Arbeitgeber hat diese Verbesserungsvorschläge sowie sonstige vom Präventionszentrum übermittelte Informationen und Unterlagen den Belegschaftsorganen und den Sicherheitsvertrauenspersonen zu übermitteln. Wenn keine Sicherheitsvertrauenspersonen bestellt sind, sind die Verbesserungsvorschläge des Präventionszentrums sowie allfällige sonstige Informationen und Unterlagen an geeigneter Stelle zur Einsichtnahme durch die Arbeitnehmer aufzulegen. Der Arbeitgeber hat die Verbesserungsvorschläge bei der Festlegung von Maßnahmen nach § 4 Abs. 3 und Abs. 4 zu berücksichtigen.

(6) Die zuständigen Arbeitsinspektorate sind verpflichtet, dem zuständigen Träger der Unfallversicherung für die Erfüllung der durch dieses Bundesgesetz übertragenen Aufgaben mindestens einmal pro Kalenderjahr folgende Daten der von ihnen im jeweiligen Zuständigkeitsbereich erfaßten Arbeitsstätten mit bis zu 50 Arbeitnehmern zu übermitteln:

1. Namen oder sonstige Bezeichnung der Arbeitgeber,
2. Wirtschaftszweigklassifikationen gemäß ÖNACE,
3. Anschriften der Arbeitsstätten.

(7) Der zuständige Träger der Unfallversicherung ist verpflichtet, dem Bundesministerium für Arbeit, Soziales und Konsumentenschutz mindestens einmal jährlich oder auf Verlangen folgende Daten der von ihm erfassten Arbeitsstätten mit bis zu 50 Arbeitnehmern, für die ein Präventionszentrum in Anspruch genommen wird, zu übermitteln, soweit diese Arbeitsstätten in deren jeweiligen Zuständigkeitsbereich fallen:

1. Namen oder sonstige Bezeichnung der Arbeitgeber,
2. Wirtschaftszweigklassifikationen gemäß ÖNACE,
3. Anschriften der Arbeitsstätten und
4. Angabe des Datums von Besichtigungen der Arbeitsstätten.

(8) Des Weiteren hat der zuständige Träger der Unfallversicherung dem Bundesministerium für Arbeit, Soziales und Konsumentenschutz einmal jährlich oder auf Verlangen Namen und Anschriften jener externen Präventivfachkräfte und sicherheitstechnischen und arbeitsmedizinischen Zentren, die mit der Durchführung von Betreuungsleistungen gemäß Abs. 1 beauftragt wurden, zu übermitteln.

[BGBl I 2022/115]

Übersicht

I. Beratungsdienste für Kleinbetriebe (Umsetzung Artikel VI) 1–3
II. Präventionszentren der Unfallversicherungsträger – „AUVAsicher“ 4, 5
III. Organisation und Ausstattung der Präventionszentren 6–8
IV. Anforderung durch Arbeitgeber und Kooperation 9–12
V. Mitwirkung der Arbeitnehmer (Sicherheitsvertrauenspersonen, Betriebsrat) 13, 14
VI. Rechte und Pflichten der Präventionszentren 15–17
VII. Information des Arbeitgebers über die Begehungsergebnisse 18–20
VIII. Datenaustausch zwischen Arbeitsschutzbehörde und Unfallversicherungsträger 21

I. Beratungsdienste für Kleinbetriebe (Umsetzung Artikel VI)

Die ASchG-Stammfassung BGBl 1994/450 sah in Artikel VI eine **Präventivdienstbetreuung des Bundes und der Unfallversicherungsträger** als „Beratungsdienste“ für Arbeitsstätten mit bis zu 50 Arbeitnehmern vor: 1

> „Zur Erfüllung der Verpflichtung der Einführung und regelmäßigen Durchführung arbeitsmedizinischer und sicherheitstechnischer Beratung bietet der Bund für Arbeitsstätten, in denen regelmäßig bis 50 Arbeitnehmer beschäftigt werden, in Zusammenarbeit mit dem zuständigen Unfallversicherungsträger Beratungsdienste an. Hat sich ein Arbeitgeber erfolglos bemüht, diese Dienste in Anspruch zu nehmen, liegt keine Verletzung seiner Verpflichtungen nach Artikel I §§ 73, 78 und 79 vor.“

Damit sollte für Kleinbetriebe eine externe sicherheitstechnische und arbeitsmedizinische Betreuung in Form von „Beratungsdiensten“ ab Inkrafttreten der Präventivdienstbetreuungspflicht mit 1.1.1999 bzw 1.1.2000 gewährleistet werden (siehe Anmerkungen zu § 77a und § 115 zum ASchG-Stufenplan des Inkrafttretens der Stammfassung). Gleichzeitig wurde in Artikel VI der Grundsatz verankert, dass sich Arbeitgeber von Kleinbetrieben um eine solche Betreuung durch „Beratungsdienste“ lediglich bemühen müssen: Bleibt dies erfolglos, verletzen sie aufgrund Artikel VI letzter Satz nicht ihre Pflichten zur Bestellung von Präventivfachkräften und unterliegen daher auch nicht den Verwaltungsstrafbestimmungen des § 130 ASchG. Diese Regelung wurde aufgrund von Sozialpartnerverhandlungen zur Entlastung kleinerer Betriebe in die ASchG-Stammfassung eingefügt: Nach ANSchG-Rechtslage waren verpflichtende betriebsärztliche und sicherheitstechnische Dienste nur für Großbetriebe vorgesehen oder bei weniger als 250 Beschäftigten aufgrund einer bescheidmäßigen Vorschreibung infolge der betrieblichen Gefahrensituation. Die Umsetzung der Arbeitsschutz-Rahmenrichtlinie 391/89/EWG machte eine Präventivdienstbetreuung jedoch für alle Betriebsgrößen erforderlich. Siehe ErlRV 1590 BlgNR 18. GP zu Artikel VI (Beratungsdienste):

„Zur Erleichterung, Hilfestellung und Unterstützung der Arbeitgeber bei der Umsetzung ihrer Verpflichtungen im Bereich der Präventivdienste haben die Sozialpartnerverhandlungen ergeben,daß der Bund gemeinsam mit den zuständigen Unfallversicherungsträgern Beratungsdienste anzubieten hat. Diese Aufgaben sollen von ausgebildeten Fachleuten in Form von Servicestellen ohne Behörden- und Kontrollcharakter unbürokratisch wahrgenommen werden, wobei es den Arbeitgebern jedoch freisteht, sich dieser Serviceleistung zu bedienen oder nach Artikel I Abschnitt 7 vorzugehen."

2 Die gesetzliche Konkretisierung erfolgte mit der ASchG-Novelle BGBl I 1999/12 ab 1.1.1999 im siebten Abschnitt ASchG (unter Aufhebung des Artikels VI durch Artikel II BGBl I 1999/12). Zum Begehungskonzept der Präventivdienstbetreuung in Kleinbetrieben siehe Anmerkungen zu § 77a.

3 Die Präventionszentren sind lediglich zur Betreuung von **Arbeitsstätten mit bis zu 50 regelmäßig beschäftigten Arbeitnehmern** befugt (§ 78a Abs 1 ASchG), was der Intention einer Kleinbetriebsregelung entspricht. Aus § 78 Abs 1 Z 2 bzw Abs 2 Z 2 ergibt sich zusätzlich, dass der Arbeitgeber in allen Arbeitsstätten **insgesamt nicht mehr als 250 Arbeitnehmer** beschäftigen darf, will er eine Präventionszentrenbetreuung nach ASchG in Anspruch nehmen (siehe Anmerkungen zu § 78). Die Ermittlung der Arbeitnehmerzahl erfolgt nach der tatsächlichen Beschäftigtenzahl (nach Köpfen, dh ohne Teilzeitaliquotierung).

II. Präventionszentren der Unfallversicherungsträger – „AUVAsicher"

4 Die „Beratungsdienste" des Artikels VI BGBl 1994/450 wurden mit Wirksamkeit **1.1.1999** als „Präventionszentren" in § 78a ASchG geregelt. Die zuständigen Unfallversicherungsträger wurden damit zur Einrichtung und zum Betrieb dieser Präventionszentren mit dem vollständigen Aufgabenbereich der arbeitsmedizinischen und sicherheitstechnischen Betreuung des siebten Abschnitts des ASchG verpflichtet.

Die in der ASchG-Stammfassung als „Beratungsdienste" (Artikel VI) konzipierten und in § 78a ASchG geregelten Präventionszentren der Unfallversicherungsträger gewährleisten eine kostenfreie sicherheitstechnische und arbeitsmedizinische Betreuung für Kleinbetriebe in Arbeitsstätten mit bis zu 50 Arbeitnehmern. Präventionszentren sind keine Präventivfachkräfte im Sinn des siebten Abschnitts des ASchG, sondern eine Betreuungsform sui generis (vgl ErlRV 1449 BlgNR 20. GP).

5 Maßgebend für die **kostenlose Präventivdienstbetreuung** von Arbeitsstätten mit bis zu 50 Arbeitnehmern sind vor allem die österreichweit eingerichteten Präventionszentren der Allgemeinen Unfallversicherungsanstalt – AUVA („**AUVAsicher**") und im Schienenbereich und Bergbau das Präventionszentrum der Versicherungsanstalt öffentlich Bediensteter, Eisenbahnen und Bergbau – **BVAEB** (ehemals Versicherungsanstalt der Eisenbahnen bzw Versicherungs-

anstalt für Eisenbahnen und Bergbau – VAEB: Mit der ASchG-Novelle durch Artikel 38 des Sozialversicherungs-Organisationsgesetzes – SV-OG), BGBl I 2018/100, erfolgte auch im ASchG der terminologische Nachvollzug der Neuorganisation der Sozialversicherungsträger ab 1.1.2020).

Die ErlRV 1449 BlgNR 20. GP geben Aufschluss über die Dimension dieser Kleinbetriebsbetreuung zum Zeitpunkt der Neueinführung:

> „§ 78a enthält nähere Regelungen zu den durch Artikel VI des Bundesgesetzes BGBl. Nr. 450/1994 vorgegebenen ‚Beratungsdiensten' der Träger der Unfallversicherung. Im Hinblick darauf, daß diese Dienste zur Gänze die Aufgaben von Präventivfachkräften nach dem 7. Abschnitt ASchG wahrnehmen werden, sollen diese neu zu schaffenden Einrichtungen als ‚Präventionszentren' bezeichnet werden, um damit ihrer tatsächlichen Aufgabenstellung besser gerecht zu werden. Die Allgemeine Unfallversicherungsanstalt (AUVA), für die dem ASchG unterliegenden Arbeitgeber praktisch ausschließlich zuständiger Träger der Unfallversicherung, stellt für die Organisation und den laufenden Betrieb dieser neuen, zusätzlichen Serviceleistung für Arbeitgeber und Arbeitnehmer etappenweise folgende finanzielle Mittel zur Verfügung: 1998: 80 Millionen Schilling; 1999: 200 Millionen Schilling; ab 1. Jänner 2000 jährlich mindestens 330 Millionen Schilling, wobei angestrebt wird, letztlich 10 % des Gesamtbudgets der AUVA für Prävention insgesamt aufzuwenden. Dabei wird übereinstimmend davon ausgegangen, daß nach dem Aufbau der erforderlichen technischen Infrastruktur für die Präventionszentren die zur Verfügung stehenden Geldmittel praktisch ausschließlich für die Betreuungsleistungen vor Ort, also für den entsprechenden Personaleinsatz, aufgewendet werden."

Zum zehnjährigen Jubiläum von „AUVAsicher" 2009 erzielte die AUVA einen Marktanteil von zwei Drittel aller betreubaren Betriebe (Festschrift AUVAsicher 1999–2009, Download 2.3.2013: http://www.auva.at).

III. Organisation und Ausstattung der Präventionszentren

§ 78a Abs 1 regelt Organisation und Ausstattung der Präventionszentren sowie die Anforderungen an die Qualifikation der für die sicherheitstechnische und arbeitsmedizinische Betreuung vor Ort tätigen Experten und Expertinnen: 6

- Sicherheitsfachkräfte (§ 74)
- Arbeitsmediziner (§ 79 Abs 2)
- erforderliches Fach- und Hilfspersonal
- erforderliche Einrichtungen, Geräte und Mittel.

Die Unfallversicherungsträger mussten zunächst **vorrangig externe Präventivfachkräfte** oder sicherheitstechnische und arbeitsmedizinische Zentren beauftragen. Nach den Gesetzesmaterialien (ErlRV 1449 BlgNR 20. GP) sollte dadurch eine qualitativ gleichwertige präventive Betreuung wie für größere Arbeitsstätten garantiert werden: 7

„Diesem Ziel dient auch die Verpflichtung der Unfallversicherungsträger, sich für die Betreuungsleistungen vor Ort vorrangig externer Präventivfachkräfte und sicherheitstechnischer und arbeitsmedizinischer Zentren zu bedienen, also das vorhandene Marktpotential auszunützen. Näheres wird vertraglich zwischen AUVA und externen Präventivfachkräften bzw. Zentren festzulegen sein, die konkrete Vertragsgestaltung wird durch den Entwurf nicht berührt. Diese ‚gebündelte' Fachkompetenz und moderne Qualitätssicherungsprozesse werden die optimale Qualität der Betreuungsleistungen unter Nutzung der bereits vorliegenden praktischen Erfahrungen garantieren. In den Sozialpartnerverhandlungen zu dieser Novelle wurde einvernehmlich davon ausgegangen, daß die Relation zwischen den von den Unfallversicherungsträgern vor Ort eingesetzten Sicherheitsfachkräften und Arbeitsmedizinern dem im ASchG für die Mindesteinsatzzeiten vorgesehenen Verhältnis 3 : 2 zu entsprechen haben wird."

8 Die Mindestpräventionszeiten der ASchG-Stammfassung wurden mit dem ANS-RG durch eine Präventionszeit nach Gefahrenklassen ersetzt, siehe § 82a ASchG.

In der parlamentarischen Behandlung der RV 1449 20. GP (Sozialausschuss des Nationalrates) wurde zum Vorrang Externer festgehalten, dass die „*Träger der Unfallversicherung insoweit verpflichtet sind, sich bei der Einrichtung der Präventionszentren vorrangig externer Präventivfachkräfte und sicherheitstechnischer und arbeitsmedizinischer Zentren zu bedienen, als dabei die erforderliche Weiterbildung und Qualität der Betreuung in gleicher Weise gewährleistet ist und soweit dies mit den Grundsätzen der Sparsamkeit, Wirtschaftlichkeit und Zweckmäßigkeit vereinbar ist*". (AB 1485 BlgNR 20. GP)

Erst mit der ASchG-Novelle BGBl I 2017/126 (Artikel 1) wurde es den Unfallversicherungsträgern **ab 1.8.2017** ermöglicht, **auch externe Präventivfachkräfte und sicherheitstechnische und arbeitsmedizinische Zentren** heranzuziehen, die **im Auftrag des jeweiligen Präventionszentrums** präventivdienstliche Betreuungsleistungen erbringen. Durch den Entfall der Verpflichtung sich vorrangig Externer bedienen zu müssen, sollte eine flexiblere Handhabung bei der Ausgestaltung der Präventionszentren ermöglicht werden (Initiativantrag 2228/A 25. GP).

IV. Anforderung durch Arbeitgeber und Kooperation

9 Artikel VI der ASchG-Stammfassung verlangte ein „Bemühen" um Beratungsdienste seitens der Arbeitgeber. **§ 78a Abs 2** ASchG konkretisiert dies als **„Verlangen" nach Begehung und sicherheitstechnische und arbeitsmedizinische Betreuung**. Aufgrund der Größe der betreuten Arbeitsstätten sind regelmäßige und anlassbezogene Begehungen nach § 77a ASchG durchzuführen (keine Präventionszeit nach § 82a ASchG).

Die Anforderung eines Präventionszentrums „AUVAsicher“ erfolgt mittels Standardformular, das von der AUVA-Website downloadbar ist: https://auva.at/praevention/sicher-arbeiten/auvasicher-betreuung-von-kleinbetrieben/anmeldung/.

10 Die Präventionszentren müssen einem solchen Verlangen eines Kleinbetriebes **so bald als möglich nachkommen**, wobei das ASchG eine Dringlichkeitsreihung zugrunde legt, jedenfalls bei Gefahr im Verzug muss unverzüglich eine Betreuung erfolgen. Zusätzlich müssen die Unfallversicherungsträger *„nach pflichtgemäßem Ermessen“* von sich aus eine Betreuung anbieten. Die Präventionszentren müssen das gesamte Spektrum der arbeitsmedizinischen und sicherheitstechnischen Betreuung nach dem 7. Abschnitt ASchG erfüllen, somit auch eine Betreuung in Anlassfällen nach §§ 76 Abs 3, 81 Abs 3 ASchG (§ 77a Abs 3 ASchG).

> „§ 78a Abs. 2 sieht vor, daß die Präventionszentren einem gemäß § 78 gestellten Verlangen der Arbeitgeber auf Betreuung (Basisbetreuung und bedarfsorientierte Betreuung) entsprechend der jeweiligen Dringlichkeit so rasch als möglich nachzukommen haben. Darüber hinaus haben die Präventionszentren nach pflichtgemäßem Ermessen den betroffenen Arbeitgebern von sich aus ihre Betreuungsleistungen anzubieten. Dies erscheint vor allem deshalb sinnvoll, weil durch (auch) ‚amtswegiges‘ Vorgehen des Präventionszentrums in vielen Fällen Reise- und Stehzeiten entfallen können und dadurch die flächendeckende sicherheitstechnische und arbeitsmedizinische Betreuung im Interesse von Arbeitnehmern und Arbeitgebern effizienter und rascher realisiert werden kann.“ (ErlRV 1449 BlgNR 20. GP)

11 Entsprechend Artikel VI sind Arbeitgeber bei erfolglosem Bemühen gegenüber dem Unfallversicherungsträger um eine Präventionszentrenbetreuung (etwa bei Säumigkeit des Zentrums) nicht verwaltungsstrafrechtlich verantwortlich. Unter Verwaltungsstrafsanktion steht jedoch die Nichteinhaltung der **Verpflichtung zur Anforderung oder Beiziehung** des in Anspruch genommenen Präventionszentrums (§ 130 Abs 1 Z 27 und 27a ASchG).

12 Die **Präventionsträger können eine Betreuung ablehnen**, wenn ihnen die erforderlichen Informationen oder Unterlagen (§§ 76 Abs 2, 81 Abs 2 ASchG) nicht zur Verfügung gestellt werden. Auch hier besteht keine verwaltungsstrafrechtliche Verantwortlichkeit des Arbeitgebers aufgrund § 130 Abs 1 Z 27 ASchG. Doch muss in diesem Fall das Präventionszentrum binnen zwei Wochen das zuständige Arbeitsinspektorat über die Ablehnung verständigen und den Namen des Arbeitgebers und die Anschrift der Arbeitsstätte bekanntgeben.

V. Mitwirkung der Arbeitnehmer (Sicherheitsvertrauenspersonen, Betriebsrat)

13 **§ 78a Abs 3 ASchG** sichert den Arbeitnehmern und Arbeitnehmerinnen auch bei Inanspruchnahme eines Präventionszentrums Mitwirkungsrechte

wie bei Bestellung interner oder externer Sicherheitsfachkräfte und Arbeitsmediziner bzw Arbeitsmedizinerinnen.

14 Auch hier gilt die im ASchG vorgesehene Subsidiarität bei Bestehen eines Betriebsrats bzw von Sicherheitsvertrauenspersonen. *„Die subsidiären Rechte der einzelnen Arbeitnehmer für den Fall, daß weder Sicherheitsvertrauenspersonen noch Belegschaftsorgane in der Arbeitsstätte bestehen, wurden analog § 13 Abs. 2 formuliert.“* (ErlRV 1449 BlgNR 20. GP)

VI. Rechte und Pflichten der Präventionszentren

15 Da Präventionszentren eine Betreuungsform sui generis sind, ordnet **§ 78a Abs 4 ASchG** die sinngemäße Geltung der für Präventivfachkräfte geltenden Rechte und Pflichten ausdrücklich auch für Präventionszentren an:

> „Die Verweise in Abs. 4 stellen folgendes sicher: Aufgaben, Information und Beiziehung der Präventionszentren in Fragen der Sicherheit und des Gesundheitsschutzes, die entsprechende Dokumentation der Tätigkeit der Präventionszentren und ihre Auskunftspflicht gegenüber der Arbeitsinspektion, die Zusammenarbeit der Präventionszentren mit den Belegschaftsorganen, die Teilnahme von Sicherheitsvertrauenspersonen und Belegschaftsorganen an den Begehungen der Präventionszentren und die Rechte und Verpflichtungen des Präventionszentrums im Zusammenhang mit der Meldung von Mißständen.“ (ErlRV 1449 BlgNR 20. GP)

16 Im Einzelnen gelten folgende Rechte und Pflichten der Präventivfachkräfte auch für Präventionszentren (§ 78a Abs 4 ASchG):

- **Beratung der Arbeitgeber, Arbeitnehmer, Sicherheitsvertrauenspersonen und Belegschaftsorgane** auf den Gebieten Arbeitssicherheit, Gesundheitsschutz, auf die Arbeitsbedingungen bezogene Gesundheitsförderung und menschengerechte Arbeitsgestaltung sowie **Unterstützung der Arbeitgeber** (§ 76 Abs 1, § 81 Abs 1 ASchG);
- **Informationen, Zurverfügungstellung von Unterlagen** seitens der Arbeitgeber an die Präventivfachkräfte (§ 76 Abs 2, § 81 Abs 2 ASchG);
- **in Anlassfällen Hinzuziehung** der Sicherheitsfachkräfte und Arbeitsmediziner, erforderlichenfalls auch weiterer geeigneter Fachleute (§ 76 Abs 3, § 81 Abs 3 ASchG);
- **Aufzeichnungen** über geleistete Einsatzzeit und durchgeführte Tätigkeiten (Besichtigungen, Untersuchungen und deren Ergebnisse), **Auskunftspflichten** gegenüber dem Arbeitsinspektorat (§ 84 Abs 1 und 4 ASchG);
- **Kooperation** der Sicherheitsfachkräfte, Arbeitsmediziner und Belegschaftsorgane (§ 85 Abs 1 ASchG);
- **Meldung festgestellter Mängel** an Arbeitgeber (oder sonst verantwortliche Person) sowie Mitteilung an Belegschaftsorgane; Information auch der Arbeitnehmer bei ernsten und unmittelbaren Gefahren samt

Vorschlägen zur Gefahrenbeseitigung; bei erfolglosem Verlangen nach Beseitigung von Mängeln **Mitteilungsrecht an das Arbeitsinspektorat** (§ 86 ASchG);

- **Beiziehung der Sicherheitsvertrauenspersonen und Belegschaftsorgane**, auch wenn die Begehungen nicht gemeinsam erfolgen (§ 85 Abs 3 ASchG mit Maßgabe).

Mit der ASchG-Novelle BGBl I 2022/115 wurde es auch den Präventionszentren der Unfallversicherungsträger ermöglicht, für arbeitsmedizinische Begehungen von **Büroarbeitsplätzen in Kleinstarbeitsstätten** (bis 10 Beschäftigte) ab 1.7.2022 einen **arbeitsmedizinischen Fachdienst (AFa)** einzusetzen (§ 78a Abs 2a; siehe § 77a Abs 3a, § 82c). Die AFa-Tätigkeit erfolgt diesfalls unter der Leitung des Arbeitsmediziners bzw der Arbeitsmedizinerin des Präventionszentrums (§ 82c Abs 4). Ob die Begehung durch AFa-Angehörige oder durch den/die Arbeitsmediziner/in selbst erfolgt, ist abhängig vom betrieblichen Erfordernis der Arbeitsstätte. **17**

Vgl ErlRV 1510 BlgNR 27. GP zu Abs 3a:

> „Auch für Präventionszentren der Unfallversicherungsträger (AUVAsicher, BVAEB) soll es zur arbeitsmedizinischen Kleinbetriebsbetreuung (§ 77a ASchG) zulässig sein, Angehörige des AFa mit entsprechender Qualifikation (§ 82c Abs. 1 u. 2) zur Unterstützung der AMED bei den Begehungen in Arbeitsstätten bis 50 Arbeitnehmern und Arbeitnehmerinnen einzusetzen, soferne in dieser Arbeitsstätte nur Büroarbeitsplätze sowie Arbeitsplätze mit Büroarbeitsplätzen vergleichbaren Gefährdungen und Belastungen eingerichtet sind. Bei diesen Begehungen handelt es sich um die arbeitsmedizinische Betreuung von Arbeitsplätzen mit nur geringer Gefahrenlage im regelmäßigen Intervall sowie in betrieblichen Anlassfällen (§ 77a Abs. 2, Abs. 3 u. Abs. 8 ASchG). Wie im Präventionszeitmodell (§§ 82a ff ASchG) muss auch bei der Kleinbetriebsbetreuung aber zumindest die Erstbegehung einer Arbeitsstätte jedenfalls durch AMED der Präventionszentren erfolgen. Der bzw. die AMED beurteilt dabei auch in welcher Form die künftige arbeitsmedizinische Begehung der jeweiligen Arbeitsstätte durchgeführt werden sollen (‚je nach Erfordernis') – z. B. Folgebegehung zur Gänze durch den AFa oder nur für bestimmte arbeitsmedizinische Unterstützungstätigkeiten, auch gemeinsame Folgebegehungen durch AMED und AFa sind möglich. Sollte eine spezifische arbeitsmedizinische Expertise erforderlich werden, muss der bzw. die AMED aber die Begehung jedenfalls selbst mit oder ohne AFa-Unterstützung durchführen, was v.a. in betrieblichen Anlassfällen aufgrund einer besonderen Gefährdungssituation außerhalb des regelmäßigen Begehungsintervalls geboten sein kann. Auch bei der arbeitsmedizinischen Begehung von Kleinstarbeitsstätten muss die AFa-Tätigkeit wie im Präventionszeitmodell unter Leitung eines bzw. einer AMED des Präventionszentrums erfolgen (§ 82c Abs. 4 ASchG) und gelten entsprechende Kooperations- und Aufzeichnungspflichten (Abs. 2a letzter Satz)."

VII. Information des Arbeitgebers über die Begehungsergebnisse

18 **§ 78a Abs 5** regelt die notwendige Information des Arbeitgebers und der Arbeitnehmer über die Beratung und Betreuung durch ein Präventionszentrum: Nach jeder Begehung muss das Präventionszentrum die **Begehungsergebnisse und allfällige Verbesserungsvorschläge** in Bezug auf Sicherheit und Gesundheitsschutz bei der Arbeit schriftlich dem Arbeitgeber bekanntgeben (gegebenenfalls mit Dringlichkeitsreihung).

19 Der Arbeitgeber ist verpflichtet, die Vorschläge des Präventionszentrums bei der Festlegung von Schutzmaßnahmen zu berücksichtigen (Arbeitsplatzevaluierung § 4 Abs 3 und 4 ASchG).

> „Der Arbeitgeber muß also prüfen, ob eine Anpassung der Evaluierung an geänderte Gegebenheiten entsprechend den Verbesserungsvorschlägen des Präventionszentrums erforderlich ist und ob die zuletzt festgelegten Maßnahmen weiterhin wirksam sind oder ob diese erforderlichenfalls angepaßt werden müssen. Ergibt sich eine Umsetzung der Verbesserungsvorschläge, sind diese Maßnahmen wie alle anderen Schutzmaßnahmen in den Sicherheits- und Gesundheitsschutzdokumenten gemäß § 5 ASchG samt allfälliger Umsetzungsfristen zu berücksichtigen. Hält ein Arbeitgeber die Umsetzung der Verbesserungsvorschläge des Präventionszentrums nicht für notwendig, sollte er aus Gründen der Nachvollziehbarkeit die Verbesserungsvorschläge aufbewahren und diese zB mit einem entsprechenden Vermerk den Dokumenten anschließen. Die erforderlichen Informations- und Einsichtsrechte für die Arbeitsinspektion sind durch die bezughabenden Regelungen des Arbeitsinspektionsgesetzes 1993 (ArbIG), BGBl. Nr. 27/1993, abgedeckt." (ErlRV 1449 BlgNR 20. GP)

20 Verbesserungsvorschläge und sonstige vom Präventionszentrum übermittelte Informationen und Unterlagen sind den **Belegschaftsorganen und Sicherheitsvertrauenspersonen** zu übermitteln. Wurden keine Sicherheitsvertrauenspersonen bestellt, müssen diese an geeigneter Stelle zur **Einsichtnahme durch die Arbeitnehmer** aufliegen.

VIII. Datenaustausch zwischen Arbeitsschutzbehörde und Unfallversicherungsträger

21 **§ 78a Abs 6** ist die ausdrückliche gesetzliche Ermächtigung im Sinne des Datenschutzrechts für den zur Wahrnehmung der gesetzlichen Aufgaben nach ASchG erforderlichen Datenaustausch zwischen Arbeitnehmerschutzbehörden und den zuständigen Trägern der Unfallversicherung:

- Die **Arbeitsinspektorate** bzw das Verkehrs-Arbeitsinspektorat (VAI) sind verpflichtet, dem zuständigen Unfallversicherungsträger mindestens einmal jährlich Namen des Arbeitgebers, ÖNACE und Anschrift der Arbeitsstätten im jeweiligen Zuständigkeitsbereich zu übermitteln.

- **Unfallversicherungsträger** müssen dem Bundesministerium für Arbeit mindestens einmal jährlich oder auf Verlangen Daten der erfassten Arbeitsstätten mit bis zu 50 Arbeitnehmern, für die ein Präventionszentrum in Anspruch genommen wird, übermitteln (unter Angabe des Besichtigungsdatums).

Die ErlRV 1449 BlgNR 20. GP verweisen auf den inzwischen außer Kraft getretenen § 7 Datenschutzgesetz (DSG), BGBl 1978/565, nunmehr **Datenschutzgesetz (DSG)**, BGBl I 1999/165. § 78a Abs 6 soll als ausdrückliche gesetzliche Ermächtigung iSd § 1 Abs 2 DSG iVm Art 6 Abs 1 lit c bzw e DSGVO den Datenaustausch nach Maßgabe der technischen Möglichkeiten auch auf elektronischem Weg zwischen Arbeitnehmerschutzbehörden und den zuständigen Unfallversicherungsträgern sicherstellen. Verantwortliche im Sinne des DSG sind hinsichtlich der im Bereich der AION automationsunterstützt verarbeiteten Daten die Arbeitsinspektorate bzw das VAI. Die Datenweitergabe an die Sozialversicherungsträger erfolgt durch das Arbeitsministerium (Zentral-Arbeitsinspektorat) als Auftragsverarbeiter (Art 4 Z 8 DSGVO).

Unternehmermodell

§ 78b. (1) Arbeitgeber können selbst die Aufgaben der Sicherheitsfachkräfte gemäß § 76 Abs. 1, § 84 Abs. 1 und 3, § 85 Abs. 1 und 2 und § 86 Abs. 1 und 2 wahrnehmen, wenn sie

1. **insgesamt nicht mehr als 50 Arbeitnehmer beschäftigen und die erforderlichen Fachkenntnisse gemäß § 74 nachweisen oder**
2. **insgesamt nicht mehr als 25 Arbeitnehmer beschäftigen und ausreichende Kenntnisse auf dem Gebiet der Sicherheit und des Gesundheitsschutzes für die jeweilige Arbeitsstätte nachweisen.**

(2) Die Kenntnisse im Sinne des Abs. 1 Z 2 müssen

1. **insbesondere die Grundsätze auf den Gebieten der Organisation und Methoden des betrieblichen Arbeitnehmerschutzes, der Ergonomie, der Sicherheit von Arbeitssystemen, der gefährlichen Arbeitsstoffe sowie der Ermittlung und Beurteilung von Gefahren umfassen und**
2. **durch eine Ausbildungseinrichtung, die eine gemäß § 74 Abs. 2 anerkannte Fachausbildung durchführt, bescheinigt sein.**

(3) Voraussetzung für die Bescheinigung nach Abs. 2 Z 2 ist der erfolgreiche Abschluß

1. **einer mindestens 72 Unterrichtseinheiten zu je 50 Minuten umfassenden Ausbildung auf den in Abs. 2 genannten Gebieten und**
2. **von jeweils mindestens 14 Unterrichtseinheiten zu je 50 Minuten umfassenden Weiterbildungen in Abständen von längstens drei Jahren.**

(4) Soweit ein Arbeitgeber über sonstige Ausbildungsnachweise auf den in Abs. 2 Z 1 angeführten Gebieten verfügt, kann der zuständige Träger der Unfallversicherung diese Ausbildungsnachweise als gänzlichen oder teilweisen Ersatz für die Ausbildung nach Abs. 3 anerkennen. In diesem Fall sind die Kenntnisse nach Abs. 2 Z 1 durch eine den Richtlinien des zuständigen Trägers der Unfallversicherung entsprechende Prüfung durch eine Ausbildungseinrichtung nach Abs. 2 Z 2 zu bescheinigen.

[BGBl I 1999/12]

Übersicht

I. Sicherheitstechnische Betreuung durch den Arbeitgeber in Kleinbetrieben 1–3
II. Wahrnehmung der Aufgaben der Sicherheitsfachkräfte durch den Arbeitgeber 4–7
III. Unternehmermodell bis 50 Arbeitnehmer mit SFK-Fachausbildung 8, 9
IV. Unternehmermodell bis 25 Arbeitnehmer 10–13
V. Mitwirkung der Arbeitnehmer (Sicherheitsvertrauenspersonen, Betriebsrat) 14

I. Sicherheitstechnische Betreuung durch den Arbeitgeber in Kleinbetrieben

1 Nach den Gesetzesmaterialien zum **Unternehmermodell** des § 78 Abs 2 der ASchG-Stammfassung (ErlRV 1590 BlgNR 18. GP, siehe Anmerkungen zu § 77a) war Regelungshintergrund die Überlegung, dass vor allem in kleinen Produktionsbetrieben die Arbeitgeber häufig selbst mitarbeiten und mit den in ihrem Betrieb bestehenden Gefahren für Sicherheit und Gesundheit der Arbeitnehmer sowie den Arbeitsbedingungen entsprechend vertraut sind. Wenn die Arbeitgeber über ausreichende Kenntnisse auf dem Gebiet der Sicherheit und des Gesundheitsschutzes verfügen, sollen sie die Möglichkeit haben, die „Regelbetreuung" selbst durchzuführen. Die ASchG-Novelle I 1999/12 regelte das Unternehmermodell (noch vor Wirksamwerden des Unternehmermodells nach § 78 der ASchG-Stammfassung) neu, übernahm aber nicht die ursprüngliche Voraussetzung einer zusätzlichen verpflichtenden externen Betreuung im Ausmaß der halben Mindesteinsatzzeit.

2 Wesentlich für die Wahrnehmung der sicherheitstechnischen Betreuung durch den Arbeitgeber sind **ausreichenden Kenntnisse**. Nach den ErlRV 1590 BlgNR 18. GP war – nach Auffassung der Interessenvertretungen und der Arbeitsinspektion – anzustreben, dass die Belange des Arbeitnehmerschutzes künftig in die einschlägigen Ausbildungsvorschriften Eingang finden (zB Ausbildungsvorschriften für die Meisterprüfung, Lehrpläne der Höheren Technischen Lehranstalten und der Fachhochschulen). In Betracht gezogen wurde auch die Vermittlung der notwendigen Kenntnisse durch spezielle Kurse insbesondere der

Erwachsenenbildungseinrichtungen. Es sollte dabei auch auf den Umstand Bedacht genommen werden, dass für die sicherheitstechnische Regelbetreuung des eigenen Betriebes keine derart umfassende und alle Branchen berücksichtigende Ausbildung in Arbeitnehmerschutzbelangen notwendig ist.

Artikel 7 Abs 7 der Rahmenrichtlinie 391/89/EWG ermöglicht den Mitgliedstaaten, unter Berücksichtigung der Art der Tätigkeiten und der Größe der Unternehmen die **Unternehmenssparten** festzulegen, in denen der Arbeitgeber die Aufgaben selbst übernehmen kann, wenn er die entsprechenden Fähigkeiten besitzt. Nach den ErlRV 1590 BlgNR 18. GP sollte diese Sonderregelung der Präventivdienstbetreuung in Kleinbetrieben ursprünglich nicht generell für alle Arbeitsstätten bis zu einer bestimmten Beschäftigtenzahl vorgesehen werden, sondern nur für gewisse Unternehmenssparten, die nach dem Unternehmermodell des § 78 Abs 2 der ASchG-Stammfassung durch Verordnung festgelegt werden sollten.

Die **ASchG-Novelle BGBl I 1999/12** konkretisierte die zur Ausübung des Unternehmermodells notwendigen Kenntnisse jedoch im Gesetzesrang und verzichtete auf die Festlegung von Unternehmenssparten: Das Unternehmermodell gemäß § 78b ASchG differenziert hierbei nach der **Arbeitnehmerzahl des betreuten Kleinbetriebes** und stellt an die Wahrnehmung der Aufgaben der Sicherheitsfachkräfte bei maximal 50 Beschäftigten höhere Qualifikationsanforderungen als bei einer Beschäftigtenzahl von bis zu 25 Arbeitnehmern. 3

II. Wahrnehmung der Aufgaben der Sicherheitsfachkräfte durch den Arbeitgeber

Nach ErlRV 1449 BlgNR 20. GP erweiterte die Neuregelung des § 78b das ursprünglich vorgesehene Unternehmermodell der ASchG-Stammfassung dahingehend, dass Arbeitgeber unter bestimmten Voraussetzungen selbst **zur Gänze die Aufgaben der Sicherheitsfachkräfte** wahrnehmen können. Mit dem „Unternehmermodell" sollte vor allem Arbeitgebern, die selbst im Betrieb mitarbeiten, die Möglichkeit zum Tätigwerden als Sicherheitsfachkräfte geboten werden. 4

Nach dem Unternehmermodell sind **gemäß § 78b Abs 1 ASchG** folgende **Aufgaben** wahrzunehmen: 5

- Beratung der Arbeitnehmer, Sicherheitsvertrauenspersonen und Belegschaftsorgane auf dem Gebiet der Arbeitssicherheit und der menschengerechten Arbeitsgestaltung (§ 76 Abs 1 ASchG);
- Führen von Aufzeichnungen über Einsatzzeit und durchgeführte Tätigkeiten (auf Verlangen Einsichtnahme der Arbeitsinspektion oder Übermittlung von Kopien), jährliche Berichtslegung samt Vorschlägen zur Verbesserung der Arbeitsbedingungen und Darstellung der Auswirkungen der Tätigkeit; Übermittlung an die Sicherheitsvertrauenspersonen bzw Auflage zur Einsichtnahme durch die Arbeitnehmer im Betrieb sowie auf Verlan-

gen Übermittlung an das Arbeitsinspektorat (§ 84 Abs 1 und 3 ASchG; BGBl I 2012/118);

- Zusammenarbeit mit Arbeitsmedizinern und Belegschaftsorganen, gemeinsame Besichtigungen der Arbeitsstätte, auswärtigen Arbeitsstellen und Baustellen mit dem Arbeitsmediziner (§ 85 Abs 1 und 2 ASchG);
- Meldung von Mängeln an verantwortliche Personen und Belegschaftsorgane, Information der Arbeitnehmer bei ernsten und unmittelbaren Gefahren und Vorschläge für Maßnahmen zur Gefahrenbeseitigung (§ 86 Abs 1 und 2 ASchG).

6 Die ErlRV 1449 BlgNR 20. GP stellen ausdrücklich klar, dass das Unternehmermodell **nur durch den Arbeitgeber selbst** oder – sofern dies keine natürliche Personist– durch ein zur Vertretung nach außen berufenes Organ wahrgenommen werden kann, keinesfalls jedoch durch zu verantwortlichen Beauftragten bestellte „andere Personen" iSd § 9 Abs 2 letzter Satz VStG.

7 Eine **Verwaltungsstrafsanktion** gemäß § 130 Abs 1 Z 27b ASchG ist lediglich bei nicht ordnungsgemäßer Wahrnehmung der Aufgaben nach § 84 Abs 1 und 3 sowie § 85 Abs 2 ASchG vorgesehen.

III. Unternehmermodell bis 50 Arbeitnehmer mit SFK-Fachausbildung

8 Werden bis zu 50 Arbeitnehmer beschäftigt, können Arbeitgeber, welche die nach § 74 erforderliche Ausbildung zur Sicherheitsfachkraft (SFK-VO) absolviert haben, diese Aufgaben ohne Einschränkung übernehmen **(§ 78b Abs 1 Z 1 ASchG)**.

9 Die Ermittlung der Arbeitnehmerzahl erfolgt im Unternehmermodell nach der tatsächlichen Beschäftigtenzahl (nach Köpfen, dh ohne Teilzeitaliquotierung).

IV. Unternehmermodell bis 25 Arbeitnehmer

10 Werden maximal 25 Arbeitnehmer beschäftigt, müssen Arbeitgeber gemäß § 78b Abs 1 Z 2 ASchG lediglich **für die jeweilige Arbeitsstätte ausreichende Kenntnisse** auf dem Gebiet des Sicherheits- und Gesundheitsschutzes nachweisen. Nach den ErlRV 1449 BlgNR 20. GP werden für die Realisierung des Unternehmermodells dieser Beschäftigtenzahl „*speziell auf die jeweilige Arbeitsstätte bzw. Branche passende Kenntnisse*" benötigt. Diese Kenntnisse müssen insbesondere die Grundsätze auf den Gebieten der Organisation und Methoden des betrieblichen Arbeitnehmerschutzes, der Ergonomie, der Sicherheit von Arbeitssystemen, der gefährlichen Arbeitsstoffe sowie der Ermittlung und Beurteilung von Gefahren für die jeweilige Arbeitsstätte umfassen (§ 78b Abs 2 ASchG).

11 Grundsätzlich sind diese Kenntnisse durch eine **Ausbildung** nachzuweisen, die nach § 78b Abs 3 ASchG

- ein Ausmaß von 72 Unterrichtseinheiten (zehn Tage) umfasst (Z 1) und
- alle drei Jahre durch eine **obligate Weiterbildung** von 14 Unterrichtseinheiten (zwei Tage) zu ergänzen ist (Z 2).

Der erfolgreiche Abschluss muss gemäß § 78b Abs 2 Z 2 ASchG durch eine **Bescheinigung einer Ausbildungseinrichtung** nachgewiesen werden, die eine bescheidmäßig anerkannte Fachausbildung für Sicherheitsfachkräfte durchführt (§ 74 Abs 2 ASchG, § 6 SFK-VO; in der Praxis die Hauptstelle der AUVA). 12

§ 78b Abs 4 ASchG ermöglicht eine Ausübung des Unternehmermodells **im Einzelfall** auch ohne eine solche Unternehmerausbildung: Ausreichende Kenntnisse können zur Gänze oder teilweise **auch auf Grund sonstiger Ausbildungsnachweise und einer Prüfung** nach den Richtlinien des zuständigen Unfallversicherungsträgers bescheinigt werden. Auch diese Prüfungen der Arbeitgeber im Rahmen des Unternehmermodells sollen nur durch Ausbildungseinrichtungen vorgenommen werden können, die eine nach der SFK-VO anerkannte Fachausbildung von Sicherheitsfachkräften durchführen. 13

Bis 31.12.1999 galt die Übergangsfrist des § 116 Abs 6 ASchG für Arbeitgeber, die das Unternehmermodell gemäß § 78b Abs 1 Z 2 bis zu diesem Zeitpunkt auch ohne den erforderlichen Nachweis ausreichender Kenntnisse anwenden konnten (BGBl I 1999/12).

Vgl Anmerkungen zu § 116 Rz 13.

V. Mitwirkung der Arbeitnehmer (Sicherheitsvertrauenspersonen, Betriebsrat)

Nach **§ 78 Abs 4 ASchG** haben Arbeitgeber, die für ihre Arbeitsstätte das Unternehmermodell in Anspruch nehmen wollen (wie bei der beabsichtigten Inanspruchnahme von Präventionszentren), **Informations- und Beratungsverpflichtungen** gegenüber den Sicherheitsvertrauenspersonen und Belegschaftsorganen, subsidiär auch gegenüber den Arbeitnehmern. 14

Bestellung von Arbeitsmedizinern

§ 79. **(1) Arbeitgeber haben Arbeitsmediziner zu bestellen. Diese Verpflichtung ist gemäß folgender Z 1 oder, wenn ein Arbeitgeber nicht über entsprechend fachkundiges Personal verfügt, gemäß folgender Z 2 oder 3 zu erfüllen:**

1. **durch Beschäftigung von geeigneten Ärzten im Rahmen eines Arbeitsverhältnisses (betriebseigene Arbeitsmediziner),**
2. **durch Inanspruchnahme externer Arbeitsmediziner oder**
3. **durch Inanspruchnahme eines arbeitsmedizinischen Zentrums.**

(2) Als Arbeitsmediziner dürfen nur Personen bestellt werden, die zur selbständigen Ausübung des ärztlichen Berufes im Sinne des Ärztegesetzes 1998, BGBl. I Nr. 169/1998, berechtigt sind und eine vom Bundesminister für Gesundheit anerkannte arbeitsmedizinische Ausbildung gemäß § 38 des Ärztegesetzes 1998 absolviert haben.

(3) Die Bestimmungen des Ärztegesetzes 1998 bleiben unberührt.

(4) Arbeitgeber sind verpflichtet, das für die arbeitsmedizinische Betreuung notwendige Fach- und Hilfspersonal zu beschäftigen.

(5) Arbeitgeber sind verpflichtet, für die notwendige Fortbildung des von ihnen beschäftigten Fachpersonals während der Arbeitszeit zu sorgen.

(6) Arbeitgeber sind verpflichtet, die für die arbeitsmedizinische Betreuung notwendigen Räume, Ausstattung und Mittel zur Verfügung zu stellen.

(7) Bei Inanspruchnahme eines arbeitsmedizinischen Zentrums entfällt die Verpflichtung der Arbeitgeber zur Beschäftigung von Fach- und Hilfspersonal und zur Bereitstellung der notwendigen Ausstattung und Mittel. Bei Inanspruchnahme externer Arbeitsmediziner entfällt diese Verpflichtung der Arbeitgeber insoweit, als diese Arbeitsmediziner nachweislich das notwendige Fach- und Hilfspersonal und die notwendige Ausstattung und die notwendigen Mittel beistellen.

[BGBl I 2012/118]

Übersicht

I.	Bestellung von Arbeitsmedizinern für eine Arbeitsstätte	1–8
II.	Qualifikation der Arbeitsmediziner	9–12
III.	Ärztliche Unabhängigkeit und Verschwiegenheitspflicht	13, 14
IV.	Sach- und Personalressourcen der arbeitsmedizinischen Betreuung	15–17

I. Bestellung von Arbeitsmedizinern für eine Arbeitsstätte

1 Nach **§ 79 Abs 1 ASchG** sind **vorrangig betriebsinterne Arbeitsmediziner** zu bestellen, wenn ausreichend qualifiziertes Personal zur Verfügung steht. Die betriebseigenen Arbeitsmediziner müssen im Rahmen eines Arbeitsverhältnisses beschäftigt werden (Z 1). Nur wenn ein Arbeitgeber nicht über entsprechend fachkundiges betriebseigenes Personal verfügt, kann die Bestellungspflicht durch Inanspruchnahme externer Arbeitsmediziner (Z 2) oder eines arbeitsmedizinischen Zentrums (Z 3) erfüllt werden. Die seit der ASchG Stammfassung BGBl 1994/450 geltende Wahlfreiheit der Arbeitgeber bei der Bestellung von Präventivfachkräften ist mit der ASchG-Novelle I 2006/147 entfallen. Analoge Regelungen gelten für die Bestellung von Sicherheitsfachkräften (siehe Anmerkungen zu § 73).

VwGH 26.7.2002, 98/02/0061 (Entscheidung zur Rechtslage vor der ASchG-Novelle I 2006/147 mit Wahlfreiheit hinsichtlich der Bestellungsform):

- Das Gesetz stellt nach § 79 Abs 1 ASchG 1994 dem Arbeitgeber drei Möglichkeiten zur Erfüllung seiner Verpflichtung, Arbeitsmediziner zu bestellen, zur Verfügung. **Die Verantwortlichkeit des Arbeitgebers für die Erfüllung der dem Arbeitsmediziner obliegenden Pflichten kann nicht davon abhängen, welche rechtliche Möglichkeit bei der Bestellung des Arbeitsmediziners gewählt wurde**. Vielmehr enthebt gemäß § 83 Abs 9 ASchG 1994 die Bestellung von Präventivfachkräften die Arbeitgeber nicht von ihrer Verantwortlichkeit für die Einhaltung der Arbeitnehmerschutzvorschriften und kann den Präventivfachkräften die Verantwortlichkeit für die Einhaltung von Arbeitnehmerschutzvorschriften nicht rechtswirksam übertragen werden (Hinweis E 26.4.2002, 99/02/0205). 2
- Der Arbeitgeber hat somit je nachdem, von welcher Möglichkeit der Bestellung eines Arbeitsmediziners Gebrauch gemacht wurde, in geeigneter Weise dafür zu sorgen, dass die arbeitsmedizinischen Aufgaben erfüllt werden. **Die vertragliche Verpflichtung eines externen Arbeitsmediziners kann den Arbeitgeber nicht davon entbinden, Maßnahmen zu ergreifen, um die Einhaltung der von ihm erteilten Anordnungen betreffend die Beachtung der Arbeitnehmerschutzvorschriften zu gewährleisten**. Insbesondere ist es hierbei Aufgabe des Arbeitgebers, darzulegen und glaubhaft zu machen, welche Kontrollen er eingerichtet und wie er sich vom Funktionieren des Kontrollsystems informiert hat (Hinweis E 5.7.1996, 96/02/0301). 3
- Entgegen der Auffassung der belangten Behörde **kommt es für die Strafbarkeit wegen Verletzung der Aufsichtspflicht nicht darauf an, ob der bestellte Arbeitsmediziner in einem wirtschaftlichen Abhängigkeitsverhältnis zum jeweiligen Unternehmen steht**; aus dem im angefochtenen Bescheid in diesem Zusammenhang zitierten hg Erkenntnis vom 2.9.1993, 92/09/0322, ist somit für den Beschwerdefall nichts zu gewinnen. Auch vermag der Verwaltungsgerichtshof nicht zu erkennen, dass eine verfassungskonforme Auslegung des § 130 Z 27 ASchG der Bestrafung eines Arbeitgebers, der von der ihm gesetzlich eröffneten Möglichkeit der Bestellung eines externen Arbeitsmediziners Gebrauch gemacht, seine Überwachungspflicht aber verletzt hat, entgegenstünde. In einem solchen Fall ist es **Aufgabe des Arbeitgebers, bereits bei Abschluss des Vertrages, mit dem der Arbeitsmediziner bestellt wird, die Möglichkeit, eine solche Überwachung durchzuführen und hierbei festgestellte Verstöße gegen die vom Arbeitsmediziner übernommenen Pflichten abzustellen und zu pönalisieren, vertraglich zu verankern.** Auch liegt, wie die beschwerdeführende Partei zutreffend ausführt, das Ziel des ASchG darin, allen Arbeitnehmern den gleichen Gesundheitsschutz zu gewährleisten, unabhängig davon, ob die 4

medizinische Betreuung extern oder intern erfolgt. Diesem Ziel würde es aber widersprechen, wenn Arbeitgeber ihre Verpflichtung zur Einhaltung der Arbeitnehmerschutzvorschriften dadurch reduzieren könnten, dass sie externe Arbeitsmediziner beschäftigen.

5 Die Bestellung von Arbeitsmedizinern erfolgt jeweils **für eine Arbeitsstätte samt allen dazugehörigen auswärtigen Arbeitsstellen und Baustellen**. Eine gesonderte Bestellung ist nur für Baustellen zulässig, wenn dies aus organisatorischen oder fachlichen Gründen zweckmäßig ist – etwa bei Großbaustellen (§ 83 Abs 4 und 5).

6 Vor der Bestellung von Arbeitsmedizinern ist der **Arbeitsschutzausschuss** anzuhören (einzurichten in Arbeitsstätten ab 100 Arbeitnehmern, in Bürobetrieben ab 250, §§ 83 Abs 2, 88 ASchG). Die beabsichtigte Bestellung oder Abberufung von Sicherheitsfachkräften, Arbeitsmedizinern und Personen, die für die Erste Hilfe, die Brandbekämpfung und Evakuierung zuständig sind, weiters die beabsichtigte Beiziehung eines arbeitsmedizinischen Fachdienstes, ist mit dem **Betriebsrat** zu beraten, außer wenn die beabsichtigte Maßnahme im Arbeitsschutzausschuss behandelt wird. Der Betriebsrat hat das Recht, das Arbeitsinspektorat zu den Beratungen beizuziehen. Eine ohne Beratung mit dem Betriebsrat oder Behandlung im Arbeitsschutzausschuss vorgenommene Bestellung von Sicherheitsfachkräften und Arbeitsmedizinern ist rechtsunwirksam (§ 92a ArbVG).

7 Auch die **Sicherheitsvertrauenspersonen** sind über die beabsichtigte Bestellung von Arbeitsmedizinern zu informieren. Die beabsichtigte Bestellung ist mit ihnen zu beraten, außer es sind Belegschaftsorgane errichtet oder die Bestellung wurde im Arbeitsschutzausschuss beraten. Gleiches gilt für die Abberufung von Arbeitsmedizinern (§ 11 Abs 5 ASchG).

Näheres siehe Anmerkungen zu § 73 Rz 9 ff und § 83 Rz 1 ff.

8 Werden mehrere betriebsinterne Arbeitsmediziner bestellt, ist einem von ihnen die **Leitung** zu übertragen. Der Leiter oder dessen Stellvertreter ist Mitglied des Arbeitsschutzausschusses (§ 88 Abs 3 Z 4 ASchG). Bei Bestellung mehrerer Arbeitsmediziner (wie auch bei der Inanspruchnahme eines Zentrums neben betriebseigenen oder externen Präventivfachkräften) ist für deren Zusammenarbeit und Koordination zu sorgen (§ 83 Abs 6 ASchG).

II. Qualifikation der Arbeitsmediziner

9 Nach ErlRV 1590 BlgNR 18. GP zu § 79 Abs 2 der ASchG-Stammfassung sollten die Regelungen zur Qualifikation der Arbeitsmediziner aus der vor dem ASchG geltenden Rechtslage des Arbeitnehmerschutzgesetzes (ANSchG) fortgeführt und die Möglichkeit zur Anerkennung ausländischer Ausbildungen durch den Gesundheitsminister geschaffen werden. Infolge der **Neuerlassung der Ärzte-Ausbildungsordnung im Jahr 1994 (neues Sonderfach „Arbeits- und Betriebsmedizin“**) kam es zu Unklarheiten über die geforderte Qualifi-

kation der Arbeitsmediziner. Mit dem durch die ASchG-Novelle BGBl I 1997/9 eingefügten Verweis des § 79 Abs 2 ASchG auf (zunächst) § 14 Ärztegesetz 1984 erfolgte dazu eine Klarstellung (ErlRV 461 20. GP). Das ANS-RG (BGBl I 2001/159) passte die ASchG-Regelung schließlich an **§ 38 Ärztegesetz 1998**, BGBl I 1998/169, an:

Als Arbeitsmediziner dürfen demnach nur Personen bestellt werden, die **10**

- zur selbständigen Ausübung des ärztlichen Berufes im Sinne des Ärztegesetzes 1998, BGBl I 1998/169, berechtigt sind und
- eine vom Bundesminister für Gesundheit anerkannte arbeitsmedizinische Ausbildung gemäß § 38 des Ärztegesetzes 1998 absolviert haben.

§ 38 Ärztegesetz 1998 sieht für approbierte Ärzte, Ärzte für Allgemeinmedizin **11** und Fachärzte, die eine Tätigkeit als Arbeitsmediziner im Sinne des ASchG auszuüben beabsichtigen, die **Absolvierung eines Ausbildungslehrgangs an einer Akademie für Arbeitsmedizin** zum Zweck der Erlangung des für diese Tätigkeit notwendigen Wissens auf dem Gebiet der Arbeitsmedizin sowie von Kenntnissen über die maßgeblichen Arbeitnehmerschutzvorschriften vor. Die Lehrgänge umfassen eine theoretische und praktische Ausbildung von mindestens zwölf Wochen und müssen vom Bundesminister für Gesundheit anerkannt sein (zB Akademie für Arbeitsmedizin Klosterneuburg – AAM, Linzer Akademie für Arbeitsmedizin und Sicherheitstechnik – PGA). Art, Inhalt und Form der Ausbildungslehrgänge werden durch die **Verordnung über die arbeitsmedizinische Ausbildung von Ärzten und Ärztinnen**, BGBl 1995/489, näher geregelt. Deren Novelle BGBl II 2012/463 stand mit der ASchG-Novelle I 2012/118 über die Prävention gegen psychische Belastungen am Arbeitsplatz in Zusammenhang und ergänzte bzw regelte die Ausbildungsinhalte des § 5 Abs 1 neu:

- Z 2: Arbeitsphysiologie: Belastung, Beanspruchung, körperliche und mentale Leistungsfähigkeit, Beurteilung von Arbeitsschwere, Arbeitsschwierigkeit und Arbeitsleistung, Ermüdung, Erschöpfung, Erholung;
- Z 3: Betriebs- und Arbeitsorganisation einschließlich Organisationsentwicklung;
- Z 4: Arbeitspsychologie und Organisationspsychologie: Evaluierung (Erfassung, Bewertung, Präventionsmaßnahmen) psychischer Belastungen, Schnittstellen zu anderen Fachdisziplinen;
- Z 11: Maßnahmen im Zusammenhang mit der besonderen Schutzbedürftigkeit von Personen, insbesondere von chronisch Kranken, Behinderten, Rehabilitanden, Jugendlichen, werdenden Müttern sowie älteren Arbeitnehmerinnen und Arbeitnehmern.

Nach der Übergangsbestimmung des § 8 Abs 3 der Verordnung finden diese Neuregelungen keine Anwendung auf Ausbildungslehrgänge, deren Beginn vor dem 1.1.2013 liegt.

12 Ein **vor dem 1.1.1984** am Österreichischen Bundesinstitut für Gesundheitswesen erfolgreich zurückgelegter vierwöchiger Lehrgang auf dem Gebiet der Arbeitsmedizin gilt als mit Erfolg absolvierter Ausbildungslehrgang im Sinne des § 38. Eine **außerhalb Österreichs absolvierte Ausbildung** auf dem Gebiet der Arbeitsmedizin ist von der Österreichischen Ärztekammer als einer Ausbildung gemäß § 38 gleichwertig anzuerkennen, wenn die Ausbildung die für die betriebsärztliche Betreuung der Arbeitnehmer erforderlichen Kenntnisse vermittelt hat. Die Anerkennung kann an Bedingungen und Auflagen, insbesondere hinsichtlich eines Nachweises von Kenntnissen über die maßgeblichen Arbeitnehmerschutzvorschriften, geknüpft werden (§ 39 Abs 1 und 2 Ärztegesetz 1998).

III. Ärztliche Unabhängigkeit und Verschwiegenheitspflicht

13 § 79 Abs 3 ASchG trifft keine Regelungen über die Unabhängigkeit der Arbeitsmediziner und ihre Verschwiegenheitspflicht, es gilt ohnehin das **Ärztegesetz**, weitergehende Regelungen erschienen laut Gesetzesmaterialien nicht notwendig:

Die ErlRV 1590 BlgNR 18. GP verweisen auf die vor dem ASchG geltende Regelung des § 22b Abs 4 ANSchG, wonach die Unabhängigkeit der Ärzte, die in der arbeitsmedizinischen Betreuung tätig werden, gegenüber dem Arbeitgeber und den Arbeitnehmern in ärztlichen sowie in sonstigen Belangen, die sich bei der Durchführung der Aufgaben einer arbeitsmedizinischen Betreuung ergeben, gewährleistet sein muss. Diese Regelung wurde nicht in das ASchG übernommen, weil die Unabhängigkeit in ärztlichen Belangen durch das Ärztegesetz gewährleistet ist, eine „Abhängigkeit" von den Arbeitnehmern schon aufgrund des Umstandes ausscheidet, dass die Arbeitsmediziner von den jeweiligen Arbeitgebern bestellt werden, und eine gewisse „Abhängigkeit" von den Arbeitgebern in nicht ärztlichen Belangen naturgemäß mit dem Arbeitsvertrag bzw dem Werkvertrag verbunden ist. In diesem Zusammenhang darf auch nicht außer Acht gelassen werden, dass die Arbeitgeber für die ordnungsgemäße arbeitsmedizinische Betreuung verwaltungsstrafrechtlich verantwortlich sind.

14 Die **ärztliche Verschwiegenheitspflicht** nach § 54 Abs 1 Ärztegesetz 1998 verpflichtet auch Arbeitsmediziner (und deren Hilfspersonen) zur Verschwiegenheit über alle ihnen in Ausübung ihres Berufes anvertrauten oder bekannt gewordenen Geheimnisse, wie etwa über die besonders geschützten Gesundheitsdaten der Arbeitnehmer. Die Verschwiegenheitspflicht der Arbeitsmediziner gilt auch gegenüber den Arbeitgebern. Insoweit das ASchG Mitteilungspflichten der Arbeitsmediziner an Arbeitgeber im Zusammenhang mit der gesundheitlichen Eignung von Beschäftigten vorsieht, beziehen sich diese lediglich auf die **ärztliche Beurteilung als geeignet bzw nicht geeignet**, nicht aber auf ärztliche Befunde (vgl § 52 ASchG).

IV. Sach- und Personalressourcen der arbeitsmedizinischen Betreuung

Für die arbeitsmedizinische Betreuung sind personelle und fachliche Ressourcen 15
erforderlich, die grundsätzlich **von den Arbeitgebern zur Verfügung zu stellen** sind. Diese Verpflichtung entspricht Art 7 Abs 5 der Arbeitsschutz-Rahmenrichtlinie 89/391/EWG und der vor dem ASchG geltenden Rechtslage des § 21 Abs 3 ANSchG. Jedenfalls für die Durchführung der Aufgaben von Arbeitsmedizinern erforderlich ist das entsprechende **Fach- und Hilfspersonal**, Arbeitgeber müssen auch für die notwendige Fortbildung des Fachpersonals in der Arbeitszeit sorgen (§ 79 Abs 4 und 5).

Weiters sind die erforderlichen **Räume, Ausstattung und Mittel** zur Verfügung 16
zu stellen (§ 79 Abs 6 ASchG).

Bei Inanspruchnahme externer Dienste entfällt diese Arbeitgeberverpflichtung zur Bereitstellung der erforderlichen Sach- und Personalressourcen ganz oder teilweise (§ 79 Abs 7):

- Bei Inanspruchnahme externer Arbeitsmediziner entfällt diese Verpflichtung insoweit, als diese Fach- und Hilfspersonal, notwendige Ausstattung und Mittel nachweislich selbst beistellen.
- Bei Inanspruchnahme arbeitsmedizinischer Zentren müssen Arbeitgeber lediglich die zur Betreuung erforderlichen Räume zur Verfügung stellen.
- Für die Ausstattung arbeitsmedizinischer Zentren gelten § 80 ASchG sowie die Vorgaben der AMZ-VO.

Die Verpflichtung zur **Beistellung der erforderlichen Räume** besteht unab- 17
hängig von der Form der Präventivdienstbetreuung, da diese jedenfalls in der Arbeitsstätte stattfinden muss. Es erscheint jedoch zulässig, ein und denselben Raum als Zimmer für den Arbeitsmediziner und als Sanitätsraum (§ 41 Arbeitsstättenverordnung – AStV) zu nutzen.

Arbeitsmedizinische Zentren

§ 80. (1) Für den Betrieb eines arbeitsmedizinischen Zentrums im Sinne dieses Bundesgesetzes müssen folgende Voraussetzungen erfüllt sein:

1. **Die ärztliche Leitung des Zentrums muß einem Arzt übertragen sein, der über die erforderliche Ausbildung verfügt und die arbeitsmedizinische Betreuung hauptberuflich ausübt.**
2. **Im Zentrum müssen weitere Ärzte beschäftigt werden, die über die erforderliche Ausbildung verfügen, sodaß gewährleistet ist, daß das Zentrum regelmäßig eine arbeitsmedizinische Betreuung im Ausmaß von mindestens 70 Stunden wöchentlich ausüben kann, wobei auf dieses Ausmaß nur die Einsatzzeit von Ärzten anzurechnen ist, die regelmäßig mindestens acht Stunden wöchentlich beschäftigt werden.**

3. Im Zentrum muß das erforderliche Fach und Hilfspersonal beschäftigt werden.
4. Im Zentrum müssen die für eine ordnungsgemäße arbeitsmedizinische Betreuung erforderlichen Einrichtungen, Geräte und Mittel vorhanden sein.

(2) Der Betreiber eines arbeitsmedizinischen Zentrums hat dem Bundesminister für Arbeit, Soziales und Konsumentenschutz zu melden:

1. spätestens vier Wochen vor Aufnahme des Betriebes eines Zentrums: Zeitpunkt der beabsichtigten Inbetriebnahme, Bezeichnung des Zentrums, Name des Leiters, Anschrift und Telefonnummer des Zentrums,
2. nach Aufnahme des Betriebes: allfällige Änderungen der Angaben nach Z 1,
3. die allfällige Beendigung der Tätigkeit des Zentrums.

(3) Das zuständige Arbeitsinspektorat hat auf Grund der Meldung nach Abs. 2 Z 1 unverzüglich zu überprüfen, ob die Voraussetzungen nach Abs. 1 vorliegen. Ergibt die Überprüfung, daß die Voraussetzungen nach Abs. 1 nicht erfüllt sind, hat das Arbeitsinspektorat den Betreiber schriftlich zur Behebung der Mängel vor Aufnahme des Betriebes des Zentrums aufzufordern. Wird ein arbeitsmedizinisches Zentrum betrieben, ohne die Voraussetzungen nach Abs. 1 zu erfüllen, hat das Arbeitsinspektorat Strafanzeige wegen Übertretung im Sinne des § 130 Abs. 6 Z 2 an die zuständige Verwaltungsstrafbehörde zu erstatten. § 9 Abs. 4 und 5 sowie §§ 11 und 13 des Arbeitsinspektionsgesetzes 1993, BGBl. Nr. 27/1993, gelten sinngemäß. Das Arbeitsinspektorat hat den zuständigen gesetzlichen Interessenvertretungen der Arbeitgeber und der Arbeitnehmer sowie der Österreichischen Ärztekammer

1. Gelegenheit zu geben, an der Überprüfung teilzunehmen,
2. gegebenenfalls eine Kopie der Aufforderung zur Behebung der Mängel zu übermitteln und
3. mitzuteilen, ob die Voraussetzungen vorliegen oder ob Strafanzeige erstattet wurde.

(4) Der Bundesminister für Arbeit, Soziales und Konsumentenschutz hat jährlich eine Liste der arbeitsmedizinischen Zentren zu erstellen und sie im Internet zu veröffentlichen. Diese Liste hat zu enthalten: Namen der Betreiber, Namen der Leiter, Anschriften, Telefonnummern und Bezeichnung der Zentren. In diese Liste sind alle arbeitsmedizinischen Zentren aufzunehmen, die eine Meldung nach Abs. 2 Z 1 erstattet haben und bei denen die Prüfung gemäß Abs. 3 ergeben hat, daß sie die Voraussetzungen nach Abs. 1 erfüllen. Erfolgt eine rechtskräftige Bestrafung im Sinne des § 130 Abs. 6 Z 2, so ist das betreffende Zentrum aus der Liste zu streichen.

[BGBl I 2012/118]

Übersicht

I.	Personal und Mindestausstattung eines arbeitsmedizinischen Zentrums (AMZ)	1–10
II.	Zentren für die sicherheitstechnische und arbeitsmedizinische Betreuung	11
III.	AMZ für Bürobetriebe	12–14
IV.	Meldeverfahren vor AMZ-Betriebsaufnahme	15–18
V.	Inanspruchnahme eines AMZ durch Arbeitgeber	19, 20
VI.	AMZ-Liste des Arbeitsministeriums	21, 22

I. Personal und Mindestausstattung eines arbeitsmedizinischen Zentrums (AMZ)

§ 80 ASchG geht davon aus, dass ein arbeitsmedizinisches Zentrum strengere Anforderungen erfüllen muss als externe Arbeitsmediziner, insbesondere muss ein AMZ eine arbeitsmedizinische Betreuung nach ASchG im Ausmaß von mindestens 70 Wochenstunden gewährleisten können und dazu mindestens zwei Arbeitsmediziner beschäftigen. Mit der Verordnung über arbeitsmedizinische Zentren (AMZ-VO), BGBl II 1996/44, wurden in Ausführung des § 80 Abs 1 nähere Regelungen zur Mindestausstattung und zum erforderlichen Zentrumspersonal festgelegt: 1

Die **ärztliche Leitung** des AMZ muss einem Arbeitsmediziner (§ 79 Abs 2 ASchG) übertragen sein, der die arbeitsmedizinische Betreuung **hauptberuflich** ausübt (§ 80 Abs 1 ASchG). Nach § 1 Abs 1 AMZ-VO ist eine wöchentliche Normalarbeitszeit von zumindest **20 Wochenstunden** erforderlich (seit der ASchG-Novelle BGBl I 2012/118 ist auch Teilzeitleitung des AMZ zulässig, vgl ErlRV 1983 BlgNR 24. GP) (siehe Anmerkungen zu § 75 ASchG; Novelle der AMZ-VO durch Verordnung BGBl II 2013/210). Ob auch eine administrative Leitung eingerichtet wird, liegt in der Entscheidung des AMZ, die Unabhängigkeit der Arbeitsmediziner ist jedenfalls zu gewährleisten. 2

Im Zentrum müssen **weitere Arbeitsmediziner** (§ 80 Abs 1 ASchG, § 1 Abs 2 AMZ-VO) beschäftigt werden, sodass das AMZ eine arbeitsmedizinische Betreuung im Ausmaß von **mindestens 70 Stunden wöchentlich** ausüben kann. Auf dieses Ausmaß kann nur die Einsatzzeit von Arbeitsmedizinern angerechnet werden, die regelmäßig mindestens acht Stunden wöchentlich beschäftigt sind. Ebenfalls angerechnet werden können die für die ärztliche Leitung des AMZ notwendigen Koordinations- und Leitungstätigkeiten (§ 1 Abs 3 AMZ-VO). 3

Seit **1.7.2022** kann in AMZ, die als Ausbildungsstätte gemäß § 10 Abs 1 Ärztegesetz 1998 (ÄrzteG 1998) anerkannt sind, auch die **Tätigkeit auszubildender Fachärztinnen und Fachärzte im Sonderfach Arbeitsmedizin und angewandte Physiologie** (Ärztinnen-/Ärzte-Ausbildungsordnung 2015 – ÄAO 2015, BGBl II 2015/147) in die regelmäßige arbeitsmedizinische Betreuung des AMZ (§ 1 Abs 2 AMZ-VO) eingerechnet werden, sofern diese den **Aus-**

bildungslehrgang nach der Verordnung über die arbeitsmedizinische Ausbildung von Ärztinnen und Ärzten (BGBl 1995/489) bereits abgeschlossen haben (§ 1 Abs 2a AMZ-VO, Novelle BGBl II 2022/218).

4 Weiters ist geeignetes **Fachpersonal** zur fachlichen Unterstützung der Arbeitsmediziner erforderlich (§ 80 Abs 1 Z 3 ASchG), die Konkretisierung der erforderlichen Qualifikation erfolgte durch § 2 AMZ-VO. Die seit 1.1.2000 geltende AMZ-VO berücksichtigt noch nicht spätere Änderungen der Berufsbezeichnungen im Gesundheitsrecht, insbesondere durch das Gesundheits- und Krankenpflegegesetz (GuKG), BGBl I 1997/108, und das Medizinische Assistenzberufe-Gesetz (MABG), BGBl I 2012/89.

Als geeignetes Fachpersonal gelten nach § 2 Abs 2 AMZ-VO:

1. Ärzte/Ärztinnen, die ihre arbeitsmedizinische Ausbildung noch nicht abgeschlossen haben,
2. Angehörige der gehobenen medizinisch-technischen Dienste und des medizinisch-technischen Fachdienstes,
3. Angehörige des Krankenpflegefachdienstes,
4. Psycholog/innen,
5. Chemiker/innen,
6. Personen mit einer entsprechenden Ausbildung auf den Gebieten der Ergonomie, Epidemiologie, Toxikologie sowie anderen für die Tätigkeit im arbeitsmedizinischen Zentrum einschlägigen Gebieten,
7. Angehörige eines Arbeitsmedizinischen Fachdienstes.

Angehörige eines Arbeitsmedizinischen Fachdienstes (AFa) gelten seit **1.7.2022** als geeignetes arbeitsmedizinisches AMZ-Fachpersonal (AMZ-VO-Novelle BGBl II 2022/218). Diese Erweiterung wurde notwendig aufgrund der zeitgleich in Kraft getretenen ASchG-Novelle BGBl I 2022/115, mit der die Möglichkeit geschaffen wurde zur Unterstützung der arbeitsmedizinischen Betreuung in den Arbeitsstätten einen AFa zu beschäftigen **(§ 82c ASchG)**. Auch Präventionszentren der Unfallversicherungsträger (AUVA.sicher, BVAEB) dürfen bei arbeitsmedizinischen Bürobegehungen in Kleinstarbeitsstätten (bis 10 Beschäftigte) AFa einsetzen (§ 77a Abs 3a, § 78a Abs 2a ASchG). Mit Novelle der AMZ-VO wurde es auch arbeitsmedizinischen Zentren ermöglicht, AFa als Fachpersonal bei der AMZ-Betreuung in Betrieben einzusetzen (§ 79 Abs 1 Z 3). Die AFa-Tätigkeit erfolgt unter Leitung des Arbeitsmediziners bzw der Arbeitsmedizinerin des AMZ (§ 82c Abs 4 ASchG, § 1 AMZ-VO).

5 Das Fachpersonal nach Z 2 und 3 muss eine **Ausbildung für arbeitsmedizinisches Fachpersonal** in der Dauer von mindestens vier Wochen absolviert haben (§ 2 Abs 3 AMZ-VO). Analog zu den sicherheitstechnischen Zentren (STZ, § 75 ASchG, STZ-VO) ist nach § 2 Abs 5 AMZ-VO eine interdisziplinäre Besetzung anzustreben (Fachpersonal aus dem Personenkreis nach den Z 2 und 3 wie auch den Z 4 bis 6).

Mindestbeschäftigungsausmaß des Fachpersonals ist die Hälfte der Summe der Normalarbeitszeit der Sicherheitsfachkräfte, zumindest aber regelmäßig 38 Wochenstunden (§ 2 Abs 4 AMZ-VO). 6

Hilfspersonal (Sekretariatsarbeiten, Ablage, Telefondienst ua) zur Unterstützung der Arbeitsmediziner/innen und des AMZ-Fachpersonals muss ebenfalls zumindest im Gesamtausmaß von 38 Wochenstunden beschäftigt werden (§ 3 STZ-VO). 7

§ 4 AMZ-VO regelt den **Mindestraumbedarf** eines AMZ: Arbeitsräume, Untersuchungsräume, Warteraum, Raum für funktionsanalytische Untersuchungen, Waschraum und Toilette, Umkleideraum oder -kabine, allenfalls Laborraum (soweit Laboruntersuchungen nicht an Speziallabors ausgelagert werden), aus Datenschutzgründen ein versperrbares Archiv zum Schutz von betriebsbezogenen und arbeitnehmerbezogenen Unterlagen, insbesondere ärztlichen Befunden (Schutz der zur arbeitsmedizinischen Betreuung verarbeiteten Daten vor Zugriff Unbefugter in geeigneter Weise). 8

Im Zentrum müssen die für eine ordnungsgemäße arbeitsmedizinische Betreuung erforderliche **Ausstattung** und die nötigen Geräte und Mittel vorhanden sein (Personenwaage, Körpergrößenmessgerät, Blutdruckmessgerät, Notfallausrüstung, Nasenspekulum, Dermatoskop, Otoskop, Audiometer, Sehtestgerät und Spirometer; weiters wie bei STZ die für Messungen notwendigen Geräte sowie Arbeitnehmerschutzvorschriften und Fachliteratur). 9

Für die Beschäftigung der AMZ-Arbeitnehmer gilt (wie auch bei sicherheitstechnischen Zentren als Arbeitgeber) der Sicherheits- und Gesundheitsschutz nach ASchG. Die AMZ-Räumlichkeiten müssen daher den Arbeitnehmerschutzvorschriften entsprechen, insbesondere die Anforderungen der Arbeitsstättenverordnung (AStV) erfüllen, und entsprechend gekennzeichnet sein.

VwGH 21.4.1998, 97/11/0382 (Anm: Entscheidung vor Entfall der AMZ-Bewilligungsbescheide, siehe Rz 16): Die arbeitsmedizinische Betreuung iSd § 22 ASchG idF BGBl 1982/544 bzw § 79 und § 80 ASchG 1994 darf – abgesehen von der Tätigkeit von hierzu befähigten Ärzten, die als Arbeitnehmer des jeweiligen Betriebes oder freiberuflich (extern) tätig sind –, nur von als arbeitsmedizinisches Zentrum bewilligten Einrichtungen durchgeführt werden. Gem § 1 Abs 3 lit b Krnt KAO 1992 scheiden Krankenanstalten in diesem Zusammenhang aus bzw können **arbeitsmedizinische Zentren in rechtlicher Hinsicht nicht als Krankenanstalt eingerichtet** werden. 10

II. Zentren für die sicherheitstechnische und arbeitsmedizinische Betreuung

Will ein Zentrum sowohl die sicherheitstechnische als auch die arbeitsmedizinische Betreuung nach ASchG durchführen (**2. Abschnitt STZ-VO**), muss es hinsichtlich Präventivfachkräften , Fach- und Hilfspersonal sowohl die Voraussetzungen nach STZ-VO als auch diejenigen nach AMZ-VO erfüllen. 11

Näheres siehe Anmerkungen zu § 75 Rz 9 f.

III. AMZ für Bürobetriebe

12 Bereits die ASchG-Stammfassung sah die Möglichkeit einer eingeschränkten Bewilligung vor, da nicht auszuschließen ist, dass ein externer Dienst nur bestimmte Arbeitsstätten bzw nur Arbeitnehmer einer bestimmten Branche betreut. Die Regelung nahm darauf Bedacht, dass bei einem eingeschränkten Betreuungsbereich die personelle und sachliche Ausstattung nicht jener entsprechen muss, die für die Betreuung von Arbeitsstätten aller Art notwendig ist (vgl ErlRV 1590 BlgNR 18. GP).

13 § 6 AMZ-VO ermöglicht eine auf die Betreuung von Bürobetrieben beschränkte Tätigkeit von AMZ bei **reduzierten Anforderungen an Ausstattung und Räumlichkeiten**: Nicht erforderlich sind Laborraum, Raum für funktionsanalytische Untersuchungen und bestimmte medizinische Untersuchungsgeräte.

Die auf Bürobetriebe beschränkte Tätigkeit muss in der Bezeichnung des AMZ unmissverständlich zum Ausdruck kommen.

14 Als **Bürobetriebe im Sinne des § 6 Abs 2 AMZ-VO** gelten Arbeitsstätten des Geld- und Kreditwesens, des Versicherungswesens, des Realitätenwesens, der Rechts- und Wirtschaftsdienste, weiters sonstige Arbeitsstätten, in denen mindestens 80 % der Arbeitnehmer ausschließlich mit Bürotätigkeiten beschäftigt sind.

IV. Meldeverfahren vor AMZ-Betriebsaufnahme

15 Das ASchG unterscheidet nicht mehr zwischen arbeitsmedizinischen Zentren und sonstigen überbetrieblich organisierten arbeitsmedizinischen Versorgungseinrichtungen, wie dies noch nach § 22c Abs 2 ANSchG der Fall war, da diese Unterscheidung in der Praxis keinerlei Bedeutung erlangt hat und im Übrigen die nach der Richtlinie 89/391/EWG vorgesehenen Anforderungen in gleicher Weise gelten müssen. Entsprechend Art 7 Abs 5 der Richtlinie 89/391/EWG müssen arbeitsmedizinische Zentren als externer Dienst über die erforderliche Eignung, die erforderlichen personellen und berufsspezifischen Mittel sowie eine ausreichende Personalausstattung verfügen (vgl ErlRV 1590 BlgNR 18. GP).

16 § 80 der ASchG-Stammfassung sah ursprünglich eine bescheidmäßige Genehmigung des Bundesministers für Arbeit und Soziales über die Erfüllung der ASchG-Voraussetzungen vor (für die zuvor nach ANSchG bewilligten Zentren galt eine Übergangsregelung bis 31.12.1997, § 7 Abs 3 AMZ-VO). Mit 1.1.1999 sind die Genehmigungsbescheide für arbeitsmedizinische Zentren aufgrund des hohen Verwaltungsaufwands und zwecks Entfalls entbehrlicher Bürokratie entfallen (ErlRV 1449 BlgNR 20. GP zur ASchG-Novelle BGBl I 1999/12).

17 Zu den **Meldepflichten der Betreiber von AMZ vor Aufnahme des Zentrumsbetriebes** gegenüber dem für den Bereich Arbeit zuständigen Bundesminister

(§ 80 Abs 2 ASchG) und zur Überprüfung durch das zuständige Arbeitsinspektorat siehe Anmerkungen zu § 75 (Sicherheitstechnische Zentren).

Der Betrieb eines AMZ ohne Erfüllung der Voraussetzungen unterliegt der Verwaltungsstrafsanktion des § 130 Abs 6 Z 2 ASchG. 18

V. Inanspruchnahme eines AMZ durch Arbeitgeber

Während sich Arbeitgeber bei Inanspruchnahme externer Arbeitsmediziner vergewissern müssen, dass diese die Voraussetzungen erfüllen (arbeitsmedizinische Qualifikation, Fach- und Hilfspersonal, Ausstattung und Mittel; § 79 Abs 2, 4 und 6 ASchG), entfällt diese Verpflichtung bei Inanspruchnahme arbeitsmedizinischer Zentren, weil diese strengere Anforderungen erfüllen und das zur ordnungsgemäßen sicherheitstechnischen Betreuung erforderliche Personal und die notwendigen Sachressourcen selbst gewährleisten müssen. **Arbeitgeber können bei dieser Betreuungsform darauf vertrauen, dass ein AMZ dem ASchG und der AMZ-VO entsprechend betrieben wird**, sofern es in der AMZ-Liste des Arbeitsministeriums angeführt ist (vgl ErlRV 1590 BlgNR 18. GP). 19

Die zur Durchführung der **Präventivdienstbetreuung vor Ort** erforderlichen Räumlichkeiten in der betreuten Arbeitsstätte sind jedenfalls von den Arbeitgebern beizustellen (§ 79 Abs 7 ASchG). Die grundsätzliche Verantwortlichkeit von Arbeitgebern für die Einhaltung der Arbeitnehmerschutzvorschriften, so auch für eine ordnungsgemäße sicherheitstechnische Betreuung der Arbeitsstätten, wird nicht berührt. 20

VI. AMZ-Liste des Arbeitsministeriums

Die erforderliche Information der interessierten Öffentlichkeit über jene Zentren, welche die Voraussetzungen von ASchG und AMZ-VO erfüllen, wird durch die mindestens einmal jährlich durch den Bundesminister für Arbeit zu erstellende AMZ-Liste gewährleistet. Diese Liste soll vor allem der Information jener Arbeitgeber dienen, welche einen externen Dienst in Anspruch nehmen wollen (vgl ErlRV 1590 BlgNR 18. GP). 21

Seit 1.1.2013 wird die Liste statt schriftlich und jährlich nunmehr im Internet auf der **Website der Arbeitsinspektion** veröffentlicht und laufend aktualisiert: https://www.arbeitsinspektion.gv.at/Service/Publikationen/Merkblaetter-_Broschueren_und_Studien.html. Diese Neuregelung durch die ASchG-Novelle BGBl I 2012/118 dient der Verwaltungsvereinfachung. Weiterhin übersendet das Zentral-Arbeitsinspektorat im Arbeitsministerium die Listen auch in Papierform (wie jedes Informationsmaterial) auf Anfrage an interessierte Personen. Ein ausdrücklicher gesetzlicher Auftrag ist dazu nicht erforderlich (vgl ErlRV 1983 BlgNR 24. GP).

Siehe Anmerkungen zu § 75 Abs 4 STZ-Liste – die Liste dient der Unterstützung der Arbeitgeber bei der Auswahl eines Zentrums; eine Streichung aus der Liste indiziert, dass die gesetzlichen Voraussetzungen für den Zentrumsbetrieb nicht (mehr) erfüllt sind (E OGH zu § 75 Abs 4 ASchG v 30.11.2006, 6 Ob 283/05v).

22 Bei **rechtskräftiger Bestrafung gemäß § 130 Abs 6 Z 2 oder Z 3 ASchG** (Betrieb eines AMZ ohne Erfüllung der Voraussetzungen, Verletzung von Melde- und Auskunftspflichten) ist das betreffende Zentrum nach § 80 Abs 4 ASchG **aus der AMZ-Liste zu streichen**.

Die Inanspruchnahme eines nicht (oder nicht mehr) gelisteten AMZ durch Arbeitgeber als AMZ nach § 79 Abs 1 Z 3 ASchG ist unzulässig. Die Weiterarbeit eines aus der Liste gelöschten Zentrums kann mit Mitteln des ASchG zwar nicht verhindert werden, eine Inanspruchnahme ist dann aber nur noch als externer Arbeitsmediziner gemäß § 79 Abs 1 Z 2 ASchG möglich (vgl ErlRV 1449 BlgNR 20. GP). Arbeitgeber treffen dann jedoch die Pflichten nach § 79 Abs 4 bis 7 ASchG (Bereitstellung von Fach- und Hilfspersonal, Ausstattung und erforderlichen Mitteln, außer der Arbeitsmediziner stellt diese nachweislich selbst bei).

Aufgaben, Information und Beiziehung der Arbeitsmediziner

§ 81. (1) Arbeitsmediziner haben die Aufgabe, die Arbeitgeber, die Arbeitnehmer, die Sicherheitsvertrauenspersonen und die Belegschaftsorgane auf dem Gebiet des Gesundheitsschutzes, der auf die Arbeitsbedingungen bezogenen Gesundheitsförderung und der menschengerechten Arbeitsgestaltung zu beraten und die Arbeitgeber bei der Erfüllung ihrer Pflichten auf diesen Gebieten zu unterstützen.

(2) Arbeitgeber haben den Arbeitsmedizinern alle zur Erfüllung ihrer Aufgaben erforderlichen Informationen und Unterlagen zur Verfügung zu stellen, insbesondere betreffend die Sicherheits und Gesundheitsschutzdokumente, Aufzeichnungen und Berichte über Arbeitsunfälle, die Ergebnisse von Messungen betreffend gefährliche Arbeitsstoffe und Lärm sowie von sonstigen für die Sicherheit und den Gesundheitsschutz maßgeblichen Messungen und Untersuchungen. Arbeitsmediziner sind gesondert zu informieren, wenn Arbeitnehmer aufgenommen werden, oder wenn Arbeitnehmer auf Grund einer Überlassung gemäß § 9 beschäftigt werden, soweit dies zur Erfüllung ihrer Aufgaben erforderlich ist.

(3) Arbeitgeber haben die Arbeitsmediziner und erforderlichenfalls weitere geeignete Fachleute hinzuzuziehen:

1. **in allen Fragen der Erhaltung und Förderung der Gesundheit am Arbeitsplatz und der Verhinderung arbeitsbedingter Erkrankungen,**
2. **bei der Planung von Arbeitsstätten,**
3. **bei der Beschaffung oder Änderung von Arbeitsmitteln,**
4. **bei der Einführung oder Änderung von Arbeitsverfahren und der Einführung von Arbeitsstoffen,**

5. **bei der Erprobung und Auswahl von persönlichen Schutzausrüstungen,**
6. **in arbeitsphysiologischen, arbeitspsychologischen und sonstigen ergonomischen sowie arbeitshygienischen Fragen, insbesondere des Arbeitsrhythmus, der Arbeitszeit- und Pausenregelung, der Gestaltung der Arbeitsplätze und des Arbeitsablaufes,**
7. **bei der Organisation der Ersten Hilfe,**
8. **in Fragen des Arbeitsplatzwechsels sowie der Eingliederung und Wiedereingliederung Behinderter in den Arbeitsprozeß,**
9. **bei der Ermittlung und Beurteilung der Gefahren,**
10. **bei der Festlegung von Maßnahmen zur Gefahrenverhütung,**
11. **bei der Organisation der Unterweisung und bei der Erstellung von Betriebsanweisungen und**
12. **bei Verwaltungsverfahren im Sinne des 8. Abschnittes.**

(4) Arbeitgeber haben dafür zu sorgen, daß die Arbeitsmediziner

1. **den Arbeitnehmern, den Sicherheitsvertrauenspersonen und den Belegschaftsorganen auf Verlangen die erforderlichen Auskünfte erteilen, soweit dem nicht die ärztliche Verschwiegenheitspflicht entgegensteht,**
2. **die Arbeitnehmer und die Sicherheitsvertrauenspersonen beraten, und**
3. **die Belegschaftsorgane auf Verlangen beraten.**

(5) Arbeitgeber haben dafür zu sorgen, daß alle Arbeitnehmer sich auf Wunsch einer regelmäßigen geeigneten Überwachung der Gesundheit je nach den Gefahren für ihre Sicherheit und Gesundheit am Arbeitsplatz durch die Arbeitsmediziner unterziehen können. Die Regelungen über besondere Eignungs und Folgeuntersuchungen bleiben unberührt.

[BGBl I 2001/159]

Übersicht

I. Aufgaben der Arbeitsmediziner 1, 2
II. Arbeitgeberpflichten gegenüber Arbeitsmedizinern 3, 4
III. Hinzuziehung der Arbeitsmediziner und sonstiger Fachleute 5–8
IV. Auskünfte und Beratung der Arbeitnehmer, Belegschaftsorgane und Sicherheitsvertrauenspersonen 9–11
V. Überwachung der Gesundheit auf Wunsch der Arbeitnehmer 12
VI. Betriebliche Gesundheitsförderung (BGF) 13
A. Entwicklung der BGF und Europäisches Netzwerk 14, 15
B. BGF-Instrumente und Qualitätskriterien 16–18
VII. Betriebliches Gesundheitsmanagement, Sicherheits- und Gesundheitsmanagementsysteme 19–21

I. Aufgaben der Arbeitsmediziner

Die Aufgaben der arbeitsmedizinischen Betreuung liegen auf dem **Gebiet des** 1
Gesundheitsschutzes, der Gesundheitsförderung und der menschengerech-

ten Arbeitsgestaltung. Arbeitssicherheit und Unfallverhütung sind hingegen primäre Aufgaben der Sicherheitsfachkräfte (siehe Anmerkungen zu § 76). Dementsprechend ist bei der Organisation des Brandschutzes die Beiziehung der Sicherheitsfachkräfte, bei der Organisation der Ersten Hilfe die Beiziehung der Arbeitsmediziner vorgesehen. Bestimmte Angelegenheiten fallen sowohl in den Bereich des Gesundheitsschutzes bzw der Gesundheitsförderung als auch in den Bereich der **Arbeitssicherheit**. Auf diesen Gebieten haben die Sicherheitsfachkräfte und die Arbeitsmediziner zusammenzuarbeiten und sind beide Einrichtungen zu beteiligen (ErlRV 1590 BlgNR 18. GP zur ASchG-Stammfassung, die ergänzend auf die damalige Rechtslage und Praxis in Deutschland verweisen).

2 Die Aufgaben der Arbeitsmediziner werden in **§ 81 Abs 1 ASchG** nur allgemein umschrieben. Wie die Sicherheitsfachkräfte sind Arbeitsmediziner Fachleute der **Arbeitgeber**, die sie beraten und bei der Erfüllung ihrer Aufgaben unterstützen sollen (vgl Arbeitsschutz-Rahmenrichtlinie 391/89/EWG). Arbeitsmediziner beraten aber auch die **Arbeitnehmer, Sicherheitsvertrauenspersonen und Belegschaftsorgane** auf dem Gebiet des Gesundheitsschutzes, der Gesundheitsförderung und der menschengerechten Arbeitsgestaltung. Arbeitgeber müssen die erforderlichen Voraussetzungen für eine entsprechende Beratung der Arbeitnehmer durch die Präventivfachkräfte schaffen (dazu dienen auch die Hinzuziehungspflichten nach § 81 Abs 4 ASchG).

Zur Zusammenarbeit ist auf § 85 und auf den Arbeitsschutzausschuss in größeren Arbeitsstätten (§ 88 ASchG) zu verweisen.

II. Arbeitgeberpflichten gegenüber Arbeitsmedizinern

3 Normadressaten des Arbeitsschutzgesetzes sind nicht die Arbeitsmediziner, sondern die Arbeitgeber. Sie müssen daher für eine wirksame arbeitsmedizinische Betreuung durch entsprechenden Einsatz der Arbeitsmediziner sorgen. Den Arbeitsmedizinern müssen gemäß **§ 81 Abs 2 ASchG** die für ihre Tätigkeit erforderlichen Unterlagen zur Verfügung gestellt werden, dies gilt für betriebseigene Arbeitsmediziner ebenso wie für externe Personen und Dienste (vgl Art 7 Abs 4 und Art 10 Abs 3 der Richtlinie 89/391/EWG sowie Art 6 der Richtlinie 383/91/EWG; ErlRV 1590 BlgNR 18. GP).

Werden Arbeitnehmer aufgenommen oder auf Grund einer Überlassung gemäß § 9 beschäftigt, sind die Arbeitsmediziner (ebenso wie die Sicherheitsfachkräfte, § 76 Abs 2 ASchG) gesondert zu informieren, soweit dies zur Erfüllung ihrer Aufgaben erforderlich ist (§ 81 Abs 2 ASchG).

4 Die Wahrnehmung der Aufgaben der Arbeitsmediziner ist (wie jene der Sicherheitsfachkräfte) somit als Arbeitgeberverpflichtung konzipiert.

Zu einer möglichen Haftung und Verantwortlichkeit siehe Anmerkungen zu § 83 ASchG und § 130 ASchG.

III. Hinzuziehung der Arbeitsmediziner und sonstiger Fachleute

Bereits **§ 81 Abs 3** der ASchG-Stammfassung BGBl 1994/450 führte bestimmte betriebliche Angelegenheiten an, in denen die Arbeitgeber verpflichtet sind, die Arbeitsmediziner jedenfalls beizuziehen (Z 1 bis 12). Die Z 1 (Hinzuziehung der Arbeitsmediziner **in allen Fragen der Erhaltung und Förderung der Gesundheit am Arbeitsplatz und auch in Fragen der Verhinderung arbeitsbedingter Erkrankungen**) wurde erst mit dem ANS-RG (BGBl I 2001/159) in § 81 Abs 3 ASchG eingefügt, um ausdrücklich klarzustellen, dass sich die Arbeitsmediziner im Rahmen ihrer präventiven Beratungstätigkeit nicht nur mit Fragen der auf die Arbeitsbedingungen bezogenen Gesundheitsförderung und der menschengerechten Arbeitsgestaltung, sondern auch mit Fragen der Vermeidung arbeitsbedingter Erkrankungen zu befassen haben (ErlRV 802 BlgNR 21. GP). 5

Die Aufzählung dieser Angelegenheiten ist **nicht abschließend**, es kommt auf die Arbeitgeber an, inwieweit Arbeitsmediziner in sonstigen Angelegenheiten befasst werden. Außerdem sind deren konkrete Aufgaben sehr stark von den betrieblichen Verhältnissen abhängig und können daher nur in sehr allgemeinen Grundsätzen generell umschrieben werden. Siehe Anmerkungen zu § 76 Abs 3 ASchG und ErlRV 1590 BlgNR 18. GP.

In kleineren Arbeitsstätten (mit bis zu 50 Arbeitnehmern) müssen – anstatt einer **Mindestpräventionszeit** (§ 82a ASchG) – lediglich regelmäßige Begehungen zur Präventivdienstbetreuung erfolgen (§ 77a ASchG). Im Rahmen dieser **Begehungen** sowie bei zusätzlichen Anlassbegehungen sind die Aufgaben der Arbeitsmediziner nach § 81 Abs 1 und 3 ASchG zu erfüllen (§ 77a Abs 2 ASchG; vgl ErlRV 1449 BlgNR 20. GP). 6

Zu sonstigen geeigneten Fachleuten siehe Anmerkungen zu § 82a Abs 5 und § 82b ASchG sowie zu § 76: Im Zusammenhang mit der Unterstützung der Arbeitsmediziner sind insbesondere **Fachleute der Arbeitspsychologie** angesprochen. Rechte und Pflichten sonstiger Fachleute regelt **§ 82b ASchG**. Sonstige Fachleute sind nur erforderlichenfalls der Präventivdienstbetreuung hinzuzuziehen, somit abhängig von der in der konkreten Arbeitsstätte gegebenen Gefährdungs- und Belastungssituation und Aufgabenstellung und insoweit der Anlassfall nicht in der Fachkompetenz der Präventivfachkräfte gelegen ist. Sonstige Fachleuten können bis zu 25 % der jährlichen Gesamtpräventionszeit beschäftigt werden (Sicherheitsfachkräfte mindestens 40 %, Arbeitsmediziner mindestens 35 %; siehe Anmerkungen zu § 82a Abs 5 ASchG). 7

Im Unterschied zu sonstigen Fachleuten, denen eine eigenständige Präventionszeit zugeteilt werden kann, ist eine Unterstützung der Arbeitsmediziner und Arbeitsmedizinerinnen durch den **arbeitsmedizinischen Fachdienst** seit **1.7.2022** gemäß § 82c Abs 3 ASchG in die jährliche Präventionszeit der Arbeitsmediziner einrechenbar, soweit die AFa-Angehörigen **Tätigkeiten gemäß § 82 ASchG** durchführen. Die AFa-Tätigkeiten müssen unter Leitung des Arbeitsmediziners bzw der Arbeitsmedizinerin erfolgen (siehe Anmerkungen zu **§ 82c ASchG**).

8 Die Sicherheitsvertrauenspersonen sind vor einer etwaigen Hinzuziehung externer Präventivfachdienste im Voraus zu hören (§ 11 Abs 5 ASchG, BGBl I 2012/118).

IV. Auskünfte und Beratung der Arbeitnehmer, Belegschaftsorgane und Sicherheitsvertrauenspersonen

9 **§ 81 Abs 4 ASchG** stellt klar, dass es Sache der **Arbeitgeber** ist, dafür zu sorgen, dass die Arbeitsmediziner ihren Aufgaben auch gegenüber den Arbeitnehmern und Belegschaftsorganen bzw Sicherheitsvertrauenspersonen nachkommen. Auf Verlangen müssen Arbeitsmediziner die erforderlichen Auskünfte erteilen, soweit dem nicht die **ärztliche Verschwiegenheitspflicht** entgegensteht (Z 1).

10 Bei der Organisation des betrieblichen Arbeitsschutzes, der Koordination der betrieblichen Arbeitsschutzeinrichtungen und der Beschlussfassung in Fragen des Sicherheits- und Gesundheitsschutzes kommt dem **Arbeitsschutzausschuss** in größeren Arbeitsstätten eine bedeutsame Rolle zu (§ 88 ASchG).

11 Nach **§ 85 Abs 1 ASchG** müssen Sicherheitsfachkräfte, Arbeitsmediziner und Belegschaftsorgane **zusammenarbeiten**:

- **Belegschaftsorgane** haben Anhörungs- und Beteiligungsrechte im Arbeitsschutz nach § 92a ArbVG (ua auch bei der Bestellung und Abberufung von Präventivfachkräften, siehe Anmerkungen zu §§ 73, 79 ASchG). Sie können ihre Befugnisse zum Teil an die Sicherheitsvertrauenspersonen delegieren (§ 92a Abs 4 ArbVG).
- **Sicherheitsvertrauenspersonen** sind aufgrund § 11 Abs 1 Z 2 und 7 ASchG zur Zusammenarbeit mit den Belegschaftsorganen und Präventivfachkräften (Sicherheitsfachkräfte, Arbeitsmediziner) verpflichtet.

Siehe Anmerkungen zu §§ 11, 76, 79 und 88.

V. Überwachung der Gesundheit auf Wunsch der Arbeitnehmer

12 **§ 81Abs 5 ASchG** zur regelmäßigen geeigneten Überwachung der Gesundheit je nach Gefahren für Sicherheit und Gesundheit am Arbeitsplatz auf Wunsch der Arbeitnehmer war bereits in der ASchG-Stammfassung enthalten. Der Anwendungsbereich der Regelung ist unklar, die Bestimmung hat bisher kaum praktische Bedeutung erlangt.

Die Regelungen über besondere Eignungs- und Folgeuntersuchungen bleiben unberührt und sind in der betrieblichen Praxis von höherer Relevanz (siehe Anmerkungen zum fünften Abschnitt ASchG, Verordnung über die Gesundheitsüberwachung am Arbeitsplatz 2024 – VGÜ).

VI. Betriebliche Gesundheitsförderung (BGF)

Die Aufgaben der Arbeitsmediziner umfassen nach **§ 81 Abs 1 ASchG** auch die Beratung und Unterstützung auf dem Gebiet der **auf die Arbeitsbedingungen bezogenen betrieblichen Gesundheitsförderung** (BGF). Arbeitgeber haben Arbeitsmediziner und erforderlichenfalls weitere geeignete Fachleute (zB Arbeitspsychologen) in allen Fragen der Erhaltung und **Förderung der Gesundheit am Arbeitsplatz** hinzuziehen (**§ 81 Abs 3 ASchG**). 13

Betriebliche BGF-Projekte und Maßnahmen können eine sinnvolle Ergänzung des präventiven Sicherheits- und Gesundheitsschutzes sein und sollen zur **Stärkung der individuellen Gesundheitskompetenz der Beschäftigten in Ergänzung zu Maßnahmen einer gesundheitsgerechten Arbeitsplatzgestaltung** beitragen. Partizipation, Integration als Teil der Unternehmenspolitik und Ganzheitlichkeit sind wesentliche Kriterien für BGF-Maßnahmen.

A. Entwicklung der BGF und Europäisches Netzwerk

Der Begriff **Gesundheitsförderung** wird in der **Ottawa Charta** definiert (Konferenz der WHO in Ottawa 1986): 14

> „Gesundheitsförderung zielt auf einen Prozeß, allen Menschen ein höheres Maß an Selbstbestimmung über ihre Gesundheit zu ermöglichen und sie damit zur Stärkung ihrer Gesundheit zu befähigen. Um ein umfassendes körperliches, seelisches und soziales Wohlbefinden zu erlangen, ist es notwendig, daß sowohl einzelne als auch Gruppen ihre Wünsche und ihre Bedürfnisse befriedigen, ihre Wünsche und Hoffnungen verwirklichen sowie ihre Umwelt meistern bzw. verändern können."

Die Mitglieder des **Europäischen Netzwerkes für betriebliche Gesundheitsförderung** haben Grundlage, Ziele und Leitlinien zur Verbesserung von Gesundheit und Wohlbefinden am Arbeitsplatz 1997 in der sogenannten **„Luxemburger Deklaration"** vereinbart: 15

> „Die sich verändernden Lebens-, Arbeits- und Freizeitbedingungen haben einen entscheidenden Einfluß auf die Gesundheit. Die Art und Weise, wie eine Gesellschaft die Arbeit, die Arbeitsbedingungen und die Freizeit organisiert, sollte eine Quelle der Gesundheit und nicht der Krankheit sein. Gesundheitsförderung schafft sichere, anregende, befriedigende und angenehme Arbeits- und Lebensbedingungen."

Im **Cardiff Memorandum** wurden die Prioritäten des Europäischen Netzwerkes für betriebliche Gesundheitsförderung in Klein- und Mittelbetrieben festgelegt (1998).

Die österreichische Kontaktstelle des Europäischen Netzwerkes für betriebliche Gesundheitsförderung ist die Oberösterreichische Gebietskrankenkasse (OÖ GKK). 2000 wurde das **österreichische Netzwerk** betriebliche Gesundheitsförderung (ÖNBGF) gegründet: http://www.netzwerk-bgf.at.

B. BGF-Instrumente und Qualitätskriterien

16 Als **BGF-Instrumente** gelten:

- Betrieblicher Gesundheitsbericht,
- Befragung der Mitarbeiter und Mitarbeiterinnen,
- Gesundheitszirkel,
- Betriebsvereinbarungen,
- Projektmanagement.

17 Die **Qualitätskriterien des Europäischen Netzwerkes BGF** gliedern sich in sechs Bereiche:

1. **Unternehmenspolitik**
   BGF muss als Führungsaufgabe wahrgenommen und in bestehende Managementsysteme eingebunden werden. Eine schriftliche Leitlinie zur BGF sollte ebenso vorhanden sein wie der Wille der Führungskräfte, diese auch organisatorisch umzusetzen, die notwendigen Mittel bereitzustellen und den Fortschritt bei der Umsetzung regelmäßig zu prüfen.
2. **Personalwesen und Arbeitsorganisation**
   Die wichtigste Aufgabe gesundheitsgerechter Personalführung und Arbeitsorganisation besteht darin, die Fähigkeiten der Mitarbeiter bei der Arbeitsgestaltung zu berücksichtigen. Für den Erfolg von BGF ist dabei ausschlaggebend, dass alle Mitarbeiter möglichst weitgehend an den Planungen und Entscheidungen beteiligt werden.
3. **Planung betrieblicher Gesundheitsförderung**
   BGF ist dann erfolgreich, wenn sie auf einem klaren Konzept basiert, das fortlaufend überprüft, verbessert und allen Mitarbeitern bekannt gemacht wird.
4. **Soziale Verantwortung**
   Für den Erfolg betrieblicher Gesundheitsförderung ist auch entscheidend, ob und wie die Organisation ihrer Verantwortung im Umgang mit den natürlichen Ressourcen gerecht wird. Soziale Verantwortung schließt die Rolle der Organisation auf lokaler, regionaler, nationaler und supranationaler Ebene in Bezug auf die Unterstützung gesundheitsförderlicher Initiativen ein.
5. **Umsetzung betrieblicher Gesundheitsförderung**
   Betriebliche Gesundheitsförderung umfasst Maßnahmen zur gesundheitsgerechten Arbeitsgestaltung und Unterstützung gesundheitsgerechten Verhaltens. Erfolgreich ist sie dann, wenn diese Maßnahmen dauerhaft miteinander verknüpft sind und systematisch durchgeführt werden.
6. **Ergebnisse betrieblicher Gesundheitsförderung**
   Der Erfolg betrieblicher Gesundheitsförderung kann an einer Reihe von kurz-, mittel- und langfristigen Indikatoren gemessen werden, zB: Kundenzufriedenheit, Zufriedenheit der Beschäftigten, Krankenstände, Unfallhäufigkeit, Motivation, Personalfluktuation, Produktivität, um nur einige zu nennen.

Näheres siehe Website des österreichischen Netzwerks ÖNBGF: http://www.netzwerk-bgf.at sowie Fonds Gesundes Österreich (FGÖ) – Bereich betriebliche Gesundheitsförderung: http://www.fgoe.org/projektfoerderung/betriebliche-gesundheitsforderungsprojekte.

Zu den Voraussetzungen einer allfälligen Einrechenbarkeit von BGF-Maßnahmen in die Präventionszeit siehe Anmerkungen zu § 82 ASchG. **18**

VII. Betriebliches Gesundheitsmanagement, Sicherheits- und Gesundheitsmanagementsysteme

Betriebliches Gesundheitsmanagement bedeutet die **Verknüpfung** von Sicherheit und Gesundheitsschutz, betrieblicher Gesundheitsförderung und strategischem Management, derzeit va mit dem Betrieblichen Eingliederungsmanagement (BEM). **19**

Informationen dazu und zur 2024 aktuellen Nationalen Strategie Gesundheit im Betrieb:

- www.arbeitsinspektion.gv.at/Gesundheit_im_Betrieb/betriebliche_Gesundheitsfoerderung
- www.arbeitsinspektion.gv.at/Gesundheit_im_Betrieb/Gesundheitsmanagement/Gesundheitsmanagement.html

Der **Österreichische Leitfaden für Sicherheits- und Gesundheitsschutzmanagementsysteme** zur Auswahl und zum Einsatz von Sicherheits- und Gesundheitsmanagementsystemen (SGMS) in Betrieben wurde vom Zentral-Arbeitsinspektorat in Zusammenarbeit mit den Sozialpartnern, der AUVA und dem österreichischen Netzwerk fürbetriebliche Gesundheitsförderung erarbeitet. Der Leitfaden zeigt, wie Sicherheit und Gesundheitsschutz und auch betriebliche Gesundheitsförderung in die **20**

- Ziele,
- Strategien,
- Aufbau- und Ablauforganisation,
- Prozesse und
- Dokumentation

von Unternehmen integriert werden können. Näheres siehe Anmerkungen zu § 88a (Rz 5–7).

Der Österreichische Leitfaden war auch Grundlage des **Sicherheits- und Gesundheitsmanagements der AUVA (AUVA-SGM)**, das dem prozessorientierten Managementsystemaufbau der ISO 9001:2000 folgt. Zielgruppen sind Führungskräfte, Präventivfachkräfte und alle betrieblichen Akteure beim Aufbau eines eigenständigen Managementsystems Sicherheit und Gesundheit oder bei der Integration in ein bestehendes Managementsystem. **21**

AUVA/Integriertes Management (Qualitätsmanagement, Umweltmanagement und Sicherheits- und Gesundheitsmanagement): https://auva.at/praevention/medien-und-publikationen/publikationen-us/handbuch-integriertes-management/ (Download 12.11.2024).

Österreichische Managementsysteme für Prävention sind derzeit va ISO 45001, SCC und AUVA-SGM (Näheres zB Website der AUVA – Download 12.11.2024: https://auva.at/praevention/sicher-arbeiten/beratung-und-messungen/managementsysteme-fuer-praevention/).

Tätigkeiten der Arbeitsmediziner

§ 82. In die Präventionszeit der Arbeitsmediziner darf nur die für folgende Tätigkeiten aufgewendete Zeit eingerechnet werden:

1. die Beratung und Unterstützung des Arbeitgebers in den Angelegenheiten gemäß § 81 Abs. 3,
2. die Beratung der Arbeitnehmer, der Sicherheitsvertrauenspersonen und der Belegschaftsorgane in Angelegenheiten des Gesundheitsschutzes, der auf die Arbeitsbedingungen bezogenen Gesundheitsförderung und der menschengerechten Arbeitsgestaltung,
3. die Besichtigung der Arbeitsstätten, Baustellen und auswärtigen Arbeitsstellen sowie die Teilnahme an Besichtigungen durch das Arbeitsinspektorat,
4. die Ermittlung und Untersuchung der Ursachen von arbeitsbedingten Erkrankungen und Gesundheitsgefahren sowie die Auswertung dieser Ermittlungen und Untersuchungen,
4a. die nach den Arbeitnehmerschutzvorschriften erforderliche Ermittlung und Beurteilung der Gefahren und Festlegung von Maßnahmen samt Dokumentation im Sicherheits- und Gesundheitsschutzdokument sowie deren Überprüfung und Anpassung,
5. die arbeitsmedizinische Untersuchung von Arbeitnehmern bis zum Höchstausmaß von 20 % der für sie festgelegten jährlichen Präventionszeit,
6. die Durchführung von Schutzimpfungen, die mit der Tätigkeit der Arbeitnehmer im Zusammenhang stehen,
7. die Weiterbildung bis zum Höchstausmaß von 15 % der für sie festgelegten jährlichen Präventionszeit,
8. die Tätigkeit im Rahmen des Arbeitsschutzausschusses und des zentralen Arbeitsschutzausschusses,
9. die Dokumentation der Tätigkeit und der Ergebnisse von Untersuchungen sowie die Erstellung von Berichten und Programmen auf dem Gebiet des Gesundheitsschutzes und der Gesundheitsförderung und
10. die Koordination der Tätigkeit mehrerer Arbeitsmediziner.

[BGBl I 2017/126]

Übersicht

I.	Einrechnung in die Präventionszeit	1–3
II.	Einrechenbare Tätigkeiten der Arbeitsmediziner	4–17
III.	Keine Einrechenbarkeit in die Präventionszeit	18

I. Einrechnung in die Präventionszeit

In **§ 82 ASchG** werden jene Tätigkeiten **taxativ** aufgezählt, welche in die Präventionszeit der Arbeitsmediziner nach § 82a ASchG einrechenbar sind. 1

Die ASchG-Stammfassung BGBl 1994/450 sah in § 82 noch eine nach der Arbeitnehmerzahl gestaffelte Mindestpräventionszeit der Arbeitsmediziner in Stunden vor. § 82 idgF entspricht im Wesentlichen dem § 82 Abs 3 der ASchG-Stammfassung über die in die Mindesteinsatzzeit einrechenbare Zeit, die für die angeführten Tätigkeiten der Arbeitsmediziner aufgewendet wurde. Mit der ASchG-Novelle BGBI I 1999/12 wurden die verbindlichen Mindesteinsatzzeiten für die Präventivfachkräfte für kleinere Arbeitsstätten mit bis zu 50 Arbeitnehmern ersetzt durch das sicherheitstechnische und arbeitsmedizinische Begehungsmodell gemäß § 77a ASchG. Für größere Arbeitsstätten wurde die Mindesteinsatzzeit zunächst beibehalten und erst mit dem ANS-RG (ASchG-Novelle BGBl I 2001/159) durch die **Präventionszeit gemäß § 82a ASchG** ersetzt. Die für die im § 82 ASchG taxativ angeführten Tätigkeiten der Arbeitsmediziner aufgewendete Zeit kann in die Präventionszeit eingerechnet werden (vgl ErlRV 802 BlgNR 21. GP, siehe Anmerkungen zu § 77 Rz 1 ff). 2

Seit dem **1.1.2002** (Inkrafttreten des ANS-RG) sind in betrieblichen Anlassfällen auch die **Tätigkeiten sonstiger Fachleute** (§ 82b ASchG) bis zu 25 % der jährlichen Gesamtpräventionszeit einrechenbar, soweit es sich um deren Unterstützung bei Tätigkeiten des § 82 ASchG handelt und die Fachkunde der Arbeitsmediziner überschritten ist (§ 82a Abs 5 iVm § 81 Abs 3 ASchG für die arbeitsmedizinische Präventivdienstbetreuung). Insbesondere Fachleute der Arbeitspsychologie kommen in der Praxis zur Unterstützung der Arbeitsmediziner zum Einsatz, etwa bei der Evaluierung psychischer Belastungen am Arbeitsplatz. Die jährliche Mindestpräventionszeit der Arbeitsmediziner von 35 % (§ 82a Abs 5) darf nicht unterschritten werden. 3

Zur Unterstützung der Arbeitsmediziner kann seit dem **1.7.2022** (ASchG-Novelle BGBl I 2022/115) zudem ein **arbeitsmedizinischer Fachdienst** beschäftigt werden (AFa, § 82c ASchG, ErlRV 1510 BlgNR 27. GP), dessen Tätigkeiten gemäß § 82 ASchG bis zu 30 % in die Betreuungszeit der Arbeitsmediziner eingerechnet werden können. Auch diese Novelle erfolgte vor dem Hintergrund des zunehmenden Mangels ausgebildeter Arbeitsmediziner/innen (siehe Anmerkungen zu § 82c).

Näheres siehe Anmerkungen zu § 73 (Bestellung von Sicherheitsfachkräften), § 77a (Begehungen in Arbeitsstätten mit bis zu 50 Arbeitnehmern), § 82a ASchG (Präventionszeit) und § 82c Rz 2 (Arbeitsmedizinischer Fachdienst).

II. Einrechenbare Tätigkeiten der Arbeitsmediziner

4 Zu den einsatzzeitrelevanten Tätigkeiten der Arbeitsmediziner zählt vor allem die **Beratung und Unterstützung** der Arbeitgeber in allen Angelegenheiten des § 81 Abs 3 ASchG **(Z 1)**, siehe Anmerkungen zu § 81 Abs 3 ASchG.

5 Zu den arbeitsmedizinischen Aufgaben gehört auch die **auf die Arbeitsbedingungen bezogene Gesundheitsförderung**; vgl verpflichtende Hinzuziehung der Arbeitsmediziner auch in Fragen der Gesundheitsförderung am Arbeitsplatz (§ 81 Abs 1 und Abs 3 Z 1 ASchG). Ob Tätigkeiten zur betrieblichen Gesundheitsförderung (BGF) der Arbeitsmediziner und sonstigen Fachleute in die Präventionszeit nach § 82 ASchG einrechenbar sind, ist im Einzelfall zu beurteilen. Voraussetzung für eine Anrechnung auf die Präventionszeit des § 82a ASchG ist in jedem Fall, dass

- sich die BGF-Maßnahmen auf konkrete Arbeitsbedingungen in einem Unternehmen beziehen,
- anerkannte BGF-Qualitätskriterien beachtet werden und
- die Maßnahmen mit den konkreten betrieblichen Arbeitsbedingungen in untrennbarem Zusammenhang stehen.

Maßnahmen der allgemeinen Gesundheitsförderung oder betriebliche Gesundheitsförderungsmaßnahmen, die ohne Bezug zur betrieblichen Gefahren- und Belastungssituation der Arbeitnehmer oder nicht ausreichend qualitätsgesichert erfolgen und nicht auf unterschiedlichsten Ebenen in die betrieblichen Strukturen und Abläufe eingebunden sind, können – wenngleich als Einzelmaßnahme sinnhaft – mangels spezifischen Bezugs zu den betrieblichen Arbeitsbedingungen nicht nach § 82 ASchG in die Präventionszeit eingerechnet werden. Siehe Anmerkungen zu § 81 ASchG (Betriebliche Gesundheitsförderung).

6 Die Beratung der **Arbeitnehmer, der Sicherheitsvertrauenspersonen und der Belegschaftsorgane** in Angelegenheiten des Gesundheitsschutzes, der auf die Arbeitsbedingungen bezogenen Gesundheitsförderung und der menschengerechten Arbeitsgestaltung ist nach **Z 2** einrechenbar.

Mit der ASchG-Novelle BGBl I 2014/94 (ASRÄG 2014 Artikel 3, in Kraft getreten 1.1.2015) wurde klargestellt, dass die Funktionen von Sicherheitsvertrauenspersonen und Präventivfachkräften (Sicherheitsfachkraft und Arbeitsmediziner/in) vereinbar sind, soferne es sich bei den Präventivfachkräften um Arbeitnehmer/innen handelt (§ 10 Abs 6 u 10 ASchG). Eine doppelte Einrechnung der Tätigkeit auch als Sicherheitsvertrauensperson in die Präventionszeit ist jedoch nicht zulässig (ErlRV 319 BlgNR 25. GP).

7 Weiters einrechenbar ist die Besichtigung der Arbeitsstätten, auswärtigen Arbeitsstellen und Baustellen – also die **Besichtigung der Arbeitsplätze (Z 3)**.

8 Die Ermittlung und Untersuchung der **Ursachen von arbeitsbedingten Erkrankungen und Gesundheitsgefahren** sowie deren Auswertung ist eben-

falls auf die Präventionszeit anrechenbar **(Z 4)**. Nach § 82 Z 4 ASchG können gegebenenfalls auch von Arbeitsmedizinern durchgeführte **Untersuchungen** der Arbeitnehmer eingerechnet werden, um Ursachen arbeitsbedingter Erkrankungen und Gesundheitsgefahren zu ermitteln und zu untersuchen (zB MSE, psychische Erkrankungen), diese Untersuchungen dürfen jedoch nur mit Zustimmung der Beschäftigten erfolgen. Die Einrechnung erfolgt (anders als nach Z 5) ohne Höchstbeschränkung, wäre daher auch zur Gänze möglich (Erlass der Arbeitsinspektion vom 13.6.2008, BMWA-461.302/0024-III/3/2008). Bei der Dokumentation dieser Untersuchungen handelt es sich um eine systematische Dokumentation der arbeitsmedizinischen Tätigkeit und der Ergebnisse von proaktiv vorgenommenen arbeitsmedizinischen Untersuchungen (keine Aneinanderreihung einzeln durchgeführter, ohnehin erforderlicher arbeitsmedizinischer Untersuchungen von Arbeitnehmern).

Nicht in den Aufgabenbereich der Arbeitsmediziner, sondern der Sicherheitsfachkräfte fällt die Ermittlung, Untersuchung und Auswertung der Ursachen von Arbeitsunfällen. Arbeitsmediziner sind hingegen berufen zur Ermittlung, Untersuchung und Auswertung der Ursachen von arbeitsbedingten Erkrankungen und Gesundheitsgefahren (vgl ErlRV 1590 BlgNR 18. GP).

Die in § 82 **Z 4a** angeführte **Arbeitsplatzevaluierung** samt **Anpassung der Sicherheits- und Gesundheitsschutzdokumente** (§§ 4 f ASchG) wurde mit der ASchG-Novelle BGBl I 2001/159 (ANS-RG) als einrechenbar eingefügt: Nach den ErlRV 802 BlgNR 21. GP galt dies zunächst jedoch nur für Folgeevaluierungen, nicht für die erstmalige Auseinandersetzung mit den im Betrieb für die Arbeitnehmer bestehenden Gefahren, die im Betriebsgeschehen ein einmaliges Ereignis darstellt (Erstevaluierung). Ebenfalls mit dem ANS-RG wurde die Einrechnung der Tätigkeiten sonstiger Fachleute (§ 82b ASchG) bis zu 25 % der jährlichen Geamtpräventionszeit in Anlassfällen des § 81 Abs 3 ASchG ermöglicht (siehe Anmerkungen zu § 77 Z 4a für die sicherheitstechnische Betreuung und § 82a Abs 5 iVm § 81 Abs 3 Z 8 und 9 ASchG für die arbeitsmedizinische Präventivdienstbetreuung). 9

Erst seit 1.8.2017 sind aufgrund des ArbeitnehmerInnenschutz-Deregulierungsgesetzes (ASchG-Novelle Artikel 1 BGBl I 2017/126) auch Arbeitsplatzerstevaluierungen in die sicherheitstechnische und arbeitsmedizinische Präventionszeit einrechenbar. Die Begründung des Initiativantrags 2228/A 25. GP verweist dazu auf die Erfahrungen und Bedürfnisse der Praxis, wonach nicht nur Tätigkeiten im Zuge der Überprüfung und Anpassung der Evaluierung, sondern künftig auch die erstmalige Auseinandersetzung mit den im Betrieb für die Arbeitnehmer bestehenden Gefahren (Erstevaluierung) in die Präventionszeit mit eingerechnet werden können (§ 77 Z 4a und § 82 Z 4a). Ausdrücklich wird in der Begründung aber darauf hingewiesen, dass gesetzlich in § 82a ASchG lediglich Mindest-Präventionszeiten festgelegt sind. Insbesondere in Zusammenhang mit Neu- oder umfangreichen Umbauten wäre daher zu prüfen, ob bei Einrechnung der Erstevaluierung auf Grund des Umfangs die Mindestpräventionszeit zu erhöhen ist, um den Aufgaben der Präventivfachkräfte gerecht zu werden.

10 Die Einrechenbarkeit von **arbeitsmedizinischen Untersuchungen** bis maximal 20 % der jährlichen Präventionszeit **(Z 5)** bezieht sich ausschließlich auf Untersuchungen, die durch das **ASchG** und ASchG-Durchführungsverordnungen geregelt sind. Vgl Erläuterungen zur ASchG-Stammfassung (ErlRV 1590 BlgNR 18. GP), wonach verpflichtend vorgeschriebene besondere Untersuchungen nach diesem Bundesgesetz, aber auch sonstige arbeitsmedizinische Untersuchungen einrechenbar sind:

- **Verpflichtende Eignungs- und Folgeuntersuchungen** (§ 49 ASchG, VGÜ);
- **Untersuchungen bei Lärmeinwirkung** (§ 50 ASchG, § 4 VGÜ);
- **sonstige besondere Untersuchungen** (§ 51 ASchG, § 5 VGÜ): Bei Einwirkung eindeutig krebserzeugender oder fortpflanzungsgefährdender (reproduktionstoxischer) Arbeitsstoffe (GKV), biologischer Arbeitsstoffe der Gruppen 2, 3 oder 4 (§ 40 Abs 5 ASchG), Vibrationen über dem Auslösewert, bei Überschreitung der Expositionsgrenzwerte von inkohärenter künstlicher optischer Strahlung oder kohärenter optischer Strahlung (LASER) oder elektromagnetischer Felder (§ 3 VOPST, § 3 VEMF – oder wenn Arbeitnehmer unerwünschte oder unerwartete gesundheitliche Auswirkungen bei einer EMF-Exposition melden) sowie bei Nachtarbeit im Sinn der VGÜ;
- **Bildschirmarbeitsuntersuchungen** (§ 68 ASchG, BS-V);
- **Untersuchungen bei Nachtarbeit Jugendlicher** (§ 17 Abs 7 KJBG, diese waren ursprünglich nach ASchG geregelt);
- **freiwillige Untersuchungen auf Wunsch der** Arbeitnehmer (§ 81 Abs 5 ASchG).

11 Die Obergrenze von **maximal 20 % der Präventionszeit** soll sicherstellen, dass die arbeitsmedizinische Präventionszeit nicht allein durch die Durchführung arbeitsmedizinischer Untersuchungen ausgeschöpft werden kann, weil vor allem die arbeitsmedizinische Präventionstätigkeit insgesamt weit mehr Aufgaben umfasst, die ebenfalls präventionszeitfähig sind. Die Gesetzesmaterialien (ErlRV 1590 BlgNR 18. GP) führten zur Begründung der Höchstgrenze der ASchG-Stammfassung (§ 82 idF BGBl 1994/450) aus:

> „Derzeit entfällt bei manchen Betrieben mit besonderen Gesundheitsgefahren und gemäß § 8 ANSchG ermächtigten Arbeitsmedizinern ein wesentlicher Teil der Mindesteinsatzzeit auf solche besonderen Untersuchungen, bei anderen Betrieben mit vergleichbarer oder sogar wesentlich geringerer Gefährdung werden hingegen diese Untersuchungen extern durchgeführt bzw. fallen keine solchen Untersuchungen an. Die volle Einrechnung der Untersuchungszeiten in die Mindesteinsatzzeit ist also nicht sachgerecht. Im Entwurf wird daher die Einrechnung der Untersuchungszeiten auf 20 % der Mindesteinsatzzeit beschränkt.“

Auch die dazugehörige **Untersuchungsdokumentation** (ua das Ausfüllen der Untersuchungsformulare, § 6 Abs 6 VGÜ) kann als Bestandteil der Untersuchung nach§ 82 Z 5 ASchG bis insgesamt maximal 20 % der jährlichen Präventionszeit eingerechnet werden: Die Durchführung arbeitsmedizinischer Untersuchungen von Arbeitnehmern schließt die für Nachweisbarkeit und Dokumentation der Untersuchungsergebnisse notwendigen Abwicklungen mit ein. Zur Vereinheitlichung von Anamnese, Untersuchungsgang und Befundermittlung der arbeitsmedizinischen Untersuchungen sind einheitliche Untersuchungsformulare zu verwenden, die den untersuchenden ermächtigten Ärzten auf den Websites des Bundesministeriums für Arbeit sowie der Arbeitsinspektion zum Download zur Verfügung stehen (www.arbeitsinspektion.gv.at); es können auch inhaltlich entsprechende, gut lesbare Untersuchungsformulare verwendet werden (§ 52 ASchG, § 6 Abs 6 VGÜ). Die Untersuchungsverrechnung der AUVA beinhaltet ebenso die Befunderhebung und Dokumentation jeweils als Teil der Untersuchungsdurchführung. Nach den VGÜ-Untersuchungspositionen der AUVA inkludieren alle Honorare den Manipulationsaufwand der Arbeitsmediziner (Erlässe der Arbeitsinspektion vom 13.6.2008, BMWA-461.302/0024-III/3/2008 und vom 15.3.2010, BMASK-461.302/0016-VII/3/2010). 12

Die Durchführung von **Schutzimpfungen** ist nur einrechenbar **(Z 6)**, wenn diese mit der Tätigkeit der Arbeitnehmer in Zusammenhang stehen und gegen arbeitsbedingte Gesundheitsgefahren schützen, denen die Beschäftigten bei ihren Tätigkeiten ausgesetzt sind, zB Zeckenschutzimpfungen bei regelmäßiger Beschäftigung in Wäldern oder anderen gefährdeten Gebieten. Bei Exposition gegenüber biologischen Arbeitsstoffen müssen Arbeitgeberwirksame Impfstoffe zur Verfügung stellen (soferne es solche gibt) und den exponierten Arbeitnehmern bzw Arbeitnehmerinnen eine Impfung anbieten und eine Impfinformation sicherstellen (§ 43 Abs 4 ASchG, § 5 Abs 4 u § 12 Abs 3 VbA) – zB bei arbeitsbedingten Infektionsgefahren im Gesundheitsbereich. Ob eine solche arbeitsbedingte Infektionsgefahr vorliegt, ist im Rahmen der Arbeitsplatzevaluierung durch die Arbeitgeber gemeinsam mit den Arbeitsmedizinern zu beurteilen (§§ 3f VbA). Besteht nur ein allgemeines Infektionsrisiko durch übliche Personenkontakte am Arbeitsplatz wie sonst auch in der Allgemeinbevölkerung (zB im Handel oder in öffentlichen Verkehrsmitteln) ist kein arbeitsbedingtes Infektionsrisiko iSd VbA anzunehmen. 13

Nicht dem Arbeitsschutz zuzurechnen sind Schutzimpfungen der Allgemeinbevölkerung zum Schutz vor Infektionskrankheiten,: Als Teil der allgemeinen Gesundheitsförderung sind sie nicht präventionszeitfähig. Auch wenn zB eine betriebliche Impfkampagne durchgeführt wird, handelt es sich dabei nicht um eine verpflichtende Arbeitsschutzmaßnahme (die Arbeitsstätte ist hier nur Durchführungsort).

Die Einrechnung der **Weiterbildung von maximal 15 % der jährlichen Präventionszeit** von Arbeitsmedizinern **(Z 7)** wird in der Praxis wohl nur für be- 14 triebseigene Arbeitsmediziner relevant sein, kann aber auch für externe Dienste nicht ausgeschlossen werden, wenn die arbeitsmedizinische Betreuung im Einzelfall außergewöhnliche betriebliche Gefahrensituationen erfassen soll. Siehe Anmerkungen zu § 77 Rz 1 ff (Sicherheitsfachkräfte).

15 Die Tätigkeit im Rahmen der **Arbeitsschutzausschüsse (Z 8)** gehört zu den Aufgaben der Arbeitsmediziner und ist daher in die Präventionszeit einzurechnen (siehe §§ 84, 88 und 88b ASchG).

16 Die Einrechnung der **arbeitsmedizinischen Dokumentation** und die **Erstellung der Berichte** (§ 84 ASchG) nach § 82 **Z 9** kann allenfalls auch die anonymisierte Auswertung weitreichender Untersuchungen umfassen: Eine nachfolgende (anonymisierte) Auswertung aller dieser Untersuchungen zur Berichtslegung und zum Erarbeiten von Vorschlägen für zusätzliche Maßnahmen oder zur Darstellung der Auswirkung der Tätigkeit der Präventivfachkräfte wäre gegebenenfalls nach Z 9 einrechenbar. Im Gegensatz dazu ist das bloße Ausfüllen eines Untersuchungsformulars, wie Anamnese und Befund, jedoch Teil der vollständigen Untersuchungsdurchführung und keine eigenständige Dokumentation. Die Dokumentation nach § 82 Z 9 ASchG (von Untersuchungen nach § 82 Z 4 ASchG) ist im Gegensatz zur Untersuchungseinrechnung nach Z 5 die **systematische Dokumentation** der arbeitsmedizinischen Tätigkeit und der Ergebnisse von – proaktiv vorgenommenen – arbeitsmedizinischen Untersuchungen, keine Aneinanderreihung der einzelnen durchgeführten, ohnehin erforderlichen arbeitsmedizinischen Untersuchungen von Arbeitnehmern. Die Dokumentation nach Z 9 setzt somit darüber hinausgehende Schlussfolgerungen, eine systematische Auswertung und Zusammenfassung der (anonymisierten) Ergebnisse durchgeführter Untersuchungen von Arbeitnehmern insgesamt voraus, einschließlich Analysen und Verbesserungsvorschlägen (§ 84 ASchG). Die Einrechnung solcher Dokumentationen nach Z 9 ist unbeschränkt möglich (Erlässe der Arbeitsinspektion vom 13.6.2008, BMWA-461.302/0024-III/3/2008, und vom 15.3.2010, BMASK-461.302/0016-VII/3/2010).

17 Zur **Koordination** der Tätigkeit mehrerer Arbeitsmediziner **(Z 10)** siehe § 83 Abs 6 ASchG.

Analoge Regelungen gelten für die Einrechenbarkeit der Tätigkeiten der Sicherheitsfachkräfte, siehe Anmerkungen zu § 77 ASchG.

Tätigkeiten des arbeitsmedizinischen Fachdienstes (AFa) zur Unterstützung der Arbeitsmediziner sind bis zu 30 % in die jährliche Präventionszeit der Arbeitsmediziner einrechenbar (§ 82c Abs 3), **soferne diese grundsätzlich präventionszeitfähig sind** (§ 82 ASchG). Nicht einrechenbar sind sonstige Tätigkeiten, die Angehörigen des AFa zB zur allgemeinen Gesundheitsförderung bzw betrieblichen Gesundheitsförderung (BGF) übertragen werden. Näheres siehe Anmerkungen zu § 82c ASchG.

III. Keine Einrechenbarkeit in die Präventionszeit

Mangels Rechtsgrundlage im Arbeitsschutzrecht in die Präventionszeit nicht einrechenbar sind ua: **18**

- allgemeine Einstellungsuntersuchungen (soweit nicht nach ASchG, VGÜ zwingende Eignungs- und Folgeuntersuchungen) – etwa zur allgemeinen „Jobtauglichkeit",
- sportmedizinische Untersuchungen,
- allgemeine Vorsorgeuntersuchungen,
- Beurteilung der arbeitsmedizinischen Unbedenklichkeit einer Ausdehnung der täglichen Normalarbeitszeit bis auf zwölf Stunden laut KV (§ 4a Abs 4 u § 5a Abs 1 AZG),
- Beurteilungen einer Tätigkeit als Schwerarbeit (Schwerarbeitsverordnung),
- Strahlenschutzuntersuchungen (Strahlenschutzgesetz),
- Untersuchungen der Fahr- oder Flugtauglichkeit (zB Führerscheingesetz).

Vgl Erlass des Zentral-Arbeitsinspektorats vom 13.6.2008 (BMWA-461.302/0024-III/3/2008) und weitere Auslegungsfragen auf der Website der Arbeitsinspektion: https://www.arbeitsinspektion.gv.at/Uebergreifendes/Uebergreifendes/Praeventivdienste_Allgemeines.html (Download 23.2.2025).

Eine **Hilfestellung zur Berechnung der betrieblichen Präventionszeiten** bietet ua die österreichische Evaluierungs-Plattform: https://www.eval.at/praeventionszeitberechnung.

Präventionszeit

§ 82a. (1) Sofern § 77a nicht anderes bestimmt, sind Sicherheitsfachkräfte und Arbeitsmediziner mindestens im Ausmaß der im Folgenden für sie festgelegten Präventionszeit zu beschäftigen.

(2) Die Präventionszeit pro Kalenderjahr beträgt

1. **für Arbeitnehmer an Büroarbeitsplätzen sowie an Arbeitsplätzen mit Büroarbeitsplätzen vergleichbaren Gefährdungen und Belastungen (geringe körperliche Belastung): 1,2 Stunden pro Arbeitnehmer,**
2. **für Arbeitnehmer an sonstigen Arbeitsplätzen: 1,5 Stunden pro Arbeitnehmer.**

Bei der Berechnung der jährlichen Präventionszeit für die jeweilige Arbeitsstätte sind Teile von Stunden unterhalb von 0,5 auf ganze Stunden abzurunden und ab 0,5 auf ganze Stunden aufzurunden. Eine Neuberechnung der jährlichen Präventionszeit im laufenden Kalenderjahr hat erst bei Änderungen der der Berechnung zugrunde gelegten Arbeitnehmerzahl um mehr als 5 vH zu erfolgen.

(3) Für jeden Arbeitnehmer, der mindestens 50-mal im Kalenderjahr Nachtarbeit im Sinne des Art. VII Abs. 1 des Nachtschwerarbeitsgesetzes,

BGBl. I Nr. 354/1981, leistet, erhöht sich die jährliche Präventionszeit um je 0,5 Stunden pro Kalenderjahr.

(4) Das Ausmaß der Präventionszeit pro Kalenderjahr richtet sich nach der Anzahl der Arbeitnehmer, die in einer Arbeitsstätte von einem Arbeitgeber beschäftigt werden. Die auf Baustellen und auswärtigen Arbeitsstellen beschäftigten Arbeitnehmer sind einzurechnen. Dies gilt nicht für Arbeitnehmer auf Baustellen, für die eine gesonderte, diesem Bundesgesetz entsprechende Präventivdienstbetreuung eingerichtet ist. Teilzeitbeschäftigte Arbeitnehmer sind entsprechend dem Umfang ihrer Beschäftigung anteilsmäßig einzurechnen. In Arbeitsstätten mit saisonal bedingt wechselnder Arbeitnehmerzahl richtet sich die jährliche Präventionszeit nach der vorhersehbaren durchschnittlichen Arbeitnehmerzahl pro Jahr.

(5) Der Arbeitgeber hat pro Kalenderjahr die Sicherheitsfachkräfte im Ausmaß von mindestens 40 vH und die Arbeitsmediziner im Ausmaß von mindestens 35 vH der gemäß Abs. 2 und 3 ermittelten Präventionszeit zu beschäftigen. Zumindest im Ausmaß der restlichen 25 vH der jährlichen Präventionszeit hat der Arbeitgeber je nach der in der Arbeitsstätte gegebenen Gefährdungs- und Belastungssituation gemäß § 76 Abs. 3 bzw. § 81 Abs. 3 beizuziehende sonstige geeignete Fachleute, wie Chemiker, Toxikologen, Ergonomen, insbesondere jedoch Arbeitspsychologen, oder die Sicherheitsfachkräfte und/oder die Arbeitsmediziner zu beschäftigen.

(6) Die Präventionszeit der Sicherheitsfachkräfte sowie die Präventionszeit der Arbeitsmediziner ist unter Berücksichtigung der betrieblichen Verhältnisse auf das Kalenderjahr aufzuteilen. Jeder Teil muss jeweils mindestens zwei Stunden betragen.

(7) Die Präventionszeit der Sicherheitsfachkräfte kann auf mehrere Sicherheitsfachkräfte, die Präventionszeit der Arbeitsmediziner kann auf mehrere Arbeitsmediziner aufgeteilt werden, wenn dies aus organisatorischen oder fachlichen Gründen zweckmäßig ist.

[BGBl I 2012/118]

Übersicht

I.	Mindestzeiten der Präventivdienstbetreuung	1–4
II.	Berechnung der Präventionszeit	5–9
III.	Berechnung der Arbeitnehmerzahl	10–12
IV.	Verteilung der Präventionszeit auf Sicherheitsfachkräfte, Arbeitsmediziner und sonstige Fachleute	13–18
V.	Hinzuziehung sonstiger Fachleute	19–23
VI.	Fachkunde sonstiger Experten, insbesondere der Arbeitspsychologie	24–29
VII.	Verteilung der Präventionszeit auf das Kalenderjahr und mehrere Präventivfachkräfte	30–33

I. Mindestzeiten der Präventivdienstbetreuung

Die Verpflichtung zur Bestellung der Präventivfachkräfte ist nach dem Etappenplan des § 115 Abs 1 ASchG schrittweise in Kraft getreten: Seit 1.1.2000 müssen für alle Arbeitsstätten, in denen ein Arbeitnehmer beschäftigt wird, ein Arbeitsmediziner und eine Sicherheitsfachkraft bestellt bzw externe Dienste in Anspruch genommen werden. Die der Betreuung zugrunde liegende Mindesteinsatzzeit der Arbeitsmediziner und Sicherheitsfachkräfte wurde durch ASchG-Novellen mehrfach umgestaltet: 1

Die **ASchG-Stammfassung** BGBl 1994/450 sah sowohl für Arbeitsmediziner als auch für Sicherheitsfachkräfte in §§ 77, 82 ASchG aF noch **„Mindesteinsatzzeiten"** für die arbeitsmedizinische und sicherheitstechnische Betreuung **abhängig von der Arbeitnehmerzahl der Arbeitsstätte** vor (beginnend ab elf Arbeitnehmern) und galt bis 31.12.1999 für Arbeitsstätten mit bis zu 50 Arbeitnehmern. Diese Einsatzzeit der Präventivfachkräfte bestimmte sich laut Gesetzesmaterialien (ErlRV 1590 BlgNR 18. GP) nach den anfallenden Aufgaben, insbesondere auch nach dem Umfang der Hinzuziehung durch die Arbeitgeber in Angelegenheiten der § 76 Abs 3 und § 81 Abs 3 ASchG, weiters nach dem Umfang der Inanspruchnahme durch die Arbeitnehmer, die Sicherheitsvertrauenspersonen und die Belegschaftsorgane. 2

- Für Kleinbetriebe (bis zu zehn Beschäftigten) regelte § 78 aF bereits ein Begehungsmodell, das jedoch nie rechtswirksam wurde (siehe Anmerkungen zu § 78b – Rz 1 ff).
- Für Tätigkeiten, die mit besonderen oder auch geringeren Unfallgefahren oder Gesundheitsgefahren (einschließlich Nachtarbeit) verbunden sind, enthielt § 90 Abs 2 und 5 der ASchG-Stammfassung eine Verordnungsermächtigung zur Regelung einer abweichenden Mindesteinsatzzeit, eine analoge Ermächtigung war in Abs 3 und 4 für Kleinbetriebe vorgesehen (nach zuvor geltender Rechtslage des ANSchG konnten abweichende Einsatzzeiten im Einzelfall mit Bescheid des Arbeitsinspektorates vorgeschrieben werden). Eine solche Durchführungsverordnung wurde aber nicht erlassen.

Das Mindesteinsatzzeitenmodell wurde per **1.1.2002** mit dem **ANS-RG** (BGBl I 2001/159) durch die **nach Gefahrenklassen zu berechnende Präventionszeit des § 82a ASchG** ersetzt und die Präventivdienstbetreuung des ASchG zur Gänze neu geregelt. Dazu die Materialien zum ANS-RG (ErlRV 802 BlgNR 21. GP): *„Das geltende Recht sieht ein starres, unflexibles und den jeweiligen Gefahren und Belastungen bei der Arbeit nicht entsprechend angepasstes System der Einsatzzeiten für die Präventivfachkräfte vor. Auf Grund einer Einigung der Sozialpartner soll ein arbeitsplatzbezogenes Einstufungssystem je nach gegebener Gefährdungs- und Belastungslage für die betroffenen Arbeitnehmer unterschiedliche Präventionszeiten festlegen."* Für kleinere Arbeitsstätten bis 50 Arbeitnehmer galt bereits seit der ASchG-Novelle BGBl I 1999/12 das Begehungsmodell des § 77a ASchG (Näheres siehe Anmerkun- 3 gen zu § 73 [Rz 1 ff], § 77 [Rz 1 ff], § 77a [Rz 3–6], § 78a [Rz 1 ff], § 82 [Rz 1 ff], § 115). Für die neu konzipierte Präventivdienstbetreuung ist zudem die Größe der Arbeitsstätte maßgebend. Es wird unterschieden zwischen:

- **Arbeitsstätten bis 50 Arbeitnehmer** (regelmäßige und anlassbezogene Begehungen nach § 77a ASchG; bis 53 Arbeitnehmer bei Beschäftigung von Arbeitnehmern mit Behinderungen oder bei Ausbildung Jugendlicher) und
- **Arbeitsstätten mit mehr als 50 Arbeitnehmern** (Präventionszeit nach § 82a ASchG).

4 Die Präventionszeit des geltenden Rechts für größere Arbeitsstätten ist – wie zuvor das Mindesteinsatzzeitenmodell der §§ 77, 82 ASchG der Stammfassung – eine mindestens zu erfüllende Einsatzzeit: Nach den ErlRV 1590 BlgNR 18. GP zu den „Mindesteinsatzzeiten" der ASchG-Stammfassung stellten diese die **Untergrenze für das zeitliche Ausmaß der Präventivdienstbetreuung** dar, aufgrund der nach ASchG festgelegten Aufgaben oder einer darüber hinausgehenden Inanspruchnahme der Präventivfachkräfte für sonstige Aufgaben kann sich eine höhere Einsatzzeit ergeben. Die Festlegung einer Mindesteinsatzzeit hatte sich in der Praxis bewährt und entspricht auch Art 7 Abs. 3 der Richtlinie 89/391/EWG, wonach die „benannten Arbeitnehmer" über die entsprechende Zeit verfügen müssen, um ihren Verpflichtungen nachkommen zu können. Auch die Begehungen und die Präventionszeit des geltenden Rechts sind daher als **Mindestbetreuung** konzipiert: Werden aufgrund der betrieblichen Gefahren- und Belastungssituation zusätzliche Begehungen erforderlich, müssen diese anlassbezogen im erforderlichen Zeitausmaß und in den nötigen Intervallen durchgeführt werden (siehe Anmerkungen zu § 77a ASchG). Ist die nach § 82a Abs 2 ASchG errechnete jährliche Präventionszeit nicht ausreichend, ist sie entsprechend zu erhöhen.

II. Berechnung der Präventionszeit

5 Die Präventionszeit ist gemäß **§ 82a Abs 2 und 3** ASchG nach drei Gefahrenklassen, abhängig von den Arbeitsplätzen der Arbeitnehmer, zu berechnen:

1. **Büroarbeitsplätze** und Arbeitsplätze mit vergleichbaren Gefährdungen und Belastungen (geringe körperliche Belastung; gefährlicher Arbeitsvorgänge, physikalische Einwirkungen, gefährliche Arbeitsstoffe und Arbeitsmittel spielen keine oder eine geringere Rolle): **1,2 Stunden** pro Arbeitnehmer.
2. **Sonstige Arbeitsplätze** (**Regelfall): 1,5 Stunden** pro Arbeitnehmer (sofern kein Bürobetrieb und hinsichtlich körperlicher Belastungen nicht mit Büroarbeit vergleichbar).
3. Für jeden Arbeitnehmer, der mindestens 50 Mal im Kalenderjahr **Nachtarbeit** im Sinne des Art VII Abs 1 des Nachtschwerarbeitsgesetzes, BGBl 1981/354, leistet, erhöht sich die jährliche Präventionszeit um je **0,5 Stunden** pro Kalenderjahr (dh sechs Stunden Nachtarbeit zwischen 22 und

6 Uhr, sofern es sich nicht regelmäßig und überwiegend um Arbeitsbereitschaft handelt; die Fehlerberichtigung des Zitats des Nachtschwerarbeitsgesetzes erfolgte mit BGBl I 2012/118).

Die Bewertung der Arbeitsplätze und die Zuordnung zu den Gefahrenklassen nimmt der Arbeitgeber oder die sonst für die Einhaltung der Arbeitnehmerschutzbestimmungen verantwortliche Person vor, in der Praxis erfolgt dies im Rahmen der Arbeitsplatzevaluierung (§ 4 ASchG) nach Beratung durch die Präventivdienste. ErlRV 802 BlgNR 21. GP zur Neuregelung der Präventionszeit durch das ANS-RG: 6

„Der Faktor 1,2 Stunden pro Arbeitnehmer und Jahr soll für Büroarbeitsplätze und Arbeitsplätze mit vergleichbaren Belastungen (geringe körperliche Belastung) gelten, der Faktor 1,5 Stunden pro Arbeitnehmer und Jahr für alle anderen Arbeitsplätze. Für Arbeitnehmer an Arbeitsplätzen beider Kategorien, die regelmäßig Nachtarbeit (nicht Nachtschwerarbeit im Sinne des Nachtschwerarbeitsgesetzes) verrichten, soll eine zusätzliche Präventionszeit von 0,5 Stunden pro Arbeitnehmer und Jahr vorgesehen werden. Dieses gefahrenangepasste System individueller Präventionszeiten soll den jeweiligen Belastungen und Gefährdungen in der betrieblichen Praxis differenziert und praxisgerecht Rechnung tragen (§ 82a Abs. 2 und 3). 7

Der **Faktor 1,2** soll demnach für **alle Büroarbeitsplätze** und Arbeitsplätze mit Büroarbeitsplätzen vergleichbaren Belastungen und Gefährdungen gelten. Darunter sind – gemessen am Kalorienverbrauch und der Muskelbelastung – Tätigkeiten zu verstehen, die mit leichter körperlicher Arbeit verbunden sind und Arbeitsaufgaben beinhalten, die ohne besondere Muskelkraft verrichtet werden können (der durchschnittliche Tagesbedarf liegt bei Büroarbeit in kcal bei 2100 bis 2700 kcal nach Scholz J. F., Wittgens H.: Arbeitsmedizinische Berufskunde, Gentner Verlag Stuttgart, 1992). Weiters sind dies Tätigkeiten, bei denen gefährliche Arbeitsstoffe, gefährliche Arbeitsvorgänge oder physikalische Einwirkungen keine oder eine geringere Rolle spielen, sodass sich die Präventivfachkräfte auf die Bereiche der psychomentalen (informatorischen Belastungen) und psychosozialen Belastungen sowie raumklimatischen Bedingungen und auf die ergonomische Gestaltung (vor allem von Bildschirmarbeitsplätzen) beschränken können. Als Beispiele für Arbeitsplätze **mit Büroarbeitsplätzen vergleichbaren Gefährdungen** können angeführt werden: Arbeiten in Warten, an Bankschaltern, an Hotelrezeptionen, Arbeiten als Ordinationsassistentinnen mit überwiegend organisatorischen Aufgaben, Arbeiten im strategischen Unternehmensbereich sowie Arbeiten vorwiegend im Bereich der Unternehmensberatung (Managementaufgaben, Verwaltungsaufgaben), Arbeiten in der Informationstechnologie. Die Gefährdungen und Belastungen an Arbeitsplätzen im Einzelhandel können dort mit Büroarbeitsplätzen vergleichbar sein, wo keine oder nur geringe manuelle Lastenhandhabung erforderlich ist und überwiegend administrativen Aufgaben vergleichbare Arbeiten zu erledigen sind. **Nicht in Gefahrenklasse 1 fallen beispielsweise** also Kassenarbeitsplätze in Selbstbedienungsläden, Arbeitsplätze an Feinkosttheken oder Ar- 8 beitsplätze, an denen schwere Lasten händisch bewegt werden müssen. Auf Grund der im Handel bestehenden unterschiedlichsten Arbeitsplatzsituationen wird für die Einstufung in die Gefahrenklassen eine genaue Prüfung der jeweiligen Belastungs- bzw. Gefährdungssituation daher unerlässlich sein, wobei vor allem auch das Ergebnis der Evaluierung zu berücksichtigen sein wird. Nicht in Gefahrenklasse 1 fallen Arbeitsplätze von Fahrpersonal (wie Triebfahrzeugführer, Straßenbahnfahrer, Pilot, Schiffsführer) und Betriebspersonal (Fahrdienstleiter, Disponent, Flugsicherung) im Verkehrsbereich auf Grund der dort herrschenden Rahmenbedingungen (§ 82a Abs. 2)."

9 Eine **Neuberechnung** der jährlichen Präventionszeit im laufenden Kalenderjahr muss erst bei Änderungen der zugrunde gelegten Arbeitnehmerzahl um mehr als 5 % erfolgen (§ 82a Abs 2 ASchG). Mit Ende des Kalenderjahres muss die Präventionszeit erfüllt sein.

III. Berechnung der Arbeitnehmerzahl

10 Die Präventionszeit ist nach § 82a Abs 4 ASchG pro Kalenderjahr auf Grundlage der Anzahl der Arbeitnehmer, die **in einer Arbeitsstätte von einem Arbeitgeber beschäftigt** werden, zu berechnen. Mitzuzählen sind alle **regelmäßig** beschäftigten Arbeitnehmer, das sind alle Arbeitnehmer, die nicht nur fallweise, vorübergehend oder kurzfristig beschäftigt werden.

Einzurechnen sind daher:

- Arbeitnehmer in Urlaub
- krankheitsbedingt Abwesende
- Saisonarbeitskräfte
- überlassene Arbeitnehmer (beim Beschäftigerbetrieb einzurechnen, § 9 ASchG).

Nicht einzurechnen sind

- kurzfristige Aushilfen
- Arbeitnehmerinnen in der Schutzfrist (Mutterschutzgesetz – MSchG) oder Beschäftigte im Karenzurlaub
- Beschäftigte, die wegen Zivil- oder Präsenzdienst abwesend sind.

11 Für die Berechnung der Arbeitnehmerzahl nach Abs 4 gelten folgende **Grundsätze**:

- Bei **mehreren Arbeitsstätten** eines Arbeitgebers (zB regionale Niederlassungen, Filialen) muss die Zuordnung der Arbeitnehmer je nach organisatorischer Zugehörigkeit zu einer dieser Arbeitsstätten oder zum Unternehmenssitz erfolgen. Maßgebend ist üblicherweise der Ort der Arbeitseinteilung und Lohnverrechnung, im Zweifel erfolgt die Zurechnung zum Unternehmenssitz.
- Die auf **Baustellen und auswärtigen Arbeitsstellen** beschäftigten Arbeitnehmer sind in die Beschäftigtenzahl der Arbeitsstätte einzurechnen (im

Zweifel zum Unternehmenssitz). Dies gilt nicht für Arbeitnehmer auf Baustellen, für die eine nach § 83 Abs 5 ASchG **gesondertePräventivdienstbetreuung** eingerichtet ist, was auf Großbaustellen bewährte Praxis ist. Branchen mit Beschäftigten in auswärtigen Arbeitsstellen sind zB Reinigung, Bewachung, Versicherung, Fahrtendienste, mobile Pflegedienste.

- **Teilzeitbeschäftigte** Arbeitnehmer sind nur aliquot – also entsprechend dem Umfang ihrer Beschäftigung – in die Arbeitnehmerzahl für die Berechnung der Präventionszeit einzurechnen. Davon zu unterscheiden ist die Berechnung der Beschäftigtenzahl zur Frage, ob Begehungen (in Arbeitsstätten bis 50 Arbeitnehmer, § 77a ASchG) durchzuführen sind oder eine Präventionszeit einzuhalten ist (§ 82a ASchG) – diese Arbeitnehmerzahl wird aufgrund der tatsächlichen Beschäftigtenzahl, also nach Köpfen errechnet (ohne Unterscheidung nach Voll- oder Teilzeitbeschäftigung). Eine Pro-Kopf-Rechnung gilt auch für die Ermittlung der Beschäftigtenzahl von maximal 50 bzw 250, die für die Präventionszentrenbetreuung nach § 78 ASchG relevant ist, oder beim Unternehmermodell nach § 78b ASchG.
- In Arbeitsstätten mit **saisonal bedingt wechselnder Arbeitnehmerzahl** ist die vorhersehbare durchschnittliche Arbeitnehmerzahl pro Jahr maßgebend. Ist der Beschäftigtenstand nicht sicher abschätzbar, wird zweckmäßigerweise auf den durchschnittlichen Beschäftigtenstand des Vorjahres abgestellt. Falls sich der Personalstand anders entwickelt, muss die Präventionszeit entsprechend korrigiert werden.

Zu beachten ist der **Arbeitsstättenbegriff** des ASchG: Nutzt ein Unternehmen (Arbeitgeber)mehrere Gebäude, zählen diese zusammen nur dann als eine Arbeitsstätte, wenn sie auf einem Betriebsgelände gelegen sind oder sonst in räumlichem Zusammenhang stehen (§ 2 Abs 3 ASchG). **12**

Als **mehrere Arbeitsstätten** gelten/gilt daher

- mehrere örtlich getrennte Gebäude eines Unternehmens (zB Filialen, regionale Niederlassungen), auch wenn ein einheitlicher Betrieb iSd Arbeitsverfassung vorliegt und ein gemeinsamer Betriebsrat besteht, oder
- ein Gebäude, das von mehreren Unternehmen genutzt wird (zB Einkaufszentrum, Bürogebäude).

Zur Ermittlung der Arbeitnehmerzahl beim Begehungsmodell siehe Anmerkungen zu § 77a ASchG.

IV. Verteilung der Präventionszeit auf Sicherheitsfachkräfte, Arbeitsmediziner und sonstige Fachleute

§ 82a Abs 5 ASchG gibt eine Mindestverteilung der errechneten jährlichen Präventionszeit in unterschiedlichem Ausmaß auf Sicherheitsfachkräfte und Arbeitsmediziner vor. Zusätzlich kann die Tätigkeit sonstiger Fachleute zu 25 % auf die Präventionszeit angerechnet werden, was bis zum 1.1.2002 (Inkrafttreten des ANS-RG) nicht zulässig war: **13**

- **Sicherheitsfachkräfte** mindestens **40 %** der jährlichen Präventionszeit,
- **Arbeitsmediziner** mindestens **35 %** und
- bis zu zu **25 % sonstige geeignete Fachleute** oder die Sicherheitsfachkräfte und/oder die Arbeitsmediziner (§ 82a Abs 5, 2. Satz).

14 Die Aufteilung der Präventionszeit können Arbeitgeber somit je nach betrieblicher Situation flexibel in jedem Verhältnis auf die Präventivfachkräfte oder die sonstigen Fachleute vornehmen. Die innerbetriebliche organisatorische Abwicklung der Präventivdienstbetreuung einschließlich der Hinzuziehung sonstiger Fachleute ist durch den Arbeitgeber zu entscheiden und zu gewährleisten (§ 3 Abs 1 ASchG). Die Präventivfachkräfte können die Arbeitgeber dabei beraten und unterstützen.

Entscheidungsgrundlagen für die Verteilung sind vor allem die betrieblichen Erfahrungswerte vorausgehender Kalenderjahre, die Berichte und Verbesserungsvorschläge der Präventivfachkräfte und allenfalls anderer Fachleute und die Beratungen im Arbeitsschutzausschuss. Auf Basis empfohlener Präventivmaßnahmen kann die dazu erforderliche Beiziehung zusätzlicher Fachleute vorweg beurteilt und geplant werden. In Betracht kommen auch sonstige betriebliche Planungen mit Auswirkungen auf den Arbeitnehmerschutz, wie Umbauten, geänderte Arbeitsverfahren oder Einführung gefährlicher Arbeitsstoffe (absehbare Hinzuziehungsfälle der § 76 Abs 3 und § 81 Abs 3 ASchG). Wird ein arbeitsmedizinischer Fachdienst (AFa) beschäftigt, können dessen Tätigkeiten gemäß § 82 ASchG in die Präventionszeit der Arbeitsmediziner eingerechnet werden, eine eigenständige Präventionszeit kommt einem AFa jedoch nicht zu (siehe Anmerkungen zu § 82c).

15 Können Arbeitgeber das voraussichtliche jährliche **Gesamtausmaß der Beiziehung sonstiger Fachleute nicht sicher abschätzen** oder ist offen, ob Anlassfälle überhaupt eintreten werden (zB unvorhersehbare Arbeitsunfälle), empfiehlt die Arbeitsinspektion Folgendes:

- Es sollte möglichst ein zeitlicher „Sicherheitspolster" der zur Verfügung stehenden Präventionszeit für allfällige Hinzuziehungen sonstiger Fachleute vorweg „reserviert" werden, der gegen Jahresende, sofern kein Anlassfall eingetreten oder noch zu erwarten ist, auf die Präventivfachkräfte aufzuteilen ist.
- Alternativ kann eine Verteilung zunächst nur auf Sicherheitsfachkräfte und Arbeitsmediziner erfolgen (in Anlassfällen muss bei erforderlichen Beiziehungen weiterer Fachleute allenfalls eine zusätzliche Präventionszeit geleistet werden).
- Bei betriebseigenen Präventivfachkräften kann gegebenenfalls die ursprüngliche Präventionszeitverteilung nachträglich geändert und können Betreuungszeiten zu Gunsten sonstiger Fachleute „umgewidmet" werden (bei externen Diensten kaum möglich wegen vertraglicher Pflichten), dies

jedoch nur unter strenger Berücksichtigung der ASchG-Mindestgrenzen und der Jahresverteilung nach betrieblichen Verhältnissen (§ 82a Abs 6 ASchG) sowie entsprechender Dokumentation.

Berechnungsbeispiele zB in der Broschüre „Sicherheitstechnische und arbeitsmedizinische Betreuung – Präventivdienste" der Arbeitsinspektion (Download 23.2.2025 Website https://www.arbeitsinspektion.gv.at/Service/Publikationen/Merkblaetter-_Broschueren_und_Studien.html; https://www.arbeitsinspektion.gv.at/Uebergreifendes/Uebergreifendes/Praeventivdienste_Allgemeines.html)

Die ErlRV 802 BlgNR 21. GP führen zur Neuregelung der Präventionszeit durch das ANS-RG aus: **16**

„Die Präventionszeit soll nicht mehr getrennt für die Fachkräfte für Arbeitssicherheit und die Arbeitsmediziner, sondern insgesamt berechnet werden, wobei die Fachkräfte für Arbeitssicherheit und die Arbeitsmediziner zwingend im Ausmaß von mindestens 40% bzw. 35% der jährlichen Präventionszeit beschäftigt werden müssen. Die verbleibenden 25% der jährlichen Präventionszeit sind für Beratungsleistungen jener Experten zu verwenden, deren Einsatz die jeweilige betriebliche Situation in der Praxis erfordert. Neben den Fachkräften für Arbeitssicherheit und/oder den Arbeitsmedizinern können innerhalb der jährlichen Präventionszeit erstmals alternativ auch sonstige Fachleute beigezogen werden, die demonstrativ im Gesetz aufgezählt werden, beispielsweise also Chemiker, Toxikologen, Ergonomen, insbesondere jedoch Arbeitspsychologen, aber auch andere Experten, deren Fachkunde nicht durch die Präventivfachkräfte abgedeckt werden kann. Der verbleibende Rest von 25% der Präventionszeit kann somit zur Gänze entweder den Fachkräften für Arbeitssicherheit oder den Arbeitsmedizinern oder einem sonstigen Experten, wie beispielsweise einem Arbeitspsychologen oder einem Chemiker zur Verfügung gestellt werden, es wäre aber auch eine Aufteilung dieser 25% der jährlichen Präventionszeit zu je einem Drittel an Sicherheitsfachkraft, Arbeitsmediziner oder einen sonstigen Experten möglich, ebenso wie diese Zeit beispielsweise auch je zur Hälfte oder in jedem anderen Verhältnis auf zwei oder mehrere der vorgenannten Experten aufgeteilt werden könnte. Diese wenigen Beispiele sollen verdeutlichen, dass durch diese Regelung die von den Sozialpartnern übereinstimmend geforderte Flexibilisierung der Aufteilung der Präventionszeit je nach gegebener betrieblicher Situation – und damit ‚maßgeschneiderte' Betreuungseinheiten für die jeweilige Arbeitsstätte – ermöglicht werden. Durch dieses neue System soll einerseits die Umsetzung des interdisziplinären Ansatzes der präventiven Beratung im ASchG gefördert, andererseits aber auch ein gefahrenangepasstes System der erforderlichen Betreuungsleistungen verwirklicht werden. Bereits im geltenden Recht (§§ 76 Abs. 3 und 81 Abs. 3) ist durch die Verwendung der Wortfolge ‚geeignete sonstige Fachleute' im Zusammenhalt mit dem Aufgabenkatalog der Präventivfachkräfte klargestellt, dass es sich dabei ausschließlich um Fachleute auf dem Gebiet der betrieblichen Prävention in Fragen von Sicherheit und Gesundheitsschutz bei der Arbeit handeln muss. Betriebliche Aktionen, die der allgemeinen Gesundheitsförderung dienen (wie beispielsweise Ernährungsberatung, Alkoholberatung, Wellnessberatung, Betriebssport, Therapien, Massagen), können daher ebenso wie Coaching, Qualitätszirkel, Supervision, nicht in die Präventionszeit eingerechnet werden. Beibehalten werden soll der bewährte Grundsatz, dass es sich dabei um Mindestpräventionszeiten handelt, also um Zeiten, die nur dann als ausreichend und damit gesetzeskonform anzusehen sind, wenn der umfangreiche Aufgabenkatalog von den Präventivfachkräften und den allenfalls beigezogenen sonstigen Fachleuten in dieser Zeit auch tatsächlich ‚abgearbeitet' werden kann. Ist dies nicht der Fall, müssen nach wie vor auch in Zukunft zusätzliche Zeiten für eine effiziente präventive Beratung von den Arbeitgebern zugekauft werden (§ 82a Abs. 5)."

17 Eine **pauschale Einrechnung der Tätigkeiten sonstiger Fachkräfte ist unzulässig**; diese müssen im betrieblichen Anlassfall durch entsprechende Aufzeichnungen über die geleisteten Einsatzzeiten und durchgeführten Tätigkeiten belegt werden (§§ 82b Abs 3, 84 Abs 1 und 3 iVm § 82a Abs 5 ASchG). Es darf auch **keine Mehrfacheinrechnung** erfolgen: Eine Einrechnung ist unzulässig, wenn die Fachleute ihre Tätigkeiten bereits auf Grund anderer Rechtsvorschriften oder auf Grund behördlicher Vorschreibung ausführen müssen – zB Abfallbeauftragte, Hygienefachkräfte, ASchG-Prüfpflichten (Arbeitsmittel), Brandschutzbeauftragte, Präventivfachkräfte, Unfallverhütungsdienste der AUVA nach §§ 185 ff ASVG, zB Messteams (§§ 77, 82, 82a Abs 5 ASchG). Nur darüber hinausgehende andere Tätigkeiten sind präventionszeitfähig (vgl Erlass der Arbeitsinspektion vom 5.1.2005, BMWA-461.302/5049-III/3/2004, Beilage).

18 Ist die Mindestbetreuungszeit bei Eintreten eines Anlassfalles bereits ausgeschöpft, muss die Präventionszeit für die Hinzuziehung sonstiger Fachleute bzw Präventivfachkräfte im erforderlichen Ausmaß erhöht werden („*mindestens*" – § 82a Abs 1 und 5 ASchG).

V. Hinzuziehung sonstiger Fachleute

19 Voraussetzung für das Tätigwerden sonstiger Fachleute unter Anrechnung auf die Präventionszeit sind betriebliche Anlassfälle (Verweis § 82a Abs 5 ASchG auf § 76 Abs 3 bzw. § 81 Abs 3 ASchG). Bereits aufgrund der vor dem ANS-RG geltenden ASchG-Rechtslage mussten in diesen Fällen erforderlichenfalls sonstige Fachleute (zusätzlich zu den Arbeitsmedizinern und Sicherheitsfachkräften) hinzugezogen werden, jedoch war deren Tätigkeit noch nicht in die Präventionszeit einrechenbar.

20 Unter Zugrundelegung der Gesetzesmaterialien zum ANS-RG (ErlRV 802 BlgNR 21. GP) und der Regelungssystematik der Präventivdienstbetreuung des siebten Abschnitts des ASchG ergeben sich insgesamt folgende **Voraussetzungen für die Hinzuziehung sonstiger geeigneter Fachleute** und die Einrechnung von deren Tätigkeiten in die Präventionszeit nach § 82a Abs 5 ASchG:

1. Ein **betrieblicher Anlassfall** erfordert die Beiziehung sonstiger Fachleute nach § 76 Abs 3 und § 81 Abs 3 ASchG:
   - in allen Fragen der Arbeitssicherheit einschließlich der Unfallverhütung, der Erhaltung und Förderung der Gesundheit am Arbeitsplatz und der Verhinderung arbeitsbedingter Erkrankungen;
   - bei Planung von Arbeitsstätten;
   - bei Beschaffung oder Änderung von Arbeitsmitteln;
   - bei Einführung oder Änderung von Arbeitsverfahren und Einführung von Arbeitsstoffen;
   - bei Erprobung und Auswahl von persönlichen Schutzausrüstungen;
   - in arbeitsphysiologischen, arbeitspsychologischen und sonstigen ergonomischen sowie arbeitshygienischen Fragen, insbesondere Gestaltung der Arbeitsplätze und des Arbeitsablaufes, Arbeitsrhythmus, der Arbeitszeit- und Pausenregelung;
   - bei Organisation des Brandschutzes und Maßnahmen zur Evakuierung;
   - bei Organisation der Ersten Hilfe;
   - in Fragen des Arbeitsplatzwechsels sowie der Eingliederung und Wiedereingliederung von Menschen mit Behinderungen in den Arbeitsprozess;
   - bei Ermittlung und Beurteilung der Gefahren;
   - bei Festlegung von Maßnahmen zur Gefahrenverhütung;
   - bei Organisation der Unterweisung und Erstellung von Betriebsanweisungen;
   - bei Verwaltungsverfahren im Sinne des achten Abschnittes des ASchG.
2. **Die Fachkompetenzen der Arbeitsmediziner oder Sicherheitsfachkräfte können den betrieblichen Anlassfall nicht abdecken** („*erforderlichenfalls*" – § 76 Abs 3 bzw § 81 Abs 3 iVm § 82a Abs 5 ASchG). Die Beiziehung sonstiger Fachleute ist daher unzulässig bei ausreichender Fachkunde der Präventivfachkräfte.
3. **Die hinzugezogenen sonstigen Fachleute verfügen über die dazu erforderlichen Qualifikationen.** § 82a Abs 5 regelt die Qualifikation sonstiger Fachleute daher nicht abschließend, sondern nennt nur beispielsweise Chemiker, Toxikologen, Ergonomen und insbesondere Arbeitspsychologen. Nach den Gesetzesmaterialien sind nur solche Experten einsetzbar, deren Fachkunde die betriebliche Situation jeweils erfordert und deren Beratungsleistung nicht durch die Präventivfachkräfte selbst inhaltlich abgedeckt werden kann.

Bestimmte Tätigkeiten sonstiger Fachleute oder Präventivfachkräfte sind nicht in die Präventionszeit einrechenbar mangels Bezug zu arbeitsbedingten Gefahren und Belastungen: Maßnahmen zur allgemeinen Gesundheitsförderung, Gesundheitszirkel (soweit nicht ausschließlich auf Arbeitsplatz und Arbeitsbedingungen oder Verhinderung arbeitsbedingter Erkrankungen bezogen), Therapien, Coaching usw sind nicht präventionszeitfähig (§ 77, § 82 ASchG; ErlRV 802 BlgNR 21. GP). 21

22 Auf welcher **Beschäftigungsgrundlage** die Tätigkeit sonstiger Fachleute erfolgt, wird durch das ASchG nicht vorgegeben – wie Präventivfachkräfte können auch betriebsinterne oder externe Fachleute auf Basis eines Anstellungsvertrages, eines Werkvertrages usw beigezogen und im Sinn des § 82a Abs 5 ASchG *„beschäftigt"* werden. Eine Hinzuziehung sonstiger geeigneter Fachleute ist nur verpflichtend, wenn die betriebliche Situation deren Einsatz tatsächlich erfordert. Auf freiwilliger Basis können jederzeit Fachleute zusätzlich beschäftigt werden, jedoch ohne Einrechnung in die Präventionszeit.

23 Die Arbeitgeber müssen bei ihren Entscheidungen über die Verteilung der Gesamtpräventionszeit oder die Beiziehung zusätzlicher geeigneter Fachleute die **Anhörungs- und Beteiligungsrechte** von Belegschaftsorganen, Sicherheitsvertrauenspersonen bzw der Arbeitnehmer beachten (§ 13 ASchG, § 92a ArbVG; Beratung im Arbeitsschutzausschuss § 88 ASchG).

VI. Fachkunde sonstiger Experten, insbesondere der Arbeitspsychologie

24 **§ 82a Abs 5 ASchG** führt als geeignete Fachleute beispielsweise der Chemie, Toxikologie, Ergonomie und insbesondere der Arbeitspsychologie. Zum Fachpersonal sicherheitstechnischer und arbeitsmedizinischer Zentren siehe Anmerkungen zu §§ 75, 80 ASchG.

25 Die Qualifikation sonstiger Fachleute wird durch das ASchG nicht abschließend geregelt, doch sind nach den Gesetzesmaterialien nur solche Experten innerhalb der Präventionszeit einsetzbar, **deren Fachkunde die betriebliche Situation jeweils erfordert** und deren Beratungsleistung **nicht durch die Präventivfachkräfte selbst abgedeckt** werden kann (ErlRV 802 BlgNR 21. GP zu § 82a Abs 5 ASchG). Aus dem Aufgabenkatalog der Präventivfachkräfte ist abzuleiten, dass die Fachkunde auf die betriebliche Prävention in Fragen des Sicherheits- und Gesundheitsschutzes im Anlassfall bezogen sein muss (§§ 76, 81 ASchG).

26 **Arbeitnehmerschutzrelevante Fachbereiche** sind vor allem

- Prävention gegen Stress, psychosoziale, arbeitsorganisatorische Belastungen, Mobbingprävention, Betreuung bei posttraumatischem Stresssyndrom (PTS) ua: Arbeitspsychologie, Organisationspsychologie, Betriebssoziologie
- Spezialmessungen, chemische Analysen, Lärmvermeidung, Entwicklung von Erfassungs- und Meldesystemen arbeitsbedingter Gesundheitsgefahren ua: Epidemiologie, Toxikologie, Chemie, Krankenhaushygiene (soweit keine gesundheitsrechtlichen Aufgaben), Raumakustik, Geologie (zB bei Steinbrüchen)
- Ergonomische Gestaltung der Arbeitsplätze und Arbeitsverfahren, arbeitsplatzbezogene Analysen der Bewegungsabläufe ua: Ergonomie, Physiotherapie oder Sportwissenschaften (jeweils in Verbindung mit Ergonomie)

- Als weitere Tätigkeit sonstiger Fachleute kommt auch ua die fachbezogene Mitwirkung bei Evaluierungen, in arbeitsplatzbezogenen betrieblichen Präventions- und Qualitätssicherungsprojekten sowie in Arbeitsschutz-Organisationsentwicklungsprojekten in Betracht, wobei diese aber konkret auf die betrieblichen Arbeitsbedingungen bezogen sein muss.
(Erlass vom 5.1.2005, BMWA-461.302/5049-III/3/2004).

Die Arbeitgeber mussten bereits nach der ASchG-Stammfassung BGBl 1994/450 **27**
in bestimmten Angelegenheiten (taxative Aufzählung der § 76 Abs 3 und § 81 Abs 3 ASchG) Sicherheitsfachkräfte und Arbeitsmediziner sowie *„erforderlichenfalls weitere geeignete Fachleute“* beiziehen, ua auch in arbeitsphysiologischen, arbeitspsychologischen und sonstigen ergonomischen wie arbeitshygienischen Fragen, insbesondere des Arbeitsrhythmus, der Arbeitszeit- und Pausenregelung, der Gestaltung der Arbeitsplätze und des Arbeitsablaufs (§ 81 Abs 3 Z 6 ASchG). Die späteren ASchG-Novellen BGBl I 2001/159 (ANS-RG) und BGBl I 2012/118 entwickelten diese Grundlagen konsequent weiter zur Stärkung der Arbeits- und Organisationspsychologie in der Prävention und bei der Arbeitsplatzevaluierung. Näheres zur Arbeitspsychologie siehe Anmerkungen zu § 82b (Rz 5–7).

Über die im Anlassfall erforderliche persönliche und fachliche Qualifika- 28
tion sonstiger Fachleute entscheiden die Arbeitgeber bei der Beschäftigung und Hinzuziehung der Fachleute (*„sonstige geeignete Fachleute“* – § 82a Abs 5 iVm § 76 Abs 3 bzw § 81 Abs 3 ASchG), sie können sich dabei von den Präventivfachkräften beraten lassen. Eine „Bewilligung“ zB einer Hinzuziehung von Arbeitspsychologen durch die Arbeitsmediziner der Arbeitsstätte findet jedoch keine Grundlage im ASchG, es besteht lediglich die rechtliche Verpflichtung zur fachlichen Zusammenarbeit (§ 82b Abs 2 ASchG).

Die innerbetriebliche **organisatorische Abwicklung** der Präventivdienst- **29**
betreuung und Beiziehung weiterer Fachleute liegt in der Verantwortlichkeit der Arbeitgeber und wird durch das ASchG nicht vorgegeben. Die Arbeitgeber müssen aber eine geeignete Organisation und die erforderlichen Mittel für den Sicherheits- und Gesundheitsschutz bereitstellen, was auch die Tätigkeit sonstiger Fachleute umfasst (§ 3 Abs 1 ASchG).

VII. Verteilung der Präventionszeit auf das Kalenderjahr und mehrere Präventivfachkräfte

Gemäß § 82a Abs 6 ASchG ist die Präventionszeit der Sicherheitsfachkräfte sowie **30**
jene der Arbeitsmediziner **unter Berücksichtigung der betrieblichen Verhältnisse** auf das Kalenderjahr aufzuteilen. Jeder Teil muss **mindestens zwei Stunden** betragen, um eine ordnungsgemäße Betreuung zu gewährleisten.

Nach ErlRV 802 BlgNR 21. GP soll mit dieser Neuregelung die Aufteilung **31**
der jährlichen Präventionszeit während des Kalenderjahres flexibler, weniger starr und dadurch wesentlich praxisgerechter erfolgen, nämlich frei auf Grund der betrieblichen Erfordernisse verteilt werden können. Lediglich eine

Mindestanwesenheitsdauer von zwei Stunden wurde als untere Grenze eingezogen, weil ansonsten eine sinnvolle Betreuung nicht möglich wäre.

Bereits die ASchG-Stammfassung sah eine Aufteilung der Mindesteinsatzzeit unter Berücksichtigung der betrieblichen Verhältnisse vor, wenn auch differenziert nach Quartal bzw Kalenderhalbjahr (ErlRV 1590 BlgNR 18. GP):

> „Diese flexiblere Regelung beruht einerseits auf der Überlegung, daß sich bei kleinen und mittleren Arbeitsstätten derart niedrige Zeiten pro Woche ergeben würden, daß sie keine sinnvolle Tätigkeit einer Sicherheitsfachkraft ermöglichen, und soll andererseits auch bei größeren Arbeitsstätten eine flexiblere Gestaltung der Einsatzzeit unter Bedachtnahme auf die konkreten betrieblichen Verhältnisse ermöglichen. Außerdem gewährleistet ein größerer zeitlicher Rahmen für die Erbringung der Mindesteinsatzzeit, daß bei krankheits- und urlaubsbedingter Abwesenheit keine Vertretung bestellt werden muß, sondern die entfallene Zeit nachgeholt werden kann."

32 Die sicherheitstechnische Präventionszeit kann zudem nach § 82a Abs 7 ASchG auf **mehrere Sicherheitsfachkräfte**, die arbeitsmedizinische Präventionszeit auf **mehrere Arbeitsmediziner** aufgeteilt werden, wenn dies aus organisatorischen oder fachlichen Gründen zweckmäßig ist.

Die Gesetzesmaterialien zu § 83 in der Stammfassung (ErlRV 1590 BlgNR 18. GP) führen als Beispiel für einen **organisatorischen** Grund die Betreuung mehrerer auswärtiger Arbeitsstellen mit größerer räumlicher Entfernung an, als Beispiel für einen **fachlichen** Grund, dass Personen mit besonderen Fachkenntnissen auf verschiedenen Gebieten erforderlich sind oder dass zusätzlich zur betriebseigenen Sicherheitsfachkraft für bestimmte Aufgaben externe Personen oder Dienste herangezogen werden sollen.

33 Wenn weder organisatorische noch fachliche Gründe eine Aufteilung erforderten, durfte nach der ASchG-Stammfassung eine unter der betrieblichen Normalarbeitszeit liegende Einsatzzeit grundsätzlich nicht auf mehrere Sicherheitsfachkräfte bzw mehrere Arbeitsmediziner aufgeteilt werden. Diese Beschränkung des § 83 Abs 4 ASchG der Stammfassung entfiel durch die ANS-RG-Neuregelung in § 82a Abs 7 ASchG und ermöglichte damit eine höhere Flexibilität: Den Arbeitgebern sowie den Zentren bzw externen Präventivfachkräften sollte mehr Spielraum bei der Aufteilung der Präventionszeit eingeräumt werden (vgl ErlRV 802 BlgNR 21. GP).

Sonstige Fachleute

§ 82b. (1) Der Arbeitgeber hat den in der Präventionszeit beschäftigten sonstigen Fachleuten alle zur Erfüllung ihrer Aufgaben erforderlichen Informationen und Unterlagen zur Verfügung zu stellen. Die sonstigen Fachleute sind bei Anwendung ihrer Fachkunde weisungsfrei.

(2) Die Präventivfachkräfte, Belegschaftsorgane und sonstige Fachleute haben zusammenzuarbeiten.

(3) § 84 Abs. 1 gilt. Die sonstigen Fachleute haben, sofern ihre Beschäftigung innerhalb der Präventionszeit ein Kalenderjahr nicht überschreitet, nach Beendigung ihrer Tätigkeit, ansonsten jährlich, dem Arbeitgeber einen zusammenfassenden Bericht über ihre Tätigkeit samt Vorschlägen zur Verbesserung der Arbeitsbedingungen vorzulegen, der auch eine systematische Darstellung der Auswirkungen ihrer Tätigkeit zu enthalten hat. § 84 Abs. 3 zweiter bis vierter Satz gilt.

(4) Besteht in der Arbeitsstätte ein Arbeitsschutzausschuss (§ 88) und findet eine Sitzung des Ausschusses während der Beschäftigung sonstiger Fachleute innerhalb der Präventionszeit statt, sind sie der Sitzung beizuziehen und hat die Tagesordnung dieser Sitzung die Behandlung ihrer Berichte vorzusehen. § 84 Abs. 2 zweiter Satz gilt.

[BGBl I 2001/159]

Übersicht

I.	Rechte und Pflichten sonstiger Fachleute	1–4
II.	Aufzeichnungen und Berichtslegung	5–7
III.	Mitwirkung im Arbeitsschutzausschuss	8, 9
IV.	Arbeitspsychologen – Prävention gegen arbeitsbedingte psychische Belastungen	10–20
V.	Verantwortlichkeit bei Versäumnissen sonstiger Fachleute	21–23

I. Rechte und Pflichten sonstiger Fachleute

Als Präventivdienste im Sinn des ASchG können neben den Präventivfachkräften auch *„sonstige Fachleute"* der Prävention angesehen werden, das sind nach § 82a Abs 5 ASchG insbesondere Arbeitspsychologen, aber auch Fachleute zB der Chemie, Toxikologie oder Ergonomie. Arbeitgeber müssen weitere Fachleute hinzuzuziehen, wenn es die betriebliche Gefahrensituation im Anlassfall erfordert. 1

Die **Qualifikation sonstiger Fachleute** wird im ASchG nicht abschließend geregelt: Nach den Gesetzesmaterialien sind nur solche Experten innerhalb der Präventionszeit einsetzbar, deren Fachkunde die betriebliche Situation jeweils erfordert und deren Beratungsleistung nicht durch die Präventivfachkräfte selbst abgedeckt werden kann. Zu arbeitnehmerschutzrelevanten Fachbereichen siehe Anmerkungen zu § 82a Abs 5 ASchG. Zur erforderlichen Fachkunde des Fachpersonals in sicherheitstechnischen und arbeitsmedizinischen Zentren siehe Anmerkungen zu §§ 75, 80 ASchG.

Sonstige Fachleute sind **keine Präventivfachkräfte** im Sinne des siebten Abschnitts des ASchG (das sind ausschließlich Arbeitsmediziner und Sicher- 2 heitsfachkräfte – betriebseigene oder externe Präventivfachkräfte). Die Fachleute sind bei Anwendung ihrer Fachkunde aber ebenso wie Sicherheitsfachkräfte und Arbeitsmediziner **weisungsfrei** (§ 82b Abs 1 ASchG).

3 Die Form der **Beschäftigung** wird durch das ASchG nicht vorgegeben. Die innerbetriebliche organisatorische Abwicklung der Präventivdienstbetreuung einschließlich Hinzuziehung sonstiger Fachleute ist von dem Arbeitgeber bzw der Arbeitgeberin zu entscheiden und zu gewährleisten (ua Bereitstellung einer geeigneten Arbeitsschutzorganisation und der erforderlichen Mittel – § 3 Abs 1 ASchG). Näheres siehe Anmerkungen zu § 82a Abs 5 ASchG.

Sonstige Fachleute haben bestimmte Rechte und Pflichten, die in § 82b ASchG (mit Verweis auf Regelungen in §§ 84, 88 ASchG) festgelegt sind, vor allem sind auch sonstige Fachleute zur **Zusammenarbeit mit Präventivfachkräften und Belegschaftsorganen** verpflichtet (§ 82b Abs 2 ASchG).

4 Die Berichte sonstiger Fachleute an Arbeitgeber bzw Arbeitsschutzausschuss müssen auch Vorschläge zur Verbesserung der Arbeitsbedingungen und eine systematische Darstellung der Auswirkungen ihrer Tätigkeit enthalten (§ 82b Abs 3 und 4 iVm § 84 Abs 2 und 3 ASchG).

II. Aufzeichnungen und Berichtslegung

5 Nach **§ 82b Abs 3 ASchG** gelten die Verpflichtungen der Präventivfachkräfte zum Führen von Aufzeichnungen und zur Berichtslegung gemäß § 84 Abs 1 ASchG auch für die sonstigen Fachleute. Sie müssen daher ebenso

- **Aufzeichnungen** führen über die geleistete Einsatzzeit und
- die nach ASchG durchgeführten Tätigkeiten (insbesondere Besichtigungen, Untersuchungen und deren Ergebnisse),
- den Arbeitsinspektionsorganen auf Verlangen Einsicht in diese Unterlagen gewähren oder Kopien übermitteln,
- nach Beendigung ihrer Tätigkeit Unterlagen und Berichte dem betrieblichen Nachfolger übergeben.

6 Für die Berichtslegung gilt eine Sonderregelung: Die Fachleute müssen dem Arbeitgeber nach Beendigung ihrer Tätigkeit oder (wenn diese länger als ein Kalenderjahr dauert) jährlich einen **Tätigkeitsbericht samt Vorschlägen zur Verbesserung der Arbeitsbedingungen** und einer systematischen Darstellung der Auswirkungen ihrer Tätigkeitübergeben. Dieser Bericht ist

- an die Sicherheitsvertrauenspersonen weiterzuleiten oder
- an geeigneter Stelle im Betrieb zur Einsichtnahme für die Arbeitnehmer aufzulegen (wenn keine Sicherheitsvertrauenspersonen bestellt sind) und weiters
- dem zuständigen Arbeitsinspektorat auf Verlangen zu übermitteln.

7 Die Aufzeichnungen sonstiger Fachleute über die geleistete Einsatzzeit müssen so geführt sein, dass es sowohl für Arbeitgeber als auch für das Arbeits-

inspektorat möglich ist, die Tätigkeit der sonstigen Fachleute zu kontrollieren (§ 82b Abs 3 iVm § 84 Abs 1 ASchG; siehe Anmerkungen zu § 84 Rz 3).

III. Mitwirkung im Arbeitsschutzausschuss

Besteht in der Arbeitsstätte ein Arbeitsschutzausschuss (§ 88 ASchG), müssen die sonstigen Fachleute **den Sitzungen beigezogen** werden, falls die Sitzung während ihrer Beschäftigung in der Präventionszeit stattfindet (**§ 82b Abs 4 ASchG**). 8

Die **Behandlung der Berichte** sonstiger Fachleute ist ein Tagesordnungspunkt der Sitzung. Sind die Fachleute an der Sitzungsteilnahme **verhindert**, müssen sie dem Arbeitsschutzausschuss einen schriftlichen Bericht über ihre Tätigkeit samt Vorschlägen zur Verbesserung der Arbeitsbedingungen und einer systematischen Darstellung der Auswirkungen ihrer Tätigkeit übergeben. 9

Siehe Anmerkungen zu § 88 Rz 13.

IV. Arbeitspsychologen – Prävention gegen arbeitsbedingte psychische Belastungen

Bereits die Erläuterungen zur Regierungsvorlage zur **ASchG-Stammfassung** BGBl 1994/450 (ErlRV 1590 BlgNR 18. GP) verwiesen darauf, dass vor allem auch im Hinblick auf die zunehmende Bedeutung von psychischen Belastungen und Fragen der Arbeitsorganisation die Beiziehung von Gesundheits-, Arbeits-, Betriebs- und Organisationspsychologen als Fachpersonal im Rahmen der Präventivdienste und zur Beratung der Arbeitgeber in Betracht kommt. Die ASchG-Novellen BGBl I 2001/159 (ANS-RG) und BGBl I 2012/118 entwickelten diese Grundlagen zur Stärkung der Arbeits- und Organisationspsychologie in der Prävention und bei der Arbeitsplatzevaluierung konsequent weiter: 10

Mit dem **ANS-RG** wurde verankert, dass seit 1.1.2002 die Tätigkeit sonstiger Fachleute auf die Präventionszeit der PFK anrechenbar ist (§§ 82a Abs 5, 82b ASchG). § 82a Abs 5 ASchG verlangt, dass Arbeitgeber bei der Präventivbetreuung neben Sicherheitsfachkräften und Arbeitsmedizinern, je nach der in der Arbeitsstätte gegebenen Gefährdungs- und Belastungssituation, sonstige geeignete Fachleute, insbesondere Arbeitspsychologen, zu beschäftigen haben. 11

Der besonderen Bedeutung der Fachleute der Arbeitspsychologie für die Präventivdienstbetreuung wurde mit der **ASchG-Novelle BGBl I 2012/118**, die mit 1.1.2013 in Kraft getreten ist, aufgrund einer entsprechenden Einigung der Interessenvertretungen der Arbeitgeber und der Arbeitnehmer zusätzlich Rechnung getragen. Die Gesetzesmaterialien (ErlRV 1983 BlgNR 24. GP) begründen die stärkere Betonung der Prävention von arbeitsbedingten psychischen Belastungen und Gefährdungen, die zu Fehlbeanspruchungen führen, mit der steten Zunahme psychischer Belastungen und Gefährdungen in der Arbeitswelt als Ursache für arbeitsbedingte Beschwerden und Erkrankungen. 12

Psychische Belastungen verstärken auch andere Erkrankungen wie zB Herz-Kreislauf-Erkrankungen, Muskel-Skelett-Erkrankungen, Magen-, Darmerkrankungen, Schlafstörungen, Diabetes. Immer mehr Personen müssen infolge psychischer Fehlbeanspruchungen die Frühpension antreten. Dies verursacht viel menschliches Leid, aber auch betriebswirtschaftliche und volkswirtschaftliche Kosten.

13 Als häufige Ursachen arbeitsbedingter psychischer Fehlbeanspruchungen werden angeführt:

- widersprüchliche Arbeitsaufgaben
- Arbeitsverdichtung, unangemessene Zeit- und Terminvorgaben, ständige Erreichbarkeit
- unangemessene Wiederholung immer gleicher Arbeitsvorgänge
- Informationsmangel oder -überflutung
- knappe Personalbemessung
- Verwischen der Grenzen zwischen Arbeit und Freizeit
- häufige Umstrukturierungen, Angst vor Arbeitsplatzverlust
- fehlende Handlungsspielräume und mangelnde Beteiligungsmöglichkeiten
- isoliertes Arbeiten ohne Möglichkeit zu sozialen Kontakten
- fehlende Unterstützung durch Vorgesetzte.

14 Mit der ASchG-Novelle BGBl I 2012/118 wurde zum einen an mehreren Stellen im ASchG die Prävention auch arbeitsbedingter psychischer Belastungen, die zu Fehlbeanspruchungen führen, stärker betont und wurden zum anderen die **Arbeitspsychologen als bei der Ermittlung und Beurteilung der Gefahren beizuziehende Fachleute** ausdrücklich genannt. Begleitend wurde eine Änderung der Verordnung des Bundesministers für Gesundheit über die arbeitsmedizinische Ausbildung von Ärzten, BGBl 1996/664 vorgesehen, mit der die Arbeits- und Organisationspsychologie verstärkt in die Ausbildung der Arbeitsmediziner integriert wurde (siehe Anmerkungen zu § 4 Arbeitsplatzevaluierung, § 79 Abs 2 ASchG).

15 Das Anwendungsgebiet der **Arbeits- und Organisationspsychologie** befasst sich mit den psychologischen Faktoren arbeitender Menschen in Organisationen: Die Arbeits- und Organisationspsychologie beobachtet und analysiert Arbeitsbedingungen und Arbeitsaufgaben und die Ressourcen der arbeitenden Menschen und deren Auswirkungen. Die Arbeitspsychologen sind daher nicht etwa für individuelle psychologische Betreuungsleistungen (Therapie oder Coaching) von Einzelpersonen heranzuziehen, sondern primär zur Mitwirkung an der Ermittlung und Beurteilung arbeitsbedingter psychischer Belastungen am Arbeitsplatz, bei der Festlegung der Maßnahmen zur Verhütung dieser Gefährdungen sowie bei der Aktualisierung dieser Evaluierung (ErlRV 1983 BlgNR 24. GP).

Aus dem Merkblatt „Arbeitsplatzevaluierung psychischer Belastungen nach dem ASchG“:[1]

„**Arbeitsbedingte psychische Belastungen** ergeben sich aus den vielfältigen Einflüssen und Anforderungen, die am Arbeitsplatz auf die Beschäftigten einwirken: Gestaltung der Arbeitsstätte und Arbeitsplätze, Gestaltung und Einsatz von Arbeitsmitteln, Verwendung von Arbeitsstoffen, Gestaltung der Arbeitsverfahren und Arbeitsvorgänge und deren Zusammenwirken. **§ 4 Abs 1 Z 6 ASchG** führt als Quelle für Belastungen auch die Gestaltung der Arbeitsaufgaben und die Art der Tätigkeiten, der Arbeitsumgebung, der Arbeitsabläufe sowie der Arbeitsorganisation an. Psychische Belastungen sind Bestandteil eines jeden Arbeitsprozesses, aber nicht alle arbeitsbedingten psychische Belastungen müssen zu Fehlbeanspruchungen führen: Psychische Fehlbeanspruchungen entstehen dann, wenn arbeitsbedingte psychische Belastungen in ihrer Ausprägung mit einer hohen Wahrscheinlichkeit zu gesundheitlichen Beeinträchtigungen bei den Arbeitnehmern führen. Die **ÖNORM EN ISO 10075-1** definiert psychische Belastungen als ‚… alle Einflüsse, die von außen auf den Menschen zukommen und psychisch auf ihn einwirken‘. **16**

Die **vier grundlegenden Dimensionen** arbeitsbedingter psychischer Belastungen, die zu Fehlbeanspruchungen führen können, sind: **17**

1. Belastungen durch Arbeitsaufgaben und Tätigkeiten (zB: hohe körperliche und/oder geistige Belastung, hohe emotionale Belastung wie etwa häufiger Umgang mit unzufriedenen Kunden, Über- oder Unterforderung durch die Aufgaben),
2. Belastungen durch das Organisationsklima (zB: mangelnde Unterstützung durch Führungskraft bzw Kollegen, Benachteiligung/Nichteinbeziehung bestimmter Personengruppen, Informations- und Kommunikationsmängel, ungenügender Handlungsspielraum);
3. Belastungen durch die Arbeitsumgebung (zB ungünstige Beleuchtung, Lärm, ungünstiges Umgebungsklima, Platzmangel, mangelhafte Arbeitsplatzausstattung und Arbeitsmittel, benutzungsunfreundliche Software);
4. Belastungen durch die Arbeitsabläufe und Arbeitsorganisation (zB: Doppelarbeit, unklare oder widersprüchliche Ziele/Zuständigkeiten und Rollenkonflikte, häufige Unterbrechungen, belastende Arbeitszeitgestaltung, keine Pausen, fehlende Information/Unterweisung).

Fehlbelastungen treten meist nicht isoliert, sondern in Kombination mit anderen Belastungen, zB Zwangshaltungen und Zeitdruck, auf und führen zu verstärkenden Wechselwirkungen, etwa zwischen psychischen Belastungen und Muskel-Skelett-Erkrankungen. Psychische Fehlbelastungen verursachen oder beeinflussen auch andere Erkrankungen wie Herz-Kreislauf-Erkrankungen, Magen-Darm-Erkrankungen, Immunerkrankungen, Stoffwechselerkrankungen (zB Diabetes mellitus).“

1 BMASK/Arbeitsinspektion (Hrsg), WKO, IV (2013).

18 **Ziele der Arbeits- und Organisationspsychologie** sind gemäß einer Zusammenfassung einer Expertengruppe aus BÖP, GkPP, AK Wien, Universität Graz und AUVA (Juni 2010):

- Vermeiden bzw Beseitigen arbeitsbedingter Gesundheits- und Unfallgefahren;
- Schaffen, Erhalten bzw Fördern gesundheits- und persönlichkeitsförderlicher Arbeitsbedingungen und Kompetenzen;
- Optimierung des soziotechnischen Systems (gemeinsames Optimieren von Mensch, Technik und Organisation);
- Schaffen, Erhalten bzw Fördern einer dem Menschen angepassten Unternehmens-, Gesundheits- und Sicherheitskultur.

19 **Arbeits- und Organisationspsychologen** sind darin ausgebildet,

- Handlungsbedarf im Hinblick auf psychische Belastungen festzustellen,
- entsprechende Verfahren für die Gefährdungsbeurteilung oder andere Einsatzzwecke auszuwählen und deren Ergebnisse fachgerecht zu interpretieren,
- Gestaltungsempfehlungen abzugeben und die
- Umsetzung der Verbesserungsvorschläge in Form von arbeitspsychologischen Interventionen begleitend durchzuführen.

Die **Ausbildung** zur Arbeits- und Organisationspsychologie erfolgt in Österreich derzeit an den Universitäten Wien, Linz, Graz und Donau-Universität Krems bzw der FH bfi Wien. Der Berufsverband der österreichischen PsychologInnen (BÖP) und die Gesellschaft kritischer PsychologInnen (GkPP) zertifizieren Arbeitspsychologen auf Grundlage der überarbeiteten „**Zertifizierungsrichtlinie für Arbeits- und Organisationspsychologie**", die sich an anerkannten Standards orientiert. Näheres auf den Websites https://www.boep.or.at/ und https://www.gkpp.at/arbeitspsychologie/.

20 **Verfahren** im Bereich der Arbeitspsychologie können bei entsprechender Qualitätssicherung und Anwendung frei gewählt werden, als Stand der Technik und der Erkenntnisse auf dem Gebiet der Arbeitsgestaltung (§ 3 Abs 2 ASchG) maßgebend ist die **ÖNORM EN ISO 10075-3:2018**, in der testtheoretische Anforderungen an Verfahren beschrieben werden.

Anerkannte Instrumente der Arbeits- bzw Organisationsanalyse sind zB auf der Website der deutschen Bundesanstalt für Arbeit angeführt (Download 23.2.2025): www.baua.de/Toolbox (Toolbox Version 1.2 – Instrumente zur Erfassung psychischer Belastungen). Auch die Website der österreichischen Arbeitsinspektion bietet umfassende Informationen zur Arbeitsplatzevaluierung psychischer Belastungen samt weiterführender Links zu Publikationen: https://www.arbeitsinspektion.gv.at/Gesundheit_im_Betrieb/psychische_Belastungen/Arbeitsplatzevaluierung_psychischer_Belastungen.html.

Das AUVA-Instrument zur Arbeitsplatzevaluierung psychischer (Fehl-)Belastungen wird in der Broschüre E 14 Evaluierung psychischer Belastungen beschrieben (Arbeits-Bewertungs-Skala – ABS), die auf dem 2013 entwickelten Verfahren für Kleinbetriebe, Abteilungen und kleinere Betriebseinheiten beruht. Download AUVA-Website (23.2.2025): https://auva.at/praevention/medien-und-publikationen/publikationen-us/e-14-evaluierung-psychischer-belastungen/

Zur Evaluierung psychischer Belastungen siehe Anmerkungen zu § 4 ASchG.

V. Verantwortlichkeit bei Versäumnissen sonstiger Fachleute

Erfüllen sonstige Fachleute ihre Aufgaben nach ASchG nicht (einschließlich Zusammenarbeit, Aufzeichnungen, Berichtslegung), ist dies eine Übertretung **21**

- durch die sonstigen Fachleute selbst und
- durch den Arbeitgeber, weil dieser dafür verantwortlich ist, dass die sonstigen Fachleute ihren gesetzlichen Aufgaben nachkommen (§ 82b Abs 2 bis 4 iVm § 84 Abs 1 und 2 zweiter Satz und Abs 3 zweiter bis vierter Satz ASchG).

Nur die **Arbeitgeber sind verwaltungsstrafrechtlich verantwortlich** nach § 130 Abs 1 ASchG gemäß Z 27c (Verpflichtungen betreffend Präventionszeit) und Z 27d (Sorgetragung zur Erfüllung der gesetzlichen Aufgaben sonstiger Fachleute).

Das Arbeitsinspektorat kann zwar eine **Aufforderung zur Einhaltung der gesetzlichen Vorschriften auch an die sonstigen Fachleute** richten (§ 9 Arbeitsinspektionsgesetz 1993 – ArbIG). Diese Aufforderung kann aber nur auf § 82b iVm § 84 Abs 1 bis 3 ASchG gestützt werden, weil § 9 ArbIG sonstigen Fachleuten gegenüber nicht anzuwenden ist. Strafanzeigen gegen sonstige Fachleute sind mangels einer entsprechenden ASchG-Verwaltungsstrafbestimmung nicht möglich (ebenso nicht bei Präventivfachkräften).Vgl Erlass der Arbeitsinspektion vom 5.1.2005, BMWA-461.302/5049-III/3/2004 (Download 23.2.2025): https://www.arbeitsinspektion.gv.at/Uebergreifendes/Uebergreifendes/Praeventivdienste_Allgemeines.html **22**

Auch die Regelung der **Abberufung** gemäß § 87 Abs 2 bis 4 ASchG gilt nicht für sonstige Fachleute, weil sie keine Präventivfachkräfte sind. **23**

Arbeitsmedizinischer Fachdienst

§ 82c. (1) **Als arbeitsmedizinischer Fachdienst dürfen Personen beschäftigt werden, die**

1. **eine Ausbildung sowie eine mindestens zweijährige Berufserfahrung in einem Gesundheitsberuf gemäß Abs. 2 und**
2. **eine Ausbildung für den arbeitsmedizinischen Fachdienst mit einer Gesamtstundenanzahl von mindestens 208 Stunden an einer Akademie**

für Arbeitsmedizin, die gemäß § 38 Abs. 4 des Ärztegesetzes 1998, BGBl. I Nr. 169/1998, anerkannte Ausbildungslehrgänge durchführt, absolviert haben.

(2) Gesundheitsberufe im Sinn des Abs. 1 Z 1 sind:

1. gehobener Dienst für Gesundheits- und Krankenpflege gemäß Gesundheits- und Krankenpflegegesetz, BGBl. I Nr. 108/1997,
2. physiotherapeutischer Dienst (Physiotherapeutin/Physiotherapeut), ergotherapeutischer Dienst (Ergotherapeutin/Ergotherapeut), logopädisch-phoniatrisch-audiologischer Dienst (Logopädin/Logopäde), orthoptischer Dienst (Orthoptistin/Orthoptist), medizinisch-technischer Laboratoriumsdienst (Biomedizinische Analytikerin/Biomedizinischer Analytiker), radiologisch-technischer Dienst (Radiologietechnologin/Radiologietechnologe) sowie Diätdienst und ernährungsmedizinischer Beratungsdienst (Diätologin/Diätologe) gemäß MTD-Gesetz, BGBl. Nr. 460/1992.

(3) Werden Tätigkeiten gemäß § 82 durch den arbeitsmedizinischen Fachdienst durchgeführt, darf die dafür aufgewendete Zeit bis zu maximal 30 v.H. in die jährliche Präventionszeit der Arbeitsmedizinerinnen/Arbeitsmediziner gemäß § 82a eingerechnet werden. Das in § 82 Z 5 und Z 7 festgelegte Höchstausmaß darf dadurch nicht überschritten werden.

(4) Die Tätigkeit des arbeitsmedizinischen Fachdienstes hat unter Leitung der Arbeitsmedizinerin/des Arbeitsmediziners zu erfolgen.

(5) Der arbeitsmedizinische Fachdienst hat an der Zusammenarbeit gemäß § 85 mitzuwirken. § 84 Abs. 1 gilt. Werden gemeinsame Aufzeichnungen mit der Arbeitsmedizinerin/dem Arbeitsmediziner geführt, muss ersichtlich sein, welche Tätigkeiten der arbeitsmedizinische Fachdienst durchgeführt hat.

(6) Besteht in der Arbeitsstätte ein Arbeitsschutzausschuss, ist der arbeitsmedizinische Fachdienst erforderlichenfalls den Sitzungen beizuziehen.

(7) Als arbeitsmedizinischer Fachdienst dürfen auch Personen beschäftigt werden, die in den Kalenderjahren 2017 bis 2021 eine Abs. 1 Z 2 entsprechende Ausbildung der Österreichischen Akademie für Arbeitsmedizin und Prävention in Kooperation mit der Medizinischen Universität Graz (Universitätslehrgang Arbeitsmedizinische Fach-Assistentin/Arbeitsmedizinischer Fach-Assistent) oder der Medizinischen Universität Wien (Universitätslehrgang Arbeitsmedizinische Fach-Assistenz) absolviert haben.

(8) Die Österreichische Akademie für Arbeitsmedizin und Prävention (AAMP) mit Sitz in Wien hat auf Antrag eine in einem anderen Mitgliedsstaat der Europäischen Union oder einem Vertragsstaat des Europäischen Wirtschaftsraumes (EWR) oder der Schweizerischen Eidgenossenschaft erworbene Qualifikation gemäß Abs. 1 Z 2 anzuerkennen, wenn dies

durch Ausbildungs- oder Befähigungsnachweise oder gegebenenfalls ergänzend durch Berufserfahrung ausreichend belegt wird. Die Anerkennung durch die AAMP erfolgt durch Ausstellung eines Zeugnisses, das zur Ausübung der Tätigkeit als arbeitsmedizinischer Fachdienst im Anwendungsbereich dieses Bundesgesetzes berechtigt. Antragsberechtigt ist jene Person, die über die im Ausland erworbene Berufsqualifikation verfügt und bei Antragstellung ihre Berufsberechtigung im Gesundheitsberuf gemäß Abs. 2 nach dem jeweiligen Berufsgesetz (GuKG, MTD-Gesetz) nachweist, oder deren Arbeitgeberin/Arbeitgeber im Inland. Die AAMP hat der Antragstellerin/dem Antragsteller binnen eines Monats den Empfang der Unterlagen zu bestätigen und gegebenenfalls mitzuteilen, welche Unterlagen fehlen. Sie hat über Anträge ohne unnötigen Verzug, spätestens aber binnen drei Monaten nach Einreichung der vollständigen Unterlagen zu entscheiden. Ist aufgrund der vorgelegten Nachweise die ausreichende Qualifikation nicht eindeutig feststellbar, hat sich die AAMP durch eine Prüfung vom Vorliegen ausreichender Fachkenntnisse für den arbeitsmedizinischen Fachdienst zu überzeugen.

(9) Abs. 8 gilt sinngemäß für Personen, die außerhalb der Europäischen Union, des EWR oder der Schweizerischen Eidgenossenschaft eine Abs. 1 Z 2 entsprechende Drittstaatsqualifikation nachweislich erworben haben und die als Arbeitnehmerin/Arbeitnehmer aus dem Ausland nach Österreich entsandt oder grenzüberschreitend überlassen werden.

[BGBl I 2022/115]

Übersicht

I. AFa-Ausbildung, Gesundheitsberuf und Berufserfahrung (§ 82c Abs 1 u 2) ... 3
- A. Gesundheitsberufe ... 4–6
- B. AFa-Ausbildung: ... 7, 8

II. Arbeitsmedizinische Tätigkeiten unter AMED-Leitung – Einrechnung in die Präventionszeit (Abs 3 u 4) ... 9, 10
- A. Einrechnung von AFa-Tätigkeiten in die AMED-Präventionszeit ... 11–13
- B. AFa-Tätigkeit unter AMED-Leitung ... 14–17
- C. Unterscheidung AFa – sonstige Fachleute (§ 82b) ... 18

III. AFa-Pflichten, Aufzeichnungen, Arbeitsschutzausschuss (Abs 5 u 6) ... 19–22

IV. AFa mit AFA-Ausbildung 2017–2021 (Abs 7) ... 23, 24

V. Anerkennung ausländischer AFa-Ausbildungen (Abs 8 u 9) ... 25–27

VI. AFa-Einsatz bei Begehungen in Kleinbetrieben und bei Zentrenbetreuung (Präventionszentren, AMZ) ... 28–31

VII. Beteiligung, AFa-Benachteiligungs- und Kündigungsschutz (ArbVG, AVRAG) ... 32

1 Seit **1.7.2022** können zur Unterstützung der Arbeitsmediziner der Arbeitsstätte auch **Angehörige eines arbeitsmedizinischen Fachdienstes (AFa)** beschäftigt werden. Soweit AFa präventionszeitfähige Tätigkeiten der Arbeitsmediziner (§ 82 ASchG) unter deren Leitung durchführen, können AFa-Tätigkeiten auch in die **arbeitsmedizinische Präventionszeit** eingerechnet werden. Diese Neuregelung des § 82c ASchG wurde mit BGBl I 2022/115 v 22.7.2022 (Artikel 1) im 7. Abschnitt ASchG eingefügt und ist rückwirkend in Kraft getreten (§ 131 Abs 20 ASchG).

Zeitgleich wurden Präventivdienstregelungen zur Ermöglichung eines AFa-Einsatzes bei **Begehungen auch in Kleinbetrieben und bei Zentrenbetreuung** novelliert (§ 77a Abs 3a, § 78a Abs 2a, Novelle der AMZ-VO BGBl II 2022/218, siehe Punkt VI) und erfolgten Anpassungen der Beteiligungsrechte von Sicherheitsvertrauenspersonen und Belegschaftsorganen hinsichtlich der AFa-Einbeziehung sowie des Benachteiligungsverbotes und Kündigungsschutzes für Angehörige des AFa im Arbeitsverfassungsgesetz (ArbVG) und Arbeitsvertragsrechts-Anpassungsgesetz (AVRAG). Entsprechende Regelungen wurden auch im Arbeitsschutz der Land- und Forstwirtschaft verankert (Novelle Landarbeitsgesetz 2021 – LAG 2021)

2 Regelungshintergrund war laut parlamentarischen Materialien ein zunehmend beobachteter Mangel an Arbeitsmediziner in Österreich, weshalb in manchen Arbeitsstätten eine ordnungsgemäße arbeitsmedizinische Präventivdienstbetreuung nicht mehr ausreichend gewährleistet werden konnte. Zum Teil hätten Arbeitgeber keine Arbeitsmediziner, die sie zur Erfüllung ihrer gesetzlichen Verpflichtung zur Präventivdienstbetreuung bestellen konnten, gefunden. Die ASchG-Novelle sollte die Rechtsgrundlage schaffen, Arbeitsmediziner durch den Einsatz eines arbeitsmedizinischen Fachdienstes (AFa) ohne qualitative Beeinträchtigung der Betreuung zu unterstützen (Bericht des Ausschusses für Arbeit und Soziales v 28.6.2022, 1600 BlgNR 27. GP).

Betriebe, Präventionszentren und arbeitsmedizinische Zentren (AMZ) sind von diesem Arbeitsmedizinermangel gleichermaßen betroffen. ErlRV 1510 BlgNR 27. GP zu § 82c ASchG:

> „AMED müssen den arbeitsmedizinischen Aufgabenkatalog des § 81 ASchG in allen Arbeitsstätten erfüllen, zu deren Präventivdienstbetreuung sie bestellt wurden (§ 79 u. § 83 Abs. 4 ASchG). Während die arbeitsmedizinische Betreuung in kleineren Arbeitsstätten durch regelmäßige oder anlassbezogene Begehungen erfolgt (§ 77a ASchG), muss in Arbeitsstätten mit mehr als 50 Arbeitnehmern und Arbeitnehmerinnen zumindest die Präventionszeit gemäß § 82a ASchG erfüllt werden. Seit der ASchG-Novelle BGBl. I Nr. 159/2001 kann neben der arbeitsmedizinischen und sicherheitstechnischen Betreuungstätigkeit der Präventivfachkräfte (AMED, Sicherheitsfachkräfte) in Anlassfällen auch die Tätigkeit sonstiger Fachleute, insbesondere der Arbeitspsychologie oder z. B. der Ergonomie, Chemie oder Toxikologie bis zu 25 %

der Gesamtpräventionszeit eingerechnet werden (§ 82a Abs. 5, § 82b ASchG). Die arbeitsmedizinische Mindestpräventionszeit von 35% muss nach derzeit geltender Rechtslage aber zur Gänze durch die für die Arbeitsstätte bestellten AMED erbracht werden (die restlichen 40 % der Präventionszeit sind der sicherheitstechnischen Betreuung durch die Sicherheitsfachkräfte vorbehalten). Für viele Arbeitgeber und Arbeitgeberinnen wird es jedoch zunehmend schwieriger für eine ordnungsgemäße arbeitsmedizinische Betreuung zu sorgen, weil AMED den Betrieben nicht mehr in ausreichender Zahl zur Verfügung stehen. Dieser in ganz Österreich bestehende Mangel an AMED wird trotz zahlreicher Initiativen, die Arbeitsmedizin aufzuwerten und zusätzliche AMED auszubilden, auch in naher Zukunft nicht ohne weiteres bewältigt werden können. Die Neuregelung des § 82c ASchG ermöglicht es künftig, AMED durch den Einsatz eines arbeitsmedizinischen Fachdienstes zu unterstützen (AFa). Die AFa-Tätigkeit ist in die arbeitsmedizinische Präventionszeit einrechenbar, wenn es sich um Tätigkeiten gemäß § 82 ASchG handelt. AMED können sich so stärker auf den Kernbereich der arbeitsmedizinischen betrieblichen Prävention konzentrieren, weil sie durch einen qualifizierten AFa entlastet und unterstützt werden – je nach betrieblichem Erfordernis z. B. bei wiederkehrenden Lärmuntersuchungen (Durchführung von Audiometrien) oder durch Mitwirkung des AFa bei anderen arbeitsmedizinischen Untersuchungen oder der Organisation der Ersten Hilfe in der Arbeitsstätte. In einem Pilotprojekt zur arbeitsmedizinischen Fachassistenz, das von der Arbeitsinspektion begleitet und in einem oö. Industriebetrieb 2019-2021 durchgeführt wurde, hat sich die Unterstützung des AMED durch eine Angehörige des gehobenen Gesundheits- und Krankenpflegedienstes mit der Zusatzausbildung Universitätslehrgang „Arbeitsmedizinische Fach-Assistenz – AFA“ (Akademie für Arbeitsmedizin und Prävention in Kooperation mit der Medizinuniversität Wien) in diesen Arbeitsschutzbereichen sowie z. B. bei Einführung optischer Schutzbrillen als persönliche Schutzausrüstung und beim betrieblichen Hautschutz bewährt. Die AFa-Bedeutung für die arbeitsmedizinische Betreuung im Pilotprojekt wurde durch nachfolgende Evaluation bestätigt und das Modell bereits zuvor in arbeitsmedizinischen Fachkreisen befürwortet.“

I. AFa-Ausbildung, Gesundheitsberuf und Berufserfahrung (§ 82c Abs 1 u 2)

Für den Einsatz im AFa ist 3

- eine abgeschlossene Ausbildung und zumindest zweijährige Berufserfahrung in bestimmten Gesundheitsberufen erforderlich (§ 82c Abs 1 Z 1 u Abs 2)
- sowie eine abgeschlossene Ausbildung zum arbeitsmedizinischen Fachdienst (Abs 1 Z 2).

A. Gesundheitsberufe

Nach den ErlRV 1510 BlgNR 27. GP kommen für eine Tätigkeit im AFa aufgrund ihrer medizinischen Vorkenntnisse und der Nähe ihrer Ausbildung und Berufspraxis zur arbeitsmedizinischen Betreuung **va Angehörige des** 4

gehobenen Dienstes für die Gesundheits- und Krankenpflege in Betracht (DGKP, Gesundheits- und Krankenpflegegesetz – GuKG, BGBl I 1997/108 – § 82c Abs 2 Z 1).

Bei entsprechender betrieblicher Gefahren- und Belastungssituation können auch Angehörige **gehobener medizinisch-technischer Dienste** im AFa eingesetzt werden (physiotherapeutischer, ergotherapeutischer, logopädisch-phoniatrisch-audiologischer, orthoptischer, medizinisch-technischer Laboratoriumsdienst, radiologisch-technischer Dienst sowie Diätdienst und ernährungsmedizinischer Beratungsdienst, MTD-Gesetz, BGBl 1992/460, § 82c Abs 2 Z 2):

- Physiotherapeutinnen und Physiotherapeuten
- Ergotherapeutinnen und Ergotherapeuten
- Logopädinnen und Logopäden
- Orthoptistinnen und Orthoptisten
- Biomedizinische Analytikerinnen und Analytiker
- Radiologietechnologinnen und Radiologietechnologen
- Diätologinnen und Diätologen

5 **Das gesundheitsrechtliche Berufsrecht bleibt durch § 82c ASchG unberührt:** Der Einsatz von AFa bei der arbeitsmedizinischen Betreuung schafft keinen neuen Gesundheitsberuf, sondern baut auf der zuvor erlangten gesundheitsrechtlichen Qualifikation als Angehörige des gehobenen Gesundheits- und Krankenpflegedienstes bzw bestimmter arbeitsschutznaher gehobener medizinisch-technischer Dienste auf (Quellberuf ergänzt durch die AFa-Ausbildung); vgl ErlRV 1510 BlgNR 27. GP.

6 Arbeitgeber und Arbeitsmediziner (AMED) müssen ausgehend von der betrieblichen Gefahren- und Belastungssituation und dem jeweiligen Präventionsbedarf beurteilen, welche **konkrete AFa-Qualifikation zur Unterstützung der AMED** benötigt wird. AMED beraten und unterstützen dabei die Arbeitgeber, stehen selbst aber (wie AFa-Angehörige) nicht unter ASchG-Verwaltungsstrafsanktion (außer in allfälliger AN-Eigenschaft gemäß § 130 Abs 4). Die Arbeitgeber müssen auch bei AFa-Unterstützung dafür sorgen, dass die AMED ihre gesetzlichen Verpflichtungen erfüllen (Verwaltungsstrafsanktion § 130 Abs 1 Z 27, Präventionszeit Z 27c).

Die AFa-Beschäftigung wird im Regelfall auf Grundlage eines Arbeitsvertrages in einem Betrieb, Präventionszentrum oder AMZ innerbetrieblich erfolgen. Die Beschäftigung externer selbständiger AFa (zB Werkvertrag) ist nicht ausgeschlossen, in der Praxis aber wohl die Ausnahme (notwendige innerbetriebliche Kooperation, Ermöglichung eines betrieblichen IT-Zugangs ua). Für Unterstützungstätigkeiten in Anlassfällen ist ein präventionszeitfähiger Einsatz als „sonstige Fachleute“ gemäß § 82b ASchG ebenfalls möglich (siehe Punkt II.C.).

B. AFa-Ausbildung:

Bereits **vor der Neuregelung 2022** wurde eine an den ASchG-Erfordernissen der arbeitsmedizinischen Prävention orientierte Ausbildung „**arbeitsmedizinische Fach-Assistenz (AFA)**" von der Österreichischen Akademie für Arbeitsmedizin und Prävention (AAMP) in Kooperation mit der Medizinischen Universität Wien bzw Medizinischen Universität Graz als **sechswöchiger Universitätslehrgang** angeboten (Bezeichnung nunmehr: arbeitsmedizinischer Fachdienst – AFa). Die AAMP ist eine Ausbildungseinrichtung, die (wie auch andere Akademien für Arbeitsmedizin) gemäß § 38 Abs 4 Ärztegesetz 1998 vom Bundesminister für Gesundheit anerkannte Ausbildungslehrgänge durchführt (Verordnung über die arbeitsmedizinische Ausbildung von Ärztinnen und Ärzten, BGBl 489/1995). **7**

Zur Berechtigung von Absolventen der früheren AFA-Ausbildungen (vor Inkrafttreten der ASchG-Novelle 1.7.2022) als AFa gemäß § 82c ASchG tätig werden zu können siehe Punkt IV.

Diese früheren Ausbildungen erschienen laut Gesetzesmaterialien geeignet, an einer AFa-Tätigkeit interessierte Personen für die Unterstützung der Arbeitsmediziner bei der arbeitsmedizinischen Präventivdienstbetreuung (7. Abschnitt ASchG) ausreichend vorzubereiten und zu qualifizieren (vgl ErlRV 1510 BlgNR 27. GP). Die Vorgaben einer Ausbildung an einer Akademie für Arbeitsmedizin für den arbeitsmedizinischen Fachdienst wurden daher im **Mindestausmaß von 208 Stunden** in die ASchG-Neuregelung übernommen (§ 82c Abs 1 Z 2 ASchG). Die ErlRV 1510 BlgNR 27.GP verweisen zum damaligen Curriculum, das auch für aktuelle AFa-Ausbildungen maßgebend ist, auf die damaligen Websites **8**

- https://www.aamp.at/ausbildungen-fortbildungen/arbeitsmedizinische-assistenz/afa-ulg/
- https://www.meduniwien.ac.at/web/studium-weiterbildung/universitaere-weiterbildung/allelehrgaenge-und-kurse/arbeitsmedizinischer-fach-assistenz/ (Curriculum)

Derzeitige AFa-Ausbildungen (Download 16.11.2024):

Österreichische Akademie für Arbeitsmedizin und Prävention (AAMP) in Kooperation mit der Medizinischen Universität Wien:

- https://www.aamp.at/ausbildungen-fortbildungen/arbeitsmedizinisches-personal/arbeitsmedizinischer-fach-dienst-afa-ulg (sechswöchiger AAMP-Universitätslehrgang in Kooperation mit der Meduni Wien)
- https://www.meduniwien.ac.at/web/studium-weiterbildung/universitaere-weiterbildung/alle-lehrgaenge-und-kurse/studienaufbau-curriculum-19

Wiener Akademie für Arbeitsmedizin und Prävention (WIAP): https://www.wiap.at/ausbildung-arbeitsmedizinischer-fachdienst/

PROGES in Kooperation mit der Linzer Akademie für Arbeitsmedizin und Sicherheitstechnik/Verein für prophylaktische Gesundheitsarbeit – PGA und ppm: https://www.proges.at/arbeitsmedizinischer-fachdienst

II. Arbeitsmedizinische Tätigkeiten unter AMED-Leitung – Einrechnung in die Präventionszeit (Abs 3 u 4)

9 In der betrieblichen Praxis stellen sich aufgrund **branchen- und betriebsspezifisch unterschiedlicher Risken und Belastungen** unterschiedliche Anforderungen an die arbeitsmedizinische Betreuung und einen allfälligen AFa-Einsatz zur Unterstützung der Arbeitsmediziner der jeweiligen Arbeitsstätte. Auch die Gesetzesmaterialien (ErlRV 1510 BlgNR 27. GP) verweisen zum Ausmaß des AFa-Einsatzes und einer Einrechnung in die Präventionszeit auf den variierenden betrieblichen Bedarf und die Abhängigkeit von der „*Gefährdungs- und Belastungssituation, der mit der arbeitsmedizinischen Betreuung entgegengewirkt werden soll (etwa AFa-Einsatz zunächst nur in geringerem Ausmaß während der betrieblichen Einschulungsphase). Empfehlungen zum Einsatz von AFa in bestimmten Arbeitsschutzbereichen ergeben sich zB aus Verbesserungsvorschlägen in Jahresberichten der AMED zur künftigen arbeitsmedizinischen Betreuung der Arbeitsstätte (§ 84 Abs 2 u. 3 ASchG).*“

10 **Arbeitsmediziner (AMED) werden durch den arbeitsmedizinischen Fachdienst (AFa) nach betrieblichem Erfordernis entlastet** zB bei wiederkehrenden Lärmuntersuchungen (Audiometrien), anderen arbeitsmedizinischen Untersuchungen oder der Organisation der Ersten Hilfe in der Arbeitsstätte. Im Pilotprojekt 2019-2021 hat sich die AMED-Unterstützung zB auch bei Einführung optischer Schutzbrillen als persönliche Schutzausrüstung (PSA) oder beim betrieblichem Hautschutz bewährt. Näheres siehe Erlass des Zentral-Arbeitsinspektorats vom 2.8.2022, BMAW-2022-0.412.906 – Information zu Novellen ASchG (Arbeitsmedizinische Fachdienste) und AMZ-VO (Download Website Arbeitsinspektion 23.2.2025): https://www.arbeitsinspektion.gv.at/Uebergreifendes/Uebergreifendes/Arbeitsmedizinischer_Fachdienst.html

A. Einrechnung von AFa-Tätigkeiten in die AMED-Präventionszeit

11 Die Tätigkeit eines ausreichend qualifizierten AFa ist **bis zu 30 % in die arbeitsmedizinische Präventionszeit der Arbeitsmediziner im Kalenderjahr** (die zumindest 35 % der Gesamtpräventionszeit betragen muss) **einrechenbar** (§ 82c Abs 3, § 82a Abs 4 ASchG). Wofür ein AFa eingesetzt wird hängt vom individuellen arbeitsmedizinischen Betreuungsbedarf des Betriebes ab. Bis zu 30 % der arbeitsmedizinischen Präventionszeit können aber durch Einsatz von AFa erfüllt werden.

12 In die jährliche arbeitsmedizinische Präventionszeit einrechenbar sind hierbei **nur die in § 82 ASchG taxativ angeführten Tätigkeiten der Arbeitsmediziner**, welche auf die Prävention arbeitsbedingter Risken abstellen. Nicht ein-

rechenbar sind daher zB Maßnahmen der freiwilligen betrieblichen Gesundheitsförderung (BGF): Ernährungsberatung durch Diätologen wird nur bei Nachtschichtbetrieben arbeitsbedingt erforderlich und daher einrechenbar sein, im Übrigen aber als allgemeine BGF-Maßnahme erfolgen (außerhalb des § 82 ASchG). Einzurechnen ist nur die Zeit, die ein AFa zur Unterstützung der Arbeitsmediziner bei deren Aufgaben tatsächlich aufgewandt hat.

Eine Unterstützung durch AFa-Angehörige erfolgt zB bei

- Beratung und Unterstützung der Arbeitgeber
- Beratung von Arbeitnehmern, Betriebsrat, Sicherheitsvertrauenspersonen zu ASchG, Gesundheitsschutz, auf die Arbeitsbedingungen bezogener Gesundheitsförderung und menschengerechter Arbeitsgestaltung
- arbeitsmedizinischen Besichtigungen der Arbeitsstätten, Arbeitsplätze
- Ursachenermittlung arbeitsbedingter Erkrankungen und Gesundheitsgefahren sowie Auswertung
- Arbeitsplatzevaluierung, Überprüfung und Anpassung
- arbeitsmedizinischer Untersuchung von Arbeitnehmern
- Durchführung von arbeitsbezogenen Schutzimpfungen

(vgl Erlass ZAI vom 2.8.2022, BMAW-2022-0.412.906).

Nicht präventionszeitfähig (weil nicht in § 82 ASchG angeführt) sind zB eine AFa-Mitwirkung an Maßnahmen zur allgemeinen Gesundheitsförderung oder AFa-Tätigkeiten zur betrieblichen Gesundheitsförderung ohne Bezug zu den betriebsspezifischen Arbeitsbedingungen und tätigkeitsbezogenen Gefahren und Belastungen (vgl ErlRV 1510 BlgNR 27. GP). Allgemeine Gesundheitsvorsorge oder Maßnahmen der freiwilligen BGF weisen im Regelfall keinen Bezug zu den betriebsspezifischen Arbeitsbedingungen auf und stellen nicht auf Prävention betriebsspezifischer arbeitsbedingter Gefahren und Belastungen ab. **13**

B. AFa-Tätigkeit unter AMED-Leitung

AFa-Angehörige sind bei Anwendung ihrer Fachkunde in der arbeitsmedizinischen Betreuung **weisungsfrei** und als Angehörige bestimmter Gesundheitsberufe berechtigt, Tätigkeiten eigenständig durchzuführen soweit diese von ihrer **Berufsberechtigung im Quellberuf** umfasst sind (zB Gesundheits- und Krankenpflege, Physiotherapie). Weil die AFa-Tätigkeit in die arbeitsmedizinische Präventionszeit einrechenbar ist, werden AFa **unter Leitung des Arbeitsmediziners/der Arbeitsmedizinerin der jeweiligen Arbeitsstätte** tätig (§ 82c Abs 4). AFa-Angehörige sind bei ihrer Tätigkeit an die Anordnungen der Arbeitsmediziner, die sich zB aus betrieblichen Arbeitsschutzprogrammen oder ASchG-Vorgaben ergeben, gebunden. **14**

Den Arbeitsmedizinern als Ärzte aufgrund des Ärztegesetzes 1998 vorbehaltene arbeitsmedizinische Tätigkeiten dürfen AFa nicht übertragen werden, zB Durchführung der Othoskopie bei Lärmuntersuchungen oder ärztliche Befundung bei der Gesundheitsüberwachung. Ist ärztliche Expertise erforderlich, erfolgt die weitere Betreuung nicht durch AFa, sondern den Arbeitsmediziner.

15 Auch die für die arbeitsmedizinischen Unterstützungstätigkeiten notwendigen **Informationen und Unterlagen** erhält der AFa von den Arbeitsmedizinern (Arbeitgeber sind gemäß § 81 Abs 2 ASchG verpflichtet, den 7 die für ihre Tätigkeit erforderlichen Informationen und Unterlagen zur Verfügung zu stellen). Vgl ErlRV 1510 BlgNR 27. GP.

16 Arbeitsmediziner müssen nicht ständig zeitgleich mit dem AFa am Betreuungsort anwesend sein, sie müssen aber bei Bedarf für die AFa-Angehörigen zumindest erreichbar sein. Das erfordert eine entsprechende **Einbindung des AFa in die betriebliche Organisation und entsprechende Kommunikation und Zusammenarbeit** aller Beteiligten in Arbeitsschutzfragen.

17 Um die arbeitsmedizinische Betreuung und betriebliche Kooperation ohne Qualitätsverlust zu ermöglichen, muss der Arbeitgeber vor Beiziehung eines AFa das Einvernehmen mit dem Arbeitsmediziner der betreuten Arbeitsstätte herstellen. Ist in einem Einzelfall ärztliche Expertise erforderlich, erfolgt die weitere arbeitsmedizinische Betreuung nicht durch den AFa, sondern durch den Arbeitsmediziner (ErlRV 1510 BlgNR 27. GP).

Im Fall einer (auch) externen Präventivdienstbetreuung ist zu empfehlen, den allfälligen AFa-Einsatz im zugrundeliegenden Betreuungsvertrag näher zu regeln (außerhalb Arbeitsschutzrecht, vgl Erlass des Zentral-Arbeitsinspektorats vom 2.8.2022, BMAW-2022-0.412.906). Zu den Beteiligungsrechten der Belegschaftsorgane und Sicherheitsvertrauenspersonen siehe Punkt VII.

C. Unterscheidung AFa – sonstige Fachleute (§ 82b)

18 Seit 1.1.2002 (Inkrafttreten des ANS-RG) sind in betrieblichen Anlassfällen auch die Tätigkeiten sonstiger Fachleute (§ 82b ASchG, insbesondere Fachleute der Arbeitspsychologie) **bis zu 25 % in die jährliche Gesamtpräventionszeit einrechenbar**, soweit es sich um die Unterstützung der Arbeitsmediziner bei Tätigkeiten des § 82 ASchG handelt (§ 82a Abs 5 iVm § 81 Abs 3 für die arbeitsmedizinische Präventivdienstbetreuung) oder wenn es sich um die Unterstützung der Sicherheitsfachkräfte bei Tätigkeiten gemäß § 77 ASchG handelt (§ 82a Abs 5 iVm § 76 Abs 3 ASchG), soferne die Fachkunde der Präventivfachkräfte jeweils überschritten ist.

- Die Tätigkeiten sonstiger Fachleute dürfen nicht in die Präventionszeit der Arbeitsmediziner oder der Sicherheitsfachkräfte eingerechnet werden, ihnen kann aber bis zu 25 % der Gesamtpräventionszeit im Kalenderjahr gewidmet werden. Die jährliche Mindestpräventionszeit der SFK (40 %) und der Arbeitsmediziner (35 %) darf bei Verteilung der Präventionszeit aber nicht unterschritten werden.

- Demgegenüber ist die Tätigkeit von ausreichend qualifizierten AFa-Angehörigen bis zu 30 % der jährlichen arbeitsmedizinischen Präventionszeit (diese beträgt zumindest 35 % der Gesamtpräventionszeit im Kalenderjahr) einrechenbar, wenn diese AFa-Tätigkeiten unter Leitung der Arbeitsmediziner erfolgen und es sich um Tätigkeiten gemäß § 82 ASchG handelt.

Personen mit AFa-Ausbildung bzw dem Anlassfall entsprechendem Quellberuf können ebenfalls als sonstige Fachleute (statt als AFa) beigezogen werden, zB wenn eine Unterstützung der Arbeitsmediziner nur punktuell erforderlich ist oder extern erbracht wird. Eine mehrfache Einrechnung (als Arbeitsmediziner, AFa bzw sonstige Fachleute) ist nicht zulässig.

Die **Rechte und Pflichten sonstiger Fachleute** unterscheiden sich von jenen des arbeitsmedizinischen Fachdienstes. Näheres siehe Anmerkungen zu § 77a (Begehungen in Arbeitsstätten mit bis zu 50 Arbeitnehmern), § 82a ASchG (Präventionszeit), § 82b (Sonstige Fachleute).

III. AFa-Pflichten, Aufzeichnungen, Arbeitsschutzausschuss (Abs 5 u 6)

Weil AFa nur unter Leitung der Arbeitsmediziner tätig werden dürfen, ist eine entsprechende Einbindung und Kommunikation aller Beteiligten in Fragen des Arbeitsschutzes erforderlich. AFa sind daher verpflichtet, an der **Zusammenarbeit der Präventivfachkräfte und Belegschaftsorgane** mitzuwirken (§ 82c Abs 5, § 85 ASchG). **19**

Die AFa-Mitwirkung bei der Zusammenarbeit gemäß **§ 85 ASchG** umfasst:

- Kooperationspflicht von Präventivfachkräften und Belegschaftsorganen (Abs 1)
- gemeinsame Besichtigungen der Präventivfachkräfte der Arbeitsstätte, auswärtigen Arbeitsstellen und Baustellen (Abs 2, außer bei Präventionszentren-AFa aufgrund § 78a Abs 4)
- Beiziehung zuständiger Scherheitsvertrauenspersonen und Belegschaftsorgane bei gemeinsamen Besichtigungen (Abs 3, außer bei Präventionszentren-AFa aufgrund § 78a Abs 4)

Ebenso muss bei gesonderter Baustellenbetreuung, Bestellung mehrerer Arbeitsmediziner und zusätzlicher AMZ-Inanspruchnahme (neben betriebsinternen oder externen Arbeitsmediziner) für Zusammenarbeit und Koordination gesorgt werden (§ 83 Abs 6 letzter Satz ASchG). Die Beteiligten (va Arbeitsmediziner, Arbeitgeber) müssen dabei die AFa einbeziehen. AFa-Angehörige sind ausdrücklich nur zur Mitwirkung an der Zusammenarbeit nach § 85 ASchG verpflichtet. Damit ebenfalls angesprochen sind auch besondere Konstellationen der Präventivdienstbetreuung, etwa bei Betreuung durch eine betriebsinterne SFK und ein extern in Anspruch genommenes AMZ, das AFa zur Leistungserbringung im betreuten Betrieb einsetzt.

20 Zur Meldung allfälliger Mängel sind weiterhin ausschließlich die Präventivfachkräfte verpflichtet (§ 86 ASchG), nicht die AFa-Angehörigen (§ 86 ASchG). **Falls AFa bei ihrer Unterstützungstätigkeit Mängel feststellen, müssen sie diese den Arbeitsmedizinern mitteilen**. Betriebsinterne AFa treffen in ihrer Eigenschaft als Arbeitnehmer auch die Pflichten nach § 15 ASchG (ua bei ernster unmittelbarer Gefahr für Sicherheit und Gesundheit unverzügliche Meldung an zuständige Vorgesetzte oder sonst dafür zuständige Personen).

21 Auch für AFa gilt die **Verpflichtung zur Führung von Aufzeichnungen über die geleistete arbeitsmedizinische Einsatzzeit und durchgeführte Tätigkeiten** (va Besichtigungen, Untersuchungen und Ergebnisse, § 84 Abs 1 ASchG). Aus allenfalls gemeinsam mit dem Arbeitsmediziner geführten Aufzeichnungen muss ersichtlich sein, welche Tätigkeiten durch den Arbeitsmediziner und welche durch AFa-Angehörige erbracht wurden.

Zur jährlichen Berichtslegung und Erstattung von Verbesserungsvorschlägen (§ 84 Abs 3 ASchG) sind ausschließlich die Arbeitsmediziner verpflichtet.

22 Der AFa ist nicht Mitglied in einem allenfalls bestehenden **Arbeitsschutzausschuss**, kann aber den Sitzungen bei Bedarf beigezogen werden (§ 82c Abs 6, § 88 Abs 6 ASchG), wie Sachverständige, sonstige Personen mit Arbeitsschutzaufgaben oder das zuständige Arbeitsinspektorat. Die erforderlichen Mitglieder eines allenfalls bestehenden Arbeitsschutzausschusses sind in § 88 Abs 3 taxativ aufgezählt. Besonders zu Beginn eines AFa-Einsatzes wird dessen Beiziehung zu den Sitzungen sinnvoll sein.

IV. AFa mit AFA-Ausbildung 2017–2021 (Abs 7)

23 Auch Personen, die vor 1.7.2022 (Inkrafttreten § 82c ASchG) einen von der Österreichischen Akademie für Arbeitsmedizin und Prävention (AAMP) im Zeitraum 2017 bis 2021 in Kooperation mit den Medizin-Universitäten Graz und Wien durchgeführten **Universitätslehrgang „Arbeitsmedizinische Fach-Assistentin/Arbeitsmedizinischer Fach-Assistent“ bzw „Arbeitsmedizinische Fach-Assistenz – AFA“)** erfolgreich abgeschlossen haben, können als AFa beschäftigt werden (§ 82c Abs 7; siehe Punkt I B).

Laut Gesetzesmaterialien (ErlRV 1510 BlgNR 27. GP) haben nach Angaben der AAMP 52 Personen eine frühere AFA-Ausbildung abgeschlossen, weshalb mit Jahresbeginn 2022 bereits ca 60 ausgebildete Personen für eine Tätigkeit im arbeitsmedizinischen Fachdienst (AFa) zur Verfügung standen. Aufgrund weiter gefasster Zugangskriterien der früheren Ausbildungen konnten zB auch Sportwissenschafter (Assistenzberuf nach dem Medizinische Assistenzberufe-Gesetz – MABG) eine AFA-Ausbildung absolvieren.

24 Aufgrund § 82c Abs 7 ist für Personen mit einer im Zeitraum 2017–2021 abgeschlossenen AFa-Ausbildung ein **Abschluss in einem Gesundheitsberuf nach GuKG oder MTD-Gesetz und einschlägige zweijährige Berufserfahrung**

nicht zwingend erforderlich – eine AFa-Beschäftigung ist für diesen Personenkreis ohne Erfüllung weiterer Qualifikationsvoraussetzungen zulässig. Wie weit die jeweilige Qualifikation tatsächlich ausreichend ist, um den Arbeitsmediziner bei der Präventivdienstbetreuung (7. Abschnitt ASchG) zu unterstützen, muss im Einzelfall auf Basis der konkreten betrieblichen Gefährdungs- und Belastungssituation und dem betrieblichen Präventionsbedarf beurteilt werden.

V. Anerkennung ausländischer AFa-Ausbildungen (Abs 8 u 9)

§ 82c Abs 8 ASchG regelt die **Anerkennung im Ausland erworbener, der AFa-Ausbildung entsprechender Berufsqualifikationen** (Qualifikationsnachweise anderer EU-Mitgliedsstaaten, Vertragsstaaten des EWR oder der Schweizerischen Eidgenossenschaft) **durch die Österreichische Akademie für Arbeitsmedizin und Prävention (AAMP)**. Die Gesetzesmaterialien (ErlRV 1510 BlgNR 27. GP) verweisen dazu auf die Europäischen Grundfreiheiten, insbesondere die Arbeitnehmerfreizügigkeit und Niederlassungsfreiheit, welche einen Anerkennungsmechanismus für außerhalb Österreichs abgeschlossene vergleichbare Ausbildungen bzw erworbene Berufserfahrungen von Unionsbürgern erfordern (vgl **Richtlinie 2005/36/EG** über die Anerkennung von Berufsqualifikationen, die auch auf begünstigte Drittstaatsangehörige mit EU-Qualifikationsnachweis anzuwenden ist, zB Familienangehörige, langfristig Aufenthaltsberechtigte): Bei Gleichwertigkeit nachgewiesener Qualifikationen ist der Zugang zur Beschäftigung zu eröffnen. 25

Entspricht eine solche außerhalb Österreichs erworbene Berufsqualifikation der AFa-Ausbildung gemäß § 82c Abs 1 Z 2 ASchG, erfolgt die Anerkennung durch die AAMP: Diese überprüft auf Antrag die vorgelegten Qualifikationsnachweise (ausländische Diplome, Prüfungszeugnisse, sonstige Befähigungsnachweise) und stellt bei Gleichwertigkeit ein Zeugnis aus, das zur Ausübung der Tätigkeit als AFa im Anwendungsbereich des ASchG berechtigt. Ist die ausreichende Qualifikation für den arbeitsmedizinischen Fachdienst durch die vorgelegten Unterlagen nicht eindeutig feststellbar, muss eine Prüfung abgelegt werden (§ 82c Abs 7 letzter Satz).

Der AAMP sind im **Anerkennungsverfahren** behördliche Aufgaben des Arbeitsministeriums übertragen, gegen bescheidmäßige Entscheidungen der AAMP besteht nach allgemeiner Rechtsordnung die Möglichkeit einer Beschwerde (Verwaltungsgerichtsverfahrensgesetz – VwGVG) an das Bundesverwaltungsgericht.

Auch für Personen mit einer in **Drittstaaten** (außerhalb EU, EWR oder Schweiz) erworbenen, der AFa-Ausbildung entsprechenden Qualifikation ist die Anerkennung ihrer ausländischen Berufsqualifikation für eine AFa-Tätigkeit möglich, wenn sie als Arbeitnehmer aus dem Ausland nach Österreich entsandt oder grenzüberschreitend überlassen werden, um als AFa eingesetzt zu werden (§ 82c Abs 9). Die erforderlichen Nachweise sind auch hier bei Antragstellung vorzulegen. 26

27 Die Anerkennungsregelungen § 82c Abs 8 u 9 beziehen sich – so die Gesetzesmaterialien (ErlRV 1510 BlgNR 27. GP) – ausschließlich auf die Zusatzqualifikation „Arbeitsmedizinischer Fachdienst". Die Anerkennung bzw Nostrifikation ausländischer Quellberufe (Gesundheitsberufe gemäß Abs 2), die die Grundqualifikation für die AFa-Funktion nach ASchG darstellen, hat aufgrund der Berufsgesetze zu erfolgen (GUKG, MTD-Gesetz).

Antragsberechtigt für die Anerkennung der AFa-Zusatzqualifikation sind somit **nur Personen, die eine Berufsberechtigung in einem Quellberuf nach dem jeweiligen Berufsgesetz bei der Antragstellung nachweisen können** (oder deren Arbeitgeber im Inland). Damit soll sichergestellt werden, dass die antragstellende Person bereits über eine Anerkennung ihres Quellberufes verfügt. Dies erfolgt im Falle einer EU/EWR/Schweiz-Qualifikation durch das Gesundheitsministerium, bei Drittlandqualifikationen Nostrifizierung an einer Fachhochschule, die Studiengänge nach MTD bzw GuK anbietet. Weiters ist eine Eintragung im Gesundheitsberuferegister (Gesundheitsberuferegister-Gesetz – GBRG) erforderlich.

VI. AFa-Einsatz bei Begehungen in Kleinbetrieben und bei Zentrenbetreuung (Präventionszentren, AMZ)

28 In **Bürobetrieben (Arbeitsstätten mit maximal 50 Arbeitnehmern, § 77a ASchG)** können arbeitsmedizinische Folge- und Anlassbegehungen nach Erfordernis ebenfalls durch entsprechend qualifizierte AFa erfolgen, soferne in der Arbeitsstätte nur Büroarbeitsplätze oder Arbeitsplätze mit vergleichbaren Gefährdungen und Belastungen eingerichtet sind. Die AFa-Tätigkeit erfolgt auch bei diesen Begehungen unter Leitung der Arbeitsmediziner.

Die **Erstbegehung** der Büroarbeitsplätze (oder vergleichbaren Arbeitsplätze) muss aber jedenfalls von den **Arbeitsmedizinern der Arbeitsstätte** durchgeführt werden (§ 77a Abs 3a ASchG). Bei der Erstbegehung muss der Arbeitsmediziner auch beurteilen, wie die weitere arbeitsmedizinische Begehung der jeweiligen Arbeitsstätte durchgeführt werden soll (zB Folgebegehung zur Gänze durch AFa oder nur für bestimmte arbeitsmedizinische Unterstützungen, nur in abwechselnden Intervallen oder gemeinsame Folgebegehungen Arbeitsmediziner und AFa).

Sollte nach der Erstbegehung spezifische arbeitsmedizinische Expertise erforderlich werden, muss der Arbeitsmediziner die Begehung selbst (gegebenenfalls gemeinsam mit AFa) durchführen. Das kann va aufgrund besonderer Belastungssituationen in betrieblichen Anlassfällen notwendig sein oder wenn Begehungen zusätzlich aus dem Erfordernis spezifischer Aspekte des Gesundheitsschutzes von Lehrlingen oder begünstigten Behinderten erfolgen (§ 77a Abs 3a u 8, Arbeitsstätten hier bis 53 AN).

Auch **Präventionszentren der Unfallversicherungsträger (AUVA.sicher, BVAEB)** können AFa für derartige Bürobegehungen einsetzen (§ 78a Abs 2a ASchG, § 77a Abs 3a). Die AFa-Tätigkeit muss ebenfalls **unter Leitung des Arbeitsmediziners/der Arbeitsmedizinerin des Präventionszentrums** erfolgen (§ 82c Abs 4 ASchG, § 1 AMZ-VO). Ob die Begehung durch AFa oder Arbeitsmediziner/innen erfolgt, ist abhängig vom betrieblichen Erfordernis. 29

Die mit der Neuregelung § 82c korrespondierende Novelle der Verordnung über arbeitsmedizinische Zentren (AMZ-VO), BGBl II 2022/218 v 13.6.2022, ist ebenfalls mit 1.7.2022 in Kraft getreten. Auch bei einer **AMZ-Betreuung** (§ 79 Abs 1 Z 3 ASchG) ist ein AFa-Einsatz für **arbeitsmedizinische Bürobegehungen unter Leitung der AMZ**-Arbeitsmediziner/innen möglich: Qualifiziertes Fachpersonal ist eine personelle Voraussetzung für den AMZ-Betrieb (§ 2 Abs 1 AMZ-VO), **Angehörige eines arbeitsmedizinischen Fachdienstes gelten als geeignetes AMZ-Fachpersonal** (§ 2 Abs 2 Z 7 AMZ-VO): Sie verfügen als AFa bereits über eine arbeitsmedizinische Zusatzausbildung (§ 2 Abs 3 AMZ-VO, § 82c ASchG) und können daher bei der arbeitsmedizinischen Betreuung in den betreuten Betrieben zur Unterstützung der AMZ-Arbeitsmediziner/innen bei Erfüllung ihrer Aufgaben nach § 81 ASchG eingesetzt werden. 30

Die AMZ-VO-Novelle 2022 regelte einen weiteren Anreiz für den Betrieb von **AMZ, die als arbeitsmedizinische Ausbildungsstätte ärzterechtlich anerkannt sind**: Bei der arbeitsmedizinischen Ausbildung in einem AMZ kann auch die Tätigkeit auszubildender Arbeitsmediziner/innen in die arbeitsmedizinische AMZ-Mindestbetreuungszeit von 70 Wochenstunden eingerechnet werden (§ 1 Abs 2a AMZ-VO). 31

Voraussetzungen dafür sind:

- das betreffende AMZ ist als AMED-Ausbildungsstätte für die Facharztausbildung im Sonderfach Arbeitsmedizin und angewandte Physiologie anerkannt (§ 10 Abs 1 Ärztegesetz 1998),
- der/die Auszubildende hat den arbeitsmedizinischen Ausbildungsteil der postpromotionellen Facharztausbildung zum Sonderfach Arbeitsmedizin und angewandte Physiologie (Ärztinnen-/Ärzte-Ausbildungsordnung 2015 – ÄAO 2015, BGBl II 2015/147) bereits absolviert: Die Sonderfach-Grundausbildung schließt einen 12-wöchigen Ausbildungslehrgang an einer Akademie für Arbeitsmedizin mit ein, dessen erfolgreicher Abschluss – außerhalb der Facharztausbildung – bei selbständiger Berufsausübung bereits für sich zur Tätigkeitsausübung als Arbeitsmediziner/in nach ASchG berechtigt (Verordnung über die arbeitsmedizinische Ausbildung von Ärztinnen und Ärzten, BGBl 1995/489).

Zuvor durften als Ausbildungsstätten anerkannte AMZ die in Facharztausbildung stehenden Arbeitsmediziner/innen des AMZ nur als Fachpersonal bei den AMZ-Betriebsvoraussetzungen berücksichtigen (§ 80 ASchG, § 1 Abs 2 AMZ-VO), weil die AMZ-VO die Neuregelung der Ärzteausbildung 2015 noch nicht berücksichtigt hatte. Seit **1.7.2022** ist nun auch die Tätigkeit der in Ausbildung stehenden Ärzt/innen in die durch Arbeitsmediziner/innen zu erbringende AMZ-Mindestbetreuungszeit von 70 Wochenstunden einrechenbar, die ein AMZ für betreute Betriebe mindestens gewährleisten muss, um als AMZ tätig sein zu dürfen (§ 1 Abs 2a AMZ-VO).

VII. Beteiligung, AFa-Benachteiligungs- und Kündigungsschutz (ArbVG, AVRAG)

32 Zeitgleich mit der ASchG-Novelle BGBl I 2022/115 (Artikel 1) erfolgten Anpassungen im Arbeitsverfassungs- und Arbeitsvertragsrecht (Artikel 2 u 3) betreffend Angehörige eines arbeitsmedizinischen Fachdienstes (AFa):

Das **Beratungsrecht der Belegschaftsorgane** umfasst – wie das Anhörungs- und Informationsrecht der Sicherheitsvertrauenspersonen nach § 11 Abs 5 ASchG – seit 1.7.2022 auch die beabsichtigte Beiziehung eines AFa zur arbeitsmedizinischen Betreuung (**§ 92a Abs 3 ArbVG**, außer dies wurde bereits im ASA behandelt).

Der **Kündigungsschutz** in Betrieben mit Belegschaftsorganen wurde um die AFa-Funktion ergänzt (**§ 105 Abs 3 lit g ArbVG**). Zuvor konnten Kündigungen nur wegen einer Tätigkeit als Sicherheitsvertrauensperson (SVP), Sicherheitsfachkraft (SFK) oder Arbeitsmediziner oder als deren Fach- oder Hilfspersonal angefochten werden. Seit 1.7.2022 ist dies auch bei Kündigung aufgrund der AFa-Tätigkeit möglich.

Der **Benachteiligungsschutz** für AFa-Angehörige gilt **auch in Arbeitsstätten ohne Belegschaftsorgane**: Sie dürfen ebenso wie SVP, SFK und AMED oder deren Fach- und Hilfspersonal wegen Ausübung ihrer Funktionstätigkeit nicht benachteiligt werden, insbesondere nicht beim Entgelt, bei Aufstiegsmöglichkeiten und Versetzungen (**§ 9 Abs 1 AVRAG**).

Gemeinsame Bestimmungen

§ 83. (1) Die nachstehenden Bestimmungen gelten für Sicherheitsfachkräfte und Arbeitsmediziner gleichermaßen. Sicherheitsfachkräfte und Arbeitsmediziner werden im folgenden als Präventivfachkräfte bezeichnet.

(2) Wenn ein Arbeitsschutzausschuß besteht, ist er vor der Bestellung von Präventivfachkräften anzuhören.

(3) *(Anm.: aufgehoben durch BGBl. I Nr. 159/2001)*

(4) Die Bestellung von Präventivfachkräften hat jeweils für eine Arbeitsstätte samt allen dazugehörigen Baustellen und auswärtigen Arbeitsstellen zu erfolgen.

(5) Abweichend von Abs. 4 darf eine gesonderte Bestellung von Präventivfachkräften für Baustellen erfolgen, wenn dies aus organisatorischen oder fachlichen Gründen zweckmäßig ist.

(6) Abs. 4 und 5 gilt auch bei Inanspruchnahme eines Zentrums. Werden mehrere betriebseigene Sicherheitsfachkräfte bestellt, ist einer von ihnen die Leitung zu übertragen. Gleiches gilt bei Bestellung mehrerer betriebseigener Arbeitsmediziner. Bei Bestellung mehrerer Präventivfachkräfte und bei Inanspruchnahme eines Zentrums neben betriebseigenen oder externen Präventivfachkräften ist für deren Zusammenarbeit und Koordination zu sorgen.

(7) Betriebseigene Präventivfachkräfte bzw. deren Leitung sind unmittelbar dem Arbeitgeber oder der für die Einhaltung der Arbeitnehmerschutzvorschriften sonst verwaltungsstrafrechtlich verantwortlichen Person zu unterstellen.

(8) Arbeitgeber haben den betriebseigenen Präventivfachkräften Gelegenheit zu geben, die für ihre Tätigkeit erforderlichen Fachkenntnisse zu erweitern.

(9) Weder die Bestellung von Präventivfachkräften noch die Inanspruchnahme eines Präventionszentrums noch die Anwendung des Unternehmermodells gemäß § 78b enthebt die Arbeitgeber von ihrer Verantwortlichkeit für die Einhaltung der Arbeitnehmerschutzvorschriften. Den Präventivfachkräften kann die Verantwortlichkeit für die Einhaltung von Arbeitnehmerschutzvorschriften nicht rechtswirksam übertragen werden. §§ 15 und 130 Abs. 4 gelten auch für betriebseigene Präventivfachkräfte.

[BGBl I 2001/159]

Übersicht

I.	Bestellung von Präventivfachkräften	1–4
II.	Bestellung für die Arbeitsstätte	5–8
III.	Gesonderte Baustellenbetreuung	9
IV.	Leitung mehrerer Sicherheitsfachkräfte bzw Arbeitsmediziner	10–12
V.	Organisatorische Stellung der Präventivfachkräfte	13–16
VI.	Weiterbildung betriebseigener Präventivfachkräfte	17
VII.	Verantwortlichkeit der Arbeitgeber	18–22
VIII.	Unvereinbarkeiten mit der Funktion als Präventivfachkraft	23–27
IX.	Benachteiligungs-, Kündigungs- und Entlassungsschutz	28, 29

I. Bestellung von Präventivfachkräften

1 § 83 ASchG fasst jene Regelungen zusammen, welche für Sicherheitsfachkräfte und Arbeitsmediziner gleichermaßen gelten. Für sonstige Fachleute sind die Bestimmungen nicht anwendbar, weil diese keine Präventivfachkräfte sind.

Vor der Bestellung von Präventivfachkräften muss nach § 83 Abs 1 ASchG der **Arbeitsschutzausschuss** befasst werden (zum Arbeitsschutzausschuss siehe Anmerkungen zu §§ 88 f ASchG).

2 Die Mitwirkung des **Betriebsrates** bei der Bestellung von Sicherheitsfachkräften und Arbeitsmedizinern ist im Arbeitsverfassungsgesetz (§ 92a Abs 3 ArbVG, siehe Anmerkungen zu § 85 ASchG) geregelt, eine allfällige Mitwirkung von Organen der Personalvertretung richtet sich nach den dienstrechtlichen Vorschriften. Die beabsichtigte Bestellung oder Abberufung von Sicherheitsfachkräften, Arbeitsmedizinern und Personen, die für die Erste Hilfe, die Brandbekämpfung und Evakuierung zuständig sind, ist mit dem Betriebsrat zu beraten, ebenso die beabsichtigte Beiziehung eines arbeitsmedizinischen Fachdienstes (AFa), außer wenn die beabsichtigte Maßnahme im Arbeitsschutzausschuss behandelt wird. Der Betriebsrat hat das Recht, das Arbeitsinspektorat zu den Beratungen beizuziehen. Eine ohne Beratung mit dem Betriebsrat oder Behandlung im Arbeitsschutzausschuss vorgenommene Bestellung von Sicherheitsfachkräften und Arbeitsmedizinern ist **rechtsunwirksam** (§ 92a ArbVG). Nach OGH 24.4.2012, 8 ObA 31/11h, bedarf hingegen die Abberufung einer Sicherheitsfachkraft weder der Zustimmung des Arbeitsschutzausschusses noch der Zustimmung des Betriebsrates. § 92a Abs 3 ArbVG enthält diesbezüglich keine planwidrige Gesetzeslücke (siehe Anmerkungen zu § 87 ASchG).

3 Die **Sicherheitsvertrauenspersonen bzw die einzelnen Arbeitnehmer** sind bei der Bestellung zu beteiligen (siehe auch Art 11 Abs 2 lit b und d der Richtlinie 391/89/EWG): Nach § 11 Abs 5 ASchG sind Sicherheitsvertrauenspersonen vor Bestellung und Abberufung von Sicherheitsfachkräften und Arbeitsmedizinern zu informieren. Die beabsichtigte Bestellung oder Abberufung ist mit ihnen zu beraten, außer wenn Belegschaftsorgane errichtet sind oder wenn die Bestellung bzw Abberufung im Arbeitsschutzausschuss behandelt wird.

4 Die in § 83 Abs 3 der ASchG-Stammfassung BGBl 1994/450 enthaltene Verpflichtung der Arbeitgeber, die Einsatzzeit und die Namen der Präventivfachkräfte dem zuständigen Arbeitsinspektorat zu melden, ist mit dem ANS-RG entfallen (ASchG-Novelle BGBl I 2001/159). Die Gesetzesmaterialien verweisen dazu auf die damals geltende Rechtslage, nach der eine Fülle von Daten der Präventivfachkräfte (Wahl der Betreuungsform, Namen der Fachkräfte für Arbeitssicherheit und der Arbeitsmediziner, Bezeichnung der Zentren usw) sowie jede Änderung dieser Daten dem Arbeitsinspektorat zu melden

waren. Da diese Meldepflichten für die Wahrnehmung der Aufgaben der Arbeitsinspektion nicht erforderlich sind, weil die Richtigkeit solcher Meldungen ohnehin nur bei Kontrollen in den Betrieben vor Ort überprüft werden kann und diese Meldungen arbeitsinspektionsintern daher auch nicht EDV-mäßig erfasst werden, sollten sie zur bürokratischen Entlastung der Betriebe ersatzlos entfallen (ErlRV 802 BlgNR 21. GP). Die ursprüngliche ASchG-Meldepflicht war dem vor dem ASchG geltenden § 21 Abs 3 ANSchG nachgebildet und bereits durch die vorhergehende ASchG-Novelle BGBl I 1999/12 eingeschränkt worden (ErlRV 1449 BlgNR 20. GP).

II. Bestellung für die Arbeitsstätte

Die Bestellung von Präventivfachkräften muss nach **§ 83 Abs 4 ASchG** jeweils für die **Arbeitsstätte** samt den dazugehörigen **Baustellen** und **auswärtigen Arbeitsstellen** erfolgen. 5

Wenn dies aufgrund des Umfanges der Tätigkeit notwendig ist, insbesondere weil die Präventionszeit die betriebliche Normalarbeitszeit übersteigt, sind **mehrere Sicherheitsfachkräfte bzw Arbeitsmediziner** für die Arbeitsstätte zu bestellen. Darüber hinaus kann die sicherheitstechnische und arbeitsmedizinische Betreuung auf mehrere Personen und Dienste nur dann aufgeteilt werden, wenn dies aus organisatorischen oder fachlichen Gründen zweckmäßig ist. Dies soll den Koordinationsaufwand gering halten und gewährleisten, dass die für eine ordnungsmäße Präventivdienstbetreuung notwendigen Informationen und Unterlagen möglichst zentral verfügbar bleiben und Kommunikationsverluste vermieden werden. 6

Die Regelungen über die Aufteilung der Präventivdienstbetreuung auf mehrere Sicherheitsfachkräfte bzw Arbeitsmediziner gelten gemäß **§ 83 Abs 6 ASchG** auch bei Inanspruchnahme eines sicherheitstechnischen oder arbeitsmedizinischen Zentrums. Es muss also auch bei Verpflichtung eines solchen externen Dienstes die **Betreuung grundsätzlich durch eine bestimmte Person erfolgen** (ErlRV 1590 BlgNR 18. GP). Ein Zentrum muss somit intern gewährleisten, dass die Präventivdienstbetreuung grundsätzlich durch eine im Voraus festgelegte bestimmte Person erfolgt. 7

Näheres siehe Anmerkungen zu § 82a Abs 7 Rz 13–18.

VwGH 19.10.2001, 99/02/0030 (im Zusammenhang mit der Strafverfolgung – Tatortbegriff): Rechtsschutzüberlegungen machen es im Zusammenhang mit Übertretungen der § 73 Abs 1 und § 79 Abs 1 ASchG 1994 nicht erforderlich, als Gegenstand einer Verfolgungshandlung (und auch des Spruches gemäß § 44a Z 1 VStG) den Umstand zu fordern, die Bestellung von Sicherheitskräften bzw Arbeitsmedizinern sei in Ansehung einer „Arbeitsstätte" erfolgt. Zur Abberufung siehe Anmerkungen zu § 87 Rz 1 bis 3. 8

III. Gesonderte Baustellenbetreuung

9 Eine gesonderte Bestellung ist nach **§ 83 Abs 5 ASchG** nur für Baustellen, und zwar unter der Voraussetzung, zulässig, dass dies aus **organisatorischen** oder **fachlichen** Gründen zweckmäßig ist – etwa bei mehreren Unternehmen auf längere Zeit bestehenden Großbaustellen: So können mehrere Arbeitgeber für die auf einer Baustelle beschäftigten Arbeitnehmer eine **gemeinsame sicherheitstechnische Betreuung** einrichten, während die in der Arbeitsstätte beschäftigten Arbeitnehmer von einer betriebseigenen oder externen Sicherheitsfachkraft betreut werden. Gleiches gilt für die arbeitsmedizinische Betreuung. Diese Flexibilität entspricht auch einem besonderen Bedürfnis der Praxis (vgl ErlRV 1590 BlgNR 18. GP).

IV. Leitung mehrerer Sicherheitsfachkräfte bzw Arbeitsmediziner

10 Werden mehrere betriebsinterne Sicherheitsfachkräfte bestellt, muss gemäß **§ 83 Abs 6 ASchG** einer von ihnen die **Leitung** übertragen werden und es ist für die **Koordination und Zusammenarbeit** zu sorgen, und zwar auch dann, wenn neben einer betriebseigenen Sicherheitsfachkraft externe Personen und Dienste herangezogen werden. Entsprechendes gilt bei Bestellung mehrerer Arbeitsmediziner.

11 Die Bestellung einer Leitung entspricht der alten Rechtslage des ANSchG für sicherheitstechnische Dienste (§ 8 Abs 1 der Verordnung BGBl 1984/2), die Verpflichtung zur Zusammenarbeit Art 7 Abs 6 der Richtlinie 391/89/EWG.

12 Der Leiter der Sicherheitsfachkräfte und der Leiter der Arbeitsmediziner oder jeweils deren Stellvertreter sind **Mitglieder des Arbeitsschutzausschusses** (§ 88 Abs 3 Z 3 und 4 ASchG).

V. Organisatorische Stellung der Präventivfachkräfte

13 Entsprechend der vor dem ASchG geltenden Rechtslage des § 21 Abs 4 ANSchG sieht auch **§ 83 Abs 7 ASchG** vor, dass betriebseigene Sicherheitsfachkräfte und Arbeitsmediziner bzw deren Leitung **unmittelbar dem Arbeitgeber oder der für den Arbeitnehmerschutz verwaltungsstrafrechtlich verantwortlichen Person** (insbesondere einem verantwortlichen Beauftragten im Sinne des § 23 ArbIG) zu unterstellen sind. Nach ASchG sollen die Präventivfachkräfte somit nicht nur fachlich weisungsfrei, sondern auch in der Unternehmenshierarchie organisatorisch auf möglichst höchster Ebene eingerichtet sein, um zB nicht von anderen Entscheidungsträgern abhängig zu sein.

14 Bei Einrichtung der Präventivfachkräfte als **Stabstelle** ist die Stabstellenleitung daher bestellten verantwortlichen Beauftragten oder der betriebseigenen Präventivfachkraft (bzw deren Leitung) zu übertragen. **Betriebsinterne Arbeitsmediziner dürfen dabei nicht Sicherheitsfachkräften unterstellt werden oder**

umgekehrt, weil dies der erforderlichen Unmittelbarkeit und ärztlichen Unabhängigkeit widerspricht und die Funktionen der Präventivfachkräfte nach ASchG gleichrangig sind (§ 83 Abs 1 und 7 ASchG). Die von den Arbeitgebern bereitzustellende Arbeitsschutzorganisation muss auch für die Präventivdienstbetreuung geeignet sein (§ 83 Abs 1, 6 und 7, § 3 Abs 1 ASchG; Erlass der Arbeitsinspektion vom 28.1.2009, BMWA-461.302/0043-III/3/2008, Download 23.2.2025 Website Arbeitsinspektion: https://www.arbeitsinspektion.gv.at/Uebergreifendes/Uebergreifendes/Praeventivdienste_Allgemeines.html).

Die sicherheitstechnische und arbeitsmedizinische Betreuung kann auch als **Stabstelle** unmittelbar beim Arbeitgeber eingerichtet werden, um der besonderen Stellung des Gesundheitsschutzes zu entsprechen (Empfehlung der AUVA in M030-Merkblatt zum ASchG). Durch eine solche unmittelbare Unterstellung wird die (fachliche) Weisungsfreiheit der Präventivfachkräfte nicht berührt. Nicht ausreichend wäre aber die Einrichtung als Organisationseinheit „Präventivdienste" selbst bei Wahrung von Berichts- und Interventionsmöglichkeiten, wenn nicht gleichzeitig eine unmittelbare Unterstellung unter den Arbeitgeber gemäß § 83 Abs 7 ASchG erfolgt. **15**

Verstöße gegen die organisatorisch unmittelbare Einrichtung der Präventivfachkräfte nach § 83 Abs 7 ASchG unterliegen der Verwaltungsstrafsanktion des § 130 Abs 1 Z 27 ASchG (Verletzung der Verpflichtung zur Bestellung von Präventivdiensten). **16**

VI. Weiterbildung betriebseigener Präventivfachkräfte

Die Verpflichtung des **§ 83 Abs 8 ASchG**, den betriebseigenen Sicherheitsfachkräften bzw Arbeitsmedizinern die Fortbildung zur Erweiterung ihrer Fachkenntnisse zu ermöglichen, entspricht § 8 Abs 3 der Verordnung BGBl 1984/2 nach Rechtslage des vor dem ASchG geltenden ANSchG. **17**

Die Weiterbildung betriebseigener Sicherheitsfachkräfte und Arbeitsmediziner ist bis maximal 15 % der jährlichen Präventionszeit einrechenbar (§ 77 Z 5 und § 82 Z 7 ASchG).

VII. Verantwortlichkeit der Arbeitgeber

Die verwaltungsstrafrechtliche Verantwortlichkeit für die Einhaltung der Arbeitnehmerschutzvorschriften nach § 130 ASchG verbleibt beim Arbeitgeber (verantwortlichen Beauftragten), weil diese den Präventivfachkräften nicht rechtswirksam übertragen werden kann (**§ 83 Abs 9 ASchG**; VwGH E 26.2.2002, Zl 98/02/0061, E 18.2.2005, 2004/02/0288 ua). **18**

Entsprechend der Richtlinie 391/89/EWG und der früheren Rechtslage (§ 21 Abs 4 ANSchG) wird damit klargestellt, dass die Bestellung von Präventivdiensten oder auch die Inanspruchnahme von Präventionszentren der Unfallversicherungsträger die Arbeitgeber nicht ihrer Verantwortlichkeit für die Einhaltung der Arbeitnehmerschutzvorschriften enthebt und dass sie die **19**

Verantwortung auch nicht auf die Präventivdienste abwälzen können. Für **betriebseigene** Sicherheitsfachkräfte und Arbeitsmediziner gelten aber die in **§ 15 ASchG** vorgesehenen Pflichten der Arbeitnehmer, sie können nach § 130 Abs 4 ASchG in gleicher Weise zur Verantwortung gezogen werden wie andere Arbeitnehmer (vgl ErlRV 1590 BlgNR 18. GP und ErlRV 1449 BlgNR 20. GP zur ASchG-Novelle BGBl I 1999/12).

Der Grundsatz, dass die Verantwortung für die Einhaltung von Arbeitnehmerschutzvorschriften nicht auf die Arbeitnehmer und auch nicht auf die Präventivdienste abgewälzt werden kann, ist in Art 5 Abs 2 und 3 der Arbeitsschutz-Rahmenrichtlinie 391/89/EWG vom 12. Juni 1989 festgelegt: *„Zieht ein Arbeitgeber in Anwendung von Artikel 7 Absatz 3 außerbetriebliche Fachleute (Personen oder Dienste) hinzu, so enthebt ihn dies nicht seiner diesbezüglichen Verantwortung. Die Pflichten der Arbeitnehmer in Fragen der Sicherheit und des Gesundheitsschutzes am Arbeitsplatz berühren nicht den Grundsatz der Verantwortung des Arbeitgebers.“*

20 Eine Verletzung von Arbeitnehmerschutzvorschriften wird nach der Judikatur als **Verletzung von Schutzgesetzen** (§ 1311 ABGB) beurteilt, was im Haftpflichtprozess zu prozessualen Erleichterungen für die Geschädigten führen kann. Im Gegensatz zum Zivilrecht gelten für die strafrechtliche Verantwortung nach StGB zum Teil strengere Maßstäbe.

Zur verwaltungsstrafrechtlichen Verantwortlichkeit der **Arbeitgeber** nach ASchG und zur möglichen Haftung und Verantwortung nach anderen Rechtsmaterien (Zivilrecht/ABGB, Strafrecht/StGB, Regress der Sozialversicherung nach ASVG) siehe Ausführungen zu § 130 ASchG.

21 Aus der allgemeinen Rechtsordnung können auch für **Präventivfachkräfte** wie bei jeder Übernahme von Aufgaben und Funktionen Haftungen und Verantwortlichkeiten entstehen; Präventivfachkräfte haben gegebenenfalls Sachverständigenstatus. Aufgrund ihrer Fachkunde und der ASchG-Aufgaben trifft Präventivfachkräfte eine **Garantenstellung**, somit eine Verpflichtung zur Erfolgsabwehr, vor allem wenn sie zusätzliche Aufgaben auf vertraglicher Grundlage außerhalb des ASchG übernehmen. Schadenersatzansprüche von nach Arbeitsunfällen geschädigten Arbeitnehmern sind nach ASVG zu beurteilen, wobei betriebseigenen Präventivfachkräften bei entsprechender betrieblicher Stellung das **Haftungsprivileg nach § 333 ASVG** zukommen kann (Aufseher im Betrieb) und sie diesfalls nur bei vorsätzlicher Herbeiführung haften. Siehe OGH 14.2.2012, 2 Ob 174/11: Einer externen Sicherheitsfachkraft nach §§ 73 ff ASchG kommt das Haftungsprivileg gem § 333 Abs 1 und 4 ASVG zugute.

22 Betriebseigene Präventivfachkräfte unterliegen als Arbeitnehmer dem **Dienstnehmerhaftpflichtgesetz** (DNHG) und genießen daher Haftungseinschränkungen und Haftungsbefreiung bei entschuldbaren Fehlleistungen.

Aufgrund nicht auszuschließender Haftungen ist den Sicherheitsfachkräften und Arbeitsmedizinern daher eine sorgfältige Dokumentation ihrer Beratungs- und Betreuungstätigkeit zu empfehlen.

VIII. Unvereinbarkeiten mit der Funktion als Präventivfachkraft

Die Bestellung von Sicherheitsfachkräften oder Arbeitsmedizinern zu **verantwortlichen Beauftragten** nach § 23 Arbeitsinspektionsgesetz 1993 (ArbIG) ist nicht möglich, weil ihnen die verwaltungsstrafrechtliche Verantwortlichkeit für die Einhaltung der Arbeitnehmerschutzbestimmungen nicht rechtswirksam übertragen werden kann (§ 83 Abs 9 ASchG). 23

Unvereinbar mit der Funktion als Präventivfachkraft ist auch die Stellung als **handelsrechtlicher (unternehmensrechtlicher) Geschäftsführer oder Vorstandsmitglied (außenvertretungsbefugtes Organ)**. Gewerberechtliche Geschäftsführer hingegen sind lediglich für die Einhaltung der Gewerberechtsvorschriften verantwortlich, können daher die ASchG-Funktion einer Präventivfachkraft übernehmen. Auch eine Unternehmensbeteiligung alleine wird noch keine Unvereinbarkeit begründen. 24

Nur im Rahmen des **Unternehmermodells** (§ 78b ASchG) können Arbeitgeber, unternehmensrechtliche Geschäftsführer oder Vorstandsmitglieder die sicherheitstechnische Betreuung wahrnehmen (bis maximal 50 Arbeitnehmer). Bei Überschreitung der Beschäftigtenzahl besteht jedoch Unvereinbarkeit mit der Funktion einer Sicherheitsfachkraft. In Bezug auf Arbeitsmediziner ist das Unternehmermodell generell nicht anwendbar. 25

Andere Funktionen können Arbeitsmediziner und Sicherheitsfachkräften ausüben, weil mit ihrer Aufgabenstellung **vereinbar** (sofern die Person nicht auch verantwortlicher Beauftragter ist), so etwa: 26

- Prokurist;
- Betriebsleiter, Partieführer;
- Betriebsratsmitglied (zu beachten sind jedoch Unvereinbarkeiten nach ArbVG);
- Sicherheitsvertrauensperson;
- Ersthelfer;
- Brandschutzbeauftragter;
- sonstige Funktionen mit Schnittstellen zum Arbeitnehmerschutz (zB des Strahlenschutz- oder Hygienerechts).

Die zeitliche und organisatorische Wahrnehmung der Funktionen wie auch die jeweils erforderliche Qualifikation müssen in allen Fällen ausreichend gewährleistet sein (zB uneingeschränkte Erfüllung der Präventionszeit). Interessenkollisionen, etwa bei Ausübung einer Funktion durch nahe Angehörige des Arbeitgebers, wie dies in Kleinbetrieben häufig der Fall ist, bewirken zwar keine rechtliche Unvereinbarkeit, können aber fallweise zu Problemen bei 27 der ordnungsgemäßen Aufgabenerfüllung der Funktion bzw zu geringerer Wirksamkeit führen. Das gilt auch für Belegschaftsorgane als Arbeitnehmervertreter nach ArbVG, die aufgrund des Unterstützungsauftrags als Sicherheitsfachkraft nach ASchG der Arbeitgebersphäre zuzurechnen sind.

IX. Benachteiligungs-, Kündigungs- und Entlassungsschutz

28 Benachteiligungen, Kündigung und Entlassung aufgrund der Tätigkeit als Sicherheitsvertrauensperson, Sicherheitsfachkraft oder Arbeitsmediziner bzw als deren Fach- und Hilfspersonal sind arbeitsrechtlich verpönt:

Nach § 105 Abs 3 Z 1 lit g ArbVG kann eine Kündigung in betriebsratspflichtigen Betrieben beim Arbeitsgericht angefochten werden, wenn die Kündigung erfolgt ist wegen der Tätigkeit als Sicherheitsvertrauensperson, Sicherheitsfachkraft, Arbeitsmediziner, als arbeitsmedizinischer Fachdienst oder als Fach- oder Hilfspersonal von Sicherheitsfachkräften oder Arbeitsmedizinern. Entsprechender Entlassungsschutz besteht gemäß § 106 Abs 2 ArbVG.

29 Für Betriebe ohne Betriebsrat gilt der Schutz nach § 9 Abs 1 und 2 AVRAG: Sicherheitsvertrauenspersonen und Arbeitnehmer, die als Sicherheitsfachkräfte, Arbeitsmediziner oder als deren Fach- oder Hilfspersonal oder als arbeitsmedizinischer Fachdienst beschäftigt sind, dürfen vom Arbeitgeber wegen der Ausübung dieser Tätigkeit, insbesondere hinsichtlich des Entgelts, der Aufstiegsmöglichkeiten und der Versetzung nicht benachteiligt werden. Kündigungs- und Entlassungsschutz besteht für Arbeitnehmer, die nicht dem § 105 Abs 3 Z 1 lit g ArbVG unterliegen, wenn die Kündigung oder Entlassung wegen der Tätigkeit für die Sicherheit und den Gesundheitsschutz der Arbeitnehmer erfolgt ist.

Aufzeichnungen und Berichte

§ 84. (1) Präventivfachkräfte haben Aufzeichnungen über die geleistete Einsatzzeit und die nach diesem Bundesgesetz durchgeführten Tätigkeiten zu führen, insbesondere auch über die von ihnen durchgeführten Besichtigungen und Untersuchungen sowie deren Ergebnisse. Die Präventivfachkräfte haben den Organen der Arbeitsinspektion auf Verlangen Einsicht in diese Unterlagen zu gewähren oder Kopien dieser Unterlagen zu übermitteln. Nach Beendigung ihrer Tätigkeit haben Präventivfachkräfte diese Unterlagen sowie Berichte gemäß Abs. 2 und 3 an ihre Nachfolger im Betrieb zu übergeben.

(2) Besteht ein Arbeitsschutzausschuß, so haben die Präventivfachkräfte an den Sitzungen des Arbeitsschutzausschusses teilzunehmen, sofern der Teilnahme nicht wichtige Hinderungsgründe entgegenstehen. Sind sie an der Teilnahme verhindert, so haben sie dem Arbeitsschutzausschuss einen schriftlichen Bericht über ihre Tätigkeit samt Vorschlägen zur Verbesse-

rung der Arbeitsbedingungen zu übermitteln, der auch eine systematische Darstellung der Auswirkungen ihrer Tätigkeit zu enthalten hat.

(3) Präventivfachkräfte haben dem Arbeitgeber jährlich einen zusammenfassenden Bericht über ihre Tätigkeit samt Vorschlägen zur Verbesserung der Arbeitsbedingungen vorzulegen, der auch eine systematische Darstellung der Auswirkungen ihrer Tätigkeit zu enthalten hat. Der Arbeitgeber hat diesen Bericht den Sicherheitsvertrauenspersonen zu übermitteln. Wenn keine Sicherheitsvertrauenspersonen bestellt sind, ist dieser Bericht an geeigneter Stelle zur Einsichtnahme durch die Arbeitnehmer aufzulegen. Dem zuständigen Arbeitsinspektorat hat der Arbeitgeber auf Verlangen eine Ausfertigung dieses Berichtes zu übermitteln.

(4) Sicherheitstechnische Zentren und arbeitsmedizinische Zentren sind verpflichtet, dem Arbeitsinspektorat auf Verlangen Auskunft darüber zu erteilen

1. **wer als Sicherheitsfachkraft bzw. als Arbeitsmediziner vom Zentrum beschäftigt wird,**
2. **welche Arbeitsstätten, Baustellen und auswärtige Arbeitsstellen vom Zentrum betreut werden, und**
3. **welche Präventionszeit in diesen Arbeitsstätten, Baustellen und auswärtigen Arbeitsstellen geleistet wird.**

[BGBl I 2012/118]

Übersicht

I. Aufzeichnungen über Einsatzzeit und Tätigkeiten 1–4
II. Berichte und Verbesserungsvorschläge der Präventivfachkräfte 5, 6
III. Mitwirkung im Arbeitsschutzausschuss 7–9
IV. Einsichtnahme, Übermittlung der Berichte an Sicherheitsvertrauenspersonen und Arbeitsinspektorat 10–12
V. Weitergabe der Unterlagen und Berichte an betriebliche Nachfolger 13, 14
VI. Auskunftspflichten sicherheitstechnischer und arbeitsmedizinischer Zentren nach ASchG 15

I. Aufzeichnungen über Einsatzzeit und Tätigkeiten

Sicherheitsfachkräfte und Arbeitsmediziner müssen gemäß **§ 84 Abs 1 ASchG** 1 Aufzeichnungen über die **geleistete Einsatzzeit** und die nach dem ASchG durchgeführten Tätigkeiten führen, insbesondere auch über die von ihnen durchgeführten Besichtigungen **und Untersuchungen sowie deren Ergebnisse**. Die in die Präventionszeit (§ 82a ASchG) einrechenbaren Tätigkeiten der Sicherheitsfachkräfte sind in § 77 ASchG, jene der Arbeitsmediziner in

§ 82 ASchG taxativ aufgezählt. Normadressaten der Verpflichtungen nach § 84 ASchG sind die Präventivfachkräfte, lediglich in § 84 Abs 3 sind Arbeitgeberpflichten zur Übermittlung der Berichte bzw Auflegen zur Einsichtnahme im Betrieb normiert.

Eine entsprechende Dokumentation ist Grundvoraussetzung für eine funktionierende sicherheitstechnische und arbeitsmedizinische Betreuung und erscheint im Übrigen auch im Interesse der Sicherheitsfachkräfte und der Arbeitsmediziner (vor allem im Zusammenhang mit Haftungsfragen) unerlässlich. Diese Aufzeichnungen sollen die für die Vollziehung dieses Bundesgesetzes unerlässliche Kontrolle der Tätigkeit der Sicherheitsfachkräfte und Arbeitsmediziner ermöglichen (vgl ErlRV 1590 BlgNR 18. GP).

2 **Die Bestimmungen des Ärztegesetzes 1998 (ÄrzteG 1998) bleiben durch § 84 Abs 1 ASchG unberührt (§ 79 Abs 3 ASchG), insbesondere die ärztliche Verschwiegenheitspflicht.** Aufzeichnungen über durchgeführte Tätigkeiten, Besichtigungen und Untersuchungen sowie deren Ergebnisse iSd § 84 Abs 1 ASchG haben daher **keine personenbezogenen ärztlichen Untersuchungen und deren Ergebnisse** zu umfassen, sondern (wie aus dem Tätigkeitskatalog der §§ 77 und 82 ASchG abzuleiten ist) Aufzeichnungen zB über die auf die Arbeitsbedingungen bezogenen Besichtigungen der Arbeitsstätten, Baustellen und auswärtigen Arbeitsstellen (Z 3), Untersuchungen der Ursachen von Arbeitsunfällen, arbeitsbedingten Erkrankungen und Gesundheitsgefahren sowie die Auswertung dieser Ermittlungen und Untersuchungen (Z 4). Nicht Gegenstand von Aufzeichnungen iSd § 84 Abs 1 ASchG sind individuelle medizinische Untersuchungsergebnisse (ärztliche Befunde, sonstige Feststellungen über die gesundheitliche Eignung oder den Gesundheitszustand bestimmter Arbeitnehmer). Die arbeitsmedizinische Untersuchung von Arbeitnehmern ist zwar Teil des Aufgabenkatalogs der Arbeitsmediziner (§ 82 Z 5 ASchG), dies bedeutet aber keinesfalls, dass in die Aufzeichnungen gemäß § 84 Abs 1 ASchG personenbezogene Gesundheitsdaten der Beschäftigten aufzunehmen wären. Regelungszweck des § 84 ASchG ist vielmehr eine nachvollziehbare Dokumentation der Präventionstätigkeit der Arbeitsmediziner wie auch der Sicherheitsfachkräfte hinsichtlich des aufgewendeten Zeitausmaßes (zB welche Untersuchungen nach ASchG in welchem Ausmaß der Einsatzzeit durchgeführt wurden), sowie – aufgrund der getroffenen Auswertungen und Analysen – eine systematische Darstellung der Auswirkungen ihrer Tätigkeit und die Erstellung von Verbesserungsvorschlägen (§ 84 Abs 1 bis 3 ASchG). Sofern die Ergebnisse der im Rahmen der Gesundheitsüberwachung (fünfter Abschnitt ASchG) durchgeführten Untersuchungen betrieblich bedeutsam und auf die Arbeitsbedingungen bezogen sind, können diese allenfalls – allerdings in anonymisierter und nicht individualisierbarer Form – in die Berichte, Aufzeichnungen und Verbesserungsvorschläge der Arbeitsmediziner allgemein einfließen.

Zur erforderlichen **Qualität der Aufzeichnungs- und Berichtspflichten** der Präventivfachkräfte gemäß § 84 ASchG traf der **VwGH** in seinem Erkenntnis vom 26.7.2002, 2001/02/0253, folgende Klarstellungen: 3

> „Aus den Materialien geht hervor, dass die Aufzeichnungen so zu führen sind, dass die Kontrolle der Tätigkeit der Arbeitsmediziner möglich ist. Kontrollorgan ist einerseits das Arbeitsinspektorat und andererseits auch der Arbeitgeber, denn der Arbeitgeber ist für die ordnungsgemäße arbeitsmedizinische Betreuung verantwortlich. Er muss auch in der Lage sein, aufgrund der Wahrnehmungen der Arbeitsmediziner Maßnahmen zur Verbesserung der Arbeitsbedingungen zu treffen. Es kann daher nicht als rechtswidrig erkannt werden, wenn die belangte Behörde zum Schluss kommt, dass die Aufzeichnungen derart beschaffen sein müssen, dass der Arbeitgeber daraus Schlüsse und Wahrnehmungen ziehen kann. Die Unabhängigkeit in ärztlichen Belangen, die durch das Ärztegesetz gewährleistet wird, wird dadurch nicht berührt, geht es doch bei der Aufzeichnungs- und Dokumentationspflicht im gegebenen Zusammenhang um eine nichtärztliche Tätigkeit, die (u. a.) Inhalt der vom Arzt auf Grund seiner privatrechtlichen Verpflichtung geschuldeten Leistung ist."

Erfüllen die Arbeitsmediziner oder Sicherheitsfachkräfte ihre gesetzlichen Aufgaben nach ASchG nicht, sind die **Arbeitgeber** gemäß § 130 Abs 1 Z 27 ASchG dafür verwaltungsstrafrechtlich verantwortlich (siehe Anmerkungen zu § 87 ASchG). 4

II. Berichte und Verbesserungsvorschläge der Präventivfachkräfte

Damit die Arbeitgeber ihrer Verpflichtung zur Verbesserung der Arbeitsbedingungen nachkommen können, benötigen sie auch entsprechende Informationen über die Wahrnehmungen der Sicherheitsfachkräfte und Arbeitsmediziner. Zu deren Aufgaben gehört auch die **Erstattung von Verbesserungsvorschlägen** auf dem Gebiet der Sicherheit und des Gesundheitsschutzes (**§ 84 Abs 3 ASchG**). Bis zur ASchG-Novelle BGBl I 2012/118 war ein zusammenfassender schriftlicher Bericht über die Tätigkeiten der Präventivfachkräfte samt Verbesserungsvorschlägen zur Verbesserung der Arbeitsbedingungen nur erforderlich, wenn kein Arbeitsschutzausschuss bestand, was sich als unbefriedigend erwiesen hat. Präventivfachkräfte haben die Aufgabe, die Arbeitgeber zu beraten und die Arbeitgeber müssen sie zumindest für die gesetzlich vorgeschriebene Präventionszeit verpflichten. Daher sollen die Arbeitgeber jedenfalls auch Anspruch auf einen schriftlichen Tätigkeitsbericht haben, unabhängig davon, ob ein Arbeitsschutzausschuss besteht oder nicht. Seit 1.1.2013 ist die Berichtslegung samt Verbesserungsvorschlägen daher jedenfalls verpflichtend (vgl ErlRV 1590 BlgNR 18. GP und ErlRV 1983 BlgNR 24. GP). 5

Der Bericht derPräventivfachkräfte muss auch eine **systematische Darstellung der Auswirkungen ihrer Tätigkeit** enthalten. Das ermöglicht eine Be- 6 urteilung der Wirksamkeit der Maßnahmen und das Aufzeigen von Verbesserungspotenzialen. Diese Bestimmung wurde mit dem ANS-RG in § 84 Abs 2 und 3 ASchG eingefügt. Nach den Gesetzesmaterialien sollten dadurch im Interesse einer entsprechenden Darstellung der erzielten Erfolge wirksamer präventiver Beratung durch die Präventivfachkräfte die bereits bestehenden Berichtspflichten ergänzt werden (ErlRV 802 BlgNR 21. GP).

III. Mitwirkung im Arbeitsschutzausschuss

7 Die Präventivfachkräfte bzw bei mehreren Sicherheitsfachkräften und Arbeitsmedizinern deren jeweilige Leiter sind nach § 88 Abs 3 Z 3 und 4 ASchG Mitglieder des Arbeitsschutzausschusses.

8 Die **Berichte und Vorschläge** der Sicherheitsfachkräfte und Arbeitsmediziner sollten nach der ASchG-Stammfassung primär im Arbeitsschutzausschuss erörtert werden. Daher wurde in **§ 83 Abs 2 ASchG** auch eine ausdrückliche Verpflichtung der Sicherheitsfachkräfte und der Arbeitsmediziner zur **Teilnahme an den Sitzungen** des Arbeitsschutzausschusses vorgesehen.

9 Für den Fall, dass Sicherheitsfachkräfte und Arbeitsmediziner bei wichtigen Hinderungsgründen nicht am Arbeitsschutzausschuss teilnehmen können, sind schriftliche Berichte samt Verbesserungsvorschlägen und Darstellung der Wirksamkeit der Präventivdiensttätigkeit vorgeschrieben. Seit 1.1.2013 sind solche Berichte der Präventivfachkräfte unabhängig von einer Teilnahme im Arbeitsschutzausschuss jedenfalls zu legen.

IV. Einsichtnahme, Übermittlung der Berichte an Sicherheitsvertrauenspersonen und Arbeitsinspektorat

10 Die Berichte der Präventivfachkräfte sind den **Sicherheitsvertrauenspersonen** zur Verfügung zu stellen. Wenn keine Sicherheitsvertrauenspersonen bestellt sind, müssen die Berichte **allen Arbeitnehmern** zur Einsichtnahme an geeigneter Stelle im Betrieb zugänglich sein (**§ 84 Abs 3 ASchG**). Diese Regelung geht nach den Gesetzesmaterialien (ErlRV 1590 BlgNR 18. GP) von der Überlegung aus, dass eine entsprechende Information der innerbetrieblichen Einrichtungen bzw der Arbeitnehmer sowie eine innerbetriebliche Auseinandersetzung mit Fragen der Sicherheit und des Gesundheitsschutzes Grundvoraussetzungen für einen wirksamen Arbeitnehmerschutz und für eine Verbesserung der Arbeitsbedingungen sind. Damit soll auch dem Grundsatz der Richtlinie 391/89/EWG entsprochen werden, dass die Arbeitnehmer durch eine ausreichende Information in die Lage versetzt werden müssen, zu überprüfen und zu gewährleisten, dass die erforderlichen Schutzmaßnahmen getroffen wurden.

11 Der Arbeitgeber muss den Bericht auf Verlangen auch dem zuständigen **Arbeitsinspektorat** übermitteln (§ 84 Abs 3 ASchG).

Nach § 84 Abs 1 ASchG müssen die **Präventivfachkräfte** den Organen der Arbeitsinspektion auf Verlangenauch **Einsicht in die Aufzeichnungen** über ihre Tätigkeiten gewähren oder Kopien übermitteln. Das Einsichtsrecht der Arbeitsinspektion ist für eine Überwachung der Einhaltung des ASchG notwendig, eine ausdrückliche Regelung ist erforderlich, weil das Einsichtsrecht nach dem Arbeitsinspektionsgesetz 1993 (§ 8 ArbIG) nur gegenüber den Arbeitgebern geltend gemacht werden kann, nicht aber gegenüber sonstigen Personen (ErlRV 1590 BlgNR 18. GP). Die Verpflichtung zur Übermittlung von Kopien wurde erst mit der ASchG-Novelle BGBl I 2012/118 in § 84 Abs 1 ASchG eingefügt: Da die Präventivfachkräfte in den meisten Fällen nicht ständig im Betrieb anwesend sind und daher oft von den Arbeitsinspektoren nicht angetroffen werden, ist in vielen Fällen für beide Teile die Anforderung und Übermittlung von Unterlagen einfacher als eine Einsichtnahme im Betrieb (ErlRV 1983 BlgNR 24. GP). 12

V. Weitergabe der Unterlagen und Berichte an betriebliche Nachfolger

Die Praxis hat gezeigt, dass ausscheidende Fachkräfte für Arbeitssicherheit und Arbeitsmediziner manchmal unter Hinweis auf eine fehlende entsprechende gesetzliche Grundlage die Herausgabe ihrer betriebsbezogenen Aufzeichnungen und Unterlagen verweigern, im Regelfall dann, wenn es zu einem aus der Sicht der Präventivfachkräfte „unfreiwilligen" Ausscheiden kommt. Es erschien daher sinnvoll, in **§ 84 Abs 1 ASchG** eine entsprechende Verpflichtung zur Weitergabe dieser Unterlagen an ihre Nachfolger aufzunehmen (ErlRV 802 BlgNR 21. GP zum ANS-RG). 13

Die Verpflichtungen der Präventivfachkräfte nach § 84 ASchG beziehen sich nur auf **allgemeine betriebliche Aussagen und Ergebnisse zum Stand des betrieblichen Gesundheitsschutzes und nach ASchG erforderliche Maßnahmen**, nicht aber zB auf die Ergebnisse personenbezogener Arbeitnehmeruntersuchungen (zB § 49 ASchG, VGÜ 2008). Die Wahrung der ärztlichen Verschwiegenheitspflicht, Dokumentationsverpflichtungen, Beschränkungen der Auskunftserteilung sowie **sonstige Regelungen des Ärztegesetzes 1998 (ÄrzteG 1998) bleiben unberührt (§ 79 Abs 3 ASchG)**. So sind etwa die ärztlichen Befunde, die im Rahmen der Gesundheitsüberwachung von Arbeitnehmern erstellt werden (fünfter Abschnitt ASchG), nicht von der Weitergabeverpflichtung nach § 84 Abs 1 ASchG umfasst. 14

VI. Auskunftspflichten sicherheitstechnischer und arbeitsmedizinischer Zentren nach ASchG

§ 84 Abs 4 ASchG soll eine **Überwachung der Tätigkeit** der Zentren ermöglichen, insbesondere auch im Hinblick auf die nach ASchG vorgesehenen besonderen Anforderungen für arbeitsmedizinische und sicherheitstechnische Zentren (ErlRV 1590 BlgNR 18. GP). 15

Sicherheitstechnische und arbeitsmedizinische Zentren sind daher verpflichtet, dem Arbeitsinspektorat auf Verlangen Auskunft darüber zu erteilen,

- wer als Sicherheitsfachkraft bzw Arbeitsmediziner vom Zentrum beschäftigt wird,
- welche Arbeitsstätten, Baustellen und auswärtige Arbeitsstellen vom Zentrum betreut werden,
- welche Präventionszeiten in diesen Arbeitsstätten, Baustellen und auswärtigen Arbeitsstellen geleistet werden.

Zusammenarbeit

§ 85. (1) Sicherheitsfachkräfte, Arbeitsmediziner und Belegschaftsorgane haben zusammenzuarbeiten.

(2) Die Präventivfachkräfte haben gemeinsame Besichtigungen der Arbeitsstätten, der Baustellen und der auswärtigen Arbeitsstellen durchzuführen.

(3) Die Präventivfachkräfte haben gemeinsamen Besichtigungen gemäß Abs. 2 die zuständigen Sicherheitsvertrauenspersonen und die Belegschaftsorgane beizuziehen.

[BGBl 1994/450]

Übersicht

I. Gemeinsame Besichtigungen der Präventivfachkräfte und Zusammenarbeit mit dem Betriebsrat 1, 2
II. Beiziehung von Sicherheitsvertrauenspersonen und Betriebsrat 3
III. Beiziehung zu Besichtigungen der Arbeitsinspektion 4–6
IV. Mitwirkungsrechte des Betriebsrats nach ArbVG (Arbeitsschutz), Betriebsvereinbarungen 7–16

I. Gemeinsame Besichtigungen der Präventivfachkräfte und Zusammenarbeit mit dem Betriebsrat

1 Die Verpflichtung zur Zusammenarbeit der Präventivfachkräfte und Belegschaftsorgane nach **§ 85 Abs 1 ASchG** entspricht der vor dem ASchG geltenden Rechtslage (§§ 21 Abs 4 und 22a Abs 3 ANSchG) und Art 7 Abs 6 der Richtlinie 391/89/EWG. Gemeinsame Besichtigungen der Arbeitsstätten und der Arbeitsstellen gemäß **§ 85 Abs 2 ASchG** sind für eine funktionierende sicherheitstechnische und arbeitsmedizinische Betreuung unerlässlich (ErlRV 1590 BlgNR 18. GP).

In kleineren Arbeitsstätten mit höchstens 50 regelmäßig beschäftigten Arbeitnehmern erfolgt die Basisdienstbetreuung durch regelmäßige **Begehungen**, die nach **§ 77a Abs 2 ASchG** durch eine Sicherheitsfachkraft und einen Arbeitsmediziner ebenfalls möglichst gemeinsam vorzunehmen sind.

Die **Sicherheitsvertrauenspersonen** sind aufgrund § 11 Abs 1 Z 7 ASchG zur Zusammenarbeit mit den Arbeitsmedizinern und Sicherheitsfachkräften verpflichtet. Präventivfachkräfte, Belegschaftsorgane und **sonstige Fachleute** müssen ebenso zusammenarbeiten (§ 82b Abs 2). Auch ein allenfalls beschäftigter **arbeitsmedizinischer Fachdienst** (AFa) muss an der Zusammenarbeit gemäß § 85 mitwirken (§ 82c Abs 5 ASchG). 2

Für Beauftragte außerhalb des Arbeitnehmerschutzes sind fallweise Kooperationspflichten in anderen Rechtsmaterien verankert.

II. Beiziehung von Sicherheitsvertrauenspersonen und Betriebsrat

Für eine funktionierende sicherheitstechnische und arbeitsmedizinische Betreuung ist die Teilnahme der Sicherheitsvertrauenspersonen und Belegschaftsorganean an **gemeinsamen Besichtigungen** unerlässlich (vgl ErlRV 1590 BlgNR 18. GP). Die Präventivfachkräfte sind daher zu deren Beiziehung verpflichtet. 3

§ 85 Abs 3 ASchG ergänzt für den Bereich der Präventivdienstbetreuung das Recht auf Anhörung und Beteiligung nach § 13 ASchG.

III. Beiziehung zu Besichtigungen der Arbeitsinspektion

§ 4 Arbeitsinspektionsgesetz 1993 (ArbIG), BGBl 1993/27, regelt die Rechte der Organe der Arbeitsinspektion zum Betreten und Besichtigen von Arbeitsstätten und Arbeitsstellen: Die Arbeitsinspektionsorgane sind demnach **berechtigt, Betriebsstätten und Arbeitsstellen** (Arbeitsstätten und auswärtige Arbeitsstellen, Baustellen) sowie die von Arbeitgebern den Arbeitnehmern zur Verfügung gestellten **Wohnräume und Unterkünfte sowie Wohlfahrtseinrichtungen jederzeit zu betreten und zu besichtigen**. Dies gilt auch dann, wenn im Zeitpunkt der Besichtigung in der Betriebsstätte oder auf der Arbeitsstelle keine Arbeitnehmer beschäftigt werden. Arbeitgeber müssen ua dafür sorgen, dass diese Räumlichkeiten und Stellen sowie die Betriebseinrichtungen und Betriebsmittel den Arbeitsinspektionsorganen jederzeit zugänglich sind. Soweit dies für eine wirksame Überwachung erforderlich ist, sind auf Verlangen des Arbeitsinspektionsorgans Betriebseinrichtungen und Betriebsmittel in Betrieb zu setzen (§ 4 Abs 1 und 3 ArbIG). 4

Die Arbeitgeber haben auch dafür zu sorgen, dass bei ihrer Abwesenheit eine dort **anwesende Person** den Arbeitsinspektionsorganen die Besichtigung ermöglicht, sie **auf deren Verlangen begleitet**, die erforderlichen Auskünfte erteilt sowie Einsicht in Unterlagen gewährt. Dem Arbeitgeber und der beauftragten Person steht es frei, das Arbeitsinspektionsorgan bei der Besichtigung zu begleiten, auf dessen Verlangen sind sie aber verpflichtet, entweder selbst an der Besichtigung teilzunehmen oder eine ausreichend informierte Person mit der Vertretung zu beauftragen. Der Arbeitgeber hat dafür zu sorgen, dass diese Person den Arbeitsinspektionsorganen die erforderlichen Auskünfte erteilt sowie Einsicht in die Unterlagen gewährt (§ 4 Abs 5 und 7 ArbIG). 5

6 Nach **§ 4 Abs 8 ArbIG** sind den Besichtigungen durch Arbeitsinspektionsorgane die **Organe der Arbeitnehmerschaft beizuziehen,** außerdem die **Sicherheitsvertrauenspersonen** sowie nach Möglichkeit die **Sicherheitsfachkräfte** und **Arbeitsmediziner** in dem durch ihre Tätigkeit gebotenen Umfang. Auf ihr Verlangen sind sie den Besichtigungen jedenfalls beizuziehen. Diese Personen und Organe sind vom Arbeitgeber oder von der beauftragten Person von der Anwesenheit des Arbeitsinspektionsorgans unverzüglich zu verständigen.

Die Arbeitsinspektionsorgane sind berechtigt, eine Besichtigung auch dann vorzunehmen, wenn diese Personen und Organe daran nicht teilnehmen.

IV. Mitwirkungsrechte des Betriebsrats nach ArbVG (Arbeitsschutz), Betriebsvereinbarungen

7 Das ASchG regelt punktuell die Mitwirkungsrechte der Belegschaftsorgane im Zusammenhang mit bestimmten Bereichen des Sicherheits- und Gesundheitsschutzes am Arbeitsplatz, meist im Zusammenhang mit der Subsidiarität der Beteiligung der Sicherheitsvertrauenspersonen bzw aller Arbeitnehmer, wenn weder Belegschaftsorgane errichtet noch Sicherheitsvertrauenspersonen bestellt sind.

Zentrale Regelung der Rechte des Betriebsrats im Sicherheits- und Gesundheitsschutz ist **§ 92a ArbVG** über die **Anhörungs-, Beratungs- und Mitwirkungsrechte des Betriebsrats** im Arbeitsschutz: Der Betriebsinhaber hat den Betriebsrat in allen Angelegenheiten der Sicherheit und des Gesundheitsschutzes rechtzeitig anzuhören und mit ihm darüber zu beraten (§ 92a Abs 1 ArbVG).

8 Der Betriebsinhaber ist insbesondere verpflichtet, den Betriebsrat

- bei der Planung und Einführung neuer Technologien zu den Auswirkungen zu hören, die die Auswahl der Arbeitsmittel oder Arbeitsstoffe, die Gestaltung der Arbeitsbedingungen und die Einwirkung der Umwelt auf den Arbeitsplatz für die Sicherheit und Gesundheit der Arbeitnehmer haben (Z 1),
- bei der Auswahl der persönlichen Schutzausrüstung zu beteiligen (Z 2),
- bei der Ermittlung und Beurteilung der Gefahren und der Festlegung der Maßnahmen sowie bei der Planung und Organisation der Unterweisung zu beteiligen (Z 3).

9 Weiters sind dem Betriebsrat nach § 92a Abs 2 ArbVG

- Zugang zu den Sicherheits- und Gesundheitsschutzdokumenten sowie zu den Aufzeichnungen und Berichten über Arbeitsunfälle zu gewähren (Z 1),
- die Unterlagen betreffend die Erkenntnisse auf dem Gebiet der Arbeitsgestaltung zur Verfügung zu stellen (Z 2),
- die Ergebnisse von Messungen und Untersuchungen betreffend gefährliche Arbeitsstoffe und Lärm sowie die Ergebnisse sonstiger Messungen

und Untersuchungen, die mit dem Arbeitnehmerschutz in Zusammenhang stehen, zur Verfügung zu stellen (Z 3),

- die Aufzeichnungen betreffend Arbeitsstoffe und Lärm zur Verfügung zu stellen (Z 4).

Der Betriebsrat ist 10

- über Grenzwertüberschreitungen sowie deren Ursachen und über die getroffenen Maßnahmen unverzüglich zu informieren (Z 5),
- über Auflagen, Vorschreibungen, Bewilligungen und behördliche Informationen auf dem Gebiet des Arbeitnehmerschutzes zu informieren und zu den Informationen, die sich aus den Schutzmaßnahmen und Maßnahmen zur Gefahrenverhütung ergeben, im Voraus anzuhören (Z 6),
- zu den Informationen über die Gefahren für Sicherheit und Gesundheit sowie über Schutzmaßnahmen und Maßnahmen zur Gefahrenverhütung im Allgemeinen und für die einzelnen Arten von Arbeitsplätzen bzw Aufgabenbereichen im Voraus anzuhören (Z 7),
- zur Information der Arbeitgeber von betriebsfremden Arbeitnehmern sowie über die für Erste Hilfe, Brandbekämpfung und Evakuierung gesetzten Maßnahmen im Voraus anzuhören (Z 8).

Die beabsichtigte Bestellung oder Abberufung von Sicherheitsfachkräften, 11 Arbeitsmedizinern sowie von Personen, die für die Erste Hilfe, die Brandbekämpfung und Evakuierung zuständig sind, weiters über die beabsichtigte Beiziehung eines arbeitsmedizinischen Fachdienstes, ist gemäß **§ 92a Abs 3 ArbVG** mit dem Betriebsrat zu beraten, außer wenn die beabsichtigte Maßnahme im Arbeitsschutzausschuss behandelt wird. Der Betriebsrat hat das Recht, das Arbeitsinspektorat zu den Beratungen beizuziehen. Eine ohne Beratung mit dem Betriebsrat oder Behandlung im Arbeitsschutzausschuss vorgenommene Bestellung von Sicherheitsfachkräften und Arbeitsmedizinern ist rechtsunwirksam.

Der Betriebsrat kann gemäß **§ 92a Abs 4 ArbVG** Befugnisse an die im Betrieb 12 bestellten Sicherheitsvertrauenspersonen delegieren.

Im II. Teil 3. Hauptstück 1. Abschnitt des ArbVG über die Befugnisse der Arbeitnehmerschaft sind maßgebliche Rechte des Betriebsrats in Angelegenheiten des Arbeitnehmerschutzes verankert:

So hat der Betriebsrat nach **§ 89 ASchG** das **Überwachungsrecht** über die 13 Einhaltung der die Arbeitnehmer des Betriebes betreffenden Rechtsvorschriften, insbesondere die Durchführung und Einhaltung der Vorschriften über den Arbeitnehmerschutz. Zu diesem Zweck ist er zur Einsicht in Unterlagen berechtigt und kann die betrieblichen Räumlichkeiten, Anlagen und Arbeitsplätze besichtigen. Der Betriebsinhaber hat den Betriebsrat von jedem Arbeitsunfall unverzüglich in Kenntnis zu setzen. Betriebsbesichtigungen, die ua von den zur Überwachung der Arbeitnehmerschutzvorschriften berufenen Organen oder die mit deren Beteiligung durchgeführt werden, ist der Betriebsrat beizuziehen. Der Betriebsinhaber hat den Betriebsrat von einer anberaumten Verhandlung sowie von der Ankunft eines behördlichen Organs in diesen Fällen unverzüglich zu verständigen.

14 Das **Interventionsrecht nach § 90 ArbVG** berechtigt den Betriebsrat, in allen Angelegenheiten, die die Interessen der Arbeitnehmer berühren, beim Betriebsinhaber und erforderlichenfalls bei den zuständigen Stellen (zB beim Arbeitsinspektorat) außerhalb des Betriebes entsprechende Maßnahmen zu beantragen und die Beseitigung von Mängeln zu verlangen. Insbesondere ist der Betriebsrat berechtigt, Maßnahmen zur Einhaltung und Durchführung der die Arbeitnehmer des Betriebes betreffenden Rechtsvorschriften zu beantragen und Vorschläge zur Verbesserung der Arbeitsbedingungen, der betrieblichen Ausbildung, zur Verhütung von Unfällen und Berufskrankheiten sowie zur menschengerechten Arbeitsgestaltung zu erstatten. Der Betriebsinhaber wird durch § 90 Abs 2 ArbVG verpflichtet, den Betriebsrat auf dessen Verlangen in allen Angelegenheiten, die die Interessen der Arbeitnehmer des Betriebes berühren, anzuhören.

15 Das **Beratungsrecht** des Betriebsrats nach **§ 92 ArbVG** sieht mindestens vierteljährlich und auf Verlangen monatlich gemeinsame Beratungen des Betriebsinhabers mit dem Betriebsrat über laufende Angelegenheiten, allgemeine Grundsätze der Betriebsführung in sozialer, personeller, wirtschaftlicher und technischer Hinsicht sowie über die Gestaltung der Arbeitsbeziehungen vor; dabei ist über wichtige Angelegenheiten zu informieren. Dem Betriebsrat sind auf Verlangen die zur Beratung erforderlichen Unterlagen auszuhändigen.

16 **Betriebsvereinbarungen nach § 97 Abs 1 ArbVG** können ua abgeschlossen werden zu

- Maßnahmen zur zweckentsprechenden Benützung von Betriebseinrichtungen und Betriebsmitteln (Z 6),
- Maßnahmen zur Verhinderung, Beseitigung, Milderung oder zum Ausgleich von Belastungen der Arbeitnehmer durch Arbeiten im Sinne des Art VII des Nachtschwerarbeitsgesetzes (NSchG), BGBl 1981/354, einschließlich der Verhütung von Unfällen und Berufskrankheiten (Z 6a),
- Maßnahmen und Einrichtungen zur Verhütung von Unfällen und Berufskrankheiten sowie Maßnahmen zum Schutz der Gesundheit der Arbeitnehmer (Z 7),
- Maßnahmen zur menschengerechten Arbeitsgestaltung (Z 9).

Meldung von Mängeln

§ 86. (1) **Präventivfachkräfte haben die bei Erfüllung ihrer Aufgaben festgestellten Mängel auf dem Gebiet der Sicherheit und des Gesundheitsschutzes dem Arbeitgeber oder der sonst für die Einhaltung der Arbeit-**

nehmerschutzvorschriften verantwortlichen Person sowie den Belegschaftsorganen mitzuteilen.

(2) Stellen Präventivfachkräfte bei Erfüllung ihrer Aufgaben eine ernste und unmittelbare Gefahr für Sicherheit oder Gesundheit der Arbeitnehmer fest, so haben sie unverzüglich die betroffenen Arbeitnehmer und den Arbeitgeber oder die für die Einhaltung der Arbeitnehmerschutzvorschriften sonst verantwortlichen Personen sowie die Belegschaftsorgane zu informieren und Maßnahmen zur Beseitigung der Gefahr vorzuschlagen.

(3) Wenn kein Arbeitsschutzausschuß besteht, haben Präventivfachkräfte das Recht, sich an das Arbeitsinspektorat zu wenden, wenn sie der Auffassung sind, daß die vom Arbeitgeber getroffenen Maßnahmen und bereitgestellten Mittel nicht ausreichen, um die Sicherheit und den Gesundheitsschutz am Arbeitsplatz sicherzustellen, nachdem sie erfolglos vom Arbeitgeber eine Beseitigung dieser Mängel verlangt haben.

[BGBl I 2012/118]

Übersicht

I.	Mitteilung von Mängeln	1
II.	Mitteilung bei ernsten und unmittelbaren Gefahren	2–4
III.	Mitteilung an das Arbeitsinspektorat	5, 6
IV.	Geltung für Präventionszentren, Unternehmermodell	7

I. Mitteilung von Mängeln

Erfahrungsgemäß gelangen Sicherheitsfachkräften und Arbeitsmedizinern bei 1 ordnungsgemäßer Erfüllung ihrer Aufgaben regelmäßig auch Mängel auf dem Gebiet der Sicherheit und des Gesundheitsschutzes zur Kenntnis, die häufig den Arbeitgebern nicht oder nicht ausreichend bekannt sind. Entsprechend der vor 1995 geltenden Rechtslage (§§ 21 Abs 4 und 22a Abs 2 ANSchG) wurde bereits in **§ 86 Abs 1** der ASchG-Stammfassung eine Meldepflicht gegenüber den Arbeitgebern bzw den sonst für die Einhaltung der Arbeitnehmerschutzvorschriften verantwortlichen Personen vorgesehen. Entsprechend den Ergebnissen des Begutachtungsverfahrens und der Sozialpartnerverhandlungen wurde auch eine Information der Belegschaftsorgane vorgesehen (vgl ErlRV 1590 BlgNR 18. GP).

Mit der ASchG-Novelle BGBl I 2012/118 wurde mit 1.1.2013 der Begriff „Missstände" durch die zeitgemäßere Formulierung „Mängel" ersetzt.

II. Mitteilung bei ernsten und unmittelbaren Gefahren

Darüber hinaus werden die Präventivfachkräfte mit **§ 86 Abs 2 ASchG** zu 2 einer unverzüglichen Meldung von ernsten und unmittelbaren Gefahren samt der Erstattung von Vorschlägen zur Beseitigung der Gefahren verpflichtet, um einerseits die betroffenen Arbeitnehmer in die Lage zu versetzen, sich entsprechend in Sicherheit zu bringen oder sonstige Sofortmaßnahmen zu treffen, und andererseits die Arbeitgeber zu veranlassen bzw ihnen zu ermöglichen, ihren Schutzpflichten unverzüglich nachzukommen. Durch § 86 Abs 2 ASchG wird aber den Sicherheitsfachkräften und Arbeitsmedizinern **nicht das Recht eingeräumt, bei Gefahren eine Arbeitseinstellung zu veranlassen**, weil dies mit der Funktion der Sicherheitsfachkräfte und der Arbeitsmediziner schwer in Einklang zu bringen ist, sich daraus besondere Haftungsfragen ergeben und weil es außerdem den Arbeitgebern unbenommen bleibt, den Sicherheitsfachkräften und Arbeitsmedizinern solche Rechte vertraglich einzuräumen (vgl ErlRV 1590 BlgNR 18. GP).

3 Die Verpflichtung, die bei ernsten und unmittelbaren Gefahren erforderlichen Maßnahmen zu veranlassen, trifft den Arbeitgeber bzw die sonst für die Einhaltung des Arbeitnehmerschutzes verantwortliche Person.

4 Zum Kündigungs- und Entlassungsschutz und zum Benachteiligungsverbot nach § 8 AVRAG für Arbeitnehmer, die bei ernsten und unmittelbaren Gefahren die Arbeit einstellen, siehe Anmerkungen § 3 ASchG.

Zur besonderen Information der Arbeitnehmer, die einer unmittelbaren erheblichen Gefahr ausgesetzt sein können, siehe Anmerkungen zu § 12 ASchG.

III. Mitteilung an das Arbeitsinspektorat

5 Das Recht der Präventivfachkräfte gemäß **§ 86 Abs 3 ASchG**, sich an das Arbeitsinspektorat zu wenden, nachdem sie erfolglos vom Arbeitgeber eine Beseitigung der Missstände verlangt haben, gilt nur für betreute Arbeitsstätten **ohne Arbeitsschutzausschuss**. Da nach § 88 ASchG ein Arbeitsschutzausschuss nur für Arbeitsstätten ab 100 Arbeitnehmern bzw in Bürobetrieben ab 250 Arbeitnehmern verpflichtend einzurichten ist, wird dies aufgrund der Klein- und Mittelbetriebsstruktur in Österreich für die meisten Arbeitsstätten Anwendung finden.

6 Im Gegensatz zu den Präventivfachkräften, denen ein Mitteilungsrecht an das Arbeitsinspektorat nur unter den Voraussetzungen des § 86 Abs 3 ASchG zukommt, kann der **Betriebsrat** gemäß **§ 90 ArbVG** jederzeit das Arbeitsinspektorat befassen.

IV. Geltung für Präventionszentren, Unternehmermodell

7 § 86 Abs 1 bis 3 ASchG gilt auch für Präventionszentren (**§ 78a Abs 4 ASchG**).

Bei einer sicherheitstechnischen Betreuung im Rahmen des Unternehmermodells obliegen dem Arbeitgeber die Aufgaben nach § 86 Abs 1 und 2 ASchG (**§ 78b Abs 1 ASchG**).

Abberufung

§ 87. (1) Wenn ein Arbeitsschutzausschuß besteht, darf der Arbeitgeber eine Präventivfachkraft nur nach vorheriger Befassung des Arbeitsschutzausschusses abberufen.

(2) Wenn nach Auffassung des Arbeitsinspektorates eine Präventivfachkraft die ihr nach diesem Bundesgesetz übertragenen Aufgaben nicht ordnungsgemäß erfüllt, hat das Arbeitsinspektorat vor Erstattung einer Strafanzeige wegen Übertretungen gemäß § 130 diese Beanstandungen dem Arbeitgeber schriftlich mitzuteilen.

(3) Wenn ein Arbeitsschutzausschuß besteht, ist der Arbeitgeber im Falle einer Mitteilung gemäß Abs. 2 verpflichtet, unverzüglich den Arbeitsschutzausschuß einzuberufen. Im Arbeitsschutzausschuß sind unter Beteiligung des Arbeitsinspektorates die geltend gemachten Mängel bei der Aufgabenerfüllung zu behandeln.

(4) Wenn kein Arbeitsschutzausschuß besteht, hat der Arbeitgeber im Falle einer Mitteilung nach Abs. 2 gegenüber dem Arbeitsinspektorat binnen vier Wochen zu den Beanstandungen schriftlich Stellung zu nehmen.

[BGBl 1994/450]

Übersicht

I.	Abberufung nach Befassung des Arbeitsschutzausschusses	1–4
II.	Beanstandung von Mängeln durch Arbeitsinspektorat	5–7
III.	Behandlung im Arbeitsschutzausschuss	8, 9
IV.	Anzeige an die Verwaltungsstrafbehörde	10–12

I. Abberufung nach Befassung des Arbeitsschutzausschusses

§ 87 Abs 1 ASchG sieht vor, dass eine Abberufung nur nach vorheriger Be- 1
fassung des Arbeitsschutzausschusses erfolgen darf. Für eine Abberufung ist **keine Zustimmung des Arbeitsschutzausschusses erforderlich**. Der Arbeitsschutzausschuss kann eine Abberufung nicht verhindern, soll aber über die geplante Abberufung informiert werden und Gelegenheit erhalten, die für und gegen eine Abberufung sprechenden Erwägungen zu diskutieren. Diese Regelung gilt nur für die **Abberufung durch den Arbeitgeber**, nicht aber für eine einvernehmliche Auflösung oder für eine Beendigung durch die Sicherheitsfachkräfte bzw Arbeitsmediziner (ErlRV 1590 BlgNR 18. GP).

Wird die beabsichtigte Abberufung von Sicherheitsfachkräften oder Arbeits- 2
medizinern nicht in einem Arbeitsschutzausschuss behandelt, muss diese Maßnahme mit dem **Betriebsrat** beratenwerden (§ 92a Abs 3 ArbVG, siehe Anmerkungen zu § 83 ASchG). Der Betriebsrat hat das Recht, das Arbeitsinspektorat den Beratungen beizuziehen. Eine ohne Beratung mit dem Betriebsrat oder Behandlung im Arbeitsschutzausschuss vorgenommene Be-

stellung von Sicherheitsfachkräften und Arbeitsmedizinern ist rechtsunwirksam (§ 92a Abs 3 ArbVG).

3 Nach **OGH 24.4.2012, 8 ObA 31/11h**, bedarf die Abberufung einer Sicherheitsfachkraft weder der Zustimmung des Arbeitsschutzausschusses noch der Zustimmung des Betriebsrates. § 92a Abs 3 ArbVG enthält diesbezüglich auch keine planwidrige Gesetzeslücke.

Zu den Mitwirkungsrechten der Belegschaftsorgane nach ArbVG siehe Anmerkungen zu § 85 ASchG. Eine allfällige Mitwirkung von Organen der Personalvertretung richtet sich nach den dienstrechtlichen Vorschriften.

4 Vor der Abberufung müssen die **Sicherheitsvertrauenspersonen** informiert werden. Wird die beabsichtigte Abberufung nicht in einem Arbeitsschutzausschuss behandelt und sind auch keine Belegschaftsorgane errichtet, muss die Abberufung von Arbeitsmedizinern oder Sicherheitsfachkräften mit den Sicherheitsvertrauenspersonen beraten werden (§ 11 Abs 5 ASchG).

Näheres siehe Anmerkungen zu § 83 ASchG.

Zum Kündigungs- und Entlassungsschutz der Präventivfachkräfte (§ 105 Abs 3 Z 1 lit g und § 106 Abs 2 ArbVG, § 9 Abs 2 und 3 AVRAG) siehe Anmerkungen zu § 83 Rz 28 f.

II. Beanstandung von Mängeln durch Arbeitsinspektorat

5 **§ 87 Abs 2 bis 4 ASchG** trifft Regelungen für den Fall, dass Beschwerden bzw Mängel betreffend die Tätigkeit von Sicherheitsfachkräften oder Arbeitsmedizinern vorliegen, der **Arbeitgeber aber nicht von sich aus eine Abberufung beabsichtigt**.

6 Abweichend von der zuvor geltenden Rechtslage des ANSchG und von § 9 Arbeitsinspektionsgesetz 1993 (ArbIG) ist vorgesehen, dass **vor einer Strafanzeige** der Arbeitgeber über die Beanstandungen zu informieren und der Arbeitsschutzausschuss zu befassen ist: Ein Arbeitsschutzausschuss ist ab mindestens 100 in einer Arbeitsstätte beschäftigten Arbeitnehmern bzw ab mindestens 250 Arbeitnehmern in Bürobetrieben einzurichten (§ 88 ASchG). In kleineren Arbeitsstätten ist die Einrichtung eines Arbeitsschutzausschusses nicht verpflichtend. Die Präventivfachkräfte selbst unterliegen keiner Verwaltungsstrafsanktion (verwaltungsstrafrechtlich verantwortlich ist der Arbeitgeber, § 130 Abs 1 Z 27 ASchG).

7 Wenn nach Auffassung des **Arbeitsinspektorates** eine Präventivfachkraft ihre Aufgaben nicht ordnungsgemäß erfüllt, muss das Arbeitsinspektorat gemäß § 87 Abs 2 ASchG somit vor Erstattung der Strafanzeige diese **Beanstandungen dem Arbeitgeber bzw der Arbeitgeberin schriftlich mitteilen** (*lex specialis* zu § 9 ArbIG).

III. Behandlung im Arbeitsschutzausschuss

Der Arbeitgeber muss bei Einlangen einer Mitteilung des Arbeitsinspektorats 8
unverzüglich den Arbeitsschutzausschuss einberufen. Die geltend gemachten Mängel sind im Ausschuss unter **Beteiligung des Arbeitsinspektorates** zu behandeln (**§ 87 Abs 3 ASchG**).

Durch Diskussion im Arbeitsschutzausschuss soll so dem Betroffenen Gelegenheit gegeben werden, sich zu diesen Beschwerden zu äußern, und weiters dem Arbeitgeber und den sonstigen mit Fragen der Sicherheit und des Gesundheitsschutzes auf betrieblicher Ebene befassten Personen ermöglicht werden, sich mit diesen Beschwerden auseinanderzusetzen und auf eine Verbesserung hinzuwirken (vgl ErlRV 1590 BlgNR 18. GP).

Besteht **kein Arbeitsschutzausschuss**, muss der Arbeitgeber binnen vier Wo- 9
chen gegenüber dem Arbeitsinspektorat **schriftlich Stellung nehmen(§ 87 Abs 4 ASchG)**. Auch diese Regelung ist eine *lex specialis* zu § 9 ArbIG (Aufforderung des Arbeitsinspektorats nach § 9 Abs 1 ArbIG an den Arbeitgeber zur Herstellung des den Rechtsvorschriften entsprechenden Zustands binnen einer durch das Arbeitsinspektorat festgelegten Frist; außer bei schwerwiegenden Übertretungen, bei denen sofort Strafanzeige erstattet werden muss).

IV. Anzeige an die Verwaltungsstrafbehörde

Verwaltungsstrafrechtlich verantwortlich ist der Arbeitgeber, wenn er nicht 10
dafür sorgt, dass Arbeitsmediziner und/oder Sicherheitsfachkräfte ihren gesetzlichen Auftrag ordnungsgemäß erfüllen. Verstreicht die vierwöchige Frist ergebnislos, muss das Arbeitsinspektorat in der Folge **Strafanzeige gegen den Arbeitgeber** an die zuständige Verwaltungsstrafbehörde nach § 9 Abs 2 ArbIG wegen Übertretung des **§ 130 Abs 1 Z 27 ASchG** erstatten.

Die Gesetzesmaterialien verweisen dazu auf das zuvor geltende ANSchG, nach 11
dem der Arbeitgeber verwaltungsstrafrechtlich zur Verantwortung zu ziehen war, wenn der sicherheitstechnische Dienst oder die arbeitsmedizinische Betreuung ihre Aufgaben nicht ordnungsgemäß erfüllten: *„Es ist Sache der Verwaltungsstrafbehörden, im Verfahren festzustellen, ob eine ordnungsgemäße arbeitsmedizinische bzw. sicherheitstechnische Betreuung erfolgt. In diesem Verfahren sind zwar die Arbeitgeber bzw. die sonst für die Einhaltung der Arbeitnehmerschutzvorschriften verantwortlichen Personen sowie das Arbeitsinspektorat zu beteiligen, nicht aber die betroffenen Sicherheitstechniker bzw Arbeitsmediziner. Außerdem bietet das Strafverfahren keine Gelegenheit, die sonstigen auf betrieblicher Ebene mit Arbeitnehmerschutzfragen befassten Stellen einzubeziehen.“* Entsprechend den Ergebnissen der Beratungen der Arbeitnehmerschutzkommission wurde daher ebenfalls davon ausgegangen, dass die Arbeitgeber verwaltungsstrafrechtlich zur Verantwortung zu ziehen sind, wenn die Sicherheitsfachkräfte bzw die Arbeitsmediziner ihre gesetzlichen Aufgaben nicht ordnungsgemäß erfüllen (vgl ErlRV 1590 BlgNR 18. GP).

Zur Verantwortlichkeit der Arbeitgeber siehe Anmerkungen zu § 83 Rz 18–22.

12 Die **Präventivfachkräfte** selbst unterliegen keiner Verwaltungsstrafsanktion, wenn sie ihren Aufgaben nach dem siebten Abschnitt ASchG nicht oder nur mangelhaft nachkommen. Das gilt auch für **sonstige Fachleute** (§ 82b). Das Arbeitsinspektorat kann sie auch nicht nach § 9 ArbIG zur ordnungsgemäßen Betreuung auffordern, weil die Rechte der Arbeitsinspektion gegenüber den Präventivfachkräften oder sonstigen Fachleuten nicht gelten; diese unterliegen nicht dem ArbIG. Eine Aufforderung des Arbeitsinspektorats kann aber auf die Einhaltung der vom Arbeitsmediziner oder der Sicherheitsfachkraft verletzten Verpflichtung nach ASchG gestützt werden: Wenn Präventivfachkräfte (oder sonstige Fachleute) ihre Aufgaben nach ASchG nicht erfüllen (ua Zusammenarbeit, Aufzeichnungen, Berichtslegung), stellt dies eine Übertretung sowohl durch die Präventivfachkräfte (oder sonstigen Fachleute) selbst als auch durch den Arbeitgeber dar, weil Arbeitgeber dafür verantwortlich sind, dass die Präventivfachkräfte (und sonstigen Fachleute) ihren gesetzlichen Aufgaben nachkommen.

Strafanzeigen gegen Präventivfachkräfte oder sonstige Fachleute sind mangels einer entsprechenden Strafbestimmung nicht möglich. Vgl Erlass Zentral-Arbeitsinspektorat BMWA-461.302/5049-III/3/2004 Präventivdienste – Sonstige Fachleute/Präventionszeit v 5.1.2005 (Website Arbeitsinspektion https://www.arbeitsinspektion.gv.at/Uebergreifendes/Uebergreifendes/Praeventivdienste_Allgemeines.html, Download 24.2.2015).

Arbeitsschutzausschuss

§ 88. **(1) Arbeitgeber sind verpflichtet, für Arbeitsstätten, in denen sie regelmäßig mindestens 100 Arbeitnehmer beschäftigen, einen Arbeitsschutzausschuss einzurichten. Diese Verpflichtung gilt für Arbeitsstätten, in denen mindestens drei Viertel der Arbeitsplätze Büroarbeitsplätze oder Arbeitsplätze mit Büroarbeitsplätzen vergleichbaren Gefährdungen und Belastungen sind, erst ab der regelmäßigen Beschäftigung von mindestens 250 Arbeitnehmern. Die auf Baustellen oder auswärtigen Arbeitsstellen beschäftigten Arbeitnehmer sind einzurechnen.**

(2) Der Arbeitsschutzausschuss hat die Aufgabe, die gegenseitige Information, den Erfahrungsaustausch und die Koordination der betrieblichen Arbeitsschutzeinrichtungen zu gewährleisten und auf eine Verbesserung der Sicherheit, des Gesundheitsschutzes und der Arbeitsbedingungen hinzuwirken. Der Arbeitsschutzausschuss hat sämtliche Anliegen der Sicherheit, des Gesundheitsschutzes, der auf die Arbeitsbedingungen bezogenen Gesundheitsförderung und der menschengerechten Arbeitsgestaltung zu beraten. Im Arbeitsschutzausschuss sind insbesondere die Berichte und Vorschläge der Sicherheitsvertrauenspersonen, der Sicherheitsfachkräfte

und der Arbeitsmediziner zu erörtern. Der Arbeitsschutzausschuss hat die innerbetriebliche Zusammenarbeit in allen Fragen von Sicherheit und Gesundheitsschutz zu fördern und Grundsätze für die innerbetriebliche Weiterentwicklung des ArbeitnehmerInnenschutzes zu erarbeiten.

(3) Dem Ausschuss gehören als Mitglieder an:

1. Der Arbeitgeber oder die von ihm mit seiner Vertretung beauftragte Person;
2. die für die Einhaltung der Arbeitnehmerschutzvorschriften in der Arbeitsstätte bestellten verantwortlichen Beauftragten;
3. die Sicherheitsfachkraft oder, wenn mehrere Sicherheitsfachkräfte für die Arbeitsstätte bestellt sind, deren Leiter oder sein Vertreter;
4. der Arbeitsmediziner oder, wenn mehrere Arbeitsmediziner für die Arbeitsstätte bestellt sind, deren Leiter oder sein Vertreter;
5. die Sicherheitsvertrauenspersonen;
6. je ein Vertreter der zuständigen Belegschaftsorgane.

(4) Den Vorsitz im Arbeitsschutzausschuss führt der Arbeitgeber oder eine von ihm beauftragte Person.

(5) Der Arbeitgeber oder die von ihm beauftragte Person hat den Arbeitsschutzausschuss nach Erfordernis, mindestens aber einmal pro Kalenderjahr, einzuberufen. Eine Einberufung hat jedenfalls zu erfolgen, wenn es die besonderen Verhältnisse auf dem Gebiet des Arbeitnehmerschutzes im Betrieb erfordern oder wenn ein Drittel der Mitglieder des Arbeitsschutzausschusses eine Einberufung verlangt. Die Einladung zu den Sitzungen des Arbeitsschutzausschusses ist mindestens drei Wochen vor dem Sitzungstermin abzusenden und hat zu enthalten:

1. Ort und Zeit der Sitzung;
2. die Tagesordnung, die jedenfalls Berichte der Sicherheitsvertrauenspersonen und der Präventivfachkräfte vorzusehen hat;
3. die Unterlagen zu den Beratungsgegenständen.

(6) Der Vorsitzende kann den Sitzungen des Arbeitsschutzausschusses von sich aus oder auf Empfehlung von Mitgliedern des Ausschusses Sachverständige, sonstige Personen mit Aufgaben auf dem Gebiet des Arbeitnehmer- oder Umweltschutzes sowie das zuständige Arbeitsinspektorat beiziehen.

(7) Über jede Sitzung des Arbeitsschutzausschusses ist ein Ergebnisprotokoll anzufertigen. Das Ergebnisprotokoll hat zu enthalten:

1. Ort, Datum und Dauer der Sitzung;
2. die Beratungsgegenstände;
3. die Namen der Anwesenden;

4. **eine Zusammenfassung der von einzelnen Teilnehmern zu den Beratungsgegenständen vertretenen Standpunkte und Vorschläge, die auch allenfalls abweichende Standpunkte und Vorschläge zu enthalten hat.**

(8) Das Ergebnisprotokoll ist vom Vorsitzenden zu unterschreiben. Waren die Präventivfachkräfte oder die vom Arbeitgeber gemäß § 82b Abs. 4 der Sitzung beizuziehenden sonstigen Fachleute verhindert, an der Sitzung des Ausschusses teilzunehmen, sind dem Protokoll deren schriftliche Berichte anzuschließen. Eine Ausfertigung des Ergebnisprotokolls ist an alle Mitglieder des Arbeitsschutzausschusses zu versenden. Das Ergebnisprotokoll ist dem zuständigen Arbeitsinspektorat auf Verlangen vorzulegen.

[BGBl I 2014/94]

Übersicht

I.	Einrichtung des Arbeitsschutzausschusses	1–5
II.	Aufgaben des Arbeitsschutzausschusses	6–9
III.	Mitglieder des Arbeitsschutzausschusses	10–12
IV.	Beiziehung weiterer Personen und des Arbeitsinspektorats	13–18
V.	Einberufung des Arbeitsschutzausschusses	19–21

I. Einrichtung des Arbeitsschutzausschusses

1 Nach **§ 88 Abs 1 ASchG** muss ein Arbeitgeber für Arbeitsstätten mit regelmäßig zumindest **100 Arbeitnehmern** einen Arbeitsschutzausschuss einrichten. Sind zumindest drei Viertel der Arbeitsplätze **Büroarbeitsplätze** (oder hinsichtlich Gefährdungen und Belastungen vergleichbare Arbeitsplätze), muss erst ab **250 Arbeitnehmern** ein Arbeitsschutzausschuss gebildet werden. Die auf Baustellen oder auswärtigen Arbeitsstellen beschäftigten Arbeitnehmer sind bei der Berechnung der Arbeitnehmerzahl in der Arbeitsstätte einzubeziehen.

2 Die Einrichtung des Arbeitsschutzausschusses entspricht weitgehend dem Sicherheitsausschuss nach dem zuvor geltenden Arbeitnehmerschutzgesetz (ANSchG) sowiedem Arbeitsschutzausschuss nach § 11 ASIG (Deutschland; dieser ist bereits ab 20 Beschäftigten im Betrieb zu bilden). Durch die geänderte Bezeichnung sollte klargestellt werden, dass dieser Ausschuss nicht nur für Fragen der Sicherheit zuständig ist, sondern generell für **Arbeitssicherheit, Gesundheitsschutz und menschengerechte Arbeitsgestaltung** (ErlRV 1590 BlgNR 18. GP).

3 Betreibt ein Arbeitgeber mehrere Arbeitsstätten, in denen ein Arbeitsschutzausschuss einzurichten ist, muss **am Unternehmenssitz einzentraler Arbeitsschutzausschuss** gebildet werden (§ 88a ASchG). Dieser zentrale Ausschuss entspricht dem zentralen Sicherheitsausschuss nach ANSchG, wobei aber entsprechend dem ASchG-System beim zentralen Arbeitsschutzausschuss nicht mehr auf den Betriebsbegriff abgestellt wird.

Die Gesetzesmaterialien gehen davon aus, dass in kleineren Arbeitsstätten (weniger als 100 Beschäftigte) die erforderliche Information und Koordination einfacher zu bewältigen ist und daher die Arbeitgeber nicht eines eigenen Gremiums zur Unterstützung bedürfen. Bei größeren Arbeitsstätten erscheinen aber geeignete Strukturen unerlässlich, um die für einen wirksamen Schutz der Arbeitnehmer unerlässliche Einbindung der Präventivdienste und der Belegschaftsorgane in den innerbetrieblichen Informations- und Entscheidungsprozess und die innerbetriebliche Koordination und den Dialog auf dem Gebiet der Sicherheit und des Gesundheitsschutzes zu gewährleisten. Dies entspricht auch den Anforderungen der Richtlinie 391/89/EWG, wonach durch geeignete Verfahren und Instrumente die Information, der Dialog und die ausgewogene Zusammenarbeit im Bereich der Sicherheit und des Gesundheitsschutzes zwischen den Arbeitgebern und den Arbeitnehmern bzw ihren Vertretern auszuweiten sind (ErlRV 1590 BlgNR 18. GP).

Nach **§ 88 in derASchG-Stammfassung** sollte **in allen Arbeitsstätten ab** 4 **100 Beschäftigten** ein Arbeitsschutzausschuss eingerichtet werden. Das In-Kraft-Treten wurde mit der Erlassung einer Verordnung verknüpft: § 90 Abs 1 Z 4 und 5 ASchG idF BGBl 1994/450 ermächtigte zu einer näheren Regelung von Zusammensetzung und Organisation dieses Ausschusses. Auf Grund der Übergangsbestimmungen galten die Regelungen des alten ANSchG weiter, denen weitaus höhere Beschäftigtenzahlen für die Verpflichtung, solche Ausschüsse einzurichten, zugrunde lagen, weshalb die Bestimmungen über den Arbeitsschutzausschuss und den zentralen Arbeitsschutzausschuss neu geregelt werden sollten (vgl ErlRV 1590 BlgNR 18. GP).

Statt einer Durchführungsverordnung im Sinn der ASchG-Stammfassung 5 (Arbeitsausschüsse ab 100 Arbeitnehmern in allen Arbeitsstätten) erfolgte eine Neuregelung mit dem **ANS-RG** im Gesetzesrang: Diese unterscheidet zur Einrichtung des Arbeitsschutzausschusses nach **Bürobetrieben und Arbeitsstätten des Produktionsbereichs** (§ 88 ASchG), mit § 88a ASchG wurde der **zentrale Arbeitsschutzausschuss** im ASchG verankert. Nach den Gesetzesmaterialien erschien es im Sinne einer Entbürokratisierung und sinnvollen Deregulierung darüber hinaus entbehrlich, die Zusammensetzung und interne Organisation (Sitzungen, Einladungen, Vorsitz, Protokolle) dieses innerbetrieblichen Gremiums durch Verordnung näher zu regeln.

Die ErlRV 802 BlgNR 21. GP führen zu den Änderungen des ANS-RG entsprechend diesen Zielsetzungen näher aus:

> „Die **Abgrenzung zwischen Produktion und Administration** wurde entsprechend den Gefahrenklassen 1 und 2 für die Präventionszeit formuliert und gleichzeitig auch auf die Zuordnung der überwiegenden Zahl der Arbeitsplätze in der jeweiligen Arbeitsstätte abgestellt. Der Kreis der ständigen Mitglieder des Arbeitsschutzausschusses wird verkleinert und entspricht im Wesentlichen den bewährten Regelungen des ‚alten' ANSchG. Um die Funk-

tionsfähigkeit des zentralen Arbeitsschutzausschusses in großen Unternehmen sicherzustellen, soll dessen Mitgliederzahl mit höchstens zwanzig begrenzt werden. Die verpflichtende Beiziehung des Arbeitsinspektorates entfällt und wird bloß fakultativ formuliert. Ebenso werden Zusammensetzung und interne Organisation des zentralen Arbeitsschutzausschusses neu – und wesentlich vereinfacht – im Gesetzestext selbst geregelt, weshalb die Verordnungsermächtigungen in § 90 Abs. 1 Z 4 und 5 entbehrlich werden."

II. Aufgaben des Arbeitsschutzausschusses

6 Der Arbeitsschutzausschuss soll den innerbetrieblichen Dialog, die Informations- und Entscheidungsprozesse sowie die Koordination des Sicherheits- und Gesundheitsschutzes in der Arbeitsstätte (einschließlich der zugeordneten auswärtigen Arbeitsstellen und Baustellen) gewährleisten. Dabei ist entsprechend dem ASchG-Grundgedanken auf eine ständige Verbesserung der Arbeitsbedingungen hinzuwirken.

7 Die Aufgabenstellung des Arbeitsschutzausschusses nach **§ 88 Abs 2 ASchG** umfasst daher:

- Gewährleistung von gegenseitiger Information, Erfahrungsaustausch und Koordination der betrieblichen Arbeitsschutzeinrichtungen;
- Hinwirken auf eine Verbesserung der Sicherheit, des Gesundheitsschutzes und der Arbeitsbedingungen;
- Beratung sämtlicher Anliegen der Sicherheit, des Gesundheitsschutzes, der auf die Arbeitsbedingungen bezogenen Gesundheitsförderung und menschengerechten Arbeitsgestaltung,
- insbesondere Erörterung der Berichte und Vorschläge der Sicherheitsvertrauenspersonen, Sicherheitsfachkräfte und der Arbeitsmediziner;
- Förderung der innerbetrieblichen Zusammenarbeit in allen Fragen von Sicherheit und Gesundheitsschutz;
- Erarbeitung von Grundsätzen für die innerbetriebliche Weiterentwicklung des Arbeitnehmerschutzes.

8 **Der Arbeitsschutzausschuss muss vor der Bestellung von Präventivfachkräften befasst werden** (§ 83 Abs 1 ASchG). Eine ohne Behandlung im Arbeitsschutzausschuss vorgenommene Bestellung von Sicherheitsfachkräften und Arbeitsmedizinern ist rechtsunwirksam (§ 92a ArbVG). Nach OGH 24.4.2012, 8 ObA 31/11h, bedarf hingegen die Abberufung (im Anlassfall einer Sicherheitsfachkraft) keiner Zustimmung des Arbeitsschutzausschusses. § 92a Abs 3 ArbVG enthält diesbezüglich auch keine planwidrige Gesetzeslücke (siehe Anmerkungen zu § 83 ASchG).

9 Durch Beratung im Arbeitsschutzausschuss werden die **Arbeitgeber bei der Erfüllung ihrerASchG-Verpflichtungen maßgeblich unterstützt:** Die relevanten Akteure des betrieblichen Arbeitnehmerschutzes sind als Mitglieder

in die Diskussion eingebunden. Zusätzliche Expertise zu Schnittstellen im Betrieb kann durch Hinzuziehung von Sachverständigen und anderen Beauftragten zu den Ausschusssitzungen gewonnen werden (zB Strahlenschutz, Umwelt, Qualität), sofern der Arbeitsschutzausschuss entsprechend genutzt wird. Die allgemeinen Arbeitgeberpflichten des ersten Abschnitts des ASchG bilden wesentliche Grundlagen für die Beratung im Arbeitsschutzausschuss:

- § 3 Abs 1 ASchG: Arbeitgeber sind verpflichtet, für Sicherheit und Gesundheitsschutz der Arbeitnehmer in Bezug auf alle Aspekte, die die Arbeit betreffen, zu sorgen. Die Kosten dafür dürfen auf keinen Fall zu Lasten der Arbeitnehmer gehen. Arbeitgeber haben die zum Schutz des Lebens, der Gesundheit sowie der Integrität und Würde erforderlichen Maßnahmen zu treffen, einschließlich der Maßnahmen zur Verhütung arbeitsbedingter Gefahren, zur Information und zur Unterweisung sowie der Bereitstellung einer geeigneten Organisation und der erforderlichen Mittel.
- § 3 Abs 2 ASchG: Arbeitgeber haben sich unter Berücksichtigung der bestehenden Gefahren über den neuesten Stand der Technik und der Erkenntnisse auf dem Gebiet der Arbeitsgestaltung entsprechend zu informieren.
- § 4 Abs 3 ASchG: Auf Grundlage der Ermittlung und Beurteilung der Gefahren sind die durchzuführenden Maßnahmen zur Gefahrenverhütung festzulegen. Dabei sind auch Vorkehrungen für absehbare Betriebsstörungen und für Not- und Rettungsmaßnahmen zu treffen. Diese Maßnahmen müssen in alle Tätigkeiten und auf allen Führungsebenen einbezogen werden.
- § 4 Abs 4 ASchG: Die Ermittlung und Beurteilung der Gefahren ist erforderlichenfalls zu überprüfen und sich ändernden Gegebenheiten anzupassen. Die festgelegten Maßnahmen sind auf ihre Wirksamkeit zu überprüfen und erforderlichenfalls anzupassen, dabei ist eine Verbesserung der Arbeitsbedingungen anzustreben.

III. Mitglieder des Arbeitsschutzausschusses

Die Zusammensetzung des Arbeitsschutzausschusses entspricht jener des **10** Sicherheitsausschusses (§ 23 ANSchG), wobei aber ausdrücklich auch die für die Einhaltung des Arbeitnehmerschutzes verantwortliche Person angeführt wird, um der Entwicklung Rechnung zu tragen, dass in zahlreichen größeren Unternehmen verantwortliche Beauftragte gemäß § 9 VStG iVm § 23 ArbIG bestellt sind (ErlRV 1590 BlgNR 18. GP).

Ausschussmitglieder nach § 88 Abs 3 ASchG sind: **11**

- **Arbeitgeber** oder dessen Vertretung (Z 1);
- **verantwortliche Beauftragte** für die Einhaltung der Arbeitnehmerschutzvorschriften in der Arbeitsstätte (Z 2; § 23 ArbIG);
- **Sicherheitsfachkraft** (bei mehreren für die Arbeitsstätte bestellten Sicherheitsfachkräften der Leiter bzw dessen Vertreter) (Z 3; § 83 Abs 6 ASchG);

- **Arbeitsmediziner** (bei mehreren für die Arbeitsstätte bestellten Arbeitsmedizinern der Leiter bzw dessen Vertreter (Z 4; § 83 Abs 6 ASchG);
- **Sicherheitsvertrauenspersonen** (Z 5);
- je ein Vertreter der zuständigen **Belegschaftsorgane** (Z 6).

12 Sind die **Präventivfachkräfte** an der Sitzungsteilnahme verhindert, müssen sie dem Arbeitsschutzausschuss einen **schriftlichen Bericht** über ihre Tätigkeit samt Verbesserungsvorschlägen und systematischer Darstellung der Auswirkungen ihrer Tätigkeit übermitteln. Die schriftlichen Berichte sind auch dem Ergebnisprotokoll des Arbeitsschutzausschusses anzuschließen, das an alle Mitglieder versandt wird. Die Arbeitsmediziner und Sicherheitsfachkräfte sind zur Sitzungsteilnahme verpflichtet, außer es stehen wichtige Hinderungsgründe entgegen (§ 84 Abs 2 und 8 ASchG).

IV. Beiziehung weiterer Personen und des Arbeitsinspektorats

13 Findet eine Sitzung des Arbeitsschutzausschusses während der Beschäftigung **sonstiger Fachleute** innerhalb der Präventionszeit statt, sind sie der Sitzung beizuziehen. Die Tagesordnung dieser Sitzung muss die Behandlung ihrer Berichte vorsehen. Sind die Fachleute an der Teilnahme verhindert, müssen sie wie die Präventivfachkräfte über ihre Tätigkeit einen schriftlichen Bericht samt Verbesserungsvorschlägen und systematischer Darstellung der Auswirkungen ihrer Tätigkeit übermitteln, der ebenfalls dem Ergebnisprotokoll angeschlossen wird (§ 82b Abs 4, § 84 Abs 2 zweiter Satz, § 88 Abs 8 ASchG).

14 Eine ausreichende Klärung spezieller Fragen auf dem Gebiet der Arbeitssicherheit und des Gesundheitsschutzes bedarf manchmal der Beiziehung von **Sachverständigen**. In der Praxis nehmen daher häufig an den Sitzungen des Sicherheitsausschusses auch Personen teil, die nicht Mitglieder dieses Ausschusses sind. § 88 Abs 6 ASchG stellt daher klar, dass eine solche Beiziehung von Sachverständigen zulässig ist (vgl ErlRV 1590 BlgNR 18. GP).

15 Ebenso können **sonstige Personen mit Funktionen auf dem Gebiet des Arbeitnehmer- oder Umweltschutzes** vom Vorsitzenden von sich aus oder auf Empfehlung der Ausschussmitglieder hinzugezogen werden. Diese Neuregelung des § 88 Abs 6 ASchG durch das ANS-RG ersetzte § 88 Abs 3 Z 7 ASchG idF BGBl 1994/450, worin Störfallbeauftragte, Strahlenschutzbeauftragte und sonstige Personen mit besonderen Aufgaben auf dem Gebiet der Sicherheit oder des Umweltschutzes noch als Mitglieder des Arbeitsschutzausschusses angeführt waren. Dadurch soll eine entsprechende Koordination und Abstimmung der Arbeitsschutzaufgaben einerseits und der Gesundheits- und Umweltschutzaufgaben andererseits auf betrieblicher Ebene gewährleistet werden (vgl ErlRV 1590 BlgNR 18. GP).

16 Weiters kann das zuständige **Arbeitsinspektorat** von dem/der Vorsitzenden von sich aus oder auf Empfehlung der Ausschussmitglieder hinzugezogen werden. Gegenüber § 88 Abs 6 der ASchG-Stammfassung entfallen ist das

Recht der Arbeitsinspektion zur Teilnahme auf Verlangen, das nach den Gesetzesmaterialien dem § 2 Abs 2 letzter Satz des alten Arbeitsinspektionsgesetzes 1974 entsprochen hatte. Diese Regelung wurde aus systematischen Gründen nicht in das neue Arbeitsinspektionsgesetz 1993 (ArbIG) aufgenommen, sondern sollte im ASchG verankert werden (vgl ErlRV 1590 BlgNR 18. GP). Aufgrund der Neuregelung des § 88 durch das ANS-RG ist die verpflichtende Beiziehung des Arbeitsinspektorates entfallen und wurde bloß fakultativ formuliert (vgl ErlRV 802 BlgNR 21. GP).

Nicht beibehalten wurde auch das in der ASchG-Stammfassung vorgesehene Recht der Mitglieder, das zuständige Arbeitsinspektorat zu informieren, wenn der Arbeitgeber nicht den Vorschlägen des Arbeitsschutzausschusses entspricht (§ 88 Abs 7 ASchG idF BGBl 1994/450). Nach den ErlRV 1590 BlgNR 18. GP sollte diese Bestimmung vor allem sicherstellen, dass sich auch jene Ausschussmitglieder an das Arbeitsinspektorat wenden können, welche nicht in einem Arbeitsverhältnis stehen: **17**

> „Nach Art 11 Abs 6 der Richtlinie 391/89/EWG haben alle Arbeitnehmer bzw ihre Vertreter das Recht, sich an die für die Sicherheit und den Gesundheitsschutz zuständige Behörde zu wenden, wenn sie der Auffassung sind, daß die vom Arbeitgeber getroffenen Maßnahmen und bereitgestellten Mittel nicht ausreichen, um die Sicherheit und den Gesundheitsschutz am Arbeitsplatz sicherzustellen. Dies wird durch arbeitsrechtliche Regelungen gewährleistet. Im Arbeitsschutzausschuß können jedoch auch Mitglieder vertreten sein, die nicht in einem Arbeitsverhältnis stehen, und für die daher das Recht, sich auch entgegen anderslautender Vereinbarungen an die Behörde zu wenden, nicht gesichert ist. Für einen wirksamen Arbeitnehmerschutz erscheint aber erforderlich, daß sich in bestimmten Fällen nicht nur die Arbeitnehmer, sondern auch die externen Personen und Dienste an die Behörde wenden. Die vorliegende Regelung stellt auf den Fall ab, daß der Arbeitsschutzausschuß mit Mehrheit eine bestimmte Maßnahme für erforderlich hält, der Arbeitgeber aber diese Maßnahme nicht durchführt. In diesem Fall sollten sich die Mitglieder des Arbeitsschutzausschusses an das Arbeitsinspektorat wenden können und es wird dann Sache der Arbeitsinspektion sein, nach den im Arbeitsinspektionsgesetz und in diesem Bundesgesetz vorgesehenen Befugnissen die geeigneten Schritte zu setzen, insbesondere eine Besichtigung durchzuführen, zu beraten, die Einberufung des Arbeitsschutzausschusses zur neuerlichen Erörterung dieser Frage zu verlangen, einen Antrag auf Vorschreibung von Maßnahmen an die zuständige Behörde zu stellen etc."

Das ANS-RG hat diese Bestimmung aufgehoben, beibehalten wurde aber die Regelung des § 88 Abs 8 ASchG aF zur Vorlage der Sitzungsaufzeichnungen gegenüber dem Arbeitsinspektorat: Nach § 88 Abs 8 letzter Satz ASchG idgF ist das **Ergebnisprotokoll des Arbeitsschutzausschusses dem zuständigen Arbeitsinspektorat auf Verlangen vorzulegen**. **18**

In diesem Zusammenhang ist § 18 Abs 1 ArbIG bedeutsam: *Die Arbeitsinspektionsorgane haben die Quelle jeder Beschwerde über bestehende Mängel oder die Verletzung von Arbeitnehmerschutzvorschriften als unbedingt vertraulich zu behandeln. Sie dürfen weder dem Arbeitgeber/der Arbeitgeberin noch sonstigen Personen gegenüber andeuten, daß eine Amtshandlung durch eine Beschwerde veranlaßt worden ist.*

Vgl Anmerkungen zu § 116 Rz 10 f.

V. Einberufung des Arbeitsschutzausschusses

19 Der Arbeitsschutzausschuss ist nach Erfordernis einzuberufen, mindestens aber **einmal jährlich** und jedenfalls, wenn es die besonderen Verhältnisse des Arbeitnehmerschutzes im Betrieb erfordern oder wenn **ein Drittel der Mitglieder** die Einberufung verlangt (§ 88 Abs 5 ASchG).

Bis **1.1.2015** (ASchG-Novelle Artikel 3 BGBl I 2014/94 ASRÄG 2014) war der Arbeitsschutzausschuss zumindest zweimal jährlich einzuberufen. Das Regierungsprogramm für die 25. Gesetzgebungsperiode sah im Kapitel Wachstum und Beschäftigung für Österreich Deregulierungsmaßnahmen vor, um durch Bürokratie verursachte Kosten und Zeitaufwand zu reduzieren, va durch Abbau der rechtlich erforderlichen Beauftragten im Unternehmen. „*Da auch unabhängig davon im ArbeitnehmerInnenschutz entsprechende Kommunikations- und Informationsverpflichtungen zwischen den Akteur/innen vorgesehen sind (zB § 85 ASchG, § 11 Abs 3 bis 5 ASchG, § 84 Abs 3 ASchG), soll im Sinn einer Entbürokratisierung und Deregulierung die verpflichtende Einberufung des ASA auf einmal pro Jahr reduziert werden.*“ (ErlRV 319 BlgNR 25. GP)

Neben der Reduktion der verpflichtenden Sitzungen des Arbeitsschutzausschusses von zweimal auf einmal pro Jahr betraf die Deregulierung im Arbeitsschutzrecht die Vorschreibung von Brandschutzgruppen und Vereinbarkeit der Funktionen von Sicherheitsvertrauenspersonen und Präventivfachkräften (§§ 10 Abs 10, 25 Abs 5, § 32 Abs 1 Z 2 u § 107 Abs 3 ASchG).

20 Die nach alter Rechtslage des ANSchG für die Einberufung des Sicherheitsausschusses geltenden Regelungen wurden durch das ASchG zunächst insoweit geändert, als die Einberufung nicht mehr jedenfalls vierteljährlich, sondern nur mehr mindestens zweimal pro Kalenderjahr zu erfolgen hat. Dieses Intervall wurde mit der ASchG-Novelle BGBl I 2014 ab 1.1.2015 nochmals auf nur noch jährlich verringert. Eine Einberufung muss aber auf Verlangen eines Drittels der Mitglieder erfolgen. Dadurch sollte einerseits eine flexiblere Regelung geschaffen und andererseits sichergestellt werden, dass die mit Fragen der Sicherheit und des Gesundheitsschutzes speziell befassten Personen bei der Beurteilung der Frage, ob aufgrund besonderer Verhältnisse eine Einberufung erforderlich ist, ausreichend berücksichtigt werden (vgl ErlRV 1590 BlgNR 18. GP).

Nach § 88 Abs 5 der ASchG-Stammfassung war weiters eine Einberufung des Arbeitsschutzausschusses auf begründetes Verlangen des Arbeitsinspektorats vorgesehen. Diese Bestimmung entfiel mit dem ANS-RG. Nach dem Arbeitsinspektionsgesetz 1993 haben die Arbeitsinspektionsorgane nicht nur Kontroll-, sondern auch Beratungsaufgaben gegenüber den Arbeitgebern und Arbeitnehmern wahrzunehmen, Personen zu vernehmen, schriftliche Aufforderungen zu erstatten usw. Nach den Gesetzesmaterialien zur ASchG-Stammfassung können diese Möglichkeiten aber eine entsprechende Diskussion mit allen für die Sicherheit und den Gesundheitsschutz auf betrieblicher Ebene zuständigen Personen nicht ersetzen. Das geeignete Gremium für diese Diskussion stellt der Arbeitsschutzausschuss dar (vgl ErlRV 1590 BlgNR 18. GP). 21

Zentraler Arbeitsschutzausschuss

§ 88a. (1) Betreibt ein Arbeitgeber mehrere Arbeitsstätten, in denen ein Arbeitsschutzausschuss einzurichten ist, ist er verpflichtet, am Unternehmenssitz einen zentralen Arbeitsschutzausschuss einzurichten. § 88 Abs. 2 gilt. Darüber hinaus hat der zentrale Arbeitsschutzausschuss auch Fragen der Sicherheit und des Gesundheitsschutzes in Bezug auf jene Arbeitsstätten des Arbeitgebers zu beraten, für die kein eigener Arbeitsschutzausschuss einzurichten ist.

(2) Dem zentralen Arbeitsschutzausschuss gehören als Mitglieder an:

1. **Der Arbeitgeber oder die von ihm beauftragte Person sowie höchstens zwei weitere Vertreter des Arbeitgebers;**
2. **drei Vertreter der auf der Ebene des zentralen Arbeitsschutzausschusses zuständigen Belegschaftsorgane;**
3. **je drei von jedem lokalen Arbeitsschutzausschuss entsandte Mitglieder, und zwar je eine Sicherheitsvertrauensperson, eine Sicherheitsfachkraft und ein Arbeitsmediziner.**

(3) Ergibt die nach Abs. 2 ermittelte Zahl der Mitglieder des zentralen Arbeitsschutzausschusses eine höhere Zahl als zwanzig, so gehören dem zentralen Arbeitsschutzausschuss als Mitglieder an:

1. **Der Arbeitgeber oder die von ihm beauftragte Person sowie ein weiterer Vertreter des Arbeitgebers;**
2. **drei Vertreter der auf der Ebene des zentralen Arbeitschutzausschusses zuständigen Belegschaftsorgane;**
3. **insgesamt 15 von den lokalen Arbeitsschutzausschüssen entsandte Mitglieder, und zwar je fünf Mitglieder aus dem Kreis der Sicherheitsvertrauenspersonen, der Sicherheitsfachkräfte und der Arbeitsmediziner.**

(4) Wenn es der Beratungsgegenstand erfordert, können den Sitzungen vom Vorsitzenden auch Personen aus jenen Arbeitsstätten, für die kein eigener Arbeitsschutzausschuss einzurichten ist, beigezogen werden.

(5) Die Sitzungen des zentralen Arbeitsschutzausschusses sind vom Arbeitgeber oder einer von ihm beauftragten Person nach Erfordernis, mindestens jedoch einmal jährlich einzuberufen. § 88 Abs. 5 zweiter Satz ist anzuwenden.

(6) Die Einladung zu den Sitzungen ist mindestens vier Wochen vor dem Sitzungstermin abzusenden und hat zu enthalten:

1. **Ort und Zeit der Sitzung;**
2. **die Tagesordnung, die jedenfalls Berichte der Vertreter der lokalen Arbeitsschutzausschüsse vorzusehen hat;**
3. **die Unterlagen zu den Beratungsgegenständen.**

(7) § 88 Abs. 6 und Abs. 7 sowie Abs. 8 erster, dritter und vierter Satz sind anzuwenden.

[BGBl I 2001/159]

Übersicht

I. Zentraler Arbeitsschutzausschuss am Unternehmenssitz 1, 2
II. Aufgaben und Mitglieder des zentralen Arbeitsschutzausschusses 3, 4
III. Sicherheits- und Gesundheitsschutzmanagement 5–7

I. Zentraler Arbeitsschutzausschuss am Unternehmenssitz

1 Der zentrale Arbeitsschutzausschuss entspricht dem zentralen Sicherheitsausschuss nach der Rechtslage des ANSchG, welches im Unterschied zum ASchG noch auf den Betriebsbegriff abstellte. Die ASchG-Stammfassung regelte den zentralen Arbeitsschutzausschuss in § 88 Abs 9 ASchG, diese Bestimmung sollte mit einer Durchführungsverordnung in Kraft treten (Verordnungsermächtigungen in § 90 Abs 1 Z 4 und 5 ASchG aF), die jedoch nie erlassen wurde. Stattdessen erfolgte eine vereinfachte gesetzliche Neuregelung der Zusammensetzung und internen Organisation des zentralen Arbeitsschutzausschusses in § 88a ASchG mit dem **ANS-RG** (ASchG-Novelle BGBl I 2001/159), die mit 1.1.2002 in Kraft trat.

2 Nach § 88a Abs 1 ASchG ist der zentrale Arbeitsschutzausschuss am **Unternehmenssitz** einzurichten, wenn ein Arbeitgeber **mehrere Arbeitsstätten** betreibt, in denen ein Arbeitsschutzausschuss einzurichten ist (ab 100 bzw 250 Arbeitnehmern, siehe § 88 Abs 1 ASchG).

Kleinere Arbeitsstätten ohne eigenen Arbeitsschutzausschuss fallen ebenfalls in den Wirkungsbereich des zentralen Arbeitsschutzausschusses.

II. Aufgaben und Mitglieder des zentralen Arbeitsschutzausschusses

Der zentrale Arbeitsschutzausschuss hat grundsätzlich dieselben Aufgaben wie der Arbeitsschutzausschuss nach § 88 ASchG, erfasst aber sämtliche Arbeitsstätten des Unternehmens. 3

Die **lokalen Arbeitsschutzausschüsse** entsenden Mitglieder in den zentralen Arbeitsschutzausschuss. Um die Funktionsfähigkeit des zentralen Arbeitsschutzausschusses in großen Unternehmen sicherzustellen, wurde mit der Neuregelung des § 88a Abs 2 und 3 ASchG dessen Mitgliederzahl mit **höchstens zwanzig** begrenzt. 4

Wenn es der Beratungsgegenstand erfordert, können den Sitzungen Personen jener Arbeitsstätten beigezogen werden, für welche kein eigener Arbeitsschutzausschuss eingerichtet ist (§ 88a Abs 4 ASchG).

III. Sicherheits- und Gesundheitsschutzmanagement

Das ASchG gibt verpflichtende Eckpunkte für die betriebliche Arbeitsschutzorganisation vor, wie die Aufgabenstellung, Einberufung und Zusammensetzung der Arbeitsschutzausschüsse oder die Einbeziehung aller Unternehmensebenen bei Maßnahmen des Sicherheits- und Gesundheitsschutzes (§ 4 Abs 3 ASchG). Vor allem aber verpflichtet **§ 3 Abs 1 ASchG** die Arbeitgeber zu einer **geeigneten Organisation** und Bereitstellung der erforderlichen Mittel für den Arbeitnehmerschutz. Die Rahmenvorgaben des Arbeitnehmerschutzrechts können auch im Rahmen von **Sicherheits- und Gesundheitsschutzmanagementsystemen** systematisch umgesetzt werden. Die Implementierung eines Arbeitsschutzmanagementsystems im Unternehmen erfolgt (wie auch Zertifizierungen) auf freiwilliger Basis. 5

In Unternehmen, die ein Sicherheits- und Gesundheitsschutzmanagementsystem oder ein integriertes Managementsystem implementiert haben, ist der Arbeitsschutzausschuss, bei mehreren größeren Arbeitsstätten der **zentrale Arbeitsschutzausschuss nach § 88a ASchG das wichtigste Steuerungs- und Kontrollorgan:** In den Arbeitsschutzausschüssen erfolgt die Integration von Sicherheit, Gesundheit und betrieblicher Gesundheitsförderung in das gesamte Managementsystem eines Betriebs oder einer Organisation und in das unternehmerische Handeln von Arbeitgebern. Selbstkontrolle und/oder externe Kontrolle, regelmäßige Prüfung der Wirksamkeit von Sicherheits- und Gesundheitsschutzmaßnahmen und Weiterentwicklung der Arbeitsschutzstandards im Unternehmen gewährleisten auch eine Verbesserung der Qualität der Arbeit. 6

Nach dem **Österreichischen Leitfaden für Sicherheits- und Gesundheitsschutzmanagementsysteme (Ö-SGMS)** ist die Sicherheits- und Gesundheitspolitik einschließlich der Maßnahmen der betrieblichen Gesundheitsförde- 7 rung unter Einbeziehung der Beschäftigten und der Belegschaftsvertretung festzulegen. Dabei sollten folgende Faktoren berücksichtigt werden:

- Einbindung von Sicherheit und Gesundheitsschutz in alle Abläufe und bei allen Tätigkeiten im Betrieb; nach Möglichkeit derart, dass gleichzeitig ein Beitrag zur Verbesserung der Wirtschaftlichkeit erzielt werden kann,
- Einbindung von Sicherheit und Gesundheitsschutz bei der Beschaffung von Arbeitsmitteln, bei der Ausgestaltung von Arbeitsplätzen/Arbeitsstätten und bei der Entwicklung von Arbeitsverfahren,
- Wahrnehmung von Sicherheit und Gesundheitsschutz sowie betrieblicher Gesundheitsförderung auf allen Hierarchieebenen,
- Beteiligung sowie einschlägige Vorschläge der Beschäftigten und/oder deren Vertretung,
- alle einschlägig geltenden Arbeitnehmerschutzvorschriften,
- die kontinuierliche Verbesserung der Arbeitsbedingungen und der betrieblichen Gesundheitsförderung,
- die Ergebnisse der Ermittlung und Beurteilung der Gefahren,
- die regelmäßige Überprüfung sämtlicher getroffener Maßnahmen, Verfahren und Vorgangsweisen auf ihre Wirksamkeit,
- die Anpassung der getroffenen Maßnahmen, der festgelegten Verfahren, Vorgangsweisen und Handlungsanleitungen bei Änderungen von Arbeitsstoffen, Arbeitsmitteln oder Arbeitsbedingungen,
- die Anpassung an den Stand der Technik bzw der Arbeitsmedizin und der Arbeitspsychologie oder an andere relevante neue Erkenntnisse sowie an die geänderte Rechtslage,
- der Schutz der anwesenden betriebsfremden Personen,
- das systematische Ineinandergreifen der Prozesse, Indikatoren und Kontrollinstrumente.[1]

Näheres siehe Anmerkungen zu § 81 Rz 20 f.

Zentren der Unfallversicherungsträger

§ 89. (1) Der Bundesminister für Arbeit, Soziales und Konsumentenschutz kann durch Verordnung die Allgemeine Unfallversicherungsanstalt oder die Versicherungsanstalt öffentlich Bediensteter, Eisenbahnen und Bergbau für deren Zuständigkeitsbereich beauftragen, sicherheitstechnische Zentren und arbeitsmedizinische Zentren einzurichten und zu betreiben, wenn dies für eine ausreichende sicherheitstechnische und arbeitsmedizinische Betreuung geboten ist.

---

1 Vgl *BMWA* (Hrsg), Österreichischer Leitfaden für Sicherheits- und Gesundheitsschutzmanagementsysteme, Wien 2004, S 4 ff.

(2) Für sicherheitstechnische Zentren gemäß Abs. 1 gilt § 75 Abs. 1. Arbeitsmedizinische Zentren gemäß Abs. 1 müssen die Anforderungen des § 80 Abs. 1 erfüllen.

(3) *(aufgehoben)*

[BGBl I 2018/100]

Übersicht

I.	Zentren der AUVA und BVAEB	1–4
II.	Aufgabenübergang Verkehrsbereich in das BMASK	5–7

I. Zentren der AUVA und BVAEB

Der Bundesminister für Arbeit kann durch **Verordnung** gemäß § 89 Abs 1 ASchG die AUVA beauftragen, **arbeitsmedizinische oder sicherheitstechnische Zentren** gemäß §§ 75 und 80 ASchG zu betreiben, wenn das für eine ausreichende flächendeckende Betreuung der Arbeitnehmer geboten ist. **1**

Die Regelung kann als totes Recht gelten, weil aufgrund des bestehenden Angebots an Präventivdiensten kein Bedarf gegeben ist. Zudem wurde mit **§ 78a ASchG** der Unfallversicherungsträger zur Einrichtung von **Präventionszentren** im Rahmen der Neuordnung der Präventivdienstbetreuung durch das ANS-RG verpflichtet (siehe Anmerkungen zu § 78a ASchG). **2**

Aufschluss über die Regelungshintergründe geben die Gesetzesmaterialien zur ASchG-Stammfassung: Mit § 89 der ASchG-Stammfassung BGBl 1994/450 wurde eine dem § 22e ANSchG der alten Rechtslage („*arbeitsmedizinische Untersuchungs-, Behandlungs – und Forschungsstellen – arbeitsmedizinische Zentren*") vergleichbare Regelung in das ASchG aufgenommen. Sie wurde gegenüber der ANSchG-Rechtslage dahingehend abgeändert, dass dieser Auftrag **3**

- sich auf arbeitsmedizinische Zentren zur Erfüllung der arbeitsmedizinischen Betreuung im Sinne dieses Bundesgesetzes bezieht, nicht auf Untersuchungs- und Behandlungsstellen, die von den Arbeitnehmern aufgesucht werden,
- auch die Errichtung von Zentren zum Inhalt haben kann.

Die ErlRV 1590 BlgNR 18. GP beziehen sich weiters auf die zum Zeitpunkt der ASchG-Erlassung noch geltende deutsche Rechtslage, wonach § 719a der Reichsversicherungsordnung die Berufsgenossenschaften zur Einrichtung von überbetrieblichen arbeitsmedizinischen und sicherheitstechnischen Diensten ermächtigte. In der Satzung konnten die Unternehmen verpflichtet werden, diese Dienste in Anspruch zu nehmen. Im ASchG ist kein solcher „Anschlusszwang" bzw kein Vorrang der Zentren der AUVA vorgesehen. **4**

II. Aufgabenübergang Verkehrsbereich in das BMASK

5 Entsprechend dem Vorschlag der damaligen **Versicherungsanstalt der Österreichischen Eisenbahnen** (nunmehr Versicherungsanstalt öffentlich Bediensteter, Eisenbahnen und Bergbau – BVAEB) und des Bundesministeriums für öffentliche Wirtschaft und Verkehr wurde in § 89 Abs 3 der ASchG-Stammfassung auch die Einrichtung von Zentren durch diese Versicherungsanstalt vorgesehen (Verordnungsermächtigung).

6 Mit dem **2. Stabilitätsgesetz 2012** (2. StabG 2012), BGBl I 2012/35, wurden die bisherigen Verordnungsermächtigungen der Bundesministerin für Verkehr, Innovation und Technologie in die Zuständigkeit des Bundesministers für Arbeit, Soziales und Konsumentenschutz übertragen. Hintergrund war der Aufgabenübergang hinsichtlich des Arbeitnehmerschutzes im Verkehrsbereich (Verkehrs-Arbeitsinspektorat) vom Verkehrsministerium (BMVIT) zum Bundesministerium für Arbeit, Soziales und Konsumentenschutz (BMASK) mit Wirksamkeit 1.7.2012 (vgl ErlRV 1685 BlgNR 24. GP).

Mit BGBl I 2012/35 wurde § 89 Abs 3 ASchG aufgehoben und die Verordnungsermächtigung in § 89 Abs 1 ASchG verankert.

7 Mit der ASchG-Novelle durch Artikel 38 des Sozialversicherungs-Organisationsgesetzes (SV-OG), BGBl I 2018/100, erfolgte auch im ASchG der terminologische Nachvollzug der Neuorganisation der Sozialversicherungsträger ab 1.1.2020.

Verordnungen über Präventivdienste

§ 90. Der Bundesminister für Arbeit, Soziales und Konsumentenschutz hat in Durchführung des 7. Abschnittes durch Verordnung näher zu regeln:

1. die Voraussetzungen für die Anerkennung einer Fachausbildung für Sicherheitsfachkräfte, die Durchführung der Fachausbildung und die Voraussetzungen für die Zulassung zur Fachausbildung, wobei in der Verordnung Übergangsregelungen für die bei Inkrafttreten der Verordnung bereits tätigen Sicherheitsfachkräfte vorzusehen sind;

2. die Voraussetzungen für sicherheitstechnische und arbeitsmedizinische Zentren.

[BGBl I 2012/118]

Übersicht

I. Neufassung der Verordnungsermächtigungen 1–4
II. Durchführungsverordnungen zum siebten Abschnitt ASchG ... 5

I. Neufassung der Verordnungsermächtigungen

1 § 90 Abs 1 bis 6 der ASchG-Stammfassung BGBl 1994/450 sah eine Reihe von Verordnungsermächtigungen zur näheren Regelung der Präventivdienste vor, ua zur Erlassung einer Verordnung über

- das notwendige Fach- und Hilfspersonal für Sicherheitsfachkräfte und Arbeitsmediziner,
- den Arbeitsschutzausschuss,
- abweichende Mindesteinsatzzeiten bei größeren oder geringeren Gefahren,
- das Unternehmermodell,
- Intervalle für gemeinsame Begehungen.

Aufgrund der umfassenden **ASchG-Novelle BGBl I 1999/12** wurden diese Verordnungsermächtigungen weitgehend obsolet und daher aufgehoben. 2

Die ErlRV 1449 BlgNR 20. GP führen dazu aus:

> „Auf Grund der durch die Schaffung der Präventionszentren entbehrlichen Regelungen im geltenden § 90 wurde § 90 wegen der besseren Übersichtlichkeit zur Gänze neu gefaßt. § 90 Abs. 3 und 4 in geltender Fassung enthalten Verordnungsermächtigungen in bezug auf die Festlegung der Fachkenntnisse für die teilweise Wahrnehmung der Aufgaben der Sicherheitsfachkräfte durch die Arbeitgeber, auf die Festlegung bestimmter Branchen und auf die Festlegung höherer bzw. geringerer Begehungsintervalle für Kleinbetriebe. Diesen Verordnungsermächtigungen kommt auf Grund der Neufassung des § 78 und § 78b (Basisbetreuung und bedarfsorientierte Betreuung; Beurteilung des Vorliegens ausreichender Fachkenntnisse im Rahmen des sogenannten ‚Unternehmermodells' für Arbeitsstätten mit bis zu 25 Arbeitnehmern auf Grund der vorgelegten Ausbildungsnachweise durch gemäß § 74 Abs. 2 anerkannte Ausbildungseinrichtungen) keine rechtliche Relevanz mehr zu."

Mit dem **ANS-RG**, BGBl I 2001/159, wurde die Verordnungsermächtigung für Ausführungsbestimmungen zum Arbeitsschutzausschuss und über die Präventionszeitenregelungen gegenstandslos und aufgehoben. 3

Mit den weiteren Novellen – **Deregulierungsgesetz 2006 (DRG 2006),** BGBl I 2006/113, und **BGBl I 2012/118** – sind die übrigen Verordnungsermächtigungen als obsolet bzw aufgrund im Gesetzesrang erfolgter Neuregelungen entfallen: So wurde die Verordnungsermächtigung des § 90 Abs 1 Z 2 ASchG zur Regelung des notwendigen **Fach- und Hilfspersonals für Sicherheitsfachkräfte und Arbeitsmediziner** mit Art 5 DRG 2006 aufgehoben: Die Praxis hat laut Gesetzesmaterialien gezeigt, dass eine derartige Verordnung nicht erforderlich ist. Die bestehenden ASchG-Regelungen (§ 73 Abs 4 und 5, § 79 Abs 4 bis 7) zu Fach- und Hilfspersonal reichen aus, eine Konkretisierung darüber hinaus in Form einer Verordnung ist nicht erforderlich und würde für die betroffenen Arbeitgeber entbehrliche, rein bürokratische Vorschriften bedeuten (ErlRV 1410 BlgNR 22. GP). Mit dem DRG 2006 sind auch die Absatzbezeichnungen in § 90 ASchG entfallen. 4

II. Durchführungsverordnungen zum siebten Abschnitt ASchG

Folgende Verordnungen über die Präventivdienste wurden erlassen: 5

- Verordnung über die Fachausbildung der Sicherheitsfachkräfte und die Besonderheiten der sicherheitstechnischen Betreuung für den untertägigen Bergbau **(SFK-VO)**, BGBl 1995/277 (in Kraft getreten: 1.6.1995);
- Verordnung über arbeitsmedizinische Zentren **(AMZ-VO)**, BGBl 1996/441 (in Kraft getreten: 1.1.1997);
- Verordnung über sicherheitstechnische Zentren **(STZ-VO)**, BGBl II 1998/450 (in Kraft getreten: 1.1.1999).

8. Abschnitt
Behörden und Verfahren

Arbeitnehmerschutzbeirat

§ 91. (1) Zur Beratung des Bundesministers für Arbeit, Soziales und Konsumentenschutz in grundsätzlichen Fragen der Sicherheit und des Gesundheitsschutzes bei der Arbeit und zu seiner Information über Organisation und Tätigkeit der Präventionszentren der Träger der Unfallversicherung ist ein Arbeitnehmerschutzbeirat einzurichten.

(2) Dem Arbeitnehmerschutzbeirat gehören neben dem Zentral-Arbeitsinspektor bzw. bei Verhinderung dessen Vertretung an:

1. *(aufgehoben)*
2. **zwei Vertreter der Bundesarbeitskammer,**
3. **zwei Vertreter der Bundeswirtschaftskammer,**
4. **zwei Vertreter des Österreichischen Gewerkschaftsbundes,**
5. **zwei Vertreter der Vereinigung Österreichischer Industrieller,**
6. **zwei Vertreter der Bundesingenieurkammer,**
7. **zwei Vertreter der Österreichischen Ärztekammer und**
8. **zwei Vertreter der Allgemeinen Unfallversicherungsanstalt.**

(3) Dem Arbeitnehmerschutzbeirat gehören weiters ein Vertreter der Versicherungsanstalt öffentlich Bediensteter, Eisenbahnen und Bergbau an, wenn der gesetzliche Aufgabenbereich dieser Institution durch den Beratungsgegenstand berührt wird. Dem Arbeitnehmerschutzbeirat gehört weiters ein Vertreter von Österreichs Energie an, wenn nach dem Beratungsgegenstand die Interessen der Elektrizitätswirtschaft berührt werden.

(4) Zu den Sitzungen des Arbeitnehmerschutzbeirates sind weiters die Verbindungsstelle der Bundesländer beim Amt der Niederösterreichischen Landesregierung sowie gegebenenfalls die nach dem Beratungsgegenstand in Betracht kommenden Bundesministerien einzuladen.

(5) Die Tätigkeit im Arbeitnehmerschutzbeirat ist ehrenamtlich.

(6) Zur Vorberatung können Fachausschüsse eingesetzt werden.

(7) Die Sitzungen des Arbeitnehmerschutzbeirates und der Fachausschüsse sind nicht öffentlich. Die in Abs. 2 und 3 genannten Personen und Institutionen sind berechtigt, Sachverständige beizuziehen.

(8) Die Einberufung und die Geschäftsführung obliegen dem Zentral-Arbeitsinspektorat.

[BGBl I 2018/100]

Übersicht

I.	Aufgaben des Arbeitnehmerschutzbeirats	1, 2
II.	Mitglieder des Arbeitnehmerschutzbeirats	3–6
III.	Präventionsbeirat Verkehr (ASVG)	7

I. Aufgaben des Arbeitnehmerschutzbeirats

1 Der Arbeitnehmerschutzbeirat (§ 91 ASchG) ist ein Beratungsgremium des für den Bereich Arbeit zuständigen Bundesministers bzw der zuständigen Bundesministerin in Grundsatzfragen des Arbeitnehmerschutzes, vergleichbar der Arbeitnehmerschutzkommission nach § 25 ANSchG.

2 Seit der ASchG-Novelle BGBl I 1999/12 ist der Beirat auch jenes Gremium, in welchem die Unfallversicherungsträger über Organisation und Tätigkeit ihrer Präventionszentren informieren (Allgemeine Unfallversicherungsanstalt – AUVA, Versicherungsanstalt für Eisenbahner und Bergbau/nunmehr Versicherungsanstalt öffentlich Bediensteter, Eisenbahnen und Bergbau – BVAEB, siehe Rz 6).

Nach den Gesetzesmaterialien bestand im Rahmen der Sozialpartnerverhandlungen zur Novelle Einvernehmen über die Notwendigkeit der Institutionalisierung eines „Fachbeirates“, um alle betroffenen Behörden und interessierten Stellen regelmäßig über den Stand der Organisation der Präventionszentren der Unfallversicherungsträger und deren Tätigkeit zu informieren. Die organisatorische Eingliederung dieses Gremiums war für den Zuständigkeitsbereich der Arbeitsinspektion sinnvollerweise im bewährten Arbeitnehmerschutzbeirat anzusiedeln. Als Mitglieder des Arbeitnehmerschutzbeirates stellen die Unfallversicherungsträger die erforderlichen Informationen über die Tätigkeit der Präventionszentren (regelmäßige Berichte und Statistiken, Auswertungen über Anzahl, Umfang und Erfolg der Betreuungsfälle, jeweils getrennt nach Grundbetreuung und anlassbezogener Betreuung, in statistischer und anonymisierter Form) unmittelbar zur Verfügung. Die Ergänzung des § 91 Abs 1 wurde auch als Grundlage für die Einrichtung eines ständigen Fachausschusses des Arbeitnehmerschutzbeirates zu diesem Themenkreis genutzt (vgl ErlRV 1449 BlgNR 20. GP).

II. Mitglieder des Arbeitnehmerschutzbeirats

3 Im Beirat sollten nach den Gesetzesmaterialien zur ASchG-Stammfassung auch der Österreichische Gewerkschaftsbund und die Vereinigung Österreichischer Industrieller vertreten sein. Um Terminschwierigkeiten und Vertretungsprobleme bei den Beratungen zu vermeiden, wurde keine namentliche Bestellung der Mitglieder, wie zuvor nach § 25 ANSchG der alten Rechtslage, vorgesehen, sondern werden die Institutionen zur Entsendung von Vertretern ermächtigt. Auf diese Weise sollte auch eine dem jeweiligen Beratungsgegenstand besser entsprechende fachspezifische Zusammensetzung des Beirates ermöglicht werden (vgl ErlRV 1590 BlgNR 18. GP).

4 Beiratsmitglieder sind (§ 91 Abs 2 und 3 ASchG) **je zwei Vertreter** der/des

- Bundesarbeitskammer (BAK),
- Wirtschaftskammer Österreich (WKO),
- Österreichischen Gewerkschaftsbundes (ÖGB),
- Vereinigung Österreichischer Industrieller (zuvor: Vereinigung der Österreichischen Industrie – VOI),
- der Bundesingenieurkammer (zuvor: Bundeskammer der Architekten und Ingenieurskonsulenten),
- Österreichischen Ärztekammer (ÖÄK),
- Allgemeinen Unfallversicherungsanstalt (AUVA);

wenn der gesetzliche Aufgabenbereich durch den Beratungsgegenstand berührt ist, weiters **je ein Vertreter** der

- Versicherungsanstalt öffentlich Bediensteter, Eisenbahnen und Bergbau
- Energie Österreich (wenn die Interessen der Elektrizitätswirtschaft berührt sind).

5 Zu den Sitzungen einzuladen, jedoch keine Mitglieder des Arbeitnehmerschutzbeirats sind die Verbindungsstelle der Bundesländer beim Amt der Niederösterreichischen Landesregierung sowie gegebenenfalls die nach dem Beratungsgegenstand in Betracht kommenden Bundesministerien (§ 91 Abs 4 ASchG).

6 Mit Artikel 60 (6. Hauptstück 4. Abschnitt) des **2. Stabilitätsgesetzes** 2012 (2. StabG 2012), BGBl I 2012/35, wurden zum 1.7.2012 die Aufgaben des Arbeitnehmerschutzes im Verkehrsbereich (Verkehrs-Arbeitsinspektorat) vom Verkehrsministerium an das Bundesministerium für Arbeit, Soziales und Konsumentenschutz übertragen. Dies erforderte auch die Adaptierung der Zusammensetzung des Arbeitnehmerschutzbeirates an die Aufhebung des VAIG 1994 (§ 91 Abs 2 Z 1 ASchG aF führte zuvor auch einen Vertreter des Verkehrs-Arbeitsinspektorates als Ausschussmitglied an; vgl ErlRV 1685 BlgNR 24. GP).

Mit der ASchG-Novelle durch Artikel 38 des Sozialversicherungs-Organisationsgesetzes (SV-OG), BGBl I 2018/100, erfolgte auch in § 91 Abs 3 ASchG der Nachvollzug der Neuorganisation der Sozialversicherungsträger: Mit 1.1.2020 trat an die Stelle der Versicherungsanstalt für Eisenbahnen und Bergbau und der Versicherungsanstalt öffentlich Bediensteter die „Versicherungsanstalt öffentlich Bediensteter, Eisenbahnen und Bergbau (BVAEB)".

III. Präventionsbeirat Verkehr (ASVG)

Begleitend zur Erweiterung der Aufgabenstellung des Arbeitnehmerschutzbeirats als Informationsgremium über die Präventionszentren (§ 91 Abs 1 ASchG) erfolgte mit Artikel III des Bundesgesetzes BGBl I 1999/12 eine entsprechende Änderung des Allgemeinen Sozialversicherungsgesetzes: 7

Mit **§ 476 ASVG** wurde zur Information des Bundesministers für Verkehr, Innovation und Technologie (BMVIT) über **Organisation und Tätigkeit des Präventionszentrums der Versicherungsanstalt für Eisenbahnen und Bergbau** ein Präventionsbeirat der Unfallversicherung eingerichtet.

Die Gesetzesmaterialien zu Artikel III verweisen auf den Arbeitnehmerschutzbeirat nach § 91 ASchG, nach dessen Muster bei der Versicherungsanstalt der Österreichischen Eisenbahnen ein „Präventionsbeirat" zur Information des Verkehrsministers über Organisation und Tätigkeit des Präventionszentrums dieser Versicherungsanstalt eingerichtet wurde (vgl ErlRV 1449 BlgNR 20. GP).

Diese Regelung wurde durch die Neuorganisation der Verkehrs-Arbeitsinspektion obsolet und ist mit **31.12.2019 außer Kraft** getreten (ASVG-Novelle durch Artikel 1 BGBl I 2018/100 Sozialversicherungs-Organisationsgesetz – SV-OG).

Arbeitsstättenbewilligung

§ 92. (1) Arbeitsstätten, die infolge der Art der Betriebseinrichtungen, der Arbeitsmittel, der verwendeten Arbeitsstoffe oder Arbeitsverfahren in besonderem Maße eine Gefährdung der Sicherheit und Gesundheit der Arbeitnehmer bewirken können, dürfen nur auf Grund einer Bewilligung der zuständigen Behörde errichtet und betrieben werden (Arbeitsstättenbewilligung).

(2) Die Arbeitsstättenbewilligung ist auf Antrag des Arbeitgebers zu erteilen, wenn die Arbeitsstätte den Arbeitnehmerschutzvorschriften entspricht und zu erwarten ist, daß überhaupt oder bei Einhaltung der erforderlichenfalls vorzuschreibenden Bedingungen und Auflagen die nach den Umständen des Einzelfalles voraussehbaren Gefahren für die Sicherheit und Gesundheit der Arbeitnehmer vermieden werden. Solche Auflagen sind vorzuschreiben, wenn

1. **nach den konkreten Verhältnissen des Einzelfalls zur Gewährleistung der Sicherheit und Gesundheit der Arbeitnehmer Maßnahmen erfor-**

derlich sind, die über die in diesem Bundesgesetz oder den dazu erlassenen Verordnungen enthaltenen Anforderungen hinausgehen, oder
2. die Vorschreibung von Auflagen zur Konkretisierung oder Anpassung der in diesem Bundesgesetz oder den dazu erlassenen Verordnungen vorgesehenen Anforderungen an die konkreten Verhältnisse des Einzelfalls erforderlich ist.

(3) Dem Antrag auf Arbeitsstättenbewilligung sind eine Beschreibung der Arbeitsstätte einschließlich eines Verzeichnisses der Arbeitsmittel und die erforderlichen Pläne und Skizzen sowie die sonst für die Beurteilung des Projektes erforderlichen Unterlagen in dreifacher Ausfertigung anzuschließen. Weiters sind Sicherheits- und Gesundheitsschutzdokumente in dreifacher Ausfertigung vorzulegen, soweit die Erstellung dieser Dokumente im Zeitpunkt der Antragstellung bereits möglich ist.

(4) Eine Arbeitsstättenbewilligung erlischt, wenn der Betrieb der Arbeitsstätte nicht binnen fünf Jahren nach erteilter Bewilligung aufgenommen wird oder wenn der Betrieb durch mehr als fünf Jahre unterbrochen wird. Die Behörde kann diese Frist auf Antrag des Arbeitgebers auf sieben Jahre verlängern, wenn es Art und Umfang des Vorhabens erfordern oder die Fertigstellung des Vorhabens unvorhergesehenen Schwierigkeiten begegnet.

(5) Die Änderung einer bewilligten Arbeitsstätte bedarf einer Bewilligung, wenn dies zur Gewährleistung des Schutzes der Sicherheit und Gesundheit der Arbeitnehmer erforderlich ist, insbesondere wenn durch die Änderung das Ausmaß der Gefährdung vergrößert wird oder die Änderung mit einer Gefährdung anderer Art verbunden ist. Diese Bewilligung hat auch die bereits bewilligte Arbeitsstätte so weit zu umfassen, als es wegen der Änderung zur Gewährleistung des Schutzes der Sicherheit und Gesundheit der Arbeitnehmer erforderlich ist.

(6) Bestehen Zweifel, ob die Errichtung oder die Änderung einer Arbeitsstätte einer Bewilligung bedarf, so hat die zuständige Behörde auf Antrag des Arbeitgebers oder des Arbeitsinspektorates zu prüfen und festzustellen, ob die Voraussetzungen nach Abs. 1 oder 5 vorliegen.

(7) Die Wirksamkeit einer Bewilligung nach Abs. 1 und 5 wird durch einen Wechsel in der Person des Arbeitgebers nicht berührt. Auflagen gemäß Abs. 2 sind von der zuständigen Behörde auf Antrag des Arbeitgebers aufzuheben oder abzuändern, wenn die Voraussetzungen für die Vorschreibung nicht mehr vorliegen.

[BGBl I 1997/9]

Übersicht

I. Erfordernis einer Arbeitsstättenbewilligung 1–3
II. Verordnung über die Betriebsbewilligung 4–7

III.	Bewilligungsvoraussetzungen, Auflagen und Bedingungen	8–12
IV.	Genehmigungsverfahren des Verkehrswesens	13, 14
V.	Erforderliche Unterlagen	15–18
VI.	Erlöschen der Arbeitsstättenbewilligung	19
VII.	Änderung der Arbeitsstättenbewilligung	20–22

I. Erfordernis einer Arbeitsstättenbewilligung

Eine gesonderte Arbeitsstättenbewilligung der zuständigen Behörde nach 1 **§ 92 Abs 1 ASchG** ist nur für Arbeitsstätten vorgesehen, die in besonderem Maß eine Gefährdung der Sicherheit und Gesundheit der Arbeitnehmer bewirken können aufgrund ihrer

- Betriebseinrichtungen,
- Arbeitsmittel,
- verwendeten Arbeitsstoffe oder
- Arbeitsverfahren.

Die Regelung ist nur von **subsidiärer Bedeutung**, weil eine Arbeitsstätten- 2 bewilligung nur erforderlich ist, **wenn die Arbeitsstätte keiner Genehmigungspflicht nach § 93 ASchG unterliegt** (Berücksichtigung des Arbeitnehmerschutzes im Genehmigungsverfahren), selbst wenn die Voraussetzungen nach § 92 Abs 1 ASchG in der konkreten Arbeitsstätte erfüllt sind: Nach § 93 ASchG muss die Verfahrensbehörde die Belange des Arbeitnehmerschutzes mit berücksichtigen (Prinzip der Verfahrenskonzentration), Hauptanwendungsfälle sind gewerberechtliche Bewilligungsverfahren nach der GewO 1994.

Da § 93 ASchG nur für bundesgesetzlich geregelte Verfahren gilt, nicht aber 3 für **Genehmigungs- oder Bewilligungsverfahren nach Landesgesetzen** (zB Krankenanstaltengesetze der Länder), kann in diesen Fällen eine Arbeitsstättenbewilligung nach § 92 ASchG erforderlich sein. Allerdings bewirkt die in § 99 Z 3 bis 5 ASchG angeführte Behördenzuständigkeit (Landeshauptmann/Landeshauptfrau bei Genehmigungen durch die Landesregierung in erster Instanz in bestimmten landesgesetzlichen Verfahren) zumindest eine organisatorisch-faktische Verfahrenskonzentration von bundes- und landesrechtlichen Bewilligungsverfahren beim Amt der Landesregierung. Näheres siehe Anmerkungen zu §§ 93, 99 ASchG.

Die Erläuterungen zu § 92 der ASchG-Stammfassung BGBl 1994/450 verweisen auf die entsprechende Bestimmung der alten Rechtslage § 27 ANSchG und der zum Teil vorläufig übergeleiteten Verordnung über die Betriebsbewilligung, BGBl 1976/116: „*Hinsichtlich der Formulierungen und der Fristen erfolgte eine weitgehende Anpassung an die einschlägigen Regelungen der Gewerbeordnung 1994 (GewO 1994). Da der Begriff ‚Betriebsbewilligung' in der Rechtsordnung bereits für andere Bewilligungen verwendet wird, sieht § 92 ASchG zur Vermeidung von Mißverständnissen den neuen Begriff ‚Arbeitsstättenbewilligung' vor.*" Abweichend von der vor dem ASchG geltenden Rechtslage wird die Frage der inhaltlichen Voraussetzungen für Auflagen und Vorschreibungen nicht mehr getrennt von den verfahrensrechtlichen Voraussetzungen geregelt. Diese Grundsätze gelten auch für die Vorschreibung von Auflagen in sonstigen Genehmigungsverfahren und für die Vorschreibung von Maßnahmen außerhalb von Genehmigungsverfahren (vgl ErlRV 1590 BlgNR 18. GP).

II. Verordnung über die Betriebsbewilligung

4 Eine **demonstrative Aufzählung von Arbeitsstätten**, die einer Arbeitsstättenbewilligung nach **§ 92 Abs 1 ASchG** bedürfen, enthält die durch § 117 ASchG zum Teil im Rang eines Bundesgesetzes vorläufig übergeleitete **Verordnung über die Betriebsbewilligung nach dem Arbeitnehmerschutzgesetz** (ANSchG), **BGBl 1976/116**, in **§ 2 Abs 3**:

- bestimmte Elektrizitätserzeugungsanlagen, Umspann- und Schaltanlagen,
- Schlachthöfe,
- Müllverbrennungsanlagen,
- Tierkörperverwertungsanstalten,
- Badeanstalten, soweit Wärmepumpen oder für die Wasserentkeimung gesundheitsschädliche Stoffe verwendet werden,
- Sportanlagen mit Kunsteisbahnen,
- Rundfunk- und Fernsehanstalten hinsichtlich Produktionsstudios mit besonderen Einrichtungen (zB Filmentwicklung, Werkstätten oder zentraler Energieversorgung) und Großsendeanlagen,
- Theater mit maschinellen Bühneneinrichtungen, Theaterwerkstätten,
- Filmateliers einschließlich ihrer Werkstätten,
- bestimmte Betriebe mit Kraftfahrzeug-Einstellräumen, die auch als Arbeitsräume verwendet werden,
- Krankenanstalten,
- Arbeitsstätten, in denen Tätigkeiten ausgeübt werden, bei denen die Gefahr einer Berufskrankheit besteht.

5 Arbeitsstätten, die bereits **vor dem 1.1.1973** betrieben wurden, sind von der Bewilligungspflicht **ausgenommen**, weil zuvor keine solche Bewilligungspflicht bestand. Erfolgt ein **Umbau der Arbeitsstätte**, muss die Änderungsbewilligung auch den Altbestand erfassen, soweit dies zum Schutz der Arbeitnehmer erforderlich ist (§ 92 Abs 5 ASchG).

6 Nach § 117 Abs 3 ASchG gelten Bewilligungen, die nach alter Rechtslage (§ 27 Abs 1 ANSchG) zwischen **1.1.1973 und 31.12.1994** erteilt wurden, als Arbeitsstättenbewilligung nach § 92 ASchG.

7 Die mittlerweilen aufgehobene Verordnung über die Gleichstellung von Bewilligungsverfahren, BGBl II 2005/43, die Bewilligungsverfahren für **genehmigungspflichtige Seilbahnanlagen** im Sinne des Seilbahngesetzes 2003 (SeilbG 2003), BGBl I 2003/103, den in § 93 Abs 1 ASchG angeführten Verfahren

gleichstellte (§ 1 der Verordnung), wurde aufgrund der ASchG-Novelle BGBl I 2012/118 obsolet. Diese Novelle fügte die genannten Verfahren dem **§ 93 Abs 1 ASchG als neue Z 10** an (Berücksichtigung des Arbeitnehmerschutzes in Genehmigungsverfahren – Genehmigungsverfahren von Seilbahnanlagen). Zur Anpassung an die geänderte ASchG-Rechtslage wurde die Verordnung über die Gleichstellung von Bewilligungsverfahren mit Verordnung BGBl II 2013/210 aufgehoben (1.8.2013); vgl Anmerkungen zu § 94 Rz 3.

III. Bewilligungsvoraussetzungen, Auflagen und Bedingungen

Auf **Antrag des Arbeitgebers bzw der Arbeitgeberin** ist die Arbeitsstättenbewilligung nach § 92 Abs 2 ASchG zu erteilen, wenn die Arbeitsstätte den Arbeitnehmerschutzvorschriften entspricht und zu erwarten ist, dass die nach den Umständen des Einzelfalles voraussehbaren Gefahren für die Sicherheit und Gesundheit der Arbeitnehmer vermieden werden. Dies wird erforderlichenfalls sichergestellt durch **Vorschreibung von Bedingungen und Auflagen**, wenn 8

- über die ASchG-Anforderungen hinausgehende Maßnahmen erforderlich sind (§ 92 Abs 2 Z 1 ASchG) oder
- die Vorschreibung von Auflagen zur Konkretisierung oder Anpassung der ASchG-Anforderungen an die konkreten Verhältnisse des Einzelfalls erforderlich ist (Z 2).

Nach den Gesetzesmaterialien zur ASchG-Stammfassung erfolgte mit § 92 Abs 2 ASchG eine Klarstellung,

> „um der weitverbreiteten Praxis der Genehmigungsbehörden entgegenzuwirken, wonach zahlreiche Bestimmungen einzelner Arbeitnehmerschutzvorschriften (insbesondere der AAV) wörtlich oder unter ungefährer Wiedergabe ihres Wortlautes als Auflage vorgeschrieben werden. Auflagen im Bewilligungsbescheid können entweder eine Konkretisierung bzw Anpassung der in den Arbeitnehmerschutzvorschriften vorgesehenen Anforderungen an die konkreten Verhältnisse des Einzelfalles beinhalten (zB welche Ausgänge als Notausgänge einzurichten sind, welche Feuerlöscheinrichtungen an welchen Standorten zur Verfügung stehen müssen) oder Maßnahmen beinhalten, die über die geltenden Arbeitnehmerschutzvorschriften hinausgehen, weil diese Vorschriften auf eine Durchschnittsbetrachtung abstellen und nicht für jede mögliche Gefährdung bzw für alle möglichen Arbeitsvorgänge, Arbeitsmittel und Arbeitsstoffe Vorsorge für einen ausreichenden Schutz der Arbeitnehmer treffen können." (ErlRV 1590 BlgNR 18. GP)

Auflagen und Bedingungen müssen geeignet sein, die nach den Umständen des Einzelfalles voraussehbaren Gefahren für die Sicherheit und die Gesundheit der Arbeitnehmer zu vermeiden (§ 92 Abs 2 ASchG). 9

VwGH 23.10.2012, 2012/10/0018 ua: Ob es sich bei einer einem Verwaltungsakt beigefügten Nebenbestimmung um eine Bedingung oder eine Auf- 10 lage handelt, ist nicht zwingend von ihrer Bezeichnung im Verwaltungsakt abhängig. Vielmehr bestimmt sich die Rechtsnatur einer Nebenbestimmung nach deren Inhalt bzw Zweck, wobei in jedem einzelnen Fall zu prüfen ist, was nach der Absicht der Behörde und nach der objektiven Wirkung der Nebenbestimmung wirklich vorliegt. (…) Während eine **Bedingung** eine Nebenbestimmung zu einem begünstigenden Verwaltungsakt ist, die den Bestand der erteilten Bewilligung von einem ungewissen künftigen Ereignis abhängig macht, berührt die Nichtbefolgung einer **Auflage** den Bestand des Aktes, dem sie beigefügt wird, nicht. Das Wesen der Auflage besteht darin, dass die Verwaltungsbehörde in einen dem Hauptinhalt nach begünstigenden Bescheid belastende Gebote oder Verbote als Nebenbestimmungen aufnimmt, mit denen der Inhaber des Rechtes für den Fall der Gebrauchnahme zu einem bestimmten, im Wege der Vollstreckung erzwingbaren Tun oder Unterlassen verpflichtet wird. Das durch den Hauptinhalt des Spruches gestaltete Rechtsverhältnis bleibt auch bei Nichtbeachtung der Auflage bestehen. Nur für den Fall der Gebrauchnahme vom erteilten Recht wird ein bestimmtes Verhalten (Tun, Unterlassen, Dulden) vorgeschrieben.

11 **VwGH 25.2.1966, 954/65:** Wird eine **Bescheidauflage** nicht erfüllt, steht dies unter der **Verwaltungsstrafsanktion** des § 130 Abs 2 ASchG. Die Rechtswirksamkeit des Bewilligungsbescheides wird durch die Nichterfüllung einer Auflage nicht berührt. Wird eine Bedingung nicht erfüllt, wird auch die Bescheidbewilligung nicht wirksam. Nach der VwGH-Judikatur kommen Bedingungen in Betracht, wenn die Erfüllung einer Voraussetzung vom Handeln Dritter abhängt.

12 Auflagen gemäß § 92 Abs 2 sind von der zuständigen Behörde auf Antrag des Arbeitgebers bzw der Arbeitgeberin **aufzuheben oder abzuändern**, wenn die Voraussetzungen für die Vorschreibung nicht mehr vorliegen **(§ 92 Abs 7 ASchG)**. Nach den Erläuterungen zur ASchG-Stammfassung nimmt die Regelung darauf Bedacht, dass aufgrund geänderter Gegebenheiten eine Auflage entbehrlich werden kann. Wenn diese Änderung nicht genehmigungspflichtig ist, soll die Aufhebung der Auflage in einem gesonderten Verfahren ermöglicht werden (vgl ErlRV 1590 BlgNR 18. GP). Erst mit der ASchG-Novelle BGBl I 1997/9 erfolgte eine Anpassung an § 93 Abs 4 ASchG dahingehend, dass entsprechend einem in der Praxis aufgetretenen Bedürfnis für Auflagen in Arbeitsstättenbewilligungen und Vorschreibungen nicht nur deren Aufhebung, sondern auch deren Abänderung ermöglicht wird, was bis 1.1.1997 nicht vorgesehen war (vgl ErlRV 461 BlgNR 20. GP).

IV. Genehmigungsverfahren des Verkehrswesens

13 Besondere Regelungen gelten für Genehmigungsverfahren im Verkehrsbereich aufgrund der Verordnung über die Berücksichtigung der Erfordernisse des Arbeitnehmerschutzes und über den Nachweis der Einhaltung in

Genehmigungsverfahren des Verkehrswesens (**Arbeitnehmerschutzverordnung Verkehr 2017 – AVO Verkehr 2017**), BGBl II 2012/17 und zwar für

- Genehmigungsverfahren nach dem Bundesgesetz über Eisenbahnen, Schienenfahrzeuge auf Eisenbahnen und den Verkehr auf Eisenbahnen (Eisenbahngesetz 1957 – EisbG), BGBl 1957/60;
- Genehmigungsverfahren nach dem Bundesgesetz über Seilbahnen (Seilbahngesetz 2003 – SeilbG 2003), BGBl I 2003/103;
- Genehmigungsverfahren nach dem Bundesgesetz über die Binnenschifffahrt (Schifffahrtsgesetz – SchFG), BGBl I 1997/62;
- Genehmigungsverfahren nach dem Bundesgesetz über die Luftfahrt (Luftfahrtgesetz – LFG), BGBl 1957/53;
- Genehmigungsverfahren nach dem Bundesgesetz über die Prüfung der Umweltverträglichkeit (Umweltverträglichkeitsprüfungsgesetz 2000 – UVP-G 2000), BGBl 1993/697, soweit Genehmigungen nach EisbG, SeilbG 2003, SchFG, LFG oder dem Bundesgesetz über die Öffnung des Zugangs zum Markt der Bodenabfertigungsdienste auf Flughäfen (Flughafen-Bodenabfertigungsgesetz – FBG), BGBl I 1998/97, berührt sind.

Die Eisenbahn-ArbeitnehmerInnenschutzverordnung – EisbAV gilt seit 1.7.2012 **14** als ASchG-Verordnung gemäß § 101 Abs 4 ASchG (vgl § 127a ASchG).

V. Erforderliche Unterlagen

Dem Antrag auf Arbeitsstättenbewilligung sind gemäß **§ 92 Abs 3 ASchG** in **15** dreifacher Ausfertigung anzuschließen:

- Beschreibung der Arbeitsstätte,
- Verzeichnis der Arbeitsmittel,
- erforderliche Pläne und Skizzen,
- die sonst für die Beurteilung des Projektes erforderlichen Unterlagen,
- Sicherheits- und Gesundheitsschutzdokumente, soweit die Erstellung dieser Dokumente im Zeitpunkt der Antragstellung bereits möglich ist.

Nach **§ 3 Abs 2 der Verordnung über die Betriebsbewilligung**, BGBl 1976/116 **16** (§ 117 Abs 1 ASchG), müssen den Unterlagen zum Ansuchen um Betriebsbewilligung die **für die Beurteilung des Betriebes vom Standpunkt des Arbeitnehmerschutzes maßgebenden Umstände** zu entnehmen sein. Die Pläne müssen vor allem Aufschluss geben über die Größe und Lage der Arbeitsräume und die Belichtung, über sonstige Betriebsräume und Lagerräume, Ausgänge, Verkehrs- und Fluchtwege, Betriebseinrichtungen sowie die sanitären Vorkehrungen. Die Betriebsbeschreibung und die sonstigen Unterlagen müssen insbesondere Angaben enthalten über die Art des Betriebes und der Erzeugnisse desselben oder der in diesem ausgeübten Tätigkeiten, die Beleuchtung, Beheizung und Lüftung der Betriebsräume, die verwendeten Betriebseinrichtungen, sonstigen mechanischen Einrichtungen sowie Betriebsmittel, die Arbeitsvorgänge und Arbeitsverfahren, die zur Verwendung kommenden Arbeitsstoffe, die Art und Menge allfälliger Lagerungen und über die Anzahl der im Betrieb Beschäftigten.

17 Auch in **konzentrierten Verfahren** müssen diese Unterlagen der Behörde mit dem Genehmigungsantrag vorgelegt werden (§ 93 Abs 2 ASchG). Nach § 353 Z 3 GewO sind in einfacher Ausfertigung die zur Beurteilung des Schutzes jener Interessen erforderlichen Unterlagen, die die Behörde nach anderen Rechtsvorschriften im Verfahren zur Genehmigung der Betriebsanlage mit zu berücksichtigen hat, vorzulegen.

18 Besondere Regelungen gelten für die **Genehmigungsverfahren im Verkehrsbereich** aufgrund der **AVO Verkehr 2017**. Demnach kann, abhängig vom Genehmigungsverfahren nach EisbG, SeilbG 2003, SchFG, LFG oder UVP-G 2000, die **Vorlage weiterer Unterlagen** erforderlich sein, zB von Nachweisen über die Einhaltung der Anforderungen des Arbeitsschutzes, soweit diese im Einzelfall bereits zutreffen, für:

- die Bestellung geeigneter Personen (§ 3 Abs 6 ASchG), die auf die Durchführung und Einhaltung der notwendigen Schutzmaßnahmen zu achten haben;
- die Bestellung der Sicherheitsvertrauenspersonen (§ 10 ASchG, SVP-VO);
- die sicherheitstechnische und arbeitsmedizinische Betreuung (§§ 73, 79 ASchG);
- die organisatorische Einordnung der Präventivfachkräfte (§ 83 Abs 7 ASchG);
- die Einrichtung der Arbeitsschutzausschüsse (§§ 88, 88a ASchG);
- die Erstellung der Sicherheits- und Gesundheitsschutzdokumente (§§ 4 f ASchG, DOK-VO);
- die Durchführung der Koordination (§ 8 ASchG);
- die Durchführung der Information und Unterweisung sowie über den Nachweis der Fachkenntnisse (§§ 12, 14, 62 f ASchG);
- den Einsatz sowie die Durchführung der Prüfung und Wartung der Schienenfahrzeuge (§§ 33 Abs. 2, 37, 38 ASchG);
- die Durchführung der Instandhaltung, Reinigung und Prüfung (§ 17 ASchG).

Die EisbAV 2017 regelt derartige Nachweise zur Einhaltung der Arbeitsschutzpflichten in

- §§ 2 ff für eisenbahnrechtliche Verfahren (Verkehrsgenehmigung und Verkehrskonzession, Sicherheitsbescheinigung, Sicherheitsgenehmigung, Baugenehmigung und Bauartgenehmigung, Betriebsbewilligung, allgemeine Anordnungen an Eisenbahnbedienstete);
- §§ 8 ff für seilbahnrechtliche Verfahren (Sicherheitsbericht, Betriebsbewilligung, Konzessionsverlängerung, Generalrevision);
- §§ 11 f für Umweltverträglichkeitsprüfungsverfahren (Umweltverträglichkeitsprüfung, Fertigstellungsanzeige, Nachkontrolle);
- § 13 ff für schifffahrtsrechtliche Verfahren (Konzession, Bewilligung, Benützungsbewilligung, Schiffszulassung);

- §§ 17 ff für luftfahrtrechtliche Verfahren (Bewilligung, Betriebsaufnahmebewilligung und Bewilligung, Genehmigung);
- § 20 für Anträge zur nochmaligen Erbringung von Bodenabfertigungsdiensten (§ 7 Abs 1 FBG).

VI. Erlöschen der Arbeitsstättenbewilligung

Die Arbeitsstättenbewilligung erlischt nach **§ 92 Abs 4 ASchG**, wenn der Betrieb der Arbeitsstätte nicht **binnen fünf Jahren nach erteilter Bewilligung** aufgenommen wird oder wenn der Betrieb durch mehr als fünf Jahre unterbrochen wird. Die zuständige Behörde kann auf Antrag die Frist bis zu sieben Jahren verlängern, wenn es Art und Umfang des Vorhabens erfordern oder die Fertigstellung des Vorhabens unvorhergesehenen Schwierigkeiten begegnet. Die Bestimmung ist § 80 Abs 1 und 3 GewO nachgebildet. **19**

VII. Änderung der Arbeitsstättenbewilligung

Insbesondere wenn durch die Änderung das **Ausmaß der Gefährdung** der Sicherheit und Gesundheit der Arbeitnehmer vergrößert wird oder die Änderung mit einer **Gefährdung anderer Art** verbunden ist, ist eine Änderungsbewilligung erforderlich. **20**

Soweit es wegen der Änderung zur Gewährleistung des Schutzes der Sicherheit und Gesundheit der Arbeitnehmer erforderlich ist, muss diese Bewilligung nach **§ 92 Abs 5 ASchG** auch die bereits bewilligte Arbeitsstätte umfassen. Die Regelung ist § 81 Abs 1 GewO nachgebildet.

Bei **Zweifeln**, ob die Errichtung oder Änderung einer Arbeitsstätte einer Bewilligung bedarf, hat die zuständige Behörde gemäß **§ 92 Abs 6 ASchG auf Antrag des Arbeitgebers oder des Arbeitsinspektorates** zu prüfen und **festzustellen**, ob die Voraussetzungen nach § 92 Abs 1 oder 5 ASchG vorliegen. Die Gesetzesmaterialien zur ASchG-Stammfassung verweisen dazu auf § 2 Abs 6 der Verordnung über die Betriebsbewilligung, BGBl 1976/116, und § 358 GewO 1994 (ErlRV 1590 BlgNR 18. GP). Das Verfahren kann nicht amtswegig eingeleitet werden, sondern bedarf jedenfalls eines Antrags. **21**

Arbeitsstättenbewilligungen haben **dingliche Wirkung**: Ein Wechsel in der Person des Arbeitgebers berührt nach **§ 92 Abs 7 ASchG** nicht die Wirksamkeit einer Arbeitsstättenbewilligung nach § 92 Abs 1 und 5 ASchG (vgl alte Rechtslage: § 27 Abs 4 ANSchG). **22**

Berücksichtigung des Arbeitnehmer/innenschutzes in Genehmigungsverfahren

§ 93. **(1) In folgenden Genehmigungsverfahren sind die Belange des Arbeitnehmer/innenschutzes zu berücksichtigen:**

1. **Genehmigung von Betriebsanlagen nach der Gewerbeordnung 1994, BGBl. Nr. 194/1994,**

2. Genehmigung von Gewinnungsbetriebsplänen und von Bergbauanlagen, soweit es sich um Arbeitsstätten handelt, nach dem Mineralrohstoffgesetz, BGBl. I Nr. 38/1999,
3. Genehmigung von Apotheken nach dem Apothekengesetz, RGBl. Nr. 5/1907,
4. Genehmigung von Eisenbahnanlagen nach dem Eisenbahngesetz 1957, BGBl. Nr. 60/1957,
5. Bewilligung von Schifffahrtsanlagen im Sinne des § 47 und von sonstigen Anlagen im Sinne des § 66 des Schifffahrtsgesetzes, BGBl. I Nr. 62/1997,
6. Bewilligung von Bädern nach dem Bäderhygienegesetz, BGBl. Nr. 254/1976,
7. Genehmigung von Abfall- und Altölbehandlungsanlagen nach §§ 37 bis 65 des Abfallwirtschaftsgesetzes 2002 (AWG 2002), BGBl. I Nr. 102/2002,
8. Bewilligung von Anlagen und Zivilflugplätzen im Sinne des Luftfahrtgesetzes 1957, BGBl. Nr. 253/1957,
9. Bewilligung von Lagern nach § 35 des Sprengmittelgesetzes 2010 – SprG, BGBl. I Nr. 121/2009,
10. Genehmigung von Seilbahnanlagen nach dem Seilbahngesetz 2003 – SeilbG 2003, BGBl. I Nr. 103/2003.

(2) In diesen Verfahren sind dem jeweiligen Genehmigungsantrag die in § 92 Abs. 3 genannten Unterlagen anzuschließen. Die genannten Anlagen dürfen nur genehmigt werden, wenn sie den Arbeitnehmerschutzvorschriften entsprechen und zu erwarten ist, daß überhaupt oder bei Einhaltung der erforderlichenfalls vorzuschreibenden geeigneten Bedingungen und Auflagen die nach den Umständen des Einzelfalles voraussehbaren Gefährdungen für die Sicherheit und Gesundheit der Arbeitnehmer vermieden werden. Für die Vorschreibung von Auflagen ist § 92 Abs. 2 letzter Satz anzuwenden.

(3) Abs. 2 gilt auch für die Genehmigung einer Änderung oder einer Sanierung von in Abs. 1 angeführten Anlagen. Änderungen, die nach den in Abs. 1 angeführten Rechtsvorschriften keiner Genehmigung bedürfen, der Behörde nach diesen Vorschriften jedoch anzuzeigen sind, dürfen von der Behörde nur dann mit Bescheid zur Kenntnis genommen werden, wenn zu erwarten ist, dass sich die Änderung auch nicht nachteilig auf Sicherheit und Gesundheit der Arbeitnehmer auswirkt.

(4) Die gemäß Abs. 2 und 3 vorgeschriebenen Bedingungen und Auflagen sind von der zuständigen Behörde auf Antrag des Arbeitgebers abzuändern oder aufzuheben, wenn die Voraussetzungen für die Vorschreibung nicht mehr vorliegen.

(5) Abs. 2 bis 4 gilt auch für Verfahren, in denen nach den in Abs. 1 genannten Bundesgesetzen ein Feststellungsbescheid als Genehmigungsbescheid für die Anlage gilt.

(6) Die in Abs. 1 genannten Arbeitsstätten bedürfen keiner Arbeitsstättenbewilligung nach § 92.

[BGBl I 2012/118]

Übersicht

I. Genehmigungsverfahren unter Berücksichtigung des Arbeitnehmerschutzes ... 1–5
II. Gleichgestellte Verfahren ... 6, 7
III. Genehmigungsvoraussetzungen, Auflagen und Bedingungen ... 8–10
IV. Änderungs-, Sanierungs- und Anzeigeverfahren ... 11, 12
V. Erforderliche Unterlagen ... 13, 14
VI. Genehmigungsverfahren mit Feststellungsbescheid ... 15, 16

I. Genehmigungsverfahren unter Berücksichtigung des Arbeitnehmerschutzes

§ 93 ASchG verwirklicht den Grundsatz der **Verfahrenskonzentration**, wie 1
bereits zuvor § 27 Abs 2 ANSchG der alten, seit 1972 vor Inkrafttreten des ASchG geltenden Rechtslage, die sich in den in § 93 Abs 1 angeführten Verfahren bewährt hat und als erste Regelung der österreichischen Rechtsordnung das Prinzip der Verfahrenskonzentration umsetzte. In den in **§ 93 Abs 1 ASchG taxativ** angeführten Genehmigungs- bzw Bewilligungsverfahren sind die Belange des Arbeitnehmerschutzes im jeweiligen Verfahren daher durch die zuständige Behörde mit zu berücksichtigen, was einer Ausnahme von der Bewilligungspflicht der Arbeitsstätte nach § 92 ASchG entspricht.

Diese Arbeitsstätten benötigen keine Arbeitsstättenbewilligung (§ 92 Abs 6 2
ASchG): Die Arbeitsstättenbewilligung wird durch den Verfahrensbescheid in den in § 93 Abs 1 ASchG angeführten Genehmigungsverfahren ersetzt. Es sind daher kein gesondertes Bewilligungsverfahren und kein eigenständiger Bewilligungsbescheid nach ASchG erforderlich, weil der Schutz von Sicherheit und Gesundheit der Arbeitnehmer im Rahmen dieser bundesgesetzlichen Genehmigungsverfahren wahrgenommen wird. Die **verfahrensführende Behörde** muss beurteilen, ob der Sicherheits- und Gesundheitsschutz im eingereichten Projekt den Arbeitnehmerschutzvorschriften entsprechend umgesetzt wird (insbesondere die Regelungen der Arbeitsstättenverordnung – AStV), ob Ausnahmen zulässig oder Auflagen erforderlich sind, die auf das ASchG zu stützen sind (siehe § 93 Abs 2 und 3 ASchG). Umgekehrt bedeutet Verfahrenskonzentration aber auch, dass ein **Projekt nicht genehmigungsfähig ist**, wenn dem Arbeitnehmerschutz auch durch Auflagen oder Bedingungen nicht entsprochen werden kann oder die Voraussetzungen für eine Ausnahme nicht gegeben sind. Die Genehmigung ist diesfalls auch nach dem verfahrensgegenständlichen Bundesgesetz zu versagen.

Die Erläuterungen zu § 93 in der ASchG-Stammfassung führen zur Verfahrenskonzentration aus:

> „Wenn eine Arbeitsstätte nach einem sonstigen Bundesgesetz genehmigungspflichtig ist und die Berücksichtigung der Belange des Arbeitnehmerschutzes in diesem Genehmigungsverfahren möglich ist, ist kein gesondertes Arbeitsstättenbewilligungsverfahren erforderlich. In diesen Fällen erscheint ein zusätzliches Bewilligungsverfahren zur Berücksichtigung des Arbeitnehmerschutzes aus verwaltungsökonomischen Gründen nicht vertretbar. (...) Da im Zusammenhang mit § 27 Abs 2 ANSchG immer wieder Auslegungsfragen aufgetaucht sind, erfolgt in Abs 1 zur Klarstellung eine Aufzählung der einschlägigen bundesgesetzlichen Genehmigungs- bzw Bewilligungsverfahren, die aufgrund des Genehmigungsgegenstandes und der Verfahrensvorschriften geeignet sind, eine eigene Arbeitsstättenbewilligung zu ersetzen." (ErlRV 1590 BlgNR 18. GP)

3 Voraussetzung ist, dass die Arbeitsstätte einem bundesgesetzlichen Genehmigungsverfahren unterliegt. **Landesgesetzliche Verfahren können eine Arbeitsstättenbewilligung nach ASchG nicht ersetzen**, weil die verfassungsrechtliche Kompetenzverteilung einer Verpflichtung zur Berücksichtigung des Arbeitnehmerschutzes in diesen landesgesetzlichen Verfahren (zB Bauordnungen der Länder) entgegensteht.

4 Durch die Novelle des **§ 93 Abs 3 ASchG** mit dem ANS-RG (BGBl I 2001/159) wurden auch **Anzeigeverfahren** einbezogen:

> „Entsprechend einem Wunsch der Wirtschaftskammer soll der Grundsatz der Verfahrenskonzentration nicht wie bisher nur bei Genehmigungsverfahren, sondern auch bei Anzeigeverfahren umgesetzt werden. Dies betrifft insbesondere **Betriebsanlagen-Änderungen** im Sinne des § 81 Abs 3 GewO 1994. Die Neuregelung bewirkt, dass auch in diesen Fällen kein gesondertes Verfahren nach ASchG geführt werden muss, weil die Belange des Arbeitnehmerschutzes als gesetzliche Voraussetzungen hinzutreten und in den Verfahren gemäß § 345 Abs 8 Z 8 und Abs 9 GewO mit berücksichtigt werden (Verfahrenskonzentration). Die Ergänzung im ersten Satz stellt klar, dass auch in Sanierungsgenehmigungsverfahren die Verfahrenskonzentration gilt und Belange des Arbeitnehmerschutzes zu berücksichtigen sind." (ErlRV 802 BlgNR 21. GP). Vgl Rz 12.

5 Mit 1.1.2013 wurde § 93 Abs 1, 2 und 6 ASchG durch die **ASchG-Novelle BGBl I 2012/118** aktualisiert und übersichtlicher gestaltet, die bisherige Paragrafenüberschrift „Ausnahmen von der Bewilligungspflicht" wurde ersetzt durch „Berücksichtigung des Arbeitnehmer/innenschutzes in Genehmigungsverfahren". Die Gesetzesmaterialien geben einen Überblick über die Änderungen in § 93 ASchG:

> „Die Änderungen in § 93 sind hauptsächlich **redaktioneller Natur** und bewirken keine Änderung der Rechtslage. Es handelt sich um Klarstellungen durch Umformulierungen sowie um die Aktualisierung von Zitaten.

- Der bisherige Einleitungssatz des Abs. 1 wird zum neuen Abs. 6 und der bisherige erste Satz aus Abs. 2 wird zum neuen Einleitungssatz in Abs. 1.
- In Abs. 1 Z 2 (Mineralrohstoffgesetz) wird nunmehr richtig auch auf die Genehmigung von Gewinnungsbetriebsplänen (und nicht wie bisher nur auf die Genehmigung von ‚Bergbauanlagen') abgestellt. Hinzuweisen ist darauf, dass **nur solche Bergbauanlagen von § 93 ASchG erfasst sind, die unter den Begriff der Arbeitsstätte fallen**. Für alle anderen Verfahren nach dem MinroG gilt § 94 Abs. 1 Z 7 ASchG.
- In Abs. 1 Z 4 (Eisenbahngesetz), Z 7 (Abfallwirtschaftsgesetz), Z 9 (Sprengmittelgesetz) werden überholte Verweise aktualisiert.
- In Abs. 1 Z 10 (Seilbahngesetz) wird das derzeit in § 1 der Verordnung über die Gleichstellung von Bewilligungsverfahren, BGBl. II Nr. 43/2005, den in § 93 Abs. 1 ASchG angeführten Verfahren gleichgestellte **Genehmigungsverfahren von Seilbahnanlagen** genannt, wodurch eine bessere Übersichtlichkeit erreicht und die genannte Verordnung aufgehoben werden kann." (ErlRV 1983 BlgNR 24. GP)

II. Gleichgestellte Verfahren

6 Auf Grundlage des § 93 ASchG können durch Verordnung zusätzliche (neue) Bewilligungsverfahren diesen Verfahren gleichgestellt werden (Verordnungsermächtigung § 101 Abs 2 und 3 ASchG).

7 Bis 2013 galt auf dieser Grundlage noch die **Verordnung über die Gleichstellung von Bewilligungsverfahren**, BGBl II 2005/43, die im Einvernehmen mit dem Bundesminister für Verkehr, Innovation und Technologie und dem Bundesminister für Land- und Forstwirtschaft, Umwelt und Wasserwirtschaft gemäß § 101 Abs 2 und 3 ASchG erlassen wurde. § 1 der Verordnung stellte den in § 93 Abs 1 ASchG angeführten Verfahren die **Bewilligungsverfahren für genehmigungspflichtige Seilbahnanlagen** im Sinne des Seilbahngesetzes 2003 – SeilbG 2003, BGBl I 2003/103, gleich (§ 2 Gleichstellung weiterer Verfahren – § 94 Abs 1 ASchG, siehe Anmerkungen zu § 94 ASchG). Die Verordnung wurde obsolet mit der ASchG-Novelle BGBl I 2012/118, welche dieses Verfahren **als neue Z 10** in **§ 93 Abs 1 ASchG** eingliederte (Berücksichtigung des Arbeitnehmerschutzes in Genehmigungsverfahren von Seilbahnanlagen). Die Aufhebung der Verordnungsregelungen zur Anpassung an die geänderte ASchG-Rechtslage erfolgte mit Verordnung BGBl II 2013/210 (1.8.2013).

Zu der durch § 117 ASchG vorläufig übergeleiteten Verordnung über die Betriebsbewilligung nach dem Arbeitnehmerschutzgesetz (ANSchG), BGBl 1976/116, siehe Anmerkungen zu § 92 ASchG.

III. Genehmigungsvoraussetzungen, Auflagen und Bedingungen

8 Nach **§ 93 Abs 2** ASchG dürfen Anlagen – wie im Arbeitsstättenbewilligungsverfahren nach § 92 ASchG – nur genehmigt werden, wenn

- sie den Arbeitnehmerschutzvorschriften entsprechen,

- zu erwarten ist, dass überhaupt oder bei Einhaltung der erforderlichenfalls vorzuschreibenden geeigneten Bedingungen und Auflagen die nach den Umständen des Einzelfalles voraussehbaren Gefährdungen für die Sicherheit und Gesundheit der Arbeitnehmer vermieden werden.

9 § 93 Abs 2 entspricht § 27 Abs 2 ANSchG (alte Rechtslage), wobei laut Gesetzesmaterialien zur ASchG-Stammfassung Klarstellungen entsprechend der Judikatur und eine Anpassung der Formulierungen an die GewO 1994 erfolgten. Wie zuvor nach ANSchG gilt § 93 Abs 2 ASchG **unabhängig davon, ob die betreffende Arbeitsstätte in besonderem Maß eine Gefährdung der Arbeitnehmer bewirken kann** (vgl ErlRV 1590 BlgNR 18. GP).

- **VwGH 27.5.1991, 90/19/0289, 20.6.1991, 90/19/0217:** Der Umstand, dass gemäß § 27 Abs 1 ANSchG eine Bewilligungspflicht nur dann vorliegt, wenn in besonderem Maß eine Gefährdung des Lebens und der Gesundheit der Arbeitnehmer auftreten kann, bedeutet nicht, dass nur bei Vorliegen „besonderer" Gefahren für das Leben oder die Gesundheit von bestimmten Personen die für die Erteilung der Bewilligung zuständige Behörde im Sinne der zitierten Vorschriften vorzugehen hat.
- **VwGH 6.3.2013, 2012/04/0017:** Es ist zwar zutreffend, dass das ASchG 1994 in seinen Schutzvorschriften vorrangig auf die Arbeitnehmer des jeweiligen Arbeitgebers abstellt (vgl zu den Begriffsdefinitionen von „Arbeitnehmer" und „Arbeitgeber" § 2 Abs 1 ASchG 1994). § 8 ASchG 1994 erweitert den Schutz im dort genannten Umfang aber auch auf betriebsfremde Personen. Wie den Gesetzesmaterialien (RV 1590 BlgNR 18. GP, S 75 f) entnommen werden kann, zielt § 8 Abs. 2 ASchG 1994 insbesondere auch darauf ab, betriebsfremden Arbeitskräften, die für Reinigungs- und Wartungsarbeiten herangezogen werden, an ihrer Arbeitsstätte entsprechenden Schutz zukommen zu lassen.

10 Für die Vorschreibung von **Auflagen** gilt § 92 Abs 2 letzter Satz (§ 93 Abs 2 ASchG). Nach § 93 Abs 4 ASchG sind die vorgeschriebenen Bedingungen und Auflagen von der zuständigen Behörde auf Antrag des Arbeitgebers abzuändern oder aufzuheben, wenn die Voraussetzungen für die Vorschreibung nicht mehr vorliegen.

Näheres siehe Anmerkungen zu § 92 Rz 8 ff.

Vgl Gewerbeordnungsnovelle BGBl I 2013/85 zu Änderungen im Betriebsanlagenrecht (§ 79c GewO 1994 – Antrag auf Abänderungen von Auflagen oder Abweichungen vom Genehmigungsbescheid, § 79d Bekanntgabeverfahren bei Betriebsübernahme, § 81 Abs 2 Z 7 und 11 Anzeigeverfahren).

IV. Änderungs-, Sanierungs- und Anzeigeverfahren

11 § 93 Abs 2 ASchG gilt auch für die Genehmigung einer **Änderung oder einer Sanierung** solcher Anlagen – zB Änderung einer genehmigten Betriebsanlage

nach § 81 Abs 1 GewO 1994, Genehmigung eines Sanierungskonzepts bei Emissionen von Luftschadstoffen nach § 79 Abs 3 und 4 GewO 1994 (**§ 93 Abs 3 ASchG**).

Der Grundsatz der Verfahrenskonzentration gilt auch in **Anzeigeverfahren**: Genehmigungsfreie Änderungen, die der Behörde nach den in § 93 Abs 1 angeführten Vorschriften lediglich anzuzeigen sind, darf diese nur dann mit Bescheid zur Kenntnis nehmen, wenn sich die Änderung erwartungsgemäß nicht nachteilig auf Sicherheit und Gesundheit der Arbeitnehmer auswirkt. Dieser Bescheid bildet einen Bestandteil des Genehmigungsbescheids (§ 345 Abs 6 GewO 1994). Aufgrund § 93 Abs 3 ASchG sind Arbeitnehmerschutzbelange eine zusätzliche Voraussetzung für die Genehmigungsfreiheit im Anzeigeverfahren. Vgl Rz 4. **12**

V. Erforderliche Unterlagen

Im Genehmigungsverfahren sind dem jeweiligen Genehmigungsantrag **die in § 92 Abs 3 ASchG genannten Unterlagen** anzuschließen. **13**

Dieser Verweis wurde mit der ASchG-Novelle BGBl I 1997/9 in **§ 93 Abs 2 ASchG** eingefügt. Da in den Verfahren nach § 93 die Belange des Arbeitnehmerschutzes in gleicher Weise zu berücksichtigen sind wie in den Verfahren nach § 92 und diese Berücksichtigung eine eigene Arbeitsstättenbewilligung ersetzt, wurde nach den Gesetzesmaterialien § 93 Abs 2 ASchG mit der Novelle dahingehend ergänzt, dass auch hier zugleich mit der Antragstellung dieselben Unterlagen vorzulegen sind, was vor allem der Verfahrensbeschleunigung dient (ErlRV 461 BlgNR 20. GP).

Näheres siehe Anmerkungen zu § 92 Abs 3 ASchG.

Mit Entscheidung **VwGH 6.3.2013, 2012/04/0017**, ua zu §§ 8 und 93 ASchG, wurde klargestellt, dass das ASchG auch dem **Schutz der Arbeitnehmer von Fremdbetrieben** dient, weshalb auf Letztere im betriebsanlagenrechtlichen Genehmigungsverfahren Bedacht genommen werden muss: Es sei zwar zutreffend, dass das ASchG in seinen Schutzvorschriften vorrangig auf die Arbeitnehmer des jeweiligen Arbeitgebers abstellt (vgl zu den Begriffsdefinitionen von „Arbeitnehmer“ und „Arbeitgeber“ § 2 Abs 1 ASchG). § 8 ASchG erweitert den Schutz im dort genannten Umfang aber auch auf betriebsfremde Personen. Die Anlageninhaberin war als für die Arbeitsstätte betriebsfremder Personen verantwortliche Arbeitgeberin nicht davon entbunden, erforderliche Schutzmaßnahmen (in Bezug auf die am Dach vorzunehmenden Wartungs- und Reinigungsarbeiten) festzulegen und für deren Durchführung (ausgenommen Beaufsichtigung) zu sorgen (§ 8 Abs 2 Z 3 und 4 ASchG). Die Festlegung derartiger Maßnahmen setzt aber eine vorangegangene **Gefahrenermittlung und Gefahrenbeurteilung und eine entsprechende schriftliche Dokumentation iSd §§ 4 und 5 ASchG** voraus. Die im gegenständlichen Genehmigungsverfahren vorgelegten Unterlagen, die insbesondere die letzt- **14** genannte Dokumentation vermissen ließen, wurden vom VwGH als unzureichend beurteilt, um die Genehmigungsfähigkeit des Projektes iSd § 93 Abs 2 ASchG im Hinblick auf betriebsfremde Arbeitnehmer beurteilen zu können.

VI. Genehmigungsverfahren mit Feststellungsbescheid

15 § 93 Abs 2 bis 4 ASchG ist auch auf Verfahren, in denen ein Feststellungsbescheid als Genehmigungsbescheid für die Anlage gilt (**§ 93 Abs 5 ASchG**), anzuwenden.

16 So gilt auch für das **vereinfachte Genehmigungsverfahren nach § 359b GewO** (einschließlich Betriebsanlagenänderungsverfahren) der Grundsatz der Verfahrenskonzentration, weshalb die Belange des Arbeitnehmerschutzes im Verfahren zu berücksichtigen sind: Es handelt sich um ein Genehmigungsverfahren iSd § 93 ASchG, das eine Arbeitsstättenbewilligung nach § 92 ASchG ersetzt. Da diese Verfahren jedoch mit einem Feststellungsbescheid abgeschlossen werden, der als Genehmigungsbescheid gilt, trifft § 93 Abs 5 ASchG eine entsprechende Klarstellung (ASchG-Novelle BGBl I 1997/9). Erforderlichenfalls sind auch hier Auflagen oder Bedingungen zum Schutz der Sicherheit und Gesundheit der Arbeitnehmer vorzuschreiben.

Sonstige Genehmigungen und Vorschreibungen

§ 94. (1) **In folgenden Verfahren sind die mit dem Genehmigungsgegenstand zusammenhängenden Belange des Arbeitnehmerschutzes zu berücksichtigen:**

1. **Genehmigung einer Rohrleitungsanlage gemäß § 17 des Rohrleitungsgesetzes, BGBl. Nr. 411/1975,**
2. **Genehmigung von Anlagen nach dem Starkstromwegegesetz, BGBl. Nr. 70/1968,**
3. **Genehmigung von Dampfkesselanlagen gemäß § 4 des Luftreinhaltegesetzes für Kesselanlagen, BGBl. Nr. 380/1988,**
4. **Bewilligung von Einrichtungen, Arbeitsmitteln usw. nach dem Eisenbahngesetz 1957, BGBl. Nr. 60, dem Luftfahrtgesetz 1957, BGBl. Nr. 253, dem Schifffahrtsgesetz, und dem Seeschifffahrtsgesetz, BGBl. Nr. 174/1981, soweit nicht § 93 anzuwenden ist,**
5. **Genehmigung von Anlagen und Einrichtungen nach dem Strahlenschutzgesetz, BGBl. Nr. 227/1969,**
6. **Genehmigung von Anlagen nach §§ 31a, 31c, 32, 40 und 41 des Wasserrechtsgesetzes 1959, BGBl. Nr. 215,**
7. **Genehmigungen und Bewilligungen nach dem Mineralrohstoffgesetz,**
8. **Genehmigung von Räumen von Fahrschulen nach dem Kraftfahrgesetz 1967, BGBl. Nr. 267/1967,**
9. **Genehmigung von Gasleitungsanlagen nach dem Gaswirtschaftsgesetz 2011 – GWG 2011, BGBl. I Nr. 107/2011,**

10. Verfahren zur Bewilligung von Einrichtungen und Arbeitsmitteln nach dem Seilbahngesetz 2003 - SeilbG 2003, BGBl. I Nr. 103/2003,
11. Verfahren zur Genehmigung von mobilen Behandlungsanlagen gemäß § 52 des Abfallwirtschaftsgesetzes 2002 - AWG 2002, BGBl. I Nr. 102/2002.

(2) Die genannten Anlagen dürfen nur genehmigt werden, wenn Arbeitnehmerschutzvorschriften der Genehmigung nicht entgegenstehen und zu erwarten ist, daß überhaupt oder bei Einhaltung der erforderlichenfalls vorzuschreibenden geeigneten Bedingungen und Auflagen die nach den Umständen des Einzelfalles voraussehbaren Gefährdungen für die Sicherheit und Gesundheit der Arbeitnehmer vermieden werden. Dies gilt auch für die Genehmigung einer Änderung derartiger Anlagen.

(3) Zeigt sich in einer Arbeitsstätte nach rechtskräftig erteilter Arbeitsstättenbewilligung oder nach einer rechtskräftigen Genehmigung nach § 93 Abs. 1, daß der Schutz der Sicherheit und Gesundheit der Arbeitnehmer unter den vorgeschriebenen Bedingungen und Auflagen nicht ausreichend gewährleistet wird, so hat die zuständige Behörde zum Schutz der Arbeitnehmer andere oder zusätzliche Bedingungen und Auflagen vorzuschreiben.

(4) Für Arbeitsstätten, die keiner Arbeitsstättenbewilligung bedürfen und für die auch keine Genehmigung nach § 93 Abs. 1 vorliegt, hat die zuständige Behörde die zum Schutz der Sicherheit und Gesundheit der Arbeitnehmer erforderlichen Maßnahmen vorzuschreiben. Dies gilt auch für Arbeitsstätten, für die eine Genehmigung im Sinne des § 93 Abs. 1 vorliegt, wenn bei der Genehmigung das Arbeitnehmerschutzgesetz und dieses Bundesgesetz keine Anwendung gefunden haben.

(5) Für Baustellen und auswärtige Arbeitsstellen gilt Abs. 4 mit folgender Maßgabe: Für eine bestimmte Baustelle oder auswärtige Arbeitsstelle hat die für diese Baustelle/Arbeitsstelle zuständige Behörde die zum Schutz der Sicherheit und Gesundheit der Arbeitnehmer erforderlichen Maßnahmen vorzuschreiben. Sind für mehrere künftige Baustellen oder auswärtige Arbeitsstellen eines Arbeitgebers solche Vorschreibungen erforderlich so hat die Vorschreibung durch jene Behörde zu erfolgen, die für die Arbeitsstätte zuständig ist, der diese Baustellen oder Arbeitsstellen organisatorisch zuzurechnen sind, im Zweifel durch die für den Unternehmenssitz zuständige Behörde.

(5a) Sind für mehrere identische Arbeitsstätten eines Arbeitgebers/einer Arbeitgeberin oder für mehrere identische Arbeitsmittel, die in verschiedenen Arbeitsstätten eines Arbeitgebers/einer Arbeitgeberin verwendet werden sollen, und für die vollkommen identische Voraussetzungen vorliegen, solche Vorschreibungen erforderlich, so ist für das Verfahren die für den Unternehmenssitz zuständige Behörde zuständig.

(5b) Sofern dies im Sinne der Raschheit, Einfachheit und Kostenersparnis zweckmäßig ist, können die zum Schutz der Sicherheit und Gesundheit der Arbeitnehmer/innen erforderlichen Maßnahmen auch einer von dem/der Arbeitgeber/in verschiedenen Person vorgeschrieben werden, wie insbesondere dem/der Genehmigungswerber/in in Verfahren nach § 93 Abs. 1 und 3 und § 94 Abs. 1 oder dem/der Inhaber/in oder dem/der Betreiber/in einer mehrere Arbeitsstätten umfassenden Gesamtanlage.

(6) Für Auflagen und Maßnahmen nach Abs. 1 bis 5b ist § 92 Abs. 2 letzter Satz anzuwenden.

(7) Die Wirksamkeit von Vorschreibungen gemäß Abs. 1 bis 5 wird durch einen Wechsel in der Person des Arbeitgebers nicht berührt. Solche Vorschreibungen sind von der zuständigen Behörde auf Antrag des Arbeitgebers aufzuheben oder abzuändern, wenn die Voraussetzungen für die Vorschreibung nicht mehr vorliegen.

[BGBl I 2012/118]

Übersicht

I.	Mit dem Genehmigungsgegenstand zusammenhängende Belange des Arbeitnehmerschutzes	1–3
II.	Genehmigungsvoraussetzungen, nachträgliche Vorschreibung von Auflagen und Bedingungen	4–8
III.	Baustellen und auswärtige Arbeitsstellen	9
IV.	Vorschreibungen für mehrere idente Arbeitsstätten oder Arbeitsmittel	10
V.	Ausnahmeanträge durch vom Arbeitgeber verschiedene Personen	11

I. Mit dem Genehmigungsgegenstand zusammenhängende Belange des Arbeitnehmerschutzes

1 § 94 Abs 1 und 2 ASchG betrifft **Genehmigungsverfahren, die eine Arbeitsstättenbewilligung nicht ersetzen können**, weil sie sich

- nicht auf eine Arbeitsstätte nach ASchG beziehen,
- nicht die Arbeitsstätte als Ganzes erfassen oder
- weil nach den betreffenden Genehmigungsvorschriften nur bestimmte Aspekte zu berücksichtigen sind.

2 Eine umfassende Berücksichtigung des Arbeitnehmerschutzes betreffend die gesamte Arbeitsstätte würde daher den Rahmen der angeführten Genehmigungsverfahren sprengen, welche aber Belange des Arbeitnehmerschutzes berühren. Für diese Verfahren gilt daher ebenfalls die Verpflichtung zur Berücksichtigung des Arbeitnehmerschutzes, um zu verhindern, dass eine Genehmigung nach diesen Rechtsvorschriften erfolgt, obwohl der Errichtung oder dem Betrieb dann zwingende Arbeitnehmerschutzvorschriften entgegen-

stehen. **Es können aber nur jene Arbeitnehmerschutzbelange Berücksichtigung finden, welche mit dem Genehmigungsgegenstand in Zusammenhang stehen.** (vgl ErlRV 1590 BlgNR 18. GP)

Als Beispiel führen die Erläuterungen zur ASchG-Stammfassung BGBl 1994/450 Folgendes an:

> „So berührt zB die nach dem Strahlenschutzgesetz erforderliche Genehmigung für eine Strahleneinrichtung in einer Krankenanstalt eindeutig die Interessen des Arbeitnehmerschutzes. Eine solche Genehmigung darf daher nur erteilt werden, wenn zwingende Arbeitnehmerschutzvorschriften der Genehmigung nicht entgegenstehen, es sind allenfalls erforderliche Auflagen und Bedingungen auch zum Schutz der Arbeitnehmer vorzuschreiben. Ein solches Genehmigungsverfahren nach dem Strahlenschutzgesetz ist aber nicht geeignet, die Arbeitsstättenbewilligung für die Krankenanstalt zu ersetzen. Im Verfahren nach dem Strahlenschutzgesetz können nicht die gesamten die Krankenanstalt betreffenden Arbeitnehmerschutzbelange berücksichtigt werden, sondern nur die mit der Strahleneinrichtung in Zusammenhang stehenden Arbeitnehmerschutzfragen."

Mit den **ASchG-Novellen BGBl I 1999/38** und **BGBl I 2001/159** wurde § 94 **3**
Abs 1 ASchG sukzessive um die Z 6 bis 9 erweitert (Mineralrohstoffgesetz – MinroG, Fahrschulräume nach dem Kraftfahrgesetz 1967, Gaswirtschaftsgesetz 2011 – GWG 2011). Mit der ASchG-Novelle **BGBl I 2012/118** wurden ua Gesetzeszitate aktualisiert und schließlich als neue Z 10 und 11 auch die **Genehmigungsverfahren nach dem Seilbahngesetz 2003 und nach dem Abfallwirtschaftsgesetz 2002** in § 94 Abs 1 ASchG integriert. Diese Verfahren waren bis dahin durch § 2 der Verordnung über die Gleichstellung von Bewilligungsverfahren, BGBl II 2005/43, den in § 94 Abs 1 ASchG angeführten Verfahren gleichgestellt. Im Sinne einer besseren Übersichtlichkeit wurden sie mit der Novelle direkt in § 94 Abs 1 ASchG eingefügt. Eine Änderung der Rechtslage war damit nicht verbunden (vgl ErlRV 1983 BlgNR 24. GP). Die Verordnung über die Gleichstellung von Bewilligungsverfahren, BGBl II 2005/43, wurde aufgrund der ASchG-Novelle BGBl I 2012/118 obsolet und mit Verordnung BGBl II 2013/210 aufgehoben (1.8.2013).

II. Genehmigungsvoraussetzungen, nachträgliche Vorschreibung von Auflagen und Bedingungen

Auch nach **§ 94 Abs 2 ASchG** dürfen die Anlagen nur genehmigt werden, wenn **4**

- Arbeitnehmerschutzvorschriften der Genehmigung nicht entgegenstehen und
- zu erwarten ist, dass überhaupt oder bei Einhaltung der erforderlichenfalls vorzuschreibenden geeigneten Bedingungen und Auflagen die nach den Umständen des Einzelfalles voraussehbaren Gefährdungen für die Sicherheit und Gesundheit der Arbeitnehmer vermieden werden (vgl § 92 Abs 2 und § 93 Abs 2 ASchG).

Die Regelungen für die nachträgliche Vorschreibung von Auflagen und Bedingungen des **§ 94 Abs 3 und 4 ASchG** entsprechen der vor dem ASchG geltenden Rechtslage des § 27 Abs 5 und 6 ANSchG (vgl ErlRV 1590 BlgNR 18. GP):

5 § 94 Abs 3 ASchG regelt die **nachträgliche Vorschreibung** von Auflagen und Bedingungen bei Arbeitsstätten, für die eine **Arbeitsstättengenehmigung oder eine Genehmigung/Bewilligung** im Sinne des § 93 Abs 1 und 2 vorliegt. Zeigt sich nachträglich, dass der Arbeitnehmerschutz der Beschäftigten unter den bereits vorgeschriebenen Bedingungen und Auflagen nicht ausreichend gewährleistet ist, muss die zuständige Behörde andere oder zusätzliche **Bedingungen und Auflagen** vorschreiben.

6 § 94 Abs 4 ASchG behandelt Vorschreibungen bei **nicht genehmigungspflichtigen Arbeitsstätten**. Da in diesen Fällen keine Genehmigung/Bewilligung vorliegt, handelt es sich bei diesen Vorschreibungen nicht um Auflagen und Bedingungen. Die zuständige Behörde muss die zum Schutz der Sicherheit und Gesundheit der Arbeitnehmer erforderlichen **Maßnahmen** vorschreiben.

7 Nach § 94 Abs 4 letzter Satz ASchG sind Maßnahmen auch dann vorzuschreiben, wenn in den Genehmigungsverfahren nach § 93 Abs 1 ASchG die **Belange des Arbeitnehmerschutzes keine Anwendung gefunden** haben – also eine Genehmigung zwar nach einem anderen Bundesgesetz erfolgt ist, aber ohne Berücksichtigung des Arbeitnehmerschutzes. Die Regelung nimmt nach den Gesetzesmaterialien darauf Bedacht, dass häufig in den Betriebsanlagengenehmigungsverfahren vom Konsenswerber vorgebracht wird, er wolle bzw werde **keine Arbeitnehmer beschäftigen** (daher keine Geltung des ASchG), und daher in diesem Genehmigungsverfahren die Belange des Arbeitnehmerschutzes nicht berücksichtigt und insbesondere auch die erforderlichen Auflagen nicht vorgeschrieben werden. Wenn dann in weiterer Folge Arbeitnehmer beschäftigt werden, stellt dies keine genehmigungspflichtige Änderung der Betriebsanlage dar, sodass § 94 Abs 3 keine Anwendung findet. In diesen Fällen sind daher die notwendigen Maßnahmen nach Abs 4 vorzuschreiben (ErlRV 1590 BlgNR 18. GP). Weitere Anwendungsfälle sind Genehmigungen, die vor Inkrafttreten des ANSchG 1972 erteilt wurden, und Gastgewerbebetriebe, die gemäß § 74 Abs 2 GewO aufgrund eines Konzessionserteilungsbescheides vor 1992 als genehmigt gelten.

Für Auflagen und Maßnahmen gilt § 92 Abs 2 letzter Satz ASchG. Näheres siehe Anmerkungen zu § 92 Rz 8 ff.

8 Die Wirksamkeit von Vorschreibungen wird durch einen **Wechsel in der Person des Arbeitgebers** nicht berührt. Die Vorschreibungen nach § 94 Abs 1 bis 5 ASchG sind von der zuständigen Behörde auf Antrag des Arbeitgebers **aufzuheben oder abzuändern**, wenn die Voraussetzungen für die Vorschreibung nicht mehr vorliegen **(§ 94 Abs 7 ASchG)**. Diese Regelung wurde mit der ASchG-Novelle BGBl I 1997/9 in § 94 eingefügt, um eine An-

passung an § 93 Abs 4 ASchG herbeizuführen: Auch die Abänderung von Auflagen sollte entsprechend einem in der Praxis aufgetretenen Bedürfnis ermöglicht werden, nicht nur deren Aufhebung (vgl ErlRV 461 BlgNR 20. GP).

In Verwaltungsverfahren, die den Arbeitnehmerschutz berühren, hat das Arbeitsinspektorat Parteistellung (§ 12 ArbIG).

III. Baustellen und auswärtige Arbeitsstellen

§ 94 Abs 5 ASchG regelt die zum Schutz der Arbeitnehmer notwendigen **Vorschreibungen** für Baustellen und auswärtige Arbeitsstellen entsprechend § 94 Abs 4 ASchG durch die für die Baustelle bzw auswärtige Arbeitsstelle zuständige Behörde. Im Fall **mehrerer künftiger Baustellen bzw auswärtiger Arbeitsstellen** ist aufgrund der Maßgabenregelung des Abs 5 jene Behörde zuständig, welcher die Baustelle bzw auswärtige Arbeitsstelle organisatorisch zuzurechnen ist. Im Zweifel besteht die Zuständigkeit der für den **Unternehmenssitz** zuständigen Behörde. 9

Die Gesetzesmaterialien zu § 94 der ASchG-Stammfassung verweisen dazu auf die zuvor geltende Rechtslage des ANSchG:

> „Nach dem ANSchG gehören die Baustellen und auswärtigen Arbeitsstellen ‚zum Betrieb', für die Vorschreibung von Maßnahmen gilt § 27 ANSchG. Baustellen und auswärtige Arbeitsstellen bedürfen keiner Genehmigung nach einem Bundesgesetz, die Berücksichtigung des Arbeitnehmerschutzes im Wege der Verfahrenskonzentration kommt daher nicht in Betracht. Regelmäßig werden Vorschreibungen notwendig, die nicht nur eine konkrete bereits bestehende Baustelle betreffen, sondern mehrere künftige Baustellen eines Arbeitgebers. Dies trifft zB auf Unternehmen zu, die auf verschiedenen Baustellen Asbestsanierungsarbeiten durchführen. Aus verwaltungsökonomischen Gründen erscheint es nicht zielführend, in solchen Fällen für jede einzelne Baustelle ein gesondertes Verwaltungsverfahren durchzuführen, im Abs 5 werden daher für solche Fälle Sonderregelungen vorgesehen. Dieselben Grundsätze gelten auch für die Erteilung von Ausnahmegenehmigungen, die mehrere künftige Baustellen oder Arbeitsstellen betreffen. Abs. 6 und 7 dienen der Klarstellung."

IV. Vorschreibungen für mehrere idente Arbeitsstätten oder Arbeitsmittel

Die Neuregelung des **§ 94 Abs 5a und 5b ASchG** erfolgte mit der **ASchG-Novelle BGBl I 2012/118**: Demnach besteht Zuständigkeit der **für den Unternehmenssitz zuständigen Behörde** auch für Vorschreibungen zum Schutz der Arbeitnehmer betreffend 10

- mehrere identische Arbeitsstätten eines Arbeitgebers oder
- mehrere identische Arbeitsmittel, die in verschiedenen Arbeitsstätten eines Arbeitgebers verwendet werden
- und für die vollkommen identische Voraussetzungen vorliegen.

Die Bestimmung gilt seit 1.1.2013; die ErlRV 1983 BlgNR 24. GP verweisen zum Regelungshintergrund auf § 95 Abs 7 ASchG:

> „Die Regelungen dienen der Verwaltungsvereinfachung. Mit der ASchG-Novelle 2001, BGBl I Nr 159/2001 (ANS-RG), wurde in § 95 Abs 7 die Möglichkeit geschaffen, (nur) eine Ausnahmegenehmigung auch für mehrere identische Arbeitsstätten eines Arbeitgebers oder für mehrere identische Arbeitsmittel zu erteilen. Es wurde aber damals verabsäumt, gleichzeitig auch eine gesetzliche Grundlage für die Vorschreibung von Auflagen für mehrere identische Arbeitsstätten eines Arbeitgebers oder für mehrere identische Arbeitsmittel in (nur) einem Bescheid zu schaffen. Dies soll nun in § 94 Abs. 5a nachgeholt werden."

V. Ausnahmeanträge durch vom Arbeitgeber verschiedene Personen

11 Die zum Schutz der Sicherheit und Gesundheit der Arbeitnehmer erforderlichen Maßnahmen können **auch einer vom Arbeitgeber verschiedenen Person vorgeschrieben** werden, insbesondere dem Genehmigungswerber in Verfahren nach § 93 Abs 1 und 3 und § 94 Abs 1 oder dem Inhaber oder Betreiber einer mehrere Arbeitsstätten umfassenden Gesamtanlage (**§ 94 Abs 5b ASchG**). Voraussetzung ist Zweckmäßigkeit im Sinne der Raschheit, Einfachheit und Kostenersparnis.

Die Gesetzesmaterialien zur ASchG-Novelle BGBl I 2012/118 führen dazu aus, dass mit der ASchG-Novelle 2001 in § 95 Abs 6 ASchG zwar die Möglichkeit geschaffen wurde, Ausnahmeanträge auch durch eine vom Arbeitgeber verschiedene Person (insbesondere Betreiber von Einkaufszentren oder Bürohäusern) einzubringen. Es wurde aber damals verabsäumt, gleichzeitig auch eine gesetzliche Grundlage für die Vorschreibung von Auflagen an diese Adressat/inn/en zu schaffen. Dies wurde mit der Neuregelung des § 94 Abs 5b nachgeholt (vgl ErlRV 1983 BlgNR 24. GP).

Ausnahmen

§ 95. **(1) Soweit die Anwendung einzelner Bestimmungen der in Durchführung dieses Bundesgesetzes erlassenen Verordnungen unabhängig von den Umständen des Einzelfalls zur Gewährleistung der Sicherheit und Gesundheit der Arbeitnehmer erforderlich ist, ist in den Verordnungen festzulegen, daß die zuständige Behörde von diesen Bestimmungen der Verordnung keine Ausnahme zulassen darf.**

(2) In den in Durchführung dieses Bundesgesetzes erlassenen Verordnungen können Abweichungen von den im 1. bis 6. Abschnitt sowie in §§ 97 und 98 festgelegten Anforderungen geregelt werden, wenn diese Abweichungen aus wichtigen Gründen erforderlich sind und Sicherheit und Gesundheit der Arbeitnehmer gewährleistet sind.

(3) Darüber hinaus kann die zuständige Behörde im Einzelfall auf begründeten Antrag des Arbeitgebers Ausnahmen von den Bestimmungen der in Durchführung des § 6 Abs. 4 sowie des 2. bis 4. und 6. Abschnittes erlassenen Verordnungen zulassen, wenn

1. *(Anm.: aufgehoben durch BGBl. I Nr. 159/2001)*
2. nach den Umständen des Einzelfalls zu erwarten ist, daß Sicherheit und Gesundheit der Arbeitnehmer auch bei Genehmigung der Ausnahme gewährleistet sind oder daß durch eine andere vom Arbeitgeber vorgesehene Maßnahme zumindest der gleiche Schutz erreicht wird wie bei Einhaltung der betreffenden Bestimmungen der Verordnung, und
3. die Genehmigung dieser Ausnahme nicht gemäß Abs. 1 ausgeschlossen ist.

(4) Ausnahmen nach Abs. 3 können befristet oder unter Vorschreibung bestimmter geeigneter Auflagen erteilt werden, wenn dies zur Erreichung der in Abs. 3 Z 2 genannten Zielsetzungen erforderlich ist. Ausnahmen nach Abs. 3 sind von der zuständigen Behörde aufzuheben, wenn solche Auflagen nicht eingehalten werden oder wenn die Voraussetzungen für die Erteilung der Ausnahme nicht mehr vorliegen.

(5) Die Wirksamkeit von Ausnahmen nach Abs. 3 wird durch einen Wechsel in der Person des Arbeitgebers nicht berührt, wenn sich der für die Ausnahme maßgebliche Sachverhalt nicht geändert hat.

(6) Sofern dies im Sinne der Raschheit, Einfachheit und Kostenersparnis zweckmäßig ist, können Ausnahmen nach Abs. 3 auch auf Antrag einer vom Arbeitgeber verschiedenen Person zugelassen werden, wie insbesondere des Genehmigungswerbers in Verfahren nach § 93 Abs. 1 und 3 und § 94 Abs. 1 oder des Inhabers oder Betreibers einer mehrere Arbeitsstätten umfassenden Gesamtanlage.

(7) Wird eine Ausnahmegenehmigung für mehrere künftige Baustellen oder auswärtige Arbeitsstellen eines Arbeitgebers beantragt, so ist für das Verfahren jene Behörde zuständig, die für die Arbeitsstätte zuständig ist, der diese Baustellen oder auswärtigen Arbeitsstellen organisatorisch zuzurechnen sind, im Zweifel die für den Unternehmenssitz zuständige Behörde. Wird eine Ausnahmegenehmigung in Bezug auf mehrere identische Arbeitsstätten eines Arbeitgebers oder für mehrere identische Arbeitsmittel, die in verschiedenen Arbeitsstätten eines Arbeitgebers verwendet werden sollen, beantragt, für deren Erteilung vollkommen identische Voraussetzungen vorliegen, so ist für das Verfahren die für den Unternehmenssitz des Arbeitgebers zuständige Behörde zuständig.

[BGBl I 2001/159]

Übersicht

I.	Allgemeine Ausnahmen durch Verordnung	1–5
II.	Ausnahmen durch Bescheid im Einzelfall	6–11
III.	Befristungen und Auflagen, Aufhebung der Ausnahme	12, 13
IV.	Ausnahmeanträge durch vom Arbeitgeber verschiedene Person	14–18
V.	Ausnahmen für mehrere Baustellen oder auswärtige Arbeitsstellen, identische Arbeitsstätten/Arbeitsmittel	19–22

I. Allgemeine Ausnahmen durch Verordnung

1 Wenn die Anwendung der ASchG-Vorgaben unabhängig vom Einzelfall zur Gewährleistung der Sicherheit und Gesundheit der Arbeitnehmer **jedenfalls erforderlich** ist, müssen die in Ausführung dieser ASchG-Bestimmungen erlassenen **Durchführungsverordnungen** festlegen, dass die zuständige Behörde **keine Ausnahme** zulassen darf (**§ 95 Abs 1 ASchG**).

2 Ist dies nicht der Fall, sind nach **§ 95 Abs 2 und 3 ASchG** Ausnahmen auf zwei Stufen möglich. Der Gesetzgeber unterscheidet dabei zwischen

- **allgemeinen Ausnahmen** von gesetzlichen Anforderungen des ASchG durch generelle Regelung **in einer ASchG-Durchführungsverordnung** (Abs 2), somit eine Ermächtigung der Bundesverwaltung (Verordnungserlassung durch den Bundesminister für Arbeit, Soziales und Konsumentenschutz), und
- Ausnahmen von ASchG-Verordnungsregelungen durch individuellen **Bescheid der zuständigen Behörde im Einzelfall** (Abs 3).

3 In einer ASchG-Durchführungsverordnung können gemäß **§ 95 Abs 2 ASchG** Abweichungen vom **ersten bis sechsten Abschnitt** und den in **§§ 97 und 98 ASchG** festgelegten Anforderungen geregelt werden, wenn Sicherheit und Gesundheit der Arbeitnehmer gewährleistet und die **Abweichungen aus wichtigen Gründen** erforderlich sind. Von dieser Möglichkeit, durch Verordnungsregelung vom ASchG abzuweichen, wurde zB mit § 10 VGÜ 2008 (Abweichung von §§ 50 Abs 2 , 55 Abs 1 und 56 Abs 6 ASchG zu Untersuchungen bei gesundheitsgefährdender Lärmeinwirkung), § 11 GKV 2011 (Abweichung von §§ 42 bis 44 ASchG zu Arbeitsstoffen mit begründetem Verdacht auf krebserzeugendes Potenzial) Gebrauch gemacht.

4 **Unzulässig** sind Ausnahmen

- vom siebten Abschnitt ASchG (Präventivdienste) durch Verordnung und
- vom achten Abschnitt ASchG (Behörden und Verfahren, außer zu §§ 91 bis 96, §§ 99 bis 101 ASchG) ebenfalls durch Verordnung sowie
- vom ASchG generell durch Bescheid im Einzelfall.

5 Die Gesetzesmaterialien zur ASchG-Stammfassung BGBl 1994/450 verweisen auf die zuvor geltende – abweichende – ANSchG-Rechtslage, die nicht

zuletzt aufgrund zwingender **EU-Mindestvorgaben** nicht in § 95 ASchG übernommen wurde:

> „§ 24 Abs. 3 ANSchG sieht vor, daß die zuständige Behörde in den Durchführungsverordnungen zur Genehmigung von Abweichungen und Ausnahmen zu ermächtigen ist (siehe ua § 97 AAV). Dieser ‚Auftrag' an den Verordnungsgeber wurde in den vorliegenden Entwurf nicht mehr übernommen, weil einerseits nicht von allen in den Durchführungsverordnungen vorzusehenden Anforderungen Ausnahmen zugelassen werden dürfen und weil andererseits eine bloße Wiederholung der Voraussetzungen des § 24 Abs 3 ANSchG in den Durchführungsverordnungen entbehrlich erscheint. Generelle Ermächtigungen zur Genehmigung von Ausnahmen wären mit den Richtlinien nicht vereinbar, die einen Mindeststandard vorschreiben, der nicht im Wege einer Einzelgenehmigung unterlaufen werden darf. Abs 1 soll die Einhaltung des in den Richtlinien vorgesehenen Mindeststandards gewährleisten. In den Verordnungen sind jene Bestimmungen zu bezeichnen, die diesen Mindeststandard beinhalten, und ist festzulegen, daß von diesen Bestimmungen keine Ausnahme genehmigt werden darf. Da der Mindeststandard der Richtlinien auch zahlreiche Detailregelungen beinhaltet, die im einzelnen nicht in diesen Entwurf aufgenommen wurden, und außerdem mit weiteren ins Detail gehenden Einzelrichtlinien zur Rahmenrichtlinie 89/391 zu rechnen ist, muß die Festlegung der ausnahmslos einzuhaltenden Bestimmungen der Verordnung überlassen bleiben. In diesem Zusammenhang ist auch auf § 82 Abs. 1 letzter Satz GewO 1994 zu verweisen." (ErlRV 1590 BlgNR 18. GP)

II. Ausnahmen durch Bescheid im Einzelfall

Nach den Erläuterungen zur ASchG-Stammfasssung erschien es – da die ASchG-Verordnungen auf eine Durchschnittsbetrachtung abstellen – nach wie vor erforderlich, dass nach Prüfung im Einzelfall Ausnahmen zugelassen werden können – in gleicher Weise wie die Vorschreibung weitergehender Maßnahmen notwendig sein kann. § 95 ASchG regelt daher die Voraussetzungen für die Genehmigung von Ausnahmen im Einzelfall **(§ 95 Abs 3 ASchG)** und trifft dafür Vorsorge, dass in den ASchG-Durchführungsverordnungen ein unabdingbarer Mindeststandard zur Gewährleistung der Übereinstimmung mit den Richtlinien festgelegt wird (Abs 1; vgl ErlRV 1590 BlgNR 18. GP). 6

Die zuständige Behörde kann daher gemäß § 95 Abs 3 ASchG im Einzelfall auf **begründeten Antrag des Arbeitgebers** Ausnahmen von ASchG-Verordnungsregelungen zu **§ 6 Abs 4 ASchG** (Einsatz von Arbeitnehmerinnen) sowie vom **zweiten bis vierten und vom sechsten Abschnitt ASchG** (Arbeitsstätten, Arbeitsmittel, Arbeitsstoffe, Arbeitsvorgänge) zulassen, wenn nach den Umständen des Einzelfalls zu erwarten ist, dass 7

- Sicherheit und Gesundheit der Arbeitnehmer auch bei Ausnahme gewährleistet sind

- oder durch eine andere vom Arbeitgeber vorgesehene Maßnahme zumindest der gleiche Schutz erreicht wird wie bei Einhaltung der betreffenden ASchG-Verordnungsbestimmungen
- und § 95 Abs 1 die Genehmigung der Ausnahme nicht ausschließt.

8 Voraussetzung für die Ausnahme ist somit, dass **im Einzelfall** trotz Abweichung von den Arbeitnehmerschutzbestimmungen keine Verringerung des Schutzniveaus bewirkt wird (weil die Anforderung nach den Umständen verzichtbar ist oder der Arbeitgeber eine adäquate Ersatzmaßnahme gewährleistet). Ausnahmen im Einzelfall werden **durch die zuständige Behörde mit Bescheid zugelassen**, zB gemäß § 15 Abs 2 bis 4 VOLV (Ausnahme von § 3 Abs 1 bei Überschreitung von Expositionsgrenzwerten durch erheblich schwankende Vibrationen). In der Praxis werden arbeitsstättenbezogene Ausnahmen möglichst im Rahmen der Genehmigungsverfahren nach §§ 93, 94 ASchG mitgenehmigt; damit können sowohl zusätzliche Auflagen vorgeschrieben als auch Ausnahmen im Rahmen eines einzigen Verfahrens erteilt werden. Wenn es zur Erreichung der Zielsetzungen im Einzelfall erforderlich ist, können Ausnahmen auch befristet oder unter Vorschreibung geeigneter Auflagen erteilt werden.

Die Erläuterungen zur ASchG-Stammfassung führen zu den Genehmigungskriterien des § 95 Abs 3 Z 1 und 2 ASchG aus:

> „Es sind daher sowohl betriebliche Gründe als auch die Interessen des Arbeitnehmerschutzes zu berücksichtigen. Dies stellt eine Änderung gegenüber dem geltenden Recht dar, wonach für die Genehmigung von Ausnahmen § 8 Abs 3 AAV nur auf die betrieblichen Gründe, § 97 AAV hingegen nur auf die Interessen des Arbeitnehmerschutzes abstellt. In diesem Zusammenhang ist aber auf das Erkenntnis des Verwaltungsgerichtshofes vom 14. Jänner 1994, Zl. 93/02/0144, zu verweisen, wonach bei Ausnahmen von der natürlichen Belichtung auch im Anwendungsbereich des § 97 AAV die Voraussetzung gilt, daß wichtige Gründe vorliegen müssen. Abs 3 Z 2 betrifft sowohl Fälle, in denen nach den konkreten Umständen des Einzelfalles eine in der Verordnung vorgesehene Anforderung verzichtbar ist, als auch Fälle, in denen eine gleichwertige Ersatzmaßnahme vorgesehen ist." (ErlRV 1590 BlgNR 18. GP)

9 **Unzulässig** sind Bescheidausnahmen von ASchG-Verordnungen zu folgenden Abschnitten des ASchG:

- 1. Abschnitt (Allgemeine Bestimmungen; außer von der zu § 6 Abs 4 erlassenen Verordnung Beschäftigungsverbote und -beschränkungen für Arbeitnehmerinnen, BGBl II 2001/356, hier sind Ausnahmen zulässig)
- 5. Abschnitt (Gesundheitsüberwachung)
- 7. Abschnitt (Präventivdienste)
- 8. Abschnitt (Behörden und Verfahren)

oder wenn eine ASchG-Verordnung eine ausdrückliche Festlegung gemäß § 95 Abs 1 ASchG trifft, dass keine Ausnahme zulässig ist (zB § 14 Abs 1 VbA bezüglich § 9 Abs 1 VbA; § 15 Abs 1 VOLV bezüglich §§ 5, 9 Abs 3 Z 3, 10 Abs 2 VOLV).

Die bei Inkrafttreten des ASchG **bereits erteilten Ausnahmegenehmigungen** von den durch §§ 103 bis 123 ASchG vorläufig übergeleiteten weitergeltenden Bestimmungen bleiben unberührt (126 ASchG, soweit Abs 4 zur Gültigkeit der Bescheide nichts anderes bestimmt, zB Festlegung einer Übergangsfrist). 10

Mit dem **ANS-RG** (BGBl I 2001/159) wurden § 95 Abs 3 Z 1 und § 126 Abs 2 Z 1 ASchG, wonach den Arbeitgebern Ausnahmen nur aus wichtigen Gründen erteilt werden konnten, aufgehoben. Die Regelungen erschienen entbehrlich, weil Ausnahmen ohnehin nur dann vorgesehen oder bewilligt werden können, wenn dadurch keine Verringerung des Schutzniveaus eintritt. Im Interesse der Verfahrensbeschleunigung sollten die Arbeitgeber durch die ASchG-Novelle jedoch verpflichtet werden, solche **Ausnahmeanträge entsprechend zu begründen** (vgl ErlRV 802 BlgNR 21. GP). 11

III. Befristungen und Auflagen, Aufhebung der Ausnahme

Nach den Erläuterungen zur ASchG-Stammfassung sieht **§ 95 Abs 4** ASchG **Befristungen und Auflagen bei Ausnahmegenehmigungen** vor, weil sich in der Praxis immer wieder zeigt, dass manche von den Arbeitgebern angestrebten Ausnahmen durchaus zulässig und vertretbar wären, wenn sie befristet werden (zB für eine Umbau- oder Umstellungsphase, für ein nur vorübergehend dringend benötigtes Ausweichlokal) oder unter Auflagen (zur Gewährleistung gleichwertiger Ersatzmaßnahmen) erteilt werden können (vgl ErlRV 1590 BlgNR 18. GP). 12

Wenn es zur Erreichung der Zielsetzungen des § 95 Abs 3 Z 2 ASchG im Einzelfall erforderlich ist, können Auflagen daher befristet oder unter Vorschreibung bestimmter geeigneter Auflagen erteilt werden. **Ausnahmen** nach **§ 95 Abs 3 ASchG** sind von der zuständigen Behörde jedoch **aufzuheben (Widerruf)**, wenn die Auflagen nicht eingehalten werden oder wenn die Voraussetzungen für die Erteilung der Ausnahme nicht mehr vorliegen. 13

IV. Ausnahmeanträge durch vom Arbeitgeber verschiedene Person

Ausnahmen sind antragsgebunden, nach § 95 Abs 3 ASchG ist ein begründeter Antrag des Arbeitgebers erforderlich. Zur Klarstellung regelt § 95 Abs 5 ASchG, dass ein **Wechsel in der Person des Arbeitgebers** die Wirksamkeit von Ausnahmen nicht berührt, wenn sich der für die Ausnahme maßgebliche Sachverhalt nicht geändert hat. 14

15 Seit 1.1.2002 berechtigt **§ 95 Abs 6 ASchG** unter dem Gesichtspunkt der Verfahrensökonomie (Zweckmäßigkeit im Sinn der Raschheit, Einfachheit und Kostenersparnis) generell **eine vom Arbeitgeber verschiedene Person**, Ausnahmeanträge zu stellen. Die Regelung bezieht sich insbesondere auf Genehmigungswerber (in Verfahren nach § 93 Abs 1 und 3 und § 94 Abs 1 ASchG), aber auch auf Inhaber, Betreiber einer mehrere Arbeitsstätten umfassenden Gesamtanlage und ermöglicht Ausnahmeanträge, auch wenn die künftigen Mieter (Arbeitgeber) noch nicht feststehen.

16 Diese Erweiterung des § 95 Abs 6 ASchG erfolgte erst durch das **ANS-RG**. Bis dahin war das Antragsrecht von Personen, die nicht Arbeitgeber sind, an ein Genehmigungsverfahren geknüpft; vgl ErlRV 802 BlgNR 21. GP:

> „Das ASchG sieht derzeit nämlich nur im Fall des § 95 Abs. 6 die Möglichkeit vor, dass eine vom Arbeitgeber verschiedene Person berechtigt ist, Ausnahmeanträge zu stellen, dies setzt aber ein Arbeitsstättenbewilligungsverfahren oder ein anderes Anlagengenehmigungsverfahren voraus und ist daher auf nicht genehmigungspflichtige Arbeitsstätten nicht anwendbar. Diese Möglichkeit soll entsprechend erweitert werden, um durch Reduktion von Ausnahmeverfahren zu Verfahrenserleichterungen für die Wirtschaft zu führen."

Da sich die Arbeitnehmerschutzvorschriften an die Arbeitgeber als Normadressaten richten, waren ursprünglich (nach der vor dem ASchG geltenden Rechtslage – ANSchG) überhaupt nur die Arbeitgeber berechtigt, Ausnahmeanträge zu stellen, nicht aber zB die Eigentümer, Verwalter oder Betreiber eines Bürohauses. Dies führte in der Praxis zu Erschwernissen, weil im Zeitpunkt des Genehmigungsverfahrens oft noch nicht feststeht, welcher Unternehmer als Arbeitgeber in der betreffenden Anlage Arbeitnehmer beschäftigen wird.

17 **§ 95 Abs 6 in der ASchG-Stammfassung** BGBl 1994/450 sah va im Hinblick auf Einkaufszentren oder Gewerbeparks bereits damals zumindest die Möglichkeit vor, auf Antrag eines Genehmigungswerbers, der nicht Arbeitgeber der in der Arbeitsstätte beschäftigten Arbeitnehmer ist, unter bestimmten Voraussetzungen Ausnahmen in Genehmigungsverfahren (§ 93 Abs 1 und 3 und § 94 Abs 1 ASchG) zu erteilen wurden. Die Erläuterungen zur ASchG-Stammfassung beschreiben die Regelungshintergründe des § 95 Abs 6 ASchG aF näher:

> „Im Sinne der Verwaltungsökonomie wird in der Regel über arbeitsstättenbezogene Ausnahmen (zB betreffend die bauliche Gestaltung der Arbeitsräume und sonstigen Betriebsräume) nach Möglichkeit bereits im Rahmen eines Verfahrens nach §§ 93 und 94 entschieden, nicht in einem gesonderten parallelen Verfahren, zumal häufig die Genehmigung von Ausnahmen nach den Arbeitnehmerschutzvorschriften Voraussetzung für die Zulässigkeit zB

der Betriebsanlagengenehmigung ist. Diese Vorgangsweise hat sich als zweckmäßig erwiesen. Abs 6 nimmt auf die bei Genehmigung von Einkaufszentren und Gewerbeparks etc aufgetretenen Probleme Bedacht, die sich daraus ergeben, daß nach dem ANSchG und der AAV die Ausnahmen nur von den Arbeitgebern beantragt werden können, nicht aber von den Betreibern/Betreiberinnen. (Siehe VwGH vom 28. Jänner 1991, Zl. 90/19/0270.) Dies führt in der Praxis dazu, daß z.B. die gewerberechtliche Betriebsanlagengenehmigung nicht erteilt werden kann, wenn ein Projekt nicht voll der AAV entspricht und die Arbeitgeber (künftigen Mieter) noch nicht feststehen und daher auch keine Ausnahme erwirken können, auch wenn die inhaltlichen Voraussetzungen für Abweichungen oder Ausnahmen nach § 97 AAV vorliegen. Aus verwaltungsökonomischen Gründen erscheint es sinnvoller, über allfällige Ausnahmen insbesondere in baulicher Hinsicht (z.B. Belichtung, Raumhöhe etc.) bereits in diesem Genehmigungsverfahren zu entscheiden. Für die Aufhebung der erteilten Ausnahmegenehmigungen gilt Abs 4. Wenn sich nach der Genehmigung herausstellt, zB aufgrund der dann feststehenden Nutzung der einzelnen Räume, daß weitere oder andere Maßnahmen erforderlich sind, ist nach § 94 Abs 3 vorzugehen." (ErlRV 1590 BlgNR 18. GP)

Diese bei Inkrafttreten des ASchG 1995 noch auf genehmigungspflichtige Arbeitsstätten beschränkte Antragsmöglichkeit des § 95 Abs 6 der ASchG-Stammfassung wurde durch die Novelle BGBl I 2001/159 (ANS-RG) erweitert. Seither kann unabhängig von einem Genehmigungsverfahren eine vom Arbeitgeber verschiedene Person einen Ausnahmeantrag stellen. Erweist sich nach erfolgter Genehmigung zu einem späteren Zeitpunkt, dass zB aufgrund der Nutzung der einzelnen Räumlichkeiten andere oder zusätzliche Maßnahmen zum Schutz der Arbeitnehmer erforderlich sind, müssen diese Auflagen oder Bedingungen gemäß § 94 Abs 3 ASchG vorgeschrieben werden. 18

V. Ausnahmen für mehrere Baustellen oder auswärtige Arbeitsstellen, identische Arbeitsstätten/Arbeitsmittel

Auch § 95 Abs 7 ASchG steht unter dem Gesichtspunkt der Verfahrensökonomie: Diese Bestimmung enthält die Ausnahmeerteilung **für mehrere künftige Baustellen oder auswärtige Arbeitsstellen** durch jene Behörde, welche für die Arbeitsstätte zuständig ist, der die Baustelle bzw auswärtige Arbeitsstelle organisatorisch zugerechnet wird. Im Zweifel besteht Zuständigkeit der für den **Unternehmenssitz** zuständigen Behörde. Praktische Bedeutung hat die Regelung etwa für Ausnahmegenehmigungen zB von der BauV im Zusammenhang mit den Anforderungen an Gerüste, die auf mehreren künftigen Baustellen zum Einsatz kommen sollen. Eine zentrale Ausnahmegenehmigung nach § 95 Abs 7 ASchG erspart ein eigenes Ausnahmeverfahren, das sonst für jeden einzelnen Aufstellungsort notwendig wäre. 19

Mit Wirksamkeit 1.1.2002 (ANS-RG) wurde § 95 Abs 7 ASchG um den zweiten Satz erweitert: Wird eine Ausnahmegenehmigung für **mehrere identische** 20

Arbeitsstätten eines Arbeitgebers oder mehrere identische **Arbeitsmittel**, die in verschiedenen Arbeitsstätten eines Arbeitgebers verwendet werden sollen, beantragt und liegen für deren Erteilung vollkommen identische Voraussetzungen vor, besteht Zuständigkeit der für den **Unternehmenssitz** des Arbeitgebers zuständigen Behörde.

21 Von identischen Arbeitsstätten bzw Arbeitsmitteln ist freilich nur dann auszugehen, wenn es sich um dieselbe Sache handelt, die etwa nacheinander in verschiedenen Arbeitsstätten eingesetzt wird, oder um mehrere gleiche Sachen desselben Typs; ebenso müssen die Einsatzbedingungen und ausnahmerelevanten Umstände identisch sein. Ein Beispiel dafür wäre eine Ausnahme von Anforderungen der AM-VO an Hubstapler, die in mehreren Filialen einer Baumarktkette unter denselben Voraussetzungen eingesetzt werden. Voraussetzung ist allerdings, dass die Ausnahmevoraussetzungen tatsächlich identisch sind. Sind unterschiedliche örtliche Gegebenheiten in den Filialen entscheidungsrelevant, ist § 95 Abs 7 ASchG nicht anwendbar.

Die Gesetzesmaterialien begründen diese Erweiterung des § 95 Abs 7 ASchG folgendermaßen:

> „Ausnahmegenehmigungsverfahren beziehen sich grundsätzlich jeweils auf eine (einzige) konkrete Arbeitsstätte. Örtlich zuständig ist die Bezirksverwaltungsbehörde, in deren Sprengel die betreffende Arbeitsstätte gelegen ist. Wenn ein Arbeitgeber mehrere identische Arbeitsstätten in verschiedenen Behördensprengeln hat oder identische Arbeitsmittel in mehreren Arbeitsstätten einsetzen möchte, ist derzeit dennoch für jede dieser Arbeitsstätten ein eigenes Ausnahmeverfahren erforderlich, und zwar selbst dann, wenn die Verhältnisse und damit auch die Ausnahmevoraussetzungen völlig gleich gelagert sind. Hier könnte im Interesse der Wirtschaft eine Vereinfachung dadurch erreicht werden, dass durch die für den Unternehmenssitz zuständige Behörde nur eine einzige – zentrale – Ausnahme erteilt wird." (ErlRV 802 BlgNR 21. GP)

22 Zu beachten ist, dass Ausnahmen nach § 95 Abs 7 ASchG nur vom **Arbeitgeber** beantragt werden können, nicht aber zB vom Hersteller eines Arbeitsmittels. Bei Arbeitsstätten, die einer Bewilligungs- bzw Genehmigungspflicht nach §§ 93, 94 ASchG unterliegen, wird über Ausnahmeanträge im jeweiligen Verfahren entschieden, weshalb § 95 Abs 7 ASchG dann keine Anwendung findet.

Zwangs- und Sicherungsmaßnahmen

§ 96. (1) **Die zuständige Behörde hat durch Bescheid die Beschäftigung von Arbeitnehmern zu untersagen oder sonstige geeignete Sicherungsmaßnahmen anzuordnen, wie die gänzliche oder teilweise Schließung einer Arbeitsstätte oder die Stillegung von Arbeitsmitteln, wenn dies zur Abwehr einer Gefahr für Leben oder Gesundheit von Arbeitnehmern erforderlich ist.**

(2) Liegen die Voraussetzungen für die Erlassung eines Bescheides gemäß Abs. 1 nicht mehr vor, so hat die zuständige Behörde auf Antrag des Arbeitgebers die nach Abs. 1 getroffenen Maßnahmen aufzuheben.

(3) Beschwerden beim Verwaltungsgericht gegen Bescheide nach Abs. 1 kommt keine aufschiebende Wirkung zu.

(4) Beschwerden beim Verwaltungsgericht nach Abs. 1 treten mit Ablauf eines Jahres, vom Tag ihrer Erlassung an gerechnet, außer Wirksamkeit, wenn sie nicht kürzer befristet sind. Dies gilt auch für Erkenntnisse des Verwaltungsgerichts, die aufgrund von Beschwerden gegen Bescheide nach Abs. 1 ergangen sind.

(5) Den gesetzlichen Interessenvertretungen der Arbeitgeber und Arbeitnehmer ist eine Ablichtung von Bescheiden gemäß Abs. 1 und 2 zu übermitteln.

(6) Abs. 1 und 2 ist auf Arbeitsstätten, für die auf Grund gesetzlicher Vorschriften eine Betriebspflicht besteht, nicht anzuwenden.

(7) *(Anm.: aufgehoben durch BGBl. I Nr. 38/1999)*

[BGBl I 2013/71]

Übersicht

I. Untersagung der Beschäftigung und andere Sicherungsmaßnahmen 1–4
II. Berufung bzw Verwaltungsgerichtsbeschwerde 5, 6

I. Untersagung der Beschäftigung und andere Sicherungsmaßnahmen

Wenn es **zur Abwehr einer Gefahr für Leben oder Gesundheit von Arbeitnehmern erforderlich** ist, muss die zuständige Behörde mit Bescheid deren Beschäftigung untersagen oder sonstige geeignete Sicherungsmaßnahmen anordnen, zB gänzliche oder teilweise Schließung einer Arbeitsstätte, Stilllegung von Arbeitsmitteln (**§ 96 Abs 1 ASchG**). 1

Ist keine kürzere Frist vorgesehen, tritt der **Bescheid** nach einem Jahr außer Kraft (§ 96 Abs 4 ASchG). Ab 1.1.2014 wird § 96 Abs 4 ASchG in Anpassung an die Verwaltungsgerichtsbarkeitsreform ergänzt: Auch Erkenntnisse des Verwaltungsgerichts, die aufgrund von Beschwerden gegen Bescheide nach § 96 Abs 1 ergangen sind, treten mit Ablauf eines Jahres, vom Tag ihrer Erlassung an gerechnet, außer Wirksamkeit, wenn sie nicht kürzer befristet sind (ASchG-Novelle: Art 25 BGBl I 2013/71). 2

§ 96 gilt nicht für Arbeitsstätten, die einer gesetzlichen Betriebspflicht unterliegen, wie zB Apotheken oder Flughäfen (§ 96 Abs 6 ASchG).

3 Zuständige Behörde ist im Regelfall die **Bezirksverwaltungsbehörde** (siehe § 99 ASchG). Liegen die Voraussetzungen für die Bescheiderlassung gemäß § 96 Abs 1 ASchG nicht mehr vor, muss die Behörde auf Antrag des Arbeitgebers die getroffenen Maßnahmen aufheben (§ 96 Abs 2 ASchG).

Die Gesetzesmaterialien zur ASchG-Stammfassung verweisen auf die zuvor geltende Rechtslage und § 360 GewO 1994 (Einstweilige Zwangs- und Sicherheitsmaßnahmen):

> „In Anlehnung an § 28 ANSchG und §§ 84 und 360 GewO 1994 wird die Behörde zu Zwangs- und Sicherungsmaßnahmen bei Gefahr für die Sicherheit und Gesundheit der Arbeitnehmer ermächtigt. Dies muß auch für gewerbliche Betriebsanlagen gelten, da die Gewerbeordnung 1994 keine taugliche Grundlage für ein Beschäftigungsverbot oder sonstige Maßnahmen zum Schutz der Arbeitnehmer bietet, zumal die Arbeitnehmer nicht zum Kreis der nach der GewO 1994 zu schützenden Personen gehören (siehe § 74 Abs. 2 Z 1 GewO 1994). Das Recht der Arbeitsinspektion auf Erlassung von Verfügungen bei unmittelbar drohender Gefahr wird dadurch nicht berührt." (ErlRV 1590 BlgNR 18. GP)

4 Vgl § 10 Arbeitsinspektionsgesetz 1993 (ArbIG) zu den Befugnissen der **Arbeitsinspektionsorgane** bei unmittelbar drohender Gefahr für Leben oder Gesundheit von Arbeitnehmern. Diese gelten unabhängig von § 96 ASchG.

§ 96 Abs 7 der ASchG-Stammfassung wurde mit der ASchG-Novelle BGBl I 1999/38 (MinroG) aufgehoben: Im Hinblick auf Regelungen des zuvor geltenden Berggesetzes 1975 war eine Vorschreibung von Zwangs- und Sicherungsmaßnahmen zum Schutz der Arbeitnehmer im Bergbau nach ASchG nicht für notwendig erachtet worden, weshalb Tätigkeiten, die unter das Berggesetz 1997 fielen, durch § 96 Abs 7 ASchG ursprünglich ausgenommen waren. Aufgrund § 183 MinroG gilt seit 1.1.1999 das ASchG auch für die dem MinroG unterliegenden Tätigkeiten.

II. Berufung bzw Verwaltungsgerichtsbeschwerde

5 Gegen Bescheide nach § 96 Abs 1 ASchG besteht bis 31.12.2013 das Recht auf **Berufung** im Instanzenzug.

Mit **1.1.2014** wird das Berufungsrecht aufgrund der Verwaltungsgerichtsbarkeitsreform ersetzt durch das Recht auf **Beschwerde beim Verwaltungsgericht**. Mit der ASchG-Novelle BGBl I 2013/71 vom 17.4.2013 (Verwaltungsgerichtsbarkeits-Anpassungsgesetz – Bundesministerium für Arbeit, Soziales und Konsumentenschutz) erfolgten die legistischen Anpassungen an die Verwaltungsgerichtsbarkeits-Novelle 2012, BGBl I 2012/51.

6 Berufungen gegen Bescheide nach § 96 Abs 1 kommt **keine aufschiebende Wirkung** zu. Das gilt ab 1.1.2014 ebenso für Beschwerden beim Verwaltungsgericht.

Sonderbestimmungen für die Zustellung

§ 96a. **(1) Schifffahrtsunternehmen mit Sitz im Ausland, deren Fahrzeuge auf österreichischen Wasserstraßen verkehren, kann im Wege des Schiffführers eines Fahrzeuges des Unternehmens wirksam zugestellt werden.**

(2) Eisenbahnunternehmen mit Sitz im Ausland, deren Fahrzeuge auf dem österreichischen Schienennetz verkehren, kann im Wege des Triebfahrzeugführers oder des Personals eines Fahrzeuges des Unternehmens wirksam zugestellt werden.

[BGBl I 2012/118]

Übersicht

I. Zustellung bei Schifffahrts- und Eisenbahnunternehmen mit Sitz im Ausland 1, 2
II. Verkehrsspezifische Arbeitnehmerschutzbestimmungen und Arbeitsaufsicht 3–6

I. Zustellung bei Schifffahrts- und Eisenbahnunternehmen mit Sitz im Ausland

§ 96a ASchG wurde mit Art 60 des 2. Stabilitätsgesetzes 2012, BGBl I 2012/35, 1
neu in das ASchG aufgenommen und gilt seit 1.7.2012.

Demnach kann im Verkehrsbereich an Arbeitgeber nach ASchG mit Sitz im Ausland die Zustellung von Schriftstücken rechtswirksam erfolgen:

- an den Schiffführer bei Schifffahrtsunternehmen,
- an den Triebfahrzeugführer oder das Personals eines Fahrzeuges bei Eisenbahnunternehmen,

wenn das Fahrzeug auf österreichischen Wasserstraßen bzw auf dem österreichischen Schienennetz verkehrt.

Der neue § 96a ASchG übernimmt die **Sonderregelungen für die Zustellung** 2
von Schriftstücken in Bezug auf bestimmte Verkehrsunternehmen ohne Sitz im Inland aus dem bis 30.6.2012 geltenden **VAIG 1994** ebenso wie in das Arbeitsinspektionsgesetz auch in das ArbeitnehmerInnenschutzgesetz (vgl ErlRV 1685 BlgNR 24. GP).

Dem § 96a ASchG bzw VAIG 1994 entsprechende verfahrensrechtliche Sonderbestimmungen für die Zustellung bei Schifffahrt- und Eisenbahnunternehmungen mit Sitz im Ausland gelten nach § 13a Abs 2 und 3 Arbeitsinspektionsgesetz 1993 (ArbIG).

II. Verkehrsspezifische Arbeitnehmerschutzbestimmungen und Arbeitsaufsicht

Regelungshintergrund des § 96a ASchG war die **Neuorganisation des** 3
Arbeitnehmerschutzes im Verkehr und des Verkehrs-Arbeitsinspektorats als Arbeitsaufsichtsbehörde durch den Aufgabenübergang vom Bundes-

ministerium für Verkehr, Innovation und Technologie (BMVIT) auf das Bundesministerium für Arbeit, Soziales und Konsumentenschutz (BMASK) mit Wirksamkeit 1.7.2012 durch das **2. Stabilitätsgesetz 2012 (2. StabG 2012), BGBl I 2012/35**.

Nach den Gesetzesmaterialien (ErlRV 1685 BlgNR 24. GP) zum 4. Abschnitt (Organisationsreform der Arbeitsinspektion) – Art 59 bis Art 81 des 2. StabG 2012 – sollte das Verkehrs-Arbeitsinspektorat im BMVIT als einzige noch bestehende Sonderarbeitsaufsicht im Zuständigkeitsbereich des Bundes mit der Arbeitsinspektion im Bundesministerium für Arbeit, Soziales und Konsumentenschutz (BMASK/Zentral-Arbeitsinspektorat) zu einem österreichweit agierenden Kompetenzzentrum für Sicherheit und Gesundheitsschutz am Arbeitsplatz zusammengeführt und daraus entstehende Synergieeffekte im Sinne der Verwaltungsreform genutzt werden.

4 Dazu waren zahlreiche Anpassungen der Arbeitnehmerschutzbestimmungen erforderlich:

Durch Art 58 des 2. StabG 2012 wurde mit 30.6.2012 das Bundesgesetz über die Verkehrs-Arbeitsinspektion (VAIG 1994), BGBl 1994/650, aufgehoben.

Mit den Art 59 bis 66 des 2. StabG 2012 wurden die zum Schutz der Arbeitnehmer im Verkehrsbereich erforderlichen verkehrsspezifischen Schutzbestimmungen va durch **Änderungen desASchG und des Arbeitsinspektionsgesetzes 1993 (ArbIG)** neu gefasst.

5 Die bis 1.7.2012 geltenden Verordnungsermächtigungen der Bundesministerin für Verkehr, Innovation und Technologie wurden in die Zuständigkeit des Bundesministers für Arbeit, Soziales und Konsumentenschutz übertragen (§ 101 Abs 4 ASchG). Mit § 127a ASchG wurde die Arbeitnehmerschutzverordnung Verkehr 2011 **(AVO-Verkehr)**, die noch auf Rechtsgrundlage des § 17 Abs 1 VAIG 1994 erlassen worden war, mit Wirksamkeit 1.7.2012 als Verordnung zum ASchG übergeleitet.

6 Mit der **Verordnung BGBl II 2012/215** vom 25.6.2012 erfolgten zusätzliche **Anpassungen auf ASchG-Verordnungsebene** durch Novellen va der

- Verordnung über den Schutz von ArbeitnehmerInnen im Bereich von Gleisen (Eisenbahn-ArbeitnehmerInnenschutzverordnung – **EisbAV**), BGBl II 1999/384,
- Verordnung über den Schutz der ArbeitnehmerInnen in der Schifffahrt (Schifffahrt-ArbeitnehmerInnenschutzverordnung – **SchiffAV**), BGBl II 2009/260,
- Verordnung betreffend Schifffahrtsanlagen sowie sonstige Anlagen und Arbeiten an Wasserstraßen **(Schifffahrtsanlagenverordnung)**, BGBl II 2008/298 (Entfall der Bestimmungen zum Schutz des Lebens und der Gesundheit von Arbeitnehmern in dieser Verordnung und Neuregelung im 4. Abschnitt SchiffAV – Schifffahrtsanlagen).

Meldung von Bauarbeiten

§ 97. **(1) Arbeitgeber sind verpflichtet, dem zuständigen Arbeitsinspektorat Bauarbeiten, die voraussichtlich länger als fünf Arbeitstage dauern, nachweislich zu melden. Zum Zweck der Kontrolle von Baustellen ist die Meldung auch an die Bauarbeiter-Urlaubs- und Abfertigungskasse (§ 14 des Bauarbeiter-Urlaubs- und Abfertigungsgesetzes – BUAG, BGBl. Nr. 414/1972) zu übermitteln.**

(2) Die Meldung muß spätestens eine Woche vor Arbeitsbeginn erfolgen. Die Arbeiten dürfen erst nach erfolgter Meldung begonnen werden. In Katastrophenfällen, bei unaufschiebbaren Arbeiten und bei kurzfristig zu erledigenden Aufträgen ist die Meldung spätestens am Tag des Arbeitsbeginns zu erstatten.

(3) Die Meldung muß alle zur Wahrnehmung des Arbeitnehmerschutzes erforderlichen Angaben enthalten.

(4) Erfolgt vor Beginn der Bauarbeiten eine Meldung an das Arbeitsinspektorat durch den Auftraggeber oder eine von ihm beauftragte Person, und enthält diese Meldung alle für die Wahrnehmung des Arbeitnehmerschutzes erforderlichen Angaben, so entfällt die Meldepflicht der Arbeitgeber.

(5) Werden auf einer Baustelle Bauarbeiten von mehreren Arbeitgebern unmittelbar aufeinanderfolgend ausgeführt, obliegt die Meldepflicht jenem Arbeitgeber, der zuerst mit den Arbeiten auf der Baustelle beginnt.

(6) Mit besonderen Gefahren verbundene Bauarbeiten sind abweichend von Abs. 4 und 5 jedenfalls gesondert durch die betreffenden Arbeitgeber zu melden.

(7) Bauarbeiten, bei denen die Arbeitnehmer Einwirkungen von schwachgebundenen Asbestprodukten ausgesetzt sein können, sind abweichend von Abs. 1 und 4 bis 6 unabhängig von ihrer Dauer zu melden. Die Meldung hat auch Angaben über die Arbeitsweise und die zum Schutz der Arbeitnehmer vorgesehenen Maßnahmen zu enthalten. Die Meldung muß abweichend von Abs. 2 jedenfalls vor Beginn der Arbeiten erfolgen.

(8) Erfolgt die Meldung nach Abs. 1, 6 oder 7 elektronisch mittels Webanwendung an die Baustellendatenbank (§ 31a des Bauarbeiter-Urlaubs- und Abfertigungsgesetzes – BUAG, BGBl. Nr. 414/1972, in der geltenden Fassung), gilt sie als Meldung an das zuständige Arbeitsinspektorat. Ab 1. Jänner 2019 müssen Meldungen nach Abs. 1, 6 und 7 elektronisch mittels Webanwendung an die Baustellendatenbank erfolgen.

[BGBl I 2016/72]

Übersicht

I.	Meldung an Arbeitsinspektorat und Bauarbeiter-Urlaubs- und Abfindungskasse	1–4
II.	Meldung durch den Auftraggeber	5, 6
III.	Meldung von Asbestarbeiten	7, 8
IV.	Elektronische Meldung – Baustellendatenbank	9–11

I. Meldung an Arbeitsinspektorat und Bauarbeiter-Urlaubs- und Abfindungskasse

1 Arbeitgeber müssen Bauarbeiten, deren **Dauer fünf Arbeitstage voraussichtlich überschreitet**, dem zuständigen Arbeitsinspektorat nachweislich melden. Die Meldung muss alle zur Wahrnehmung des Arbeitnehmerschutzes erforderlichen Angaben enthalten (§ 97 Abs 1 und 2 ASchG). Nähere Regelungen zur Baustellenmeldung enthält **§ 3 Abs 1 Bauarbeiterschutzverordnung** (BauV), BGBl 1994/340.

Zuständig für alle Meldungen ist jenes **Arbeitsinspektorat**, welches am Standort der Baustelle die örtliche und sachliche Zuständigkeit hat (vgl Arbeitsinspektionsgesetz 1993 – ArbIG und Verordnung über die Aufsichtsbezirke und den Wirkungsbereich der Arbeitsinspektorate, BGBl 1993/237).

2 Zum Zweck der Kontrolle von Baustellen muss die **Meldung auch an die Bauarbeiter-Urlaubs- und Abfertigungskasse** (§ 14 Bauarbeiter-Urlaubs- und Abfertigungsgesetz – BUAG, BGBl 1972/414) übermittelt werden. Die Regelung wurde mit der ASchG-Novelle BGBl I 2011/51 in § 97 Abs 1 ASchG verankert und ist mit **1.4.2012** durch die Verordnung des Bundesministers für Arbeit, Soziales und Konsumentenschutz zur Feststellung der Verfügbarkeit der technischen Mittel für die Erfassung von Baustellenmeldungen (Baustellendatenbank-Verordnung), BGBl II 2012/86, in Kraft getreten (vgl § 131 Abs 8 ASchG). **Mit der elektronischen Meldung durch Webapplikation auf der BUAK-Website wird die Meldepflicht an beide Stellen erfüllt.**

3 Die Meldung der Baustelle muss **spätestens eine Woche vor Arbeitsbeginn** erfolgen, die Bauarbeiten dürfen erst nach erfolgter Meldung begonnen werden. Nur in Katastrophenfällen, bei unaufschiebbaren Arbeiten oder bei kurzfristig zu erledigenden Aufträgen ist die Meldung spätestens am Tage des Arbeitsbeginnes zu erstatten (§ 97 Abs 2 ASchG). Asbestarbeiten dürfen jedenfalls erst nach erfolgter Meldung begonnen werden (§ 97 Abs 7 ASchG).

4 Werden auf einer Baustelle Bauarbeiten von **mehreren Arbeitgebern** unmittelbar aufeinanderfolgend ausgeführt, obliegt die Meldepflicht jenem Arbeitgeber, welcher zuerst mit den Arbeiten auf der Baustelle beginnt (§ 97 Abs 5 ASchG).

II. Meldung durch den Auftraggeber

5 Die Meldepflicht der Arbeitgeber entfällt bei einer **Vorankündigung** nach dem Bauarbeitenkoordinationsgesetz (BauKG), BGBl I 1999/37, durch den

Auftraggeber oder eine beauftragte Person, wenn diese alle arbeitnehmerschutzrelevanten Angaben enthält (**§ 97 Abs 4 ASchG**): Nach **§ 6 BauKG** muss bei einer Dauer von mehr als 30 Arbeitstagen und mehr als 20 gleichzeitig auf der Baustelle Beschäftigten sowie bei Baustellen mit einem Umfang von mehr als 500 Personentagen eine Vorankündigung durch den **Bauherrn** (oder den beauftragten Projektleiter) erfolgen. Weiters ist für solche Baustellen ein Sicherheits- und Gesundheitsschutzplan zu erstellen (§ 7 BauKG). Zum In-Kraft-Treten vgl § 118 Abs 2 ASchG.

Nach den Gesetzesmaterialien zur ASchG-Stammfassung entspricht diese Bestimmung den Ergebnissen der Beratungen über die (damals) neue Bauarbeiterschutzverordnung. § 97 Abs 4 nimmt auf die in der **Richtlinie 57/92/EWG** vorgesehenen Vorankündigungspflichten der Bauherrn bzw Bauleiter Bedacht. Wenn eine solche Meldung erfolgt, ist eine gesonderte Meldung der Arbeitgeber nicht erforderlich, soweit es sich nicht um besonders gefährliche Arbeiten handelt, für die eine besondere Überwachung ermöglicht werden muss (vgl ErlRV 1590 BlgNR 18. GP). **6**

III. Meldung von Asbestarbeiten

Bauarbeiten, bei denen die Arbeitnehmer Einwirkungen von schwachgebundenen Asbestprodukten ausgesetzt sein können, sind **unabhängig von ihrer Dauer** und **jedenfalls vor Beginn der Arbeiten** zu melden. Die Meldung hat auch Angaben über die Arbeitsweise und die zum Schutz der Arbeitnehmer 2024 vorgesehenen Maßnahmen zu enthalten (**§ 97 Abs 7 ASchG**; vgl Asbest-Richtlinie 2003/18/EG). Zum In-Kraft-Treten vgl § 118 Abs 2 ASchG. **7**

Nach der **Grenzwerteverordnung 2024 (GKV)** müssen Arbeitgeber bzw Arbeitgeberinnen vor Beginn von Arbeiten, bei denen Arbeitnehmer bzw Arbeitnehmerinnen Asbeststaub oder Staub von asbesthaltigen Materialien ausgesetzt sind oder sein können, dem zuständigen Arbeitsinspektorat schriftlich melden. Sofern es sich um Bauarbeiten iSd BauV handelt, ist auch der Name der vorgesehenen Aufsichtsperson zu melden. Bei einer Änderung der Arbeitsbedingungen, durch die die Exposition gegenüber Asbeststaub oder Staub von asbesthaltigen Materialien erheblich zunehmen kann, muss eine neue Meldung erfolgen (§§ 21 und 22 GKV). Im Zusammenhang mit Bauarbeiten kann die Baustellendatenbank verwendet werden. **8**

IV. Elektronische Meldung – Baustellendatenbank

Arbeitgeber und Arbeitgeberinnen sowie Bauherren haben seit 1.4.2012 die Möglichkeit, folgende Baustellenmeldungen elektronisch mittels **Webapplikation** auf der Website der Bauarbeiter-Urlaubs- und Abfertigungskasse (BUAK) kostenfrei vorzunehmen (e-BUAK-Portal: https://buak.at/arbeitgeberinnen/meldungen/): **9**

- Baustellenmeldungen gemäß § 97 Abs 1 und 4 ASchG und § 3 Abs 1 Bauarbeiterschutzverordnung (BauV);

- Meldungen bei Bauarbeiten mit besonderen Gefahren nach § 97 Abs 6 ASchG und § 3 Abs 5 BauV;
- Meldungen von Asbestarbeiten gemäß § 97 Abs 7 ASchG und § 22 Abs 1 Grenzwerteverordnung 2024(GKV);
- Vorankündigungen gemäß § 6 Bauarbeitenkoordinationsgesetz (BauKG).

10 Mit der elektronischen Meldung ist **gleichzeitig die Verpflichtung gegenüber der Arbeitsinspektion und der BUAK erfüllt**. Seit 1.1.2019 muss die Baustellendatenbank verpflichtend für Baustellenmeldungen verwendet werden.

Die BUAK, die Arbeitsinspektion bzw das Verkehrs-Arbeitsinspektorat sind gemeinsameAuftraggeber/innen der Baustellendatenbank gemäß § 4 Z 4 Datenschutzgesetz (DSG), BGBl I 1999/165.

Die Gesetzesmaterialien zu BGBl I 2011/51 führen zur **Baustellendatenbank** aus:

> „Eine Maßnahme zur Verbesserung der Kontrolle stellt die Errichtung einer Baustellendatenbank dar. Basierend auf den Baustellenmeldungen nach ArbeitnehmerInnenschutzgesetz (ASchG) und den Vorankündigungen nach Bauarbeitenkoordinationsgesetz (BauKG) soll eine webbasierte Datenbank aller Baustellen (in Zusammenarbeit zwischen BUAK, Zentral-Arbeitsinspektorat und Verkehrs-Arbeitsinspektorat) erstellt werden, die dann auch anderen Behörden (Finanzpolizei, Krankenversicherungsträger) zugänglich sein soll. Die gesetzlichen Bestimmungen sollen erst dann in Kraft treten, wenn die entsprechenden technischen Voraussetzungen geschaffen sind (dazu sieht der Entwurf eine Verordnungsermächtigung hinsichtlich des Inkrafttretens vor). Dazu sind auch Änderungen im ASchG, BauKG, Arbeitsinspektionsgesetz 1993 (ArbIG) und Verkehrs-Arbeitsinspektionsgesetz 1994 (VAIG 1994) notwendig und in der Novelle enthalten. Weiters wird eine Bestimmung zur Zusammenarbeit mit Arbeitsaufsichtsbehörden des Europäischen Wirtschaftraumes in das ArbIG und das VAIG 1994 aufgenommen.“ (ErlRV 1221 BlgNR 24. GP)

Aufgrund der ASchG-Novelle BGBl I 2016/72 muss seit 1.1.2019 die Meldung jedenfalls elektronisch mittels Webanwendung an die Baustellendatenbank (§ 31a BUAG) erfolgen und gilt als Meldung an das zuständige Arbeitsinspektorat. Die Benutzung der Baustellendatenbank der BUAK zur Abgabe der Baubeginnsanzeige nach § 97 Abs 1 ASchG, der Meldungen nach § 97 Abs 6 und 7 ASchG sowie der Vorankündigung nach § 6 Abs 2 BauKG ist seither verpflichtend.

11 Die **Allgemeine Unfallversicherungsanstalt (AUVA)** hat gemäß § 31a Abs 3 BUAG **Einsichtsrecht** in die Baustellendatenbank für die Daten nach § 31a Abs 1 Z 1 BUAG zum Zwecke der Prävention von Arbeitsunfällen: Die Unfallverhütungsdienste der Landesstellen der Allgemeinen Unfallversicherungsanstalt besuchen Baustellen und beraten (kostenlos) hinsichtlich der Verhütung von Arbeitsunfällen und Berufskrankheiten. Mit Informationen

aus der Baustellendatenbank sollen die Baustellenbesuche effizienter durchgeführt und damit Aspekte der Arbeitssicherheit schon frühzeitig implementiert werden. Bei Schwerpunktaktionen zur Arbeitssicherheit am Bau können gezielt entsprechende Baustellen ausgesucht und betreut werden (zB: Straßenbau-Baustellen). Die Ergebnisse der Beratungen auf Baustellen (und in anderen Arbeitsstätten) werden in einem elektronischen Datenbanksystem gespeichert und mit den Stammdaten der Arbeitsstätte hinterlegt (vgl ErlRV 2012 BlgNR 24. GP).

Sonstige Meldepflichten

§ 98. (1) Arbeitgeber sind verpflichtet, dem Arbeitsinspektorat tödliche und schwere Arbeitsunfälle unverzüglich zu melden, sofern nicht eine Meldung an die Sicherheitsbehörden erfolgt.

(2) Arbeitgeber sind verpflichtet, gefährliche Ereignisse gemäß § 97 des Mineralrohstoffgesetzes, die sich in Bergbaubetrieben (§ 108 MinroG) ereignen, unverzüglich dem Arbeitsinspektorat zu melden.

(3) Arbeitgeber sind verpflichtet, dem zuständigen Arbeitsinspektorat Arbeiten, die mit einer besonderen Gefahr für die damit beschäftigten Arbeitnehmer verbunden sind, zu melden, sofern dies in einer Verordnung nach diesem Bundesgesetz festgelegt ist.

[BGBl I 2001/159]

Übersicht

I.	Meldung tödlicher und schwerer Arbeitsunfälle	1–5
II.	Meldung gefährlicher Ereignisse in Bergbaubetrieben (MinroG)	6–8
III.	Meldung von Arbeiten, die mit besonderen Gefahren verbunden sind – Arbeiten in Druckluft	9–11
IV.	Meldung von Arbeitsunfällen im Verkehrsbereich – Seeschiffe (ArbIG)	12, 13

I. Meldung tödlicher und schwerer Arbeitsunfälle

§ 98 Abs 1 ASchG regelt die **unverzügliche Meldepflicht** der Arbeitgeber von tödlichen oder schweren Arbeitsunfällen (Berufsunfällen) an das zuständige Arbeitsinspektorat. Wurde der Unfall bereits den **Sicherheitsbehörden** mitgeteilt, ist keine Meldung an das Arbeitsinspektorat erforderlich, weil diese selbst zur Mitteilung an das Arbeitsinspektorat gesetzlich verpflichtet sind: 1

Die Sicherheitsbehörden müssen nach **§ 20 Abs 3 Arbeitsinspektionsgesetz 1993 (ArbIG)** jeden ihnen zur Kenntnis gelangten Arbeitsunfall, bei dem ein Arbeitnehmer getötet oder erheblich verletzt worden ist, dem Arbeitsinspektorat ohne Verzug melden und diesem, allenfalls nach Rücksprache mit der zuständigen 2

Staatsanwaltschaft, den maßgeblichen Sachverhalt, den Arbeitgeber sowie bei Arbeitsunfällen auf Baustellen auch den Bauherrn bekannt geben (ebenso Namen und Geburtsdatum des Unfallopfers sowie zusätzliche Informationen, soweit diese für die Erfüllung der gesetzlich übertragenen Aufgaben des Arbeitsinspektorats erforderlich sind und der Zweck der Ermittlungen dadurch nicht gefährdet wird).

3 **Schwere Arbeitsunfälle** sind nach § 20 Abs 3 ArbIG nur Unfälle, bei denen ein Arbeitnehmer **erheblich verletzt** wurde. Nach gängiger Auslegung sind darunter schwere Körperverletzungen iSd § 84 StGB zu verstehen (länger als 24 Tage dauernde Gesundheitsschädigung oder Berufsunfähigkeit), nicht etwa wie nach ASVG alle Unfälle, die zu einer Arbeitsunfähigkeit von mehr als drei Tagen führen.

Nach alter Rechtslage (ANSchG) waren Arbeitsunfälle vom Arbeitgeber weder dem Arbeitsinspektorat noch einer sonstigen Behörde zu melden, es musste lediglich eine Meldung an den Unfallversicherungsträger erfolgen. Das Arbeitsinspektorat erfuhr daher von Arbeitsunfällen mit großer zeitlicher Verzögerung im Wege des Unfallversicherungsträgers, bei tödlichen oder sonstigen schweren Arbeitsunfällen von den Sicherheitsbehörden, sofern diese von dem Unfall erfahren hatten. Gerade bei tödlichen und schweren Arbeitsunfällen ergibt sich aber regelmäßig die Notwendigkeit, unverzüglich Schutzmaßnahmen zu treffen. Nach den Gesetzesmaterialien zur ASchG-Stammfassung BGBl 1994/450 wurde mit der damals festgelegten Meldepflicht die Grundlage für ein entsprechendes Tätigwerden der Arbeitsinspektion geschaffen. Bis zum ANS-RG (BGBl I 2001/159) war die Meldepflicht in § 98 Abs 5 ASchG geregelt.

4 Nach **§ 363 Abs 1 Allgemeines Sozialversicherungsgesetz (ASVG),** BGBl 1955/189, müssen Arbeitgeber und die sonstigen meldepflichtigen Personen oder Stellen (§§ 33 bis 37, 39 ASVG) **binnen fünf Tagen dem zuständigen Unfallversicherungsträger** Arbeitsunfälle melden, wenn der Arbeitnehmer mehr als drei Tage völlig oder teilweise arbeitsunfähig geworden ist oder getötet wurde. Nach § 363 Abs 3 ASVG muss der Träger der Unfallversicherung die eingelangten Unfallmeldungen unverzüglich ua an das **Arbeitsinspektorat** weiterleiten (ebenso Meldungen einer Berufskrankheit). Die direkte Meldung an das Arbeitsinspektorat nach § 98 Abs 3 ASchG wird dadurch nicht ersetzt, weil das Arbeitsinspektorat bei Arbeitsunfällen unverzüglich tätig werden können muss, um Unfallursachen und Unfallverläufe zu klären und allenfalls notwendige Schutzmaßnahmen für die übrigen Arbeitnehmer zu treffen. Im Falle einer Arbeitskräfteüberlassung obliegt diese sozialversicherungsrechtliche Meldepflicht dem Beschäftiger nach § 3 Abs 3 des Arbeitskräfteüberlassungsgesetzes (AÜG); vgl § 9 ASchG (Überlassung). § 175 ASVG definiert als Arbeitsunfälle alle Unfälle, die sich im örtlichen, zeitlichen und ursächlichen Zusammenhang mit der die Versicherung begründenden Beschäftigung ereignen (vgl § 176 ASVG zu gleichgestellten

Arbeitsunfällen), und erfasst auch Wegunfälle, also Wege zwischen Wohnung und Arbeitsstätte; diese sind nicht von der ASchG-Meldepflicht erfasst, weil nicht Teil der Beschäftigung.

Vgl § 16 ASchG (Aufzeichnungen und Berichte über Arbeitsunfälle), diese 5
Arbeitgeberpflicht ist unbeschadet der Meldepflicht nach § 98 ASchG zu beachten.

II. Meldung gefährlicher Ereignisse in Bergbaubetrieben (MinroG)

Die Meldepflicht gemäß **§ 98 Abs 2 ASchG** über gefährliche Ereignisse, die 6
sich in Bergbaubetrieben ereignen (§ 97 iVm § 108 MinroG), berücksichtigt Art 3 Abs 4 der Richtlinie 92/104/EWG über Mindestvorschriften zur Verbesserung der Sicherheit und des Gesundheitsschutzes der Arbeitnehmer in übertägigen oder untertägigen mineralgewinnenden Betrieben (Meldung tödlicher und/oder schwerer Betriebsunfälle und gefährlicher Vorkommnisse).

§ 97 Mineralrohstoffgesetz (MinroG), BGBl I 1999/38, verpflichtet Bergbau- 7
berechtigte, deren Betriebsleiter, Verantwortliche (§ 17 Abs 1 Z 4, § 71 Abs 1, § 87 Abs 1 MinroG) sowie bei Tätigkeiten von Fremdunternehmern die für die Leitung verantwortlichen Personen, tödliche und schwere Unfälle (ausgenommen Arbeitsunfälle) und gefährliche Vorfälle, bei denen nur durch Zufall kein Personenschaden eingetreten ist, der nach MinroG zuständigen Behörde zu melden. Ebenso anzuzeigen sind leichte Unfälle mit Personenschaden (ausgenommen Arbeitsunfälle) und gefährliche Ereignissen wie **Explosionen, Grubenbrände, andere Brände, Wassereinbrüche, Gebirgsschläge, Verbrüche, Rutschungen, Gas- und Ölausbrüche**.

Zunächst wurde mit der Novelle durch das Mineralrohstoffgesetz (MinroG), 8
BGBl I 1999/36 die arbeitsschutzrechtliche Meldepflicht in § 98 Abs 1 ASchG mit 20.1.1999 als neue Z 4 (betreffend Unfälle und gefährliche Ereignisse nach § 97 MinroG) verankert. Mit dem **ANS-RG** erfolgte ab 1.1.2002 die nach wie vor gültige Regelung in § 98 Abs 2 ASchG: Da sowohl in den für die Mineralrohstoffgewinnung geltenden Richtlinien (Richtlinie 92/91/EWG und Richtlinie 92/104/EWG) als auch im ILO-Übereinkommen Nr 176 über den Arbeitsschutz in Bergwerken Meldepflichten für tödliche und schwere Unfälle bzw gefährliche Vorfälle vorgesehen sind, musste zu deren Umsetzung in Ergänzung zu § 16 ASchG eine entsprechende Meldepflicht weiter beibehalten werden (vgl ErlRV 802 BlgNR 21. GP).

III. Meldung von Arbeiten, die mit besonderen Gefahren verbunden sind – Arbeiten in Druckluft

Arbeitgeber sind verpflichtet, dem Arbeitsinspektorat Arbeiten zu melden, 9
die mit einer besonderen Gefahr für die Arbeitnehmer verbunden sind, sofern dies in einer **Durchführungsverordnung zum ASchG** festgelegt ist. Die

Bestimmung des **§ 98 Abs 3 ASchG** war bis zum ANS-RG in § 98 Abs 1 Z 1 ASchG enthalten.

10 **§ 101 Abs 1 Z 4 ASchG** ermächtigt zur Regelung näherer Durchführungsbestimmungen über Arbeiten iSd § 98 Abs 3 ASchG auf Verordnungsebene. Diese Regelung nimmt auf die Rahmenrichtlinie 89/391/EWG und Einzelrichtlinien Bedacht, in denen ebenfalls Meldepflichten vorgesehen sind. Mit dem **ANS-RG** entfallen ist die Verordnungsermächtigung des § 101 Abs 1 Z 3 ASchG zur Regelung der Ausnahmen im Sinne von § 100 (Außergewöhnliche Fälle), welche auf Grund der klaren Textierung des § 100 nicht erforderlich erschien.

Die Gesetzesmaterialien zum ANS-RG zu § 98 und § 101 ASchG führen dazu aus:

> „Wenngleich die rechtliche Möglichkeit weiterhin bestehen muss, Meldepflichten in Verordnungen für besonders gefährliche Arbeiten – auch unter Bedachtnahme auf allenfalls in neuen EU-Richtlinien vorgegebene Meldepflichten – zu regeln, erscheint die generelle Verpflichtung der Arbeitgeber zu solchen Meldungen nach den Erfahrungen der Arbeitsinspektion entbehrlich und die Aufnahme einer entsprechenden Verordnungsermächtigung in § 101 Abs. 1 in Verbindung mit den bereits in Verordnungen enthaltenen Meldepflichten ausreichend.“ (ErlRV 802 BlgNR 21. GP)

Bisher wurden **keine derartigen Meldepflichten nach § 98 Abs 3** ASchG in Durchführungsverordnungen geregelt.

11 Im Rang eines Bundesgesetzes gilt allerdings die **Meldepflicht über Arbeiten in Druckluft gemäß § 7 der Druckluft- und Taucherarbeiten-Verordnung**, BGBl 1973/501 (vorläufig übergeleitet durch § 119 Abs 1 ASchG). Demnach muss die Absicht, Arbeiten in Druckluft auszuführen, dem für die Arbeitsstelle zuständigen Arbeitsinspektorat so zeitgerecht gemeldet werden, dass dieses in der Lage ist, die für den Schutz des Lebens und der Gesundheit der Arbeitnehmer vorgesehenen Maßnahmen zu beurteilen. Die Meldung muss mindestens 14 Tage vor dem in Aussicht genommenen Beginn der Arbeiten beim Arbeitsinspektorat einlangen.

IV. Meldung von Arbeitsunfällen im Verkehrsbereich – Seeschiffe (ArbIG)

12 Nach **§ 8 Abs 4 und 5 Arbeitsinspektionsgesetz 1993 (ArbIG)**, BGBl 1993/27, gelten im **Verkehrsbereich** folgende Meldepflichten:

- Reeder/innen von Seeschiffen, auf die das ArbIG Anwendung findet, sind verpflichtet, alle Arbeitsunfälle auf diesen Schiffen unverzüglich dem Zentral-Arbeitsinspektorat (BMASK) zu melden.
- Sofern keine Meldeverpflichtung von Arbeitsunfällen gemäß § 363 Abs 1 ASVG besteht, sind Arbeitgeber/innen verpflichtet, Arbeitsunfälle ihrer Arbeitnehmer/innen, durch die ein/e Arbeitnehmer/in mehr als drei Tage völlig oder teilweise arbeitsunfähig geworden ist, dem Arbeitsinspektorat mit einem von diesem aufzulegenden Vordruck zu melden.

Die Neuregelung im ArbIG erfolgte durch Art 59 des **2. Stabilitätsgesetzes 2012 (2. StabG 2012)**, BGBl I 2012/35. Dazu die Gesetzesmaterialien: 13

> „Entsprechend § 11 Abs 5 VAIG 1994 wird die Verpflichtung der Reeder von Seeschiffen, Arbeitsunfälle auf diesen Schiffen der Arbeitsaufsicht zu melden, in das Arbeitsinspektionsgesetz aufgenommen. Der neue § 8 Abs 5 stellt analog zu § 11 Abs 6 VAIG 1994 sicher, dass die Arbeitsinspektion auch dann über meldepflichtige Arbeitsunfälle informiert wird, wenn die Arbeitgeber/innen der Meldepflicht nach § 363 Abs 1 ASVG nicht unterliegen. Dass die Arbeitsinspektion von tödlichen Arbeitsunfällen in jedem Fall Kenntnis erlangt, ist durch § 98 Abs 1 des ArbeitnehmerInnenschutzgesetzes in Verbindung mit § 20 Abs 3 ArbIG bereits durch das geltende Recht gewährleistet." (ErlRV 1685 BlgNR 24. GP)

Behördenzuständigkeit

§ 99. Soweit in diesem Bundesgesetz auf die zuständige Behörde verwiesen wird, ist darunter zu verstehen:

1. **bei nach der Gewerbeordnung 1994 genehmigungspflichtigen Betriebsanlagen die nach der Gewerbeordnung 1994 in erster Instanz zuständige Genehmigungsbehörde, bei sonstigen der Gewerbeordnung 1994 unterliegenden Tätigkeiten die Bezirksverwaltungsbehörde,**
2. **bei den in § 93 Abs. 1 Z 2 bis 10 angeführten Arbeitsstätten die nach den angeführten Bestimmungen in erster Instanz zuständige Genehmigungsbehörde,**
3. **bei Krankenanstalten, deren Errichtung und Betrieb nach den in Ausführung des Bundesgesetzes über Krankenanstalten und Kuranstalten (KAKuG), BGBl. Nr. 1/1957, ergangenen landesgesetzlichen Bestimmungen einer Genehmigung durch die Landesregierung bedarf, der Landeshauptmann,**

3a. *(aufgehoben)*

4. **bei Theater oder Kinobetrieben sowie sonstigen Veranstaltungsstätten, deren Errichtung und Betrieb nach landesgesetzlichen Bestimmungen einer Genehmigung durch die Landesregierung bedarf, der Landeshauptmann,**
5. **bei Anlagen zur Erzeugung elektrischer Energie, deren Errichtung nach den in Ausführung des Elektrizitätswirtschafts- und -organisationsgesetzes 2010 – ElWOG 2010, BGBl. I Nr. 110/2010, ergangenen landesgesetzlichen Bestimmungen einer Genehmigung durch die Landesregierung bedarf, der Landeshauptmann,**
6. **für die unter das Mineralrohstoffgesetz fallenden Tätigkeiten die nach dem Mineralrohstoffgesetz dafür zuständige Behörde,**
7. **in allen übrigen Fällen die Bezirksverwaltungsbehörde.**

[BGBl I 2017/126]

Übersicht

I.	Zuständige Behörde	1–7
II.	Instanzenzug bei Bescheiden des Arbeitsinspektorats	8–10
III.	Instanzenzug bis 31.12.2013 – § 99 Abs 4 ASchG	11, 12
IV.	Aufgehobene Ausnahmen – § 99 Abs 1 ASchG	13, 14
V.	Zuständige Behörde ab 1.1.2014 – Verwaltungsgerichtsbarkeitsreform	15–21

I. Zuständige Behörde

1 Mit 1.1.2014 ist die **Verwaltungsgerichtsbarkeitsreform** in Kraft getreten (Verwaltungsgerichtsbarkeits-Novelle 2012, BGBl I 2012/51) und damit auch die Änderungen des § 99 ASchG zur Anpassung an die zweistufige Verwaltungsgerichtsbarkeit durch das Verwaltungsgerichtsbarkeits-Anpassungsgesetz – BMASK, BGBl I 2013/71.

2 **Bis Jahresende 2013** galt die Behördenzuständigkeit nach alter Rechtslage gemäß § 99 Abs 2 bis 4 ASchG idF BGBl I 2012/118:

§ 99 Abs 3 ASchG aF regelte die Behördenzuständigkeit für jene Verfahren (Bewilligungen, Genehmigungen, **Vorschreibungen, Ausnahmen usw), welche eine Entscheidung der „zuständigen Behörde" vorsehen**. Die Gesetzesmaterialien zur ASchG-Stammfassung verweisen auf die Vorgängerregelung des § 30 ANSchG über die Behördenzuständigkeit, die in inhaltlicher Hinsicht übernommen wurde, es erfolgte aber durch § 99 Abs 3 ASchG aF eine Klarstellung durch konkrete Anführung der Behörden bzw Verfahren. § 99 Abs 3 ASchG wurde in Folge zur Anpassung an geänderte Rechtslagen mehrfach novelliert (ArbeitnehmerInnenschutz-Deregulierungsgesetz, Artikel 1 BGBl I 2017/126, Artikel 60 2. Stabilitätsgesetz 2012 – 2. StabG 2012, BGBl I 2012/35).

Seit 1.1.2014 gilt § 99 Z 1 bis 7 ASchG idF des Art 24 Verwaltungsgerichtsbarkeits-Anpassungsgesetzes – BMASK, BGBl I 2013/71 vom 17.4.2013.

- In § 99 Abs 3 aF ist die Absatzbezeichnung entfallen und erhielten die Z 7 und 8 die nunmehrigen Ziffernbezeichnungen § 99 Z 6 u Z 7.
- § 99 Abs 2 und 4 ASchG aF über Berufungen gegen ASchG-Bescheide des Arbeitsinspektorats und über den Instanzenzug wurden mit 31.12.2013 aufgehoben.

3 Bei jenen Arbeitsstätten, welche einer **Bewilligung/Genehmigung nach den in § 93 Abs 1 ASchG angeführten Rechtsvorschriften** bedürfen, wird hinsichtlich der Zuständigkeit und des Instanzenzugs auf diese Rechtsvorschriften abgestellt (**§ 99 Z 1 und 2 ASchG**). Demnach wäre zB bei genehmigungspflichtigen Betriebsanlagen nach der Gewerbeordnung 1994 für Ausnahmen und Vorschreibungen nach diesem Bundesgesetz die jeweils nach der GewO 1994 **zuständige Genehmigungsbehörde** zuständig. Diese Regelung ist einerseits zur Ermöglichung der Verfahrenskonzentration erforderlich (wenn

zB über Ausnahmen im Rahmen des Betriebsanlagengenehmigungsverfahren entschieden werden soll) und erscheint andererseits geboten, weil zB Vorschreibungen nach § 94 Abs 3 eine Änderung der von dieser Behörde erteilten Genehmigung bzw. der vorgeschriebenen Auflagen bewirken können (vgl ErlRV 1590 BlgNR 18. GP).

Der **Landeshauptmann** bzw die Landeshauptfrau ist in erster Instanz zuständig, wenn für die Arbeitsstätte kein bundesgesetzliches, aber ein landesgesetzliches Bewilligungsverfahren vorgesehen ist, in dem die Landesregierung in 1. Instanz zuständig ist (**§ 99 Z 3 bis 5 ASchG**: Krankenanstalten, Theater- und Kinobetriebe, Energieerzeugungsanlagen nach ElWOG 2010, BGBl I 2010/110). Die Zuständigkeit einerseits des Landeshauptmannes bzw der Landeshauptfrau und andererseits der Landesregierung führt de facto zu einer zumindest organisatorischen Konzentration der bundes- und landesrechtlichen Bewilligungsverfahren beim Amt der Landesregierung. 4

Kuranstalten (§ 99 Abs 3a Z 3a ASchG, aufgehoben durch BGBl I 2012/118) waren ab 2002 im Bundesgesetz über Krankenanstalten und Kuranstalten (KAKuG), BGBl 1957/1, geregelt (zuvor im Bundesgesetz über natürliche Heilvorkommen und Kurorte, BGBl 1958/272), welches keine Genehmigung von Kuranstalten durch die Landesregierung mehr vorsah, sondern die Genehmigung durch die Bezirksverwaltungsbehörde (§ 42b KAKuG, mit 31.12.2019 aufgehoben durch BGBl I 2019/14). Im ASchG kommt somit die Generalklausel des § 99 Z 7 zur Anwendung.

Für unter das **Mineralrohstoffgesetz (MinroG)** fallende Tätigkeiten besteht Zuständigkeit der nach dem MinroG dafür zuständigen Behörde (§ 99 Z 6 ASchG). Zuvor bestand bis Jänner 1999 Zuständigkeit der Bergbehörde für die unter das Berggesetz 1975 fallenden Tätigkeiten. 5

Im Übrigen gilt die **Generalklausel des § 99 Z 7 ASchG**, wonach in den in § 93 ASchG nicht angeführten Fällen in erster Instanz die **Bezirksverwaltungsbehörde** (BVB) zuständig ist. 6

Mit dem ArbeitnehmerInnenschutz-Deregulierungsgesetz (Artikel 1 BGBl I 2017/126) wurde in § 99 Z 2 ein Redaktionsversehen bereinigt (Z 10 statt zuvor Z 9). 7

II. Instanzenzug bei Bescheiden des Arbeitsinspektorats

§ 99 Abs 2 ASchG aF regelte bis 31.12.2013 den Instanzenzug für jene Verfahren, in denen nicht eine „zuständige Behörde" iSd § 93 Abs 3 ASchG entscheidet, sondern das **Arbeitsinspektorat** (nach alter ASchG-Rechtslage auch die nach § 99 Abs 1 zuständigen Behörden, zuletzt bis 1.7.2012 die Verkehrs-Arbeitsinspektion). 8

Das betraf die **Beschäftigung von Arbeitnehmern mit Behinderungen** und die Bescheide zur **Gesundheitsüberwachung** (§ 6 Abs 5 ASchG, fünfter Abschnitt ASchG – va Erlassung von Bescheiden über die gesundheitliche Eignung von Arbeitnehmern § 56 ASchG). Hier ist bescheiderlassende „zuständige Behörde“ das zuständige Arbeitsinspektorat.

9 Über **Berufungen** gegen die nach ASchG erlassenen Bescheide des Arbeitsinspektorates entschied bis 31.12.2013 gemäß **§ 99 Abs 2 ASchG** der Bundesminister für Arbeit, Soziales und Konsumentenschutz.

10 Danach ging aufgrund der Verwaltungsgerichtsbarkeitsreform die Zuständigkeit auf die Verwaltungsgerichte über: Nach der seit **1.1.2014** geltenden verwaltungsverfahrensrechtlichen Rechtslage besteht gegen Bescheide nach ASchG (und nach dem Arbeitsinspektionsgesetz 1993 – ArbIG) das Recht auf **Beschwerde an das Verwaltungsgericht**.

Unverändert gilt weiterhin, dass den Beschwerden an das Verwaltungsgericht keine aufschiebende Wirkung zukommt (§ 53 Abs 8 ASchG idF BGBl I 2013/71).

III. Instanzenzug bis 31.12.2013 – § 99 Abs 4 ASchG

11 Nach den Gesetzesmaterialien zur ASchG-Stammfassung wurde abweichend von der zuvor geltenden Rechtslage des ANSchG mit § 99 Abs 4 ASchG kein dreigliedriger Instanzenzug mehr vorgesehen. Ein zweistufiger Instanzenzug nach § 99 Abs 4 ASchG bestand jedoch nur, soweit es sich nicht um ein Genehmigungsverfahren handelt, für das drei Instanzen nach den Genehmigungsvorschriften vorgesehen waren (vgl ErlRV 1590 BlgNR 18. GP).

Instanzenzug gemäß **§ 99 Abs 4 ASchG** aF (**bis 31.12.2013**):

- für die in § 93 Abs 1 ASchG angeführten Arbeitsstätten: Instanzenzug nach den für die Arbeitsstätte geltenden Genehmigungsvorschriften;
- für die in § 99 Abs 3 Z 3 bis 5 ASchG genannten Fälle von Krankenanstalten, Kuranstalten, Theater- und Kinobetrieben sowie Energieerzeugungsanlagen: Berufungsbehörde Bundesminister für Arbeit, Soziales und Konsumentenschutz;
- für die Fälle des § 99 Abs 3 Z 8 (BVB): Landeshauptmann bzw Landeshauptfrau.

Diese Regelung wurde mit Art 24 des Verwaltungsgerichtsbarkeits-Anpassungsgesetzes – BMASK, BGBl I 2013/71 aufgehoben (ASchG-Novelle zur Anpassung an die Verwaltungsgerichtsbarkeitsreform)

12 Seit **1.1.2014** besteht die generelle zweistufige Verwaltungsgerichtsbarkeit mit **Beschwerde an das Verwaltungsgericht** (Verwaltungsgerichte der Länder bzw Bundesverwaltungsgericht), siehe Punkt V.

IV. Aufgehobene Ausnahmen – § 99 Abs 1 ASchG

13 Der mittlerweile aufgehobene **§ 99 Abs 1 Z 1 u 2 ASchG** nahm darauf Bedacht, dass dem ASchG der Stammfassung auch Tätigkeiten bzw Betriebe

unterlagen, die **vom Wirkungsbereich der Arbeitsinspektion ausgenommen** waren. Es handelte sich um die unter die Aufsicht der Verkehrs-Arbeitsinspektion fallenden Betriebe und Tätigkeiten sowie um Tätigkeiten, die in die Aufsicht der Bergbehörden fielen (vgl ErlRV 1590 BlgNR 18. GP).

Die bis zum 1.7.2012 bestehende Ausnahme vom Wirkungsbereich der Arbeitsinspektion des § 99 Abs 1 **Z 1** ASchG hinsichtlich der in den Geltungsbereich des **VAIG 1994** fallenden Tätigkeiten (Zuständigkeit der Verkehrs-Arbeitsinspektion) wurde durch das 2. Stabilitätsgesetz 2012 (**2. StabG 2012**), BGBl I 2012/35 aufgehoben (ebenso § 99 Abs 3 Z 6 ASchG zur Behördenzuständigkeit für Betriebe des Verkehrsbereichs). Mit der Aufhebung wurde der Aufgabenübergang der Verkehrs-Arbeitsinspektion für den Arbeitnehmerschutz im Verkehrsbereich vom BMVIT in das damalige BMASK nachvollzogen.

Die bereits zuvor im Jänner 1999 durch die ASchG-Novelle BGBl I 1998/38 (MinroG) aufgehobene **Z 2** des § 99 Abs 1 ASchG regelte die Ausnahme für die unter das **Berggesetz 1975** fallenden Tätigkeiten mit Zuständigkeit der jeweiligen Bergbehörde (ausgenommen § 200a BergG). Diese Regelung wurde durch das Mineralrohstoffgesetz (**MinroG**), BGBl I 1999/38, als obsolet aufgehoben (Neuordnung des Bergrechts und Wahrnehmung des Arbeitnehmerschutzes durch die Arbeitsinspektion).

Die Wahrnehmung des Arbeitnehmerschutzes obliegt auf **Bundesebene** seit **14** dem 2. StabG 2012 mit Wirksamkeit 1.7.2012 zur Gänze der **Arbeitsinspektion (Arbeitsministerium)**. Ausnahmen wie § 99 Abs 1 ASchG waren daher nicht mehr erforderlich.

V. Zuständige Behörde ab 1.1.2014 – Verwaltungsgerichtsbarkeitsreform

Mit der **Verwaltungsgerichtsbarkeits-Novelle 2012,** BGBl I 2012/51, wurde **15** eine neue zweistufige Verwaltungsgerichtsbarkeit geschaffen. Mit Wirkung vom **1.1.2014** wurden **je ein Verwaltungsgericht erster Instanz in den Ländern** sowie zwei Verwaltungsgerichte erster Instanz beim Bund eingerichtet (**Bundesverwaltungsgericht**, Bundesfinanzgericht). Das Bundesverwaltungsgericht mit Sitz in Wien hat Außenstellen in Graz, Innsbruck und Linz (§ 1 Bundesverwaltungsgerichtsgesetz – BVwGG, BGBl I 2013/10). Vgl Art 129 bis 133 Bundes-Verfassungsgesetz (B-VG) idF BGBl I 2012/51 und Verwaltungsgerichtsverfahrensgesetz, BGBl I 2013/33 (vierwöchige Beschwerdefrist § 7 Abs 4).

Die unabhängigen Verwaltungssenate der Länder (UVS) sowie zahlreiche **16** andere weisungsfreie Sonderbehörden des Bundes wurden aufgelöst und der administrative Instanzenzug im Wesentlichen abgeschafft, Bescheide können nur noch bei einem Verwaltungsgericht angefochten werden. **Änderungen der Verwaltungsgerichtsbarkeits-Novelle 2012:**

bis 31.12.2013	ab 1.1.2014	Rechtsgrundlage
unabhängige Verwaltungssenate der Länder (**UVS**)	**Verwaltungsgerichte** der Länder	Art 129 ff iVm Art 151 Abs 51 B-VG
Berufungen gegen Bescheide	**Beschwerden** gegen Bescheide	Art 130 B-VG
Bescheide der Bezirksverwaltungsbehörden (BVB) und unabhängigen Verwaltungssenate (UVS)	**Bescheide und Erkenntnisse** bzw Strafbescheide und Straferkenntnisse der BVB und der Verwaltungsgerichte der Länder	Art 133 Abs 1 Z 1, Abs 2, 4 und 6 ua B-VG
Beschwerde an den Verwaltungsgerichtshof **(VwGH)**	**Revision** an den Verwaltungsgerichtshof **(VwGH)**	Art 133 Abs 1 Z 1 B-VG

Die Änderungen traten mit 1.1.2014 in Kraft (Art 151 Abs 51 Z 6 B-VG).

17 Für das **ASchG** ergaben sich durch die zweistufige Verwaltungsgerichtsbarkeit ab 2014 ebenfalls wichtige Änderungen. Die ASchG-Anpassung an die Verwaltungsgerichtsreform erfolgte durch **Art 24 des Verwaltungsgerichtsbarkeits-Anpassungsgesetzes – BMASK**, BGBl I 2013/71 (vgl Gesetzesmaterialien ErlRV 2193 BlgNR 24. GP). Alle Änderungen traten mit **1.1.2014** in Kraft.

- **Mit der Abschaffung des administrativen Instanzenzuges entfiel die Berufung gemäß § 99 Abs 2 ASchG** aF an den Bundesminister für Arbeit, Soziales und Konsumentenschutz gegen nach dem ASchG erlassene Bescheide des Arbeitsinspektorats mit Wirksamkeit 31.12.2013. Über Beschwerden gegen Bescheide des Arbeitsinspektorats nach ASchG (und ArbIG) entscheidet ab diesem Zeitpunkt das **Verwaltungsgericht**.
- **Die Regelung des Instanzenzuges nach § 99 Abs 4 ASchG galt noch bis 31.12.2013** (Instanzenzug nach den für die Arbeitsstätte geltenden Genehmigungsvorschriften, Berufungsbehörde: Bundesminister für Arbeit, Soziales und Konsumentenschutz oder Landeshauptmann/Landeshauptfrau).
- **Seit 2014** gilt die zweistufige Verwaltungsgerichtsbarkeit mit **Beschwerde an die Verwaltungsgerichte der Länder bzw an das Bundesverwaltungsgericht.**
- In § 99 ASchG entfielen mit 31.12.2013 die Absatzbezeichnungen, ab 2014 gilt **§ 99 Z 1 bis 7 ASchG** idF BGBl I 2013/71.

18 Mit 1.1.2014 wurden auch Anpassungen an die Verwaltungsgerichtsbarkeitsreform auf **ASchG-Verordnungsebene wirksam** (Sammelnovelle BGBl II 2013/210). ASchG-Verordnungsregelungen, die eine Berufung an den Bundesminister für Arbeit, Soziales und Konsumentenschutz vorsahen, sind entfallen (nach § 12 Abs 7 FK-V, § 6 Abs 7 Bühnen-FK-V und § 3a Abs 7 SFK-VO bestand bis Jahresende 2013 Berufungsrecht gegen Entscheidungen der mit Bescheid des BMASK anerkannten bzw ermächtigten öffentlich-rechtlichen Fachausbildungseinrichtungen zur Anerkennung ausländischer Ausbildungen).

Für die **zum 31.12.2013 anhängigen Verwaltungsverfahren** beim Bundes- **19**
minister für Arbeit, Soziales und Konsumentenschutz ging die Zuständigkeit auf die Verwaltungsgerichte über. Eigene ASchG-Übergangsregelungen waren dazu nicht erforderlich: § 3 Abs 1 Verwaltungsgerichtsbarkeits-Übergangsgesetz, BGBl I 2013/33, und Art 151 Abs 51 Z 8 B-VG sahen für die zum 31.12.2013 anhängigen Verfahren und offenen Berufungsfristen entsprechende allgemeine Regelungen vor:

> **§ 3 Abs 1 Verwaltungsgerichtsbarkeits-Übergangsgesetz (Verwaltungsgerichte):**
>
> Ist ein Bescheid, gegen den eine Berufung zulässig ist, vor Ablauf des 31. Dezember 2013 erlassen worden, läuft die Berufungsfrist mit Ende des 31. Dezember 2013 noch und wurde gegen diesen Bescheid nicht bereits bis zum Ablauf des 31. Dezember 2013 Berufung erhoben, so kann gegen ihn vom 1. Jänner bis zum Ablauf des 29. Jänner 2014 Beschwerde gemäß Art. 130 Abs. 1 Z 1 B-VG beim Verwaltungsgericht erhoben werden. Eine gegen einen solchen Bescheid bis zum Ablauf des 31. Dezember 2013 erhobene Berufung gilt als rechtzeitig erhobene Beschwerde gemäß Art. 130 Abs. 1 Z 1 B-VG.
>
> **Art 151 Abs 51 Z 8 B-VG:**
>
> Mit 1. Jänner 2014 werden die unabhängigen Verwaltungssenate in den Ländern, das Bundesvergabeamt und der unabhängige Finanzsenat (im Folgenden: unabhängige Verwaltungsbehörden) aufgelöst; ferner werden die in der Anlage genannten Verwaltungsbehörden (im Folgenden: sonstige unabhängige Verwaltungsbehörden) aufgelöst. Die Zuständigkeit zur Weiterführung der mit Ablauf des 31. Dezember 2013 bei diesen Behörden anhängigen Verfahren sowie der bei den Aufsichtsbehörden anhängigen Verfahren über Vorstellungen (Art. 119a Abs. 5) geht auf die Verwaltungsgerichte über; dies gilt auch für die bei sonstigen Behörden anhängigen Verfahren, in denen diese Behörden sachlich in Betracht kommende Oberbehörde oder im Instanzenzug übergeordnete Behörde sind, mit Ausnahme von Organen der Gemeinde.

Übergangsbestimmungen für zum 31.12.2013 laufende Verfahren vor Be- **20**
zirksverwaltungsbehörden (BVB) und unabhängigen Verwaltungssenaten (UVS), die über das Verwaltungsgerichtsbarkeits-Übergangsgesetz und Art 151 Abs 51 Z 8 B-VG hinausgehen, waren ebenfalls nicht notwendig, weil die Änderungen als reine Begriffsänderungen übergangslos mit 1.1.2014 zum Tragen kommen konnten.

21 **Art 25 des Verwaltungsgerichtsbarkeits-Anpassungsgesetzes – BMASK, BGBl I 2013/71 änderte analog das Arbeitsinspektionsgesetz 1993 (ArbIG)** mit Wirksamkeit 1.1.2014:

- Ab 1.1.2014 hat das **zuständige Arbeitsinspektorat** (an Stelle des Berufungsrechts gegen Bescheide erster Instanz) das Recht auf Beschwerde an das Verwaltungsgericht (§ 11 Abs 3, § 12 Abs 4 ArbIG).
- Der/die **für den Bereich Arbeit zuständige Bundesminister/in** ist ab 1.1.2014 bei Verfahren gemäß § 11 ArbIG (Verfahren in Verwaltungsstrafsachen) und § 12 ArbIG (Beteiligung der Arbeitsinspektion an Verwaltungsverfahren und an Verfahren der Verwaltungsgerichte) berechtigt, gegen Erkenntnisse und Beschlüsse der Verwaltungsgerichte Revision beim Verwaltungsgerichtshof zu erheben (§ 13 ArbIG). Die Neuregelung ersetzte die bis 31.12.2013 zulässige Amtsbeschwerde an den VwGH in Verwaltungsstrafverfahren und Verwaltungsverfahren nach §§ 11 f ArbIG in der bis zum 31.12.2013 geltenden Fassung.

Vgl Materialien zu Art 24 Verwaltungsgerichtsbarkeits-Anpassungsgesetz – BMASK, BGBl I 2013/71 (ErlRV 2193 BlgNR 24. GP).

Außergewöhnliche Fälle

§ 100. (1) Der 1. bis 6. Abschnitt dieses Bundesgesetzes sowie die in Durchführung dieser Bestimmungen erlassenen Verordnungen finden auf die Beschäftigung von Arbeitnehmern mit spezifischen Tätigkeiten im Rahmen von Katastrophenhilfsdiensten insoweit keine Anwendung, als die Besonderheiten dieser Tätigkeiten einer Anwendung zwingend entgegenstehen. In diesen Fällen ist aber dafür Sorge zu tragen, daß unter Berücksichtigung der Zielsetzungen dieses Bundesgesetzes eine größtmögliche Sicherheit und ein größtmöglicher Gesundheitsschutz der Arbeitnehmer gewährleistet ist.

(2) In Fällen unmittelbar drohender oder eingetretener Gefährdung des Lebens und der Gesundheit der Arbeitnehmer sind von diesem Bundesgesetz und den dazu erlassenen Verordnungen abweichende Anordnungen soweit zulässig, als dies im Interesse des Schutzes des Lebens und der Gesundheit der Arbeitnehmer geboten erscheint, um die Gefährdung abzuwenden oder zu beseitigen.

[BGBl 1994/450]

Übersicht

I. Katastrophenhilfsdienste 1, 2
II. Unmittelbar drohende/eingetretene Gefährdung 3

I. Katastrophenhilfsdienste

§ 100 Abs 1 ASchG ermöglicht die Nichtanwendung des ersten bis sechsten Abschnitts des ASchG und der dazu erlassenen Durchführungsbestimmungen, wenn Arbeitnehmer mit **spezifischen Tätigkeiten im Rahmen von Katastrophenhilfsdiensten** beschäftigt werden. Dies gilt aber nur insoweit, als die Besonderheiten dieser Tätigkeiten einer Anwendung dieser Arbeitnehmerschutzbestimmungen zwingend entgegenstehen. In diesen Fällen ist dafür zu sorgen, dass unter Berücksichtigung der Zielsetzungen des ASchG größtmögliche Sicherheit und größtmöglicher Gesundheitsschutz der Arbeitnehmer gewährleistet sind. 1

Nach den Gesetzesmaterialien entspricht § 100 Abs 1 ASchG dem Art 2 Abs 2 der Richtlinie 89/391/EWG über zulässige Ausnahmen. Welche Ausnahmen unter Berufung auf diese Regelung notwendig und zulässig sind, sollte im Interesse der Rechtssicherheit in den einzelnen Durchführungsverordnungen zum ASchG geregelt werden (vgl ErlRV 1590 BlgNR 18. GP). Die Verordnungsermächtigung des § 101 Abs 1 Z 3 ASchG zur Regelung der Ausnahmen im Sinne von § 100 (Außergewöhnliche Fälle) ist mit dem ANS-RG entfallen, weil nähere Durchführungsbestimmungen auf Grund der klaren Textierung des § 100 nicht erforderlich erschienen (ErlRV 802 BlgNR 21. GP).

Für **Streitkräfte und Polizei** wurden im ASchG keine Sonderregelungen getroffen, weil Bundesdienststellen vom Geltungsbereich ausgenommen sind. Für Bundesbedienstete, die in Dienststellen (nicht in Betrieben des Bundes) beschäftigt sind, gilt **§ 1 Abs 2 Bundes-Bedienstetenschutzgesetz (B-BSG)**, BGBl I 1999/70: Die Regelungen des Bundes-Bedienstetenschutzgesetzes sind auf die Beschäftigung von Bediensteten mit spezifischen staatlichen Tätigkeiten, insbesondere zur Aufrechterhaltung oder Wiederherstellung der öffentlichen Ordnung und Sicherheit, bei drohender Gefahr und in Katastrophenfällen sowie bei Alarm- und Einsatzübungen **insoweit nicht anzuwenden, als die Besonderheiten dieser Tätigkeiten einer Anwendung dieser Bestimmungen zwingend entgegenstehen**. Bei Anordnung solcher Tätigkeiten sind wie nach ASchG größtmögliche Sicherheit und größtmöglicher Gesundheitsschutz der Bediensteten zu gewährleisten. Im Vorfeld mögliche organisatorische und präventivdienstliche Maßnahmen, insbesondere die Gefahrenevaluierung, sind aber durchzuführen. 2

II. Unmittelbar drohende/eingetretene Gefährdung

Nach **§ 100 Abs 2 ASchG** sind von den Arbeitnehmerschutzvorschriften **abweichende Anordnungen** zulässig, soweit dies für den Schutz des Lebens oder der Gesundheit der Arbeitnehmer bei unmittelbar drohenden oder eingetretenen Gefährdungen geboten erscheint, um diese abzuwenden oder zu beseitigen. 3

Die Regelung ermächtigt iSd Art 5 Abs 4 der Richtlinie 89/391/EWG zu Abweichungen **zur Abwendung einer nicht vorhersehbaren unmittelbaren**

Gefahr oder bei Notstand. Für vorhersehbare Gefahren kann diese Regelung nicht gelten, es ist vielmehr eine entsprechende Vorsorge zu treffen, allenfalls kommt auch die Genehmigung von Ausnahmen in Betracht. (ErlRV 1590 BlgNR 18. GP)

Verordnungen über Behörden und Verfahren

§ 101. (1) Der Bundesminister für Arbeit, Soziales und Konsumentenschutz hat in Durchführung des 8. Abschnittes durch Verordnung näher zu regeln:

1. die Geschäftsordnung des Arbeitnehmerschutzbeirates,
2. die Arbeitsstättenbewilligungspflicht,
3. die Meldepflichten gemäß § 97 Abs. 1, wobei Ausnahmen für Arbeiten, die mit keinen besonderen Gefahren verbunden sind, vorzusehen sind, den Inhalt der Meldung nach § 97 Abs. 3,
4. Arbeiten im Sinne des § 98 Abs. 3 sowie den Inhalt der Meldung.

(2) Der Bundesminister für Arbeit, Soziales und Konsumentenschutz kann durch Verordnung weitere bundesgesetzliche Bewilligungsverfahren den in § 93 Abs. 1 angeführten Verfahren gleichstellen, wenn gewährleistet ist, daß in diesen Verfahren die Arbeitnehmerschutzbelange in gleicher Weise berücksichtigt werden wie in einem Arbeitsstättenbewilligungsverfahren. Eine solche Verordnung darf nur im Einvernehmen mit dem für dieses bundesgesetzliche Bewilligungsverfahren zuständigen Bundesminister erlassen werden.

(3) Abs. 2 gilt für die Gleichstellung weiterer bundesgesetzlicher Bewilligungsverfahren mit den in § 94 Abs. 1 angeführten Verfahren sinngemäß mit der Maßgabe, daß eine Gleichstellung zu erfolgen hat, wenn im Hinblick auf den Verfahrensgegenstand Auswirkungen auf den Arbeitnehmerschutz zu erwarten sind und das Verfahren zur Berücksichtigung des Arbeitnehmerschutzes geeignet ist.

(4) Sehen gesetzliche Bestimmungen vor, dass im Genehmigungsverfahren Gutachten oder öffentliche Urkunden beizugeben sind, kann der Bundesminister für Arbeit, Soziales und Konsumentenschutz durch Verordnung festlegen, in welcher Weise die Erfordernisse des Arbeitnehmerschutzes in den Gutachten oder öffentlichen Urkunden zu berücksichtigen sind und deren Einhaltung nachzuweisen ist. Darüber hinaus kann der Bundesminister für Arbeit, Soziales und Konsumentenschutz durch Verordnung auch festlegen, in welcher Weise die Erfordernisse des Arbeitnehmerschutzes in Verwaltungsverfahren zu berücksichtigen sind und deren Einhaltung nachzuweisen ist. § 12 des Arbeitsinspektionsgesetzes 1993 (ArbIG), BGBl. Nr. 27/1993, bleibt unberührt.

[BGBl I 2012/118]

Übersicht

I.	Durchführungsverordnungen zum achten Abschnitt ASchG	1
II.	Verordnung zur Gleichstellung von Bewilligungsverfahren	2
III.	Gutachten oder öffentliche Urkunden im Genehmigungsverfahren – AVO-Verkehr 2017	3–5

I. Durchführungsverordnungen zum achten Abschnitt ASchG

Bisher wurde die Verordnung über die **Geschäftsordnung des Arbeitnehmerschutzbeirates**, BGBl 1995/30, derzeit idF BGBl II 2012/215, auf Grund der §§ 91 und 101 Abs 1 Z 1 ASchG erlassen. 1

II. Verordnung zur Gleichstellung von Bewilligungsverfahren

Auf Grund des **§ 101 Abs 2 und 3 ASchG** wurde die Verordnung über die Gleichstellung von Bewilligungsverfahren, BGBl II 2005/43, erlassen. 2

Diese Verordnung wurde obsolet durch die ASchG-Novelle BGBl I 2012/118, welche

- die Genehmigungsverfahren von Seilbahnanlagen nach dem Seilbahngesetz 2003 als neue Z 10 in § 93 Abs 1 einfügte (Berücksichtigung des Arbeitnehmerschutzes in Genehmigungsverfahren) sowie
- die Genehmigungsverfahren nach dem Abfallwirtschaftsgesetz 2002 und die Bewilligungsverfahren betreffend Einrichtungen und Arbeitsmittel nach dem Seilbahngesetz 2003 in § 94 Abs 1 ASchG als neue Z 10 und 11 (Sonstige Genehmigungen und Vorschreibungen) aufnahm.

Die Aufhebung der Verordnung über die Gleichstellung von Bewilligungsverfahren zur Anpassung an die geänderte ASchG-Rechtslage erfolgte mit Verordnung BGBl II 2013/210 zum 1.8.2013.

III. Gutachten oder öffentliche Urkunden im Genehmigungsverfahren – AVO-Verkehr 2017

Mit Artikel 60 des 2. Stabilitätsgesetzes 2012 (2. StabG 2012), BGBl I 2012/35, wurde die Verordnungsermächtigung des **§ 101 Abs 4** im **ASchG** verankert: 3

Sind im Genehmigungsverfahren Gutachten oder öffentliche Urkunden aufgrund gesetzlicher Bestimmungen beizugeben, kann durch **Verordnung** festgelegt werden, in welcher Weise die **Erfordernisse des Arbeitnehmerschutzes in diesen Gutachten oder öffentlichen Urkunden** zu berücksichtigen sind und deren Einhaltung nachzuweisen ist. Darüber hinaus können Durchführungsbestimmungen zum ASchG auch festlegen, in welcher Weise die Erfordernisse des Arbeitnehmerschutzes in Verwaltungsverfahren zu berücksichtigen sind und deren Einhaltung nachzuweisen ist.

§ 12 Arbeitsinspektionsgesetz 1993 (ArbIG), BGBl 1993/27, zur **Parteistellung des zuständigen Arbeitsinspektorats** bleibt unberührt (Beteiligung der Arbeitsinspektion in Verwaltungsverfahren). 4

Regelungshintergrund des § 101 Abs 4 ASchG war die Neuorganisation der Arbeitsinspektion (Aufgabenübergang vom BMVIT zum Bundesminister für Arbeit, Soziales und Konsumentenschutz – BMASK): Durch Art 58 des 2. Stabilitätsgesetzes 2012, BGBl I 2012/35 wurde mit 30.6.2012 das Bundesgesetz über die Verkehrs-Arbeitsinspektion (VAIG 1994), BGBl 1994/650, aufgehoben. Mit dem 2. StabG 2012 (ua Novelle des § 101 Abs 4 ASchG) wurden die bisherigen Verordnungsermächtigungen der Bundesministerin für Verkehr, Innovation und Technologie in die Zuständigkeit des Bundesministers für Arbeit, Soziales und Konsumentenschutz übertragen, wobei die Verordnungsermächtigung in § 101 Abs 4 entsprechend § 17 Abs 1 VAIG 1994 neu in das ArbeitnehmerInnenschutzgesetz aufgenommen wurde (ErlRV 1685 BlgNR 24. GP).

5 Die noch zu § 17 Abs 1 VAIG 1994 erlassene **Arbeitnehmerschutzverordnung Verkehr 2011 (AVO–Verkehr)**, BGBl II 2012/17, gilt seit 1.7.2012 als Verordnung gemäß § 101 Abs 4 ASchG (vgl § 127a ASchG), derzeit gilt die Arbeitnehmerschutzverordnung Verkehr 2017 – **AVO Verkehr 2017**, BGBl II 2017/307 idF BGBl I 2021/490. Verfahrensrechtliche Sonderbestimmungen gelten für Schifffahrts- und Eisenbahnunternehmen nach § 13a ArbIG.

Siehe Anmerkungen zu § 98 Rz 12 ff (Meldepflichten).

9. Abschnitt
Übergangsrecht und Aufhebung von Rechtsvorschriften

Erleichterungen bei Betriebsübergaben

§ 101a. Im Fall einer Betriebsübergabe gilt für die Dauer von zwei Jahren ab Übergabe:

1. **Werden Sicherheitsvertrauenspersonen bestellt, so darf die Mitteilung an das Arbeitsinspektorat nach § 10 Abs. 8 innerhalb dieses zweijährigen Zeitraums erfolgen.**
2. **Der Arbeitsschutzausschuss ist abweichend von § 88 Abs. 5 erster Satz nur mindestens einmal innerhalb der zwei Jahre einzuberufen. Vorsitz, Einladung und Protokoll sind in diesem Zeitraum an keine Formerfordernisse gebunden, § 88 Abs. 4, Abs. 5 letzter Satz und Z 1 bis 3 sowie Abs. 7 und 8 kommen nicht zur Anwendung.**

[BGBl I 2024/56]

Übersicht

I. Grace-Period – Gesetz 1, 2
II. Erleichterte Meldung neu bestellter Sicherheitsvertrauenspersonen (§ 101a Z 1 ASchG) 3, 4
III. Erleichterte Einberufung des Arbeitsschutzausschusses (§ 101a Z 2 ASchG) 5–7

I. Grace-Period – Gesetz

1 Das Grace-Period – Gesetz, BGBl I 2024/56, regelt **Erleichterungen bei Betriebsübergaben im Abgaben-, Gewerbe- und Arbeitsschutzrecht**, die mit **1.1.2024** rückwirkend in Kraft gesetzt wurden. Für die Dauer von **zwei Jahren ab Übergabe (Grace Period)** gelten bestimmte Rechtsvorgaben nicht oder nur in eingeschränktem Umfang. Die Erläuterungen der Regierungsvorlage (ErlRV 2510 BlgNR 27. GP) verweisen dazu auf das Regierungsprogramm der Bundesregierung für die 27. Gesetzgebungsperiode, wonach Erleichterungen für Betriebsübergaben geschaffen werden sollten („Aus Verantwortung für Österreich. Regierungsprogramm 2020 – 2024", S 95). Das Grace-Period – Gesetz soll insbesondere Familienunternehmen und KMU in der Zeit der Betriebsübergabe unterstützen, der Schwerpunkt der Neuregelungen betrifft dabei das Abgabenrecht (Artikel 1, zB Begleitung einer Unternehmensübertragung durch die Abgabenbehörde) sowie Erleichterungen bei gewerberechtlichen Vorgaben (Artikel 2, zB Flexibilität des Genehmigungskonsenses). **Artikel 3 regelt arbeitsschutzrechtliche Erleichterungen** bei Bestellung neuer Sicherheitsvertrauenspersonen und Einberufung des Arbeitsschutzausschusses.

2 Im Sinne einer Einheitlichkeit des Arbeitsrechts wurde die Betriebsübergabe arbeitsschutzrechtlich an **§ 3 AVRAG** angeknüpft, wonach es auf den **Wechsel des Inhabers oder der Inhaberin** ankommt. Es sind alle Übertragungsformen erfasst, auch Verpachtung – das Eigentum muss also nicht zwingend wechseln. Wechsel der Gesellschafter und Gesellschafterinnen ziehen allerdings keinen Inhaberwechsel und damit auch keinen rechtlichen Betriebsübergang nach sich (ErlRV 2510 BlgNR 27. GP zu Artikel 3).

II. Erleichterte Meldung neu bestellter Sicherheitsvertrauenspersonen (§ 101a Z 1 ASchG)

3 Bereits bisher sah **§ 10 ASchG** – so die Erläuterungen zur Regierungsvorlage 2510 BlgNR 27. GP – eine differenzierte, den Erfordernissen von KMU Rechnung tragende Regelung zur Bestellung von Sicherheitsvertrauenspersonen vor: Die Verpflichtung zur Bestellung besteht nämlich nur für Betriebe bzw **Arbeitsstätten, in denen regelmäßig mehr als 10 Arbeitnehmerinnen und Arbeitnehmer beschäftigt werden**. Darüber hinaus ist für die Nichteinhaltung dieser Verpflichtung für Betriebe bzw Arbeitsstätten von 11 bis 50 Beschäftigten im ASchG keine Strafsanktion vorgesehen (§ 130 Abs 1 Z 12 ASchG). Die Bestellung erfolgt für die Dauer von vier Jahren (§ 10 Abs 5 ASchG). Werden Sicherheitsvertrauenspersonen bestellt, so besteht immer eine **Mitteilungspflicht an das Arbeitsinspektorat**, das wiederum verpflichtet ist, diese Mitteilungen den zuständigen gesetzlichen Interessenvertretungen der Arbeitnehmerinnen und Arbeitnehmer zur Kenntnis zu bringen (§ 10 Abs 8 ASchG).

Näheres siehe Anmerkungen zu §§ 10 f ASchG.

4 Daran knüpft die Grace-Period-Neuregelung § 101a Z 1 ASchG an: Die Mitteilung über die erfolgte Bestellung einer Sicherheitsvertrauensperson an das Arbeitsinspektorat gemäß § 10 Abs 8 ASchG muss bei einer Betriebsübergabe nicht unmittelbar nach der Bestellung erfolgen, sondern kann auch erst später, nämlich **innerhalb des zweijährigen Zeitraums ab der Betriebsübergabe**, vorgenommen werden.

III. Erleichterte Einberufung des Arbeitsschutzausschusses (§ 101a Z 2 ASchG)

5 Aufgrund **§ 88 ASchG** sind Arbeitgeberinnen und Arbeitgeber verpflichtet, für **Arbeitsstätten**, in denen sie **regelmäßig mindestens 100 Arbeitnehmerinnen und Arbeitnehmer** beschäftigen, einen Arbeitsschutzausschuss zu bestellen. In Arbeitsstätten, in denen mindestens drei Viertel **Büroarbeitsplätze** bzw hinsichtlich Gefahren und Belastungen vergleichbare Arbeitsplätze eingerichtet sind, gilt diese Verpflichtung erst **ab 250 Beschäftigten**. Aufgabe des Arbeitsschutzausschusses ist die gegenseitige Information, den Erfahrungsaustausch und Koordination der betrieblichen Arbeitsschutzeinrichtungen zu gewährleisten und auf eine Verbesserung der Sicherheit, des Gesundheitsschutzes und der Arbeitsbedingungen hinzuwirken. Grundsätzlich ist er nach Erfordernis, aber mindestens einmal im Kalenderjahr einzuberufen (§ 88 Abs 5 ASchG).

Näheres siehe Anmerkungen zu § 88 ASchG.

6 Bei Betriebsübergaben muss die **Einberufung des Arbeitsschutzausschusses** aufgrund § 101a Z 2 ASchG zwar wie bisher nach Erfordernis, seit 1.1.2024 aber **nur mindestens einmal innerhalb des zweijährigen Grace-Period-Zeitraums** erfolgen.

7 Auch bestimmte Formerfordernisse für die Einberufung des Arbeitsschutzausschusses und die Sitzungsdokumentation gelten in der zweijährigen Periode nach Betriebsübergabe nicht: Vorsitz, Einladung und Protokoll des Arbeitsschutzausschusses sind in diesem Zeitraum an **keine Formerfordernisse** gebunden. Gemäß § 101a Z 2 kommen nicht zur Anwendung:

- § 88 Abs 4 (Vorsitz durch Arbeitgeber bzw Arbeitgeberin oder eine beauftragte Person)
- § 88 Abs 5 letzter Satz und Z 1 bis 3 (Einladungsfrist, Mindestinhalt)
- § 88 Abs 7 und 8 (Ergebnisprotokoll – Mindestinhalt, Berichtsbeilagen, Versendung und Vorlage an das Arbeitsinspektorat auf Verlangen)

Übergangsbestimmungen zu §§ 4 und 5

§ 102. **(1) §§ 4 und 5 treten für Arbeitsstätten, in denen regelmäßig mehr als 250 Arbeitnehmer beschäftigt werden, mit 1. Juli 1995, im übrigen mit 1. Jänner 1997 in Kraft.**

(2) Die Durchführung der Ermittlung und Beurteilung der Gefahren, die Festlegung von Maßnahmen zur Gefahrenverhütung und die Erstellung der Sicherheits- und Gesundheitsschutzdokumente muß spätestens fertiggestellt sein:

1. **für Arbeitsstätten, in denen regelmäßig mehr als 100 Arbeitnehmer beschäftigt werden, mit 1. Juli 1997,**
2. **für Arbeitsstätten, in denen regelmäßig 51 bis 100 Arbeitnehmer beschäftigt werden, mit 1. Juli 1998,**
3. **für Arbeitsstätten, in denen regelmäßig 11 bis 50 Arbeitnehmer beschäftigt werden, mit 1. Juli 1999,**
4. **für Arbeitsstätten, in denen regelmäßig bis zu zehn Arbeitnehmer beschäftigt werden, mit 1. Juli 2000.**

(3) Arbeitnehmer, die auf Baustellen oder auswärtigen Arbeitsstellen beschäftigt werden, sind bei der Ermittlung der Beschäftigtenzahl nach Abs. 1 und 2 jener Arbeitsstätte zuzurechnen, der sie organisatorisch zugehören, im Zweifel dem Unternehmenssitz.

[BGBl I 1997/9]

Übersicht

I. Allgemeines zum Übergangsrecht – neunter Abschnitt ASchG 1–4
II. Stufenweises Inkrafttreten Arbeitsplatzevaluierung und Dokumentationspflicht 5–8

I. Allgemeines zum Übergangsrecht – neunter Abschnitt ASchG

Mit dem neunten Abschnitt ASchG erfolgte eine Rechtsbereinigung durch Aufhebung gegenstandslos gewordener Arbeitnehmerschutzvorschriften der Rechtslage des vor dem ASchG geltenden ANSchG. Gleichzeitig wurden weiterhin bedeutsame Bestimmungen des Sicherheits- und Gesundheitsschutzes am Arbeitsplatz mit dem neunten Abschnitt in die neue ASchG-Rechtslage als vorläufig weitergeltend übergeleitet (bis zur Erlassung einer Neuregelung durch eine ASchG-Durchführungsverordnung). 1

Für Neuregelungen zur Umsetzung der Arbeitsschutz-Rahmenrichtlinie 89/391/EWG und Einzelrichtlinien, die dem österreichischen Arbeitsschutzrecht in dieser Form bis dahin weitgehend unbekannt waren, wurden weitreichende Übergangsfristen, meist abhängig von der Beschäftigtenzahl der Arbeitsstätte, vorgesehen – etwa für die neue Arbeitgeberpflicht zur Evaluierung von Gefahren und Belastungen sowie Festlegung von Schutz- und Präventivmaßnahmen samt Dokumentation in Sicherheits- und Gesundheitsschutzdokumenten (§§ 4 f ASchG) oder die bei Beschäftigung von Arbeitnehmern nun für alle Arbeitgeber verpflichtende Präventivdienstbetreuung 2 nach dem siebten Abschnitt ASchG, welche in der Vergangenheit nur für Großbetriebe galt.

3 Das etappenweise Inkrafttreten neuer ASchG-Arbeitgeberpflichten führte auch zu „Nachjustierungen“ oder auch Systemänderungen, etwa bei der Berechnung der Mindesteinsatzzeit bzw Präventionszeit oder Begehungen (vgl Ausführungen zum siebten Abschnitt ASchG), um die betriebliche Umsetzung zu erleichtern. Das betrifft auch die Umsetzung des Art VI der ASchG-Stammfassung in Form der nunmehrigen Präventionszentren der Unfallversicherungsträger (§ 78a ASchG), die für Klein- und Mittelbetriebe eine kostenlose sicherheitstechnische und arbeitsmedizinische Betreuung gewährleisten. Der legistische Anpassungsprozess machte zahlreiche Novellen erforderlich, die zum Teil auch den neunten Abschnitt ASchG betrafen, zuletzt etwa die ASchG-Novelle BGBl I 2012/118, mit der zahlreiche gegenstandslos gewordene Übergangsbestimmungen bereinigt wurden.

4 Die Gesetzesmaterialien der ASchG-Stammfassung, BGBl 1994/450, zum neunten Abschnitt (Übergangsrecht und Aufhebung von Rechtsvorschriften) führen dazu aus:

> Es „soll eine generelle Rechtsbereinigung dadurch erfolgen, daß die bestehenden Arbeitnehmerschutzvorschriften durch dieses Bundesgesetz und durch die aufgrund dieses Bundesgesetzes zu erlassenden Verordnungen ersetzt werden. Die geplanten Verordnungen sollen sich weitgehend an der Systematik dieses Bundesgesetzes sowie der einschlägigen Richtlinien orientieren. Da es sich dabei zum Teil um umfassende und umfangreiche Neuregelungen handelt, die einer eingehenden Beratung und Diskussion (insbesondere auch im Arbeitnehmerschutzbeirat) bedürfen, und weiters bei der Durchführung mancher Bestimmungen auf die Entwicklung im EU-Bereich besonders Bedacht zu nehmen ist, wird die Ausarbeitung mancher Durchführungsverordnungen längere Zeit in Anspruch nehmen. Zu manchen Bereichen ist hingegen mit einer raschen Erlassung von Durchführungsverordnungen zu rechnen, weil bereits Vorarbeiten geleistet wurden, weil die Richtlinien sehr konkret sind und wenig Spielraum bei der Umsetzung bieten, weil die derzeit geltenden Bestimmungen den Richtlinien und diesem Entwurf entsprechen und sich bewährt haben, oder weil eine Neuregelung besonders dringlich ist.
>
> Aufgrund dieser Überlegungen und im Hinblick auf das Inkrafttreten des EWR-Abkommens soll das vorliegende Bundesgesetz möglichst rasch in Kraft treten und nicht durch eine lange Legisvakanz dafür Vorsorge getroffen werden, daß alle Verordnungen zugleich mit dem Gesetz in Kraft treten können. Diese Vorgangsweise erfordert entsprechende Übergangsregelungen.
>
> Der 9. Abschnitt regelt insbesondere
>
> - das Inkrafttreten jener Bestimmungen, die erst mit Inkrafttreten einer Verordnung nach diesem Bundesgesetz wirksam werden sollen, weil ohne derartige Konkretisierung Probleme bei der Vollziehung auftreten können,

- das schrittweise Inkrafttreten jener Bestimmungen, die wesentliche Neuerungen gegenüber dem geltenden Recht enthalten, und deren Umsetzung in Klein- und Mittelbetrieben eine längere Frist erfordert,
- die Überleitung jener Bestimmungen des geltenden Rechts, insbesondere der zum ANSchG erlassenen Verordnungen, die mit diesem Bundesgesetz in Einklang stehen, dem Stand der Technik entsprechen, für die Wahrung des Arbeitnehmerschutzes bzw für eine ordnungsgemäße Vollziehung erforderlich sind und durch Verordnungen nach diesem Bundesgesetz abgelöst werden sollen,
- das Weitergelten bzw das Außerkrafttreten bzw die Änderung von Bescheiden, die vor Inkrafttreten dieses Bundesgesetzes erlassen wurden, bzw die bis zum Inkrafttreten von Verordnungen nach diesem Bundesgesetz nach den übergeleiteten Bestimmungen erlassen werden,
- das Außerkrafttreten von Arbeitnehmerschutzvorschriften, die aufgrund des vorliegenden Entwurfes entbehrlich oder in technischer Hinsicht überholt oder ohne praktische Relevanz sind.

Die Gliederung der Übergangsbestimmungen orientiert sich primär an der Gliederung dieses Bundesgesetzes (und der Systematik der geplanten Verordnungen) und nicht an den einzelnen Rechtsvorschriften, zumal für einzelne Bereiche derzeit mehrere Rechtsvorschriften nebeneinander gelten und die Ablösung sämtlicher für einen Bereich geltenden Bestimmungen durch Inkrafttreten von Verordnungen nach diesem Bundesgesetz, die denselben Gegenstand regeln, erfolgen soll, und außerdem manche Rechtsvorschriften sehr unterschiedliche Bereiche regeln, die nicht durch eine neue Verordnung, sondern durch mehrere jeweils nur einen Teilbereich regelnde Verordnungen abgelöst werden sollen (zB Arbeitsstoffe, Arbeitsmittel).

Außerdem liegt eine themenbezogene Gestaltung der Übergangsbestimmungen auch im Interesse der Normadressaten und der Vollziehung, weil auf diese Weise eine taxative Aufzählung der zu den einzelnen Bereichen bzw Themen geltenden Bestimmungen erfolgt und außerdem gegebenenfalls das Verhältnis zwischen den einen Bereich regelnden Rechtsvorschriften bzw. Bestimmungen klargestellt werden kann.

Eine nach Rechtsvorschriften gegliederte Überleitung des geltenden Rechts erfolgt, wenn eine derzeit geltende Rechtvorschrift einen Bereich umfassend regelt (zB Bauarbeiten, Druckluft- und Taucherarbeiten), außerdem bei Rechtsvorschriften, die nicht nur den Arbeitnehmerschutz regeln (zB Verordnung brennbare Flüssigkeiten).

Abweichend von § 33 ANSchG erfolgt keine generelle Überleitung einzelner Verordnungen, sondern nur eine Überleitung der im einzelnen angeführten Bestimmungen dieser Verordnungen, zumal diese Verordnungen auch Verweise enthalten, die zu berichtigen sind, Regelungen über den Geltungsbereich, die auf nicht mehr geltende Bestimmungen verweisen und mit dem Geltungsbereich dieses Entwurfes nicht übereinstimmen, weiters Regelungen über die Behördenzuständigkeit, die sich nunmehr nach diesem Bundesgesetz richten soll, Regelungen über weitergehende Maßnahmen, für die nunmehr ebenfalls dieses Bundesgesetz maßgeblich sein soll, sehr unterschiedliche Regelungen über Ausnahmen, die einheitlich geregelt werden sollen, sowie Regelungen über Strafbestimmungen, die ebenfalls einheitlich gestaltet werden sollen. In diesem Zusammenhang ist auch anzumerken, dass die im ANSchG gewählte Vorgangsweise der pauschalen Überleitung in der Praxis immer wieder zu Auslegungsproblemen geführt hat."

(ErlRV 1590 BlgNR 18. GP)

II. Stufenweises Inkrafttreten Arbeitsplatzevaluierung und Dokumentationspflicht

5 Da es sich um eine grundlegende Neuerung des österreichischen Arbeitsschutzrechts handelt, wurde die Verpflichtung zur Ermittlung und Beurteilung der Gefahren und zur Festlegung von Schutzmaßnahmen schrittweise in Kraft gesetzt:

- Die Evaluierungspflicht als solche ist für alle Arbeitgeber spätestens mit 1.1.1997 in Kraft getreten (§ 4 iVm § 102 Abs 1 ASchG).
- Die Frist zur Fertigstellung der auf die Evaluierungsergebnisse bezogenen Dokumentation (§ 5 ASchG) wurde für Arbeitgeber mit Arbeitsstätten bis zu zehn Arbeitnehmern mit 1.7.2000 rechtswirksam, bei einer höheren Arbeitnehmerzahl bereits zu einem früheren Zeitpunkt (§ 5 iVm § 102 Abs 2 ASchG). Dieser „Etappenplan" wurde erst mit der ASchG-Novelle BGBl I 1997/9 vorgesehen, die ASchG-Stammfassung unterschied hinsichtlich des Inkrafttretens noch nicht zwischen § 4 und § 5 ASchG. Vgl Anmerkungen zu § 110 ASchG (Arbeitsstoffevaluierung).

6 Die Berechnungsregelung der Arbeitnehmerzahl des **§ 102 Abs 3 ASchG** diente als Vorbild für spätere Novellen des siebten Abschnitts ASchG (organisatorische Zurechnung der auf auswärtigen Arbeitsstellen, Baustellen Beschäftigten zur Arbeitsstätte, im Zweifel dem Unternehmenssitz, vgl § 77a Abs 6, § 82a Abs 4 ASchG).

7 Nach den Gesetzesmaterialien zur ASchG-Stammfasssung war bei größeren Betrieben davon auszugehen, dass sie bereits zum Zeitpunkt des Inkrafttretens des ASchG am 1.1.1995 über einen dem Arbeitnehmerschutzgesetz entsprechenden sicherheitstechnischen Dienst und eine arbeitsmedizinische Betreuung verfügten, sodass bereits weitgehend eine Ermittlung der bestehenden Gefahren stattgefunden hat. Für Klein- und Mittelbetriebe, die in der Regel über keine geeigneten Fachleute auf diesem Gebiet verfügten, wurde eine längere Frist vorgesehen. Dadurch war gewährleistet, dass für Klein- und Mittelbetriebe die Erfahrungen der Großbetriebe bei der Ermittlung und Beurteilung und Festlegung von Schutzmaßnahmen nutzbar gemacht werden können und dass die Interessenvertretungen und sonstige mit Fragen der Sicherheit und Gesundheit befasste Stellen geeignete Informationen und Hilfestellungen ausarbeiten können (vgl ErlRV 1590 BlgNR 18. GP).

8 Die Erläuterungen zur mit 1.1.1997 in Kraft getretenen Novelle BGBl I 1997/9 begründen die Einführung des „Etappenplans" in § 102 Abs 2 ASchG mit

Fristverlängerung zur Fertigstellung der Dokumentation bis 1.7.2000 (statt 1.1.1997) folgendermaßen (ErlRV 461 BlgNR 20. GP):

„Nach § 102 ASchG ist für die Ermittlung und Beurteilung von Gefahren sowie die Festlegung von Maßnahmen und für die Erstellung der Sicherheits- und Gesundheitsschutzdokumente das Inkrafttreten in zwei Stufen vorgesehen, für die Ermittlung und Beurteilung von gefährlichen Arbeitsstoffen sind in § 110 Abs 1 ebenfalls zwei Stufen vorgesehen. Für jene Arbeitsstätten, in denen mehr als 250 Arbeitnehmer beschäftigt werden, gelten diese Pflichten bereits seit 1. Juli 1995, für die restlichen Arbeitsstätten ist das Inkrafttreten mit 1. Jänner 1997 vorgesehen bzw traten die Regelungen hinsichtlich der Arbeitsstoffe bereits mit 1. Jänner 1996 in Kraft. Die Erfahrungen der Praxis haben gezeigt, daß die Umsetzung der Verpflichtungen zur Gefahrenermittlung und Maßnahmenfestlegung längere Zeit in Anspruch nimmt und vor allem nur dann umfassend durchführbar ist, wenn entsprechende Fachleute – nämlich die Präventivfachkräfte – zur Verfügung stehen und zumindest in beratender Funktion tätig werden. Es werden daher unter Bedachtnahme auf die betrieblichen Erfahrungen und aus Gründen der Gleichbehandlung längere Fertigstellungsfristen für jene Arbeitsstätten vorgesehen, für die die Pflichten der §§ 4 und 5 ASchG bereits in Kraft getreten sind.

Für die restlichen Arbeitsstätten werden die Fertigstellungsfristen entsprechend dem Stufenplan für das Inkrafttreten der Verpflichtung zur Bestellung von Sicherheitsfachkräften und Arbeitsmedizinern (§ 115) verlängert. Dabei mußte aber berücksichtigt werden, daß der Termin für die Fertigstellung der Gefahrenermittlung und Maßnahmenfestlegung nicht mit dem Stichtag für die Bestellung der Präventivfachkräfte zusammenfallen darf, weil die Fertigstellungsfristen ja deswegen verlängert werden sollen, um dem Arbeitgeber zu ermöglichen, die Präventivfachkräfte – wie im ASchG vorgesehen – entsprechend beizuziehen. Deshalb wurden den Stichtagen des Stufenplans für die Bestellung der Sicherheitsfachkräfte jeweils sechs Monate hinzugefügt, in denen die bereits begonnene Gefahrenermittlung und Maßnahmenfestlegung endgültig fertigzustellen ist."

Vgl Anmerkungen zu §§ 4 und 5 ASchG, § 110 ASchG und zum siebten Abschnitt ASchG.

Beschäftigungsverbote und -beschränkungen für Arbeitnehmerinnen

§ 103. *(Anm.: aufgehoben mit BGBl I 2001/159)*

Infolge Überleitung durch § 103 der ASchG-Stammfasssung galt die **Verordnung über Beschäftigungsverbote und -beschränkungen für weibliche Arbeitnehmer, BGBl 1976/696**, mit geringfügigen Korrekturen bzw Anpassungen bis zur Neuregelung vorläufig weiter. § 3 der Verordnung wurde in der Folge mit Maßgabenregelung durch die ASchG-Novelle BGBl I 1997/9 an die ASchG-Rechtslage angepasst. 1

2 Aufgrund der neuen **Verordnung über Beschäftigungsverbote und -beschränkungen für Frauen, BGBl II 2001/356**, die mit 1.8.2001 in Kraft getreten ist, wurde **§ 103 ASchG gegenstandslos** und durch das ANS-RG, BGBl I 2001/159, **mit 1.1.2002 aufgehoben** (vgl ErlRV 802 BlgNR 21. GP, die ergänzend auf die Verordnung über die Sicherheitsvertrauenspersonen – SVP-VO verweisen: Gemäß § 4 Abs 1 SVP-VO ist bei der Auswahl der Sicherheitsvertrauenspersonen nach Möglichkeit ua auf eine dem Beschäftigtenstand entsprechende Vertretung von Frauen und Männern zu achten).

3 Um nicht mehr erforderliche Beschäftigungsbeschränkungen bzw -verbote für Frauen zu beseitigen wurde die **Verordnung** über Beschäftigungsverbote und -beschränkungen für Arbeitnehmerinnen, BGBl II 2001/356 idF BGBl II 2008/279, durch die Verordnung BGBl II 2015/230 mit Wirksamkeit **31.8.2015 ersatzlos aufgehoben**. Der Begutachtungsentwurf begründet die Aufhebung der Verordnung wie folgt (ris.bka.gv.at, Dokument COO_2026_100_2_108370, Download 24.2.2025):

> „Mit der Aufhebung dieser Verordnung werden nunmehr auch jene Beschäftigungsverbote bzw. -beschränkungen für Arbeitnehmerinnen beseitigt, die auf Grund geschlechterspezifischer Unterschiede zum Schutz von Frauen weiterhin bestand hatten. Es handelt sich dabei um das Verbot der Beschäftigung bei einer Bleiexposition von mehr als 0,02mg/m^3 sowie das Verbot der Beschäftigung mit Arbeiten besonderer physischer Belastung. In Anbetracht der geplanten Zurückziehung des Vorbehaltes Österreichs zu Artikel 11 der Konvention zur Beseitigung jeder Form von Diskriminierung der Frau (BGBl. Nr. 443/1982) betreffend den besonderen Arbeitnehmerschutz von Frauen durch eine Mitteilung an den Generalsekretär der Vereinten Nationen, ist die Aufhebung der Verordnung geboten. (Derzeit befindet sich die Erklärung über die Zurückziehung des österreichischen Vorbehalts zu Art. 11 der Konvention zur Beseitigung jeder Form von Diskriminierung der Frau hinsichtlich des besonderen Arbeitnehmerschutzes von Frauen (489 d.B.) in parlamentarischer Behandlung). Artikel 11 der Konvention enthält das Gebot zur Beseitigung der Diskriminierung der Frau und lässt eine differenzierte Behandlung nur aus Schutzgründen im Fall der Mutterschaft zu.
>
> Auch die EU-Gleichstellungsrichtlinien verbieten eine Diskriminierung von Frauen u.a. beim Zugang zum Beruf und bei Arbeitsbedingungen. Für den Arbeitsschutz werden die – für weibliche wie für männliche Beschäftigte – geltenden generellen Arbeitsschutzbestimmungen als ausreichend gesehen (z. B. Einsatz der Arbeitnehmer/innen, Gefahrenevaluierung bzw. Arbeitsstoffevaluierung und Festlegung von Schutzmaßnahmen, Arbeitsvorgänge). Auch unterschiedliche Schutzbestimmungen nach Geschlecht bei Bleiexposition am Arbeitsplatz sind nicht mehr in jedem Fall ohne weiteres sachlich begründbar.
>
> Ein Vergleich mit den Regeln in anderen EU-Mitgliedstaaten betreffend das Verbot der Beschäftigung von Arbeitnehmerinnen bei einer Einwirkung von

Blei im Ausmaß von mehr als 0,02 mg/m³ hat ergeben, dass außer Österreich lediglich Rumänien und Bulgarien eine vergleichbare Rechtslage haben. Ein solches Beschäftigungsverbot für Frauen erscheint nach nunmehriger Beurteilung jedoch nicht mehr notwendig. Die besondere Schutzregelung für Frauen wurde in der Vergangenheit mit dem Schutz der Fortpflanzungsfähigkeit von Frauen begründet und war aufgrund der früher erhöhten Arbeitsplatzexpositionen gegenüber Blei durchaus gerechtfertigt. Im Hinblick auf den technischen Fortschritt und die in der Produktion inzwischen weitgehend erfolgte Substitution von Blei (ausgenommen in der Bleiglasherstellung, jedoch auch hier mit stark reduziertem Gehalt von Bleipigmenten) ist diese Beurteilung jedoch als historisch überholt zu bewerten. <...> Bezüglich der physischen Belastungen müssen diese gemäß §§ 6 und 64 ASchG und in der Arbeitsplatzevaluierung (z. B. mittels LMM) berücksichtigt werden. Damit ist das Hebe- und Trageverbot bei Frauen (manuelle Lastenhandhabung nur unter der Voraussetzung der körperlichen Eignung) ausreichend abgedeckt.

Die nunmehrige Arbeitsschutzrechtslage erscheint daher zum Schutz der Sicherheit und Gesundheit der Beschäftigten ausreichend, sowohl hinsichtlich der Vermeidung einer gesundheitsschädigenden Bleiexposition bei der Arbeit als auch von besonderen physischen Belastungen bei der manuellen Lastenhandhabung (Prävention im Arbeitsschutz, v.a. Gefahrenevaluierung und Festlegung von Schutzmaßnahmen für weibliche ebenso wie männliche Beschäftigte, Arbeitsstoffevaluierung, Grenzwerte, Gesundheitsüberwachung, Regelungen zum Einsatz besonders schutzbedürftiger Arbeitnehmer/innen und zur Gestaltung von Arbeitsvorgängen)."

Die Republik Österreich hat den anlässlich der Ratifizierung der UN-Konvention zur Beseitigung jeder Form von Diskriminierung der Frau 1982 erklärten (teilweise bereits 2006 zurückgezogenen) **Vorbehalt zu Art 11 hinsichtlich des besonderen Arbeitnehmerschutzes von Frauen** gemäß Art 28 Abs 3 der Konvention schließlich zur Gänze **zurückgezogen** (Kundmachung der Erklärung mit BGBl III 2015/82 v 17.6.2015). Diese Erklärung wurde am 10.6.2015 beim Generalsekretär der Vereinten Nationen hinterlegt und ist mit **10.6.2015** wirksam geworden. 4

Davon zu unterscheiden sind die im **Mutterschutzgesetz 1979 (MSchG)** geregelten Beschäftigungsverbote und -beschränkungen aus Gründen der Mutterschaft. 5

Bei bestimmten Blut- und Harnuntersuchungen nach der VGÜ (Blei, Arsen, Benzol, Toluol ua) gelten für Frauen und für Männer medizinisch begründete, zum Teil unterschiedliche Grenzwerte (VGÜ Anlage 2 Richtlinien zur Durchführung der ärztlichen Untersuchungen). Dabei handelt es sich um Untersuchungsparameter im Rahmen der **ASchG-Gesunheitsüberwachung**, nicht um Beschäftigungsverbote oder -beschränkungen.

Vgl Anmerkungen zu § 6 ASchG.

Sicherheitsvertrauenspersonen

§ 104. *(Anm: aufgehoben mit BGBl I 2001/159)*

1 Die Erläuterungen zur ASchG-Stammfassung zu § 104 ASchG verweisen auf die zuvor geltende **ANSchG-Rechtslage**, nach der eine Bestellung von Sicherheitsvertrauenspersonen für Betriebe ab 50 Beschäftigten vorgeschrieben war. Nach ASchG können Sicherheitsvertrauenspersonen zwar bereits ab zehn Beschäftigten bestellt werden, bis zu 50 Beschäftigten ist aber keine Sanktion vorgesehen.

Bis zum Inkrafttreten einer ASchG-Verordnung insbesondere zur Regelung der Anzahl der zu bestellenden Sicherheitsvertrauenspersonen blieben die Sicherheitsvertrauenspersonen nach § 20 ANSchG daher zunächst mit der Maßgabe bestehen, dass die Anzahl nach der **Verordnung BGBl 1984/2** (Verordnung über Einrichtungen in den Betrieben für die Durchführung des Arbeitnehmerschutzes) zu berechnen war. Die gemäß §§ 3 und 5 der Verordnung bestellten Sicherheitsvertrauenspersonen galten als Sicherheitsvertrauenspersonen nach ASchG. Für die Aufgaben, die Beteiligung und die Abberufung dieser Sicherheitsvertrauenspersonen gelten die §§ 10 und 11 ASchG (vgl ErlRV 1590 BlgNR 18. GP).

2 Aufgrund der **Verordnung über die Sicherheitsvertrauenspersonen (SVP-VO)**, BGBl 1996/172, die mit 1.7.1996 in Kraft getreten ist, wurde § 104 ASchG gegenstandslos und durch das ANS-RG, BGBl I 2001/159, mit 1.1.2002 aufgehoben.

Vgl Anmerkungen zu §§ 10 f ASchG.

§ 105. *(aufgehoben)*

[BGBl I 2015/60]

Übersicht

I. Prüfung von Gegenständen der PSA 1–3

I. Prüfung von Gegenständen der PSA

1 § 105 ASchG als Übergangsbestimmung zu **§ 17 Abs 2 ASchG** regelte die vorläufige Weitergeltung des § 90 Abs 2 und 4 AAV (Maßgabenregelung), für die Arbeitgeberpflicht dafür zu sorgen, dass **Gegenstände der persönlichen Schutzausrüstung** in regelmäßigen Abständen auf ihren ordnungsgemäßen Zustand überprüft und festgestellte Mängel unverzüglich beseitigt werden. Für die allgemeine Prüfpflicht sollen bis zu einer Neuregelung die einschlägigen Regelungen des § 90 AAV aufrecht bleiben (vgl ErlRV 1590 BlgNR 18. GP).

Seit der ASchG-Novelle BGBl I 2012/118 sind in § 105 ASchG die Absatzbezeichnungen entfallen. Mit Inkrafttreten der **Verordnung Persönliche Schutz-**

ausrüstung (PSA-V), BGBl II 2014/77, die zu einzelnen PSA-Arten Prüfpflichten regelt (siehe Anmerkungen zu §§ 69f ASchG), wurde die Verordnungsermächtigung konsumiert: Der in § 105 übergeleitete § 90 Abs 2 und 4 AAV ist mit Inkrafttreten der PSA-V außer Kraft getreten (vgl § 17 Abs. 2 PSA-V). **§ 105 wurde mit der ASchG-Novelle BGBl I 2015/60 zur Gänze aufgehoben**.

Nach § 105 Abs 1 der **ASchG-Stammfassung** galt die Übergangsbestimmung zunächst auch für die **Prüfung von elektrischen Anlagen und Arbeitsmitteln**. Die ASchG-Novelle ANS-RG hob die diesbezügliche Überleitung mit 1.1.2002 als gegenstandslos auf (BGBl I 2001/159; vgl ErlRV 802 BlgNR 21. GP): 2

- § 105 Abs 1 hinsichtlich elektrischer Anlagen wurde durch die Elektroschutzverordnung 1995 (ESV 1995), BGBl 1995/706, obsolet. Die ESV 1995 wurde inzwischen ersetzt durch die **Elektroschutzverordnung 2012 (ESV 2012)**, BGBl II 2012/33.
- Hinsichtlich der Arbeitsmittel wurde § 105 Abs 1 ASchG durch die mit 1.7.2000 in Kraft getretene Arbeitsmittelverordnung (AM-VO), BGBl II 2000/164, obsolet, da nun darin die Prüfungen abschließend geregelt sind.

Aufgrund dieser **Arbeitsmittelverordnung (AM-VO)** wurde auch § 105 Abs 2 ASchG aF hinfällig (Verweis auf die Übergangsbestimmung § 109 ASchG für Abnahme- und wiederkehrende Prüfungen von Arbeitsmitteln) und mit dem ANS-RG, BGBl I 2001/159 aufgehoben. 3

Vgl Anmerkungen zu §§ 17, 20 sowie zu §§ 33, 37 und §§ 69 ff ASchG.

Allgemeine Übergangsbestimmungen für Arbeitsstätten

§ 106. (1) Für Arbeitsstätten, die am 1. Jänner 1993 bereits genutzt wurden, sind in den Verordnungen zur Durchführung des 2. Abschnittes dieses Bundesgesetzes die erforderlichen Abweichungen und Anpassungsfristen festzulegen. In den Verordnungen ist insbesondere auch zu regeln, unter welchen Voraussetzungen für solche Arbeitsstätten die Bestimmungen der Verordnungen bei Änderungen oder Erweiterungen der Arbeitsstätte wirksam werden.

(2) *(aufgehoben durch BGBl I 2015/60)*

(3) Die nachstehend angeführten Bestimmungen der Allgemeinen Arbeitnehmerschutzverordnung (AAV) gelten bis zum In-Kraft-Treten einer Verordnung nach diesem Bundesgesetz, die den entsprechenden Gegenstand regelt, als Bundesgesetz:

1. **Für Fußböden in Betriebsräumen gilt § 6 Abs. 4 erster und zweiter Satz, für Wände und Decken in Betriebsräumen § 7 Abs. 4 zweiter Satz, für die Beheizung von Arbeitsräumen und von brandgefährdeten Räumen § 14 Abs. 2 mit der Maßgabe, dass die Wortfolge „und explosionsgefährdete Räume“ entfällt.**

2. **Für Ausgänge und Verkehrswege in Arbeitsstätten gelten § 22 Abs. 5 mit der Maßgabe, dass die Wortfolge „und von explosionsgefährdeten Räumen" entfällt, und § 26 Abs. 10 mit der Maßgabe, dass im ersten Satz die Wortfolge „Explosionsgefährdete Räume und" entfällt.**
3. **Für Schutzmaßnahmen gegen Absturz in Betriebsräumen gilt § 18 Abs. 6 erster Satz.**
4. **Für Lagerungen in Arbeitsstätten gilt § 64 Abs. 1 dritter Satz, Abs. 4 zweiter Satz, Abs. 5 zweiter und dritter Satz, Abs. 6 sowie Abs. 8 zweiter und dritter Satz.**

(4) *(aufgehoben durch BGBl I 2001/159)*

(5) *(aufgehoben durch BGBl I 2001/159)*

(6) *(aufgehoben durch BGBl I 2001/159)*

(7) *(aufgehoben durch BGBl I 2001/159)*

[BGBl I 2015/60]

Übersicht

I. Anforderungen an Arbeitsstätten 1–4
II. Behindertengerechte Gestaltung von Arbeitsstätten 5
III. Vor 1984 (AAV) bzw 1999 (AStV) bereits genutzte Arbeitsstätten 6–8

I. Anforderungen an Arbeitsstätten

1 Insbesondere durch die **Arbeitsstättenverordnung (AStV)**, BGBl II 1998/368, wurden § 106 Abs 4 bis 7 sowie die meisten der durch § 106 Abs 3 der ASchG-Stammfassung übergeleiteten Rechtsvorschriften der Allgemeinen Arbeitnehmerschutzverordnung (AAV) und der Allgemeinen Dienstnehmerschutzverordnung (ADSV) gegenstandslos und durch ASchG-Novellen und Durchführungsverordnungsbestimmungen aufgehoben.

2 **§ 106 Abs 1 ASchG** verweist auf die **Arbeitsstätten-Richtlinie**, die zwischen Arbeitsstätten, die am 1.1.1993 bereits genutzt wurden, und älteren (zum 1.1.1993 nicht genutzten) Arbeitsstätten unterscheidet. Dies war Grundlage für eine entsprechende Differenzierung in der Arbeitsstättenverordnung (AStV), BGBl II 1998/368, die in ihrem Übergangsrecht auf den 1.1.1999 abstellt (Inkrafttreten der AStV), ebenso wie für entsprechende Ausnahmen und Abweichungen, soweit dies mit dem Anhang II der Arbeitsstätten-Richtlinie vereinbar ist (vgl ErlRV 1590 BlgNR 18. GP).

3 **§ 106 Abs 3 ASchG** ordnet die vorläufige Weitergeltung der übrigen Bestimmungen der **Allgemeinen Arbeitnehmerschutzverordnung (AAV)** an.

Die Gesetzesmaterialien zur ASchG-Stammfassung treffen zu § 106 Abs 1 und 3 ASchG folgende Klarstellung:

> „Im Interesse der Rechtssicherheit und im Hinblick auf den Umstand, daß nicht alle Arbeitsstätten einer Genehmigung bedürfen, und daher bescheidmäßige Vorschreibungen im Einzelfall nicht zielführend sind, wären durch Verordnung insbesondere nähere Regelungen über die Lage, Abmessungen, Anzahl und Beschaffenheit der Ausgänge, Türen und Tore, die Beschaffenheit, Abmessungen, Belichtung, Beleuchtung der Arbeitsräume und sonstigen Betriebsräume, die Sozial- und Sanitäreinrichtungen etc zu treffen. Bis zum Inkrafttreten dieser Verordnung werden die einschlägigen Bestimmungen der AAV aufrechterhalten (Abs 3). Nach der Judikatur ist zwar davon auszugehen, daß die Aufhebung des Arbeitnehmerschutzgesetzes die Geltung der Allgemeinen Arbeitnehmerschutzverordnung nicht berührt, weil deren Bestimmungen im vorliegenden Entwurf eine entsprechende gesetzliche Grundlage finden, die ausdrückliche Überleitung der einschlägigen Bestimmungen der AAV erscheint aber aus Gründen der Rechtssicherheit zielführend."

§ 106 Abs 3 ASchG wurde mehrmals novelliert: 4

- Die ASchG-Novelle **BGBl I 1997/9** änderte va die Überleitung zur **Mindestraumhöhe von Arbeitsräumen**: *„Mit BGBl 1994/341 vom 5. Mai 1994 wurde die Mindestraumhöhe von Räumen auf Baustellen in § 4 Abs 3 AAV mit 2,60 m festgesetzt. Mit BGBl 1994/369 vom 17. Mai 1994 wurde die allgemeine Mindestraumhöhe von Arbeitsräumen in § 4 Abs 2 AAV auf 2,50 m herabgesetzt. Diese Diskrepanz wird nunmehr dadurch bereinigt, dass (in § 106 Abs 3 Z 1) nur § 4 Abs 1 und 2 AAV übergeleitet werden, Abs 3 (in § 124 Z 14) hingegen aufgehoben wird und dass § 118 ASchG angepasst wird."* (ErlRV 461 BlgNR 20. GP)
- Durch die **Arbeitsstättenverordnung (AStV)**, BGBl II 1998/368, wurden die meisten der in § 106 Abs 3 Z 1 bis (damals) Z 8 genannten Bestimmungen obsolet. Die verbliebenen Verweise sind nun in Z 1 bis 4 zusammengefasst. Der Verweis auf § 28 Abs 2 bis 5 AAV wurde durch die **Arbeitsmittelverordnung (AM-VO)**, BGBl II 2000/164, hinfällig (Aufhebung durch **ANS-RG**, BGBl I 2001/159, mit 1. 1.2002; vgl ErlRV 802 BlgNR 21. GP)
- Mit **ASchG-Novelle BGBl I 2012/118** erfolgte eine formelle Anpassung an die durch die Verordnung explosionsfähige Atmosphären **(VEXAT)**, BGBl II 2004/309, geänderte Rechtslage: Den in § 106 Abs 3 ASchG übergeleiteten Bestimmungen der AAV wurde zT bereits durch die VEXAT derogiert (§ 22 Abs 4 und 5 VEXAT); vgl ErlRV 1983 BlgNR 24. GP.

Mit der GKV-Novelle BGBl II 2024/330 (**Grenzwerteverordnung 2024**) wurden § 6 Abs 4 und § 14 Abs 2 AAV mit Wirksamkeit 3.12.2024 außer Kraft gesetzt, § 106 Abs 3 Z 1 ASchG ist insoweit obsolet (§ 35 Abs 18 GKV, zuvor § 34).

II. Behindertengerechte Gestaltung von Arbeitsstätten

5 Die Regelungen über die behindertengerechte Gestaltung von Arbeitsstätten (**§ 106 Abs 2 ASchG**) stellte eine wesentliche Neuerung des ASchG dar und sollte erst mit Inkrafttreten einer Verordnung wirksam werden (vgl ErlRV 1590 BlgNR 18. GP).

Mit § 15 der **Arbeitsstättenverordnung (AStV)** wurde dieser Übergangsbestimmung mit 1.1.1999 entsprochen. Als Richtlinie für ein barrierefreies Bauen gilt die ÖNORM B 1600.

Aufgehoben wurde die Übergangsbestimmung § 106 Abs 2 schließlich mit der ASchG-Novelle BGBl I 2015/60.

III. Vor 1984 (AAV) bzw 1999 (AStV) bereits genutzte Arbeitsstätten

6 Nach den Erläuterungen zur Stammfassung ermöglichte der Verweis des § 106 Abs 1 ASchG auf die **Differenzierung der Arbeitsstätten-Richtlinie** (zum Stichtag 1.1.1993 genutzte Arbeitsstätten) es auch, für Arbeitsstätten, die vor Inkrafttreten der Allgemeinen Arbeitnehmerschutzverordnung (AAV) mit 1.1.1984 bereits genutzt wurden und für die zum Zeitpunkt des Inkrafttretens des ASchG (1.1.1995) § 102 AAV zur Anwendung kam, Ausnahmen und Abweichungen vorzusehen, soweit dies mit dem Anhang II der Arbeitsstätten-Richtlinie vereinbar ist (vgl ErlRV 1590 BlgNR 18. GP).

7 Die Übergangsbestimmung des **§ 106 Abs 4, 6 und 7 ASchG** zur Überleitung von Bestimmungen der **AAV und ADSV** aus der alten Rechtslage galt dementsprechend für vor dem **1.1.1984** aufgrund bundesgesetzlicher Bewilligung genutzte Arbeitsstätten in Gebäuden (für Arbeitsstätten ohne Bewilligungspflicht bei Nutzung seit dem 31.12.1983 ohne wesentliche Änderungen oder Erweiterungen) sowie für Arbeitsstätten bzw Arbeitsräume in Gebäuden, die vor dem 1.1.1984 errichtet wurden.

8 Diese Bestimmungen wurden mit dem Inkrafttreten der **Arbeitsstättenverordnung (AStV)** gegenstandslos; deren Aufhebung erfolgte durch das ANS-RG, BGBl I 2001/159, mit 1.1.2002. Dem Übergangsrecht der AStV liegt der **Stichtag 1.1.1999** zugrunde (Inkrafttreten der AStV).

Brandschutz und Erste Hilfe

§ 107. (1) Bis zum Inkrafttreten einer Verordnung nach diesem Bundesgesetz, die den entsprechenden Gegenstand regelt, gelten die §§ 74 mit der Maßgabe, dass in Abs. 1 die Wortfolge „und in explosionsgefährdeten Räumen" und in Abs. 2 der erste Satz entfällt, 75, 76 Abs. 6 und 8 sowie § 81 Abs. 2 letzter Satz und Abs. 8 AAV als Bundesgesetz. § 81 Abs. 8 AAV gilt mit der Maßgabe, dass der erste Halbsatz lautet: In Räumen, in denen giftige oder ätzende Arbeitsstoffe verwendet werden.

(2) *(aufgehoben durch BGBl I 2015/60)*

(3) *(aufgehoben durch BGBl I 2014/94)*

(4) *(aufgehoben durch BGBl I 2001/159)*

(5) *(aufgehoben durch BGBl I 2001/159)*

[BGBl I 2015/60]

Übersicht

I. Evakuierung und Brandbekämpfung, Erste Hilfe 1–3

I. Evakuierung und Brandbekämpfung, Erste Hilfe

1 Bis zum Inkrafttreten einer ASchG-Durchführungsverordnung wurden die zum Zeitpunkt des Inkrafttretens des ASchG 1995 geltenden Regelungen der Allgemeinen Arbeitnehmerschutzverordnung (AAV) übergeleitet, soweit dies für eine ordnungsgemäßeVollziehung unerlässlich erschien. Da die Bestellung von Arbeitnehmern, die für die **Evakuierung und Brandbekämpfung** zuständig sind, eine wesentliche Neuerung des ASchG darstellte, sollte **§ 25 Abs 4 erster Satz ASchG** erst mit Inkrafttreten einer Verordnung wirksam werden. § 107 Abs 5 entsprach § 102 Abs 3 und 4 AAV (vgl ErlRV 1590 BlgNR 18. GP).

2 Durch die **Arbeitsstättenverordnung (AStV)**, BGBl II 1998/368, wurden einige der Bestimmungen des § 107 Abs 1 bis 4 ASchG obsolet: **§ 107 Abs 2 und 3 ASchG** zur Bestellung von Personen für die Brandbekämpfung und Evakuierung und Regelung der Brandschutzgruppe wurde mit der AStV umgesetzt (Inkrafttreten des § 25 Abs 4 ASchG, Außerkrafttreten des § 79 AAV), ebenso **§ 107 Abs 4 ASchG** zur Regelung der Ersten Hilfe.

3 § 107 ASchG wurde in der Folge mehrfach novelliert:

- Mit dem **ANS-RG**, BGBl I 2001/159, **wurde § 107 Abs 4 und 5 ASchG** zum 1.1.2002 aufgehoben und die verbleibenden Bestimmungen der AAV in einem Absatz zusammengefasst (§ 107 Abs 1 ASchG). § 107 Abs 5 verwies auf § 106 Abs 4 und 5 ASchG, die ebenfalls mit dem ANS-RG aufgehoben wurden (vgl ErlRV 802 BlgNR 21. GP).
- Mit **ASchG-Novelle BGBl I 2012/118** erfolgte eine formelle Anpassung an die durch die Verordnung explosionsfähige Atmosphären (VEXAT), BGBl II 2004/309, geänderte Rechtslage: Den in § 107 Abs 1 ASchG übergeleiteten Bestimmungen der AAV wurde zT bereits durch die VEXAT derogiert (§ 22 Abs 4 und 5 VEXAT); vgl ErlRV 1983 BlgNR 24. GP.
- Die gesetzliche Grundlage § 107 Abs 3 (Brandschutzgruppe) für die in der Arbeitsstättenverordnung enthaltenen Regelungen wurde mit Wirksamkeit 31.12.2014 durch die ASchG-Novelle BGBl I 2014/94 (**ASRÄG 2014**) aufgehoben (vgl ErlRV 319 BlgNR 25. GP).

- Die **ASchG-Novelle BGBl I 2015/60** hob schließlich auch die Übergangsregelung des § 107 Abs 2 zur Bestellung von Personen für die Brandbekämpfung und Evakuierung auf, nachdem diese Bestimmung bereits zuvor mit Inkrafttreten der Arbeitsstättenverordnung (AStV) am 1.1.1999 gegenstandslos geworden war.

Mit der GKV-Novelle BGBl II 2024/330 (**Grenzwerteverordnung 2024**) wurde § 81 Abs 8 AAV mit Wirksamkeit 3.12.2024 außer Kraft gesetzt, § 107 Abs 1 ASchG ist insoweit obsolet (§ 35 Abs 20 GKV, zuvor § 34).

Sanitäre Vorkehrungen und Sozialeinrichtungen

§ 108. (1) *(aufgehoben durch BGBl I 2015/60)*

(2) Bis zum Inkrafttreten einer Verordnung nach diesem Bundesgesetz, die den entsprechenden Gegenstand regelt, gelten für das Trinkwasser § 83 Abs. 2 AAV, für Kleiderkästen und Umkleideräume § 86 Abs. 6 AAV, als Bundesgesetz. § 86 Abs. 6 gilt mit der Maßgabe, dass der erste Halbsatz lautet: Sofern die Arbeitskleidung bei Arbeiten stark verschmutzt wird oder die Schutzkleidung mit giftigen, ätzenden, leicht zersetzlichen oder ekelerregenden Arbeitsstoffen in Berührung kommt.

(3) *(aufgehoben durch BGBl I 2001/159)*

[BGBl I 2015/60]

Übersicht

I. Sanitäre Vorkehrungen, Bereitschaftsräume 1–4

I. Sanitäre Vorkehrungen, Bereitschaftsräume

1 Da die Regelung über **Bereitschaftsräume** ebenfalls als wesentliche Neuerung des ASchG eingestuft wurde, sollte auch **§ 28 Abs 3 ASchG** erst mit Inkrafttreten einer Verordnung wirksam werden. Im Übrigen wurden die im Zeitpunkt des ASchG-Inkrafttretens 1995 geltenden Regelungen der Allgemeinen Arbeitnehmerschutzverordnung (**AAV**) übergeleitet, soweit sie nicht aufgrund konkreter ASchG-Regelungen bereits entbehrlich waren (zB betreffend Schlüsselzahlen für Toiletten und Umkleideräume) (vgl ErlRV 1590 BlgNR 18. GP).

2 Durch die **Arbeitsstättenverordnung (AStV)**, BGBl II 1998/368, wurden die meisten Bestimmungen des **§ 108 Abs 2 ASchG** obsolet (insbesondere durch den 4. Abschnitt AStV – Sanitäre Vorkehrungen und Sozialeinrichtungen).

3 Mit dem **ANS-RG**, BGBl I 2001/159, wurde § 108 Abs 2 ASchG neu gefasst und Abs 3 als gegenstandslos aufgehoben: Diese Regelung konnte zur Gänze entfallen, weil sie auf die durch das ANS-RG aufgehobenen § 106 Abs 4 und 5 ASchG verwies. Durch die **Verordnung biologische Arbeitsstoffe (VbA)**,

BGBl II 1998/237, wurde § 86 Abs 6 erster Satz hinsichtlich infektiöser Arbeitsstoffe außer Kraft gesetzt. (vgl ErlRV 802 BlgNR 21. GP)

Mit der **ASchG-Novelle BGBl I 2012/118** entfiel in § 108 Abs 2 ASchG der übergeleitete § 87 Abs 1 letzter Satz AAV betreffend Aufenthaltsräume; diese Regelung ist mit Inkrafttreten der **Verordnung Lärm und Vibrationen (VOLV)**, BGBl II 2006/22, außer Kraft getreten (vgl ErlRV 1983 BlgNR 24. GP). 4

Die Übergangsregelung des § 108 Abs 1 wurde mit der **ASchG-Novelle BGBl I 2015/60** aufgehoben. Auch diese Bestimmung war bereits zuvor mit Inkrafttreten der Arbeitsstättenverordnung, BGBl II 1998/368, am 1.1.1999 gegenstandslos geworden.

Mit der GKV-Novelle BGBl II 2024/330 (**Grenzwerteverordnung 2024**) wurden § 83 Abs 2 und § 86 Abs 6 AAV mit Wirksamkeit 3.12.2024 außer Kraft gesetzt, **§ 108 Abs 2 ASchG ist daher zur Gänze obsolet** (§ 35 Abs 21 GKV, zuvor § 34).

Arbeitsmittel

§ 109. (1) *(aufgehoben durch BGBl I 2015/60)*

(2) Bis zum Inkrafttreten einer Verordnung nach diesem Bundesgesetz, die den entsprechenden Gegenstand regelt, gelten § 41 Abs. 8, § 59 Abs. 1 bis 7, Abs. 8 mit Ausnahme des letzten Satzes, Abs. 9 bis 12, 14 und 15, weiters § 60 Abs. 1 bis 3 und Abs. 10 bis 12 AAV als Bundesgesetz.

(3) *(aufgehoben durch BGBl I 2001/159)*

(4) *(aufgehoben durch BGBl I 2001/159)*

(5) *(aufgehoben durch BGBl I 2001/159)*

(6) *(aufgehoben durch BGBl I 2015/60)*

(7) *(aufgehoben durch BGBl I 2001/159)*

[BGBl I 2015/60]

Übersicht

I. Gefährliche Arbeitsmittel 1–5
II. Beschaffenheitsanforderungen an Arbeitsmittel und Inverkehrbringervorschriften 6–11

I. Gefährliche Arbeitsmittel

Auch die Regelungen über gefährliche Arbeitsmittel und über die Prüfung von Arbeitsmitteln sollten nach § 109 ASchG erst mit Inkrafttreten einer Durchführungsverordnung wirksam werden. Bis zu einer Neuregelung wurden daher die damals geltenden Bestimmungen über Arbeitsmittel (insbesondere **AAV, ADSV, verbindlich erklärte ÖNORMEN**) zunächst aufrechterhalten, 1 soweit sie nicht durch die technische Entwicklung oder durch spätere Vorschriften entbehrlich geworden waren. Diese Regelungen über Arbeitsmittel waren – so die Gesetzesmaterialien – erforderlich, weil „*die notwendigen Sicherheitsanforderungen in der Regel nicht Bestandteil von behördlichen Vorschreibungen bzw Genehmigungsbescheiden sind und außerdem konkrete Bestimmungen für die Benutzung bestimmter Arbeitsmittel für einen wirksamen Arbeitnehmerschutz bzw für die Durchsetzung des Arbeitnehmerschutzes unverzichtbar sind*" (vgl ErlRV 1590 BlgNR 18. GP). Jene Bestimmungen, welche in **§ 109 Abs 2 bis 5 der ASchG-Stammfassung** BGBl 1994/450 vorläufig aufrechterhalten wurden und die Benutzung regelten, fanden daher weiter Anwendung, ua Vorschriften über Prüfungen (zB § 22 Abs 10 AAV und § 90 ADSchV), Vorschriften über die Erprobung von Arbeitsmitteln (zB § 31 AAV) und Vorschriften über Sicherheitsabstände (zB § 32 AAV).

2 Die Neuregelung auf Verordnungsebene erfolgte schließlich weitgehend durch die **Arbeitsmittelverordnung (AM-VO)**, BGBl II 2000/164, mit Wirksamkeit 1.7.2000, wodurch die meisten der in § 109 ASchG als vorläufig weitergeltend angeführten Übergangsbestimmungen der AAV ersetzt wurden (vgl ErlRV 802 BlgNR 21. GP).

3 Weiteren übergeleiteten Bestimmungen der AAV wurde durch die **Verordnung explosionsfähige Atmosphären (VEXAT)**, BGBl II 2004/309, und durch die **GKV 2006**, BGBl II 2006/242, derogiert (vgl § 22 Abs 4 und 5 VEXAT und § 34 Abs 8 GKV). Mit der **ASchG-Novelle BGBl I 2012/118** erfolgte zum 1.2.2013 auch die formelle Anpassung (vgl ErlRV 1983 BlgNR 24. GP).

4 Die noch verbleibenden, in **§ 109 Abs 2 ASchG** angeführten **AAV-Regelungen** betreffend Arbeiten **im Zusammenhang mit Behältern galten im Rang eines Bundesgesetzes vorläufig noch weiter**:

- § 41 Abs 8 AAV (offene Behälter wie Sammelbecken, Pfannen, Wannen, Kessel oder Bottiche);
- § 59 Abs 1 bis 7, Abs 8 mit Ausnahme des letzten Satzes, Abs 9 bis 12, 14 und 15 (Befahren von Behältern, Silos, Schächten, Gruben, Rohrleitungen und ähnlichen Betriebseinrichtungen);
- § 60 Abs 1 bis 3 und Abs 10 bis 12 (Arbeiten in oder an Behältern, Silos, Schächten, Gruben, Rohrleitungen und ähnlichen Betriebseinrichtungen).

Mit der **AM-VO-Novelle** BGBl II 2024/330 (Artikel 3) wurden § 59 Abs 1 bis 12, 14 und 15, § 60 Abs 1 bis 3 und Abs 10 bis 12 AAV mit Wirksamkeit 3.12.2024 außer Kraft gesetzt. **§ 109 Abs 2 ASchG ist daher mit Ausnahme des weiterhin als bundesgesetzliche Norm in Geltung stehenden § 41 Abs 8 obsolet** (§ 61 Abs 2 AM-VO). Arbeiten im Zusammenhang mit Behältern wurden durch §§ 23a, 23b AM-VO als ASchG-Durchführungsbestimmungen auf Verordnungsebene neu geregelt.

Aufgrund § 65 Abs 3 AM-VO ist auch § 37 Abs 1 bis 5 ASchG in Kraft getreten und damit wurde die zum damaligen Zeitpunkt verbliebene Regelung des **§ 109 Abs 6 ASchG** obsolet. Die ASchG-Stammfassung hatte in § 109 Abs 6 ursprünglich auch die Befugnis, Abnahmeprüfungen und wiederkehrende Prüfungen durchzuführen, weitgehend entsprechend der alten Rechtslage des § 5 Abs 3 und 4 ANSchG geregelt (durch die neuen Prüfbestimmungen der AM-VO gegenstandslos). **5**

Alle übrigen ASchG-Bestimmungen über Arbeitsmittel sind bereits am 1.1.1995 in Kraft getreten. Siehe Anmerkungen zum dritten Abschnitt ASchG, insbesondere zu § 36 ASchG.

Nachdem § 109 Abs 1 und 6 bereits mit Inkrafttreten der AM-VO am 1.7.2000 gegenstandslos geworden waren, erfolgte schließlich die Aufhebung dieser Übergangsbestimmungen mit **ASchG-Novelle BGBl I 2015/60** zum 31.5.2015.

II. Beschaffenheitsanforderungen an Arbeitsmittel und Inverkehrbringervorschriften

Die mit der ASchG-Stammfassung aufrechterhaltenen Arbeitsmittelbestimmungen über Beschaffenheitsanforderungen (§ 109 Abs 2 bis 5 ASchG aF) sollten nicht für jeneArbeitsmittel gelten, die nach den für sie geltenden Herstellervorschriften, die grundlegende Sicherheits- und Gesundheitsanforderungen regeln, in Verkehr gebracht wurden. Diese Herstellervorschriften (Inverkehrbringervorschriften) waren in **§ 109 Abs 7 ASchG** aF angeführt: **Arbeitgeber hatten dafür zu sorgen, dass die Arbeitsmittel nur benutzt werden, wenn sie den darin genannten gewerberechtlichen Herstellervorschriften entsprachen.** **6**

Ein Redaktionsversehen der Stammfasssung wurde mit der **ASchG-Novelle BGBl I 1997/9** ua des § 109 Abs 7 korrigiert, gleichzeitig erfolgte eine Anpassung an die seit Beschlussfassung des ASchG erlassenen Verordnungen über Sicherheits- und Gesundheitsanforderungen. **7**

Insoweit in § 109 Abs 2 bis 5 ASchG aF übergeleitete Bestimmungen daher Vorschriften über Konstruktion, Bau und weitere Schutzmaßnahmen (einschließlich Mitlieferung von Beschreibungen und von Bedienungs- und Wartungsanleitungen) enthielten, waren sie nicht anzuwenden auf Arbeitsmittel, für die die **in Abs 7 aufgelisteten Herstellervorschriften** galten. Die Verpflichtung der Arbeitgeber zum Aushang von mitgelieferten Bedienungs- und Wartungsanleitungen und zum Mitführen dieser Anleitungen bei ortsveränderlichen Arbeitsmitteln wurde dadurch nicht berührt. § 109 Abs 7 ASchG umfasste: **8**

1. Aufzüge-Sicherheitsverordnung (ASV), BGBl 1994/4, über das Inverkehrbringen und Ausstellen (II. Abschnitt)

2. Niederspannungsgeräte-Verordnung 1993 (NspGV 1993), BGBl 1994/44
3. Maschinen-Sicherheitsverordnung (MSV), BGBl 1994/306
4. Flurförderzeuge-Sicherheitsverordnung (FSV), BGBl 1994/307
5. Schutzaufbauten-Sicherheitsverordnung (SSV), BGBl 1994/308
6. Einfache Druckbehälter-Verordnung, BGBl 1994/388
7. Gasgeräte-Sicherheitsverordnung (GSV), BGBl 1994/430
8. Niederspannungsgeräte-Verordnung 1995 (NspGV 1995), BGBl 1995/51
9. Verordnung über die Aufstellung und den Betrieb von Dampfkesseln (ABV), BGBl 1995/353.

Arbeitsmittel durften somit nur benutzt werden, wenn sie den jeweils für sie geltenden Sicherheits- und Gesundheitsanforderungen dieser Rechtsvorschriften des § 109 Abs 7 ASchG entsprachen. In diese Liste wurden **auch bereits außer Kraft gesetzte Verordnungen** (zB NspGV 1993, FSV, SSV) aufgenommen, weil auch für Arbeitsmittel, die während der Geltungsdauer dieser Verordnungen in Verkehr gebracht wurden, die dargestellte Regelung gelten musste (keine Anwendung der Beschaffenheitsanforderungen nach Abs 2 bis 5).

9 Teile der **Aufzüge-Sicherheitsverordnung** (ASV), BGBl 1994/4, über Einbau, Inbetriebnahme, Wartung und Prüfung von Aufzügen in Betriebsanlagen wurden vorläufig in Geltung belassen, weil diese Bestimmungen sowohl den Schutz der Arbeitnehmer als auch gewerberechtliche Belange regelten. Die spätere Aufzüge-Sicherheitsverordnung 1996 (ASV 1996), BGBl 1996/780, wurde ebenfalls noch **auf Grundlage des ASchG und der GewO 1994 erlassen**. Erst die Aufzüge-Sicherheitsverordnung 2008 (ASV 2008), BGBl II 2008/274, enthielt keine Arbeitnehmerschutzbestimmungen mehr und basierte ausschließlich auf der GewO 1994. Bereits zuvor wurde die ASV 1996 (ebenso die STPAV, BGBl II 2005/442) durch die seit 1.8.2009 geltende gewerberechtliche Hebeanlagen-Betriebsverordnung 2009 (HBV 2009), BGBl II 2009/210, aufgehoben. Derzeit gilt die Aufzüge-Sicherheitsverordnung 2015 (ASV 2015), BGBl II 2015/280.

10 Anstelle der Inverkehrbringervorschrift MSV, BGBl 1994/306, gilt derzeit die Nachfolgeverordnung über die Sicherheit von Maschinen und von Sicherheitsbauteilen für Maschinen (**Maschinen-Sicherheitsverordnung 2010** – MSV 2010), BGBl II 2008/282.

11 **§ 109 Abs 7 wurde mit Inkrafttreten der AM-VO gegenstandslos**: In Übereinstimmung mit den einschlägigen EU-Richtlinien unterscheidet nunmehr die AM-VO eindeutig zwischen „alten“ Arbeitsmitteln, die vor der MSV, SSV, FSV usw in Verkehr gebracht wurden, und „neuen“ Arbeitsmitteln (vgl ErlRV 461 BlgNR 20. GP).

Allgemeine Übergangsbestimmungen betreffend Arbeitsstoffe

§ 110. (1) § 41 Abs. 2 bis 6 tritt für Arbeitgeber, die regelmäßig mehr als 250 Arbeitnehmer beschäftigen, mit 1. Juli 1995, im übrigen mit 1. Jänner 1996 in Kraft.

(1a) Die Umsetzung der in § 41 Abs. 2 bis 6 festgelegten Verpflichtungen muß spätestens fertiggestellt sein:

1. für Arbeitsstätten, in denen regelmäßig mehr als 100 Arbeitnehmer beschäftigt werden, mit 1. Juli 1997,
2. für Arbeitsstätten, in denen regelmäßig 51 bis 100 Arbeitnehmer beschäftigt werden, mit 1. Juli 1998,
3. für Arbeitsstätten, in denen regelmäßig elf bis 50 Arbeitnehmer beschäftigt werden, mit 1. Juli 1999,
4. für Arbeitsstätten, in denen regelmäßig bis zu zehn Arbeitnehmer beschäftigt werden, mit 1. Juli 2000.

(1b) Arbeitnehmer, die auf Baustellen oder auswärtigen Arbeitsstellen beschäftigt werden, sind bei der Ermittlung der Beschäftigtenzahl nach Abs. 1 und 1a jener Arbeitsstätte zuzurechnen, der sie organisatorisch zugehören, im Zweifel dem Unternehmenssitz.

(2) *(aufgehoben durch BGBl I 2015/60)*

(3) § 42 Abs. 7 tritt hinsichtlich jener Arbeitsstoffe, die bei Inkrafttreten dieses Gesetzes bereits in Verwendung stehen, mit 1. Juli 1995 in Kraft.

(4) *(aufgehoben durch BGBl I 2015/60)*

(5) *(aufgehoben durch BGBl I 2001/159)*

(6) § 46 Abs. 2, 5 und 8 tritt erst mit Inkrafttreten einer Verordnung nach diesem Bundesgesetz, die Messungen gemäß § 48 Abs. 1 Z 4 regelt, in Kraft.

(7) § 47 tritt für Arbeitgeber, die regelmäßig mehr als 250 Arbeitnehmer beschäftigen, mit 1. Juli 1995, im übrigen mit 1. Jänner 1996 in Kraft.

(8) Bis zum Inkrafttreten einer Verordnung nach diesem Bundesgesetz zur Durchführung des 4. Abschnittes gelten die nachstehend angeführten Bestimmungen der Allgemeinen Arbeitnehmerschutzverordnung (AAV) als Bundesgesetz:

1. Für Schutzmaßnahmen gegen Gase, Dämpfe, Schwebstoffe und sonstige Beeinträchtigungen gilt § 16 Abs. 4, Abs. 5 erster Satz, Abs. 6 und 7 sowie 9 bis 11,
2. für Arbeiten mit gesundheitsgefährdenden Arbeitsstoffen gilt § 52 Abs. 4 bis Abs. 6,
3. für Arbeiten mit explosionsgefährlichen Arbeitsstoffen gilt § 54 Abs. 6 mit der Maßgabe, dass die Wortfolge „brandgefährlichen Arbeitsstoffen und" entfällt,

4. für den Ersatz und das Verbot von Arbeitsstoffen und Arbeitsverfahren und die Verwendungsbeschränkungen gilt § 55 Abs. 2 bis 5 und Abs. 7 bis 10, mit der Maßgabe, dass in Abs. 2 im letzten Satz nach dem Wort „Laboratorien“ ein Punkt gesetzt und der letzte Halbsatz durch folgenden Satz ersetzt wird: „Dies gilt weiters nicht für die Verwendung von Benzol in Motortreibstoffen, außer zum Antrieb von zweitaktmotorbetriebenen handgeführten Arbeitsmitteln.“,

5. für die Lagerung von besonderen Arbeitsstoffen gilt § 65 AAV mit der Maßgabe, dass in Abs. 4 die Wortfolge „bei den Zugängen deutlich und dauerhaft gekennzeichnet und“ und in Abs. 9 die Wortfolge „bei den Zugängen als solche deutlich und dauerhaft gekennzeichnet und“ entfällt und in Abs. 9 erster Satz die Wortfolge „oder infektiösen“ entfällt.

(9) Soweit Arbeitsstoffe noch entsprechend ihren Eigenschaften im Sinne des § 3 des Chemikaliengesetzes 1996, BGBl. I Nr. 53/1997 in der Fassung BGBl. I Nr. 14/2015, eingestuft oder gekennzeichnet sind, gelten für sie auch jene Arbeitnehmerschutzvorschriften, die bereits auf die entsprechende Gefahrenkategorie nach der CLP-Verordnung abstellen, wobei § 40 Abs. 8 sinngemäß anzuwenden ist.

[BGBl I 2015/60]

Übersicht

I.	Arbeitsstoffevaluierung – stufenweises Inkrafttreten	1–4
II.	Gefährliche Arbeitsstoffe – Kennzeichnung, Messung	5, 6
III.	Grenzwerte – MAK-Werte-Liste, GKV	7–9
IV.	Rechtsbereinigung 2015 – CLP-VO, Karzinogene-Richtlinie 2004/37/EG	10
V.	Rechtsbereinigung 2024 GKV-Novelle	11

I. Arbeitsstoffevaluierung – stufenweises Inkrafttreten

1 Nach **§ 102 ASchG** wurde das Inkrafttreten der Arbeitgeberverpflichtung zur allgemeinen Ermittlung und Beurteilung von Gefahren, Festlegung von Maßnahmen und Erstellung der Sicherheits- und Gesundheitsschutzdokumente in zwei Stufen vorgesehen. Mit **§ 110 Abs 1 ASchG** galt auch für die besondere Ermittlung und Beurteilung gefährlicher Arbeitsstoffe eine **nach Betriebsgröße gestaffelte Übergangsfrist** – ebenfalls in zwei Stufen:

- Für jene Arbeitsstätten, in welchen mehr als 250 Arbeitnehmer beschäftigt werden, gelten diese Pflichten seit **1.7.1995**; vgl § 112 ASchG für die Gesundheitsüberwachung).
- Für die restlichen Arbeitsstätten wurde das Inkrafttreten mit **1.1.1996** vorgesehen bzw sind die Regelungen hinsichtlich der Arbeitsstoffe bereits mit 1.1.1996 in Kraft getreten.

Diese Übergangsfrist wurde mit der **ASchG-Novelle BGBl I 1997/9** durch den neuen **§ 110 Abs 1a ASchG** mit Wirksamkeit **1.1.1997** für das stufenweise Inkrafttreten der Fertigstellungsverpflichtung der Arbeitsstoffevaluierung und Dokumentation nach § 41 Abs 2 bis 6 ASchG weiter ausgebaut. Derselbe Etappenplan wurde für die Fertigstellung der allgemeinen Evaluierung und Dokumentation in § 102 ASchG verankert (§§ 4 f; siehe Anmerkungen zu § 102 ASchG). Spätestens mit **1.7.2000** mussten somit alle Arbeitgeber auch diese besondere Evaluierung und Dokumentation hinsichtlich gefährlicher Arbeitsstoffe fertiggestellt haben. **2**

In **§ 110 Abs 1b ASchG** wurde ebenfalls mit der ASchG-Novelle BGBl I 1997/9 eine § 102 Abs 3 ASchG gleichlautende Regelung zur Berechnung der Arbeitnehmerzahl bei Beschäftigten in auswärtigen Arbeitsstellen und Baustellen verankert. **3**

Die Gesetzesmaterialien verweisen als Begründung für diese erweiterten Übergangsfristen der §§ 102 und 110 ASchG auf die Probleme der Betriebe bei der Evaluierungsumsetzung (ErlRV 461 BlgNR 20. GP): **4**

> „Die Erfahrungen der Praxis haben gezeigt, daß die Umsetzung der Verpflichtungen zur Gefahrenermittlung und Maßnahmenfestlegung längere Zeit in Anspruch nimmt und vor allem nur dann umfassend durchführbar ist, wenn entsprechende Fachleute – nämlich die Präventivfachkräfte – zur Verfügung stehen und zumindest in beratender Funktion tätig werden. Es werden daher unter Bedachtnahme auf die betrieblichen Erfahrungen und aus Gründen der Gleichbehandlung längere Fertigstellungsfristen für jene Arbeitsstätten vorgesehen, für die die Pflichten der §§ 4 und 5 ASchG bereits in Kraft getreten sind. Für die restlichen Arbeitsstätten werden die Fertigstellungsfristen entsprechend dem Stufenplan für das Inkrafttreten der Verpflichtung zur Bestellung von Sicherheitsfachkräften und Arbeitsmedizinern (§ 115) verlängert. Dabei mußte aber berücksichtigt werden, daß der Termin für die Fertigstellung der Gefahrenermittlung und Maßnahmenfestlegung nicht mit dem Stichtag für die Bestellung der Präventivfachkräfte zusammenfallen darf, weil die Fertigstellungsfristen ja deswegen verlängert werden sollen, um dem Arbeitgeber zu ermöglichen, die Präventivfachkräfte – wie im ASchG vorgesehen – entsprechend beizuziehen. Deshalb wurden den Stichtagen des Stufenplans für die Bestellung der Sicherheitsfachkräfte jeweils sechs Monate hinzugefügt, in denen die bereits begonnene Gefahrenermittlung und Maßnahmenfestlegung endgültig fertigzustellen ist.
>
> Gleiches gilt für die Umsetzung der Pflichten zur Einstufung, Gefahrenermittlung und Maßnahmenfestlegung betreffend gefährliche Arbeitsstoffe. Auch diese Regelungen werden jenen für die allgemeine Gefahrenermittlung und Maßnahmenfestlegung angepaßt, weil sich gezeigt hat, daß auch die Umsetzung dieser Pflichten betreffend die Arbeitsstoffe nur dann möglich ist, wenn geeignete Fachleute eingesetzt werden, insbesondere die Sicherheitsfachkräfte und Arbeitsmediziner, und weil ein enger Zusammenhang zwischen den allgemeinen Pflichten zur Gefahrenermittlung und Maßnahmenfestlegung und den entsprechenden Pflichten in bezug auf die Arbeitsstoffe besteht."

II. Gefährliche Arbeitsstoffe – Kennzeichnung, Messung

5 Die Regelungen über die Kennzeichnung gefährlicher Arbeitsstoffe (**§ 110 Abs 4 ASchG**) sollten erst mit Inkrafttreten einer Verordnung wirksam werden, Gleiches gilt für die Messungen (**Abs 6**), weil zu diesen Bestimmungen eine Konkretisierung notwendig erschien.

6 Die **übrigen Bestimmungen des vierten Abschnittes** wurden zum Teil mit Inkrafttreten des ASchG (§ 110 Abs 3 ASchG für bereits in Verwendung stehende Arbeitsstoffe – § 42 Abs 7 ASchG), zum Teil sechs Monate später wirksam (§ 110 Abs 7 ASchG – § 47 ASchG).

III. Grenzwerte – MAK-Werte-Liste, GKV

7 **§ 110 Abs 5** verwies bis zum Inkrafttreten einer ASchG-Verordnung über **Grenzwerte** auf die gemäß § 16 Abs 2 der Allgemeinen Arbeitnehmerschutzverordnung (AAV) in den Amtlichen Nachrichten des Bundesministeriums für Arbeit und Soziales „Arbeit–Gesundheit–Soziales", Sondernummer 2/1993 vom 28.12.1994, verlautbarten Grenzwerte als geltende Grenzwerte iSd § 45 ASchG. Der Verweis der ASchG-Stammfassung (entsprechend dem Zeitpunkt der Beschlussfassung im Nationalrat) auf die bereits überholte „MAK-Werte-Liste 1992" (Sondernummer 17/1992 vom 22.2.1993) wurde durch die ASchG-Novelle **BGBl I 1997/9** mit **1.1.1997** angepasst an die nachfolgende Kundmachung einer neuen, den Entwicklungen der Technik und dem aktuellen Stand der arbeitsmedizinischen Wissenschaft Rechnung tragenden Liste, die entsprechend den Empfehlungen der Arbeitnehmerschutzkommission erlassen worden war. Diese Anpassung dient auch der Umsetzung der Richtlinie 91/322/EWG, die Grenzwerte für Stoffe enthält, für die in der MAK-Werte-Liste 1992 noch keine Grenzwerte vorgesehen waren (Cyanamid und Platin) (vgl ErlRV 1590 BlgNR 18. GP und ErlRV 461 BlgNR 20. GP).

8 Mit Inkrafttreten der **Grenzwerteverordnung 2001 (GKV 2001)**, BGBl II 2001/253, wurde § 110 Abs 5 hinfällig und die Regelung schließlich mit der ASchG-Novelle **ANS-RG**, BGBl I 2001/159, zum 1.1.2002 aufgehoben. Derzeit gilt die Grenzwerteverordnung 2024 (GKV), BGBl II 2001/253 idF BGBl II 2024/330.

9 Zusätzlich hält **§ 110 Abs 8 ASchG** – in gleicher Weise wie hinsichtlich der Arbeitsstätten und der Arbeitsmittel – bis zu einer Neuregelung durch eine Arbeitsstoffverordnung die für die Verwendung von gefährlichen Arbeitsstoffen geltenden Regelungen der AAV aufrecht.

- Durch **§ 21 GKV 2001** wurde § 16 Abs 5 letzter Satz AAV aufgehoben, durch § 14 Abs 3 der Verordnung biologische Arbeitsstoffe (**VbA**), BGBl II 1998/237, § 53 Abs 1 bis 8 AAV für Arbeiten mit infektiösen Arbeitsstoffen. Durch die VbA wurde weiters der Verweis auf § 65 Abs 9 hinsichtlich infektiöser Arbeitsstoffe gegenstandslos. (ErlRV 802 BlgNR 21. GP)

- Mit der am 1.1.2013 in Kraft getretenen ASchG-Novelle **BGBl I 2012/118** erfolgte eine weitere Rechtsbereinigung: Den mit Abs 8 übergeleiteten Bestimmungen der AAV wurde zT bereits durch die Verordnung explosionsfähige Atmosphären (**VEXAT**), BGBl II 2004/309, und durch die **GKV 2006**, BGBl II 2006/242, derogiert (vgl § 22 Abs 4 und 5 VEXAT und § 34 Abs 8 GKV); mit der ASchG-Novelle erfolgte die formelle Anpassung (ErlRV 1983 BlgNR 24. GP).

Vgl Anmerkungen zu § 40 Rz 2 f.

IV. Rechtsbereinigung 2015 – CLP-VO, Karzinogene-Richtlinie 2004/37/EG

Eine umfassendere Rechtsbereinigung des § 110 ASchG erfolgte zum 1.6.2015 **10**
mit der **ASchG-Novelle BGBl I 2015/60**:

- § 110 Abs 2 und 4 wurden aufgehoben,
- in Abs 6 wurde das Zitat § 46 durch § 46 Abs 2, 5 und 8 ersetzt,
- § 110 Abs 8 wurde neu gefasst (Weitergeltung von Bestimmungen der Allgemeinen Arbeitnehmerschutzverordnung – AAV als Bundesgesetz, zum Teil mit Maßgabebestimmungen),
- Anfügung des neuen Abs 9 (Geltung der Gefahrenkategorien nach der CLP-Verordnung für Arbeitsstoffe, die noch entsprechend ihren Eigenschaften im Sinne des § 3 des Chemikaliengesetzes 1996 eingestuft oder gekennzeichnet sind, sinngemäße Geltung des § 40 Abs 8).

Die ASchG-Änderungen der §§ 41 ff waren notwendig, weil EU-Richtlinien-Vorgaben bis 1.6.2015 zur Anpassung an die CLP-Verordnung in nationales Recht umzusetzen waren: Mit der (chemikalienrechtlichen) CLP-Verordnung in der Union wurde ein neues System zur Einstufung und Kennzeichnung von Stoffen und Gemischen eingeführt, das auf dem international geltenden Global Harmonisierten System zur Einstufung und Kennzeichnung von Chemikalien (GHS) im Rahmen der VN-Wirtschaftskommission für Europa beruht. Die (arbeitnehmerschutzrechtlichen) EU-Richtlinien 92/58/EWG, 92/85/EWG, 94/33/EG, 98/24/EG sowie 2004/37/EG enthielten aber Verweise auf das frühere (chemikalienrechtliche) Einstufungs- und Kennzeichnungssystem. Auch das österreichische Arbeitnehmerschutzrecht verwies auf das frühere chemikalienrechtliche Einstufungs- und Kennzeichnungssystem und musste daher geändert werden, um es an das neue, in der CLP-Verordnung beschriebene System anzupassen. In Österreich bedurfte es dazu der Änderung des ASchG, des Mutterschutzgesetzes (MSchG), der Verordnung über die Sicherheits- und Gesundheitsschutzkennzeichnung (KennV) und der Verordnung über Beschäftigungsverbote und -beschränkungen für Jugendliche (KJBG-VO).

Dazu die Erl RV 528 BlgNR 25.GP:

„§ 110 Abs. 2 ist mit Inkrafttreten der Verordnung biologische Arbeitsstoffe, BGBl. II Nr. 237/1998, am 1.11.1998 gegenstandslos geworden. § 110 Abs. 4 wird mit Inkrafttreten dieses Bundesgesetzes gegenstandslos, weil § 44 Abs. 2 und 5 ASchG nunmehr in Kraft gesetzt werden. Von dem in § 110 Abs. 6 genannten § 46 ASchG sind die Absätze 1, 3, 4, 6 und 7 bereits mit Inkrafttreten der Grenzwerteverordnung 2006, BGBl. II, Nr. 242/2006 am 1.7.2006 in Kraft getreten, sodass § 110 Abs. 6 diesbezüglich bereits gegenstandslos ist und nur mehr hinsichtlich § 46 Abs. 2, 5 und 8 in Geltung steht.

§ 110 Abs 8 wurde mit der Novelle BGBl I 2015/60 zur besseren Übersichtlichkeit in Ziffern neu gegliedert, wobei die Geltung der Z 1 bis 3 unverändert blieb. Änderungen zur Rechtsbereinigung erfolgten jedoch mit den Ziffern 4 und 5: § 110 Abs. 8 ordnet das Weitergelten einzelner Bestimmungen der Allgemeinen Arbeitnehmerschutzverordnung an, u.a. des § 55 Abs. 2 AAV, der für die Verwendung von Benzol in Motortreibstoffen eine Ausnahme vom Substitutionsgebot enthält. Diese aus dem Jahr 1984 stammende Ausnahme ist aufgrund des technischen Fortschritts mittlerweile EU-richtlinienwidrig geworden, weil Benzol – als eindeutig krebserzeugender Arbeitsstoff – nach Art. 4 der Karzinogene-Richtlinie 2004/37/EG am Arbeitsplatz zu ersetzen ist, soweit dies technisch möglich ist. Mittlerweile ist es technisch möglich, bei zweitaktmotorbetriebenen handgeführten Arbeitsmitteln (insbesondere Kettensägen, Motorsensen, Heckenscheren ...) benzolhältige Treibstoffe durch Alkylatbenzin (Gerätebenzin) zu ersetzen, sodass hinsichtlich dieses Verwendungszwecks die Ausnahme vom Substitutionsgebot nicht mehr richtlinienkonform ist. Unberührt davon bleibt die weiterhin bestehende Ausnahme vom Substitutionsgebot für den gesamten KFZ-Bereich und für Arbeitsmittel mit Viertaktmotoren. Die Änderungen in § 55 Abs. 4 und 5 AAV dienen ebenfalls der Rechtsbereinigung, weil den genannten Bestimmungen durch die Neufassung des § 44 Abs. 3 derogiert wird.

§ 110 Abs 9 ist eine Übergangsregelung für Arbeitsstoffe, die noch nach dem bisherigen System entsprechend ihren Eigenschaften im Sinne des § 3 des Chemikaliengesetzes 1996 eingestuft oder gekennzeichnet sind. Zufolge Art 61 Abs. 4 der CLP-VO dürfen diese noch bis 1.6.2017 „abverkauft" werden, sodass damit zu rechnen ist, dass sie innerbetrieblich (also als Arbeitsstoffe) darüber hinaus noch mehrere Jahre verwendet werden. Zur Klarstellung, welche „neuen" Arbeitnehmerschutzvorschriften für solche Arbeitsstoffe jeweils anzuwenden sind, ist § 40 Abs 8 sinngemäß heranzuziehen: § 40 Abs 8 regelt den Fall, dass ein Arbeitsstoff bereits nach neuem System gekennzeichnet ist, während die Rechtsvorschrift noch auf das alte System abstellt; § 110 Abs 9 regelt den umgekehrten Fall, dass nämlich ein Arbeitsstoff noch nach dem alten System gekennzeichnet ist, die Rechtsvorschrift aber bereits auf das neue System abstellt."

Vgl Anmerkungen zu § 40 Rz 3, § 40 Rz 7, § 40 Rz 11.

V. Rechtsbereinigung 2024 GKV-Novelle

Mit BGBl II 2024/330 erfolgte eine weitere GKV-Novelle – **Grenzwerteverordnung 2024 (GKV)** – ua mit Neuregelungen zu reproduktionstoxischen (fortpflanzungsgefährdenden) Arbeitsstoffen, Grenzwertanpassungen an die REACH-VO und vor allem einer weitgehenden Rechtsbereinigung der Allgemeinen Arbeitnehmerschutzverordnung (AAV) unter Anpassung an die Terminologie und Systematik des ASchG: Weil diese aus der früheren Rechtslage vorläufig übergeleiteten AAV-Schutzvorschriften rechtstechnisch älter als das ASchG waren, folgten sie auch nicht zur Gänze der ASchG-Regelungssystematik, was zu Unklarheiten in der betrieblichen Umsetzung dieser Arbeitsschutzvorschriften führte. AAV-Regelungen zu gefährlichen Arbeitsstoffen wurden nun in die GKV (Abschnitt 4a), AAV-Regelungen zum Arbeiten in Behältern in die AM-VO (§§ 23a, 23b) überführt bzw dem aktuellen Stand der Technik und der Arbeitswissenschaften entsprechend neu geregelt. 11

Neben den in § 106 Abs 3 Z 1, § 107 Abs 1 und § 108 Abs 2 ASchG übergeleiteten AAV-Regelungen wurden mit der GKV-Novelle auch die aufgrund **§ 110 Abs** 8 ASchG als Bundesgesetz vorläufig weitergeltenden **§ 16 Abs 4 bis 7 und Abs 9 bis 11, § 52 Abs 4 bis 7, § 54 Abs 6, § 55 Abs 2 bis 5 und Abs 7 bis 10 sowie § 65 AAV zum 3.12.2024 außer Kraft gesetzt** (§ 35 Abs 19 GKV).

Vgl Anmerkungen zu § 40 Rz 32, § 40 Rz 34.

Übergangsbestimmungen betreffend bestimmte Arbeitsstoffe

§ 111. Bescheidmäßige Vorschreibungen und Ausnahmegenehmigungen gemäß § 1 Abs. 2 und 3 der Verordnung BGBl. Nr. 183/1923, gemäß § 2 der Verordnung BGBl. Nr. 184/1923, gemäß § 1 Abs. 2 der Verordnung BGBl. Nr. 185/1923 und gemäß § 1 Abs. 2 der Verordnung BGBl. Nr. 186/1923 bleiben unberührt.

[BGBl I 2006/113]

Übersicht

I. Aufhebung von Arbeitsstoffverordnungen nach dem ANSchG 1–3

I. Aufhebung von Arbeitsstoffverordnungen nach dem ANSchG

Nach den Gesetzesmaterialien zur ASchG-Stammfassung wurden mit **§ 111 Abs 1 ASchG** (diese Paragrafengliederung galt bis 31.12.2006) jene Regelungen von vier zum damaligen Zeitpunkt als Bundesgesetz in Geltung stehenden Verordnungen vorläufig übergeleitet, welche 1995 weder technisch überholt noch bereits durch die AAV entbehrlich oder praktisch nicht mehr relevant erschienen (vgl ErlRV 1590 BlgNR 18. GP). Das betraf Regelungen der 1

- Verordnung Blei- und Zinkhütten, Zinkweißfabriken, BGBl 1923/183 idF BGBl 1976/696,
- Verordnung Bleiverbindungen, Bleilegierungen und Bleiwaren, BGBl 1923/184 idF BGBl 1976/696,
- Verordnung Buch- und Steindruckerei- sowie Schriftgießereiarbeiten, BGBl 1923/185 idF BGBl 1976/696,
- Verordnung Anstreicher-, Lackierer- und Malerarbeiten, BGBl 1923/186 idF BGBl 1976/696,

jeweils mit der Maßgabe, dass Merkblätter nach diesen Verordnungen als Betriebsanweisungen gemäß § 14 ASchG galten.

2 Mit der ASchG-Novelle durch Art 4 **Deregulierungsgesetz 2006 (DRG 2006)**, BGBl I 2006/113, entfielen § 111 Abs 1 ASchG sowie die Absatzbezeichnungen zum 31.12.2006. Die Gesetzesmaterialien zum DRG 2006 begründeten dies folgendermaßen: *„Die in § 111 Abs 1 Z 1 bis 4 genannten, in Gesetzesrang stehenden Verordnungen, die sich auf Arbeiten mit bestimmten Stoffen beziehen, enthalten nur mehr rein bürokratische – und damit entbehrliche – Verpflichtungen der Arbeitgeber. Die inhaltlichen Regelungen wurden durch das moderne innerbetriebliche ASchG-System zur Gefahrenverhütung nach den EU-Vorschriften ersetzt.“* (ErlRV 1410 BlgNR 22. GP)

3 Der nunmehrige **§ 111 ASchG** (zuvor § 111 Abs 2) normiert, dass **bescheidmäßige Vorschreibungen und Ausnahmegenehmigungen** auf Rechtsgrundlage der nunmehr aufgehobenen Verordnungen weiterhin gelten.

Siehe Anmerkungen zu §§ 4, 110 und vierter Abschnitt ASchG.

Gesundheitsüberwachung

§ 112. (1) §§ 49, 50, 52 bis 54, 57 und 58 treten mit 1. Juli 1995 in Kraft.

(1a) *(aufgehoben durch BGBl I 2001/159)*

(2) *(aufgehoben durch BGBl I 2001/159)*

(3) Für ermächtigte Ärztinnen und Ärzte gilt Folgendes:

1. **Ärztinnen und Ärzte, die am 1. August 2017 über eine aufrechte Ermächtigung gemäß § 56 in der Fassung vor der Novelle BGBl. I Nr. 126/2017 oder gemäß § 8 Abs. 4 des Arbeitnehmerschutzgesetzes verfügen, sind in die Liste nach § 56 aufzunehmen, sofern nicht Z 2 anzuwenden ist.**
2. **Beim Bundesminister für Arbeit, Soziales und Konsumentenschutz am 1. August 2017 anhängige Verwaltungsverfahren nach § 56 in der Fassung vor der Novelle BGBl. I Nr. 126/2017 sind einzustellen. Die vorgelegten Nachweise sind nach § 56 zu behandeln.**

(4) Bescheide, die gemäß § 8 des Arbeitnehmerschutzgesetzes in Verbindung mit § 2 Abs. 4, § 3 Abs. 7 und § 4 Abs. 4 letzter Satz der Verordnung BGBl. Nr. 39/1974 erlassen wurden, bleiben unberührt. Diese Bescheide sind auf Antrag des Arbeitgebers oder von Amts wegen aufzuheben, wenn die Voraussetzungen nicht mehr vorliegen. Bescheide gemäß § 3 Abs. 6 letzter Halbsatz, § 3 Abs. 8, § 4 Abs. 2 letzter Satz und § 4 Abs. 3 der Verordnung BGBl. Nr. 39/1974 werden mit Inkrafttreten einer Verordnung gemäß § 59 dieses Bundesgesetzes gegenstandslos.

(5) Für die Gesundheitsüberwachung bei Druckluft- und Taucherarbeiten gilt § 119.

[BGBl I 2017/126]

Übersicht

I. Gesundheitsüberwachung seit 1.7.1995 1–4
II. Kostenersatz für Untersuchungen 5–7

I. Gesundheitsüberwachung seit 1.7.1995

1 Die Gesundheitsüberwachung wurde mit dem ASchG grundlegend neu geregelt, mehrere Bestimmungen dieser Neuregelung bedurften jedoch einer Durchführungsverordnung (zB über Untersuchungsabstände, Untersuchungsrichtlinien), außerdem waren entsprechende Fristen über die Umstellung der Formulare usw erforderlich. Der fünfte Abschnitt ASchG wurde daher nach **§ 112 Abs 1 ASchG** zum Teil sechs Monate später **(1.7.1995)**, zum Teil erst mit Inkrafttreten einer solchen ASchG-Durchführungsverordnung wirksam (vgl ErlRV 1590 BlgNR 18. GP).

2 Bis zu diesem Zeitpunkt wurde durch § 112 ASchG das zuvor geltende Recht aufrechterhalten: **§ 112 Abs 2 ASchG** aF über Eignungs- und Folgeuntersuchungen und Untersuchungen bei Lärmeinwirkung sah die Anwendung der neuen §§ 49, 50 und 52 ASchG mit Maßgabenregelungen nach alter Rechtslage der Verordnung über die gesundheitliche Eignung von Arbeitnehmern für bestimmte Tätigkeiten, BGBl 1974/39, vor. Mit der **Verordnung über die Gesundheitsüberwachung am Arbeitsplatz (VGÜ)**, BGBl II 1997/27, wurde § 112 Abs 2 gegenstandslos. Die Aufhebung erfolgte mit dem ANS-RG, BGBl I 2001/159 (1.1.2002).

Gleiches gilt nach **§ 112 Abs 4 ASchG** für die nach diesen Bestimmungen erlassenen Bescheide (zB Einsprüche).

3 Die **Ermächtigung von Ärzten/Ärztinnen** sollte jedoch nicht mehr nach § 8 ANSchG erfolgen, sondern nach ASchG. Für die bereits erteilten Ermächtigungen sah **§ 112 Abs 3 ASchG** daher besondere Regelungen über das Erlöschen vor, weil davon auszugehen war, dass zahlreiche seit 1975 ermächtigte Ärzte/Ärztinnen seit geraumer Zeit keine Untersuchungen mehr durch-

geführt hatten bzw auch künftig keine mehr durchführen wollten. Angesichts der vorgesehenen Veröffentlichung der Liste der ermächtigten Ärzte/Ärztinnen (§ 56 Abs 7 ASchG) musste eine Bereinigung der aufrechten Ermächtigungen erfolgen. Das zuvor anlässlich der letzten Neuregelung in § 12 Abs 5 der Verordnung BGBl 1974/39 vorgesehene generelle Außerkrafttreten nach einer einjährigen Frist erschien angesichts der großen Zahl der erteilten Ermächtigungen, von denen auch tatsächlich Gebrauch gemacht wurde, nicht vertretbar (vgl ErlRV 1590 BlgNR 18. GP).

4 Mit der ASchG-Novelle **BGBl I 2012/118** erfolgte zum 1.1.2013 eine Anpassung des Verweises auf § 56 an den mit der Novelle neu eingefügten § 56 Abs 5a ASchG (Erlöschen der Ermächtigung bei Nichtvornahme der Untersuchungen durch fünf Jahre).

§ 112 Abs 1 zweiter Satz war bereits mit Inkrafttreten der Verordnung über die Gesundheitsüberwachung (VGÜ), BGBl II 1997/127, am 1.3.1997 gegenstandslos geworden. Mit der **ASchG-Novelle BGBl I 2015/60** wurde § 112 Abs 1 zweiter Satz schließlich zum 31.5.2015 außer Kraft gesetzt (Rechtsbereinigung).

Mit der ASchG-Novelle durch das **ArbeitnehmerInnenschutz-Deregulierungsgesetz**, Artikel 1 BGBl I 2017/126, erfolgten mit Wirksamkeit 1.8.2017 Vereinfachungen bei der Ermächtigung von Ärzten/Ärztinnen (Ersatz der bisherigen Bescheidverfahren durch ein Anmeldeverfahren, § 56 ASchG) sowie bei der Übermittlung von Unterlagen im Rahmen der Gesundheitsüberwachung. Die Übergangsbestimmung des § 122 Abs 3 war daher an die Neuregelungen anzupassen und wurde dahingehend neu geregelt, dass bisher mit Bescheid ermächtigte Ärztinnen und Ärzte ohne weitere Voraussetzungen in die zukünftige Liste übernommen werden (siehe Initiativantrag 2228/A 25. GP).

II. Kostenersatz für Untersuchungen

5 **§ 57 Abs 3** der ASchG-Stammfasssung sah (wie zuvor das ANSchG) als maximalen Kostenersatz für Untersuchungen nach dem fünften Abschnitt die bei der Versicherungsanstalt öffentlich Bediensteter jeweils geltenden Honorarsätze vor. In der Folge traten dazu Auslegungsprobleme auf: Diese Honorarsätze stellen auf kurative Tätigkeiten ab und waren daher für die Gesundheitsüberwachung nach dem ASchG nur sinngemäß anwendbar.

6 Mit der **ASchG-Novelle BGBl I 1997/9** sollte daher für diese besonderen Untersuchungen eine sachgerechte Honorarvereinbarung ermöglicht werden. Dazu wurde der Kostenersatz mit **§ 57 Abs 4 ASchG neu geregelt**: Die Höhe des Kostenersatzes für Untersuchungen war demnach durch einen **privatrechtlichen Vertrag** zu regeln, der für die Träger der Unfallversicherung mit deren Zustimmung durch den damaligen Hauptverband der österreichischen Sozialversicherungsträger mit der Österreichischen Ärztekammer abgeschlossen werden sollte. Für den Zeitraum bis zum Wirksamwerden der neuen Verein-

barung wurde mit dem neuen **§ 112 Abs 1a ASchG** eine Übergangsregelung getroffen (sinngemäße Anwendung der BVA-Honorarsätze bis zum rechtsgültigen Abschluss eines Vertrages gemäß § 57 Abs 4 ASchG).

Der ebenfalls durch BGBl I 1997/9 neu geregelte § 57 Abs 6 ASchG berechtigte die Unfallversicherungsträger künftig zur stichprobenartigen Kontrolle der sachlichen und rechnerischen Richtigkeit der Kosten von Untersuchungen. Die Gesetzesmaterialien zu den Regelungshintergründen:

> „Die nach dem ASchG ermächtigten Ärzte sind nicht Vertragspartner der Träger der Unfallversicherung, weshalb den zuständigen Trägern der Unfallversicherung bei geltender Rechtslage keine rechtlichen Möglichkeiten zustehen, stichprobenartige Kontrollen der ärztlichen Leistungen durchzuführen, obwohl sie zum Kostenersatz verpflichtet sind. Die vorgeschlagene Regelung wurde § 27 des Gesamtvertrages vom 25. Juni 1956, in der Fassung vom 1. Jänner 1987, abgeschlossen zwischen der Ärztekammer für Wien und dem Hauptverband der österreichischen Sozialversicherungsträger, nachgebildet und entsprechend den Erfordernissen des Datenschutzes adaptiert." (ErlRV 461 BlgNR 20. GP)

Seit 1.12.1997 besteht eine Vereinbarung über den Kostenersatz gemäß § 57 Abs 4 ASchG, wodurch § 112 Abs 1a hinfällig wird. Die Aufhebung erfolgte mit 1.1.2002 durch das ANS-RG, BGBl I 2001/159 (ErlRV 802 BlgNR 21. GP). **7**

Fachkenntnisse

§ 113. (1) §§ 62 und 63 Abs. 1 und 2 treten erst mit Inkrafttreten einer Verordnung nach diesem Bundesgesetz über den Nachweis der Fachkenntnisse in Kraft, soweit im folgenden nicht anderes bestimmt wird.

(2) *(Anm: aufgehoben durch BGBl I 2012/118)*

(3) *(Anm: aufgehoben durch BGBl I 2012/118)*

(4) Als Nachweis der Fachkenntnisse gemäß § 62 dieses Bundesgesetzes gelten auch Zeugnisse über den Nachweis der Fachkenntnisse nach der Verordnung über den Nachweis der Fachkenntnisse für bestimmte Arbeiten, BGBl. Nr. 441/1975, oder nach der Verordnung über den Nachweis der Fachkenntnisse für die Vorbereitung und Organisation von bestimmten Arbeiten unter elektrischer Spannung über 1 kV, BGBl. Nr. 10/1982, weiters Bescheide über die Anerkennung von Zeugnissen von Einrichtungen, die nicht zur Ausstellung von Zeugnissen über den Nachweis der Fachkenntnisse nach den angeführten Verordnungen berechtigt waren, sowie Bescheide gemäß § 10 Abs. 2 der Verordnung BGBl. Nr. 441/1975 und § 8 Abs. 2 der Verordnung BGBl. Nr. 10/1982. Für den Entzug dieser Nachweise gilt § 63 Abs. 4 bis 6.

(4a) Arbeitnehmer, die bereits vor dem 15. Februar 1976 gemäß § 15 Abs. 1 der Verordnung über den Nachweis der Fachkenntnisse für bestimmte Arbeiten, BGBl. Nr. 441/1975, beschäftigt wurden, dürfen ohne Nachweis der Fachkenntnisse weiter beschäftigt werden. Zeugnisse oder sonstige Bescheinigungen gemäß § 15 Abs. 3 der Verordnung BGBl. Nr. 441/1975 gelten als Nachweis der Fachkenntnisse im Sinne dieses Bundesgesetzes.

(5) *(Anm.: aufgehoben durch BGBl. I Nr. 118/2012)*

(6) Die vom Bundesminister für Verkehr, Innovation und Technologie gemäß § 63 Abs. 1 dieses Bundesgesetzes vor dem 1. Juli 2012 erteilten Ermächtigungen zur Ausstellung von Zeugnissen zum Nachweis der Fachkenntnisse bleiben bis zu einem allfälligen Widerruf gemäß § 14 Abs. 4 der Fachkenntnisnachweis-Verordnung – FK-V, BGBl. II Nr. 13/2007, durch den Bundesminister für Arbeit, Soziales und Konsumentenschutz unberührt.

[BGBl I 2012/118]

Übersicht

I. Fachkenntnisse für gefährliche Arbeiten 1–5
II. Zeugnisse und Bescheide 6–8
III. Arbeitsinspektorat, Verkehrs-Arbeitsinspektion 9–12

I. Fachkenntnisse für gefährliche Arbeiten

1 Für die Beschäftigung von Arbeitnehmern mit Arbeiten, die mit einer besonderen Gefahr für sie oder für andere Arbeitnehmer verbunden sind, ist ein Nachweis der Fachkenntnisse nach **§§ 62 f ASchG** erforderlich, zB für Sprengarbeiten, Führen von Kranen und Hubstaplern, Gasrettungsdienste oder Hochspannungsarbeiten.

2 Nach **§ 113 Abs 1 ASchG** sollten bis zu einer Neuregelung durch ASchG-Verordnung die vor Inkrafttreten des ASchG geltenden Regelungen des Arbeitnehmerschutzgesetzes 1972 (ANSchG) und der zum ANSchG erlassenen Verordnungen vorläufig weiter anzuwenden sein:

- §§ 2 bis 9 der Verordnung über den Nachweis der Fachkenntnisse für bestimmte Arbeiten, **BGBl 1975/441**,
- §§ 2 bis 7 der Verordnung über den Nachweis der Fachkenntnisse für die Vorbereitung und Organisation von bestimmten Arbeiten unter elektrischer Spannung über 1 kV, **BGBl 1982/10**.

3 Diese übergeleiteten Regelungen wurden gegenstandslos durch das Inkrafttreten der

- Verordnung über den Nachweis der Fachkenntnisse für die Vorbereitung und Organisation von bühnentechnischen und beleuchtungstechnischen Arbeiten **(Bühnen-FK-V)**, BGBl II 2003/403, mit 1.10.2003 und

- der Verordnung über den Nachweis der Fachkenntnisse (**Fachkenntnisnachweis-Verordnung – FK-V**), BGBl II 2007/13, mit 1.2.2007.

Die formelle Anpassung der Übergangsbestimmung erfolgte mit dem ANS-RG, **BGBl I 2001/159** (Aufhebung § 113 Abs 2 ASchG).

Für die Fachkenntnisse bzw fachkundige Aufsicht bei **Druckluft- und Taucherarbeiten** verwies **§ 113 Abs 5 ASchG** der Stammfassung auf die vorläufige Weitergeltung von Regelungen der Druckluft- und Taucherarbeitenverordnung, BGBl 1973/501, gemäß **§ 119 ASchG**. 4

- Das **ANS-RG** hob die Weitergeltung für Druckluftarbeiten und damit die Fachkenntnisnachweispflicht mit 1. 1.2002 auf: *„Im geltenden Recht ist vorgesehen, dass die Aufsicht über die Durchführung von Arbeiten in Druckluft nur von Personen wahrgenommen werden darf, die die erforderlichen Fachkenntnisse besitzen. Die Erfahrungen der Arbeitsinspektion zeigen, dass ein solcher Nachweis der Fachkenntnisse (derzeit im Ausmaß von sieben Unterrichtseinheiten vorgesehen) für die Aufsicht über Arbeiten in Druckluft nicht länger erforderlich ist und daher entfallen sollte.“* (ErlRV 802 BlgNR 21. GP) Für die Fachkenntnisse bei Taucherarbeiten galt die Übergangsregelung vorläufig noch weiter.
- Einzelnen Bestimmungen der übergeleiteten Druckluft- und Taucherarbeitenverordnung wurde zT durch die Sprengarbeitenverordnung (**SprengV**), BGBl II 2004/358, zT durch die **FK-V** derogiert (vgl § 30 Abs 1 Z 1 SprengV und § 16 Abs 9 Z 3 FK-V).
- Die Übergangsregelung wurde auch formell mit der ASchG-Novelle **BGBl I 2012/118** aufgehoben.

Für die Fachkenntnisse bei **Arbeiten in Steinbrüchen**, Lehm-, Ton-, Sand- und Kiesgruben sowie beim Anlegen und Abtragen von Halden galt ebenfalls gemäß **§ 113 Abs 5 ASchG** zunächst **§ 123 Abs 2 ASchG** weiter (Steinbruchsverordnung, **BGBl 1955/253** idF BGBl 1972/234, in Geltung als Arbeitnehmerschutzvorschrift). 5

- Das in § 123 Abs 2 angeführte BGBl 1955/253 ist mit Inkrafttreten der Tagbauarbeiten-Verordnung (**TAV**), BGBl II 2010/416, am 1.1.2011 außer Kraft getreten.
- Mit der ASchG-Novelle **BGBl I 2012/118** wurde die obsolete Bestimmung des § 113 Abs 5 ASchG zur Gänze aufgehoben (vgl ErlRV 1983 BlgNR 24. GP).

Vgl Anmerkungen zu §§ 62 f, 119 und 123 ASchG.

II. Zeugnisse und Bescheide

Die nach dem ANSchG und den dazu erlassenen Verordnungen der alten Rechtslage ausgestellten Zeugnisse und Bescheide wurden durch die Übergangsregelung des **§ 113 Abs 3 und 4 ASchG** als Nachweis der Fachkenntnis- 6 se nach ASchG anerkannt, ohne dass es einer neuerlichen bescheidmäßigen Feststellung bedurfte (vgl ErlRV 1590 BlgNR 18. GP).

Nach § 113 Abs 3 ASchG hatte der Bundesminister für Arbeit und Soziales **auf Antrag** Zeugnisse von Einrichtungen, die dazu nicht als ermächtigte Ausbildungseinrichtung nach den übergeleiteten Verordnungen (BGBl 1975/441, BGBl 1982/10) berechtigt waren, **durch Bescheid anzuerkennen**, wenn die Gewähr dafür gegeben war, dass mindestens den ANSchG-Verordnungen entsprechende Fachkenntnisse vorlagen. Für die Beschäftigung in Betrieben, die dem Bundesgesetz über die Verkehrs-Arbeitsinspektion, BGBl 1994/650, unterlagen, hatte die Anerkennung durch Bescheid des Verkehrsministers zu erfolgen. **Antragsberechtigt** war zunächst nur der Arbeitnehmer. Mit der ASchG-Novelle BGBl I 1997/9 wurde die Antragsberechtigung erweitert auf jene Person, für welche das Zeugnis ausgestellt wurde. Damit sollte dem in der Praxis aufgetretenen Bedürfnis entsprochen werden, auch Arbeitssuchenden ihren Nachweis der Fachkenntnisse bescheidmäßig anzuerkennen (vgl ErlRV 461 BlgNR 20. GP).

7 **§ 113 Abs 4** ASchG nahm darauf Bedacht, dass die nach der Verordnung über den Nachweis der Fachkenntnisse, BGBl 1975/441, ausgestellten Zeugnisse und Bescheide als Nachweis der Fachkenntnisse nach dem ASchG anerkannt werden. Dabei wurden aber jene Fälle nicht berücksichtigt, in welchen derartige Tätigkeiten bereits bei Inkrafttreten der genannten Verordnung, also vor 1975, zulässigerweise ausgeübt wurden und für die § 15 Abs 1 und 3 entsprechende Übergangsbestimmungen vorsahen. Die ASchG-Novelle BGBl I 1997/7 fügte daher den **§ 113 Abs 4a ASchG** neu ein, um klarzustellen, dass hinsichtlich dieser Arbeitnehmer (zB Staplerfahrer) der Nachweis der Fachkenntnisse als erbracht gilt (vgl ErlRV 461 BlgNR 20. GP).

8 Die **ASchG-Novelle BGBl I 2012/118** hob die Übergangsregelung des **§ 113 Abs 3 ASchG** über die bescheidmäßige Anerkennung von Fachkenntnisnachweisen bis zum Inkrafttreten der Fachkenntnisnachweis-Verordnung als durch die FK-V **seit 1.2.2007 obsolet** auf. Dies erforderte auch eine legistische Anpassung des § 119 Abs 4 ASchG, um die Weitergeltung weiterhin zu gewährleisten (vgl ErlRV 1983 BlgNR 24. GP).

III. Arbeitsinspektorat, Verkehrs-Arbeitsinspektion

9 Mit der Übergangsregelung des § 113 Abs 2 ASchG wurden jene Verordnungsregelungen nach ANSchG (Verordnungen BGBl 1975/441 und BGBl 1982/10) übergeleitet, welche bei der Fachkenntnisausbildung eine **Mitwirkung** des Arbeitsinspektorats bzw der Verkehrs-Arbeitsinspektion **bei der Prüfung** vorsahen.

10 Das **ANS-RG, BGBl I 2001/159**, fügte in § 113 Abs 2 Z 1 und 2 ASchG eine Maßgabenregelung ein, wodurch diese Mitwirkung **mit 1.2.2002 entfallen** ist. Die Gesetzesmaterialien begründen dies folgendermaßen:

„Arbeitnehmer, die besonders gefährliche Arbeiten durchführen (zB Sprengarbeiten, Kranführen, Staplerfahren, Gasrettungsdienste, Arbeiten unter elektrischer Spannung über 1 kV), müssen bei einer ermächtigten Ausbildungseinrichtung eine Prüfung über ihre Fachkenntnisse ablegen. Dabei ist nach geltendem Recht die Mitwirkung eines Arbeitsinspektors verpflichtend vorgesehen. Die Erfahrungen der Arbeitsinspektion zeigen, dass eine solche verpflichtende und regelmäßige Mitwirkung der Arbeitsinspektion bei den Fachkenntnisprüfungen nicht notwendig ist und in Richtung auf Entbürokratisierung und die gebotene Autonomie der Ausbildungseinrichtungen daher entfallen kann." (vgl ErlRV 802 BlgNR 21. GP).

Nach Verlautbarung des ASchG trat mit 1.9.1994 das neue Bundesgesetz über die **Verkehrs-Arbeitsinspektion**, BGBl 1994/650, in Kraft und setzte das VAIG 1987 außer Kraft. Anpassungen an die Verweise auf das VAIG 1987 sowie in Bezug auf den geänderten Kompetenzbereich des Bundesministers für Wissenschaft, Verkehr und Kunst bzw des Bundesministers für Verkehr, Innovation und Technologie machten Änderungen des § 113 ASchG erforderlich. 11

Die ASchG-Novelle durch Art 60 des **2. Stabilitätsgesetzes 2012 (2. StabG 2012)**, BGBl I 2012/35, nahm die Anpassungen an den Aufgabenübergang des Arbeitnehmerschutzes im Verkehrsbereich (Verkehrs-Arbeitsinspektorat) vom BMVIT in das damalige Bundesministerium für Arbeit, Soziales und Konsumentenschutz im Zusammenhang mit dem Nachweis der Fachkenntnisse vor durch 12

- den Entfall der Zuständigkeit der Bundesministerin für Verkehr, Innovation und Technologie für die Ermächtigung von Ausbildungseinrichtungen gemäß **§ 63 Abs 1 ASchG** im Zuständigkeitsbereich der Verkehrs-Arbeitsinspektion sowie
- die erforderliche Regelung für das Weitergelten solcher vor dem **1.7.2012** erteilten Ermächtigungen durch den neuen **§ 113 Abs 6 ASchG.**

Arbeitsvorgänge und Arbeitsplätze

§ 114. (1) *(aufgehoben durch BGBl I 2015/60)*

(2) *(aufgehoben durch BGBl I 2012/118)*

(3) § 71 Abs. 2 tritt erst mit Inkrafttreten einer Verordnung betreffend die Arbeitskleidung gemäß § 72 Abs. 1 Z 6 in Kraft.

(4) Darüber hinaus gelten die nachstehenden Bestimmungen der Allgemeinen Arbeitnehmerschutzverordnung (AAV) als Bundesgesetz:

1. **§ 48 Abs. 5 AAV bis zum Inkrafttreten einer Verordnung nach diesem Bundesgesetz, die in Durchführung des § 60 Arbeitsvorgänge regelt,**
2. **§ 49 AAV mit der Maßgabe, dass in Abs. 7 zweiter Halbsatz die Wortfolge „infektiösen" entfällt, bis zum Inkrafttreten einer Verordnung**

nach diesem Bundesgesetz, die in Durchführung des § 61 Abs. 5 Regelungen über Sitze, Tische und Werkbänke trifft,
3. **§ 20 Abs. 5 vierter Satz AAV bis zum Inkrafttreten einer Verordnung nach diesem Bundesgesetz, die in Durchführung des § 61 Verkaufsstände regelt,**
4. **§ 62 Abs. 2 zweiter Satz und Abs. 3 AAV bis zum Inkrafttreten einer Verordnung nach diesem Bundesgesetz, die in Durchführung des § 64 die Handhabung von Lasten regelt,**
5. *(aufgehoben durch BGBl I 2012/118)*
6. **§ 16 Abs. 1 AAV mit der Maßgabe, dass die Worte „blendendes Licht, schädliche Strahlen" entfallen bis zum Inkrafttreten einer Verordnung nach diesem Bundesgesetz, die § 66 Abs. 2 näher durchführt,**
7. *(aufgehoben durch BGBl I 2015/60)*
8. **§ 73 AAV mit der Maßgabe, dass in Abs. 2 der zweite Satz entfällt, bis zum Inkrafttreten einer Verordnung nach diesem Bundesgesetz, die in Durchführung des § 71 Abs. 1 die Arbeitskleidung regelt.**

[BGBl I 2015/60]

Übersicht

I. Messungen und Maßnahmen bei physikalischen Einwirkungen 1–8
II. Arbeitskleidung 9–12
III. Zwangshaltungen 13, 14

I. Messungen und Maßnahmen bei physikalischen Einwirkungen

1 Die Regelungen über **Messungen**, die abgestuften **Maßnahmen bei Lärmbelastung und sonstigen physikalischen Einwirkungen, sowie über die Umwelteinflüsse** sollten erst mit Inkrafttreten einer Durchführungsverordnung wirksam werden.

2 In diesem Sinn wurden zunächst mit **§ 114 Abs 4 ASchG** folgende Bestimmungen der Allgemeinen Arbeitnehmerschutzverordnung (**AAV**), BGBl 1983/218, bis zu einer ASchG-Durchführungsverordnung als Bundesgesetz vorläufig aufrechterhalten (vgl ErlRV 1590 BlgNR 18. GP):

§ 114 Abs 4	Weitergeltende AAV-Regelung	bis zu einer ASchG-Durchführungsverordnung	zu
Z 1	§ 48 Abs 4 und 5	Allgemeine Bestimmungen über Arbeitsvorgänge	§ 60
Z 2	§ 49	Arbeitsplätze – Sitze, Tische und Werkbänke	§ 61 Abs 5
Z 3	§ 20 Abs 5 vierter Satz	Arbeitsplätze – Verkaufsstände	§ 61
Z 4	§ 62 Abs 2 zweiter Satz und Abs 3	Handhabung von Lasten	§ 64

§ 114 Abs 4	Weitergeltende AAV-Regelung	bis zu einer ASchG-Durchführungsverordnung	zu
Z 5	aufgehoben (BGBl I 2012/118)		
Z 6	§ 16 Abs 1	sonstige Einwirkungen und Belastungen	§ 66 Abs 2
Z 7	§§ 66 bis 72	persönliche Schutzausrüstungen	§§ 69 und 70
Z 8	§ 73	Arbeitskleidung	§ 71 Abs 1

§ 114 Abs 4 ASchG wurde mehrfach durch ASchG-Novellen an die Änderungen der Rechtslage infolge Erlassung entsprechender ASchG-Verordnungen angepasst, Abs 2 wurde mit 1.1.2013 zur Gänze aufgehoben, Abs 1 zum 31.5.2015. 3

Durch das **ANS-RG**, BGBl I 2001/1590 wurde mit 1.1.2002 in § 114 Abs 4 **Z 2 und Z 7** ASchG eine Maßgabenregelung eingefügt, wonach §§ 49 und 66 bis 72 AAV hinsichtlich infektiöser Arbeitsstoffe nicht mehr gelten (gegenstandslos durch die Verordnung biologische Arbeitsstoffe – **VbA**, BGBl II 1998/237), vgl ErlRV 802 BlgNR 21. GP. 4

Mit der **ASchG-Novelle** BGBl **I 2012/118** wurde § 114 Abs 2 und Abs 4 **Z 5** ASchG aufgehoben: Die hier übergeleiteten Bestimmungen der AAV sind mit Inkrafttreten der Verordnung Lärm und Vibrationen (**VOLV**), BGBl II 2006/22, bereits außer Kraft getreten. 5

Weiters erfolgte eine **Rechtsbereinigung** zu § 114 Abs 4 **Z 1 und 4** ASchG: Einige der übergeleiteten AAV-Bestimmungen wurden mit 1.1.2013 durch BGBl I 2012/118 als überholt aufgehoben: 6

- Das in § 48 Abs 4 AAV enthaltene Gebot, Arbeitsvorgänge so zu gestalten, dass die Arbeit nach Möglichkeit ganz oder teilweise im Sitzen verrichtet werden kann, ist bereits in § 60 Abs 3 ASchG normiert.
- Das Gebot, Zwangshaltung möglichst zu vermeiden, wird zwecks Rechtsbereinigung in § 60 Abs 2 ASchG integriert (siehe Anmerkungen zu § 60 ASchG), sodass § 48 Abs 4 AAV aufgehoben werden kann.
- Ebenso entbehrlich ist die Überleitung von § 62 Abs 1 AAV, weil § 64 Abs 4 ASchG normiert, dass Arbeitnehmer mit der manuellen Handhabung von Lasten nur beschäftigt werden dürfen, wenn sie dafür körperlich geeignet sind.
- Die Überleitung von § 62 Abs 2 erster Satz AAV ist entbehrlich, weil Arbeitgeber gemäß § 64 Abs 2 ASchG geeignete organisatorische Maßnahmen treffen oder geeignete Mittel einsetzen müssen, um zu vermeiden, dass Arbeitnehmer Lasten manuell handhaben müssen.

Zusätzlich passte die ASchG-Novelle die in § 114 Abs 4 **Z 6, 7 und 8 ASchG** übergeleiteten Bestimmungen der AAV formell an: Ihnen wurde zT bereits durch die Verordnung explosionsfähige Atmosphären – VEXAT, BGBl II 7

2004/309, durch die Verordnung Lärm und Vibrationen (VOLV), BGBl II 2006/22, sowie durch die Verordnung optische Strahlung (VOPST), BGBl II 2010/221, derogiert (vgl § 22 Abs 4 VEXAT, § 17 Abs 2 VOLV und § 13 Abs 1 VOPST).

Vgl ErlRV 1983 BlgNR 24. GP.

8 Mit Inkrafttreten der Verordnung Lärm und Vibrationen (VOLV), BGBl II 2006/22, am 26.1.2006 ist § 114 Abs 1 u Abs 4 Z 7 gegenstandslos geworden und wurde schließlich im Rahmen einer Rechtsbereinigung mit der **ASchG-Novelle BGBl I 2015/60** zum 31.5.2015 aufgehoben.

Die in § 114 Abs 4 Z 7 übergeleiteten §§ 66 bis 72 AAV sind mit Inkrafttreten der Verordnung persönliche Schutzausrüstung (PSA-V), BGBl II 2014/77, zum 1.5.2015 außer Kraft getreten (vgl § 17 Abs 2 PSA-V).

(ErlRV 528 BlgNR 25. GP)

II. Arbeitskleidung

9 Gemäß **§ 114 Abs 3 ASchG** tritt die Regelung des **§ 71 Abs 2 ASchG** über die Arbeitskleidung erst mit einer entsprechenden Durchführungsverordnung in Kraft (Verordnungsermächtigung § 72 Abs 1 Z 6 ASchG zur Regelung der Tätigkeiten und Bedingungen, bei denen Arbeitskleidung zur Verfügung gestellt werden muss).

10 Aufgrund der Überleitung durch § 114 Abs 4 Z 8 ASchG gilt bis zum Inkrafttreten einer ASchG-Durchführungsverordnung zu § 71 Abs 1 ASchG die Regelung des **§ 73 AAV** vorläufig im Rang eines Bundesgesetzes weiter.

11 Insoweit bereits erlassene ASchG-Durchführungsverordnungen Einzelregelungen zur Arbeitskleidung im Zusammenhang mit der jeweiligen Sachmaterie treffen, ist § 71 Abs 2 ASchG für diesen Bereich bereits in Kraft getreten:

- § 6 Abs 1 Z 2 Verordnung biologische Arbeitsstoffe **(VbA)**, BGBl II 1998/237 (geeignete Arbeitskleidung);
- § 14 Grenzwerteverordnung 2011 **(GKV 2011)**, BGBl II 2011/253 (Schutz- oder Arbeitskleidung) – idgF BGBl II 2024/330 Grenzwerteverordnung 2024 (GKV);
- § 9 Abs 1 Z 2, § 15 Abs 2 Verordnung explosionsfähige Atmosphären **(VEXAT)**, BGBl II 2004/309 (Gefahrenanalyse, Auswahlkriterien ua für Arbeitskleidung/Arbeitsschuhe);
- § 9 Abs 1 Z 2 Verordnung optische Strahlung **(VOPST)**, BGBl II 2010/221 (geeignete Arbeitskleidung zum Schutz vor künstlicher optischer Strahlung; mit § 13 Abs 2 wurde gemäß § 114 Abs 3 ASchG das Inkrafttreten des § 71 Abs 2 ASchG hinsichtlich der Einwirkung künstlicher optischer Strahlung ausdrücklich festgestellt);

- § 89 Abs 2 Flüssiggasverordnung 2002 (**FGV 2002**), BGBl II 2002/446 (antistatische Kleidung, elektrostatisch leitfähige Schuhe);
- § 22 Abs 2 Eisenbahn-ArbeitnehmerInnenschutzverordnung (**EisbAV**), BGBl 1999/384 (eng anliegende Arbeitskleidung).

Vgl Anmerkungen zu § 71 ASchG.

Die **Verordnung persönliche Schutzausrüstung (PSA-V)**, BGBl II 2014/77, ist mit 1.5.2015 in Kraft getreten und **regelt** die persönliche Schutzausrüstung iZm Inverkehrbringervorschriften, aber **nicht die Arbeitskleidung** (siehe Anmerkungen zu §§ 69 ff ASchG und PSA-V). Die zuvor bereits in anderen ASchG-Durchführungsverordnungen erlassenen PSA-Bestimmungen va über Arbeits- und Schutzkleidung gelten weiter. Soweit diesbezüglich Inverkehrbringervorschriften einschließlich harmonisierter EU-Normen gelten, handelt es sich dabei um PSA (va Schutzanzüge, Sicherheitsschuhe). **12**

III. Zwangshaltungen

Bis 1.1.2013 war das Gebot, Zwangshaltung möglichst zu vermeiden, in **§ 48 Abs 4 der Allgemeinen Arbeitnehmerschutzverordnung** (AAV) geregelt, der gemäß § 114 Abs 4 Z 1 ASchG als Bundesgesetz übergeleitet war. Im Zuge einer Rechtsbereinigung hob die ASchG-Novelle BGBl I 2012/118 § 48 Abs 4 AAV auf und integrierte die Regelung in **§ 60 Abs 2 ASchG**. **13**

Inhaltlich kam es dadurch zu keiner Änderung des geltenden Rechts: Die ständige Durchführung von Arbeiten in Zwangshaltung, insbesondere mit nicht gestützten oder über den Kopf gestreckten Armen sowie in stark gebückter oder knieender Stellung, muss möglichst vermieden werden. Um die Durchführung von Arbeiten in nicht körpergerechter Stellung zu vermeiden, sind erforderlichenfalls entsprechende Betriebseinrichtungen und Betriebsmittel, wie Hebe- oder Absenkvorrichtungen, zur Verfügung zu stellen.

Weiters wurde klargestellt, dass bei der Gestaltung der Arbeitsvorgänge auch sonstige psychische Belastungen, die zu Fehlbeanspruchungen führen, möglichst gering gehalten werden sollen (vgl ErlRV 1983 BlgNR 24. GP). **14**

Bestellung von Sicherheitsfachkräften und Arbeitsmedizinern

§ 115. **(1) Für Arbeitsstätten, in denen ein Arbeitgeber regelmäßig bis zu 250 Arbeitnehmer beschäftigt, tritt die Verpflichtung zur Bestellung von Sicherheitsfachkräften und Arbeitsmedizinern nach Maßgabe der folgenden Bestimmungen in Kraft:**

1. **für Arbeitsstätten, in denen regelmäßig 151 bis 250 Arbeitnehmer beschäftigt werden, mit 1. Jänner 1996,**
2. **für Arbeitsstätten, in denen regelmäßig 101 bis 150 Arbeitnehmer beschäftigt werden, mit 1. Jänner 1997,**

3. **für Arbeitsstätten, in denen regelmäßig 51 bis 100 Arbeitnehmer beschäftigt werden, mit 1. Jänner 1998,**
4. **für Arbeitsstätten, in denen regelmäßig elf bis 50 Arbeitnehmer beschäftigt werden, mit 1. Jänner 1999,**
5. **für Arbeitsstätten, in denen regelmäßig bis zu zehn Arbeitnehmer beschäftigt werden, mit 1. Jänner 2000.**

(2) *(Anm.: aufgehoben durch BGBl. I Nr. 159/2001)*

(3) Arbeitnehmer, die auf Baustellen oder auswärtigen Arbeitsstellen beschäftigt werden, sind bei der Ermittlung der Beschäftigtenzahl nach Abs. 1 jener Arbeitsstätte zuzurechnen, der sie organisatorisch zugehören, im Zweifel dem Unternehmenssitz. Dies gilt nicht für Arbeitnehmer auf Baustellen, für die eine gesonderte diesem Bundesgesetz entsprechende sicherheitstechnische und arbeitsmedizinische Betreuung eingerichtet ist.

(4) *(Anm.: aufgehoben durch BGBl. I Nr. 159/2001)*

(5) Bis zwei Jahre nach Inkrafttreten einer Verordnung über die Fachausbildung der Sicherheitsfachkräfte gemäß § 90 Abs. 1 Z 1 dürfen als Sicherheitsfachkräfte Personen bestellt werden, deren Kenntnisse zumindest jenen entsprechen, die nach den hiefür geltenden Rechtsvorschriften für die Verleihung der Standesbezeichnung „Ingenieur" Voraussetzung sind, und die das für ihre Tätigkeit notwendige Wissen auf dem Gebiet der Sicherheitstechnik sowie entsprechende Betriebserfahrungen und Kenntnisse über die für den Betrieb maßgeblichen Arbeitnehmerschutzvorschriften besitzen.

(6) Die bei Inkrafttreten dieses Bundesgesetzes als Sicherheitstechniker im Sinne des § 21 des Arbeitnehmerschutzgesetzes tätigen Personen gelten als Sicherheitsfachkräfte im Sinne dieses Bundesgesetzes, die in der betriebsärztlichen Betreuung im Sinne des § 22 des Arbeitnehmerschutzgesetzes tätigen Ärzte gelten als Arbeitsmediziner im Sinne dieses Bundesgesetzes, ohne daß eine neuerliche Bestellung und Meldung zu erfolgen hat.

[BGBl I 2001/159]

Übersicht

I.	Stufenplan zur Bestellung von Präventivfachkräften	1–5
II.	Zuordnung von Arbeitnehmern in auswärtigen Arbeitsstellen und Baustellen	6
III.	Präventivfachkräfte nach ASchG	7
IV.	Fachkenntnisse der Sicherheitsfachkräfte, ANSchG-Sicherheitstechniker/innen, SFK-VO	8–12

I. Stufenplan zur Bestellung von Präventivfachkräften

Die Regelungen des siebten Abschnittes beinhalten mehrere wesentliche Änderungen gegenüber der (vor dem ASchG geltenden) Rechtslage des ANSchG, insbesondere die generelle Verpflichtung zur sicherheitstechnischen und arbeitsmedizinischen Betreuung. Diese Änderungen machten bei Erlassung des ASchG besondere Übergangsregelungen und -fristen erforderlich. 1

§ 115 Abs 1 ASchG regelt den **Stufenplan für die Einrichtung einer sicherheitstechnischen und arbeitsmedizinischen Betreuung** in jenen Arbeitsstätten bis zu 250 Beschäftigten, welche nach altem Recht keine sicherheitstechnische und arbeitsmedizinische Betreuung einrichten mussten. Diese Verpflichtung sollte in fünf Schritten wirksam werden. Auch wenn außer Streit stand, dass die Notwendigkeit einer sicherheitstechnischen und arbeitsmedizinischen Betreuung für alle Arbeitnehmer unabhängig von der Betriebsgröße gegeben war, musste bei der Neuregelung doch darauf Bedacht genommen werden, dass für eine Betreuung aller Arbeitnehmer eine große Anzahl von Sicherheitsfachkräften bzw von ausgebildeten Ärzten erforderlich ist, die bei Erlassung des ASchG nicht zur Verfügung stand. 2

Der Bedarf an Arbeitsmedizinern ließ sich laut Gesetzesmaterialien an folgenden Beispielen veranschaulichen: Nach den Unterlagen der Arbeitsinspektion bestanden 1994 ca 1.050 Arbeitsstätten mit 150 bis 250 Beschäftigten (Stufe 1 – § 115 Abs 1 ASchG). In diesen Arbeitsstätten waren ca 203.000 Arbeitnehmer beschäftigt. Unter der Annahme, dass ein Arbeitsmediziner 1.500 bis 2.000 Beschäftigte betreuen kann (bei Großbetrieben mehr, bei Kleinbetrieben wegen der Wegzeiten und des relativ höheren Aufwandes weniger), ergab sich für diese Arbeitsstätten ein Bedarf von 100 bis 130 vollzeitbeschäftigten Arbeitsmedizinern. In der Stufe 2 (100 bis 150 Beschäftigte) war von ca 1.400 Arbeitsstätten mit ca 172.000 Beschäftigten auszugehen, also von einem Bedarf an 90 bis 115 vollzeitbeschäftigten Ärzten. In der Stufe 3 (Arbeitsstätten mit 50 bis 100 Beschäftigten) wurde von ca 4.000 Arbeitsstätten mit ca 280.000 Beschäftigten ausgegangen, in der Stufe 4 (zehn bis 50 Beschäftigte) von 28.600 Arbeitsstätten mit ca 600.000 Beschäftigten. Allerdings war bei Produktionsbetrieben ab 50 Beschäftigten zu berücksichtigen, dass sie häufig gemäß § 22 Abs 4 ANSchG bereits über eine arbeitsmedizinische Betreuung verfügten, wobei die Einsatzzeit mindestens eine Stunde/Woche (also 52 Stunden/Jahr) betrug. Vgl ErlRV 1950 BlgNR 18. GP.

Der mit 1.1.2002 durch das **ANS-RG**, BGBl I 2001/159, aufgehobene **§ 115 Abs 2 ASchG** enthielt die Überleitung der vor dem ASchG geltenden Einsatzzeitregelungen für Arbeitsstätten mit mehr als 250 Beschäftigten. Für diese Arbeitsstätten sah das ASchG bei der Einsatzzeit drei Stufen vor: Die mittlere wurde im Gesetz selbst geregelt, höhere und niedrigere Einsatzzeiten sollten durch Verordnung für bestimmte Tätigkeiten festgelegt werden. Die im ASchG geregelte Einsatzzeit (mittlere Stufe) lag wesentlich unter der (zu- 3 vor geltenden) Einsatzzeit gemäß ANSchG. Sie sollte daher erst mit Inkrafttreten einer Verordnung wirksam werden, weil sonst die aus der Sicht des Arbeitnehmerschutzes nicht vertretbare Situation eintreten hätte können, dass mit Inkrafttreten dieses Bundesgesetzes zB in einer Arbeitsstätte mit besonderen Unfallgefahren die Einsatzzeit der Sicherheitsfachkraft drastisch reduziert würde (vgl ErlRV 1950 BlgNR 18. GP). Für Sicherheitsfachkräfte galt die in § 21 Abs 5 des ANSchG festgelegte Mindesteinsatzzeit, für Arbeitsmediziner jene des § 22c Abs 3 ANSchG.

4 Der mit dem ANS-RG aufgehobene **§ 115 Abs 4 ASchG** beinhaltete die Überleitung der zuvor nach ANSchG geltenden Regelungen über die **Betreuung bei Nachtarbeit**. Mit der ASchG-Novelle BGBl I 1997/9 erfolgte die Korrektur eines Redaktionsversehens – Nachtarbeit iSd Art VII **Nacht-Schwerarbeitsgesetz**, BGBl 1981/354 (vgl ASchG-Novelle BGBl I 2012/118 zur mit dem ANS-RG mit 1.1.2002 eingeführten Neuregelung des § 82a Abs 3 ASchG).

5 Diese Regelung der Mindesteinsatzzeit sollte bis zum Inkrafttreten einer Verordnung über die Mindesteinsatzzeit der Arbeitsmediziner aufrecht bleiben. Stattdessen erfolgte mit **1.1.2002** eine **Neuregelung der Präventionszeit durch die ASchG-Novelle ANS-RG**, BGBl I 2001/159. Dieses Bundesgesetz hob auch die damit obsoleten § 115 Abs 2 und 4 ASchG auf und passte so die Übergangsregelungen für Sicherheitsfachkräfte und Arbeitsmediziner an die neue Rechtslage an.

Vgl Anmerkungen zum siebten Abschnitt ASchG, va §§ 73, 82a ASchG.

II. Zuordnung von Arbeitnehmern in auswärtigen Arbeitsstellen und Baustellen

6 **§ 115 Abs 3 ASchG** entsprach der alten Rechtslage (ANSchG), wonach auswärtige Arbeitsstellen zum Betrieb gehörten. Entsprechend einem in der Praxis regelmäßig auftretenden Problem sollte aber die Grundlage für eine gesonderte sicherheitstechnische oder arbeitsmedizinische Betreuung zB auf Großbaustellen vorgesehen werden (vgl ErlRV 1590 BlgNR 18. GP).

Vgl Anmerkungen zu §§ 77a, 82a (Rz 10–12) (Ermittlung der Arbeitnehmerzahl).

III. Präventivfachkräfte nach ASchG

7 Mit **§ 115 Abs 6 ASchG** wurde angeordnet, dass die zum 1.1.1995

- als Sicherheitstechniker iSd § 21 ANSchG tätigen Personen als Sicherheitsfachkräfte und
- die in der betriebsärztlichen Betreuung im Sinne des § 22 ANSchG tätigen Ärzte als Arbeitsmediziner

iSd ASchG gelten, ohne dass eine neuerliche Bestellung und Meldung zu erfolgen hat.

IV. Fachkenntnisse der Sicherheitsfachkräfte, ANSchG-Sicherheitstechniker/innen, SFK-VO

Nach der ASchG-Stammfassung sollten die Regelungen über den notwendigen Nachweis der Fachkenntnisse für Sicherheitskräfte erst zwei Jahre nach Inkrafttreten einer Verordnung über die Fachausbildung wirksam werden (**§ 115 Abs 5 ASchG**). Mit **1.6.1997** trat die Verordnung über die Fachausbildung der Sicherheitsfachkräfte **(SFK-VO)**, BGBl II 1997/277, in Geltung (§ 116 Abs 1 ASchG). Somit wurden die Bestimmungen über die Fachkenntnisse für Sicherheitskräfte gemäß § 74 ASchG und SFK-VO erst mit **1.6.1999 zur Gänze rechtswirksam.** 8

Bis zu diesem Zeitpunkt wurden die zuvor geltenden Regelungen des **ANSchG** aufrechterhalten und Ausnahmen für die bereits nach ANSchG tätigen Sicherheitstechniker/innen vorgesehen (**§ 115 Abs 5 und 6 ASchG**). Zum Zeitpunkt des Inkrafttretens des ASchG mit 1.1.1995 war noch offen, in welcher Form die Fachausbildung der Sicherheitsfachkräfte geregelt werden sollte. Die Gesetzesmaterialien führen zum Übergangsrecht aus: 9

> „Die Gestaltung dieser Ausnahmen mußte auf die Regelungen über die Ausbildung Bedacht nehmen, und wird zB auch davon abhängen, ob die derzeit in Diskussion stehende fachspezifische Ausbildung für einzelne Branchen realisiert wird. Eine generelle auf Dauer gerichtete Übergangsregelung bzw Ausnahme für alle derzeit bereits tätigen Sicherheitstechniker ohne Bedachtnahme auf die Ausbildungsvorschriften ist nicht vertretbar, zumal es zB nicht sachgerecht wäre, für ‚neue' Sicherheitsfachkräfte einer bestimmten Branche eine besondere Ausbildung zu verlangen , zugleich bereits tätige Sicherheitstechniker, die aus einer ganz anderen Branche kommen, und die auch über keine Grundausbildung verfügen, unbeschränkt für alle Branchen zuzulassen. Bei den Übergangsregelungen der Verordnung kann auch auf derzeit bereits bestehende Ausbildungslehrgänge für Sicherheitstechniker Bedacht genommen werden."

(ErlRV 1590 BlgNR 18. GP)

In der Verordnung über die Fachausbildung der Sicherheitsfachkräfte **(SFK-VO)** wurden entsprechend den Gesetzesmaterialien Ausnahmen für die bereits auf Basis des zuvor geltenden ANSchG tätigen Sicherheitstechniker/innen vorgesehen (§ 9 SFK-VO). Bereits mit 1.6.1995 traten hingegen die Regelungen über die Anerkennung der Fachausbildung in Kraft, somit konnten bereits ab diesem Zeitpunkt Anträge auf Anerkennung einer SFK-Fachausbildung gestellt und entsprechende Bescheide erlassen werden (Anerkennungsbescheid § 6 SFK-VO), wie dies auch bereits die Gesetzesmaterialien zu § 116 Abs 1 ASchG vorsahen (vgl ErlRV 1590 BlgNR 18. GP). Die SFK-Fachausbildungen der AUVA, der Wirtschaftsförderungsinstitute der Wirtschaftskammer (WIFI) und der Berufsförderungsinstitute (bfi) waren die ersten 10 mit Bescheid gemäß § 6 SFK-VO anerkannten Fachausbildungen für Sicherheitsfachkräfte.

11 **§ 9 SFK-VO** beinhaltet folgende **Übergangsbestimmungen** für ANSchG-Sicherheitstechniker/innen und Sicherheitsfachkräfte nach § 74 ASchG:

- Wer im Zeitraum von **1.1.1985 bis 31.12.1994** mindestens drei Jahre als Sicherheitstechniker/in gemäß § 21 ANSchG bestellt und dem zuständigen Arbeitsinspektorat schriftlich gemeldet war und vor dem 1.1.1995 einen Lehrgang für Sicherheitstechniker in der Dauer von mindestens zwei Wochen absolviert hat, darf **uneingeschränkt** als Sicherheitsfachkraft ohne Nachweis der Fachkenntnisse tätig sein **(§ 9 Abs 1 SFK-VO). Eine Fachausbildung nach der SFK-VO ist nicht erforderlich, Weiterbildungen zum aktuellen Arbeitsschutzstand sind jedoch unabdingbar für eine ordnungsgemäße sicherheitstechnische Betreuung.**
- Wer **vor dem 1.1.1995** für einen Betrieb als Sicherheitstechniker/in gemäß § 21 ANSchG bestellt und dem Arbeitsinspektorat schriftlich gemeldet wurde und seither ununterbrochen als Sicherheitstechniker/in (seit 1.1.1995: als Sicherheitsfachkraft) tätig war, darf weiterhin ohne Nachweis der Fachkenntnisse als Sicherheitsfachkraft **für die zu diesem Betrieb gehörenden** Arbeitsstätten, Baustellen und auswärtigen Arbeitsstellen tätig sein. Dies gilt auch im Falle eines Arbeitgeberwechsels. (§ 9 Abs 2 SFK-VO)
- Wer **nach dem 1.1.1995** gemäß § 115 Abs 5 ASchG als Sicherheitsfachkraft bestellt wird, darf ohne Nachweis der Fachkenntnisse höchstens vier Jahre ab dem Zeitpunkt der Bestellung als Sicherheitsfachkraft tätig sein. (§ 9 Abs 3 SFK-VO) Die Regelung ist inzwischen gegenstandslos.
- Wer schon einmal nach bergrechtlichen Vorschriften bescheidmäßig als **Sicherheitsbeauftragte/r** anerkannt war, darf weiterhin als Sicherheitsfachkraft, auch für den untertägigen Bergbau, tätig sein. (§ 9 Abs 3a SFK-VO)
- Arbeitgeber/innen können Arbeitnehmer/innen, die **ein Drittel der Fachausbildung absolviert** haben, für einen Zeitraum von höchstens zwei Jahren als Sicherheitsfachkräfte bestellen, wenn sie in einer Arbeitsstätte oder auf Baustellen des Arbeitgebers bzw der Arbeitgeberin seit mindestens drei Jahren beschäftigt sind. (§ 9 Abs 4 SFK-VO) Diese Regelung gilt weiterhin und ermöglicht im Unternehmen beschäftigten Arbeitnehmer/innen die Ausübung der SFK-Funktion noch vor Abschluss der achtwöchigen Fachausbildung.

12 § 9 Abs 5 SFK-VO legt im Hinblick auf die Übergangsbestimmungen fest, dass als Nachweis der Fachkenntnisse der Abschluss einer Ausbildung in Österreich gilt, die dem Inhalt und Umfang nach der Fachausbildung gleichwertig ist, und zwischen dem 1.9.1993 und dem 31.12.1995 stattgefunden hat.

Vgl Anmerkungen zu §§ 74, 116 (Rz 1 ff).

Sonstige Übergangsbestimmungen für Präventivdienste

§ 116. (1) *(aufgehoben durch BGBl I 2015/60)*

(2) *(aufgehoben durch BGBl I 2015/60)*

(3) *(aufgehoben durch BGBl I 2001/159)*

(4) *(aufgehoben durch BGBl I 2001/159)*

(5) Bescheide gemäß § 21 Abs. 2 und § 22 Abs. 2 des Arbeitnehmerschutzgesetzes werden mit 1. Jänner 1995 gegenstandslos. Bescheide gemäß § 21 Abs. 6 sowie gemäß § 22c Abs. 4 zweiter Satz, Abs. 5 und Abs. 6 des Arbeitnehmerschutzgesetzes werden mit Inkrafttreten des § 82a dieses Bundesgesetzes gegenstandslos.

(6) Arbeitgeber, die über Kenntnisse auf dem Gebiet der Sicherheit und des Gesundheitsschutzes für die jeweilige Arbeitsstätte gemäß § 78b Abs. 2 Z 1 verfügen, dürfen das Unternehmermodell gemäß § 78b Abs. 1 Z 2 ohne Nachweis ausreichender Kenntnisse durch eine Bescheinigung gemäß § 78b Abs. 2 Z 2 oder § 78b Abs. 4 bis längstens 31. Dezember 1999 anwenden.

[BGBl I 2015/60]

Übersicht

I.	Sicherheitsfachkräfte und sicherheitstechnische Zentren – SFK-VO, STZ-VO	1, 2
II.	Arbeitsmedizinische Zentren – Bewilligungsbescheide, AMZ-VO	3–7
III.	ANSchG-Bescheide über Mindesteinsatzzeiten	8, 9
IV.	Arbeitsschutzausschuss	10, 11
V.	Unternehmermodell – Ausbildung	12, 13

I. Sicherheitsfachkräfte und sicherheitstechnische Zentren – SFK-VO, STZ-VO

Die Regelungen über die Fachkenntnisse für Sicherheitskräfte gemäß § 74 AschG wurden aufgrund **§ 116 Abs 1 ASchG** erst mit Inkrafttreten der **Verordnung über die Fachausbildung der Sicherheitsfachkräfte (SFK-VO)**, BGBl II 1997/277, wirksam, somit zum **1.6.1997**. Zum Übergangsrecht für bereits tätige ANSchG-Sicherheitstechniker/innen siehe § 115 Abs 4 und 5 ASchG. 1

Auch die Regelungen über sicherheitstechnische Zentren nach § 75 ASchG sollten gemäß **§ 116 Abs 2 ASchG** mit Inkrafttreten einer Durchführungsverordnung wirksam werden: Mit **1.1.1999** ist die **Verordnung über sicherheitstechnische Zentren (STZ-VO)**, BGBl II 1998/450, in Kraft getreten. Zeitgleich wurde die ASchG-Novelle BGBl I 1999/12 wirksam, mit der ua die zunächst in § 75 der ASchG-Stammfassung vorgesehenen Feststellungsbescheide für sicherheitstechnische Zentren aufgehoben und durch ein Meldeverfahren 2 (wie arbeitsmedizinische Zentren) ersetzt wurden. Gleichzeitig wurden die personellen Anforderungen an sicherheitstechnische Zentren aus Gleichheitsgründen den entsprechenden Regelungen für arbeitsmedizinische Zentren angepasst (vgl ErlRV 1449 BlgNR 20. GP).

Vgl Anmerkungen zu §§ 74 f und § 115 ASchG, insbesondere zum Übergangsrecht für die Fachkenntnisse der Sicherheitsfachkräfte, SFK-VO.

Nachdem § 116 Abs 1 mit Inkrafttreten der Verordnung über die Fachausbildung der Sicherheitsfachkräfte (SFK-VO), BGBl 1995/277, bereits am 1.6.1995 gegenstandslos geworden war und § 116 Abs 2 mit Inkrafttreten der Verordnung über sicherheitstechnische Zentren (STZ-VO), BGBl II 1998/450, erfolgte am 1.1.1999 schließlich eine Rechtsbereinigung durch die ASchG-Novelle BGBl I 2015/60, welche § 116 Abs 1 u 2 zum 31.5.2015 außer Kraft setzte (vgl ErlRV 528 BlgNR 25. GP).

II. Arbeitsmedizinische Zentren – Bewilligungsbescheide, AMZ-VO

3 Für die bescheidmäßige Ermächtigung von arbeitsmedizinischen Zentren galt bis 1995 die Rechtslage nach ANSchG. **§ 118 Abs 3 Z 1 ASchG** idF BGBl 1994/450 sah vor, dass die gemäß § 22c Abs 2 ANSchG ermächtigten Zentren ex lege als bewilligte arbeitsmedizinische Zentren iSd § 80 der ASchG-Stammfassung gelten.

4 § 80 der ASchG-Stammfassung normierte eine **bescheidmäßige Bewilligung** des Bundesministers für Arbeit und Soziales. Für die bereits nach alter Rechtslage ermächtigten ANSchG-Zentren galten die Regelungen über den Widerruf der Ermächtigung mit der Maßgabe, dass ihnen eine Frist von sechs Monaten zum Nachweis der personellen und sachlichen Voraussetzungen eingeräumt wurde (**§ 118 Abs 3 Z 2 ASchG**). Wurde innerhalb dieser Frist der Nachweis der Erfüllung aller Zentrumsvoraussetzungen auch nach § 80 Abs 2 ASchG erbracht, blieben die Ermächtigungen aufrecht und wurden diese Zentren auch in der Liste der ermächtigten Zentren berücksichtigt.

5 Die **Verordnung über arbeitsmedizinische Zentren (AMZ-VO)**, BGBl 1996/441, trat mit **1.1.1997** in Kraft. Nach § 7 Abs 3 AMZ-VO mussten die arbeitsmedizinischen Zentren, die zu diesem Zeitpunkt über eine aufrechte Bewilligung gemäß § 80 ASchG oder eine frühere Ermächtigung gemäß § 22c Abs 2 ANSchG verfügten, bis 31.12.1997 die Anforderungen der §§ 2 bis 6 AMZ-VO erfüllen (**§ 118 Abs 3 Z 3 ASchG**).

6 Mit **1.1.1999** trat die **ASchG-Novelle BGBl I 1999/12** in Kraft, die auch die Bewilligungsbescheide nach § 80 der ASchG-Stammfassung für arbeitsmedizinische Zentren aufhob und (wie bei sicherheitstechnischen Zentren in § 75 ASchG) durch ein **Meldeverfahren** ersetzte.

Die Gesetzesmaterialien begründen die Novellen der §§ 75 und 80 ASchG mit dem Abbau bürokratischer Hemmnisse (ErlRV 1449 BlgNR 20. GP):

> „Die im geltenden Recht vorgesehenen Genehmigungsbescheide für arbeitsmedizinische Zentren und Feststellungsbescheide für sicherheitstechnische Zentren haben und hätten einen exorbitant hohen Verwaltungsaufwand zur Folge, der auf Grund der Budgetsanierungsmaßnahmen der Bundesregierung, verbunden mit Personaleinsparungen in den Zentralstellen, im Sinne einer Aufgabenkritik und in Richtung auf den Entfall entbehrlicher Bürokratie einer Überprüfung unterzogen werden mußte. Entsprechend dem Ergebnis dieser Überprüfung wird folgendes System die Qualität der sicherheitstechnischen und arbeitsmedizinischen Zentren in derselben Weise wie bisher durch bescheidmäßige Feststellungen sichern:
>
> Die Betreiber solcher Zentren haben vor der Aufnahme des Betriebes des Zentrums dem Bundesminister für Arbeit, Gesundheit und Soziales darüber Meldung zu erstatten. Unmittelbar darauf erfolgt eine Kontrolle durch das zuständige Arbeitsinspektorat. Werden die gesetzlichen oder durch Verordnung festgelegten Anforderungen an die Zentren nicht oder noch nicht zur Gänze erfüllt, fordert das Arbeitsinspektorat den Betreiber dazu auf, noch vor Inbetriebnahme des Zentrums diese Mängel zu beheben. Geschieht dies nicht, ist unverzüglich mit Strafanzeige vorzugehen. Entsprechende Klarstellungen an die Arbeitsinspektorate werden zusätzlich im Erlaßweg erfolgen, um die Vorgangsweise der Arbeitsinspektorate, deren Meldungen an das Zentral-Arbeitsinspektorat im Zusammenhang mit den vom Bundesministerium für Arbeit, Gesundheit und Soziales zu erstellenden Listen usw zu vereinheitlichen und entsprechend umzusetzen.
>
> Dieses ‚Meldesystem' sichert in Verbindung mit den Kontrollen dieser Zentren durch die Arbeitsinspektorate, mit den zwingend einzuhaltenden Regelungen der im Verordnungsweg festgelegten Anforderungen an arbeitsmedizinische und sicherheitstechnische Zentren und den für Verletzungen dieser Vorschriften vorgesehenen Strafbestimmungen die Qualität der Tätigkeit der Zentren in ebensolcher Weise wie im geltenden Recht. Dabei war auch zu berücksichtigen, daß gegenwärtig sogar bei Widerruf eines Bescheides die Weiterarbeit des Zentrums als ‚externe Präventivfachkraft' nicht verhindert werden kann, weshalb den Bescheiden nach den Erfahrungen der Arbeitsinspektion praktisch auch keine vorbeugende Wirkung zukommt. Die erforderliche Information der interessierten Öffentlichkeit über jene Zentren, die die Voraussetzungen von Gesetz und Verordnung erfüllen, wird durch die mindestens einmal jährlich vom BMAGS zu erstellende Liste gewährleistet. Das neue System erfordert auch die entsprechende Anpassung der Übergangsregelungen in § 116 Abs. 3."

Die ASchG-Novelle BGBl I 2001/159 **(ANS-RG)** hob mit **1.1.2002** § 116 Abs 3 und 4 ASchG (Übergangsregelungen für arbeitsmedizinische Zentren und Arbeitsschutzausschüsse) schließlich als gegenstandslos auf (vgl ErlRV 802 BlgNR 21. GP). **7**

III. ANSchG-Bescheide über Mindesteinsatzzeiten

8 Nach § **116 Abs 5 ASchG** sollten die nach dem ANSchG erlassenen Bescheide über die Befreiung mit Inkrafttreten des ASchG außer Kraft treten, da es mit den Grundsätzen des ASchG nicht vereinbar ist, einerseits eine schrittweise Herabsetzung bzw die Aufhebung der Schlüsselzahl vorzusehen und andererseits Ausnahmen für Arbeitsstätten mit mehr als 250 Beschäftigten aufrechtzuerhalten. Bescheide betreffend die Einsatzzeit sollten mit einer Neuregelung der Einsatzzeit außer Kraft treten (vgl ErlRV 1590 BlgNR 18. GP). Die **ASchG-Novelle BGBl I 1997/9** korrigierte ein Redaktionsversehen in § 116 Abs 5 der ASchG-Stammfassung: Bescheide gemäß § 22c Abs 6 ANSchG, die ebenfalls die Mindesteinsatzzeit betrafen und daher erst mit Inkrafttreten der geplanten Verordnung über die Mindesteinsatzzeit gegenstandslos werden sollten, waren in BGBl 1994/450 nicht genannt (vgl ErlRV 461 BlgNR 20. GP).

9 Mit der **Neuregelung der Präventionszeit in § 82a ASchG** durch das **ANS-RG** wurden die Bescheide gemäß §§ 21 Abs 6, 22c Abs 4 zweiter Satz, Abs 5 und Abs 6 ANSchG zum **1.1.2002** gegenstandslos. Mit dem ANS-RG erfolgte in **§ 116 Abs 5** eine entsprechende Anpassung an den neuen § 82a ASchG.

IV. Arbeitsschutzausschuss

10 Der nach § 88 ASchG der Stammfassung BGBl 1994/450 vorgesehene Arbeitsschutzausschuss war nur bedingt mit dem Sicherheitsausschuss nach dem zuvor geltenden ANSchG vergleichbar. Bis zum Inkrafttreten einer Verordnungsregelung (Präventivdienste) sollte es daher gemäß **§ 116 Abs 4 ASchG** keine Verpflichtung zur Einrichtung eines Arbeitsschutzausschusses nach ASchG geben, sondern der Sicherheitsausschuss nach dem ANSchG vorerst bestehen bleiben.

Bis zum Zeitpunkt des Inkrafttretens einer Durchführungsverordnung sollten daher die **§§ 12 bis 14 der ANSchG-Verordnung über die Einrichtungen in den Betrieben für die Durchführung des Arbeitnehmerschutzes**, BGBl 1984/2, als Bundesgesetz mit Maßgabenregelungen in Kraft bleiben (Arbeitsstättenbetrieb statt Betriebsbegriff des ANSchG, Sicherheitsfachkräfte anstelle der Leiter und des Fachpersonals des sicherheitstechnischen Dienstes, Arbeitsmediziner anstelle des Leiters und des Fachpersonals der betriebsärztlichen Betreuung).

11 Diese Rechtslage galt bis zum Inkrafttreten der ASchG-Novelle BGBl I 2001/159 mit **1.1.2002**: Durch das **ANS-RG** wurde die Übergangsregelung des § 116 Abs 4 ASchG aufgehoben und erfolgte die **Neuregelung des Arbeitsschutzausschusses und des zentralen Arbeitsschutzausschusses** statt durch Durchführungsverordnung im Gesetzesrang (**§§ 88, 88a ASchG**).

Die Gesetzesmaterialien (ErlRV 802 BlgNR 21. GP) führen dazu aus:

„Die ASchG-Regelungen über den Arbeitsschutzausschuss (in jeder Arbeitsstätte mit mindestens 100 Arbeitnehmern) sind noch nicht in Kraft getreten, weil die Stammfassung des Gesetzes das In-Kraft-Treten von § 88 mit der Erlassung einer Verordnung zur näheren Regelung von Zusammensetzung und Organisation dieses Ausschusses verknüpft hatte. Auf Grund der Übergangsbestimmungen gelten daher auch heute noch die Regelungen des ‚alten' ANSchG weiter, denen weitaus höhere Beschäftigtenzahlen für die Verpflichtung, solche Ausschüsse einzurichten, zugrunde lagen, weshalb die Bestimmungen über den Arbeitsschutzausschuss und den zentralen Arbeitsschutzausschuss neu geregelt werden sollen. Im Sinne einer Entbürokratisierung und sinnvollen Deregulierung erscheint es darüber hinaus entbehrlich, die Zusammensetzung und interne Organisation (Sitzungen, Einladungen, Vorsitz, Protokolle) dieses innerbetrieblichen Gremiums durch Verordnung näher zu regeln."

Vgl Anmerkungen zu §§ 88, 88a ASchG.

V. Unternehmermodell – Ausbildung

Die **ASchG-Novelle BGBl I 1999/12** erweiterte mit der Neuregelung des § 78b ASchG das schon zuvor vorgesehene Unternehmermodell mit 1.1.1999 dahingehend, dass Arbeitgeber unter bestimmten Voraussetzungen selbst zur Gänze die Aufgaben der Sicherheitsfachkräfte wahrnehmen können. **12**

Für Arbeitgeber, die über Kenntnisse nach § 78b Abs 2 Z 1 verfügen, aber noch keine Ausbildung gemäß § 78b Abs 3 absolviert haben oder noch keine Bescheinigung gemäß Abs 4 vorlegen können, sah **§ 116 Abs 6 ASchG** eine Übergangsfrist bis **31.12.1999** vor. Bis dahin durften sie das Unternehmermodell gemäß § 78b Abs 1 Z 2 ASchG auch ohne den erforderlichen Nachweis ausreichender Kenntnisse anwenden. Die Regelung blieb in der Praxis jedoch weitgehend ungenutzt. **13**

Vgl Anmerkungen zu § 78b (Rz 10–13).

Betriebsbewilligung und Arbeitsstättenbewilligung

§ 117. (1) Bis zum Inkrafttreten einer Verordnung nach diesem Bundesgesetz über die Arbeitsstättenbewilligung gilt für die diesem Bundesgesetz unterliegenden Arbeitsstätten § 2 Abs. 3 und § 3 Abs. 2 der Verordnung über die Betriebsbewilligung nach dem Arbeitnehmerschutzgesetz, BGBl. Nr. 116/1976, nach Maßgabe der folgenden Bestimmungen als Bundesgesetz.

(2) Die in § 2 Abs. 3 der Verordnung BGBl. Nr. 116/1976 angeführten Arbeitsstätten dürfen nur auf Grund einer Bewilligung gemäß § 92 Abs. 1 bis 3 errichtet und betrieben werden; dies gilt nicht

1. **sofern § 93 Abs. 1 dieses Bundesgesetzes zur Anwendung kommt,**
2. **für Arbeitsstätten, die bereits am 1. Jänner 1973 betrieben wurden.**

Für die Änderung dieser Arbeitsstätten ist eine Bewilligung gemäß § 92 Abs. 5 dieses Bundesgesetzes erforderlich.

(3) Die gemäß § 27 Abs. 1 des Arbeitnehmerschutzgesetzes (ANSchG) erteilten Bewilligungen gelten als Arbeitsstättenbewilligung im Sinne des § 92 Abs. 1 dieses Bundesgesetzes. Für die Änderung von Arbeitsstätten, die gemäß § 27 Abs. 1 ANSchG bewilligt wurden, gilt § 92 Abs. 5 dieses Bundesgesetzes.

(4) Wird in einer Verordnung nach diesem Bundesgesetz eine Arbeitsstättenbewilligung für Arbeitsstätten vorgesehen, die nach § 2 Abs. 3 der Verordnung BGBl. Nr. 116/1976 keiner Betriebsbewilligung bedürfen, so ist in dieser Verordnung festzulegen, ob oder wie lange die bei Inkrafttreten einer solchen Verordnung bereits bestehenden Arbeitsstätten ohne Arbeitsstättenbewilligung weitergeführt werden dürfen und innerhalb welcher Frist ab Inkrafttreten der Verordnung ein allenfalls erforderlicher Bewilligungsantrag eingebracht werden muss.

[BGBl I 2012/118]

Übersicht

I. Bewilligungspflichtige Betriebe 1, 2
II. Erweiterung bewilligungspflichtiger Betriebe durch Verordnung 3

I. Bewilligungspflichtige Betriebe

1 Gemäß **§ 101 Abs 1 Z 2 ASchG** hat der Bundesminister für Arbeit die Arbeitsstättenbewilligungspflicht (§ 92 Abs 1 ASchG) durch Verordnung näher zu regeln. Nach den Gesetzesmaterialien zur ASchG-Stammfassung BGBl 1994/450 sollte die bereits zuvor geltende **Festlegung der bewilligungspflichtigen Betriebe** bis zu einer Neuregelung aufrechterhalten werden. Für solche Betriebe ist eine Arbeitsstättenbewilligung erforderlich (vgl RV 1590 BlgNR 18. GP).

Bis zum Inkrafttreten einer solchen ASchG-Verordnung sind gemäß **§ 117 Abs 1 ASchG** die § 2 Abs 3 und § 3 Abs 2 der Verordnung über die Betriebsbewilligung nach dem Arbeitnehmerschutzgesetz, BGBl 1976/116, als Bundesgesetz übergeleitet. In diesen Bestimmungen sind Arten von Arbeitsstätten aufgezählt, die bewilligungspflichtig sind, wie zB Krankenanstalten oder Theater. Mit ASchG-Novelle **BGBl I 1997/9** wurde in **Abs 2** klargestellt, dass die in § 2 Abs 3 der Verordnung BGBl 1976/116 angeführten Arbeitsstätten, die bereits seit 1973 betrieben werden, keiner gesonderten Arbeitsstättenbewilligung nach dem ASchG zu unterziehen sind (vgl ErlRV 461 BlgNR 20. GP).

2 Die gemäß § 27 Abs 1 ANSchG erteilten Bewilligungen bleiben aufrecht, für die Änderung von bereits bewilligten Betrieben gilt das ASchG (**§ 117 Abs 3 ASchG**).

II. Erweiterung bewilligungspflichtiger Betriebe durch Verordnung

Außerdem wird mit **§ 117 Abs 4 ASchG** für den Fall Vorsorge getroffen, dass die Liste der bewilligungspflichtigen Arbeitsstätten erweitert wird: § 117 Abs 4 bestimmte zunächst, dass Arbeitsstätten, die im Zeitpunkt des Inkrafttretens einer Verordnung iSd § 101 Abs 1 Z 2 ASchG bereits bestehen und bis dahin keiner Bewilligungspflicht unterliegen, nachträglich um die Erteilung einer Arbeitsstätten-Bewilligung ansuchen müssen. Da § 117 Abs 4 somit völlig undifferenziert eine Übergangs- oder Ausnahmeregelung für bestehende Arbeitsstätten ausschloss, wurde die Regelung mit ASchG-Novelle **BGBl I 2012/118** geändert: § 117 Abs 4 idgF sieht seit 1.1.2013 nun vor, dass in der Verordnung eine Übergangsfrist oder auch Genehmigungsfreiheit für bestehende, bisher genehmigungsfreie Arbeitsstätten festgelegt werden kann. (vgl ErlRV 1983 BlgNR 24. GP) 3

Vgl Anmerkungen zu § 92 Rz 4–7.

Bauarbeiten

§ 118. (1) *(aufgehoben durch BGBl I 2001/159)*

(2) *(aufgehoben durch BGBl I 2015/60)*

(3) Die Bauarbeiterschutzverordnung, BGBl. Nr. 340/1994, (BauV), gilt nach Maßgabe der folgenden Bestimmungen als Verordnung nach diesem Bundesgesetz. Für die Änderung der Bauarbeiterschutzverordnung ist dieses Bundesgesetz maßgeblich:

1. *(aufgehoben durch BGBl I 2012/118)*
2. *(aufgehoben durch BGBl I 2001/159)*
3. *(aufgehoben durch BGBl I 2012/118)*
4. **Die §§ 158 Abs. 1 und 2 sowie 160 BauV entfallen.**

(4) Die nachstehend angeführten Übergangsbestimmungen dieses Bundesgesetzes gelten nicht für Baustellen:

1. **§ 107 betreffend den Brandschutz und die Erste Hilfe,**
2. **§ 109 Abs. 2 betreffend Arbeitsmittel,**
3. **§ 114 Abs. 4 betreffend Arbeitsvorgänge und Arbeitsplätze.**

[BGBl I 2015/60]

Übersicht

I. Bauarbeiterschutzverordnung 1, 2
II. Bauarbeiten 3–5

I. Bauarbeiterschutzverordnung

1 Für Bauarbeiten wurde noch vor Inkrafttreten des ASchG eine neue **Bauarbeiterschutzverordnung (BauV)**, BGBl 1994/340, erlassen, die die Durchführung von Bauarbeiten regelte, und zwar sowohl die im zweiten Abschnitt vorgesehenen Anforderungen für Baustellen als auch die Arbeitsvorgänge, die Benutzung und Prüfung von Arbeitsmitteln, die persönlichen Schutzausrüstungen usw. Die BauV ist zeitgleich mit dem ASchG zum 1.1.1995 in Kraft getreten. Sie wurde nicht übergeleitet, sondern gilt mit Maßgabenbestimmungen aufgrund **§ 118 Abs 3 ASchG** als **Verordnung nach ASchG**: Die BauV findet im ASchG Deckung, sodass sie auch nach Inkrafttreten des ASchG aufrecht bleibt; dies soll § 118 Abs 3 ausdrücklich klarstellen. Generell ist anzumerken, dass **für Baustellen neben der BauV auch die Bestimmungen des ASchG gelten**. Für Baustellen wird in gleicher Weise wie für Arbeitsstätten eine nähere Durchführung durch Verordnungen zB über Arbeitsstoffe, Arbeitsmittel, Lärm und persönliche Schutzausrüstungen erfolgen müssen. Bis zum Inkrafttreten dieser Verordnungen bleiben die entsprechenden Bestimmungen der BauV aufrecht (vgl ErlRV 1590 BlgNR 18. GP). Zum Teil sind Neuregelungen durch ASchG-Verordnungen bereits erfolgt, wodurch die entsprechenden BauV-Bestimmungen gegenstandslos wurden.

2 Inzwischen sind die in **§ 118 Abs 3** der ASchG-Stammfassung enthaltenen **Maßgabenregelungen größtenteils entfallen**:

- Durch das **ANS-RG** aufgehoben wurde **§ 118 Abs 3 Z 2 ASchG** über die Prüfung von Kranen, der durch die Arbeitsmittelverordnung (AM-VO), BGBl II 2000/164, hinfällig wurde.
- Mit der ASchG-Novelle **BGBl I 2012/118** entfiel § 118 Abs 3 **Z 1 und 3** ASchG: Die darin angeführten §§ 31 und 151 BauV wurden durch die BauV-Novellen BGBl II 2009/256 bzw BGBl II 2002/313 neu gefasst (Ersthelfer, Abnahmeprüfungen und wiederkehrende Prüfungen für Arbeitsmittel).
- Ebenso sind die in § 118 Abs 3 **Z 4** genannten §§ 157 und 161 BauV bereits durch die Novelle BGBl II 1998/121 neu gefasst worden (Ausnahmen, Strafbestimmungen).

II. Bauarbeiten

3 Mit dem ANS-RG, **BGBl I 2001/159**, entfiel **§ 118 Abs 1 ASchG**, da die Anforderungen, die an **Gebäude und Arbeitsräume** auf Baustellen gerichtet werden, nun abschließend in § 46 der Arbeitsstättenverordnung (AStV) geregelt sind. Bis zum 1.1.2002 waren die AAV-Regelungen nach § 106 Abs 3 ASchG anwendbar (§ 118 Abs 1 ASchG idF BGBl I 1997/9).

4 **§ 118 Abs 2 ASchG** regelt das Inkrafttreten der Meldepflichten nach § 97 Abs 4 (Auftraggeber) und § 97 Abs 7 ASchG (Bauarbeitenmeldung). Das mit 1.7.1996 in Kraft getretene Bauarbeitenkoordinationsgesetz (BauKG), BGBl I 1999/37, regelt dies für größere Baustellen (**Vorankündigung** § 6 BauKG). Vgl Anmerkungen zu § 97 ASchG.

Mit der **ASchG-Novelle BGBl I 2016/60** ist § 118 Abs 2 zum 31.5.2015 entfallen (Rechtsbereinigung): § 118 Abs 2 war hinsichtlich des § 97 Abs 4 mit Inkrafttreten des Bauarbeitenkoordinationsgesetzes (BauKG), BGBl I 1999/37, am 1.7.1999, und hinsichtlich des § 97 Abs 7 mit Inkrafttreten der Grenzwerteverordnung 2006 (GKV), BGBl II 2006/242, am 1.7.2006 gegenstandslos geworden (vgl ErlRV 528 BlgNR 25. GP).

§ 118 Abs 4 ASchG berücksichtigt, dass nach der BauV – anders als nach der alten Bauarbeitenschutzverordnung BGBl 1954/267 – die Allgemeine Arbeitnehmerschutzverordnung (AAV) nicht neben der BauV gilt. Die für Arbeitsstätten durch das ASchG übergeleiteten **AAV-Regelungen** sollten daher für Baustellen nicht mehr gelten (Brandschutz und Erste Hilfe, Arbeitsmittel, Arbeitsvorgänge und Arbeitsplätze); vgl ErlRV 1590 BlgNR 18. GP. 5

Der in § 118 Abs 4 **Z 2** zitierte § 109 Abs 6 zweiter Satz ASchG wurde durch die AM-VO obsolet und bereits mit der ASchG-Novelle **BGBl I 2001/159** aufgehoben (Abnahmeprüfungen und wiederkehrende Prüfungen). Nunmehr sind Prüfpflichten betreffend Arbeitsmittel auch für **Arbeitsmittel auf Baustellen** abschließend in der **AM-VO** geregelt.

Druckluft- und Taucherarbeiten

§ 119. (1) **Die §§ 3 und 4, § 5 erster Satz sowie §§ 6 bis 15, §§ 17 bis 20, § 21 Abs. 1 bis 3, § 21 Abs. 5 und 6 jeweils mit Ausnahme des Verweises auf Abs. 4, § 22, § 23 Abs. 1 bis 5 und Abs. 7 bis 10, §§ 24 bis 30, § 31 Abs. 5 und Abs. 9** ***[ab 1.1.2014: § 31 Abs. 1 bis 5 und Abs. 9]*****, § 32 Abs. 1, 3, 4 und 5, §§ 33 bis 44 sowie §§ 46 bis 50a der Druckluft- und Taucherarbeiten-verordnung, BGBl. Nr. 501/1973, gelten bis zum Inkrafttreten einer Verordnung nach diesem Bundesgesetz, die solche Arbeiten regelt, nach Maßgabe der folgenden Bestimmungen als Bundesgesetz.**

(2) Die in Abs. 1 angeführten Bestimmungen der Verordnung gelten für die diesem Bundesgesetz unterliegende Beschäftigung von Arbeitnehmern mit Arbeiten in Druckluft im Zuge von Bauarbeiten aller Art sowie mit Taucherarbeiten.

(3) Anhang 5 der Verordnung gilt nicht hinsichtlich des Nachweises über Taucherarbeiten (Ausbildung für Taucherarbeiten) sowie hinsichtlich der Ausbildung als Taucher/in und als Signalperson.

(4) *(Anm.: aufgehoben durch BGBl. I Nr. 118/2012)*

[BGBl I 2013/71]

Übersicht

I. Druckluft- und Taucherarbeiten – Fachkenntnisse, Altersgrenze 1–4

I. Druckluft- und Taucherarbeiten – Fachkenntnisse, Altersgrenze

1 Die Gesetzesmaterialien zur ASchG-Stammfassung merken zu §§ 119 bis 121 an, dass diese weitergeltenden Vorschriften für einen wirksamen Arbeitnehmerschutz erforderlich sind. Jene Bestimmungen, welche durch das ASchG oder die weitergeltenden Bestimmungen der AAV entbehrlich wurden oder nicht mehr dem Stand der Technik entsprachen, wurden aufgehoben (vgl ErlRV 1590 BlgNR 18. GP).

2 **§ 119 Abs 1 ASchG** wurde durch das **ANS-RG** (BGBl I 2001/159) mit 1.1.2002 novelliert: Im bis dahin geltenden Recht war vorgesehen, dass die **Aufsicht über die Durchführung von Arbeiten in Druckluft** nur von Personen wahrgenommen werden darf, die die erforderlichen Fachkenntnisse besitzen. Die Erfahrungen der Arbeitsinspektion zeigten, dass ein solcher Nachweis der Fachkenntnisse (im Ausmaß von sieben Unterrichtseinheiten) für die Aufsicht über Arbeiten in Druckluft nicht länger erforderlich war und daher entfallen sollte. Durch die ASchG-Novelle wurden die Übergangsbestimmungen an den vorgesehenen **Entfall des Nachweises der Fachkenntnisse** für die Aufsichtstätigkeiten angepasst. (ErlRV 898 BlgNR 21. GP)

3 Durch die ASchG-Novelle **BGBl I 2012/118** wurden mit Wirksamkeit 1.2.2013 **§ 119 Abs 1 und 3 ASchG geändert und dessen Abs 4 aufgehoben**: Einzelnen Bestimmungen der in § 119 Abs 3 übergeleiteten Druckluft- und Taucherarbeitenverordnung, BGBl 1973/501, wurde bereits zuvor zT durch die Sprengarbeitenverordnung **(SprengV)**, BGBl II 2004/358, zT durch die Fachkenntnisnachweis-Verordnung **(FK-V)**, BGBl II 2007/13, derogiert (vgl § 30 Abs 1 Z 1 SprengV und § 16 Abs 9 Z 3 FK-V). Die Übergangsregelung wurde daher formell angepasst (vgl ErlRV 1983 BlgNR 24. GP).

4 Mit der folgenden ASchG-Novelle **BGBl I 2013/71** (Verwaltungsgerichtsbarkeits-Anpassungsgesetz – BMASK) erfolgte die Korrektur eines Redaktionsversehens der letzten Novelle in § 119 Abs 1 ASchG (Wiedereinbeziehung des § 31 Abs 2 bis 5 der Verordnung). Die Korrektur tritt mit 1.1.2014 in Kraft und betrifft die Altersgrenze für Taucherarbeiten.

Siehe Anmerkungen zu § 62 Rz 3–6, 41–43, § 113 Rz 1 ff.

Sprengarbeiten

§ 120. *(Anm.: aufgehoben durch BGBl. I Nr. 118/2012)*

[BGBl I 2012/118]

1 Die mit **§ 120 der ASchG-Stammfassung** BGBl 1994/450 vorgesehene Übergangsregelung für die **Beschäftigung von Arbeitnehmern mit Sprengarbeiten** regelte bis zur Erlassung einer Durchführungsverordnung zum ASchG die vorläufige Weitergeltung von Bestimmungen der Verordnung über den

Schutz des Lebens und der Gesundheit von Dienstnehmern bei der Ausführung von Sprengarbeiten, BGBl 1954/77 idF der Verordnung BGBl 1975/441, im Rang eines Bundesgesetzes.

Die **Sprengarbeitenverordnung (SprengV), BGBl II 2004/358**, ist am 1.10.2004 2
in Kraft getreten. Die Übergangsregelung wurde damit obsolet und mit der ASchG-Novelle BGBl I 2012/118 zum 31.12.2012 aufgehoben.

Eisen- und Stahlhüttenbetriebe

§ 121. *(Anm.: aufgehoben durch BGBl. I Nr. 159/2001)*

[BGBl I 2001/159]

Durch die **Arbeitsmittelverordnung (AM-VO)**, BGBl II 2000/164, wurde die 1
vorläufig übergeleitete Übergangsbestimmung für Eisen- und Stahlhüttenbetriebe des § 121 Abs 1 und 2 der ASchG-Stammfasssung BGBl 450/1994 obsolet.

Mit dem **ANS-RG**, BGBl I 2001/159, erfolgte zum 1.1.2002 die Aufhebung 2
dieser Übergangsregelung.

Besondere Vorschriften für gewerbliche Betriebsanlagen

§ 122. **(1) Die nachstehenden Bestimmungen, die sowohl den Schutz der Arbeitnehmer als auch gewerberechtliche Belange regeln, bleiben jeweils als bundesgesetzliche Bestimmungen in Geltung, und zwar als Arbeitnehmer/innenschutzvorschrift solange, bis durch eine Verordnung, die sich auf dieses Bundesgesetz stützt, eine Änderung oder Neuregelung desselben Gegenstandes erfolgt, und als gewerberechtliche Vorschrift solange, bis durch eine Verordnung, die sich auf die Gewerbeordnung 1994 stützt, eine Änderung oder Neuregelung desselben Gegenstandes erfolgt.**

(2) *(Anm: aufgehoben durch BGBl I 2012/118)*

(3) Kälteanlagen:

1. **§§ 1, 3 und 4, § 5 Abs. 1, §§ 6 bis 24, § 26 Abs. 3 und 4, § 28 und § 29 Abs. 2 der als Bundesgesetz in Geltung stehenden Kälteanlagenverordnung, BGBl. Nr. 305/1969, zuletzt geändert durch das Bundesgesetz BGBl. Nr. 234/1972, bleiben bis zum Inkrafttreten einer Verordnung, die den Betrieb von Kälteanlagen regelt, nach Maßgabe der Z 2 und 3 in Geltung.**
2. **§ 1 Abs. 1 der Kälteanlagenverordnung lautet: „Die Bestimmungen dieser Verordnung gelten, soweit sie den Schutz der Arbeitnehmer regeln, für Betriebsstätten im Sinne des § 2 Abs. 3 des Arbeitsinspektionsgesetzes 1993, BGBl. Nr. 27, sowie für Betriebe, auf die das Bundesgesetz über die Verkehrs-Arbeitsinspektion, BGBl. Nr. 650/1994, anzuwenden ist, in denen Kälteanlagen mit einem Füllgewicht des**

Kältemittels von mehr als 1,5 kg verwendet werden, sofern andere Kältemittel als Luft oder Wasser verwendet werden."

3. **§ 21 der Kälteanlagenverordnung gilt mit der Maßgabe, daß die Bedienungsanweisung als Betriebsanweisung gemäß § 14 dieses Bundesgesetzes gilt.**

(4) *(Anm.: aufgehoben durch BGBl. I Nr. 159/2001)*

(5) **Brennbare Flüssigkeiten:**

1. **Die Verordnung über brennbare Flüssigkeiten – VbF, BGBl. Nr. 240/1991, in der Fassung BGBl. Nr. 354/1993, ausgenommen § 129 Abs. 1 und 2, bleibt bis zum Inkrafttreten einer Verordnung, die die Lagerung und Abfüllung brennbarer Flüssigkeiten regelt, nach Maßgabe der Z 2 als Bundesgesetz in Geltung.**
2. **§ 1 Abs. 1 Z 6 VbF lautet: „in nach § 27 Abs. 1 des Arbeitnehmerschutzgesetzes bewilligungspflichtigen Betrieben und nach § 92 des Bundesgesetzes über Sicherheit und Gesundheitsschutz bei der Arbeit – ASchG, BGBl. Nr. 450/1994, bewilligungspflichtigen Arbeitsstätten; in nach § 27 Abs. 1 des Arbeitnehmerschutzgesetzes vor dem 1. Juni 1993 bewilligten Betrieben nach Maßgabe des § 127."**

(6) *(Anm.: aufgehoben durch BGBl. I Nr. 159/2001)*

[BGBl I 2012/118]

Übersicht

I. Überleitung gemeinsamer Verordnungen (ANSchG, GewO 1994) 1–6

I. Überleitung gemeinsamer Verordnungen (ANSchG, GewO 1994)

1 § 122 regelt die Überleitung von Verordnungen, die sich sowohl auf das Arbeitnehmerschutzgesetz bzw die früher geltenden Arbeitnehmerschutzregelungen als auch auf die Gewerbeordnung stützen, **ohne dass eine inhaltliche Trennung in Arbeitnehmerschutzvorschriften und gewerberechtliche Vorschriften möglich** ist. Da sich in diesem Bereich die „gemeinsamen" Verordnungen bewährt hatten, wurde mit dem ASchG zunächst auch für die Zukunft zu diesem Bereich die Erlassung von solchen gemeinsamen Verordnungen vorgesehen. Bei diesen Vorschriften erfolgen lediglich die notwendigen rechtstechnischen Anpassungen (vgl ErlRV 1590 BlgNR 18. GP). Inzwischen wird einer nach Ressortzuständigkeit getrennten Verordnungserlassung der Vorzug gegeben.

2 Mit ASchG-Novelle **BGBl I 2012/118** wurde **§ 122 Abs 1 ASchG** mit Wirksamkeit 1.1.2013 angepasst: Die bis dahin geltende Regelung ordnete die Weitergeltung der Kälteanlagenverordnung aus 1969 und der Verordnung brenn-

bare Flüssigkeiten aus 1991 so lange an, bis eine **Verordnung, die sich auf das ASchG und auf die GewO 1994 stützt**, den jeweils selben Gegenstand neu oder geändert regelt. Im Bereich des Arbeitnehmerschutzrechts wurden allerdings seit Inkrafttreten des ASchG die zum Schutz der Arbeitnehmer beim Betrieb von Kälteanlagen sowie bei der Verwendung brennbarer Flüssigkeiten notwendigen Vorschriften zum Teil bereits auf technisch aktuellerem Stand in auf das ASchG gestützten Verordnungen (Arbeitsstättenverordnung, Arbeitsmittelverordnung, VEXAT) geregelt. Es sollte nunmehr die Möglichkeit geschaffen werden, die Neuregelung der beiden genannten Bereiche, nicht zwingend nur durch eine sowohl auf ASchG als auch GewO 1994 gestützte Verordnung zu erlassen, sondern, soweit sie den Schutz der Arbeitnehmer betreffen, durch eine Verordnung zum ASchG und, soweit sie gewerberechtliche Belange betreffen, durch eine Verordnung zur GewO 1994.

§ 122 Abs 2 ASchG leitete in **Z 1** die Flüssiggasverordnung BGBl 1972/139, 3
und in **Z 2** die Flüssiggas-Tankstellenverordnung, BGBl 1978/558, jeweils bis zum Inkrafttreten einer Verordnung, die denselben Gegenstand aufgrund der GewO und des ASchG neu regelt, über. Diese Übergangsbestimmungen wurden durch die am 1.7.2003 in Kraft getretene **Flüssiggas-Verordnung 2002 (FGV)**, BGBl II 2002/446, und durch die **Flüssiggas-Tankstellen-Verordnung (FGTV 2010)**, BGBl II 2010/247, obsolet und durch **BGBl I 2012/118** mit 1.1.2013 aufgehoben (vgl ErlRV 1983 BlgNR 24. GP).

§ 122 Abs 3 Z 1 und 2 über **Kälteanlagen** wurde mit BGBl I 1997/9 zum 4
1.1.1999 novelliert: § 2 der Kälteanlagenverordnung trat gemäß § 124 Abs 2 Z 9 außer Kraft; weiters erfolgten Zitatanpassungen und die Korrektur eines Redaktionsversehens.

§ 122 Abs 4 und 6 ASchG entfiel mit dem **ANS-RG, BGBl I 2001/159**, zum 5
1.1.2002: Mit Inkrafttreten der Druckgaspackungen-Verordnung, BGBl 1995/666, war § 122 Abs 4 obsolet geworden, Abs 6 wurde hinfällig mit Inkrafttreten der mittlerweile ebenfalls aufgehobenen Aufzüge-Sicherheitsverordnung 1996 (ASV 1996), BGBl 1996/780. Bis zum 31.12.2018 galt die **Druckgaspackungslagerungsverordnung 2002 (DGPLV 2002)**, BGBl II 2002/489, welche die bisherige Verordnung BGBl 1995/666 ersetzte und in Folge durch § 12 der derzeit geltenden Verordnung über die Lagerung von Aerosolpackungen in gewerblichen Betriebsanlagen (**Aerosolpackungslagerungsverordnung – APLV**), BGBl II 2018/347, aufgehoben wurde. Derzeit stehen weiters die Verordnung über die Sicherheit von Aufzügen und von Sicherheitsbauteilen für Aufzüge (Aufzüge-Sicherheitsverordnung 2015 – ASV 2015), BGBl II 2015/280, sowie die Verordnung über den sicheren Betrieb und die Änderung von Hebeanlagen (Hebeanlagen-Betriebsverordnung 2009, HBV 2009), BGBl II 2009/210, in Geltung.

Der in **§ 122 Abs 5 ASchG** übergeleitete § 116 Verordnung brennbare Flüssig- 6
keiten (VbF), BGBl 1991/240, wurde zunächst durch die Verordnung BGBl II

2000/57 neu gefasst. Diese Verordnung wurde mit § 51 der Verordnung über die Lagerung brennbarer Flüssigkeiten 2023 (Verordnung über brennbare Flüssigkeiten 2023 – VbF 2023), BGBl II 2023/45 (derzeit idF BGBl II 2024/141), zum 1.3.2023 aufgehoben, Abs 5 ist seither obsolet.

Weitergelten sonstiger Vorschriften

§ 123. *(Anm.: aufgehoben durch BGBl. I Nr. 118/2012)*

1 **§ 123 ASchG** der ASchG-Stammfassung BGBl 1994/450 zur **Weitergeltung sonstiger Vorschriften** regelte die Anwendung von Rechtsvorschriften, die nicht nur Arbeitnehmerschutzvorschriften enthielten. Die in Abs 1 und 2 angeführten Vorschriften (**Azetylenverordnung, Steinbrüche**) galten gemäß § 33 Abs 2 ANSchG als Bundesgesetz bis zur Erlassung einer Verordnung nach dem ANSchG und nach der Gewerbeordnung 1994. Solche gemeinsamen Verordnungen wurden bis zum ASchG nie erlassen. Es erschien auch nicht sinnvoll, diese Vorschriften weiterhin generell aufrechtzuerhalten, zumal diese Vorschriften aus der Sicht des Arbeitnehmerschutzes zum Teil überholt bzw entbehrlich waren. Für den Bereich des Arbeitnehmerschutzes wurden mit dem ASchG lediglich die im Einzelnen angeführten Bestimmungen aufrechterhalten. Die restlichen Bestimmungen wurden mit § 124 ASchG aufgehoben (vgl ErlRV 1590 BlgNR 18. GP).

2 Die mit **§ 123 Abs 1** als Arbeitnehmerschutzvorschrift vorläufig übergeleitete Azetylenverordnung, BGBl 1951/75 idF BGBl 1972/234, wurde durch die **Arbeitsmittelverordnung (AM-VO)**, BGBl II 2000/164, obsolet. Die Übergangsbestimmung des § 123 Abs 1 ASchG wurde durch das **ANS-RG**, BGBl I 2001/159, mit 1.1.2002 aufgehoben (ErlRV 802 BlgNR 21. GP).

3 Die vorläufig weitergeltenden Übergangsbestimmungen des § 123 Abs 2 bis 4 ASchG für **Steinbrüche und Schifffahrtsanlagen** und zur Überleitung der Asbestverordnung wurden **durch die ASchG-Novelle BGBl I 2012/118 mit 31.12.2012 aufgehoben:**

Die in **§ 123 Abs 2** angeführte Verordnung über den Schutz der Dienstnehmer und der Nachbarschaft beim Betrieb von Steinbrüchen, Lehm-, Ton-, Sand- und Kiesgruben sowie bei Haldenabtragungen, BGBl 1955/253, ist mit Inkrafttreten der **Tagbauarbeiten-Verordnung (TAV)**, BGBl II 2010/416, am 1.1.2011 außer Kraft getreten. Die Anordnung ihrer Weitergeltung als gewerberechtliche Vorschrift in § 123 Abs 2 Z 2 ASchG ist bereits seit Inkrafttreten des MinroG obsolet, da seitdem Steinbrüche nicht mehr gewerberechtlichen Vorschriften unterliegen, sondern dem Bergwesen zuzurechnen sind. Inhaltlich wurde diesen Bestimmungen durch die Verordnung des Bundesministers für Wirtschaft, Familie und Jugend, mit der Vorschriften über das Sprengen im Bergbau erlassen **werden** (Bergbau-Sprengverordnung – SpV) sowie die Bohrlochbergbau-Verordnung geändert wird, BGBl II 2009/60, derogiert.

§ 123 Abs 3 leitete den vierten Teil der Schiffahrtsanlagenverordnung, BGBl 1991/334, bis zum Inkrafttreten einer Verordnung nach dem ASchG, die denselben Gegenstand regelt, als Bundesgesetz über. Die Bestimmung wurde mit Inkrafttreten der **Schifffahrtsanlagenverordnung**, BGBl II 2008/298, obsolet.

§ 123 Abs 4 leitete die Asbestverordnung als Bundesgesetz über; diese wurde mit § 21 Abs 10 der **Chemikalien-Verbotsverordnung 2003** (Chem-VerbotsV 2003), BGBl II 2003/477, mit 1.1.2004 aufgehoben. Die Übergangsbestimmung ist daher obsolet (vgl ErlRV 1983 BlgNR 24. GP).

Aufhebung von Vorschriften

§ 124. (1) Mit Inkrafttreten dieses Bundesgesetzes treten die nachstehenden Arbeitnehmerschutzvorschriften außer Kraft:

1. **die als Bundesgesetz in Geltung stehende Verordnung über die Herstellung, Verpackung, Lagerung und Einfuhr von Thomasmehl, dRGBl. I S 17/1931, zuletzt geändert durch die Verordnung BGBl. Nr. 696/1976;**
2. **die als Bundesgesetz in Geltung stehende Glashüttenverordnung vom 23. Dezember 1938, dRGBl. I S 1961/1938, zuletzt geändert durch die Verordnung BGBl. Nr. 696/1976;**
3. **die als Bundesgesetz in Geltung stehende Verordnung über den Schutz des Lebens und der Gesundheit von Dienstnehmern in Textilbetrieben, BGBl. Nr. 194/1956, zuletzt geändert durch das Bundesgesetz BGBl. Nr. 234/1972;**
4. **die als Bundesgesetz in Geltung stehende Verordnung über die Verbindlicherklärung von ÖNORMEN für Schleifkörper, BGBl. Nr. 81/1969, zuletzt geändert durch die Verordnung BGBl. Nr. 506/1981.**

(2) Bescheidmäßige Vorschreibungen gemäß § 45 Abs. 1 der Verordnung BGBl. Nr. 194/1956 bleiben unberührt. Diese Vorschreibungen sind von der zuständigen Behörde auf Antrag des Arbeitgebers aufzuheben, wenn die Voraussetzungen für die Vorschreibung nicht mehr vorliegen.

(3) Mit Inkrafttreten dieses Bundesgesetzes treten die nachstehenden Arbeitnehmerschutzbestimmungen außer Kraft:

1. **die Verordnung BGBl. Nr. 183/1923, mit Ausnahme der §§ 14 Abs. 1, 15 Abs. 1, 16 Abs. 3 sowie 23 Abs. 2,**
2. **die Verordnung BGBl. Nr. 184/1923, mit Ausnahme der §§ 9 Abs. 3, 11 Abs. 1 und 2 sowie 23 Abs. 2,**
3. **die Verordnung BGBl. Nr. 185/1923, mit Ausnahme der §§ 13 Abs. 1 und 2, 14 Abs. 1 sowie 16 Abs. 2,**

4. die Verordnung BGBl. Nr. 186/1923, mit Ausnahme des § 11 Abs. 2,
5. § 1, § 62, § 83, § 92, § 93 Abs. 1 und 2, § 104 Abs. 1 und 2, § 105 Abs. 1 sowie §§ 107 bis 115 der Allgemeinen Dienstnehmerschutzverordnung, BGBl. Nr. 265/1951,
6. § 1 Abs. 1, § 2 Abs. 2 sowie §§ 30 bis 35 der Verordnung über den Schutz des Lebens und der Gesundheit von Dienstnehmern bei der Ausführung von Sprengarbeiten, BGBl. Nr. 77/1954,
7. §§ 1 bis 3, § 4 Abs. 1 und 3, § 5 Abs. 2, §§ 6 bis 8, § 9 Abs. 1 fünfter und sechster Satz sowie Abs. 2 bis 4, §§ 10 bis 12, § 13 Abs. 4, §§ 14 und 15, § 16 Abs. 1 bis 4 und 6, § 17, §§ 19 bis 25, §§ 27 bis 29, § 32 Abs. 3, § 33 Abs. 2 bis 7, §§ 35 und 36, § 40 Abs. 5, §§ 47 bis 51 sowie §§ 60 bis 64 der Verordnung über den Schutz des Lebens und der Gesundheit von Dienstnehmern in Eisen- und Stahlhüttenbetrieben, BGBl. Nr. 122/1955,
8. § 1 Abs. 1, § 2, § 6 Abs. 6, § 63, § 64, weiters § 66, soweit er auf das Arbeitsinspektionsgesetz verweist, § 67 Abs. 1 und § 68 der Verordnung über den Schutz der Dienstnehmer und der Nachbarschaft beim Betrieb von Steinbrüchen, Lehm-, Ton-, Sand- und Kiesgruben sowie bei Haldenabtragungen, BGBl. Nr. 253/1955,
9. § 2, § 5 Abs. 2, § 25, § 26 Abs. 1 und 2, § 27 sowie § 29 Abs. 1 der Kälteanlagenverordnung, BGBl. Nr. 305/1969,
10. § 2, § 65 Abs. 3 und 4 sowie § 66 der Flüssiggas-Verordnung, BGBl. Nr. 139/1971,
11. §§ 8 bis 12 der Verordnung über Beschäftigungsverbote und -beschränkungen für weibliche Arbeitnehmer, BGBl. Nr. 696/1976,
12. § 32 der Verordnung über Ausstattung und Betriebsweise gewerblicher Betriebsanlagen zum Betrieb von Flüssiggas-Tankstellen, BGBl. Nr. 558/1978,
13. § 1, § 2, § 4, §§ 6 bis 11 sowie §§ 15 bis 21 *(Anm.: in der Aufzählung fehlt § 5)* der Verordnung über Einrichtungen in den Betrieben für die Durchführung des Arbeitnehmerschutzes, BGBl. Nr. 2/1984,
14. § 1 Z 7 bis 16, § 2, § 4 Abs. 3, § 16 Abs. 2, § 20 Abs. 1 bis 4 und Abs. 5 mit Ausnahme des vierten Satzes, § 29 Abs. 1, § 33 Abs. 9, § 37, § 38, § 48 Abs. 1 bis 3 und Abs. 6 bis 8, § 50, § 52 Abs. 1 und 2, § 53 Abs. 9, § 54 Abs. 1, § 55 Abs. 1 und 11, §§ 56 und 57, § 84 Abs. 2, § 85 Abs. 1, § 86 Abs. 4, § 87 Abs. 1 erster und zweiter Satz, § 89, § 90 Abs. 1 sowie §§ 91 bis 103 der Allgemeinen Arbeitnehmerschutzverordnung, BGBl. Nr. 218/1983,
15. §§ 4 bis 6 der Verordnung BGBl. Nr. 290/1989 betreffend Bolzensetzgeräte,
16. § 129 Abs. 1 und 2 der Verordnung über brennbare Flüssigkeiten, BGBl. Nr. 240/1991,
17. § 38 der Verordnung über die Lagerung von Druckgaspackungen in gewerblichen Betriebsanlagen, BGBl. Nr. 629/1992.

(4) Mit Inkrafttreten dieses Bundesgesetzes treten die nachstehenden Vorschriften als Arbeitnehmerschutzvorschrift außer Kraft:

1. die als Bundesgesetz in Geltung stehende Verordnung betreffend den Verkehr mit Zelluloid, Zelluloidwaren und Zelluloidabfällen, RGBl. Nr. 163/1908, zuletzt geändert durch das Bundesgesetz BGBl. Nr. 234/1972, soweit sie den Arbeitnehmerschutz regelt;
2. die als Bundesgesetz in Geltung stehende Verordnung, mit welcher Vorschriften für die Herstellung, Benützung und Instandhaltung von Anlagen zur Verteilung und Verwendung brennbarer Gase erlassen werden (Gasregulativ), RGBl. Nr. 176/1909 *(Anm.: richtig: RGBl. Nr. 176/1906)*, zuletzt geändert durch das Bundesgesetz BGBl. Nr. 234/1972, soweit sie den Arbeitnehmerschutz regelt;
3. die als Bundesgesetz in Geltung stehende Verordnung, mit der das Gewerbe der Sodawassererzeugung an eine Konzession gebunden wird, RGBl. Nr. 212/1910, zuletzt geändert durch das Bundesgesetz BGBl. Nr. 234/1972, soweit sie den Arbeitnehmerschutz regelt;
4. die Reichsgaragenordnung, GBlÖ. Nr. 1447/1939, soweit sie gemäß § 33 Abs. 2 Z 7 des Arbeitnehmerschutzgesetzes, BGBl. Nr. 234/1972, als Bundesgesetz in Geltung steht und den Arbeitnehmerschutz regelt;
5. § 5, §§ 9 bis 13, §§ 15 bis 38, §§ 57 bis 61 sowie §§ 67 bis 70 der Azetylenverordnung, BGBl. Nr. 75/1951, außerdem die Regelungen über Asbesthandschuhe.

(5) Mit Inkrafttreten dieses Bundesgesetzes treten die nachstehend angeführten Vorschriften betreffend die Schädlingsbekämpfung als Arbeitnehmerschutzvorschrift außer Kraft:

1. die als Bundesgesetz in Geltung stehende Verordnung zur Ausführung der Verordnung über die Schädlingsbekämpfung mit hochgiftigen Stoffen vom 25. März 1931, deutsches RGBl. I S 83, in der Fassung der Verordnungen vom 29. November 1932, deutsches RGBl. I S 539, vom 6. Mai 1936, deutsches RGBl. I S 44, und vom 6. April 1943, deutsches RGBl. I S 179, zuletzt geändert durch das Bundesgesetz BGBl. Nr. 50/1974,
2. die als Bundesgesetz in Geltung stehende Verordnung über die Verwendung von Phosphorwasserstoff zur Schädlingsbekämpfung vom 6. April 1936, deutsches RGBl. I S 360, in der Fassung der Verordnung vom 15. August 1936, deutsches RGBl. I S 633, zuletzt geändert durch das Bundesgesetz BGBl. Nr. 234/1972,
3. die als Bundesgesetz in Geltung stehende Verordnung über den Gebrauch von Äthylenoxyd zur Schädlingsbekämpfung vom 25. August 1938, deutsches RGBl. I S 1058, in der Fassung der Verordnung vom 2. Februar 1941, deutsches RBGl. I S 69, zuletzt geändert durch das Bundesgesetz BGBl. Nr. 234/1972,

4. die als Bundesgesetz in Geltung stehende Verordnung über den Gebrauch von Tritox (Trichloracetonitril) zur Schädlingsbekämpfung vom 2. Februar 1941, RGBl. I S 72, zuletzt geändert durch das Bundesgesetz BGBl. Nr. 234/1972.

(6) *(Anm.: aufgehoben durch BGBl. I 118/2012)*

(7) Das Arbeitnehmerschutzgesetz, BGBl. Nr. 234/1972, zuletzt geändert durch das Bundesgesetz BGBl. Nr. 650/1989, tritt außer Kraft, soweit sich aus den §§ 112 und 115 bis 117 nicht anderes ergibt.

[BGBl I 2012/118]

Übersicht

I. Aufhebung von Arbeitnehmerschutzvorschriften und Klarstellungen, vorläufige Weitergeltung als gewerberechtliche Vorschriften 1–4
II. Aufhebung des ANSchG 1972 5

I. Aufhebung von Arbeitnehmerschutzvorschriften und Klarstellungen, vorläufige Weitergeltung als gewerberechtliche Vorschriften

1 **§ 124 Abs 1 und 2 ASchG** betrifft als Bundesgesetz in Geltung stehende alte Arbeitnehmerschutzvorschriften, die zur Gänze keine praktische Bedeutung mehr haben oder durch spätere Vorschriften entbehrlich geworden sind (vgl ErlRV 1590 BlgNR 18. GP).

2 **§ 124 Abs 3** betrifft Arbeitnehmerschutzvorschriften, die nur zum Teil aufgehoben wurden, zum Teil aber bis zum Inkrafttreten von Verordnungen nach diesem Bundesgesetz übergeleitet wurden. Es handelt sich zum Teil um als Bundesgesetz in Geltung stehende alte Verordnungen, zum Teil um Verordnungen zum Arbeitnehmerschutzgesetz. Die Aufhebung diente zum Teil lediglich der Klarstellung, da davon auszugehen ist, dass jene Bestimmungen in Verordnungen, die im ASchG keine inhaltliche Deckung mehr fanden, ohnehin mit Außerkrafttreten des Arbeitnehmerschutzgesetzes gegenstandslos wurden. Im Interesse der Normadressaten und der Vollziehung erschien aber eine ausdrückliche Aufhebung zur Vermeidung von Auslegungsproblemen notwendig (vgl ErlRV 1590 BlgNR 18. GP).

- § 124 Abs 3 **Z 1, 5 und 14 ASchG** wurden mit der ASchG-Novelle BGBl I 1997/9 geändert (ua Klarstellung zur Aufhebung des durch § 109 Abs 5 und § 126 Abs 2 gegenstandslos gewordenen § 93 Abs 2 ADSV).
- Mit ASchG-Novelle BGBl I 2012/118 wurde **Z 14 ergänzt**: Durch den neunten Abschnitt des ASchG wurden Teile der Allgemeinen Arbeitnehmerschutzverordnung (AAV), BGBl 1983/218, in Gesetzesrang übergeleitet. Gleichzeitig wurden in § 124 Abs 3 Z 14 ASchG jene Teile der AAV auf-

gezählt, die mit Inkrafttreten des ASchG ihre Geltung verloren. **§ 37 Abs 1 und 2 sowie § 55 Abs 11 AAV** sind hier allerdings, offenbar versehentlich, nicht genannt. Da beiden Bestimmungen durch das ASchG materiell derogiert wurde, ist davon auszugehen, dass sie bereits mit Inkrafttreten der Stammfassung des ASchG außer Kraft getreten sind. Die nunmehrige Änderung hat daher nur deklarative Bedeutung. (ErlRV 1983 BlgNR 24. GP)

§ 124 Abs 4 ASchG nennt Rechtsvorschriften, die mit Inkrafttreten des ASchG 3
im Jahr 1995 als Arbeitnehmerschutzvorschriften aufgehoben wurden, zum damaligen Zeitpunkt aber noch als **gewerberechtliche Vorschriften** in Kraft standen. Zwischenzeitlich sind diese Rechtsvorschriften durch das **Erste Bundesrechtsbereinigungsgesetz bzw durch § 78 Gaswirtschaftsgesetz**, BGBl I 2000/121, bereits zur Gänze aufgehoben und gehören nicht mehr dem Rechtsbestand an (ErlRV 1983 BlgNR 24. GP). Die Anordnung ihrer Weitergeltung in Abs 4 als gewerberechtliche Vorschrift wurde daher mit der ASchG-Novelle BGBl I 2012/118 zum 31.12.2012 als gegenstandslos aufgehoben.

Gleiches gilt für die in **Abs 5** genannten Rechtsvorschriften, sodass auch die 4
diesbezügliche Ausnahmeregelung in **Abs 6** obsolet geworden ist (ErlRV 1983 BlgNR 24. GP). Die in § 124 Abs 5 angeführten Regelungen enthielten keine noch aktuellen Arbeitnehmerschutzvorschriften und wurden daher mit § 124 Abs 5 der ASchG-Stammfassung als solche außer Kraft gesetzt. Die in diesen Vorschriften vorgesehenen Verfahren zur Erteilung einer Ausnahmegenehmigung waren aber von wesentlicher Bedeutung für den Schutz der Arbeitnehmer, weshalb die in Abs 5 angeführten Rechtsvorschriften zunächst noch weiter als gewerberechtliche Vorschrift galten (vgl ErlRV 1590 BlgNR 18. GP).

II. Aufhebung des ANSchG 1972

Das Bundesgesetz vom 30.5.1972 über den Schutz des Lebens, der Gesund- 5
heit und der Sittlichkeit der Arbeitnehmer (Arbeitnehmerschutzgesetz), BGBl 1972/234 idF BGBl 1989/650, ist aufgrund § 124 Abs 7 ASchG außer Kraft getreten, soweit durch das ASchG keine vorläufige Weitergeltung einzelner Bestimmungen angeordnet wurde (§§ 112, 115 bis 117 ASchG).

Gemeinsame Bestimmungen zu §§ 106 bis 124

§ 125. **(1) Bei Anwendung der Allgemeinen Arbeitnehmerschutzverordnung gelten die Begriffsbestimmungen des § 1 Z 1 bis 6 AAV.**

(2) Soweit in den gemäß §§ 106 bis 122 weitergeltenden Bestimmungen auf die zuständige Behörde verwiesen wird, sind darunter die in § 99 dieses Bundesgesetzes angeführten Behörden zu verstehen.

(3) Bescheide, durch die weitergehende Maßnahmen zum Schutz der Arbeitnehmer auf Grund des § 27 des Arbeitnehmerschutzgesetzes, auf Grund der gemäß § 24 des Arbeitnehmerschutzgesetzes erlassenen Ver-

ordnungen oder auf Grund der gemäß § 33 des Arbeitnehmerschutzgesetzes als Bundesgesetz weitergeltenden Verordnungen vorgeschrieben wurden, bleiben unberührt, soweit in § 112 Abs. 4 und § 124 Abs. 2 nicht anderes bestimmt wird. Für die Abänderung oder Aufhebung solcher Bescheide gilt § 94 Abs. 7 dieses Bundesgesetzes.

(4) Soweit Bescheide im Sinne des Abs. 3 Maßnahmen zum Schutz der Arbeitnehmer beinhalten, die mit den in diesem Bundesgesetz oder in Verordnungen nach diesem Bundesgesetz vorgeschriebenen Maßnahmen vollinhaltlich übereinstimmen, werden sie gegenstandslos.

(5) Abs. 3 und 4 gelten sinngemäß für Bescheide, durch die vor Inkrafttreten des Arbeitnehmerschutzgesetzes Maßnahmen zum Schutz der Arbeitnehmer vorgeschrieben wurden.

(6) Für die Vorschreibung von Maßnahmen zum Schutz der Arbeitnehmer, die über die gemäß §§ 106 bis 114 sowie §§ 119 bis 122 weitergeltenden Bestimmungen hinausgehen, gilt § 94 Abs. 3 bis 7.

(7) Tritt eine gemäß §§ 106 bis 122 weitergeltende Bestimmung durch Inkrafttreten einer Verordnung nach diesem Bundesgesetz außer Kraft, so ist dies in der betreffenden Verordnung festzustellen.

[BGBl I 2017/40]

Übersicht

I. Gemeinsame Bestimmungen zum ASchG-Übergangsrecht 1–4

I. Gemeinsame Bestimmungen zum ASchG-Übergangsrecht

1 Diese Bestimmung fasst jene Regelungen zusammen, welche für alle weitergeltenden Rechtsvorschriften von Bedeutung sind. Die nach dem ANSchG oder den dazu erlassenen Verordnungen sowie die vor Inkrafttreten des ANSchG zum Schutz der Arbeitnehmer vorgeschriebenen Maßnahmen sollen nach den Gesetzesmaterialien zur ASchG-Stammfassung grundsätzlich aufrecht bleiben. § 125 ASchG nimmt aber darauf Bedacht, dass insbesondere im gewerberechtlichen Betriebsanlagengenehmigungsverfahren häufig Auflagen vorgeschrieben wurden, die in inhaltlicher Hinsicht die Arbeitnehmerschutzvorschriften wiedergeben. Es ist damit zu rechnen, dass die geplanten ASchG-Verordnungen zahlreiche Maßnahmen enthalten werden, die in Einzelfällen bereits bescheidmäßig vorgeschrieben wurden. Solche Vorschreibungen sollen gegenstandslos werden. Im Übrigen soll für Vorschreibungen nach den „alten" Vorschriften dasselbe gelten wie für Vorschreibungen nach ASchG (Behördenzuständigkeit, dingliche Wirkung, Aufhebung auf Antrag der Arbeitgeber, wenn die Voraussetzungen für die Vorschreibung weggefallen sind).

Die in den weitergeltenden Vorschriften vorgesehenen Regelungen über die Vorschreibung weitergehender Maßnahmen werden aufgehoben (**§ 125 Abs 6 ASchG**). Für die künftige Vorschreibung weitergehender Maßnahmen gilt § 94 (vgl ErlRV 1590 BlgNR 18. GP). 2

Mit der **ASchG-Novelle BGBl I 2013/71** (Art 24) erfolgte eine Anpassung an die Verwaltungsgerichtsbarkeitsreform in § 125 **Abs 2** ASchG (gilt ab 1.1.2014). Der Verweis § 99 Abs 3 wurde ersetzt durch „§ 99" und der zweite Satz betreffend Befugnisse der Arbeitsinspektion nach alter Rechtslage entfiel. 3

Mit der **ASchG-Novelle BGBl I 2015/60** erfolgte schließlich eine Rechtsbereinigung des § 125 ASchG: Einige Bestimmungen, auf die hier verwiesen wurde, waren bereits mit BGBl I 2001/159 und BGBl I 2012/118 außer Kraft getreten. Die Paragrafenüberschrift lautet seit 1.6.2015 „Gemeinsame Bestimmungen zu §§ 106 bis 124" (zuvor: §§ 103 bis 124; vgl ErlRV 528 BlgNR 25. GP).

Seit der Novelle durch das ANS-RG, BGBl I 2001/159, mit 1.1.2002 konnte die **Auflagepflicht (§ 125 Abs 7 ASchG)** auch erfüllt werden, indem die Arbeitnehmerschutzvorschriften den Arbeitnehmern mittels eines sonstigen Datenträgers samt Ablesevorrichtung, durch geeignete elektronische Datenverarbeitung oder durch geeignete Telekommunikationsmittel zugänglich gemacht werden. Die Gesetzesmaterialien zur ASchG-Novelle verweisen auf das damalige Regierungsübereinkommen, wonach die Aushangpflichten zu entfallen hatten. Dem sollte durch die ersatzlose Streichung der Strafsanktionen unter gleichzeitiger zeitgemäßer Erweiterung der Möglichkeiten, wie die Rechtsvorschriften zur Verfügung gestellt werden, Rechnung getragen werden. Da nach den Erfahrungen der Arbeitsinspektion die Arbeitgeber die Nutzung des Internet (Rechtsinformationssysteme) und der innerbetrieblichen EDV-Struktur anstreben und sich aus Kostengründen vor allem dagegen aussprechen, dass die Auflage- bzw Aushangpflichten in jeder einzelnen Arbeitsstätte unter Strafsanktion erfüllt werden müssen, stellt dies eine praxisgerechte Lösung dar (vgl ErlRV 802 BlgNR 21. GP). 4

Artikel 20 des **Deregulierungsgesetzes 2017, BGBl I 2017/40**, hob die Auflagepflicht des § 125 Abs 7 ASchG mit Wirksamkeit 1.7.2017 schließlich zur Gänze auf: § 125 Abs 7 ist entfallen, der bisherige Abs 8 erhielt die Bezeichnung Abs 7.

Vgl Anmerkungen zu § 129 ASchG und ErlRV 1457 BlgNR 25. GP.

Ausnahmegenehmigungen

§ 126. **(1) Bescheide, mit denen Ausnahmen von den gemäß § 103 bis 123 weitergeltenden Bestimmungen genehmigt wurden, bleiben unberührt, soweit in §§ 103 und 116 sowie in Abs. 4 nicht anderes bestimmt wird.**

(2) Die zuständige Behörde kann auf begründeten Antrag Ausnahmen von den gemäß §§ 106 bis 111, 114 sowie 118 bis 123 weitergeltenden Bestimmungen zulassen, wenn

1. *(Anm.: aufgehoben durch BGBl. I Nr. 159/2001)*

2. nach den Umständen des Einzelfalls zu erwarten ist, daß die Sicherheit und Gesundheit der Arbeitnehmer durch die Ausnahme nicht beeinträchtigt werden, oder daß durch eine andere vom Arbeitgeber/von der Arbeitgeberin vorgesehene Maßnahme zumindest der gleiche Schutz erreicht wird wie bei Einhaltung der betreffenden Bestimmung.

(3) Die Wirksamkeit von Ausnahmen nach Abs. 1 und 2 wird durch einen Wechsel in der Person des Arbeitgebers nicht berührt, wenn sich der für die Ausnahme maßgebliche Sachverhalt nicht geändert hat. Ausnahmen sind von der zuständigen Behörde aufzuheben, wenn die Voraussetzungen für die Erteilung der Ausnahme nicht mehr vorliegen.

(4) In den in Durchführung dieses Bundesgesetzes erlassenen Verordnungen ist gegebenenfalls festzulegen, daß vor Inkrafttreten der Verordnung erlassene Bescheide, allenfalls nach einer festzulegenden Übergangsfrist, gegenstandslos werden, soweit durch sie Ausnahmen von Anforderungen genehmigt wurden, deren Anwendung unabhängig von den Umständen des Einzelfalls zur Gewährleistung der Sicherheit und Gesundheit der Arbeitnehmer erforderlich ist.

[BGBl I 2001/159]

Übersicht

I. Ausnahmegenehmigungen 1
II. Mindeststandard der EU-Richtlinien 2

I. Ausnahmegenehmigungen

1 Das ASchG geht von dem Grundsatz aus, dass erteilte Ausnahmegenehmigungen aufrecht bleiben. Die vollinhaltliche Anwendung aller Bestimmungen der neuen ASchG-Verordnungen auf bereits genehmigte Arbeitsstätten hätte nach den Gesetzesmaterialien der ASchG-Stammfassung einen nicht vertretbaren Eingriff in bestehende Rechte zur Folge und erscheint auch aus der Sicht des Arbeitnehmerschutzes in dieser generellen Form nicht notwendig, da ja davon auszugehen ist, dass bei Erteilung der Ausnahmegenehmigungen die Belange des Arbeitnehmerschutzes berücksichtigt wurden. Für einen Großteil der Fälle wäre daher auch nach den oben erläuterten Grundsätzen die Erteilung von Ausnahmegenehmigungen zulässig. Eine generelle Außerkraftsetzung – verbunden mit einer enormen Anzahl von neuen Verfahren zur Erteilung von Ausnahmen – erschien aus verwaltungsökonomischen Gründen nicht vertretbar. In diesem Zusammenhang ist anzumerken,

dass der Großteil der in der Praxis erteilten Ausnahmen Arbeitsstätten-Anforderungen betrifft, vor allem die Belichtung und die Raumhöhe (vgl ErlRV 1590 BlgNR 18. GP).

Für die bestehenden Ausnahmen soll grundsätzlich dasselbe gelten wie für Ausnahmegenehmigungen nach ASchG. Außerdem wird die Grundlage für die Genehmigung von Ausnahmen von den weitergeltenden Bestimmungen (zB der Allgemeinen Arbeitnehmerschutzverordnung) geschaffen (**§ 126 Abs 1 ASchG**).

§ 126 Abs 2 ASchG wurde mit dem **ANS-RG**, BGBl I 2001/159, novelliert, **Z 1** aufgehoben: Im bis zum 1.1.2002 geltenden Recht war vorgesehen, dass den Arbeitgebern Ausnahmen nach § 95 Abs 3 und § 126 Abs 2 ASchG nur aus **„wichtigen Gründen"** erteilt werden können. Dies erschien entbehrlich, weil Ausnahmen ohnehin nur dann vorgesehen oder bewilligt werden können, wenn dadurch keine Verringerung des Schutzniveaus eintritt. Im Interesse der Verfahrensbeschleunigung sollten die Arbeitgeber verpflichtet werden, solche **Ausnahmeanträge entsprechend zu begründen**. (ErlRV 802 BlgNR 18. GP)

Vgl Anmerkungen zu § 95 ASchG.

II. Mindeststandard der EU-Richtlinien

§ 126 Abs 4 ASchG nimmt darauf Bedacht, dass die EU-Richtlinien zum Großteil auch für bereits bestehende Arbeitsstätten bzw bereits in Verwendung stehende Arbeitsmittel oder Arbeitsstoffe gelten bzw dass bestimmte Fristen für die Anpassung der bestehenden Arbeitsstätten oder Arbeitsmittel etc an den Mindeststandard vorgesehen sind. Mit diesen Richtlinien wäre nicht vereinbar, wenn jene bereits genehmigten Ausnahmen unbeschränkt weitergelten, die diesem Mindeststandard nicht entsprechen. (ErlRV 1590 BlgNR 18. GP) 2

Anhängige Verwaltungsverfahren

§ 127. (1) Zum Zeitpunkt des Inkrafttretens dieses Bundesgesetzes anhängige Verwaltungsverfahren sind nach der bisherigen Rechtslage weiterzuführen. Dies gilt nicht für Verwaltungsverfahren, die

1. **die Genehmigung von Ausnahmen von Bestimmungen zum Gegenstand haben, die mit Inkrafttreten dieses Bundesgesetzes außer Kraft treten,**
2. **die Ermächtigung eines arbeitsmedizinischen Zentrums gemäß § 22c des Arbeitnehmerschutzgesetzes zum Gegenstand haben.**

(2) Abs. 1 gilt sinngemäß für die zum Zeitpunkt des Inkrafttretens einer Verordnung nach diesem Bundesgesetz anhängigen Verfahren.

(3) Zu dem in § 131 Abs. 12 genannten Zeitpunkt anhängige Ermächtigungsverfahren nach § 56 Abs. 2 sind nach der bis dahin geltenden Rechtslage weiterzuführen.

[BGBl I 2012/118]

1 Mit der **ASchG-Novelle BGBl I 2012/118** wurde § 127 **Abs 3 ASchG** neu eingefügt:

Die ASchG-Novelle sieht in **§ 56 Abs 2 ASchG** eine zusätzliche Voraussetzung zur Erlangung einer Ermächtigung zur Durchführung von Eignungs- und Folgeuntersuchungen vor. Rechtskräftige Ermächtigungsbescheide bleiben davon jedenfalls unberührt. Aber auch anhängige Ermächtigungsverfahren sollen noch nach der bisherigen Rechtslage weitergeführt werden können. (ErlRV 1983 BlgNR 24. GP)

Durch die **ASchG-Novelle BGBl I 2017/126** wurden die Ermächtigungsverfahren zur Untersuchungsdurchführung mit 1.8.2017 ersetzt durch ein Anmeldeverfahren und Eintragung in eine Liste (siehe Anmerkungen zu § 56).

Verkehrswesen

§ 127a. Die Verordnung über die Berücksichtigung der Erfordernisse des Arbeitnehmerschutzes und über den Nachweis der Einhaltung in Genehmigungsverfahren des Verkehrswesens (Arbeitnehmerschutzverordnung Verkehr 2011 – AVO Verkehr 2011), BGBl. II Nr. 17/2012, gilt als Verordnung gemäß § 101 Abs. 4 dieses Bundesgesetzes.

[BGBl I 2012/35]

Übersicht

I. AVO–Verkehr 1

I. AVO–Verkehr

1 **§ 127a ASchG** wurde mit Art 60 des 2. Stabilitätsgesetzes 2012 **(2. StabG 2012)**, BGBl I 2012/35 iZm den ASchG-Anpassungen aufgrund des Aufgabenübergangs des Arbeitnehmerschutzes im Verkehrsbereich (Verkehrs-Arbeitsinspektion) vom BMVIT in das BMASK in das ASchG neu eingefügt.

Mit dieser Bestimmung wird die Arbeitnehmerschutzverordnung Verkehr 2011, die aufgrund von § 17 Abs 1 VAIG 1994 erlassen wurde, **als Verordnung zum ArbeitnehmerInnenschutzgesetz** übergeleitet (vgl ErlRV 1685 BlgNR 24. GP).

10. Abschnitt
Schlußbestimmungen

Verweisungen

§ 128. Die in diesem Bundesgesetz enthaltenen Verweise auf andere Bundesgesetze gelten als Verweis auf die jeweils geltende Fassung, soweit in den einzelnen Verweisen nicht auf eine bestimmte Fassung verwiesen wird.

[BGBl 1994/450]

§ 129. *(aufgehoben durch BGBl I 2017/40)*

[BGBl I 2017/40]

Übersicht

I.	Aushang- bzw Auflagepflicht	1, 2
II.	Leichte Zugänglichkeit für Arbeitnehmer	3
III.	Entfall der Auflagepflicht ab 1.7.2017	4

I. Aushang- bzw Auflagepflicht

Bis 1.7.2017 galt im Arbeitsschutzrecht die Aushangpflicht gemäß § 129 ASchG aF: 1

> „In jeder Arbeitsstätte ist ein Abdruck dieses Bundesgesetzes sowie der auf Grund dieses Bundesgesetzes erlassenen Verordnungen, soweit diese für die Arbeitsstätte anzuwenden sind, an geeigneter, für die Arbeitnehmer leicht zugänglicher Stelle aufzulegen oder den Arbeitnehmern mittels eines sonstigen Datenträgers samt Ablesevorrichtung, durch geeignete elektronische Datenverarbeitung oder durch geeignete Telekommunikationsmittel zugänglich zu machen. Diese Auflagepflicht gilt sinngemäß für jene Baustellen, die gemäß § 97 zu melden sind.“

Zur alten Rechtslage:

Alle Arbeitnehmerschutzvorschriften sind sogenannte „aushangpflichtige“ Rechtsvorschriften (*Szymanski/Oberhauser/Marx* [Hrsg], Arbeitnehmer-Innenschutzgesetz, 265 FN 1). Im sogenannten **betrieblichen Kundmachungswesen** – das sind die in arbeitnehmerschutzrechtlichen Vorschriften enthaltenen Bestimmungen über die Verpflichtung des Arbeitgebers zur Publikation von Rechtsnormen oder rechtserheblichen Tatsachen – finden sich grundsätzlich zwei verschiedene Arten von Publikation: Das **Aushängen und das Auflegen**. Zwischen Auflegen und Aushängen besteht ua der wesentliche Unterschied, dass ein an leicht zugänglicher Stelle erfolgter Aushang auch von nicht danach suchenden Arbeitnehmern wahrgenommen werden kann, was hinsichtlich – speziell in Mappen – aufgelegter Unterlagen nicht der Fall sein muss. (VwGH 16.5.1997, 97/11/0028)

Dem soll durch die ersatzlose Streichung der Strafsanktionen unter gleichzeitiger zeitgemäßer Erweiterung der Möglichkeiten, wie die Rechtsvorschriften zur Verfügung gestellt werden, Rechnung getragen werden.

2 Mit dem **ANS-RG, BGBl I 2001/159**, wurden die Aushang- bzw Auflagepflichten (§ 125 Abs 7, § 129 ASchG) wesentlich erleichtert. Zum einen wurde die Strafsanktion in § 130 Abs 1 Z 32 ersatzlos gestrichen, sodass die Nichteinhaltung des § 129 keinerlei verwaltungsstrafrechtliche Folgen nach sich zieht. Zum anderen wurde die Möglichkeit geschaffen, dass der Auflage- bzw Aushangpflicht auch durch eine elektronische Zurverfügungstellung entsprochen wird, womit einer gleichzeitigen zeitgemäßen Erweiterung der Möglichkeiten, wie die Rechtsvorschriften zur Verfügung gestellt werden, Rechnung getragen wurde. Da nach den Erfahrungen der Arbeitsinspektion die Arbeitgeber die Nutzung des Internets (Rechtsinformationssysteme) und der innerbetrieblichen EDV-Struktur anstreben und sich aus Kostengründen vor allem dagegen aussprechen, dass diese Aushang- bzw Auflagepflichten in jeder einzelnen Arbeitsstätte unter Strafsanktion erfüllt werden müssen, stellt dies eine praxisgerechte Lösung dar (vgl ErlRV 802 BlgNR 21. GP). Seit dem ANS-RG konnte somit der Aushang- und Auflagepflicht durch Auflage in Buchform oder auch durch elektronische Medien entsprochen werden.

II. Leichte Zugänglichkeit für Arbeitnehmer

3 Die Auflage- bzw Aushangpflicht sollte es den Arbeitnehmern ermöglichen, sich über die zu ihrem Schutz geltenden Rechtsvorschriften zu informieren. Ein Abdruck war an geeigneter, für die Arbeitnehmer leicht zugänglicher Stelle in jeder Arbeitsstätte aufzulegen. Dasselbe galt für die elektronische Zurverfügungstellung der Arbeitnehmerschutzvorschriften. Das heißt, es musste allen in der Arbeitsstätte beschäftigten Arbeitnehmern ein EDV-Zugang zur Verfügung stehen und dieser auch leicht zugänglich sein (zB Rechtsinformationssysteme im Internet, Firmennetzwerk/„Intranet", CD-ROM). Voraussetzung war natürlich, dass die Arbeitnehmer über die entsprechenden EDV-Anwendungskenntnisse verfügen.

Der **Betriebsrat** hatte gemäß **§ 89 Z 2 ArbVG** das Recht, die Einhaltung der Auflage der arbeitnehmerschutzrechtlichen Vorschriften zu überwachen.

4 III. Entfall der Auflagepflicht ab 1.7.2017

Die ASchG-Novelle durch **Artikel 20 des Deregulierungsgesetzes 2017, BGBl I 2017/40**, ist mit 1.7.2017 in Kraft getreten und hat § 129 samt Überschrift mit Ablauf des 30.6.2017 außer Kraft gesetzt. Die Auflagepflicht im Arbeitsschutzrecht ist somit zur Gänze entfallen.

Dazu die ErlRV 1457 BlgNR 25. GP:

„Arbeitgeber /innen sind derzeit verpflichtet, alle Gesetze und Verordnungen zum Arbeitnehmerschutz im Betrieb aufzulegen oder elektronisch zur Verfügung zu stellen. Bei Änderungen werden diese regelmäßig aktualisiert, was einen erheblichen bürokratischen Aufwand zur Folge hat. Die Bestimmungen über die verpflichtende Auflage in Papierform sowie die elektronische Bereitstellung auf einem sonstigen Datenträger samt Ablesevorrichtung, durch geeignete elektronische Datenverarbeitung oder durch geeignete Telekommunikationsmittel sollen künftig entfallen. Der Entfall dieser Verpflichtungen betrifft rund 200 000 Unternehmen und entlastet diese um mindestens 2 Mio. Euro jährlich. Die Verpflichtung von Arbeitgeber/innen, alle Gesetze und Verordnungen zum Arbeitnehmerschutz im Betrieb aufzulegen oder elektronisch zur Verfügung zu stellen, hat einen erheblichen bürokratischen Aufwand zur Folge.

Diese Verpflichtungen wurden daher in folgenden Gesetzesvorschriften gestrichen: § 24 AZG, § 23 ARG, § 18 Abs. 1 BäckAG, § 9 KA-AZG, § 17 MSchG, § 27 Abs. 1 KJBG, § 60 GlBG, § 8 Abs. 2 HeimAG, § 125 Abs. 7 und § 129 ASchG (damit entfiel auch die Pflicht zur Auflage der auf dem ASchG beruhenden Verordnungen) sowie § 23a BEinstG."

Vgl Anmerkungen zu § 125 Abs 7 aF.

Strafbestimmungen

§ 130. (1) **Eine Verwaltungsübertretung, die mit Geldstrafe von 166 bis 8 324 €, im Wiederholungsfall mit Geldstrafe von 333 bis 16 659 € zu bestrafen ist, begeht, wer als Arbeitgeber entgegen diesem Bundesgesetz oder den dazu erlassenen Verordnungen**

1. **nicht dafür sorgt, daß die Arbeitnehmer bei ernster und unmittelbarer Gefahr gemäß § 3 Abs. 3 und 4 vorgehen können,**
2. **die Verpflichtungen nach § 3 Abs. 5 verletzt,**
3. **die Verpflichtung zur Bestellung einer geeigneten Person gemäß § 3 Abs. 6 verletzt,**
4. **die Verpflichtungen betreffend Sicherheits- und Gesundheitsschutzkennzeichnung verletzt,**
5. **die Verpflichtung zur Ermittlung und Beurteilung der Gefahren verletzt,**
6. **die durchzuführenden Schutzmaßnahmen nicht festlegt oder nicht für deren Einhaltung sorgt,**
7. **die Verpflichtungen betreffend die Sicherheits- und Gesundheitsschutzdokumente verletzt,**
8. **Arbeitnehmer entgegen § 6 Abs. 1 bis 3 zu Tätigkeiten heranzieht, zu deren Durchführung sie nicht geeignet sind,**
9. **die Beschäftigungsverbote und beschränkungen für Arbeitnehmerinnen oder für behinderte Arbeitnehmer verletzt,**
10. **die Koordinationspflichten verletzt,**

11. die Informations, Beteiligungs oder Anhörungspflichten gegenüber den Arbeitnehmern oder die Unterweisungspflicht verletzt,
12. die Verpflichtung zur Bestellung von Sicherheitsvertrauenspersonen in Betrieben gemäß § 10 Abs. 2 und 3, in denen regelmäßig mehr als 50 Arbeitnehmer beschäftigt werden, oder in Arbeitsstätten gemäß § 10 Abs. 4, in denen regelmäßig mehr als 50 Arbeitnehmer beschäftigt werden, oder die Pflichten gegenüber den Sicherheitsvertrauenspersonen verletzt,
13. die Verpflichtung zur Erstellung, Aufbewahrung und Übermittlung von Aufzeichnungen und Berichten über Arbeitsunfälle verletzt,
14. die Instandhaltungs-, Reinigungs- oder Prüfpflichten verletzt,
15. die Verpflichtungen betreffend die Einrichtung und den Betrieb von Arbeitsstätten oder Baustellen einschließlich der Sozial- und Sanitäreinrichtungen verletzt,
16. die Verpflichtungen betreffend die Beschaffenheit, die Aufstellung, die Benutzung, die Prüfung oder die Wartung von Arbeitsmitteln verletzt,
17. die Verpflichtungen betreffend Arbeitsstoffe verletzt,
18. die Verpflichtungen betreffend Eignungs und Folgeuntersuchungen, wiederkehrende Untersuchungen der Hörfähigkeit sowie sonstige besondere Untersuchungen verletzt,
19. die Verpflichtungen betreffend die Vorbereitung, Gestaltung und Durchführung von Arbeitsvorgängen oder die Einrichtung, Beschaffenheit und Erhaltung von Arbeitsplätzen verletzt,
20. Arbeitnehmer mit Arbeiten gemäß § 62 Abs. 1 bis 3 beschäftigt, obwohl sie die zu deren Durchführung erforderlichen Voraussetzungen nicht erfüllen, oder selbst entgegen § 62 Abs. 6 solche Arbeiten durchführt,
21. nicht dafür sorgt, daß die Organisation und Vorbereitung von Arbeiten gemäß § 62 Abs. 4 durch Personen erfolgt, die hiefür geeignet sind und die erforderlichen Fachkenntnisse nachweisen, oder selbst die Organisation und Vorbereitung entgegen § 62 Abs. 6 durchführt,
22. Arbeitnehmer beschäftigt, ohne daß die gemäß § 62 Abs. 5 erforderliche Aufsicht gewährleistet ist,
23. die Verpflichtungen im Zusammenhang mit der Handhabung von Lasten verletzt,
24. die Verpflichtungen betreffend Lärm oder sonstigen Einwirkungen und Belastungen verletzt,
25. die Verpflichtungen betreffend Bildschirmarbeit verletzt,
26. die Verpflichtungen betreffend persönliche Schutzausrüstungen oder Arbeitskleidung verletzt,
27. die Verpflichtung zur Bestellung oder zur Beiziehung von Sicherheitsfachkräften oder von Arbeitsmedizinern verletzt, ihnen die er-

forderlichen Informationen und Unterlagen nicht zur Verfügung stellt, oder nicht dafür sorgt, daß sie ihre gesetzlichen Aufgaben erfüllen, sofern kein Präventionszentrum gemäß § 78 Abs. 1 Z 2 in Anspruch genommen wurde,

27a. die Verpflichtung zur Anforderung oder zur Beiziehung des von ihm in Anspruch genommenen Präventionszentrums des zuständigen Unfallversicherungsträgers verletzt,

27b. die Aufgaben nach § 84 Abs. 1 und 3 sowie § 85 Abs. 2 nicht ordnungsgemäß wahrnimmt, sofern er als Form der sicherheitstechnischen Betreuung das Unternehmermodell gewählt hat,

27c. die Verpflichtungen betreffend Präventionszeit gemäß § 82a verletzt,

27d. die Verpflichtungen betreffend die sonstigen Fachleute gemäß § 82b verletzt oder nicht dafür sorgt, dass sie in der Präventionszeit ihre gesetzlichen Aufgaben erfüllen,

28. die Verpflichtung zur Beschäftigung von Fach- und Hilfspersonal für die sicherheitstechnische oder arbeitsmedizinische Betreuung oder die Verpflichtung zur Beistellung der notwendigen Räume, Ausstattung oder Mittel verletzt,

29. die Verpflichtungen betreffend den Arbeitsschutzausschuß oder den zentralen Arbeitsschutzausschuß verletzt,

30. eine Arbeitsstätte errichtet, betreibt oder ändert, ohne daß die erforderliche Arbeitsstättenbewilligung vorliegt,

31. Meldepflichten verletzt.

32. *(aufgehoben durch BGBl I 2001/159)*

(2) Eine Verwaltungsübertretung, die mit Geldstrafe von 166 bis 8 324 €, im Wiederholungsfall mit Geldstrafe von 333 bis 16 659 € zu bestrafen ist, begeht, wer als Arbeitgeber Verpflichtungen, die ihm nach einem aufgrund dieses Bundesgesetzes erlassenen Bescheid oder verwaltungsgerichtlichen Erkenntnis obliegen, nicht einhält.

(3) Eine Verwaltungsübertretung, die mit Geldstrafe von 166 bis 8 324 €, im Wiederholungsfall mit Geldstrafe von 333 bis 16 659 € zu bestrafen ist, begeht, wer als Überlasser oder Beschäftiger die in diesem Bundesgesetz oder den dazu erlassenen Verordnungen vorgesehenen Verpflichtungen im Zusammenhang mit der Überlassung verletzt.

(4) Eine Verwaltungsübertretung, die mit Geldstrafe bis 250 €, im Wiederholungsfall mit Geldstrafe bis 413 € zu bestrafen ist, begeht, wer als Arbeitnehmer trotz Aufklärung und nachweislich schriftlicher Aufforderung durch den Arbeitgeber oder das Arbeitsinspektorat entgegen diesem Bundesgesetz oder den dazu erlassenen Verordnungen

1. entgegen der Unterweisung und den Anweisungen des Arbeitgebers Arbeitsmittel nicht ordnungsgemäß benutzt und dadurch eine Gefahr für andere Arbeitnehmer herbeiführt,
2. vor Inbetriebnahme eines Arbeitsmittels nicht prüft, ob dieses offenkundige Mängel aufweist, oder sich bei Inbetriebnahme eines Arbeitsmittels nicht vergewissert, daß er sich selbst oder andere Arbeitnehmer nicht in Gefahr bringt,
3. entgegen der Unterweisung und den Anweisungen des Arbeitgebers die zur Verfügung gestellte, diesem Bundesgesetz entsprechende, persönliche Schutzausrüstung nicht oder nicht zweckentsprechend verwendet, oder sie nach Benutzung nicht an dem dafür vorgesehenen Platz lagert
4. eine Schutzeinrichtung entfernt, außer Betrieb setzt, willkürlich verändert oder umstellt oder entgegen der Unterweisung und den Anweisungen des Arbeitgebers eine Schutzeinrichtung nicht ordnungsgemäß benutzt,
5. sich durch Alkohol, Arzneimittel oder Suchtgift in einen Zustand versetzt, indem er sich oder andere Personen in Gefahr bringt,
6. die Meldepflicht betreffend Arbeitsunfälle, ernste und unmittelbare Gefahren oder Defekte verletzt.

(5) Eine Verwaltungsübertretung, die mit Geldstrafe von 166 bis 8 324 €, im Wiederholungsfall mit Geldstrafe von 333 bis 16 659 € zu bestrafen ist, begeht, wer als Arbeitgeber/in

1. den nach dem 9. Abschnitt weitergeltenden Bestimmungen zuwiderhandelt, oder
2. die nach dem 9. Abschnitt weitergeltenden bescheidmäßigen Vorschreibungen nicht einhält.

(6) Eine Verwaltungsübertretung, die mit Geldstrafe von 166 bis 8 324 €, im Wiederholungsfall mit Geldstrafe von 333 bis 16 659 € zu bestrafen ist, begeht, wer

1. ein sicherheitstechnisches Zentrum betreibt, ohne die Voraussetzungen nach § 75 Abs. 1 zu erfüllen,
2. ein arbeitsmedizinisches Zentrum betreibt, ohne die Voraussetzungen nach § 80 Abs. 1 zu erfüllen,
3. die Meldepflichten nach § 75 Abs. 2 oder § 80 Abs. 2 oder die Auskunftspflicht nach § 84 Abs. 4 verletzt.

(7) Wurden Verwaltungsübertretungen nach Abs. 1, 2, 3, 5 und 6 nicht im Inland begangen, gelten sie als an jenem Ort begangen, an dem sie festgestellt wurden.

[BGBl I 2017/126]

Übersicht

I. Verwaltungsstrafrechtliche Verantwortlichkeit
A. Arbeitgeber ... 1
B. Verantwortliche Beauftragte ... 2–10
C. Überlasser und Beschäftiger ... 11
D. Betreiber von arbeitsmedizinischen oder sicherheitstechnischen Zentren ... 12
E. Arbeitnehmer ... 13
II. Strafhöhen ... 14–22
III. Verschulden und Kontrollsystem ... 23–30
IV. Fiktiver Tatort im Inland ... 31–33
V. Bescheidmäßige Vorschreibungen ... 34–36
VI. Überwachung des Arbeitnehmerschutzes ... 37–41

I. Verwaltungsstrafrechtliche Verantwortlichkeit

A. Arbeitgeber

Normadressat für die Einhaltung der Bestimmungen nach dem ASchG und den dazu erlassenen Durchführungsverordnungen ist grundsätzlich der Arbeitgeber. Verwaltungsstrafverfahren können nur gegen natürliche Personen geführt werden. In der Praxis handelt es sich allerdings bei Arbeitgebern überwiegend um juristische Personen. Ist der Arbeitgeber eine **natürliche Person**, so ist diese für die Einhaltung der Arbeitnehmerschutzvorschriften verantwortlich. Handelt es sich jedoch beim Arbeitgeber um eine **juristische Person** oder eingetragene Personengesellschaft, ist gemäß § 9 Abs 1 des Verwaltungsstrafgesetzes 1991 (VStG), BGBl 1991/52, für die Einhaltung der Arbeitnehmerschutzvorschriften verwaltungsstrafrechtlich verantwortlich, wer zur **Vertretung nach außen** berufen ist (zB bei einer GmbH der unternehmensrechtliche Geschäftsführer, Mitglieder des Vorstandes einer AG oder eines Vereines), sofern nicht die Verwaltungsvorschriften anderes bestimmen und soweit nicht verantwortliche Beauftragte bestellt sind. Bei Beurteilung der Frage, wer vertretungsbefugtes Organ einer Gesellschaft ist, ist nicht auf den Stand des Firmenbuches abzustellen (VwGH 18.1.2000, 99/11/0287). **1**

B. Verantwortliche Beauftragte

Die bei einer juristischen Person oder eingetragenen Personengesellschaft zur Vertretung nach außen Berufenen sind berechtigt, aus ihrem Kreis eine oder mehrere Personen als verantwortliche Beauftragte zu bestellen. Die zur Vertretung nach außen Berufenen sind – soweit es sich zur Sicherstellung der strafrechtlichen Verantwortlichkeit als erforderlich erweist – auf Verlangen der Behörde verpflichtet, aus ihrem Kreis eine oder mehrere Personen als verantwortliche Beauftragte zu bestellen (§ 9 Abs 2 VStG). **2**

Dem verantwortlichen Beauftragten kann die Verantwortung für die Einhaltung der Verwaltungsvorschriften entweder für das ganze Unternehmen oder für bestimmte räumlich oder sachlich **abgegrenzte Bereiche des Unternehmens** übertragen werden.

Für bestimmte räumlich oder sachlich abgegrenzte Bereiche des Unternehmens können aber auch andere Personen zu verantwortlichen Beauftragten bestellt werden.

Ist der Arbeitgeber eine natürliche Person – die Inhaber eines räumlich oder sachlich gegliederten Unternehmens ist –, so kann dieser für bestimmte räumlich oder sachlich abgegrenzte Bereiche des Unternehmens einen verantwortlichen Beauftragten bestellen (§ 9 Abs 3 VStG).

3 Zum **klar abzugrenzenden Bereich** eines verantwortlichen Beauftragten entschied der VwGH, dass, wenn keine solche klare Abgrenzung erfolgt ist, auch keine wirksame Bestellung eines verantwortlichen Beauftragten vorliegt. Die Verwaltungsstrafbehörden sollen nicht in die Lage versetzt werden, Ermittlungen über den jeweiligen Betrieb und seine Gliederung in räumlicher und sachlicher Hinsicht, insbesondere über die Größe, Lage und Verwendung der einzelnen Betriebsräume, anstellen zu müssen. Sie sollen auch der Aufgabe enthoben sein, die Bestellung (ihren Nachweis) einer nur unter Zuhilfenahme weiterer Beweise möglichen Interpretation unterziehen zu müssen, um zu klären, welcher Inhalt einer diesbezüglich nicht eindeutigen Erklärung beizumessen ist. Jedenfalls soll vermieden werden, dass Zweifel am Umfang des Verantwortlichkeitsbereiches entstehen und als deren Folge die Begehung von Verwaltungsübertretungen allenfalls überhaupt ungesühnt bleibt. Bei der Auslegung einer Bestellungsurkunde ist sohin ein objektiver Maßstab anzulegen (Hinweis E 12.1.1999, 98/09/0231). Diese Grundsätze gelten sowohl für den Umfang des Verantwortlichkeitsbereiches als auch für die Zustimmungserklärung. (VwGH 28.11.2008, 2008/02/0300)

4 Die Verantwortlichkeit muss möglichst klar definiert sein. Dies ist jedenfalls dann nicht gegeben, wenn auf Grund überlappender Verantwortungsbereiche wiederum mehrere Personen nebeneinander und wiederum auch kumulativ für einen bestimmten Verstoß gegen eine Verwaltungsvorschrift bestraft werden können. Die unterscheidungslose Übertragung der Verantwortlichkeit für die Einhaltung sämtlicher Dienstnehmerschutzbestimmungen auf verschiedene Arbeitnehmer für denselben Verantwortungsbereich ist daher nicht rechtswirksam. (VwGH 7.4.1995, 94/02/0470)

5 Für die **rechtswirksame Bestellung** von verantwortlichen Beauftragten für die Einhaltung von Arbeitnehmerschutzvorschriften und des Arbeitsinspektionsgesetzes sind gemäß § 9 Abs 4 VStG iVm **§ 23 ArbIG** folgende Voraussetzungen zu erfüllen:

Die Person muss

- den Hauptwohnsitz grundsätzlich im Inland haben,
- strafrechtlich verfolgbar sein,

- eine entsprechende Anordnungsbefugnis für einen klar abzugrenzenden Bereich besitzen,
- als Arbeitnehmer/in leitende/r Angestellte/r sein, dem/der maßgebliche Führungsaufgaben selbstverantwortlich übertragen sind, und
- der Bestellung zum verantwortlichen Beauftragten nachweislich zugestimmt haben.
- Die Bestellung wird gemäß § 23 Abs 1 ArbIG erst rechtswirksam, wenn eine schriftliche Mitteilung über die Bestellung samt einem Nachweis der Zustimmung des Bestellten beim zuständigen Arbeitsinspektorat eingetroffen ist.
- Die Bestellung hat durch den/die Arbeitgeber/in zu erfolgen (natürliche Person oder bei juristischen Personen und den oben angeführten Gesellschaften die zur Vertretung nach außen berufenen Organe).
- Arbeitgeber/innen müssen auch den Widerruf der Bestellung und das Ausscheiden von verantwortlichen Beauftragten unverzüglich dem zuständigen Arbeitsinspektorat schriftlich mitteilen (§ 23 Abs 3 ArbIG).

Werden verantwortliche Beauftragte rechtswirksam bestellt, so wird die ver- **6**
waltungsstrafrechtliche Verantwortung von den zur Vertretung nach außen Berufenen bzw von der natürlichen Person auf den verantwortlichen Beauftragten verschoben.

Sicherheitsfachkräfte, Arbeitsmediziner und Sicherheitsvertrauenspersonen können nicht rechtswirksam bestellt werden (§§ 10 Abs 9 und 83 Abs 9 ASchG).

Im Zusammenhang mit der rechtmäßigen Bestellung eines verantwortlichen **7**
Beauftragten hat der VwGH festgestellt, dass § 9 VStG und § 23 ArbIG keine Verpflichtung der Arbeitsinspektorate normieren, einem Arbeitgeber bzw einer Arbeitgeberin schriftlich mitzuteilen, dass eine Bestellung zum verantwortlichen Beauftragten unwirksam sei. Dessen ungeachtet können die Arbeitsinspektorate ihre Beratungstätigkeit auf die Vorgänge um die Bestellung verantwortlicher Beauftragter erstrecken, um rechtsunwirksame Bestellungen vermeiden zu helfen. Ob aber eine konkrete Mitteilung die beabsichtigte Wirkung der Verschiebung der verwaltungsstrafrechtlichen Verantwortlichkeit auf eine bestimmte Person ausgelöst hat, ist immer von der Verwaltungsstrafbehörde zu prüfen (Hinweis E 8.7.1994, 94/02/0079). (VwGH 11.9.2009, 2008/02/0168)

§ 9 Abs 5 VStG normiert einen Schuldausschließungsgrund des verantwort- **8**
lichen Beauftragten (*Stärker/Mazal/Risak* [Hrsg], Das Arbeitsrecht, System und Praxiskommentar, 20. Lfg [Dezember 2012], IX/4.2.4. Rz 97). Verletzt der verantwortliche Beauftragte auf Grund einer **besonderen Weisung des Auftraggebers** eine Verwaltungsvorschrift, so ist er dann nicht verantwortlich, wenn er glaubhaft zu machen vermag, dass ihm die Einhaltung dieser Verwaltungsvorschrift unzumutbar war.

9 Die zur Vertretung nach außen berufenen Personen einer juristischen Person oder eingetragenen Personengesellschaft bzw der Unternehmensinhaber bleiben gemäß § 9 Abs 6 VStG trotz Bestellung eines verantwortlichen Beauftragten strafrechtlich verantwortlich, wenn sie die Tat vorsätzlich nicht verhindert haben (**Parallelhaftung**).

Juristische Personen und eingetragene Personengesellschaften sowie die Unternehmensinhaber und genannten natürlichen Personen haften gemäß § 9 Abs 7 VStG für die über die zur Vertretung nach außen Berufenen oder über einen verantwortlichen Beauftragten verhängten Geldstrafen, sonstige in Geld bemessene Unrechtsfolgen und die Verfahrenskosten zur ungeteilten Hand (**Solidarhaftung**).

10 Für die Erstmeldung, Änderung oder den Widerruf der Bestellung zum verantwortlichen Beauftragten kann auch folgendes Formular der Arbeitsinspektion verwendet werden: https://www.arbeitsinspektion.gv.at/Service/Formulare/Haeufige_Meldepflichten_im_Arbeitsschutz.html#heading_Meldeformulare.

C. Überlasser und Beschäftiger

11 Im Falle einer Überlassung im Sinne des § 9 ASchG trifft auch die Überlasser und Beschäftiger die Verpflichtung, die im ASchG und den dazu erlassenen Durchführungsverordnungen enthaltenen Regelungen einzuhalten. Werden Arbeitnehmerschutzvorschriften im Zusammenhang mit einer Überlassung verletzt, sind die Überlasser bzw Beschäftiger gemäß § 130 Abs 3 ASchG verwaltungsstrafrechtlich verantwortlich.

D. Betreiber von arbeitsmedizinischen oder sicherheitstechnischen Zentren

12 Gemäß § 130 Abs 6 begeht eine Verwaltungsübertretung, wer

1. ein sicherheitstechnisches Zentrum betreibt, ohne die Voraussetzungen nach § 75 Abs 1 zu erfüllen,
2. ein arbeitsmedizinisches Zentrum betreibt, ohne die Voraussetzungen nach § 80 Abs 1 zu erfüllen,
3. die Meldepflichten nach § 75 Abs 2 oder § 80 Abs 2 oder die Auskunftspflicht nach § 84 Abs 4 verletzt.

In diesen Fällen droht eine Geldstrafe von 166 bis 8 324 €, im Wiederholungsfall eine Geldstrafe von 333 bis 16 659 €.

Zur Sicherung des Standards der arbeitsmedizinischen Zentren werden Strafbestimmungen für die Betreiber solcher Zentren, sofern die gesetzlichen Voraussetzungen nicht erfüllt und Meldepflichten verletzt werden, vorgesehen. Gleiches soll für die sicherheitstechnischen Zentren gelten. (ErlRV 461 BlgNR 20. GP)

E. Arbeitnehmer

13 Zur verwaltungsstrafrechtlichen Verantwortlichkeit siehe § 15 ASchG.

II. Strafhöhen

Bei der Festsetzung der Strafgrenzen ist zu berücksichtigen, dass die Übertretungen in der Regel eine Gefährdung von Leben oder Gesundheit der Arbeitnehmer und häufig auch Arbeitsunfälle oder arbeitsbedingte Erkrankungen oder Gesundheitsschäden zur Folge haben und dass sich die Arbeitgeber durch die Missachtung von Arbeitnehmerschutzvorschriften häufig erhebliche Investitionen ersparen. Häufig sind daher nur hohe Strafen geeignet, die Arbeitgeber von solchen Übertretungen abzuhalten. (ErlRV 1559 BlgNR 18. GP) 14

Mit der Novelle BGBl I 2012/118 wurde der Strafrahmen erhöht. Die Strafrahmen des ASchG sind seit der Stammfassung unverändert. Der Verbraucherpreisindex hingegen stieg im Zeitraum 1995 bis 2010 inflationsbedingt um 29,3 % (laut Statistik Austria). 15

Dadurch ist der Strafrahmen für die Übertretung von Arbeitnehmerschutzvorschriften de facto heute wesentlich niedriger als im Zeitpunkt des Inkrafttretens des ASchG. Mit der Novelle wurde daher eine moderate Erhöhung der Strafrahmen vorgenommen und die Inflationsrate zur Hälfte ausgeglichen. (ErlRV 1983 BlgNR 24. GP)

VwGH 13.2.1992, 91/06/0140: Grundlage für die Bemessung der Strafe ist gemäß § 19 Abs 1 VStG stets das Ausmaß der mit der Tat verbundenen Schädigung oder Gefährdung derjenigen Interessen, deren Schutz die Strafdrohung dient, und der Umstand, inwieweit die Tat sonst nachteilige Folgen nach sich gezogen hat. Im ordentlichen Verfahren (§§ 40 bis 46) sind weiters noch Erschwerungs- und Milderungsgründe gegeneinander abzuwägen. Als erschwerend könnten allenfalls bei der Strafbemessung bereits erfolgte frühere (das heißt vor der Tat liegende) rechtskräftige gleichartige Bestrafungen zugrunde gelegt werden. 16

VwGH 28.10.1993, 91/19/0134: Im Verwaltungsstrafverfahren gilt gemäß § 22 Abs 1 VStG das **Kumulationsprinzip**. Hat jemand durch mehrere selbstständige Taten mehrere Verwaltungsübertretungen begangen oder fällt eine Tat unter mehrere einander nicht ausschließende Strafdrohungen, so sind **mehrere Strafen nebeneinander** zu verhängen. Die Verhängung einer Gesamtstrafe für alle oder mehrere Übertretungen (hier: je zwei Übertretungen gem § 9 erster Fall AZG, gem § 9 zweiter Fall AZG und gem § 11 Abs 1 AZG) ist rechtswidrig. 17

VwGH 30.5.1989, 88/08/0168; 26.9.1990, 90/19/0042: Strafdrohungen schließen einander aus, wenn die Verwirklichung des einen Tatbestandes die Verwirklichung des anderen zwingend nach sich zieht. Keine einander ausschließenden Strafdrohungen (und somit mehrere Übertretungen pro Arbeitnehmer) liegen zB vor beim Zusammentreffen einer Überschreitung der Tagesarbeitszeit mit einer Überschreitung der Wochenarbeitszeit, einer Überschreitung der Tagesarbeitszeit mit einer Nichteinhaltung der täglichen 18

Ruhezeit, einer Überschreitung der zulässigen Lenkzeit mit einer Überschreitung der zulässigen Einsatzzeit etc.

19 **VwGH 27.3.2008, 2007/07/0033:** Eine Ausnahme von dem im Verwaltungsstrafrecht verankerten Kumulationsprinzip besteht beim so genannten **„fortgesetzten Delikt"**, worunter eine Reihe von gesetzwidrigen Einzelhandlungen verstanden wird, die vermöge der Gleichartigkeit der Begehungsform sowie der äußeren Begleitumstände im Rahmen eines (noch erkennbaren) zeitlichen Zusammenhanges sowie eines diesbezüglichen Gesamtkonzepts des Täters zu einer Einheit zusammentreten.

20 **VwGH 18.9.2012, 2009/11/0066:** Beim fortgesetzten Delikt kommt das Kumulationsprinzip nicht zum Tragen, das heißt, dass mehrere Tathandlungen zusammen **nur eine** Übertretung bilden. So entschied der VwGH, dass es sich bei der Überschreitung der zulässigen täglichen Arbeitszeit und der zulässigen Wochenarbeitszeit um zwei verschiedene Delikte und nicht um ein fortgesetztes Delikt handelt, ebenso bei Überschreitung der zulässigen Tages- bzw Wochenarbeitszeit einerseits und Nichtgewährung der täglichen bzw wöchentlichen Mindestruhezeit andererseits.

21 Für den **Wiederholungsfall** sieht das ASchG einen höheren Strafrahmen vor. Ein Wiederholungsfall liegt dann vor, wenn bei einer früheren und einer späteren Tat dieselbe Rechtsvorschrift durch den Arbeitgeber übertreten wurde. So hat nun eine frühere Verwaltungsstrafe eines Arbeitgebers Auswirkungen auf die Strafhöhe in späteren Verwaltungsstrafverfahren: Wurde der Arbeitgeber für die Verletzung derselben Rechtsvorschrift bereits früher mit einem formell rechtskräftigen Straferkenntnis verurteilt, so wird im Fall der nochmaligen Übertretung derselben Rechtvorschrift für die Bemessung der Strafhöhe von einem höheren Strafrahmen ausgegangen.

22 Die **Verfolgungsverjährungsfrist** gemäß § 31 Abs 1 VStG wurde mit dem Verwaltungsgerichtsbarkeits-Ausführungsgesetz 2013, BGBl I 2013/33, von sechs Monaten **auf ein Jahr verlängert**. Die Verlängerung tritt mit **1.7.2013** in Kraft. In jenen Fällen, in welchen die Verjährungsfrist nach der bisherigen Rechtslage am 1.7.2013 (mit Ablauf des 30.6.2013) oder später enden würde, verlängert sich die Verfolgungsverjährungsfrist um weitere sechs Monate. In Fällen, in denen bereits vor dem 1.7.2013 (vor Ablauf des 30.6.2013) wegen Ablaufs der bis dahin geltenden Sechsmonatsfrist Verjährung eingetreten ist, beginnt die Verjährungsfrist jedoch nicht neuerlich zu laufen.

III. Verschulden und Kontrollsystem

23 **VwGH 29.6.2011, 2007/02/0358:** Nach ständiger Judikatur des VwGH handelt es sich bei Übertretungen der Arbeitnehmerschutzvorschriften um sogenannte **Ungehorsamsdelikte**, zu deren Tatbestand der Eintritt eines Schadens oder einer Gefahr nicht gehört.

VwGH 10.10.1932, 0603/30: Das VStG kennt keine reine Erfolgshaftung. Auch bei den so genannten Ungehorsamdelikten des § 5 Abs 1 VStG ist zur Anrechnung der Übertretung immer auch ein **Verschulden,** nämlich mindestens **fahrlässiges Verhalten**, notwendig. Diesbezüglich setzt der zweite Satz der angeführten Gesetzesstelle durchaus keine Ausnahme fest, sondern beantwortet lediglich die Frage der **Beweislast** abweichend von der sonst geltenden allgemeinen Regel dahin, dass hier nicht die Behörde das Verschulden, sondern der Täter zu beweisen hat, dass ihn kein Verschulden treffe. **24**

VwGH 21.5.2008, 2007/02/0279: Allen arbeitnehmerschutzrechtlichen Bestimmungen ist gemeinsam, dass sie den Schutz des Lebens und der Gesundheit der Arbeitnehmer bei Ausübung ihrer beruflichen Tätigkeit im Auge haben. Dabei ist der Arbeitgeber regelmäßig dann für eine Beeinträchtigung dieser Rechtsgüter seines Arbeitnehmers verantwortlich, wenn er Schutzvorschriften, die in seinem Einflussbereich zu erfüllen wären, nicht beachtet. Der Arbeitgeber ist somit verpflichtet, die Einhaltung von Arbeitnehmerschutzvorschriften zu überprüfen und nur, soweit diese gegeben sind, dem Arbeitnehmer die Verrichtung seiner Tätigkeit zu ermöglichen (Hinweis E 20.4.2001, 2000/02/0281; E 11.8.2006, 2005/02/0224). **25**

VwGH 20.5.1994, 94/02/0044: Die Arbeitnehmerschutzvorschriften sollen durch **Leichtsinn der Arbeitnehmer** hervorgerufene, gefährliche Situationen und die daraus allenfalls resultierenden Folgen hintanhalten – wozu den Arbeitgeber die **Pflicht zur Einrichtung eines wirksamen Kontrollsystems** zur Einhaltung der Arbeitnehmerschutzvorschriften durch den Arbeitnehmer trifft. **26**

VwGH 25.1.2005, 2004/02/0293: Gerade für den Fall **eigenmächtiger Handlungen von Arbeitnehmern** gegen Arbeitnehmerschutzvorschriften hat das **entsprechende Kontrollsystem** Platz zu greifen. Dazu hat der Gerichtshof im Erkenntnis vom 23.9.1994, 94/02/0258, 0259, Folgendes dargelegt: Ob der Arbeitgeber (bzw in den Fällen des § 9 VStG das dort genannte Organ) persönlich von der verwaltungsstrafrechtlichen Verantwortung befreit sei, hänge im Einzelfall davon ab, ob er sich (entsprechend seiner Mitwirkungspflicht) darauf zu berufen vermöge, dass er Maßnahmen getroffen habe, die unter den vorhersehbaren Verhältnissen die Einhaltung der gesetzlichen Vorschriften mit gutem Grund erwarten ließen; die bloße Erteilung von Weisungen reiche nicht hin, entscheidend sei deren wirksame Kontrolle, wobei vom Arbeitgeber das bezügliche Kontrollsystem darzulegen sei. **27**

VwGH 20.12.996, 93/02/0160: So kann auf Grund der Darlegung des Beschwerdeführers im Verwaltungsverfahren von einem Kontrollsystem keine Rede sein, denn hiezu wäre es – wie der Verwaltungsgerichtshof zu ähnlichen Fällen hierarchisch aufgebauter Kontrollsysteme ausgeführt hat – erforderlich gewesen aufzuzeigen, welche Maßnahmen im Einzelnen der unmittelbar Übergeordnete im Rahmen des Kontrollsystems zu ergreifen verpflichtet sei, **28**

um durchzusetzen, dass jeder in dieses Kontrollsystem eingebundene Mitarbeiter die arbeitnehmerschutzrechtlichen Vorschriften auch tatsächlich befolge, und welche Maßnahmen schließlich der an der Spitze der Unternehmenshierarchie stehende Anordnungsbefugte vorgesehen habe, um das Funktionieren des Kontrollsystems insgesamt zu gewährleisten, dh sicherzustellen, dass die auf der jeweils übergeordneten Ebene erteilten Anordnungen (Weisungen) zur Einhaltung arbeitnehmerschutzrechtlicher Vorschriften auch an die jeweils untergeordnete, zuletzt also an die unterste Hierarchie-Ebene gelangten und dort auch tatsächlich befolgt würden. (Vgl aus der ständigen Rechtsprechung aus jüngerer Zeit etwa das Erkenntnis vom 29.6.2011, 2011/02/0155.)

29 **VwGH 27.1.2012, 2010/02/0242:** Nach der Rechtsprechung ist es unter dem Gesichtspunkt des § 5 Abs 1 zweiter Satz VStG im Hinblick auf ein das Verschulden ausschließendes „wirksames Kontrollsystem“ etwa nicht ausreichend, dass auf einzelnen Baustellen Bauleiter bzw Vorarbeiter und Poliere mit der Überwachung der Einhaltung an Ort und Stelle verantwortlich sind bzw vom verwaltungsstrafrechtlich Verantwortlichen mindestens wöchentliche Kontrollen durchgeführt werden; ferner ist auch die Erteilung von Anordnungen (Weisungen) und Schulungen nicht ausreichend.

So reicht beispielsweise nicht aus:

- die bloße Erteilung von Weisungen (VwGH 31.3.2000, 96/02/0052);
- der Hinweis auf die Betrauung Dritter mit Kontrollaufgaben und stichprobenartige Überprüfungen (VwGH 23.11.2001, 2000/02/0022);
- die Belehrung der Arbeitnehmer bei Eintritt ins Unternehmen und die nur alle drei bis vier Monate stattfindenden nachträglichen Kontrollen der Schaublätter (zu AZG/Lenker; VwGH 24.9.1990, 90/19/0281).
- Es ist offenkundig, dass bei gegebener Absturzgefahr allein das Tragen eines Sicherheitsgeschirrs nur eine unvollständige Maßnahme darstellt und den Schutz von Leben und Gesundheit eines Arbeitnehmers nicht gewährleisten kann (VwGH 27.1.2012, 2010/02/0242).
- Eine stichprobenartige Kontrolle ist nicht ausreichend, insbesondere bei Arbeiten, bei denen eine erhöhte Absturzgefahr von Arbeitnehmern besteht. (Hier: Der Bauleiter habe nur in der Früh überprüft, ob das dem Arbeitnehmer übergebene Sicherheitsgeschirr [bestehend aus einem Gurt mit zwei Seilen und zwei Karabinern] angelegt wurde, eine nochmalige Überprüfung nach der Mittagspause erfolgte nicht.) (VwGH 23.3.2012, 2010/02/0297)

30 Nach der umfassenden Judikatur des VwGH zum Thema Kontrollsystem in Arbeitnehmerschutzangelegenheiten gibt es keine generellen und einheitlichen Grundsätze zur Bildung eines Kontrollsystems im Betrieb, um eigenmächtiges Verhalten von Arbeitnehmern zu vermeiden.

Nur wenn der Arbeitgeber im obgenannten Sinn beweist, dass ein Verstoß gegen Arbeitnehmerschutzvorschriften durch einen Arbeitnehmer trotz Ermöglichung der Einhaltung dieser Vorschriften und trotz Bestehens und Funktionierens eines solchen von ihm im Einzelnen darzulegenden Kontrollsystems ohne sein Wissen und ohne seinen Willen erfolgt ist, kann ihm der Verstoß in verwaltungsstrafrechtlicher Hinsicht nicht zugerechnet werden.

Es ist nicht Aufgabe des Verwaltungsgerichts oder der Verwaltungsbehörde, Anleitungen dahingehend zu geben, wie aufbauend auf den in der Rechtsprechung aufgestellten Leitlinien ein funktionierendes Kontrollsystem in einem Unternehmen bzw Betrieb konkret zu gestalten ist, sondern zu überprüfen, ob auf dem Boden der Darlegungen der betroffenen Partei überhaupt ein Kontrollsystem in dem genannten Sinn gegeben ist bzw ob das aufgezeigte Kontrollsystem hinreichend beachtet wurde, um mangelndes Verschulden glaubhaft zu machen (vgl VwGH 7.3.2016, Ra 2016/02/0030, 12.11.2019, Ra 2019/02/0166).

In der Entscheidung Ro 2022/07/0001 v 19.4.2023 hat sich der VwGH näher mit dem Kontrollsystem bei eigenmächtigem Handeln des Arbeitnehmers auseinandergesetzt und Vorgaben statuiert (vgl Ra 2023/02/0176 v 7.11.2023, Ra 2023/07/0029 v 23.8.2023, Ra 2023/02/0013 und Ra 2023/02/0033 v 31.1.2023, Ra 2017/03/0092 v 20.3.2018):

- Klare Vorgaben darüber, wie der Arbeitnehmer sich zu verhalten hat, wenn es zu einer Abweichung der Norm kommt.
- Exakte Instruktionen, wann Rücksprache mit dem Vorgesetzten zu halten ist, bevor eine Handlung umgesetzt wird.
- Laufende Kontrolle des Arbeitnehmers durch den Arbeitgeber.
- Es ist notwendig, die Sicherheitsregeln nicht nur allgemein zu vermitteln, sondern jeweils konkret auf die Anlage zu schulen und zu unterweisen.
- Kontrolle der Arbeitsweise, Kontrolle des Erlernten und Kontrolle, wie der Arbeitnehmer die Aufträge tatsächlich ausführt.

Zur Umsetzung können daraus folgende Empfehlungen für ASchG-Unterweisungen und Unterlagen abgeleitet werden:

- Verhalten des Arbeitnehmers bei Abweichungen: Wann muss der Arbeitnehmer zuvor den Vorgesetzten einschalten, bevor er mit der Arbeit beginnt?
- Welche Sicherheitsregeln sind zB an der konkreten Maschine warum einzuhalten?
  - Was passiert bei Nichteinhaltung?
  - Meldung des Verhaltens an Vorgesetzten bzw Geschäftsführung
  - Je nach Schweregrad Nachschulung, Verwarnung, Kündigung, Entlassung
- Einführung einer stichprobenartigen Kontrolle des AN:
  - Überprüfung der Unterweisung durch Multiple-choice-Fragebogen
  - Überprüfung der Einschulungsphase

  - Überprüfung nach zB 4 Monaten an der Anlage durch Vorgesetzten direkt bei der Arbeit des Dienstnehmers mit Checkliste und Analyse der einzelnen Arbeitsschritte sowie Fehlerkalkül, welche dann weitere Maßnahmen wie zB Nachschulung/Unterweisung/Verwarnung vorsehen.
- Einmal jährlich nicht vorab angekündigte Überprüfung vor Ort durch Sicherheitsfachkraft/Bereichsleitung/Geschäftsführung.
- Protokollblatt über Meldungen der Nichteinhaltung und die getätigten konkreten Maßnahmen
- Verhalten des Arbeitnehmers bzw der Arbeitnehmerin nach ASchG – Nachschulungsbedarf: ja/nein

IV. Fiktiver Tatort im Inland

31 Gemäß § 2 Abs 1 VStG sind – sofern die Verwaltungsvorschriften nicht anderes bestimmen – nur die im Inland begangenen Verwaltungsübertretungen strafbar. Nach ständiger Rechtsprechung des Verwaltungsgerichtshofes ist bei Übertretung von Arbeitnehmerschutzvorschriften der Tatort grundsätzlich der Ort des Unternehmenssitzes. Ein ausländisches Unternehmen ohne Unternehmenssitz in Österreich, das aber in Österreich (zB auf Baustellen) Arbeitnehmer beschäftigt und dabei Arbeitnehmerschutzvorschriften verletzt, ist daher nicht strafbar, weil der Unternehmenssitz im Ausland liegt und die Tat daher als nicht im Inland begangen gilt. Dies läuft den Interessen eines wirksamen Arbeitnehmerschutzes diametral zuwider, weil keine Möglichkeiten zur strafrechtlichen Sanktion selbst bei schwerwiegenden Übertretungen zur Verfügung stehen, und wird von den österreichischen Unternehmen zu Recht als ungerecht und als wettbewerbsverzerrend empfunden. Da es unbedingt erforderlich ist, auch ausländische Unternehmer für Übertretungen des ASchG, zu dessen Einhaltung sie bei betrieblichen Tätigkeiten in Österreich verpflichtet sind, zur verwaltungsstrafrechtlichen Verantwortung ziehen zu können, soll in Zukunft in diesen Fällen nicht der Unternehmenssitz im Ausland, sondern die im Inland gelegene Arbeitsstätte, Baustelle oder auswärtige Arbeitsstelle, in bzw auf der das Arbeitsinspektorat die Übertretung festgestellt hat, als Tatort gelten. Für die örtliche Zuständigkeit der Verwaltungsstrafbehörde gilt auch in diesen Fällen § 27 Abs 1 und 2 VStG. (ErlRV 802 BlgNR 21. GP)

32 Für den Fall, dass ein Unternehmen eben keinen Sitz im Inland hat, sind in den Materiengesetzen Sonderregelungen vorgesehen. Es gilt dann nämlich jener Ort als Tatort, an dem die Übertretung festgestellt wurde; also die Arbeitsstätte, Baustelle oder auswärtige Arbeitsstelle, in bzw auf der das Arbeitsinspektorat die Übertretung festgestellt hat.

Diese Sonderregelungen sind: § 130 Abs 7 ASchG, § 10 Abs 2 BauKG, § 24 Abs 4 ArbIG, § 28 Abs 11 AZG, § 27 Abs 6 ARG. Damit gilt die Tat als im Inland begangen und ist zufolge § 2 Abs 1 VStG grundsätzlich strafbar. Zur

Einleitung eines Verwaltungsstrafverfahrens örtlich zuständig ist die Verwaltungsstrafbehörde, in deren Sprengel dieser Tatort liegt.

Seit dem Übereinkommen über die Rechtshilfe in Strafsachen zwischen den Mitgliedstaaten der Europäischen Union (EU-Rechtshilfeübereinkommen), BGBl III 2005/65, besteht für die österreichischen Strafbehörden die Möglichkeit, die zuständigen ausländischen Behörden um Rechtshilfe (also zB um Ermittlung oder auch um Vernehmungder Verantwortlichen, um Erteilung von Auskünften, um Übersendung von Unterlagen und vor allem um Zustellung der Schriftstücke) zu ersuchen. Die Verwaltungsstrafbehörden können nun gegen Arbeitgeber Verwaltungsstrafverfahren durchführen, die den Unternehmenssitz in einem jener Mitgliedstaaten der Europäischen Union haben, welche dieses Übereinkommen bereits ratifiziert haben. **33**

V. Bescheidmäßige Vorschreibungen

Auch die Nichteinhaltung bescheidmäßiger Vorschreibungen nach dem ASchG stellt eine Verwaltungsübertretung dar. Was unter einer bescheidmäßigen Vorschreibung zu verstehen ist, lässt der Gesetzgeber offen. Nach *Szymanski/Oberhauser/Marx* sind unter bescheidmäßigen Vorschreibungen *„nicht nur die im Bescheid enthaltenen Nebenbestimmungen (Auflagen, Bedingungen) zu verstehen, sondern auch die sich aus dem Bescheidspruch ergebende primäre Verpflichtung, die Arbeitsstätte bzw Betriebsanlage in keiner anderen Art und Weise als entsprechend den der Genehmigung zugrunde liegenden Unterlagen und Plänen zu errichten und zu betreiben"* (*Szymanski/Oberhauser/Marx*, ArbeitnehmerInnenschutzgesetz, Kommentar, 1. Auflage, S 271, Fn 3). Auch seitens des VwGH ist zu dieser Frage keine Entscheidung getroffen worden (vgl VwGH 19.3.2003, 2001/04/0252): **34**

In seinem Erkenntnis vom 25.2.2002, 2001/04/0253, zu § 367 Z 25 Gewo 1994 – welches wegen der Gleichartigkeit des normativen Gehaltes auch in Ansehung des § 130 Abs 2 ASchG zu gelten habe – entschied der VwGH, dass dadurch, dass § 367 Z 25 GewO 1994 auf die in den Betriebsanlagengenehmigungsbescheiden vorgeschriebenen Auflagen und Aufträge verweist, das jeweilige, in einem solchen Bescheid enthaltene Gebot oder Verbot Teil des Straftatbestandes wird. Im Hinblick auf die durch § 367 Z 25 GewO 1994 gegebene Verzahnung zwischen dieser Bestimmung und den in Bescheiden enthaltenen Geboten und Verboten bedürfe es im Spruch eines auf diese Strafnormen gestützten Straferkenntnisses einer wörtlichen Anführung der einen Teil des Straftatbestandes bildenden, als solche bescheidmäßig bezeichneten Auflagen, um die Zuordnung des Tatverhaltens zu der Verwaltungsvorschrift, die durch die Tat verletzt worden ist, in Ansehung aller Tatbestandsmerkmale zu ermöglichen. Nach § 130 Abs 2 ASchG besteht die Verwaltungsvorschrift, die durch die Tat verletzt worden ist, aus der Strafbestimmung des § 130 Abs 2 ASchG in Verbindung mit der konkret bezeich- **35** neten Untergliederung jenes Bescheides, in welchen die betreffende Auflage vorgeschrieben wurde (vgl sinngemäß ua VwGH 26.4.1994, 93/04/0244, und die dort zitierte Vorjudikatur).

So hat der VwGH zu § 130 Abs 2 ASchG über die Nichteinhaltung bescheidmäßiger Vorschreibungen nach dem ASchG bejaht, dass die Auflage Teil der durch die Tat verletzten Verwaltungsvorschrift nach § 44a Z 2 VStG ist. Der VwGH hat für Fälle, in denen die Auflage eine **Verweisung auf eine ÖNORM** enthält, festgehalten, dass der Bezug habende Abschnitt der jeweiligen ÖNORM Teil des Straftatbestandes wird und daher als verletzte Verwaltungsvorschrift iSd § 44a Z 2 VStG anzuführen ist bzw der entsprechende Punkt der ÖNORM als verletzte Norm gem § 44a Z 2 VStG zu zitieren ist; eine Notwendigkeit, diese Untergliederung aber im Rahmen der Darstellung der Tatnach § 44a Z 1 VStG darzustellen, aber nicht besteht (VwGH 18.10.2012, 2012/04/0020).

36 Mit der ASchG-Novelle **BGBl I 2013/71** wurde § 130 **Abs 2** geändert. Die Änderungen traten mit **1.1.2014** in Kraft. Bei den vorgesehenen Änderungen handelt es sich fast durchwegs um legistische Anpassungen an die Verwaltungsgerichtsbarkeits-Novelle 2012, BGBl I 2012/51.

VI. Überwachung des Arbeitnehmerschutzes

37 Die Arbeitsinspektion ist nach dem **Arbeitsinspektionsgesetz 1993 (ArbIG)** zuständig für die Wahrnehmung des gesetzlichen Schutzes der Arbeitnehmer/innen und die Unterstützung und Beratung der Arbeitgeber/innen und Arbeitnehmer/innen bei der Durchführung des Arbeitnehmerschutzes (§ 3 Abs 1 ArbIG 1993). Die Organe der Arbeitsinspektion sind gemäß § 4 Abs 1 ArbIG 1993 zur Durchführung ihrer Aufgaben berechtigt, Betriebsstätten und Arbeitsstellen, die von Arbeitgeber/innen den Arbeitnehmer/innen zur Verfügung gestellten Wohnräume und Unterkünfte sowie Wohlfahrtseinrichtungen jederzeit zu betreten und zu besichtigen. Die Arbeitsinspektionsorgane haben nach ihrem Eintreffen in der Betriebsstätte oder auf der Arbeitsstelle zu verlangen, dass der Arbeitgeber bzw die Arbeitgeberin oder die beauftragte Person von ihrer Anwesenheit verständigt wird. Den Besichtigungen durch Arbeitsinspektionsorgane sind die Organe der Arbeitnehmerschaft beizuziehen. Außerdem sind den Besichtigungen die Sicherheitsvertrauenspersonen sowie nach Möglichkeit die Sicherheitsfachkräfte und Arbeitsmediziner/innen in dem durch deren Tätigkeit gebotenen Umfang beizuziehen (§ 4 Abs 8 ArbIG).

38 Stellt nun das Arbeitsinspektionsorgan Übertretungen von Arbeitnehmerschutzvorschriften fest, so hat dieses gemäß **§ 9 ArbIG** vorzugehen. Die Feststellung von Übertretungen kann beispielsweise im Rahmen einer Kontrolle in einer Betriebsstätte oder auf einer Arbeitsstelle erfolgen, aber auch aufgrund von Unterlagen, die vom Arbeitgeber bzw der Arbeitgeberin oder von sonstigen Personen vorgelegt wurden, oder auch aufgrund von Mitteilungen anderer Behörden, wenn der Sachverhalt bereits ausreichend klar ist.

Stellt das Arbeitsinspektionsorgan Übertretungen von Arbeitnehmerschutzvorschriften fest, so ist der/die Arbeitgeber/in oder die gemäß § 4 Abs 7 beauftragte Person nach Möglichkeit im erforderlichen Umfang mit dem Ziel einer möglichst wirksamen Umsetzung der Arbeitnehmerschutzvorschriften zu beraten und hat das Arbeitsinspektorat den/die Arbeitgeber/in formlos schriftlich aufzufordern, innerhalb einer angemessenen Frist den den Rechtsvorschriften und behördlichen Verfügungen entsprechenden Zustand herzustellen.

Eine Ablichtung dieser Aufforderung ist den Organen der Arbeitnehmerschaft und dem gemäß § 23 Abs 1 ArbIG gemeldeten verantwortlichen Beauftragten zur Kenntnis zu übersenden. Den Sicherheitsvertrauenspersonen sowie den Sicherheitsfachkräften und Arbeitsmediziner/innen ist eine Ablichtung der Aufforderung zur Kenntnis zu übersenden, soweit deren Aufgabenbereich berührt ist.

Wird im Rahmen einer neuerlichen Betriebsbesichtigung festgestellt, dass der **39**
Aufforderung innerhalb der vom Arbeitsinspektorat festgelegten oder erstreckten Frist nicht entsprochen wurde (also die Übertretung der Arbeitnehmerschutzvorschrift weiterbesteht), so hat das Arbeitsinspektorat **Anzeige** an die zuständige Verwaltungsstrafbehördezu erstatten. Handelt es sich jedoch um **schwere Übertretungen** von Arbeitnehmerschutzvorschriften (zB nach dem Arbeitszeitgesetz bei einer mehr als 20 % Überschreitung der Höchstgrenzen der täglichen oder wöchentlichen Arbeitszeit), so kann das Arbeitsinspektorat auch ohne vorausgehende Aufforderung Strafanzeige wegen Übertretung einer Arbeitnehmerschutzvorschrift erstatten (§ 9 Abs 3 ArbIG 1993).

Für die Erstattung der Strafanzeige ist jenes Arbeitsinspektorat zuständig, in dessen Aufsichtsbezirk sich die Betriebsstätte oder Arbeitsstelle befindet (§ 15 Abs 1 ArbIG 1993).

Eine Ablichtung der Anzeige ist dem Arbeitgeber bzw der Arbeitgeberin und den Organen der Arbeitnehmerschaft – in jenen Fällen, in welchen die Anzeige auf Grund einer gemäß § 5 Abs 1 Z 1 des Arbeiterkammergesetzes 1992, BGBl 1991/626, gemeinsam durchgeführten Besichtigung erfolgt, auch der zuständigen gesetzlichen Interessenvertretung der Arbeitnehmer/innen – zur Kenntnisnahme zu übersenden. Die Verwaltungsstrafbehörde hat über die Anzeige ohne Verzug, längstens jedoch binnen zwei Wochen, das Strafverfahren einzuleiten.

Werden Übertretungen von arbeitsstättenbezogenen Arbeitnehmerschutzvorschriften oder behördlichen Verfügungen festgestellt, die sich auf geringfügigste Abweichungen von technischen Maßen (wie Raumhöhe, lichte Höhe, Lichteintrittsflächen usw) beziehen, hat das Arbeitsinspektorat gemäß § 21 Abs 2 VStG von der Erstattung einer Anzeige abzusehen.

40 In Verwaltungsstrafverfahren hat jenes Arbeitsinspektorat, welches die Strafanzeige erstattet hat, **Parteistellung (§ 11 und § 15 Abs 6 ArbIG)**. Dem Arbeitsinspektorat steht daher auch das Recht der Berufung gegen Bescheide sowie des Einspruches gegen Strafverfügungen zu.

Der/die für den Bereich Arbeit zuständige Bundesminister/in kann gegen Bescheide, die in letzter Instanz ergangen sind, sowie gegen Entscheidungen der unabhängigen Verwaltungssenate Beschwerde an den Verwaltungsgerichtshof erheben.

41 Auf Grund der **Verwaltungsgerichtsbarkeits-Novelle 2012**, BGBl I 2012/51, waren auch legistische Anpassungen im ArbIG 1993 notwendig (statt Berufung: Beschwerde beim Verwaltungsgericht; Entfall des administrativen Instanzenzuges – künftig: Revision des Bundesministers bzw der Bundesministerin für Arbeit beim Verwaltungsgerichtshof). Mit der Novelle BGBl I 2013/71 wurden diese Anpassungen umgesetzt. Die Änderungen treten mit **1.1.2014** in Kraft.

Inkrafttreten

§ 131. **(1) Dieses Bundesgesetz tritt mit 1. Jänner 1995 in Kraft, soweit im 9. Abschnitt nicht anderes bestimmt ist.**

(2) Verordnungen auf Grund dieses Bundesgesetzes können bereits vor dem in Abs. 1 genannten Zeitpunkt erlassen werden, sie treten aber frühestens mit diesem Zeitpunkt in Kraft.

(3) § 8 Abs. 2 Z 1, § 10 Abs. 1, § 25 Abs. 4, § 28 Abs. 2, § 32 Abs. 2, § 47 Abs. 4, § 57 Abs. 3 bis 8, § 58 Abs. 7, § 61 Abs. 6, § 63 Abs. 3, § 67 Abs. 6, § 68 Abs. 7, § 77 Abs. 2 und Abs. 6 Z 4a, § 79 Abs. 2, § 82 Abs. 2 und Abs. 6 Z 4a, § 84 Abs. 4 Z 2 und 3, § 92 Abs. 7, § 93 Abs. 2 und 5, § 94 Abs. 7, § 99 Abs. 3 Z 3a und Abs. 4, § 101 Abs. 1, § 102 Abs. 2 und 3, § 103 Abs. 3, § 106 Abs. 3 Z 1, Abs. 4 Z 2 und Abs. 6, § 109 Abs. 7, § 110 Abs. 1a, 1b und 5, § 112 Abs. 1a, § 113 Abs. 3 und 4a, § 115 Abs. 2 Z 1 und Abs. 4, § 116 Abs. 5, § 117 Abs. 2 erster Satz, § 118 Abs. 1, § 122 Abs. 3 Z 1 und 2, § 124 Abs. 3 Z 1, 5 und 14, § 130 Abs. 6, sowie § 132 Abs. 3 Z 3 und 6, jeweils in der Fassung BGBl. I Nr. 9/1997, treten mit 1. Jänner 1997 in Kraft.

(4) § 2 Abs. 1 und 3, § 63 Abs. 1, § 73 Abs. 5, § 75, § 77 Abs. 1, 2 und 5, § 77a, § 78, § 78a, § 78b, § 79 Abs. 1 Z 3, § 80, § 82 Abs. 1, 2 und 5, § 83 Abs. 3 und 9, § 89 Abs. 2, § 90, § 91 Abs. 1, § 116 Abs. 3 und 6, § 130 Abs. 1 Z 27, 27a und 27b, § 130 Abs. 6 Z 1, 2 und 3, jeweils in der Fassung BGBl. I Nr. 12/1999, treten mit 1. Jänner 1999 in Kraft.

(5) § 1 Abs. 2 Z 2 in der Fassung des Bundesgesetzes BGBl. I Nr. 70/1999 tritt mit 1. Juni 1999 in Kraft.

(6) § 130 in der Fassung des Bundesgesetzes BGBl. I Nr. 136/2001 tritt mit 1. Jänner 2002 in Kraft.

(7) Es treten

1. mit Ablauf des 31. Dezember 2001 außer Kraft: §§ 10 Abs. 2 Z 2, § 40 Abs. 6 Z 1, 2 und 5, 58 Abs. 3, 83 Abs. 3, 90 Abs. 1 Z 4 und 5 sowie Abs. 2, 3 und 4, 95 Abs. 3 Z 1, 115 Abs. 2 und 4, 116 Abs. 3 und 4, 126 Abs. 2 Z 1, 130 Abs. 1 Z 32 in der Fassung BGBl I Nr. 70/1999;
2. mit 1. Jänner 2002 in Kraft: das Inhaltsverzeichnis zum 7. Abschnitt, §§ 2 Abs. 8, 4 Abs. 2, 8 Abs. 2 Z 3 und 4 und Abs. 5, 10 Abs. 2 Z 3, 14 Abs. 2 und 3, 15 Abs. 3, 31 Abs. 1, 35 Abs. 1 Z 3, 4 und 5, Abs. 2, Abs. 4 Z 2 und 3 und Abs. 5, 37 Abs. 5, 40 Abs. 3 Z 1 und 2, Abs. 4 und 5, 41 Abs. 4 Z 1 und 2, 53 Abs. 9, 62 Abs. 5 und 6, 68 Abs. 6, 73 Abs. 1, 77, 77a Abs. 2, 78 Abs. 3, 78a Abs. 2, 7 und 8, 79 Abs. 2 und 3, 81 Abs. 3 Z 1, 82, 82a, 82b, 83 Abs. 4, 84 Abs. 1 bis 3 und Abs. 4 Z 3, 88, 88a, 93 Abs. 1 Z 5 und 9 und Abs. 3, 94 Abs. 1 Z 4, 8 und 9, 95 Abs. 3, 6 und 7, 98, 99 Abs. 3 Z 2 und 6, 101 Abs. 1 Z 3 und 4, 113 Abs. 2 Z 1 und 2 und Abs. 5, 115 Abs. 3, 116 Abs. 5, 119 Abs. 1, 125 Abs. 7, 126 Abs. 2, 129 sowie 130 Abs. 1 Z 27, 27c, 27d und 31, Abs. 4 erster Satz und Abs. 4 Z 4 und Abs. 7 in der Fassung BGBl. I Nr. 159/2001.

(8) § 97 Abs. 1 letzter Satz und Abs. 8 in der Fassung des Bundesgesetzes BGBl. I Nr. 51/2011 tritt mit dem Zeitpunkt in Kraft, den der Bundesminister für Arbeit, Soziales und Konsumentenschutz durch Verordnung als jenen feststellt, ab dem die zur Verfügung stehenden technischen Mittel zur Erfassung der in § 97 Abs. 1, 6 und 7 vorgesehenen Meldungen geeignet sind. Er darf diesen Zeitpunkt frühestens mit 1. Jänner 2012 festsetzen.

(9) § 2 Abs. 3, § 32 Abs. 2, § 39 Abs. 3, § 63 Abs. 1, § 72 Abs. 2, § 78a Abs. 6, 7 und 8, § 89 Abs. 1, § 96a samt Überschrift, § 99 Abs. 2, § 101 Abs. 4, § 113 Abs. 6, § 127a samt Überschrift und § 132 in der Fassung des 2. Stabilitätsgesetzes 2012, BGBl. I Nr. 35/2012, treten mit 1. Juli 2012 in Kraft. Gleichzeitig treten § 89 Abs. 3, § 91 Abs. 2 Z 1 sowie § 99 Abs. 1 und Abs. 3 Z 6 außer Kraft. Verordnungen auf Grund dieses Bundesgesetzes in der Fassung des 2. Stabilitätsgesetzes 2012, BGBl. I Nr. 35/2012, können bereits vor diesem Zeitpunkt erlassen werden, treten jedoch frühestens mit diesem Zeitpunkt in Kraft.

(10) § 63 Abs. 3 erster Satz in der Fassung des Bundesgesetzes BGBl. I Nr. 50/2012 tritt mit 1. September 2012 in Kraft.

(11) § 9 Abs. 3, 4 und 5 in der Fassung des BGBl. I Nr. 98/2012 tritt mit 1. Jänner 2013 in Kraft.

(12) Es treten

1. mit Ablauf des 31. Dezember 2012 außer Kraft: § 56 Abs. 5 Z 2, § 62 Abs. 6, § 99 Abs. 3 Z 3a, § 113 Abs. 2, 3 und 5, § 114 Abs. 2 und Abs. 4 Z 5, § 118 Abs. 3 Z 1 und 3, § 119 Abs. 4, § 120, § 122 Abs. 2, § 123, § 124 Abs. 6;

2. mit 1. Jänner 2013 in Kraft: das Inhaltsverzeichnis, § 2 Abs. 1, 6, 7, 7a und 9, § 3 Abs. 1, die Überschrift zu § 4, § 4 Abs. 1, 5 und 6, § 6 Abs. 3, § 7 Z 4a und Z 7, § 10 Abs. 1 und 6, § 15 Abs. 1, § 20 Abs. 7, § 23 Abs. 5, § 40 Abs. 7, § 41 Abs. 4 Z 1, § 52 Z 5, § 56 Abs. 2, Abs. 5 Z 2 und Abs. 5a, § 56 Abs. 7, § 57 Abs. 6, § 60 Abs. 2 und 4, § 62 Abs. 6 und 7, § 67 Abs. 5 Z 4, § 69 Abs. 7, § 72 Abs. 1 Z 1, § 75 Abs. 1 Z 1 und Abs. 4, § 78a Abs. 6 Z 2 und Abs. 7 Z 2, § 79 Abs. 2, § 80 Abs. 1 Z 1 und Abs. 4, § 82a Abs. 3, § 84 Abs. 1 und 3, die Überschrift zu § 86, § 86 Abs. 1 und 3, § 88 Abs. 3 Z 3, § 91 Abs. 3, die Überschrift zu § 93, § 93 Abs. 1, 2 und 6, § 94 Abs. 1 Z 9, 10 und 11, Abs. 5a, 5b und 6, § 99 Abs. 3 Z 3, § 99 Abs. 3 Z 5, § 105, § 106 Abs. 3, § 107 Abs. 1, § 108 Abs. 2, § 109 Abs. 2, § 110 Abs. 8, § 112 Abs. 3, § 113 Abs. 4, § 114 Abs. 4 Z 1, 4, 6, 7 und 8, § 117 Abs. 4, § 118 Abs. 3 Z 4 und Abs. 4 Z 2, § 119 Abs. 1 und 3, § 122 Abs. 1, § 124 Abs. 3 Z 14 und Abs. 4, § 127 Abs. 3, § 130 Abs. 1 bis 6 und § 132, jeweils in der Fassung des Bundesgesetzes BGBl. I Nr. 118/2012.

(13) § 9 Abs. 5, § 53 Abs. 8, § 58 Abs. 5, § 96 Abs. 3 und 4, § 99, § 119 Abs. 1, § 125 Abs. 2 und § 130 Abs. 2 in der Fassung des BGBl. I Nr. 71/2013 treten mit 1. Jänner 2014 in Kraft. § 99 Abs. 2 und 4 treten mit Ablauf des 31. Dezember 2013 außer Kraft.

(14) § 10 Abs. 10, § 32 Abs. 1 Z 2 und § 88 Abs. 5 in der Fassung BGBl. I Nr. 94/2014 treten mit 1. Jänner 2015 in Kraft. § 25 Abs. 5 und § 107 Abs. 3 treten mit Ablauf des 31. Dezember 2014 außer Kraft.

(15) Das Inhaltsverzeichnis, § 40 Abs. 1 bis 5 und Abs. 7 und 8, § 41 Abs. 2, in § 41 Abs. 4 der Einleitungssatz und die Z 1, § 42 Abs. 1 und 5, § 43 Abs. 1, § 44 Abs. 2, 3 und 4, § 47 Abs. 1, § 60 Abs. 5, § 108 Abs. 2, § 110 Abs. 6, 8 und 9, § 125 samt Überschrift und § 126 Abs. 1 und 2, jeweils in der Fassung des BGBl. I Nr. 60/2015 treten am 1. Juni 2015 in Kraft. § 40 Abs. 6, § 41 Abs. 3, § 69 Abs. 7, § 105 samt Überschrift, § 106 Abs. 2, § 107 Abs. 2, § 108 Abs. 1, § 109 Abs. 1 und 6, § 110 Abs. 2 und 4, § 112 Abs. 1 zweiter Satz, § 114 Abs. 1 und Abs. 4 Z 7, § 116 Abs. 1 und 2, § 118 Abs. 2 treten mit Ablauf des 31. Mai 2015 außer Kraft. § 40 Abs. 2a, 3a und 4a treten mit Ablauf des 31. Mai 2027 außer Kraft.

(16) § 97 Abs. 8 in der Fassung BGBl. I Nr. 72/2016 tritt mit 1. April 2017 in Kraft.

(17) Das Inhaltsverzeichnis und § 125 in der Fassung des Deregulierungsgesetzes 2017, BGBl. I Nr. 40/2017, treten mit 1. Juli 2017 in Kraft. § 129 samt Überschrift tritt mit Ablauf des 30. Juni 2017 außer Kraft.

(18) Das Inhaltsverzeichnis zu § 52a und § 56 sowie § 16 Abs. 1, § 52a samt Überschrift, § 56 samt Überschrift, § 77 Z 4a, § 77a Abs. 2, § 78a Abs. 1, § 82 Z 4a, § 99 Z 2, § 112 Abs. 3 und § 130 Abs. 1 Z 13, 20 und 21 in der Fassung BGBl. I Nr. 126/2017 treten am 1. August 2017 in Kraft. Zum

gleichen Zeitpunkt tritt § 62 Abs. 7 außer Kraft. Das Inhaltsverzeichnis zu § 30 und § 30 samt Überschrift in der Fassung BGBl. I Nr. 126/2017 treten am 1. Mai 2018 in Kraft.

(19) Die § 57 Abs. 4, 78a Abs. 1, 89 Abs. 1 und 91 Abs. 3 in der Fassung des Bundesgesetzes BGBl. I Nr. 100/2018 treten mit 1. Jänner 2020 in Kraft.

(20) Das Inhaltsverzeichnis zu § 82c, § 96a und § 127a, § 11 Abs. 5, § 77a Abs. 3a, § 78 Abs. 2a *(Anm: offensichtlich gemeint § 78a Abs. 2a)* **und § 82c samt Überschrift in der Fassung des Bundesgesetzes BGBl. I Nr. 115/2022 treten mit 1. Juli 2022 in Kraft.**

(21) Das Inhaltsverzeichnis zu § 101a und § 101a samt Überschrift in der Fassung des Bundesgesetzes BGBl. I Nr. 56/2024 treten mit 1. Jänner 2024 in Kraft.

[BGBl I 2024/56]

Übersicht

I.	Baustellendatenbank (§ 131 Abs 8 ASchG)	1–3
II.	Organisationsreform der Arbeitsaufsicht (§ 131 Abs 9 ASchG)	4–6
III.	Sicherheitsbehörden-Neustrukturierung (§ 131 Abs 10 ASchG)	7, 8
IV.	Verwaltungsgerichtsbarkeitsreform (§ 131 Abs 13 ASchG)	9
V.	ASRÄG-Deregulierung (§ 131 Abs 14 ASchG)	10
VI.	CLP-Anpassung und Rechtsbereinigung (§ 131 Abs 15 ASchG)	11–14
VII.	Elektronische Bauarbeiten-Meldung (§ 131 Abs 16 ASchG)	15
VIII.	Entfall der Auflagepflicht – Deregulierungsgesetz 2017 (§ 131 Abs 17 ASchG)	16
IX.	ArbeitnehmerInnenschutz-Deregulierungsgesetz (§ 131 Abs 18 ASchG)	17, 18
X.	Sozialversicherungs-Organisationsreform (§ 131 Abs 19 ASchG)	19
XI.	Arbeitsmedizinischer Fachdienst (§ 131 Abs 20 ASchG)	20, 21
XII.	Betriebsübergabe – Grace Period (§ 131 Abs 21 ASchG)	22

I. Baustellendatenbank (§ 131 Abs 8 ASchG)

Mit der **Novelle zum Bauarbeiter-Urlaubs- und Abfertigungsgesetz**, 1 BGBl I 2011/51, wurde § 31a (Baustellendatenbank) in das BUAG eingefügt. Diese Regelung schuf die Grundlage für die BUAK, eine Baustellendatenbank einzurichten. Sinn dieser Datenbank ist es, einen Überblick über neu beginnende Baustellen zu erlangen, um so eine gezielte und planmäßige Kontrolle zu ermöglichen. Diese Datenbank soll auch anderen Behörden zugänglich sein, die Baustellen kontrollieren. Zur Erleichterung der Erfüllung der Meldeverpflichtung sollte die BUAK eine Webanwendung zur Verfügung stellen. Die Einbindung dieser Webanwendung in das Unternehmensserviceportal ist geplant. Zu diesem Zweck werden die Meldeverpflichtungen betreffend die Baubeginnsanzeige nach § 97 Abs 1 ASchG und zur Vorankündigung nach § 6 Abs 2 BauKG dahingehend erweitert, dass diese Meldeverpflichtungen auch gegenüber der BUAK bestehen.

2 Die Meldeverpflichtung nach § 97 Abs 1 ASchG gegenüber der BUAK sollte erst dann in Kraft treten, wenn die Webanwendung fertiggestellt ist. Ab diesem Zeitpunkt kann sich daher der Meldeverpflichtete der Webanwendung bedienen und damit in einem einzigen Vorgang sowohl die Meldung gegenüber dem Arbeitsinspektorat als auch gegenüber der BUAK erstatten. Nur für den Fall, dass er sich der Webanwendung nicht bedient, muss er dann die Meldung sowohl an das Arbeitsinspektorat als auch an die BUAK erstatten. Die gesetzlichen Bestimmungen sollen erst dann in Kraft treten, wenn die entsprechenden technischen Voraussetzungen geschaffen sind (vgl ErlRV 1221 BlgNR 24. GP).

3 Die Verordnung des Bundesministers für Arbeit, Soziales und Konsumentenschutz zur Feststellung der Verfügbarkeit der technischen Mittel für die Erfassung von Baustellenmeldungen (**Baustellendatenbank-Verordnung**) wurde schließlich mit BGBl II 2012/86, vom 28.3.2012, kundgemacht: *„Ab 1. April 2012 stehen die geeigneten technischen Mittel (Baustellendatenbank) zur Erfassung der Vorankündigung nach § 6 des Bauarbeitenkoordinationsgesetzes und der Meldungen nach § 97 Abs 1, 6 und 7 des ASchG zur Verfügung.“* Seit 1.1.2019 muss die Baustellendatenbank verpflichtend für die Meldung von Bauarbeiten verwendet werden (§ 97 Abs 8 ASchG, § 6 Abs 2a BauKG).

II. Organisationsreform der Arbeitsaufsicht (§ 131 Abs 9 ASchG)

4 Mit dem 2. StabG 2012, wurde das **Verkehrs-Arbeitsinspektorat** im Bundesministerium für Verkehr, Innovation und Technologie (**BMVIT**) – als die einzige noch bestehende Sonderarbeitsaufsicht im Zuständigkeitsbereich des Bundes – mit der **Arbeitsinspektion** im Bundesministerium für Arbeit, Soziales und Konsumentenschutz (**BMASK**) zu einem österreichweit agierenden Kompetenzzentrum für Sicherheit und Gesundheitsschutz am Arbeitsplatz zusammengeführt.

5 Durch die Optimierung der Organisation der Arbeitsaufsicht als Bestandteil der Verwaltungsreform im Zuständigkeitsbereich des Bundes durch Eingliederung der Verkehrs-Arbeitsinspektion in die Arbeitsinspektion soll die Bündelung des Expertenwissens, die Vermeidung von Doppelgleisigkeiten und entbehrlichem Verwaltungsaufwand, die Nutzung von Synergieeffekten und die Kostenreduktion beim Personal- und Sachaufwand des Bundes erreicht werden. Die bisherige (bis 30.6.2012 bestehende) Situation, dass den Verkehrsbetrieben weiterhin nur ein Ansprechpartner für Sicherheit und Gesundheit am Arbeitsplatz zur Verfügung steht (One-Stop-Shop), soll dabei beibehalten werden.

Durch die Zusammenführung von Verkehrs-Arbeitsinspektorat und Arbeitsinspektion können die dabei frei werdenden Synergieeffekte sowie die Bündelung von Kompetenz und Ressourcen genutzt werden, um den bereits jetzt sehr hohen Standard von Sicherheit und Gesundheit am Arbeitsplatz in österreich weiter auszubauen. (ErlRV 1685 BlgNR 24. GP) 6

§ 131 Abs 9 normiert den Zeitpunkt des Inkrafttretens der Änderungen des ArbeitnehmerInnenschutzgesetzes und ermächtigt den Bundesminister für Arbeit, Soziales und Konsumentenschutz zur Erlassung von Verordnungen auf Grund dieses Bundesgesetzes bereits vor diesem Zeitpunkt, wobei diese jedoch frühestens mit diesem Zeitpunkt in Kraft treten können. (ErlRV 1685 BlgNR 24. GP)

III. Sicherheitsbehörden-Neustrukturierung (§ 131 Abs 10 ASchG)

Das **Sicherheitsbehörden-Neustrukturierungs-Gesetz – SNG**, BGBl I 2012/50, 7
dient der Schaffung der organisatorischen Voraussetzungen für die Zusammenführung der neun Sicherheitsdirektionen, vierzehn Bundespolizeidirektionen und neun Landespolizeikommanden zu insgesamt neun **Landespolizeidirektionen**. Die sicherheitsbehördlichen Strukturen der Bezirksverwaltungsbehörden bleiben unberührt. Eines der Kernprojekte der INNEN.SICHER-2010-Strategie des Bundesministeriums für Inneres war die Weiterentwicklung der sicherheitsbehördlichen Strukturen. Dabei sollte durch eine Neuorganisation der Strukturen auf Ebene der nachgeordneten Sicherheitsbehörden und des Wachkörpers der in den letzten Jahren, insbesondere durch die Zusammenführung der Wachkörper zur gemeinsamen Bundespolizei im Jahr 2005, beschrittene Weg einer Verschlankung der Kommandostrukturen und des Abbaus von Doppelgleisigkeiten konsequent weiterverfolgt werden. Gleichzeitig gilt es der Einrichtung einer neuen Behördenstruktur im Fremden- und Asylwesen sowie der Verwaltungsgerichtsbarkeits-Novelle 2012 Rechnung zu tragen (vgl ErlRV 1726 BlgNR 24. GP).

Korrespondierend war daher auch eine **terminologische Anpassung im ASchG** 8
erforderlich. In § 63 Abs 3 wird die Wortfolge *„Bundespolizeidirektion oder, außerhalb des örtlichen Wirkungsbereiches der Bundespolizeidirektionen"* durch die Wortfolge *„Landespolizeidirektion, insoweit diese für das Gebiet einer Gemeinde zugleich Sicherheitsbehörde erster Instanz ist, oder, außerhalb dieses örtlichen Wirkungsbereiches"* ersetzt. § 63 Abs 3 erster Satz in der Fassung des Bundesgesetzes **BGBl I 2012/50** trat mit 1.9.2012 in Kraft.

IV. Verwaltungsgerichtsbarkeitsreform (§ 131 Abs 13 ASchG)

Aufgrund der Verwaltungsgerichtsbarkeits-Novelle 2012, BGBl I 2012/51, 9
waren auch legistische Anpassungen im ASchG notwendig. Diese traten mit **1.1.2014** in Kraft und haben keinerlei Auswirkungen auf das ASchG.

V. ASRÄG-Deregulierung (§ 131 Abs 14 ASchG)

10 Mit Artikel 3 des Arbeits- und Sozialrechts-Änderungsgesetzes 2014 (ASRÄG 2014), BGBl I 2014/94, erfolgten zum **1.1.2015 Deregulierungen bzw Klarstellungen im ASchG**. Gleichzeitig wurden auf Verordnungsebene entsprechende Regelungen in **ASchG-Durchführungsverordnungen** angepasst (Arbeitsstättenverordnung – AStV, BGBl II 1998/368, Verordnung über die Sicherheitsvertrauenspersonen – SVP-VO, BGBl 1996/172).

- In § 10 Abs 10 (neu) wurde klargestellt, dass die Funktion von Präventivfachkräften und Sicherheitsvertrauenspersonen vereinbar ist, sofern sie Arbeitnehmer bzw Arbeitnehmerinnen sind.
- Mit Aufhebung des § 25 Abs 5 ist die Möglichkeit der Vorschreibung von Brandschutzgruppen durch die zuständige Behörde bei besonderen Verhältnissen entfallen (weiters Anpassung der Verordnungsermächtigung § 32 Abs 1 Z 2 und Rechtsüberleitung § 107 Abs 3).
- Reduktion der verpflichtenden Sitzungen des Arbeitsschutzausschusses von zweimal pro Jahr auf einmal pro Jahr durch Änderung des § 88 Abs 5 erster Satz.

VI. CLP-Anpassung und Rechtsbereinigung (§ 131 Abs 15 ASchG)

11 Durch Artikel 1 **BGBl I 2015/60** erfolgten mit Inkrafttreten **1.6.1015** ASchG-Änderungen zur

- EU-Umsetzung der durch die Richtlinie 2014/27/EU vorgenommenen Änderungen der Richtlinien 98/24/EG (Richtlinie chemische Arbeitsstoffe), 92/58/EWG (Richtlinie Sicherheitskennzeichnung), 92/85/EWG, 94/33/EG sowie zur
- Anpassung an die Richtlinie 2004/37/EG (Karzinogene-Richtlinie) zwecks Anpassung an die Verordnung (EG) Nr 1272/2008 über die Einstufung, Kennzeichnung und Verpackung von Stoffen und Gemischen („CLP-Verordnung“).

12 Das österreichische Arbeitnehmerschutzrecht verwies bis dahin noch auf das frühere chemikalienrechtliche Einstufungs- und Kennzeichnungssystem und musste daher geändert werden, um es an das neue, in der (chemikalienrechtlichen) CLP-Verordnung beschriebene System anzupassen. Mit der ASchG-Novelle erfolgte die **Übereinstimmung der Terminologie betreffend gefährliche chemische Arbeitsstoffe im Arbeitnehmerschutzrecht mit dem Chemikalienrecht** sowie die einheitliche **Kennzeichnung** von Behältern und von Lagerräumen bzw Lagerbereichen von gefährlichen chemischen Arbeitsstoffen entsprechend der CLP-Verordnung. Erforderlich war dazu weiters eine Änderung des Mutterschutzgesetzes (Artikel 2 BGBl I 2015/60) und auf Verordnungsebene Änderungen der Verordnung über die Sicherheits- und

Gesundheitsschutzkennzeichnung (KennV) und Verordnung über Beschäftigungsverbote und -beschränkungen für Jugendliche.

Zusätzlich wurden mit der ASchG-Novelle BGBl I 2015/60 Redaktionsversehen korrigiert und erfolgte eine umfangreiche **Rechtsbereinigung** durch Aufhebung mittlerweilen gegenstandslos gewordener, aus der vor dem ASchG geltenden alten Rechtslage vorläufig weitergeltender Bestimmungen: 13

- Aufgehoben wurden die in § 105, § 108 Abs 2, § 114 Abs 4 Z 7 ASchG vorläufig übergeleiteten Regelungen der Allgemeinen Arbeitnehmerschutzverordnung (AAV).
- Der in § 105 übergeleitete § 90 Abs 2 und 4 AAV, der in § 108 Abs 2 übergeleitete § 84 Abs 4 AAV und die in § 114 Abs 4 Z 7 übergeleiteten §§ 66 bis 72 AAV sind mit Inkrafttreten der Verordnung persönliche Schutzausrüstung (PSA-V), BGBl II 2014/77, am 1.5.2014 außer Kraft getreten (§ 17 Abs 2 PSA-V).
- Die ebenfalls aufgehobenen Inkrafttretensregelungen § 106 Abs 2, § 107 Abs 2 und § 108 Abs 1 ASchG waren bereits seit Inkrafttreten der Arbeitsstättenverordnung (AStV), BGBl II 1998/368, am 1.1.1999 gegenstandslos.
- Ebenso aufgehoben wurde § 109 Abs 1 und 6 ASchG, dessen Regelungen seit Inkrafttreten der Arbeitsmittelverordnung (AM-VO), BGBl II 2000/164, am 1.7.2000 gegenstandslos waren.
- Zur umfassenden Rechtsbereinigung § 110 ASchG siehe Ausführungen zu § 110 Abs 2, 4, 6 und 8.
- § 112 Abs 1 zweiter Satz ist mit Inkrafttreten der Verordnung über die Gesundheitsüberwachung (VGÜ), BGBl II 1997/127, am 1.3.1997 gegenstandslos geworden.
- § 114 Abs 1 ist mit Inkrafttreten der Verordnung Lärm und Vibrationen (VOLV), BGBl II 2006/22, am 26.1.2006 gegenstandslos geworden.
- § 116 Abs 1 ist mit Inkrafttreten der Verordnung über die Fachausbildung der Sicherheitsfachkräfte (SFK-VO), BGBl 1995/277, am 1.6.1995 gegenstandslos geworden, § 116 Abs 2 mit Inkrafttreten der Verordnung über sicherheitstechnische Zentren (STZ-VO), BGBl II 1998/450, am 1.1.1999.
- § 118 Abs 2 ist hinsichtlich des § 97 Abs 4 mit Inkrafttreten des Bauarbeitenkoordinationsgesetzes (BauKG), BGBl I 1999/37, am 1.7.1999 und hinsichtlich des § 97 Abs 7 mit Inkrafttreten der Grenzwerteverordnung 2006 (GKV 2006), BGBl II 2006/242, am 1.7.2006 gegenstandslos geworden.
- Einige Bestimmungen, auf die in §§ 125 und 126 verwiesen wurde, sind bereits mit BGBl I 2001/159 und BGBl I 2012/118 außer Kraft getreten.

Während Inkrafttretenszeitpunkt der Novelle der 1.6.2015 ist (Ablauf der Umsetzungsfrist der Richtlinie 2014/27/EU) wurde für das Außerkrafttreten der **Begriffsbestimmungen für gefährliche Arbeitsstoffe, die noch auf die Stoffeigenschaften nach dem ChemG abstellen**, der **31.5.2027** normiert, weil damit zu rechnen ist, dass Arbeitsstoffe mit „alter“ Einstufung und 14

Kennzeichnung, die gemäß Artikel 61 Abs 4 CLP-VO bis 1.6.2017 „abverkauft" werden dürfen, nach weiteren 10 Jahren auch innerbetrieblich nicht mehr verwendet werden (vgl Erl RV 528 BlgNR 25. GP).

VII. Elektronische Bauarbeiten-Meldung (§ 131 Abs 16 ASchG)

15 Die **Novelle des § 97 Abs 8 ASchG durch BGBl I 2016/72 (Artikel 4) war Teil einer Sammelnovelle**, mit der das Bauarbeiter-Urlaubs- und Abfertigungsgesetz, das Bauarbeiter-Schlechtwetterentschädigungsgesetz, das Arbeiter-Abfertigungsgesetz 1979, das Bauarbeitenkoordinationsgesetz (BauKG) und das Arbeitsinspektionsgesetz 1993 (ArbIG) geändert wurden. Demnach konnte die ASchG-Meldung von Bauarbeiten gemäß § 97 Abs 1 (Baubeginnsanzeige), Abs 6 (Meldung mit besonderen Gefahren verbundener Bauarbeiten) und Abs 7 (Meldung von Asbestarbeiten) seit 1.4.2017 (Inkrafttreten der Novelle) auch **elektronisch mittels Webanwendung (Baustellendatenbank der BUAK)** erfolgen, ebenso die Vorankündigung nach § 6 Abs 2 BauKG. Mit 1.1.2019 wurde die Benutzung der Webanwendung für die in ASchG und BauKG vorgesehenen Baustellenmeldungen schließlich verpflichtend (§ 97 Abs 8 ASchG, § 6 Abs 2a BauKG).

VIII. Entfall der Auflagepflicht – Deregulierungsgesetz 2017 (§ 131 Abs 17 ASchG)

16 Artikel 20 des Deregulierungsgesetzes 2017, BGBl I 2017/40, beseitigte auch die Auflagepflicht von ASchG und Durchführungsverordnungen in der Arbeitsstätte durch ersatzlose Aufhebung des § 129 ASchG mit **1.7.2017**.

IX. ArbeitnehmerInnenschutz-Deregulierungsgesetz (§ 131 Abs 18 ASchG)

17 Das ArbeitnehmerInnenschutz-Deregulierungsgesetz, **BGBl I 2017/126**, novellierte mit Inkrafttreten am **1.8.2017** das ASchG (Artikel 1) und ua das Arbeitsinspektionsgesetz 1993 (ArbIG), das Arbeitszeitgesetz (AZG), das Arbeitsruhegesetz (ARG) und das Mutterschutzgesetz 1979 (MSchG). Die ASchG-Änderungen betrafen neben der Anpassung von Verweisen **vorwiegend** den **Nichtraucher/innenschutz (§ 30) sowie die Gesundheitsüberwachung** des 5. Abschnitts ASchG (Neuregelungen § 52a Elektronische Übermittlung von Befund samt Beurteilung, § 56 Ermächtigte Ärzte und Ärztinnen).

18 Weitere ASchG-Änderungen durch das ANS-RG:

- Entfall der Arbeitgeberverpflichtung zur Führung von Aufzeichnungen über Beinaheunfälle (§ 16 Abs 1)
- sowie der Verpflichtung zur Führung des Arbeitnehmerverzeichnisses gemäß § 62 Abs 7 (bei Beschäftigung mit fachkenntnispflichtigen Tätigkeiten).
- Die Einrechenbarkeit der Gefahrenevaluierung und Dokumentation in die Präventionszeit der Präventivfachkräfte wurde ausgeweitet (sicherheitstechnische Betreuung: § 77 Z 4a, arbeitsmedizinische Betreuung: § 82 Z 4a).

- Verlängerung des Begehungsintervalls von zwei auf drei Jahre in Büro-Arbeitsstätten mit 1 bis 10 Arbeitnehmern und Arbeitnehmerinnen (§ 77a Abs 2 Ziffer 1a).
- Aufgrund des Entfalls des § 78a Abs 1 letzter Satz können sich Unfallversicherungsträger zur Erbringung von Betreuungsleistungen in ihrem Namen auch externer Präventivfachkräfte und sicherheitstechnischer und arbeitsmedizinischer Zentren bedienen.

X. Sozialversicherungs-Organisationsreform (§ 131 Abs 19 ASchG)

Mit **Artikel 38 des Sozialversicherungs-Organisationsgesetzes (SV-OG), BGBl I 100/2018**, wurde die Reform der Sozialversicherungsträger auch im ASchG mit **1.1.2020** durch terminologische Anpassungen nachvollzogen: 19

- In § 57 Abs 4 (Kosten der Untersuchungen) wurde die Bezeichnung „Hauptverband der österreichischen Sozialversicherungsträger“ durch den Ausdruck „Dachverband der Sozialversicherungsträger“ ersetzt.
- In § 78a Abs 1 (Präventionszentren der Unfallversicherungsträger) sind nun ausdrücklich die Allgemeine Unfallversicherungsanstalt und die Versicherungsanstalt öffentlich Bediensteter, Eisenbahnen und Bergbau angeführt,
- entsprechend in § 89 Abs 1 (Zentren der Unfallversicherungsträger) die Versicherungsanstalt öffentlich Bediensteter, Eisenbahnen und Bergbau (statt zuvor Versicherungsanstalt für Eisenbahnen und Bergbau).
- Ebenso ist in § 91 Abs 3 (Arbeitnehmerschutzbeirat) als weitere Vertreterin nun die Versicherungsanstalt öffentlich Bediensteter, Eisenbahnen und Bergbau ausschließlich angeführt (zuvor Vertreter jeweils der Versicherungsanstalt für Eisenbahnen und Bergbau und der Versicherungsanstalt öffentlich Bediensteter als bis dahin getrennte Institutionen).

XI. Arbeitsmedizinischer Fachdienst (§ 131 Abs 20 ASchG)

Die ASchG-Novelle **BGBl I 2022/115** (Artikel 1) regelt mit Inkrafttreten **1.7.2022** die rechtlichen Grundlagen für den **Einsatz eines entsprechend qualifizierten arbeitsmedizinischen Fachdienstes (AFa) zur Unterstützung von Arbeitsmedizinerinnen und Arbeitsmedizinern** bei ihren arbeitsmedizinischen Tätigkeiten: Nach **§ 82c ASchG** unter deren Leitung erbrachte AFa-Tätigkeiten sind in die arbeitsmedizinische Präventionszeit gemäß §§ 82, 82a ASchG einrechenbar. Eine Afa-Beiziehung ist auch im Begehungsmodell für Kleinbetriebe bei Folge- und Anlassbegehungen möglich (§ 77a Abs 3a ASchG, Büro-Arbeitsstätten mit bis zu 50 Arbeitnehmern und Arbeitnehmerinnen). 20

Erleichterungen für **arbeitsmedizinische Zentren**, in der Facharztausbildung für Arbeitsmedizin und angewandte Physiologie befindliche Ärztinnen und 21

Ärzte einzusetzen sowie als AMZ-Fachpersonal Angehörige eines AFa regelte die zeitgleiche Novelle der AMZ-VO BGBl II 2013/210. Entsprechende Anpassungen der Beteiligungsrechte von Sicherheitsvertrauenspersonen und Belegschaftsorganen hinsichtlich einer AFa-Einbeziehung sowie des Benachteiligungsverbotes und Kündigungsschutzes für Angehörige des AFa erfolgten im Arbeitsverfassungsgesetz (ArbVG) und Arbeitsvertragsrechts-Anpassungsgesetz (AVRAG) sowie der Nachvollzug der ASchG-Novelle für land- und forstwirtschaftliche Betriebe durch Novelle des Landarbeitsgesetzes 2021 (LAG).

XII. Betriebsübergabe – Grace Period (§ 131 Abs 21 ASchG)

22 Die **Erleichterungen bei Betriebsübergaben für die Dauer von zwei Jahren** hinsichtlich der Meldung neu bestellter **Sicherheitsvertrauenspersonen** (§ 10 Abs 8) und der Einberufung des **Arbeitsschutzausschusses** (§ 88 Abs 5 ASchG) wurden durch das Grace-Period – Gesetz, BGBl I 2024/56 (Artikel III), rückwirkend mit **1.1.2024** in Kraft gesetzt.

Vollziehung

§ 132. Mit der Vollziehung dieses Bundesgesetzes ist betraut:

1. **hinsichtlich des § 63 Abs. 3, soweit er sich auf die Bescheinigung über die Verlässlichkeit bezieht, und des § 63 Abs. 5 der Bundesminister für Inneres,**
2. **im Übrigen der Bundesminister für Arbeit, Soziales und Konsumentenschutz.**

[BGBl I 2012/118]

1 Mit dem **2. StabG 2012**, BGBl I 2012/35, wurde das Verkehrs-Arbeitsinspektorat im Bundesministerium für Verkehr, Innovation und Technologie (BMVIT) – als die einzigenoch bestehende Sonderarbeitsaufsicht im Zuständigkeitsbereich des Bundes – mit der Arbeitsinspektion im Bundesministerium für Arbeit, Soziales und Konsumentenschutz (BMASK) – zu einem österreichweit agierenden Kompetenzzentrum für Sicherheit und Gesundheitsschutz am Arbeitsplatz zusammengeführt (vgl ErlRV 1685 BlgNR 24. GP). Mit der Novelle wurden in § 132 die erforderlichen Anpassungen an den Aufgabenübergang vorgenommen und die Bezeichnung des Bundesministers für Arbeit, Soziales und Konsumentenschutz angepasst.

2 Zum Stichtag 1.3.2025 gilt das Bundesministeriengesetz 1986 (BMG), BGBl 1986/76 idF BGBl I 2024/44, und lautet die Ministeriumsbezeichnung Bundesministerium für Arbeit und Wirtschaft (§ 1 Abs 1 Z 4).

Verordnungen zum ASchG

(Stand: März 2025)

1. **VO über Sicherheit und Gesundheitsschutz auf Baustellen und auf auswärtigen Arbeitsstellen (Bauarbeiterschutzverordnung – BauV)**
   in Kraft getreten: 1. Jänner 1995, BGBl 1994/340 – VO über Vorschriften zum Schutz des Lebens, der Gesundheit und der Sittlichkeit der Arbeitnehmer bei Ausführung von Bauarbeiten (Bauarbeiterschutzverordnung – BauV)
   geändert durch:
   BGBl 1994/450 (in Kraft getreten: 1. Jänner 1995) – Rechtsüberleitung § 118 ASchG: Bauarbeiterschutzverordnung (BauV)
   BGBl 1995/706 (in Kraft getreten: 26. Oktober 1995),
   BGBl II 1998/121 (in Kraft getreten: 16. April 1998),
   BGBl II 1998/368 (in Kraft getreten: 1. Jänner 1999),
   BGBl II 2000/164 (in Kraft getreten: 1. Juli 2000),
   BGBl II 2000/232 (in Kraft getreten: 28. Juli 2000),
   BGBl II 2002/313 (in Kraft getreten: 10. August 2002)
   BGBl II 2003/425 (in Kraft getreten: 13. September 2003)
   BGBl II 2004/309 (in Kraft getreten: 1. August 2004)
   BGBl II 2004/358 (in Kraft getreten: 1. Oktober 2004)
   BGBl II 2005/17 (in Kraft getreten: 22. Jänner 2005)
   BGBl II 2006/22 (in Kraft getreten: 26. Jänner 2006)
   BGBl II 2006/242 (in Kraft getreten: 1. Juli 2006)
   BGBl II 2007/13 (in Kraft getreten: 1. Februar 2007)
   BGBl II 2009/256 (in Kraft getreten: 1. Jänner 2010)
   BGBl II 2009/408 (in Kraft getreten: 1. Jänner 2010)
   BGBl II 2010/21 (in Kraft getreten: 1. Februar 2010)
   BGBl II 2010/416 (in Kraft getreten: 1. Jänner 2011)
   BGBl II 2011/3 (in Kraft getreten: 1. Februar 2011) – VO über Sicherheit und Gesundheitsschutz auf Baustellen und auf auswärtigen Arbeitsstellen (Bauarbeiterschutzverordnung – BauV)
   BGBl II 2012/33 (in Kraft getreten: 1. März 2012)
   BGBl II 2014/77 (in Kraft getreten: 1. Mai 2014)
   BGBl II 2017/241 (in Kraft getreten: 1. Juli 2017)
2. **VO über die Geschäftsordnung des Arbeitnehmerschutzbeirates**
   in Kraft getreten: 1. Jänner 1995, BGBl 1995/30
   geändert durch:
   BGBl II 2012/215 (in Kraft getreten: 1. Juli 2012)
3. **VO über die Fachausbildung der Sicherheitsfachkräfte und die Besonderheiten der sicherheitstechnischen Betreuung für den untertägigen Bergbau (SFK-VO)**

in Kraft getreten: 1. Juni 1995, BGBl 1995/277 – VO über die Fachausbildung der Sicherheitsfachkräfte (SFK-VO)
geändert durch:
BGBl II 2002/342 (in Kraft getreten: 1. Oktober 2002) – VO über die Fachausbildung der Sicherheitsfachkräfte und die Besonderheiten der sicherheitstechnischen Betreuung für den untertägigen Bergbau (SFK-VO)
BGBl II 2007/13 (in Kraft getreten: 1. Februar 2007)
BGBl II 2013/210 (in Kraft getreten: 1. August 2013 bzw 1. Jänner 2014)
BGBl II 2017/226 (in Kraft getreten: 29. August 2017)

4. **VO über die Sicherheitsvertrauenspersonen (SVP-VO)**
in Kraft getreten: 1. Juli 1996, BGBl 1996/172
geändert durch:
BGBl II 2014/324 (in Kraft getreten: 1. Jänner 2015)

5. **VO über die Sicherheits- und Gesundheitsschutzdokumente (DOK-VO)**
in Kraft getreten: 11. September 1996, BGBl 1996/478
geändert durch:
BGBl II 1997/53 (in Kraft getreten: 1. Jänner 1997)

6. **VO über arbeitsmedizinische Zentren (AMZ-VO)**
in Kraft getreten: 1. Jänner 1997, BGBl 1996/441
geändert durch:
BGBl II 1998/441 (in Kraft getreten: 1. Jänner 1999)
BGBl II 2013/210 (in Kraft getreten: 1. August 2013)
BGBl II 2022/218 (in Kraft getreten: 1. Juli 2022)

7. **VO über die Gesundheitsüberwachung am Arbeitsplatz 2024 (VGÜ)**
in Kraft getreten: 1. März 1997 (Nachtarbeitsuntersuchungen mit 1. Februar 1997), BGBl II 1997/27 – VO über die Gesundheitsüberwachung am Arbeitsplatz (VGÜ)
geändert durch:
BGBl II 1999/412 (in Kraft getreten: 1. Jänner 2000)
BGBl II 2002/343 (in Kraft getreten: 1. Oktober 2002, § 9 mit 1. August 2002)
BGBl II 2004/306 (in Kraft getreten: 24. Juli 2004)
BGBl II 2006/22 (in Kraft getreten: 26. Jänner 2006)
BGBl II 2007/224 (in Kraft getreten: 1. März 2008) – VO über die Gesundheitsüberwachung am Arbeitsplatz 2008 (VGÜ 2008)
BGBl II 2010/221 (in Kraft getreten: 9. Juli 2010)
BGBl II 2014/26 (in Kraft getreten: 1. März 2014 – VO über die Gesundheitsüberwachung am Arbeitsplatz 2014 (VGÜ 201)
BGBl II 2015/186 (in Kraft getreten: 1. Juli 2015)
BGBl II 2015/230 (in Kraft getreten: 1. September 2015)
BGBl II 2016/179 (in Kraft getreten: 1. August 2016)
BGBl II 2017/253 (in Kraft getreten: 1. Oktober 2017) – VO über die Gesundheitsüberwachung am Arbeitsplatz 2017 (VGÜ 2017)

BGBl II 2018/254 (in Kraft getreten: 25. September 2018)
BGBl II 2020/382 (in Kraft getreten: 3. September 2020)
BGBl II 2020/550 (in Kraft getreten: 10. Dezember 2020, § 6 Abs 2a und 2b sowie Anlage 1 und 2 Teil I mit 15. März 2020) – VO über die Gesundheitsüberwachung am Arbeitsplatz 2020 (VGÜ)
BGBl II 2024/330 (in Kraft getreten: 3. Dezember 2024) – VO über die Gesundheitsüberwachung am Arbeitsplatz 2024 (VGÜ)

8. **VO über die Sicherheits- und Gesundheitsschutzkennzeichnung (Kennzeichnungsverordnung – KennV)**
in Kraft getreten: 1. Juli 1997, BGBl II 1997/101
geändert durch:
BGBl II 2015/184 (in Kraft getreten: 1. Juli 2015 bzw 1. Juni 2024)

9. **VO über den Schutz der Arbeitnehmer/innen bei Bildschirmarbeit (Bildschirmarbeitsverordnung – BS-V)**
in Kraft getreten: 1. Mai 1998, BGBl II 1998/124

10. **VO über den Schutz der Arbeitnehmer/innen gegen Gefährdung durch biologische Arbeitsstoffe (Verordnung biologische Arbeitsstoffe – VbA)**
in Kraft getreten: 1. November 1998, BGBl II 1998/237
geändert durch:
BGBl II 2015/186 (in Kraft getreten: 1. Juli 2015)
BGBl II 2020/382 (in Kraft getreten: 3. September 2020)
BGBl II 2021/156 (in Kraft getreten: 10. April 2021 bzw 20. November 2021)
BGBl II 2024/294 (in Kraft getreten: 1. November 2024)

11. **VO mit der Anforderungen an Arbeitsstätten und an Gebäuden auf Baustellen festgelegt werden (Arbeitsstättenverordnung – AStV)**
in Kraft getreten: 1. Jänner 1999, BGBl II 1998/368
geändert durch:
BGBl II 2009/256 (in Kraft getreten: 1. Jänner 2010)
BGBl II 2014/324 (in Kraft getreten: 1. Jänner 2015)
BGBl II 2017/309 (in Kraft getreten: 1. Dezember 2017)

12. **VO über sicherheitstechnische Zentren (STZ-VO)**
in Kraft getreten: 1. Jänner 1999, BGBl II 1998/450
BGBl II 2013/210 (in Kraft getreten: 1. August 2013)

13. **VO über den Schutz der ArbeitnehmerInnen bei der Benutzung von Arbeitsmitteln (Arbeitsmittelverordnung – AM-VO)**
in Kraft getreten: 1. Juli 2000, BGBl II 2000/164
geändert durch:
BGBl II 2002/313 (in Kraft getreten: 10. August 2002)
BGBl II 2004/309 (in Kraft getreten: 1. August 2004)
BGBl II 2010/21 (in Kraft getreten: 1. Februar 2010)
BGBl II 2024/330 (in Kraft getreten: 3. Dezember 2024)

14. **VO über Grenzwerte für Arbeitsstoffe sowie über krebserzeugende und fortpflanzungsgefährdende (reproduktionstoxische) Arbeitsstoffe (Grenzwerteverordnung 2024 – GKV)**
    in Kraft getreten: 1. Oktober 2001, BGBl II 2001/253 – VO über Grenzwerte für Arbeitsstoffe und über krebserzeugende Arbeitsstoffe (Grenzwerteverordnung 2001 GKV 2001)
    geändert durch:
    BGBl II 2003/184 (in Kraft getreten: 1. September 2003) – Grenzwerteverordnung 2003 (GKV 2003)
    BGBl II 2004/119 (in Kraft getreten: 1. April 2004)
    BGBl II 2006/242 (in Kraft getreten: 1. Juli 2006)
    BGBl II 2007/243 (in Kraft getreten: 1. Oktober 2007) – Grenzwerteverordnung 2006 (GKV 2006)
    BGBl II 2011/429 (in Kraft getreten: 20. Dezember 2011) – VO über Grenzwerte für Arbeitsstoffe sowie über krebserzeugende und fortpflanzungsgefährdende (reproduktionstoxische) Arbeitsstoffe (Grenzwerteverordnung 2011 – GKV 2011)
    BGBl II 2015/186 (in Kraft getreten: 1. Juli 2015)
    BGBl II 2017/288 (in Kraft getreten: 25. Oktober 2017)
    BGBl II 2018/254 (in Kraft getreten: 25. September 2018 – Grenzwerteverordnung 2018 (GKV 2018)
    BGBl II 2020/382 (in Kraft getreten: 3. September 2020)
    BGBl II 2021/156 (in Kraft getreten: 10. April 2021) – Grenzwerteverordnung 2020 (GKV)
    BGBl II 2024/330 (in Kraft getreten: 3. Dezember 2024) – Grenzwerteverordnung 2024 (GKV)
15. **VO über die Lagerung von Aerosolpackungen in gewerblichen Betriebsanlagen (Aerosolpackungslagerungsverordnung – APLV)** – *ersetzt die Druckgaspackungslagerungsverordnung 2002 – DGPLV 2002, BGBl II 2002/489 (galt seit 1.1.2019)*
    erlassen aufgrund der GewO 1994 und des ASchG
    in Kraft getreten: 1. Jänner 2019, BGBl II 2018/347
16. **VO über Lagerung, Abfüllung, Umfüllung und Verwendung von Flüssiggas (Flüssiggas-Verordnung 2002 – FGV)**
    erlassen aufgrund der GewO 1994 und des ASchG
    in Kraft getreten: 1. Juli 2003, BGBl II 2002/446
17. **VO über den Schutz der Sicherheit und der Gesundheit der Arbeitnehmer/innen vor Gefahren durch den elektrischen Strom (Elektroschutzverordnung 2012 – ESV 2012)**
    in Kraft getreten: 1. März 2012, BGBl II 2012/33
18. **VO über den Nachweis der Fachkenntnisse für die Vorbereitung und Organisation von bühnentechnischen und beleuchtungstechnischen Arbeiten (Bühnen-FK-V)**

in Kraft getreten: 1. Jänner 2004 (Arbeitgeberpflichten) bzw 1. Oktober 2003 (Antrag der Ausbildungseinrichtungen auf Ermächtigung zur Kursdurchführung), BGBl II 2003/403
geändert durch:
BGBl II 2007/13 (in Kraft getreten: 1. Februar 2007)
BGBl II 2012/215 (in Kraft getreten: 1. Juli 2012)
BGBl II 2013/210 (in Kraft getreten: 1. August 2013 bzw 1. Jänner 2014)
BGBl II 2014/26 (in Kraft getreten: 1. März 2014)
BGBl II 2017/226 (in Kraft getreten: 29. August 2017)

19. **VO über den Schutz der Arbeitnehmer/innen vor explosionsfähigen Atmosphären (VEXAT)**
in Kraft getreten: 1. August 2004, BGBl II 2004/309
geändert durch:
BGBl II 2005/140 (in Kraft getreten: 25. Mai 2005)
BGBl II 2012/33 (in Kraft getreten: 1. März 2012)
BGBl II 2015/186 (in Kraft getreten: 1. Juli 2015)

20. **VO über die Sicherheit und den Gesundheitsschutz der Arbeitnehmer/innen bei der Durchführung von Sprengarbeiten (Sprengarbeitenverordnung – SprengV)**
in Kraft getreten: 1. Oktober 2004, BGBl II 2004/358
geändert durch:
BGBl II 2007/13 (in Kraft getreten: 1. Februar 2007)
BGBl II 2023/368 (in Kraft getreten: 1. Jänner 2024)

21. **VO über den Schutz der Arbeitnehmer/innen bei der Durchführung von Bohr- und Behandlungsarbeiten (Bohrarbeitenverordnung – BohrarbV)**
in Kraft getreten: 25. Mai 2005, BGBl II 2005/140
geändert durch:
BGBl II 2024/330 (in Kraft getreten: 3. Dezember 2024)

22. **VO über den Schutz der Arbeitnehmer/innen vor der Gefährdung durch Lärm und Vibrationen (VO Lärm und Vibrationen – VOLV)**
in Kraft getreten: 26. Jänner 2006, BGBl II 2006/22
geändert durch:
BGBl II 2009/302 (in Kraft getreten: 1. Oktober 2009)

23. **VO über den Nachweis der Fachkenntnisse (Fachkenntnisnachweis-Verordnung – FK-V)**
in Kraft getreten: 1. Februar 2007, BGBl II 2007/13
geändert durch:
BGBl II 2012/215 (in Kraft getreten: 1. Juli 2012)
BGBl II 2013/210 (in Kraft getreten: 1. August 2013 bzw 1. Jänner 2014)
BGBl II 2014/26 (in Kraft getreten: 1. März 2014)
BGBl II 2017/226 (in Kraft getreten: 29. August 2017)

24. **VO über den Schutz der Arbeitnehmer/innen vor der Einwirkung durch optische Strahlung (VO optische Strahlung – VOPST)**
    in Kraft getreten: 9. Juli 2010, BGBl II 2010/221
25. **VO über die Ausstattung und Betriebsweise von gewerblichen Betriebsanlagen zum Betrieb von Flüssiggas-Tankstellen 2010 (Flüssiggas-Tankstellen-Verordnung 2010 – FGTV 2010)**
    erlassen aufgrund der GewO 1994 und des ASchG
    in Kraft getreten: 1. August 2010, BGBl II 2010/247
26. **Verordnung über den Schutz der Arbeitnehmer/innen bei der Durchführung von Arbeiten im Tagbau (Tagbauarbeitenverordnung – TAV)**
    in Kraft getreten: 1. Jänner 2011, BGBl II 2010/416
    geändert durch:
    BGBl II 2024/330 (in Kraft getreten: 3. Dezember 2024)
27. **Verordnung zum Schutz der Arbeitnehmer/innen vor Verletzungen durch scharfe oder spitze medizinische Instrumente (Nadelstichverordnung – NastV)**
    In Kraft getreten: 11. Mai 2013, BGBl II 2013/16
28. **Verordnung über den Schutz der Arbeitnehmer/innen durch persönliche Schutzausrüstung (Verordnung Persönliche Schutzausrüstung – PSA-V)**
    in Kraft getreten: 1. Mai 2014, BGBl II 2014/77
29. **Verordnung über den Schutz der Arbeitnehmer/innen vor der Einwirkung durch elektromagnetische Felder (Verordnung elektromagnetische Felder – VEMF)**
    in Kraft getreten: 1. August 2016, BGBl II 2016/179
30. **Verordnung über brennbare Flüssigkeiten 2023 (VbF 2023)**
    erlassen aufgrund GewO 1994, EisbG, Rohrleitungsgesetz, ASchG, Apothekengesetz und Luftfahrtgesetz (ersetzt VbF, BGBl 1991/240 idF BGBl II 2005/351),
    in Kraft getreten: 1. März 2023, BGBl II 2023/45
    geändert durch:
    BGBl II 2024/141 (in Kraft getreten 1. Juli 2024)

Vorschriften im Verkehrsbereich zum ASchG:

1. **ArbeitnehmerInnenschutzverordnung Verkehr 2017 – AVO Verkehr 2017**
   in Kraft getreten: 24. Jänner 2012, BGBl II 2012/17 – VO über die Berücksichtigung der Erfordernisse des Arbeitnehmerschutzes und über den Nachweis der Einhaltung in Genehmigungsverfahren des Verkehrswesens (Arbeitnehmerschutzverordnung Verkehr 2011 – AVO-Verkehr 2011). Gilt ab 1.7.2012 als Verordnung gemäß § 101 Abs 4 ASchG (§ 127a ASchG).
   geändert durch:
   BGBl II 2012/215 (in Kraft getreten: 1. Juli 2012)
   BGBl II 2017/307 (in Kraft getreten 1. Dezember 2017) – VO über die Berücksichtigung der Erfordernisse des ArbeitnehmerInnenschutzes und über den

Nachweis der Einhaltung in Genehmigungsverfahren des Verkehrswesens (ArbeitnehmerInnenschutzverordnung Verkehr 2017 – AVO Verkehr 2017
BGBl II 2018/288 (in Kraft getreten 22. November 2018)
BGBl II 2021/188 (in Kraft getreten 29. April 2021)
BGBl II 2021/490 (in Kraft getreten 27. November 2021)

2. **Eisenbahn-ArbeitnehmerInnenschutzverordnung – EisbAV**
   in Kraft getreten: 1. Jänner 2000, BGBl II 1999/384 – VO über den Schutz von ArbeitnehmerInnen im Bereich von Gleisen (Eisenbahn-ArbeitnehmerInnenschutzverordnung – EisbAV)
   geändert durch:
   BGBl II 1999/444 (in Kraft getreten: 1. Jänner 2000)
   BGBl II 2004/80 (in Kraft getreten: 13. Februar 2004)
   BGBl II 2004/505 (in Kraft getreten: 1. Jänner 2005)
   BGBl II 2006/536 (in Kraft getreten: 30. Dezember 2006)
   BGBl II 2007/281 (in Kraft getreten: 1. Jänner 2008)
   BGBl II 2009/208 (in Kraft getreten: 2. Juli 2009)
   BGBl II 2011/156 (in Kraft getreten: 11. Mai 2011)
   BGBl II 2012/215 (in Kraft getreten: 1. Juli 2012)
   BGBl II 2019/184 (in Kraft getreten: 5. Juli 2019)
   BGBl II 2020/483 (in Kraft getreten: 1. Jänner 2021) idF BGBl II 2021/471 (VFB)
3. **Schifffahrt-ArbeitnehmerInnenschutzverordnung – SchiffAV**
   in Kraft getreten: 1. September 2009, BGBl II 2009/260 – VO über den Schutz von ArbeitnehmerInnen in der Schifffahrt (Schifffahrt-ArbeitnehmerInnenschutzverordnung – SchiffAV)
   geändert durch:
   BGBl II 2012/215 (in Kraft getreten: 1. Juli 2012)
4. **Verordnung über den Schutz von ArbeitnehmerInnen in der Luftfahrt (Luftfahrt-ArbeitnehmerInnenschutzverordnung – LuftAV)**
   BGBl II 2019/185 (in Kraft getreten: 3. Juli 2019)
   geändert durch:
   BGBl II 2023/368 (in Kraft getreten: 1. Jänner 2024)

Sachregister

Abberufung Präventivfachkräfte **87** 1
Abbruchanweisung, schriftliche **62** 17
Abbrucharbeiten **6** 4; **62** 17
Abfall-/Altölbehandlungsanlagen, Genehmigung **93**
Abfragen, kurze **67** 21
Abnahmeprüfung **37** 1; **37** 9
Absauganlagen **47** 13
Absperrung **63** 56
Absturzgefahr **69** 29; **130** 29
Absturzsicherung **71** 11
Agenzien, biologische **40** 2, 5
Akkreditierungsgesetz **37** 23
Aktiengesellschaft **2** 20
Aktualisierungspflicht **4** 27
Alarmierung, optische/akustische **21** 26
Alarmsignale **25** 6
Alkohol **63** 11; **130**
Alkoholberatung **82a** 16
Alkoholfreie Getränke **66** 68
Alleinarbeit **61** 12
Alleinarbeitsplätze, wirksame Überwachung **61** 11
Alter **4** 26; **6** 7; **64** 19
Altersgrenze, Druckluft- und Taucherarbeiten **119** 1 ff
Ambulatorien **40** 42
Amt **1** 27
Anerkennung
- ausländische Qualifikationen **62** 4, 13; **75** 14 ff; **79** 12
- SFK-Fachausbildung **74** 10

Angestellter, land- und forstwirtschaftlicher **1** 13
Anhörung
- Bildschirmarbeit **67** 17; **68** 25,
- der Arbeitnehmer **1** 1; **13** 1 ff; **65** 16 ff; **130**
- der Sicherheitsvertrauenspersonen **11** 4 ff; **76** 12
- des Arztes **53** 5
- Lärmeinwirkung **65** 28
- optische Strahlung **66** 70
- Vibrationen **66** 23, 44

Anhörungs- und Beteiligungsrechte
- der Belegschaftsorgane **76** 12 f; **81** 11; **82a** 23; **85** 3, 7
- subsidiäre **13** 2

Anlage **2** 42
Anlassbetreuung, Präventivdienste **77a** 11
Anlassfall, betrieblicher **76** 6; **82a** 20
Anordnungsbefugter **62** 46
Anstalt des Bundes **1** 27
Antrag auf Anerkennung, SFK-Fachausbildung **74** 9
Anweisungen, Zuwiderhandeln **69** 39
Anzeige, Arbeitsinspektorat **75** 12; **80** 17; **87** 7, 9 ff; **130** 39
Anzeigeverfahren **93** 4; **93** 11 f
Arbeiten
- auf Dächern **61** 16
- bühnentechnische/beleuchtungstechnische **60** 2
- in Druckluft **60** 4
- normale **68** 3
- taktgebundene **60** 10
- unter elektrischer Spannung (Hochspannung) **20**; **62** 3, 23 ff; **63** 4; **113** 1 f
- zur Beseitigung von Störungen **35** 11

Arbeiter, land- und forstwirtschaftlicher **1** 13
Arbeitgeber **1** 12; **62** 59
- Begriff **2** 17
- Beschäftiger während Überlassung **2** 19
- Betreiber des Einkaufszentrums **2** 18
- Definition **2** 20
- Fürsorgepflichten **9** 7
- Parteistellung **53** 2
- Pflichten **3** 1
- Unternehmermodell **10** 36; **73** 3, 11; **77a** 1, 5; **78** 4, 10 ff; **78b**; **83** 25; **87** 7; **90** 1 f; **116** 12 f; **130**
- Verantwortlichkeit **2** 17; **79** 2
- Vertragsverhältnis **2** 18
- verwaltungsstrafrechtliche Verantwortung **2** 19

Arbeitnehmer **1** 1, 12; **2** 1 ff
- ältere **4** 26
- Anhörung **1** 1; **13** 1 ff; **65** 16 ff; **130**
- Ausbildungsverhältnis **2** 3
- befristete Dienstverträge **2** 4
- Begriff **2** 1
- Berufspraktikanten **2** 4
- Beschäftigungs-/Ausbildungsverhältnis **2** 3
- Beteiligung **13** 1 ff
- bewegungsbehinderte **21** 24
- der Kirchen und Religionsgesellschaften **1** 15
- Einsatz bei Übertragung von Aufgaben **60** 6
- entsandte **62** 9
- exponierte **42** 8
- Familienangehörige **2** 4
- Ferialpraktikanten **2** 4
- geistliche Amtsträger **2** 4
- geringfügig Beschäftigte **2** 4
- Gesellschafter **2** 4
- gültiger Arbeitsvertrag **2** 3
- Heimarbeiter **2** 1; **2** 4
- Information **49** 37
- jugendliche **66** 20
- Krankenpflegeschüler **2** 4
- Lehrlinge **2** 1
- Leiharbeitnehmer **2** 4
- mit Behinderungen **21**, 24; **77a** 15
- mit besonderer Funktion **5** 4
- Mitwirkung **78** 12
- persönliche und wirtschaftliche Abhängigkeit **2** 1
- Pflichten **15**; **60** 6
- sinnes- oder bewegungsbehinderte **21** 26
- Strafgefangene **2** 4
- Teilzeitbeschäftigte **2** 4
- überlassene **9** 3; **54** 2
- Volontäre **2** 4
- Zivildiener **2** 11
- Zuordnung **115** 6

Arbeitnehmerinnen, schwangere/stillende **4** 21; **6** 1
Arbeitnehmerschutz **94** 7
Arbeitnehmerschutzbeirat
- Aufgaben **91** 1 ff
- Mitglieder **91** 3 ff

Arbeitnehmerschutzbestimmungen
- Übertretungen **130** 38
- verkehrsspezifische **96a** 3

Arbeitnehmerschutz-Reformgesetz **73** 7
Arbeitnehmervertreter **1** 12
- mit besonderer Funktion **5** 4; **10** 1

Arbeitnehmerverzeichnis **62** 61
Arbeitnehmerzahl
- Berechnung (Schlüsselzahl) **82a** 10 ff
- Ermittlung **77a**; **77a** 17 ff
- saisonal bedingt wechselnde **82a**; **82a** 11

Arbeits- und Betriebsmedizin **68** 15
Arbeitsabläufe, monotone **60** 10
Arbeitsaufgaben **4** 37
Arbeitsaufzeichnungen **5** 3
Arbeitsbedingungen **4** 37
Arbeitsbereiche **58** 3
Arbeitsbereitschaft **28** 9
Arbeitsfläche **67** 12
Arbeitsfreigabe **63** 56
- Bergbau **60** 17 f

Arbeitsfreigabesystem **62** 48
Arbeitsgestaltung **3** 8; **4** 18; **40** 43; **52** 4; **65** 25; **77a** 8; **81** 18; **83** 20
- menschengerechte **76**; **76** 1; **81** 1

Arbeitshygiene **81**
Arbeitsinspektion **1** 43; **130** 37
- ärztlicher Dienst **52** 5
- Aufbewahrung **52a** 6
- Organe **96** 4; **130** 37

Arbeitsinspektorat **4** 29; **53** 1; **63** 15; **130** 37
- Anzeige **75** 12; **80** 17; **87** 7, 9 ff; **130** 39
- Aufforderung **83** 22; **88** 12
- Empfehlung **51** 9
- Instanzenzug bei Bescheiden des **99** 8
- Parteistellung **94** 8; **131** 40

Arbeitskleidung **40** 25; **60** 3; **66** 44; **71**; **71** 1 ff; **114** 9 ff
- Berufskleidung **71** 5
- bestimmte **71** 3, 15 f

– eng anliegende **71** 23
– Hygienerecht **71** 10
– normale **69** 2
– Patientenschutz **71** 10
– Privatkleidung **71** 5
– Produktschutz **71** 10
– Reinigung **71** 4
– Reinigungspflicht **71** 13
– Verunreinigung **71** 18 f
Arbeitsmedizin **66** 24
Arbeitsmediziner **51** 8; **56** 6; **73** 1; **79**
– Abberufung **87** 1
– Aufgaben **81** 1 f
– Aufzeichnungen und Berichte **84**; **88** 2, 7, 12
– Beiziehung (Hinzuziehung) **4** 33 f; **81** 5
– Bestellung **78** 5 f
– betriebseigene (interne) **79**; **79** 1
– einrechenbare Tätigkeiten **82** 4
– externe **79**; **79** 1, 16
– leitender **75** 9
– Qualifikation **79** 9
– Verbesserungsvorschläge **82** 16; **82a** 14; **84**
Arbeitsmedizinische Betreuung
– Sach-/Personalressourcen **79** 15
– Wahlmöglichkeit **78** 4
Arbeitsmedizinische Dokumentation **82** 16
Arbeitsmedizinische Erkenntnisse **51** 4
Arbeitsmedizinische Zentren **73** 3; **80**; **80** 1 ff
– ärztliche Leitung **80**; **80** 2
– Bürobetriebe **80** 12 ff
– Liste des BMASK **80**; **80** 21 ff
– Meldepflichten **80** 17
– Meldeverfahren **80**; **80** 15 ff
Arbeitsmedizinischer Fachdienst **82c**
Arbeitsmittel **19** 1; **33** 1 ff; **67** 3
– alternative **66** 26
– Anweisungen **35** 7
– Arbeitgeberpflichten **33** 5
– Arbeitnehmerpflichten **33** 8
– Aufbauen **34** 2
– Aufstellung **34** 1 ff
– Aufzüge **2** 42
– Ausnahmen **33** 26
– Beleuchtung **34** 9
– Belichtung **34** 9
– Benutzung **33** 4; **35** 1 ff, 8
– besondere Gefahrenanalyse **35** 5
– Beschaffenheit **33** 12, 25
– Beschaffenheitsanforderungen **109** 6
– Betriebsanweisungen **33** 22
– CE-Kennzeichnung **33** 13
– Definition **2** 42
– Erfasstwerden **34** 8
– Erprobung **35** 19 f
– Födereinrichtungen **2** 42
– funktionsunfähige **35** 17
– gefährliche **33** 23; **36** 5 ff; **109** 1
– identische **94**; **94** 10
– im Freien **34** 5
– Informationen **35** 7, 24 f
– Installieren **34** 2
– Inverkehrbringervorschriften **33** 13 ff; **109** 6
– kombinierte Benutzung **35** 6
– Montieren **34** 2
– prüfpflichtige **37** 10
– Prüfungen **33** 22
– Risikoanalyse **33** 25
– Schutzeinrichtungen **35** 14
– Sicherheitsanforderungen **33** 10
– Stabilisierung **34** 7
– Stilllegung **96**
– Unterweisung **35** 26 ff
– Verkehrs- und Transportmittel **2** 42
– Verwendung **35** 8
– Wartungsbücher **38** 3
– Wartungspflicht **38** 2
Arbeitsorganisatorische Maßnahmen **64** 17
Arbeitsphysiologie **79** 11
Arbeitsplan, Asbestarbeiten **60** 19
Arbeitsplätze **58** 3
– abgelegene **61** 11
– Besichtigung **52** 3
– Gestaltung **76**
– im Freien **61** 17 ff
– ortsgebundene im Freien **61** 17
– sonstige **82a**; **82a** 5
– ständige **22** 2; **24** 4

Arbeitsplatzevaluierung (Evaluierung, Ermittlung und Beurteilung von Gefahren) **4**; **4** 1; **60** 6
- stufenweises Inkrafttreten **102** 5

Arbeitspsychologen **2** 46; **82b** 19
Arbeitspsychologie **3** 8; **73** 8; **79** 11; **82a** 24
- Fachleute **81** 7
- Instrumente **82b** 20
- Verfahren **82b** 20

Arbeitsräume **19** 7; **22** 1 ff; **65** 33
- Belichtungsflächen **22** 12
- Belüftung **22** 7
- Betriebsräume **22** 1
- Bodenfläche **22** 9
- Fußbodenoberflächen **22** 16
- künstliche Beleuchtung **22** 14 f
- Luftraum **22** 9
- Mindestraumhöhe **106** 4
- natürliche/künstliche Belüftung **22** 7
- Raumhöhe **22** 9
- Sichtverbindung **22** 12
- ständige Arbeitsplätze **22** 2

Arbeitsrhythmus **81**
Arbeitsschutzausschuss **73** 5; **88** 3
- Befassung **88** 8
- erleichterte Einberufung **101a** 5
- keine Zustimmung **88** 8
- lokaler **88a** 4
- Mitglieder **88** 10
- Sitzung **88**
- zentraler am Unternehmenssitz **88a** 1

Arbeitsschutz-Rahmenrichtlinie **64** 2
Arbeitsschutzstrategie **64** 13
Arbeitssicherheit **76**; **76** 1
Arbeitssitze **60** 15
Arbeitsstätten **2** 28 ff
- Abweichungen **19** 6
- Anpassung **19** 5
- Arbeitsräume **19** 8
- Ausnahmen **19** 16
- Ausstattung **19** 1; **20** 2
- barrierefreie Gestaltung **21** 23 ff
- behindertengerechte Gestaltung **6** 11; **106** 5
- Beschaffenheit **19** 1
- betreute Wohneinrichtungen **19** 12
- Betriebsräume **19** 8
- Bewilligungspflicht **19** 6
- Container **19** 14
- Gebäude zu Wohnzwecken **19** 11
- Gefahrenbereiche **20** 3
- Genehmigungspflicht **92** 2
- gesetzlich anerkannte Kirchen **19** 16
- Gestaltung **20** 2
- identische **94**; **94** 10
- im Freien **19** 3
- in Gebäuden **19** 3
- land- und forstwirtschaftlicher Betrieb **19** 17
- Nachrüstung **19** 5
- Produktionshalle **2** 29
- Sanitärräume **19** 8
- Schließung **96**
- Sonderregelungen **24** 1 f
- Sozialräume **19** 8
- Teilbereich eines Gebäudes **19** 10
- Teilnutzung als **21** 28
- teilweise betriebliche Zwecke **21** 28
- Tragluftbauten **19** 14
- überwiegend zu Wohnzwecken genutztes Gebäude **21** 29
- Umbau **92** 5
- Verkehrswege **19** 8
- Verwaltungsgebäude **2** 29
- VOPST **66** 48
- Wohnwagen **19** 14

Arbeitsstättenbewilligung **92**; **92** 1 ff
- Änderung **92** 20
- Antrag **92**; **92** 8
- –, Unterlagen **92** 15 ff
- Auflagen **92**; **92** 8, 11
- Bedingungen **92**; **92** 8
- Bescheidauflage **92**; **92** 11
- dingliche Wirkung **92** 22
- erforderliche Unterlagen **92**
- Erlöschen **92** 19
- Wechsel in der Person des Arbeitgebers **92**

Arbeitsstellen
- auswärtige **2** 35 ff; **73** 14
- Verkehrsmittel **2** 36
- künftige auswärtige **94**; **94** 9

Arbeitsstoffe **2** 43; **19** 1; **40** 1 ff
- ätzende **40** 10; **66** 60
- Beurteilung **41** 1
- biologisch inerte **40** 10
- biologische **49** 2; **51** 5; **114** 4
- biologische Agenzien **40** 2
- brandfördernde **40** 8
- brandgefährliche **40** 2
- brennbare **62** 49
- Eigenschaften **40** 7
- eindeutig krebserzeugende **51** 5
- entzündliche **40** 9
- erbgutverändernde **40** 10
- Ermittlung **41** 1
- Ersatzpflicht **42**
- Evaluierung **110** 1 ff
- explosionsgefährliche **40** 2, 8
- fibrogene **40** 10
- fortpflanzungsgefährdende **40** 10, 30
- gefährliche **110** 5
- –, Einstufung **41** 6 ff
- –, Kennzeichnung **41** 6 ff
- gesundheitsgefährdende **40** 2
- gesundheitsschädliche **40** 10
- giftige **40** 10
- Grenzwerte **40** 30
- hautreizende **66** 60
- hochentzündliche **40** 8
- infektiöse **114** 4
- krebserzeugende **40** 10, 32
- leicht entzündliche **40** 8
- maximale Arbeitsplatzkonzentration **45** 1 ff
- Messungen **46** 2
- nach CLP-Verordnung eingestuft **40** 11
- radioaktive **40** 10
- reizende **40** 10
- sehr giftige **40** 10
- sensibilisierende **40** 10; **49** 3
- Substitutionsgebot (Ersatzpflicht) **42** 1 ff
- technische Richtkonzentration **45** 4 ff
- Verwenden **40** 1, 5
- Verzeichnis **47** 1
- zur Imprägnierung **62** 28

Arbeitsstoffevaluierung **110** 1 ff
- Übergangsfrist **110** 2

Arbeitsstoffverzeichnis **41** 4
Arbeitsstuhl **67** 12
Arbeitstische **61** 4 ff; **67** 12
Arbeitsunfälle **130** 14
- Aufzeichnungen **76**
- Berichte **76**
- Haftung **16** 3
- Meldepflichten **16** 7
- schwere **98** 3

Arbeitsunterbrechungen **66**
Arbeitsunterlagen **5** 6
Arbeitsverdichtung **7** 9
Arbeitsverfahren **19** 1; **60** 3
- Änderung **60** 22

Arbeitsverrichtung im Sitzen **60** 13 ff
Arbeitsvorgänge **19** 1; **60** 1 ff
ArbVG **85** 7
ARGE **2** 23
- Haftung **2** 25
- Rechtspersönlichkeit **2** 24
- Arzt
- Anhörung **53** 5
- arbeitsmedizinische Ausbildung **79** 11
- Bescheidausfertigung an untersuchenden **53** 5 f
- Ermächtigung für Durchführung von Untersuchungen **49** 8
- Erste Hilfe **26** 10
- Unabhängigkeit **79** 13
- Verschwiegenheitspflicht **79** 13

Ärzte-Ausbildungsordnung **78** 9
Ärztegesetz **79** 13
Arztpraxen **40** 42
Asbest **49** 2
Asbestarbeiten **60** 19; **42** 9
Asbeststaub **42** 9
Aspirationsgefahr **40** 11
Atemschutz **69** 6
Atemschutzgeräte **49** 24
Ätzwirkung **40** 11
Audiometrie (audiometrische Untersuchungen) **50**; **65** 38
Aufbewahrung **58** 4

Aufbewahrungsort **69** 24
Aufenthaltsräume **28** 2 ff
Aufforderung, Arbeitsinspektorat (Arbeitsinspektionsgesetz) **82b** 22; **83** 22; **88** 12
Auflagen **130** 34
- Abänderung auf Antrag **92** 12
- Aufhebung auf Antrag **92** 12
- nachträgliche Vorschreibung **94** 4
- Vorschreibung **63** 1
Auflagepflicht **129**; **129** 1 f
Aufseher im Betrieb **9** 11
Aufsicht **61** 16
- besondere **62** 1 f, 3
- fachkundige **62** 1 ff
Aufsichtsperson **62** 3, 44
Aufsichtspflicht, Verletzung **79** 4
Aufstellung, Arbeitsmittel, Definition **34** 2
Aufteilung, Präventionszeit **82a** 14 ff
Auftraggeber, Weisung **130** 8
Aufzeichnungen **58** 4
- Einsatzzeit **78b** 5
- Präventivfachkräfte **84** 1 ff
- Zugang **16** 12
Aufzeichnungspflichten **16** 10; **73** 5; **84** 3
Aufzüge **109** 9
Augen **66** 38
Augen- und Gesichtsschutz **69** 6
Augenuntersuchungen **67** 3, 24
Ausbeutung der Arbeitskraft, Schutz vor **3** 2
Ausbildungseinrichtungen **63** 8; **74**; **74** 9
- ermächtigte **62** 10
Ausbildungsnachweise **78b**
- ausländische **62** 13
Ausbildungsplan **74**
Ausbildungsverhältnis, zu beruflichen Zwecken **2** 12
Ausgänge **21** 6 ff, 12
Aushangpflicht **129** 1
Aushilfen **82a** 10
Auskünfte **41** 1, 7, 11; **57**; **76** 9 ff; **81** 9 ff; **85** 5
Auskunftspflicht **57** 3; **84** 5
Auslöseschwellen **65** 3
Auslösewerte **50** 15
- untere **65** 38
Ausnahmeanträge **94** 11
- vom Arbeitgeber verschiedene Person **95** 14
Ausnahmegenehmigungen **19** 5; **126** 1
- Befristungen **95** 12
Ausnahmen
- allgemeine, von gesetzlichen Anforderungen **95** 2
- durch Bescheid **95** 6
- –, unzulässige **95** 9
- Fachkenntnisnachweis **62** 8
- gesetzlich anerkannte Kirchen **19** 16
- land- und forstwirtschaftlicher Betrieb **19** 17
- von ASchG-Verordnungsregelungen **95** 2
Außenluft **22** 6
Außenluftvolumen **22** 7
Außenvertretung **2** 21
- Gesamtvertretung **2** 21
- Kollektivorgan **2** 22
- Personengesellschaften **2** 22
- Vorstandsmitglieder **2** 21
- zur – befugtes Organ **83** 24
Auswahl, der PSA **69** 20; **70**
Auswirkungen, indirekte **66** 24
AUVA **89** 1 ff
AUVA-Merkblatt **64** 16
AUVA-SGM **81** 21
AUVAsicher **78a** 4
AVO-Verkehr **127a** 1

Bakterien **40** 15
Barrierefreie Gestaltung **21** 23 ff
Basisbetreuung **77a** 7
Bauarbeiten **61** 16; **118** 3 f
- Meldung **97**; **97** 1 ff
- Rauchfangkehrertätigkeit **2** 37
Bauarbeiterschutzverordnung **118** 1
- gefährliche Arbeitsvorgänge **2** 34
Bauarbeiter-Urlaubs- und Abfertigungskasse **97**; **97** 1 ff
Bauherr **97** 5
Bauhof, keine selbständige getrennte Einheit **1** 19
BauKG, Pflichten **2** 33
Bauleiter **3** 12
Baumaschinen, schwere **62** 4, 16

Baustellen **2** 31; **61** 3; **73** 14
- gesonderte Betreuung **83** 5 ff
- Hoch- und Tiefbauarbeiten **2** 31
- Koordinator **7** 3; **8** 18; **9** 19
- künftige **94**; **94** 9
- ortsveränderliche **60** 7
- Renovierungs-, Reparatur-, Wartungs- und Instandhaltungsarbeiten **2** 31
- sanitäre Vorkehrungen **29** 2
- Sicherheits- und Gesundheitsschutzplan **5** 17
- soziale Einrichtungen **29** 2
- zeitlich begrenzte **60** 7

Baustellendatenbank **97** 7; **131** 1
Baustellenrichtlinie **61** 1
Beamter **1** 32
Beanstandungen **87** 7
Bedienerplätze **67** 20
Bediensteter **1** 13
Bedienungsanleitungen **41** 11; **60** 6; **66** 24
Bedienungsstände **67** 19
Bedingungen **92** 8 ff; **93** 8 ff; **94** 8 ff; **130** 34
Befähigungsnachweise, ausländische **62** 13
Befahren **62** 49
Befristungen **95** 12
Befund, Erläuterung **55** 3
- Übermittlung **52** 6
- elektronische Übermittlung **52a**

Begehungen **77a**
- anlassbezogene **77a** 14
- regelmäßige **77a**; **77a** 7
- weitere **77a**

Begehungsergebnisse **78a** 18
Begehungsmodell **77a** 3
Begehungsprotokoll **5** 3
Begünstigte Behinderte **77a; 77a** 20
- Fürsorgepflicht der Arbeitgeber **6** 14

Behälter **20** 7; **60** 24; **61** 16
Behandlungsarbeiten **60** 2
Behinderte **4** 21; **6** 11; **77a**; **77a** 20
Behindertengerechte Gestaltung, Arbeitsstätten **105** 6
Behindertenvertrauensperson **6** 14
Behörde **1** 27; **53** 1
Behördenzuständigkeit **99**; **99** 1
- Entzug des Fachkenntnisnachweises **63** 12, 16

Beinahe-Unfälle **16** 1 f
Beipacktexte **41** 11
Beiziehung
- Präventivfachkräfte **4** 33 f; **76** 4 ff; **81** 5
- weitere Personen **88** 13

Belastungen
- besondere physische **64** 20
- physische **68** 2
- psychische **1** 2; **68** 2; **73** 7

Belegschaftsorgane **2** 26
- BS-V **67** 28

Beleuchtung **67** 12
Belichtung **21** 2 f; **67** 12
- Belichtungsflächen **21** 3; **22** 12
- Lichteintrittsflächen **21** 3
- Sichtverbindung zum Freien **21** 5

Benachteiligungsschutz **83** 28
Benachteiligungsverbot nach AVRAG **86** 4
Benutzung, Arbeitsmittel, besondere Gefahrenanalyse **35** 5
Beratung **77**; **77** 4
- des Arbeitgebers **4** 34

Beratungsdienste **77a** 3
Beratungsrecht **85** 14
Bereichskennzeichnung **44** 11
Bereitschaftsräume **28** 9 f; **108** 1
Bergbau
- Arbeitsfreigabe **60** 17 f
- untertägiger **49** 25

Bergbauberechtigter **1** 45
Bergbaubetriebe **25** 31
Bergbehörde, unterstehende Betriebe und Tätigkeiten **1** 45
Berichte Präventivfachkräfte **84**
Berichtslegung, sonstige Fachleute **82b** 5
Berichtspflichten **73** 5; **84** 3
Berufliche Tätigkeit **1** 10
Berufsbildende mittlere und höhere Schulen **63** 4
Berufserfahrung **62** 1; **63** 56
Berufskleidung **69** 2
- Betriebsvereinbarung **71** 9

Berufskrankheiten **16** 5; **49** 19
Berufspraxis im Ausland **74** 14
Berufsqualifikationen, Anerkennung **62** 4, 13; **75** 14 ff; **79** 12
Berufung **53** 7; **96** 5
Beschäftiger **9** 1
– Informationsverpflichtungen **9** 12
Beschäftigung
– begünstigte Behinderte **6** 14
– betriebsfremde Arbeitnehmer **8** 2
– Jugendliche **6** 1
Beschäftigungsbeschränkungen, Arbeitnehmerinnen **64** 20
Beschäftigungsverbote **50** 2
– Arbeitnehmerinnen **64** 20
Beschäftigungsverbote/-beschränkungen
– für Arbeitnehmerinnen, Arbeiten unter Einwirkung von Blei **6** 7
– Arbeiten mit besonderer physischer Belastung **6** 7
– untertägiger Bergbau **6** 7
Bescheid **95** 6
– Anerkennung durch **74** 10; **113** 6
– gesundheitliche Eignung (Arbeitsinspektorat) **49** 29; **53**; **54**
Bescheidauflagen **4** 1
Bescheidmäßige Vorschreibungen **130** 34
Bescheinigung **78b**
Beschränkungen der Beschäftigungsdauer **66**
Beschwerde **53** 7
– an den Verwaltungsgerichtshof **130** 41
– beim Verwaltungsgericht **96** 5
Beschwerden, arbeitsbedingte **2** 45
Besichtigung, Arbeitsplatz **52** 3; **77**; **77** 4
Besondere Aufsicht **62** 1 f; **62** 3
Besonderer Personenschutz **4** 22
Bestellung
– Arbeitsmediziner **78** 5 f
– Sicherheitsfachkräfte **78** 5 f
Beteiligung **11** 4 ff; **13**; **14** 2 f; **65** 16, 28, 30; **66** 23, 44, 69 f; **67** 26, 28; **70** 13; **76** 13; **81** 11; **82a** 23; **85** 7 ff
Betreibergesellschaft **9** 24
Betreuung
– arbeitsmedizinische **73** 5
– sicherheitstechnische **73** 5
Betrieb des Bundes **1** 28
– Bundesgärten **1** 28
– forsttechnischer Dienst **1** 28
– Gebietsbauleitung **1** 28
– land- und forstwirtschaftliche Lehr- und Versuchsbetriebe **1** 28
– Wildbach- und Lawinenverbauung **1** 28
Betriebe
– bewilligungspflichtige **117** 1 f
– mineralgewinnende **49** 2
– zur Land- und Forstwirtschaft gehörende **1** 38
Betriebliche Gesundheitsförderung **81** 13
– Europäisches Netzwerk BGF **81** 17
– Instrumente **81** 16
Betrieblicher Anlassfall **82a** 20
Betriebliches Gesundheitsmanagement **81** 18 ff
Betriebsanlagen **19** 1
Betriebsanlagen
– Änderung **93** 4
– Genehmigung **93**
– gewerbliche **122**
Betriebsanleitungen **13** 11; **35** 3; **37** 8
Betriebsanweisungen **14** 14; **33** 22 f; **35** 3; **36** 28; **37** 8; **40** 48
Betriebsbegriff **1** 17
– Betriebsrätegesetz **1** 18
– eigenständige organisatorische Einheit **1** 18
– Landeskrankenanstalten **1** 22
Betriebsbewilligung **92** 4
Betriebseinrichtung **2** 42; **61** 16
Betriebsfremde Arbeitnehmer
– Information und Unterweisung **8** 7
– Koordination **8** 3, 5
– Verantwortung der Arbeitgeber **8** 11
Betriebsgelände **2** 28
Betriebsinterne Dienste, Vorrang **78** 3
Betriebsmittel **64** 3
Betriebsrat **65** 36; **73** 15
– Mitwirkungsrechte nach ArbVG **85** 7 ff

Betriebsräume **19** 7; **23** 1 f
– Fußböden **23** 3
Betriebsübergabe **101a**
Betriebsvereinbarungen **85** 7
– erzwingbare **30** 24
Beurteilung **58** 4
– der arbeitsmedizinischen Unbedenklichkeit **82** 18
– der gesundheitlichen Eignung **53** 1
– „geeignet" **53** 4
– Gefahren **49** 32 ff
– „nicht geeignet" **53** 3
Bewegungs- und Stützapparat **64** 4
Beweislast **130** 24
Bewertungskriterien **70** 6
Bewilligte Arbeitsstätte, Änderung **92**
Bewilligungsverfahren **92** 3
– Gleichstellung **101** 2
Bezeichnung, personenbezogene **2** 55
Beziehungen, soziale **66** 11
Bezirksverwaltungsbehörde **63** 16; **131** 7
Bildschirm **67** 12
Bildschirmarbeit **60** 2; **67** 3
Bildschirmarbeitsplätze **67** 1 ff
– technische Normen **67** 10
– Tele- **67** 5
Bildschirmbrillen **68** 18, 22
Bildschirmgeräte **67** 1 ff
Biogefährdung **43** 3
Biologische Arbeitsstoffe **49** 2; **51** 5
– beabsichtigte Verwendung **40** 17
– Desinfektionsverfahren **40** 26
– Humanendoparasiten **40** 13, 16
– Information **40** 26
– Mikroorganismen **40** 13 f
– Schutzmaßnahmen **40** 26
– unbeabsichtigte Verwendung **40** 17
– Unterweisung **40** 26
– Zellkulturen **40** 13, 15
Blei **49** 2
Blendendes Licht **66** 37
Blendungen **67** 12
Blitzschutz
– Anlagen **25** 32
– Prüfungen **25** 33
BMVIT, Zuständigkeitsübergang (Verkehrs-Arbeitsinspektorat) **63** 3
Bodenfläche **61** 20
Bohr-/Behandlungsarbeiten **3** 13; **60** 2
Brandbekämpfung **107** 1
– Personen für **25** 13 ff
Brandfall **21** 14
Brandgefahren **4** 8; **66** 47
Brandlast, geringe **21** 22
Brandschutz **25** 5; **76**; **107**
– abwehrender **25** 2
– betrieblicher **25** 2
– brennbare Abfälle **25** 4
– explosionsgefährliche Bereiche **25** 4
– Feuerlöscheinrichtungen **25** 7
– Holzwolle **25** 4
– Löschhilfen **25** 7
– offenes Licht und Feuer **25** 4
– Rauchen **25** 4
– Schweiß-, Schneide- und Lötarbeiten **25** 4
– Sicherheits- und Gesundheitsschutzkennzeichnung **25** 6
– vorbeugender **25** 2
Brandschutzbeauftragte **82a** 17
– Abberufung **25** 21
– Bestellung **25** 21
– Brandschutzbuch **25** 19
– Brandschutzordnung **25** 19
Brandschutzeinrichtungen
– Brandmeldeanlagen **25** 10
– stationäre Löschanlagen **25** 10
Brandschutzgruppe **25** 1
Brandschutztür **4** 8
Brandschutzwart
– Aufgaben **25** 23
– Ausbildung **25** 24
Brandverhalten **21** 14
Brandverhütungsstellen **25** 18
Brandwiderstand **21** 14
Brennbare Flüssigkeiten **25** 31
Brennbarkeit **21** 14
Bühnen-FK-V
– Geltungsbereich **62** 27
– Übergangsrecht **62** 34
Bundesdienststelle **1** 25
Bundesminister für Arbeit, Soziales und Konsumentenschutz **56** 1; **63** 1
– Liste der ermächtigten Ärzte **56** 11

Bundesmuseum **1** 31
Bundespolizeidirektion **131** 8
Bundesverwaltungsgericht **99** 12
Büro **19** 10
Büroarbeitsplätze **82a**; **82a** 5
- hinsichtlich Gefährdungen vergleichbare Arbeitsplätze **82a** 8; **88**; **88** 1
Bürobetriebe **80** 12 ff
Bürohaus **19** 10
Büroräume
- Rauchverbot **30** 8
- Vergleichbarkeit von Räumen **30** 10
Bürotätigkeiten **65** 33

CE-Kennzeichnung **33** 13; **69** 22
Chemikalienrecht **2** 43
Chemische Stoffe, Lieferanten **40** 50
CLP-Verordnung **40** 11, 47

Dacharbeiten **2** 33
Dämpfe **66** 4, 75
Dampfkessel **34** 10
Datenaustausch **78a** 21
Datenerfassungsvorrichtungen **67**
Datenverarbeitungsanlagen, Verkehrsmittel **67** 19
Datenverarbeitungsgeräte, tragbare **67** 13
Desinfektion **40** 25
Dienstgeber
- Fürsorgepflicht **1** 42
- Haftungsprivileg **16** 3
Dienstnehmer, freier **2** 6
Dienstnehmerhaftpflichtgesetz **83** 22
Dienstnehmerinnen **4** 23
Dienststelle
- Finanzamt **1** 28
- Ministerium **1** 28
- öffentliche Unterrichts- und Erziehungsanstalten **1** 28
Dokumentation **4** 18; **5** 2; **77** 5; **77a** 6; **82** 12
- arbeitsmedizinische **82** 12, 16
- arbeitsplatzbezogene **5** 8
- automationsunterstützte **5** 9
- explosionsfähige Atmosphären **5** 19
- gefährliche Arbeitsstoffe **5** 20
- Jugendliche **5** 18
- Schwangere **5** 18
- sicherheitstechnische **77** 5
- Untersuchungen **82** 12
Dokumentationspflicht, stufenweises Inkrafttreten **102** 5
Dokumentationsverpflichtung **58** 3
Drehbühnen **62** 28
Druckbehälter **34** 10
Druckgase **25** 31
Druckluft **62** 37; **98** 9
Druckluft- und Taucherarbeiten **6** 3; **49** 11; **119** 1 ff
- Altersgrenze **119** 1 ff
Duschgelegenheiten **27** 3; **66** 68

Effekte, szenische **62** 28
Eigeninitiative, bei Arbeitsbedingungen **3** 8
Eigenverantwortlichkeit **3** 8
Eignung
- geistige und körperliche **6** 1 ff; **62** 1
- gesundheitliche **6** 1 ff; **9** 17; **49** 35 f
- körperliche **4** 21 ff; **6** 1; **9** 12; **64** 7, 18 ff
Eignungsfeststellung
- Bedingung **54** 1
- Befristung **54** 1
Eignungsuntersuchungen **49** 4, 18
- Ermächtigung **56** 1
Einfluss der Umwelt **66** 11
Eingaben, kurz dauernde **67** 5
Eingabevorrichtungen **67**
Einkaufszentrum **19** 10
Einrichtungen
- beleuchtungstechnische **62** 29
- mechanische **2** 42
Einsatzbedingungen **70** 6
Einsatzzeit **78b** 5
Einstellarbeiten **35** 11
Einstellungsuntersuchungen **82** 18
Einwirkungen
- physikalische **50** 3; **66** 1 ff
- Übergangsrecht **114** 1
- schädliche, auf Arbeitsmittel **37** 15
- Verringerung **66** 6
Einzelarbeit **61** 12
Einzelvertretung **2** 22

Eisen- und Stahlhüttenbetriebe **121** 1
Eisenbahnanlagen **61** 16
– Genehmigung **93**
Eisenbahnunternehmen, Zustellung **96a**
Elektrische Anlagen **20** 5 ff; **105** 2
Elektrische Felder **66** 2
Elektrischer Strom **60** 2
Elektrofachkraft **62** 20
Elektromagnetische Felder **66** 2, 77f, 82
Elektronische Medien **129** 2
Elektrostatische Aufladungen **60** 16
Elektrotechnisch unterwiesene Person **62** 20
Elektrotechnische Unterweisung **62** 20
Entfettungsmittel **42** 7
Entgeltfortzahlung **58** 2
Entlassungsschutz **83** 28
Entsendungen **9** 25; **62** 25
Entstehungsquelle **65** 2
Entwicklungsstand **2** 54
Ereignisse, außergewöhnliche **37** 16
Erfahrungsstand, Software **68**
Ergebnisprotokoll **88**
Ergonomie **3** 8; **61** 7; **70** 14
Erholzeiten **66**
Erkrankungen
– arbeitsbedingte **2** 45; **77**; **77** 4
– chronische **66** 5
Ermächtigte Einrichtung **63** 6
Ermächtigung
– Erlöschen **56** 10
– von Ärzten **56** 1
– Widerruf **56** 9
Ermittlung und Beurteilung der Gefahren (Evaluierung, Arbeitsplatzevaluierung) **1** 3; **4**
– Arbeitsabläufe **4** 15
– Arbeitsorganisation **4** 15
– Arbeitsstoffe **41; 43**
– Arbeitsumgebung **4** 15
– Art der Tätigkeiten **4** 15
Ermittlung, Gefahren (Evaluierung) **49** 32 ff
Ersatz, Arbeitsstoffe **42** 1 ff
Erschütterungen **28** 5; **66**
Erste Hilfe **26** 2 ff; **66** 68; **81**; **107**; **107** 1
– Ausbildung **26** 9 ff
– auswärtige Arbeitsstelle **26** 5
– Erste- Hilfe-Kästen **26** 3
Erstellung
– Befund **53** 1
– Gutachten **53** 1
Ersthelfer
– Bestellung **26** 6
– Erste-Hilfe-Auffrischung **26** 11 f
– Mindestanzahl **26** 8
– Übergangsregelung **26** 11
– Unterweisung in lebensrettenden Sofortmaßnahmen **26** 11
Erwerbs- und Wirtschaftsgenossenschaft **2** 20
Erziehungsanstalt **1** 14
EU-Rechtshilfeübereinkommen **130** 33
Europäische Genossenschaft **2** 20
Europäische Gesellschaft **2** 20
Evakuierung **76**; **107** 1
– Personen für **25** 13 ff; **25** 17
Evaluierung (Ermittlung und Beurteilung von Gefahren) **4**; **49** 21; **64** 14
– Arbeitsstoffe **41; 43**
– des Standes der Technik **4** 30
– Dokumentation **5** 1
– Praxisbeispiel Alten- und Pflegeheime **64** 17
– Sicherheits- und Gesundheitsschutzdokument **5** 1
– Sicherheits- und Gesundheitsschutzplan **5** 17
– von neuen Erkenntnissen **4** 20
Evaluierungspflichten **4** 13
– Arbeitgeber **1** 3
Evaluierungsprozess **4** 18
EWIV **2** 20
Explosionsfähige Atmosphären **60** 19; **106** 4
– Arbeitsplatzevaluierung **40** 39
– konstruktiver Explosionsschutz **40** 40
– Konzentration **46** 11
– primärer Explosionsschutz **40** 40
– sekundärer Explosionsschutz **40** 40
Explosionsgefährdete Bereiche **40** 38
Explosionsgefahren **25** 6; **66** 47
Explosionsschutz
– brandgefährliche Arbeitsstoffe **25** 31
– primärer **46** 11

Exposition **42** 8
– geringer Höhe **42** 9
Expositionsart **52** 4
Expositionsgrenzwert **50** 9
Expositionshäufigkeit **52** 4
Expositionsvermeidung **60** 21

Fachausbildung
– Sicherheitsfachkräfte **74**
– Zulassung **74** 2 ff
Fachbereiche, arbeitnehmerschutzrelevante **82a** 26
Fachdienst, arbeitsmedizinischer **82c**
Fachgebiete **74** 7
Fachhochschulen **63** 4
Fachkenntnisnachweis
– bestimmte Tätigkeiten **63** 1 ff
– Entzug **63** 13
Fachkenntnisse **62**; **74**; **115** 8
– Ausbildungsinhalte (SFK) **74** 6 ff
– für Durchführung **62** 2
– für gefährliche Arbeiten, Übergangsrecht **113** 1
– Sicherheitsfachkräfte **74**
– Vorbereitung und Organisation **62** 2
Fachkräfte für Arbeitssicherheit (SFK) **73** 9
Fachkunde **37** 21
Fachkundige Leitung **63** 55
Fachkundige Personen **37** 20 ff
– berufliche Qualifikation **37** 21
– Betriebsangehörige als **37** 22
– geeignete **60** 17
– Kenntnisse **37** 21
Fachkundige Vertretung **63** 52
Fachliche Kenntnisse **62** 5
Fachpersonal **73** 5
Fahrerstände **67** 19
Fahrlässiges Verhalten **130** 24
Familienangehöriger **3** 12
Farben **42** 7
Fehlbeanspruchung
– Arbeitsunterbrechungen **2** 49
– mangelhafte soziale Unterstützung **2** 49
– Ursachen **2** 49
Fenster **22** 12
Festlegung von Maßnahmen, Evaluierung **4** 27 ff
Festlegung von Schutzmaßnahmen, Koordination **9** 9, 12
Feststellung der gesundheitlichen Eignung **49** 7
Feststellungsbescheid **93**
Feuerlöscheinrichtungen **25** 8 ff
– Löschdecken **25** 9
– Löschgeräte **25** 9
– Löschwasser **25** 9
– Überprüfung **25** 12
– Wandhydranten **25** 9
Feuerlöschgeräte **25** 7 f
Feuerwehrverbände **25** 18
Flimmern **22** 15
Flucht, sichere **69** 49
Fluchtbereich **21** 22
Fluchtwege **21** 14
– Brandabschnitt **21** 19
– Evakuierungszeit **21** 20
– gesicherte Fluchtbereiche **21** 22
– Mindestbreite **21** 20
– Ober-/Untergeschoße **21** 21
– Qualifikation **21** 22
Flüssiggas **61** 16
Flüssiggas-Tankstellen **69** 45
Folgeuntersuchungen **49** 4, 18
– Ermächtigung **56** 1
Fortgesetztes Delikt **130** 19
Freier Dienstnehmer **2** 6
Freies Dienstverhältnis
– Arbeitspflicht **2** 15
– Arbeitszeiteinteilung **2** 15
– Kriterien **2** 15
– Vertretungsmöglichkeit **2** 15
Freiwilliges soziales Jahr **2** 13
Freiwilliges Umweltschutzjahr **2** 13
Funktionskontrolle **37** 19
Funktionsperiode, Sicherheitsvertrauenspersonen **10** 30 ff
Funktionstüchtigkeit **2** 54
Fürsorgepflicht, arbeitsrechtliche **67** 24
Fuß- und Beinschutz **69** 6
Fußbodenoberflächen **22** 16
Fußfehlstellungen **70** 3
Fußstützen **60** 15

Garantenstellung **83** 21
Garderobekästen (Kleiderkästen) **27** 8 f
Gase **66** 4, 75
Gasrettungsdienst **49** 24
Gebäude **2** 28
- mehrgeschoßige **21** 21
Gebrauchsanweisungen **41** 11
Gebrechen **6** 5
Gedenkdienst im Inland **2** 13
Geeignete Fachleute **4** 34
- Arbeitspsychologen **4** 35
- Chemiker **4** 35
- Ergonomen **4** 35
- Toxikologen **4** 35
Gefährdung
- Bekämpfung **4** 18
- der Arbeitnehmer **4** 5
- des Lebens, Schutz vor **3** 2
- eingetretene **100** 3
- unmittelbar drohende **100** 3
Gefahren
- Ermittlung und Beurteilung **1** 3; **4**; **49** 32 ff; **60** 22
- ernste und unmittelbare **3** 9 f
- im Sinne des ASchG **2** 47
Gefahrenbereiche **69** 29
Gefahrenbeurteilung, wissenschaftliche Erkenntnisse **41** 11
Gefahrenklassen **40** 11; **78a** 8
- Arbeitsplätze **88** 5
Gefahrenraum von Gleisen **71** 17
Gefahrenverhütung, Grundsätze **2** 40; **7** 1 ff; **60** 8; **64** 17; **65** 1, 9, 22, 27; **66** 11, 14, 28, 53, 62; **69** 13, 25; **72** 22
Gefährliche Arbeiten, Fachkenntnisse **62**; **63**; **113** 1
Gefährliche Arbeitsmittel **36** 5 ff
- Krane **36** 7
- selbstfahrende **36** 7
Gefährliche Arbeitsstoffe
- Bereichskennzeichnung **44** 11
- Kennzeichnung **44** 5 f
- Lagerung **44** 7 ff
- Rangordnung der Maßnahmen **43** 7 ff
Gefährliche Stoffe, Verpackung **44** 1
Gehörschutz **69** 13
Gehörschutzmittel **65** 26
Geltungsbereich, Betriebsbegriff **1** 10
Gemeindeverband **1** 23, Beispiele **1** 23
Gemeinsame Besichtigungen, Präventivfachkräfte **78a** 11; **78b** 5; **85**
Gemische **40** 12
Genehmigungen, sonstige **94**
Genehmigungsverfahren **69** 50; **92** 13
- gleichgestellte Verfahren **93** 6 f
- unter Berücksichtigung des Arbeitnehmerschutzes **93**; **93** 1 ff
- vereinfachte **93** 15
Genehmigungsvoraussetzungen **93** 8 ff
Genehmigungswerber **94**; **94** 11
Generalklausel **2** 55
Genossenschaften **2** 14
Gerichtliche Strafbarkeit **15** 3
Gerüche, üble **28** 5; **66**
Gerüste **33** 1; **62** 17
Geschäftsführer **130** 1
- unternehmensrechtlicher (handelsrechtlicher) **2** 22, 36; **83** 24
Geschlossene Apparate **66** 75
Geschoße **21** 21
Gesellschaft bürgerlichen Rechts **2** 23
Gestaltung der Arbeitsplätze **76**
Gesundheit
- psychische **2** 44
- Überwachung **81** 12
Gesundheitliche Eignung **49** 35 f
Gesundheits- und Krankenpflegedienste, Erste Hilfe **26** 10
Gesundheitsförderung **81** 1; **82**
- auf die Arbeitsbedingungen bezogene **81**
- betriebliche **81** 13
- Luxemburger Deklaration **81** 15
- Ottawa Charta **81** 14
Gesundheitsförderungsprozesse **5** 3
Gesundheitskompetenz **81** 13
Gesundheitsschädigungen **66** 5
Gesundheitsschutz **1** 1
Gesundheitsschutzkennzeichnung **3** 15
Gesundheitsüberwachung **49** 1 ff; **112** 1
Gesundheitsuntersuchung
- Kosten **49** 37
- Zeitabstände **49** 37

Gesundheitswesen **40** 42; **60** 20
Gewässer **61** 16
Gewerbliche Betriebsanlagen **122**
Gewinnungsbetriebspläne, Genehmigung **93**
GHS **40** 47 ff
Gitterroste **20** 3
Glasdächer **21** 5
Glasflächen **22** 12
Gleichstellung, Bewilligungsverfahren **101** 2
Gleise **60** 2
GmbH **2** 20
Grace Period **131** 22
Grace-Period – Gesetz **101a** 1
Grenzlasten **64** 6
Grenzlasttabellen **64** 16
Grenzwerte **40** 30; **66** 42
– Beurteilungszeitraum **44** 3
– MAK-Liste **110** 7
– Überschreitung **43** 11
– Vergleichsmessungen **46** 5
Grobe Fahrlässigkeit **16** 5
Gruben **25** 6; **61** 16
Grubenrettung **62** 6
Grubenwehr **49** 24
Grundsätze der Gefahrenverhütung **2** 40; **7** 1 ff; **60** 8; **64** 17; **65** 1, 9, 22, 27; **66** 11, 14, 28, 53, 62; **69** 13; **72** 22
– Baustellen **7** 4
– Festlegung von Schutzmaßnahmen **7** 3
– Lärm und Vibrationen **7** 5
– optische Strahlung **7** 6
Grundsatzgesetz **1** 13, 37
Gutachten **101** 3

Haftung, Arbeitsunfall **16** 3
Haftungsprivileg **16** 6; **73** 22; **83** 11
Handbücher **67** 27
Handfeuerlöscher **25** 7
Handhabung von Lasten **64** 1 ff
Handschuhe **66** 24
– Antivibrations- **66** 31
Häuerprüfung **62** 6
Hausangestellter **1** 42
Hausbesorger **2** 14
Hausgehilfe **1** 42
Haut **66** 38
– Desinfektionsmittel **40** 25; **43** 5
– Erkrankungen **66** 59
– Pflegemittel **66** 59
Hautschutz **69** 11
Hautschutzmittel **66** 56
Hautschutzplan **66** 60
Hebammen, Erste Hilfe **26** 10
Heben **64** 1
Hebetechniken **64** 17
Hebezeuge **33** 1
Heimarbeiter **1** 43
Hersteller **33** 15
Herstellerangaben **66** 24; **69** 10
Herz-Kreislauf-Erkrankungen **7** 9
Hilfspersonal **73** 5
Hinterbliebene, Arbeitsunfall **16** 3
Hinwirkungspflicht **15** 6
Hitze **28** 5; **37** 15; **41** 12; **49** 10, 24; **66** 1, 7, 58, 61 ff; **66** 68
Hoch- und Tiefbauarbeiten **2** 33
Hochspannungsarbeiten **62** 4
Holzschutzmittel **42** 7
Home Office **67** 22
Hörfähigkeit **49** 6
Hub-, Kipp-, Rolltore **33** 2
Hygienerecht **71** 10

Impfungen **40** 24
Imprägnierungen **62** 28
Infektiöse Arbeitsstoffe **40** 43; **61** 10; **108** 3
Information **1** 1; **12** 1 ff
– Betriebsanleitungen **12** 11
– der Arbeitnehmer **49** 37
– Unterlagen **12** 11
– Verständlichkeit **12** 6
Informationsverpflichtungen
– Eignungs- und Folgeuntersuchungen **9** 17
– erforderliche Eignung **9** 17
– Fachkenntnisse **9** 17
– Gefahren **9** 17
Infrarotstrahlung **66** 39
Injektionsnadeln **60** 20
Instandhaltung **25** 6; **60** 6
Instandhaltungsarbeiten **6** 4; **35** 11

Instanzenzug, administrativer **99** 17
Instrumente
- konventionelle **60** 22
- medizinische **40** 41
Interventionsrecht **85** 14
Inverkehrbringer **33** 15
Inverkehrbringerangaben **66** 24; **69** 9
Inverkehrbringervorschriften **33** 13 ff
- persönliche Schutzausrüstung **69** 8
Ist-Analyse **5** 3

Jugendliche **4** 21; **4** 25
- Beschäftigung **6** 1
- Beschäftigungsverbote/-beschränkungen **6** 1

Kälte **28** 5; **66**
Kälteanlagen **69** 45
Karzinogene **49** 2
Karzinogenität **40** 11
Kassenarbeitsplätze **61** 4 ff
- Sitzkassen **61** 8
- Stehkassen **61** 8
- Steh-Sitzkassen **61** 8
Katastrophenhilfsdienste **100** 1
Keimzellmutagenität **40** 11
Kenntnisse, fachliche **62** 5
Kennzeichnung **44** 5 f
- Arbeitsmittel (CE) **33** 20; **35** 19
- Arbeitsstoffe (CLP) **40** 12, 47 ff
- Gefahrenbereiche **20** 3
- Lärmeinwirkung **65** 31
Kirchliche Zwecke **1** 15
Kleiderkästen, Arbeits- oder Schutzkleidung **27** 8
Kleinbetriebe
- Artikel VI **78a** 1
- Betreuung **78** 1 ff
Klimaanlagen **43** 6
Klimatische Bedingungen, besonders belastende **66** 10
Kollektive Gefahrenverhütungsmaßnahmen **65** 27
Kombination, mehrerer persönlicher Schutzausrüstungen **70** 10
Kommanditgesellschaft **2** 20
Kompetenzregelung
- Gesetzgebung **1** 17
- Länder **1** 17
- Vollziehung **1** 17
Konkurrenzdruck **7** 9
Konstitution **4** 26
Konstruktion **19** 1
Kontrollgänge **61** 11
Kontrollmessungen **46** 6
- explosionsgefährliche/brandgefährliche Arbeitsstoffe **46** 12
Kontrollsystem **69** 38; **130** 23 ff
Kontrolltätigkeit, Bildschirm **68** 5
Konzentriertes Verfahren **92** 17
Koordination **60** 6
- Baustellen **8** 14 ff
Koordinator, Bestellung **2** 31
Kopf- und Nackenschutz **69** 6
Körperkräfte **4** 26
Körperliche Schwächen **6** 5
Körperschaften öffentlichen Rechts **74** 15
Korrektionsbrillen **70** 3
Kosmetische Mittel **69** 11
Kostenersatz **57** 1
- Vereinbarung **112** 7
Kosten-Nutzen-Analyse **74** 7
Krane **62** 3
Krankenanstalten **9** 24; **40** 42; **80** 10
Krankenhauswesen **40** 42; **60** 20
Krankentransporte **40** 42
Kühlräume **66**
Kultusanstalten **1** 15
Kumulationsprinzip **130** 17
Kündigung, Sicherheitsvertrauenspersonen **10** 8
Kündigungsschutz **83** 28
Künetten **61** 16
Kuranstalten **40** 42; **99** 4
Kurzzeitwert **44** 3

Labors **56** 2; **60** 20
Lacke **42** 7
Laderampen **20** 3
Lagereinrichtungen **20** 7
Lagergut **20** 7
Lagerungen **20** 5 ff; **44** 7 ff; **61** 16
Lampen **66** 49
- Allgemeingebrauchslampen **66** 49
- Lampensysteme **66** 49

Land- und forstwirtschaftliche Betriebe **1** 36
Land- und forstwirtschaftliche Produktion
- Hilfsbetrieb **1** 39
- Nebenbetrieb **1** 39
Landespolizeidirektion **63** 10; **131** 7 f
Laptops **67** 13
- regelmäßiger Einsatz **67** 13
Lärm **49** 2
- Beurteilungszeitraum **65** 12
- Bewertung **65** 17 ff
- gefährdender **65** 10
- Gehörschutzmittel **65** 26
- indirekte Auswirkungen **65** 21
- Maßnahmen **66** 28
- Maßnahmenprogramm **65** 22 ff
- Messung **65** 17 ff
- persönliche Schutzausrüstung **65** 26
- störender **65** 10
- Verringerung auf niedrigstes Niveau **65** 1 ff
- Wechselwirkungen **65** 21
Lärmbereiche **69** 29
Lärmeinwirkung **50** 1 ff
- gesundheitsgefährdende **50** 7
Lärmschwerhörigkeit **65** 5
Lärmuntersuchungen **50** 7; **65** 37
- wiederkehrende **50** 11
Lärmverringerung
- auf niedrigstes Niveau **65** 1 ff
- Maßnahmen **65** 3 ff
Laser **51** 5; **66** 39
- Laser-Klasse 1 **62** 29
Lasten **64** 3
- manuelle Handhabung **64** 1 ff
Lastenhandhabungs-Beurteilungstabellen **64** 13
Lasthandhabungsmittel **64** 3
Lasttabelle **64** 8
Lebensmittel **44** 4
Lehrberuf Veranstaltungstechnik **62** 32
Lehrlinge **10** 41 f; **77a** 20
Leichtmetalle **42** 7
Leistungsdruck **7** 9
Leitern **33** 1
Leitmerkmalmethode **64** 10
Leitung **62** 4
- fachkundige **63** 55
- mehrerer Sicherheitsfachkräfte/Arbeitsmediziner **83** 11
Leuchtdichte **22** 15
Licht, blendendes **66**
Lichteintrittsflächen **21** 3
Lichtkuppeln **21** 5; **22** 12
Lichtsignale **21** 9
Löschanlagen **25** 7 f
Löschbrausen **25** 7
Löschdecken **25** 7 f
Löschhilfen **25** 6 f
Luftfeuchtigkeit **49** 24; **60** 16; **75** 8
Luftrückführung **43** 6
Lüftungsanlagen **43** 6; **47** 13
Lüftungsquerschnitt **22** 7

Magnetische Felder **66** 2
MAK-Liste **110** 7
MAK-Werte **44** 1 ff
Mängel
- Meldung **78b** 5; **86**
- Strafanzeige **87** 6
Manuelle Handhabung, Lasten **64** 1 ff
Maßnahmen
- an der Quelle **65** 23
- bauliche **65** 23
- Lärm **66** 28
- organisatorische **65** 24
- raumakustische **65** 23
- technische **65** 24
- Vibrationen **66** 28
- zur Vermeidung von Unfällen/Krankheiten **4** 10
Maßnahmenprogramm **65** 22 ff
Maximale Arbeitsplatzkonzentration, Arbeitsstoffe **45** 1 ff
Mechanische Einrichtung **2** 42
Medizinische Instrumente, scharfe oder spitze **60** 2
Medizinprodukte **33** 15
Meisterprüfungszeugnis **62** 45
Meldepflichten
- arbeitsmedizinische Zentren **80** 17
- sonstige **98**
Meldeverfahren **60** 25
- vor Betriebsaufnahme, AMZ **80** 15 ff
- STZ **75** 11 f
Meldung **10** 46 ff

- Arbeitsunfälle im Verkehrsbereich **98** 12
- Asbestarbeiten **42** 9; **97** 7
- Bauarbeiten **97**; **97** 1 ff
- beabsichtigte Verwendung **42** 8
- biologische Arbeitsstoffe **42** 10 f
- durch Auftraggeber **97** 5
- elektronische **97**; **97** 2, 9
- festgestellter Mängel **78a** 16
- gefährlicher Ereignisse **98** 6
- Inhalt **42** 8
- Mängel **78b** 5; **86**
- mit besonderen Gefahren verbundene Arbeiten **98** 9
- tödlicher/schwerer Arbeitsunfälle **98** 1 ff

Menschen mit Behinderung **6** 5
Messergebnisse **52** 4
Messgeräte **33** 15
Messungen
- Absaug-/Lüftungsanlagen **47** 13 ff
- Arbeitsstoffe mit MAK-/TRK-Wert **46** 2
- explosionsgefährliche/brandgefährliche Arbeitsstoffe **46** 9
- kontinuierliche **46** 6
- Kontrollmessungen **46** 6
- mobile **46** 6
- repräsentative **65** 18
- explosionsgefährliche/brandgefährliche Arbeitsstoffe **46** 11

Mikroorganismen **40** 13 f
Mindestpräventionszeiten **78a** 8
Mineralgewinnende Betriebe **49** 2
Minimierungsgebot **43** 8 f
Mitteilungsrecht **78a** 16
Mittelwert **44** 1
Mitwirkung, Arbeitnehmer (Beteiligung) **10** 2; **12** 1 f; **14** 2; **78** 12
Möbeltischlereien **28** 5
Momentanwert **44** 3
Monotonie **60** 10
Montagearbeiten **61** 16
Musik- und Unterhaltungssektor, Kodex zur Lärmreduktion **65** 8
Muskel- und Skeletterkrankungen **64** 5
Mütter
- stillende **64** 15
- werdende **64** 15

Nachtarbeit **51** 7; **82a** 5
Nachtschwerarbeit **67** 7
Nachweis der Fachkenntnisse **63** 1 ff
Nachweislichkeit
- Übermittlung **9** 15
- Unterweisung **14** 6

Nadelstiche **40** 41
- Expositionsvermeidung **40** 44
- Information **40** 45
- Meldesystem **40** 46
- Unterweisung **40** 45

Nässe **28** 5; **66**; **66** 59
Nebenbestimmungen **130** 34
Nichteignung, Verfahren **54** 2
Nichtraucherschutz **30** 1 ff
- werdende Mütter **30** 17

Notausgänge **21** 14
Notruftelefon **26** 4

Offene Gesellschaft **2** 20
Öffentlicher Verkehr **20** 6
Öffentlich-rechtliche Arbeitnehmerschutzvorschriften, Geltungsbereich **1** 7
ÖNORM A 5910 **61** 7
ÖNORM A 8010 **67** 10
ÖNORM B 1600 **21** 24
ÖNORM EN 1005 **64** 15
ÖNORM EN 12464 **67** 10
ÖNORM EN 1335 **67** 10
ÖNORM EN 14306 **67** 10
ÖNORM EN 527 **67** 10
ÖNORM EN ISO 10075 **2** 50; **82b** 16; **83** 20
ÖNORM EN ISO 11228 **64** 15
ÖNORM EN ISO 9241 **67** 10
ÖNORM Z 1020 **26** 3
Optische Strahlung **49** 3; **66** 37 ff
Optometrie **68** 15
Ordination **19** 10
Ordnungsvorschriften **30** 21
Organisationsarbeiten **62** 25
Organisationspsychologe **2** 46; **82b** 19
Organisationspsychologie **3** 8; **73** 8; **79** 11

Organisatorische Maßnahmen, Lasten **64** 3
Orientierungshilfen, selbst/nachleuchtende **20** 9
Orthopädie **70** 14
Ortskundige Führer **49** 24
Ö-SGMS **82** 20
Österreichischer Gemeindebund **1** 23
Österreichischer Städtebund **1** 23
Österreichisches Statistisches Zentralamt **1** 34

Paletten **20** 7
Parallelhaftung **130** 9
Parasiten **40** 15
Parteistellung **102** 4; **130** 40
Patientenschutz **71** 10
Pausen **67** 3
Personen für Brandbekämpfung und Evakuierung **25** 13 ff
Personen
- fachkundige **37** 20 ff
- verwaltungsstrafrechtlich verantwortliche **3** 12

Personenbezogene Bezeichnung **2** 55
Personengesellschaften **2** 20
Personenschutz, besonderer **4** 22
Personenüberwachungsanlagen **61** 11
Persönliche Schutzausrüstung **65** 26
- Anpassung **70** 3
- Aufbewahrungsort **69** 28
- Auswahl **70** 1 ff
- Bewertung **69** 17; **70** 3
- Bewertungskriterien **70** 6
- Dokumentation **69** 17
- erstmalige Benutzung **69** 31
- Gefahrenbereiche **69** 29
- gegen Absturz und Ertrinken **69** 15
- Instandhaltung **69** 19
- Inverkehrbringervorschriften **69** 9
- Kombination **70** 10
- Lagerung **69** 19, 27
- Prüfung **105** 1 ff

Pflanzenschutzmittelgesetz **41** 6, 9 ff; **44** 1
Pflege, mobile **40** 42; **60** 20
Pflegehilfe, Erste Hilfe **26** 10
Pflichten
- Arbeitgeber **3** 1
- Arbeitnehmer **15**
- bei unmittelbarer Gefahr **15** 4
- Konsequenzen bei Fehlverhalten **15** 3
- Verletzung trotz Aufklärung **15** 2
- Verletzung trotz nachweislich schriftlicher Aufforderung **15** 2

Physikalische Einwirkungen **49** 3; **50** 3, 5; **60** 27; **65** 3, 6; **66** 1 ff; **72**; **82a** 8
Pilze **40** 15
Polizei **100** 2
Präsenzdiener **2** 12; **82a** 10
Prävention
- arbeitsbedingter physischer/psychischer Fehlbelastungen **4** 18
- Fehlbelastung **2** 44
- psychischer Belastungen **2** 44

Präventionsbeirat **91** 7
Präventionszeit **49** 17; **77** 2; **82a**
- Aufteilung (Verteilung) **82a** 13
- Berechnung **82a** 5
- Einrechnung **77** 1 ff
- nach Gefahrenklassen **78a** 8
- Neuberechnung **82a** 9
- Verteilung **82a** 13
- auf das Kalenderjahr **82a** 30 ff

Präventionszentren **77a** 4
- Anforderung **78a** 9 f
- Inanspruchnahme **78** 7
- Verbesserungsvorschläge **78a** 18 f

Präventivdienstbetreuung
- gesonderte für Baustellen **82a** 10
- Vorrang interner **73** 17

Präventivdienste **73** 1 ff; **77a** 4; **78a** 1; **82a** 6; **82b** 1; **83** 15, 19; **88** 3; **90** 1, 5; **95** 4, 9; **116** 10
- externe **73** 19
- Übergangsbestimmungen **116**

Präventivfachkräfte **65** 36; **73** 1; **79**
- Arbeitsmediziner **4** 34; **79**
- Aufzeichnungen und Berichte **84** 1 ff
- Beiziehung (Hinzuziehung) **4** 33 f; **76** 4 ff; **81** 5
- Bestellung für die Arbeitsstätte **83** 5 ff
- Darstellung der Auswirkungen ihrer Tätigkeit **84** 6
- gemeinsame Besichtigungen **85** 1 ff

- Kooperation mit Sicherheitsvertrauenspersonen **10** 9
- organisatorische Stellung **83** 13 ff
- Sicherheitsfachkräfte **4** 34; **73**
- Stufenplan zur Bestellung **115** 1
- Unvereinbarkeiten **83** 23
- Verbesserungsvorschläge **84** 5
- Verhinderung **88** 12
- Weitergabe der Unterlagen an Nachfolger **84** 13

Privater Haushalt **1** 42

Produktion, land- und forstwirtschaftliche
- Hilfsbetrieb **1** 39
- Nebenbetrieb **1** 39

Produktschutz **71** 10

Programme **77** 8; **82**

Prüfbefund **37** 32

Prüfplakette **37** 34

Prüfplan **37** 28

Prüfungen **25** 6; **60** 6; **78b** 11
- Arbeitsmittel **33** 22
- Aufzeichnungen **37** 2
- elektrische Anlagen **105** 2
- Inhalte **37** 11
- Mängelbehebung **37** 7
- nach außergewöhnlichen Ereignissen **37** 1
- persönliche Schutzausrüstung **105**; **105** 1 ff
- Prüfbefund **37** 32
- Prüfplan **37** 28
- Verzeichnis in den Sicherheits- und Gesundheitsschutzdokumenten **37** 3
- wiederkehrende **37** 1, 12
- Psychische Belastungen **2** 44 f; **60** 10; **73** 7
- arbeitsbedingte **82b** 10, 16 f
- grundlegende Dimensionen **82b** 17

Psychische Gesundheit **2** 44

Pufferräume **44** 8

Pyrotechnische Gegenstände **62** 30

Qualifikation **4** 26

Qualmbildung **21** 14

Rauchfangkehrertätigkeit **2** 37

Rauchverbot **30** 3
- Aufenthalts- und Bereitschaftsräume **30** 14
- brandgefährdete Räume **30** 19
- Büroräume **30** 26
- erzwingbare Betriebsvereinbarung **30** 24
- explosionsgefährdete Bereiche **30** 20
- Flüssiggas-Schutzzonen **30** 19
- Gänge **30** 6
- Gastronomiebetriebe **30** 25
- gesundheitsgefährdende Arbeitsstoffe **30** 18
- im Arbeitsrecht **30** 21 ff
- Orte im Freien **30** 19
- Räume öffentlicher Orte **30** 26
- Sanitätsräume **30** 14
- sonstige Verkehrswege **30** 6
- Stiegenhäuser **30** 6
- Umkleideräume **30** 14

Raumakustik **65** 8

Räume, mit zur Brandvermeidung herabgesetzter Sauerstoffkonzentration **49** 26

Raumhöhe **22** 9

REACH **40** 49 ff

Recapping-Verbot **60** 23

Rechtshilfe **130** 33

Referenz-Messergebnisse **46** 5

Regale **20** 7

Reinigung **25** 6; **60** 6

Reinigungsarbeiten **35** 11

Reinigungskräfte **1** 42

Reinigungsmittel **42** 7

Reinigungspflicht **71** 13

Reparaturarbeiten **6** 4

Rettungsdienste **40** 42; **60** 20

Rettungsmaßnahmen **60** 17

Richtlinie, technische **4** 7

Risikogruppen, biologische Agenzien **40** 2

Röntgenstrahlung **66** 40

Rückenlehne **61** 4 ff

Sachverständige **53** 1

Saisonarbeitskräfte **82a** 10

Sanierungsarbeiten **6** 4

Sanitäre Einrichtungen **27** 13

Sanitäre Vorkehrungen **108**; **108** 1 f

– Baustellen **29** 2
Sanitäter, Erste Hilfe **26** 10
Sanitätsräume
– Ausstattung **26** 15
– Einrichtung **26** 14
– Voraussetzungen **26** 15
– Zufahrtswege für Rettungskräfte **26** 16
Sauerstoffselbstretter **69** 47
Schachtbefahrungsanlagen **37** 18
Schächte **25** 6; **61** 16
Schadenersatzansprüche **15** 3
Schattenregel **66** 64
Scheinwerferanlagen **62** 29
Schieben **64** 15
Schifffahrt **60** 2
Schifffahrtsanlagen **123** 3
– Bewilligung **93**
Schiffführer **96a**; **96a** 1
Schirm zur Grafikdarstellung **67** 4
Schlafstörungen **7** 9
Schuldausschließungsgrund **130** 8
Schüttgüter **20** 7
Schutz des Lebens, der Gesundheit und der Sittlichkeit **3** 2
Schutzabstände **34** 4
Schutzausrüstung, persönliche **60** 3; **62** 17
Schutzbrillen **66** 66
Schutzdach **20** 3
Schutzeinrichtungen **35** 14 f
– Abnahme **35** 22
Schutzgesetze **83** 20
Schutzhandschuhe **40** 25; **66** 68; **69** 15
Schutzimpfungen **82**; **82** 13
Schutzkappe **60** 23
Schutzkleidung **66** 44; **69** 9; **71** 3
Schutzmasken **40** 25
Schutzmaßnahmen **4** 27; **60** 17
– Festlegung der Schutz- und Rettungsausrüstung **4** 27
– integrierte **60** 22
– persönliche **52** 4
– technische **52** 4
– zur Evakuierung **4** 27
Schutznetz **20** 3
Schutzvorschriften **2** 34
Schwangerschaft **4** 23
Schwebstoffe **43** 6; **66** 4, 75
Schweißarbeiten **66** 47
Schwerarbeit **66** 25
Sehhilfen **67** 3, 24
Sehschwäche **70** 3
Sehvermögen **68** 2
Seifenspender **40** 25; **43** 5
Seilbahnanlagen **93** 7
– Genehmigung **93**
Sensibilisierung **40** 11
Sicherheit **1** 1
– Arbeitssysteme **74** 7
Sicherheits- und Gesundheitsmanagementsysteme **81** 18 ff
Sicherheits- und Gesundheitsschutzdokumente **4** 18; **58** 3
– Brandschutzordnung **5** 11
– Evakuierungspläne **5** 11
– gefährliche Arbeitsstoffe **5** 11
– MAK-/TRK-Werte **5** 11
– Mindestinhalt **5** 10
– prüfpflichtige Arbeitsmittel **5** 11
– Schutzausrüstungen **5** 11
– Strafdrohung **5** 22
– Untersuchungspflichten **5** 11
– Zugang **5** 9
Sicherheits- und Gesundheitsschutzmanagement **88a** 5 ff
Sicherheits- und Gesundheitsschutzplan **2** 31
Sicherheitsbehörde **63** 10
Sicherheitsbeleuchtung **20** 8 f
– Beleuchtungsdauer **20** 8
– Beleuchtungsstärke **20** 8
– Einschaltverzögerung **20** 8
Sicherheitsdatenblatt **40** 50
Sicherheitseinrichtungen **35** 14 f
Sicherheitsfachkräfte **73** 9; **76**
– Abberufung **87** 1
– Aufgaben **76**; **76** 1 ff
– Aufzeichnungen und Berichte **84**; **88** 2, 7, 12
– Ausbildung **78b** 8
– Ausstattung **73**
– Beiziehung (Hinzuziehung) **4** 33 f; **76** 4 ff

– Berufspraxis im Ausland **74** 14
– Bestellung **78** 5 f
– betriebseigene (interne) **73**
– externe **73**; **73** 10
– Fachgebiete **74** 7
– Fachkenntnisse **74**
– Hilfspersonal **73**
– Hinzuziehung **76** 4
– in Anlassfällen **76** 6
– interne **73** 9
– Koordination **77**
– leitende **75** 9
– Mittel **73**
– organisatorische Einbindung **73** 20
– reglementiertes Gewerbe **75** 19
– Tätigkeiten **77**
– Unterlagen **76** 3
– Unterrichtseinheiten **74** 8
– Verbesserungsvorschläge **82a** 14; 84;
– Weisungsfreiheit **73** 20
Sicherheitsingenieure **74** 11
Sicherheitskennzeichnung **3** 15
Sicherheitsmechanismen, integrierte **60** 22
Sicherheitstechniker **74** 11 ff
Sicherheitstechnische Betreuung, hauptberufliche Ausübung **75** 3
Sicherheitstechnische Zentren **73**; **73** 3; **75** 1 ff
– fachliche Leitung **75** 3
– Liste des BMASK **75** 16
– Meldung vor Betriebsaufnahme **75** 11 f
– Mindestausstattung **75** 1
– reglementiertes Gewerbe **75** 19
– Strafbestimmungen **75** 13
Sicherheitsvertrauenspersonen **10** 26 ff; **65** 36
– Abstellen auf Arbeitsstätte **10** 27
– Anhörungs-/Beteiligungsrechte **11** 1 ff
– Arbeitnehmer auf auswärtigen Baustellen **10** 29
– Arbeitnehmer auf Baustellen **10** 28
– Aus- und Weiterbildung **10** 37; **10** 40
– Beiziehung **10** 11; **78a** 16; **85** 3
– Beratungs-/Unterstützungspflichten **10** 3
– Bestellung **10** 12, 17, 34
– Betriebsbegriff **10** 20
– erleichterte Meldung neu bestellter **101a** 3
– fachliche Voraussetzungen **10** 37
– Funktionsperiode **10** 30 ff
– Information **10** 34
– Kündigung **10** 8
– Lehrlinge als **10** 41
– Meldung **10** 46 ff
– Mindestanzahl **10** 12
– in Saisonbetrieben **10** 14
– Neubestellung **10** 31
– und betriebsfremde Arbeitnehmer **11** 10
– Verantwortlichkeit des Arbeitgebers **10** 49
– Weisungsfreiheit **11** 4 ff
– Wirkungsbereich, Aufteilung **10** 15
– Zustimmung **10** 16
Sicherungsmaßnahmen **61** 16; **96**; **96** 1 ff
Sichtkontrolle **37** 19
Sichtschutzsystem **22** 13
Sichtverbindung **22** 12
SiGe-Plan (Sicherheits- und Gesundheitsschutzplan) **2** 33
Signalperson **62** 6
Silos **61** 16
Sitzfläche **61** 5
Sitzgelegenheiten **28** 3 f; **60** 15; **61** 4 ff; **67** 23
Software, Ergonomie **67** 11, 13 f, 16; **68** 6 ff; **82b** 17
Solidarhaftung **130** 9
Sonnenschutzmittel **66** 59
Sonnenschutzsystem **22** 13
Sonstige bauliche Anlage **2** 28
Sonstige Fachleute **73** 2
– Berichtslegung **82b** 5
– Hinzuziehung **4** 33 f; **82a** 19 ff
– Mitwirkung **82b** 8
– Qualifikation **82b** 1
– Verantwortlichkeit **82b** 21
– Verbesserungsvorschläge **82a** 14; **84**; **88** 13
– Zusammenarbeit **82b** 3
Soziale Beziehungen **66** 11

Soziale Einrichtungen **108**; **108** 2
- Baustellen **29** 2
Spanische Hofreitschule, Bundesgestüt Piber **1** 32
Sprache **12** 10; **14** 12, 14, 16, 19
Sprachverständlichkeit **14** 19; **65** 21
Sprengarbeiten **60** 2; **120** 1
Sprengbefugte **62** 4, 18
Sprenggehilfen **62** 18
Sprengmittel **63** 10
Staatsbürgerschaftsverband **1** 23
Stabilität, Arbeitsmittel **34** 7
Stabilitätsgesetz 2012, Zweites **113** 12
Stand der Technik **2** 54; **51** 4
Standplätze **20** 3
Stapler **62** 3
Starkstromanlagen **62** 23
Staub **28** 5
Stehsitze **60** 15
Steinbrüche **62** 3; **123** 3
Steuerungseinheit **67**
Stiegen **21** 11; **64** 3
Stiegenpodest **20** 7
Stillzeit **4** 23
Stoffe **40** 12
Stoffeigenschaften **40** 12
Strafanzeige **4** 29; **130** 39
Strafbemessung **130** 16
- Erschwerungsgründe **130** 16
- Milderungsgründe **130** 16
Strafbestimmungen **2** 13; **130**
- Sicherheitstechnisches Zentrum **75** 13
Strafen
- Bemessung **130** 16
- Höhe **130** 14
- Strafrahmen **130** 15
Strahlmittel **42** 7
Strahlung
- biologische Gefahren **66** 40
- Grenzwerte **66** 42
- Infrarotstrahlung **66** 39
- inkohärente künstliche optische **51** 5
- inkohärente optische **66** 39
- Jugendliche **66** 51
- kohärente optische **51** 5; **66** 39
- künstliche optische **66** 47
- Laser **66** 39
- optische **49** 3; **66** 37 ff
- Röntgenstrahlung **66** 40
- sichtbare **66** 39
- ultraviolette **66** 39
Straßenkleidung **43** 5
Straßenmeistereien **1** 24
Streitkräfte **100** 2
Stroboskopische Effekte **22** 15
Substanzen, ototoxische **66** 24
Substitutionsgebot **42** 1 ff
Subunternehmer **40** 42

Tabakrauch **30** 5
Tagbau **60** 2
Tagesarbeitszeit, Überschreitung **130** 18
Tagesmittelwert **44** 3
Tastatur **61** 10; **67** 12
Tätigkeitsbericht **82b** 6
Tätigkeitswechsel **67** 21
Tatort, fiktiver, im Inland **130** 31
Taucherarbeiten **60** 4
Tauchergruppe **62** 42
Technische Hilfsmittel **64** 17
Technische Normen, Bildschirmarbeitsplätze **67** 10
Technische Richtkonzentration **45** 4 ff
Technische Richtlinie **4** 7
Technologische Verfahren **2** 54
Teilzeitbeschäftigte **77a** 19; **82a** 10
Tele-Bildschirmarbeitsplätze **67** 5
Tele-Heimarbeit **67** 22 ff
Territorialitätsprinzip **1** 7; **9** 26
Tische **60** 15
Toilettenanlagen **27** 5 ff
- betriebsfremde Personen **27** 5
- nach Geschlechtern getrennte **27** 5
Tragen **64** 1
Träger der Unfallversicherung **58** 4
Transportarbeiten **64** 3
Trinkgefäße **27** 14
Trinkwasser, Entnahmestellen **27** 14
TRK-Werte **42** 9; **45** ; **45** 4 ff
Türen und Tore, kraftbetriebene **33** 2

Übergangsbestimmungen, Präventivdienste **116**
Übergangsrecht **125** 1 ff

Überlassener Arbeitnehmer **9** 3
Überlasser **5** 4; **9** 1; **60** 6
Überlassung **9** 1; **81** 3; **98** 4; **130** 11
- Krankenhauspersonal **9** 24
- Schadenersatzpflicht **9** 9
Überschreitung, Auslösewerte **65** 15
Übertretungen
- Arbeitnehmerschutzbestimmungen **130** 38
- schwere **130** 39
Überwachung
- Gesundheit **81** 12
- wirksame **61** 11
Überwachungsrecht **85** 13
Umbauarbeiten **19** 15; **36** 1 ff
Umgebungsbedingungen **66** 24
Umkleideräume **27** 8 f; **108**
Umluftverbot **43** 6
Umsetzungsfrist **5** 10
Umwelteinflüsse **66** 11
Unabhängigkeit, Arzt **79** 13
Unfälle, Beinahe-Unfälle **16** 1 f
Unfallerhebung **16** 8
Unfallverhütung **76**
Unfallverhütungsdienste **82a** 17
Unfallversicherungsträger **47** 4; **58** 4
- Zentren **89**
Ungehorsamsdelikte **130** 23
Universitäten **1** 30; **63** 4
Unterlagen **5** 2 ff; **9** 20 f; **11** 8; **12** 11; **14** 3; **25** 20; **36** 28; **42** 3; **58** 1 f; **64** 15; **65** 36; **67** 27; **76** 3; **78a** 12, 16; **81** 3; **82b** 5
- erforderliche, konzentriertes Verfahren **92** 17
Unternehmenssitz **4** 12; **28** 10; **77a** 19; **82a** 11; **88** 3; **88a** 1 ff; **130** 21
Unternehmer **2** 20
Unternehmermodell **78**; **78** 10; **78b**; **78b** 1
- mit Sicherheitsfachkräfteausbildung **78b** 8
Unterrichtsanstalt **1** 14; **62** 7
Untersagung, Beschäftigung **96** 1 ff
Unterstützung **75** 5 f; **77** 3 f; **80** 4; **81** 7
- des Arbeitgebers **4** 34; **76** 1; **77** 3 f; **78a**; **81** 2
Untersuchungen **49** 4 ff
- arbeitsmedizinische **50** 9
- audiometrische **50** 5
- aufgrund Bescheid des Arbeitsinspektorats **49** 29
- augenfachärztliche **68** 9; **68** 16
- bei Lärmeinwirkung **49** 15; **50** 1 ff
- Empfehlung des Arbeitsinspektorats **51** 9
- Formulare **52** 2
- freiwillige **49** 4; **51** 1; **55** 1 f
- prophylaktische **49** 5
- sonstige besondere **49** 4
- verpflichtende **49** 4
- wiederkehrende **55** 1 f
Untersuchungsgrundsätze **52** 1 ff
- gemeinsame **49** 16
Untersuchungsintervalle **49** 21
Untertagebauarbeiten **37** 18; **61** 16
Untertägiger Bergbau **49** 25
Unterweisung **12** 2; **14** 1; **60** 6
- elektronische **14** 14
- elektrotechnische **62** 20
- Instandsetzungs-, Instandhaltungs-, Wartungsarbeiten **35** 29
- Materialien **14** 15
- Nachweislichkeit **14** 6
- Verständlichkeit **14** 12
- wiederkehrende **35** 28
Urkunden, öffentliche **101** 3

V A Eisenbahnen Bergbau **89** 1 ff
Veranstaltungstechnik **62** 32
Verantwortliche Beauftragte **83** 23
- rechtswirksame Bestellung **130** 5
Verantwortlichkeit, verwaltungsstrafrechtliche **2** 19; **130** 1
Verbesserungsvorschläge **78a** 20; **84** 5
Verbotszeichen **25** 4
Verbraucherpreisindex **130** 15
Verdünnungsmittel **42** 7
Vereinbarung, über Kostenersatz **112** 7
Verfahren
- Arbeitspsychologie **82b** 20
- bei Nichteignung **54** 2
- sichere **60** 24
Verfolgungsverjährung, Frist **130** 22
Verhalten, fahrlässiges **130** 24

Verhinderung arbeitsbedingter Erkrankungen **81** 5
Verhütung, berufsbedingter Gefahren **1** 1
Verkaufsstände **61** 17 ff
Verkehrs-Arbeitsinspektion **63** 8; **113** 11; **131** 4
Verkehrsmittel, Datenverarbeitungsanlagen **67** 19
Verkehrswege **20** 5 ff; **21** 6 ff
- Arbeitsplattformen **21** 8
- Aufstiege **21** 8
- Bedienungsstiegen **21** 6
- Fahrsteige **21** 6
- Fahrtreppen **21** 6
- Fahrzeug-/Fußgängerverkehr **21** 6
- Lagerungen **21** 6
- Podeste **21** 8
Verkehrswesen **74** 7
Verkürzung, Untersuchungsabstände **49** 33; **52**; **53**; **54** 1
Verlässlichkeit **62** 19
- Sprengarbeiten **63** 9 ff
Verordnung über die Gesundheitsüberwachung **49** 9
Verpackungen **20** 7; **44** 1 ff
Verringerung, Einwirkungen **66** 6
Verschlüsseltes Übermittlungsverfahren **52a** 3
Verschulden **130** 23 ff
Verschwiegenheitspflicht, Arzt **79** 13
Versicherungsverein auf Gegenseitigkeit **2** 20
Verständlichkeit, Unterweisung **14** 12
Versteinerungstheorie **1** 29
Vertragsbediensteter **1** 32
Vertretung
- fachkundige **62** 52
- nach außen **130** 1
Verunreinigung, durch gesundheitsgefährdende/ekelerregende Arbeitsstoffe **71** 18 f
Verwaltungsgerichte **53** 7
- Bundesverwaltungsgericht **99** 12
- der Länder **99** 12
- Übergang der Zuständigkeit **99** 10
Verwaltungsgerichtsbarkeitsreform **53** 7; **99** 1, 10
Verwaltungsgerichtsbeschwerde **96** 5
Verwaltungsstelle **1** 27
Verwaltungsstrafbehörde **87** 10
Verwaltungsstrafen **15** 3; **69** 39
Verwaltungsstrafrechtlich verantwortliche Person **3** 12
Verwaltungsstrafsanktion **69** 39
Verwaltungsübertretung **130**
Verwaltungsverfahren **52** 5; **53** 1; **57** 7; **63** 13; **76**; **81**; **94** 9; **99** 10, 19, 21
Verweisungen, gesetzliche **128**
Verwenderinformationen **14** 14; **69** 10
Verwendung **40** 5
- erstmalige, biologische Arbeitsstoffe **42** 10 f
- in geschlossenen Systemen **43** 2 ff
Verzeichnis
- Aufbewahrung **47** 4
- Ausnahme **47** 2
- der Arbeitnehmer **47** 1; **58** 4
- lärmexponierter Arbeitnehmer **65** 35
- Übermittlung **47** 4
VGÜ **49** 9
Vibrationen **49** 3; **65** 7; **66** 13 ff
- Ganzkörper-Vibrationen **51** 5; **66** 17
- Hand-Arm-Vibrationen **51** 5; **66** 16
- Maßnahmen **66** 28
Viren **40** 15
Volontär **2** 12
Vorankündigung **2** 33
Vorbereitungsarbeiten **62** 25
Vorrang betriebsinterner Dienste **78** 3
Vorschläge zur Verbesserung der Arbeitsbedingungen **78b** 5
Vorschreibungen, bescheidmäßige **130** 34
Vorstand **130** 1
Vorübergehende Arbeitsleistung, entsandte Arbeitnehmer **62** 9

Waffengesetz **63** 10
Wahlmöglichkeit, arbeitsmedizinische Betreuung **78** 4
Warenmanipulation, manuelle Lastenhandhabung **61** 9
Wärmequellen **25** 4

Warnzeichen
- „Biogefährdung“ **43** 3
- explosionsgefährliche Bereiche **25** 4
Wartungsarbeiten **35** 11
Wartungsbücher **38** 3
Wartungspflichten **38** 2
Waschgelegenheiten **27** 2 ff; **108**
- für umfassendere Reinigung **27** 3
Waschplätze **27** 2
Waschräume **27** 10 ff; **108**
- nach Geschlechtern getrennte **27** 11
Webapplikation **52a** 3
Wechsel in der Person des Arbeitgebers **92** 22
Weisung **30** 23
- des Auftraggebers **130** 8
Weisungsbefugnis **9** 25
Weisungsfreiheit **11** 1
- Sicherheitsfachkräfte **73** 20
Weiterbildung **10** 37; **77** 7; **78b** 11; **79** 11; **82** 14; **83** 17
Werbemittelverteiler **2** 15
Werkbänke **40** 26; **61** 4 ff
Werkstücke **35** 16
Werkvertrag **2** 5
Werkzeuge **35** 16
Wiederholungsfall **130** 21
Wirkung, aufschiebende **96** 6
Wirkungsverstärkungen **66** 25
Wissenschaftliche Erkenntnisse **2** 54
Witterungseinflüsse **61** 17
Wochenarbeitszeit, Überschreitung **130** 18
Wohneinrichtungen, für Menschen mit Behinderungen **19** 12
Wohnräume **28** 11
Wohnungseigentümergemeinschaft **2** 14
Wohnzwecke, Räume für Arbeitnehmer **28** 11

Zahnarztpraxen **40** 42
Zeitdruck **60** 10
Zeitungskolporteur **2** 15
Zentral-Arbeitsinspektorat **63** 11
Zentraler Arbeitsschutzausschuss **88** 3; **88a**
Zentren für sicherheitstechnische und arbeitsmedizinische Betreuung **80** 11
Zeugnisse **63** 4; **113** 6
- ärztliche **49** 35
Ziehen **64** 15
Zivildienst **2** 8, 11; **82a** 10
Ziviltechniker **69** 24
Zoneneinstufung **62** 49
Zonenumstufung **62** 49
Zubereitungen **40** 5
Zufahrtswege für Rettungskräfte **26** 16
Zugang zu Informationen **58** 1 f
Zugluft **66**
Zündquellen **25** 4
Zusammenarbeit **78b** 5; **85** 1
Zusammenwirken, der Arbeitsverfahren und Arbeitsvorgänge **60** 6
Zusatzausrüstung **69** 3
Zusatzgeräte **67** 3
Zustellung **96a** 1
Zustimmungserklärung **130** 4
Zutritt Unbefugter **44** 8
Zwangshaltungen **60** 10; **114** 12
Zwangsmaßnahmen **96**
Zwecke, kirchliche **1** 15